भारत के राष्ट्रपति

(खण्ड–3)

प्रथम संस्करण 2008

ISBN 978-81-906344-5-8

प्रकाशक

प्रशांत पब्लिसिंग हाऊस

सी-34, 28 फुटा रोड, गली नं॰ 3,
वेस्ट करावल नगर, दिल्ली-110094
फोन नं॰ 22963970, 9810396373

प्रशांत पब्लिसिंग हाऊस, सी-34, 28 फुटा रोड, गली नं॰ 3, वेस्ट करावल नगर, दिल्ली-110094 द्वारा प्रकाशित तथा हेमा टाईपोग्राफिक्स, नई दिल्ली-02 द्वारा शब्द संयोजन तथा नवभारत प्रिन्टिग प्रेस, दिल्ली द्वारा मुद्रित।

भारत के राष्ट्रपति

(खण्ड–3)

डॉ॰ सावित्री वशिष्ठ

प्रशांत पब्लिसिंग हाऊस
दिल्ली–110094

भूमिका

भारत सरकार का छोटे से छोटा काम भी राष्ट्रपति के नाम से होता है। चाहे कोई नियुक्ति करनी हो चाहे कोई ठेके का काम होना है, राष्ट्रपति के नाम से ही समाचार पत्रों में छपता है।

भारतीय सेना के सर्वोच्च कमांडर राष्ट्रपति हैं और भारत सरकार उनकी प्रसन्नता पर बनती है तथा बिगड़ती है। जब किसी राज्य में राजनीतिज्ञों का तालमेल बिगड़ जाता है और सरकार बनाने की स्थिति में कोई राजनीतिक दल न हो तो राष्ट्रपति शासन लागू हो जाता है।

संविधान के हिसाब से भारत का राष्ट्रपति बहुत ही शक्तिशाली व्यक्ति होता है। परन्तु वास्तविकता यह है कि भारत के राष्ट्रपति के हाथ में कोई शक्ति नहीं है। उन्हें हर बात में भारत सरकार के गृह मंत्रालय के अनुसार चलना पड़ता है। इसका अर्थ यह हुआ कि वास्तविक सत्ता प्रधानमंत्री के हाथ में है। एक दो बार भारत के राष्ट्रपति की शक्तियों के बारे में प्रश्न उठाए गए परन्तु उसपर कोई गंभीर मंथन नहीं हुआ और न ही राष्ट्रपति की शक्ति को घटाया या बढ़ाया गया।

भारत की वर्तमान राष्ट्रपति श्रीमति प्रतिभा देवी सिंह पाटिल तेरहवीं राष्ट्रपति हैं। उन्हें मुख्यतया कांग्रेस दल का समर्थन प्राप्त था और दूसरे वाम दलों ने भी उनका समर्थन किया जिससे कि वे राष्ट्रपति बन पाई। कुल मिलाकर भारत के राष्ट्रपति के पद पर काफी गंभीर, योग्य और शालीन व्यक्तियों को स्थापित किया गया। इसीलिए भारतीय राष्ट्रपति सभी देश वासियों के लिए आदर के पात्र रहे हैं। सभी राष्ट्रपतियों ने भारत सरकार और देश का गौरव बढ़ाया है।

भारत के प्रथम राष्ट्रपति डॉ० राजेन्द्र प्रसाद महान विधि विद्वान थे और एक महान राष्ट्रवादी गांधीवादी थे। वे दो अवधियों के लिए राष्ट्रपति रहे, 1950 से लेकर 1962 तक।

भारत के दूसरे राष्ट्रपति डॉ॰ सर्वपल्ली राधाकृष्णन थे। वे महान विद्वान थे और अन्तर्राष्ट्रीय स्तर के धर्म के विद्वान थे उन्होंने धर्म और दर्शन पर काफी पुस्तकें लिखी। वे सोवियत रूस में भारत के राजदूत भी रहे।

तीसरे राष्ट्रपति डॉ॰ ज़ाकिर हुसैन महान राष्ट्रवादी मुस्लिम राष्ट्रपति थे और वे गांधी जी की बुनियादी तालीम की रूप रेखा तैयार करवाने वाले विद्वान थे।

डॉ॰ ज़ाकिर हुसैन का निधन उनके कार्यकाल में हो गया था। श्री वी॰वी॰ गिरी राजनैतिक उथल-पुथल के बीच राष्ट्रपति बने थे और उससे पहले उपराष्ट्रपति के पद पर थे।

दूसरे मुस्लिम राष्ट्रपति श्री फखरूदीन अली अहमद थे। वे एक महान मुस्लिम नेता के रूप में उभरे थे तथा उनका भी अकस्मात कार्यकाल में निधन हो गया था।

इसके पश्चात् जनता पार्टी के प्रतिनिधि के रूप में डॉ॰ नीलम संजीव रेड्डी अगले राष्ट्रपति बने। डॉ॰ नीलम संजीव रेड्डी आंध्रा प्रदेश के लम्बे काल तक मुख्यमंत्री रह चुके थे।

कांग्रेस के निकटतम सहयोगी ज्ञानी जैलसिंह भी राष्ट्रपति के पद पर 1982 से 1987 तक आसीन रहे। ज्ञानी जैलसिंह के कार्यकाल में प्रधानमंत्री इंदिरा गांधी की हत्या हो थी। ज्ञानी जैलसिंह के पश्चात् 1987 में स्वामी आर॰ वैंकटरामन राष्ट्रपति पद पर आसीन हुए।

डॉ॰ वैंकटरामन के पश्चात् डॉ॰ शंकर दयाल शर्मा राष्ट्रपति बने। वे महान विद्वान थे और कांग्रेस के अध्यक्ष रह चुके थे। डॉ॰ शंकरदयाल शर्मा की अन्तरराष्ट्रीय स्तर की ख्याति थी।

डॉ॰ शंकरदयाल शर्मा के पश्चात् डॉ॰ के॰आर॰ नारायणन् राष्ट्रपति बने। वे एक महान दलित नेता भी थे।

इसके पश्चात् डा॰ ए॰पी॰जे॰ अब्दुल कलाम तीसरे मुस्लिम राष्ट्रपति बने और एक वैज्ञानिक होने के नाते उन्हें अच्छी ख्याति मिली।

वर्तमान राष्ट्रपति श्रीमति प्रतिभा पाटिल हैं। राष्ट्रपतियों की श्रृंखला में वे पहली महिला हैं। इस प्रकार यह विदित होता है कि भारत गणतंत्र के राष्ट्रपति के पद पर बड़े-बड़े महान योग्य विद्वान और उच्च कोटि के राजनीतिज्ञ आसीन रहे हैं। यह माला राष्ट्रपतियों की जीवनीयों तथा उनके भाषणों पर आधारित है।

--संपादिका

अनुक्रम

खण्ड 3

9

डा० शंकरदयाल शर्मा

प्रकाशचन्द सेठी
मुख्यमंत्री, मध्य प्रदेश

यह मेरे ही नहीं, सारे मध्य प्रदेश के लिए गौरव की बात है, कि अखिल भारतीय कांग्रेस के अध्यक्ष-पद पर आज हमारे प्रदेश के माननीय डॉ० शंकरदयाल शर्मा आसीन हैं। इस सम्मानित पद को पाने वाले मध्य प्रदेश के वे प्रथम व्यक्ति हैं। डॉ० शर्मा के पूर्व यह गौरव आज तक इस प्रदेश के किसी अन्य व्यक्ति को प्राप्त नहीं हुआ।

किसी भी राष्ट्र या संस्था के लिए संक्रमणकाल ही उसकी कसौटी होता है। बंगलौर अधिवेशन के बाद अखिल भारतीय कांग्रेस भी एक परीक्षा की घड़ी से गुजर रही थी। नेतृत्व कसौटी के कगार पर था। उसे रास्ता चुनना था। प्रधान मंत्री श्रीमती इन्दिरा गांधी के ओजस्वी नेतृत्व ने दिशा-निर्देश तो दिया ही, बिखराव को भी समेटा और कांग्रेस को प्रगतिशील मार्ग की ओर मोड़कर संस्था में एक नई जान फूंक दी। कार्यक्रम के क्रियान्वयन की जवाबदारी अब एक महत्त्वपूर्ण प्रश्न था। संकट की घड़ी में जहाँ एक ओर कांग्रेस के विभाजन से अनेक नई समस्याओं का सामना था, प्रतिगामी शक्तियां चुनौती दे रही थीं, एक ऐसे व्यक्तित्व की आवश्यकता थी जो सृजनशील प्रतिभा से कोटि-कोटि देशवासियों की आशा-आकांक्षा के अनुरूप समाजवादी समाज-रचना की दिशा में सबको लेकर आगे बढ़ सकें।

यह हमारा सौभाग्य है कि डॉ० शर्मा के रूप में संस्था को ऐसा उत्सर्गशील समर्पित व्यक्तित्व प्राप्त हुआ। कांग्रेस-विभाजन के बाद संगठन पर भी भारी जवाबदारी थी जिसका निर्वहन आसान कार्य नहीं था। एक ओर प्रधान मंत्री के प्रगतिशील विचारों और दृष्टिकोण के अनुरूप नीति-निर्धारण तथा कार्यान्वयन का

उत्तरदायित्व और दूसरी ओर साम्प्रदायिक तथा अन्य प्रतिगामी शक्तियों की चुनौती का सामना। महामंत्री के रूप में संगठन की जवाबदारियां जिस कौशल और चातुर्य से उन्होंने निभायीं वे अविस्मरणीय है। अध्यक्षीय पद पर डॉ॰ शर्मा का मनोनयन उनकी मूल्यवान सेवाओं के मूल्यांकन का प्रतीक और प्रधान मंत्री के अक्षय विश्वास का प्रमाण है।

डॉ॰ शर्मा का व्यक्तित्व अनेक विधाओं से युक्त है। बहु भाषाविद्, प्राध्यापक, शिक्षा-शास्त्री और विधिवेत्ता के रूप में उनकी प्रतिभा के स्पर्श से शायद ही कोई अछूता हो। वे आधुनिक भोपाल के निर्माता माने जाते हैं। उनके मुख्यमंत्रित्व काल में भोपाल ने आशातीत प्रगति की और उसके वर्तमान स्वरूप का बहुत कुछ श्रेय उन्हीं को है। विभिन्न महाविद्यालयों का समायोजन उनकी शैक्षणिक रुचि का ही प्रतिफल है।

प्रारंभिक काल में उन्होंने इस नगरी को इतना संजोया-संवारा कि राज्यों के पुनर्गठन के पश्चात् उनकी विशेष पैरवी पर इसे इस विशाल प्रदेश की राजधानी बनने का सौभाग्य मिल गया।

मैं उनके जन्म-दिवस पर हार्दिक शुभेच्छाओं के साथ उनके दीर्घजीवन की कामना करता हूँ।

बहुमुखी प्रतिभा

विद्याचरण शुक्ल

रक्षा-उत्पादन मन्त्री, नई दिल्ली

ऐसे किसी व्यक्ति के सम्बन्ध में जिसे आप बहुत निकट से जानते हों तथा जिसकी बहुमुखी प्रतिभा सर्वविदित हो, कुछ लिखना मेरे लिए कठिन प्रतीत होता है।

डॉ॰ शंकरदयाल शर्मा से मेरा पहला सम्पर्क लगभग 20 वर्ष पहले तब हुआ जब वे हमारे महाविद्यालय मारिस कालेज, नागपुर में मुख्य अतिथि के रूप में आमंत्रित किये गये थे। उस समय वे भोपाल राज्य के मुख्य मन्त्री थे। नागपुर के प्रबुद्ध जनों ने जब इन्हें सादे भारतीय लिबास में धाराप्रवाह अंग्रेजी में अपने सुलझे गूढ़ विचार प्रस्तुत करते देखा तो वे सब जगह ठीक करें उनके पांडित्य से बहुत प्रभावित हुए। डॉ॰ साहब ने अपने भाषण में देश की राजनीति में विशेषकर विद्यार्थियों को

जो भूमिका निभानी चाहिए, के बारे में, जो विचार रखे थे उनका औचित्य अभी भी यथावत् है।

अखिल भारतीय कांग्रेस का इस देश के ही नहीं अपितु विश्व के सबसे महान् गणराज्य के एक शाश्वत दल के रूप में अपना एक विशिष्ट स्थान है और इस दल के अध्यक्ष के नाते डॉ० साहब इस देश के बड़े नेताओं में एक हैं। हाल ही में उनकी रूस तथा अन्य देशों में, श्री ब्रैजनिव तथा अन्य नेताओं से हुई वार्ता से उनकी राजनैतिक सूझ-बूझ अन्तर्राष्ट्रीय मामलों पर उनकी पकड़ तथा उनकी बहुमुखी प्रतिभा स्पष्ट गोचर होती है।

डॉ० साहब का बचपन तथा छात्र-जीवन एक आदर्शस्वरूप रहा है, और जब उनके द्वारा प्राप्त भारतीय तथा विदेशों की पाठ्य उपाधियों को देखें तो साधारणतः अचम्भा ही होता है कि इतने कम समय में इतना कुछ उन्होंने कैसे प्राप्त कर लिया। अनुशासित तथा निष्ठावान विद्यार्थी-जीवन, कुशाग्र बुद्धि और अथक परिश्रम के वे प्रतीक थे।

देश की स्वतन्त्रता के आन्दोलन में भी डॉ० साहब ने महत्त्वपूर्ण भूमिका निभाई और ब्रिटिश शासन तथा भोपाल रियासत की सामंतशाही के विरुद्ध उन्होंने जो आन्दोलन चलाया उससे वे वहाँ के अग्रणी नेता के रूप में निखरे और जब भारत ने स्वतंत्रता पाई तो भोपाल राज्य के मुख्य मन्त्री के लिए डॉ० साहब को सभी ने एक मत से चुना। जिन्होंने सामंतशाही युग की भोपाल रियासत को देखा है वे निस्सन्देह यह मानते हैं कि डॉ० साहब के मुख्य मन्त्री काल में इस रियासत का रूप बदल गया और उन्होंने युगों-युगों से प्रताड़ित वहाँ की जनता को विकास के युग में ला नवजीवन प्रदान किया। डॉ० साहब की बौद्धिक प्रतिभा, सहनशीलता, निष्ठा, कार्यकुशलता एवं सुसंस्कृति मिलने वाली पर अपनी अमिट छाप डाल देती है।

सन् 1956 में जब रियासतों के पुनर्गठन के फलस्वरूप नये मध्य प्रदेश का गठन हुआ तो डॉ० साहब से मेरा और भी निकट का सम्बन्ध हो गया। हम न केवल एक ही राज्य के नागरिक बने बल्कि एक परिवार के हो गये क्योंकि मध्य प्रदेश के प्रथम मुख्य मंत्री मेरे पिता स्व० पंडित रविशंकर जी शुक्ल का डॉ० साहब पर परिवार के एक सदस्य के ही समान स्नेह रहा। डॉ० साहब भी हम सबके ही समान पिता जी को आदर एवं स्नेहपूर्वक 'कक्काजी' पुकारते थे। नये मध्य प्रदेश के प्रथम मंत्रिमडल में डॉ० साहब को महत्त्वपूर्ण शिक्षा विभाग का कार्यभार सौंपा गया। नये प्रदेश में 4 विभिन्न प्रदेशों के हिस्से मिले थे। उनके कर्मचारियों का समन्वय तथा शिक्षा जैसे महत्त्वपूर्ण कार्य को एक नई दिशा देना डॉ० साहब

के लिए एक चुनौती के समान था। इसे इन्होंने कार्यकुशलता और सूझ-बूझ के साथ निभाया। डॉ० साहब के कार्यकाल में मध्य प्रदेश में शिक्षा का जो बहुमुखी विकास हुआ है, सर्वविदित है। मध्य प्रदेश के मंत्रिमंडल में इसके बाद डॉ० साहब ने उद्योग आदि अनेक महत्त्वपूर्ण विभागों का कार्य संभाला।

1969 में जब कांग्रेस संगठन का विभाजन हुआ; और प्रगतिशील तत्वों के ऊपर दल के संचालन की जिम्मेवारी आई तो डॉ० साहब ने उस समय विवेक एवं राजनैतिक दूरदर्शिता का परिचय दिया। उन्हें इस संगठन का महामन्त्री बनाया गया। बिना आराम के उन्होंने उन कठिन दिनों में शांत एवं अविचलित रहकर कार्य किया। जब भी मैं डॉ० साहब से मिलता उन्हें व्यस्त पाता। किन्तु उनका स्वभाव शांत और चेहरे पर हंसी ही रहती थी। कठिन समय पर भी वे अतिशीघ्र चिंतन कर अपना विचार दे देते थे।

कुशाग्र बुद्धि, परिश्रम, लगन तथा राजनैतिक विवेक के कारण वे हमारी नेत्री श्रीमती इंदिरा गांधी के एक विश्वासपात्र सहायक हो गये और जब दल के अध्यक्ष-पद की बात आई तो सर्वसम्मति से डॉ० साहब को ही इस पद का अधिकारी माना गया। डॉ० साहब की अध्यक्षता के कार्यकाल में हमारा दल संकट की स्थिति से जूझते हुए निकला है। इस बीच उसने जो प्रगति की है वह सर्वविदित है। अध्यक्ष-पद को भारी जिम्मेदारी को निभाते हुए भी डॉ० साहब अपने संसद के कार्य को जरा भी शिथिल नहीं पड़ने देते। संसद् की बैठकों में महत्त्वपूर्ण मसलों पर वे अपना निरन्तर योगदान देते हैं।

19 अगस्त को डॉ० साहब का जन्म-दिवस है। अनेक देशवासियों के साथ मैं भी यह कामना करता हूँ कि ईश्वर उन्हें दीर्घायु बनाये ताकि आने वाले अनेक वर्षों में वे हमारे देश की इसी प्रकार सेवा कर सकें।

जिनके साथ एक दिन व्यतीत किया: शिक्षा मंत्री डॉ० शंकरदयाल शर्मा

—बनारसीदास चतुर्वेदी

हम यह मानते हैं कि किसी भी एक व्यक्ति के हाथ में अत्यधिक सत्ता का केन्द्रित होना अन्ततोगत्वा स्वयं उसके लिए और समाज के लिए भी हारिकारक हो सकता है, चाहे वह व्यक्ति लेनिन या गांधी ही क्यों न हो। हमारा यह भी विश्वास है कि शासकों से एक खास फासले पर रहने में ही कार्यकर्त्ताओं का कल्याण है।

डॉक्टर शर्मा हमारे कार्य-क्षेत्र टीकमगढ़ की यात्रा करने वाले थे और कुण्डेश्वर के बेसिक ट्रेनिंग कॉलेज का उन्हें निरीक्षण करना था। बस, इसी ख्याल से उपर्युक्त विचार रखते हुए भी वहाँ उपस्थित होना हमने अपना कर्त्तव्य समझा।

जब भोपाल में उनके शिक्षा-संबंधी बजट पर बहस होने वाली थी, उसके एक दिन पूर्व अत्यंत व्यस्त होते हुए भी, उन्होंने हमें घंटा-भर देने की कृपा की थी। उस समय उन्होंने बतलाया कि भूतपूर्व मध्य प्रदेश में पांच सौ या उससे ऊपर की आबादी के सैकड़ों ग्राम ऐसे हैं, जिनमें एक प्राइमरी स्कूल भी नहीं है और वे इस अभाव को दूर करने के लिए चिन्तित प्रतीत हुए। निस्सन्देह भोपाल के लिए उन्होंने अपने शासन काल में बहुत कुछ किया था, पर अब तो भोपाल या विन्ध्य प्रदेश, मध्य भारत या मध्य प्रदेश, सब उनके लिए समान हैं और वे समान रूप से इस बृहत् प्रान्त के सभी भागों की प्रगति के लिए प्रयत्नशील होना चाहते हैं।

दिन-भर के प्रोग्राम में हमने शर्माजी को कई बार भाषण देते हुए सुना, लोगों से बातचीत करते हुए और सार्वजनिक प्रश्नों पर वाद-विवाद करते हुए भी देखा। वे शुद्ध हिन्दी में धाराप्रवाह बोल सकते हैं और शब्दों या भावों के लिए उन्हें रुकना नहीं पड़त। नपे-तुले शब्दों में अपनी बात को कह लेने का उन्हें अभ्यास है। वे अत्युक्ति नहीं करते और न ऐसे वायदे करते हैं, जिन्हें वे पूरा न कर सकें।

कुण्डेश्वर में उनका जो भाषण हुआ, उसे दो भागों में विभाजित किया जा सकता है–एक तो पंचायतों के संबंध में और दूसरा बुनियादी शिक्षा के विषय पर। उनका सबसे अधिक महत्त्वपूर्ण भाषण तो टीकमगढ़ की सार्वजनिक सभा में हुआ।

पंचायतों के भविष्य के बारे में उन्होंने जो कुछ कहा, वह बड़ा महत्त्वपूर्ण है। शर्मा जी ने कहा:

"भावी भारत के निर्माण में पंचायतों का बड़ा हाथ होने जा रहा है। हम लोगों ने यह तय किया है कि समाज-सेवा तथा निर्माण-सम्बन्धी क्षेत्रों में पंचायतों को काम करने का पूरा-पूरा अवसर दिया जाये। प्लानिंग कमीशन ने पांच आदमियों की एक कमेटी बनाई है, जिसका उद्देश्य यह है कि वह इस बात की जांच करे कि हमारे निर्माण-कार्यों में किस प्रकार गति लाई जाये और रुपयों का सदुपयोग भी हो। हम विभिन्न राज्यों में गये थे और अब अपनी रिपोर्ट लिख रहे हैं। अब तक तो शासन आप लोगों से सिर्फ

सलाह–मशविरा ही लिया करता था, पर अब तो यह निश्चित होने जा रहा है कि निर्माण–कार्यों की जिम्मेदारी शासन के बजाय आप लोगों पर ही रहे। भविष्य में जो भी आप लोग तय करेंगे, तदनुसार ही कार्य होगा।''

बुनियादी शिक्षा

''बुनियादी शिक्षा के विषय में मैं अधिक नहीं जानता, पर इतना तो समझता हूँ कि बुनियादी शिक्षा में जो क्राफ्ट्स हैं, यथा बुनना, सिलाई, खिलौने बनाना, बढ़ईगिरी इत्यादि–उनके मूल में समाज–हित की भावना ही विद्यमान है। शिक्षक लोग यहाँ विद्यार्थियों को बना रहे हैं। उन्हें व्यवहारिक जीवन की शिक्षा दे रहे हैं उनका मूल उद्देश्य यही है कि उनमें एकाग्रता की भावना का विकास हो–चाहे वे सूत कातते हों या कपास ओटते हों या कपड़ा बुनते हों। जो भी काम वे करें, अच्छे से अच्छे ढंग से करें। भारत ग्रामों को देश है और ग्रामों के निर्माण में बुनियादी शिक्षकों का विशेष हाथ होगा। मैंने तो भोपाल राज्य में शिक्षकों को पंचायतों का सेक्रेटरी बना दिया था। ग्रामीण समाज में शिक्षकों को उचित स्थान मिले, यही मेरी भावना रही है। शिक्षक ही ग्रामों का नेता हो सकता है। वही उनका नेचुरल लीडर है और वही उस समाज को आगे बढ़ा सकता है। यहाँ का बेसिक ट्रेनिंग कॉलेज पोस्ट ग्रेजुएट दर्जे तक बना दिया जाये, यह मांग की गई है। मुझे इसमें कोई आपत्ति नहीं हैं केन्द्रीय मंत्री डाक्टर श्रीमाली ग्वालियर पधार रहे हैं। हम लोग उनसे मिलकर इसके लिए अनुरोध कर सकते हैं। एक त्रुटि मुझे यहाँ दीख पड़ी, वह यह कि यहाँ विज्ञान की शिक्षा का अभाव है। उसकी आवश्यकता है और उसकी उपेक्षा हमें नहीं करनी चाहिए। उसके लिए जिन साधनों की आवश्यकता होगी, उनको जुटाने का आश्वासन मैं दे सकता हूँ।''

टेक्निकल कॉलेज, सवाई महेन्द्र इंटर कॉलेज, डिस्ट्रिक्ट कांग्रेस कमेटी के सदस्यों की सभा, सार्वजनिक सभा और बिजली–घर में नई मशीन का उद्घाटन–इन सबकी कार्रवाइयों में डॉक्टर शर्मा के साथ रहने का अवसर हमें मिला। अत्यंत व्यस्त कार्यक्रम होते हुए भी उन्होंने अपने कर्त्तव्य को बड़े धैर्यपूर्वक निभाया।

हमारा विश्वास है कि कोई भी एक व्यक्ति हमारा उद्धार नहीं कर सकता, पारस्परिक सहयोग द्वारा ही स्वयं हम लोग अपने प्रश्न हल कर सकते हैं। प्रत्येक कार्य में शासकों का मुंह ताकते रहने की नीति को हमें तिलांजलि दे देनी

होगी। कार्यों को प्रारंभ करने की और उन्हें अन्त तक ले जाने की शक्ति जनता के ही हाथों में होनी चाहिए, न कि कुछ इने-गिने शासकों के।

शर्माजी स्वयं शिक्षक रह चुके हैं और शिक्षा तथा शिक्षकों के प्रश्नों और उनके महत्त्व से वे भली-भाँति परिचित हैं, और उन्हें अपने विभाग से तथा जनता से भी पूरा-पूरा सहयोग मिलने पर वे इस वृहद् प्रदेश की बहुत कुछ सेवा कर सकेंगे, ऐसा विश्वास है।

('मध्यप्रदेश संदेश' से साभार)

गौरवास्पद डाक्टर साहब

—डॉ॰ बलदेवप्रसाद मिश्र

डाक्टर शंकरदयाल जी शर्मा का स्नेहभाजन हाने की सौभग्य मुझे अनेक वर्षों से प्राप्त होता रहा है। जब भोपाल का विलीनीकरण मध्य प्रदेश में नहीं हुआ था, परन्तु विलीनीकरण की चर्चा चल रही थी, उस समय वे भोपाल के मुख्य मंत्री थे। उनके मुख्यमंत्रित्व काल में मुझे भोपाल जाने का एक अवसर प्राप्त हुआ। उस समय डॉ॰ राजेश्वर गुरु भोपाल के महाविद्यालय में थे। मैं उनका अतिथि होकर पहुँचा। डॉ॰ साहब ने मेरे विषय में गुरु जी से सुना तो तुरन्त ही उन्होंने मुझे सांची घुमाने के लिए मोटर की व्यवस्था कर दी और अपने यहाँ रामायण का एक प्रवचन जमा दिया। सपरिवार बड़ी श्रद्धा के साथ उन्होंने रामायण का प्रवचन सुना और बड़ी आत्मीयता के साथ उन्होंने मुझे श्री गुरु जी के साथ जगत् प्रसिद्ध सांची स्तूप देख आने की पूरी व्यवस्था कर दी। तब से वह स्नेह उत्तरोत्तर बढ़ता ही रहा है।

कुछ ही समय बाद भोपाल का मध्य प्रदेश में विलयन हुआ। विदर्भ और नागपुर की पुरानी इकाई छूटी और भोपाल, मध्य भारत तथा रीवां की नई इकाइयां जुड़ीं। उस समय हिन्दी साहित्य सम्मेलन का भी पुनर्गठन आवश्यक हो गया। विदर्भ हिन्दी साहित्य सम्मेलन अलग बन गया और मध्य प्रदेश की चार इकाइयों, (महाकोशल, मध्यभारत, विंध्यप्रदेश और भोपाल) का पारस्परिक विलीनीकरण होकर नये मध्यप्रदेश हिन्दी साहित्य सम्मेलन की एक इकाई बनी। श्री डॉ॰ शर्मा उस समय भोपाल हिन्दी साहित्य सम्मेलन के अध्यक्ष थे और मैं पुराने मध्य प्रदेश के शेष अंश अर्थात् महाकोशल का प्रतिनिधित्व करता था। हम लोगों की अनेक बैठकें हुईं और उन दिनों कई बार गुझे शर्मा जी से मिलने का अवसर मिला। हम लोगों ने नये सम्मेलन की अध्यक्षता के लिए तत्कालीन

विधानसभा के स्पीकर पं० कुंजीलाल जी दुबे को चुना और डॉ० शंकरदयाल जी के ऊपर यह दायित्व सौंपा गया कि वे पं० जवाहरलाल नेहरू को आमंत्रित करके उनके करकमलों द्वारा प्रथम सम्मेलन का उद्घाटन करवायें। मुझे भारत सेवक समाज के सिलसिले में कई बार दिल्ली जाना पड़ा था और मैंने यह सुन रखा था कि डॉ० शर्मा के ऊपर पं० नेहरू जी का कितना वात्सल्य है। इसलिए मुझे पूरा विश्वास था कि डॉ० साहब के आमन्त्रण पर पं० नेहरू राज़ी हो जायेंगे। वही हुआ भी, और पहला अधिवेशन श्री शर्मा जी की कृपा से बहुत शानदार हुआ।

भारत सेवक समाज और हिन्दी साहित्य सम्मेलन दोनों क्षेत्रों में मुझे डॉ० साहब का बड़ा प्रेमपूर्ण सहयोग मिलता रहा है। उनकी कई मधुर स्मृतियां हम लोगों के हृदयों में संजोई हुई हैं। वे जहाँ मृदु होना चाहिए वहाँ परम मृदु रहे हैं और जहाँ कठोर होना चाहिए वहाँ अडिग दृढ़ निश्चयी भी रहे हैं। उनके मंत्रित्वकाल में भी मेरा उनका कई प्रकार का सम्पर्क आया और मैंने उनकी ये चारित्रिक विशेषताएं नज़दीक से देखी हैं।

उनकी बुद्धिमत्ता और विद्वत्ता न केवल उनकी डिग्रियों और उनके सूझ-बूझ भरे निर्णयों से प्रकट है किन्तु उनके उत्तरोत्तर उत्कर्ष में भी साक्षीरूप से विद्यमान है। मति और कृति, ज्ञान और क्रिया, विचार और आचार, सूझ-बूझ और अथक सेवा-क्षमता में एक साथ पारंगत होना बहुत ही विरले लोगों के जीवन में देखा जाता है। डॉ० शर्मा जी ने दिल और दिमाग दोनों की खूबियों से अपना जीवन इतने सुंदर ढंग पर निखारा है कि रियासती जमाने में वे भोपाल के मुख्य मंत्री बने और कांग्रेसी जमाने में न केवल मन्त्रित्व आदि के बड़े-बड़े पद उन्होंने संभाले वरन् आज अखिल भारतीय कांग्रेस के अध्यक्ष का अत्यन्त महत्त्वपूर्ण और दायित्वपूर्ण पद संभाले हुए हैं। मध्यप्रदेश के वे ही प्रथम सज्जन हैं जो इतने ऊंचे पद पर आसीन हुए। और न केवल प्रदेश का गौरव अद्वितीय ढंग पर बढ़ा रहे हैं किन्तु अखिल भारतीय क्षेत्र में अपनी बहुमूल्य सेवाएं देते हुए भी अपने इस प्रान्त का सदैव ध्यान रख रहे हैं। प्रान्त ही नहीं, प्रान्त के प्रत्येक परिचित का ध्यान रख रहे हैं। उनसे न केवल उनका परिवार और न केवल उनका नगर भोपाल ही गौरवान्वित है किन्तु हम सब मध्यप्रान्तीय या यों कहिए कि समग्र भारतवासी ही गौरवान्वित हैं। हमारी मंगल कामना है कि वे शतजीवी हों और उत्तरोत्तर उत्कर्ष के साथ देश एवं राष्ट्र तथा मानव-समाज के कल्याणवर्धन में संलग्न रहें।

डॉ॰ शकरदयाल शर्मा: एक सफल और कुशल प्रशासक

—भगवन्तराव मंडलोई

यह जानकर बड़ी प्रसन्नता होती है कि अखिल भारतीय कांग्रेस के अध्यक्ष डॉ॰ शंकरदयाल शर्मा को उनके 56वें जन्मदिवस पर, उनकी बहुमुखी महती सेवाओं के उपलक्ष्य में, एक अभिनन्दन-ग्रंथ भेंट किया जायेगा।

डॉ॰ शंकरदयाल शर्मा साधारण कानून तथा संविधान-संबंधी कानून के ज्ञाता तो हैं ही साथ ही एक योग्य और कुशल प्रशासक भी हैं। स्वतन्त्रता के बाद भोपाल राज्य का एक 'सी' क्लास स्टेट में निर्माण हुआ और नवम्बर, 1956 में मध्यप्रदेश के निर्माण के पहले डॉ॰ शंकरदयाल शर्मा, पिछले कई वर्षों से भोपाल राज्य के मुख्यमंत्री थे। उन्होंने अपने मुख्यमंत्रित्व काल में भोपाल राज्य की बहुमुखी सेवाएं कीं। खेती की उन्नति के लिए बुधनी ग्राम में एक विशाल ट्रैक्टर स्टेशन स्थापित किया और सीहोर नगर में एक कृषि महाविद्यालय स्वर्गीय रफी अहमद किदवई की स्मृति में स्थापित किया। भोपाल नगर के नज़दीक ही एक विशाल 'हैवी-इलेक्ट्रिकल्स' कारखाना स्थापित करने का भारत सरकार द्वारा निर्णय लिया गया। इस विशाल औद्योगिक संस्थान की स्थापना का श्रेय डॉ॰ शंकरदयाल शर्मा को है। भोपाल राज्य में शिक्षा के विकास एवं प्रसार के लिए उन्होंने प्रशंसनीय कार्य किया।

नये मध्य प्रदेश के निर्माण के पहले ही मुझे, जब मैं पुराने मध्य प्रदेश में राजस्व व शिक्षा मंत्री था, डॉ॰ शर्मा से निकट से मिलने का सौभाग्य प्राप्त हुआ था और भोपाल जाकर उनसे मिलकर भावी विकास और उन्नति का अन्दाज मैं लगा सका था।

नवम्बर, सन् 1956 में मध्य प्रदेश का निर्माण होने पर स्व॰ रविशंकर शुक्ल के मंत्रिमंडल में डॉ॰ शंकरदयाल शर्मा शिक्षा मंत्री रहे। पं॰ रविशंकर शुक्ल की असामयिक मृत्यु के उपरान्त डॉ॰ शर्मा, डॉ॰ काटजू के मंत्रिमंडल में शिक्षा मंत्री रहे। सन् 1962 में भी डॉ॰ शर्मा मेरे मंत्रिमंडल में एक यशस्वी मंत्री के रूप में रहे।

इस अवधि में डॉ॰ शंकरदयाल शर्मा ने समूचे मध्य प्रदेश में शिक्षा के क्षेत्र में बहुत अधिक कार्य किया। प्राथमिक शिक्षा से लेकर उच्च शिक्षा के क्षेत्र में पूरे मध्य प्रदेश ने उन्नति की। जिन जिलों में महाविद्यालय स्थापित

नहीं हो सके उन्होंने उन जिलों में शासकीय महाविद्यालय स्थापित कराये। तकनीकी शिक्षा के क्षेत्र में भारत सरकार की नीति अपनाकर कई नगरों में पालिटेक्निक संस्थाएं स्थापित कराईं। ग्रामीण क्षेत्रों में जगह-जगह बड़ी तादाद में हायर सेकेण्डरी स्कूल स्थापित कराये। अपने नगर में भी कई महाविद्यालय. और एक इंजीनियरिंग कॉलेज स्थापित कराया। इन सब प्रयत्नों के कारण ही भोपाल क्षेत्र में एक विश्वविद्यालय स्थापित हो सका।

डॉ॰ शंकरदयाल शर्मा कांग्रेस के यशस्वी नेता के सिवाय समाजवाद पर उनकी आस्था व दृढ़ विश्वास है। उनकी मान्यता है कि समाजवाद से ही देश की उन्नति हो सकेगी। भारतीय कांग्रेस के महामंत्री भी डॉ॰ शंकरदयाल शर्मा रहे। उनकी महती सेवाओं के कारण ही उन्हें अखिल भारतीय कांग्रेस के अध्यक्ष-पद पर एकमत से आसीन किया गया है।

इस महान् देश का सौभाग्य है कि देश की बागडोर श्रीमती इन्दिरा गांधी के हाथ में है। उनकी उत्कट इच्छा है कि शीघ्र ही यह महान् देश समृद्धिशाली बने। प्रत्येक देशवासी को रहने का मकान तथा जीविका का साधन मिलकर गरीबी मिटे। हमारे प्रधान मंत्री के सुख-स्वप्नों को साकार बनाने में अखिल भारतीय कांग्रेस एवं उसके अध्यक्ष डॉ॰ शंकरदयाल शर्मा अपना योगदान देकर सफल बनाने का प्रयत्न करेंगे ऐसी हमारी आशा और दृढ़ विश्वास है।

अन्त में मैं डॉ॰ शंकरदयाल शर्मा के प्रति अपनी हार्दिक शुभ-कामनाएं प्रकट करता हूँ।

अडिग आस्था के प्रतीक

—गोविन्दनारायण सिंह

डॉक्टर शंकरदयाल शर्मा देशी राज्य में उत्पन्न हुए लेकिन उन्होंने वहाँ के वातावरण से अलग रहकर अपना निर्माण किया। उनका व्यक्तित्व सुनिर्मित है। उनसे साक्षात्कार होते ही उनकी वास्तविकता प्रकट हो जाती है।

डॉ॰ शर्मा को जीवन के उतार-चढ़ाव कम देखने को मिले हैं। क्रमशः विकास ही उनके जीवन का मानचित्र है। सुखसंवर्धित डॉ॰ शर्मा कठिनाइयों से जूझने को सर्वदा तत्पर रहते हैं।

ईश्वरीय आराधना मनुष्य में दृढ़ संकल्प को जन्म देती है। डॉक्टर शंकरदयाल शर्मा आस्तिक हैं; और उनकी आस्था अडिग है। उनकी यह आस्था जीवन के प्रत्येक क्षेत्र में–विद्याध्ययन से लेकर कांग्रेस की अध्यक्षता तक–परिलक्षित होती है।

अध्यापकीय सम्पर्क ने उनके व्यक्तित्व को गुरु-गरिमा-मंडित बना दिया है। प्राय: इसीलिए वे एक निर्विकार उपदेशक की भाँति दिखाई देते हैं। प्रकारान्तर से इसी कारण वे स्नेहिल हो जाते हैं। उनकी सदाशयता चतुर्दिक बिखरी हुई है।

लगन और लक्ष्य की साधना दोनों ही कार्य अन्योन्याश्रित हैं। इनका सामंजस्यपूर्ण समन्वय डॉक्टर शर्मा के व्यक्तित्व और कृतित्व में है। जीवन के विविध अंगों एवं उपांगों में वे अनुकरणीय हैं।

समय को पहचानने की डॉक्टर शर्मा में अद्वितीय क्षमता है। समय और परिस्थिति के अनुकूल अपने को मोड़ लेने की उनकी योग्यता अनुपमेय हैं। उनका गत्यात्मक संतुलन सहज संभाव्य नहीं है।

डॉक्टर शर्मा विद्याव्यसनी हैं। शिक्षा में उनकी विशेष अभिरुचि एवं अनुरक्ति है। शिक्षकों की दयनीय दशा पर प्राय: उनका कारुणिक हृदय द्रवीभूत हुआ है। उनके उत्थान एवं उन्नयन के सतत् प्रयास उन्होंने किये हैं। शिक्षक वर्ग उनका चिर ऋणी रहेगा। मूल प्रवृत्ति अध्यापक की होने के नाते उनका यह व्यवहार मानवीय ही नहीं तोषदायी भी है।

डॉ॰ शर्मा के प्रति मेरे हृदय में विशेष आदर व सम्मान है। उनका स्नेह मुझे सदैव मिला रहा है और आशा है कि मिलता रहेगा।

नमन!

डॉक्टर साहब के साथ पांच साल

—मियाँ सुलतान मोहम्मद खाँ
भूतपूर्व स्पीकर, भोपाल स्टेट असेम्बली

''सन् 48-50 ई॰ में भोपाल के उफ़ुक़ पर एक नन्हा-सा सितारा उभरा जो आज भारत के आस्माने सियासत पर माहे क़ामिल होकर चमक रहा है'', मुख़्तसर अल्फ़ाज़ में यह हैं डॉ॰ शंकरदयाल शर्मा!

चार ज़बानों के माहिर, हिन्दी, संस्कृत और अंग्रेजी में एम०ए०, उर्दू अहले ज़बान की तरह बोलते, लिखते और पढ़ते हैं। लखनऊ में फ़र्स्ट डिवीजन में एल० एल० एम० किया और अमरीका से कानून में डॉक्टरेट की डिग्री ली और कैम्ब्रिज के बार-एटलॉ हैं।

यह वह ज़माना था जब प्रजा मंडल (स्टेट कांग्रेस) दो ग्रुप्स में तक़सीम हो गई थी, एक ग्रुप चाहता था कि भोपाल एक बहुत ही पिछड़ा हुआ इलाक़ा होने की वजह से कम से कम पन्द्रह साल तक एक अलग यूनिट ही की हैसियत से रहे और दूसरा ग्रुप भोपाल का विलीनीकरण चाहने वाले मध्य भारत के साथ विलीनीकरण चाहते थे या मध्य प्रदेश के साथ। इस झगड़े ने काफ़ी तूल खींचा पर नतीजे के तौर पर भोपाल की बागडोर सेण्टर ने खुद संभाल ली और यहाँ मिस्टर बनर्जी को चीफ़ कमिश्नर मुक़र्रर किया गया। मुझे याद है कि एक दफ़ा श्री भगवान सहाय चीफ़ कमिश्नर भोपाल ने भोपाल असेम्बली का इक़तिहाद करते हुए कहा था कि प्लेटो ने छोटी-छोटी स्टेटों की काफ़ी सराहना की है क्योंकि वहाँ डिवलपमेन्ट का काम अच्छी तरह और सहूलियत से हो सकता है। जब असेम्बली का इज़लास खत्म होने के बाद आपस में बातचीत होने लगी तो मिस्टर भगवान सहाय ने कहा कि आप लोगों ने जो भोपाल को अलहदा रखने की जद्दोजहद की उसमें काफ़ी वजन था, मैंने उसी वक्त कहा कि विलीनीकरण आन्दोलन की सबसे बड़ी देन तो डॉ० शंकरदयाल शर्मा हैं।

भोपाल के चीफ़ कमिश्नरी राज्य बन जाने के बाद डॉ० शंकरदयाल शर्मा भोपाल स्टेट कांग्रेस के प्रेसीडेंट चुने गये लेकिन चीफ़ कमिश्नरी से कोई भी खुश नहीं था और भोपाल के अलावा जो भी पार्ट सी स्टेट्स थीं, वहाँ भी बेचैनी थी। देहली में पार्ट सी स्टेट्स की एक कॉन्फ्रेंस हुई जिसमें भोपाल की तरफ से मैं भी एक नुमाइन्दा था और डॉक्टर साहब, खान शाकिर अली खां, पंडित चतुरनारायण मालवीय, स्व० मास्टर लालसिंह और दूसरे मन्दूबीन तो थे ही। इस कॉन्फ्रेंस में डॉक्टर साहब ने पार्ट सी स्टेट्स के काज़ को आमतौर पर और भोपाल के काज़ को खास तौर पर बहुत ही ज़ोरदार और मोअस्सल अल्फ़ाज में सामने रखा था और शाकिर अली खां इसी कॉन्फ्रेंस में बोल पड़े थे कि इससे बेहतर तरीक़े से यह मसला पेश किया ही नहीं जा सकता था। इसके नतीजे में पार्ट सी स्टेट्स ऐक्ट बना, भोपाल को भी जमहूरी हुक़ूक़ अता किये गये और असेम्बली के लिए जो उम्मीदवार कांग्रेस ने खड़े किये उसमें दोनों ग्रुपों की नुमाइन्दगी रखी गई। असेम्बली के चुनाव हुए और कांग्रेस को 30 सीटों

में से 26 सीटें मिलीं, डॉक्टर साहब को मुत्तफ़िक़ा तौर पर चीफ़ मिनिस्टर मुक़र्रर किया गया और डॉक्टर साहब ने अपनी फ़राख़दिली से काम लेकर बाक़ी दो मिनिस्टर, मौलाना तरज़ी मशरिक़ी और बाबू कामताप्रसाद, दूसरे ग्रुप से लिये और स्पीकरशिप के लिए मेरी सिफ़ारिश की। यह डॉक्टर साहब की फ़राख हौसलगी का ही सिला था कि भोपाल में ग्रुप खत्म हो गये और रियासत का काम खुश उसलूबी से चलने लगा।

डॉक्टर साहब की पहली तवज्जोह तालीम पर थी, यह महकमा उन्होंने खुद अपने पास ही रखा और असेम्बली के इब्तिदाई इजलासों में ही एलान कर दिया था कि कोई जमहूरी हुकूमत उस वक्त तक कामयाब नहीं हो सकती जब तक कि उसे अवाम तालीमयाफ्ता न हों, इसलिए भोपाल के हर पटवारी सर्किल में एक प्राइमरी स्कूल, हर गिर्दावर सर्किल में एक मिडिल स्कूल, हर छोटे क़स्बे में एक हाई स्कूल और भोपाल और सीहोर में डिग्री कॉलिज कायम किये जायें। यह सिर्फ़ असेम्बली में कहने ही की बात नहीं थी बल्कि इस पर फ़ौरन अमल भी कराया गया और सीहोर में, जहाँ सिर्फ़ एक हाई स्कूल था, वहाँ लड़कियों का हाई स्कूल, डिग्री कालेज, एग्रिकल्चर कॉलेज और बेसिक ट्रेनिंग कॉलेज कायम हुए। एग्रिकल्चर कॉलेज के सिलसिले में काफी खींचतान हुई थी लेकिन श्री उमरावसिंह जी ने, जो उस वक्त डिप्टी मिनिस्टर थे, और किसी हद तक मैंने भी इस पर ज़ोर दिया कि यह कॉलेज सीहोर में ही होना चाहिए जो क़िदवई एग्रिकल्चर इन्स्टीट्यूट के नाम से आज भी सीहोर में कायम है। डॉक्टर साहब का ख्याल था कि इसकी इमारतें वग़ैरा मुक़म्मल हो जाने के बाद इसे एग्रिकल्चर यूनिवर्सिटी में तब्दील कर दिया जाये, जो अफ़सोस है कि पूरा न हो सका। मुझे अच्छी तरह याद है कि भोपाल असेम्बली के आखिरी इजलास में डॉक्टर साहब ने फ़रमाया था कि मध्य प्रदेश बन जाने के बाद इसके हर बड़े शहर में यूनिवर्सिटी होना ज़रूरी है और उन्होंने खास तौर पर रायपुर, रीवां, इन्दौर, जबलपुर वगैरा शहरों के नाम लिये थे और जो उन्होंने अपने आइन्दा एजूकेशन मिनिस्टर होने के जमाने में पूरा कर दिखाया। इस स्पीच के बाद एक प्राइवेट मुलाकात में जब मैंने उनसे कहा कि आपने जिन शहरों में यूनिवर्सिटियां बनेंगी, उनके नाम गिनाते हुए भोपाल का नाम ही लिया यह भोपाल के साथ ज्यादती है तो उनका जवाब निहायत महब्बिराना था कि भोपाल के राजधानी हो जाने से यूनिवर्सिटी तो खुद ही आ जायेगी। आगे चलकर उनकी यह पेशगोई उनके एजुकेशन मिनिस्टर न रहने के बाद पूरी हुई।

यह डॉक्टर साहब ही की सूझ-बूझ का नतीजा था कि वह जब भी किसी नई इमारत का इफ्तेताह कराते तो उनकी सबसे पहली कोशिश यह होती कि वह स्व० पंडित जवाहरलाल नेहरू को लेकर आयें अगर यह मुमकिन न होता तो किसी दूसरे सेण्ट्रल मिनिस्टर को जरूर ले आते, चुनांचे उस ज़माने में जिनते सेण्ट्रल मिनिस्टर भोपाल में आये और उनके आने से जितने फायदे हुए वह आइन्दा नहीं हो सके। श्री रफ़ी अहमद क़िदवई मरहूम, स्व० लालबहादुर शास्त्री, स्व० गोविन्दवल्लभ पन्त, श्री मोरराजी देसाई, स्व० कैलाशनाथ काटजू वगैरा उस जमाने में बराबर भोपाल आते रहे और इमारतों का इफ्तेताह करते रहे। एक बार हमीदिया कॉलेज के किसी डिपार्टमेण्ट या लाइब्रेरी का इफ्तेताह करते हुए श्री श्रीप्रकाश ने, जो उस जमाने में मद्रास के गवर्नर थे, कहा था कि डॉक्टर शर्मा मुझे भी वह कुआं बता दें जहाँ से जाकर वह रुपया खींच लाते हैं ताकि मैं मद्रास जाकर वहाँ के मिनिस्टरों को भी बता दूँ कि वह इस कुएं से रुपया खींच लायें और तरक्की के कामों में लगायें।

डॉक्टर साहब की चीफ़ मिनिस्ट्री के जमाने में भोपाल बराबर तरक्की की राह पर गामज़न रहा, नई-नई इमारतें बनीं, नये-नये बांध बांधे गये, नई-नई तरक्की की स्कीमें सामने आईं, पालिटेक्निक और दूसरे मेडिकल कॉलेज, टेक्निकल कॉलेज कायम हुए, और ज़मीन की पैदावार को ज्यादा से ज्यादा बढ़ाने के लिए वह तमाम ज़दीद जरिये इस्तेमाल किये गये जिनकी जरूरत थी। यह डॉक्टर साहब की ही अथक कोशिशों का नतीजा था कि वह सेन्टर से रुपया मंजूर कराकर लाते और बेदरेग़ तरक्क़ी के कामों में खर्च करते। हत्ता कि स्व० पंडित जवाहरलाल नेहरू को भी कहना पड़ा कि भोपाल ने बहुत तरक्क़ी की है और उसकी तरक्क़ी का काम 'ए वन' है।

असेम्बली में भी डॉक्टर साहब का रोल निहायत वाविक़ार था। तीस आदमियों की मुख्तसर-सी असेम्बली थी जिसमें से एक स्पीकर को निकाल देने के बाद 29 आदमी हाउस के फ्लोर पर रहते और डॉक्टर साहब की यह कोशिश होती कि इनमें से कोई एक आदमी भी ग़ैरहाज़िर न होने पाये। तमाम मुआमलात पर और आइन्दा स्कीमों पर निहायत खुले दिल से बहस होती और हर माक़ूल तज़बीज़ को चाहे वह किसी भी क्वार्टर से आई हो, डॉक्टर साहब फ़राख़दिली से मंजूर करते थे। उसी ज़माने में मैंने तज़बीज़ किया कि अपनी असेम्बली के बतौरख़ास परम्पराएं कायम करनी चाहिए चुनांचे बजट पेश करने का वक्त शाम को 5 बजे मुतऐयिन किया गया और आम असेम्बली के इजलास गर्मियों

में 7 बजे सुबह और सर्दियों में 8 बजे सुबह से होते थे। असेम्बली के ज़माने में मेरी डॉक्टर साहब से बहुत ज्यादा मुलाकातें होती रहती थीं और उसमें दूसरे रोज़ जो काम होने वाला है उसके अलावा दूसरे मुआमलात पर भी बहस व मुबाहसा होता था। एक दफ़ा सीहोर के वकीलों का एक वफ्द जिसमें काफ़ी सिनरसीदा लोग थे, मेरे पास पहुँचा कि सीहोर में जो मैजिस्ट्रेट वग़ैरा तैनात हैं, उन्होंने हिन्दी अलफ़ाज के इस्तेमाल में बड़ी सख़्ती बरत रखी है और ऐसी तहरीरों को जिनमें उर्दू अलफ़ाज आते हैं, वह कुबूल करने पर तैयार नहीं होते। मैंने उनको डॉक्टर साहब के सामने पेश किया। डॉक्टर साहब ने उनकी बातों को बहुत हमदर्दी के साथ सुना और दूसरे ही दिन असेम्बली में एलान किया कि इतना ही काफी है कि स्क्रिप्ट हिन्दी हो। अब इन बूढ़े-बूढ़े लोगों से यह उम्मीद नहीं की जा सकती कि वह हिन्दी पर उबूर हासिल कर सकें और इस मामले में अदालतों की कोई भी सख़्ती मुनासिब नहीं होगी।

जहां डॉक्टर साहब को एकतरफ़ चौबीस घंटे डेवलपमेण्ट का ख्याल रहता था वहाँ वह असेम्बली के हंगामों से भी ग़ाफ़िल नहीं रहते थे। एक बार एक लतीफ़ा हुआ। तक़रीबन साढ़े दस बजे रात को जब कि मैं करीब-करीब सो चुका था, मालूम हुआ कि डॉक्टर साहब आये हैं, मैंने पूछा कि भई इतनी रात को पैदल तशरीफ़ लाने का सबब क्या है, और ऐसी क्या ख़ास परेशानी है। कहने लगे मुझे मालूम हुआ है कि कल कुछ शरारतपसन्द लोग असेम्बली में हंगामा करना चाहते हैं तो आप पूरे वक्त सदारत की कुर्सी पर रहेंगे। मैं हैरान रह गया क्योंकि यह बात तो असेम्बली के वक्त से थोड़ी देर पहले भी कही जा सकती थी लेकिन वह डॉक्टर साहब की इन्तहाई सूझ-बूझ का नतीजा था कि उन्होंने सुबह होने तक इन्तिज़ार करना गवारा नहीं किया, न मुझसे टेलीफोन पर बात करना मुनासिब समझा और खुद पैदल चलकर मेरे पास तशरीफ़ लाये और यह ख़बर पहुँचाई।

यों तो असेम्बली में काफी अहम कानूनों के मसविदे और रेजोल्यूशन जेर बहस आते रहे लेकिन जो मसला सबसे अहम था वह गायकुशी के मुताल्लिक था। डॉक्टर साहब की नज़र में हिन्दोस्तान में दूसरी रियासतें भी थीं और खुद उनकी कैबिनेट में यह मसला मतनाजेफ़ीह था, लेकिन जब एक दफ़ा चीफ़ कमिश्नर से बहस वह मुबाहसा होने के बाद यह तय हो गया कि भोपाल में गायकुशी बन्द की जाये तो डॉक्टर साहब ने बड़ी खुश उसलूबी के साथ इस तजवीज को असेम्बली में पेश किया और सभी मेम्बरान ने ख़न्दापेशानी

के साथ इसे क़ुबूल कर लिया। यह एक ऐसी तजबीज़ थी जिससे कुछ नाफ़हम मुसलमान बददिल हो सकते थे लेकिन डॉक्टर साहब ने जिस शानदार तरीक़े से हालात को काबू में रखा और जिस दानिशमन्दी से अवाम को समझाया इसकी जितनी भी तारीफ़ की जाये कम है।

ऐसा कुछ नहीं था कि डॉक्टर साहब के ज़माने में हुकूमत की मुख़ालफ़त में जलसे-जुलूस न हुए हों या हिन्दू-मुस्लिम फसाद न हुआ हो, लेकिन इन सबका डॉक्टर साहब ने बड़े मुदबिराना तरीक़े से मुक़ाबला किया और एक बार भी पुलिस लाठी चार्ज की नौबत नहीं आने दी। एक मर्तबा गालिबन सन् 1956 ई॰ में भोपाल में एक मामूली सी बात को लेकर हिन्दू-मुस्लिम फ़साद हो गया, अगरचे वह कोई बहुत बड़ा फ़साद नहीं था लेकिन डॉक्टर साहब की तशवीश का यह आलम था कि वह खुद शहर में गश्त लगा रहे थे। उसी जमाने में स्व॰ पंडित जवाहरलाल नेहरू ने डॉक्टर साहब को एक ख़त लिखा था कि वह ज़ाती तौर पर वाक़िफ़ हैं कि भोपाल के मुसलमान फ़िरक़ापरस्त ज़हनियत से बुलंद हैं, यह ख़त अगरचे कॉन्फ़ीडेन्शल था लेकिन डॉक्टर साहब ने उस ख़त से ऐसे तावीज़ का काम लिया जिसने मर्ज़ को बिलकुल दूर कर दिया।

जब फ़ज़्ले अली कमीशन भोपाल आया उस वक्त डॉक्टर साहब के ख़्यालात में काफी तब्दीली आ चुकी थी और उनकी ख्वाहिश यह थी कि भोपाल की पिछड़ी हुई हालत पर नज़र रखते हुए आईन्दा डेवलपमेण्ट के कामों को देखते हुए रियासत भोपाल को अभी अलहदा ही रखा जाये, इस बारे में मुख़्तलिफ़ वफ़्द कमीशन से मिले लेकिन कमीशन ने हमारी बात नहीं मानी तो डॉक्टर साहब को यह फ़िक्र हो गई कि अगर भोपाल अलहदा नहीं रह सकता तो इसे मध्य प्रदेश की राजधानी होना चाहिए। एक तरफ स्व॰ पंडित रविशंकर शुक्ल चीफ़ मिनिस्टर मध्य प्रदेश और सेठ गोविन्ददास प्रेसीडेण्ट स्टेट कांग्रेस जैसी शख़्सीयतें थीं जो जबलपुर को राजधानी बनाने पर मुसिर थे, दूसरी तरफ डॉक्टर शंकरदयाल थे जो इस पर बज़िद थे कि राजधानी भोपाल ही को बनाया जाये। एक ग्रुप वह भी था जो ग्वालियर या इन्दौर को राजधानी बनाना चाहता था लेकिन डॉक्टर साहब की सूझबूझ और मवस्सर इस्तहलाल के सामने कोई नहीं ठहर सका, डॉक्टर साहब ने महाकौशल को हाई कोर्ट और ग्वालियर को रेवेन्यू बोर्ड देना मंजूर कर लिया और भोपाल को राजधानी बना दिया। डॉक्टर साहब को भोपाल और भोपाल के रहने वालों से कुदरतन उनसियत होनी चाहिए

कि वह खुद भोपाली हैं, लेकिन जो वालिहाना मोहब्बत उन्हें भोपाल से है, उसमें उनका नम्बर दूसरा नहीं हो सकता।

उसी ज़माने में सीलोन पार्लियामेण्टरी वफ़द भोपाल भी आया था, उसके लीडर के यह अलफ़ाज़ आज भी मेरे कानों में गूंजते हैं कि डॉक्टर शंकरदयाल शर्मा को तो किसी बड़ी स्टेट में पैदा होना चाहिए था कि उनकी क़ाबलियतों और सलाहियतों को भोपाल से बड़ा और वसीअ मैदान दरकार है, वहीं डॉक्टर शंकरदयाल शर्मा ने कहा था कि मुझे फख्र है कि मैं भोपाली हूँ।

मैं डॉक्टर साहब के साथ जितने अर्से भी रहा वह शायद मेरी ज़िन्दगी का ज़र्री दौर है जिसकी याद हमेशा मेरे दिल में रहेगी। डॉक्टर साहब में कुछ ख़ामियां भी हो सकती हैं लेकिन उनकी सोहबत में रहने के बाद यह मुमकिन ही नहीं है कि आदमी उनकी मामूली ख़ामियों पर नज़र कर सके। मुझे हमेशा डॉक्टर साहब की ज़ात से एक वालिहाना मोहब्बत रही और यही एक जज़्बा है जिसने मुझे गोशए तनहाई से निकालकर यह दावत मिलने पर, अपने तास्सुरात के हज़हार पर आमादा किया है:

इलाही बख़्ते तो बेदार बादा
तुरा दौलत हमेशा यार बादा
गले इक़बाले तो दामम शगुफ्ता
बचश्मे दुश्मनात ख़ार बादा।

डॉ॰ शर्मा : समाजवाद में निष्ठा, अध्यात्म में आस्था

श्यामसुन्दर नारायण मुश्रान
वित्त मंत्री, मध्य प्रदेश

डॉ॰ शंकरदयाल शर्मा उन इने-गिने राजनीतिज्ञों में से हैं जिनमें विद्वत्ता, नैतिकता और सज्जनता का अद्भुत समन्वय देखने को मिलता है। यों तो डॉ॰ साहब से मेरा परिचय बहुत सालों से है किन्तु में उनके निकट सम्पर्क में उस समय से आया जब 17 वर्ष पूर्व नये मध्य प्रदेश का निर्माण हुआ। 30 अक्तूबर, 1956 को मेरी मुलाकात उनसे एक डिनर पर हुई जिसमें स्वर्गीय श्री रविशंकर शुक्ल सहित नये मध्य प्रदेश मंत्रिमंडल के सभी सदस्य उपस्थित थे। डॉ॰ शर्मा बहुत प्रसन्न नज़र आते थे क्योंकि वे स्वयं उन दूरदर्शी लोगों में से

थे जिन्होंने नये मध्य प्रदेश के रूप में एक विशाल, स्वावलंबी और हरे-भरे खुशहाल राज्य की कल्पना की थी। राजनीति में यह अवसर बड़ा दुर्लभ होता है जब राजनीतिज्ञों के सपने उनके जीवन-काल में ही पूरे हों। डॉ॰ शर्मा के लिए तो यह मौका दुहरी खुशी का था। न केवल नया राज्य ही बन गया था बल्कि उनका प्रिय नगर भोपाल उसकी राजधानी के रूप में गौरवान्वित हुआ था।

इसके बाद मुझे डॉ॰ शर्मा के साथ बराबर काम करने का मौका मिला–मंत्रिमण्डल में सहयोगी के रूप में तथा कांग्रेस पार्टी में साथी के रूप में। वे पूर्व भोपाल राज्य के मुख्य मंत्री रह चुके थे। यह उन इने-गिने राज्यों में से था जहाँ सम्पूर्ण क्षेत्र सामुदायिक विकास योजनाओं के अन्तर्गत आ चुका था, शिक्षा-संस्थाओं का जाल बिछा था तथा अच्छी सड़कों की कमी नहीं थी।

नये मध्य प्रदेश में शर्मा जी ने शिक्षा विभाग का कार्यभार संभाला था। वे स्वयं शिक्षाविद् हैं, एम॰ ए॰ तथा एल-एल॰ एम॰ की परीक्षाएं भी पास कीं। इस तरह कानून के तो वे पंडित हैं, साहित्य के ज्ञाता हैं। कैम्ब्रिज में पढ़ा है और लखनऊ विश्वविद्यालय में पढ़ाया है। उनके कार्यकाल में मध्य प्रदेश में शिक्षा का खूब प्रसार हुआ। उन्होंने शिक्षा के लिए ऐसी नीति निर्धारित करने पर बल दिया जिससे एक ओर शिक्षा सर्वसुलभ हो तथा दूसरी ओर वह विद्यार्थी के सर्वांगीण विकास में सहायक हो।

शर्मा जी बहुत सज्जन व्यक्ति हैं और भरसक किसी को नाराज नहीं करते हैं। संभवतः यही कारण है कि उनके यहाँ मिलने वालों का तांता लगा रहता था और वे भरसक सबकी बात सुनते थे। कभी-कभी तो मुझे यह आश्चर्य होता था कि जनसम्पर्क में इतना व्यस्त रहने के बावजूद वे सरकारी काम-काज निपटाने का समय कहाँ से निकाल लेते थे। उनके यहाँ बराबर भीड़ लगी रहती थी और वे काफी लोगों से एक साथ मिला करते थे। बाद में मैंने भी अनुभव किया कि संभवतः मुलाकात का यही तरीका ठीक था क्योंकि इससे अधिकाधिक लोग संतुष्ट होकर जाते थे। राजनीति में उतार-चढ़ाव तो आते ही रहते हैं। 1962 में जब मैं चुनाव हार गया तो डॉ॰ साहब ने मेरे प्रति बहुत सहानुभूति प्रदर्शित की थी और उनके आत्मीयता-भरे व्यवहार से मैं बहुत प्रभावित हुआ था।

शर्मा जी का कानून का अध्ययन बहुत गहरा है। जब तक वे राज्य मंत्रिमण्डल के सदस्य रहे, उनके पास चाहे कोई भी विभाग रहा हो, कानून की गुत्थियां वे ही सुलझाया करते थे। विधान सभा में उनकी प्रतिभा उच्च कोटि की थी। वे उच्च कोटि के पार्लियामेण्टेरियन हैं तथा बुनियादी रूप से प्रोफेसर होने के नाते

विषयों और समस्याओं के प्रति सहानुभूति रखकर समझा-समझाकर बोलते हैं। एक बार शिक्षा विभाग ने वर्णमाला के सम्बन्ध में बच्चों के सामने ऐसे प्रतीक रखने की कोशिश की जो दुरूह ने होकर जाने-माने हों। इस सिलसिले में 'ग' के लिए 'गणेश' के स्थान पर 'गधे' का प्रतीक रखा गया। जब विरोधी दलों ने इस पर विरोध प्रकट करके लम्बी चर्चा की तो डॉ॰ शर्मा की मज़ाकिया किन्तु सदाशयतापूर्ण वक्तृता ने न केवल उलझन को सुलझाया बल्कि वातावरण की गर्मी को हंसी के फ़व्वारों से ठंडा कर दिया। वे विरोधियों के प्रति हमेशा सहानुभूति और आदर की भावना रखते हैं और यही कारण है कि उनके विरोधी भी उनकी सदैव इज़्ज़त करते हैं। उनका दृढ़ चरित्र एवं ईमानदारी भी अनुकरणीय हैं। वे बहुत दिनों तक मंत्रिमण्डल में रहे किन्तु कभी भी उनकी ईमानदारी पर आक्षेप या लांछन नहीं लगाया गया।

डॉ॰ शर्मा आधुनिक भोपाल के निर्माता हैं। भोपाल में मेडिकल कॉलेज था जबकि उससे बड़े 'ग' श्रेणी के राज्यों में मेडिकल कॉलेज नहीं था। केन्द्र में उनका जो भी प्रभाव था उसे उन्होंने भोपाल के विकास के लिए इस्तेमाल किया। भोपाल में एच॰ इ॰ एल॰ फैक्टरी लाने का श्रेय उन्हीं को है। हम लोग जो पुराने मध्य प्रदेश में स्वर्गीय शुक्ल जी के साथ काम करते थे, अभी भी यह नहीं भूले हैं कि भिलाई में स्टील का प्लांट लाने में उन्हें कितनी दिक्क़त हुई थी, लेकिन उसकी तुलना में कहीं बहुत आसानी से डॉ॰ साहब भोपाल के लिए एच॰ इ॰ एल॰ फैक्टरी ले आये। यद्यपि डॉ॰ शर्मा आज अखिल भारतीय व्यक्तित्व बन गये हैं किन्तु मैं यह कहने के लिए क्षमा चाहूँगा कि उनके स्वयं के नगर ने उनके योगदान को बहुत कम अनुभव किया है। लेकिन करीब-करीब अधिकांश राजनीतिज्ञों का भाग्य ऐसा ही है। डॉ॰ शर्मा तो फिर भी बहुत खुशकिस्मत हैं। गंगा को भी त्रिवेणी बनने के लिए गोमुख से प्रयागराज तक बहना पड़ा।

जब मैं डॉ॰ शर्मा की सफलताओं पर विचार करता हूँ तो मुझे यकायक श्रीमती विमला शर्मा का ध्यान आ जाता है। विमला जी सही अर्थों में डॉ॰ शर्मा की अर्द्धांगिनी हैं, उनकी 'बैटर हाफ' हैं। सामाजिक जीवन में उनका सक्रिय योगदान है। उन्होंने डॉ॰ साहब को न केवल पारिवारिक झंझटों से ही मुक्त रखा है बल्कि राजनीति में भी वे समान रूप से उनकी साझीदार हैं।

डॉ॰ शर्मा भारतीय संस्कृति के जीते-जागते प्रतीक हैं। एक ओर वे निष्ठावान समाजवादी हैं और दूसरी ओर अस्थावान अध्यात्मवादी। भोपाल में जब तक वे थे, मंगलवार को उनके मंदिर जाने में कभी चूक नहीं होती थी। कांग्रेस-अध्यक्ष

की हैसियत से अपने भाषणों में उन्होंने यह बात सदैव स्पष्ट की है कि यदि देश से गरीबी नहीं हटी तो खूनी क्रांति का संकट गहरा होता जायेगा।

ईश्वर डॉ॰ शर्मा को शतायु करे। देश को उनसे बहुत आशाएं हैं।

जब मैं पहली बार डॉ॰ शर्मा से मिला

—अर्जुन सिंह
शिक्षा मंत्री, मध्य प्रदेश

सन् 1957 में नये मध्य प्रदेश के गठन के बाद जब मैं नये प्रदेश की प्रथम विधान सभा के चुनाव में चुनकर आया तो मुझे पहली बार डॉ॰ शंकरदयाल शर्मा से मिलने का अवसर प्राप्त हुआ। भूतपूर्व मुख्य मंत्री, स्वर्गीय डॉ॰ के॰ एन॰ काटजू के निवास-स्थान पर इत्तिफाक से मेरी मुलाकात हुई। डॉ॰ काटजू ने डॉ॰ शर्मा का परिचय अपने शिक्षा मंत्री के रूप में कराया। मुझे पूरी तरह याद है कि डॉ॰ काटजू ने मेरा परिचय कराने के बाद डॉ॰ शर्मा से कहा कि मैं अपने एक अभिन्न मित्र के लड़के का परिचय आप से करा रहा हूँ। यह मेरे लिए बड़े सौभाग्य और संतोष की बात है कि सन् 1957 में अपना परिचय दिये जाने के बाद से लेकर अब तक किसी न किसी रूप में मैं शिक्षा मंत्री से कुछ न कुछ सीखता चला आ रहा हूँ।

विधान सभा में स्वतन्त्र रूप से चुनकर आये हुए एक सदस्य की हैसियत से मैं विरोधी पक्ष में बैठा करता था। मुझे पूरी तरह याद है अनेक अवसरों पर विधान सभा में जब वाद-विवाद का वातावरण अत्यन्त उग्र अथवा उत्तेजनापूर्ण या गम्भीरतम हो जाता था तो उस अवसर पर डॉ॰ शर्मा के विद्वत्तापूर्ण दृष्टिकोण से मसलों को उनके सही परिप्रेक्ष्य में समझने में बड़ी सहायता मिलती थी। मैं बिना किसी हिचकिचाहट के यह कह सकता हूँ कि मेरी भांति कई अन्य सदस्य जो पहली बार विधान मंडलीय जीवन में प्रविष्ट हुए थे उनको संसदीय सरकार की जटिलताओं को समझने और उन पर डॉ॰ शर्मा की सहायता से काबू पाने का अवसर प्राप्त हुआ।

व्यक्तिगत दृष्टिकोण से दूर हटकर यदि देखा जाये तो नये मध्य प्रदेश में शिक्षा के इतिहास के पन्ने ही यह स्पष्ट कर देंगे कि डॉ॰ शर्मा ने शिक्षा-क्षेत्र में प्रदेश को बढ़ाने में कितना बड़ा योगदान दिया है। शिक्षा जैसे व्यापक क्षेत्र में अनगिनत पारस्परिक विरोधी समस्याओं का सफलतापूर्वक सामना करते हुए

डॉ॰ शर्मा ने अपने दृढ़ संकल्प और विद्वत्ता से मध्य प्रदेश जैसे विस्तृत नये प्रदेश में शिक्षा-प्रसार की योजना की नींव रखकर अपनी कुशाग्र बुद्धि का परिचय दिया। मध्य प्रदेश में शिक्षा का कोई भी ऐसा पहलू नहीं है जिसका विकास करने में डॉ॰ शर्मा का योगदान न रहा हो। इस राज्य में शिक्षा मंत्री के रूप में जो काम मुझे करना है वह डॉ॰ शंकरदयाल शर्मा की दृष्टि और आयोजन की पूर्ति की दिशा में ही सतत प्रयास है।

मुझे पंडित द्वारकाप्रसाद मिश्र के मंत्रिमंडल में डॉ॰ शर्मा के साथ एक साथी के रूप में कार्य करने का अवसर और सौभाग्य प्राप्त हुआ था तब मैंने उनके काम करने के ढंग को नजदीक से देखा। उससे यह पता चलता है कि मामलों की तह तक पहुँचने की उनकी क्षमता और तत्त्वों के आधार पर किसी भी उत्तरदायित्वपूर्ण मसले के पक्ष और विपक्ष को प्रस्तुत करने की उनकी क्षमता कितनी सराहनीय है। राजनीतिक क्षेत्र में कांग्रेस की नीतियों और सिद्धान्तों के प्रति उनकी मूल रूप से समर्पित भावना जिसका विकास भारतीय लोकाचार के बिलकुल अनुरूप है, वस्तुतः सरहानीय है। यही कारण है कि इतनी परख करने के उपरान्त उन्हें स्वातन्त्र्योत्तर काल के ऐतिहासिक महत्त्व के स्मरणीय समय के संगठन को नेतृत्व प्रदान करने के लिए उनका चयन किया गया। यह मुमकिन है कि उनका निकटतम सम्पर्क होने और सौभाग्य से उनके आशीर्वाद प्राप्त करने का अवसर मिलने पर भी मैं उनके व्यक्तित्व के बारे में जितना भी कह सकता हूँ उससे उनके वास्तविक व्यक्तित्व का बोध नहीं करा सकता लेकिन मुझे विश्वास है कि डॉ॰ शर्मा ने देश के इतिहास में सर्वाधिक समर्पित भावना से सेवा करने वालों की श्रेणी में सर्वोच्च स्थान प्राप्त किया है।

कुशल एवं योग्य नेता

वसंतराव उयके
खाद्य-कृषि एवं सहकारिता मंत्री, म॰प्र॰

आज अखिल भारतीय कांग्रेस के अध्यक्ष-पद पर जब मैं डॉक्टर शंकरदयाल शर्मा को देखता हूँ तो मैं स्वयं गौरवान्वित हो उठता हूँ। क्योंकि जब सन् 1960 में मैं उनका उप-मंत्री था तभी मुझे उन्हें पास से देखने का अवसर मिला था कि उनमें जहाँ प्रशासनिक क्षमता अधिक है, वहाँ वे कुशल और योग्य नेता भी हैं।

डॉक्टर शंकरदयाल शर्मा का जीवन जहाँ एक ओर संघर्षमय रहा वहाँ यह उनकी खूबी है कि वे अपनों को भूलते नहीं हैं। उनकी स्मरण-शक्ति इतनी तेज है कि अभी भी वे दस वर्ष पूर्व के आंकड़े बोल सकते हैं। मैंने उनसे यह सीखा कि किसी भी समस्या को हाथ में लेते समय उसकी तह तक जाना चाहिए।

आज मध्य प्रदेश में खाद्य का संकट है, हरित-क्रान्ति को सफल बनाना है, औद्योगीकरण की आवश्यकता है, सिंचाई साधन उपलब्ध करना है तब एकाएक डॉक्टर शंकरदयाल शर्मा का स्मरण हो उठता है कि उन्होंने पार्ट 'सी' स्टेट भोपाल को इस तरह सजाया-संवारा था कि वह इतने बड़े प्रदेश की राजधानी के योग्य हो सका। भोपाल के निर्माणकारी कार्य डॉक्टर शर्मा का नाम सदैव याद दिलाते रहेंगे।

कांग्रेसजनों के लिए आज का समय अत्यन्त संकट का है जबकि गेहूं के थोक व्यापार का राष्ट्रीयकरण किया गया है। प्रधान मंत्री श्रीमती इंदिरा गांधी और कांग्रेसाध्यक्ष डॉ॰ शंकरदयाल शर्मा के मार्गदर्शन में मध्य प्रदेश ऐसा राज्य है जिसने सर्वप्रथम यह कार्य अपने हाथ में लिया। कांग्रेसजनों ने इसमें पूर्ण सहयोग दिया।

डॉक्टर शंकरदयाल शर्मा का 56वां जन्मदिवस है इसलिए मैं उनका हार्दिक अभिनंदन करता हूँ तथा मध्य प्रदेश की युवा पीढ़ी की ओर से उन्हें आश्वस्त करना चाहता हूँ कि देश में समाजवादी व्यवस्था स्थापित करने में जो भी योगदान मांगा जायेगा वह मिलेगा। कांग्रेस को जो नये नारे प्रधान मंत्री श्रीमती इन्दिरा गांधी और डॉक्टर शंकरदयाल शर्मा ने दिये हैं, उन्हें अवश्य ही कार्यरूप में परिणत किया जायेगा।

अन्त में मैं पुनः उनका हार्दिक अभिनंदन करता हूँ।

डॉ॰ शंकरदयाल शर्मा

परमानंद भाई पटेल
उद्योग मंत्री, मध्य प्रदेश

बहुमुखी प्रतिभा के धनी डॉ॰ शंकरदयाल शर्मा मध्य प्रदेश के पहले व्यक्ति हैं, जिन्होंने कांग्रेस-अध्यक्ष के सम्मानित पद को शोभित कर न केवल प्रदेश का गौरव बढ़ाया है, अपितु एक ऐतिहासिक भूमिका का निर्वाह भी कर रहे हैं। कहना न होगा कि डॉ॰ शर्मा ने ऐसे समय में कांग्रेस की बागडोर संभाली है जबकि संस्था एक ऐतिहासिक मोड़ पर खड़ी है। उसने पुरानी नीतियों का परित्याग

कर, नई प्रगतिशील, समाजवादी नीतियों का अनुशीलन कर शोषित एवं पीड़ित वर्गों को प्रगति के समान अवसर प्रदान करने का बीड़ा उठाया है।

कांग्रेस के नेताओं ने जनभावनाओं को सही अर्थों में समझा है। उन्होंने यह अनुभव कर लिया कि यदि संगठन शीघ्र सामाजिक, आर्थिक परिवर्तन लाने में असफल रहा तो जनता दूसरी क्रांति के लिए बाध्य होगी, क्योंकि उसके भी धैर्य की एक सीमा है।

डॉ० शर्मा इस बात के लिए कृत-संकल्प हैं कि चुनाव के समय किये गये वायदे पूरे किये जायें। इस दिशा में कदम भी उठाये गये हैं। आर्थिक कार्यक्रमों को आगे बढ़ाने के लिए संविधान में 25वां संशोधन किया गया। भूतपूर्व नरेशों के विशेषाधिकार समाप्त किये गये और उनकी थैलियां बंद की गईं। कृषि-उत्पादन के क्षेत्र में आशातीत प्रगति की गई, हालांकि सूखे के कारण उत्पादन में कुछ कमी हुई है। आम बीमा, कोयला खानों एवं सूती मिलों का राष्ट्रीकरण किया गया। श्रमिकों को 8.33 प्रतिशत बोनस दिलवाया गया। शहरी संपत्ति की सीमा निर्धारित की जा रही है और इस प्रयास में मध्य प्रदेश अग्रणी रहा है। सभी राज्यों में जोत की सीमा घटाने तथा भूमिहीन कृषि-श्रमिकों को जमीन देने की कार्यवाही की जा रही है। मध्य प्रदेश में शासन ने कृषि-श्रमिकों को अविकसित आवास-भूमि-खण्ड 15 जुलाई, 1973 तक वितरित करने का निश्चय किया है।

कांग्रेस ने सामाजिक, आर्थिक परिवर्तन लाने के लिए जो क्रांतिकारी नीतियां एवं महत्त्वकांक्षी कार्यक्रम अपनाये हैं, उनका क्रियान्वयन साधारण कार्य नहीं है। कांग्रेस के विभाजन के पश्चात् भी उसमें ऐसे अवसरवादी एवं न्यस्त स्वार्थों का पोषण करने वाले तत्त्व प्रवेश पा गये हैं, जिनके कारण इन नीतियों एवं कार्यक्रमों के त्वरित क्रियान्वयन में रुकावटें आ सकती हैं। अतः उन्हें संस्था से बाहर कर उसे शुद्ध करना है। डॉ० शर्मा ने स्वयं कलकत्ता अधिवेशन में इस बात पर बल दिया है। स्पष्ट है कि इन सब कार्यों के संचालन में संस्था को दूरदर्शी, कुशल एवं निष्ठावान नेतृत्व की आवश्यकता है, जो कि डॉ० शर्मा के समान व्यक्ति ही प्रदान कर सकता है।

डॉ० शर्मा की प्रतिभा का परिचय उसी समय मिल गया जबकि वे 34 वर्ष की आयु में ही पुराने भोपाल राज्य के मुख्य मंत्री बनाये गये। उन्होंने प्रगतिशील नीतियों का अनुशीलन आरंभ किया और भोपाल में जागीरदारी प्रथा के उन्मूलन में सफलता प्राप्त की। शिक्षा-शास्त्री के रूप में उन्होंने महत्त्वपूर्ण योग प्रदान किया

और हरिजनों, आदिवासियों, अन्य पिछड़ी जातियों एवं बालिकाओं के लिए शिक्षा निःशुल्क कर दी। भोपाल में अपने शासन के अंतिम वर्ष में राज्य में अनिवार्य शिक्षा आरंभ कर दी। डॉ॰ शर्मा को शिक्षा से इतना अनुराग रहा है कि नवाबी शासन काल में भोपाल में जितना आय-व्यय रहता था, डॉ॰ शर्मा के समय उसका तीन चौथाई के बराबर शिक्षा के क्षेत्र में व्यय होता था।

भोपाल को संवारने में भी डॉ॰ शर्मा ने दूरदर्शिता का परिचय दिया। इस नगर का इस ढंग से विकास किया गया कि वह एक बड़े राज्य की राजधानी बन सके। राज्य पुनर्गठन के समय डॉ॰ शर्मा की राजनीतिक सूझ-बूझ के कारण ही, राज्य पुनर्गठन आयोग के प्रतिवेदन के बावजूद भोपाल नये मध्य प्रदेश की राजधानी बना। नये मध्य प्रदेश में शिक्षा मंत्री के रूप में डॉ॰ शर्मा की प्रतिभा में निखार आया। उन्होंने निष्ठापूर्वक शिक्षा के विस्तार का कार्य आरंभ कर दिया। आज राज्य में शिक्षा का जो विशाल फैलाव दिखाई देता है उसकी मजबूत नींव डॉ॰ शर्मा ने ही डाली थी। शिक्षा के व्यापक प्रसार को देखकर यह आम धारणा बन गई कि जिस किसी भी विभाग के कार्य का विस्तार करना हो, वह डॉ॰ शर्मा को सौंप दिया जाये।

मध्य प्रदेश की राजनीति से निकलकर कांग्रेस के महामंत्री के रूप में डॉ॰ शर्मा ने अपनी योग्यता से प्रधान मंत्री तथा अन्य बड़े कांग्रेसी नेताओं को प्रभावित किया। डॉ॰ शर्मा आरंभ से ही प्रगतिशील विचारधारा के रहे हैं। अतः जब कांग्रेस का विभाजन हुआ तो उन्होंने स्वभावतः प्रधान मंत्री श्रीमती गांधी के नेतृत्व में प्रगतिशील धारा के लोगों का साथ दिया। बाबू जगजीवनराम के नेतृत्व में नई कांग्रेस के कार्य-संचालन को डॉ॰ शर्मा ने सुनियोजित किया तथा प्रधान मंत्री द्वारा प्रतिपादित नीतियों को जन-जन तक पहुँचाने के लिए संगठनात्मक व्यवस्था को कारगार बनाया।

सन् 1971 में लोकसभा के चुनाव के समय नई कांग्रेस ने 'ग्रैण्ड अलायन्स' की चुनौती स्वीकार की तथा लोकसभा में भारी बहुमत प्राप्त कर सिद्ध कर दिया कि जनमत उसके साथ है। बंगला देश में युद्ध के समय कांग्रेस के नेतृत्व में सारे देश ने एकजुट हो दुश्मन का सामना किया और बंगला देश को स्वाधीनता मिली। युद्ध के उपरान्त ही देश में आम चुनाव हुए, कांग्रेस की नीतियों को व्यापक समर्थन मिला, जिससे सभी राज्यों में कांग्रेस को भारी बहुमत मिला। कांग्रेस को जो यह सफलता मिली, उसमें कांग्रेस संगठन और उसके पदाधिकारियों में डॉ॰ शर्मा की भूमिका महत्त्वपूर्ण रही।

डॉ० शर्मा की योग्यता, कार्य कुशलता एवं नेतृत्व से प्रभावित होकर उन्हें कांग्रेस-अध्यक्ष के पद पर आसीन किया गया। डॉ० शर्मा यह चाहते हैं, कांग्रेस एक मजबूत एवं लोकप्रिय संगठन बने। इसके लिए यह आवश्यक है कि कांग्रेस की नीतियों का संदेश घर-घर पहुँचे और उसके कार्यक्रमों में जनता सक्रिय रूप से भाग ले। मुझे पूर्ण विश्वास है कि डॉ० शर्मा के नेतृत्व में कांग्रेस के ऐसे निष्ठावान कार्यकर्ता तैयार हो जायेंगे जो संस्था को उत्तरोत्तर लोकप्रिय एवं सशक्त बनायेंगे। डॉ० शर्मा ने जिस संकल्प को पूर्ण करने का बीड़ा उठाया है, उसमें उनकी सफलता एवं उनके शतायु होने की मैं कामना करता हूँ।

कांग्रेस-अध्यक्ष डॉ० शंकरदयाल शर्मा

चन्द्रप्रताप तिवारी
योजना मंत्री, मध्य प्रदेश

डॉ० शंकरदयाल शर्मा के कई स्वरूप 1945 से अब तक मैंने देखे हैं। प्रथम परिचय लेक्चरार लखनऊ विश्वविद्यालय रिसर्च स्कालर के तौर पर जब वे एल-एल० बी० कक्षाएं पढ़ाने आते थे तब मैं वहाँ पद एक विद्यार्थी की हैसियत से था। कान्स्टीट्यूशनल-ला पर इनके लैक्चर हम लोग सुनते थे। लखनऊ विश्वविद्यालय फैशनेबल लोगों का माना जाता था। विद्यार्थी तथा प्रोफेसर टाई लगाना अपना पहला काम मानते थे। इस वातावरण में डॉ० साहब अचकन और पाजामे में क्लास में पढ़ाने जाते थे। डॉक्टर साहब विद्वत्ता का खजाना लेकर कक्षा में जाते थे और हम लोगों को उनके लैक्चर से अधिक रुचिकर उनका पहनावा, उनके चेचक भरा चेहरा और मोटी आवाज होती थी। हम हंसते थे, साथ ही यह भी महसूस करते .थे कि हैं तो वे महान् पंडित अपने विषय के।

नवीन मध्य प्रदेश की रचना के बाद विधायक की हैसियत से भोपाल विधान सभा में जब मैं आया और जब प्रथम बार डॉ० साहब का बोलना सुना तब आवाज से मुझे विदित हुआ कि यह वही मोटी आवाज है जो मैं लखनऊ विश्वविद्यालय में सुना करता था। कुछ गौर से देखने पर पहनावा और शक्ल सूरत से भी उन्हीं की याद आई। आखिरकार एक दिन मैं उनसे पूछ ही बैठा और तब मालूम हुआ कि हमारे वही पुराने शिक्षक डॉ० शंकरदयाल जी शर्मा आज मंत्री के रूप में हमें मिले।

फिर क्या था पुरानी चर्चा शुरू हुई। स्वर्गीय आचार्य नरेन्द्रदेव का जिक्र आया। डॉ॰ साहब ने सारा किस्सा बतलाया कि किस प्रकार आचार्य जी की प्रेरणा से वे भोपाल आये और भोपाल विलीनीकरण आन्दोलन में कूदे। मैंने यह शंका व्यक्त की कि आचार्य जी तो सोशलिस्ट पार्टी के जन्मदाता हैं। अत: सोशलिस्ट पार्टी में रहते हुए भी आपको कांग्रेस में जाने की सलाह क्यों दी। डॉ॰ साहब ने बतलाया कि आचार्य जी ने कहा था: "भोपाल में सोशलिस्ट पार्टी का संगठन करना इतना जल्दी संभव न होगा जबकि भोपाल विलयन का कार्यक्रम तेजी से चलाना है इसलिए तुम प्रजामंडल या कांग्रेस के नाम से इस आन्दोलन को गति दो।"

उद्योग मंत्री, शिक्षा मंत्री एवं विधि मंत्री के रूप में डॉ॰ साहब का कार्य-कलाप विधान सभा में उत्कृष्ट कोटि का रहता था। कई बार संवैधानिक एवं प्रक्रिया-संबंधी विवाद में सभा विरोधी नेता की हैसियत से सदस्य हम गुरु और शिष्य भिड़ते थे तो सारे सदन को मजा तो आता ही था लेकिन यह रहस्य किसी को नहीं मालूम था कि उसके पश्चात् हम दोनों आपस में बैठकर उस विवाद के सम्बन्ध में कितना आनन्द लेते हैं और एक-दूसरे की कठिनाइयां एवं मर्यादा के बन्धन को खोलकर बताते हैं। डॉ॰ साहब निष्छल और निष्कपट तथा पूरी बातें करने के आदी हैं। यदि विरोधी पक्ष और शासन पक्ष के बीच में विधान सभा के बाहर इस तरह आपसी चर्चा अहम मुद्दों पर हुआ करे तो चर्चा अधिक जनोपयोगी हो सकती है और उसमें से निरर्थक गरमागरमी का हिस्सा बहुत कम हो सकता है।

मध्य प्रदेश को पहली बार यह अभूतपूर्व गौरव प्राप्त हुआ है कि डॉ॰ शंकरदयाल शर्मा अखिल भारतीय कांग्रेस के अध्यक्ष होकर देश को नेतृत्व प्रदान कर रहे हैं। सूझ-बूझ एवं विधि-वेत्ता के रूप में उनका सूक्ष्म विश्लेषण बुद्धिजीवियों को चकित कर देता है।

डॉ॰ साहब की स्मरण-शक्ति बहुत तेज है। एक बार कोई छोटी बात भी उन्हें मालूम हो गई तो वह कभी उन्हीं भूलेगी भी ऐसा सोचना कठिन है। एक बार एक मिडिल स्कूल खोलने के संबंध में मेरा उनसे विधान सभा में खूब झगड़ा हुआ। तब वे शिक्षा मंत्री थे। इतने वर्षों के बाद भी प्रसंग आने पर उस स्कूल का नाम और उन परिस्थितियों तथा विवाद के मुद्दों की याद उन्हें उसी तरह है जैसी 15 वर्ष पूर्व थी, जब वे शिक्षा मंत्री थे।

मध्य प्रदेश के इस सपूत से तथा मेरे इस पूज्य शिक्षक से देश बहुत बड़ी अपेक्षाएं रखता है। सहज ही मेरे लिए यह बहुत बड़े गौरव की बात है।

डॉ॰ शंकरदयाल शर्मा : भोपाल के निर्माता

उमराव सिंह
राज्य मंत्री वन, मध्य प्रदेश

अपने समकालीन व्यक्तियों के विषय में कुछ लिखना बहुत कठिन होता है, खास तौर से उन महापुरुषों के बारे में जिन्हें हमने नजदीक से देखा है तथा जिन्होंने अपने जीवनकाल में ही महानता प्राप्त कर ली है। डॉ॰ शंकरदयाल शर्मा के बारे में लिखते वक्त कुछ ऐसी ही कठिनाइयां मेरे सामने हैं, मेरे और उनके ताल्लुकातों की अवधि रजत जयंती की हदें पार कर चुकी है। सामन्तवाद के खिलाफ कांग्रेस ने जो जंग और तहरीक शुरू की थी उसमें मैं डॉ॰ शर्मा के साथ था, कारागार और कैबिनेट दोनों में मैं उनका साथी रहा तथा ऐसे बहुत से अहम फैसले हम लोगों ने साथ-साथ किये जिनका आगे चलकर भोपाल के विकास पर स्थायी प्रभाव पड़ा। अतः आज जब मैं संस्मरणों की गहरी घाटी में पीछे की तरफ देखता हूँ तो मुझे लगता है–'क्या भूलूं क्या याद रखूं'।

यों तो डॉ॰ शर्मा बहुमुखी प्रतिभा और व्यक्तित्व के धनी हैं और उनके व्यक्तित्व के अनेक पहलुओं पर बहुत कुछ लिखा जा सकता है किन्तु मैंने स्वयं को उनके उस पक्ष तक ही सीमित रखा है जो भोपाल के विकास से ताल्लुक रखता है। वैसे भी इस सम्बन्ध में ज्यादा कुछ कहने की जरूरत नहीं है क्योंकि एक आधुनिक नगर के रूप में भोपाल की जो शक्ल है वह आज सबके सामने है और यह भी सर्वविदित है कि इसके निर्माता डॉ॰ शंकरदयाल शर्मा हैं।

महापुरुषों में जो दूरन्देश नजर, दूरदर्शिता तथा सृजन की रचनात्मक ताकत होनी चाहिए उसका मणिकांचन योग डॉ॰ शर्मा में हुआ है। यह भी एक संयोग था कि उनसे मेरी पहली मुलाकात कोई 25 साल पहले जेल में हुई थी। उन दिनों देशी रियासतों में सामंतवाद, राजाशाही और नवाबशाही के खिलाफ एक जद्दोजहद जारी थी, एक बड़ा आन्दोलन छिड़ा हुआ था और हम दोनों एक ही जुर्म के मुजरिमों के रूप में भोपाल जेल में बन्द थे। उस वक्त मुझे क्या मालूम था कि मैं एक ऐसे व्यक्ति से मिल रहा हूँ जिसमें द्रष्टा और स्रष्टा दोनों के बीज निहित हैं। यद्यपि उस समय तक डॉ॰ शर्मा की महानता भविष्य के गर्भ में ही थी किन्तु उनके सम्पर्क में आने वालों को उनकी महानता का आभास होते देर नहीं लगती थी। विदेशों में शिक्षा प्राप्त, साहित्य

और कानून के पंडित डॉ॰ शंकरदयाल शर्मा लखनऊ यूनिवर्सिटी की अच्छी-खासी प्रोफेसरी छोड़कर अपने गृह नगर भोपाल में उत्तरदायी शासन के आन्दोलन में आ कूदे थे। उनकी योग्यता, विनम्रता, लोकप्रियता और उद्देश्य की ईमानदारी ने सभी कांग्रेस कार्यकर्त्ताओं को समान रूप से प्रभावित किया था तथा मास्टर लाल सिंह जैसे बुजुर्ग नेता भी उनकी विशेषताओं और योग्यताओं के कायल हो चुके थे। अतः जब कांग्रेस पार्टी के नेतृत्व तथा चुनाव के बाद विधान सभाई कांग्रेस दल के नेतृत्व का सवाल आया तो डॉ॰ शर्मा के नाम पर सब लोगों का एकमत होना स्वाभाविक था।

जब डॉ॰ शंकरदयाल मुख्य मंत्री बने तो वे सम्भवतः भारत के सबसे छोटे राज्य के सबसे कम उम्र के मुख्य मंत्री थे लेकिन जैसा कि बाद में स्पष्ट हो गया उनके तौर-तरीकों, काम-काज और रख-रखाव में बड़ी गम्भीरता और संजीदगी थी और सबको साथ लेकर एक टीम की भावना से बड़े काम करने की ललक थी। शुरू से डॉ॰ शर्मा के मन में यह बात थी कि भोपाल को एक बड़े नगर के रूप में विकसित किया जाये। एक अच्छे और आधुनिक नगर की जरूरतें पूरी कर सकने की क्षमता तो भोपाल में पहले से ही थी। प्राकृतिक झीलों, पहाड़ियों, प्राकृतिक दृश्यावली, दूर तक फैले मैदानों आदि ने भोपाल के आकर्षण को बढ़ाया था। डॉ॰ शर्मा के व्यक्तित्व के कारण भोपाल में राजनैतिक स्थिरता थी तथा केन्द्र में भोपाल की साख थी। जवाहरलाल जी, मौलाना आजाद, पंतजी आदि नेताओं से डॉ॰ शर्मा के बहुत अच्छे ताल्लुकात रहे और उन्होंने केन्द्र में अपनी साख और अपने प्रभाव का उपयोग निहायत दूरदर्शिता के साथ भोपाल के सर्वतोमुखी विकास के लिए किया।

जब भारत सरकार द्वारा हेवी इलेक्ट्रिकल्स के कारखाने की स्थापना की बात सामने आयी तो हमारे सामने कुछ पृष्ठभूमि पुराने मध्य प्रदेश की थी जहाँ भिलाई में इस्पात का कारखाना कायम करवाने के लिए तत्कालीन मध्य प्रदेश के वयोवृद्ध नेताओं को जमीन-आसमान के कुलाबे मिलाने पड़ रहे थे लेकिन भोपाल में एच॰इ॰एल॰ की स्थापना करवाने में वैसी कोई दिक्कत हमारे सामने नहीं आयी। औद्योगीकरण के बारे में प्रधान मंत्री नेहरू जी की ओर से जो नोट राज्य मंत्रिमंडलों को सर्कुलेट होते थे उनसे हमें यह आभास लग चुका था कि बड़े पैमाने पर बुनियादी बड़े कारखाने यानी बेसिक इंडस्ट्रीज स्थापित करने का काम शुरू होने वाला है। डॉ॰ शर्मा ने केन्द्र में अपने प्रभाव का उपयोग करके केन्द्रीय नेताओं को भोपाल में हेवी इलेक्ट्रिकल्स का कारखाना

खोलने के लिए राजी करने के प्रयास चालू कर दिये थे। मुझे खूब याद है कि उस समय जो सर्वे-टीम उक्त प्रोजेक्ट का प्रारम्भिक सर्वे करने भोपाल आयी उसने बैरागढ़ क्षेत्र का सर्वे करके उस क्षेत्र को अनुपयुक्त करार दिया लेकिन डॉ॰ शर्मा ने बाद में न केवल गोन्दिपुरा का वैकल्पिक उपयुक्त क्षेत्र ही बताया बल्कि जवाहरलाल जी के आशीर्वाद से स्वर्गीय पन्त जी द्वारा यह घोषणा भी करवा दी कि एच॰इ॰एल॰ का बड़ा कारखाना भोपाल में ही बनेगा। इससे अखिल भारतीय स्तर पर चलने वाले तद्विषयक जोड़-तोड़ खत्म हो गये और भोपाल नगर के औद्योगिकरण का श्रीगणेश हो गया।

हर एक राजनैतिक और प्रशासनिक घटना के साथ डॉ॰ शर्मा का प्रयत्न यही रहता था कि उससे भोपाल को कुछ मिले और यहाँ की श्री वृद्धि हो। केन्द्रीय नेताओं के भ्रमण भोपाल में अन्य क्षेत्रों की अपेक्षा अधिक होते थे और प्रत्येक भ्रमण का प्रसाद भोपाल को मिल जाता था। मेडिकल कॉलेज की स्थापना के लिए जब डॉ॰ शर्मा ने प्रयास शुरू किये तो तत्कालीन केन्द्रीय स्वास्थ्य मंत्री राजकुमारी अमृतकौर ने भोपाल में उक्त कॉलेज का शिलान्यास किया। शीघ्र ही कॉलेज बनकर तैयार हुआ और गोविन्दवल्लभ पंत जी ने उसका उद्घाटन किया। सीहोर में आज जो एग्रीकल्चर कॉलेज है उसका शिलान्यास स्वर्गीय रफी साहब ने किया था और यदि मैं भूलता नहीं हूँ तो श्री अजीतप्रसाद जैन ने उसका उद्घाटन किया था। भोपाल में इंजीनियरिंग कॉलेज की स्थापना का श्रेय भी डॉ॰ शर्मा को है। मौलाना आजाद के नाम के साथ इसका नाम जोड़कर न केवल तालीम के क्षेत्र में स्व॰ मौलाना साहब की चिरस्मरणीय सेवाओं को आभारपूर्ण मन से मान्यता दी गयी वरन् भोपाल से मौलाना साहब के पुराने सम्बन्धों को भी मद्देनजर रखा गया। भोपाल के भूतपूर्व नवाब स्व॰ हमीदुल्ला खान के नाम पर स्थापित हमीदिया कॉलेज की पोस्ट ग्रेजुएट कॉलेज बनाने का श्रेय डॉ॰ शर्मा को ही है। नवाब-परिवार से उनके सदैव मधुर सम्बन्ध रहे और वे महात्मा गांधी के इस उसूल के हामी हैं कि हमारा विरोध व्यवस्था से है व्यक्तियों से नहीं। जवाहरलाल जी ने स्वयं एक बार डॉक्टर साहब से मजाक में पूछा था: "डाक्टर! तुम नवाब से मिलते रहते हो कि नहीं?" और इसके पहले कि डॉ॰ साहब सकारात्मक जवाब दें खुद नेहरू जी ने ताईद की थी कि "नवाब से मिलते रहा करो। मैं तो जब खुद यहाँ आता हूँ तो चिकलोद में ठहरना पसन्द करता हूँ।" सैद्धान्तिक मतभेदों को डॉ॰ शर्मा ने कभी व्यक्तिगत सम्बन्धों के बीच नहीं आने दिया और भोपाल के विकास के लिए नवाब साहब का खूब उपयोग किया। व्यवहार में वे इतने विनीत हैं कि अपने पुराने उस्तादों अजीमुल्ला खान साहब

तथा मास्टर नाथूलाल सक्सेना से उनके सम्बन्ध सदैव मधुर रहे यद्यपि मास्टर सक्सेना डॉ॰ शर्मा के शिक्षा-विभाग के कटु आलोचक रहे। इसके मूल में सम्भवत: उनकी मर्यादापूर्ण, विनीत और लोकसेवी पारिवारिक परम्परा भी है; क्योंकि उनके पिता श्री पंडित खुशीलाल वैद्य बहुत सादे और लोकसेवी व्यक्ति हैं तथा आयुर्वेद चिकित्सा के माध्यम से जनसेवा के काम में जुटे हुए हैं।

राज्य पुनर्गठन तो नवम्बर, 1956 में हुआ किन्तु उसके पूर्व ही भोपाल में सभी प्रकार की शिक्षा-संस्थाओं का ऐसा जाल बिछ चुका था और सभी फैकल्टीज की इस प्रकार स्थापना हो चुकी थी कि लोगों को आश्चर्य होता था कि इतनी शिक्षा-संस्थाओं के बावजूद यहाँ विश्वविद्यालय क्यों नहीं है। अत: जब यूनिवर्सिटी की स्थापना का सवाल आया तो यहाँ यूनिवर्सिटी बनने में कोई दिक्कत नहीं आयी।

राज्य पुनर्गठन आयोग ने यद्यपि नये मध्य प्रदेश की राजधानी के लिए जबलपुर की सिफारिश की थी किन्तु डॉ॰ शर्मा ने केन्द्रीय नेताओं के समक्ष भोपाल नगर का केस प्रस्तुत किया। उन्होंने यह काम इतने अच्छे ढंग से किया कि राजनैतिक स्तर पर कहीं कोई कटुता पैदा नहीं होने दी तथा महाकोशल के नेताओं का भी समर्थन और सहयोग उन्होंने प्राप्त किया। स्वर्गीय श्री रविशंकर शुक्ल का सहयोग भी उन्हें मिला और महाकोशल के नेताओं ने बाद में भोपाल के निर्माण में उल्लेखनीय योगदान दिया। अनावश्यक विवादों से बचकर रचनात्मक काम करना डॉ॰ शर्मा की विशेषता है और अपने इसी गुण से वे आज उस उच्च पद पर पहुँच सके हैं जिसे एक समय राजेन्द्र बाबू, नेहरूजी, इन्दिरा जी आदि नेताओं ने सुशोभित किया था।

भोपाल नगर के अतिरिक्त पूरे भोपाल क्षेत्र को ही विकसित करने का श्रेय डॉ॰ शर्मा को है। नया मध्य प्रदेश बनने के बहुत पहले समूचा भोपाल राज्य सामुदायिक विकास योजनाओं के अन्तर्गत आ चुका था, जमींदारों से मधुर सम्बन्ध रखकर यहाँ जमींदारी का उन्मूलन कर दिया गया था तथा सड़कों और लोक कल्याणकारी संस्थाओं का जाल बिछ चुका था।

आज कुछ स्वयंभू नेताओं को देखकर जब मुझे शायर का यह कलाम याद आता है कि "मंजिल उन्हें मिली जो शरीक़े-सफ़र न थे" तब मेरे जैसे कार्यकर्ताओं की आदरपूर्ण नजरें डॉ॰ शर्मा के सम्माननीय व्यक्तित्व की ओर सहज ही उठ जाती हैं जो भोपाल में विकास की हर एक मंजिल से व्यक्तिगत रूप से सम्बन्धित हैं और समाजवादी संघर्ष तथा विकास की राह पर कई दशकों से

शरीके़-सफर हैं। ईश्वर डॉ॰ साहब को दीर्घायु करें और बड़े-बड़े काम करने की उनकी ताकत तथा नौजवानों जैसी ताजगी बनाये रखें। आज उनका कार्यक्षेत्र बहुत बढ़ गया है और देश तथा देश की तरुणाई को उनसे बड़ी-बड़ी आशाएं हैं।

डॉ॰ शंकरदयाल शर्मा: मेरी दृष्टि में

रामेश्वर शुक्ल 'अंचल'

डॉ॰ शंकरदयाल शर्मा लखनऊ विश्वविद्यालय के सर्वाधिक यशस्वी छात्रों में से एक हैं, जिस विश्वविद्यालय का मैं चार वर्ष तक नियमित छात्र रहा हूँ। इस नाते मैं सदैव उनके प्रति एक प्रकार की आदरमिश्रित आन्तरिक निकटता का अनुभव करता रहा हूँ। उनसे जब-जब मैं मिला (और ऐसे अवसर अनेक बार आये, जब वे लगभग दस वर्ष मध्य प्रदेश के शिक्षा मंत्री रहे) तब-तब उनकी असाधारण प्रतिभा, प्रखर मेधा, अगाध अध्ययन, प्रोज्ज्वल आदर्शनिष्ठा, ज्वलंत देशभक्ति और राष्ट्रनिर्माण की अदम्य आकांक्षा से मैं न केवल अत्यधिक प्रभावित हुआ वरन् नित्य नयी प्रेरणा पाता रहा। उनका सच्चा सात्विक शिक्षा-प्रेम और शिक्षकों के प्रति अत्यन्त आत्मीय–बिल्कुल अपना स्नेह-आदर भाव मुझे सदैव अभिभूत करता रहा। उनसे मिलते समय मेरे जैसे समस्त अध्यापकों को चाहे वे प्राइमरी स्कूल-शिक्षक हों या स्नातकोत्तर महाविद्यालय के प्राचार्य– विश्वविद्यालय के व्याख्याता हों या कुलपति–कभी क्षण-भर भी ऐसा नहीं अनुभव होता था कि वे इतने बड़े राज्य के इतने विद्वान् शिक्षा मंत्री से मिल रहे हैं जो कैम्ब्रिज विश्वविद्यालय का भी एक विशिष्ट विधि-छात्र रहा है। सरलता, साधुता, चरित्र की उज्ज्वलता, अध्ययनशीलता, गंभीरता और निष्कपट आचरणशीलता में जिसका संस्कारी व्यक्तित्व अपना सानी नहीं रखता।

डॉ॰ शर्मा से मैं पहली बार संभवतः नवम्बर या दिसम्बर 1956 में जबलपुर में मिला जब नवीन मध्य प्रदेश के बनने के बाद वे उसके सर्वप्रथम मुख्य मंत्री पं॰ रविशंकर शुक्ल के साथ शिक्षा मंत्री के रूप में यहाँ आये थे। शासन द्वारा भाषा अनुसंधान संस्था की स्थापना बिल्कुल उसी समय की गयी थी। प्रोफेसर वी॰ एस॰ कृष्णन् (कुलपति, भोपाल विश्वविद्यालय) उसके संचालक थे और मैं हिन्दी के विभागाध्यक्ष के रूप में वहाँ स्थानान्तरित किया जा चुका था। संस्था के स्वरूप और भावी रूपरेखा के सम्बन्ध में एक अनिश्चय का वातावरण था। उसी की चर्चा करने मैं अपने उस शिक्षा मंत्री के पास गया था, जिसके

गाम्भीर्य, बहुमुखी बौद्धिक संपन्नता के संबंध में मैं न जाने कितनी बातें स्वर्गीय नवीन जी और कवि दिनकर जी जैसे साहित्यिक मित्रों से सुन चुका था। एक प्रकार के समझ में न आने वाले संकोच का अनुभव करते हुए जब मैं डॉ॰ शर्मा से मिला तो कुछ ही क्षणों में मेरा सारा संकोच धुल गया। समयाभाव होते हुए भी लगभग आध घंटा उन्होंने मुझसे बातें कीं। उनका तीक्ष्ण साहित्य-बोध और काव्य-प्रवणता देखकर मुझे लगा कि मैं अपनी पुस्तक उन्हें भेंट करने के लिए क्यों न लाया। अगली ही भेंट में अपनी समस्त कृतियां उन्हें अर्पित करने का निश्चय मैंने कर लिया।

तब से आज तक मैं डॉक्टर साहब से बराबर मिलता रहा हूँ। जितना अधिक मैंने उन्हें जाना और समझा है उतना ही उनके प्रति मेरा आदरभाव ऊंचा और गहरा होता गया है। किसी प्रकार की कोई भी कठिनाई लेकर चाहे वह कितनी ही व्यक्तिगत हो जब-जब मैं उनके पास गया हूँ तब-तब नया आत्मबल और नया शक्तिसंचार लेकर मैं उनके पास से लौटा हूँ। मैं समझता हूँ मेरे समान असंख्य लोग होंगे जिन्होंने उनके शक्तिवान व्यक्तित्व से इसी प्रकार प्रेरक प्रबोध पाया होगा।

मैं बहुधा सोचा करता था कि डॉक्टर साहब का 'डाइनैमिक' व्यक्तित्व मध्य प्रदेश की सीमाओं को लांघकर देशव्यापी धरातल पर प्रतिष्ठित होगा। मैं यह भी सोचता था कि यदि वे भारत सरकार के शिक्षा मंत्री होते तो देश में शिक्षा का नक्शा आमूल बदल जाता। मुझे अब यह देखकर संतोष, हर्ष और गर्व का एक साथ अनुभव हो रहा है कि डॉ॰ शर्मा आज उससे ऊंचे और गौरवशाली पद पर आसीन हैं। अपने राष्ट्रसेवी को जो बड़े से बड़ा पद यह महादेश प्रदान कर सकता है वह उन्हें दे चुका है। आज उनके सार्वजनिक अभिनंदन के शुभ अवसर पर मैं अपार आनंद का अनुभव करते हुए उन्हें अपनी आदरांजलि अर्पित करता हूँ। यह एक कवि-लेखक की मात्र औपचारिक सम्मानाभिव्यक्ति नहीं है। यह तो एक ऐसे कृतज्ञ हृदय का निष्काम अर्चना-भाव है जिसने उनके व्यक्तित्व, चरित्र और कृतित्व से नित्य प्रेरणा प्राप्त कर अपने मनोबल को परिपुष्ट किया है। जिसने स्वाधीन भारत और निर्माणोन्मुख राष्ट्र में कवि-लेखक के दायित्व, कर्त्तव्य और लेखन-कर्म की सही दिशा को समझने और पकड़ने में उनसे सहायता, सन्मति और शक्ति पाई है। मुझे विश्वास है वे अभी अनेक दशकों तक इसी प्रकार अविराम गति से राष्ट्रनिर्माण के कार्य में रत रहेंगे और हमारी कल्पना के भारत को साकार और सम्पन्न करने में अपना नेतृत्व-दान देते रहेंगे।

श्यामला पहाड़ियां, सौम्य झील और इतिहास की दिशा

गिरिजाकुमार माथुर

विन्ध्याचल की हरी-भरी पेड़ों-छाई पहाड़ियों की अनवरत पंक्तियां, वनफूलों की भीनी गन्ध से भरी हुई सुनसान घाटियां, शिलाओं और पथरीले ढलानों पर बहती अछूती जल-धाराएं, दुर्धर्ष चट्टानी नदियां। सागवान, आम, पलाश, कंटीले झाड़, करौंदे की झाड़ियां और अनन्त वन-सम्पत्ति से भरे घने जीवन्त जंगल—ऐसे वातावरण के बीच बसा भोपाल (भोजपाल) का प्राचीन नगर—शान्त झील में सदियों का प्रतिबिम्ब देखता हुआ। पग-पग पर जिसके आसपास का क्षेत्र भारतीय संस्कृति की गन्ध से भरा हुआ है, हर चट्टान और शिलाखण्ड पर जहाँ इतिहास की प्रतिध्वनियां अब भी गूंजती हैं।

यह नगर एक प्रवेश-द्वार है। उत्तर में बुंदेलखण्ड की बलिदानी गाथाओं वाले जनपद का, दक्षिण में मालवा की सांवली, काली मिट्टी, रम्य नदियों और उर्वर प्रदेश का। यह वह भूखण्ड है जो सदियों पूर्व भारतीय संस्कृति का केन्द्र रहा था। अवंतिका, दशपुर, विदिशा, माहिष्मती, कुसुमपुर और सांची जैसे अनेक प्राचीनतम स्थानों की वैभव गाथा जिसके आस-पास बिखरी पड़ी है। अशोक महान्, गंधर्वसेन, विक्रमादित्य, अग्निमित्र, यशोवर्मन, कालिदास, भर्तृहरि, भवभूति और भोज जैसे अमर पुरुषों के नाम जिसके अंचल पर अंकित हैं। पास ही वेत्रवती (बेतवा) के किनारे बसी विदिशा है, जो किसी समय दशार्ण देश की राजधानी थी, जिसके सम्बन्ध में कालिदास ने मेघदूत में लिखा है :

पाण्डुच्छायोपवनवृतय: केतकै: सूचिभिन्नै
र्नोडारम्भैर्गहबलिभुजामाकुलग्रामचैत्या: ।

त्वय्यासन्नै परिणत फलश्यामजम्बूवनान्ता:
संपत्स्यन्ते कतिपयदिनस्थायि हंसा दशार्णा: ।

तेषां दिक्षु प्रथितविदिशालक्षणां राजधानीं
गत्वा सद्य: फलमविकलं कामुकत्वस्य लब्धा
तीरोपान्तस्तनितसुभगं पास्यसि स्वादु यस्मात्
सभ्रूभंगं मुखमिव पयो वेत्रवत्याश्रलोर्मि।।

युग पर युग बीतते चले गये। रानी कमलावती की गाथाओं से तरंगित भोपाल की झील और पास की पहाड़ी उपत्यकाओं के जलप्रवाहों से जन्मी बेतवा बहती

रही। होते--होते बीसवीं सदी आई, उसका प्रथम चरण आया, 1918 आन पहुँचा। यह वह स्मरणीय वर्ष था जब विश्व के इतिहास ने करवट ली, पहला महायुद्ध समाप्त हुआ, नूतन आविष्कार, यंत्र, मशीनगन, तोपें, युद्धपोत, बम, वायरलैस, हवाईजहाज़, ध्वंस और मृत्यु के बारूदी अंधेरे तथा इन्फ्ल्युएन्ज़ा जैसी नई महामारी के हाहाकार से निकलकर दुनिया बाहर आई और उसने आशा की सांस ली। रूसी क्रान्ति की नवीन सामाजिकता के हाथों आततायी ज़ारशाही का अन्त हुआ, भारत में ब्रिटिश साम्राज्यवाद से मुक्ति के लिए मोर्चा कसा जाने लगा–एक ही वर्ष बाद जलियांवाला बाग के खूनी बलिदान से जिसकी अग्नि-शिखा आसमान को छूने लगी। 1918 एक ऐतिहासिक वर्ष था–पुरानी दुनिया का आखिरी सीमान्त और आधुनिक युग-बोध का संधि-स्थल।

1918–सामन्तशाही से जर्ज़र भोपाल का प्रसुप्त नगर, एक ओर नवाबी शान-शौकत में डूबे मुट्ठी-भर ऐयाश महल, दूसरी ओर विपन्न दुनिया, तंग गलियां, धूसर मकान, किरासिन के धुंआरे, डब-डब करते लैम्प पोस्ट, स्टेशन पर इक्के-दुक्के गैस के हंडे। ऐसे वातावरण में रोड़ी-गिट्टी से पटी एक पतली गली थी, नाम गुलियादाई का मोहल्ला या मोहल्ला मिसरान। यह गली भोपाल के मिश्रित समाज का मानो प्रतीक थी। गली के एक छोर पर कामगर मुसलमानों की मस्जिद थी–मस्जिद कमनीगरान और दूसरे छोर पर एक हरिजन बसौर का घर था। गली में ब्राह्मण, बनिए, जैन, मुसलमान, हरिजन एक साथ रहते थे। अधिकतर मकान कच्ची मिट्टी के खपरैलों वाले थे। उन्हीं में एक खपरैलों वाला घर था जिसमें पं॰ खुशीलाल शर्मा किराये पर रहते थे। इसी घर में तथा गली के मिश्रित सामाजिक वातावरण में 19 अगस्त, 1918 के दिन शंकरदयाल जी का जन्म हुआ। पिता प्रसिद्ध वैद्य थे। कठिन और असाध्य रोगियों का इलाज करने में माहिर। ऐसे रोगियों का उपचार करते हुए वे एक आन्तरिक चुनौती महसूस करते थे। कठिन स्थितियों और समस्याओं से जूझने और समाधान निकालने का यह गुण सम्भवतः शंकरदयाल जी को अपने पिता से संस्कार के साथ मिला। माता बड़ी संकल्पवान और शिक्षित थी। घर में रामायण, महाभारत, भागवत, अमरकोश, हितोपदेश आदि ग्रन्थ उपलब्ध थे जिनका ज्ञान बचपन में ही उन्हें बिना पढ़े माता के माध्यम से प्राप्त हुआ। पं॰ खुशीलाल जी अक्सर अमीरों द्वारा गरीबों के शोषण को बताते हुए कविता की ये पंक्तियां दुहराते थे :

> घर में हो घुप अंधेरा, मन्दिर में रोशनी हो,
> ईश्वर के साथ छल है, इस छल का क्या ठिकाना।

बाल्यावस्था से ही सामाजिकता की यह नई भावना शंकरदयाल जी के मन में घर कर गई। बचपन में अपने पिता के साथ तालाब, पहाड़ियों, नदियों और जंगल में बने मन्दिर आदि पर 'गोट' (पिकनिक) के लिए वह जाया करते थे। प्रकृति का यह सान्निध्य उन्हें तभी से प्राप्त हुआ। जल, पहाड़, जंगल उन्हें बहुत रुचिकर लगते थे। जंगली फूलों और करौंदे की सुगन्ध से उनका मन तृप्त होता था। प्रात:काल तालाब पर पिता के साथ नहाते हुए उन्होंने बिना किसी प्रयास के तैरना सीख लिया था, जिसमें वे इतने पारंगत हुए कि अपने विद्यार्थी-जीवन में लखनऊ विश्वविद्यालय में पहुँचकर तैराकी के चैम्पियन बने। सुबह उठकर वे अक्सर चमेली के झुरमुटों में जाकर गिरे हुए फूल इकट्ठे किया करते थे। आज विभिन्न प्रदेशों के जातीय-फूलों को वे समन्वित करते हैं। छोटी ही आयु में उन्हें गली के तमाम लोग प्यार से 'पालागन' कहते थे। बड़े और बूढ़े लोगों के मुंह से आदर का यह शब्द सुनकर वे सकुचा जाते थे।

कुछ वर्षों बाद एक निकट के सम्बन्धी पं० जमुनाप्रसाद जी वैद्य ने इन्हें गोद ले लिया। उनका बहुत बड़ा हवेलीनुमा मकान था। दो मंज़िला पक्का मकान वहीं उस गली में था। जमुनाप्रसाद जी फारसी और उर्दू के बड़े विद्वान् थे। उन्होंने शंकरदयाल जी को इन दोनों भाषाओं और उनके साहित्य का ज्ञान कराया। इस प्रकार उनके व्यक्तित्व में प्रारम्भ से ही साहित्य, धर्म, दर्शन, नीति, उदारता, संकल्प, आधुनिकता और लौकिक-सेक्युलर आयाम जुड़ते चले गये। यही आगे चलकर एक बड़े विस्तृत रूप में प्रस्फुटित और विकसित हुए। स्कूल में अपनी कक्षा में वे अलग चमकते थे। 1937 में इलाहाबाद से बी० ए० किया फिर लखनऊ विश्वविद्यालय से 1939 में अंग्रेजी में एम० ए० किया था। तदुपरान्त हिन्दी-संस्कृत में एम० ए० किया और एल-एल० एम० की परीक्षा में वे सर्वप्रथम रहे। मैं भी इसी क्षेत्र का निवासी था और लखनऊ विश्वविद्यालय में 1938-41 के बीच एम० ए० (अंग्रेजी) और लॉ करते हुए शंकरदयाल जी का क्रमश: अभ्युदय निकट से देखा था। चाहे वह तैराकी हो, चाहे लम्बी दौड़ की प्रतियोगिता, चाहे पढ़ाई, परीक्षा या वक्तृता, सबको चुनौतियां स्वीकार करके वे सबसे आगे रहते रहे। 1941 में यूनिवर्सिटी के सर्वतोमुखी प्रतिभा सम्पन्न व्यक्तित्व होने के नाते उन्होंने चक्रवर्ती गोल्ड मेडल प्राप्त किया और लखनऊ विश्वविद्यालय में छोटी आयु में ही लेक्चरर बन गये। 1937 से 1941 के वर्ष उनके जीवन का मोड़ थे जब वे पं० जवाहरलाल नेहरू के सम्पर्क में आये और अन्तर्राष्ट्रीयता तथा समाजवाद की वैचारिक दीक्षा ग्रहण की। उनमें इतिहास की प्रखर दृष्टि

विकसित हुई। वे न केवल शिक्षक और कानून के विशेषज्ञ हैं, बल्कि इतिहास, साहित्य और दर्शन के भी मर्मज्ञ हैं। वे किस प्रकार 1949–50 में साहित्य और शिक्षण का क्षेत्र छोड़कर राजनीति के केन्द्रीय प्रकाशवृत्त में आये वह एक स्मरणीय घटना है। उसके बाद का इतिहास सर्वविदित है। समृद्ध व्यक्तित्व उसी का होता है जिसके जीवन की रंगावली (स्पैक्ट्रम) एक ओर 'इनफ्रारेड रंग' के साथ यथार्थ धरती को छूती है और दूसरी ओर 'अल्ट्रा वायलेट' की नीलिमा के साथ आकाशीय विस्तारों में प्रवेश कर जाती है। और महान् व्यक्ति वही होता है जिसकी सहजता, सरलता और आंतरिक स्निग्धता को प्रभुता, पद, प्रतिष्ठा, यश और राजनीति प्रभावित नहीं करते, उसे सीमित और खंडित नहीं कर सकते। इन दोनों ही कसौटियों पर डॉ० शंकरदयाल शर्मा का व्यक्तित्व अत्यन्त खरा उतरता है।

शिक्षक, मुख्य मंत्री एवं कांग्रेसाध्यक्ष: डॉ० शंकरदयाल शर्मा

डॉ० भगीरथ मिश्र

मध्य प्रदेश के लिए यह गौरव की बात है कि इस समय उसका एक वरिष्ठ नेता अखिल भारतीय कांग्रेस के अध्यक्ष-पद पर असीन है। यह पद डॉ० शंकरदयाल शर्मा को उनकी कर्त्तव्यनिष्ठा, प्रगतिशील दृष्टिकोण निर्भीकता और सूझ-बूझ के परिणामस्वरूप प्राप्त हुआ है। यह एक तथ्य है कि डॉ० शर्मा का अपना कोई अनुगमनकारी बड़ा बल या समुदाय नहीं है। उनका नाम प्रायः समुदाय के अलग व्यक्तियों में लिया जाता है। अपनी उच्च शिक्षा और व्यापक दृष्टिकोण के कारण उन्हें अखिल भारतीय नेतृत्व करने को मिला है। स्वभावतः और कर्मतः वे एक लोकप्रिय व्यक्ति और नेता हैं।

मैं डॉ० शंकरदयाल शर्मा को सन् 1941 से जानता हूँ। उस समय हम दोनों लखनऊ विश्वविद्यालय के छात्र थे, वे अंग्रेजी विभाग के और मैं हिन्दी विभाग का। हम लोग प्रायः मिलते थे। अंग्रेजी में एम०ए० करने के उपरान्त उन्होंने जब हिन्दी में एम०ए० किया तब हम दोनों विशेष रूप से एक-दूसरे के निकट आये। जिस समय उन्होंने हिन्दी में एम०ए० किया उस समय मैं लखनऊ विश्वविद्यालय में हिन्दी का प्राध्यापक था और प्रायः वे हिन्दी-संबंधी जानकारी के लिए मेरे पास आते थे और तब हम दोनों विशेषरूप से एक-दूसरे के निकट आये। परन्तु उनका जीवन न तो हिन्दी अध्यापक और न अंग्रेजी अध्यापक के रूप में आरम्भ

हो सका, वे विधि-संकाय के अंतर्गत एल॰एल॰एम॰ करने के उपरान्त प्राध्यापक हो गये और विदेश चले गये। वहाँ से लौटने पर कुछ समय तक हम लोगों के सहयोगी के रूप में विधि संकाय में काम करते रहे।

थोड़े ही समय के अनन्तर उनके गृह राज्य भोपाल से उन्हें बुलावा आया और वे भोपाल राज्य के मुख्य मंत्री के रूप में नियुक्त हो गये। हम लोगों को उनकी इस नियुक्ति पर बड़ी प्रसन्नता हुई और उनके सम्मान में विश्वविद्यालय में एक बृहद् आयोजन किया गया। परन्तु, हमें इसे बात का दुःख भी रहा कि उनका सहयोगी अध्यापक के रूप में हमारा साथ छूट गया। यहीं से डॉ॰ शर्मा का प्रवेश राजनीतिक क्षेत्र में हुआ और वे क्रमशः एक के अनन्तर दूसरे महत्त्वपूर्ण पदों पर कार्य करते रहे।

सन् '42 के आन्दोलन के समय लखनऊ विश्वविद्यालय के प्रायः अनेक प्राध्यापकों और विद्यार्थियों ने भाग लिया था। डॉ॰ शर्मा भी उसके सक्रिय कार्यकर्त्ता थे और सन् '47 की स्वराज्य-प्राप्ति के बाद तो वे पूर्णतया इसी क्षेत्र में आ गये। आगे चलकर मध्य प्रदेश का नया रूप बना। जिसमें वे क्रमशः शिक्षा मंत्री, उद्योग मंत्री आदि के रूप में कार्य करते रहे।

शिक्षा मंत्री के रूप में मध्य प्रदेश उनको कभी नहीं भूल सकता। शिक्षा की दृष्टि से पिछड़े हुए इस प्रदेश में शिक्षा-प्रसार और शिक्षा-सेवाओं के विस्तार हेतु डॉ॰ शर्मा ने अभूतपूर्व कार्य किया। मध्य प्रदेश में शिक्षा संबंधी जागरूकता न होने के कारण प्राइवेट शिक्षा-संस्थाओं की बहुत कमी थी। महाराष्ट्र, उत्तर प्रदेश, मैसूर जैसे राज्यों की भाँति यहाँ पर प्राइवेट रूप से स्कूल और कॉलेज चलाने वाले संगठन बहुत कम थे और जो थे भी वे अत्यंत दुर्बल और क्षीण। ऐसी दशा में स्थान-स्थान पर शासकीय स्कूलों और महाविद्यालयों की स्थापना करके उन्होंने इस व्यापक और पिछड़े हुए क्षेत्र में शिक्षा की सुदृढ़ नींव डालने का महत्त्वपूर्ण कार्य किया। आज इस प्रदेश में शिक्षा-प्रसार का बहुत बड़ा श्रेय उनके इसी दूरदर्शिता से पूर्ण कार्य को दिया जाता है। इसके साथ-ही-साथ उन्होंने शिक्षकों के वेतनमान और सेवाक्रम को भी उत्तम बनाने का प्रयास किया। अपने इस आधारभूत और दूरदृष्टि-सम्पन्न कार्य के द्वारा वे अपने शिक्षक के ऋण से मुक्त हो गये।

इसी बीच मैं लखनऊ से पूना विश्वविद्यालय चला गया था; परंतु विभिन्न साहित्यिक आयोजनों में मेरा भोपाल आना होता था। डॉ॰ शर्मा से जब भी मेरी भेंट होती तब उनके भीतर से वही पुरानी आत्मीयता एवं अपनत्व का भाव

छलका पड़ता था और यह भी कहा जा सकता है कि पूना से मेरे सागर आने में उनका भी हाथ था। यहाँ आकर जब मैंने उन्हें विभिन्न क्षेत्रों में बिखरे हुए हस्तलिखित ग्रन्थों के एकत्रित करने और उन पर कार्य करने की योजना बतायी तो वे बड़े प्रसन्न हुए और उन्होंने सब संभव सहायता देने का वचन दिया।

शिक्षा मंत्री के पद के बाद उन्होंने कुछ समय उद्योग मंत्री के रूप में भी कार्य किया। उस समय उनकी मेरी भेंट एक बार पंचमढ़ी में हुई। यद्यपि वे उद्योग मंत्री थे, परन्तु उस समय उनके मन में यह एक योजना कार्य कर रही थी कि पंचमढ़ी को गर्मियों में एक साहित्यिक और सांस्कृतिक नगरी के रूप में परिणत कर दिया जाये। इसके लिए उन्होंने साहित्यकारों के पंचमढ़ी-निवास की एक योजना भी बनाई थी, परन्तु खेद की बात है। कि उनके वहाँ से हटते ही वह योजना ठप हो गई। उद्योग मंत्री के रूप में मध्य प्रदेश के औद्योगिक विकास के लिए उनकी बड़ी-बड़ी कल्पनाएं थीं। मुझे स्मरण है कि एक बार जब हम लोग चाय पी रहे थे उसी समय यूरोप की औद्योगिक कंपनियों के कुछ प्रतिनिधि उनसे मिलने आये हुए थे। उन्होंने उनसे मध्य प्रदेश के औद्योगिक विकास के संबंध में विस्तृत चर्चा की थी और उनकी सहायता से औद्योगिक विकास संबंधी योजनाएं बनायी थीं।

तदन्तर राजनीतिक परिवर्तनों के साथ-साथ डॉ॰ शर्मा क्रमशः मध्य प्रदेश की अपेक्षा दिल्ली और समग्र देश से अधिक संबंधित हो गये और उसी के परिणास्वरूप आज वे कांग्रेस के अध्यक्ष-पद पर सुशोभित हैं। अपने सीमित क्षेत्र में घिरे होने के कारण इस बीच मेरा और उनका कुछ विशेष संपर्क नहीं हो पाया, फिर भी मुझे विश्वास है कि उनकी आत्मीयता में किसी प्रकार की कमी नहीं होगी। कांग्रेस-अध्यक्ष के रूप में उन्होंने विभिन्न प्रदेशों के परस्पर एक-दूसरे के विचारों को समझने और उनके अनुसार कार्य करने में महत्त्वपूर्ण कार्य किया है। डॉ॰ शर्मा उग्रवादी या अतिरेकवादी व्यक्ति नहीं हैं वे समन्वयवादी नेता हैं। विभिन्न मतभेद-पूर्ण दृष्टिकोणों के बीच दोनों के लिए मान्य मार्ग ढूंढ़ लेने में वे बड़े कुशल हैं। कांग्रेस के कार्यक्रम की अनेक नीतियों के निर्धारण में उनका महत्त्वपूर्ण योगदान है। परन्तु इसके साथ ही जो एक विशेष बात उनमें है वह यह कि वे नीति और सिद्धांत निश्चित हो जाने पर उनके अनुसार दृढ़ता से कार्य करने वाले व्यक्ति हैं और उनके परिपालन में वे विचलित नहीं होते, वरन् उसका पूरा निर्वाह करते हैं। कांग्रेस-नीतियों के आलोचकों को वे

बराबर मुंहतोड़ जवाब देते रहे हैं। इस प्रकार उनका व्यक्तित्व समन्वयवादी होते हुए भी एक उदात्त दृढ़ता का परिचायक है। दूरदर्शिता, आत्मीयता, सहृदयता और कर्मशीलता उनके व्यक्तित्व के अंग बन गये हैं और वे प्रदेश के विकास और उन्नति से संबंधित महत्त्वपूर्ण कार्य करते रहेंगे।

समर्पित जीवन

रतनलाल जोशी
संपादक, दैनिक 'हिन्दुस्तान'

डॉ॰ शंकरदयाल शर्मा से जब-जब भेंट हुई है मुझे टालस्टाय के बारे में कही गयी गोर्की की यह बात याद हो आयी है कि "सरलता उनका परिवेश नहीं है, उनकी आत्मा भी है। उनके भीतर की कितनी ही गहराई में चले जाइये, सरलता की शुभ्र-श्वेत पंखड़ियां ही खिलती जायेंगी। विद्वत्ता में उनका कोई जोड़ नहीं किन्तु सरलता के उनके इस दर्पण में उन्हें अपने सिवाय हर अन्य व्यक्ति बड़ा ही नजर आता है। उनकी इस विनम्रता को कई लोग निरी अबोधता भी समझ लेते हैं, मगर ऐसी अबोधता अगर मुझे मिल गयी होती तो मैं अपने को ज्यादा सुखी मानता। यह अबोधता की भ्रांति उनकी सबसे बड़ी शक्ति है।"

गोर्की की इस बात का काफी कुछ अंश डॉ॰ शर्मा के व्यक्तित्व में अभिव्यक्त है और दिन-प्रति-दिन अधिकाधिक व्यक्त होता रहेगा, क्योंकि स्वभाव बदलने की वंचना का जादू उन पर चला नहीं है। उनकी विद्वत्ता और राजनीति वर्षों से सहचरियां रही हैं, किन्तु अभी तक दोनों ही सहअस्तित्व के व्रतपालन की हामी रही हैं, और यही कारण है कि इससे दोनों में निखार आया है—परस्पर-पोषण की यह प्रक्रिया राजनीतिक क्षेत्र के जीवनक्रम में प्रायः दुर्लभ ही होती है।

डॉ॰ शंकरदयाल शर्मा के राजनीतिक सिद्धांत जिस परंपरा और वातावरण में विकसित हुए हैं वह गांधी-नेहरू की विचार-परम्परा थी और कांग्रेस-संस्था के मुक्ति-आंदोलन का वह वातावरण था। स्पष्ट है कि इस देशकाल में दर्जनों राजनेताओं के जीवनांकुर प्रौढ़ हुए हैं, किन्तु शंकरदयाल जी की मिसाल इन सबसे भिन्न है। वे भावना की नदी में अपनी नाव खेकर राजनीतिक परिपक्वता के किनारे नहीं लगे, ज्ञान की भट्ठी में पककर गांधी-नेहरू की राजनीतिक

विरासत के एक पात्र बने हैं। भावना का मार्ग तो भक्ति का मार्ग है, समर्पण की साधना है–काफी कठिन भी है, किन्तु व्यापकतः सरल भी है, क्योंकि थोड़ा-सा देकर भी कुछ न कुछ श्रेय लूट ही लिया जा सकता है। मगर ज्ञान का मार्ग तो तलवार की धार है। सस्ते श्रेय के कई मोहांधकारों को पार कर ज्योतिर्मयता के द्वार पर पहुँचा जाता है। लोकमान्य तिलक के अनुसार राजनीति में भावना का स्थान नाव का जरूर है, किंतु नाव में यात्री सुरक्षित तभी तक हैं जब तक नाव लंगर से बंधी है या उसकी पतवार कुशल नाविक के हाथों में है, अन्यथा नाव मे बैठना खतरे से खाली नहीं कहा जा सकता। ज्ञान अर्थात् कर्तव्य-कर्म का ज्ञान राजनीति का मेरुदंड है। दिशा-ज्ञान के बिना प्रगति का सारा जीवन उन्मत्त बंदर की उछल-कूद ही तो है। श्रेयस्कर तो यह है कि राजनेता अपनी साधना में ज्ञान को ध्रुवतारा और भावना को जहाज स्वीकार कर दोनों को एक-दूसरे का पूरक बनाता रहे।

डॉ॰ शंकरदयाल शर्मा समाजवाद में आस्था रखते है, किन्तु उनका समाजवाद पुस्तक-कीटों का दीमक कवलित शास्त्रवाद नहीं है, भावना की टांग तोड़ने वाली नारेबाजी का क्षणभंगुर अवसरवाद भी नहीं है और न वह मठाधीशों के दम्भ-पाखंड का घंटानाद ही है। इसके विपरीत, वह ऐसी जीवन-प्रणाली का स्रोत है जिसके तट पर लोकजीवन अपने विविध भावों की प्यास बुझा सकता है। भारतीय संस्कारों की परंपरा में तुलसीदास की इन चौपाइयों में इसकी गहराई और सार्थकता ढूंढी जा सकती है:

संत-हृदय जस निर्मल वारी,
बांधे घाट मनोहर चारी।
जहँ-जहँ पियहिं विविध मृगनीरा
जिमि उदार गृह जाचक भीरा।।

डॉ॰ शर्मा के समाजवाद में देश-काल एवं स्थिति के तकाजों की ऐसी न्यायोचित व्यंजना है कि लोकरंजन के समस्त बुनियादी क्षेत्र उसकी व्यापकता से लाभान्वित हो जाते हैं। उनका बौद्धिक चैतन्य उनके पास विचार-संयम की सबसे मजबूत लगाम है। कभी-कभी वे इस लगाम का प्रयोग इतना अधिक भी करते नजर आते हैं कि लोगों को उनके विवेक के बारे में भ्रम होने लगता है, मगर दायित्व को धारण करने वाली धृति ही यदि विचलित होने लगे तो संस्था अथवा अभियान ज्यादा दिन कैसे चल पायेगा?

डॉ० शंकरदयाल जी अपने व्यक्तिगत जीवन की भाँति संस्था में भी अनुशासन के अटल हिमायती हैं। सुबह से शाम तक उनका दैनंदिन जीवन शांत एवं सुनियोजित बहता हुआ अजस्र स्रोत है जिसमें कई प्रकार के तूफानी आवेगों से लेकर अवसादी जड़ताओं तक की परिस्थितियां आती हैं, किन्तु उनकी अनुशासन-प्रेरित चेतना के सान्निध्य में ये सारे अतिवाद स्वाभाविक समत्व को प्राप्त कर लेते हैं। वे तो विचलित होते ही नहीं, उनके संपर्क में आने वाले भी अपनी उद्विग्नता वहीं छोड़ जाते हैं। उनके प्रति विश्वास की लोगों की काफी गहरी थाह है।

कांग्रेस पार्टी का अध्यक्ष रहना, पंडित नेहरू के शब्दों में, किसी अजायबघर का बाशिंदा रहकर स्वयं उसकी रखवाली करना है। क्योंकि शब्दकोश के किसी भी अर्थ में वह राजनीतिक पार्टी की सभी शर्तों का पालन करती नजर नहीं आती है। राजनीति के अलावा उसके साथ और भी कई लक्ष्य नत्थी हैं। क्योंकि भारत की जनता ने अकेले राजनीति को ही अपनी समस्याओं का समाधान नहीं माना है। यहाँ का जनजीवन विरोधों की आपसी खींचतान का प्रतीक नहीं है, अगणित वैषम्यों और विरोधाभासों के समन्वय का मूर्त्त रूप है। शंकरदयाल जी इतिहास के इस तथ्य का अनुमोदन करते हैं और कांग्रेस की अध्यक्षता के दौरान उनका यह प्रयत्न रहता आया है कि इस औचित्य-निर्वाह में स्खलन न आने पाये।

प्रोफेसर हेराल्ड लास्की ने किसी भी राजनीतिक पार्टी की सफलता का दारोमदार ऐसे व्यक्तियों पर रखा है जिनकी पीठ कछुवे की तरह अटूट हो–जिम्मेदारी का चाहे जितना बोझ उन पर लाद दीजिए वे न तो झुकें और न टूटें। यहाँ भर्तृहरि का एक नीति-वचन लास्की की धारणा को और भी अच्छी तरह व्यक्त कर देता है:

जातः कूर्मः स एकः प्रथु-
भुवन परायार्पितं येन पृष्ठं
श्लाघ्यं जन्म ध्रुवस्य भ्रमति
नियमितं यन्न तेजस्विचक्रम्।

दुनिया में जन्म तो, वास्तव में, इन दो का ही सार्थक है। एक तो उस कछुवे का जो अपनी पीठ पर पृथ्वी आदि चौदह लोकों का भार वहन किये हुए है और एक उस ध्रुव तारे का जिसके आसपास समस्त नक्षत्रमंडल मंडराता रहता है तथा जो सबको दिशा-दर्शन कराया करता है।

श्लोक को यदि वर्तमान देशकाल की अभिव्यक्ति में ढालें तो कांग्रेसाध्यक्ष डॉ॰ शर्मा कांग्रेस पार्टी के अवतारी कच्छप हैं और श्रीमती गांधी उसकी ध्रुवतारा। भर्तृहरि के नीतिवाक्य की पूरी संगति यहाँ सटीक बैठती है। इस कच्छप की पीठ जितनी मजबूत है, उसका आत्मसंयम भी उतना ही दृढ़ है–गीता के कछुवे की तरह जब शंकरदयाल जी अपने को अंदर समेट लेते हैं तो फिर उन्हें कोई मोहासक्त नहीं कर सकता।

इन श्लाघ्य क्षमताओं के साथ शंकरदयाल जी की सबसे बड़ी विशेषता उनकी अपनी आत्मतुष्टि है। यह उनके अध्यवसाय, अध्ययन एवं सरस्वती की उपासना की देन है जो किसी भी राजनीतिक सिद्धि से कहीं बड़ी निधि है। लोगों का ख्याल है कि इंद्रदेव भी उनकी इस निधि से ईर्ष्या करते होंगे। इस संतोषधन के सामने डॉक्टर शंकरदयाल जी और सारी संपदाओं को धूल के समान समझते रहे हैं। प्रलोभन और मोहकताएं उनके मार्ग में क्या कम आयी होंगी? तपोभंग करने के लिए क्या प्रवंचनाओं के कम आक्रमण हुए होंगे? किंतु उनकी आत्मतुष्टि का पलड़ा सदैव भारी ही रहा–

सुना है मैंने भी जिक्रे-
बहिश्तो - हूरो - तहूर;
खुदा का शुक्र है
नीयत मेरी खराब नहीं!

शर्मा जी अभी तो युवा हैं–राजनीतिक जीवनयात्रा के युवा यात्री! मंजिलों और पर्वतशृङगों के कई छोर उनके मार्ग में आयेंगे। यश की जो गठरी बांधकर वे आज चल रहे हैं वह भी भारी होगी। हमारी कामना है कि भगवान् उन्हें भारी-से-भारी यश-गठरी उठाने-ढोने का बल प्रदान करे!

भोपाल के गौरव : डॉ॰ शंकरदयाल शर्मा

शफीक अहमद
उपाध्यक्ष, मध्य प्रदेश कांग्रेस कमेटी

बात सन् 1952 की है। गणतंत्र भारत के पहले आम चुनाव की तैयारी जोरों से चल रही थी। सरदी का मौसम था, भोपाल के अपने निवास-स्थान पर एक सुबह चाय पीकर मैं बाहर आने को ही था कि बेरसिया के वकील स्वर्गीय

सुलेमान साहब मेरे घर तशरीफ लाये। वकील साहब एक अत्यन्त सम्माननीय व्यक्ति थे। मैंने श्रद्धापूर्वक उनका और उनके साथी का स्वागत किया।

उनके साथ आये मेहमान को पहचानने के लिए मैंने अपनी स्मृति को कुरेदना चाहा कि तत्काल वकील साहब ने उनका परिचय मुझे दिया–आप हैं डॉ॰ शंकरदयाल शर्मा, जो हमारे बेरसिया क्षेत्र के कांग्रेस प्रत्याशी हैं और जिला कांग्रेस के अध्यक्ष भी। यद्यपि मैं डॉक्टर साहब के नाम से परिचित था, लेकिन उसके पूर्व मेरा राजनैतिक जीवन से कोई संबंध न होने के कारण मेरी और उनकी यह पहली मुलाकात थी।

गौर वर्ण, सुडौल शरीर, सौम्य चेहरा और उनकी सादगीपूर्ण वेशभूषा। डॉक्टर साहब से इस पहली मुलाकात की याद आज भी मेरे मन में ताजा है। यह वास्तव में मेरे जीवन का गौरवपूर्ण क्षण था। मैं नहीं जानता कि वह कौन सी अदृश्य शक्ति थी या डॉक्टर साहब के व्यक्तित्व का प्रभाव कि मैंने डॉक्टर साहब में अपने लिए निकटता एवं आत्मीयता महसूस की।

वकील साहब का प्रस्ताव था कि मैं डॉक्टर साहब के साथ रहकर उनके चुनाव-कार्य में सहयोग करूँ। वकील साहब के आदेश और डॉ॰ साहब के प्रेरणादायक व्यक्तित्व ने मुझे बेरसिया जाने पर मजबूर कर दिया। बेरसिया क्षेत्र भोपाल राज्य के 30 निर्वाचन क्षेत्रों में से एक था। जहाँ तक मुझे स्मरण है उस क्षेत्र में 16 पोलिंग स्टेशन थे। मैं डॉक्टर साहब के साथ एवं अकेले भी प्रत्येक पोलिंग क्षेत्र में घूमा और इस तरह मुझे डॉक्टर साहब के अधिक निकट आने का मौका मिला।

जब शीत ऋतु की कठोरता जनजीवन को त्रस्त कर रही थी तब लखनऊ विश्वविद्यालय का यह भूतपूर्व प्रोफेसर गांव-गांव के ऊबड़-खाबड़ रास्तों में घूम रहा था। जब कई बुद्धिजीवी और अधिकारी हीटर का सहारा लेकर बैठे रहते होंगे, तब डॉक्टर साहब उन गरीबों को जो ठण्ड से सिकुड़ते फिरते थे, सांत्वना देते थे। इस क्षेत्र के ग़रीबों को देखकर डॉक्टर साहब का दिल भर आता था। गरीबों की इस वेदना को मैंने डॉक्टर साहब के चेहरे पर कई बार देखा। जब वह किसानों की दयनीय स्थिति देखते तो चिन्ता में डूब जाते। वे कहते कि हम लोगों को कुछ ऐसा कार्य करना चाहिए कि जिससे इन गरीबों को लम्बी गुलामी के कष्टों से शीघ्र मुक्ति मिल सके।

चुनाव के दिन ज्यों-ज्यों निकट आते जाते, डॉक्टर साहब की स्फूर्ति बढ़ती ही जाती थी। मुझे सदैव आश्चर्य होता रहा कि देश-विदेश में उच्च शिक्षा प्राप्त

एवं कुछ समय पूर्व उच्च पदासीन व्यक्ति इन कष्टों में भी कितना प्रसन्न और हंसमुख नजर आता था। डॉक्टर साहब जैसे कठोर परिश्रमी व्यक्ति विरले ही होंगे। ठीक भी है, उन्होंने अपने जीवन को कठोर संघर्ष और परिश्रम में ही डाला है। सारे दिन अथक परिश्रम के बाद डॉक्टर साहब रात में पढ़ते और दूसरे दिन सुबह उन्हें मैं तरोताजा पाता। सुबह होते ही काम की लगन। इन दिनों में भी वह गरीबों का दुःख-दर्द सुनकर आर्द्र हो उठते, उनका मन कल्पनाओं में डूब जाता। मैंने देखा कि डॉक्टर साहब कभी-कभी यह भूल जाते कि मतदाताओं से बात कर रहे हैं।

इस चुनाव की सबसे बड़ी विशेषता रही कि बेरसिया क्षेत्र की मुस्लिम महिलाओं ने भी घर से बाहर निकल कर भारी संख्या में मतदान में भाग लिया। शायद दूसरे किसी क्षेत्र में मुस्लिम महिलाओं ने इतनी भारी तादाद में मतदान में भाग नहीं लिया होगा। गणतंत्र के इस पहले आम चुनाव में जनता में जो अपूर्व उत्साह था वह अब कम ही देखने को मिलता है। हमने अंतिम क्षण तक प्रत्येक पोलिंग केन्द्र का भ्रमण किया। अंत में हम सबकी मेहनत सफल हुई। डॉक्टर साहब विजयी घोषित किये गये।

भोपाल की जनता और उसके चुने हुए प्रतिनिधियों ने अपनी मिट्टी के इस होनहार सपूत को पहचानने में देर नहीं की। डॉक्टर साहब कांग्रेस विधायक दल के नेता चुने गये और भारत के बीचों-बीच बसे इस छोटे से किन्तु सुंदर भोपाल राज्य के प्रथम मुख्य मंत्री बने।

डॉक्टर साहब ने अपने मुख्य मंत्रित्वकाल में भोपाल में जनहित के जो कार्य किये उन्हें स्वर्ण अक्षरों में लिखा जायेगा। भारत के सभी शीर्ष नेताओं ने डॉक्टर साहब के कार्यों की सराहना की। उन्हें सहयोग और स्नेह प्रदान किया। भोपाल राज्य ने उनके मुख्य मंत्रित्वकाल में आशातीत प्रगति की। सामुदायिक विकास योजनाओं, कृषि कार्यों, सहकारिता, शिक्षा एवं पुनर्वास के कार्यों में भोपाल ने अन्य प्रदेशों को पीछे छोड़ दिया। भोपाल के समीपवर्ती राज्य मध्य भारत, महाकोशल एवं उत्तर प्रदेश के हजारों शिक्षित बेरोजगारों को इस राज्य में रोजगार उपलब्ध कराया गया।

उन दिनों भोपाल कांग्रेस मध्य भारत कांग्रेस से संबद्ध थी। डॉक्टर साहब ने जहाँ भोपाल में संगठन को मजबूत बनाया, वहाँ मध्य भारत के पड़ोसी क्षेत्रों में भी संगठन के हित के लिए कार्य किया।

राज्य पुनर्गठन आयोग की रिपोर्ट आते ही डॉक्टर साहब पर भोपाल को मध्य प्रदेश की राजधानी बनवाने का गुरुतर भार आ पड़ा। इस अवसर पर उन्होंने जिस सूझ-बूझ का परिचय दिया एवं भोपाल के लोगों को जैसा नेतृत्व प्रदान किया वह स्मरणीय है। भोपाल को राजधानी बनवाने के लिए गठित जन-प्रतिनिधियों की एक समिति का मैं सदस्य था। दिल्ली में हम लोगों का प्रतिनिधि-मंडल जब मौलाना आजाद से मिला तब मौलाना ने हम लोगों से कहा कि आपके मुख्य मंत्री डॉ० शर्मा स्वयं सक्षम एवं योग्य व्यक्ति हैं। आप लोगों ने दिल्ली तक आने की तकलीफ क्योंकर की। मैंने तत्काल अपने साथियों से कहा कि मौलाना का यह कथन भोपाल को राजधानी बनाने की हाई कमान की इच्छा का सूचक है। पंडित गोविन्दवल्लभ पंत से भी जब हम लोग मिले तो उन्होंने इस संबंध में डॉक्टर साहब द्वारा किये गये प्रतिनिधित्व की प्रशंसा की।

हेवी इलेक्ट्रिकल्स कारखाना स्थापित कराने का श्रेय भी डॉक्टर साहब को ही है। भोपाल कांग्रेस के संगठन संबंधी मामलों में मैं जब कभी कांग्रेस हाई कमान के सदस्यों से मिला, उन्होंने डॉक्टर साहब के कार्यों की सराहना की। विशेष रूप से पं० नेहरू, मौलाना आजाद एवं शास्त्री जी का डॉक्टर साहब को प्रगाढ़ स्नेह प्राप्त रहा।

मध्य प्रदेश के निर्माण के साथ ही पहले मंत्रिमंडल में डॉक्टर साहब को शिक्षा मंत्री बनाया गया। साथ ही राजधानी की स्थापना के कार्य में डॉक्टर साहब ने अथक परिश्रम किया। शिक्षा मंत्रित्वकाल में मध्य प्रदेश में शिक्षा का जो आशातीत विस्तार हुआ उसकी प्रशंसा डॉक्टर साहब के विरोधी भी करते हैं।

एक बार मंडलोई मंत्रिमंडल में डॉक्टर साहब को शिक्षा-विभाग नहीं मिला। डॉक्टर साहब ने अन्य विभाग प्रसन्नतापूर्वक स्वीकार कर लिया किन्तु मैं अपनी खीज को शान्त न कर सका। मैं दिल्ली गया और पं० नेहरू से चर्चा के पूर्व मैंने आदरणीया इंदिरा जी से इस संबंध में विस्तार से चर्चा कर अपनी अप्रसन्नता ज़ाहिर की। उस समय इंदिरा जी ने डॉक्टर साहब की प्रशंसा की। उस समय भी डॉक्टर साहब पर उनका कितना अनुग्रह था यह मुझे आज भी याद है।

उद्योग-विभाग, लोक निर्माण-विभाग एवं पृथक् राजस्व विभाग में भी अल्पकाल में ही डॉक्टर साहब ने जो कार्य किये उनका इतिहास महत्त्वपूर्ण है।

मिश्र मंत्रिमंडल के पतन के उपरान्त मध्य प्रदेश में संविद शासन की स्थापना हुई। प्रदेश कांग्रेस के दो गुटों की खाई पाटने के लिए एवं दलीय एकता के लिए

डॉक्टर साहब को प्रदेश कांग्रेस का अध्यक्ष सर्व-सम्मति से चुना गया। इस अवसर पर डॉक्टर साहब ने संगठन को मजबूत बनाने में सराहनीय कार्य किया। उनकी संगठनात्मक योग्यता से प्रभावित होकर केन्द्रीय स्तर पर उन्हें दल का महामंत्री बनाया गया। कांग्रेस विभाजन के समय एवं सन् 1971 के आम चुनाव में डॉक्टर साहब ने अपनी कुशलता एवं कुशाग्रबुद्धि का परिचय दिया। समाजवादी कार्यक्रम की पूर्ति के लिए ही आज डॉ॰ साहब सत्तारूढ़ कांग्रेस-दल के अध्यक्ष हैं।

डॉक्टर साहब के पारिवारिक जीवन के संबंध में एक उल्लेख करना मैं अत्यन्त महत्त्वपूर्ण समझता हूँ। उनकी पत्नी श्रीमती विमला शर्मा एक सच्ची भारतीय नारी हैं। इस परिवार से निकट परिचय होने के कारण मैं हमेशा यह मानता रहा हूँ कि डॉक्टर साहब की सफलताओं में उनकी विदुषी पत्नी श्रीमती विमला शर्मा का भी अपूर्व सहयोग रहा है।

इतने अधिक व्यस्त रहते हुए भी डॉक्टर साहब अपने पिता के अनन्य भक्त हैं। भोपाल के प्रसिद्ध वैद्य पं॰ खुशीलाल जी को भी अपने पुत्र को महान् बनाने का बहुत श्रेय है।

डॉक्टर साहब के मित्र उनके परिवार के सदस्य की तरह हैं। अपने साथियों के प्रति उनकी आत्मीयता एवं स्नेह उनके व्यक्तित्व को महान् बनाते हैं।

डॉक्टर साहब का उच्च चरित्र, उनका मार्गदर्शन और उनकी धैर्यवृत्ति असंख्य स्नेहीजनों के लिए संबल सदृश है। उनका जीवन अनुकरणीय है।

लोकतांत्रिक समाजवाद के प्रतीक : डॉ॰ शंकरदयाल शर्मा

रामसहाय पाण्डेय
संसद्-सदस्य

कोई समय था जबकि भारत में कांग्रेस-प्रधान को 'राष्ट्रपति' के नाम से पुकारा जाता था। गुलाम भारत में वह राष्ट्र की भावनाओं का प्रतीक समझा जाता था, और कांग्रेस जनमानस की उमंगों का प्रतिनिधित्व करती थी। स्वतंत्रता के बाद सत्ता कांग्रेस के हाथ में आ गई, तो सारे ढांचे में परिवर्तन हुआ। बड़े-बड़े नेताओं को सरकार चलाने का उत्तरदायित्व सौंपा गया। दल के कार्य को चलाने के लिए किसी निष्ठावान व्यक्ति को कांग्रेस की अध्यक्षता दी जाने लगी। सत्तारूढ़ दल का अध्यक्ष होने के नाते कांग्रेस का अध्यक्ष हमेशा ही सरकारी नीतियों के निर्माण को काफी सीमा तक प्रभावित करता रहा है। इसी प्रकार की स्थिति डॉ॰

शंकरदयाल शर्मा की है, अपने शैशवकाल से ही निष्ठावान, राष्ट्रभक्त और अनथक जनसेवक के रूप में वे सबको प्रभावित करने रहे हैं। धर्मनिरपेक्षता, सहिष्णुता और अंतर्राष्ट्रीय सद्भाव, इन सिद्धांतों में उनका अटूट विश्वास रहा है। उन्होंने हमेशा यह विश्वास व्यक्त किया है कि ईमानदारी से इन सिद्धांतों पर चलकर ही हमारा देश उस महानता को प्राप्त कर सकता है जिसका स्वप्न उन लोगों ने देखा था, जिन लोगों ने देश के लिए अपना यौवन और प्राण भेंट किये थे। वह भी बड़े पदों पर आसीन हो सकते थे, पूंजीपति बन सकते थे और जीवन के सुख-साधन खरीद सकते थे। उन्होंने यह सब कुछ नहीं किया। उन्होंने इस देश को प्यार किया, इस देश के लोगों से प्यार किया, सबको अपना समझा और उन अपनों के लिए अपना सब कुछ बलिदान कर दिया।

उनकी इस अमानत को सुरक्षित रखने का, उनके सपनों को साकार करने का और उस विरासत के गौरव में वृद्धि करने का उत्तरदायित्व आज डॉ० शंकरदयाल शर्मा पर डाला गया है। उस विकट परिस्थिति में जबकि देश की सामन्तवादी, प्रतिक्रियावादी, रूढ़िवादी और साम्प्रदायिक शक्तियां तरह-तरह के रूप धारण करके इस देश का सब कुछ नष्ट कर देना चाहती हैं। कई लोग तो यह बात स्पष्ट कहने में भी संकोच नहीं करते कि वे पश्चिमी शक्तियों के हाथ की कठपुतली बनकर रहना चाहते हैं। मजहब, प्रांतीयता और भाषायी भावनाओं को उभारकर जनता को धोखा देना चाहते हैं। ये लोग नाम तो लोकतंत्र का लेते हैं और विरोध करते हैं उन महान् निर्णयों का जो इस देश के लोकतंत्रीय निर्णय हैं। आखिर लोकतन्त्र का अर्थ क्या है? यही न कि जो बात बहुसंख्या में लोग कहें, उसे मान लो। मगर इस देश में ऐसे लोग हैं, जो नाम तो लोकतंत्र का लेते हैं, परन्तु लोकतंत्र के आधारभूत सिद्धांत को स्वीकार करने को तैयार नहीं। हमारे देश की लोकसभा में सदस्यों की कुल संख्या 520 है, उनमें से 360 से ऊपर ही ऐसे लोग कांग्रेस के प्रतिनिधि हैं। इसके अतिरिक्त 50 के लगभग अन्य लोग हैं, जो कांग्रेस की नीति और कार्यक्रमों का समर्थन करते हैं। शेष 110 के लगभग ऐसे हैं जो कांग्रेस के प्रबल विरोधी हैं। कांग्रेस यदि बैंकों का राष्ट्रीयकरण करे तो ये उसके विरुद्ध, वह राजाओं और नवाबों की निजी थैलियां समाप्त करे तो उसका विरोध, औद्योगिक एकाधिकार का प्रश्न हो तो भी उनकी वही स्थिति है और कृषि-भूमि के स्वामित्व की ऊपरी सीमा निर्धारित करना हो तो भी वे वहीं के वहीं। अनाज का थोक व्यापार हो तब भी और न्यायालय के एक न्यायाधीश के स्थान पर दूसरा मुख्य न्यायाधीश बना दिया जाये तो भी वे एक ही तरह से गरजते हैं।

ये कहते हैं कि यदि देश को हमारी राय के अनुसार नहीं चलाओगे तो हम कुछ भी नहीं चलने देंगे। देश के कुछ बड़े-बड़े पूंजीपति इनके पीछे खड़े हैं, जो नहीं चाहते कि देश में समाजवाद आये, और वह आर्थिक तौर पर भी पूर्णतः स्वतंत्र हो। इन लोगों को न देश की चिन्ता है, न ही जनता के दुःख-दर्दों की कोई अनुभूति है। इन्हें देश की कोई बात अच्छी नहीं लगती, अन्य देशों की हर बात अच्छी लगती है। देश की स्वतंत्रता के प्रत्येक दौर में ऐसे लोग रहे हैं। इनके कड़े विरोध के बावजूद देश सफल हुआ है, और मेरा अटल विश्वास है कि अब भी होगा। उसके लिए जनता को तैयार करना होगा, ताकि वह दृढ़ संकल्प के साथ इन शक्तियों का मुकाबला कर सके। मुझे इस बात का हर्ष है कि डॉ॰ शंकरदयाल शर्मा देश के व्यापक और उत्तरदायित्वपूर्ण संगठन के अध्यक्ष के नाते, अपने इस कर्त्तव्य के प्रति जागरूक हैं। बड़े साहस और पूरी क्षमता से विरोधियों का सामना करते हैं और जनता को इस बात की प्रेरणा देते रहते हैं कि उस मंजिल को हमेशा ही समक्ष रखना चाहिए, जहाँ पहुँचने का स्वप्न हम वर्षों से देखते रहे हैं। कठिनाइयों का सामना करना ही होगा, और संघर्षपूर्ण दौर से निकलना ही होगा। डॉ॰ शंकरदयाल शर्मा का एक प्रबल दृष्टिकोण है, और वह एक महान् विचारधारा के प्रतीक हैं। इसलिए मैंने उनके जीवन की व्यक्तिगत घटनाओं में न जाकर केवल उस विचारधारा की ही बात की है।

डॉ॰ शंकरदयाल शर्मा को उन तमाम अत्याचारों का पता है जो कि गुलामी के काल में इस देश की जनता ने सहन किये हैं। उन्हें पता है कि यह देश शताब्दियों तक लुटता रहा है। फिर कुछ वीर इस दयनीय स्थिति से छुटकारा दिलाने को आगे आये। देश ने एक अंगड़ाई ली, और हम उस सत्ता से टकरा गये जिसके राज्य में सूर्य अस्त नहीं होता था। इसे हमने अपनी स्वतंत्रता का संग्राम कहा। लाखों लोग, युवक और युवतियां इस दृढ़ संकल्प के साथ आगे बढ़े कि या तो आजाद होंगे या मर जायेंगे। सैकड़ों वीर फांसी के तख्ते पर झूल गये और सैकड़ों अत्याचारियों की गोलियों का शिकार हो गये। लाखों लोग जेलों में गये, कठिनाइयां और विपत्तियां सहन कीं। उस समय की स्थिति क्या थी? हमारा मुकाबला केवल विदेशी शासकों से नहीं था, वे तो मुट्ठी-भर थे। उनका साथ दे रहे थे हमारे ही देश के कई लोग–देशी रियासतों के राजे-महाराजे, नवाब और शासक, कुछ बड़े-बड़े जमींदार, जागीरदार, सरकारी अधिकारी और वे लोग जो धर्म, जाति, संप्रदाय और क्षेत्र विशेष के नाम पर

जनसाधारण को गुमराह करने और आपस में लड़ाने का प्रयास कर रहे थे। धन, शासन, सत्ता, प्रभाव सब कुछ उनके पास था। इसके बावजूद हम सफल हुए। देश आज़ाद हुआ। परन्तु एक ऐसा देश जो बंट गया था। कंगाल हो गया था। पिछड़ गया था। जहाँ उद्योग नाम-मात्र को भी नहीं थे। जहाँ लाखों लोग घर से बेघर हो गये थे। जहाँ 85 प्रतिशत जनसंख्या अनपढ़ थी। जहाँ सांप्रदायिकता ने प्रचंड अग्नि का रूप धारण कर रखा था। जहाँ समस्याएं ही समस्याएं थीं, हल कोई नज़र नहीं आता था।

हमें स्वतंत्रता तो प्राप्त हो गई, यह केवल राजनीतिक स्वतंत्रता थी, मगर आर्थिक स्वतंत्रता से हम अब भी वंचित थे। देश की स्वतंत्रता के बाद हमने सांप्रदायिकता को समाप्त करने का व्रत लिया। हमने धर्म-निरपेक्षता के आदर्श को देश का बुनियादी आदर्श बनाया। रियासतों को समाप्त कर दिया। बड़े-बड़े जागीरदारों और जमींदारों को खत्म कर दिया, ताकि देश में एकता की भावना पैदा हो, सुदृढ़ हो और देश एक महान् राष्ट्र बने। यह भावना आज भी उस सीमा तक सुदृढ़ नहीं हुई जिस सीमा तक हम चाहते थे। परन्तु फिर भी इस दौर में हमें सफलता मिली। विरोधियों के संयुक्त और निरंतर प्रयासों के बावजूद इस देश में धर्मनिरपेक्षता और लोकतंत्र के सिद्धांत करोड़ों लोगों के सिद्धांत बन गये। अब यहाँ राजाओं और नवाबों तथा बड़े-बड़े जमींदारों और जागीरदारों के लिए भी कोई जगह नहीं रही थी। सांप्रदायिकतावादी भी अपने आपको धर्मनिरपेक्षता और भावात्मक एकता का समर्थक कहने लगे थे। इसके बाद हमने खुशी-खुशी देश के निर्माण की ओर पग उठाया।

आवाड़ी में निर्णय हुआ कि हम इस देश में समाजवादी समाज का निर्माण करेंगे। हमने योजनाएं बनाईं और विभिन्न क्षेत्रों में विकास का कार्य आरम्भ किया। जिस देश में एक सुई का भी निर्माण नहीं हो रहा था, वहाँ अब बहुत सी महत्त्वपूर्ण वस्तुओं का उत्पादन देश में होने लगा। फिर समाजवाद का संघर्ष आरम्भ हुआ। सबको समान अवसर देने की घोषणाएं हुईं। इस तरह से समाजवाद का संघर्ष देश की समृद्धि का संघर्ष बना। लोगों को समझाया गया कि देश का अर्थ कुछ–एक बड़े-बड़े पूंजीपति, उद्योगपति, करोड़पति, अरबपति नहीं है, जिन्हें उंगलियों पर गिना जा सकता है। देश का अर्थ वे बड़े-बड़े व्यापारी भी नहीं, वे बड़े-बड़े न्यायाधीश, अधिवक्ता, सरकारी अधिकारी, डॉक्टर और इसी प्रकार के दूसरे लोग भी नहीं, जो लाखों में खेलते हैं और जिनकी संख्या मुश्किल से देश की कुल जनसंख्या का 5 प्रतिशत है। देश का अर्थ इस देश के निर्धन

और मध्यम श्रेणी के व्यक्ति, किसान, मजदूर, छोटे दूकानदार, छोटे सरकारी कर्मचारी और वह श्रमिक वर्ग है, जो कि देश की कुल जनसंख्या का 95 प्रतिशत है। यही वास्तव में देश की संपत्ति को पैदा करते हैं। इसके निर्माण के लिए जिम्मेदार हैं। इन्हें हम देश की औद्योगिक और कृषि-संबंधी प्रगति की रीढ़ की हड्डी कह सकते हैं। उन लोगों की समृद्धि ही देश समृद्धि है।

इसे हम समाजवाद भी कह सकते हैं और सामाजिक न्याय का नाम भी दे सकते हैं। नाम चाहे कुछ भी दीजिए, परन्तु यदि यह समृद्धि न आई तो सारा गुड़ गोबर हो जायेगा। इस दिशा में पग उठाये गये, 14 बड़े बैंकों का राष्ट्रीयकरण किया गया, नरेशों की निजी थैलियां और विशेषाधिकार समाप्त हुए, और औद्योगिक एकाधिकार पर प्रतिबंध लगाने का निर्णय भी हुआ तथा इस प्रकार के अनेक अन्य कदम उठाये गये।

सरकार का यह निर्णय भी कि अनाज का थोक व्यापार अपने हाथ में ले लिया जाये, इस दिशा में उठाये गये पगों की ही एक कड़ी है। इसी तरह अन्तर्राष्ट्रीय मामले में हमने गुट निरपेक्षता और तटस्थता की नीति को अपनाया। मगर निहित स्वार्थों को ये सब बातें गलत मालूम हुईं। वे चिल्लाते हैं कि विदेश नीति बदली जाये, आर्थिक नीति में परिवर्तन किया जाये और औद्योगिक नीति में संशोधन किया जाये। मगर देश की राष्ट्रीय शक्तियां बड़ी मजबूती से कांग्रेस के झण्डे के नीचे खड़ी हैं। डॉक्टर शंकरदयाल शर्मा उसका नेतृत्व कर रहे हैं। उनका कहना है, यदि कांग्रेस अपने समाजवाद की राह पर उत्साहपूर्वक चलती रही और उसने अपनी कथनी तथा करनी में कोई अंतर न रखा, तो न केवल आगामी चुनावों में ही वह सफल होगी, बल्कि आने वाले 10 वर्षों में भी सुविधाजनक बहुमत प्राप्त करती रहेगी। यह बात ऐतिहासिक सत्य है कि कांग्रेस ने जनसाधारण के लिए निरन्तर त्याग किया है। इन त्यागों और बलिदानों की लम्बी परम्परा के साथ आज उसका नेतृत्व श्रीमती इंदिरा गांधी के हाथ में है।

श्रीमती इंदिरा गांधी ने एक बार अखिल भारतीय कांग्रेस की बैठक में कहा था : "यह जरूरी है कि कांग्रेस पार्टी भारत की क्रांति का तथा उसके भावी निर्माण का साधन बनी रहे। आर्थिक नीति की ओर तुरन्त ध्यान देने की जरूरत है। उसका प्रत्येक स्त्री-पुरुष और बच्चे पर प्रभाव पड़ता है। हम इस बात का प्रयास करेंगे कि दल तथा उसके समाजवादी कार्यक्रम में लोगों की आस्था पुनः जाग्रत हो। ऐसा करते समय हम अपनी क्रांति के सर्वांगीण आदर्श को भी ध्यान में रखेंगे और वह आदर्श है—धर्मनिरपेक्षता, सहिष्णुता और

अंतर्राष्ट्रीय सद्भाव।" यह परम संतोष की बात है कि इन नीतियों और कार्यक्रमों के लिए जनमत जाग्रत करने का कार्य बड़े ही शानदार ढंग से डॉ॰ शंकरदयाल शर्मा कर रहे हैं। सभी लोग उनका अभिनन्दन कर रहे हैं, मैं भी उनको आदर देता हुआ, उनके और उनकी विचारधारा के आगे नतमस्तक होता हूँ।

डॉ॰ शंकरदायाल शर्मा

गार्गीशंकर मिश्र
संसद्-सदस्य

व्यक्ति का नाम और जन्म का इतिहास महान् नहीं बनता। जीवन में जिन गुणों को प्रस्फुटित कर लेता है—उन गुणों की महक—गुणों के रंगों का इन्द्रधनुष ही मनुष्य की महानता और महत्ता का परिचायक होता है।

डॉ॰ शंकरदयाल शर्मा का नाम लेते ही जो नक्शा मन पर स्वरूपित होता है उसमें सौम्य, प्रसन्न और तेजस्विता के साथ उनके अथाह ज्ञान, असीम विनम्रता, प्रशांत शालीनता और महान् विद्वत्ता की गंगा के भी दर्शन होते हैं।

अनेक वर्ष पहले जब मैं सर्वप्रथम डॉक्टर साहब से मिला, मुझे याद नहीं कब, लेकिन जब भी उनसे मिला ऐसा कभी भास नहीं हुआ कि वे मेरे अपने नहीं हैं।

उनके चरित्र और कर्मठता की ख्याति उनके परिचित और अपरिचित सब जानते हैं। वे एक कुशल प्रशासक और उत्कृष्ट राजनीतिज्ञ हैं।

मध्य प्रदेश के शिक्षा-विकास में उनका योगदान—शिक्षा मंत्री के रूप में उन सीमाओं तक पहुँच चुका, जिन सीमाओं को आने वाले शिक्षाविद् और शिक्षा मंत्री कभी छू भी नहीं सकते।

मध्य प्रदेश का औद्योगीकरण और औद्योगिक विकास उनके उद्योग-मंत्रित्व के काल में जितना हुआ, और औद्योगिक विकास की जिलेवार संभावनाएं, जांच-पड़ताल के उपरान्त प्रकाशित हुईं वे आज भी आने वाले औद्योगिक विकास की मार्ग दर्शिकाएं हैं। भविष्य में भी उनकी उपयोगिता अक्षुण्ण रहेगी, यह संदेह से परे है।

कम से कम समय में समूचे मध्य प्रदेश की औद्योगिक संभावनाओं का सर्वेक्षण, उद्योगों की आवश्यकताओं के कच्चे माल की उपलब्धि और बने हुए माल के विक्रय का बाजार—सबका पूर्ण विवेचन—प्रथम बार मध्य प्रदेश में डॉक्टर

साहब के ही समय में किया गया। दरअसल इस तरह का प्रयास, मध्य प्रदेश में ही सर्व-प्रथम हुआ। जिस नींव पर अब तक अनेक हाथों ने अपने-अपने मन की मंजिलें बनाने के प्रयास किये हैं। लेकिन वे सजीव विचार कहाँ हैं? जो उन्हीं के समय की बनी हुई अनेक प्रौद्योगिकी शिक्षा-संस्थाओं में से निकले हुए नवशिक्षित युवकों को औद्योगिक विकास में साझीदार बना कर, शिक्षित बेरोजगारों को रोजगार और उद्योग के अवसर देकर, उन्हें औद्योगिक विकास में जुटाकर, प्रदेश और पिछड़े हुए समाज की समृद्धि की दिशा में बढ़ाते तथा सारे देश का इस दिशा में मार्गदर्शन करते। आज जो बड़ी समस्या शिक्षित बेकारों की है उसका निराकरण वर्षों पूर्व डॉक्टर साहब ने मध्य प्रदेश में औद्योगीकरण के रूप में कर दिया था।

इसमें संदेह नहीं कि वे आज हमारे नेता हैं सर्वोपरि; मार्ग-दर्शन उनसे मिलता है कांग्रेस संस्था को, उसके संगठन को। मध्य प्रदेश भी एक बड़े दायरे में उनके इस उच्च पद पर पहुँचने पर लाभान्वित अवश्य हुआ है। यह आनन्द, हर्ष, गर्व और गौरव की बात है। उसके लिए मध्य प्रदेश को त्याग करना पड़ा है, यह अखरते हुए भी बड़ी ही प्रसन्नता की बात है।

मध्य प्रदेश उनका कुटुम्ब रहा। उससे ऊपर उठकर समूचे भारत की मानवता को यदि वे अपने कुटुम्ब के रूप में पा गये तो इसमें गौरव का अनुभव होना तो स्वाभाविक है–लेकिन कुटुम्ब का हित और स्वार्थ हम लोगों को एक कसक-भरी याद के रूप में है। कौन नहीं चाहता कि कुटुम्ब का बड़ा, महान् बने–सर्वमान्य बने। गौरव होता है और गर्व भी। लेकिन कौन नहीं चाहता कि कुटुम्ब का श्रेष्ठ व्यक्ति कुटुम्ब में ही रहे। कुटुम्ब की भलाई में योगदान दे। मार्गदर्शन करे। अगुआ बने। विचारों का संघर्ष होता है–मन की लालसा, समय और घटनाओं के संदर्भ में उद्विग्नता का रूप ले लेती है। इच्छाएं-अभिलाषाएं बनती हैं, आकांक्षाएं बलवली होती हैं, फिर भी स्नेह और आदर, सान्निध्य और दूरी के बीच, मानसिक पीड़ा को मधुरता देता है–गौरव का स्वरूप देता है–आदर को मुखरित करता है।

हम मध्य प्रदेश के लोग जहाँ भी हैं, जैसे भी हैं, डॉक्टर साहब के प्रति कृतज्ञ हैं। उनके स्नेह के पात्र हैं। उन्हें सादर शुभकामनाएं अर्पित करते हैं।

उनकी सर्वतोमुखी प्रतिभा के रंग-भरे इन्द्रधनुष को भारत के क्षितिज पर हमेशा-हमेशा के लिए स्थायित्व की प्राप्ति की अभिलाषा और कामना करते हैं।

शतशः अभिवादन करने का सौभाग्य अनुभव करते हैं।

डॉ॰ शंकरदयाल शर्मा : एक व्यक्तित्व

नन्द किशोर भट्ट
संसद्-सदस्य

संघर्ष वह शक्ति है जिसमें से नई-नई प्रतिभाएं एवं नेतृत्व निखरता है। स्वतंत्रता-प्राप्ति के पश्चात् मध्य प्रदेश की राजनीति के क्षितिज पर डॉ॰ शंकरदयाल शर्मा का आविर्भाव इसी सत्य की पुष्टि करता है। आज से 25 वर्ष पूर्व एक छोटे से देशी राज्य के अतिरिक्त भोपाल का कोई महत्त्व नहीं था। आज भारतवर्ष के सबसे बड़े राज्य ही राजधानी होने के नाते अथवा देश के आधुनिकतम नगरों में से होने के कारण भोपाल का जो भी स्वरूप है उसका श्रेय यदि किसी को दिया जा सकता है तो उसके एकमात्र अधिकारी डॉ॰ शंकरदयाल शर्मा हैं। मध्य प्रदेश के निर्माताओं में से एक होने के साथ सभी दृष्टियों से वह नवीन भोपाल के शिल्पी हैं।

विद्या ददाति विनयम्, विनयम् ददाति पात्रताम्। डॉ॰ शंकरदयाल शर्मा सरस्वती के उन वरद् पुत्रों में से हैं जिनका विद्या पर सहज एवं सरल अधिकार है। वह सादगी और विनम्रता के प्रतीक हैं। डॉ॰ साहब संस्कृत, हिन्दी और अंग्रेजी में एम॰ए॰ होने के बाद उर्दू और फारसी पर भी समान अधिकार रखते हैं। उनकी यह मान्यता रही है कि अंहिसा पर आधारित संघर्ष में आंदोलनात्मक दृष्टिकोण के साथ-साथ न्याय प्रणाली में भी लोकहित की दृष्टि से आमूल परिवर्तन आवश्यक है। उसी उद्देश्य से उन्होंने कानून की उच्चतम शिक्षा कैम्ब्रिज विश्वविद्यालय से प्राप्त की तथा वहीं से संवैधानिक कानून में डाक्टरेट की उपाधि प्राप्त कर अन्ततः बार॰ एट-लॉ की उपाधि भी प्राप्त की। हावर्ड विश्वविद्यालय ने उनकी कानून विद्या की योग्यता को स्वीकारते हुए उन्हें ब्रिटिश फेलो के रूप में आमंत्रित किया। किसी भी साधारण व्यक्ति के लिए इतनी योग्यता प्राप्त करने के पश्चात् गर्वित होना अस्वाभाविक नहीं कहा जायेगा परन्तु बढ़ते हुए वटवृक्ष की छाया के समान डॉ॰ साहब की विनम्रता एवं सौजन्य में बराबर निखार आता रहा। ज्ञान की उपलब्धि के साथ-साथ डॉ॰ साहब के जीवन में सादगी और विनम्रता उन्हें ओतप्रोत करती चली गई। छोटे से छोटे कार्यकर्ता से लेकर बड़े से बड़े नेता के साथ सहज प्रेमपूर्ण व्यवहार उनके प्रभावशील व्यक्तित्व के भीतर छिपे हुए मानव की विशालता का परिचायक है।

संस्कार से ही डॉ॰ साहब किसी भी प्रकार की तानाशाही के विरोधी रहे हैं। भूतपूर्व भोपाल राज्य के नवाब से उनका तब तक संघर्ष चलता रहा जब तक कि भोपाल का भारत में पूर्णतः विलय नहीं हो गया। राजाओं के विशेषाधिकार तथा प्रिवी पर्स की समाप्ति के लिए तब तक चैन नहीं लिया जब तक संविधान में समुचित संशोधन नहीं हुआ। प्रतिक्रियावादी एवं फूटपरस्त तत्त्वों के खिलाफ वह बराबर चेतावनी देते रहते हैं। देश में भूमि सुधारों को लागू करने, कोयला, तांबा और इस्पात की मिलों जैसे बुनियादी उद्योगों का राष्ट्रीयकरण डॉ॰ साहब के जीवन का लक्ष्य रहा है। इन नीतियों के कार्यान्वित हो जाने से लाख प्रयत्न करने पर भी देश के प्रतिक्रियावादी तत्त्व कांग्रेस को आगे बढ़ने से रोक नहीं सके।

देश में बहुत कम ऐसे भाग्यशाली व्यक्ति हैं जिन्हें राष्ट्रनेता श्रीमती इंदिरा गांधी के अतिरिक्त पं॰ जवाहरलाल नेहरू, सरदार बल्लभभाई पटेल, मौलाना अब्दुल कलाम आजाद तथा श्री जगजीवनराम जी आदि चोटी के सभी नेताओं का स्नेह एवं आशीर्वाद प्राप्त हुआ हो। डॉ॰ साहब ऐसे ही भाग्यशाली नेता हैं। उनके मन पर पं॰ नेहरू के बहुमुखी व्यक्तित्व की गहरी अमिट छाप है। वर्गरहित समाज में लोकतांत्रिक समाजवाद की स्थापना आज उनका एकमात्र लक्ष्य है। भोपाल राज्य के विलयकरण आन्दोलन के सफल नेतृत्व के परिणामस्वरूप डॉ॰ शर्मा को जेल जाना पड़ा। मध्य प्रदेश की राजनीति के 20 वर्ष के सक्रिय जीवन में प्रदेशाध्यक्ष से लेकर भोपाल राज्य के मुख्य मंत्री और बाद में मध्य प्रदेश में शिक्षा, कानून, वित्त, पर्यटन, सार्वजनिक निर्माण विभाग और उद्योग जैसे महत्त्वपूर्ण विभागों के मंत्री रहकर उन्होंने अभूतपूर्व गरिमा के साथ अपना उत्तरदायित्व निभाया। 1968 में अखिल भारतीय कांग्रेस कमेटी के महामंत्री होने के पश्चात् डॉ॰ साहब ने कांग्रेस की 1969 की सैद्धान्तिक क्रान्ति में श्रीमती इंदिरा गांधी के विश्वसनीय सहयोगी के रूप में बड़ी महत्त्वपूर्ण भूमिका निभाई। यह उनकी योग्यता, राष्ट्रीय एवं अंतराष्ट्रीय समस्याओं की सूझ-बूझ तथा कार्यकर्ताओं में लोकप्रियता का ही परिणाम था कि संसार के सबसे बड़े लोकतांत्रिक राजनैतिक दल भारतीय राष्ट्रीय कांग्रेस के अध्यक्ष होने का गौरवमय पद उन्हें प्राप्त हुआ। निश्चय ही यह डॉ॰ साहब का सम्मान था परन्तु इस सम्मान के पीछे मध्य प्रदेश की उस शोषित पीड़ित जनता का सम्मान है जिसका डॉ॰ शंकरदयाल शर्मा प्रतिनिधित्व करते हैं।

पिछले 3 वर्षों में देश के सभी भागों में समाजवाद के लक्ष्य को दृष्टिगत रखते हुए बड़े क्रान्तिकारी परिवर्तन हुए हैं। शहरी संपत्ति पर रोक, भूमि-सुधार कानून, छोटे कृषकों को अधिक सुविधाएं तथा देहाती जनता की न्यूनतम

आवश्यकताओं की पूर्ति के लिए एक निश्चित अवधि का कार्यक्रम आदि डॉ॰ शर्मा के व्यापक प्रभाव का ही परिणाम है। बेकारी, काम की कमी तथा उत्पादकों के लिए विशेषकर कृषि-उद्योग में काम करने वाले लोगों को साधनों की कमी, गरीबी का सबसे बड़ा कारण है। डॉ॰ शर्मा ने बराबर इस बात पर जोर दिया है कि बेरोजगार लोगों को काम देने के लक्ष्य से आरम्भ किये जाने वाले कार्यक्रमों के लिए यह आवश्यक है कि शोषित गरीब जनता को उत्पादनों के साधन उदारतापूर्वक वितरित किये जायें। इससे न केवल उत्पादन में वृद्धि होगी बल्कि उत्पादन-शक्ति में भी वृद्धि होगी।

देश के वर्तमान कठिन आर्थिक संकट के संदर्भ में उन्होंने स्पष्ट कहा है कि किसी भी राष्ट्र के जीवन में अपने लक्ष्य की पूर्ति की यात्रा का कोई अंत नहीं है। आर्थिक व सामाजिक क्षेत्र में आत्मनिर्भरता की यात्रा आगे चलकर भी आसान हो सकती है, परन्तु यह कहा जा सकता है कि यात्रा और भी कठिन हो सकती है। इसी के आधार पर आज राष्ट्रनेता श्रीमती इंदिरा गांधी एवं कांग्रेस-अध्यक्ष डॉ॰ शंकरदयाल शर्मा आने वाली कठिनाइयों का डटकर मुकाबला करने के लिए देश का आह्वान कर रहे हैं। कांग्रेस के नेतृत्व में पिछले 25 वर्षों में ऐसे नवीन समाज की नींव रखी जा चुकी है जो सभी दृष्टियों से लोकतंत्रात्मक होने के साथ-साथ धर्मनिरपेक्षता एवं समाजवादी होने के अतिरिक्त जनता को आर्थिक एवं सामाजिक न्याय दिलाने का साधन बन सके। किसी भी देश की जनता के लिए विशेषकर जबकि वह सदियों से शोषण का शिकार रही हो, यह कोई साधारण उपलब्धि नहीं है। आज डॉ॰ शर्मा के समक्ष सबसे बड़ा प्रश्न यही है कि किस प्रकार देश की जनता को गरीबी-उन्मूलन के अभियान में पूरी शक्ति के साथ लगाया जा सकता है। यदि समय रहते सामाजिक व आर्थिक असमानता को शांतिपूर्ण एवं लोकतांत्रिक तरीके से नहीं हटाया गया तो कोई भी शक्ति देश में हिंसक क्रान्ति को नहीं रोक सकती है।

कांग्रेस प्रेसीडेंट की हैसियत से हाल ही में उनके द्वारा किया गया रूस, हंगरी, आस्ट्रिया, इंग्लैंड आदि देशों का दौरा और परिणामस्वरूप वहाँ की जनता पर उनके वचन एवं आचरण की अमिट छाप से भारतीय नेतृत्व की ज्ञान-गरिमा, सूझ-बूझ एवं हमारी नीति की अमिट छाप पड़ी है। निश्चय ही हमारे लिए बड़े गर्व की बात है।

डॉ॰ शर्मा से राष्ट्र को बड़ी आशाएं हैं। न केवल कांग्रेस बल्कि सभी समाजवादी प्रगतिशील शक्तियां डॉ॰ शर्मा की विद्वत्ता, उनकी महान् निष्ठा एवं

ख्यातिप्राप्त विचारक के रूप में सभी उनका आदर करते हैं। गांधी जी के संकल्प को उन्होंने अपना धर्म माना है। प्रधान मंत्री श्रीमती इंदिरा गांधी की नीतियों का डॉ॰ शर्मा केवल समर्थन ही नहीं करते बल्कि उन्होंने बार-बार कांग्रेसजनों व देशवासियों को यह बतलाया है कि हमारी प्रधान मंत्री के रूप में हमें एक अद्वितीय नेता मिला है जिसमें महान् योग्यता, सामर्थ्य एवं दृढ़संकल्प है। हम सब को संगठन और देश के लिए भरसक प्रयत्न करते रहना है जिससे कि देश के लाखों-करोड़ों लोगों को समृद्ध एवं खुशहाली दिलाने के लिए वर्षों से चली आ रही हमारी कोशिशों में यह एक निश्चित मोड़ साबित हो सके।

मध्य प्रदेश आर्थिक एवं सामाजिक दृष्टि से काफी पिछड़ा प्रदेश है। वहाँ की अपनी समस्याएं हैं, जिनका समाधान राजनैतिक प्रभाव एवं जनता की कर्तव्य-भावना दोनों के उपयोग से ही संभव हो सकता है। डॉ॰ शंकरदयाल शर्मा के चरित्र की यह विशेषता रही है कि राष्ट्र एवं संगठन के कार्यों में अत्यधिक व्यस्त रहने पर भी उनका ध्यान अपने प्रदेश के पिछड़ेपन को दूर करने में भी लगा रहता है। प्रदेश के लोगों से मिलने के लिए वह सदैव उद्यत रहते हैं, यह उनके हृदय की विशालता एवं सौहार्द्र का द्योतक है। उनके अडिग आत्म-विश्वास और देशभक्ति के साथ उनकी प्रशासनिक क्षमता मध्य प्रदेश की जनता की धरोहर है। कांग्रेस देश से आर्थिक एवं सामाजिक असमानता को हमेशा के लिए मिटाने के लिए कृतसंकल्प है। भविष्य ही इस बात का साक्षी हो सकेगा कि इस महत्त्वपूर्ण ऐतिहासिक कार्यक्रम को सफल बनाने में डॉ॰ शर्मा का कितना बड़ा योगदान रहा है। उनका सौजन्य, कर्तव्यनिष्ठा, संगठन शक्ति, अटूट आत्मविश्वास एवं प्रशासनिक क्षमता पर हमें अभिमान है। हमें पूरा विश्वास है कि वह अपनी इन विशिष्टताओं के द्वारा देश को आर्थिक एवं सामाजिक पुनर्निर्माण की ओर ले जाने में सफल होंगे।

डॉ॰ शंकरदयाल शर्मा—जैसा मैंने देखा

कन्हैयालाल मेहता
महामंत्री, मध्य प्रदेश कांग्रेस कमेटी

गत बीस वर्षों के विशाल अंतराल में डूब जाने वाले स्मृति-क्षणों को जब मैं पुनः स्मरण करता हूँ, तब विविध राजनीतिक अवसरों, संघर्ष के इन्द्रधनुषी प्रसंगों

और विभिन्न राजनेताओं के संपर्क-सूत्रों का एक विराट् चित्र कल्पना में उभर आता है। उस चित्र में समन्वित एक रेखाकृति आज भी ज्यों-की-त्यों मन में अंकित और जीवंत है। आज उसकी जीवन्तता तेजस्विता के सर्वोच्च शिखर पर आसीन है। इस तेजस्विता और जीवनशीलता के प्रतीक, आज के कांग्रेस-अध्यक्ष डॉ॰ शंकरदयाल शर्मा हैं। मध्य प्रदेश बनने के पूर्व मध्य भारत और भोपाल दोनों समानता के विभिन्न छोरों से बंधे हुए थे। यह समानता लोक संस्कृति, राजनीतिक स्थिति तथा आर्थिक प्रश्न, सभी संदर्भों में व्याप्त थी। मध्य भारत और भोपाल का एक ही कांग्रेस संगठन था। उस समय मध्य भारत मेरी कर्मभूमि थी और भोपाल राज्य के मुख्य मंत्री डॉ॰ शर्मा थे। देश के सभी मुख्य मंत्रियों में सबसे अधिक तरुण डॉक्टर साहब ही थे। मुझे स्मरण है यह तथ्य मेरे मन में उनसे परिचित होने की जिज्ञासा का एक मूल बिन्दु था। इसी बिन्दु से उनके और मेरे परिचय की प्रथम रेखा अंकित हुई। मुझे डॉ॰ शर्मा के व्यक्तित्व का मानवीय पक्ष सर्वाधिक सचेतन-संवेदनशील तथा आकर्षक लगा। तब से आज तक राजनीति का कितना पानी नर्मदा, चंबल और बेतवा की धाराओं के साथ बह गया है, राजनीतिक क्षितिज के कई नक्षत्र टूट गये हैं और कई उदीयमान तारे आलोकित हैं। प्रदेश के स्वरूप में विशालता तथा वैविध्य का एक नूतन सौन्दर्य मुखर हो उठा है। किन्तु सर्वाधिक उल्लेखनीय एक ऐतिहासिक तथ्य है जो आज समय देवता के भाल पर अंकित हो उठा है। इस अंकन में इस प्रदेश को एक सपूत अखिल भारतीय राजनीति के क्षितिज पर आसीन होकर प्रदेश के लिए गौरव केतु बन गया है।

डॉ॰ शर्मा के व्यक्तित्व की वह स्पन्दनशील मानवीयता—मेरे लिए विभिन्न अवसरों पर प्रखर से प्रखरतर और निकट से निकटतर होती गई सन् 1957 के आम निर्वाचन के समय मेरा उनका सम्पर्क विभिन्न समस्याओं के प्रसंग में और बढ़ा। समस्याओं के मूल में जाकर उन्हें विविध कोणों से देखकर, सार ग्रहण करने की उनकी सूक्ष्म वृत्ति मुझे बहुत प्रिय लगी। इस वृत्ति को लेकर वकालत के पेशे का राही होने के कारण मेरे मन में कभी-कभी एक भाव उठता था। यदि डॉक्टर साहब वकालत के पेशे के क्षेत्र में गये होते तो निस्संदेह वे एक सफल और यशस्वी एडवोकेट होते। उनके और मेरे बीच धीरे-धीरे संबंध की निकटता बढ़ती गई। 1962 के आम चुनाव से लेकर 1972 के ऐतिहासिक तथा भाग्य-निर्णायक चुनाव तक, उनके बहुमुखी व्यक्तित्व के विविध पक्षों का रूप-औदार्य, शक्ति-स्रोत, तथा संवेदनशील तरलता मैं अनुभव कर चुका था। राजनीति का सबसे रोचक किन्तु प्रेरक तत्त्व उसका उतार-चढ़ाव है। व्यक्ति की कर्मशीलता तथा

शक्ति की सच्ची परख ऐसी ही राजनीति है। ऐसे प्रसंग में निकट से उन्हें देखने का मुझे अवसर मिला है। वे अपनी छात्रावस्था में तैराकी के चैम्पियन थे। भोपाल के विशाल ताल और लखनऊ की गोमती की धारा को हंसकर सजह ही पार कर लेने की उनकी शक्ति ने राजनीति की विकट प्रतिकूल झंझायुक्त धारा को पार करने में कभी उदासीनता नहीं दिखाई। मेरी अनुभूति है कि ऐसी धारा पार करने के लिए संघर्ष-शक्ति और समर्पण-भावना ही मुख्य संबल है। हिन्दी के क्रान्तदर्शी कवि कबीर की ये पंक्तियां मैं कभी नहीं भूल पाता:

कबिरा खड़ा बजार में, लिये लुकाठी हाथ।
जो घर जारै आपनो, चलै हमारे साथ।।

इन पंक्तियों का वास्तविक अर्थ डॉक्टर साहब ने केवल समझा ही नहीं, आमूल ग्रहण किया है।

मध्य प्रदेश कांग्रेस के महामंत्री ने नाते पिछले डेढ़, वर्ष से मैं लगातार उनके सम्पर्क में हूँ। मेरी धारणा है कि सामयिक किन्तु सही निर्णय, संवेदनशील किन्तु विवेकयुक्त मानवीयता, सहिष्णु किन्तु पौरुषयुक्त भावना, दृढ़वती किन्तु सुसंस्कृत सज्जता उनके व्यक्तित्व के चतुष्कोण हैं। इनकी स्थापना, अभिवृद्धि तथा उपलब्धि में मूल प्रेरक सम्भवतः उनकी शिक्षक अनुभूतियां हैं। उनके अन्तर का शिक्षक हर स्थिति, पद तथा अर्थों में जीवित और जाग्रत रहा है। मुझे स्मरण है, एक बार मध्य प्रदेश विधान सभा में विरोधी दल के एक सदस्य ने व्यंग्य किया था "आपको (डॉ॰ शर्मा) मंत्री-पद छोड़ने के बाद फिर शिक्षक ही बनना होगा।" डॉ॰ शर्मा ने सटीक उत्तर दिया था, उत्तर जिसमें उनके व्यक्तित्व का कालजयी प्रतिबिम्ब है। डॉ॰ शर्मा ने कहा था, "जी हां पहले था और भविष्य में अगर अवसर आया तो इसे स्वीकार करूंगा क्योंकि शिक्षक होने का मुझे गर्व है।"

अपनी प्रतिभा तथा वैचारिक गहनता के कारण ही उन्हें समाजवादी नेतृत्व के शिखर, साहित्य, इतिहास एवं संस्कृत के तत्त्ववेत्ता आयार्य नरेन्द्रदेव जैसे महान् व्यक्ति का स्नेह मिला। कार्य के प्रति अपूर्व निष्ठा से उन्हें राष्ट्रनायक पं॰ जवाहलाल नेहरू का विश्वास सुलभ हुआ। देश की युगीन समस्याओं के सूक्ष्म परीक्षण तथा लोकतांत्रिक समाजवाद-स्थापना के प्रति समर्पित भावना ने आज उन्हें प्रधान मंत्री इन्दिरा गांधी का विश्वास-पात्र तथा सहकर्मी बनाया है। आज देश में जबकि राजनीतिक स्वार्थ का धूमिल परिवेश, लोकहित ही सत्ता

का व्यक्ति हित के लिए दुरुपयोग तथा सस्ती लोकप्रियता प्राप्त करने की एक जिवीविषा दिखाई पड़ रही है, लोकहित तथा जन सामान्य के लिए निर्धारित राजनीति का मंगलकारी प्रवाह पूंजीवाद, साम्प्रदायिक तथा निहित स्वार्थ में मटमैलेपन से विकृत जैसा लग रहा है, ऐसे प्रसंग में प्रत्येक प्रबुद्ध राजनीतिज्ञ के मन में 'क्या करें' का एक प्रश्न चिह्न उपस्थित है।

निस्संदेह आदरणीय डॉक्टर शर्मा जैसे राजनीतिज्ञ ही प्रबुद्धता और असंदिग्ध ईमानदारी उसका एकमात्र उत्तर है। मैं उन्हें नमन करता हूँ।

डॉक्टर शंकरदयाल शर्मा–मेरी दृष्टि में

वेदराम
महामंत्री, मध्य प्रदेश कांग्रेस कमेटी

आदरणीय डॉक्टर साहब से मेरा परिचय 1956 में नये मध्यप्रदेश के निर्माण के साथ ही हुआ। नये मध्य प्रदेश के स्व. पं० रविशंकर शुक्ल मंत्रिमंडल में शिक्षा मंत्री बने। आपकी रुचि के अनुकूल यह विभाग था और इस विभाग के द्वारा आपने इस प्रदेश में निरक्षरता दूर करने और शिक्षा के प्रचार-प्रसार के लिए एक अभियान सा छेड़ दिया। आपके कार्यकाल में प्राथमिक विद्यालय से लेकर उच्च शिक्षा तक के लिए महाविद्यालय खोले गये। भोपाल और रीवां विश्वविद्यालयों को छोड़कर प्रदेश के सभी नये विश्वविद्यालय आपके ही कार्यकाल में खोले गये। भोपाल और रीवां विश्वविद्यालय भी आपकी ही योजना का अंतिम चरण था जो बाद में कार्यान्वित की गई। आप देश के महान् शिक्षाशास्त्रियों में से हैं विद्या के प्रति आपका इतना अनुराग है कि आपने उसके प्रति समर्पित होकर उस विभाग में कार्य किया। आपकी मान्यता थी कि हम प्रदेश में शिक्षा की बुनियाद डाल रहे हैं। उसके प्रचार, प्रसार के लिए हमें जुट जाना है। आपकी मान्यता थी कि योग्य शिक्षक भारतवर्ष के किसी भी कोने में मिले हमें उसकी सेवा से लाभ उठाना चाहिए ताकि आने वाली पीढ़ी में हम अपने ही प्रदेश में सुयोग्य शिक्षा-शास्त्री तैयार कर सकें जिससे समाज और देश सेवा के हर क्षेत्र में कुशल युवक तैयार हो सकें। उनके बाद यह विभाग कई लोगों के हाथ में आया। शिक्षा विभाग में प्रयोग होते रहे परन्तु डॉक्टर साहब की कमी प्रदेश का हर प्रबुद्ध नागरिक आज भी महसूस करता है।

डॉक्टर साहब को अनेक वर्षों तक उच्च शिक्षा के लिए विदेशों में रहना पड़ा था परन्तु सहन-सहन, खान-पान, व्यवहार में अपनी भारतीयता को और अपनी संस्कृति को वे नहीं भूले। धार्मिकता उनमें कूट-कूटकर भरी है। परन्तु उनकी धार्मिकता संकुचित नहीं है वरन् धार्मिकता के दायरे को लांघकर आध्यात्मिकता की ओर उन्मुख है। हिन्दू, मुस्लिम, सिक्ख, ईसाई सभी धर्मों के प्रति उनकी श्रद्वा है। सभी धर्मावलम्बी उनके घनिष्ठ मित्र हैं और सामाजिक, राजनैतिक और धार्मिक क्षेत्र में उनके निकटतम साथी हैं। वे अर्वाचीन और प्राचीन, पूर्वी और पश्चिमी सभ्यता के समन्वयी हैं। रहन-सहन, खान-पान, वेशभूषा में विशुद्ध भारतीय बल्कि दकियानूसी हैं परन्तु विचारों में प्रगतिशील हैं, अग्रगामी हैं। भारतीय समाज की दशा का वर्णन करते हुए वे अनेक बार शंखनाद कर चुके हैं कि यदि समय की गति नहीं पहचानी गयी और समय रहते समाज के ढांचे को नहीं बदला गया तो देश में खूनी क्रान्ति हो जायेगी। विरोधी नेताओं ने उनके इस कथन पर टिप्पणी भी की। आर्थिक समानता, सामाजिक न्याय तथा प्रजातांत्रिक समाजवाद के आप प्रबल पोषक हैं।

आज आप विश्व की सबसे महान् राजनैतिक संस्था भारतीय राष्ट्रीय कांग्रेस के अध्यक्ष हैं। यह पद आपको कोई विरासत में नहीं मिल गया है। जब कांग्रेस में विघटन की स्थिति आई, कांग्रेस में सिण्डीकेट नेताओं का बाहुल्य था। वे कांग्रेस की समाजवादी नीतियों को अमली रूप देने में बाधा उपस्थित कर रहे थे। देश की जनता कांग्रेस के थोथे आश्वासनों से ऊब चुकी थी। और सन् 1967 के आम चुनाव के नतीजों में कई प्रदेश कांग्रेस के हाथ से निकल चुके थे। कई प्रदेशों में संविद शासनों का निर्माण हो चुका था। इधर सिण्डीकेट के नेतागण कांग्रेस के अन्दर हमारी लोकप्रिय नेता प्रधान मंत्री के खिलाफ षड्यंत्र रच रहे थे। उनको अपदस्थ कर सत्तारूढ़ होना चाहते थे। यह बात तब खुलकर सामने आई जब राष्ट्रपति के चुनाव का समय आया। सिण्डीकेट नेताओं ने कार्यकारिणी में बहुमत की आड़ लेकर नाटकीय ढंग से श्री नीलम संजीव रेड्डी का नाम राष्ट्रपति पद के लिए कांग्रेस उम्मीदवार घोषित कर दिया और तात्कालिक उप-राष्ट्रपति आदरणीय व॰वें॰ गिरी आत्मा की आवाज को लेकर खड़े हुए। इसी समय हमारी लोकप्रिय प्रधान मंत्री इन्दिरा गांधी के खिलाफ अविश्वास का प्रस्ताव कार्यकारिणी में लाकर उनको कांग्रेस से ही अलग करने का बात सामने आई। ऐसी विषम परिस्थिति में हमारी प्रधान मंत्री ने कमर कसकर उद्घोषणा की कि हम देश में प्रजातांत्रिक समाजवाद कायम करके रहेंगे और लोकसभा के कांग्रेसी

सदस्यों का सहयोग लेकर उन्होंने बैंकों का राष्ट्रीयकरण, राजाओं के विशेषाधिकार आदि जनहित के महत्त्वपूर्ण कदम उठाये और भारत की करोड़ों जनता को विश्वास में लेकर लोकसभा को भंग कर मध्यावधि चुनाव पुनः कराने का ऐतिहासिक निर्णय किया। ऐसी संकटकालीन स्थिति में महामंत्री के नाते आपने अदम्य साहस का परिचय दिया। सिण्डीकेटी नेताओं की गलत नीति के कारण संगठन कांग्रेस को तिलांजलि देकर जनता की कांग्रेस का साथ दिया और कार्यकुशतला और संगठन शक्ति के कारण हमारी लोकप्रिय प्रधान मंत्री जी के साथ कदम से कदम मिलाकर दृढ़तापूर्वक आगे बढ़े जिसके फलस्वरूप राष्ट्रपति के चुनाव से लेकर लोकसभा के मध्यावधि चुनाव और फिर विधानसभाओं के आम चुनाव सभी में प्रचण्ड बहुमत से सत्ता कांग्रेस को सफलता मिली। अवाम की भलाई के लिए, देश से गरीबी मिटाने के लिए, बैंकों का राष्ट्रीकरण, राजाओं का प्रिवी पर्स एवं विशेषाधिकार समाप्त करने, भूमि सुधार, कोयला खदानों का राष्ट्रीकरण जैसे महत्त्वपूर्ण कदम एक के बाद एक हमारी प्रधान मंत्री जी ने उठाये जिसमें आपका सहयोग सराहनीय रहा। न केवल राष्ट्रीय हित के प्रश्नों पर ही बल्कि अन्तर्राष्ट्रीय रंगमंच पर भी हमारी प्रधान मंत्री की नीतियों के समर्थन और उन्हें अमली रूप देने में आपका अनुकरणीय सहयोग रहा है। बंगला-देश की आजादी की लड़ाई, उनको आजाद करके एक स्वतंत्र प्रजातांत्रिक राष्ट्र के रूप में भारत को ला खड़ा करता है।

आज राष्ट्र की एकमात्र महान् राष्ट्रीय संस्था के अध्यक्ष के रूप में और विश्व के सबसे महान् देश भारत की प्रधानमंत्री के रूप में हमारी जन-नेता प्रधानमंत्री श्रीमती इन्दिरा गांधी के निकटतम सहयोगी हैं। हमारा अहोभाग्य है कि आप दोनों व्यक्तियों का कुशल नेतृत्व देश को प्राप्त है। आपके सबल कंधों पर देश की स्वतंत्रता का भार है और देश की जनता सुरक्षित है। हम कामना करते हैं कि हमें वर्षों तक आपका नेतृत्व और मार्गदर्शन मिलता रहे।

हरिजनों के प्रति आपका दृष्टिकोण महान् उदार है। आपकी मान्यता है कि जब तक देश में करोड़ों लोग आर्थिक और सामाजिक दासता के बंधन में जकड़े रहेंगे तब तक हमारी आजादी अधूरी है। आपकी योग्यता के आधार पर अपनी प्रगति का सबको समान अवसर प्राप्त हो। देश में जातिविहीन और वर्गविहीन समाज की स्थापना हो। इस संबंध में मुझे एक संस्मरण याद आता है। नवम्बर 1952 की घटना है जबकि नागपुर में अखिल भारतीय हरिजन वर्कर्स और लेजिस्लेचर्स कन्वेन्शन होने जा रहा था। प्रधान मंत्री पण्डित नेहरू, बाबू

जगजीवनराम जी की अध्यक्षता में उस सम्मेलन का उद्घाटन करने वाले थे। आप उक्त सम्मेलन में पधारे थे। आपके समक्ष उस समय के उपमंत्री श्री उमरावसिंह जी भी गये हुए थे। सम्मेलन की स्वागत-समिति के एक मंत्री के नाते आपके सम्पर्क में आने का सौभाग्य मुझे प्राप्त हुआ। एक प्रसंग में आपने परिचय प्राप्त होने पर कहा कि हम तो अल्पसंख्यकों और पिछड़े वर्गों को उठाने को तैयार हैं। भोपाल मंत्रिमंडल में मुख्य मंत्री हूँ और मेरे पास दो उपमंत्री हैं श्री मशरीकी साहब और उमरावसिंह जी। इन दोनों को कैबिनेट स्तर के मंत्री बनाने को मैं तैयार हूँ यदि कोई हाई कमान इसके लिए मुझे स्वीकृति दे। सौभाग्य से यहाँ बाबू जी पधारे हैं उनसे आप कहें, हो सके तो पंडित जी से भी कहें। और थोड़े दिन ही बाद उन्होंने उन दोनों को ही पूर्ण मंत्री के रूप में अपने मंत्रिमडल में पदोन्नत कर दिया। यह इस बात का द्योतक है कि आप पिछड़े वर्ग और अल्पसंख्यकों के प्रति कितने जागरूक हैं।

डॉक्टर साहब आज अन्तर्राष्ट्रीय जगत् में दैदीप्यमान नक्षत्र की भांति काम कर रहे हैं। उनका व्यक्तित्व दिन पर दिन निखरता जा रहा है। आज भारत जैसे महान् प्रजातांत्रिक देश की महान् प्रजातांत्रिक संस्था भारतीय राष्ट्रीय कांग्रेस के अध्यक्ष हैं। और विश्व के सबसे महान् प्रजातांत्रिक देश भारत की श्रेष्ठतम, लोकप्रिय प्रधान मंत्री का सहयोग आपको प्राप्त है। आप दोनों की ओर विश्व के अन्य राष्ट्रों के लोग आशा-भरी दृष्टि से देख रहे हैं। हमारी कामना है कि आप दीर्घायु होकर अनेक वर्षों तक हमारे, हमारे देश के करोड़ों लोगों के और विश्व के मार्गदर्शक बने रहें। समाजवाद, प्रजातंत्र और शान्ति का संदेश दुनिया के लोगों को देते रहें।

डॉ॰ शंकरदयाल शर्मा: तब और अब

द्वारकाप्रसाद कटारे
एम.एल.ए.

मध्य प्रदेश के जिन नेताओं ने प्रदेश के राजनैतिक, आर्थिक, शैक्षणिक, सामाजिक व साहित्यिक विकास में महान् योगदान दिया है उसमें अखिल भारतीय कांग्रेस के अध्यक्ष डॉ॰ शंकरदयाल शर्मा का अत्यन्त महत्त्वपूर्ण स्थान है। भूतपूर्व भोपाल राज्य के मुख्य मंत्री के रूप में एवं मध्य प्रदेश के शिक्षा, विधि, वाणिज्य, लोक-निर्माण तथा पर्यटन मंत्री के रूप में आपने मध्य प्रदेश के

सर्वांगीण विकास में अकथनीय योगदान दिया है। मध्य प्रदेश कांग्रेस के अध्यक्ष तथा अखिल भारतीय कांग्रेस के अध्यक्ष के नाते आपने कांग्रेस संगठन को अपनी विलक्षण प्रतिभा, अविरल परिश्रम, उच्च कोटि की ईमानदारी और महान् व्यक्ति के गुणों से एक नया नेतृत्व दिया है।

डॉ० शर्मा का जन्म 19 अगस्त, 1918 को भोपाल में हुआ था। प्रारंभिक शिक्षा भोपाल में हुई थी। उच्च शिक्षा के लिए आपको आगरा, इलाहाबाद व लखनऊ जाना पड़ा। इसके बाद का शिक्षण अमेरिका व इंग्लैंड में हुआ। आप तीन विषयों–हिन्दी, अंग्रेजी साहित्य व संस्कृत में एम०ए० हैं। पी-एच०डी० (केण्टाव) बार० एट०ला०, डी०पी०ए० (लंदन), हारवर्ड लॉ स्कूल में ब्रण्डीज फैलो (1947-48) आदि की उच्च डिग्रियां आपको प्राप्त हैं। छोटी-सी उम्र में आपने काफी विद्या अध्ययन कर लिया था। पी०एच० डी० (कैम्ब्रिज विश्वविद्यालय) के लिए आपने जो थीसिस लिखी थी वह इतनी उच्च कोटि की थी कि आपको मौखिक परीक्षा नहीं देनी पड़ी थी। इस तरह आपने अपनी बौद्धिक प्रतिभा का पूर्ण दिग्दर्शन किया। आप कैम्ब्रिज विश्वविद्यालय में कानून पढ़ाने के लिए नियुक्त होने वाले प्रथम भारतीय हैं। आपने अन्तर्राष्ट्रीय ख्याति प्राप्त 'लॉ जरनल्स' में लेख लिखे। इसके उपरान्त आप लखनऊ विश्वविद्यालय के विधि संकाय में रीडर के पद पर कार्य करने लगे।

जिस समय डॉक्टर साहब इलाहाबाद में उच्च शिक्षा ग्रहण कर रहे थे उसी समय 1935-63 में पंडित नेहरू ने कार्यकर्त्ता संवर्ग निर्माण करने के लिए प्रशिक्षण देना आरम्भ किया था। डॉ० साहब को इस प्रशिक्षण में सम्मिलित होने का अवसर मिला और यहाँ पर पंडित जी की छत्रछाया में समाजवाद के अध्ययन का भी अवसर मिला। पंडित जी के प्रेरणादायक प्रभाव से उनकी जीवन-धारा ही बदल गई और डॉ० साहब ने राजनीति को अपना कार्यक्षेत्र बनाया और लखनऊ आकर वहाँ विश्वविद्यालय में राजनैतिक गतिविधियों में सक्रिय भाग लिया। वहाँ पर विश्वविद्यालय यूनियन के महत्त्वपूर्ण पदों पर रहे और 'भारत छोड़ो' आन्दोलन में महत्त्वपूर्ण भाग लिया। उस समय लखनऊ विश्वविद्यालय में 'लाइट एंड लर्निंग' नामक पत्रिका का संपादन भी किया। वहाँ पर भारत में समाजवाद के महान् संस्थापक आचार्य नरेन्द्रदेव के संपर्क में आने का उन्हें सुअवसर मिला। आचार्य देव जी से आपको बड़ी प्रेरणा मिली। इसी समय भोपाल में विलीनीकरण आन्दोलन प्रारंभ हो गया। डॉ० साहब लखनऊ विश्वविद्यालय से अध्यापन का कार्य छोड़कर भोपाल आ गये। और भोपाल राज्य के स्वतंत्रता संग्राम का नेतृत्व

करने लगे। इसी आन्दोलन में आपको जेल भी जाना पड़ा। भोपाल एक रियासत थी। जिस समय सारा भारत आजाद हुआ, उसी समय भोपाल रियासत में भी स्वतंत्रता का संग्राम प्रारंभ हो गया। भोपाल को नवाब के शासन से मुक्त कराकर स्वतंत्र भारत में विलय करने के लिए भोपाल में आन्दोलन प्रारंभ हुआ जिसे विलीनीकरण आन्दोलन कहा जाता है।

आन्दोलन सफल हुआ और भोपाल रियासत का भारतवर्ष में विलय हो गया तथा भोपाल को 'सी' दर्जा देकर एक नया राज्य घोषित किया गया। इसके उपरान्त आम चुनाव हुए। डॉ॰ शर्मा स्वयं संसद् में जाना चाहते थे, परन्तु परिस्थितियों ने कुछ ऐसा मोड़ लिया कि उन्हें विधान सभा का चुनाव लड़ना पड़ा। वे वेरसिया क्षेत्र से निर्वाचित हुए, और भोपाल राज्य के प्रथम मंत्रिमंडल के प्रथम मुख्य मंत्री के रूप में उन्होंने अविकसित भोपाल राज्य की बागडोर संभाली।

उस समय का भोपाल सभी दृष्टियों से पिछड़ा हुआ था। स्वयं भोपाल शहर में केवल एक इंटर कॉलेज था। भोपाल राज्य को सभी दृष्टियों से विकसित करने का बड़ा भारी काम डॉ॰ शर्मा ने अपने हाथ में लिया। जगह--जगह पर शिक्षा की व्यवस्था के लिए विद्यालय प्रारम्भ किये गये, अस्पताल खोले गये, सड़कों के निर्माण का कार्य हाथ में लिया गया। विशाल स्तर पर सामुदायिक विकास योजनाएं प्रारम्भ की गईं। राज्य को आर्थिक दृष्टि से संपन्न बनाये जाने की नयी योजनाएं चालू की गईं। 1952 से 31 अक्टूबर, 1956 के चार वर्ष के भीतर भोपाल राज्य का सभी क्षेत्रों में विकास किया गया। प्रथम पंचवर्षीय योजना को चार गुना बढ़ाकर डॉ॰ साहब ने भोपाल के नवनिर्माण का विशाल कार्य किया।

डॉ॰ शंकरदयाल जी ने परिश्रम व लगन से भोपाल को इस तरह से विकसित किया कि केन्द्रीय सरकार भोपाल के विकास के कार्यों से काफी प्रभावित हुई। जब भारत सरकार के गृह मंत्रालय द्वारा सामुदायिक विकास योजनाओं की प्रगति के संबंध में एक विस्तृत रिपोर्ट भारत सरकार को देने के लिए एक समिति श्री बलवन्तराय मेहता की अध्यक्षता में गठित की गई तो डॉ॰ शर्मा को उसका एक सदस्य मनोनीत किया गया। डॉ॰ शर्मा ने इस अवसर पर सारे देश का दौरा किया और देश के विभिन्न क्षेत्रों में हुई प्रगति का निरीक्षण किया और उससे प्राप्त अनुभव का लाभ भोपाल राज्य को दिया। उस समय भोपाल की विकास योजनाओं को देखने के लिए केन्द्र के मंत्रीगण सदैव भोपाल आते रहते थे। स्वयं पं॰ जवाहरलाल नेहरू ने डॉ॰ शंकरदयाल शर्मा के नेतृत्व

में हुई प्रगति की कई बार प्रशंसा की। पंडित जी के सुझाव पर नेपाल के महाराजा महेन्द्र भोपाल के विकास-कार्य को देखने आये थे।

डॉ० शंकरदयाल जी शिक्षा का महत्त्वपूर्ण विभाग भी संभाले हुए थे और शिक्षा के क्षेत्र में बड़ी प्रगति की जिससे सभी प्रभावित थे। 1958-59 में यूनेस्को द्वारा कराची में प्राथमिक शिक्षा पर एक सम्मेलन आयोजित किया गया था जिसमें प्राथमिक शिक्षा की विशाल योजना बनाने के संबंध में विभिन्न देशों के प्रतिनिधि शामिल हुए। भारतवर्ष के प्रतिनिधिमंडल का नेतृत्व डॉ० शर्मा ने किया जहाँ पर उन्होंने पूरे एशिया के राष्ट्रों के प्राथमिक शिक्षा के विकास की बीस वर्षीय विशाल योजना बनाई थी।

सौ करोड़ रुपये की लागत से बिजली का भारी सामान बनाने के कारखाने को भोपाल में स्थापित कराने का पूरा श्रेय डॉ० शर्मा को है। यदि डॉ० साहब ने प्रयास ने किया होता तो यह कारखाना संभवतः किसी दूसरे प्रदेश में स्थापित हो गया होता।

भोपाल में मेडिकल कॉलेज की स्थापना, रीजनल इंजीनियरिंग कालेज, रीजनल ट्रेनिंग कॉलेज आदि डॉ० शर्मा के अथक प्रयासों का फल है। इस तरह डॉ० साहब ने प्रयास कर भोपाल में सभी क्षेत्रों में उच्च शिक्षण की संस्थाएं प्रारंभ कीं।

भोपाल राज्य के मुख्य मंत्री के रूप में डॉ० साहब की सबसे बड़ी उपलब्धि भोपाल को नये मध्य प्रदेश की राजधानी बनवाना है। राज्य पुनर्गठन आयोग ने नये मध्य प्रदेश के निर्माण का सुझाव दिया, परन्तु भोपाल को राजधानी बनाने के संबंध में अपनी असहमति प्रकट की। किन्तु डॉ० साहब ने भोपाल को राजधानी बनाने के लिए रात-दिन एक कर दिया और केन्द्र के समक्ष इस तरह से अपना मामला प्रस्तुत किया कि भोपाल को नये मध्य प्रदेश की राजधानी बनाने के लिए सहमति मिल गई। यह भोपाल के इतिहास में स्वर्ण अक्षरों से लिखा जायेगा।

1 नवम्बर, 1956 को नये मध्य प्रदेश का निर्माण हुआ और डॉ० साहब शिक्षा, पर्यटन एवं विधि मंत्री बनाये गये। शिक्षा मंत्री के रूप में डॉ० शर्मा ने नये मध्य प्रदेश के रूप में शिक्षा के क्षेत्र में बड़ी प्रगति की और प्राथमिक, माध्यमिक और उच्च शिक्षा, विश्वविद्यालयीन शिक्षा तथा तकनीकी शिक्षा के क्षेत्र में उल्लेखनीय कार्य किया जिससे मध्य प्रदेश जो शिक्षा के क्षेत्र में सबसे पिछड़ा तथा उपेक्षित प्रदेश था, भारत का शैक्षणिक दृष्टि से उन्नत प्रदेश बन गया जिसका

संपूर्ण श्रेय डॉ॰ साहब को है। भोपाल में आकाशवाणी का केन्द्र स्थापित करवाने का श्रेय भी डॉ॰ शर्मा को है।

डॉ॰ साहब मध्य प्रदेश में विधि, वाणिज्य, पर्यटन, लोककर्म आदि विभागों को समय-समय पर संभाले रहे जिनका संचालन कुशलता, क्षमता और ईमानदारी से कर अपनी एक अमिट छाप छोड़ी।

इसके बाद के मंत्रिमंडलों में भी डॉ॰ शर्मा रहे और सदैव अपनी कार्य-कुशलता, लगन और निष्ठा से कार्य करते रहे।

शंकरदयाल जी ने शासनतंत्र के गहरे अनुभव के बाद संगठन के क्षेत्र में प्रवेश किया और मध्य प्रदेश कांग्रेस कमेटी के निर्विरोध अध्यक्ष निर्वाचित हुए। उसी समय आपको अखिल भारतीय कांग्रेस कमेटी की कार्यकारिणी का सदस्य मनोनीत किया गया। आपने मध्य प्रदेश कांग्रेस संगठन का कार्य बड़ी कुशलता और दक्षता से संपन्न किया तथा इसके उपरान्त डॉ॰ साहब अखिल भारतीय कांग्रेस कमेटी के महामंत्री के पद पर नियुक्त किये गये। यहाँ अब आपका क्षेत्र सारा देश हो गया और विभिन्न राज्यों के कांग्रेस संगठन का कार्य आपको बारीकी से देखने का अवसर मिला। इसी समय आपने एशिया के पूर्वी देशों जापान, मलयेशिया, सिंगापुर और थाईलैंड का दौरा किया और इन देशों के राजनैतिक नेताओं से संपर्क स्थापित किया।

1969 में कांग्रेस का विभाजन हुआ। इस समय आप कांग्रेस के महामंत्री में पद पर थे। आपने इस समय गंभीरता और राजनैतिक दूरदर्शिता का परिचय दिया, और प्रधान मंत्री श्रीमती इंदिरा गांधी के नेतृत्व में कांग्रेस की समाजवादी नीतियों का समर्थन करके आपने अपनी ऐतिहासिक प्रगतिशील दृष्टि का परिचय दिया क्योंकि भारत का भविष्य इसी दिशा में निहित है। जिस समय कांग्रेस पर संगठन कांग्रेस के सभी धुरंधर नेताओं ने एक साथ मिलकर धावा बोल दिया और यहाँ तक किया कि इंदिरा जी को कांग्रेस से निकाल दिया, उस समय डॉ॰ साहब ने अपने गहरे अनुभव, संगठन शक्ति, विवेक, परिश्रम और नेतृत्व से नई कांग्रेस को संचालित किया, जो डॉ॰ साहब की सूझ-बूझ का प्रत्यक्ष प्रमाण है। इसके उपरान्त नई कांग्रेस की प्रथम बैठक दिल्ली में हुई जिसमें बड़ी भारी सफलता मिली। इसी समय 'कांग्रेस चिह्न' का मामला चुनाव आयोग के समक्ष प्रस्तुत किया गया जहाँ अपनी कुशाग्र बुद्धि से डॉ॰ साहब को पूर्ण सफलता मिली और नई कांग्रेस विजयी हुई।

आप कांग्रेस के महामंत्री-पद का कार्य सुचारु रूप से चलाते रहे। इसी समय कांग्रेस-अध्यक्ष श्री डी. संजीवैया का आकस्मिक निधन हो गया। अब ऐसे व्यक्ति की आवश्यकता थी जो इस कठिन समय में कांग्रेस का नेतृत्व संभाल सके। श्रीमती इंदिरा जी व कांग्रेस के अन्य वरिष्ठ नेता डॉ॰ शर्मा की संगठन शक्ति, ईमानदारी, बुद्धिमत्ता, साहस, कार्यकुशलता आदि से बहुत प्रभावित थे। इसीलिए इस कठिन समय में कांग्रेस के नेतृत्व के लिए डॉ॰ शर्मा को चुना और कांग्रेस के इतिहास में, विश्व के सबसे विशाल राजनैतिक संगठन के अध्यक्ष का पद, जिसको कांग्रेस के महान् नेताओं–पंडित मोतीलाल नेहरू, महात्मा गांधी, पं जवाहरलाल नेहरू, सरदार पटेल, नेताजी सुभाषचन्द्र बोस–ने सुशोभित किया था, प्रथम बार एक साधारण कांग्रेस कार्यकर्ता इस महान् पद पर आसीन हुआ। और यह भी एक अत्यंत सुखद संयोग है कि अंतर्राष्ट्रीय ख्याति प्राप्त विद्वान् संविधान के विशेषज्ञ ने इस पद को सुशोभित किया है। डॉ॰ साहब ने इस पद को बड़े आत्मविश्वास के साथ संभाला और कांग्रेस को प्रेरणा व नई दिशा दी।

डॉ॰ शर्मा की दृष्टि में भारत में सामाजिक-आर्थिक मुक्ति के लिए आमूल परिवर्तन शान्तिमय उपायों से होना अनिवार्य होगा। ऐसा न होने पर हिंसक क्रांति उपस्थित हो जाती है। डॉ॰ शर्मा समाजवाद के प्रबल समर्थकों में अग्रणी हैं, किन्तु वे भारत में 'सहमति से क्रांति' के ही पक्षपाती हैं।

डॉ॰ साहब ने राष्ट्रीय मंच पर तो ख्याति प्राप्त की है, आपने अंतर्राष्ट्रीय मंच पर भी प्रसिद्धि प्राप्त की है।

डॉ॰ शंकरदयाल शर्मा ने जुलाई 1973 में रूस, हंगरी, आस्ट्रेलिया व ब्रिटेन की यात्रा की। इस यात्रा में उन्होंने वहाँ के राजनीतिक दलों को अंतर्राष्ट्रीय क्षेत्र में भारत द्वारा अपनाई नई नीतियों के संबंध में विस्तृत रूप से बताया। उन्होंने भारत की आंतरिक समस्याओं और विदेश नीति के संबंध में भारत का दृष्टिकोण सही तरीके से रखा। डॉ॰ साहब की यह यात्रा बहुत सफल रही। आपने सोवियत नेता लियोनिद ब्रेजनेव से क्रेमलिन में काफी लम्बी चर्चा की तथा रूस व भारत के आपसी संबंध बढ़ाने में महत्त्वपूर्ण योगदान दिया।

19 अगस्त को डॉ॰ शर्मा ने 55 वर्ष समाप्त कर 56 में प्रवेश किया है। वे अपने चरित्र, संगठन शक्ति, योग्यता, चातुर्य, प्रशासनिक क्षमता, सादगी तथा प्रतिभा से आज विश्व के सबसे बड़े राजनैतिक संगठन के सर्वोच्च पद पर

प्रतिष्ठित हैं। ईश्वर से प्रार्थना है कि वह डॉ॰ साहब को स्वास्थ्य तथा दीर्घजीवी बनाये ताकि आने वाले समय में वे कांग्रेस संगठन तथा राष्ट्र का पथ प्रदर्शन करते रहें।

भोपाल की माटी का लाल

पद्मनाभ तेलंग
संपादक 'चेतना', भोपाल

एक सुलझा हुआ व्यक्तित्व, जो आगामी 19 अगस्त, 1973 को अपने जीवन की 55 बरसातें समाप्त कर अपने 56वें शरद् हेमंत और बसंत बहार के स्वागत की तैयारी में आज भी कर्मशील है। अगस्त का यह महीना ही कुछ क्रांतिकारी सौगातें लेकर भारत के इतिहास में अपना विशेष महत्त्व रखता है। अगस्त के इसी माह में बादलों की घनघोर घटाएं घुमड़कर पृथ्वी की तपन को शान्त करती हुई मानव-हृदय में आशाओं के नये अंकुर प्रस्फुटित कर देती हैं। अगस्त के इसी माह ने हमें रक्षाबंधन और कृष्ण-जन्माष्टमी की अमूल्य सौगातें दी हैं, और इसी अगस्त में 'स्वराज्य हमारा जन्म-सिद्ध अधिकार है' के क्रान्तिदूत लोकमान्य तिलक ही इहलीला समाप्त होकर उनकी चिता की बिखरी हुई राख ने भारतवासियों को शुभ संदेश दिया था कि वे अपने देश की स्वाधीनता के लिए उनके चरण-चिह्नों पर चलते हुए हर तरह की कुर्बानी को कटिबद्ध रहें। इसी अगस्त माह की 9 तारीख अपनी आजादी के लिए 'करो या मरो' के रूप में बापू का शंखनाद सुनाती हुई आज भी भारतवासियों की प्रेरणा का स्रोत बनी है। कौन नहीं जानता कि अगस्त के इसी माह ने हमें 15 अगस्त के रूप में स्वाधीनता दिवस की सौगात देकर भारतीय जनता को स्वाधीनता-सूर्य के दर्शन कराये हैं। समुद्र सोखने वाले महामुनि 'अगस्त' सहित 'अगस्त' का महीना भारतीय संस्कृति में पवित्र से पवित्रतम हो गया है।

संयोग की बात है कि अगस्त के इसी गौरवशाली माह ने अपनी 19 तारीख को डॉ॰ शंकरदयाल शर्मा के रूप में भोपाल को वह सौगात दी, जिसने अपनी कर्त्तव्यनिष्ठा, अनवरत साधना और कार्य कुशलता की त्रिवेणी बहाकर न केवल अपनी जन्मभूमि भोपाल को ही धन्य कर दिया, वरन् आज अखिल भारतीय कांग्रेस के अध्यक्ष के रूप में सेवा-क्षेत्र के सर्वोच्च शिखर पर बैठकर अपनी मातृभूमि भारत माता की कोख को भी गौरवान्वित किया है।

इस बात से कौन इनकार कर सकता है कि मध्य प्रदेश की राजधानी भोपाल का यह निखरा हुआ रूप डॉ॰ शंकरदयाल शर्मा की अनवरत साधना, धर्मनिरपेक्षता और उनकी कार्य कुशलता का ही परिणाम है, जिसके फलस्वरूप उन्होंने सन् 1952 में वर्ग 'सी' स्टेट भोपाल राज्य के मुख्य मंत्री के रूप में सत्ता की बागडोर संभालने के बाद सौ वर्षों से अधिक नवाबी दौर के शोषित और अत्यंत पिछड़े हुए भोपाल राज्य को उत्तरोत्तर प्रगति की मंजिल तक पहुँचाने में अपनी ओर से कोई प्रयास बाकी नहीं छोड़ा। वे प्रारंभ से ही ईमानदारी और कर्त्तव्यनिष्ठा की कसौटी पर खरे उतरे; और फलस्वरूप भारत के हृदय-सम्राट् पंडित जवाहरलाल नेहरू और उनकी केन्द्रीय सरकार के विश्वासपात्र बनकर उनके द्वारा भोपाल राज्य की चतुर्दिक प्रगति के लिए, जो भी योजनाएं केन्द्र के सामने प्रस्तुत की गईं, उनमें 'हां' के बदले कभी 'न' का उत्तर नहीं मिला। पॉलीटेक्निक कॉलेज की स्थापना से जो शृंखला शुरू हुई, उसमें गांधी मेडिकल कॉलेज, मौलाना आजाद इंजीनियरिंग कालेज, हेवी इलैक्ट्रिकल संस्थान, पी॰जी॰वी॰टी॰ कॉलेज, रीजनल कॉलेज, वेस्टर्न कॉलेज और अंत में राज्य पुनर्गठन के फलस्वरूप नये मध्य प्रदेश में भोपाल राज्य का विलीनीकरण होते-होते इसे विशाल मध्य प्रदेश की राजधानी बनाकर भोपाल राज्य को प्रगति के सर्वोच्च शिखर पर पहुँचा दिया। उसी का फल है कि आज का भोपाल राज्य अर्थात् डॉ॰ शंकरदयाल शर्मा, और डॉ॰ शंकरदयाल शर्मा अर्थात् भोपाल राज्य—दोनों एक दूसरे के पर्यायवाची बन गये हैं। नये मध्य प्रदेश की राजधानी के रूप में भोपाल की केन्द्र से मंजूरी ले लेना कोई सरल काम नहीं था। पुराने मध्य प्रदेश के कर्णधार समझते थे कि एक न एक भाषा के आधार पर हिन्दी और मराठी-भाषी क्षेत्रों का विभाजन होगा और अग्रसोची के रूप में मध्य प्रदेश के निर्माता पंडित रविशंकर शुक्ल और उनके दाहिने हाथ पं॰ द्वारिकाप्रसाद मिश्र ने मध्य प्रदेश की राजधानी नागपुर रहते हुए जबलपुर के विकास में कोई कमी नहीं की थी, ताकि विभाजन के बाद जबलपुर को नये मध्य प्रदेश की राजधानी बना दिया जाये। उधर मध्य भारत के लोग इंदौर को राजधानी बनाने में अपने लट्ठ घुमा रहे थे। मध्य प्रदेश 'क' श्रेणी का राज्य था, और जिसके भाग्यविधाता पंडित रविशंकर शुक्ल थे। स्वाधीनता-संग्राम के महान् योद्धा के रूप में केन्द्र में उनका प्रभाव कुछ कम नहीं था। इधर बाबू तख्तमल के नेतृत्व में मध्य भारत के दिग्गज लोग थे और उनके पीछे ध्वस्त सामंतशाही के अटूट साधन थे। इनकी तुलना में 'ग' श्रेणी के भोपाल राज्य के कर्णधार के रूप में डॉ॰ शंकरदयाल की सीमित शक्ति थी। नये मध्य प्रदेश की राजधानी के निर्णय को, दिल्ली के राज दरबार में वाटरलू

की भयंकर लड़ाई लड़ी गई और यह डॉ० शंकरदयाल शर्मा की अनवरत साधना, निर्भीकता और लक्ष्यपूर्ति के लिए अंत तक जुटे रहने की कार्यक्षमता थी, जिससे विजयमाला डॉ० शंकरदयाल शर्मा के गले में शोभायमान हुई। भोपाल की उत्सुक जनता ने रेडियो से भोपाल के संबंध में निर्णय सुनकर घर-घर सिन्नियां बांटी। इस निर्णय को लेकर जिस दिन डॉ० शंकरदयाल शर्मा दिल्ली से भोपाल स्टेशन पर उतरे हैं, उस दिन स्टेशन पर उनका जो अपूर्व स्वागत हुआ है, वह भोपाल के इतिहास में अपनी समता नहीं रखता। यह उल्लेखनीय है कि इतने बड़े मध्य प्रदेश की राजधानी बनाने के लिए हजारों कर्मचारियों, अधिकारियों और मंत्रियों के आवास, सचिवालय और अन्य कार्यालयों की व्यवस्था कोई सरल काम नहीं था, लेकिन पार्ट 'सी' स्टेट के रूप में भोपाल की जो झांकी सजाई और संवारी गई थी, उसके फलस्वरूप राजधानी के रूप में भोपाल की आतिथ्यसेवी मिट्टी ने अपने नव आगंतुक मेहमानों के आतिथ्य में कोई कमी नहीं की। और आज 20 वर्षों की अवधि के बाद भोपाल को पहले-पहल देखने वाला यहाँ का कोई नागरिक कह नहीं सकता कि यह वही भोपाल है, जहाँ के लोग रोशनपुरा नाका तक की सैर करने में शेर, तेंदुआ और लुटेरों के डर से अपने जीवन की खैर नहीं समझते थे। यहाँ यह अप्रासंगिक नहीं होगा कि भोपाल के नवनिर्माण में तत्कालीन भोपाल राज्य के चीफ कमिश्नर के रूप में डॉ० शंकरदयाल को मार्गदर्शन देने में श्री भगवान सहाय का काफी हाथ रहा है।

भोपाल की उपजाऊ मिट्टी ने एक से एक बढ़कर प्रतिभाशाली और स्वनामधन्य सपूतों की टोलियां देश को उपहारस्वरूप दी हैं, लेकिन अपनी जन्मभूमि भोपाल के इस सपूत ने इसी भोपाल को अपनी कर्मभूमि बनाकर उसकी प्रगति में चार चांद जोड़ने में लगातार भगीरथ प्रयत्न किया है और यहाँ चतुर्दिक प्रगति की गंगा बहाकर यहाँ के नगर-निवासियों को आधुनिक भोपाल के दर्शन कराये हैं। यह कहने की बात नहीं कि अगस्त माह की मूसलाधार वृष्टि ने जिसकी जन्मतिथि का अभिषेक किया हो, उसका भविष्य आशाओं की नयी कोपलों से क्योंकर प्रस्फुटित नहीं होता। 'पूत के लच्छन पालने में' की कहावत के अनुसार इनके सार्वजनिक जीवन की तरह इनका विद्यार्थी जीवन भी प्रतिभाशाली रहा है। अपने अथक परिश्रम और अलौकिक प्रतिभा का परिणाम था कि आपने स्वनामधन्य पंडित खुशीलाल वैद्य के गरीब आंगन में पैदा होकर भी शिक्षा के क्षेत्र में उच्च से उच्च उपाधियां प्राप्त कीं। अपने पिता से जन्मजात अनवरत जनवरत साधना और सेवाव्रत धरोहर के रूप में लेकर लखनऊ से एम०ए० पास करने के बाद आपको कैम्ब्रिज विश्वविद्यालय में भर्ती होकर उच्च शिक्षा

प्राप्त करने का अवसर मिला। वहाँ आप कानून के लेक्चरर भी रहे। हिन्दी और संस्कृत में एम॰ए॰ पास करने के बाद आपने लखनऊ विश्वविद्यालय से विशेष योग्यता के साथ एल॰एल॰एम॰ की परीक्षा भी पास की।

आपको कैम्ब्रिज विश्वविद्यालय से कानून में पी-एच॰डी॰ तथा अमेरिकन विश्वविद्यालय से डी॰पी॰ए॰एस॰ तथा एफ॰आर॰ए॰एस॰ लंदन की उपाधियां भी प्राप्त हुईं।

लखनऊ में रहते हुए जहाँ आपका संपर्क राष्ट्रनायक पंडित जवाहरलाल नेहरू, श्रीमती विजयलक्ष्मी पंडित, किदवई, मौलाना आजाद आदि उच्च कोटि के नेताओं से रहा, वहाँ आपने प्रारंभ से ही भोपाल की राजनीति में भाग लिया और यहाँ के विलीनीकरण आंदोलन में भाग लेकर जेल-यात्रा की।

नये मध्य प्रदेश में शिक्षा मंत्री के रूप में शिक्षा के क्षेत्र में जो क्रान्तिकारी परिवर्तन हुए तथा छोटे-छोटे देहातों तक में शिक्षा का जो प्रसार हुआ, उसके लिए डॉ॰ शंकरदयाल शर्मा का नाम चिर-स्मरणीय रहेगा। आपका निश्चय था: "साधनों के अभाव में शिक्षा का प्रसार मत रोको।" इधर जनता ने भी अपनी शिक्षा की भूख मिटाने के लिए आपको हार्दिक सहयोग दिया।

भोपाल के लिए यह गौरव की बात है कि उसकी माटी का लाल आज सेवा के सर्वोच्च शिखर पर बैठा हुआ प्रधान मंत्री श्रीमती इंदिरा गांधी के 'गरीबी हटाओ' के स्वप्न को साकार करने के लिए कांग्रेस-अध्यक्ष के रूप में नये ताने-बाने बुन रहा है। ईश्वर से प्रार्थना है कि वह अपने कर्त्तव्य पालन में ध्रुव की तरह दृढ़ निश्चयी रहें और दीर्घजीवी हों।

तब प्रोफेसर एस॰डी॰ शर्मा: अब कांग्रेस-अध्यक्ष

डॉ॰ गंगानारायण त्रिपाठी

आज से चौबीस वर्ष पूर्व की एक संध्या, लखनऊ विश्वविद्यालय कानून विभाग की सायंकालीन कक्षाएं चल रही थीं। घंटा खत्म होने पर नये छात्रों में चर्चा चली—अब किसकी क्लास है? एक वरिष्ठ छात्र ने अपनी नोट बुक के पन्ने पलटते हुए उत्तर दिया : "शर्मा जी की"—"कौन से शर्मा जी?"

उत्तर मिला : "प्रोफेसर एस॰डी॰ शर्मा को नहीं जानते और विधि विभाग के छात्र हो?"

शायद नये छात्र की उदास मुख-मुद्रा तथा उसकी जिज्ञासा का ध्यान रखकर उसी वरिष्ठ छात्र ने बात साफ की–"वही एस०डी० शर्मा, जो प्रायः सफेद कपड़े पहनते हैं, खुले गले का कोट और पेंट, हमेशा मुसकराता हुआ चेहरा, मुद्रा से शिक्षक की स्नेहशीलता और हमेशा किताबों का ढेर हाथों में लिये हुए।" इतना कहने के बाद भी मानो उस छात्र को संतोष न हुआ तब उसने बात यों समाप्त की–"अपने विभाग के रीडर एस०डी० शर्मा, जो ला आफ टार्टस पढ़ाते हैं, पर छात्रों को कभी टार्चर नहीं करते, जिनके घर जाने पर बिना कुछ खाये-पिये कोई छात्र नहीं लौट पाता।"

काल की लम्बी अवधि में आज पच्चीस वर्ष जाने कहाँ डूब गये हैं और इन वर्षों में देश का स्वरूप-परिवर्तन हो गया है। लखनऊ विश्वविद्यालय की वह नफासत और वह तहजीब आज जाने किस पर्दे में छिप गई है। केवल हमारे प्रोफेसर एस०डी० शर्मा का वह प्रतिभाशाली पांडित्यपूर्ण व्यक्तित्व आज देश की सीमाओं को लांघकर विश्व के प्रमुख देशों की सीमाओं में फैल रहा है। अपनी छात्रावस्था के प्रोफेसर एस०डी० शर्मा को आज कांग्रेस-अध्यक्ष जैसे महान् पद पर देखकर, मेरे मन में एक खिले हुए, शतदल की मधुर कल्पना आती है। ऐसे कमल की लालिमा, शुभ्रता, मृदुलता तथा मोहक सौन्दर्य–इन सबको देखकर क्या दर्शक के मन में, क्षण-भर के लिए भी उन कठिन परिस्थितियों का विचार आता है, जिनमें रहकर कमल खिलता है?

कमल का एक नन्हा-सा बीच, जाने कितनी संभावनाओं, लालसाओं और स्वपनों को लेकर उस विपुल जलराशि में पड़ा रहता है जहाँ अन्य वनस्पतियां पहुँचकर नष्ट हो जाती हैं। दिनों, महीनों, वर्षों की कठोर साधना, अदृश्य कार्यशक्ति तथा अनवरत श्रम के पश्चात् वह बीज एक अंकुर बनता है। अतल, की गहराई, शत-शत लहरों की चोट, अतुल पंकराशि से अकेला लड़ता हुआ वह बीज, अंकुर के रूप में जीवन का जयघोष करता है। पूज्य डॉक्टर साहब के व्यक्तित्व की कहानी इसी कमल की अन्तर्कथा में निहित है। निस्सन्देह राजनीति ने उन्हें यश के सर्वोच्च शिखर पर पहुँचा दिया किन्तु अपने प्रोफेसर की बात जब मैं सोचता हूँ, तब लगता है कि अन्तर्राष्ट्रीय शिक्षा-जगत् में हमारे विश्वविद्यालय, हमारे प्रदेश, हमारे देश का एक प्रतिभापुत्र आते-आते रह गया। इसी के साथ एक बात और याद आती है, अन्तर्राष्ट्रीय कानून के तत्कालीन विख्यात विद्वान् तथा लखनऊ विश्वविद्यालय के विधि विभाग के अध्यक्ष डॉ० राजउग्रह सिंह ने उस समय के छात्रों से इस संदर्भ में चर्चा की थी। डॉ० सिंह निजी चर्चा में कहा करते

थे: "शर्मा जी जैसे अपने छात्र (डॉ० सिंह पूज्य डॉक्टर साहब के गुरु थे) और सहयोगी पर मुझे गर्व है क्योंकि संवैधानिक विधि और लॉ ऑफ टार्टस दोनों में से किसी एक क्षेत्र में वे अन्तर्राष्ट्रीय यश प्राप्त करेंगे।" आज डॉ० सिंह यह देखने के लिए जीवित नहीं हैं कि उनकी चर्चा कानून न सही, किन्तु किसी अन्य प्ररिप्रेक्ष्य में सत्य हो गई है।

उसी समय की एक और स्मृति मन में आ गई है। एक दिन डॉ० सिंह स्वयं मुस्लिम कानून के संबंध में ट्यूटोरियल क्लास ले रहे थे। इस चर्चा में किसी बिन्दु पर उन्हीं को शंका हुई। कुछ दूरी पर एक अन्य प्रोफेसर खड़े थे, उनका नामोल्लेख उचित नहीं होगा। डॉ० सिंह ने उनसे चर्चा की किन्तु सम्पूर्ण अर्थ में समाधान न हो सका। डॉ० सिंह के उस समय के वे स्वर आज भी कानों में गूंज रहे हैं। "एस०डी० शर्मा से पूछ लो—इस विषय के वही अधिकारी हैं।" इस घटना के दर्पण में प्रोफेसर शर्मा का सम्पूर्ण प्रतिबिम्ब आ गया है। इसी प्रकार लखनऊ विश्वविद्यालय के तत्कालीन उपकुलपति राष्ट्र-योद्धा, मनीषी तथा आचार्य नरेन्द्रदेव का एक कथन स्मरण हो आता है:

जिस प्रसंग का उल्लेख है, उस समय इन पंक्तियों का लेखक लखनऊ के हिन्दी दैनिक 'स्वतन्त्र भारत' में कार्य करने लगा था। भोपाल रियासत विलीनीकरण आन्दोलन में डॉ० साहब लखनऊ से भोपाल आकर गिरफ्तार हो गये थे। पत्र-प्रतिनिधि की हैसियत से आचार्य जी से मिलने पर देशी रियासतों के आन्दोलन की चर्चा आई उसी सन्दर्भ में मैंने पूछा: "आचार्य जी विश्वविद्यालय-क्षेत्र में चर्चा है कि डॉ० एस०डी० शर्मा भोपाल में गिरफ्तार हो गये हैं। अवकाश के लिए उनका आवेदन-पत्र भी नहीं आया है। फिर भी आपने कुछ ध्यान नहीं दिया।" आचार्य जी मुस्कराये, उनका उत्तर मेरे स्मृति-पटल पर अंकित होकर शाश्वत हो गया है। आचार्य जी ने धीमे स्वर में कहा: "वह प्रतिभा पुत्र है और अब तो वीर-पुत्र सिद्ध हो गया है, तो क्या हम इतना भी नहीं कर सकते।"

अध्यापन के लिए विषय की सम्पूर्णता, गहन किन्तु स्पष्ट चिन्तन तथा रुचि की विपुलता अपेक्षित है। पूज्य डॉ० साहब के छात्रों की यह मान्यता रही है कि विषय की स्पष्टता, वैचारिक उपलब्धि तथा रुचि विपुलता में उनका अप्रतिम उदाहरण है। जिन छात्रों को उनके निकट सम्पर्क में आने का अवसर मिला वे स्वीकार करते हैं कि उदारता और संवेदनशीलता में वे अनूठे रहे हैं। उस समय उनके जीवन की दो ही प्रधान बिन्दु रेखाएं थीं। एक यूनिवर्सिटी में अध्ययन, दूसरी लाइब्रेरी में पुस्तकों का अध्ययन। इससे समय बचने पर वे सीधे अपने घर

पहुँचते। लखनऊ के चार बाग स्टेशन के समीप ही उनका निवास-स्थान था। उन दिनों किसी भी संध्या को वहाँ पहुँचकर छात्रों के प्रति उनके जीवन्त और सहज स्नेह को देखा जा सकता था। प्रिय छात्र पहुँचते थे, तो चर्चा-परिचर्चा ही नहीं, चाय की चुस्की से भोजन तक की चाह पूरी हो जाती थी। चाय के समय घर में नाश्ता न रहने पर डॉक्टर साहब की वह स्नेहमूर्ति आज भी आंखों में छायी है, जिसके अन्तर्गत पास की विख्यात दूकान से एक हाथ में रबड़ी या ऐसी ही चीज का दोना, दूसरे हाथ में गरम समोसे या दही बड़े का दोना दिखाई पड़ता था। आज उनकी प्रशस्ति, अभिनन्दन यश के सहस्र स्वरों की देशव्यापी गूंज में, मेरे अन्तर में, एक ही सतय जाज्वल्यमान, एक ही अनुभूति साकार तथा एक ही विश्वास चिरजीवित है कि हमारे प्रोफेसर और देश की लोकतांत्रिक समाजवादी धारा के कुशल नाविक पूज्य डॉक्टर साहब सिर्फ एक इन्सान हैं, न इससे कुछ ज्यादा और न इससे कुछ कम। संसार में मानव होना भी कितना दुष्कर है। इस विचार के तारतम्य में महर्षि वेदव्यास का यह कथन स्मरण आता है-"न मानुषात् श्रेष्ठतरं हि किंचित्।" मादवता की इसी ज्योति-पुंज के प्रतीक हैं हमारे प्रोफेसर और देश के कांग्रेसाध्यक्ष।

मध्य प्रदेश के सौभाग्य-शिल्पी

श्यामसुन्दर व्यौहार

सम्पादक दैनिक 'भास्कर', भोपाल

डॉ॰ शंकरदयाल शर्मा के नाम से मेरा प्रथम परिचय उस समय हुआ जब मैंने गाडरवारा में भोपाल के जिन्दा शहीद भाई रतनकुमार जी के सुप्रसिद्ध समाचार-पत्र 'नई राह' में समाचार पढ़ा कि भारी-भरकम स्नातकोत्तर उपाधियां लेकर भोपाल के यह मेधावी छात्र विदेशों में अध्ययन पूर्ण कर स्वेदश लौट आये हैं। विदेश जाने के पूर्व डॉ॰ शर्मा स्वदेश में भी अनेकानेक सम्मानित स्नातकोत्तर उपाधियों से अलंकृत हो चुके थे। ज्ञानार्जन की ऐसी उत्कट प्यास मैंने डॉ॰ शर्मा में ही देखी थी और समाचार पढ़ते ही इस सर्वथा अपरिवर्तित बौद्धिक व्यक्तित्व के प्रति मेरे हृदय में श्रद्धा घर कर गई।

'नई राह' मेरे गृह नगर गाडरवारा में नियमित रूप से पहुँचता था। अब मैंने यह पढ़ा कि डॉ॰ शंकरदयाल शर्मा ने अपनी समस्त सुख-सुविधाओं को तिलांजलि देकर तत्कालीन भोपाल रियासत के कुख्यात नवाबी प्रशासन के विरुद्ध जनता के

संघर्ष में अपने आपको झोंक दिया है, तो इस बौद्धिक व्यक्तित्व की देशभक्तिपूर्ण बलिदानी भावना ने इस युवा प्रतिभा को मेरा हीरो बना दिया।

जब भोपाल रियासत के विलीनीकरण आंदोलन का बौरास के अमर शहीदों ने पतित-पावन नर्मदा के तट पर रक्ताभिषेक किया था, उस समय मेरे पूज्य पिता श्री अयोध्याप्रसाद नर्मदा के उस पार साईंखेड़ा में प्रधानाध्यापक थे तथा साईंखेड़ा में ही बौरास गोली कांड के घायलों एवं अन्य पीड़ितों की देखभाल हेतु जनता द्वारा व्यवस्था की गई थी। मेरे पिता जी इस राहत कार्य के एक प्रमुख कार्यकर्ता थे।

मुझे गाडरवारा में पिता जी का संदेश मिला कि बौरास के चार शहीदों के शव अन्तिम संस्कार हेतु वहाँ लाये जा रहे हैं। समस्त गाडरवारा नगर में यह समाचार विद्युत गति से फैल गया। शहीदों के शव जब वहाँ पहुँचे तो 'आसमां पर अपने खून से इनक़्लाब लिखने वाले' इन शहीदों का जो चिर-स्मरणीय स्वागत किया गया, उसकी स्मृति मेरे मन-मस्तिष्क में आज भी हरी है।

जब शहीदों की अंतिम यात्रा का विशाल जुलूस देशभक्तिपूर्ण नारों से दसों दिशाओं को थरथराता हुआ शक्कर नदी के तट की दिशा में, जहाँ शहीदों का अंतिम संस्कार किया गया था, अग्रसर हो रहा था, मेरे मस्तिष्क में एक विचार बिजली की तरह कौंधा और तिरोहित हो गया कि भारत में भोपाल रियायत के विलीनीकरण में कोई देर नहीं रह गई तथा क्या ही उत्तम हो, यदि डॉ॰ शंकरदयाल शर्मा इस नये राज्य के मुख्य मंत्री बनें। तब से मेरे अवचेतन मस्तिष्क पर अभी तक अपरिचित डॉ॰ शंकरदयाल शर्मा की छाप और भी गहरी हो गई।

1952 के प्रथम आम चुनाव हुए और ईश्वर-कृपा से डॉ॰ शंकरदयाल शर्मा ही भोपाल राज्य के मुख्य मंत्री बने। बात आई-गई हो गई।

एक दिन जब मैं जबलपुर में था तो पता चला कि भोपाल राज्य के मुख्य मंत्री डॉ॰ शंकरदयाल शर्मा नगर में पधार रहे हैं। अब मैं अपने-आपको नहीं रोक सका और वहाँ पहुँच गया, जहाँ वे भाषण देने वाले थे। डॉ॰ शर्मा के एक-एक शब्द ने मुझे अभिभूत कर दिया। उस क्षेत्र में उस समय शिक्षित बेरोजगारी सिर उठा चुकी थी। जब डॉ॰ शर्मा ने चुनौती दी कि मैं प्रत्येक मैट्रिक्युलेट को शिक्षक का पद देने के लिए तैयार हूँ, बशर्ते कि वह गांवों में रहने के लिए तैयार हो। इसी भाषण का परिणाम है कि आज रायसेन, सीहोर और भोपाल जिलों में जबलपुर, नरसिंहपुर, होशंगाबाद, सागर और दमोह जिलों के निवासी हजारो शिक्षक सेवा-रत हैं।

उन दिनों डॉ॰ शंकरदयाल शर्मा पर स्कूल, कालेज, पॉलिटेक्निक एवं अन्य शिक्षण संस्थाएं खुलवाने की धुन सवार थी। जब भी वे दिल्ली से लौटते संवाददाता उन्हें घेर लेते और वे बड़ी उमंग और उत्साह के साथ बताते कि किन-किन नवीन शिक्षण संस्थाओं के लिए उन्हें केन्द्रीय अनुमति और सहायता मिल गई है तथा संवाददाताओं को घर में बने सुस्वादु लड्डू खिलाकर जश्न मनाते।

मध्य प्रदेश के तत्कालीन वित्त मंत्री श्री मिश्रीलाल गंगवाल को सदैव यही चिंता सताती रहती थी कि डॉ॰ शर्मा इतनी अधिक संख्या में शिक्षण संस्थाएं खुलवा रहे हैं कि जब पंचवर्षीय योजना की अवधि समाप्त होने पर इन संस्थाओं के आवर्ती व्यय का भार राज्य सरकार पर आयेगा, तो राजकोष खाली हुए बिना नहीं रहेगा। जब एक बार विधान सभा में किसी सदस्य ने यही आशंका व्यक्त की तो डॉ॰ शर्मा ने यह कहकर उसे निर्मूल कर दिया कि यह लोकतंत्र एवं राज्य की भावी समृद्धि हेतु हमारा विनियोजन है और इससे राजकोष भरेगा ही, खाली कदापि नहीं होगा। उस समय डॉ॰ शर्मा का मुखमंडल आत्म-संतोष और गौरव की अनुभूति-किरणों से प्रदीप्त हो उठा, जब उन्होंने विधान सभा को बताया कि मध्य प्रदेश के इंजीनियरिंग कॉलेज तथा पॉलिटेक्निकों से उतने ही स्नातक तथा पत्रोपाधिधारी निकलते हैं, जितने की संम्पूर्ण पाकिस्तान में। उस समय पाकिस्तान में आज का बांगला देश भी सम्मिलित था।

अपने गृह नगर भोपाल की मिट्टी का ऋण जिस विपुल मात्रा में डॉ॰ शर्मा ने चुकाया है, वैसे अन्य उदाहरण बहुत कम देखने में आये हैं। क्या नहीं किया उन्होंने भोपाल के लिए। एक नवाबी नगर को उन्होंने विश्व के विशालतम गणराज्य के सबसे बड़े राज्य की राजधानी बनाया। जहाँ भोपाल में उच्च शिक्षा-संस्था के नाम पर मात्र एक इंटर कॉलेज था, वहाँ आज उच्च शिक्षा एवं अनुसंधान की ऐसी कोई शाखा नहीं है, जिसमें अध्ययन की सुविधा उपलब्ध न हो। हेवी इलेक्ट्रिकल्स औद्योगिक तीर्थ की भोपाल में प्रतिष्ठा भी उनकी ही साधना का सुफल है।

मध्य प्रदेश मंत्रिमंडल के एक वरिष्ठ सदस्य के रूप में डॉ॰ शंकरदयाल शर्मा की हार्दिक कामना भोपाल में एक केन्द्रिय विश्वविद्यालय की स्थापना कराने की थी। उनकी योजना एक ऐसे विश्वविद्यालय की थी, जो बौद्धिक एवं सांस्कृतिक गति-विधियों का देश के हृदय-स्थल में अवस्थित एक सुसमन्वित तीर्थराज बन सके। अब भोपाल में विश्वविद्यालय की स्थापना हो चुकी है और हमें आशा करनी चाहिए कि वह शीघ्र ही डॉ॰ शर्मा की कल्पना को साकार कर सकेंगे।

मध्य प्रदेश के सर्वांगीण विकास में डॉ॰ शर्मा का योगदान युगों-युगों तक कृतज्ञतापूर्वक स्मरण किया जाता रहेगा तथा राज्य के सौभाग्य-शिल्पी के रूप में उनका नाम इतिहास में अमर रहेगा।

सेवा और समर्पण के मनस्वी साधक : डॉक्टर शंकरदयाल शर्मा

ज्वालाप्रसाद ज्योतिषी
एम.एल.ए.

हिमालय की तराई में खड़े देवदारु वृक्षों को हमने देखा है। कैसे हैं वे खड्ड कि जिनमें गिरने पर कठोर शिलाखण्ड भी चूर-चूर हो जायें–प्रकाश की किरणों को भी जहाँ पहुँचने के लिए भारी संघर्ष करना पड़ता है। अत्यंत ऊबड़-खाबड़ है वह जमीन जिसे भीषण अंधड़ों और हिमपातों के उत्पात के सिवाय कुछ भी तो प्राप्त नहीं। लेकिन देवदारु उठता है उस ऊबड़-खाबड़, रसविहीन चट्टानी धरती के प्राणों से रस खींचकर संसार की वृक्षवानता की श्रेष्ठतम ऊंचाई को प्राप्त करने को।

मुझे लगता है : अखिल भारतीय कांग्रेस के अध्यक्ष, डॉक्टर शंकरदयाल जी शर्मा का व्यक्तित्व भी कुछ इसी प्रकार का है। मैं नहीं समझता कि उन्हें जीवन की बहुत सुख-सुविधापूर्ण स्थितियों का वरदान मिला। लेकिन अन्तर्जीविनी-शक्ति की चेतना से उन्होंने निरन्तर परिश्रम और अध्यवसाय करते हुए अपना विकास किया।

जीवन के किसी भी क्षेत्र में उतरने के पूर्व उस क्षेत्र के लिए आवश्यक शक्ति की अर्जना को मैं जीवन-साफल्य की पहली शर्त मानता हूँ। आज बहुत-से लोग बगैर पूंजी के रोजगार में लगे हैं। पर मेरा विश्वास है कि सट्टेबाजी और जेबकटी द्वारा स्थायी सुखमयता नहीं पाई जा सकती। जीवन के निरन्तर विकासशील अभ्युत्थान के लिए श्रम के देवता की सतत् आराधना जरूरी है। नकलचुट्टी करके पास हुए स्नातक की डिग्री ज्ञान की कसौटी पर कसे जाने वाले क्षणों में काम न देगी।

आज बहुत से लोग बिना साधना के राजनीति के क्षेत्र में कीर्ति-कलगी अर्जित करने को दीवाने होने लगे हैं। डॉ॰ शर्मा की आज की सफलताओं को लोग भाग्य का वरदान और ग्रहों की मुसकान का फल समझने की भूल करते हैं। मेरा निश्चित विश्वास है कि विवेकयुक्त सतत् परिश्रम ही मनुष्य के भाग्य का निर्माता

है। आत्म-स्थित चेतना से बड़ा कोई ग्रह नहीं जो जीवन में सफलता दे। डॉ॰ शंकरदयाल शर्मा ने अपने शैशव के प्रभात से ज्ञानार्जन की तपश्चर्या में अपने-आपको लगाया और अवसर आने पर विवेकपूर्वक सोच-विचारकर त्याग के रास्ते पर कदम बढ़ाया।

राजनीति को आज बहुत से लोगों ने पारस्परिक स्वार्थों द्वारा स्थापित गुटबन्दियों का अखाड़ा बना रखा है। लोक-हित के शुभ संकल्पों और निष्ठायुक्त सेवा-भाव का स्थान पारस्परिक स्वार्थों की पूर्ति की तिकड़म लेती जा रही है। मेरा यह निश्चित मत है कि राजनीति राष्ट्र-जीवन को न्याय और सदाचरण के पथ पर अग्रसर रखने वाली कर्म-प्रणाली है। उसका एकमात्र लक्ष्य समष्टि की हित-साधना है। डॉ॰ शंकरदयाल शर्मा ने राजनीति की इस उच्च आदर्शमयता को केवल समझा ही नहीं, वरन् उसे जीवन में आत्मसात् करने की साधना भी की है।

यों डॉ॰ शंकरदयाल जी शर्मा का अभ्युदय भोपाल राज्य के विलीनीकरण आन्दोलन से हुआ, जिसके पश्चात् वे भोपाल राज्य के मुख्य मंत्री के रूप में प्रतिष्ठित हुए, परन्तु मेरा उनका निकटतम सम्पर्क हुआ 1957 में जब उनकी उदयपुरा बेगमगंज कांस्टीटुएन्सी मेरी पॉर्लियामेन्टरी सागर सांस्टीटुएन्सी का अंग बनी। 1957 और 1962 के दो चुनाव मुझे उक्त क्षेत्र से डॉक्टर शंकरदयाल जी शर्मा के साथ-साथ लड़ने का सौभाग्य प्राप्त हुआ और हम दोनों, दोनों की बार प्रचण्ड बहुमत से विजयी हुए। अनेक बार हम दोनों को एक ही मंच से बात करने के अवसर मिले और अनेक बार हम दोनों ने एक ही छप्पर के नीचे आतिथ्य प्राप्त किया।

मैं अपने वैयक्तिक अनुभव के आधार पर कह सकता हूँ कि डॉक्टर शंकरदयाल शर्मा एक उच्च राजनीतिवेत्ता, शिक्षाविद् और उच्च शिक्षा प्राप्त विद्वान हैं जो लोकहित की भावना से अनुप्रेरित हैं। राजनैतिक उथल-पुथल के समय अनेक लोग अपना मानसिक संतुलन खो बैठते हैं, परन्तु डॉक्टर शंकरदयाल शर्मा ने हर तूफानी समुद्र में अपने विवेक की नौका का पाल ठीक रखा है। जो लोग आगे क्षणिक आवेश में आकर उत्तेजना की आंधी के जिम्मे अपनी नाव छोड़ देते हैं, वे तेजी से थोड़ी देर आगे बढ़ते भले दिखाई दें, लेकिन अक्सर उनकी नाव अनजाने समुद्र के अनजाने रेतीले टापुओं से टकराकर चूर-चूर हो जाती है। डॉ॰ शंकरदयाल शर्मा एक सुस्थिर चित्त और स्वस्थ निर्णायक बुद्धि के धनी हैं। उन्होंने अपने विवेक का कम्पास सदैव ठीक रखा है अतः उनकी जीवन-यात्रा सदैव उचित दिशा में रही है और वे अपने अनुयायियों को सही मार्गदर्शन दे सके हैं।

यह सच है कि हम सब मिट्टी से बने हैं। मिट्टी हमें नीचे की ओर खींचती है। लेकिन यह भी सच है कि हम सब में एक दिव्य चेतना की आग है, जो सारी विषमताओं और दु:ख-रोष को जला देना चाहती है। मैं समझता हूँ अंतस् की यह आग ही मनुष्य को ऊंचा उठाती है। डॉ० शंकरदयाल शर्मा ने स्थूल विश्व के आकर्षणों से अपनी आत्मा को दूर रखा है। एक कर्मनिरत संसारी आदमी की जिंदगी बिताते हुए भी उन्होंने कर्म-फल के प्रति अनासक्त रहने की पूर्ण चेष्टा की है। यही कारण है कि सत्ता की ऊंची-ऊंची गद्दियों पर बैठ कर भी वे निरभिमान और निर्लिप्त रहे।

सत्ता की गद्दियों को अलंकृत करने वाले लोगों की ऐय्याशी और आरामतलबी के किस्से आज लोगों की जुबान पर हैं। राजनीति के महासमुद्र में अनेक कच्छ-मच्छ हुए जो जनहित के जल पर जीकर पुजापा प्राप्त करते रहे। मुझे इस बात का स्मरण कर हर्ष होता है कि डॉक्टर शंकरदयाल शर्मा उन थोड़े से व्यक्तियों में से हैं जिन्हें शक्ति और सत्ता अधिक आसक्त नहीं कर सकी। एक अर्से तक वे भोपाल के मुख्य मंत्री रहे। आधुनिक भोपाल राजधानी उनके सपनों की निर्मिति है जो उनकी राजनैतिक चतुराई के कारण साकार हो सकी। विशाल मध्य प्रदेश बनने पर वे शिक्षा-विभाग के और उद्योग-विभाग के कर्णधार रहे। प्रदेशाध्यक्ष और अखिल भारतीय कांग्रेस के महामंत्रित्व की सीढ़ियां पारकर वे आज अखिल भारतीय कांग्रेस के अध्यक्ष के नाते विश्व की एक सबसे बड़ी संस्था के नेता के रूप में ऊपर आये हैं। निश्चय ही यह हम सबके लिए एक अत्यंत गौरव की बात है। वे आज देश के एक अत्यंत प्रभावशाली नेता तथा राष्ट्र चेतना श्रीमती इंदिरा गांधी के गरीबी हटाओ और विषमता मिटाओ आन्दोलन के अन्यतम सहयोगी हैं। वे समाजवाद की स्थापना के महान् अनुष्ठान के प्रधान पुरोहित हैं।

मुझे यह जानकर अत्यन्त हर्ष हुआ कि डॉ० शंकरदयाल शर्मा जी का उनकी स्वर्णजयन्ती के शुभ अवसर पर अभिनन्दन किया जा रहा है। उनका अभिनन्दन मध्य प्रदेश की विवेकशील कर्मठता एवं चरित्रवान् विद्वत्ता का अभिनन्दन है। विन्ध्याचल के इस विशाल देवदारु का अभिनन्दन करते हुए हम यही अपेक्षा करते हैं कि उनके द्वारा देश और प्रदेश में सेवा और समर्पण की भावना का पुनर्जागरण हो। दल में फैल रही विद्वेष-भावना का अंत हो और समाजवाद के सही पुरस्कर्त्ता एकजुट होकर राष्ट्रव्यापी गरीबी, बेकारी और भ्रष्टता के उन्मूलन को कटिबद्ध हों।

हिन्दू-मुस्लिम सांप्रदायिकता के बीच: डॉ॰ शंकरदयाल शर्मा

अमरेश मिश्र

भोपाल राज्य की अतीत कालीन स्मृतियां, जब भी डॉ॰ शंकरदयाल शर्मा का नाम आता है, ताजी हो जाती हैं। आज म॰प्र॰ की राजधानी बनने का सौभाग्य भोपाल को प्राप्त है। इसे सजाने-संवारने की बात होती है–इतना ही नहीं अपितु जिस रूप में भोपाल को खड़ा किया गया है–उस पर सबको गर्व हो सकता है। भोपाल की चर्चा म॰प्र॰ के कोने-कोने में प्रारम्भ हो गई है। देश का हर भाग भोपाल के नाम से परिचित हो गया है, यह सब हो जाने के बाद भी एक बात आज भी मन को कुरेदती है कि आज से 25 साल पहले कोई यह कल्पना भी नहीं कर सकता था कि कभी भोपाल इस गौरवपूर्ण स्थिति में पहुँच सकेगा। ऐसा कौन-सा चमत्कार था जिसके कारण भोपाल को यह स्थान प्राप्त हुआ है। इस अहम प्रश्न पर अभी तक कोई ऊहापोह ही नहीं हो सका।

भोपाल बना, संवरा, बढ़ा। इसमें अनेकों का सहयोग हो सकता है और गर्व के साथ वही यह कह सकते हैं कि "भोपाल को नई नवेली दुल्हन" का स्वरूप मेरे कारण प्राप्त हो सका है–पर शायद ही ऐसा कोई व्यक्तित्व मिल सके जो यह कह सके कि भोपाल को जो स्थान आज प्राप्त है उसमें अंशमात्र हमारा भी योगदान है। इन पंक्तियों के लिखने के पूर्व उस पृष्ठभूमि को जानना आवश्यक है जिसके कारण भोपाल को यह स्थान प्राप्त हुआ। किन्तु उस पूरी पृष्ठभूमि का दिग्दर्शन कराने के पूर्व एक प्रश्न रखना चाहूंगा कि क्या सन् 47 के पूर्व भोपाल पर किसी की निगाहें गई हैं? क्या इस अतीत के राजनैतिक पहलू पर किसी ने कभी विचार किया है? शायद नहीं। अत: आवश्यकता पहले इस बात की है कि सर्व प्रथम इस स्थिति पर विचार किया जाये।

सन् 47 के पूर्व नवाबी राज्य के नाम से भोपाल विख्यात था और इतिहास का वह काल देश के ऐसे राज्यों में किस तरह गुजरा है इसकी कल्पना आज के परिप्रेक्ष्य में कर सकना सम्भव नहीं है। इस पर सोच-विचार एवं लेखन की गहराइयों में वही लोग जा सकते हैं जो उस दौर से गुजरे हैं। अंग्रेजों के दो राष्ट्रवाद की षड्यंत्रकारी योजना का शिकार हिन्दू और मुसलमान दोनों ही उस समय हुए और मुख्य रूप से मुस्लिम राज्य में इसका चित्र जिस रूप में प्रदर्शित हुआ वह वर्णनातीत नहीं हो सकता। पर सूक्ष्मता के साथ यह लिखा जा सकता है कि तमाम ऐसे राज्यों में मुसलमान, मुस्लिम लीग के रूप में तथा हिन्दू, हिन्दू

महासभा और राष्ट्रीय स्वयम् सेवक संघ के रूप में अंग्रेजों के दो राष्ट्रवाद के षड्यंत्र को क्रियान्वित करने में पूर्णतया संलग्न रहे।

मुस्लिम राज्यों में हिन्दुओं को संगठित होने का सबसे बड़ा सुअवसर प्राप्त था। यों तो राजशाही जहाँ भी रही हर जगह बेगार, शोषण एवं राजशाही के नंगे नाच होते रहे हैं पर मुख्यत: नवाबी दौर जहाँ पर कायम थे वहाँ धर्म के नाम पर, नौकरी के नाम पर तथा अन्य राजकीय उपेक्षाओं के नाम पर, हिन्दू व्यापक रूप से संगठनबद्ध हुए। इतना ही नहीं, अपितु व्यापक पैमाने पर हिन्दू महासभा की विचारधारा से अनुप्राणित होकर संघर्ष की तरफ उन्मुख होते रहे। भोपाल राज्य में भी एक तरफ नवाब की छत्रछाया में मुस्लिम लीग राजनैतिक क्षेत्र में रही, दूसरी तरफ हिन्दू महासभा। पूरे भोपाल राज्य में राजनीति का चक्र हिन्दू मुसलमान के घेरे में ही घूमता रहा। सन् 48-49 तक भोपाल राज्य में केवल दो ही राजनैतिक स्वरूप प्रखर रूप में सामने थे। यहाँ तक कि अंतरिम सरकार के गठित होने के वक्त हिन्दू महासभा के प्रतिनिधि को मंत्रिमंडल में सम्मिलित किया गया।

भोपाल की अतीत कालीन राजनीति का एक बहुत लम्बा भाग है जिसमें जाने की आवश्यकता नहीं, क्योंकि उक्त सूक्ष्म संदर्भ से ही आगे की स्थिति पूर्णरूपेण स्पष्ट हो जायेगी। राजनैतिक दृष्टि से सन् 49-50 तक भोपाल की राजनीति केवल दो सांप्रदायिक धुरियों में घूमती रही और इसके परिणाम क्या हो सकते थे, इसकी कल्पना नहीं की जा सकती। पर उस समय निश्चित रूप से भोपाल की आज जो स्थिति है इसकी कल्पना किसी को नहीं थी। इतना ही नहीं देश स्वतंत्र होते के बाद यहाँ कांग्रेस की सरकार गठित होगी यह भी कोई नहीं सोच सकता था। लोगों के सोचने का रुख केवल मात्र इतना था कि भोपाल राज्य में मुस्लिम लीग की सरकार गठित होगी या हिन्दू महासभा की।

कभी-कभी राजनैतिक क्षेत्र में भी ऐसी घटनाएं घट जाती हैं जिन्हें ईश्वरीय देन या कोई चमत्कार ही कहा जायेगा। भोपाल की राजनीति में भी ऐसा ही हुआ। श्री डॉ० शंकरदयाल शर्मा उच्च शिक्षा प्राप्त कर विदेश से लौटे। एक सुलझा हुआ मस्तिष्क, बारीकी के साथ भोपाल की इन राजनैतिक गतिविधियों को देखता रहा। समय का लाभ मिला। देश की राजनीति को उस समय पं० जवाहरलाल नेहरू अपनी पैनी दृष्टि से संचालित कर रहे थे। उनकी दृष्टि भोपाल पर थी, इतना ही नहीं भोपाल की सांप्रदायिक राजनीति देश के लिए कितनी खतरनाक हो सकती है इस बात से भी वे परिचित थे। डॉ० साहब को भोपाल की स्थिति का पूरा भान तो था ही, पं० जवाहरलाल नेहरू का वरद हस्त और प्राप्त हो गया। नेहरू

का वरद हस्त प्राप्त करना कोई साधारण बात नहीं थी और देश में केवल डॉ॰ शंकरदयाल शर्मा को अकेले ही यह अवसर प्राप्त हुआ ऐसा भी नहीं। अनेक हैं जिन्हें पंडित जी का आशीर्वाद प्राप्त हुआ पर उनमें से बहुत कम लोग हैं जिन्होंने उस आशीर्वाद को जनहित में समाहित किया हो। पर डॉ॰ साहब ही एक ऐसे व्यक्ति थे जो जानते थे कि यह आशीर्वाद व्यक्तिगत महत्त्वाकांक्षा को प्रचारित करने के लिए नहीं वरन् भोपाल राज्य के उन तमाम लोगों को महत्त्वाकांक्षी बनाने हेतु प्राप्त हुआ है जो सदियों से दो संप्रदायों की राजनैतिक चक्की में पिस रहे हैं। और हुआ यह कि डॉ॰ साहब ने दो संप्रदायों के बीच वर्षों-वर्ष से खड़ी दीवार को तोड़कर एक साथ लाने के लिए अपने-आपको लगा दिया। उस दीवार को तोड़ने में समय लगा पर वह टूट गई और ऐसी टूटी कि जहाँ भोपाल राज्य के हिन्दू और मुसलमान एक-दूसरे से नफरत करते थे, एक-दूसरे से दूर खड़े थे, एक-दूसरे के प्राण लेने की योजनाओं से संबद्ध थे वहाँ आज पूरे म॰प्र॰ का हिन्दू मुसलमान गले मिलता है इसी भोपाल में आकर। हिन्दू और मुस्लिम सांप्रदायिकता के बीच जिस खूबी के साथ डॉ॰ साहब रह सके और उन दोनों को अपना बनाया इतना ही नहीं बल्कि हिन्दू और मुसलमान दोनों को आपस में एक साथ किया, वह अपने-आप में बेमिसाल है। जब इन पंक्तियों को लिख रहा हूँ तभी कुछ स्मृतियां और ताजी हो जाती हैं। इस सांप्रदायिकता को समाप्त करने के लिए अनेक महापुरुषों को अपने प्राण उत्सर्ग करने पड़े हैं। यदि हम आप भूलें नहीं तो गणेशशंकर विद्यार्थी ने इसी सांप्रदायिकता को समाप्त करने के लिए अपने प्राणों का उत्सर्ग किया था।

युगद्रष्टा डॉ॰ शंकरदयाल शर्मा

ठा. विजयसिंह 'विजय'

श्री डॉ॰ शंकरदयाल शर्मा के संपर्क-संस्मरण लिखने में मेरे सामने 'कुर्सी को सलाम' अथवा 'कुर्सी के लिए सलाम' वाली बात नहीं। मैं राजनीतिक भाग-दौड़ में शिथिल हूँ—अधिकार क्षेत्र अभीप्सित ग्राम्य-स्थल है।

श्री डॉ॰ शर्मा का व्यक्तित्व गरीब ग्राम-जन-सेवा में ही विकसित हुआ। योग्यता के साथ ईमानदारी, शक्ति के साथ अशक्त, उपेशिक्त जन-मानस-विकास की भावना, कुर्सी के साथ कर्त्तव्यपरायणता, सच्चरित्रता और सतत-सन्तत जन-हित चिंतन का समन्वय क्वचित् विरल व्यक्तित्व में ही देखा जाता है।

राजनीतिक दांव-पेंच में डॉ॰ शर्मा का लक्ष्य युग-विकास की गतिविधि के अध्ययन की ओर रहा। तब इनको युग-द्रष्टा कहना अतिशयोक्ति नहीं!

सौभाग्य-संयोग से देश-भक्ति के प्रति हमारे लगाव का क्रियान्वय माननीय डॉ॰ शंकरदयाल शर्मा के प्रारंभिक कार्य-काल में हुआ और हमको कुछ समय उनके निकट संपर्क में रहने का अवसर मिला। इसके लिए हम आज एक हर्षपूर्ण गौरव का अनुभव कर रहे हैं। संपर्ककालीन संस्मरणीय प्रसंग जब याद आते हैं तब हृदय भावानंद से भर जाता है। अहा—हमारे उद्धारक, भोपाल राज्य के मुक्तिदाता, प्रशासक, हमारी जिला कांग्रेस के अध्यक्ष पश्चात् मुख्य मंत्री, तत्पश्चात् शिक्षा मंत्री, उद्भट विद्वान डॉ॰ शंकरदयाल शर्मा आज भारतीय राष्ट्रीय कांग्रेस के अध्यक्ष हैं, देश की विभूति हैं। उनका व्यक्तित्व ऐतिहासिक नेतृत्व अवधारण में मूर्तिमान है।

डॉ॰ शर्मा के प्रकाश को आच्छन्न ही नहीं विलुप्त बनाने के प्रतिद्वन्द्वात्मक एवं दूषित ईर्ष्या-प्लुत प्रतिस्पर्धात्मक संपूर्ण यत्न विफल हुए। देश ने तथा देश के कर्णधारों ने डॉ॰ शर्मा के योग्यतम राष्ट्रीय व्यक्तित्व का सही मूल्यांकन किया। देश के कर्णधार देश में कैसे राष्ट्रीय व्यक्तित्वों को आगे आने की जरूरत है, इस बात को समझते हैं। इस विवेक का प्रमाण डॉ॰ शर्मा जैसे विद्वान् को उचित स्थान-संस्थान पर प्रतिष्ठित किये जाने के संदर्भ में मिलता है।

16 अक्टूबर, 1948 को 3 वर्ष विदेश में उच्च शिक्षा प्राप्त कर डॉ॰ शंकरदयाल शर्मा अपने घर भोपाल आये और दो-ढाई महीने के पश्चात् ही उच्च शिक्षा-सुलभ पदोन्नति एवं उच्च आयुक्त-युक्त अफसरशाही के समस्त आकर्षणों को ठुकराकर पावन जन्मभूमि को क्रूर सामन्तशाही के चंगुल से छुटकारा दिलाने के लिए भोपाल राज्य विलीनीकरण आंदोलन में शरीक हो गये और जेल चले गये। यह उसी समय बुद्धिजीवी वर्ग ने स्वीकार किया था कि डॉ॰ शर्मा के आंदोलन में शरीक होने से युवक-वर्ग पर्याप्त प्रोत्साहित हुआ और ठीक से न समझ पाने वाला तटस्थ व्यक्ति-समुदाय उक्त आंदोलन का प्रबल समर्थक बन गया। आंदोलन का जोर बढ़ गया।

विलीनीकरण आंदोलन सफल हुआ, नवाबशाही समाप्त हो गई। डॉ॰ शर्मा जेल से छूटे और अपने काम पर लखनऊ चले गये।

भोपाल में राजनीतिक दौर शुरू हुआ। भोपाल जिला कांग्रेस (सीहोर-रायसेन) के अध्यक्ष उत्साही युवक कार्यकर्ता—कठपुतली नवाब बहादुर की छत्रछाया में स्थापित जिम्मेवार हुकूमत का छलछद्म वेशी स्वरूप के रहस्य का भेद खोल

देने वाले 'नई राह' परिवार के सदस्य श्री बालकृष्ण गुप्ता, समस्त 'नई राह' के पथिक-परिवार सहित जिला कांग्रेस से इस्तीफा दे चुके थे। और अब पुराने तपस्वी नेता दल में अपने-अपने प्रधानत्व स्थापना की होड़ लग गई थी। जिम्मेवार हुकूमत के पूर्व मुख्य मंत्री चतुरनारायण जी, कामताप्रसाद जी भी मैदान में थे। बूढ़े तपस्वी स्वर्गीय मास्टर लालसिंह के हाथ में उस समय भोपाल कांग्रेस के नेतृत्व की बागडोर थी, अतः स्वाभाविक उनका ग्रुप कांग्रेस में प्रभाव-प्रतिपन्न था, और अपनी पार्टी का कांग्रेस नेता चुनने का हक़दार था।

भोपाल राज्य के दोनों जिलों में कांग्रेस-प्रसार हो चुका था, कांग्रेस कमेटियां स्थापित हो चुकी थीं, जिला कांग्रेस के सदस्य बन चुके थे। वे सब अनुभव कर रहे थे कि ख्यातनाभा राजनीतिज्ञ नवाब साहब की राजनीतिक चाल भोपाल को अलग रखने के पक्ष में है और केन्द्रीय शासन के अंतर्गत विधान सभा द्वारा मनोनीत मंत्रिमंडल स्वपक्षीय रखने की चेष्टा में है। अतः सब नवाब की उक्त चाल से जनता को बचाने के प्रयत्न में सचेष्ट थे।

भोपाल राज्य कांग्रेस के दोनों गुट-एक वजीर गुट, दूसरा 'नई राह' परिवार के उत्साही कार्यकर्ताओं को असंतोष पहुँचाने वाला आर भगा देने वाला गुट जनता को अनुपयुक्त लगा। देहाती क्षेत्र के कांग्रेस-जन दूसरे नये नेता की खोज में लग गये। और उनकी स्मृति में डॉ॰ शर्मा विकल्प में प्रत्यक्षीकृत हुए। आग्रह चला, अनुरोध टला, किन्तु सर्वसम्मत प्रेरणा राष्ट्रीय कर्त्तव्य से डॉ॰ शर्मा को विमुख न होने देने के भाव की प्रेरक बनी और डॉ॰ शर्मा भोपाल की दांव-पेंचों भरी राजनीति समझने लखनऊ से भोपाल आ गये।

डॉ॰ शर्मा के भोपाल आते ही भोपाल कांग्रेस के दोनों गुटों में खलबली मच गई। दोनों गुट डॉ॰ शर्मा को 'लाइट' (प्रकाश) में न आने देने के पक्ष में थे। संदर्भ में दोनों पक्ष एक हो गये और अपना सर्वसम्मत उम्मीदवार खोजने लगे।

जिला कांग्रेस के मतदाता देहाती क्षेत्रों में विशेष थे और देहाती क्षेत्र की ओर से डॉ॰ शर्मा का नेतृत्व एकमत से सर्वथा युक्तियुक्त निश्चित किया गया था। तब देहाती क्षेत्रों में फूट डालने की रचना हुई। देहात के जिला कांग्रेस कमेटी के सदस्यों की बड़ी खींच-तान हुई, किसी तरह वे एक जगह एकत्रित कर दिये गये। तदन्तर निर्वाचन की तिथि के पूर्व दिन की अर्धरात्रि को इन पंक्तियों के लेखक की तलाश हुई और आवास-स्थल से मुझे एकत्रित समुदाय के बीच में ला खड़ा किया। मैंने देखा सीहोर जिले के विशेष और रायसेन

जिले के कोई पचास-साठ कांग्रेसी कार्यकर्ता उक्त स्थल पर एकत्र थे। वहाँ वजीर गुट तथा दूसरे रायगुट के भी दो-चार वरिष्ठ सदस्य उपस्थित थे।

आव-भगत के पश्चात् 'लीडर ऑफ द हाउस' के द्वारा मुझे सर्वसम्मत निश्चय-निर्देश प्राप्त हुआ–"सलाह-मशविरे, खोज-तलाश के बाद हम सबने आपको जिला कांग्रेस की अध्यक्षता के लिए अपना उम्मीदवार चुना है। हमको विश्वास है कि आप अपनी स्वीकृति प्रदान करेंगे, और इतने बड़े समुदाय के अनुरोध की अवहेलना नहीं करेंगे।"

यह सुनकर मुझे लगा कि यह एक सुन्दर राजनीतिक रचना है। रचनाकार यह विश्वास करते हैं कि मुझे उम्मीदवार-बनाने से देहाती क्षेत्र के मतदाता उनके पक्ष में आ जायेंगे। डॉ॰ शर्मा भोपाल की राजनीति से हटने को बाध्य होंगे या हार खायेंगे।

मैंने विचार के लिए समय मांगा, साथियों से सलाह-मशविरा हुआ और अन्ततोगत्वा डॉ॰ शर्मा को निर्विरोध चुने जाने की सफलता के लिए मेरे नाम का पर्चा भरा जाना उपयुक्त समझा गया। मैंने अपने नाम का पर्चा पेश कर दिया।

चुनाव-प्रचार का अभियान शुरू हो गया। सीहोर जिले के कुछ अपरिचित मतदाता मुझे समझने के लिए मेरे पास आये। उन्होंने मुझसे प्रश्न किया–"क्या आप डॉ॰ शर्मा के मुकाबले अपने को योग्य मानते हैं?"

मैंने गंभीरतापूर्वक उत्तर दिया: "कुछ समय पहले तो मैं अपने को इस पद के लिए सर्वथा अयोग्य मानता था, लेकिन शहर तथा कस्बों के बड़े-बड़े योग्य महानुभावों ने मुझे योग्य निर्दिष्ट किया तो अब अपने को इसके योग्य मानता हूँ।

राजनीतिक चाल की कलई खुल गई। सामन्तशाही-पीड़ित पददलित, पिछड़ी हुई भोपाल राज्य की जनता कुटिल नीति के गह्वर में गिरते-गिरते बच गई। उक्त बात जान-बूझकर कही गई थी, इसका असर विचारशील व्यक्तियों के व्यक्तित्व पर अनुकूल हुआ। और विचार-मंथन के बाद हमको अपना पर्चा वापस लेने का निर्देश प्राप्त हो गया, भोपाल के गौरव डॉ॰ शंकरदयाल शर्मा भोपाल जिला कांग्रेस के अध्यक्ष निर्विरोध चुन लिये गये।

सचमुच ही सन् 1951 ई॰ 11 जनवरी, गुरुवार का शुभ दिन भोपाल के भाग्योदय के रूप में प्रमाणित हुआ। डॉ॰ शर्मा इसी दिन सर्वानुमति से अध्यक्ष

चुने गये और भोपाल के नेतृत्व की बागडोर उन्होंने ऐसे शुभ मुहूर्त में संभाली कि आज वे अखिल भारतीय राष्ट्रीय कांग्रेस के अध्यक्ष हैं और देश में राष्ट्रनायक के रूप में समादृत हैं।

पश्चात् तत्पश्चात् डॉ॰ शर्मा के उत्कर्ष पर हमले होते ही रहे। भोपाल की राजनीति के ठेकेदार डॉ॰ शर्मा को पीछे ढकेलने के उपायों की असफल कुचेष्टा करते ही रहे, लेकिन डॉ॰ शर्मा कर्त्तव्य पर अटल-अडिग रहे, जनता की सेवा में आगे बढ़ते ही गये। एकतंत्री चीफ कमिश्नरी शासन का उन्होंने विरोध किया। उन्होंने स्पष्ट कहा कि यदि भोपाल का विलय किसी प्रांत में नहीं करना है तो भोपाल राज्य की अलग से विधान सभा मनोनीत हो और निर्वाचित मंत्रिमंडल के द्वारा भारतीय विधान के अनुसार शासन का संचालन हो।

तत्कालीन चीफ कमिश्नर साहब आखिर अंग्रेजी शासन-काल के ढांचे में ढले हुए गणतंत्र में प्रशासन-अधिकारी के पद पर आसीन थे। तब अपने ही जैसे लोगों से उनकी मुहब्बत होना स्वाभाविक था। ऐसे लोग उनसे लाभ उठाने लग गये। स्थानीय जिला कांग्रेस से उनका कोई संबंध नहीं था, जनता से उनकी कोई जान-पहचान नहीं थी। फलस्वरूप भोपाल के कुछ मौकापरस्त अफसरों तथा वकीलों ने चीफ कमिश्नर साहब को पटाकर सैकड़ों एकड़ ट्रैक्टरों से आबाद जमीनों के पट्टे प्राप्त कर लिये। यह जमीन काश्तकारों की थी। कांस हो जाने के कारण सरकारी सहायता के अभाव से पीड़ित होकर काश्तकारों ने उक्त समतल भूमि को छोड़ दिया था।

जमीन बरेली, उदैपुरा, सिलवानी तहसील की थी। लोगों में हल्ला मच गया। लोग कहने लग गये-क्या यही विलीनीकरण है? एक नवाब का वजन उतारा गया तो दूसरा नवाब लाद दिया गया।

हम कांग्रेस-जन एकत्र हुए और दिनांक 22-23 जून, 1951 को डेपुटेशन के रूप में भोपाल पहुँचे। जिला कांग्रेस-अध्यक्ष डॉ॰ शंकरदयाल शर्मा को नादिरशाही शासन की उक्त एकतरफा हुक्म की सारी कथा सुनाई। डॉक्टर साहब तत्काल डेपुटेशन को साथ लेकर चीफ कमिश्नर के यहाँ पहुँचे। चीफ कमिश्नर ने अफसरी ढंग की बात की। डॉक्टर साहब ने निर्भीकतापूर्वक चीफ कमिश्नर से उनकी इकतरफा कार्यवाही को निन्दनीय बताते हुए सावधानीपूर्वक जनमत को समझते हुए काम करने की सलाह दी। और कहा-आपने वकीलों और अफसरों के भाई-भतीजों को दिये गये पट्टे कैंसल नहीं किये तो आपके खिलाफ आंदोलन करेंगे।

अन्ततोगत्वा केन्द्र तक बात पहुँची। चीफ कमिश्नर को पट्टे कैंसल करने पड़े। उन्हें जनता से माफी मांगनी पड़ी।

भोपाल के कुछ तपे-तपाये, कष्ट पाये नेता डॉ॰ शर्मा के उत्कर्ष से असंतुष्ट रहे, आज भी हैं। यद्यपि वे कहते पाये जाते हैं-"मंजिल उन्हें मिली, जो शरीके़ सफर न थे।"

वस्तुतः गलती उन्हीं की है। भारत के आजाद होने के बाद नवाब की छत्रछाया में उत्तरदायी शासन की मांग की गई। तदनन्तर भोपाल राज्य प्रजामंडल के 'हाई कमाण्ड' ने श्री नवाब साहब से गुप्त समझौता कर लिया। जिसे आम लोगों से ही नहीं, प्रजामंडल के हाई कामण्ड को ताक़त पहुँचाने वाले कार्यकर्ताओं से भी छिपाया गया। फलस्वरूप भोपाल को सामन्ती चंगुल में देश की आजादी के बाद स्थायी रूप में फंसा देने वाले समझौते का ता॰ 21 मई, 1948 को आयोजित विराट् कार्यकर्ता-सम्मेलन में पूरे कार्यकर्ताओं द्वारा एक स्वर से घोर विरोध हुआ। सबने हाई कमाण्ड के सस्ते बिकाव पर भी आश्चर्य प्रकट किया। नवाब ने जनता की छोटी सी आठ लाख की रियासत के संचालन के लिए अपनी छत्रछाया में 9 वजीर मुकर्रर किये थे जिनमें प्रजामंडल के केवल 4 वजीर थे–उपप्रधान मंत्री पं॰ चतुरनारायण मालवीय थे।

हज यात्रा को जाने के पूर्व हिज हाइनेस ने दृढ़ शब्दों में भोपाल को अलग रखने की बात कही। एलान किया, और हमारे नेताओं ने उनको समर्थन दिया। वे ही नेता आज डॉ॰ शर्मा पर नाराज हैं। यह निर्विवाद तथ्य है कि यदि डॉ॰ शर्मा उस समय जनता का साथ न देते तो भोपाल राज्य की दशा इस समय किस दिशा की ओर होती?

मुझे स्मरण है, सन् 1948 ई॰ में जब प्रजामंडल की कठपुतली अल्पमतीय सरकार कायम हुई थी तब अविज्ञापित मूक जनसेवी 'नई राह' के प्रवर्तक श्री रतनकुमार जी के घर डॉक्टर शर्मा ने उत्साही युवक कार्यकर्ता 'नई राह' परिवार के सदस्यों के समक्ष, नवाब साहब के साथ प्रजामंडल द्वारा किये गये समझौते पर दुःख प्रकट किया था और देश के कर्णधार सरदार पटेल प्रभृति नेताओं द्वारा भी उक्त 'पतनोन्मुखी' प्रजामंडल के नेताओं के समझौते पर 'आश्चर्य' प्रकट किये जाने की जानकारी दी थी।

इसके बाद वे (डॉ॰ शर्मा) बराबर भोपाल आते रहे। आयोजित सभाओं में उनके भाषण होते रहे। उन्होंने दृढ़ शब्दों में 'भोपाल का विलीनीकरण सुनिश्चित

है' यह भविष्याणी की थी। 7 नवम्बर, 1948 को विद्यार्थी कांग्रेस सीहोर द्वारा आयोजित विशाल सभा में डॉ॰ शर्मा का ओजस्वी भाषण आज भी कानों में गूंज रहा है। इस भाषण के एक महीने बाद ही विलीनीकरण आंदोलन की आग भड़की और 1 जून, 1949 को सामन्ती शासन की समाप्ति हो गई।

लेकिन फिर भी जनता के सामने रहा। भोपाल के वाइसराय चीफ कमिश्नर साहब का शासन का रूप प्रकारान्तर ही रहा। चीफ कमिश्नर की कूटनीति ने कांग्रेस ने कांग्रेस में फूट पैदा कर दी। क्रांतिकारी और क्रांतिदर्शी बालकृष्ण गुप्ता और 'नई राह' के प्रवर्तक रतनकुमार जी आदि इस्तीफा देने के लिए मजबूर हुए। पश्चात् कुटिल स्वार्थ-सत्ता की राजनीति में आठ लाख जनता की सारी आशाएं धूल-धूसरित करने लगा। चीफ कमिश्नर तानाशाह शासक बन बैठे। देश के कर्णधार तत्कालीन भंयकर समस्याओं को सुलझाने में लगे थे और इधर भोपाल की जनता अलग इकाई में पड़ी अफसरशाही से कुचली जा रही थी।

चीफ कमिश्नर शासन के दो महीने कम दो साल बाद भोपाल-कांग्रेस के नेतृत्व की बागडोर डॉ॰ शंकरदयाल शर्मा ने संभाली। लगभग 6 महीने बाद ही भोपाल की शासन प्रणाली का काया-पलट हो गया। और केन्द्रीय शासन भोपाल राज्य में उत्तरदायी शासन स्थापित करने के लिए राजी हो गया।

फिर राजनीति के दांव-पेंच शुरू हो गये। प्रत्याशित विधान सभा के लिए कांग्रेस प्रत्याशियों का चयन सरलतापूर्वक सविवेक नहीं हो सका। तब चयन-समिति का अलग से चुनाव हुआ। 6 सदस्य चुने गये उनमें एक मैं भी था। वरिष्ठ नेताओं में डॉ॰ शर्मा के अतिरिक्त स्व॰ डॉ॰ लालसिंह जी मास्टर और श्री चतुरनारायण मालवीय जी थे। अन्य 4 सदस्य बाहर की तहसीलों के थे।

प्रत्याशी चयन क्रिया में–'यह तो राजनीति है', 'तुम राजनीति नहीं समझते देवता हो' इस तरह की दाव-पेंच भरी बातों का दौर चलता रहा। विधान सभा के लिए मुख्य मंत्री पद पर जाने के हेतु मास्टर लालसिंह साहब का नाम था, श्री शंकरदयाल शर्मा मेम्बर पार्लियामेन्ट के लिए तय थे। इसी प्रकार इधर, उधर, किधर की समस्या में श्री चतुरनारायण प्रभृति नेतागण थे। ऐसी ही कुछ बहुमत के आधार पर लिस्ट तैयार हुई और व्यक्तिगत मेल-मिलाप के आधार पर उसे 'पास' कराने का प्रयत्न चलने लगा। युगपुरुष नेहरू भोपाल की राजनीति से परिचित थे। इने-गिने व्यक्तित्वों की कला-कौशल भरी राजनीति को वे खूब समझ रहे थे। उन्होंने भोपाल के प्रत्याशियों के नामों की लिस्ट देखी। देखते

ही उनकी भौंहों पर सिकुड़न आ गई, लिस्ट को टेबल पर पटक दिया और वजनदार स्वर में बोले–"यह सब क्या है? जानी-मानी शख्सियतें इसमें एक भी नहीं।" किसी ने दबी जबान से कह दिया–"हमारे सामने जीतने का सवाल है।" तब नेहरू जी कड़ककर बोले–"यह दृष्टिकोण गलत है। जनता वोट देने में भले गलती करे लेकिन हम तो अधिकारी को ही टिकट देंगे। भोपाल का मुख्य मंत्री ऐसा लगनशील व्यक्ति होगा जो नवाबों से पिसी जनता में नई जान फूंके, कुछ तरक्की करे।"

अन्ततोगत्वा मास्टर साहब, लालसिंह जी को मेम्बर पार्लियामेंट के लिए टिकट मिला और डॉ॰ शंकरदयाल शर्मा मुख्य मंत्री पद पर जाने के हेतु विधान सभा भोपाल के लिए कांग्रेस प्रत्याशी निर्णीत हुए।

भोपाल के अमर वीर सेनानी आदरणीय डॉ॰ लालसिंह जी दुर्घटनाग्रस्त हुए, और उनकी असामयिक अप्रत्याशित मृत्यु हो गई। उनके स्थान पर पं॰ चतुरनारायण जी को टिकट मिल गया। इस दुर्घटना ने 'अपने मन कुछ और है, हरि के मन कछु और' इस अनुभूत कथन को चरितार्थ कर दिया।

जनवरी 1952 में चुनाव का दौर शुरू हुआ। विरोधियों ने पूरी ताकत डॉ॰ शर्मा को नाकामयाब बनाने में उनके बेरसिया क्षेत्र में लगा दी। डॉक्टर साहब एक नये उम्मीदवार के रूप में जनता के सामने थे तथा उनका चुनाव-कार्य संबंधी अनुभव भी नया था। लेकिन भोपाल राज्य की जनता का भाग्य अच्छा था, डॉ॰ शर्मा विरोधियों की उम्मीद के खिलाफ चुनाव जीत गये।

श्री डॉ॰ शर्मा विधान सभा के लिए कांग्रेस पार्टी के नेता चुने गये। इस ओर 'रुख' किसी एक-दो का हुआ था। लेकिन कुशल गुणग्राही जानकार लोकनायक नेहरू जी ने देश-काल की गति के अनुसार योग्य पात्र डॉ॰ शर्मा को ही नेता-पद के लिए मनोनीत किये जाने में अपनी सम्मति निर्धारित की।

माननीय डॉ॰ शंकरदयाल शर्मा मुख्य मंत्री-पद को संभालते ही कार्य-क्षेत्र से संलग्न हो गये। उनकी 'लगन', शासन पर कंट्रोल की अद्भुत क्षमता, योग्य निरीक्षण, उन्नायक योजनाओं की निर्माण-कार्य-विधि एवं कार्यान्विति में प्रमादरहित कार्य-पटुता द्रष्टव्य रही। एक ही वर्ष में भोपाल राज्य का काया-पलट हो गया। ···और हमारा हाल अनाधिकृत महत्त्वाकांक्षावादी बन गया। नवाबी शासन से पददलित भोपाल राज्य को एक बारगी देश का उन्नत भाग बनाना है, पड़ोसी प्रांतों के समकक्ष बनाना है, स्वर्ण अवसर को नहीं खोना

है–यह बात भूल गये। राष्ट्रीय विकास-विस्तार योजना का शुभ समारंभ देश-नायक स्वर्गीय लालबहादुर शास्त्री द्वारा उद्‌घाटन-समारोह के साथ छोटे से ग्राम अमरावद, तहसील बरेली, जिला रायसेन के मैदान में सुनिश्चित हुआ। प्रत्येक ग्राम में पाठशाला, प्रत्येक पंचायत में माध्यमिक शाला, प्रत्येक कस्बे में उच्चतर माध्यमिक शाला की स्थापना का निश्चय हुआ। चिकित्सालय खोलने का निश्चय हुआ। और भी विविध सर्वांगीण उन्नति के संकल्प प्रस्तावित हुए। लेकिन हम केवल पद-लिप्सा शांति में अशांत एवं असन्तुष्ट हो उठे। भोपाल के असंतुष्ट राजनीतिज्ञों ने बत्ती दी और हमारा 'स्वाभाव' भड़क उठा और योग्यतम विद्वान् डॉ॰ शंकरदयाल शर्मा को नेता पद से हटाने की सोचने लगे। ग्राम पंचायत के मुख्य पंच के कर्त्तव्य तक को ठीक से न निभाने वाले 'हम' मंत्री बनने की सोचने लगे।

हुड़दंग मच गया। लेकिन डॉ॰ शर्मा अपने संकल्प पर अडिग रहे। काम तेजी के साथ चलता रहा। अमरावद में राष्ट्रीय विस्तार सेवा-योजना का उद्‌घाटन देशमान्य लालबहादुर शास्त्री के कर-कमलों द्वारा विधिवत् हुआ। भारत प्रसिद्ध विद्वान्, त्यागी, कर्मठ देशभक्त के॰एम॰ मुंशी तक अमरावद में डॉ॰ शर्मा को प्रोत्साहित करने आये–उन्होंने भोपाल का भाग्य-सूर्य उदय होने की बात कही। डॉ॰ शर्मा जैसे विचार मनीषी विद्वान् भोपाल के लिए प्राप्त हैं और वह भोपाल के ही नररत्न हैं, यह भोपाल के लिए गौरव की बात है, श्री मुंशी जी ने श्रद्धापूर्वक अपना यह दृष्टिकोण उपस्थित जन-समुदाय के सामने स्पष्ट किया। श्री डॉ॰ शंकरदयाल शर्मा से प्रभावित होकर बड़े-बड़े राष्ट्रीय व्यक्तित्व भोपाल शहर में ही नहीं छोटे-छोटे गांवों तक में आये। यह क्या पिछड़े हुए छोटे से भोपाल राज्य के लिए कम गौरव की बात थी।

तथापि हम अपनी असामयिक राजनीतिक हठ पर ही कायम रहे। भोपाल राज्य की राजनीति में हम ही हम होते–यह भावना हमारे विधायकों में काम करती रही। हमारा–एक 'बिना कुर्सी वाला समुदाय', सतत् इस प्रयत्न में रहा कि हमारे जिले के विधायकगण भोपाल के विधायक विश्रामगृह से हटकर अपने-अपने घर आ जायें तो उनका भोपाल के असंतुष्ट नेतादल से पिंड छूट जाये। हम देखते थे, सुनते थे। रात-दिन अपनी-अपनी तान लेकर भोपाल की नेतागिरी के ठेकेदार हमारे विधायकों को घेरे रहते थे और इन्हें तरह-तरह के सब्ज बाग दिखाकर प्रलुब्ध किया करते थे। लेकिन हमारे क्षेत्र के विधायक अपने भावावेश के क्षेत्र में ही अपनी गोटियां सजाते रहे, या स्वयं खिलाड़ियों की गोटियां बनकर डिब्बों

में बंद रहे। अक्ल कुर्सी के प्रभाव में रहती है, हम बिना कुर्सी के बेअक्ल थे। हमारी बात किसी ने नहीं मानी। उस समय वास्तव में हमारी दशा बड़ी दयनीय थी।

उस समय श्री कामताप्रसाद जी (इस समय किसान समिति के संयोजक) भोपाल राज्य शासन के वित्त मंत्री थे और द्रोही नेताओं ने इन्हीं को मुख्य मंत्री-पद पर भेजने का निश्चय किया। हमने सुना कि श्री कामताप्रसाद जी कुछ विधायकों के हस्ताक्षरयुक्त ज्ञापन लेकर देहली गये। वहाँ पूज्य नेहरू जी ने उन्हें काफी डांटा, समझाया और भविष्य में ऐसी बेवकूफी का काम न करने की ताक़ीद की।

फिर भी द्रोही शांत नहीं हुए। उन्होंने घोषणा की–"जब विधायकों का बहुमत अपना नेता बदलने का प्रस्ताव करेगा तो इसमें नेहरूजी क्या करेंगे?"

इसी बीच युगपुरुष नेहरू जी प्रधान मंत्री जी और राष्ट्रीय कांग्रेस के अध्यक्ष भोपाल आये। डॉ॰ शर्मा मुख्य मंत्री भोपाल राज्य के निवास-स्थान पर कांग्रेस कार्यकर्त्ता सम्मेलन हुआ। इस समय पूज्य पंडित जी ने कार्यकर्ताओं को संबोधित करते हुए संदेश दिया कि इस समय राज्य मंत्रिमंडल के परिवर्तन की कोई भी बात भोपाल की जनता के लिए अहितकर होगी। सबको आपसी मतभेद भुलाकर पिछड़े हुए भोपाल को आगे बढ़ाना चाहिए। केन्द्रीय शासन की सहायता का सदुपयोग करने की व्यवस्था करनी चाहिए।

फिर भी द्रोही अपनी स्थिति पर कायम रहे। श्री कामताप्रसाद जी को वित्त मंत्री के पद से त्यागपत्र देना पड़ा और कांग्रेस-कार्यकर्ताओं को पटाकर वे जिला कांग्रेस रायसेन के अध्यक्ष बन गये। मनोविकार की सनक उन्हें इस पद पर कायम न रख सकी। उन्होंने सदल-बल कांग्रेस से त्यागपत्र दे दिया। विरोधी विधायकों सहित कांग्रेसी विद्रोही विधायकों की संख्या मिलाकर बारह-तेरह हो गई। सबने मिलकर भोपाल राज्य के कांग्रेसी मंत्रिमंडल का तख्ता पलटने का कार्यक्रय सुनिश्चित कर लिया।

इस समय सन् 1954 ई॰ के वर्ष का तीसरा महीना चल रहा था। डॉ॰ शर्मा के मुख्य मंत्री-काल के दो वर्ष भी पूरे नहीं हुए थे। डॉक्टर साहब को मुख्य मंत्री बने 6 महीने भी नहीं हुए थे कि द्रोही-दल की ओर से उनके मार्ग से रोड़े अटकाये जाने लगे थे। रोड़े जहाँ के तहां पड़े रहे, डॉक्टर साहब उन्हें ठुकराकर या लांघकर अपने-अपने कार्य में तत्पर रहे। अब तक भोपाल राज्य विकास में

बहुत आगे बढ़ चुका था। भोपाल राज्य के नगर कस्बे, बड़े-छोटे गाँव जो पड़ोसी प्रांतों से बीस वर्ष पीछे थे, आगे हो गये। सभी क्षेत्रों में विकास-प्रगति आश्चर्यपूर्ण ढंग से तेजी के साथ हुई थी। नूतन परिवर्तन भोपाल राज्य के कण-कण को सौभाग्य-सूर्य के आभास से प्रदीप्त कर रहा था। श्रमदान में जनता का दान एक आना, दो आना रहता था और पूरा पैसा सरकार खर्च करती थी। मुख्य मंत्री सुलभ सुंदर भवन के सुखप्रद कोचों पर आराम करते नहीं रहते थे। हफ्ते में दो दिन, चार दिन विकास-कार्य निरीक्षण हेतु गांवों में दौरा करते बीतते थे। निरन्तर जन-संपर्क होते रहने के कारण भ्रष्टाचार नाम की प्रवृत्ति कहीं भी सरकारी कर्मचारियों में नहीं पाई जाती थी। अफसरशाही भी योग्यतम नेतृत्व के सामने जनसेवा के परिधान में कर्त्तव्यरत रहती थी।

मैंने स्वयं अपनी आंखों से देखा है कि मैं गांव का होकर भी अपने क्षेत्र के पूरे गांवों को नहीं जानता था। और हमारे मुख्य मंत्री डॉक्टर साहब पूरे गांवों की विकासशील स्थिति को जानते थे, पहचानते थे। वे ऊबड़-खाबड़ सड़कों को पारकर गांवों में पहुँचा करते थे।

ऐसे अभूतपूर्व मुख्य मंत्री के विरोध में कांग्रेस के निशान पर जनता से वोट लेकर जीतने वाले विधायकों का तथाकथित क्रिया-कलाप जनता की समझ में नहीं आया। कथित विधायकों के विरोध में जनता सभाएं करने लगी। जहाँ-तहाँ नारे बुलन्द हुए-हमारे वोटों पर बनने वाले एम॰एल॰ए॰ भोपाल राज्य के विकास-काल में जनता के साथ घोर विश्वासघात कर रहे हैं। वे अपने पदों से इस्तीफा दे दें।

द्रोही विधायकों का जनता में कोई महत्त्व नहीं रहा। सर्वत्र ऐसों की डटकर भर्त्सना हुई। जिला कांग्रेस कमेटी के वरिष्ठ सदस्य एवं जिले के सर्वमान्य वरिष्ठ कांग्रेसजन श्री रतनलाल नाहर (स्वर्गीय), श्री माधोसिंह (स्वर्गीय) वर्तमान विधायक ठा. जसवन्तसिंह के पिता, श्री अनोखेलाल जी, श्री मन्नालाल जी, श्री युद्धवीर सिंह जी आदि की हमारे गांव में हमारे घर बैठक हुई। तहसील के वरिष्ठ जनसेवी पटेल चैनसिंह जी गड़रुवास, गूगलवाड़ा के मंगलसिंह जी आदि सभी समुपस्थित थे। सबने द्रोही विधायकों के द्वारा भोपाल राज्य के भाग्य-निर्माता डॉ॰ शंकरदयाल शर्मा, मुख्य मंत्री को गिराने के प्रयत्न को निष्फल बनाने के लिए जिले-भर में दौरा करने का कार्यक्रम बनाया। और मुख्य मंत्री जी को बरेली-सनखेड़ा, गड़रुवास, गोरा के यज्ञ-समारोह में आमंत्रित करने का निश्चय किया गया। सबने विश्वास प्रकट किया कि द्रोही एम॰एल॰ए॰ भले ही अपना आग्रह

न मानें लेकिन बहके हुए अन्य विधायक अवश्य ही युक्तियुक्त मत में आयेंगे, अवश्य ही हमारी बात मानेंगे।

हमारे आग्रह पर मुख्य मंत्री डॉक्टर शंकरदयाल शर्मा हमारे क्षेत्र में आये। ता० 8 अप्रैल, 1954 को बरेली में हमारी अध्यक्षता में एक विराट् सभा हुई। लगभग दस हजार जनता एकत्र थी। वरिष्ठ महानुभावों के भाषण हुए। भोपाल के द्वेषीजनों के बहकावे में विधायकों के आ जाने पर खेद प्रकट किया गया, और बहके विधायकों को पुनः अनुशासन में आने के लिए कहा गया। अन्यथा ऐसों का सभी क्षेत्रों ने बहिष्कार करने का निश्चय प्रकट किया।

इसी दिन रात्रि को 10 बजे हमारे छोटे से गांव सनखेड़ा में सभी कांग्रेस कार्यकर्ता मुख्य मंत्री सहित पधारे। डॉक्टर साहब का आत्मीयतापूर्ण, आडम्बररहित व्यवहार, सहृदय भावयुक्त भोपाल राज्य के स्वर्णिम भविष्य की कल्पना पर विचारों का आदान-प्रदान आज भी हमारी स्मृति में अक्षुण्ण-अविस्मरणीय बना हुआ है।

इन्हीं दिनों हमारे पास के गौरा गांव में पुण्य सलिला नर्मदा-तट पर महा विष्णुयज्ञ ऋषि कामताप्रसाद ब्रह्मचारी के तत्त्वावधान में होने जा रहा था। तथाकथित कांग्रेस शासन का तख्ता पलटने वालों के दल ने जब मुख्य मंत्री जी के समर्थन में विशाल सभाओं के सफल कार्यक्रमों का समाचार सुना तो उन्होंने गौरा-यज्ञ के अवसर पर ऊधम मचाने की सोची। हमको भी यह खबर मिल गई। हमने इसी समय माननीय मुख्य मंत्री जी की अध्यक्षता में गौरा घाट पर कवि-सम्मेलन करने का निश्चय किया। मुख्य मंत्री जी व्यस्त कार्यक्रम में भी अध्यक्षता के लिए समय देने को राजी हो गये। उसी समय भोपाल राज्य कांग्रेस की ओर से किसान-सम्मेलन का निश्चय हुआ। दिन को किसान-सम्मेलन, रात को कवि-सम्मेलन का कार्यक्रम रखा गया।

माननीय शर्मा के द्रोही दल ने यह खबर पाकर उक्त दिन से एक दिन पहले अपना कैंप यज्ञ-स्थल से दूर अप्रतिबन्धित क्षेत्र में लगा दिया।

श्री गुलाबचन्द तामोट और श्री कामताप्रसाद जी पूर्व वित्त मंत्री के नेतृत्व में सभा का तमाशा हुआ। मुख्य मंत्री के कामों की बुराइयां बखान की गईं। लेकिन केवल 2 साल में डॉ० शंकरदयाल शर्मा ने मुख्य मंत्री पद पर रहकर भोपाल के लिए क्या किया यह सब जनता के सामने था। यह सब द्वेष में कुर्सी के लिए दौड़-धूप, लेक्चरबाजी है। यह सब कहते नजर आते थे।

दूसरे दिन 18 अप्रैल, 1954 ई॰ को मुख्य मंत्री डॉ॰ शर्मा आये। जनता ने उनका भव्य स्वागत किया। सभा जोरदार हुई। डॉ॰ शर्मा का भाषण हृदयस्पर्शी, मार्मिक था। उन्होंने विरोधी विधायकों के क्षोभ पर दुःख प्रकट किया। ऐसे समय जब भोपाल की सर्वांगीण उन्नति होने जा रही है, तब संस्था और जनता के साथ विश्वासघात कर विधायक गलती कर रहे हैं। उन्हें पछताना न पड़े, इसलिए उन्हें मार्ग पर आ जाना चाहिए। बहके हुए विधायक अपनी भूल स्वीकार कर अपना इस्तीफा वापस ले चुके हैं। दो-चार जो भी शेष रहे हैं उन्हें भी त्याग-पत्र वापस ले लेना चाहिए। उनके लिए कांग्रेस का दरवाजा खुला हुआ है। हाई कमाण्ड उन्हें माफ कर देगी।

पश्चात् डॉ॰ शर्मा ने कवि-सम्मेलन की अध्यक्षता की। देहात में इतना अच्छा कवि-सम्मेलन सफलतापूर्वक संयोजित हुआ, इसके लिए उन्होंने श्री शिवनारायण जौहरी 'विमल', सब-जज बरेली के प्रयत्न की सराहना की।

द्रोह-मोह में दो या तीन विधायक रह गये। सभी ने अपनी भूल पर पश्चात्ताप किया। भोपाल के द्वेषीजनों की करामात असफल हो गई। ऐसे आज भी राजनीतिक क्षेत्र में भटकते नज़र आते हैं।

योग्यतम राष्ट्रीय-भाव प्रतिपन्न मुख्य मंत्री को पाकर प्रशासन अधिकारी कर्त्तव्यपालन में बद्धपरिकर बने काम में जुटे रहे। केवल 2 वर्ष में गांव-गांव में पाठशालाएं इमारतों सहित दृष्टिगत होने लगीं। सड़कें बन गईं, चिकित्सालय खुल गये। जलाशय बन गये। जंगल में मंगल होने लगा। भोपाल की इकाई के लिए केन्द्र से डॉ॰ शर्मा के आग्रह पर इतनी सहायता मिली कि गांव-गांव में प्रधान मंत्री और मुख्य मंत्री की जयजयकार होने लगी।

भोपाल-बरेली बस सर्विस बरेली से 4 मील दूर तक चालू थी। उदैपुरा तो पक्की सड़क से बहुत दूर था। उदैपुरा तहसील के लोगों की भोपाल-यात्रा दूभर थी। उदैपुरावासियों को भोपाल जाने के लिए गाड़रवारा स्टेशन या बरेली जाना पड़ता था। बरेलीवासी 4 मील बोझा लिए बस स्टैंड पर पहुँचते थे।

और बरेली के बीच का व्यवधान वारना का पुल बनकर तैयार हो गया। द्वेषियों का व्यवच्छेद डॉ॰ शर्मा के गति-प्रवाह को कहीं से भी नहीं रोक सका। बरेली क्षेत्र के तीनों विधायक यद्यपि डॉ॰ शर्मा के उत्साह का भेदन करने के लिए शायक लेकर खड़े हो गये थे, लेकिन डॉ॰ शर्मा ने उनकी इस दुष्चेष्टा को व्यक्तिगत भावावेश का प्रवाह ही माना। उनके सामने-उनके हृदय में—

बरेली की जनता थी। स्मृति में बरेली का विलीनीकरण आंदोलन था। उनके सामने बरेली के साहस की मान्यता थी। हां, बरेली ने ही तो नवाबशाही छत्र गिराने के लिए पहले कदम उठाया था। नवाबी की गोली के सामने सीना ताना था।

माननीय मुख्य मंत्री, भोपाल राज्य बरेली पुल का उद्घाटन करते तो कोई अनुपयुक्त नहीं कहता, लेकिन डॉ० शर्मा ने स्वर्गीय मान्य देशभक्त श्री लालबहादुर शास्त्री (तत्कालीन रेलवे मंत्री) से इस कार्य के लिए भोपाल आने का हार्दिक अनुरोध किया। निःसंदेह केन्द्र के बड़े-बड़े पूज्य नेता डॉ० शर्मा पर स्नेहार्द्र दृष्टि रखते थे और भविष्य में उनके व्यक्तित्व के उत्कर्ष के द्वारा राष्ट्र की भलाई की कामना करते थे, एक भरोसा रखते थे।

सुप्रसिद्ध राष्ट्रीय राजनीति के प्रवर्तक एवं परिपोषक पूज्य लालबहादुर शास्त्री ने डॉ० शर्मा का अनुरोध स्वीकार किया, और बरेली तहसील को दूसरी बार माननीय लालबहादुर शास्त्री के दर्शनों का सौभाग्य प्राप्त हुआ। इस मधुर स्मृति को क्या हम कभी भूल सकते हैं?

पुल का उद्घाटन हुआ। स्वर्गीय शास्त्री जी की मधुर वाणी सुनने को मिली, अमर उपदेश प्राप्त हुआ। अमर सेनानी नेता शास्त्री जी ने डॉ० शर्मा के लगनशील उत्साह की प्रशंसा की। जनता को योग्यतम ईमानदार नेता पाने की बधाई दी। आदरणीय शस्त्री जी ने बाड़ी के वन विभागीय विश्राम भवन में उद्घाटन-कार्य करने के पश्चात् विश्राम किया। और मुझे यह जानकर आश्चर्य हुआ कि मुझे भी शास्त्री जी की सेवा में पहुँचना है। संदेशवाहक श्री रतनलाल जी नाहर थे।

मैं हर्षपूर्वक शास्त्री जी की सेवा में पहुँचा। नाहर जी बाहर ही रह गये। तत्कालीन चीफ कमिश्नर श्री भगवान सहाय एवं मुख्य मंत्री भी चाय पीने के बाद दूसरे कमरे में चले गये। मैं चाय पीता बैठा रहा गया। शास्त्री जी और मैं अब अकेले थे। शास्त्री जी ने सहज स्वाभाव-सुलभ स्वर में पूछा—क्या आपका ही नाम विजय सिंह है? मेरे 'जी हां' कहने के पश्चात् शास्त्री जी ने प्रश्न किया--गये समय मैं जब आपके क्षेत्र के गांव अमरावद में राष्ट्रीय विस्तार सेवा-योजना के उद्घाटन के संबंध में आया था, उस समय शायद आपने ही इस योजना के प्रति अविश्वास जाहिर किया था। अब मैं जानना चाहता हूँ कि विकास-योजना कहीं विलास-हुलास योजना बनकर तो नहीं रह गई? जो बात हो निर्भयतापूर्वक निःसंकोच बताइए।

अब बात मेरी समझ में आई। मेरा उस समय का कथन शास्त्री जी को आज भी याद है—यह जानकर मैं श्रद्धा विभोर हो उठा। साथ ही योजना-विरोधी से ही योजना की सफलता-असफलता जानना चाहते हैं। इस ग्रहणीय युक्तियुक्त नीति को समझकर शास्त्री जी मुझे महान् संत जैसे प्रतीत हुए। मैं दृढ़ स्वर में बिना किसी प्रकार की हिचक के कहने लगा—वास्तव में, नवाबी युग के अधिकारी ही इस युग के संचालक हैं और नवाबी युग की धांधलेबाजी सुप्रसिद्ध रही है—यह मानकर मैंने संदेह प्रकट किया था। मेरा संदेह गलत प्रमाणित हुआ। ऐसे सारे अफसर भोपाल राज्य के कर्त्तव्यशील ईमानदार मुख्य मंत्री के योग्यतम नेतृत्व में सच्चे 'पत्थर-फोड़' राष्ट्रीय कर्मचारी बन गये! सभी विभागों में आराम हराम की नीति अपनाई गई, और केवल 2 वर्ष में इतनी फुर्ती और चुस्ती से उन्नति का काम हुआ कि देखकर आश्चर्यचकित रह जाना पड़ता है। आपने पहले भी इस क्षेत्र को देखा था, आज भी देख रहे हैं, कितना सुन्दरतम सुनियोजित परिवर्तन है! पहले हम जानवरों जैसे पराधीन किसी तरह पेट पालते थे और आज हम मनुष्य हैं। दो ही वर्षों में हमारे बच्चे 'रामायण' के पन्ने उलटते दीखते हैं।

पूज्य देवता शास्त्री जी ने उक्त शब्द एक कागज पर मुझसे लिखवाए और मुझे विदा दी।

सचमुच विरोध विरोध के लिए हो तो ठीक है लेकिन सत्य का विरोध राष्ट्रीय द्रोह नहीं तो क्या है?

देश में संक्रमण काल चल रहा था। बहुत सारी समस्याएं सरकार के सामने विकराल रूप में खड़ी थीं। फिर भी भोपाल राज्य की ओर सभी नेताओं का ध्यान था। इन 2-3 वर्षों में कई बार बड़े-बड़े नेता भोपाल आये और देहातों तक में पहुँचे। राष्ट्रपति संतस्वरूप स्वर्गीय राजेन्द्रप्रसाद भी भोजपुर, भोपाल आये—यह किसका प्रभाव था? इससे स्पष्ट प्रमाणित होता है कि सभी उच्चतम राष्ट्र-तपस्वी मातृभूमि उद्धारक नेता डॉ० शंकरदयाल शर्मा के प्रति हार्दिक स्नेह रखते थे। प्रजातंत्रीय शासन-यंत्र के संचालन-कार्य के लिए कुशल विशेषज्ञ राष्ट्रीय व्यक्तित्वों को आगे बढ़ाने और प्रोत्साहित करने एवं राष्ट्र सेवा-कार्य में अभिरुचि पैदा करने के उद्देश्य में वे सचेष्ट थे। उस समय डॉ० शर्मा युवक थे। इस अवस्था में उनकी स्थिर कार्य-संलग्नता, विचार-प्रौढ़ता, सच्चरित्रता पर हमारे बड़े-बूढ़े राष्ट्रनायक नेता मुग्ध थे। इस भावना को हमारे युवक समझें, शिक्षा ग्रहण करें। जो युवक आज यह कहने लगते हैं—नये खून को धक्कामार कर पीछे रखा जाता

है, उनके सामने यह प्रत्यक्ष प्रमाण है। चरित्र हो, विवेक हो, स्थिरता हो, आधिकारिक योग्यता हो–फिर पीछे ढकेले जाने का सवाल ही नहीं उठता।

स्वर्गीय प्रथम राष्ट्रपति देशमान्य सच्चे गांधीवादी संत डॉ० राजेन्द्रप्रसाद बड़े अनुभवी, मनुष्योचित गुणों के पारखी थे। उन्होंने भी डॉ० शंकरदयाल शर्मा की मानवोचित राष्ट्रीय भावनाओं की प्रंशसा की थी। उन्हें डॉ० शर्मा के कामों पर विश्वास था।

डॉक्टर शर्मा का साहित्य-प्रेम भी सराहनीय है। जब भी कोई बृहत् कवि-सम्मेलन हुआ उन्होंने अध्यक्षता स्वीकार की। उन्हें कभी भी समय को शिकायत नहीं रही। सारी रात कवि-गण ऊधम मचाते रहे, वे शांतिपूर्वक सबको सुनते और अच्छी कविताओं की प्रशंसा करते रहे। कवि सम्मेलनों में उनके आने से बड़ी रौनक आ जाती थी। हास्य-विनोद चलता रहता था। मेरा खान-पान में पथ्य चलता है। मुझसे कविता सुनकर उन्होंने कहा–यह कविता तो परहेजी है।

9 जनवरी, 1955 में हमारे प्रथम राष्ट्रपति स्व० राजेन्द्रप्रसाद भोपाल आये और भोजपुर में विधिपूर्वक शंकर भगवान की पिंडी को पूजा की। हजारों की संख्या में दर्शक मौजूद थे। आदिवासियों की सभा भी थी। इसमें राष्ट्रपति का भाषण हुआ। उस समय सभी आदिवासियों ने सामन्तशाही से मुक्त होकर डॉ० शर्मा के द्वारा उनको हर तरह की सुख-सुविधाएं मिलने की सराहना की।

जिस तरह भगवान राम ने वानरों का परिचय गुरु वशिष्ठ से कराया था उसी प्रकार राष्ट्रपति से हमारा परिचय पृथक्-पृथक् डॉ० शर्मा ने सुन्दर ढंग से कराया। देहातों में प्रवेश पर विकासोन्मुखी देश की सेवा के लिए देहातों में डॉ० शर्मा के द्वारा कार्यकर्ताओं के निर्माण पर राष्ट्रपति के चेहरे पर 'बधाई' के भाव का आभास था।

मुख्य मंत्रित्व काल में डॉक्टर साहब के बंगले में दस-बीस देहात क्षेत्र के कार्यकर्ता मौजूद रहते थे–प्रतिदिन यही क्रम चलता था। दूर के साधन-हीन लोगों का यहीं भोजन-भजन होता था। आदर-सत्कार में कहीं किसी भी प्रकार की दिक्कत प्रतीति में नहीं आई। डॉक्टर साहब मुस्कराते हुए सभी से आत्मीय व्यवहार करते, प्रसन्नतापूर्वक बात करते और भोजनादि के लिए आग्रह करते।

एक बार संयोगवश प्रश्नरहित अवस्था में मैं मुख्य मंत्री जी के बंगले के ड्राइंग रूप में बैठा अखबारों के पन्ने उलट रहा था। रात हो गई थी। श्रावण महीने

का सोमवार था। डॉक्टर साहब कहीं जाने की पोशाक में ऊपर के कमरे से ड्राइंग रूम में आये। मुझे देखकर–"अच्छा आप अकेले ही बैठे हुए हैं, चलिये आज महादेव की पूजा करने प्रसिद्ध स्थान नौरी (गुफा मंदिर के आगे) के मंदिर चलें।"

गाड़ी लग गई। डॉ॰ साहब सपत्नीक बच्चों सहित गाड़ी पर बैठे। गाड़ी स्टार्ट हुई और सड़क से शहर की ओर मुड़ी। मैंने डॉक्टर साहब ही ओर देखा, उन्होंने कहा–पिता जी के दर्शन करते चलें।

हम पलक मारते डॉ॰ शर्मा के घर पहुँच गये। शर्मा जी के पिता सफल वैद्य, खुशीलाल जी फर्श पर बिछी दरी पर बैठे रोगियों को दवा दे रहे थे। कागज की पुड़िया बन रही थीं। वही पुराना धंधा। डॉ॰ शर्मा की माता जी भी वहीं वैद्य जी की मदद कर रही थीं। डॉ॰ शर्मा ने पिता-माता के पैर छुए और उन्होंने पिता जी से पूजा करने मंदिर चलने के लिए कहा। पिता जी कुछ अस्वस्थ से थे। तब थोड़ी देर ठहरकर शर्मा जी मंदिर के लिए रवाना हो गये।

मैं रास्ते में विचार-तल्लीन रहा। शर्मा जी की आर्थिक स्थिति पहले से भी कम दृष्टिगत हुई। पढ़ाई-लिखाई में काफी पैसा खर्च हुआ होगा। दो-तीन महीने नौकरी की और स्वतंत्रता-संग्राम मे कूद पड़े। मुख्य मंत्री बन गये, लेकिन अवैतनिक जैसी ही उनकी स्थिति प्रतीत हो रही थी। व्यावहारिक व्यय-बाहुल्य हम देख ही रहे थे। और दूसरे लोग राजनीतिक पीड़ित बने जमीन के प्लाट ले रहे थे, मकान बनवा रहे थे और तकाबियां ले रहे थे। राजनीतिक प्रवाह के अन्तर्गत जनता द्वारा समादृत भी हो रहे थे। लेकिन यहाँ तो 'खुद' की चिन्ता कुछ भी नहीं।

रास्ते-भर मैं खामोश रहा। मैंने डॉक्टर साहब से उक्त विचार-संदर्भ में कुछ नहीं कहा। मैं जानता था अर्थ-संबंधी कोई निजी चर्चा करने पर डॉक्टर साहब चिढ़ते हैं। ऐसी कोई बात वह पसन्द नहीं करते।

पहली जून 1954 को प्रधान मंत्री स्वर्गीय नेहरू जी अखिल भारतीय राष्ट्रीय कांग्रेस के अध्यक्ष की हैसियत से जब भोपाल आये थे तब डॉ॰ शर्मा के निवास-स्थान पर कांग्रेस-कार्यकर्ताओं के सामने उन्होंने संबोधन में कहा— "कांग्रेस-कार्यकर्ताओं को सुसंगठित होकर भोपाल राज्य के विकास कार्यों में जुट जाना चाहिए। गलतियों का सुधार देश के निर्माण के कामों में श्रम-सेवा करने से ही होगा। छोटे-छोटे राज्य अब नहीं रहेंगे। शीघ्र इनका एकीकरण होने जा रहा है।"

तदनुसार 1955 ई॰ में ही राज्य पुनर्गठन आयोग की रिपोर्ट प्रकाशित हो गई। और 1956 ई॰ में नवम्बर की पहली तारीख को ही भोपाल राज्य का अन्य राज्यों सहित मध्य प्रदेश में विलय हो गया।

इस बीच डॉ॰ शर्मा ने भोपाल राज्य की उन्नति के लिए जो कुछ किया वह सीहोर, भोपाल, रायसेन की जनता की स्मृति में अमर है। भोपाल को राजधानी बनाने के लिए नेहरू जी को राजी करने का श्रेय डॉ॰ शर्मा को ही है। यद्यपि उस समय विरोधियों ने यह प्रचार किया था कि डॉ॰ शर्मा भोपाल को राजधानी बनाने के विरोध में हैं और अलग मध्य भारत प्रदेश के पक्ष में हैं। यह प्रचार स्वतः अस्वाभाविक सा लगा, क्योंकि अपनी जन्मभूमि को छोड़कर डॉ॰ शर्मा किसी आकर्षण में बाहर खिचेंगे, यह विचारणीय है। हाँ, हमारा डेपुटेशन उस समय डॉ॰ शर्मा से मिला था। उस डेपुटेशन में पूर्व विरोधी सज्जन भी थे। तब डॉ॰ शर्मा ने इतना भर कहा था–आप लोगों को कहीं भटकने की जरूरत नहीं, सब कुछ तय हो चुका है। जो होगा आपके सामने आयेगा। मुझे मालूम है कि भोपाल के कुछ पुराने हितैषी आपके यहाँ पहुँचे थे, वहाँ उन्होंने कुछ भ्रांति फैलाई होगी। मुझसे भोपाल का अहित नहीं होगा। गड़बड़ करने से महाकोशल वाले ऊधम मचायेंगे और राजधानी का प्रश्न एक समस्या बन जायेगा।

इस पर संभवतः विरोधी पक्ष के लोगों ने बेसिर-पैर की बातें उड़ाई होंगी। हम लोग कहीं नहीं गये, घर आ गये।

और भोपाल राजधानी की घोषणा हो गई। पहली तारीख नवम्बर मास 1956 ई॰ को अर्धरात्रि के पश्चात् मध्य प्रदेश के राज्यपाल डॉ॰ पट्टाभि सीतारमैया ने तोपों की गड़गड़ाहट के बीच अपने पद की शपथ ग्रहण की। थोड़ी देर बाद कांग्रेस विधान मंडल के नेता पं॰ रविशंकर शुक्ल ने अपने मंत्रिमंडल की सूची राज्यपाल के समक्ष प्रस्तुत की। हमारे मुख्य मंत्री डॉ॰ शर्मा शिक्षा मंत्री के पद पर नियुक्त हुए। भोपाल राज्य के दूसरे मंत्री मौलाना इनायतुल्ला खां तरजी मशरिकी भी कैबिनेट स्तर के मंत्री हुए। मुस्लिम समाज के व्यक्तिगत को स्थान देने की आवश्यकता के कारण श्री उमरावसिंह जी को मंत्री-पद नहीं मिला। इसका अफसोस सबके साथ शर्मा जी को भी हुआ होगा।

आदरणीय मुख्य मंत्री पं॰ रविशंकर जी शुक्ल के लिए शिक्षा मंत्री डॉ॰ शर्मा नवीन नहीं थे। वह पहले से उन्हें और उनके कामों को जानते थे। वह भोपाल राज्य का डॉ॰ शर्मा के नेतृत्व में स्वल्पकाल में ही सर्वतोमुखी विकास देखकर

आश्चर्यचकित थे और कार्य-तत्परता पर भाव-मुग्ध थे। अपने प्रदेश में कई बार अपने कार्यकर्ताओं के सामने भोपाल राज्य की उन्नति के उदाहरण प्रस्तुत करते हुए उन्होंने डॉ॰ शर्मा की कार्य-तत्परता की प्रशंसा की थी।

नये मध्य-प्रदेश का मुख्य मंत्री होने के पूर्व डॉ॰ शर्मा के उन्नतिशील क्षेत्र का शुक्ल जी निरीक्षण कर चुके थे। डॉ॰ शर्मा अपने यहाँ बड़े-बड़े सर्वमान्य राष्ट्रभक्त तपस्वी नेताओं को आमंत्रित करते रहने के पक्ष में रहे हैं। बरेली (रायसेन) में श्री शिवनारायण जौहरी 'विमल' (सब जज बरेली) द्वारा संस्थापित प्रतिभा परिषद् द्वारा बृहत्साहित्य सम्मेलन एवं अखिल भारतीय कवि-सम्मेलन किया जाना निश्चित हो चुका था तब बरेली के हम सभी लोगों ने डॉ॰ शर्मा से किसी उच्च कोटि के गण्यमान्य विद्वान् द्वारा साहित्य सम्मेलन का उद्घाटन किये जाने में उनकी सहायता चाही तो डॉ॰ शर्मा ने श्री शुक्ल जी को इसके लिए आमंत्रित करने की सलाह दी।

हम लोग पचमढ़ी पहुँचे। डॉक्टर साहब उन दिनों पचमढ़ी में ही थे। राज्य पुनर्गठन आयोग के आधार पर मध्य प्रदेश शासन के सुगठन पर विचार चल रहा था इसीलिए भोपाल का मंत्रिमंडल ग्रीष्मकालीन अस्थायी राजधानी पचमढ़ी में समन्वित था।

डॉक्टर साहब ने आदरणीय शुक्ल जी से बरेली साहित्य सम्मेलन का उद्घाटन उनके द्वारा किये जाने का अत्यधिक अनुरोधा किया। शुक्ल जी राजी हो गये। वे 4 मई को बरेली पहुँचेंगे—यह निश्चय पक्का हो गया।

4 मई, 1956 का दिवस भोपाल राज्य की तहसील बरेली के लिए महान् गौरवास्पद था। बरेली नगर उस समय विद्युत सेवा से वंचित था। बड़े शहरों जैसे अन्य साधन भी अनुपलब्ध थे। लेकिन डॉ॰ शंकरदयाल द्वारा संकेत प्रेरित विकास विभाग का सहयोग वांछनीय रहा। जेनरेटर संभूत विद्युत्-प्रकाश से पूरी सड़कें, पंडाल, प्रदर्शनी, संलग्न मैदान जगमगा उठा और बरेली की अभूतपूर्व शोभा बड़े शहर जैसी लगी। यह बरेली है, लोग पहचान नहीं पा रहे थे।

इतना बड़ा जलसा, इतना बड़ा जुलूस पहली बार देखने का सौभाग्य प्राप्त हुआ! शुक्ल जी जैसे तेजस्वी पुरुष के दर्शन पहली बार हम लोगों को सुलभ हुए यह सब डॉक्टर साहब की कृपा का प्रकाश था।

मुख्य मंत्री डॉ॰ शर्मा की अध्यक्षता में तप-तेजमूर्ति दिव्य महापुरुष मध्य प्रदेश के मुख्यमंत्री द्वारा हिन्दी-साहित्य-सम्मेलन प्रांजल सुन्दर साहित्यिक

वाणी-प्रवाह में तरंगायित होता सा उद्घाटित हुआ। मंच पर देवोपम पुरुष शुक्ल जी, शर्मा जी, उमरावसिंह जी तथा साहित्यिक विद्वानों के दर्शन कर दर्शक भाव-विभोर हो गये।

इस प्रकार की कितनी ही सुन्दर स्मृतियां हृदय में संजोई पड़ी हैं। शर्मा जी के कार्यकाल के सारे संस्मरण सिलसिले से लिखे जायें तो एक बड़ा ग्रन्थ बन सकता है। सीहोर, भोपाल, रायसेन जिले का बच्चा-बच्चा डॉक्टर साहब के स्तुत्य-स्तव्य कृतित्व से सुपरिचित है। आज गांव-गांव में मिडिल, मैट्रिक, इण्टर एवं बी०ए० तक पढ़े सुशिक्षित युवक देखने को मिलते हैं।

मुझे ता० 12 दिसम्बर, 1955 मार्गशीर्ष कृष्ण अमावस्या का दिन याद रहेगा—जब डॉ० शर्मा सूर्य-ग्रहण स्नानार्थ कैतोघान तहसील उदैपुरा पधारे थे। मुझे देखते ही उन्होंने कहा—ठाकुर साहब आपके यहाँ सुना है अभी तक स्कूल की एक भी बिल्डिग आपकी पंचायत में नहीं बनी और आपकी पंचायत में माध्यमिक शाला भी नहीं है। विकास-अधिकारी और कलेक्टर साहब को आदेश हुआ। इसी साल पंचायत के तीन गांवों में स्कूल की इमारतें बन गईं और विशेहर गांव में नवाब के बंगले में शाला खुल गई, भारकछ बाड़ी कस्बे में उच्च्तर माध्यमिक शाला की स्वीकृति इसके पश्चात् मिल गई। इस तरह अमर विद्या दानदाता की कीर्ति पावन यशस्वी बन गई। सर्वत्र राष्ट्रीय विद्वान् जन-पथ-दर्शन का मुख्य हेतु, जन-प्रशिक्षण का कार्य करते नज़र आने लगे।

सन् 1957 में डॉ० शर्मा के केन्द्रीय प्रभाव की सतत सन्तत वृद्धि होते देखकर भोपाल के विरोधी ग्रुप ने प्रदेशीय कांग्रेस के राजनीतिक साम्राज्य के स्वप्न देखने वाले कुछ नेताओं से मिल-जुलकर डॉ० शंकरदयाल शर्मा को गिराने के प्रयत्न प्रारंभ किये। उनका प्रयत्न विधान सभा, लोक-सभा के टिकट बंटने तक चलता ही रहा लेकिन 'हाई कमाण्ड' वस्तुस्थिति से अवगत था। ईर्ष्या-द्रोह की भावना ही डॉ० शर्मा की गति अवरुद्ध-प्रक्रिया में काम कर रही थी। अतएव केन्द्रीय चुनाव समिति में भोपाल-सीहोर, रायसेन के लिए कांग्रेस उम्मीदवारों के चयन-कार्य में डॉ० शर्मा की सम्मति को ही महत्त्व दिया गया। उदैपुरा क्षेत्र की जनता के आग्रह के अनुसार डॉ० शर्मा को यह चुनाव-क्षेत्र दिया गया।

उदैपुरा क्षेत्र से उदैपुरा के ही राजनीतिक ठेकेदारों के अथक विरोधी प्रयत्नों के बावजूद डॉ० शर्मा बहुत ज्यादा मतों से कामयाब हुए। विरोधियों की जमानतें जब्त हो गई जनता ने डॉ० शर्मा का हार्दिक समर्थन किया। हम का अहम् हमारी अधिकाररहित महत्त्वाकांक्षा के सीमित दायरे में 'चांस' के स्वप्न देखता रह गया।

मध्य प्रदेश कांग्रेस में फिरक़ापरस्ती जैसी क्षेत्रीय महत्त्व की भावना अपनी-अपनी डफली अपना-अपना राग अलापने लगी। विधान-सभा का सर्वसम्मत नेता 'दुविधा' के द्रोह में अनिर्णीत रहा। तब केन्द्र द्वारा वयोवृद्ध देश में महान् त्यागी-तपस्वी, स्वतंत्रता संग्राम के बहादुर सेनानी पं॰ नेहरू के समकक्ष स्वर्गीय डॉ॰ कैलाशनाथ काटजू का नेता पद के लिए चयन हुआ। माननीय काटजू मुख्य मंत्री बने। उनके मंत्रिमंडल में समन्वित राज्यों के प्रत्येक क्षेत्र को प्रतिनिधित्व दिया गया। डॉ॰ शर्मा पुनः शिक्षा मंत्री के पद पर आसीन किये गये और अब इनका कार्यक्षेत्र विस्तृत हो गया।

डॉ॰ शर्मा की प्रगति और भी गतिशील बन गई। डॉ॰ काटजू, डॉ॰ शर्मा को स्नेहार्द्र दृष्टि से देखते और उनके मशविरे को महत्त्व देते। यह देखकर ईर्ष्यालु जले-भुने से संस्थागत चुनाव में डॉ॰ शर्मा के महत्त्व को गिराने के लिए हर संभव उपाय करने लगे। प्रदेश कांग्रेस में श्री कामताप्रसाद जी द्वारा सीहोर, रायसेन में बोगस सदस्य बनाये जाने की आपत्ति को सही मानते हुए दोनों जिलों की प्रारंभिक सदस्यताएं समाप्त कर दीं और उन दोनों जिलों से प्रांतीय प्रतिनिधि न चुने जा सके। डी॰सी॰सी॰ भी नहीं बन सकी।

पश्चात् डॉ॰ साहब के द्वेषी पश्चात्ताप से संलग्न हो गये। डॉ॰ शर्मा की प्रतिभा का प्रकाश प्रकीर्ण होता चला गया। सन् 1958 ई॰ से पूर्ववत् डॉ॰ शर्मा के प्रगतिपूर्ण काम चले। सफल जनसंपर्की दौरा हुआ। 18 फरवरी को हमारे ग्राम में श्रीमान् आये, शानदार सुस्वागत, जन-सम्मेलन हुआ। वगतबाड़ा में संस्कृत पाठशाला का उद्घाटन किया। राजधानी भोपाल में शिक्षा मंत्री डॉ॰ शंकरदयाल शर्मा के संयोजन में राष्ट्रभाषा प्रचार समिति का सम्मेलन हुआ। इसका उद्धाटन स्व॰ राष्ट्रपति डॉ॰ राजेन्द्रप्रसाद जी द्वारा हुआ। तत्पश्चात् पहली नवम्बर, 1958 को प्रांतीय साहित्य सम्मेलन का अधिवेशन हुआ। इसके उद्घाटन के लिए डॉ॰ शर्मा के आग्रह पर युग पुरुष प्रधान मंत्री नेहरू का शुभागमन राजधानी भोपाल में प्रथम बार हुआ।

भोपाल-नवाब के दरबार की इमारत सदर मंजिल जम्हूरिअत (प्रजातंत्र) के सदर डॉ॰ राजेन्द्रप्रसाद के पश्चात् शासन-प्रधान पं॰ नेहरू के पदार्पण से जैसे कृतकृत्य हो उठी हो। दर्शक एवं उपस्थित गण्यमान्य सज्जन विश्व विभूति पंडित नेहरू के दिव्य तेजोमय दर्शन प्राप्त कर भाव-मुग्ध हो गये। कई तो चित्र लिखे से पं॰ नेहरू की आकृति को एकटक देखते रह गये। यहाँ तक कि तत्कालीन अधिवेशन के अध्यक्ष पं॰ कुंजीलाल दुबे (स्पीकर विधान सभा) भी भाव-विह्वल

हो गये और सर्वस्वर्गोपम विभूति नेहरू शब्द कहने के स्थान पर स्वर्गीय नेहरू कह बैठे। सुनकर पं॰ नेहरू हंस पड़े और कह उठे कि अभी तो मैं धरती पर ही हूँ। हंसी से सारा पंडाल गूंज उठा।

सन् 1959 का वर्ष भी डॉ॰ शर्मा की जन-सेवा प्रकाश-दीप्ति वृद्धिजन्य रहा। किन्तु द्रोही डाह की आग बुझी नहीं। 8 नवम्बर, 1959 को मध्य प्रदेश कांग्रेस के नये चुनाव हुए। जिला रायसेन और सीहोर में जिला कांग्रेस के अध्यक्ष एवं पी॰सी॰सी॰ के सदस्य डॉ॰ शर्मा पर श्रद्धा रखने वाले व्यक्ति ही निर्वाचित हुए और प्रांतीय कांग्रेस के अध्यक्ष श्री मूलचंद देशलहरा चुने गये। इससे पूर्व मंत्रिमंडल सहित डॉ॰ शर्मा, श्री देशलहरा का अध्यक्ष के नाम प्रस्तुतीकरण में थे और हम मतदाताओं से डॉ॰ शर्मा ने श्री देशलहरा को ही मत देने का निर्देश किया था। फिर कुछ मतभेद हो गया। मतदान हुआ। देशलहरा कामयाब हुए। तथापि यह कामयाबी मंत्रिमंडल को नाकामयाबी प्रचार में आई। तब पुनः भोपाल का द्रोही मंडल देशलहरा से मिल-जुलकर अपनी डाह की आग शांत करने में लग गया। ऐसों के सामने जिला रायसेन और सीहोर की जिला कांग्रेस ही थी, क्योंकि इन जिलों से ही डॉ॰ शर्मा के नेतृत्व को बल मिला था। इस समय मैं रायसेन जिले का कांग्रेस-अध्यक्ष मनोनीत हुआ था। तब कांग्रेस विधान का पूरा परिपालन हमारे जिम्मे पड़ा। आवश्यक सुविधाओं के अभाव में हमने अपना कांग्रेस-कार्यालय बरेली में रखा था। इस पर हमारी 'धर-पकड़' जोरों से चली। यहाँ तक कि स्वयं प्रांतीय कांग्रेस के अध्यक्ष बड़े-बड़े मुकामों पर दृष्टि न डालकर हमारी और डॉ॰ शर्मा के क्षेत्र की स्थिति समझने के लिए बरेली-उदैपुरा, बोरास, रायसेन आये। लेकिन जनमत का प्रबल समर्थन ही उन्हें डॉ॰ शर्मा के पक्ष में मिला और उन्होंने डॉ॰ शर्मा के संयोजन में क्रियान्वित नव-निर्माण के काम देखे तो वह स्वयं 'डाह' की चालों को समझ गये और चुपचाप भोपाल लौट गये। उन्होंने मुझसे खुद कहा—झटकेबाज झटका लगाते हैं, तुम्हारा व्यक्तित्व चालों से दूर है।

डॉ॰ शर्मा की दृष्टि आम जनता की ओर रहती आई है। नेताओं अर्थात् कार्यकर्ताओं की मनोवृत्तियां तो वे अप्रौढ़ बचपने जैसी मानते आये हैं। अप्रौढ़ एकदेशीय भाव बड़े कूटनीतिज्ञ शतरंजी लोगों से बहक जाते हैं। इसलिए उन्होंने क्षेत्रीय प्रतिनिधित्व आम जनता की स्थिति के दिग्दर्शन का ही दिया है। इसी कारण देश-प्रदेश के प्रत्येक क्षेत्र की विकास-योजनाओं को उनके द्वारा समर्थन मिलता रहा है।

जिला रायसेन में डिग्री कॉलेज नहीं था। संदर्भ में अन्य तहसीलों से कोई पहल नहीं हुई और बरेली से श्रमदान के लिए अपेक्षित पचहत्तर हजार चंदा एकत्र कर डॉ॰ शर्मा, शिक्षा मंत्री से बरेली में कॉलेज स्थापना की मांग की गई। माननीय शिक्षा मंत्री ने तत्काल स्वीकृति दे दी–लेकिन एक रजिस्टर्ड शिक्षा समिति स्थापित कर उसके द्वारा कॉलेज चलाने की राय दी। कुछ दिन बाद सरकार कॉलेज को शासकीय स्तर पर स्वीकार कर लेगी।

नर्मदा शिक्षा समिति के नाम से शिक्षा समिति गठित हो गई। कॉलेज की पढ़ाई चलने लगी। लेकिन दो-तीन माह बाद ही डॉक्टर शर्मा ने कॉलेज शासकीय स्तर पर शिक्षा-विभाग द्वारा संचालित होने की घोषणा कर दी। 6 फरवरी, 1961 को शिक्षा मंत्री के अनुरोध पर मुख्य मंत्री डॉ॰ काटजू बरेली आये और उन्होंने डॉ॰ शर्मा के प्रस्ताव का अनुमोदन कर दिया। इस समय हाथी, घोड़े, तांगे पर मुख्य मंत्री जी का जो जुलूस निकला वह अविस्मरणीय रहेगा।

सन् 1962 ई॰ में पुन: राजनीतिक शतरंज की बाजी जमी। अन्ततोगत्वा डॉ॰ शर्मा ही विजयी रहे। लेकिन चुनाव अभियान में श्री देशलहरा जी का कार्यक्रम शायद अपने ही ग्रुप को जिताने के प्रयत्न में रहा अतएव कांग्रेस के प्रतिनिधि बहुत से स्थानों से नाकामयाब हुए। यहाँ तक कि डॉ॰ काटजू तक अपने उसी क्षेत्र में नाकामयाब हुए जहाँ से वे पहले जीते थे।

श्रीमान् भगवन्तराव मंडलोई के मुख्य मंत्रित्वकाल में भी डॉ॰ शर्मा शिक्षा मंत्री रहे। 'देशलहरा' जी की कांग्रेस कमेटी भंग कर दी गई। एड हाक कांग्रेस कमेटी बनी। श्री रामेश्वरदयाल जी तोतला संयोजक एवं मध्य प्रदेश कांग्रेस कमेटी के संचालक मनोनीत हुए। लेकिन देशलहरा जी की राजनीति सक्रिय रही। मंडलोई जी के मंत्रिमंडल में श्री तख्तमल जी विकास मंत्री थे। अतएव स्वभावत: गुटबन्दी की सांठगांठ माननीय मंडलोई जी मुख्य मंत्री तक जा पहुँची। मंडलोई जी मुख्य मंत्री यह कहकर बने थे कि डॉ॰ काटजू जब चाहेंगे तक मैं यह पद उनके लिए छोड़ दूंगा। और जब काटजू साहब दूसरे क्षेत्र से जीतकर विधान-सभा में आ गये तो उक्त गुटबंदी की प्रेरणा पाकर श्री मंडली के मालिक मंडलोई जी अपने वचन से मुकर गये। यहाँ तक कि उनके कदमों में इतनी मजबूती आ गई कि 'नेतृत्व' के चुनाव की ओर बढ़ गये। चुनाव में मंडलोई जी कामयाब रहे। लेकिन यह एक विश्वासघात था जो वरिष्ठ कांग्रेस-नेताओं को पसन्द नहीं आया, कांग्रेस में आपसी वैमनस्य बढ़ गया।

हम जैसे जो राजनीति नहीं समझते थे, आपस में बात करते थे, हमारे प्रदेश का पहले से यही दुर्भाग्य रहा है कि किसी व्यक्ति को गुणों के अनुरूप आगे नहीं बढ़ने दिया जाता। इसी कारण मध्य प्रदेश में कोई अखिल भारतीय स्तर का नेतृत्व नहीं पनप सका। अधिकृत, अनधिकृत होड़ लगी रही। भला शंकरदयाल शर्मा ने किसी का क्या बिगाड़ा है? शैक्षणिक और भावनात्मक योग्यता के अनुरूप वे बात करते हैं, काम करते है लेकिन उनके साथ पहले से ही यही व्यवहार चलता रहा--'कही यह हमारे सिर का ताज न बन जाय! अभी-अभी आया है और 'हाई कमांड' इसे हमारा कमाण्डर बनाना चाहता है। पीछे नहीं चलता, आगे बढ़ता है!' यही भावना हमारे प्रदेश के गण्यमान्य बूढ़े हुए नेताओं में काम करती है।

अखिल भारतीय स्तर के सर्व मान्य वृद्ध नेता माननीय काटजू के पक्ष में डॉ० शंकरदयाल शर्मा चल रहे थे। इसलिए कि प्रदेश में गुटबंदी के आधार पर सर्वसम्मत नेतृत्व अप्राप्य था और प्रदेश को केन्द्र की सहानुभूति से जोड़ना चाहते थे। इस पर श्री मंडलोई जी नाराज हो गये। निर्गुटी तोतला जी भी मंडलोई जी के साथ हो लिये।

और पं० द्वारकाप्रसाद मिश्र मध्य प्रदेश की राजनीति में प्रविष्ट हो गये। डॉ० काटजू जैसे विश्वविख्यात मनीषी स्वतन्त्रता-संग्राम के शूरवीर सेनानी के उच्चतम व्यक्तित्व का अपमान मिश्र जी को पसन्द नहीं आया। वह एक खाली विधान-सभा क्षेत्र की सीट से निर्वाचित होकर म०प्र० विधान सभा में आ गये।

मिश्र जी के आते ही मंडलोई जी चौंक पड़े। वह तत्काल विधान-सभा में अपना प्रबलतम बहुमत रखने के प्रयत्न में सांठगांठ, सौदेबाजी पर उतर आये। मंत्रिमंडल में हेरफेर कर उन्होंने डॉ० शर्मा को लोक-निर्माण विभाग अपूर्ण अधिकारों के साथ सौंपा तथा मंत्रियों की संख्या बढ़ा डाली। आठ उपमंत्री नियुक्त हुए। इनमें पूर्व भोपाल राज्य से डॉ० शर्मा का प्रभाव नष्ट करने तथा साथियों को उनसे अलग करने के उद्देश्य को लेकर दो उपमंत्री एक उमरावसिंह जी दूसरे तरजी मशरिकी लिये गये।

हम उस समय डॉक्टर साहब से मिले थे। डॉ० शंकरदयाल शर्मा का स्वभाव-सिद्धान्त पहले से राजनीतिक उथल-पुथल पर अशांत होने का नहीं है। कर्मठ कार्यकर्ताओं से वह तथाकथित राजनीतिक षड्यंत्रों पर बात नहीं करते। वह ऊंचे लोगों द्वारा रचित षड्यंत्र-व्यूह की रचनाओं पर चर्चा करना कार्यशील

प्रवृत्ति के लिए घातक मानते हैं। तब हमने ही उनसे इस संदर्भ में पूछा तो उन्होंने मुस्कराते हुए कहा—"मैं अभी तक शिक्षा क्षेत्र में ही काम करता रहा हूँ और क्षेत्र के बहुत से महत्त्वपूर्ण काम अधूरे पड़े हैं। मैं चाहता हूँ निर्माण-विभाग कुछ समय तक मेरे सुपुर्द रहे तो अधूरी सड़कों का काम पूरा हो जाये। वर्षों से हमारे क्षेत्र के लोग पुल, पुलिया न बनने के कारण आवागमन के संकट की शिकायत करते आये हैं। वह शिकायत दूर हो जायेगी।"

श्री उमरावसिंह जी के संबंध में हमने पूछा तो उन्होंने जवाब दिया—समय पर पता लगेगा कि वह किसका साथ देंगे। मेरी अनुमति से ही उन्होंने उपमंत्री पद स्वीकारा है। सम्मति देने पर भी उनकी पूर्व मुख्य मंत्री उपेक्षा करते आये हैं। अच्छा है किसी प्रकार वे आये तो। अपनी तो भलाई ही होगी।

और सचमुच ही हमारी बात होने के दो-चार दिन बाद ही डॉ॰ शर्मा दौरे पर निकल गये थे। उस समय भी निर्माण-विभाग के उच्च अधिकारियों से बात चल रही थी। हमको मुश्किल से मिलने का समय मिला था। अस्तु! राजनीति के पारदर्शी निर्गुटीय प्रांत के उच्चस्तरीय नेता तोतला जी की दृष्टि हमारे पिछड़े जिले के सुधार की ओर हुई। "जिला रायसेन की कांग्रेस निष्क्रिय है इसका प्रमाण है वहाँ गुटबंदी का न होना! वहाँ विरोधी गुट है, लेकिन डॉ॰ शर्मा ने उसका कचूमर निकाल डाला और वह अर्धमृत अवस्था में कराह रहा है। प्रदेश-कांग्रेस के अध्यक्ष सौभाग्य से दीन-दुखियों के सहायक श्री रामेश्वरदयाल जी 'तोतला' मनोनीत हुए हैं। अतएव उनके द्वारा कुचले हुए कांग्रेस-जनों का उद्धार किया जायेगा। ऐसी आशा सभी लोग उनसे करते हैं।" यह करुण कथा श्री तोतला जी के कर्णगत हुई और वह रायसेन जिले के दौरा-कार्यक्रम से सहमत हो गये।

श्री संयोजक महोदय के दौरे की सूचना यथासमय प्रसारित हुई। विधायक होने के नाते डॉ॰ शंकरदयाल शर्मा लोक-निर्माण मंत्री भी उक्त कार्यक्रम में अवगत कराये गये।

यह बरसात की तारीख 9 जुलाई, 1963 ही कच्ची सड़कों से घिरे क्षेत्र में पहुँचने को रखा जाना ही श्री तोतला जी की निरालस कार्य तत्परता की प्रवृत्ति पर प्रकाश डालता है।

सभा में जिला रायसेन कांग्रेस के प्रारंभिक सदस्य तक आमंत्रित किये गये थे। सभी को सूचनाएं साधन-संपर्क के माध्यम से प्राप्त हुई थीं।

सभी कांग्रेसजन बरसात की परवाह न करते हुए निश्चित दिन ता० 9 जुलाई को निश्चित समय पर बरेली आये। कांग्रेस-संयोजक भी यथासमय आ गये। श्री उमरावसिंह जी उपमंत्री भी विशेष सूचना लिखित और मौखिक पाकर आ गये थे।

माननीय डॉ० शंकरदयाल शर्मा लोक-निर्माण मंत्री भी आ गये। डाक बंगले में हैं। यह खबर मिलने पर हम उनकी आगवानी के लिए डाक बंगले पहुँचे। देखा डॉक्टर साहब विभागीय अधिकारियों के साथ टेबल पर बिछे नक्शे को देख रहे हैं और मालूम कर रहे हैं कि उनके द्वारा निर्माण-विभाग संभालने के बाद निर्देशानुसार कहाँ-कहाँ कितना काम हुआ, और अब कहां-कहां काम होना है। उन्हें राजनीतिक द्वन्द्वात्मक आक्रमण की कोई चिन्ता ही नहीं थी। इस समय तो उन्हें कार्यकर्ताओं से बातें करनी थीं। लेकिन वे लापरवाह अपने काम में मसरूफ दिखे। हमने उनसे सभा में पहुँचने के लिए निवेदन किया तो लापरवाह ढंग से कहा–ठीक है, आता हूँ।

श्री तोतला जी द्वारा पुनरुज्जीवित कांग्रेसजन जिला कांग्रेस कमेटी भंग किये जाने का प्रस्ताव पेश करने वाले थे। लेकिन वातावरण में उनके प्रण का कण भी प्रवेश नहीं कर पा रहा था। पूरे प्रारंभिक सदस्य मनोनीत जिला कांग्रेस की निष्पक्ष सेवाओं की प्रशंसा कर रहे थे। श्री 'तोतला' जी को शांत एवं गंभीर रहना पड़ा। उन्होंने थोड़ा उपदेश-निर्देश दिया, उप-समितियां गठित कीं और सभा का विसर्जन कर दिया। श्री उमरावसिंह जी तथा डॉक्टर शंकरदयाल शर्मा कुछ देर के लिए कार्यवाही समाप्त होने के बाद ही आये थे। संभवतः कार्यकर्ताओं को अप्रभावित स्वतंत्र विचार प्रकट करने देने का विचार कर विलम्ब से आये थे।

इसके बाद तो मध्य प्रदेश की राजनीति हम जैसे लोगों की समझ से बाहर की चीज़ बनती गई। लेकिन डॉ० शंकरदयाल शर्मा की सेवाएं सफलतापूर्वक विकसित होती गईं। जनता से उनका अटूट संपर्क बना रहा। हम मिलते रहे, देखते रहे, सुनते रहे बदलते रंग में, ढंग में, ढोंग में, भाव में, चाव में, सिद्धांत में, पहलुओं में डॉ० शर्मा अबदल रहे। परिणाम उठाव के बाद गिराव, पटकाव, मान्यता प्राप्त राजनीतिज्ञों को मिला–मिलता रहा, मिलता जाता है, लेकिन डॉ० शर्मा का व्यक्तित्व ऐतिहासिक बनता जाता है। कमांडर का जो हुक्म मिला उन्होंने (डॉ० शर्मा ने) शिरोधार्य किया। मंत्रित्व का काम उनके हाथों से लेकर मध्य प्रदेश कांग्रेस-अध्यक्षता का भार उनके सिर पर रखा गया, उन्होंने स्वीकार किया। पश्चात् उन्हें कांग्रेस-महामंत्री का काम करने के लिए कांग्रेस-अध्यक्ष ने तलब किया–वह वहाँ चले गये। पश्चात् उनकी कार्यपटुता, योग्यता, कुशल राष्ट्रीय

सिद्धांतयुक्त राजनीतिज्ञता को समझकर उन्हें कांग्रेस-संचालन की बागडोर थमा दी। उन्होंने बिना किसी हिचकिचाहट या घबराहट के अपने हाथों में उसे मजबूती के साथ पकड़ लिया। सिंहावलोकन कीजिए या पर्यालोचन कीजिए सन् 49 से आपके समक्ष सन् 1973 है। आप निष्पक्ष डॉ॰ शर्मा के कामों को देखिये, परखिये, इतने वर्षों में वह कहीं किसी कांड में कलंकित तो नहीं हैं?

जो नाराज़ हैं, वे कौन हैं, वे क्यों नाराज़ हैं, वे कैसे राज़ी होंगे? मुझे तो जहाँ तक अपने दायरे की बात मालूम है–जिला सिहोर, भोपाल या रायसेन के कुछ कांग्रेस में नये-नये आने वालों ने अपने हाथों अपनी हत्या की है। मैं स्वयं अपने हाथों अपने गले में फांसी लगा रहा था। डॉ॰ शर्मा ने उदारतापूर्वक फांसी काट दी। मुझे मार्ग दिखाया, काम दिया। मुझे अपने स्तर पर ही रहना था। जहाँ बिलकुल अंधेरा है, वहीं प्रकाश पाने के लिए प्रयत्न करना था इसलिए मैं यथास्थान अपने क्षेत्रीय विकास-क्रम में ही संलग्न हूँ। इसलिए मैं इतनी शक्ति, इतना बड़ा पद नहीं पा सका कि किसी 'कांड' के रचयिता का यश संपादन कर सकता।

राष्ट्रीय चेतना के आधार-सूर्य युग पुरुष भारत के प्रथम प्रधान मंत्री पं॰ नेहरू 1964 ई॰ की 27 मई की तारीख में अकस्मात् अचानक अप्रत्याशित अस्ताचल की ओर चल दिये। उन्हीं के द्वारा प्रमाणित व्यक्तित्व हमारे देश में क्रियाशील हैं। उन व्यक्तित्वों में एक व्यक्तित्व डॉ॰ शंकरदयाल शर्मा का है जो अखिल भारतीय कांग्रेस के अध्यक्ष हैं।

हम देखते रहे हैं–स्वतंत्रता-संग्राम में विजय प्राप्त करने वाली, जन-जन में जन-अधिकार-संरक्षण, सद्प्रवहण का शंख फूंकने वाली एकमात्र संस्था कांग्रेस का प्रत्येक कार्यकर्ता थोड़ा आगे बढ़ते ही विधायक बनने की कोशिश करने लगता है। विधायक बनने के पश्चात् वह मंत्री-पद का स्वप्न देखने लगता है और मंत्री बनने के बाद अपनी आर्थिक स्थिति सुधारने के चांस को खो देना नहीं चाहता। तब ऐसे समय में देश में कैसे व्यक्तित्व प्रजातंत्र-तत्त्व में अपेक्षित हैं—इस संदर्भ में पं॰ नेहरू मार्ग-दर्शन कर चुके हैं। तदनुरूप उन्हीं की तेजस्विनी सुपुत्री इंदिरा जी चल रही हैं। फिर हम अपनी डफली अलग से बजाने की कोशिश करें तो कहाँ तक हमारा या देश भला होगा!

पं॰ नेहरू के समय में भी चीन-भारत संग्राम के अवसर पर डॉ॰ शर्मा सीमा चौकियों तक गये–लाखों रुपया, मनों सोना उन्होंने देश-प्रदेश-क्षेत्र में एकत्र किया।

पश्चात् सन् 1965 ई॰ में पाकिस्तान की दुश्चेष्टा युक्त कार्यवाही के विरोध में भारत ने युद्ध-अपराध की सजा देने के लिए कदम उठाया। उस समय डॉ॰ शर्मा का अनवरत सुरक्षा श्रम हमारी आपकी सभी की स्मृति में है। हमारे ग्राम में 19.11.65 को उनका भाषण आज भी हमारे कानों में गूंज रहा है। उनके ओजस्वी भाषण को सुनकर गांव के लोगों द्वारा सोना और रुपया इतना बरसा कि दर्शकों ने उतनी उम्मीद ही नहीं की थी।

केन्द्र-शासन का सूत्र धारण करने वाली वीरांगना इंदिरा देवी प्रधान मंत्री को युग-द्रष्टा डॉ॰ शर्मा की जरूरत है। और उस जरूरत से देश का संबंध है। तब हम यही सोचकर देश-सेवा-संवाहक एवं कर्णधारों से कामना करते हैं कि देश की आवश्यकता अनुरूप ही उच्चतम व्यक्तित्व-संगठन एवं सहयोग को ही महत्ता और प्रश्रय देंगे।

युगद्रष्टा डॉ॰ शंकरदयाल शर्मा कांग्रेस-प्रधान के कंधों पर देश की बहुत बड़ी जिम्मेवारी का भार है। फिर भी वे सुदृढ़ कदमों से, बिना किसी थकान के कर्त्तव्य-पथ पर आगे बढ़ते जाते हैं। अपने क्षेत्र की जनता के कुशल समाचार भी लेते रहते हैं। अपने प्रारंभिक साथियों के प्रति उनका आत्मीय व्यवहार देखने-समझने, ग्रहण करने योग्य है।

अनुकरणीय व्यक्तित्व

सत्यनारायण अग्रवाल
अध्यक्ष, जिला कांग्रेस कमेटी, भोपाल

भारत के हृदय-स्थल मध्य प्रदेश की राजधानी भोपाल का यह सौभाग्य है कि इस मिट्टी का एक सपूत भारतीय राष्ट्रीय कांग्रेस के उच्चतम पद पर आसीन है। भोपाल रियासत में विलीनीकरण आंदोलन से एक सैनिक के रूप में अपना राजनैतिक जीवन प्रारम्भ कर, जिला कांग्रेस-अध्यक्ष, भोपाल राज्य के मुख्य मंत्री, मध्य प्रदेश शासन के मंत्री, प्रदेशाध्यक्ष, अखिल भारतीय कांग्रेस के महामंत्री आदि महत्त्वपूर्ण दायित्वों से उभरकर आज कांग्रेसाध्यक्ष के रूप में डॉक्टर शंकरदयाल शर्मा राष्ट्रीय एवं अन्तर्राष्ट्रीय राजनैतिक प्रतिभा के रूप में सामने आये हैं। डॉ॰ शर्मा की यह खूबी है कि वे किसी भी पद पर रहे हों, अपनी योग्यता एवं वक्तृत्व शक्ति से उस पद की गरिमा एवं श्रेष्ठता को आदर्शपूर्ण तरीके से कायम रखा है।

भोपालरत्न एवं जनहृदय-सम्राट् डॉ॰ शंकदयाल शर्मा ने अपने-आपको सदैव साधारण भोपाली होने में गर्व महसूस किया है। यही कारण है कि आज उस व्यक्ति का सम्मान हो रहा है जो सादगी से रहता है और अपने-आपको सबसे अधिक गरीब समझता है।

शिक्षा-शास्त्री के रूप में लाखों नौजवानों के मार्गदर्शक, जीवन-निर्माता एवं प्रेरणा स्रोत होने के साथ-साथ उनके दीर्घकालीन राजनैतिक जीवन की अनेक रचनात्मक उपलब्धियां हैं, लेकिन मेरा अपना मत है कि उनके राजनैतिक जीवन की सबसे बड़ी उपलब्धि यदि कोई है तो वह यह कि राजनीतिक लांछनों के इस युग में उनके आलोचक भी उन पर कोई आरोप नहीं लगा सके हैं। बड़े पदों पर आसीन होने के बाद रिश्तेदारों और भाई-भतीजों की आमतौर पर बन आती है लेकिन डॉक्टर साहब का आदर्श चरित्र इससे बहुत ऊपर है। उनकी उन्नति एवं सफलता के इतने वजनदार पहलू हैं जो राजनीतिज्ञों के लिए अनुकरणीय हैं।

श्रेद्धय डॉक्टर साहब मानवीय गुणों की ऐसी मिली-जुली छबि हैं जो मानव-कल्याण के योगदान में अपने जीवन की सार्थकता समझते हैं और वह भी चिन्ता किये बगैर। यही कारण है कि अपने मुख्य मंत्रित्व काल में उन्होंने कोई शिलान्यास नहीं किया। "इंसान की खिदमत से बढ़कर कोई दूसरी इबादत नहीं है" इस सिद्धांत को उन्होंने राजनीति में सदैव अपनाया है।

कांग्रेस दल के माध्यम से भारतीय संस्कृति की परम्परा को कायम रखते हुए देश के लोगों को नया और सुखद जीवन प्रदान करने तथा समाजवादी समाज रचना में भोपाल की यह महान् विभूति प्रधान मंत्री श्रीमती इंदिरा गांधी के नेतृत्व में सफल हो-इन्हीं शुभकामनाओं के साथ-हार्दिक अभिनन्दन।

डॉ॰ शंकरदयाल शर्मा

श्रीमती सहोद्राबाई राय
संसद्-सदस्य

डॉ॰ शंकरदयाल शर्मा मध्य प्रदेश के उन बहुमुखी प्रतिभा वाले नेताओं में से हैं जिन्होंने भोपाल राज्य व मध्य प्रदेश का सर्वांगीण विकास करके उन्हें आगे बढ़ाने का बड़ा भारी कार्य किया है। भोपाल राज्य के मुख्य मंत्री के

रूप में और मध्य प्रदेश के शिक्षा मंत्री व प्रदेश-कांग्रेस के अध्यक्ष के रूप में और अखिल भारतीय कांग्रेस कमेटी के महामंत्री और अध्यक्ष के नाते उन्होंने प्रदेश व देश की जो सेवाएं की हैं वे भुलाई नहीं जा सकती हैं। इस समय डॉ॰ साहब देश के सबसे बड़े राजनैतिक दल कांग्रेस के सर्वोच्च पद पर हैं। वे देश के महान् नेताओं की कोटि में हैं।

डॉ॰ शर्मा जी से मेरा परिचय 1957 में हुआ जब मैं प्रथम बार लोकसभा के लिए सागर क्षेत्र से निर्वाचित हुई। डॉ॰ साहब मध्य प्रदेश के शिक्षा व विधि मंत्री थे। वे शिक्षा के प्रसार के कार्य में लगे थे। मध्य प्रदेश जो शिक्षा के क्षेत्र में सबसे पिछड़ा राज्य था उसे उन्नत प्रदेशों की श्रेणी में लाने का सबसे बड़ा काम डॉ॰ शंकरदयाल जी ने किया। डॉ॰ साहब ने महिलाओं की शिक्षा पर विशेष ध्यान दिया। उन्होंने महिलाओं के प्रशिक्षण के लिए बुनियादी प्रशिक्षण संस्थाएं प्रारंभ कीं। भोपाल में महिला महाविद्यालय की स्थापना की। मध्य प्रदेश के प्रत्येक संभाग के मुख्यालय पर एक-एक महिला महाविद्यालय प्रारंभ किया जिससे महिलाओं की उच्च शिक्षा की व्यवस्था की जा सके।

मैं जब भी भोपाल जाती डॉ॰ शर्मा जी के दर्शन करने अवश्य जाती। वे बहुत ही सरल स्वाभाव के हैं और सादगी उनके जीवन का एक विशेष गुण है। छोटे-बड़े, शिक्षित या अशिक्षित सभी से वे समान रूप से मिलते हैं और सभी की बातें ध्यान से सुनते हैं व सहायता करने का प्रयत्न करते हैं। आपने लाखों प्राथमिक शिक्षकों तथा हजारों व्याख्याताओं की नियुक्तियां करके शिक्षा संस्थाओं की संख्या में कई गुनी वृद्धि की।

डॉ॰ शर्मा जी ने मध्य प्रदेश कांग्रेस कमेटी के अध्यक्ष के रूप में और अखिल भारतीय कांग्रेस कमेटी के महामंत्री व अध्यक्ष के नाते देश के लोकप्रिय प्रधान मंत्री श्रीमती इंदिरा गांधी द्वारा अपनाई गई प्रगतिशील नीतियों तथा देश के गरीबी हटाओ कार्यक्रम को क्रियान्वित करने का बड़ा भारी कार्य किया है। उन्होंने अपने भाषणों और लेखों में स्पष्ट संकेत दिये कि देश में गांधी जी द्वारा बताये गये मार्ग से ही सच्चा समाजवाद स्थापित किया जा सकता है।

श्रीमती विमला शर्मा डॉ॰ साहब की पत्नी बड़ी धार्मिक प्रवृत्ति की महिला हैं। वे एम॰ए॰ पास हैं। वे मध्य प्रदेश समाज-कल्याण बोर्ड की काफी समय से अध्यक्षा हैं। उन्होंने मध्य प्रदेश में महिलाओं और बच्चों के लिए काफी योजनाएं कार्यान्वित करने का बड़ा भारी कार्य किया।

विमला जी का जीवन काफी व्यस्त है। वे स्वयं मेहमानों की देखभाल करती हैं। समाज-कल्याण बोर्ड के कार्यालय में भी काफी समय रहती हैं। वे भी डॉ॰ साहब के साथ अभी-अभी विदेश गई थीं।

ईश्वर से प्रार्थना है कि वह डॉ॰ साहब को दीर्घायु करें जिससे वे देश तथा कांग्रेस संगठन की सेवा करते रहें।

आधुनिक भोपाल के निर्माता

सीताराम सू॰ जाजू
अध्यक्ष, राज्य परिवहन निगम

लगभग 25 वर्ष पूर्व डॉक्टर शंकरदयाल शर्मा से मेरी प्रथम भेंट दिल्ली में हुई थी। उस समय डॉक्टर साहब लखनऊ विश्वविद्यालय में प्राध्यापक थे। उनके हृदय में तत्कालीन भोपाल के राजनैतिक वातावरण के संबंध में एक बेचैनी थी–एक तड़प थी और ऐसा लगता था कि देश-विदेश की विभिन्न उपाधियों से विभूषित इस जन को धन और वैभव अपनी ओर प्रलोभित न कर सका और इसकी अपेक्षा अपने जन्म-स्थल (भोपाल) की सेवा की ओर वे खिंचते चले गये।

स्वतंत्रता-प्राप्ति के पश्चात् भोपाल रियासत कुछ समय तक भारत में विलीनीकरण का विरोध करती रही और इसके लिए तत्कालीन नवाब ने स्थानीय प्रजामंडल के नेताओं तथा अन्य सार्वजनिक कार्यकर्ताओं के सहयोग से भारत सरकार की अवहेलना शुरू करके यहाँ पर एक उत्तरदायी शासन का जो ढांचा बनाया वह जन-मानस की व्यापक राष्ट्रीय भावना को स्वीकार नहीं था। फलस्वरूप भोपाल रियासत को भारत में विलीन करने के लिए जो जन-आन्दोलन उभर पड़ा उसके नेतृत्व में डॉक्टर साहब भी सम्मिलित थे और उसकी सफलता के बाद भोपाल रियासत भी राष्ट्र की एक इकाई ('ग' श्रेणी) का राज्य बन गया। प्रारम्भ में तो इसकी व्यवस्था एक चीफ कमिश्नर के अधीन थी और सन् 1952 के प्रथम व्यापक चुनाव के पश्चात् डॉक्टर शर्मा के नेतृत्व में यहाँ कांग्रेस का मंत्रिमंडल निर्मित हुआ।

डॉक्टर साहब की विद्वत्ता और व्यावहारिक कार्य-कुशलता के साथ ही साथ यहाँ के साधनों की पूरी जानकारी होने से उन्होंने 5 वर्ष से भी कम की

अवधि में इस पिछड़े हुए सामन्तवादी क्षेत्र को पूर्णतः विकसित करने में वह स्तुत्य प्रयास किया जिससे भोपाल राज्य को भी स्वतंत्र भारत के नक्शे में एक विशिष्ट स्थान प्राप्त हो सका। उन्होंने इस छोटे से राज्य में प्राथमिक शिक्षा से उच्चतम शिक्षा की अत्यधिक सुविधाएं सभी-निकाय, तकनीकी शिक्षा से विश्वविद्यालय तक-उपलब्ध कराईं और वर्तमान मध्य प्रदेश के मंत्री बनने पर इस क्षेत्र में काफी प्रगति हुई।

औद्योगिक क्षेत्र में भी डॉक्टर साहब के सुप्रयत्नों से भोपाल में हेवी इलैक्ट्रिकल्स की स्थापना हुई और इससे संबंधित कई अन्य सहायक उद्योग भी कायम होने से भोपाल को वर्तमान युग का एक प्रमुख औद्योगिक केन्द्र कहा जाने लगा।

इसी प्रकार विकास-खण्डों के माध्यम से कृषि एवम् सिंचाई, सहकारिता और अन्य निर्माण-कार्यों में जो प्रगति हुई तथा सामाजिक क्षेत्र में भी जो चेतना आई, वह अन्य राज्यों की अपेक्षा कम नहीं है। तात्पर्य यह कि भोपाल के हर विकासोन्मुख कार्य पर डॉक्टर शर्मा की छाप दिखाई देती है।

सन् 1956 में राज्यों के पुनर्गठन के अवसर पर तत्कालीन भोपाल राज्य के भोपाल नगर को मध्य प्रदेश की राजधानी बनाने का बहुत बड़ा श्रेय डॉक्टर साहब को ही है। और फिर इस नगर की स्वाभाविक रूप से शैक्षणिक, आर्थिक, औद्योगिक एवम् सामाजिक प्रगति हुई वह अपने समूचे राष्ट्र के किसी भी अन्य नगर की तुलना में कम नहीं कही जा सकती, और मध्य प्रदेश की जो सेवाएं डॉक्टर साहब ने प्रदेश के मंत्रिमंडल के अनेक विभागों जैसे विधि एवम् न्याय, शिक्षा, पर्यटन, उद्योग, सार्वजनिक निर्माण कार्य आदि में रहकर की हैं, वे चिर-स्मरणीय रहेंगी।

राजनैतिक क्षेत्र में प्रवेश करते ही मध्यभारत प्रादेशिक कांग्रेस कमेटी (जिसका भोपाल राज्य एक अंग था) में अपने योगदान से एक महत्त्वपूर्ण स्थान प्राप्त किया और फिर समूचे मध्य प्रदेश राज्य में और गत 6 वर्षों से सम्पूर्ण राष्ट्र की राजनीति में अपनी विशेष कार्यकुशलता, सूझबूझ और दक्षता से भारतीय राष्ट्रीय कांग्रेस के जनरल सेक्रेटरी के रूप में जो एक अद्वितीय छाप अंकित की है, उसके फलस्वरूप आज वे अपने राष्ट्र के कर्णधार के रूप में भारतीय राष्ट्रीय कांग्रेस के अध्यक्ष हैं जो एक ओर अपने राष्ट्र के लिए एक विशिष्ट उपलब्धि है तो दूसरी ओर हम मध्य प्रदेश वासियों के लिए एक महान् गौरव

है। यह कहना अतिशयोक्ति न होगी कि डॉक्टर साहब मध्य प्रदेश के सर्वप्रथम ऐसे व्यक्ति हैं जिन्हें यह महान् गौरव एवम् सर्वोच्च स्थान प्राप्त हुआ है।

गत दिनों विदेश-यात्रा के समय विशेषतः रूस-यात्रा के अवसर पर डॉक्टर साहब ने वहाँ की कम्युनिस्ट पार्टी के सेक्रेटरी जनरल श्री लियोनिड ब्रेजनेव से क्रेमलिन में जो राजनैतिक चर्चाएं कीं, वे बड़ी ही महत्त्वपूर्ण एवम् अपने आप में एक कीर्तिमान हैं।

राष्ट्र की नेता प्रधान मंत्री श्रीमती इंदिरा गांधी के विश्वासपात्र होने के नाते इस कठिन समय में डॉक्टर साहब अपने राष्ट्र को जो कुशल नेतृत्व प्रदान कर रहे हैं वह सर्वथा स्तुत्य है और इस सुअवसर पर परमेश्वर से यही प्रार्थना है कि कांग्रेसाध्यक्ष डॉक्टर शंकरदयाल शर्मा को दीर्घायु प्रदान करे ताकि उनके सफल, यशस्वी नेतृत्व एवम् मार्ग-दर्शन से हमारा राष्ट्र अपने समाजवादी जनहित कार्य के लक्ष्य की ओर तीव्र गति से अग्रसर हो सके।

भोपाल के गौरव पुत्र

रतनकुमार

अखिल भारतीय कांग्रेस के अध्यक्ष डॉ॰ शंकरदयाल शर्मा 25 वर्ष पहले, 16 अक्तूबर सन् 1948 के दिन, त्रिवर्षीय विदेश प्रवास के बाद, जब अपनी जन्म-भूमि भोपाल लौटे थे, उस समय "नई राह" साप्ताहिक में मैंने 'भोपाल के प्रतिभाशाली पुत्र डॉ॰ शंकरदयाल शर्मा विदेश से वापिस' शीर्षक से उनका परिचय और उनकी असाधारण उपलब्धियों का उल्लेख करते हुए अंत में लिखा था: 'भोपाल आपका सहर्ष सप्रेम सम्मान स्वागत करता है। भोपाल की जनता को आपसे बहुत आशायें हैं।' अपने राजनैतिक जीवन के पिछले 24 वर्षों की निरन्तर असाधारण सफलताओं द्वारा डॉ॰ शंकरदयाल जी ने निस्सन्देह भोपाल के ही नहीं, समूचे देश के ही 'एक महान् प्रतिभाशाली पुत्र' होना सिद्ध कर दिया है, और आज जबकि कांग्रेस के सर्वोच्च पद का वरण करने के बाद यहाँ आ रहे हैं तो उल्लास और उत्साह में विभोर होकर संपूर्ण मध्यप्रदेश के प्रतिनिधि के रूप में भोपाल डॉ॰ शर्मा को 'सप्रेम ससम्मान स्वागत' कर रहा है।

उस समय मात्र मित्रता के मोहवश ही मैंने डॉ॰ शंकरदयाल जी की प्रशंसा में वैसा सब कुछ नहीं लिख दिया था। उनकी प्रचंड कर्मठता, असाधारण क्षमता,

लगन, हठ और तीव्रता को साथी होने के नाते छात्रजीवन से ही देखता आया था, और जैसी उनके हृदय में भी आकांक्षा उभर आई थी, वैसे ही मेरे मन में भी थी भोपाल की जरूरत के तकाजे से, कि वे यहाँ की जन-मुक्ति और प्रगति के लिए अपना योगदान दें। उनके पिताजी तथा मेरे पूज्य गुरु श्रद्धेय पं० खुशीलाल जी शर्मा वैद्यराज का प्रारम्भ से ही मुझ पर बड़ा स्नेह रहा है। इसलिये डॉ० शंकरदयाल जी से बचपन से ही घनिष्ठ संबंध रहा। भोपाल में मिडिल तक साथ-साथ पढ़ाई हुई–राम कृष्ण पाठशाला, बिरजीसिया और अलेक्जेण्ड्रा हाई स्कूल में। भोपाल की मैट्रिक शिक्षा उस जमाने में उस्मानियां यूनिवर्सिटी से संबद्ध हो जाने के कारण शंकरदयाल जी और उनके अभिन्न साथी (जो लखनऊ तक उनके साथ लगातार रहे) श्री अब्दुल अलीम खां तो मैट्रिक की पढ़ाई के लिए स्व० मा० भैरों प्रसाद जी एवं श्री कार्की द्वारा संचालित कोचिंग क्लास में दाखिल हो गये और मैं उज्जैन चला गया था। फिर सन् 1933 में मैट्रिक करने के बाद हम तीनों एक साथ ही इंटर की शिक्षा के लिए सेन्ट जान्स कॉलेज आगरा में पहुँच गये और वहाँ होस्टल में एक ही कमरे में रहते रहे। हम तीनों की समस्त गतिविधियां ही संयुक्त हुआ करती थीं। हमें एक साथ जाते देख कर होस्टल के दूसरे छात्र कहा करते थे–'देखो, यह भोपाल चला।'

इसमें शक नहीं कि भोपाल हम लोगों के मन-प्राण में सदा समाया रहता था। भोपाल हाकी टीम की जीत की खबर ही हमें खुशी से मस्त कर देती थी, और शंकरदयाल जी को तो सबसे ही ज्यादा, क्योंकि जोश और आवेश से वे भरे ही रहते थे। शायद कम आयु इसका कारण रहा हो, उस समय गंभीर राजनीति में और देश के घटनाचक्र में उनकी विशेष रुचि नहीं थी। पर भोपाल की उन्नति, उसकी गौरव-वृद्धि के लिये बड़ी तड़प उन दिनों भी उनमें झलकती थी। साहित्य, विशेषतः कविता से उन्हें उत्कट अनुराग था। उन्हीं दिनों मैंने 'सिपाही' कविता लिखी थी, जिसकी पहली पंक्ति 'ताकत अपनी तोल सिपाही अरमानों से–बलिदानों से' वे अक्सर गुनगुनाते थे और जिसका जिक्र एक प्रेरणापूर्ण कविता के रूप में उन्होंने कई बार जनसमूह में किया है। साहित्य और कला के प्रति उनकी गहरी रुचि बढ़ती ही गई। इस दिशा में उनकी मर्मज्ञता और हार्दिकता का परिचय भोपाल राज्य के उनके मुख्य मंत्रित्व तथा मध्य प्रदेश के शिक्षा मंत्री-काल में पर्याप्त रूप से मिलता रहा है। विभिन्न भाषाओं के विविध साहित्य का उन्होंने विस्तृत अध्ययन किया है। अंग्रेजी तथा हिन्दी व संस्कृत साहित्यों में उन्होंने एम०ए० किया। कानून की परीक्षाओं में भी एल-एल० बी० और

एल-एल॰एम॰ से ही संतुष्ट नहीं हुए, यद्यपि उस जमाने में देश भर में कुछ गिने-चुने ही एल-एल॰एम॰ हुआ करते थे, भोपाल में तो कोई एक भी नहीं था। शर्मा जी और अलीम साहब ने ही सबसे पहले यह उपाधि प्राप्त की। अमेरिका जाकर हार्वर्ड यूनिवर्सिटी से कानून में डाक्टरेट लेकर ही उनकी संतुष्टि नहीं हुई, इंग्लैड में जाकर बार-एट लॉ भी किया। राजनीति में इन्हें यदि खींच नहीं लिया गया होता, तो मैं सोचता हूँ कि ने जाने कितने विषयों में डॉ॰ शर्मा ने एम॰ए॰ ही नहीं किया होता बल्कि उनमें डाक्टरेट लेकर ही चैन लेते। आर्थिक कठिनाईयों के बावजूद उनका विदेश प्रवास भी उनके दृढ़ निश्चय तथा आत्म विश्वास का एक बड़ा भारी प्रमाण है।

असल बात यह है कि किसी भी क्षेत्र में पीछे रह जाना, कुछ भी कमी रह जाना, डॉ॰ शंकरदयाल जी को कभी गवारा नहीं हुआ। मुझे अच्छी तरह से याद है कि इंटर का अपना परीक्षाफल देखते ही उन्होंने क्षोभ और क्रोध में अखबार फाड़कर फेंक दिया था, क्योंकि प्रथम श्रेणी में पास न होकर द्वितीय श्रेणी में पास हुए थे। चाहे शिक्षा का मामला हो, या खेल-कूद का या राजनीति का–यही महत्त्वाकांक्षा की तीव्रता उन्हें आगे बढ़ाती रही। उच्च से उच्च सफलताओं में उनकी कर्मठता और लगन बड़ी सहायक रही। जो ठान लिया, वह करके ही रहे। अड़ और जिद की जो बचपन से ही आदत रही। आगरा में जब थे तो टेनिस, पिंगपांग के पीछे पड़े रहते थे, कि जब तक जीत न जायें, हटते नहीं थे, चाहे कितने ही घंटे बीत जायें। इसी तरह शतरंज और कैरम के खेल में इनका हाल रहता था। आगरा से मेरा साथ छूट गया। ये इंटर के बाद बी॰ए॰ के लिए इलाहाबाद गये। वहाँ से लखनऊ गये, जहाँ एम॰ए॰ और कानून की विभिन्न परीक्षाएं पास की हीं, पर खास बात यह भी है कि वहाँ जिले भर की तैराकी और लम्बी दौड़ प्रतियोगिता में चैम्पियनशिप भी प्राप्त की। विश्वविद्यालय-राजनीति में भी सक्रियता से यहाँ भाग लिया, जो बात कि आगरा व इलाहाबाद के इनके छात्र जीवन में नहीं थी। लखनऊ यूनिवर्सिटी यूनियन में कानून विभाग के प्रतिनिधि चुने गये और फिर विश्वविद्यालय पत्रिका के सम्पादक भी। शिक्षा प्राप्ति के बाद कुछ समय वहाँ के कोर्ट में वकालत भी की, फिर यूनिवर्सिटी में कानून के लेक्चरर हो गये थे।

इसे एक असाधारण चमत्कार के सिवा क्या समझा जाय कि जो व्यक्ति कभी आगरे के होस्टल की साप्ताहिक मीटिंग में जब कुछ बोलने के लिए खड़ा किया गया तो एक शब्द को ही तीन बार दोहरा कर बुरी तरह घबरा गया था और

आगे कुछ भी नहीं बोल सका था, वही आज लाखों के जनसमूह में घंटों धाराप्रवाह बोलते हुए विशाल समुदाय को मंत्रमुन्ध कर सकता है। 7 नवम्बर सन् 48 को विलीनीकरण आन्दोलन के पूर्व, जब मैं सीहोर डॉ॰ शंकरदयालजी को अपने साथ ले गया था और उनसे वहाँ की सभा में बोलने के लिए कहा गया, तो बहुत हिचकिचाये थे। वह जन सभा में उनके जीवन का पहला भाषण था, और उसमें उन्होंने अत्यन्त ही ओजस्वी रूप से उद्‌गार व्यक्त किये थे कि भोपाल का विलीनीकरण होकर रहेगा तथा हिन्दी भी यहाँ की राजभाषा बनकर रहेगी। और उसके बाद तो वे भोपाल के जन आन्दोलन में और राजनीति के क्षेत्र में निरंतर आगे बढ़ते रहे।

लगभग उसी समय की बात है कि डॉ॰ शंकरदयालजी ने बहुत आग्रह के साथ मुझसे कहा था कि विलीनीकरण आन्दोलन जब प्रारम्भ करना निश्चित किया जाय, उसके पहले उन्हें लखनऊ से जरूर बुला लूं। मैंने समझाया भी कि प्रोफेसरी की सर्विस का मामला है, और यह खतरों से भरी राह है। पर मुझसे वायदा लेकर ही वे माने। दिसम्बर 48 के अंतिम सप्ताह में जयपुर कांग्रेस अधिवेशन में भोपाल क्षेत्र से हम सब 'नई राह' वालों और विलीनकरण-समर्थकों का भारी दल गया था। डॉक्टर साहब वहाँ लखनऊ से नहीं पहुच सके थे। मुझे उनसे किया हुआ वायदा भी याद था, इसलिए जयपुर से वापिसी के समय रास्ते में भी मैंने सारी स्थिति की सूचना देते हुए जल्दी ही भोपाल पहुँचने को लिख दिया था।

बड़े तूफानी दिन थे वे। समूची भोपाल रियासत में एक-एक तहसील और एक-एक गांव में विलीनीकरण की आग भड़क उठी थी। 6 दिसम्बर को भोपाल राज्य की बारदोली बरेली में विलीनीकरण-कार्यकर्त्ताओं की गिरफ्तारी से एक प्रकार से आन्दोलन का श्री गणेश हो गया था। परन्तु योजनाबद्ध रूप से भोपाल नगर व सम्पूर्ण राज्य में वह शुरू होने को था। डॉ॰ शंकरदयाल जी मेरा पत्र मिलते ही जनवरी के प्रारंभ में भोपाल आ गये। स्व॰ श्री रामचरण राय जी के घर पर स्व॰ श्रेद्धय मा॰ लालसिंह जी सहित हम सब साथियों की आन्दोलन संबंधी विचार विमर्श के लिए उन दिनों बैठकें होती थीं, जिसमें यह महत्त्वपूर्ण निर्णय लिया गया कि 6 जनवरी, 49 को आन्दोलन प्रारंभ कर दिया जाय तथा आगे की सारी योजनायें बनाई गईं। 5 जनवरी की सुबह बैठक में डिस्ट्रिक्ट मजिस्ट्रेट भोपाल को मेरे नाम से भेजने के लिये उस पत्र का प्रारूप डॉ॰ शंकरदयाल जी द्वारा तैयार किया गया, जिसमें साफ-साफ सूचना थी कि 6 जनवरी को

भोपाल के विलीनीकरण के लिए नगर में जनसभा की जायेगी, तथा यह पत्र भेज दिया गया। जैसा कि सुनिश्चित था, 5 जनवरी की रात में मेरी व स्व० रामचरण राय जी, श्री बिहारीलाल भट्ट तथा श्री सूरजमल जैन की गिरफ्तारियां हो गईं। श्री बालकृष्ण गुप्ता व श्री अक्षयकुमार जी को आन्दोलन व 'नई-नई' संचालन के लिये पहले ही बाहर भेज दिया गया था। आन्दोलन के उद्देश्य से ही मथुरा बाबू अंडर-ग्राउंड हो गये थे। दूसरे दिन मा० लालसिंह जी, श्री प्रेम बाबू और भोपाल के बहुत से कार्यकर्ता व नागरिक गिरफ्तार हो गये थे। उस दिन शाम तक डॉ० शंकरदयाल जी के नाम वारंट नहीं था। वह चाहते तो बचे भी रह सकते थे और फिर लखनऊ वापिस चले जाते। लेकिन उस ऐतिहासिक शाम की ऐतिहासिक जनसभा में, जो यूनानी शफाखाने के मैदान में कानून तोड़कर की गई थी, स्वयं डॉ० शर्मा आन्दोलन में अपना योगदान अर्पित करने के लिये पहुँच गये। एकत्र जनसमूह को बिखराने के लिए पुलिस लाठियों से काम ले रही थी। कई भाइयों और बहिनों के अंगों से टपकते हुए खून को देखकर डॉक्टर साहब का और भी खून खौल उठा। मंच पर पहुँचकर अपने जोशीले उद्गार व्यक्त करने प्रारम्भ ही किये थे कि उनको गिरफ्तार कर लिया गया। मोहिनी बहिन, शांति बहिन आदि ने उनके गौरवगरिमा पूर्ण मस्तक पर रोली, चावल का तिलक लगाया, और उसी रात को ही वे सेन्ट्रल जेल में हम लोगों के बीच आ गये।

किस शान से वह आन्दोलन चला, कैसा भीषण सरकारी दमन-चक्र चला, बोरास के शहीदों ने अपनी प्राणाहुति दी और आखिर जनता की जीत होकर 1 जून 49 को भारत सरकार ने भोपाल रियासत को अपने शासनान्तर्गत ले लिया–यह एक लम्बी कहानी है। 'नई राह' ने 1 जून को अपना शानदार 'विलीनीकरण विशेषांक निकाला था। उसमें मेरे बहुत अनुरोध पर डॉ० साहब ने लेख भेजा था, जिसमें लिखा था:–

> "आज मुझे इस बात का गर्व है कि मैं उस भूमि का पुत्र हूँ, जहाँ की जनता इतनी जागृत और निर्भीक है, जहाँ के वीर बोरास का अद्भुत दृश्य उपस्थित कर सकते हैं, झण्डा वन्दन की पंक्ति 'शान न इसकी जाने पाये, चाहे जानें भले ही जायें', सच करके दिखा सकते हैं; जहाँ वीरांगनाओं ने बरेली, बोरास, रेहटी और सीहोर के अमर शहीद पैदा किये हैं।

वही भूमि और उसकी जनता अपने महान्, गरिमामय पुत्र का आज कांग्रेसाध्यक्ष के रूप में समारोहपूर्वक स्वागत अभिनन्दन कर रही है–इस आकांक्षा के साथ कि डॉ० शर्मा आगे और भी बहुत उसके लिये निश्चयत: करेंगे।

मेरे श्रद्धेय शंकर

चिन्तामणि व्यास
क्यूरेटर, राष्ट्र-निर्माता भवन,
राष्ट्रीय चित्रवीथी, नई दिल्ली

डॉ॰ शंकरदयाल शर्मा के साहित्यिक और सार्वजनिक जीवन के सम्बन्ध में, एक कलाकार होने के नाते, मेरे लिए कुछ लिखना कठिन है परन्तु डॉ॰ साहब अब अपने सार्वजनिक जीवन के लगभग 36 वर्ष पूरे कर चुके हैं। ऐसे अवसर पर उनके सार्वजनिक अभिनन्दन की यह व्यवस्था राष्ट्र-निर्माण के क्षेत्र में उनकी अमूल्य सेवाओं के मूल्यांकन का प्रयास ही नहीं, उनके प्रति श्रद्धा और आदर व्यक्त करने का उपयुक्त उपक्रम हैं।

भोपाल राज्य के मुख्य मंत्री के रूप में तथा अन्य मंत्री पदों पर आसीन डॉ॰ साहब की प्रशासनिक कुशलता, संकल्प की दृढ़ता पग-पग पर सामने आने लगी और अनुभव होने लगा कि वर्षों से प्रतीक्षा कर रहे देश को अब स्थायी, स्वच्छ, उत्कर्षप्रद राजनीतिज्ञ एवं कुशल नेता मिलेगा। अपने जीवन में डॉ॰ साहब सामाजिक संस्कृति के विकास के लिए निरन्तर प्रयत्न करते रहे हैं। और आधुनिक भारत के निर्माण में उनका यह योगदान निश्चय ही महत्त्वपूर्ण है। उन्होंने जन-हित में जो कहा या किया उसका उल्लेख करना कठिन है।

डॉ॰ शंकरदयाल शर्मा ने मध्य प्रदेश में कालिदास--समारोह की एक नई व्यवस्था की जिसमें कालिदास के ग्रंथों को आधार मानकर देश के अनेक कलाकारों ने मुक्त हृदय से अपने-अपने सपनों की संस्कृति को शुद्ध रूप से चित्रित किया। विशेष चित्रों के चयन पर कलाकारों का यथोचित सम्मान भी किया गया। इन्हीं ग्रंथों के आधार पर ही मध्य प्रदेश में बैले तथा ड्रामों का आयोजन डॉ॰ साहब के प्रोत्साहन से ही आरंभ हुआ। इतना ही नहीं तानसेन समारोह, टैगोर शताब्दी आयोजन तथा उस्ताद अलाउद्दीन खां स्वर्ण जयन्ती-समारोह डॉ॰ साहब की ही अध्यक्षता में हुए। तात्पर्य यह कि डॉ॰ साहब केवल समाजवादी विचारक अथवा राजनीतिज्ञ ही नहीं हैं, वरन् कला से भी उनका लगाव रहा है जिसे हम उनका संस्कारगत स्वभाव ही कहें तो उपयुक्त होगा। शर्मा जी ने साहित्यिक आन्दोलन को किसी भी व्यक्ति विशेष की अपेक्षा अधिक महत्त्व दिया इसीलिए वरिष्ठ लेखकों की लेखनी से उनके प्रति श्रद्धा का स्वर सर्वथा स्पष्ट है।

अपने विचारों और कार्यों के माध्यम से डॉ॰ साहब ने राष्ट्रीयता को एक व्यापक अर्थ प्रदान किया है। उनकी राष्ट्र-भावना में ऊष्मा की कमी नहीं।

भारत-भूमि के प्रति उन्होंने जो काव्यमय उद्गार व्यक्त किये हैं उनकी तुलना भारत के किसी भी सर्वश्रेष्ठ राजनीतिज्ञ से की जा सकती है। उनकी राष्ट्रीयता, व्यावहारिक तथा प्रगतिशील है। सहनशीलता, निर्भीकता और सबसे अधिक आत्मोसर्ग की भावना उनमें कूट-कूटकर भरी हुई है।

राष्ट्र के प्रति हमारा दृष्टिकोण आज निश्चय ही रचनात्मक है और समसामयिक साहित्य पर भी व्यक्त-अव्यक्त रूप से इसका प्रभाव दृष्टिगोचर होता है। अतीत की गौरव-परम्पराओं के प्रति डॉ॰ शंकरदयाल शर्मा का हृदय काव्यमय भावनाओं से ओत-प्रोत है। परन्तु वे जीते हैं वर्तमान में और उपक्रम करते हैं भविष्य का। उनके व्यक्तित्व में आधुनिक मानव का आदर्श रूप मिलता है।

अपने देश और संपूर्ण विश्व में समाजवादी व्यवस्था कायम करने के लिए डॉ॰ साहब के मन में अबाध उत्साह है जो वस्तुतः उनके आधुनिक दृष्टिकोण का ही प्रमाण है और जिसके लिए भारतीय जन-समाज के मन में उनके प्रति अपार श्रद्धा है। मध्य प्रदेश में उन्होंने शिक्षा के लिए क्या-क्या नहीं किया। अपने व्यस्त राजनैतिक तथा सामाजिक जीवन से अनेक अनमोल वर्ष उन्होंने शिक्षा के लिए समर्पित किये हैं जिसके लिए आज समस्त प्रदेश उनका ऋणी है।

डॉ॰ शंकरदयाल जी से मेरा प्रथम परिचय, जहाँ तक मुझे याद है, लगभग 20 वर्ष पूर्व भोपाल में हुआ और उनके पश्चात् सागर विश्वविद्यालय के एक दीक्षान्त समारोह में जहाँ लौहपुरुष पं॰ द्वारकाप्रसाद मिश्र, मध्य प्रदेश के मुख्य मंत्री डॉ॰ कैलाशनाथ काटजू तथा वहाँ के राज्यपाल श्री हरि विष्णु पाटस्कर भी उपस्थित थे। सन् 1953 से लेकर अब तक डॉ॰ साहब के इतने निकट आने का मुझे जब-जब अवसर मिला, मैं उनकी बहुमुखी प्रतिभा और गरिमा को भी अनुभव करने का मौका पा सका हूँ। देखने में शंकरदयाल जी का स्वभाव कोमल, विनोदी, उदार एवं प्रसन्नचित है। मैंने पाया कि कठिन परिस्थितियों में डॉ॰ साहब केवल संतुलित ही नहीं रहते, वरन् अपनी विनोदप्रियता से दूसरों को भी परिस्थितियों के चक्र से बचा लेते हैं। कठिन से कठिन परीक्षा में उनका साहस अविजित रहा है। उनकी कर्मण्यता विचार के परोक्ष अवकाश से नीचे भौतिक धरातल पर उतरने के लिए सदैव उतावली रही है तथा उन्होंने राजनीति के उतार-चढ़ाव को खूब देखा और समझा है इसीलिए उन्हें आज क्रान्तिद्रष्टा कहा गया है।

□□□

10

डा० के० आर० नारायणन्

डा० के० आर० नारायणन् जी के राष्ट्रपति बनने पर राष्ट्र के नाम सन्देश

भारत के ग्यारहवें राष्ट्रपति महामहिम डॉ० के०आर० नारायणन ने 26 जुलाई 1997 को राष्ट्र के नाम अपने सन्देश में कहा "साम्प्रदायिकता और जातिवाद बेलगाम बढ़ता जा रहा है, जिससे धर्म निरपेक्षता का दम घुटता जा रहा है। राजनीति और समाज में अपराधीकरण हो रहा है। यह राज्य तथा केन्द्र सरकारों का दायित्व है कि वे हमारे समाज के ताने-बाने को और हमारे द्वारा संजोए गए मूल्यों को खतरा पहुंचाने वाली इन ताकतों का मुकाबला करें।" राष्ट्रपति ने अपने निकट भविष्य में होने वाले चुनाव के विषय में हिंसा, अपराध, भ्रष्टाचार और साम्प्रदायिक भावनाओं को फैलाने वाली शक्तियों के विरूद्ध जन समर्थन पैदा करने का आह्वान करते हुए कहा कि "हिंसा और भ्रष्टाचार में लिप्त लोगों का बहिष्कार किया जाना चाहिए।"

राष्ट्रपति जी ने भूमिहीन, गरीब और छोटे किसानों को हरित क्रान्ति में कोई लाभ न होने के विषय में बतलाते हुए कहा कि "ग्रामीण क्षेत्रों में जो गरीबी, अशान्ति, जाति संघर्ष और हिंसा है उसका मुख्य कारण भूमि के वितरण में घोर अन्याय और एक प्रकार की क्रान्ति का होना हैं। इन्हीं कारणों से, भूमि सुधारों के लाभ नहीं मिले हैं।" हरित क्रान्ति के अभावों को दूर करने के लिए राष्ट्रपति जी ने 'एक पोषाहार क्रान्ति' के महत्व को बताते हुए कहा, "यह दुर्भाग्य की बात है कि हरित क्रान्ति के होते हुए भी हमारे ग्रमीण और शहरी क्षेत्र भूख और कूपोषण के शिकार बने हुए हैं। विशेषतः बच्चे और महिलाओं की खाद्य

पोषाहार सम्बन्धी आवश्यकताओं को पूरा करने के उपायों पर ध्यान देना आवश्यक है। हम भूमि सुधार सम्बन्धी उस अधूरे काम को पूरा करें, जिससे हमने वर्षों पहले आरम्भ किया था और भूमिहीन गरीब लोगों और छोटे किसानों को सशक्त बनाएँ, जिन्हें हरित क्रान्ति से कोई लाभ प्राप्त नहीं हुआ।''

राष्ट्रपति जी ने निरक्षरता और अशिक्षा के विषय में कहा कि ''दर्शन साहित्य और की अनूठी परम्पराओं के लिए विख्यात हमारे देश में विश्व की तुलना में निरक्षरों की संख्या सबसे अधिक है। यह स्थिति बहुत लज्जाजनक है।'' राष्ट्रपति जी ने भारत की गरीबी के विषय में संकेत देते हुए कहा, ''लोगों का यह सवाल बेवजह नहीं है कि स्वतंत्रता के पचास वर्षों के बाद भी भारत में विश्व के अन्य देशों की तुलना में गरीबी रेखा के नीचे रहने वाले लोगों की संख्या सबसे अधिक क्यों है? और हमारे समाज के अनेक वर्गों में वस्तुओं की प्रचुरता, समृद्धि और बेकार के प्रदर्शनों के चलते सादगी का विचार तो एक तरफ, यह शब्द ही शब्दकोष से गायब हो गया है। इन विषमताओं को दूर करने के लिए हमें समाज के बारे में खुले तथा सूक्ष्म दृष्टि से विचार करना होगा। हमारा समाज खड़ी तथा समानान्तर विभाजक रेखाओं से विभाजित है, जिसके कारण अनेक खण्डों में बटकर रह गया है। आर्थिक विकास, औद्योगिक परिवर्तनों और समाज सुधार सम्बन्धी आन्दोलनों के फलस्वरूप विभाजन की ये आन्तरिक दीवारें काफी कुछ कम हुई हैं, किन्तु फिर भी ये आन्दोलन उन्हें पूरी तरह गिराने में सफल नहीं हो पाए हैं। इस तरह विकास के लाभ एक भाग से दूसरे भाग तक नहीं पहुंच पा रहे हैं। यही कारण है कि इस विकास का काम असंतुलित है और सम्पन्नता के साथ-साथ विपन्नता तथा सामाजिक असमनताओं को हम कब तक सहते रहेंगे।''

राष्ट्रीय एकता, अखण्डता और स्वतंत्रता को अक्षुण बनाए रखने के लिए राष्ट्रपति जी ने कहा कि ''हम आपस में लड़ते-झगड़ते हैं। इन मतभेदों और झगड़ों के बीच हमें राष्ट की एकता, अखण्डता और सुरक्षा को पुष्ट और सशक्त बनाना नहीं भूलना चाहिए।'' राष्ट्रपति जी ने राज्यों की जनता के प्रति उनकी भूमिका के विषय में बताते हुए कहा कि ''राज्य को जनता के कामों को पूरा करना चाहिए। पंचवर्षीय योजनाओं, आर्थिक सुधारों और आर्थिक विकास में विज्ञान और प्रौद्योगिकी के उपयोग द्वारा भारत ने सभी मोर्चों पर भारी प्रगति की है। हमारी अर्थव्यवस्था का धीरे-धीरे किन्तु निश्चित रूप से कायाकल्प हो रहा है। वास्तविक आय बढ़ रही है। जीवन की दर दुगनी हो गई है और

गरीबी में कमी आई है। पूर्व एशिया के पड़ोसी देशों में अभूतपूर्व वित्तीय और आर्थिक संकट के होते हुए भी भारतीय अर्थव्यवस्था अच्दी तरह से कार्य निष्पादन करती रही है'' आपने विदेश नीति के विषय में आगाह करते हुए अपने सन्देश में कहा कि ''भारत ने विश्व शान्ति के लिए बड़ी ईमानदारी और लगन से कार्य किया और आज हम विश्व के देशों विशेषकर गुट निरपेक्ष और विकासशील देशों के सहयोग में एक न्यायोचित समतावादी और शान्तिपूर्ण विश्व व्यवस्था संयोजित करने के कार्य में लगे हुए हैं। भारत ने अपने पड़ोसी देशों के साथ सहयोग और मित्रता का हाथ बढ़ाया है।''

राष्ट्रपति का विभिन्न पदों और सद्‌भावना मण्डलों में सदस्यः

1. अध्यक्ष : भारतीय समिति संस्कृति समिति
2. अध्यक्ष : सार्वजनिक प्रशासन भारतीय संस्थान।
3. अध्यक्ष : रामकृष्ण मिशन सांस्कृतिक संस्थान।
4. संरक्षक : भारतीय युवकों अन्तर्राष्ट्रीय अवॉर्ड।
5. चेयरमैन : अन्तर्राष्ट्रीय जवाहर लाल नेहरू अवार्ड।
6. चेयरमैन : अन्तर्राष्ट्रीय गाँधी अवॉर्ड कोडयो को।
7. चेयरमैन : इन्दिरा गांधी पुरस्कार शान्ति, निःशस्त्रीकरण और विकास।
8. चेयरमैन : राजीव गांधी सद्‌भावना अवॉर्ड सलाहकार समिति।
9. जूरी : इन्दिरा गाँधी पर्यावरण पुरस्कार।
10. जूरी : कमजोर वर्ग की उन्नति और सामाजिक समझदारी डॉ॰ बी॰आर॰ अम्बेडकर अवॉर्ड।
11. जूरी : अन्तर्राष्ट्रीय डॉ॰ बी॰आर॰ अम्बेडकर अवॉर्ड सामाजिक परिवर्तन अवॉर्ड।
12. जूरी : जी॰डी॰ बिरला अवॉर्ड।
13. जूरी : साम्प्रदायिक सद्‌भावना अवॉर्ड

स्वतंत्रता की स्वर्ण जयन्ती पर राष्ट्रपति का सन्देश

स्वतंत्रता की स्वर्ण जयन्ती 15 अगस्त, 1997 के शुभावसर पर संसद के केन्द्रीय कक्ष में आयोजित गरिमामयी सादा समारोह में सदन के दोनों सदनों के सांसदों और राष्ट्रीय तथा अन्तर्राष्ट्रीय ख्याति प्राप्त गणमान्य व्यक्तियों में मंच

पर राष्ट्रपति डॉ॰ के॰ आर॰ नारायणन के एक ओर प्रधान मंत्री श्री इन्द्र कुमार गुजराल तथा दूसरी ओर लोकसभा अध्यक्ष सुश्री बैटी बूथ वर्ड बैठी थीं। दूसरी ओर श्री गुजराल के साथ राज्यसभा की उपसभापति सुश्री डॉ॰ नजमा हेपतुल्ला, मानव संसाधन मंत्री एस॰आर॰ बोमई और गृहमंत्री श्री इन्द्रजीत गुप्त मौजूद थे। इस समय राष्ट्रपति डॉ॰ के॰ आर॰ नारायणन जी ने राष्ट्र को संबोधित करते हुए अपना सन्देश दिया, "भ्रष्टाचार साम्प्रदायिकता, जातिवाद और राजनीति के अपराधीकरण से लड़े बिना अब देश को बचाना कठिन है। नागरिकों को इन बुराइयों से लड़ने के लिए एक होना चाहिए। इस समारोह ने 50 वर्ष के उन क्षणों को ताजा कर दिया जब कि इसी कक्ष में इसी वक्त आज ही के दिन भारत की जनता के प्रतिनिधियों ने संविधान सभा के सदस्यों को ब्रिटिश शासन ने पहली बार नेताजी सुभाष चन्द्र बोस की आवाज गूंजी थी। महात्मा गाँधी, पण्डित जवाहर लाल नेहरू के भाषण के टेपों को सुनाया, जो संविधान सभा द्वारा सत्ता प्राप्त करने के कुछ क्षण पूर्व दिए।" इस अवसर की ऐतिहासिक पृष्ठभूमि पर प्रकाश डॉलते हुए राष्ट्रपति जी ने कहा, "आज चल रही व्यवस्था के शुद्धिकरण के लिए एक बड़ी सामाजिक और व्यापक राष्ट्रव्यापी मुहिम चलाने की आवश्यकता है। मैं बहुत दर्द भरे दिल के साथ यह बात कह रहा हूं कि हमारे मुल्क के मूल्यों में गिरावट आ रही है। यह अफसोस की बात है कि सिद्धान्तों और आदर्शों की जगह अवसरवाद और सत्ता के लिए हो रही मूल्यहीन राजनीति ने ले ली हैं, हिंसा बढ़ रही है, महिलाओं पर अत्याचार हो रहा है और कमजोर वर्ग तथा अनुसूचित जातियों पर अत्याचार बढ़ रहे हैं। आजादी के पचास सालों में हमारी सबसे बड़ी उपलब्धि यह है कि हम राजनीति और सरकार चलाने की एक लोकतान्त्रिक प्रक्रिया से बंधे हुए हैं और उसका पालन कर रहे हैं। लोकतन्त्र पर हमें गर्व हैं।"

गौर हर्ड फिशर गाँधी शान्ति पुरस्कार से सम्मनित

राष्ट्रपति डॉ॰ के॰ आर॰ नारायणन ने दिनांक 05 जनवरी, 1998 को राष्ट्रपति भवन में आयोजित समारोह में महान् मानवतावादी गौर हर्ड फिशर को वर्ष 1997 के गाँधी शान्ति पुरस्कार से सम्मानित किया। पुरस्कार के रूप में आपको एक करोड़ रुपये की नकद राशि, एक प्रशस्ति पत्र तथा एक स्मृति चिन्ह भेंट किया गया। इस अवसर पर राष्ट्रपति जी ने कहा कि "यदि यह कार्य बड़े पैमाने पर किया जाये तो बोस्निया, सोमालिया, रवांडा, अंगोला तथा जायरे में हुई लाखों मौतें तथा मानवीय यन्त्रणा को कम किया जा सकेगा।"

गणतन्त्र दिवस की स्वर्ण जयन्ती की पूर्व संध्या पर राष्ट्र के नाम सन्देश

गणतन्त्र दिवस के पचासवें वर्ष की स्वर्ण जयन्ती की पूर्व संध्या 25 जनवरी, 1998 को राष्ट्रपति डॉ॰ के॰ आर॰ नारायणन ने राष्ट्र के नाम जो सन्देश दिया, उसमें आपने लन्दन स्कूल ऑफ इकॉनॉमिक्स के प्रसिद्ध अर्थशास्त्री प्रो॰ हेराल्ड लास्की अर्थात् अपने गुरु की बात को चरितार्थ किया कि "किसी देश में लोकतन्त्र का असली स्वरूप वैसा ही होता है जैसा कि वहाँ के लोग उसे बनाते हैं।" राष्ट्रपति जी ने याद दिलाया कि, "इस राष्ट्र की वास्तविक संप्रभुता उसी में निहित है।" आप निर्णायक निर्णय करने में और इस देश का दृश्य बदल सकने में समर्थ हैं। आपने अपने सन्देश में देश की जनता के समक्ष दो मानदण्ड प्रस्तुत किए प्रथम बात आपके सन्देश में यह थी कि हिंसा और भ्रष्टाचार में लिप्त व्यक्तियों का आगामी चुनाव में मतदाता बहिष्कार करें और द्वितीय बात यह है कि साम्प्रदायिकता और जातिवाद से जुड़ी शक्तियों का वे विरोध करें। स्वार्थ सिद्धी हेतू घुमाफिरा कर उत्तर देने के लिए राष्ट्रपति जी ने यह सटीक उपाय बतलाया। संसदीय लोकतन्त्र राजनैतिक दलों के माध्यम से चलता है। लेकिन ये माध्यम आत्ममुग्ध हो गए हैं। राष्ट्रपति जी ने अपने भाषण में बताया इस परिणति से बचाने का उपाय जनता के पास है। नकेल जनता के हाथ में है। वह इस माध्यम को पथभ्रष्ट होने से रोक सकती है। जो तन्त्र संविधान के नाम पर इस देश की जनता की रक्षा और भलाई के लिए काम करता है, इसके द्वारा लागू की जाने वाली योजनाओं का लाभ गरीब और निर्बल वर्ग के लोगों तक क्यों नहीं पहुंच पाता है। "राष्ट्रपति जी का यह संदेश एक वर्ग के लिए नहीं वास्तव में सम्पूर्ण राष्ट्र के लिए दिया गया संदेश था। लेकिन हमें राजनीतिक, प्रशासनिक और चुनावी प्रक्रिया की ध्वनियों को साफ करने की भी जरूरत है। लोकतंत्र की मज़बूती में आड़े आ रही खामियों को हमें हर हालत में दूर करना होगा। हमें अर्थव्यवस्था, टेक्नॉलोजी और समाज के विकास के क्षेत्र में कई चुनौतियों का सामना करना है। हालांकि पिछले पचास साल में देश ने बहुत उन्नति की है, लेकिन फिर भी हम गरीबी, अशिक्षा और बीमारी से लड़ने में पूरी तरह सफल नहीं हुए हैं। भारत आज दुनिया में अपनी औद्योगिक और तकनीकी शक्ति के कारण पहचाना जाता है। लेकिन इससे संतुष्ट होकर बैठ जाने की जरूरत नहीं है। हमें अपनी सफलताओं पर गर्व करना चाहिए, मगर उतना जितने के हम हकदार

है। हमें अभी बहुत दूरी तय करनी है। हमारी उन्नति की दर बहुत संतोषजनक नही है। हमें अपने समाज के संतुलन के किसी भी पहलू को असन्तुलित किए बिना और तेजी से प्रगति की राह पर चलना होगा।

नेपाल यात्रा

भारतीय राष्ट्रपति महामहिम डॉ॰ के॰ आर॰ नारायणन दिनांक 30 मई 1998 को नेपाल की राजकीय यात्रा पर गए। राष्ट्रपति जी के नेपाल पहुंचने पर अपार प्रसन्नता के साथ भव्य स्वागत शाही महल में किया गया। राष्ट्रपति जी का पद संभालने के बाद डॉ॰ के॰ आर॰ नारायणन की यह पहली विदेश यात्रा थी। पाकिस्तान के परमाणु प्रयोग पर डॉ॰ के॰ आर॰ नारायणन ने अपने विचार व्यक्त किए इसका प्रभाव नेपाल पर पड़ा क्योंकि भारत नेपाल का पुराना मित्र है। इसलिए नेपाल भारत चीन के साथ मित्रता का वातावरण रख रहा है। यदि नेपाल की एक सड़क भारत ने बनवाई तो दूसरी सड़क चीन द्वारा बनवाई गई थी। इस प्रकार नेपाल अपने पड़ोसी देशों के साथ अपने अच्छे सम्बन्ध बना कर रखे हुए है।

राष्ट्रपति द्वारा स्वतंत्रता दिवस की पूर्व संध्या पर राष्ट्र के नाम संदेश की नई परम्परा

स्वतंत्रता दिवस की पूर्व संध्या 14 अगस्त, 1998 को राष्ट्रपति द्वारा राष्ट्र के नाम संदेश की नई परम्परा दूरदर्शन द्वारा सीधे संबोधन की व्यवस्था के स्थान पर पत्रकारों के प्रश्नों का उत्तर देना उचित माना, जिसे दूरदर्शन और आकाशवाणी द्वारा प्रसारित करने की व्यवस्था की गई। राष्ट्रपति जी ने स्वतंत्रता दिवस 15 अगस्त, 1998 को पुरानी परम्परा को छोड़कर एक नई परम्परा प्रारम्भ की। इस प्रकार राष्ट्रपति जी ने पत्रकारों के उत्तरों द्वारा राष्ट्र के नाम संदेश दिया।

राष्ट्रपति जी की जर्मन यात्रा

भारत के राष्ट्रपति डॉ॰ के॰ आर॰ नारायणन जर्मन की यात्रा के लिए अपने कारवां के साथ एयर इण्डिया के हर्षवर्धन वायुयान से दिनांक 7 सितम्बर, 1998 को दिल्ली पालम एयर फोर्ट से 12.10 बजे दोपहर बाद जब उड़े तो अत्यन्त प्रसन्नचित थे। विमान में ही राष्ट्रपति अनौपचारिक तौर पर पत्रकारों से मिले और पूछा, "आपको कोई दिक्कत तो नहीं है। एक-एक करके वह अपने

दल के सभी मीडिया और अन्य लोगों से मिले। राष्ट्रपति जी के बाद केन्द्रीय ऊर्जा मन्त्री पी० आर० कुमार मंगलम, पूर्व केन्द्रीय मन्त्री सैफुद्दीन सोज़ आकर सबसे व्यक्तिगत रूप से मिले। विदेशी सचिव के० रघुनाथ भी मिले। विमान में ही अनेक विषयों पर चर्चा हुई। विमान जर्मनी समय के अनुसार 13.20 बजे बाडेन हवाई अडडे पर उतरा। वहाँ पर जर्मनी में भारतीय राष्ट्रपति डॉ० के० आर० नारायणन की अगवानी के लिए राजदूत बर्न हार्डवन डेर प्लैटिज प्रोटोकोल प्रमुख के रूप में उपस्थित थे। इनके अतिरिक्त वाडेन सिटी के मेयर डॉ० सिंगरून लंग, वर्मा राज्य के प्रोटोकोल प्रमुख वर्नन सेथ, डॉ० मोनिका रोथ, जर्मनी की ओर से थे। भारत की ओर से जर्मनी में भारतीय राजदूत सतिंदर कुमार लांबा और उनकी पत्नी नीलिमा लांबा, फ्रैंक फर्टनगर में भारत के कंसुलेट जनरल पार्था एस० रे० एवं श्रीमती सुजाता रे थे। आपका यहाँ पर भव्य स्वागत हुआ। राष्ट्रपति जी ने इस पन्द्रह दिन के दौर में सात समझौतों पर हस्ताक्षर किए। यह यात्रा जर्मनी, पुर्तगाल, लक्समवर्ग और तुर्की की थी।

राष्ट्रपति जी ने 9 सितंबर को बर्लिन में भारत के साथ चिरकाल से चले आ रहे बौद्धिक, सांस्कृतिक और आर्थिक सम्बन्धों का उल्लेख करते हूए कहा, "हमारे देश के महान् कवि रविन्द्रनाथ टैगारे यहाँ 1920 के दशक में तीन बार आए और इसी शहर में उनकी आईस्टाइन से बातचीत हुई थी, इन दोनों महापुरूषों में विश्व शान्ति और विकास पर बातचीत हुई, जो आज भी हर जगह लोगों के मन में बसी है। राष्ट्रपति जी की चार दिन की यात्रा के अन्तिम चरण में नागरिक अभिनन्दन हुआ तब कहा "बर्लिन में लगभग प्रत्येक राष्ट्रीयता और धर्म के लोग रहते हैं, जिनमें भारत के लोग भी शामिल हैं। भारतीय स्वतंत्रता की पचासवीं वर्षगांठ के कार्यक्रम सबसे अधिक यहाँ किए गए।"

भारत और लक्समवर्ग के बीच वार्ता

भारतीय राष्ट्रपति डॉ० के० आर० नारायणन, दिनांक 16 सितम्बर, 1998 को योरोपीय संघ लक्समवर्ग में पहुंचे और अपील की कि वह भारत में लागू आर्थिक सुधार को देखते हुए वहाँ पूंजी निवेश करें। डॉ० के० आर० नारायणन ने लम्समवर्ग के प्रधान मंत्री ज्यां क्लाड जूनकेर द्वारा दिए गए दोपहर के भोज में कहा, "भारत में सन् 1991 के पश्चात् जो आर्थिक सुधार लागू किए गए हैं, गैर सरकारी निवेश की, जिसमें विदेशी निवेश भी शामिल है। अधिक सरल, उदार, पारदर्शी तथा लाभकारी बना दिया है।"

राष्ट्रपति जी की ग्वालियर यात्रा

महाराजा सिन्धिया पब्लिक स्कूल, ग्वालियर मध्यप्रदेश के किले में दिनांक 23 अक्टूबर, 1998 को आयोजित स्कूल के शताब्दी समारोह में मुख्य अतिथि के रूप में महामहिम राष्ट्रपति डॉ॰ के॰ आर॰ नारायणन अपनी पत्नी उषा नारायणन और दोनों पुत्रियों कु॰ चित्रा एवं कु॰ अमृता को साथ लेकर वायु सेना के विशेष विमान से ग्वालियर हवाई अड्डे पर पहुंचे। हवाई अड्डे पर मध्य प्रदेश के राजयपाल मोहम्मद शफी कुरेशी उनकी पत्नी श्रीमती फातिमा कुरेशी, मुख्य मंत्री दिग्विजय सिंह और उनके साथियों ने राष्ट्रपति जी का बड़े उत्साह और उल्लास के साथ भव्य स्वागत किया। समारोह स्थल पर प्रमुख व्यक्तियों द्वारा राष्ट्रपति जी और उनकी पत्नी का पुष्प हारों से स्वागत हुआ। राष्ट्रपति जी ने विद्यालय के शताब्दी समारोह के प्रति अपार प्रसन्नता प्रदर्शित करते हुए, आपने अपने सन्देश में विद्यालय की ऐतिहासिक पृष्ठभूमि पर प्रकाश डॉलते हुए कहा, "इस विद्यालय को आज सौ वर्ष पूरे होने पर मुझे अपार प्रसन्नता हो रही है। इस विद्यालय ने सौ वर्ष से शिक्षा के प्रचार-प्रसार में महत्वपूर्ण योगदान दिया है। अब भविष्य में इस विद्यालय का मुख्य कर्तव्य सम्पन्न परिवारों के छात्रों के साथ-साथ गरीब और शोषित समाज के छात्रों को भी उचित शिक्षा का अवसर प्रदान कर उनके जीवन को सफल बनाने का भी अवसर प्रदान करना अत्यन्त आवश्यक है। तभी इस ऐतिहासिक कार्यक्रम में मेरे आने की सार्थकता सिद्ध होगी।" राष्ट्रपति जी के सारगर्भित सन्देश का करतल ध्वनि से श्रोताओं ने स्वागत किया।

समारोह स्थल पर सुरक्षा व्यवस्था के नाम पर समुचित व्यवस्था नहीं थी। खुले हुए मैदान के अधिकांश भाग में अन्धेरा छाया हुआ था। जनता का आना जाना हो रहा था, व्यक्तियों की छानबीन और पूछताछ की भी व्यवस्था नहीं थी। व्यक्ति अपना कैमरा, बैग और खाना आदि वस्तुएं लेकर आराम से बेरोकटोक घूम रहे थे। डी॰आई॰जी॰ स्तर के एक अधिकारी ने बतलाया कि जनता से निमन्त्रण पत्र पूछने वाला कोई नहीं था।

समारोह समापन के पश्चात् राष्ट्रपति डॉ॰ के॰ आर॰ नारायणन और अन्य विशिष्ठ व्यक्तियों की सुरक्षा व्यवस्था अत्यन्त सोचनीय थी, उस समय किसी प्रकार की अनहोनी घटना हो सकती थी। राष्ट्रपति जी के लिए की गई सुरक्षा व्यवस्था में बहुत सी कमियां थी, जिसे देखकर खुफिया ब्यूरो (आई॰बी॰) के अधिकारी के होश उड़ गए क्योंकि समारोह पण्डाल से आग बढ़ते हुए सैकड़ों

स्त्री-पुरुष और बच्चे आटोग्राफ और फोटो लेने के लिए बड़ी आतुरता दिखा रहे थे। उस समय राष्ट्रपति और उनके परिवार के सदस्यों को भीड़ ने घेर लिया था। यह दृश्य देखकर खुफिया पुलिस के अधिकारी भी आश्चर्यचकित हो रहे थे। हतप्रभ खुफिया अधिकारियों ने राष्ट्रपति और उनके परिवार के सदस्यों को भीड़ से निकालने का प्रयास किया किन्तु मध्य प्रदेश के पुलिसकर्मी खड़े तमाशा देखते रहे। एक बार तो राष्ट्रपति अपने को चारों ओर से भीड़ में घिरा देखकर घबड़ाए हुए अपनी एम्बेसडर कार की ओर लगभग दौड़े परन्तु उन्हें भीड़ ने कार के समीप नहीं पहुंचने दिया। तब राष्ट्रपति को भीड़ के कई धक्के सहने पड़े। बार-बार राष्ट्रपति जी की ओर आटोग्राफ बुक उछालती हुई भीड़ से पीछा छुड़ाते हुए राष्ट्रपति एकदम असहाय प्रतीत हो रहे थे। उस समय राष्ट्रपति की सुरक्षा के लिए कोई सुरक्षा अधिकारी नहीं आया।

मध्य प्रदेश के राज्यपाल शफी कुरेशी, उनकी पत्नी फातिमा कुरेशी और मुख्यमंत्री दिग्विजय सिंह की तो और भी बुरी स्थिति थी। इनकी सुरक्षा का तो शायद सुरक्षा अधिकारी को ध्यान ही नहीं था।

राष्ट्रपति जी की यह ग्वालियर यात्रा बेहद असुरक्षित एवं अशान्तिमय थी। इस बात को न तो पुलिस अस्वीकार कर सकती और न प्रशासन। इस विषय में तत्कालीन पुलिस महानिदेशक ए॰एन॰ पाठक ने बतलाया कि समारोह स्थल पर भीड़ होने का सही अनुमान नहीं लगा पाने से राष्ट्रपति जी की सुरक्षा व्यवस्था गड़बड़ा गई थी। अतिरिक्त पुलिस महानिदेशक (इन्टेलीजेन्स) ए॰एन॰ सिंह ने भी सुरक्षा व्यवस्था की कमी होने की बात कही। परोक्ष रूप से स्वीकार किया कि राष्ट्रपति जी को संकट में डॉलने के लिए पुलिस के बजाय उक्त समारोह के आयोजक उत्तरदायी हैं, जिस प्रशासनिक भवन में राष्ट्रपति जी के जाने की सूचना पुलिस को देनी थी उसे आयोजक भूल गए थे।

राष्ट्रपति जी की सुरक्षा व्यवस्था में हुई शिथिलता का मुख्य कारण समारोह आयोजक, पुलिस और प्रशासन के मध्य चली आ रही तनातनी की कहानी है। इसकी शुरूआत उसी दिन हो गई थी जब समारोह प्रबन्धकों ने पुलिस अधीक्षक को कहा था कि बहुत अतिविशिष्ट व्यक्ति आयोजन में आने वाले हैं। अत: कई हजार पुलिसकर्मी सुरक्षा व्यवस्था में लगाए जाए। पुलिस अधीक्षक द्वारा उक्त आग्रह नहीं माने जाने पर ऊँची राजनीति खेली गई और जब राष्ट्रपति जी को समारोह में आने में दो दिन शेष रह गए तभी यकायक पुलिस अधीक्षक को पदोन्नति करके भोपाल स्थानांतरित कर दिया गया था, जिस पुलिस अधिकारी

को ग्वालियर का पुलिस अधीक्षक बनाया गया उसने एक तरफा चार्ज ले लिया था परन्तु तत्कालीन पुलिस अधीक्षक ने उसे चार्ज नहीं दिया था। इससे भ्रम की स्थिति रही कि पुलिस अधीक्षक कौन है? और किसके आदेश माने जाये, इस प्रकार प्रशासन और आयोजक के मध्य एक विवाद पैदा हो गया।

सबसे सौभाग्य की बात यह है कि राष्ट्रपति डॉ॰ के॰ आर॰ नारायणन सपरिवार दिल्ली राष्ट्रपति भवन सुरक्षित आ गए। व्यवधान डॉलने वालों ने अपनी ओर से कोई कमी नहीं छोड़ी थी। अव्यवस्था ही अव्यवस्था थी।

दयादृष्टि करतार की, जिस प्राणी पर होय।
अनिष्ट उसका जगत में, कर सके नहीं कोय।।

सारनाथ में अन्तरराष्ट्रीय बौद्ध महोत्सव का उद्‌घाटन

भगवान बुद्ध के प्रथम सन्देश से आलोकित सारनाथ की ऐतिहासिक भूमि पर चार दिवसीय अन्तरराष्ट्रीय बौद्ध महोत्सव का आयोजन केन्द्रीय पर्यटन मंत्रालय, बिहार सरकार और उत्तर प्रदेश सरकार के सहयोग से किया गया। 'बुद्ध के त्रिरत्नों में विश्व एकता' विषय पर दिनांक 5 और 6 नवम्बर, 1998 को इस अन्तरराष्ट्रीय संगोष्ठी का उद्‌घाटन करने के लिए भारत के डॉ॰ के॰ आर॰ नारायणन अपनी पत्नी श्रीमती ऊषा नारायणन के साथ एक विशेष विमान द्वारा राष्ट्रपति भवन, नई दिल्ली से सारनाथ पहुंचे। बाबतपुर हवाई अड्डे से सर्किट हाउस तक के सड़क मार्ग पर कई स्वागत द्वार बनाए गए थे। इस मार्ग पर सड़क के दोनों ओर सैकड़ों लोगों ने हाथ हिलाकर राष्ट्रपति जी और उनकी पत्नी का भव्य अभिनन्दन किया। मार्ग में कई स्थानों पर स्कूल के बच्चों ने हाथों में शान्ति और अहिंसा की झंडिया लिए राष्ट्रपति जी और उनकी पत्नी जी का स्वागत किया।

मध्य मार्ग से जीवन के दुखों से मुक्ति पाने और अहिंसा पर चलने, विश्व को अशान्ति और तनाव से मुक्त करने के लिए भगवान बुद्ध के सन्देशों पर चलने का आह्‌वान करते हुए राष्ट्रपति जी ने अपने सन्देश में कहा, " जीवन में मुक्ति पाने के लिए मध्यम मार्ग अपनाने और अहिंसा पर चलने के भगवान बुद्ध के सन्देश आज भी उतने ही प्रासंगिक हैं, जितने प्रासंगिक वे ढ़ाई हजार वर्ष पूर्व थे। यह सही है कि भारत ने बौद्ध धर्म को आधिकारिक तौर पर नहीं अपनाया, लेकिन भगवान बुद्ध के सन्देश भारतीय जीवन में पूरी तरह परिलक्षित होते हैं।

सारनाथ के ऐतिहासिक महत्व की चर्चा करते हुए राष्ट्रपति जी ने कहा कि "भगवान बुद्ध की यह भूमि है, जहाँ से बुद्ध ने आलौकिक ज्ञान का प्रकाश प्राप्त कर विश्व को दिया था। आज विश्व में चारों ओर अशान्ति और हिंसा का वातावरण है। केवल भगवान बुद्ध का सन्देश ही विश्व को नष्ट होने से बचा सकता है। ढाई हजार वर्ष पूर्व यहाँ बौद्ध धर्म का जन्म हुआ और विश्व भर में फैला। बौद्ध धर्म भारतीय संस्कृति से निकला था। मध्यम मार्ग ही जीवन में सफलता का सही रास्ता है। हमारा गुट निरपेक्षता का सिद्धान्त इसी सन्देश की देन है। आज विश्व में शान्ति के लिए सभी देश इसी ओर आकर्षित हो रहे हैं। भारत में लोकतन्त्र केवल मध्यम मार्ग से ही सफल हो सकता है।"

महामहिम राष्ट्रपति ने अपना उद्घाटन भाषण राष्ट्रभाषा हिन्दी में प्रारम्भ किया श्रोताओं और दर्शकों ने आपका स्वागत करतल ध्वनि से किया, लेकिन हिन्दी भाषा के उच्चारण की कठिनाई के कारण कुछ मिनट के पश्चात् सम्पूर्ण वक्तव्य अंग्रेजी में ही दिया। राष्ट्रपति जी ने काशी की संस्कृति और वर्तमान स्वरूप का तुलनात्मक वर्णन किया तो सम्पूर्ण पण्डाल तालियों की गड़गड़ाहट से गूंज उठा। आपने काशी की धार्मिक दशा और वहाँ पर व्याप्त गन्दगी के विषय में वर्णन करने पर लेशमात्र भी संकोच नहीं किया।

इस अन्तरराष्ट्रीय संगोष्ठी में जापान से 180 बौद्ध अनुयायी 3296 बौद्ध भिक्षु, तत्कालीन केन्द्रीय संसदीय कार्य एवं पर्यटन मन्त्री मदनलाल खुराना, केन्द्रीय राज्य पर्यटन मन्त्री, ओमाक आपांग, उत्तर प्रदेश के तत्कालीन मुख्यमन्त्री कल्याण सिंह, तत्कालीन पर्यटन मन्त्री कलराज मिश्र और देश-विदेश के अनेक गणमान्य व्यक्ति उपस्थित थे।

राष्ट्रपति जी की आस्ट्रिया यात्रा

भारतीय राष्ट्रपति महामहिम डॉ० के० आर० नारायणन भारत से चार दिन की आस्ट्रिया की यात्रा पर 8 नवम्बर, 1999 दिन रविवार रात को गए। आस्ट्रिया के चान्सलर विक्टर कलीमा ने राष्ट्रपति डॉ० के० आर० नारायणन के सम्मान में रात्रि भोज दिया। भोज में राष्ट्रपति जी ने कहा, "पाकिस्तान में पिछले माह हुए सैनिक तख्ता पलट के पश्चात् से भारत वहाँ की हालात पर निगाह रखे हुए है और पाकिस्तान द्वारा कारगिल में कराई सशस्त्र घुसपैठ के कारण नष्ट हुई। आपसी विश्वास की दोबारा बहाली होने के बाद वह (भारत) उसके

(पाकिस्तान) के साथ शान्तिपूर्वक सम्बन्धों के लिए भी तैयार है। हम अपने पड़ोसियों के साथ बातचीत के द्वारा सभी मतभेदों को शान्तिपूर्ण ढंग से तय करने हेतु प्रतिबद्ध हैं। हम उनके साथ भविष्य के लिए परस्पर लाभकारी सम्बन्ध स्थापित करने के लिए इच्छुक हैं।"

बाद में आस्ट्रिया के राष्ट्रपति थामस क्लोस्टिल द्वारा डॉ॰ के॰ आर॰ नारायणन के सम्मान में दिए गए रात्रि भोज में पुनः कहा, "पिछले कुछ वर्षों में भारत में विदेशी प्रत्यक्ष निवेश में धीर-धीरे वृद्धि हुई है। हमें विश्वास है कि आने वाले वर्षों में इससे पूरा लाभ उठाया जा सकेगा। आस्ट्रिया से भारत में बिजली, सड़क निर्माण, हवाई अड्डा, हवाई सेवाओं और पर्यावरण संरक्षण तकनीकी में निवेश करने का आग्रह किया। भारत आस्ट्रिया के लिए एशिया भर में सबसे अच्छा साझीदार साबित हो सकता है।"

'नेहरू एण्ड हिज विजन' नामक पुस्तक की रचना

राष्ट्रपति महामहिम डॉ॰ के॰ आर॰ नारायणन ने भारत के प्रथम प्रधान मन्त्री पण्डित जवाहरलाल नेहरू से प्रभावित होकर एक पुस्तक 'नेहरू एण्ड हिज विजन' (नामक पुस्तक की रचना की, जिसका विमोचन 14 नवम्बर, 1999 को हुआ। आपने इस पुस्तक में पण्डित नेहरू जी के विषय में लिखा है कि नेहरू जी अपनी तारीफ में सब कुछ भूल जाते थे। बात करते वक्त वह सामने वाले के मकसद को तलाशते रहते थे।"

नेपाल महाराजा का 26 जनवरी, 1999 को गणतन्त्र दिवस पर मुख्य अतिथि के रूप में स्वागत

नेपाल के महाराजा वीरेन्द्र विक्रम शाहदेव और महारानी ऐश्वर्य लक्ष्मी देवीशाह दिनाक 25 जनवरी, 1999 को भारतीय गणतन्त्र दिवस पर मुख्य अतिथि के रूप में भाग लेने के लिए भारत आने पर भारत के राष्ट्रपति डॉ॰ के॰ आर॰ नारायणन ने राष्ट्रपति भवन के प्रांगण में भव्य स्वागत किया। उनके स्वागत में 21 तोपों की सलामी दी गई और तीनों सेनाओं ने सलामी गारद पेश की। इससे पूर्व हवाई अड्डे पर उनकी अगवानी विदेश मन्त्री जसवन्त सिंह ने की थी। राष्ट्रपति डॉ॰ के॰ आर॰ नारायणन ने परम्परा से हटकर रविवार रात को ही महाराजा वीरेन्द्र से राष्ट्रपति भवन के अतिथि कक्ष में भेंट की। दोनों राष्ट्राध्यक्षों के मध्य बड़े मधुर माहौल में वार्तालाप हुआ।

गणतन्त्र दिवस की पूर्व संध्या 25 जनवरी, 1999 को राष्ट्र के नाम सन्देश में राष्ट्रपति डॉ० के० आर० नारायणन ने संकेत दिया कि "भारत की एकता और सहनशीलता की नींव सदियों पुरानी बुनियाद पर रखी है न कि किसी एक विचार को सर्वस्व मानने पर। हमारी परम्परा के साथ रहकर हर धर्म में सच्चाई और अच्छाई की तलाश के व्यवहारिक तरीके और दार्शनिक अवधारणा पर आधारित है।"

राष्ट्रपति जी ने महिलाओं और दलितों के उत्थान के विषय में अनेक सुझाव देते हुए कहा "15 अगस्त, 1998 को महिला आरक्षण का विरोध करने वालों को आड़े हाथ लिया था। आपने सरकार तथा राजनैतिक दल, संसद और राज्य विधान सभाओं में महिलाओं को आरक्षण दिलाने के लिए वचनबद्ध होने पर प्रसन्नता व्यक्त की। "स्वतंत्रता के पश्चात् महिलाओं, उपेक्षित वर्ग, श्रमजीवी तथा किसानों को बन्धन मुक्त करने के साथ-साथ सामाजिक एवं आर्थिक अधिकार प्रदान किए गए हैं। इन कानूनों तथा नीतिगत उपायों पर देश गर्व कर सकता है। परन्तु यह उपाय बहुत गहरे तक नहीं जा सके और उनके क्रियान्वयन की प्रक्रिया विफल होती रहीं। इन वर्गों पर लगातार अत्याचार होता रहा है। उन्हें कानून द्वारा प्रदन्त अधिकारो से वंचित रखना, हिंसा, अत्याचार और सामूहिक बलात्कार होते रहे हैं। शासन और समाज को इन अपराधों का सफाया करने के लिए दुगुनी ताकत से जुट जाना चाहिए। समाज में भ्रष्टाचार एवं अपराध का अपवित्र गठजोड़ मिटा देना चाहिए।"

राष्ट्रपति जी ने साक्षरता और परिवार नियोजन के विषय में कहा कि "नई सहस्राब्दी का स्वागत सम्पूर्ण साक्षरता के लिए आन्दोलन के साथ करें। निरक्षरता उन्मूलन के लिए व्यावहारिक कदम उठाए जाएं। नई सहस्त्राब्दि में महिलाएं अधिक अधिकार प्राप्त कर सकेंगी। छोटे-छोटे कामों में शक्ति गंवाने की अपेक्षा परिवार नियोजन के प्रति आन्दोलन के रूप में जनशक्ति जुटाना जरूरी है।"

तेरहवीं लोकसभा के निर्वाचित होने पर

संसद के दोनों सदनों के संयुक्त अधिवेशन में तेरहवीं लोकसभा के निर्वाचित होने पर राष्ट्रीय जनतांत्रिक गठबन्धन के 70 सदस्य वाले मन्त्रिमण्डल का नेतृत्व माननीय प्रधान मन्त्री श्री अटल बिहारी वाजपेयी ने किया। दिनांक 25 अक्टूबर, 1999 दिन सोमवार को संसद के दोनों सदनों के संयुक्त अधिवेशन को सम्बोधित करते हुए भारत के राष्ट्रपति महामहिम डॉ० के० आर० नारायणन ने राष्ट्रीय जनतान्त्रिक गठबन्धन की सरकार की प्राथमिकता और नीतियों का खुलासा करते

हुए कहा, "सरकार अविश्वास प्रस्ताव की वर्तमान पद्धति के स्थान पर 'अविश्वास प्रस्ताव का विकल्प मत' प्रणाली लागू करने पर विचार करेगी। अनुसूचित जातियों और अनुसूचित जनजातियों के लिए आरक्षण दस वर्ष और बढ़ाया जाएगा तथा कुछ राज्यों में लागू पचास प्रतिशत से अधिक आरक्षण को वैधानिक मान्यता दी जाएगी। नई सरकार प्रधान मन्त्री को भी लोकपाल की जांच के दायरे में लाएगी और केन्द्रीय सतर्कता आयोग को भी संवैधानिक श्रेणी प्रदान करेगी।" राष्ट्रपति जी ने घोषणा की कि भ्रष्टाचार एक गम्भीर नासूर है जो हमारे देश की हर संस्था को खाए जा रहा है। हमारी नई सरकार सार्वजनिक जीवन में ईमानदारी सुनिश्चित करने के लिए वचनबद्ध है। कारगिल में भारत की विजय पर हम सभी को गर्व है, इसके बाद जम्मू-कश्मीर और देश के अन्य भागों में अचानक फैले आतंकवाद और सुरक्षा बलों पर हुए आक्रमणों को देखते हुए सभी मोर्चों पर चौकसी बरतने के लिए कृतसंकल्प हैं। इस युद्ध में हमारी सेनाओं के लिए आधुनिकीकरण की आवश्यकता को भी आवश्यक बना दिया है। पाकिस्तान में सेना द्वारा शासन सत्ता को हथियाये जाने पर राष्ट्रपति जी ने कहा, "हम पाकिस्तान की स्थिति पर सावधानी से निगाह रखे हुए हैं। पाकिस्तान को जम्मू-कश्मीर और भारत के अन्य हिस्सों में सीमा पार से होने वाले आतंकवाद को रोकना है।"

राष्ट्रपति जी ने आर्थिक अवस्था कि विषय में बताते हुए कहा, "अर्थव्यवस्था में छः प्रतिशत से अधिक की वृद्धि होने की सम्भावना है। सरकार हर साल एक करोड़ रोजगार के अवसर जुटाने के लिए वचनबद्ध है। ऐसी बस्तियों में जहाँ प्राथमिक विद्यालय नहीं है, वहाँ विद्यालयों के लिए भवनों की व्यवस्था के लिए कार्यक्रम तैयार किया जाएगा। राष्ट्रीय स्वास्थ्य नीति को शीघ्र ही घोषित किया जाएगा, जिसके अन्तर्गत प्राथमिक स्वास्थ्य सेवाएं उपलबध कराना और जनसंख्या वृद्धि को कम करना होगा। भारतीय चिकित्सा पद्धति के प्रयोग को बढ़ावा दिया जाएगा। सरकार ग्रामीण आधारभूत संरचना के सुधार पर भी जोर देगी। पेयजल आपूर्ति विभाग अगले पाँच वर्ष में सभी ग्रामों में पेय स्वच्छ जल उपलब्ध कराएगा और सभी ग्रामों को सड़कों से जोड़ने के कार्यक्रम को तेजी से कार्यान्वित करेगा।"

संसद के दोनों सदनों के संयुक्त अधिवेशन में दिया गया राष्ट्रपति डॉ॰ के॰ आर॰ नारायणन का अभिभाषण राष्ट्रीय जनतान्त्रिक गठबन्धन सरकार की नीतियों और कार्यक्रमों का ही दस्तावेज होता है। लोकसभा और विधान सभाओं

का कार्यकाल हर हालत में पांच वर्ष होना ही चाहिए। ताकि राजनैतिक अस्थिरता से देश बचा रहे। नई सरकार इस प्रश्न पर विचार करेगी।

राष्ट्रपति डॉ० के० आर० नारायणन जी का 79वां जन्मदिवस

भारत के राष्ट्रपति डॉ० के० आर० नारायणन जी का अस्सीवां जन्म दिवस 27 अक्टूबर सन् 1999 को राष्ट्रपति भवन में बड़ी धूमधाम से अपने इष्टमित्र और सगे सम्बन्धियों के साथ मनाया गया। आपके सभी शुभचिन्तकों ने आपकी दीर्घायु की शुभकामनाएं दी।

शहीद अशफाकउल्ला खां की जन्मशताब्दी समारोह राष्ट्रपति भवन में

शहीद अशफाकउल्ला खां जन्मशती पर दिनांक 18 दिसम्बर, 1999 को राष्ट्रपति भवन में एक समारोह आयोजित किया गया, जिसमें राष्ट्रपति डॉ० के० आर० नारायणन, प्रधान मन्त्री अटल बिहारी वाजपेयी, कांग्रेस अध्यक्ष एवं लोकसभा में विपक्ष की नेता श्रीमती सोनिया गाँधी, पूर्व सांसद शशि भूषण आदि अनेक गण्यमान व्यक्ति उपस्थित हुए। इस अवसर पर राष्ट्रपति जी ने अपनी श्रद्धांजलि समर्पित करते हुए कहा कि, "बहादुर शहीदों के प्रति अपने ऋण को चुकाने के लिए केवल शब्द ही काफी नहीं हैं बल्कि हमें स्वतंत्रता और एकता की उनकी भावना का अनुसरण करके अपने समाज और राजनीति से साम्प्रदायिकता के चिन्ह तक को मिटा देना चाहिए। फांसी पर झूल जाने वाले महान् भारतीय की जन्मशती के अवसर पर हमें अपने आप से सवाल करना चाहिए कि हम इन बहादुर नायकों के ऋण को कैसे चुका सकते हैं? हमें अपने युवाओं और आने वाली पीढ़ियों के लिए देशभक्ति, एकता, साम्प्रदायिक सद्भाव और सामाजिक सौहार्द के ऐसे उदाहरण पेश करने हैं, जिनके बल पर वे हमें लेकर गौरव महसूस कर सकें। ठीक उसी तरह से जैसे कि हम अशफाक उल्ला खां और उनके साथियों के बारे में सोचते हैं। इस युवा शहीद की जन्मशती का समारोह हमारे लिए विभिन्न दृष्टिकोणों से महत्वपूर्ण हैं। हम अपने दैनिक जीवन में अपनी गौरवशाली संस्कृति और सभ्यता के प्रति पहले से ही कहीं ज्यादा सजग और जागरूक हो गए हैं, जिसने हमें कुछ ऐसे शाश्वत जीवन मूल्य दिए हैं जो अभी भी प्रासंगिक हैं। लेकिन इसके साथ ही हमारे लिए यह बहुत जरूरी है कि हम अपने हाल के अतीत को याद करें, जिसने हमारे राष्ट्र और समाज को देश भक्ति और एकता एवं सद्भाव के आधारभूत मूल्य

दिए हैं। अशफाकउलला खां की शहादत ने उस समय के क्रान्तिकारी आन्दोलन को एक नया अर्थ दिया। उत्तर प्रदेश में काकोरी में एक रेलगाड़ी से सरकारी खज़ाना लूटे जाने और इससे संबद्ध मामले ने समूचे देश को एक सूत्र में बांध दिया। इन देशभक्तों के खिलाफ चलाए जा रहे मुकदमे ने देश को आजादी की राष्ट्रवादी भावनाओं को भड़काने के लिए आग में घी का काम किया।"

अशफाकउल्ला खां को काकोरी काण्ड की सुनवाई के समय कुछ साम्प्रदायिक तत्वों ने सलाह दी कि वह अपनी जान बचाने के लिए अपने हिन्दू साथियों के खिलाफ गवाही देकर सरकारी गवाह बन जाये। लेकिन उनका उत्तर था कि अपने साथी रामप्रसाद बिस्मिल को वह हिन्दू के रूप में नहीं बल्कि एक हिन्दुस्तानी के रूप में देखते हैं, उनका उद्देश्य हिन्दू की स्वतंत्रता नहीं है बल्कि हिन्दुस्तान की स्वतंत्रता है। यह एक क्रान्तिकारी और धर्मनिरपेक्ष का ब्यान था और इससे पता चलता है कि लोकतन्त्र और धर्मनिरपेक्षता के प्रति उनकी आस्था सम्पूर्ण थी। उनको पूरी ईमानदारी से यह विश्वास था कि धर्म से राष्ट्रवाद का कोई सम्बन्ध नहीं है, उन्होंने फाँसी के फन्दे पर झूलने से पहले कहा था कि देश को धर्म के आधार पर बांटना बहुत गलत है। सभी हिन्दुओं और मुस्लिमों का देश के प्रति यह कर्त्तव्य है कि वे अंग्रेजों को भारत से चले जाने के लिए बाध्य करें।"

इस समारोह में अटल बिहारी वाजपेयी, लोकसभा में विपक्ष की नेता श्रीमती सोनिया गाँधी, मध्य प्रदेश के मुख्यमन्त्री श्री दिग्विजय सिंह, दिल्ली की मुख्यमन्त्री शीला दीक्षित, हरकिशन सुरजीत, ए॰बी॰ वर्धन आदि ने अपनी श्रद्धांजलि शहीद अशफाकउल्ला खां को प्रदान की। शहीद अशफाकउल्ला खां जन्म शताब्दी समारोह समिति के सचिव पूर्व सांसद शशि भूषण ने श्रद्धांजलि अर्पित करने के बाद सभी आगन्तुकों के प्रति आभार व्यक्त किया।

शहीद ऊधम सिंह के बलिदान के प्रति उनकी जन्म शताब्दी वर्ष 26 दिसम्बर, 1999 से 25 दिसम्बर 2000 तक किसी राष्ट्र नेता या राष्ट्रीय स्तर की स्वतंत्रता सेनानियों की संस्थाओं ने शताब्दी वर्ष मनाने की हिम्मत नहीं की। मात्र दो संस्थाओं अमर शहीद ऊधम सिंह जन्म शताब्दी समारोह समिति सम्बद्ध अखिल मानव समाज सेवा संघ (पंजी॰) ए2/193 पूर्वी गोकुलपुरी, दिल्ली-110094, ने सम्पूर्ण वर्ष लगभग 25 कार्यक्रम सम्पूर्ण भारत के विभिन्न स्थानों में मनाए और दूसरी संस्था केन्द्रीय आर्य युवक परिषद् ने जन्म शताब्दी

के उपलक्ष्य में दिल्ली के विट्ठलभाई पटेल हाऊस के स्पीकर हाल में समारोह आयोजित किया। इससे बड़ी विडम्बना और क्या हो सकती है? प्रधान मन्त्री अटल बिहारी वाजपेयी ने भी एक बार ऊधम सिंह के जन्म दिवस पर ऊधम सिंह की जीवनी पाठ्य पुस्तकों में लगाने की बात कह कर आज तक नहीं लगा पाये। शहीद ऊधम सिंह का बलिदान अन्य क्रान्तिकारियों के बलिदान से किसी प्रकार भी कम नहीं है। कम है तो मात्र उनका जातिय आधार जो वर्ण व्यवस्था का शिकार बन कर रह गया। इलाहाबाद उच्च न्यायालय के न्यायमूर्ति मार्कण्डेय काटजू तथा न्यायमूर्ति ओंकारेश्वर भट्ट ने अपने एक निर्णय में कहा, "हमारे देश में जाति व्यवस्था एक बड़ी बुराई बन गई है, जिसे जितनी जल्दी हो सके नष्ट किया जाना चाहिए।"

गणतन्त्र दिवस की पूर्व संध्या पर राष्ट्रपति जी का राष्ट्र के नाम सन्देश

25 जनवरी, 2000 ई० को महामहिम राष्ट्रपति डॉ० के० आर० नारायणन ने भारतीय गणतन्त्र दिवस की पूर्व संध्या पर राष्ट्र के नाम दिए सन्देश में कहा कि, "देश के करोड़ों लोगों के साथ सामाजिक, आर्थिक और राजनैतिक न्याय नहीं हो रहा है। न्याय अभी भी अधूरा सपना बना हुआ है। ऐसा प्रतीत होता है कि भारतीय सामाजिक क्षेत्र में एक प्रकार की प्रतिक्रान्ति आ रही है। अगर गरीबों को आर्थिक रूप में समानता का अवसर नहीं दिया गया तो उनके लिए उदारीकरण, निजीकरण और भूमण्डलीकरण का कोई महत्व नहीं है।" राष्ट्रपति जी ने आतंकवाद के विषय में कहा कि, "पाकिस्तान आतंकवादी हस्तक्षेप, घृणा और दुष्प्रचार का रास्ता छोड़कर भारत के साथ अच्छे पड़ोसियों की तरह रहे।" उदारीकरण की ओर इशारा करते हुए आपने कहा, "आर्थिक प्रगति समान नहीं रही है तथा व्यापक स्तर पर क्षेत्रीय और सामाजिक असमानताएँ विद्यमान है। शैक्षणिक संस्थाओं और सार्वजनिक सेवाओं में आरक्षण का संवैधानिक उपयोग हमारे में उपलब्ध है लेकिन नौकरशाही और प्रशासन द्वारा इन्हें प्रयोग न करने अथवा इन विशेष उपबन्धों की संकीर्ण व्याख्या किये जाने के कारण इन्हें पूर्णता प्रदान नहीं की जा सकती है। महिलाओं, दलितों और अन्य कमजोर वर्गों को आरक्षण देना न्याय संगत है। समाज के सबसे नीचे के वर्गों के लोगों की उपेक्षा से उनमें आक्रोश पनप रहा है जो हिंसा के पथ पर ले जा रहा है। दलित और आदिवासी इन सबमें अधिक प्रभावित हुए हैं।"

राष्ट्रपति जी ने अत्यन्त महत्वपूर्ण बात बताते हुए कहा कि, ''गणतन्त्र बने हमें पचास वर्ष पूरे हो गये हैं फिर भी करोड़ो लोग ऐसे हैं, जिन तक हमारे आर्थिक विकास के लाभ नहीं पहुँच पाये हैं। विश्व भर मे निरक्षरों की सबसे अधिक संख्या भी हमारे यहाँ ही है। मध्य वर्ग और गरीबी की रेखा से नीचे रहने वालों और कुपोषण से ग्रस्त बच्चों की संख्या भी सबसे अधिक है हमारे देश में। बहुत बड़े-बड़े कारखाने भी बने हैं पर उनके पास दरिद्रता और गन्दगी है। हमारे उपग्रह उन स्थानों से छूटते है जहाँ गरीबों की टूटी-फूटी झोपड़ियाँ भी होती हैं। इस बात में कोई हैरानी नहीं होगी कि अपनी इस दुर्दशा के सम्बन्ध में लोगों में उग्र रोष पैदा हो जाये जो प्राय: देश के विभिन्न भागों में हिंसात्मक रूप में फैल जाए।''

राष्ट्रपति जी ने उदारीकरण, निजीकरण और भूमण्डलीकरण की इस त्रिभागीय यातायात को द्रुतगति पर चलती हुई बताते हुए कहा कि, ''इसके साथ-साथ हमें भारत के कमजोर वर्गों के लिए भी सुरक्षित पैदल पार पथ की भी व्यवस्थ करनी होगी ताकि ये गरीब भी समानता की दिशा में आगे बढ़ सकें।'' आपने एक पुरानी कहावत का उल्लेख करते हुए कहा कि, ''पुरानी कहावत है कि सावधान रहिये धनवान व्यक्ति के कोप से। हमें महिलाओं, दलितों, आदिवासियों और अन्य कमजोर वर्गों की स्थिति पर गम्भीरता से विचार करना होगा तथा स्वर्ण जयन्ती के इस अवसर पर संविधान में इन लोगों के लिए जो उपबन्ध किये गये हैं, उनसे ऊबना नहीं चाहिए। समाज में हिंसा ने अपने पंजे फैला दिये हैं। विज्ञापन प्रवण उपभोक्तावाद हमारे समाज में निराशा और तनाव पैदा कर रहा है। नव धनाढ्य वर्ग का दिखावटी उपभोग और भी आडम्बरपूर्ण हो गया है। इसमें उनकी बेरोक और बेहुदा अंतग्रस्तता ने छोटे वर्गों को निराशा से भर दिया है समाज का एक हिस्सा बोतल पीकर गटकता है तो दूसरा चुल्लूभर पानी से ही गुजारा करता है।''

वर्तमान उन्नति के मार्ग पर बढ़ते हुए अपने कदमों को भी उचित बताते हुए राष्ट्रपति डॉ० के० आर० नारायणन ने कहा कि, ''कारखाने, बांध और उपग्रहों की प्रगति होगी परन्तु इनके कारण पारिस्थितिकीय और पर्यावरणीय विनाश नहीं होना चाहिए। विशेषरूप से आदिवासी और गरीब लोगों के आवास नहीं उजड़ने चाहिए। जनसाधारण के जीवन पर आधुनिक प्रोद्यौगिकी के हानिकारक प्रभावों को दूर करने के तरीके और उपाय खोजे जा सकते हैं। पर्यावरण और मानव पर बड़ी-बड़ी परियोजनाओं के परिणाम के लिए सरकार को उत्तरदायी ठहराया जाना चाहिए पर पर्यावरण सुरक्षा के लिए समाज को भी जिम्मेदारी लेनी होगी।''

राष्ट्रपति जी ने पाकिस्तान को सद्बुद्धि देने के उद्देश्य से कहा कि "हम अपने पड़ोसियों समेत सभी देशों के साथ शक्तिशाली राजनैतिक, आर्थिक और सांस्कृतिक समबन्ध विकसित करना चाहते हैं और इसी भाईचारे की सद्भावना के साथ हम चाहते हैं कि नयी सहस्त्राब्दि में सभी देशों को आर्थिक और प्रौद्योगिकी स्तर पर समान राजनीतिक दर्जा और समान अवसर मिले। संयुक्त राष्ट्र संघ, राष्ट्रमण्डल, गुटनिरपेक्ष आन्दोलन, विश्व व्यापार संगठन, आसियान, दक्षेस और हिन्द महासागर तटवर्ती क्षेत्रीय सहयोग संघ में सभी सदस्य देश एक दूसरे को सहयोग करें, जिससे सभी कल्याणकारी योजनाओं को प्रभावी ढंग से चलाया जा सके।"

संविधान की स्वर्ण जयन्ती पर राष्ट्रपति का सन्देश

27 जनवरी, 2000 ई० को संविधान की स्वर्ण जयन्ती के शुभावसर पर संसद के केन्द्रीय कक्ष से राष्ट्र के नाम दिए सन्देश में भारत के प्रधान मन्त्री अटल बिहारी वाजपेयी द्वारा की जा रही भारतीय संविधान की समीक्षा के रूप में नया संविधान रचने की योजना के कार्यक्रम को उजागर करते हुए भारत के राष्ट्रपति महामहिम डॉ० के० आर० नारायणन ने कहा कि "भारत का एक लोकतंत्रात्मक गणराज्य के रूप में स्थापित होना निश्चय ही भारत और भारत के करोड़ों लोगों की आजादी और खुशहाली के लिए एक महत्वपूर्ण और गौरवपूर्ण घटना थी। इसके साथ यह एक दूरगामी महत्व की विश्वस्तरीय घटना भी थी। लोग विश्व की शासन-पद्धतियों पर लोकतन्त्र की पद्धति के विजयी होने की बात करते हैं। लोकतन्त्र की इस विजय में भारतीय लोकतन्त्र ने एक सार्थक भूमिका निभायी है। भारतीय लोकतन्त्र ने यह भूमिका सैद्धान्तिक शीत-युद्ध में हिस्सा लेने के रूप में नहीं बल्कि विश्व के सामने लोकतन्त्र को एक अभिभूत कर देने वाला उदाहरण उपस्थित करके निभायी है। ब्रिटेन के तत्कालीन प्रधान मन्त्री सर एंथनी इडन ने भारत के गणराज्य बनने के समय जो बात कही थी, वह इस संदर्भ में प्रासंगिक है। सर एंथनी इडन ने कहा था, मैं समझता हूं कि शासन के उन सभी प्रयोगों में से, जो आदिकाल से किए जाते रहे हैं, सर्वाधिक संभावनाओं से परिपूर्ण प्रयोग भारत द्वारा संसदीय प्रणाली का अपनाया जाना है। एक विशाल महाद्वीप अपने करोड़ों लोगों पर एक आजाद लोकतन्त्र की प्रणाली लागू करने का प्रयास कर रहा है, इस प्रकार का प्रयास बहादुरी का काम है। भारत का यह प्रयास हमारी शासन-पद्धति की कोई फीकी सी नकल नहीं, बल्कि यह उसकी एक ऐसी विस्तीर्ण और बहुगुणित प्रतिकृति है,

जिसकी हमने कभी कल्पना भी नहीं की थी। यदि यह सफल हो जाता है तो इसका एशिया पर हमेशा के लिए प्रभाव बना रहेगा। परिणाम कुछ भी हो, हमें ऐसा प्रयत्न करने वालों का सम्मान करना चाहिए।"

अमरीकी संविधान विशेषज्ञ प्रोफेसर ग्रेनविल ऑस्टिन ने जो विचार व्यक्त किये, वे तो और भी महत्वपूर्ण हैं। उन्होंने लिखा है कि, "भारतीय संविधान सभा ने जो कार्य शुरू किया, वह 1787 में फिलाडेल्फिया में पहली बार हुए प्रयास के पश्चात् सम्भवतः सबसे बड़ा राजनैतिक कदम है।" सन् 1931 में महात्मा गाँधी जी ने भारतीय संविधान के विषय में कहा था कि, "मैं एक ऐसे संविधान के लिए प्रयत्न करूँगा जो भारत को सभी प्रकार की दासता और संरक्षणों से छुटकारा दिला दे। मैं एक ऐसे भारत के लिए कार्य करूँगा जिसमें गरीब से गरीब लोग भी यह महसूस करें कि यह देश उनका है और इसके निर्माण में उनकी आवाज बहुत अहमियत रखती है, वह एक ऐसा भारत होगा, जहाँ लोगों की कोई उच्च या निमन श्रेणी नहीं होगी और जहाँ सभी समुदाय पूरी समरसता और सौहार्द के साथ रहेंगे। ऐसे भारत में अस्पृश्यता के अभिशाप के लिए कोई जगह नहीं होगी।

राष्ट्रपति डॉ॰ के॰ आर॰ नारायणन ने कहा हमारे संविधान के मूल में जो सामाजिक न्याय और सामाजिक लोकतन्त्र की बात है। वही गाँधी जी के स्वप्न का सार है। प्रोफेसर ग्रेनविल ऑस्टिन ने भारत के संविधान का वर्णन करते हुए कहा कि, "यह सर्वोपरि एक सामाजिक दस्तावेज है। भारत के अधिकांश संवैधानिक उपबन्ध या तो प्रत्यक्ष रूप से सामाजिक क्रान्ति के उद्देश्य को प्रोत्साहन देने के लिए बनाए गये हैं या फिर इनका उद्देश्य इस लक्ष्य की उपलब्धि के लिए अपेक्षित वातावरण बनाकर इस क्रान्ति को पोषित करता है।"

डा॰ भीमराव अम्बेडकर और पण्डित नेहरू ने संविधान के विषय में बताया हमारे संविधान की जो बात इसे भारत विकासशील विश्व की परिस्थितियों और सामाजिक-आर्थिक आधार है। इसका अनूठापन यह है कि इसने सामाजिक-आर्थिक आधार का पश्चिम के लोकतान्त्रिक देशों द्वारा कल्पित उदार अधिकारों और स्वतंत्रता के साथ सामंजस्य बिठाया है।"

डा॰ अम्बेडकर जी ने संविधान के प्रारूप के विषय में बोलते हुए दावा किया था कि, "यह व्यवहारिक है, यह लचीला है और यह शान्तिकाल में ही नहीं, युद्धकाल में भी देश को एकजुट रखने में पर्याप्त रूप से सक्षम है।

वास्तव में साफ कहूँ तो, यदि संविधान के अधीन स्थिति बिगड़ जाये तो उसका कारण यह नहीं होगा कि हमारा संविधान खराब था। इस स्थिति में हमें यह कहना पड़ेगा कि आदमी ही खराब है।''

आज जबकि संविधान की समीक्षा किए जाने और यहाँ तक कि एक नया संविधान लिखे जाने की बात भी की जा रही है। हमें इस बात पर विचार करना होगा कि क्या हम संविधान की वजह से विफल हुए या कि संविधान को हमने विफल किया। संविधान सभा के अध्यक्ष के रूप में डॉ॰ राजेन्द्र प्रसाद ने कहा था कि, ''यदि निर्वाचित लोग चरित्रवान, निष्ठावान और योग्य व्यक्ति हुए तो वे दोषपूर्ण संविधान का भी बढ़िया इस्तेमाल कर सकेंगे। परन्तु यदि उनमें ये कमियां हुई तो संविधान देश की सहायता नहीं कर सकेगा।'' राष्ट्रपति जी ने कहा मैं समझता हूँ कि ये विवेकपूर्ण बाते हैं, जिन पर हमें ध्यान देना चाहिए।

संविधान और संसदीय प्रणाली का जोरदार समर्थन करते हुए राष्ट्रपति जी ने स्पष्ट कहा कि, ''हमारे संविधान निर्माताओं ने गहन चिंतन और विचार-विमर्श के पश्चात् ही भारत के लिए संसदीय लोकतन्त्र की शासन पद्धति स्वीकार की थी। केन्द्र सरकार की अस्थिरता को लेकर हमारे हाल के अनुभव का अर्थ यह नहीं निकाला जाना चाहिए कि संसदीय प्रणाली के पक्ष को दर किनार कर दिया जाए।''

प्रधान मन्त्री अटल बिहारी वाजपेयी ने कहा कि, ''संविधान ने लोकतन्त्र की परम्परा को शक्तिशाली बनाया है। साथ में यह भी कहा कि, ''कोई दुर्ग कितना ही मजबूत हो उसे भी समय-समय पर मरम्मत और सफाई की जरूरत होती है। संविधान बने पांच दशक बीत चुके हैं तथा अब नयी स्थितियां पैदा हुई हैं। केन्द्र और राज्य सरकारों में स्थिरता की आवश्यकता का अहसास हो रहा है। इसी उद्देश्य से संविधान में थोड़ा बहुत फेरबदल तो हो सकती है लेकिन इसके बुनियादी ढांचे में कोई परिवर्तन नहीं किया जाएगा।'' राष्ट्रपति नारायणन जी ने कहा, ''शासन प्रणाली में बहुत अधिक कठोर प्रणाली में समाज में बड़े विस्फोट का डर बना रहता है। समाज में बड़े विस्फोटों को रोकने के लिए राजनैतिक निकाय में असंतोष और नैराग्य के निकास द्वार अवश्य होने चाहिए। उन शासन प्रणालियों की तुलना में जिनमें उत्तरदायित्व और जवाबदेही के मुकाबले में स्थिरता को अधिक वरीयता दी जाती है। संसदीय प्रणाली कहीं अधिक श्रेष्ठ है क्योंकि यह असतोष और नैराश्य के लिए बेहतर निकास के द्वार अर्थात् तरीके प्रदान करती है। संविधान निर्माताओं ने संविधान में संशोधन

की प्रक्रिया को जानबूझकर आसान बनाया है, ताकि संसद बिना अधिक कठिनाई के संविधान में व्याप्त त्रुटियों और कमजोरियों को ठीक कर सके।''

डा० अम्बेडकर जी ने संसदीय प्रणाली के महत्व को प्रदर्शित करते हुए बतलाया कि, ''प्रारूप समिति ने इस संसदीय प्रणाली को इसलिए चुना क्योंकि उन्होंने स्थिरता की तुलना में दायित्व को अधिक मान्यता दी क्योंकि स्थिरता शक्ति के सत्तावादी प्रयोग के पक्ष में जा सकती है। भारत का असीम होना, देश की जटिल विभिन्नता और विविधता, इसकी अपार जनसंख्या और इसकी सामाजिक तथा विकास सम्बन्धी समस्याओं की जटिलता है।''

संसद के केन्द्रीय कक्ष में आयोजित इस भव्य समारोह में अनेक केन्द्रीय मन्त्रियों, लोकसभा के विपक्ष की नेता श्रीमती सोनिया गाँधी, राज्यसभा में विपक्ष के नेता सरदार डॉ० मनमोहन सिंह, विभिन्न राजनैतिक दलों के नेता, सांसद और कई देशों के राजनयिक भी उपस्थित थे। समारोह प्रारम्भ होने से कुछ क्षण पूर्व राष्ट्रपति डॉ० के० आर० नारायणन, उपराष्ट्रपति श्री कृष्णकान्त, प्रधान मन्त्री श्री वाजपेयी और लोकसभा अध्यक्ष श्री बालयोगी आदि उपस्थित थे। प्रधान मन्त्री श्री वाजपेयी ने हिन्दी में हस्तलिखित संविधान की प्रति का, राष्ट्रपति डॉ० नारायणन ने जन गण मन एलबम और उपराष्ट्रपति श्री कृष्णकान्त ने एक विशेष स्मृति डॉक टिकट का अनावरण कर, डॉक टिकट जारी किया। केन्द्रीय कक्ष में डॉ० राजेन्द्र प्रसाद, पण्डित जवाहरलाल नेहरू, डॉ० बी०आर० अम्बेडकर और सरदार बल्लभ भाई पटेल अन्य महत्वपूर्ण व्यक्तियों के महत्वपूर्ण अवसरों पर लिए गए भाषणों के अंश सुनाए।

सर्वोच्च न्यायालय की स्वर्ण जयन्ती पर राष्ट्रपति जी का राष्ट्र के नाम सन्देश

सर्वोच्च न्यायालय की स्वर्ण जयन्ती 28 जनवरी, 2000 ई० के अवसर पर राष्ट्रपति डॉ० के० आर० नारायणन ने देश की वर्तमान न्याय व्यवस्था पर अप्रसन्नता और दुख प्रकट करते हुए अपने सन्देश में कहा कि, ''आम लोगों के लिए इस देश में न्याय पाना उनके बूते के बाहर की बात हो गई है। कानून पैसों वालों के लिए खिलवाड़ व जुआरियों के मजे की चीज़ हो गई है।'' इन पंक्तियों को राष्ट्रपति जी ने महात्मा गाँधी जी की ओर से कहा।

राष्ट्रपति जी ने कहा, ''उच्चतम न्यायालय का हमारी संवैधानिक योजना में एक महत्वपूर्ण स्थान है। हमारे संस्थापकों को उच्चतम न्यायालय से बड़ी आशाएं

रही हैं तथा लोगों ने हमारी स्वतंत्र न्यायपालिका के इस शीर्षस्थ न्यायालय में अपना विश्वास जताया है। 28 जनवरी, 1950 को उच्चतम न्यायालय की हुई पहली बैठक के उद्घाटन के समय तत्कालीन मुख्य न्यायाधीश न्यायमूर्ति कानिया ने कहा था कि उच्चतम न्यायालय दृढ़ प्रतिज्ञ तथा दलगत राजनीति से स्वयं को अलग रखेगा। सरकारों के बदलने से उच्तम न्यायालय को कोई सरोकार नहीं होगा। इसका कार्य तत्कालीन प्रवृत कानूनों को लागू करना होगा। इसकी सबके प्रति सद्भावना और सहानुभूति रहेगी, परन्तु इसका किसी के साथ कोई गठजोड़ नहीं होगा। न्यायालय का यह कर्तव्य है कि वह संविधान की व्याख्या विवेकपूर्ण उदारता के साथ करें। गत 50 वर्षों के समय में न्यायालय ने इस कर्त्तव्य का एक अभिनन्दीय निष्पक्षता के साथ निर्वहन किया है और इसकी वजह से भारत तथा भारत के बाहर नाम कमाया है। उच्चतम न्यायालय ने केवल उदारता के साथ ही नहीं, बल्कि समय की आवश्यकताओं के अनुरूप चलते हुए संविधान की रचनात्मक व्याख्या की है, जिसे न्यायिक सक्रियता कहा जाता है। इस सक्रियता का अर्थ नये कानून का सृजन करना नहीं बल्कि सविधान के गौण आशय को स्पष्ट रूप से व्यक्त करना है। मौलिक अधिकारों का जो विस्तार हुआ है और संविधान के कुछ निदेशक तत्वों का जो दर्जा बढ़ाया है, वह सब इसी भावना से हुआ है। इस प्रकार काम पाने, शिक्षा, स्वास्थ्य और स्वास्थ्य की देखभाल के अधिकारों के महत्व को बढ़ाकर उच्चतम न्यायालय ने उन्हें मौलिक अधिकारों का दर्जा दिया है। इससे भी महत्वपूर्ण बात यह हे कि अवैध रूप से कारावास में रखे गए लोगों तथा न्यायिक हिरासम में मौत का शिकार हुए लोगों के मामले में अब न केवल न्यायिक उद्घोषणा उपलब्ध है, अपितु अब उनके प्रति किये गए मानवीय उल्लंघनों के लिए उन्हें आर्थिक मुआवजा भी प्राप्त हो सकता है।

भारत में न्यायपालिका की इस प्रगतिशील और मानवीय भूमिका के बारे में टिप्पणी करते हुए ब्रिटिश विधिविद लॉर्ड बुल्फ ने अपने विचार व्यक्त करते हुए कहा, "भारत में साधारण कानून की परम्पराओं के प्रति आश्चर्यजनक रूप से गहन भावनाएँ हैं और इसके वर्ष दर वर्ष विकास में भारतीय उच्च न्यायालय के अतियोग्य न्यायाधीश सहायक रहे हैं। यह कहना अतिशयोक्ति न होगा कि देश में वैसी संस्थाएँ बहुत कम हैं, जिनको उच्चतम न्यायालय जैसा जन-सम्मान और जन-विश्वास प्राप्त हुआ है।"

भारत के प्रथम राष्ट्रपति डॉ० राजेन्द्र प्रसाद की एक घटना का उल्लेख करते हुए राष्ट्रपति डॉ० के० आर० नारायणन ने डॉ० राजेन्द्र प्रसाद के संस्मरणों

का वर्णन किया जब वह अधिवक्ता थे। वह एक अभियोग में मुवक्किल की ओर से एक अधिवक्ता के रूप में न्यायालय में पेश हुए थे। डॉ॰ राजेन्द्र प्रसाद ने न्यायाधीश से कहा, "श्रीमन् (माई लोर्ड) इस मुकदमें में न्याय की यह मांग है कि........इस पर न्यायाधीश ने तुरन्त हस्तक्षेप करते हुए कहा, "न्यायाधीश यहाँ न्याय करने के लिए नहों हैं बल्कि अभिलेख में दिये गये साक्ष्यों के अनुसार मुकदमों का निर्णय करने के लिए हैं। अभी हाल में ही भारत में एक न्यायाधीश की हत्या के लिए एक अभियुक्त को इस आधार पर मुक्त करना पड़ा क्योंकि उसके खिलाफ कोई पक्के सबूत नहीं थे। यद्यपि न्यायाधीश महोदय ने कहा कि स्वयं अच्छी तरह से वे जानते हैं कि उस व्यक्ति ने निश्चय ही वह अपराध किया है, जिसका उस पर इल्जाम था। न्याय के रास्ते बड़े रहस्यमय हैं। इसी कारण न्यायालयों के बारे में कहा गया है कि, "अदालतें इबादतगाह नहीं बल्कि जुआ घर हैं, जहाँ बहुत कुछ गोटी की चाल पर निर्भर करता है।" इस अवसर पर हमें याद रखना है कि न्यायपालिका की सफलता बहुत कुछ विधिज्ञ समुदाय पर निर्भर करती है। भारत को एक अत्यन्त प्रतिभा सम्पन्न विधिज्ञ समुदाय प्राप्त है। परन्तु यहाँ न्याय पाना लोगों के बूते से बाहर की बात है। यही कारण है कि महात्मा गाँधी ने बहुत पहले यह बात कही थी कि कानून अमीरों की अय्याशी और जुआरी की मौज बन गया है। यह दुखद बात है कि मुख्य न्यायाधीशों के सम्मेलन ने न्यायपालिका में आत्म सुधार की दिशा में एक कदम के रूप में न्यायिक जीवन में नैतिक मूल्यों को अपनाने का संकल्प लिया है जो लोगों को त्वरित, कम खर्च वाला और भ्रष्टाचार मुक्त न्याय दिलाने के लिए एक उत्तरदायी न्यायपालिका स्थापित करने का रास्ता प्रशस्त करेगा।"

इस समारोह में तत्कालीन विधि मन्त्री राम जेठमलानी, उच्चतम न्यायालय के तत्कालीन न्यायाधीश ए॰एस॰ आनन्द, अटार्नी जनरल सोली सोराब जी तथा अधिक संख्या में वकील अन्य विधिवेताओं की उपस्थिति में राष्ट्रपति जी ने कहा "भारत जैसे देश में न्यायपालिका जनता की आखिरी आसरा बन चुकी है तथा देश को सही रास्ता तथा त्वरित न्याय नहीं मिलेगा तो जनता कानून का रास्ता अपनाने के बिजाए मजबूरन अपने हाथ में लेने की सोच सकती है।"

राष्ट्रपति जी ने उच्चतम न्यायालय की भूमिका की सराहना करते हुए कहा, "उच्चतम न्यायालय का केवल बदलती हुई परिस्थितियों की चुनौतियों के प्रति उसका रवैया काफी रचनात्मक रहा है जिसे न्यायिक सक्रियता की संज्ञा दी

गई है। इस सक्रियता में न केवल नये कानून बनाने की बात शामिल है बल्कि संविधान के अन्तर्निहित बातों को भी सामने लाया गया है। न्यायपालिका की सफलता काफी हद तक बार (वकीलों के समुदाय) पर निर्भर करती है और भारत में इस क्षेत्र में यशस्वी प्रतिभाएं हैं। लेकिन अफसोस व्यक्त करते हुए कहा कि "न्याय पाना यह हर एक के बूते की बात नहीं रह गई है।"

राष्ट्रपति डॉ॰ के॰ आर॰ नारायणन जी के पोर्ट्रेट का लन्दन में उद्घाटन

राष्ट्रपति डॉ॰ के॰ आर॰ नारायणन के पोर्ट्रेट का निर्माण लन्दन स्कूल ऑफ इकॉनॉमिक्स में उनके पुराने सम्बन्धों के प्रतीकस्वरूप किया गया है, जिसका अनावरण तत्कालीन केन्द्रीय कानून मन्त्री राम जेठमलानी ने दिनांक 10 मार्च, 2000 को किया। डॉ॰ के॰ आर॰ नारायणन ने 52 वर्ष पूर्व इस संस्थान से प्रथम श्रेणी में सम्मान के साथ डिग्री प्राप्त की थी। लॉर्ड स्वराज पाल, लॉर्ड देसाई व जी॰पी॰ हिन्दूजा की उपस्थिति में श्री जेठमलानी ने भारतीय स्वाधीन न्यायपालिका और लोकतन्त्र पर विचार व्यक्त करते हुए राष्ट्रपति डॉ॰ के॰ आर॰ नारायणन की योग्यता, अनुभव और व्यवहार कुशलता की सराहना की।

अलवर राजस्थान में राष्ट्रपति डॉ॰ के॰ आर॰ नारायणन द्वारा पुरस्कार वितरण

ग्राम हमीरपुर भावता, जिला अलवर, राजस्थान में जोसफी सी॰ जौन 'डाउन टू अर्थ' पुरस्कार वितरण समारोह में पर्यावरण प्रबन्धन के क्षेत्र में उत्कृष्ट कार्य करने के लिए गाँव की दो महिलाओं सहित सात व्यक्तियों को सम्मानित करते हुए दिनांक 28 मार्च, 2000 को राष्ट्रपति डॉ॰ के॰ आर॰ नारायणन जी ने अपने ग्रामीण जीवन की क्षणों के विषय में बताते हुए कहा कि, "देश का भविष्य गाँवों में रहने वाले लोगों के हाथ में है। वे ही देश के वास्तविक मालिक हैं और मातृभूमि के जन-गण-मन अधिनायक हैं। सच्चा स्वराज तभी सार्थक हो सकेगा, जब गरीबी और अज्ञानता को दूर करके गाँवों में रहने वाले लोगों को भोजन, शिक्षा और स्वास्थ्य जैसी बुनियादी सुविधाएँ मुहैया करायी जाएगी तथा उनके जीवन में सुधार लाया जाएगा।"

राष्ट्रपति जी ने हमीरपुर भावता ग्राम को एक लाख रूपया और प्रशस्ति पत्र पुरस्कार के रूप में दिया। इस गाँव के लोगों ने मिलकर 'तरुण भारत

संघ' नामक गैर सरकारी संस्थान के मार्गदर्शन में गाँव को पानी उपलब्ध कराने और भूतल स्तर बढ़ाने का जो काम किया है, उसके द्वारा यह गाँव पूरे देश के लिए एक प्रेरणास्रोत बन गया है। इससे पूरे देश को एक दिशा मिली है।

राष्ट्रपति जी की फ्रांस यात्रा

भारतीय राष्ट्रपति महामहिम डॉ॰ के॰ आर॰ नारायणन की 17 अप्रैल, 2000 ई॰ को फ्रांस की यात्रा के समय फ्रांस के एक दैनिक समाचार पत्र 'ले फिगारों' पेरिस से प्रकाशित ने अपने मुख पृष्ठ पर 'इतिसी राजमहल' में राष्ट्रपति डॉ॰ के॰ आर॰ नारायणन जी के विषय में 'इलिसी राजमहल में एक अस्पृश्य शीर्षक से समाचार प्रकाशित किया। बाद में 'ले फिगारो' के मुख्य सम्पादक ने इस अपमानजनक उत्तेजक शीर्षक के लिए क्षमा याचना की। फ्रांस यात्रा के समय भारतीय राष्ट्रपति के विषय में ऐसा समाचाार क्यों प्रकाशित हुआ? इस प्रश्न का उत्तर फ्रांस की यात्रा से भारत लौटने पर राष्ट्रपति डॉ॰ के॰ आर॰ नारायणन जी ने पत्रकारों से बातचीत करते समय दिया। "विगत तीन वर्षों से मैं भारतीय प्रेस के इसी तरह के व्यवहार को झेलता आ रहा हूं।" पत्रकारों के प्रश्न के इस शीर्षक से उठा विवाद कब समाप्त होगा, के उत्तर में राष्ट्रपति जी ने कहा "आप घोड़े पर कब तक चाबुक बरसाना चाहते हैं?" सन् 1997 में राष्ट्रपति चुने जाने पर भारतीय प्रैस अनवरत रूप से यह लिखता रहा था कि 'एक दलित उन्नत होकर राष्ट्रपति पद पर जा पहुंचा। किन्तु डॉ॰ के॰ आर॰ नारायणन की योग्यता और गुणों का वर्णन शायद ही किसी पत्र ने उल्लेख किया हो। दलितों के साथ यह व्यवहार कितना पीड़ादायक है। बाबा साहेब डॉ॰ अम्बेडकर जी ने इस मानसिकता का वर्णन अपनी पुस्तक 'प्रॉब्लम ऑफ डिसक्रिमिनेशन' में स्पष्ट रूप से किया है। इस फ्रांस यात्रा में राष्ट्रपति के कार्य सर्वोत्तम रहे। राष्ट्रपति जी ने अपनी गरिमा और विवेक का परिचय दिया। हमारे विचार से देश में कोई दूसरा व्यक्ति ऐसा नहीं है जिसे उस सर्वोच्च आसन पर आसीन होने के विषय में राष्ट्रपति डॉ॰ के॰ आर॰ नारायणन जी के समकक्ष माना जा सके। जिस तरह राष्ट्रपति जी ने निर्धन जन की पीड़ा को मुखर किया उससे यह बात स्पष्ट हो जाती है कि वह क्या चाहते हैं? राष्ट्रपति जी ने फ्रांस के प्रधान मन्त्री को कार्ल मार्क्स का उदाहरण देते हुए झकझोर कर रख दिया था। आपने कहा कि "बुर्जुआवाद समस्त भूमण्डल में फैलकर स्वतंत्रता, समानता और भाईचारे के ढांचे को उखाड़कर फेंक देगा।" अन्त में दोनों देशों में शोषण को समाप्त करने के विषय में सहमति हुई। राष्ट्रपति जी

ने कहा कि "भारत प्रत्येक देश के साथ स्वस्थ सम्बन्ध बनाने का इच्छुक है। चाहे वह रूस, फ्रांस या चीन ही क्यों न हो? इसका कारण है कि भारत एक बहुध्रुवीय विश्व में विश्वास करता है क्योंकि हर देश किसी गुट की नीति को मानने के बजाय अपनी अलग रणनीति बनाता है।" महामहिम ने बताया "अछूत बताए जाने सम्बन्धी विवाद सम्भवतः भारतीय दूतावास द्वारा फ्रांसीसी मीडिया की पर्याप्त जानकारी न दिए जाने के कारण हुआ।"

राष्ट्रपति डॉ॰ के॰ आर॰ नारायणन जी फ्रांस की अपनी पांच दिवसीय यात्रा पूरी कर दिनांक 22 अप्रैल, 2000 शनिवार को स्वदेश भारत लौटने पर राजधानी के इन्दिरा गाँधी हवाई अड्डे पर प्रधान मन्त्री अटल बिहारी वाजपेयी और उनके मन्त्रिमण्डल के वरिष्ठ सहयोगियों ने राष्ट्रपति फ्रांस डॉ॰ के॰ आर॰ नारायणन जी का भव्य स्वागत किया। राष्ट्रपति जी ने प्रधान मन्त्री को फ्रांस से लाया हुआ कमल का फूल भेंट किया। राष्ट्रपति डॉ॰ के॰ आर॰ नारायणन जी फ्रांस की यात्रा पर जाने वाले भारतीय प्रथम राष्ट्रपति थे। आपने फ्रांस की यात्रा को बहुत उपयोगी बताते हुए कहा, "इस यात्रा से दोनों देशों के बीच विभिन्न मुद्दों पर समझ बढ़ी है। फ्रांस ऊर्जा के लिए परमाणु तकनीक देने को उत्सुक है लेकिन उसका कहना है कि भारत का सीटीबीटी पर हस्ताक्षर न करना इसमें रूकावट है और भारत संधि में शामिल हुआ तो परमणु क्षेत्र में सहयोग की असीम संभावनाएं बनेंगी। फ्रांस चाहता है कि भारत सीटीबीटी पर हस्ताक्षर करे क्योंकि ऐसा न करना, परमाणु ऊर्जा क्षेत्र में फ्रान्स भारत सहयोग के रास्ते में एक रूकावट साबित होगा। इस विषय में भारतीय राष्ट्रपति फ्रांस डॉ॰ के॰ आर॰ नारायणन ने बताया कि भारत सरकार सीटीबीटी के मुद्दे पर सभी राजनीतिक दलों के बीच सर्वानुमति बनाने का प्रयास कर रही है। हमें सर्वानुमति बनानी है, और हम इस कार्य में लगे हैं। फ्रान्सीसी पक्ष इसे समझता है और मानता है कि यदि यह अवरोध दूर हो गया तो फ्रांस परमाणु रिएक्टरों के क्षेत्र में भारत का सहयोग कर सकता है। आपने बताया कि इस यात्रा का सबसे महत्वपूर्ण लाभ यह हुआ कि दोनों देशों के बीच रक्षा सहयोग का बढ़ाना है। दोनों देशों के बीच रक्षा सहयोग की पृष्ठभूमि में ही फ्रांस के सेना प्रमुख अगले कुछ दिनों में भारत के दौरे पर आ रहे हैं और कुछ माह पश्चात् फ्रान्सीसी रक्षा मन्त्री एलेन रिचर्ड भी भारत आएंगे।

राष्ट्रपति जी ने फ्रान्सीसी सरकार के समक्ष आतंकवाद की समस्या पर चर्चा करते हुए यह स्पष्ट किया कि तालिबान का जनक पाकिस्तान है। फ्रान्सीसी

सरकार ने आतंकवाद की समस्या पर चिन्ता प्रदर्शित की और इसके हल के लिए फ्रान्सीसी सरकार ने आतंकवाद के पोषण के खिलाफ एक प्रस्ताव संयुक्त राष्ट्रसंघ में प्रस्तुत किया है। फ्रान्सीसी नेताओं ने भारत के साथ अमरीका की तरह ही आतंकवाद विरोधी संयुक्त कार्यदल गठित किए जाने के उनके सुझाव पर विचार करने की सहमति व्यक्त की है। फ्रान्सीसी सरकार का पाकिस्तानी फौजी सरकार से कोई लगाव नहीं है। फ्रांस पाकिस्तान में लोकतन्त्र सरकार की वापसी का समर्थन करता है। चेतावनी स्वरूप यह भी बताया कि इसका अर्थ यह नहीं कि फ्रांस पाकिस्तान से अपने सम्बन्ध तोड़ लेगा।''

राष्ट्रपति जी की चीन यात्रा

भारतीय राष्ट्रपति डॉ॰ के॰ आर॰ नारायणन जी 28 मई से 3 जून 2000 ई॰ तक एक सप्ताह की चीन यात्रा पर रविवार को एयर इण्डिया के एक विशेष विमान द्वारा भारतीय समयानुसार दोपहर बाद साढ़े तीन बजे नए पेइचिंग अन्तर्राष्ट्रीय हवाई अड्डे पर पहुंचे। भारत के राष्ट्रपति और उनके सद्भावना मण्डल के चीन पहुंचने पर चीन के उपविदेश मन्त्री यांन बन्छांग और पेइचिंग स्थित भारतीय राजदूत वी॰के॰ नंबियार और अन्य अधिकारियों ने बड़े उत्साह के साथ 29 मई को स्वागत किया। इस यात्रा से नई सहस्त्राब्दि में दोनों देशों के संबंधों में नया आयाम आने के साथ-साथ दोनों एक-दूसरे के प्रति आस्थावान बनेंगे और दोनों मित्रता के दीर्घकालीन सम्बन्धों को और अग्रसर करेंगे। एक सप्ताह की राजकीय यात्रा के समय भारतीय राष्ट्रपति डॉ॰ के॰ आर॰ नारायणन ने चीनी राष्ट्रपति च्याग चेमिन से व्यापक रूप से वार्ताएं कीं और उन्हें पाकिस्तान के बारे में भारत की नीति से अवगत कराया। इसके अतिरिक्त दोनों राष्ट्राध्यक्षों ने सामान्य हित के द्विपक्षीय क्षेत्रीय और अन्तर्राष्ट्रीय विषयों पर भी विचारों का आदान-प्रदान किया। दोनों देशों के पेचीदा सीमा विवाद के समुचित एवं विवेकसम्मत समाधान का समर्थन किया और समग्र द्विपक्षीय सम्बन्धों के समर्थन के लिए जानी-मानी हस्तियों का एक दल गठित करने का फैसला किया गया। चीनी राष्ट्रपति च्यांग चेमिन ने कहा, ''सामरिक महत्व की दृष्टि से भी हमें इक्कीसवीं सदी में सहयोग की रचनात्मक साझेदारी के लिए काम करना जारी रखना चाहिए। दोनों नेताओं ने ढाई घण्टे की प्रमुख वार्ताओं के विषय विदेश सचिव को साथ लेकर की। भारत और चीन दोनों देशों की सीमा के मसले का समुचित एवं विवेक सम्मत समाधान दोनों ही देश चाहते हैं। चीनी राष्ट्रपति ने दलाई लामा व इसी साल जनवरी, 2000 में तिब्बत से भागकर 17वें करमापा

की राजनीतिक गतिविधियों का मुद्दा उठाया लेकिन भारतीय राष्ट्रपति डॉ० के० आर० नारायणन ने चीनी राष्ट्रपति च्यांग चेमिन को आश्वस्त करते हुए कहा, "करमापा को राजनैतिक गतिविधियों में लिप्त होने की अनुमति नहीं दी जाएगी।'

चीनी राष्ट्रपति ने आशंका व्यक्त करते हुए कहा दलाई लामा समर्थन मण्डली व चीन विरोधी ताकतें भारत की वर्तमान स्थिति से फायदा उठा सकते है, फिर भी आपने करमापा की समस्या को निबटाने में नई दिल्ली द्वारा अपनाई गई उचित व्यवहारिकता की सराहना की। भारतीय राष्ट्रपति डॉ० के० आर० नारायणन जी ने उन्हें आश्वस्त करते हुए बताया कि, "तिब्बत के विषय में भारत की नीति में कोई परिवर्तन नहीं आया है। भारत शान्तिपूर्ण सह-अस्तित्व के पांचों विषयों पंचशील पर भारत पूर्ववत कायम है।"

पाकिस्तान का नाम लिए बिना चीनी राष्ट्रपति ने कहा कि चीन सभी प्रकार के आतंकवाद का विरोध करता है और राजनीतिक आधार पर इसका कोई औचित्य नहीं है। जानी-मानी हस्तियों का दल गठित किए जाने के भारत के सुझाव पर चीनी पक्ष ने निकट भविष्य में इसकी ब्यौरे वार विस्तार से तैयारी का फैसला किया। किसी भी विषय को हल करने के लिए धैर्य और क्रमिक प्रयासों की जरूरत पड़ती है।"

1 जून, 2000 को भारत के राष्ट्रपति डॉ० के० आर० नारायणन जी की चीन के पूर्वोत्तर तटवर्ती नगर दल्लियान के एक होटल में रहने की व्यवस्था की गई। विश्वविख्यात डॉ० कोटनिस, जिन पर भारतीय प्रसिद्ध फिल्म निर्माता व्ही शांताराम ने डॉ० कोटनिस की अमर कहानी' फिल्म निर्माण की थी, डॉ० कोटनिस की 85 वर्षीय धर्मपत्नी श्रीमती छुइंगलान दल्लियान नगर के एक निजी अस्पताल में काम करती है, वह अपनी पोती के साथ राष्ट्रपति डॉ० के० आर० नारायणन जी से भेंट करने होटल में गई। भेंट करने के बाद श्रीमती छुंइगलान ने बताया कि यह मेरी भारतीय राष्ट्रपति डॉ० के० आर० नारायणन के साथ पांचवीं भेंट है। भारत के राष्ट्रपति के रूप में यह मेरी प्रथम भेंट है। आपने राष्ट्रपति जी को सहृदय व्यक्ति तथा चीन का एक सच्चा मित्र बताया। राष्ट्रपति डॉ० के० आर० नारायणन जी के सम्मान में दिये गये रात्रिभोज में श्रीमती गुओ छुइंगलान आकर्षण का केन्द्र बनी रही। आपने बताया कि उन्होंने कई बार भारत की यात्रा की है। पिछली यात्रा के समय वह मुम्बई, पुणे और बेलगाव गई थी। भारतीय प्रतिनिधि मण्डल के सभी सदस्यों में उद्योग मन्त्री श्री मनोहर जोशी, सांसद सोमनाथ चटर्जी, सांसाद सुशील कुमार सिन्धे, सांसद सुश्मा स्वराज और रामचन्द्रन

पिल्ले आदि ने श्रीमती छुइंगलान का अभिनन्दन किया। अगली बार पुनः वह भारत की यात्रा पर आएंगी।

चीन की सात दिवसीय यात्रा के समापन के समय 2 मई गुरूवार को भारतीय राष्ट्रपति डॉ॰ के॰ आर॰ नारायणन ने अपने वक्तव्य में चीन के नगर फुनसिग में कहा कि, "दोनों देशों के बीच पारस्परिक व्यापार मार्ग (सिल्क रूट) के लिए फिर से लागू करने के प्रयास की प्रक्रिया बढ़ेगी। दोनों देशों के बीच सम्बन्धों में सुधार का विश्वास व्यक्त किया।" डॉ॰ के॰ आर॰ नारायणन ने कूनमिंग में दक्षिण एशिया अध्ययन संस्थान के शोधकर्ताओं के साथ भी बातचीत की। यह बातचीत चीन, भारत, म्यांमार और बंगला देश के बीच क्षेत्रीय सहयोग से लेकर भारत-चीन के बीच सड़क जैसे विषयों पर हुई आपने कहा भारत और चीन के सदियों पुराने सम्बन्धों को अब प्रौद्योगिकी एवं आर्थिक पहलुओं को शामिल करने की जरूरत है। अब दोनों देश एक दूसरे को समझते हैं।

सात दिनों की यात्रा के पश्चात् दिनाक 4 जून, 2000 ई॰ को राष्ट्रपति भवन, नई दिल्ली आने पर राष्ट्रपति भवन की ओर से मालूम हुआ कि चीन सरकार अपने अधिकारियों को नियन्त्रण रेखा निर्धारित करने का काम तेज करने की हिदायत दे चुकी है। भारत ने भी संयुक्त कार्यदल से काम तेज करने का आग्रह किया और उसकी मदद कर रहे विशेषज्ञों के दल ने नक्शों का आदान-प्रदान भी कर लिया है। राष्ट्रपति डॉ॰ के॰ आर॰ नारायणन ने श्री च्यांग के साथ बातचीत करने में सुरक्षा परिषद् में भारत की स्थाई सदस्यता का मुद्दा उठाया था पर चीनी नेतृत्व ने इसके लिए भारत को समर्थन देने का वचन नहीं दिया। राष्ट्रपति डॉ॰ के॰ आर॰ नारायणन की राजकीय यात्रा का उद्देश्य ही द्विपक्षीय सम्बन्धों को विशेषतः आर्थिक एवं व्यापारिक सम्बन्धों को शीघ्र गति प्रदान करना था। दोनों पक्षों में विभिन्न स्तरों पर सम्पर्क स्थापित रख के किया जा सकता है। डॉ॰ के॰ आर॰ नारायणन जी ने स्वयं अपनी यात्रा को अत्यधिक सफल बताया।

राष्ट्रपति द्वारा एक और महत्वपूर्ण कदम

भारत के राष्ट्रपति महामहिम डॉ॰ के॰ आर॰ नारायणन ने दिनांक 12, 13 जुलाई, 2000 ई॰ मंगल और बुद्धवार को राष्ट्रपति भवन, नई दिल्ली में भारत के राज्यों के राज्यपालों को एक सम्मेलन बुलाया। इस सम्मेलन में राष्ट्रपति जी ने एक महत्वपूर्ण कदम उठाते हुए अनुसूचित जातियों एवं जनजातियों के

कल्याण कार्यक्रमों के क्रियान्वयन में गम्भीर कमियों की शिकायतों पर विचार हेतु राज्यपालों की एक समिति गठित करने की घोषणा की। इस सम्मेलन में कुछ राज्यपालों ने इन कार्यक्रमों के क्रियान्वयन होने में गम्भीर खामियां तथा इस मद के लिए आवंटित राशि के समुचित प्रयोग न होने की शिकायत की, जिसके फलस्वरूप राष्ट्रपति ने इन सभी पहलुओं पर विचार करने के लिए इस समिति के गठन की अत्यन्त आवश्यकता मानकर गठन किया। समिति के स्वरूप की घोषणा बाद में करने की सूचना देते हुए राष्ट्रपति जी ने राज्यपालों को केन्द्र तथा राज्यों के बीच एक शक्तिशाली कड़ी बताते हुए कहा कि, "वे केवल संवैधानिक प्रमुख मात्र ही नहीं होते।" सम्मेलन में प्रधान मन्त्री अटल बिहारी वाजपेयी ने भी इस राज्यपालों के सम्मेलन के विषय में कहा कि, "सम्मेलन में राज्यपालों ने जो विचार व्यक्त किए वे केन्द्र तथा राज्यों के संबंधों को शक्तिशाली बनाने के साथ-साथ नीतियां बनाने में भी सहायक होंगे। राज्यपालों द्वारा निभाए जा रहे महत्वपूर्ण संवैधानिक दायित्वों में वे आम आदमी के कल्याण में महत्वपूर्ण भूमिका निभा सकते है।" इस सम्मेलन में पच्चीस राज्यों के राज्यपालों, तीन केन्द्र शासित प्रदेशों के उपराज्यपालों के साथ-साथ उपराष्ट्रपति, प्रधान मन्त्री, गृह मन्त्री, विदेश मन्त्री, रक्षा मन्त्री तथा वित्त मन्त्री आदि ने भी इस विषय में विभिन्न ज्वलंत समस्याओं पर अपने-अपने विचार प्रस्तुत किए।

दूसरी सहस्त्राब्दि के प्रथम स्वतंत्रता दिवस की पूर्व संध्या पर राष्ट्रपति का राष्ट्र के नाम सन्देश

भारत के राष्ट्रपति महामहिम डॉ० के० आर० नारायणन जी ने इस सहस्त्राब्दि के पहले और भारत की स्वतंत्रता प्राप्ति के 53वे वर्ष के स्वतंत्रता दिवस की पूर्व संध्या पर दिनांक 14 अगस्त, सन् 2000 ई० को राष्ट्र के नाम अपने सन्देश में राजनेताओं और अपराधियों के मध्य बने गठबन्धन को तोड़ने के लिए समाज में एक व्यापक अभियान प्रारम्भ करने तथा महिलाओं को सुरक्षा प्रदान करने के लिए सरकार से नये कानून बनाने का आह्वान करते हुए कहा कि, "वस्तुत: समाज में अपराधियों, राजनेताओं और महत्वपूर्ण व्यक्तियों के बीच बने सम्बन्ध एक अपवित्र गठबन्धन का रूप ले चुके हैं। संचार माध्यमों द्वारा अपराधियों को महिमामण्डित किया जा रहा है और उन्हें समाज के नये नायको के रूप में प्रस्तुत किया जा रहा है। अब समय आ गया है कि सभ्य समाज और सरकार अपराधों

के विरोध में कार्रवाई करें। भारत में इसके विरोध में आवाज नहीं सुनाई पड़ रही है बल्कि इन चीजों को रोमांटिक रूप देने की प्रवृत्ति दिखाई देती है।''

राष्ट्र के नाम अपने सम्बोधन में राष्ट्रपति जी ने महिलाओं के विरोध में हो रहे चारों ओर अत्याचारों और अनाचारों के अतिरिक्त साक्षरता, सुरक्षा, आर्थिक स्थिति और पड़ोसी देशों के साथ अपने सम्बन्धों के विषय में विस्तार के साथ चर्चा करते हुए कहा कि, ''अनेक कमियों के रहते हुए भी हमने महत्वपूर्ण उपलब्धियां प्राप्त की है, लेकिन अब भी हम गरीबी, अज्ञानता, रोग और अन्धविश्वास के अभिशापों से ग्रस्त हैं। फिर भी भारत के पास हमेशा से एक विश्व दृष्टि रही है और गुट निरपेक्षता तथा शान्तिपूर्ण सहअस्तित्व की उसकी नीतियों ने दुनिया को शीतयुद्ध से मुक्ति दिलाने में ऐतिहासिक भूमिका निभाई है। हम सभी राष्ट्रों और खासकर अपने पड़ोसियों के साथ मैत्रीपूर्ण सम्बन्ध रखना चाहते हैं। हमें अपने देश की एकता और अखण्डता की रक्षा तथा अपने लोगों की सुरक्षा और समृद्धि के लिए भी तैयार रहना होगा। देश में महिलाओं के विरूद्ध अपराधों की संख्या में वृद्धि हो रही है, उनके लिए कोई स्थान सुरक्षित नहीं रह गया है, यहाँ तक कि उनके अपने घर भी नहीं हैं।'' महिलाओं के विरूद्ध हो रहे अत्याचारों का उदाहरण देते हुए राष्ट्रपति जी ने बतलाया कि, ''हाल ही में एक मामलें में एक पांच वर्षीय बालिका के अपहरण, बलात्कार और हत्या के आरोपी को सेशन जज ने यह कहकर बरी कर दिया कि अभियोजन पक्ष आरोपी के अपराध को सिद्ध करने में असफल रहा है। हमारो समाज में बलात्कार और अत्याचार के संबंध में पक्षपातपूर्ण रवैया अपनाया जाता है। ऐसी स्थिति में ऐसे कानून बनाने की जरूरत है, जो इस प्रकार के अपराधों को रोकने में कारगर सिद्ध हो। फिर भी आज हमारी उपलब्धियां कम नहीं हैं। आज हमारी गिनती बाहर प्रमुख औद्योगिक देशों में की जाती है और हमें दुनियां की तीब्रतम विकासशील अर्थव्यवस्था के रूप में माना जाता है।''

आइसलैण्ड के राष्ट्रपति का राष्ट्रपति भवन में भव्य स्वागत

आइसलैण्ड के राष्ट्रपति ओनाफर रगनार ग्रिमसन एक सप्ताह की भारत यात्रा पर आए। सोमवार की सुबह राष्ट्रपति भवन में राष्ट्रपति डॉ॰ के॰ आर॰ नारायणन ने उनका पारम्परिक रूप में भव्य स्वागत किया। मेहमान राष्ट्रपति श्री ग्रिमसन के इस स्वागत के समारोह में प्रधान मन्त्री अटल बिहारी वाजपेयी घुटनो के आपरेशन के बाद आराम के कारण नहीं आ सके, इनके अतिरिक्त गृहमन्त्री लाल कृष्ण अडवाणी, विदेश मन्त्री जसवंत सिह आदि उपस्थित हुए। श्री ग्रिमसन के

साथ उनके विदेश मन्त्री एस० ग्रिमसन आए थे। बाद में उपराष्ट्रपति कृष्णकान्त ने राष्ट्रपति ग्रिमसन से भेंट की, आपने भी ग्रिमसन के स्वागत में दिन का भोज दिया। शाम को आइसलैण्ड की फिल्म देखी और विपक्ष की नेता श्रीमती सोनिया गाँधी से भेंट की। आइसलैण्ड के राष्ट्रपति ग्रिमसन की यह पहली शिखर यात्रा रही। शाम को राष्ट्रपति डॉ० के० आर० नारायणन ने राष्ट्रपति ग्रिमसन के सम्मान में राजकीय भोज आयोजित किया।

महामहिम राष्ट्रपति डॉ० के० आर० नारायणन जी की हत्या करने का जघन्य षड्यन्त्र

भारत के महामहिम राष्ट्रपति डॉ० के० आर० नारायणन अपनी योग्यता, कार्य कुशलता, अनुभव और स्पष्ट वाक पटुता के लिए विख्यात है। राष्ट्रपति पद की गरिमा और उसके उत्तरदायित्व को आप कुशलतापूर्वक निभा रहे हैं। भारतीय संविधान और उसके अनुसार चलने वाली भारतीय प्रजातांत्रिक शासन प्रणाली की सुरक्षा में राष्ट्रपति डॉ० के० आर० नारायणन ने अब तक अपनी अत्यन्त महत्वपूर्ण भूमिका निभाई है। आपने अनुसूचित जाति, जनजाति और अन्य पिछड़ा वर्ग के हितों की उपेक्षा और भारत को हिन्दू राष्ट्र की संज्ञा प्रदान करने के लिए भारतीय संविधान समीक्षा के लिए आयोग गठित करने के भारतीय जनता पार्टी सरकार की योजना का राष्ट्रपति डॉ० के० आर० नारायणन ने स्पष्ट शब्दो में दृढ़ता से विरोध किया था। आपने बाबा साहेब डॉ० भीमराव अम्बेडकर जी के वाक्यों का उल्लेख करते हुए कहा, "संविधान विफल नहीं हुआ बल्कि संविधान का पालन करने में हम लोग विफल हुए हैं।" राष्ट्रपति जी की इस विचारधारा से असन्तुष्ट और अप्रसन्न रहने वालों ने राष्ट्रपति के विरूद्ध सम्पूर्ण देश में एक अभियान चला दिया। भारतीय उच्चतम न्यायालय के न्यायाधीशों की नियुक्ति में दलित न्यायाधीशों की नियुक्ति के प्रश्न पर महामहिम राष्ट्रपति जी की टिप्पणी पर उच्चतम न्यायालय के मुख्य न्यायाधीश चीफ जस्टिस आनन्द सेन और प्रधान मन्त्री श्री अटल बिहारी वाजपेयी की असन्तुष्टों की सीमा नहीं रही। मुख्य न्यायाधीश श्री आनन्द सेन ने तो राष्ट्रपति जी की उपस्थिति में ही उच्च न्यायालयों और उच्चतम न्यायालय में दलित जातियों के न्यायाधीशों की नियुक्ति करना अस्वीकार कर दिया था। रूढ़ीवादी समाचार पत्रों ने भी महामहिम राष्ट्रपति डॉ० के० आर० नारायणन की राय का समर्थन नहीं किया।

राष्ट्रपति जी ने स्वतंत्रता दिवस के अपने राष्ट्रीय प्रसारण में हिंसा की राजनीति और राजनीतिज्ञों तथा अपराधियों के बीच जघन्य सम्बन्धों पर चिन्ता

व्यक्त करते हुए जनता को इसके विरूद्ध आन्दोलन करने की प्रार्थना, ईसाइयों की हिंसा, पिछड़ी जातियों की हत्याएं और महिलों के साथ बलात्कार की घटनाओं पर चिन्ता व्यक्त करने को वर्तमान सरकार और रूढ़िवादियों ने राष्ट्रपति की इस अभिव्यक्ति को सरकार की कार्य शैली में हस्तक्षेप माना।

राष्ट्रपति जी ने विश्वविद्यालयों में अनुसूचित जाति, जनजाति और पिछड़ी जातियों के योग्य शिक्षकों की नियुक्ति के विषय में एक जांच आयोग की स्थापना कर इस विषय में जांच करने के आदेश दे दिए थे। उपरोक्त बातों को ध्यान से परखने पर वर्तमान केन्द्रीय सरकार और रूढ़िवादियों ने राष्ट्रपति डॉ॰ के॰ आर॰ नारायणन को सदा के लिए शान्त करने का षड़यन्त्र आगरा के जे॰पी॰ पैलेस होटल में रचा था शरद ऋतु की शरद पूर्णिमा सितम्बर, 2000 ई॰ को महामहिम राष्ट्रपति डॉ॰ के॰ आर॰ नारायणन जी अपने परिवार के साथ पूर्णमासी के चन्द्रमा की चाँदनी में ताजमहल की अद्वितीय आभा को देखने आगरा गये थे, जहाँ पर आपके ठहरने की व्यवस्था जे॰पी॰ पैलेस होटल में की गई थी। राष्ट्रपति डॉ॰ के॰ आर॰ नारायणन अपने परिवार के साथ ताजमहल देखकर ज़ब होटल लौटे तो आपके कमरे में उस समय अनिल शर्मा और सतीश शर्मा नामक दो गुण्डों ने राष्ट्रपति जी पर हमला कर दिया। हालांकि सुरक्षाकर्मियों ने इन शर्मा हत्यारों को पकड़ लिया था। इस आक्रमण से राष्ट्रपति जी को अपार आघात लगा। ये दोनों गुण्डे राष्ट्रपति जी की हत्या करके उनकी आवाज को सदा के लिए बन्द कर दलितों के विक़ास को रोकना था। इस घटना के विषय में अनेक प्रश्न उठे फिर भी जानबूझकर सुरक्षा व्यवस्था में ढील बताकर। प्रशासन द्वारा इस प्रकरण को पूरी तरह दबा दिया गया। समाचार पत्रों ने इस घटनो को महत्व नहीं दिया। विधान सभाओं और संसद में भी इस विषय पर कोई चर्चा नहीं हुई। दलित संगठन और संस्थाओं ने भी इस विषय में कोई आन्दोलन नहीं छेड़ा। आज की रूढ़ीवादी वर्ण व्यवस्था की यह असहनीय नीति दलितों के साथ घोर अन्याय है क्योंकि भारत के सर्वोच्च पद पर आसीन भारत के प्रथम नागरिक पर हमला हो और मीडिया शान्त रहे। यह एक जघन्य षड़यन्त्र नहीं तो क्या है?

विश्व के विशाल गणतन्त्र भारत के राष्ट्रपति महामहिम
डा॰ के॰ आर॰ नारायणन के 80वें जन्मदिवस दिनांक 27 अक्टूबर, 2000
पर दीर्घायु की शुभकामना के रूप में यह कविता सादा आपको समर्पित

मंगलमय हो आपको, अस्सी वां यह साल।
दीर्घायु हो, आपकी युग-युग रहे मिसाल।।
मान-प्रतिष्ठा, गौरव के तुम सच्चे प्रतीक, नारायणन जी तुम सच्चे प्रतीक।
स्वागत करते आज आपका महामानव जी, होकर हम निर्भय-निर्भीक।।

कर्मवीर के कदम चूमती सदा सफलता।
बिना कर्म के भाग्य, कभी नहीं है फलता।।
करके कर्म आपने खींची, पाषाण शिला पर चिरस्थाई लीक।
मान-प्रतिष्ठा, गौरव के तुम सच्चे प्रतीक, नारायणन जी तुम सच्चे प्रतीक।।

जन सेवा के भाव उर में, असीम भरे हैं।
आप कसौटी पर उतरे सम्पूर्ण खरे हैं।।
सांच को आंच नहीं है जग में, यह कर दिखलाया आपने ठीक।
मान-प्रतिष्ठा, गौरव के तुम सच्चे प्रतीक, नारायणन जी तुम सच्चे प्रतीक।।

मधुभाषा, व्यवहार कुशलता आभूषण हैं।
साहस, संकल्प, शौर्य, सफलता आकर्षण हैं।।
रहता है स्वाभिमानी आपसी, जीवन में सदैव अटल अभीक।
मान-प्रतिष्ठा, गौरव के तुम सच्चे प्रतीक, नारायणन जी तुम सच्चे प्रतीक।।

आज आपके जन्म दिवस पर, हमको खुशी अपार।
अभिनन्द सम्मान आपका, यह कविता ही उपहार।।
जन जीवन की जिसको चिन्ता, होता सदैव वही व्यक्ति सटीक।
मान-प्रतिष्ठा, गौरव के तुम सच्चे प्रतीक, नारायणन जी तुम सच्चे प्रतीक।।

लेखक एवं भेंटकर्ता
डा॰ राजपाल सिंह 'राज'
ए-17/18, भगवत गली नं॰ 1,
ब्रहमपुरी, दिल्ली-110053

फोन नं॰ 2260942
2173505

कड़कड़डूमा में आयुर्वेदिक अस्पताल एवं अनुसंधान केन्द्र का राष्ट्रपति द्वारा उद्घाटन

पूर्वी दक्षिणी दिल्ली कड़कड़डूमा क्षेत्र में आयुर्वेदिक अस्पताल एवं अनुसंधान केन्द्र का उद्धाटन राष्ट्रपति डॉ॰ के॰ आर॰ नारायणन के कर कमलों द्वारा दिनांक 29 अक्टूबर, 2000 ई॰ को अपराह्न 12 बजे मावलंकर ऑडिटोरियम में हुआ। शताब्दियों से पुरातन आयुर्वेदिक चिकित्सा प्रणाली को भारत में व्यापक करने के उद्देश्य से यह अस्पताल 2.33 एकड़ भूमि में फैले स्थान पर 68 बिस्तर वाला है। समस्त आधुनिक उपकरणों तथा परम्परागत चिकित्सा सुविधाओं से सुसज्जित है। पंच कर्म उपचार, केरल का विख्यात विशिष्ट उपचार तथा शास्त्रीय आयुर्वेदिक प्रतिपादनों सहित, समस्त पारम्परिक उपचार इस चिकित्सालय में उपलब्ध हैं। यह अस्पताल कड़कड़डूमा इन्स्टिट्यूशनल एरिया, विकास मार्ग, लक्ष्मी नगर, दिल्ली-110092, दूरभाष: 2160160, 2165615 और 2142103 फैक्स 2160160 पर और ई-76 साउथ एक्सटेन्सन, भाग-1 नई दिल्ली-110049 दूरभाष 4621790, 4628006 पर सम्पर्क स्थापित किया जा सकता है।

पण्डित जवाहर लाल नेहरू की 110वीं जयन्ती 14 नवम्बर, 2000 ई॰ पर श्रद्धांजलि

महामहिम राष्ट्रपति डॉ॰ के॰ आर॰ नारायणन ने पण्डित नेहरू पर लिखी अपनी पुस्तक 'नेहरू एवं उनका दृष्टिकोण' में उनको भविष्य दृष्टा बताया। प्रधान मन्त्री और आधुनिक भारत के निर्माता पण्डित जवाहर लाल नेहरू का लोगों से मिलना उनकी विशेषता भी थी और कमजोरी भी। राष्ट्रपति जी ने अपनी पुस्तक में स्पष्ट उल्लेख किया है कि, "हालांकि ऐसा करते समय वे प्रधान मन्त्री का बहुमूल्य समय जाया करते थे, पर इससे यह पता भी चलता था कि देश की आम जनता क्या सोचती है, देश में जो कुछ भी हो रहा है उसके बारे में लोगों की क्या राय हैं?"

राष्ट्रपति डॉ॰ के॰ आर॰ नारायणन ने अपनी सरकारी सेवा के समय जब वे विदेश मंत्रालय में उपसचिव पद पर कार्य कर रहे थे और बाद में जब वह भारतीय राजदूत के रूप में बर्मा की राजधानी रंगून में सरकारी सेवा कर रहे थे उस समय पण्डित नेहरू का सान्निध्य एवं जो सहयोग राष्ट्रपति डॉ॰ के॰ आर॰ नारायणन को प्राप्त हुआ उसके विषय में राष्ट्रपति ने लिखा है "पण्डित नेहरू जी का लोगों से मिलना और उनसे बातचीत करने की उनकी इच्छा

से पता चलता है कि वे मानवीय मूल्यों को कितना महत्व देते थे जो एक राजनेता के लिए अत्यन्त आवश्यक है।" राष्ट्रपति जी ने अपनी पुस्तक में बताया कि "पण्डित नेहरू जी के विषय में आम धारणा यह थी उनकी प्रशंसा कर उन्हें खुश किया जा सकता था। परन्तु यह सच नहीं है। वे गहराई में जाकर सोचते थे और चीजों पर गहन मंत्रणा के पश्चात् ही कोई निष्कर्ष निकालते थे ।" विदेश नीति के विषय में पण्डित नेहरू के विचारों के विषय में राष्ट्रपति जी ने लिखा हॅ कि "वह व्यापक अन्तरराष्ट्रीयवाद के पक्षधर है। वे उन अग्रणी राजनेताओं में से थे जिन्होंने विकास के लिए विज्ञान और प्रौद्योगिकी के क्षेत्र में अन्तरराष्ट्रीय सहयोग को आवश्यक माना और उसके अनुरूप कदम उठाने पर बल दिया।"

राष्ट्रपति डॉ० के० आर० नारायणन जी ने पण्डित नेहरू जी के विषय में आगे कहा है कि "पण्डित नेहरू एक इतिहासकार, समाज सुधारक और उनको भारत के वैज्ञानिक एवं प्रौद्योगिक भविष्य का द्रष्टा बताया है।" नेहरू ही की सोच थी जिसके फलस्वरूप आज विश्व में औद्योगिक उत्पादन की दृष्टि से बारहवां स्थान है।" वैज्ञानियों एवं तकनीकविदों के मामले में भारत तीसरे स्थान पर आ सकता है। पण्डित नेहरू की इस दिशा में सोच का ही परिणाम है कि आज देश में विज्ञान एवं तकनीकी संस्थाओं का एक लम्बा चेन स्थापित हो पाया है।"

नौ सेना दिवस 4 दिसम्बर, 2000 सोमवार के शुभावसर पर

नौ सेना प्रमुख एडमिरल सुशील कुमार के निवास नई दिल्ली पर आयोजित स्वागत समारोह में सशस्त्र सेनाओं के सर्वोच्च कमाण्डर राष्ट्रपति डॉ० के० आर० नारायणन, उपराष्ट्रपति कृष्णकान्त, प्रधान मन्त्री अटल बिहारी वाजपेयी, रक्षा मन्त्री जार्ज फर्नांडीस, गृहमन्त्री लालकृष्ण आडवाणी और सेना के वरिष्ठ अधिकारियों के अतिरिक्त अनेक मन्त्री, सांसद, थल सेनाध्यक्ष एवं पद्नाभम, वायु सेनाध्यक्ष ए०वाई० टिपनीस व विदेशी राजनयिक और अन्य गणमान्य व्यक्ति उपस्थित थे।

नौ सेना दिवस के अवसर पर महामहिम राष्ट्रपति डॉ० के० आर० नारायणन, नौ सेनाध्यक्ष एडमिरल सुशील कुमार के निवास स्थान नेवी हाऊस गए और एडमिरल सुशील कुमार को इस अवसर पर बधाई दी। राष्ट्रपति ने इस अवसर पर नौसेना की गतिविधियों पर दुर्लभ चित्रों से सुसज्जित नौ सेना अधिकारी वाइस एडमिरल राजा मेनन की पुस्तक का भी विमोचन किया।

विश्व विख्यात भौतिक विज्ञानी स्टीफन हाकिंग की राष्ट्रपति डॉ॰ के॰ आर॰ नारायणन से भेंट

"लीविंग आईस्टीन" नाम से परिचित विश्व विख्यात भौतिक विज्ञानी स्टीफन हाकिंग अपनी भारत यात्रा के समय अपनी पत्नी श्रीमती एलेन के साथ नई दिल्ली राष्ट्रपति भवन में दिनांक 15 जनवरी, 2001 को भारत के राष्ट्रपति महामहिम डा॰ के॰ आर॰ नारायणन से भेंट करने आए। विज्ञान को सामाजिक विकास के लिए उपयोगी बनाने के महत्वपूर्ण विषय के वार्तालाप में इतने निमग्न हो गए कि दोनों की भेंट का निर्धारित समय 30 मिनट की अवधि कब समाप्त हो गई पता ही नहीं चला। दोनों महापुरूष लगभग 45 मिनट तक इस रोचक वार्तालाप में लगे रहे। लकवा से पीड़ित श्री स्टीफन हाकिंग ने बोलने के लिए स्पीच सिंथेसाइजर का प्रयोग करते हुए बड़े मित्रतापूर्ण वातावरण में कहा कि, "भारत के लोग गणित व भौतिकी विज्ञान के अच्छे ज्ञाता हैं ऐसा लगता है कि यह आगे चलकर यहाँ की राष्ट्रीय विशेषता बन जाएगी।" इससे पहले वर्ष 1959 में आप भारत आये थे, उस समय से अब तक के परिवर्तन के विषय में श्री स्टीफन हाकिंग ने पुनः कहा, "तब से लेकर अब तक यहाँ बहुत कुछ बदल गया है लेकिन लोगों की भावनाएं पहले जैसी ही हैं। हम दोनों (वह और उनकी पत्नी) को यहाँ आकर बहुत अच्छा लग रहा है।" उपरोक्त भावनाओं के साथ प्रो॰ स्टीफन हाकिंग ने कहा, "हम लोग भारत आकर बेहद खुश हैं और राष्ट्रपति डॉ॰ के॰ आर॰ नारायणन से मिलकर वह स्वयं सम्मानित महसूस कर रहे हैं।" राष्ट्रपति डॉ॰ के॰ आर॰ नारायणन ने प्रो॰ स्टीफन हाकिंग का स्वागत बड़ी गर्मजोशी के साथ राष्ट्रपति भवन के दक्षिणी अहाते में किया जो आमतौर पर राष्ट्राध्यक्षों के लिए आरक्षित रहता है। राष्ट्रपति डॉ॰ नारायणन के अध्ययन कक्ष में अत्यन्त अनौपचारिक वातावरण में हुई बातचीत के मध्य राष्ट्रपति जी ने, दुनिया भर में लोकप्रिय पुस्तक 'द ब्रीफ हिस्ट्री ऑफ आइम' के लेखक प्रो॰ स्टीफन हाकिंग से कहा, "आप पदार्थ पर आत्मा की विजय के प्रतीक हैं। आप जनता का जीवन स्तर सुधारने के लिए भारत के प्रयासों में एक सतत प्रेरणा स्त्रोत रहे हैं।" प्रो॰ हाकिग ने राष्ट्रपति डॉ॰ नारायणन से पूछा, "भारत के भविष्य को लेकर आपका स्वप्न क्या है?" डॉ॰ नारायणन ने कहा, "वह एक विकसित भारत देखना चाहते हैं, जो अपने लोगों की दशा सुधारने के लिए विज्ञान और प्रौद्योगिकी का सूझबूझ से प्रयोग करेगा।" प्रो॰ हाकिंग ने पुनः कहा कि, "वह भारत आकर बहुत खुश हैं और राष्ट्रपति जी से मिलकर स्वयं को सम्मानित महसूस कर रहे हैं।" डॉ॰ नारायणन ने महान् वैज्ञानिक प्रो॰ हाकिंग से कहा, "उनके (राष्ट्रपति जी

के) लिए भी प्रो॰ हाकिंग से मिलना एक अविस्मरणीय अनुभव है।' दिनांक 17 जनवरी, 2001 के व्याख्यान में राष्ट्रपति डॉ॰ नारायणन ने एक आम श्रोता के रूप में भाग लिया प्रो॰ हाकिंग ने 17 जनवरी को सीरी फोर्ट सभागार में "अलबर्ट आइन्सटीन व्याख्यान 2001 पर अपना व्याख्यान दिया।

चुनाव आयोग के स्वर्ण जयन्ती समारोह में राष्ट्रपति जी का सन्देश

दिनांक 17 जनवरी, 2001 को नई दिल्ली में निर्वाचन आयोग के स्वर्ण जयन्ती समारोह को सम्बोधित करते हुए राष्ट्रपति डॉ॰ के॰ आर॰ नारायणन ने कहा कि "आपराधिक पृष्ठभूमि और माफिया से सम्बन्ध रखने वाले लोगों को चुनाव प्रक्रिया से बाहर रखने के लिए कानून बनाया जाना चाहिए। गलत साधनों का प्रयोग, शुरू से ही देश के नीति निर्माताओं की प्रमुख चिन्ता रही है। राजनीतिक दल चाहे तो चुनावों में गलत छवि के लोगों को टिकट ने देकर इस तरह के लोगों के निर्वाचित होने की गति को काफी हद तक कम कर सकते हैं। भारत के चुनावों में गलत संसाधनों के उपयोग का चलन सन् 1920 से ही सामने आने लगा था। गाँधी जी ने इसलिए चुनाव में गलत संसाधनों के उपयोग पर चिन्ता प्रकट की थी और कहा था कि "जब तक सार्वजनिक जीवन स्वच्छ नहीं होता तब तक स्वराज पाने का सपना साकार नहीं हो सकता।"

इस समारोह में प्रधान मन्त्री श्री अटल बिहारी वाजपेयी, कांग्रेस अध्यक्ष सोनिया गाँधी, लोकसभा अध्यक्ष जी॰एम॰सी॰ बालयोगी, पूर्व प्रधान मन्त्री पी॰वी॰ नरसिंहराव, इन्द्रकुमार गुजराल, पूर्व चुनाव आयुक्त जी॰वी॰जी॰ कृष्णमूर्ति, कांगेसी नेता डॉ॰ मनमोहन सिंह, राष्ट्रवादी कांग्रेस के नेता शरद पवार, भाजपा अध्यक्ष बंगारू लक्ष्मण और अधिकांश मुख्यमन्त्री विभिन्न रानीतिक दलों के प्रतिनिधि उपस्थित थे। बड़ी संख्या में सांसद, कानूनविद और अधिकारी शामिल थे।

पर्यटन एवं संस्कृति विभाग के लोकनृत्य समारोह का उद्घाटन

पर्यटन एवं संस्कृति मन्त्रालय, भारत सरकार के संस्कृति विभाग द्वारा गणतन्त्र दिवस लोकनृत्य समारोह के आयोजन का उद्घाटन भारत के माननीय महामहिम राष्ट्रपति डॉ॰ के॰ आर॰ नारायणन ने दिनांक 24 जनवरी, 2001 को प्रातः 11 बजे तालकटोरा इंडोर स्टेडियम में एक विशाल जन समुदाय, विभिन्न प्रदेशों से आए हुए कलाकारों और माननीय श्री अनंतकुमार, केन्द्रीय मन्त्री पर्यटन एवं संस्कृति मन्त्रालय के समक्ष किया। राष्ट्रपति जी ने सबका स्वागत करते हुए कहा कि "लोकनृत्य हमारे मनोरंजन का साधन मात्र ही नहीं है वरन् भारतीय गणतंत्र की

संस्कृति और कलाओं को जीवित रखने का एक अद्वितीय उपाय है। हमारे राष्ट्र की प्रगति के साथ-साथ इन विभिन्न प्रकार की कलाओं की उन्नति और विकास होना भी आवश्यक है। इन कलाकारों ने अपनी रंग-बिरंगी वेश-भूषाओं में अपने-अपने प्रदेशों के लोक नृत्यों का प्रदर्शन कर सबका मन मोह लिया है।'' उपस्थित दर्शकों ने करतल ध्वनि से इन कलाकारों का स्वागत किया।

भारतीय गणतन्त्र की 51वीं वर्षगांठ की पूर्व संध्या पर राष्ट्र के नाम राष्ट्रपति का सन्देश

महामहिम राष्ट्रपति डॉ॰ के॰ आर॰ नारायणन ने भारतीय गणतन्त्र दिवस की 51वीं वर्षगांठ की पूर्व संध्या 25 जनवरी, 2001 को राष्ट्र के नाम अपने सन्देश में अप्रत्यक्ष चुनाव प्रणाली लागू किये जाने सम्बन्धी सुझाव का शक्तिशाली ढंग से विरोध करते हुए कहा कि ''हमारे संविधान निर्माताओं ने प्रत्येक वयस्क नागरिक को मताधिकार प्रदान कर साहसिक और क्रान्तिकारी कार्य किया था। उन्होंने बुद्धिमता और दूरदर्शिता दिखाते हुए राजनीतिक प्रणाली में स्थिरता और एकरूपता को आवश्यकता से अधिक महत्व नहीं दिया। डॉ॰ अम्बेडकर जी ने स्पष्ट किया था कि वह स्थिरता की तुलना में उत्तरदायित्व को अधिक महत्व देते हैं। इसलिए जानबूझकर 1937 के भारत शासन अधिनियम में निहित सीमित मताधिकार और अप्रत्यक्ष चुनावो की प्रणाली को अस्वीकार कर दिया। इसी का परिणाम है कि समस्त मतभेदों और विधिताओं के होते हुए भी हममें सर्वसम्मति की भावना बनी हुई है।''

राष्ट्रपति जी के ये विचार इसलिए महत्वपूर्ण हैं क्योंकि संविधान समीक्षा आयोग ने जिला परिषद् से लेकर संसद तक अप्रत्यक्ष चुनाव कराने के गाँधी जी के उदाहरण का जिक्र करते हुए इस मुद्दे पर सार्वजनिक बहस छेड़ी है और सत्तारूढ़ राष्ट्रीय जनतान्त्रिक गठबन्धन भी लोकसभा तथा विधान सभाओं की अवधि पांच साल सुनिश्चित करने का पक्षधर है। राष्ट्रपति डॉ॰ के॰ आर॰ नारायणन ने कहा आज जब हम अप्रत्यक्ष चुनाव प्रणाली के समर्थन में उठती आवाजों को सुन रहे हैं, तब यह जरूरी हो गया है कि हम पीछे मुड़कर भारत में आम लोगो के संविधान में विश्वास की बात पर विचार करें। पाकिस्तान में भी मार्शल अयूब खान ने अप्रत्यक्ष चुनाव प्रणाली लागू करके एक प्रयोग किया था और उसे बुनियादी लोकतन्त्र या निर्देशित लोकतन्त्र का नाम दिया था। आज यदि हम राष्ट्रपिता महात्मा गाँधी के नाम के साथ अयूब खान की राजनीति की छाया मात्र भी जोड़ने का प्रयास करेंगे तो यह इतिहास की एक विडम्बना होगी। प्रधान मन्त्री अटल बिहारी वाजपेयी द्वारा कश्मीर

घोषित एक तरफा युद्धविराम के इस साहसिक और कल्पनाशील कदम के विषय में आशा की जाती है कि सीमा के उस पार भारत के इस कदम का सकारात्मक उत्तर आएगा और अंततः भारत को आतंकवाद के अभिशाप से मुक्ति मिल जाएगी। इस घोषणा ने कश्मीर के उन लोगों के मन में खुशी जगाई है, जो आतंकवादियों की हिंसा का शिकार हो रहे हैं। महिलाओं को विधान मण्डलों और संसद में आरक्षण दिये जाने से, उनको राजनीति में लाने से वह स्वच्छ और शुद्ध छवि बनेगी। विभिन्न क्षेत्रों में हुए विकास का कार्य सराहनीय है फिर भी पर्यावरणीय गिरावट, निरक्षरता और गरीबी मिटाने के कार्यों को पूरा करना है। हमारी पूर्ववर्ती नीतियों और उनके परिणामों के फलस्वरूप अर्थव्यवस्था में उदारीकरण और भूमण्डलीयकरण सम्भव हुआ है निजी निवेश के लिए पूर्व शर्तों के निर्धारण से बचने की आवश्यकता है अतः निजी निवेश द्वारा विकास की गति को सुनिश्चित किया जाना चाहिए। विश्व की तीव्रतम गति से विकास कर रही अर्थ व्यवस्थाओं में शामिल करने के लिए अच्छे प्रयास किये है। देश में हरित क्रान्ति और भूमण्डलीयकरण की प्रक्रिया से सामाजिक और आर्थिक क्षेत्रों में उल्लेखनीय प्रगति की है। हम अपनी स्वतंत्रता के साथ कोई समझौता किये बिना भूमण्डलीयकरण की प्रक्रिया के साथ चल रहे है। सूचना प्रौद्योगिकी और जेंब प्रौद्योगिकी के क्षेत्र में हम विश्व के महत्वपूर्ण राष्ट्र के रूप में उभरे हैं।''

राष्ट्रपति डॉ॰ के॰ आर॰ नारायणन ने गणतन्त्र दिवस की पूर्व संध्या 25 जनवरी, 2001 को अपने मधुर स्वर से पिछले पचास वर्ष से अधिक समय लोगों का मन मोहने वाली कोकिलकंठी लता मंगेशकर और शहनाई के जादूगर उस्ताद बिस्मिला खां को आज देश के सर्वोच्च नागरिक अलंकरण 'भारत रत्न' से सम्मानित करने के साथ-साथ विभिन्न क्षेत्रों में अपनी अद्वितीय भूमिका निभाने वाले एक सौ नौ अन्य विभूतियों को पद्म अलंकरणों से विभूषित करने की घोषणा की गई।

राष्ट्रपति जी का संविधान की रक्षा हेतु अपने दायित्वों को सक्रियता से पालन करना

राष्ट्रपति डॉ॰ के॰ आर॰ नारायणन जी इस विषय में प्रशंसा के पात्र हैं कि वे अपनी बात निर्भीकता से कहने का एक भी अवसर कभी नहीं चूकते हैं। राष्ट्रपति और प्रधान मन्त्री के मध्य असहमति का सिलसिला भारत के प्रथम राष्ट्रपति डॉ॰ राजेन्द्र प्रसाद और प्रथम प्रधान मन्त्री पण्डित जवाहर लाल नेहरू के समय से ही प्रारम्भ हो गया था। ऐसा इसलिए हुआ कि तत्कालीन नेता अपने विचारों को छिपाते

नहीं थे, बल्कि उन्हें व्यक्त करना अपने प्रति और अपने देश के प्रति कर्त्तव्य मानते थे। अतः राष्ट्रपति डॉ० राजेन्द्र प्रसाद की असहमतियों को कभी इस दृष्टि से नहीं देखा गया कि वे पण्डित जवाहर लाल नेहरू को नीचा दिखाना चाहते थे। बीच में यह विशुद्ध परम्परा शिथिल हो गई और कई ऐसे राष्ट्रपति हुए जो सरकार से इसलिए अप्रसन्न रहे कि सरकार उन्हें राष्ट्रपति के रूप में पुनः अवसर नहीं देना चाहती थी। एक राष्ट्रपति ने तो ऐसा वातावरण बना दिया था कि सरकार को किसी भी क्षण बर्खास्त किया जा सकता था। राष्ट्रपति डॉ० के० आर० नारायणन ने भी भारतीय जनता को और भारतीय सत्तारूढ़ नेताओं को एक बार फिर याद दिलाया है कि कोई उनसे यह आशा न करे कि किसी विषय पर उनकी अन्तरात्मा कचोटेगी, तब वे भी चुप रहेंगे। लोकतन्त्र के प्रहरी को स्वयं भी लोकतन्त्र का रचनात्मक प्रयोग करना आना चाहिए।

इस बार गणतन्त्र दिवस की पूर्व संध्या पर राष्ट्रपति डॉ० के० आर० नारायणन ने देश के नाम अपने सन्देश में जो प्रमुख विषय उठाए। उनसे कोई असहमत दिखलाई नहीं देता था। मात्र भाजपा को थोड़ी-बहुत अड़चन को छोड़कर और किसी को कोई बाधा नहीं थी। राष्ट्रपति भाजपा विरोधी नहीं हैं। जैसे कि मुलायम सिंह यादव और ज्योति बसु हैं। राष्ट्रपति जी को जो भी आपत्तियां हैं, वे सैद्धान्तिक हैं और लोकतन्त्र के हित में स्पष्ट दिखाई देती है। यदि किसी विषय में राष्ट्रपति का अपना मत इतना महत्वपूर्ण है, जिसके लिए वह देश के साथ उसकी साझेदारी करना चाहते हैं तो भाजपा सरकार को परेशान न होकर उस विषय पर तटस्थता के साथ विचार करना चाहिए और इस तथ्य को भुलाना नहीं चाहिए कि कोई भी केन्द्रीय सरकार केवल लोकसभा में बहुमत के बल पर बनती है, जबकि राष्ट्रपति के निर्वाचन में संसद के दोनों सदन और सभी राज्यों की विधान सभाएं भी भाग लेती हैं। इस प्रकार राष्ट्रपति एक बड़े विचार क्षेत्र का प्रतिनिधित्व करते हैं। इसके साथ संविधान की रक्षा का दायित्व उन्हीं का संवैधानिक उत्तरदायित्व भी है और लोकतान्त्रिक उत्तरदायित्व भी है कि अगर उनको ऐसा अहसास होता है कि कोइ सरकार संविधान के प्रतिकूल कुछ करने जा रही है तो वह सरकार ही नहीं अपितु सम्पूर्ण देश को चेतावनी देने में सामर्थ्यवान हैं।

संविधान समीक्षा आयोग का यह प्रस्ताव कि देश में अप्रत्यक्ष चुनाव द्वारा लोकसभा और राज्य सभा के सदस्यों का चुनाव होना चाहिए। राष्ट्रपति जी ने इस प्रस्ताव पर अपना विरोध प्रकट कर उचित ही किया है। अप्रत्यक्ष चुनाव प्रणाली का परिणाम पाकिस्तान के फौजी शासक अयूब खान का सन्दर्भ इस

विषय की असफलता के लिए पर्याप्त है। अप्रत्यक्ष चुनाव प्रणाली के विषय में गाँधी जी का भी हवाला दिया गया है। कांग्रेस ने भी गाँधी जी के नाम का प्रयोग अपने झण्डे के एक टुकड़े के रूप में किया, बाद में गाँधी जी की प्रत्येक बात की अनसुनी कर दी। भाजपा और गाँधी जी के वास्तविक सम्बन्धों की स्थिति छत्तीस का आंकड़ा जैसी है। विचारकों की धारणा यहाँ तक है कि भाजपा गाँधी जी को राष्ट्रपिता कहने का पहले विरोध करती थी। लेकिन अब अवसर का उपयोग कर, लाभ उठाने के लिए गाँधी जी में विशेषता दिखाई दी और गाँधी जी के मत का उल्लेख कर लोकतन्त्र के ढांचे को बदलने का प्रयास कर अप्रत्यक्ष प्रणाली की वकालत की गई है। गाँव को लोकतन्त्र की इकाई पूरी तरह से स्वीकार की जाये और संसद के पास कम से कम अधिकार हों। इस प्रकार की शासन प्रणाली में संसद आज के समान नहीं रहेगी अपितु नाममात्र की संसद रह जाएगीं। यही बात लोकसभा के पांच वर्ष के समय को पूर्ण रूप से निश्चित करने के विषय में हुई। देश में राजनीतिक स्थिरता लाने के लिए प्रस्ताव की पेशकश अटल बिहारी वाजपेयी द्वारा की गई थी। इस प्रस्ताव पर उचित रूप से राष्ट्रीय बहस हो चुकी है किन्तु किसी भी राष्ट्रीय स्तर के महत्वपूर्ण विचारक या बुद्धिजीवी ने इस प्रस्ताव का समर्थन नहीं किया है। इस विचारधारा को समस्त देश ने पूरी तरह से निरस्त कर दिया है। इस विषय में महामहिम राष्ट्रपति डॉ॰ के॰ आर॰ नारायणन ने अपने विचारों को निर्णायक रीति से व्यक्त करना उचित समझा। राजनीतिक स्थिरता और जिम्मेदारी के युगल संघर्ष में जिम्मेदारी का ही चयन किया जाना उचित होगां यदि इस प्रकार राष्ट्रपति की सक्रियता बढ़ती गई तो एक दिन ऐसा आयेगा जब राष्ट्रपति शासन प्रणाली हावी होने का भय बढ़ जाएगा। इस प्रकार लोकतन्त्र का हमारा प्रयोग विफल होता चला गया तो राष्ट्रपति शासन प्रणाली के रूप में तानाशाही का प्रभाव बढ़ जाएगा। किन्तु राष्ट्रपति डॉ॰ के॰ आर॰ नारायणन के स्वभाव और कार्यों से ऐसा आभास नहीं होता है। आप तो पूर्णरूप से संसदीय गणतन्त्र की मर्यादाओ को नियमित रूप से चलाने में ही कार्य कर रहे हैं। इसीलिए राष्ट्रपति जी ने कारगिल संघर्ष के समय वाजपेयी सरकार को राज्यसभा की बैठक बुलाने की सलाह दी थी। जिसे तानाशाही पसन्द है, वह संसद की बैठक बुलाने पर जोर नहीं देगा। इसी प्रकार बिहार में राष्ट्रपति शासन लागू करने के केन्द्रीय मन्त्रिमण्डल के प्रस्ताव से असहमत होने के कारण इस प्रस्ताव को अस्वीकार कर राष्ट्रपति जी ने यह प्रमाणित कर दिया कि संविधान के प्रावधानों के विरूद्ध जाने की राष्ट्रपति की कोई इच्छा नहीं है। उचित तो दोनों के साथ मधुर सम्बन्ध होना राष्ट्रहित में हैं।

बजट सत्र के लिए राष्ट्रपति के अभिभाषण को कैबिनेट की स्वीकृति

बजट सत्र के प्रारम्भ में दिनांक 19 फरवरी, 2001 को संसद के दोनों सदनों की संयुक्त बैठक के समक्ष राष्ट्रपति डॉ० के० आर० नारायणन द्वारा दिये जाने वाले अभिभाषण को दिनांक 13 फरवरी 2001 को कैबिनेट की स्वीकृति प्राप्त हुई थी। अभिभाषण के प्रस्तावित मसौदे में कश्मीर मसले को लेकर नरम मुलायम शब्दों के प्रयोग को निरस्त करके सख्त लहजे वाले शब्द अभिभाषण में प्रयोग करते हुए कैबिनेट ने पौने चार घण्टे से अधिक चली बैठक के बाद अपनी स्वीकृति की मोहर लगा दी। लगभग साठ पैराग्राफ वाले राष्ट्रपति के प्रस्तावित अभिभाषण में बाबा साहेब डॉ० भीमराव अम्बेडकर जी का वर्णन कई स्थानों पर बड़ी प्रमुखता से दिया गया था लेकिन बैठक में यह माना गया कि यह मसला विरोधी दलों का एक नया मुद्दा उपलब्ध करा सकता है। विरोधी दलों का यह प्रचार होगा कि एक ओर सरकार बाबा साहेब डॉ० अम्बेडकर द्वारा लिखे संविधान की समीक्षा करा रही है और दूसरी ओर उसकी प्रशंसा में कसीदें भी पढ़वा रही है। इसी आशंका के कारण अभिभाषण में बाबा साहेब डॉ० अम्बेडकर जी का नाम केवल सन्दर्भ के तौर पर प्रयोग किया गया है। इसके अलावा किसानों को लाभ देने के लिए कुछ पंक्तियां भी अन्तिम समय में जोड़ी गई हैं। मसौदे की भाषा पर कैबिनेट को काफी आपत्तियां थीं। कश्मीर के मामले में शालीन शब्दों के प्रयोग पर कैबिनेट के कई सदस्यों ने विरोध प्रकट किया। सभी की इच्छा थी कि पाकिस्तान को उसी की भाषा में समझाया जाना चाहिए। पौने चार घण्टे के विचार-विमर्श की बैठक ने पैरा दर पैरा भाषा में बहुत परिवर्तन किया। इस अभिभाषण में एक ओर संघर्ष विराम पर अन्तर्राष्ट्रीय स्तर पर मिले समर्थन का उल्लेख था। दूसरी ओर इस बात पर शिकायत भी है कि पाकिस्तान की ओर से संघर्ष विराम के बाद जो अपेक्षा थी वह कतई पूरी नहीं हुई। इस अवधि के समाप्त होने के पूर्व राष्ट्रपति के अभिभाषण द्वारा पाकिस्तान को खुली चेतावनी दिला दी जाएगी। इस चेतावनी में काफी गूढ़ अर्थ भरा हुआ है।

संसद की संयुक्त बैठक में राष्ट्रपति का अभिभाषण

संसद के बजट सत्र के पहले दिन 19 फरवरी, 2001 को दोनो सदनों की संयुक्त बैठक के समक्ष राष्ट्रपति डॉ० के० आर० नारायणन ने अपने अभिभाषण में पाकिस्तान को कश्मीर में 'जेहाद' की आड़ में बर्बरतापूर्ण हत्याओं के लिए

उत्तरदायी ठहराते हुए दो टूक शब्दों में पाकिस्तान से कहा कि यदि वह भारत से बातचीत का इच्छुक है तो पहले उसे इसके लिए अनुकूल वातावरण का निर्माण करना होगा तथा सीमा पार से आतंक भड़काने की करतूतों से बाज आना पड़ेगा। पाकिस्तान ने जम्मू-कश्मीर में शान्ति प्रक्रिया की खातिर एक तरफा संघर्ष विराम के रूप में भारत के सद्भाव के अनुरूप प्रतिक्रिया व्यक्त नहीं की। पाक की धरती से सीमा पार से आतंकवाद और भारत के विरूद्ध द्वेषपूर्ण प्रचार समाप्त होना तो दूर उसमें जरा सी भी कमी नहीं आई है। मानवता विरूद्ध कृत्यों से बेकसूर लोग मारे जा रहे हैं। मानवता के विरूद्ध किए जाने वाले ये कृत्य धर्म का उपहास हैं और इसके लिए पाकिस्तान उत्तरदायी है। हम जम्मू-कश्मीर राज्य में हिंसा का रास्ता छोड़ने वाले हर आतंकी संगठन और समूहों से बातचीत करने के लिए तैयार हैं। जम्मू-कश्मीर में आतंकवाद भकड़े के विदेशी गुटों तक ही सीमित रह गया है। इससे राज्य में लोकतान्त्रिक किया-कलाप की गुंजाइश बढ़ गई है। हाल में हुए पंचायत चुनावों में राज्य के लोगों द्वारा खुलकर भाग लेने से यह बात स्पष्ट हो गई है। कश्मीर में शान्ति स्थापित करने के लिए सरकार द्वारा शुरू किए गए प्रयासों की चर्चा करते हुए राष्ट्रपति जी ने कहा कि इस कदम का जम्मू-कश्मीर की जनता ने हृदय से स्वागत किया है। अन्तरराष्ट्रीय समुदाय ने भी पूरा समर्थन दिया क्योंकि पूरी दुनिया इस कश्मीर के मामले में भारत की सच्ची प्रतिबद्धता के एक और प्रयास के रूप में देखती है।

गुजरात में आये भूकम्प में मारे गए और बेघर हुए लोगों के प्रति अपनी संवेदना प्रकट करते हुए राष्ट्रपति जी ने कहा कि "हम भूकम्प से प्रभावित सभी लोगों को विश्वास दिलाते हैं कि संकट और वेदना के समय ही इस घड़ी में वे अकेले नहीं हैं, पूरा देश उनके साथ है। इस आपदा से निपटने में थल सेना, वायु सेना और नौ सेना के जवानों और अधिकारियों ने राहत कार्य करने वाले अधिकारियों की जिस तरह सहायता की उस उल्लेखनीय भूमिका के लिए मैं हृदय से सराहना करता हूँ। भूकम्प प्रभावित क्षेत्र में विद्युत, दूरसंचार, रेल और हवाई यातायात की उल्लेखनीय गति से बहाली की भी प्रशंसा करता हूँ। प्रधान मन्त्री की अध्यक्षता में गठित राष्ट्रीय आपदा-प्रबन्ध समिति ने गुजरात में आए भूकम्प के बाद राहत कार्यों की अल्पकालिक, मध्यकालिक और दीर्घकालिक मामलों की समीक्षा के अलावा भविष्य में प्राकृतिक आपदाओं से निपटने के लिए एक प्रभावी और दीर्घकालिक नीति के लिए आवश्यक संस्थागत और

विधायी उपायों पर भी विचार करेगी। महिला सशक्तिकरण के इस साल में यदि वह विधेयक पारित होता है तो यह सर्वोत्तम कदम होगा। अन्तरराष्ट्रीय स्तर पर सरकार की कूटनीतिक सफलता की सराहना सभी कर रहे हैं। नेपाल, मालदीव, चीन और दूसरे देशों के साथ भारत के सम्बन्ध अच्छे हुए हैं। प्रधान मन्त्री ने वियतनाम और इंडोनेशिया की यात्रा से उल्लेखनीय कार्य किया है। रूस के राष्ट्रपति पुतिन और अमरीका के तत्कालीन राष्ट्रपति बिल क्लिंटन ने भारत की यात्रा कर हमारा मनोबल बढ़ाया है। इन दोनों देशों के साथ हमारे सम्बन्ध और अधिक प्रगाढ़ हुए हैं। अब हम नये अमरीकी राष्ट्रपति जार्ज डब्लू बुश के प्रशासन के साथ भी द्विपक्षीय सम्बन्धों को शक्तिशाली बनाने के लिए निरन्तर प्रयत्नशील हैं।''

आर्थिक सुधारों के विषय में राष्ट्रपति जी ने कोयला खनन के क्षेत्रों में निजी क्षेत्र को प्रवेश, फार्मा क्षेत्र में सौ फीसदी प्रत्यक्ष विदेशी निवेश की अनुमति, रेलवे के सुधार के लिए विशेषज्ञ समिति की सिफारिशों पर अमल करने और राज्य के बिजली बोर्डों में सुधार सम्बन्धी घोषणाएँ कीं। राष्ट्रपति जी ने देश की प्रति व्यक्ति आय को दोगुनी करने और गरीबी को आधा करने के लिए अगले दस वर्ष में नौ फीसदी की वार्षिक वृद्धि दर का महत्वाकांक्षी लक्ष्य निर्धारित करने की आवश्यकता बताई है। भारत सरकार कोयला क्षेत्र में प्रगति के लिए द्विपक्षीय नीति अपना रही हैं कोयला खनन में हम निजी क्षेत्र की भागीदारी की अनुमति देंगे। रेलवे की वित्त–व्यवस्था शोचनीय दशा में है जिसके कारण वह अधिक समय से लम्बित कई विकास परियोजनाओं को क्रियान्वित नहीं कर पाई है। रेल सुरक्षा में सुधार के अत्यावश्यक कार्यक्रम को पूरा करने में वित्त अभाव के कारण संसाधनों की भारी कमी है। रेलवे सम्बन्धी एक विशेषज्ञ समिति ने हाल ही में प्रचालनों, संगठन, वित्तपोषण, निवेश टैरिफ और अन्य नीतिगत विषयों का व्यापक अध्ययन पूरा किया है। सरकार इस समिति की सिफारिशों की समीक्षा करेगी और शीघ्र ही यथोचित कार्रवाई करेगी। हमने हाल के वर्षों में कुछ क्षेत्रों में महत्वपूर्ण प्रगति की है, लेकिन कई अन्य क्षेत्रों में गम्भीर अड़चनें अब भी बनी हुई हैं। सिंचाई, विद्युत और ग्रामीण आधारभूत ढाँचें में नई पूंजीगत परिसम्पत्तियां बनाने के बजाय इन पुट्स पर सब्सिडी देकर अधिक कृषि उत्पादन पर जोर देने की नीति ने कृषि में सार्वजनिक निवेश को बहुत कम कर दिया है। इससे फसल उत्पादकता तथा किसानों के लाभ अवरूद्ध हुए हैं। इसको बदलने की आवश्यकता है, जिससे किसानों और उपभोक्ताओं को लाभ हो। बिजली की

सुलभ पूर्ति बनाने के लिए सरकार ने सन् 2010 तक एक लाख मेगावाट बिजली की अतिरिक्त क्षमता का लक्ष्य निर्धारित किया है। इसके लिए सरकार को 800, 000 करोड़ रुपये के निवेश की आवश्यकता होगी।

राष्ट्रपति डॉ॰ के॰ आर॰ नारायणन की मारीशस यात्रा

होली के रंगारंग त्योहार के पश्चात् भारतीय राष्ट्रपति महामहिम डॉ॰ के॰ आर॰ नारायणन जी दिनांक 10 मार्च, 2001 को परिवार सहित मारीशस की राजकीय यात्रा पर गये। दिनांक 11 मार्च, 2001 को राष्ट्रपति जी का मारीशस की राजधानी पोर्टलूई में वहाँ के तत्कालीन राष्ट्रपति कासम उतीम और प्रधान मन्त्री अनरूद्ध जगन्नाथ आदि नेताओं ने अपार राजकीय सज-धज के साथ सम्मान किया। स्वागत समारोह में भारतीय राष्ट्रपति डॉ॰ के॰ आर॰ नारायणन ने कहा कि, "हमें उन ताकतों से हरदम सचेत रहना होगा जो हमें धर्म, भाषा और संस्कृति के नाम पर विभाजित करती हैं।" मारीशस के प्रधान मन्त्री अनरूद्ध जगन्नाथ ने संयुक्त राष्ट्र सुरक्षा परिषद् में भारत की सदस्यता के लिए अपना समर्थन देने के लिए कहा, "भारत विश्व का सबसे बड़ा लोकतन्त्र है। अत: उसे सुरक्षा परिषद में स्थाई सदस्यता न दिये जाने का कोई कारण नहीं है। यदि संयुक्त राष्ट्र घोषणा पत्र में संशोधन करना हो तो इसके लिए वह भी करना चाहिए।"

भारतीय राष्ट्रपति डॉ॰ के॰ आर॰ नारायणन ने मारीशस के राष्ट्रपति कासम उतीम द्वारा दिये गये राजकीय भोज में अपने सन्देश में कहा, "भारत की तरह मारीशस में भी विविधतापूर्ण समाज है जो एकता की अटूट भावना से अनुप्राणित है। दोनों ही देशों ने एक बहुजातीय, बहुधार्मिक और बहुभाषीय समाज के निर्माण का प्रयास किया है। मारीशस की सुरक्षा और संप्रभुता हमारे लिए अत्यन्त महत्वपूर्ण है और हमारा अटल विश्वास है कि हम अपने सभी लोगों की सृजनात्मक प्रतिभा को प्रोत्साहित करके ही अपने राष्ट्रों की एकता को सुरक्षित रख सकते हैं। हम मारीशस के साथ अपने सम्बन्धों को बहुत अधिक महत्व देते हैं। हम अपने पारम्परिक सम्बन्धों एवं निरपेक्षवाद के प्रति अपनी वचनबद्धता, लोकतन्त्र में अपनी आस्था और राष्ट्र निर्माण की अपनी आकांक्षाओं को गुणात्मक रूप से एक नया आयाम दे रहे हैं। प्रधान मन्त्री अनरूद्ध जगन्नाथ की हाल की भारत यात्रा ने नयी तथा आधुनिक प्रौद्योगिकियों में एक सामरिक भागीदारी का शुभारम्भ किया है। यह हमारे आने वाली पीढ़ियों के भविष्य को सुरक्षा प्रदान करेगी। हमें इस बात पर गर्व है कि हम इस द्वीप पर एक साथ मिलकर पहले साइबर शहर का निर्माण करेंगे।"

अपने देश भारत की शासन व्यवस्था में एकदम भूचाल आ जाने के कारण और तहलका डॉटकॉम आरोप काण्ड के फलस्वरूप राष्ट्रपति जी अपने देश में लौट आये। स्थिति का गम्भीरता से अध्ययन कर उचित निर्णय लिया।

तहलका प्रकरण द्वारा राष्ट्रीय जनतान्त्रिक गठबन्धन में भूकम्प

तहलका डॉटकॉम द्वारा किए गए रहस्योद्घाटन के परिणामस्वरूप राष्ट्रीय जनतान्त्रिक गठबन्धन सरकार में एक हड़कम्प मच गया। दिनांक 14 मार्च, 2001 ई० को प्रधान मन्त्री अटल बिहारी वाजपेयी ने राष्ट्रपति डॉ० के० आर० नारायणन से भेंट कर सम्पूर्ण राजनीतिक स्थिति से अवगत कराया। राष्ट्रपति डॉ० के० आर० नारायणन अपनी मारीशस यात्रा से अभी लौटकर आये थे। यह भेंट प्रधान मन्त्री अटल बिहारी वाजपेयी की पहल पर हुई। इस वार्तालाप में तहलका से उत्पन्न स्थिति के उपलक्ष्य में चर्चा हुई। प्रधान मन्त्री ने सरकार द्वारा उठाये कदमों के विषय में विचार विमर्श किया। यह वार्ता लगभग 45 मिनट हुई। प्रधान मन्त्री अटल बिहारी वाजपेयी ने रेलमन्त्री ममता बनर्जी, विदेश राज्य मन्त्री अजीत पांजा और रक्षा मन्त्री जार्ज फर्नांडिस तीनों के त्यागपत्रों को स्वीकृति हेतु राष्ट्रपति डॉ० के० आर० नारायणन के पास भेज दिये, इन सब मन्त्रियों के त्यागपत्र राष्ट्रपति ज़ी ने स्वीकार कर लिए।

दक्षिण अफ्रीका के पूर्व राष्ट्रपति नेल्सन मंडेला को अन्तर्राष्ट्रीय गाँधी शान्ति पुरस्कार राष्ट्रपति डॉ० के० आर० नारायणन द्वारा प्रदान

दिनांक 16 मार्च, 2001 को राष्ट्रपति भवन के अशोका हाल में आयोजित एक गरिमामय भव्य समारोह में प्रतिष्ठित अन्तर्राष्ट्रीय गाँधी शान्ति पुरस्कार 2000 भारतीय राष्ट्रपति डॉ० के० आर० नारायणन ने दक्षिण अफ्रीका के पूर्व राष्ट्रपति डॉ० नेल्सन मंडेला और बांग्ला देश के ग्रामीण बैंक के अध्यक्ष डॉ० डी०सी० बख्श को एक करोड़ रुपये की पुरस्कार राशि, प्रतीक चिन्ह तथा प्रशस्ति पत्र भेंट किया। पुरस्कार देते समय राष्ट्रपति डॉ० के० आर० नारायणन ने डॉ० नेल्सन मंडेला को अपने समय का परमात्मा बताते हुए कहा, "आपने अपने देश में रंगभेद से मुक्ति दिलवाने में महत्वपूर्ण भूमिका अदा की।" बांग्लादेश के ग्रामीण बैंक के योगदान की प्रशंसा करते हुए राष्ट्रपति जी ने कहा, "बैंक द्वारा ग्रामीण महिलाओं को आत्मनिर्भर बनाने में डॉ० डी०सी० बख्श के प्रयासों की सराहना की। डॉ० नेल्सन मंडेला ने भारत के प्रयासों की सराहना करते हुए कहा,

"भारत मेरे लिए घर से दूर एक घर है। दक्षिण अफ्रीका को नस्ल भेद से मुक्त कराने में और उसे आजादी दिलाने में भारत का महत्वपूर्ण योगदान रहा है।" इस समारोह में राष्ट्रपति और प्रधान मन्त्री के अतिरिक्त उपराष्ट्रपति कृष्णकान्त, पूर्व राष्ट्रपति आर० वैकन्टरमन, गृहमन्त्री आडवाणी, कांग्रेस अध्यक्ष सोनिया गाँधी के अलावा अनेक विशिष्ट व्यक्ति उपस्थित थे।

स्वर साम्राज्ञी सुश्री लता मंगेशकर को 'भारत रत्न' राष्ट्रपति जी द्वारा प्रदान किया गया

भारत के राष्ट्रपति महामहिम डॉ० के० आर० नारायणन ने 21 मार्च, 2001 ई० को राष्ट्रपति भवन के मुख्य दरबार हाल में आयोजित एक विशेष समारोह में स्वर साम्राज्ञी सुश्री लता मंगेशकर को भारत के सर्वोच्च असैनिक सम्मान 'भारत रत्न' से सम्मानित किया। इस सम्मान को प्राप्त करने के लिए रेशम की सफेद पीले बार्डर वाली साड़ी पहने हुए लता मंगेशकर राष्ट्रपति जी के समीप पहुंची तो हाल में उपस्थित समस्त व्यक्तियों ने करतल ध्वनि के साथ बड़े हर्षोल्लास से उनका स्वागत किया। इस समारोह में अन्य तिरेपन प्रतिष्ठित व्यक्तियों को उनके द्वारा किये गये अद्वितीय कार्यों के परिणामस्वरूप वर्ष 2000 से 2001 के कार्यकाल के लिए पद्म विभूषण सम्मानों से सम्मानित किया गया। सरोजवादक अमजद अली, उद्योगपति राहुल बजाज, फिल्म अभिनेता प्राण, स्वतंत्रता सेनानी मोहन राणा डे, लोक संगीत के भूपेन हजारिका, पत्रकार अरूण पुरी तथा प्रसिद्ध हृदय रोग विशेषज्ञ डॉ० नरेश त्रेहन को भी पद्म सम्मानों से सम्मानित किया गया। उस वर्ष के समस्त 110 विशिष्ट व्यक्तियों को और अन्य पुरस्कारों से सम्मानित करने की घोषणा 26 जनवरी, 2001 ई० के गणतन्त्र दिवस पर की गई थी।

राष्ट्रपति भवन के विशाल दरबार हाल में एक भव्य समारोह के आयोजन में सुश्री लता मंगेशकर को 'भारत रत्न' से सम्मानित करने के साथ-साथ चार विशिष्ट व्यक्तियों को पद्म विभूषण, 14 को पद्म भूषण और 28 व्यक्तियों को पद्म श्री, पुरस्कार से पुरस्कृत किया गया। दिनांक 22 मार्च 2001 को प्रशासनिक सेवा अधिकारी डॉ० चक्रवर्ती विजय राघवन नरसिंहन् निर्माता निर्देशक हृषीकेश मुकर्जी दर्शनशास्त्र के प्रसिद्ध विद्वान सच्चिदानन्द मूर्ति आदि को पद्म विभूषण से सम्मानित किया गया। सुपर स्टार ऑफ मिलेनीयम अमिताभ बच्चन को पद्म भूषण से विभूषित किया गया।

राष्ट्रपति और उपराष्ट्रपति की उगादी और चैती चाँद के अवसर पर शुभकामनाएँ

राष्ट्रपति भवन द्वारा दिनांक 25 मार्च 2001 को जारी देशवासियों को उगादी चैत्रशुक्लादि गुडी पाडवा और चैती चाँद के शुभावसर पर हार्दिक बधाई और शुभकामनाएँ देते हुए महामहिम राष्ट्रपति डॉ॰ के॰ आर॰ नारायणन ने कहा कि "मैं कामना करता हूँ कि ये पर्व हमारी विविधतापूर्ण जनता के लिए खुशियां लाए तथा उनमें एकता और सौहार्द की भावना जगाए।"

राष्ट्रपति जी सदैव राष्ट्रीय एकता और सौहार्द की भावना विभिन्न धर्म, जाति और भाषा भाषियों के होते हुए भी सबको एकता की डोंर में बांधने का सदैव प्रयास करते रहे हैं। यह आपके मन वचन और कर्म से स्पष्ट आलोकित होता है। उपराष्ट्रपति महामहिम कृष्णकान्त ने अपने सन्देश में कहा कि "देश के विभिन्न तरीकों से मनाया जाने वाला यह त्योहार हमारी सम्पन्न व बहुरंगी संस्कति का द्योतक है।

राष्ट्रपति डॉ॰ के॰ आर॰ नारायणन जी के पथरी का आपरेशन

भारत के राष्ट्रपति डॉ॰ के॰ आर॰ नारायणन जी को दिनांक 28 मार्च 2001 को शाम के समय सर गंगाराम अस्पताल में पथरी का आपरेशन कराने के लिए भरती कराया गया। डॉ॰ प्रदीप चौबे के नेतृत्व में डॉक्टरों की एक टीम द्वारा दिनांक 29 मार्च 2001 को राष्ट्रपति जी का आपरेशन किया गया। आप का आपरेशन अत्यन्त सफल हुआ और दो दिन सर गंगाराम अस्पताल में आराम करके सकुशल दिनांक 31 मार्च 2001 को राष्ट्रपति भवन लौट आए। आपका स्वास्थ्य डॉक्टरों की सूचनानुसार श्रेष्ठ है। डॉ॰ प्रदीप चौबे जी ने बड़ी कुशलता, दक्षता, योग्यता एवं अपार अनुभव के आधार पर शल्य चिकित्सा करके राष्ट्रपति जी को सकुशल राष्ट्रपति भवन को भेज दिया।

राष्ट्रपति जी की देशवासियों को रामनवमी पर बधाई

राष्ट्रपति डॉ॰ के॰ आर॰ नारायणन जी ने देशवासियों को दिनांक 1 अप्रैल, 2001 को रामनवमी की पूर्व संध्या पर बधाई देते हुए कहा, "मर्यादा पुरूषोत्तम राम के रूप में राम का उच्च आदर्श हमारे आचरण को प्रभावित करेगा तथा हमें मन, वचन और कर्म को उत्कृष्टता की ओर प्रशस्त करेगा।"

राज्यपालों की समिति के अध्यक्ष डॉ॰ पी॰सी॰ अलेक्जेंडर ने राष्ट्रपति जी को रिपोर्ट सौंपी

राष्ट्रपति डॉ॰ के॰ आर॰ नारायणन द्वारा अनुसूचित जातियों व जनजातियों के कल्याण हेतु महाराष्ट्र के राज्यपाल डॉ॰ पी॰सी॰ अलेक्जेंडर की अध्यक्षता में गठित राज्यपालों की इस समिति में मेघालय के राज्यपाल एम॰एम॰ जेकब, केरल के राज्यपाल जस्टिस एस॰एस॰ कांग, कर्नाटक की राज्यपाल श्रीमती वी॰एस॰ रमादेवी, हिमाचल प्रदेश के राज्यपाल सूरजभान, उड़ीसा के राज्यपाल एम॰एम॰ राजेन्द्रन और हरियाणा के राज्यपाल बाबू परमानन्द शामिल थे। समिति ने चार राज्यों द्वारा उत्तर प्रदेश, उत्तरांचल, उड़ीसा एवं मध्य प्रदेश का दौरा किया। केवल बिहार जहाँ दलितों की बड़ी अधिक संख्या है। समिति की जांच पड़ताल से बचा रहा। इसी प्रकार कई अन्य राज्य उदाहरणार्थ आन्ध्र प्रदेश, तमिलनाडु आदि प्रदेशों के बारे में समिति ने बिना वहाँ गए हुए ही आंकलन जुटाए हैं। इस समिति ने स्वयं मुआयना करने के अतिरिक्त दो सामाजिक संस्थाओं में मुंबई की टाटा इंस्टीट्यूट ऑफ सोशल साइंसेज और कटक की नव कृष्णा इंस्टीट्यूट को यह जांच-पड़ताल का कार्य सौंप दिया है। इन संस्थाओं की रिपोर्टों के आधार पर बंगलौर में बैठ कर राज्यपालों की समिति ने अपनी रिपोर्ट तैयार की। इस रिपोर्ट में समिति ने अनुसूचित जातियों एवं जनजातियों के कल्याण के मामले में महाराष्ट्र की उन्नति के विषय में बड़ी सराहना की गई।

महाराष्ट्र के राज्यपाल पी॰सी॰ अलेक्जेंडर समिति के अध्यक्ष ने राष्ट्रपति डॉ॰ के॰ आर॰ नारायणन जी को अपनी रिपोर्ट सौंपी। इस रिपोर्ट में स्पष्ट कहा गया था कि जिन लोगों के पास खाने के लिए रोटी और पहनने को कपड़ा नहीं है, उनके लिए आरक्षण का कोई अर्थ नहीं है। समिति ने देश के तमाम राज्यों में अनुसूचित जाति व जनजातियों की सरकारी उपेक्षा की सम्पूर्ण जानकारी दी है। इन वर्गों के लिए बनी कल्याणकारी योजनाओं की निगरानी के लिए एक टास्क फोर्स बनाई जानी चाहिए और उन राज्यों के विरोध में कड़ी कार्रवाई होनी चाहिए जो समाज के इस सबसे निचले वर्ग की भलाई का सिर्फ ढोंग रच रही हैं। समित ने अनुसूचित जातियों व जनजातियों की आवश्यक आवश्यकताओं एवं शिक्षा पर सबसे पहले ध्यान देने पर अधिक बल दिया। अनुसूचित जातियों के परिवारों को उनके बच्चों की शिक्षा की जिम्मेदारी से मुक्त रखा जाना चाहिए।

इस समिति ने अनुसूचित जाति व जनजातियों को सरकारी नौकरियों में दिए जाने वाले आरक्षण की वास्तविकता को स्पष्ट कर दिया। इस आरक्षण का वास्तविक

लाभ उन लोगों को प्राप्त नहीं हो रहा हे जिन्हें इसकी वास्तव में आवश्यकता है। समस्त दावों और रिकार्डों के प्रमाणों की वास्तविकता यह है कि अनुसूचित जाति व जनजाति के मात्र 23 प्रतिशत परिवार ही आरक्षण का लाभ ले पाने में सफल हुए हैं। लम्बे अरसे से इन वर्गों के आरक्षित पद लम्बे समय तक खाली रहे हैं। समिति ने इन खाली पदों को विशेष अभियान चलाकर भरे जाने की सन्तुति (सिफारिश) की है। यह समिति अनुसूचित जाति व जनजाति मन्त्रालय के कार्यों से बहुत नाराज हैं। रिपोर्ट में परोक्ष रूप से इसे बन्द करने की सिफारिश की गई है। समिति के सदस्य के कुछ राज्यपालों की राय थी कि निजी क्षेत्र में आरक्षण की सिफारिश की जानी चाहिए। लेकिन इस पर सर्व सहमति नहीं बन सकी।

इस समिति ने सिफारिश की कि ऐसे लोगों के लिए आरक्षण का केाई मतलब नहीं है, जिनके पास खाने को रोटी एवं पहनने को कपड़ा तक न हो। उनको नौकरी के बजाय पहले इन लोगों को भोजन, पानी एवं शिक्षा की ओर सरकार को अपना ध्यान देना चाहिए। समिति ने स्पेशल कंपोनेट प्लान के अधीन राज्यों को केन्द्र से मिलने वाली सहायता में गड़बड़ियाँ की शिकायत की है कि केन्द्र से राज्यों को मिलने वाली यह सहायता इन वर्गों की जनसंख्या के अनुपात के अनुसार नहीं मिलती है और जो मिलती है उसका समुचित उपयोग नहीं किया जाता है। समिति ने सिफारिश की है कि इस योजना के अन्तर्गत राज्यों को दी जाने वाली सहायता की राशि इस वर्ग की जनसंख्या के अनुपात के अनुसार होनी चाहिए। इसके ऊपर निगरानी रखने का अधिकार कार्य बल को सौंपे जाये। दलितों के उत्पीड़न की घटनाएं प्रकाश में आती रहती हैं परन्तु उन पर समुचित कार्रवाई नहीं होती है। समिति ने पाया कि ऐसे समस्त मामलों में पुलिस ने उत्पीड़न के शिकार दलितों की प्राथमिकी रिपोर्ट लिखने में आनाकानी की जाती है। यदि रिपोर्ट लिख भी ली गई हो तो कार्यवाही करने में ढील-ढाल बरती जाती है। ऐसी घटनाएँ सामने आई हैं कि दलितों को ग्राम समाज की भूमि के पट्टे तो दे दिए जाते हैं किन्तु काफी समय तक अधिकार नहीं दिया जाता है। इस बात की समिति ने आलोचना की। इस प्रदेश में दलित छात्रों को मिलने वाली छात्रवृति में होने वाले घोटालों को उजागर किया। अन्याय करने वाले कर्मचारियों और अधिकारियों को पूरे सेवाकाल तक महत्वपूर्ण पदों से वंचित रखने की सिफारिश की। समिति राज्य सरकारों के साथ-साथ केन्द्र सरकार द्वारा जनजातियों के कल्याण के कार्यों की इस मन्त्रालय की कोई भूमिका नहीं मिलती। आखिर में समिति ने इस मन्त्रालय को समाप्त किए जाने की सिफारिश की।

राष्ट्रपति डॉ० के० आर० नारायणन ने उस्ताद बिस्मिल्ला खां को भारत रत्न से सम्मानित किया

एक भव्य समारोह राष्ट्रपति भवन में दिनांक 4 मई, 2001 ई० को दरबार हाल में आयोजित किया गया, जिसमें उपराष्ट्रपति श्री कृष्णकान्त, प्रधान मन्त्री अटल बिहारी वाजपेयी, गृह मन्त्री लालकृष्ण आडवानी, मन्त्रिमण्डल के सदस्यों के साथ अन्य गण्यमान्य व्यक्तियों की उपस्थिति में अस्सी वर्षीय प्रख्यात शहनाई वादक उस्ताद बिस्मिल्ला खाँ को भारत के राष्ट्रपति डॉ० के० आर० नारायणन द्वारा 'भारत रत्न' सम्मान से सम्मानित किया गया। उस्ताद बिस्मिल्ला खाँ उस दिन पहले ऐसे भारतीय कलाकार हो गए थे जिन्हें देश के सभी चारों नागरिक सम्मान प्राप्त हुए थे। उस्ताद बिस्मिल्ला खाँ का स्वास्थ्य ठीक न होने के कारण टांगों में चलने फिरने में कठिनाई होने के कारण व्हील चेयर पर दरबार हाल में लाया गया और उन्होंने राष्ट्रपति जी से सम्मान पत्र और स्वर्ण पदक प्राप्त किया। दरबार हाल में उपस्थित समस्त जन समुदाय ने करतल ध्वनि से स्वागत किया।

राष्ट्रपति भवन में राष्ट्रपति जी ने रूसी विदेश मन्त्री इगोर इवानोव का अभिनन्दन स्वीकार किया

रूस के विदेश मन्त्री इगोर इवानोव ने भारत की अपनी तीन दिन की भारत यात्रा के समय तीसरे और अन्तिम दिन दिनांक 5 मई, 2001 को राष्ट्रपति डॉ० के० आर० नारायणन एवं राष्ट्रीय सुरक्षा सलाहकार ब्रिजेश मिश्र से भेंट की। इस समय आपने राष्ट्रपति जी को रूस राष्ट्रपति का सन्देश प्रदान किया और विदेश मन्त्री इगोर इवानोव का अभिनन्दन स्वीकार किया। इस समय राष्ट्रपति डॉ० के० आर० नारायणन के अन्तर्राष्ट्रीय एवं क्षेत्रीय मुद्दों के साथ-साथ द्विपक्षीय सम्बन्धों पर विचार-विमर्श किया।

अमेरिकी अन्तरिक्ष यात्री यूजीन सेरनान ने राष्ट्रपति जी को एक चित्र भेंट किया।

भारत की यात्रा पर आए शीर्ष अमेरिकी अन्तरिक्ष यात्री यूजीन सेरनान ने भारत के राष्ट्रपति डॉ० के० आर० नारायणन से राष्ट्रपति भवन में दिनांक 28 मई, 2001 को भेंट की और भेंट के समय स्मृति के रूप में अन्तरिक्ष से सम्बन्धित चित्रों का एक एलबम राष्ट्रपति जी को भेंट किया। अन्तरिक्ष में अपने अनुभवों का वर्णन करते हुए श्री सेरनान ने कहा कि, "अमेरिकी अरबपति डेनिस टीटो

को, दो करोड़ अमेरिकी डॉलर दिए जाने पर अन्तरिक्ष को एक ब्राण्ड के रूप में पेशकर अन्तरिक्ष की यात्रा कराना गलत था। डेनिस टीटो की बजाय वहाँ के युवा वैज्ञानिकों और अध्यापकों को भेजा जाना चाहिए था। अन्तरिक्ष प्राप्त अपने अनुभवों को बताते हुए उन्होंने पुनः कहा, "अन्तर्राष्ट्रीय अन्तरिक्ष स्टेशन पर डेनिस टीटों की आठ दिन की यात्रा का उद्देश्य सही नहीं था। यह गलत समय पर उठाया गया गलत कदम था। इसके बजाय यदि किसी निश्चित उद्देश्य और योजना के द्वारा युवाओं और अध्यापकों को भेजा जाता तो वह अधिक तथ्यपरख होता।" अपने अनेक संस्मरण सुनाते हुए पुनः कहा, "चन्द्रमा पर पहुँचने के पश्चात् मैं अपनी पृथ्वी को भूल नहीं पाता हूँ या उसे तुच्छ नहीं समझता हूँ क्योंकि हमारी पृथ्वी बहुत ही सुन्दर है, उसे देखकर ईश्वर के अस्तित्व पर विश्वास करना ही पड़ता है।" राष्ट्रपति डॉ० के० आर० नारायणन ने यूजीन सेरनान का स्वागत किया और उसकी अन्तरिक्ष यात्रा की बड़ी सराहना की। भारतीय अन्तरिक्ष यात्री राकेश शर्मा से भी भेंट की।

राष्ट्रपति जी का नेपाल नरेश ज्ञानेन्द्र को संवेदना सन्देश

भारतीय राष्ट्रपति डॉ० के० आर० नारायणन ने नेपाल राज परिवार में दिनांक 01 जून, 2001 शुक्रवार को हुए क्रुर नरसंहार में नेपाल के महाराजा वीरेन्द्र वीर विक्रम शाह देव उनकी पत्नी महारानी ऐश्वर्या राज्य लक्ष्मी देवी शाह के साथ राज परिवार के अन्य सदस्यों की मृत्यु के प्रति हार्दिक संवेदना प्रकट करते हुए, संकट की विकट घड़ी में नेपाल को भारत के पूर्ण सहयोग का आश्वासन देते हुए नेपाल के नए नरेश ज्ञानेन्द्र वीर शाह देव और राजमाता रत्ना राजलक्ष्मी देवी शाह को पत्र लिखकर सहानुभूति प्रकट की है। नेपाल नरेश ज्ञानेन्द्र वीर शाह देव को लिखे अपने पत्र में राष्ट्रपति डॉ० के० आर० नारायणन ने कहा है कि "मै बड़े दुख के साथ भारत सरकार और यहाँ की जनता की ओर से नेपाल के राज परिवार में हुए कष्टदायक हादसे के प्रति अपनी हार्दिक संवेदना प्रकट करता हूँ और भगवान पशुपति नाथ से दुआ करता हूँ कि वह आपको इस भयानक व्यक्तिगत क्षति और राष्ट्रीय संकट को सहन करने की शक्ति प्रदान करें। चूँकि इन दुखद स्थितियों में आपने नेपाल राज का नेतृत्व संभाला है। ऐसे समय में मैं आपको भारत के पूर्ण सहयोग का विश्वास दिलाना चाहता हूं। एक मित्र के रूप में भारत, नेपाल की इस राष्ट्रीय दुर्घटना को पीछे रखकर देश को आगे बढ़ाने के आपके प्रयासो में पूरा साथ देगा और नेपाली जनता के साथ सामाजिक और आर्थिक विकास में सहभागी बनेगा। हमारी सरकार दोनों देशों के बीच रिश्तों

को और सुदृढ़ बनाने तथा लाभकारी सहयोग बढ़ाने के आपकी सरकार के प्रयासों में मिलकर काम करना चाहेगी।'' नेपाल नरेश वीरेन्द्र वीर विक्रम शाह देव को भारत में अत्यन्त सम्मान की दृष्टि से देखा जाता था और आने वाली पीढ़ियां भी नेपाल के सामाजिक और आर्थिक विकास के लिए किए गए उनके जोरदार प्रयासों के लिए उन्हें हमेशा याद करेगी।''

राष्ट्रपति जी का प्रधान मन्त्री के दाएँ घुटने के आपरेशन होने पर शुभकामना

प्रधान मन्त्री अटल बिहारी वाजपेयी के दाएँ घुटने का आपरेशन न्यूयार्क में बसे भारतीय मूल के अस्थिशल्य चिकित्सक डॉ॰ चितरंजन राणावत और उनके साथी डॉक्टरों की टीम ने मुम्बई के ब्रीच कैण्डी अस्पताल में 07 जून, 2001 को किया। आपरेशन के तुरन्त बाद राष्ट्रपति जी ने प्रधान मन्त्री की कुशलक्षेम प्राप्त करना चाहा। परन्तु उस समय राष्ट्रपति जी की प्रधान मन्त्री से बात नहीं हो पाई, फिर भी प्रधान मन्त्री के कार्यालय के अधिकारियों ने राष्ट्रपति कार्यालय को प्रधान मन्त्री के आपरेशन के सफल होने के विषय में सम्पूर्ण स्थिति का परिचय कराया।

भारतीय राष्ट्रपति डॉ॰ के॰ आर॰ नारायणन ने महाराष्ट्र के राज्यपाल के एडीसी के हाथों प्रधान मन्त्री को अपनी शुभकामनाओं सहित फूलों का गुलदस्ता भिजवाया। इसके पश्चात् शाम 6.30 बजे राष्ट्रपति जी ने प्रधान मन्त्री को फोन पर हालचाल मालूम किया तो श्री अटल बिहारी वाजपेयी ने प्रसन्नतापूर्वक उत्तर दिया ''मैं तो ठीक हूँ आपका क्या हाल है?'' दोनों का परस्पर वार्तालाप मधुर वातावरण में हुआ।

राष्ट्रपति भवन द्वारा स्पष्टीकरण

प्रधान मन्त्री अटल बिहारी वाजपेयी द्वारा पाकिस्तान के सैनिक शासक परवेज मुशर्रफ को बातचीत के लिए आमन्त्रित करने की सूचना भारतीय राष्ट्रपति डॉ॰ के॰ आर॰ नारायणन को समयानुसार प्राप्त हुई अथवा नहीं। इस विषय में मीडिया, द्वारा यह समाचार प्रसारित किया गया था कि राष्ट्रपति जी को परवेज मुशर्रफ को भारत आमन्त्रित करने की औपचारिक जानकारी नहीं उपलब्ध कराई गई थी। राष्ट्रपति भवन की ओर से आधिकारिक प्रवक्ता ने कहा कि राष्ट्रपति यह स्पष्ट करना चाहते हैं कि सरकार ने राष्ट्रपति डॉ॰ के॰ आर॰ नारायणन को पाकिस्तान के सैनिक शासक परवेज मुशर्रफ को वार्तालाप के लिए भारत आमन्त्रित करने की जानकारी उपलब्ध करा दी गई थी।

मध्य प्रदेश के मुख्य मन्त्री ने राष्ट्रपति को पत्र द्वारा दलितों को और अधिक सुविधाएँ प्रदान करने के लिए आग्रह किया

मध्य प्रदेश के मुख्य मन्त्री दिग्विजय सिंह ने उत्तर प्रदेश के चुनावों को ध्यान में रखते हुए दलित छात्रों को आरक्षण में और अधिक सुविधाएँ प्रदान करने के लिए एक पत्र लिखकर महामहिम राष्ट्रपति डॉ॰ के॰ आर॰ नारायणन से आग्रह किया। राष्ट्रपति जी ने दिग्विजय सिंह के इस सुझाव की सराहना की। श्री दिग्विजय सिंह ने राष्ट्रपति और प्रधान मन्त्री से मांग की थी कि गरीब और बेहद पिछड़े इलाकों से आने वाले दलित छात्रों के साथ मेडीकल कौंसिल ऑफ इण्डिया जैसी संस्थाओं की दलित छात्रों से सम्बन्धित चयन प्रक्रिया में आरक्षण के प्रावधान अधिक संकुचित हैं। इस विषय में दलित छात्रों के प्रति उदारतापूर्ण प्रक्रिया अपना कर उनको विकास और उन्नति का पूरा अवसर प्रदान करना चाहिए। राष्ट्रपति डॉ॰ के॰ आर॰ नारायणन ने मुख्यमन्त्री दिग्विजय सिंह को उनके इस पत्र के उत्तर में उनकी इस चिन्ता से सहमति जताई और राष्ट्रपति जी ने दिग्विजय सिंह को आश्वासन भी दिया कि इस विषय पर प्रधान मन्त्री से उचित और प्रभावी कदम उठाए जाने के सम्बन्ध में चर्चा करेंगे।

केन्द्रीय हिन्दी संस्थान सम्मान राष्ट्रपति द्वारा विद्वानों को प्रदान

विश्व स्तरीय केन्द्रीय हिन्दी संस्थान सम्मान हिन्दी के क्षेत्र में उल्लेखनीय कार्यों को पूरा करने वाले विद्वानों को प्रदान करने के लिए समारोह का आयोजन मानव संसाधन विकास मन्त्रालय की ओर से शिक्षा मन्त्री डॉ॰ मुरली मनोहर जोशी ने किया। दिनांक 15 जून, 2001 को राष्ट्रपति भवन में हिन्दी के तेरह विद्वानों को हिन्दी सेवी सम्मान पुरस्कार महामहिम राष्ट्रपति डॉ॰ के॰ आर॰ नारायणन ने प्रदान किए। राष्ट्रपति जी ने विद्वानों को प्रोत्साहन देते हुए कहा, "हिन्दी हमारी राष्ट्र भाषा है राष्ट्र का गौरव है और राष्ट्र भाषा को गौरव प्रदान करने वाले हिन्दी विद्वानों को गौरव प्रदान करते हुए मैं अपार गौरवान्वित हो रहा हूँ।"

शिक्षा को मौलिक अधिकार बनाने हेतु राष्ट्रपति जी से मांग

बचपन बचाओ आन्दोलन के राष्ट्रीय अध्यक्ष कैलाश चन्द्र सत्यार्थी के नेतृत्व में शिक्षा को मौलिक अधिकार बनाने की मांग को लेकर देश के विभिन्न राज्यों से गुजरती हुई 'शिक्षा यात्रा' के समापन अवसर पर राजधानी नई दिल्ली में 20

जून, 2001 को दस सदस्यीय शिष्टमण्डल ने भारत के राष्ट्रपति महामहिम डॉ॰ के॰ आर॰ नारायणन से भेंट की। श्री सत्यार्थी ने 'शिक्षा यात्रा' के अनुभव राष्ट्रपति जी को सुनाए तथा 83वें बिल में संशोधन विधेयक और सकल राष्ट्रीय उत्पाद का आठ प्रतिशत शिक्षा पर खर्च किए जाने की मांग की, जिसका आधा हिस्सा प्राथमिक शिक्षा पर व्यय किए जाने का अनुरोध किया। बाल बन्धुआ मजदूरी से मुक्त कराये गए तीन बच्चों कौशल 15 साल, सलीम 10 साल और विश्वनाथ 9 साल ने भी इस अवसर पर श्री सत्यार्थी के साथ राष्ट्रपति जी से भेंट की। शिष्टमण्डल में अन्य सदस्य डॉ॰ एस॰डी॰ गोखले और नारंग मोटो प्रमुख थे। शिक्षा की दोहरी नीति को उचित नहीं माना। गरीब और अमीर सभी के बच्चो को भारतीय अखण्डता, राष्ट्रप्रेम और देशभक्ति की शिक्षा मिलनी चाहिए।

मुख्यमन्त्री श्रीमती शीला दीक्षित ने राष्ट्रपति जी से भेंट की

दिल्ली सरकार की मुख्यमन्त्री श्रीमती शीला दीक्षित ने दिनांक 20 जून, 2001 को राष्ट्रपति डॉ॰ के॰ आर॰ नारायणन जी से भेंट की। शीला दीक्षित ने दिल्ली की बहु प्रशासकीय प्रणाली की बात भी राष्ट्रपति जी को बतलाई, इससे दिल्ली सरकार को आने वाली कठिनाइयां भी बतलाई। राष्ट्रपति जी ने मुख्य मन्त्री के नगर निगम को छोटे निगमों में बांटने की पहल की सराहना की।

पाकिस्तान के राष्ट्रपति को भारत के राष्ट्रपति की शुभकामनाएं

भारत के राष्ट्रपति डॉ॰ के॰ आर॰ नारायणन ने दिनांक 20 जून, 2001 को पाकिस्तान के सैनिक शासक जनरल परवेज मुशर्रफ को पाकिस्तान के राष्ट्रपति का पद ग्रहण करने पर बधाई दी। भारत सरकार के किसी व्यक्ति द्वारा मुशर्रफ को राष्ट्रपति बनने के पश्चात् भेजी गई यह पहली शुभकामना थी। राष्ट्रपति डॉ॰ के॰ आर॰ नारायणन द्वारा भेजी गई शुभकामनाओं का मूल पाठ इस प्रकार था, "मैं इस्लामी गणराज्य पाकिस्तान के राष्ट्रपति का पद भार संभालने के लिए आपको बधाई देता हूं। भारत हमेशा से ही पाकिस्तान के साथ शान्तिपूर्ण, दोस्ताना और सहयोगपूर्ण संबंध रखने का इच्छुक रहा है। हमें उम्मीद है कि पाकिस्तान के राष्ट्रपति के रूप में अगले माह आपकी भारत यात्रा से भारत और पाकिस्तान के बीच संबंधों को सकारात्मक और रचनात्मक दिशा मिलेगी। महोदय! कृप्या मेरी हार्दिक शुभकामनाएँ स्वीकार करें।"

गाँधी अध्ययन शोध केन्द्र

गाँधी स्मृति व दर्शन समिति ने लगभग दो एकड़ भूमि में गाँधी अध्ययन व **शोध केन्द्र** की स्थापना के लिए एक करोड़ 29 लाख रुपये द्वारा निर्माण के लिए केन्द्रीय लोक निर्माण विभाग को ठेका दिया गया। अन्तर्राष्ट्रीय गाँधी अध्ययन व शोध केन्द्र के पहल का अनावरण महामहिम राष्ट्रपति डॉ॰ के॰ आर॰ नारायणन ने किया। आपने कहा, "महात्मा गाँधी अपनी शहादत के बाद सम्पूर्ण दुनिया में एक सशक्त व प्रासंगिक विचारधारा बन कर उभरे हैं। गाँधी और गाँधीवाद की देश-विदेश में दिलचस्पी बढ़ती जा रही है। इस दिलचस्पी व उत्सुकता से प्रभावित होकर केन्द्र सरकार ने सन् 1996 ई॰ में गाँधी स्मृति व दर्शन समिति परिसर में अन्तर्राष्ट्रीय गाँधी अध्ययन व शोध केन्द्र की स्थापना का निर्णय लिया। इस अवसर पर प्रधान मन्त्री अटल बिहारी वाजपेयी भी उपस्थित थे।

राष्ट्रपति जी ने प्रधानमन्त्री का हालचाल प्राप्त किया

राष्ट्रपति डॉ॰ के॰ आर॰ नारायणन जी प्रधान मन्त्री अटल बिहारी वाजपेयी के निवास पर उनके घुटने के आपरेशन के पश्चात् उनकी कुशलक्षेम पूछने के लिए गए। राष्ट्रपति जी ने लगभग 45 मिनट तक दिनांक 22 जून, 2001 को बड़े मधुर वातावरण में वार्तालाप किया। आपरेशन के पश्चात् युगल की यह पहली भेंट थी।

राष्ट्रपति जी का सन्देश

मादक पदार्थों के दुरूपयोग एवं अवैध व्यापार के विरूद्ध अन्तर्राष्ट्रीय दिवस 26 जून, 2001 को सामाजिक न्याय और अधिकारिता मन्त्रालय तथा स्वापक नियन्त्रण ब्यूरो, वित्त मन्त्रालय, भारत सरकार द्वारा जनहित में छेड़ी इस मुहिम के शुभ अवसर पर वित्त मन्त्री भारत सरकार श्री यशवंत सिन्हा, सामाजिक न्याय और अधिकारिता राज्य मन्त्री (स्वतन्त्र प्रभार) श्रीमती मेनका गाँधी, वित्त राज्य मन्त्री भारत सरकार श्री जी॰एन॰ रामचन्द्रन, राजस्व सचिव, भारत सरकार डॉ॰ एस॰ नारायण के सन्देशों से पहले भारत के प्रथम नागरिक महामहिम भारत के राष्ट्रपति डॉ॰ के॰ आर॰ नारायणन ने इस उपलक्ष्य में अपना सारगर्भित, महत्वपूर्ण और आपार उपयोगी संदेश इस प्रकार दिया:

राष्ट्रपति
भारत गणतन्त्र

सन्देश

मुझे यह जानकार प्रसन्नता हुई है कि स्वापक नियन्त्रण ब्यूरों 26 जून, 2001 को नशीले पदार्थों एव उनके अवैध व्यापार के विरूद्ध अन्तर्राष्ट्रीय दिवस मना रहा है। मेरी यह कामना है कि इस वर्ष इस दिवस को खेलकूद बनाम नशीले पदार्थ के मुख्य प्रतिपाद्य विषय के अन्तर्गत मनाया जाना, नशीले पदार्थों के दुरूपयोग से होने वाले खतरों से जागरूकता पैदा करने और विशेष रूप से युवाओं जैसे समाज के अत्यंत संवेदनशील वर्ग के लोगों से, जो इनके नशे के आदी हो गए हैं, यह घातक और दुबर्लता पैदा करने वाली लत छुड़ाने में अत्यन्त सहायक सिद्ध होगा।

मैं इस दिवस हेतु नियोजित कार्यक्रम की सफलता के लिए अपनी शुभकामनाएं प्रेषित करता हूँ।

(के॰ आर॰ नारायणन)

प्रधानमन्त्री की पाक राष्ट्रपति के विषय में राष्ट्रपति जी से भेंट

पाकिस्तान के राष्ट्रपति परवेज मुशर्रफ की तीन दिवसीय दिनांक 14 जुलाई से 16 जुलाई, 2001 तक भारत में आयोजित 'आगरा शिखर वार्ता' की यात्रा में राष्ट्रपति डॉ॰ के॰ आर॰ नारायणन जी से विचार विमर्श करने के लिए 13 जुलाई को भारत यात्रा से एक दिन पूर्व प्रधान मन्त्री अटल बिहारी वाजपेयी ने राष्ट्रपति जी से भेंट की। इस तीन दिवसीय 'आगरा शिखर वार्ता' के लिए तैयार भारत सरकार की पृष्ठभूमि से राष्ट्रपति को अवगत कराया और भारत-पाक संबंधों में तनाव का कारण बने विषयों पर सरकार के रूख से राष्ट्रपति को परिचय कराया। इस विषय में प्रधान मन्त्री अटल बिहारी वाजपेयी ने पूर्व प्रधान मन्त्रियों, पूर्व नौकरशाहों, सभी दलों के वरिष्ठ नेताओं सहित सरकार के वरिष्ठ मन्त्रियों से 'आगरा शिखर वार्ता' के विषय में हुई रायशुमारी और सरकार द्वारा दोनों देशों के बीच परस्पर विश्वास बहाल करने के लिए सरकार की ओर से किए गये उपायों की जानकारी भी राष्ट्रपति जी को दी गई। प्रधान मन्त्री अटल बिहारी वाजपेयी ने राष्ट्रपति डॉ॰ के॰ आर॰ नारायणन से उनके उस संबोधन पर भी विचार विमर्श किया जिसे राष्ट्रपति जी दिनांक 14 जुलाई, 2001 को राष्ट्रपति भवन में आयोजित रात्रि भोज, के समय देने जा रहे थे।

राष्ट्रपति भवन में पाक राष्ट्रपति का भव्य स्वागत

तीन दिवसीय भारत-पाक शिखर वार्ता हेतु पाकिस्तान के राष्ट्रपति परवेज मुशर्रफ का राष्ट्रपति भवन, नई दिल्ली में 14 जुलाई, 2001 को बादलों से घिरे आकाश से वर्षा की रिमझिम फुहारों में ही बड़े उत्साह और उल्लास के साथ परम्परागत रूप में भारतीय राष्ट्रपति डॉ॰ के॰ आर॰ नारायणन द्वारा भव्य स्वागत किया गया। इक्कीस तोपों की सलामी दी गई। जनरल परवेज मुशर्रफ भारत की राजकीय यात्रा पर आने वाले पहले पाकिस्तानी राष्ट्रपति हैं। भारतीय राष्ट्रपति भवन में पहली बार पाकिस्तानी राष्ट्र ध्वनि बजाई गई और तिरंगा ध्वज के साथ पाकिस्तान का राष्ट्रीय ध्वज भी फहराया गया। राष्ट्रपति परवेज मुशर्रफ ने गार्ड ऑफ ऑनर के समय सेना के तीनों अंगों की टुकड़ियों का निरीक्षण किया। स्वागत समारोह में सेना की ओर से वायुसेना अध्यक्ष अनिल यशवंत टिपणीस उपस्थित थे। राष्ट्रपति भवन में राष्ट्रपति डॉ॰ के॰ आर॰ नारायणन उनकी पत्नी उषा नारायणन ने जनरल परवेज मुशर्रफ और उनकी पत्नी बेगम साहिबा की अगवानी की। इसके पश्चात् राष्ट्रपति डॉ॰ के॰ आर॰ नारायणन ने प्रधान मन्त्री अटल बिहारी वाजपेयी से राष्ट्रपति परवेज मुशर्रफ का परिचय कराया। इस अवसर पर विदेश और रक्षा मन्त्री जसवन्त सिंह भी उपस्थित थे। राष्ट्रपति भवन के प्रांगण में विशिष्ट अतिथि के स्वागत के लिए बनाए गये पाण्डाल के दोनों और भारतीय और पाकिस्तानी ध्वज लहरा रहे थे। इस मधुर अवसर पर सेना के बैण्डों ने दोनों देशों के राष्ट्रगान भारत का जन गण मन तथा पाक सरजमी की धुनें बजायी गई। पाक राष्ट्रपति इस समय सलामी की मुद्रा में खड़े रहे। इसके पश्चात् राष्ट्रपति डॉ॰ के॰ आर॰ नारायणन ने पाक राष्ट्रपति परवेज मुशर्रफ और उनकी बेगम साहिबा का विशिष्ट अतिथियों से परिचय कराया। जब केन्द्रीय गृह मन्त्री लालकृष्ण आडवाणी से परिचय कराया तो आडवाणी ने अभिवादन में बढ़े उनके हाथों को नजरदांज कर हाथ जोड़कर पारम्परिक रूप से नमस्ते की। राष्ट्रपति परवेज मुशर्रफ के सलामी मंच से उतरने के पश्चात् उनका परिचय अन्य केन्द्रीय मन्त्रियों से कराया। इसके पश्चात् राष्ट्रपति डॉ॰ के॰ आर॰ नारायणन का परिचय पाकिस्तानी प्रतिनिधिमण्डल से कराया गया। ये सभी सदस्य राष्ट्रपति भवन को बड़ी उत्सुका से देख रहे थे। इसके पश्चात् राष्ट्रपति परवेज मुशर्रफ और उनकी बेगम साहिबा ने राष्ट्रपति डॉ॰ के॰ आर॰ नारायणन और उनकी पत्नी श्रीमती उषा नारायणन के साथ मिलकर फोटो खिचवायें।

भारत के राष्ट्रपति डॉ० के० आर० नारायणन ने पाकिस्तान के राष्ट्रपति परवेज मुशर्रफ के सम्मान में दिये रात्रि भोज में कहा, "हम भारत और पाकिस्तान में जी रहे आम आदमी के लिए मिल जुलकर काम करें तो दोनों के बीच के बाकी सभी मुद्दे गौण हो जाएँगे। हमें अपने सम्बन्धों में हिंसा को खारिज करना होगा। पड़ोसी होने के नाते हमें एक-दूसरे से नैतिक, भौतिक और राजनैतिक तौर पर कई चीजों की जरूरत है जिससे दोनों देशों की जनता का सम्मान और स्तर बढ़ेगा। हमें अतीत को दफनाते हुए संकल्प करना चाहिए कि जो कुछ हुआ उस सबके बावजूद हम दोस्त बने रहेंगे। इतिहास ने दोनों देशों के बीच कई मुद्दे और समस्याएं छोड़ दी हैं लेकिन इस उपमहाद्वीप की करोड़ों की जनसंख्या के समाने सबसे बड़ा विषय गरीबी, निरक्षरता और रूग्ण स्वास्थ्य है। इस शिखर वार्ता से दोनों देशों के सम्बन्धों की सभी बाधाओं और गलतफहमियों को दूर करने में सहायता प्राप्त होगी तथा समस्याओं के समाधान और अटूट मित्रता का मार्ग प्रशस्त होगा। पाकिस्तान से अपने मतभेद भुलाकर विभाजन के समय से अनसुलझे विषयों को हल करने के लिए शिमला समझौते तथा लाहौर घोषणा पत्र के आधार पर आगे बढ़ते हुए सम्बन्धों को एक नया अध्याय शुरू करने पर जोर दिया। पाकिस्तान के राष्ट्रपति परवेज मुशर्रफ और प्रधान मन्त्री अटल बिहारी वाजपेयी के मध्य होने वाली बातचीत के दौरान उस कमरे में सुलह-कुल के प्रणेता अकबर की आत्मा मौजूद रहेगी। जिस शहर में आपकी (मुशर्रफ) और हमारे प्रधान मन्त्री की बातचीत होने वाली है वह शहर प्यार और सुलह का शहर है। आगरा से थोड़ी ही दूर सिकन्दरा में अकबर महान् का मकबरा है। वह चाहते हैं कि कल वार्ताकक्ष में अकबर की आत्मा उपस्थित रहे। कल से शुरू हो रही शिखर वार्ता की बैठक में दोनों नेता मैत्री और विकास के रास्ते में आड़े आ रही समस्याओं तथा गलतफहमियों को दूर करने का मार्ग प्रशस्त कर सकेंगे। उन्हें साझा शान्ति, समृद्धि और विकास के लिए मिलकर आगे बढ़ना चाहिए। भारत और उसकी राजधानी दिल्ली लगभग आधी सदी पश्चात् अपने ही एक विशिष्ट सपूत का स्वागत कर रही है, और इससे आशा की एक नयी किरण उभरी है।"

राष्ट्रपति ने शिखर वार्ता को ठोस एवं महत्वपूर्ण कदम की सराहना करते हुए आगे कहा, "मैं मानता हूँ कि भारत और पाकिस्तान के बीच शान्ति और मैत्री का मार्ग प्रशस्त करने के लिए यह शिखर वार्ता एक ठोस कदम साबित होगी, जिसमें हम मिलकर काम कर सकते हैं और अपनी जनता के हितों के लिए रचनात्मक सहयोग कर सकते हैं। दोनों देशों ने आर्थिक विकास एवं औद्योगिकी

के क्षेत्र में महत्वपूर्ण कदम उठाने हैं। दोनों देशों की जनता के बीच सम्पर्क स्थापित होने के रास्ते में आ रही सभी अड़चनों को हमें दूर करना चाहिए। हमें ऐसी व्यवस्था करनी चाहिए कि हमारे कलाकार, लेखक और व्यवसायियों सहित आम लोग स्वतन्त्र रूप से मिल जुलकर रह सकें और आपस में भाईचारा स्थापित हो सके। हमारे बीच हिंसा का कोई स्थान नहीं होना चाहिए। हमें सभी देशों का विशेषतौर पर पड़ोसियों के साथ मित्रता और सहयोगात्मक सम्बन्ध बनाने हैं। मेरा मानना है कि यदि भारत और पाकिस्तान सामान्य द्विपक्षीय संबंध स्थापित कर सकें तो दक्षिण एशियायी क्षेत्रीय सहयोग संगठन (दक्षेस) एक गतिशील क्षेत्रीय आन्दोलन के रूप में उभर सकेगा। सम्राट अशोक का यह सन्देश कई शताब्दी पश्चात् अकबर महान् ने भी दोहराया था कि सभी धर्मों के लोगों का आदर करना चाहिए और यही बात कायदे आजम मुहम्मद अली जिन्ना ने पाकिस्तान की संविधान सभा में अपनी बैठक में कही थी। कल आगरा में जब आप बैठक कर रहे होंगे तो मैं चाहूँगा कि आपके सामने इस उपमहाद्वीप के सबसे गरीब आदमी की शक्ल हो और आप दोनों का प्रयास उसकी पीड़ा को दूर करना होगा। अगर यह लक्ष्य सामने रहा तो मुझे विश्वास है कि दोनों देशों के बीच शेष सभी विषय गौण हो जाएँगे और सन्तोषजनक हल निकलना आसान हो जाएगा।''

राष्ट्रपति जी ने फूलन देवी की हत्या पर शोक व्यक्त किया

राष्ट्रपति डॉ॰ के॰ आर॰ नारायणन, प्रधान मन्त्री अटल बिहारी वाजपेयी, पूर्व प्रधान मन्त्री विश्वनाथ प्रताप सिंह , केन्द्रीय मन्त्री राम विलास पासवान, बसपा नेता सुश्री मायावती, माकपा नेता सोमनाथ चटर्जी सहित विभिन्न राजनीतिक दलों के नेताओं ने सपा सांसद फूलन देवी की हत्या पर अपार दुख व्यक्त किया। राष्ट्रपति जी ने अपने शोक सन्देश में कहा कि, ''फूलन देवी की कहानी एक विद्रोही महिला की कहानी है। फूलन देवी शोषण और अत्याचार के विरुद्ध आवाज उठाने वाली महिला थी।''

अजीत सिंह को केन्द्रीय कृषि मन्त्री पद की शपथ दिलाई

प्रधान मन्त्री अटल बिहारी वाजपेयी ने राष्ट्रीय लोकदल नेता अजीत सिंह को अपने मन्त्रिमण्डल में कृषि मन्त्री के रुप में शामिल किया। दिनांक 22 जुलाई, 2001 को राष्ट्रपति भवन में सम्पन्न एक संक्षिप्त समारोह में राष्ट्रपति डॉ॰ के॰ आर॰ नारायणन ने अजीत सिंह को कृषि मन्त्री पद और गोपनीयता की शपथ दिलाते हुए कृषि मन्त्री पद का प्रभार सौंपा।

रक्षाबन्धन पर्व पर राष्ट्रपति जी की शुभकामनाएं

राष्ट्रपति डॉ० के० आर०नारायणन, उपराष्ट्रपति कृष्णकान्त और प्रधान मन्त्री अटल बिहारी वाजपेयी ने भाई-बहन के मध्य अटूट प्रेम के पावन पर्व रक्षा बन्धन के शुभावसर पर दिनांक 03 अगस्त, 2001 को देशवासियों के लिए अपनी-अपनी हार्दिक शुभकामनाएँ दीं। राष्ट्रपति जी ने अपने सन्देश में रक्षा बन्धन के शुभावसर पर कहा कि, 'मैं सभी भाई-बहनों को अपनी हार्दिक बधाई और शुभकामनाएं देता हूँ। मेरी कामना है कि यह अनूठा त्योहार हमारे लोगों के बीच सुख और सद्भावना का संचार करे।''

55वें स्वतंत्रता दिवस की पूर्व संध्या पर राष्ट्र के नाम सन्देश

भारत की स्वतंत्रता के 55वें दिवस की पूर्व संध्या पर राष्ट्र के नाम अपने सन्देश में महामहिम राष्ट्रपति डॉ० के० आर० नारायणन ने 14 अगस्त, 2001 को महात्मा गाँधी का उल्लेख करते हुए कहा कि, ''महात्मा गाँधी जिन लाखों व्यक्तियों को मूक जनता कहते थे जो वर्तमान परिस्थितियों के प्रति अधिक से अधिक मुखर और अधीर हो रहा है, उसकी आकांक्षाओं को पूरा करने के लिए स्वतंत्रता और न्याय के बीच संतुलन रखना अत्यन्त आवश्यक है। इस सन्तुलन ने अब तक हमें वैश्वीकरण की आंधी में गरीबी से पीड़ित लोगों की सेवा करने लायक बनाया। स्वतंत्रता के पश्चात् हमारी सबसे बड़ी उपलब्धि यही रही है कि समस्त जटिल विविधताओं और सारी कठिनाईयों के होते हुए भी हमने धैर्य के साथ लोकतन्त्र और एकता का निर्माण किया हो इसका आधार हमारे सामाजिक लोकतन्त्र, मानव स्वतंत्रता और सामाजिक न्याय के लिए इस सन्तुलन को स्थाई रखना चाहिए। हमारी व्यवस्था के केन्द्र में स्थित इस आवश्यक और आधारभूत संतुलन ने हमें दुनियाभर में चल रही वैश्वीकरण की आँधी में गरीबी से व्याकुल मानवों की सेवा करते रहने योग्य बनाया है।''

राष्ट्रपति जी ने देश के सम्पन्न व्यक्तियों को सम्बोधित करते हुए कहा कि, ''वे (सम्मान लोग) स्वयं से पूछें कि वे दूसरों के लिए और देश के लिए क्या कर सकते हैं? हमारी समस्त कमियों और हाताशाओं के होते हुए भी हमारी स्वतंत्रता के पिछले 54 वर्षो की अवधि हमारे लम्बे इतिहास का ऐसा एकमात्र बड़ा कालखण्ड रहा है जिसमें हमारे विशाल देश में अपेक्षाकृत अधिक शान्ति, प्रगति और एकता की भावना परिलक्षित हुई है और हमारे देश के करोड़ों देशवासियों के मन में भविष्य के प्रति आशाएँ लगी हैं। यह सम्भव है कि स्वतंत्रता के

पश्चात् पचास वर्ष से अधिक वर्षों में सैकड़ों दोष और विफलताओं का असर स्पष्ट नजर आया है, लेकिन यह तथ्य स्वीकार करना होगा कि इस दौरान हमारे प्रगति में तेजी से कदम बढ़ाये हैं क्योंकि ऐसा करके ही हम श्रेष्ठतर और उज्ज्वलतर भारत का निर्माण कर सकते हैं।" देश की आजादी के लिए मर मिटने वाले स्वतंत्रता सेनानियों का स्मरण करते हुए राष्ट्रपति जी ने स्पष्ट कहा कि "स्वतंत्रता सेनानियों के साथ-साथ हम विशेष रूप से महात्मा गाँधी जी को याद करते हैं। जिन्होंने एक शक्तिशाली साम्राज्य के विरूद्ध लाखों मूक व्यक्तियों की शक्ति को संगठित किया और देश को आजादी दिलायी तथा हमें विश्व में सिर ऊँचा रखने योग्य बनाया। आज हमारा राष्ट्र एक है। यह एकता रक्तपात या निरंकुश शक्ति के प्रयोग से नहीं आयी बल्कि सहिष्णुता और मानवीय दृष्टिकोण के अधिक सौम्य तथा चिरस्थाई उपायों से आई है। हमारा भविष्य हमारे अपने हाथों में हैं। सेना व अर्ध सैनिक बलों के जवानों, किसानो, दस्तकारों, इंजीनियरों व वैज्ञानिकों की कड़ी मेहनत के चलते ही भारत आज विश्व की प्रथम पंक्ति में खड़ा है।"

राष्ट्रभाषा हिन्दी के प्रमुख दैनिक समाचार पत्र राष्ट्रीय सहारा के प्रकाशन के एक दशक 2001 में पूर्ण होने पर राष्ट्रपति डॉ० के० आर० नारायणन की राष्ट्रीय सहारा परिवार को हार्दिक बधाई

भारत गणतन्त्र

मुझे यह जानकर प्रसन्नता हो रही है कि राष्ट्रीय सहारा हिन्दी दैनिक 15 अगस्त, 2001 को अपने लोकप्रिय प्रकाशन के दस वर्ष पूरे कर रहा है और इस अवसर पर अपना एक विशेषांक प्रकाशित कर रहा है। समाचारों का वस्तुनिष्ठ प्रस्तुतीकरण और सम्यक विश्लेषण तथा रचनात्मक खोजी पत्रकारिता एक अच्छे समाचार पत्र की विशेषताएँ होती हैं। मुझे विश्वास है कि राष्ट्रीय सहारा ने भी इन्हीं लक्ष्यों को सामने रखकर किया है। मैं इस अवसर पर इस प्रकाशन की सफलता के लिए अपनी शुभकानाएं प्रेषित करता हूँ।

के० आर० नारायणन

(के० आर० नारायणन)

स्वतंत्रता दिवस की संध्या पर राष्ट्रपति द्वारा चाय पार्टी का आयोजन

स्वतंत्रता दिवस की संध्या पर राष्ट्रपति महामहिम डॉ० के० आर० नारायणन ने राष्ट्रपति भवन में चाय पार्टी का आयोजन किया। इस अवसर पर उपराष्ट्रपति कृष्णकान्त, प्रधान मन्त्री अटल बिहारी वाजपेयी, गृह मन्त्री लाल कृष्ण आडवाणी, कांग्रेस अध्यक्ष श्रीमती सोनिया गाँधी, केन्द्रीय मंत्रिमण्डल के कई सदस्य, तीनों सेनाओं के प्रमुख, विदेशी राजनयिक, सांसद, पत्रकार तथा विभिन्न क्षेत्रों में जानी-मानी हस्तियाँ उपस्थित थे। विशिष्ट व्यक्तियों में पूर्व राष्ट्रपति आर० वेंकट रामन, पूर्व प्रधान मन्त्री नरसिंह राव, विश्वनाथ प्रताप सिंह और उच्चतम न्यायालय के न्यायाधीश न्यायमूर्ति ए०एस० आनन्द भी उपस्थित थे।

राष्ट्रपति जी का वायरल फीवर के कारण कार्यक्रमों में भाग न लेना

राष्ट्रपति डॉ० के० आर० नारायणन जी को वायरल फीवर से दिनांक 25 अगस्त, 2001 से अकस्मात पीड़ित होने के कारण तीन दिन तक सेना के अस्पताल में चिकित्सा के लिए भर्ती कराया गया। वहाँ पर हुई चिकित्सा से आपको अच्छा स्वास्थ्य लाभ हुआ। राष्ट्रपति जी के स्वास्थ्य में सुधार होता रहा लेकिन चिकित्सकों ने उन्हें कुछ और समय तक विश्राम करने की सलाह दी थी, जिसके फलस्वरूप अगले एक पखवाड़े के उनके सभी सार्वजनिक समारोहों को रद्द कर दिया गया था। राष्ट्रपति भवन के प्रवक्ता के० सतीश नम्बूदिरीपाद ने सरकारी बयान में कहा कि राष्ट्रपति जी की तबीयत अब ठीक है। डॉक्टरों ने उनके स्वास्थ्य में हो रही प्रगति पर सन्तोष व्यक्त किया है लेकिन उन्हें अभी कुछ और समय विश्राम की सलाह दी गई है। इसी स्थिति के अनुसार अगले पखवाड़े में होने वाले समस्त सार्वजनिक समारोहों को स्थगित कर उनके लिए नई तारीखें तय की गई। राष्ट्रपति जी को 29 अगस्त तथा 5 सितम्बर को राष्ट्रपति भवन में अर्जुन पुरस्कार और शिक्षक दिवस समारोहों में पुरस्कार प्राप्तकर्ताओं को सम्मानित करना था।

केन्द्रीय मन्त्रिमण्डल में परिवर्तन में नये मन्त्रियों को राष्ट्रपति द्वारा शपथ दिलाना

प्रधान मन्त्री अटल बिहारी वाजपेयी ने अपने सवा दो साल पुराने मन्त्रिमण्डल का विस्तार दिनांक 01 सितम्बर, 2001 को किया। नये मन्त्रियों को उनके पद और गोपनीयता की शपथ दिलाने के लिए शपथ ग्रहण समारोह का आयोजन

राष्ट्रपति भवन के अशोका हाल में किया गया। महामहिम राष्ट्रपति डॉ॰ के॰ आर॰ नारायणन ने बीस मिनट चले इस शपथ ग्रहण कार्यक्रम में प्रधान मन्त्री की सलाह पर नये कैबिनेट मन्त्रियों के रूप में वेदप्रकाश गोयल, आदिवासी नेता करिया मुंडा, शाहनवाज हुसैन और अरुण शौरी को उनके पद और गोपनीयता की शपथ दिलाई। प्रमोद महाजन को संचार मन्त्रालय का अतिरिक्त प्रभार सौंपा गया। राज्य मन्त्रियों में राजीव प्रताप रूढ़ी, रविशंकर प्रसाद, विजय गोयल, अन्ना पाटिल को भी राष्ट्रपति डॉ॰ के॰ आर॰ नारायणन जी ने उनके पद और गोपनीयता की शपथ दिलाई। खुर्जा, उत्तर प्रदेश के सांसद श्री अशोक प्रधान को, डरबन सम्मेलन में भाग लेने के कारण दिल्ली से बाहर होने पर उनको बाद में शपथ दिलाई गई। रामविलास पासवान और शरद यादव के मन्त्रालयों के फेरबदल होने के कारण ये दोनों मन्त्री शपथ ग्रहण की औपचारिकता निभाकर शीघ्र ही अशोक हाल से चले गए।

इस शपथ ग्रहण समारोह में दूसरी ओर राष्ट्रपति डॉ॰ के॰ आर॰ नारायणन ने प्रधान मन्त्री की सलाह पर केन्द्रीय मन्त्रिमण्डल के पांच मन्त्रियों सुन्दर लाल पटवा, देवेन्द्र प्रधान, चोरबा सिंह, जयसिंह राव, गायकवाड़ पाटिल और श्री राम चौहान के त्याग पत्र स्वीकार कर लिए गए। इस शपथ ग्रहण समारोह में उपराष्ट्रपति कृष्णकान्त, प्रधान मन्त्री अटल बिहारी वाजपेयी, गृहमन्त्री लालकृष्ण आडवाणी, राष्ट्रीय जनतान्त्रिक गठबंनधन के संयोजक जॉर्ज फर्नांडिस के अतिरिक्त कई केन्द्रीय मन्त्री और कई प्रमुख हस्तियां उपस्थित थीं।

आतंकवाद को समाप्त करना चाहिए

'अन्तरराष्ट्रीय विधि समस्याएं एवं चुनौतियां' विषय पर इण्डियन सोसायटी ऑफ इन्टरनेशनल लॉ द्वारा आयोजित चार दिवसीय अन्तरराष्ट्रीय सम्मेलन का दिनांक 4 अक्टूबर, 2001 को उद्घाटन करते हुए राष्ट्रपति डॉ॰ के॰ आर॰ नारायणन ने संसार के विभिन्न भागों में तेजी से बढ़ रहे आतंकवाद पर गहरी चिन्ता व्यक्त करते हुए कहा कि "निर्वाचित सरकारों और आम जनता के लिए खतरा बन रहे आतंकवादियों को समाप्त किया जाना चाहिए चाहे वे कहीं भी हों। आतंकवाद से निबटने के लिए हमें व्यापक दृष्टिकोण अपनाना होगा क्योंकि इस लड़ाई में संकुचित नजरिया अपनाना पूरी तरह भेदभावपूर्ण होगा। आतंकवाद से लड़ने के लिए तैयार हो रहे अन्तरराष्ट्रीय गठबंधन द्वारा आतंकवाद से निबटने के लिए पक्षपातपूर्ण दृष्टिकोण नहीं अपनाया जाएगा। आज आतंकवाद हमारी सभ्यता के

लिए घृणित प्रवृत्ति के रूप में उभर कर सामने आया है और 11 सितम्बर को न्यूयार्क में वर्ल्ड ट्रेड सेंटर और वाशिंगटन में पेंटागन पर हुए हमलों के बाद पूरा विश्व यह जान गया है कि यह समस्या कितनी जटिल एवं गम्भीर है।''

राष्ट्रपति जी ने भारत में सीमा पार से फैलाए जा रहे आतंकवाद का वर्णन करते हुए कहा कि ''पिछले दो दशक में इन आतंकवादी गतिविधियों में हजारों भारतीय अपनी जान गंवा चुके हैं। आतंकवाद के खिलाफ आवाज उठानें के लिए हम विश्व के हर मंच का प्रयोग करते रहे हैं और याद दिलाते रहे हैं कि इससे पहले कि यह हमें अपनी लपेट में ले, हमें इसे जड़ से मिटा देना चाहिए। भारत विश्व के हर मंच से आतंकवाद के खिलाफ आवाज उठाता रहा है लेकिन तब किसी ने उसकी बात पर ध्यान नहीं दिया। अब इससे मुक्ति पाने के लिए अन्तरराष्ट्रीय गठबन्धन तैयार किया जा रहा है। आतंकवाद का सफाया करने में संकुचित दृष्टिकोण नहीं अपनाया जाएगा। कई क्षेत्रों में अनुचित रूप से यह कहा हे कि अमरीका पर हुआ आतंकवादी हमला सभ्यताओं के तथाकथित टकराव को दर्शाता है। लेकिन अन्तरराष्ट्रीय कानून निर्माताओं को यह पूरी तरह साफ करना चाहिए कि इस तरह का टकराव सभ्यताएं नहीं बल्कि बर्बरता करती हैं और सभ्यताएं तो परस्पर बातचीत तथा विचारों के आदान-प्रदान का रास्ता बनाती हैं।''

राष्ट्रों के बीच राजनीतिकि तथा आर्थिक तथा संघर्ष को समाप्त करने के लिए राष्ट्रपति जी ने कहा कि ''अर्थशास्त्र के इस युग में आशंका है कि कम आर्थिक क्षमता वाले राष्ट्र हाशिए पर चले जाएंगे। इसलिए ऐसे समय में अन्तरराष्ट्रीय विधि व्यवस्था की यह जिम्मेदारी है कि वह ऐसे मसलों का समाधान करें ताकि विकासशील देशों के हितों की रक्षा हो सकें।''

प्रधान मन्त्री अटल बिहारी वाजपेयी की राष्ट्रपति जी से भेंट

प्रधान मन्त्री अटल बिहारी वाजपेयी ने दिनांक 26 सितम्बर, 2001 को राष्ट्रपति डॉ॰ के॰ आर॰ नारायणन जी से भेंट की प्रधान मन्त्री ने राष्ट्रपति जी को अमरीका में वाशिंगटन के सेना मुख्यालय के कार्यालय पेंटागन और न्यूयार्क में विश्व व्यापार केन्द्र पर हुए आतंकवादी हमलों से उत्पन्न अन्तरराष्ट्रीय परिस्थितियों के साथ-साथ आतंकवाद से निबटने के लिए भारतीय उपायों से राष्ट्रपति डॉ॰ के॰ आर॰ नारायणन को अवगत कराया। अन्तरराष्ट्रीय आतंकवाद के विरूद्ध अधिक से अधिक देशों को अपनी मुहिम में शामिल करने के

लिए भारत के त्रिश्वव्यापी प्रयासों के विषय में बताया। प्रधान मन्त्री और राष्ट्रपति के मध्य मुख्य रूप से अमरीका पर हुए आतंकवादी हमलों से बदले घटनाक्रम में विशेषतः दक्षिण एशिया में बनी परिस्थितियों पर परस्पर विचार-विमर्श हुआ। वर्तमान परिस्थितियों में भारत पर पड़ सकने वाले सम्भावित प्रभावों से भी राष्ट्रपति जी को अवगत कराया। इस भेंट के समय विदेश और रक्षा मन्त्री जसवंत सिंह भी प्रधान मन्त्री के साथ उपस्थित थे। राष्ट्रपति डॉ॰ के॰ आर॰ नारायणन हाल ही में गोवा से स्वास्थ्य लाभ के बाद राष्ट्रपति भवन लौटे थे। राष्ट्रपति जी के गत माह में अस्वस्थ रहने के कारण समस्त समारोहों को स्थगित कर दिया गया था।

वी॰एस॰ नॉयपॉल को राष्ट्रपति जी की बधाई

इस साल का साहित्य क्षेत्र में दिया जाने वाला नोबल पुरस्कार त्रिनिडाड में 17 अगस्त, 1932 को जन्में भारतीय मूल के साहित्यकार विद्याधर सूरज प्रसार नॉयपॉल को उनकी पुस्तक 'द एन्गिना ऑफ अराइवल' पर स्टॉकहोम में दिनांक 11 अक्टूबर, 2001 को इस गौरवमयी नोबल पुरस्कार की घोषणा करते हुए स्वीडिस अकादमी ने कहा, "विद्याधर सूरज प्रसाद नॉयपॉल ऐसे साहित्यकार हैं, जो वक्त की नब्ज को थामें हुए हैं। नॉयपॉल ने साहित्य के मौजूदा फैशन और आदर्श से खुद को अलग रखते हुए एक अलग धारा चुनी। यह वह धारा थी, जिसमें कथा और गैर-कथा में परम्परागत भेद का महत्व बहुत कम हो गया है। उन्नहतर वर्षीय नॉयपॉल को नोबल पुरस्कार के रूप में दस लाख डॉलर (एक करोड़ स्वीडिस क्रोनर) मिलेंगे। नॉयपॉल को यह पुरस्कार 10 दिसम्बर, 2001 को अन्य क्षेत्र के नोबल पुरस्कार विजेताओं के साथ स्टॉकहोम में आयोजित समारोह में स्वीडन के सम्राट कार्ल सोलहवें के हाथों से दिया जाएगा। नॉयपॉल के पूर्वज उत्तर भारतीय हिन्दू परिवार के थे, जो भारत से जाकर त्रिनिडाड में बस गए थे।"

भारतीय राष्ट्रपति महामहिम डॉ॰ के॰ आर॰ नारायणन ने वी॰ एस॰ नॉयपॉल को इस महत्वपूर्ण नोबल पुरस्कार की उनके लिए घोषणा होने पर एक पत्र द्वारा उनको बधाई देते हुए कहा, "साहित्य के क्षेत्र में नोबल पुरस्कार के लिए आपका नाम घोषित किए जाने की खबर से मुझको अत्यधिक प्रसन्नता हुई। मैं भारत की जनता और अपनी ओर से आपको इस सम्मान के लिए नामित किए जाने पर बधाई देता हूँ।

राष्ट्रपति जी की श्री माधव राव सिंधिया को श्रद्धांजलि

कांग्रेस दल के वरिष्ठ नेता माधव राव सिंधिया की 30 सितम्बर, 2001 को कानपुर में कांग्रेस दल की विशाल रैली को सम्बोधित करने के लिए जाते समय रास्ते में भों गाँव के निकट मैंसरौली ग्राम से लगभग एक किलोमीटर दूर खेत में जिला मैनपुरी, उत्तर प्रदेश में एक विमान दुर्घटना में हुई मौत पर हार्दिक शोक प्रस्तुत करने के लिए महामहिम राष्ट्रपति डॉ॰ के॰ आर॰ नारायणन अपराह्न लगभग डेढ़ बजे श्री सिंधिया के निवास 27 सफदरजंग रोड पहुँचे और यहाँ दस मिनट तक रुके। डॉ॰ नारायणन जी ने दिवंगत नेता के पार्थिव शरीर पर पुष्प चढ़ाये और शोक संतप्त परिवार के प्रति संवेदना व्यक्त करते हुए कहा, श्री सिंधिया भारतीय राजनीति के दैदिप्यमान नक्षत्रों में से एक थे। वह गतिशील तथा युवा सोच वाले व्यक्ति थे, देश को उनसे बहुत आशाएँ थीं।" राष्ट्रपति जी ने शोक पुस्तिका में लिखा है कि, "यह विश्वास करना कठिन है कि श्री सिंधिया अब हमारे बीच नहीं रहे। उन्हें देश के लिए बहुत कुछ करना था।

राष्ट्रपति जी ने श्री माधव राव सिंधिया की पत्नी श्रीमती माधवी राजे को भेजे अपने शोक सन्देश में लिखा है कि, "ग्वालियर घराने से जुड़े श्री माधव राव सिंधिया का राजनैतिक जीवन बहुत शानदार रहा, वह एक जुझारू नेता थे। भारतीय राजनीति का एक चमकता सितारा अब नहीं रहा। भयानक दुर्घटना ने देश से एक होनहार नेता छीन लिया है। सिंधिया का पूरा जीवन लोगों के कल्याण के लिए समर्पित था।

राष्ट्रपति डॉ॰ के॰ आर॰ नारायणन जी के 81वें जन्मदिवस 27 अक्टूबर, 2001 पर कविता सादर समर्पित

आज आपके जन्मदिवस पर, कविता ही है भेंट हमारी।

अपरमपार खुशी है सबको, चहुदिश चहल-पहल है भारी।
आज आपके जन्मदिवस पर, कविता ही है भेंट हमारी।।

सीधे-साधे, भोले-भाले, हंसमुख नम्र, प्रतिभाशाली।
सदा व्यस्त रहो कार्यों मे, कभी न रहते पलभर खाली।।

सौम्यशील अधिक मधुभाषी, नहीं अन्य तुम सा हितकारी।
आज आपके जन्मदिवस पर, कविता ही है भेंट हमारी।।

आकर्षक व्यक्तित्व आपका, चिर परिचित जन सा लगता है।
मधुर वचन, व्यवहार कुशलता, सबको अति मोहित करता है।।

करने लगी बाध्य लिखने को, तुम पर कविता कलम हमारी।
आज आपके जन्मदिवस पर, कविता ही है भेंट हमारी।।

सहनशील अति उदारता का, परिचय तुमने बहुत दिया है।
दिखला करके कार्यकुशलता, नाम आपने बहुत किया है।।

सुनी प्रशंसा सब ही के मुख, मैं भी उन से अति आभारी।
आज आपके जन्मदिवस पर, कविता ही है भेंट हमारी।।

जीवन हर्षित रहे आपका, आप जन-जन के निकटस्थ रहें।
देश-विदेश में मान प्राप्त हो, जीवन भर आप स्वस्थ रहें।।

देखा सुना नैन-कानों से, आप बड़े हैं परोपकारी।
आज आपके जन्मदिवस पर, कविता ही है भेंट हमारी।।

डा॰ राजपाल सिंह 'राज'

उच्चतम न्यायालय के न्यायाधीशों के पेनल के विषय में टिप्पणी

उच्चतम न्यायालय के तत्कालीन मुख्य न्यायाधीश ए॰एस॰ आनन्द ने उच्चतम न्यायालय के न्यायाधीशों के लिए दस न्यायविद् उच्च न्यायालयों के क़ानून विशेषज्ञों का एक पेनल बनाकर तत्कालीन राष्ट्रपति महामहिम डॉ॰ के॰ आर॰ नारायणन के पास राष्ट्रपति भवन भेजा। राष्ट्रपति जी ने इस पेनल को बड़े ध्यानपूर्वक अध्ययन किया और इसमें अपनाई गई विसंगतियों का खास उल्लेख करते हुए पेनल पर अपनी महत्वपूर्ण टिप्पणी की कि क्या इस दस व्यक्तियों के पेनल में रखने के लिए उच्च न्यायालयों के अनुसूचित जाति/जनजाति न्यायाधीशों में ऐसा कोई योग्य न्यायाधीश नहीं है जिसका नाम इस पेनल में स्वीकार किया जा सके। इस टिप्पणी के साथ पेनल उच्चतम न्यायालय के मुख्य न्यायाधीश ए॰एस॰ आनन्द के पास लौटा दिया। तत्कालीन प्रधानमंत्री अटल बिहारी वाजपेयी के पास पहुंच कर मुख्य न्यायाधीश ए॰एस॰ आनन्द ने गंभीर वार्तालाप किया। यह चर्चा समाचार पत्रों, आकाशवाणी और दूरदर्शन आदि में गरमागरम बहस का विषय बन गई। राजनैतिक क्षेत्र में इस चर्चा का विशेष महत्व रहा। राष्ट्रपति जी की इस टिप्पणी का किसी ने भी खुलकर विरोध नहीं किया। मुख्य

न्यायाधीश ए०एस० आनन्द मन-मसोस कर रह गये। यह प्रकरण राष्ट्रपति डॉ० के० आर० नारायणन के जीवन का एक अत्यन्त महत्वपूर्ण कार्य रहा है। इस महत्वपूर्ण कार्य का यह परिणाम निकला कि डॉ० के० आर० नारायणन सभी राजनैतिक दलों के समर्थन में पुनः राष्ट्रपति पद के प्रत्याशी के रूप में सर्वसम्मति से चुना जाना चाहते थे। भारतीय जनता पार्टी ने अपना समर्थन नहीं दिया। राष्ट्रीय कांग्रेस पार्टी महामहिम डॉ० के० आर० नारायणन को अपना प्रत्याशी बनाने के लिए तैयार थी किन्तु भारतीय जनता पार्टी महामहिम ए०पी०जे० अब्दुल को राष्ट्रपति पद के प्रत्याशी के लिए स्वीकार कर चुकी थी। कांग्रेस पार्टी ने भी अपना समर्थन दे दिया था।

न्यायमूर्ति श्री भरूचा को मुख्य न्यायाधीश पद की शपथ राष्ट्रपति जी ने दिलाई

उच्चतम न्यायालय के न्यायाधीश 64 वर्षीय श्री एस०पी० भरूच को दिनांक 01 नवम्बर, 2001 को केवल 6 माह के लिए राष्ट्रपति डॉ० के० आर० नारायणन जी ने राष्ट्रपति भवन में आयोजित सादा समारोह में प्रधान न्यायाधीश के पद और गोपनीयता की शपथ दिलाई। श्री भरूचा को यह स्थान प्रधान न्यायाधीश श्री ए०एस० आनन्द के दिनांक 6 नवम्बर, 201 को अपने पद से सेवानिवृत्त होने पर उनके उत्तराधिकारी के रूप में प्राप्त हुआ है।

श्री भरूचा उच्चतम न्यायालय के तीसवें प्रधान न्यायाधीश के रूप में कार्य करेंगे। आप जुलाई, 1992 में उच्चतम न्यायालय के न्यायाधीश नियुक्त हुए थे। इस शपथ ग्रहण समारोह में उपराष्ट्रपति कृष्णकान्त, प्रधान मन्त्री अटल बिहारी वाजपेयी और उनके मन्त्रिमण्डल के सदस्यों के अतिरिक्त गणमान्य हस्तियां उपस्थित हुईं।

राजस्थान विधान सभा के नए भवन का राष्ट्रपति द्वारा उद्‍घाटन

राजस्थान की राजधानी जयपुर में नवनिर्मित विधान सभा भवन का दिनांक 6 नवम्बर, 2001 को मुख्य अतिथि के रूप में महामहिम राष्ट्रपति डॉ० के० आर० नारायणन ने लोकर्पण किया। इस समारोह में राष्ट्रपति जी की पत्नी श्रीमती ऊषा नारायणन भी उपस्थित थीं। इस भव्य समारोह में राजस्थान के मुख्यमन्त्री श्री अशोक गहलोत, उनके मन्त्रिमण्डल के मन्त्री, विधान सभा सदस्य एवं गणमान्य व्यक्तियों को सम्बोधित करते हुए महामहिम राष्ट्रपति डॉ० के० आर०

नारायणन ने अपने उद्घाटन भाषण में कहा कि, "विधायिका को लोगों की आर्थिक कठिनाइयों को दूर करने के उपायों के साथ ही उनकी आकांक्षाओं की पूर्ति के प्रयास भी करने होंगे। इसके बाद ही समाज का उत्थान सम्भव है। पंचायत राज प्रणाली ही एकमात्र ऐसी प्रणाली है जिसमें लोकतंत्र का वास्तविक प्रतिबिम्ब छुपा हुआ है। राजस्थान इस मायने में लोकतन्त्र का वास्तविक स्वयं का निर्माता है क्योंकि यही राज्य ऐसा है जिसने देश में सर्वप्रथम बलवन्त राय मेहता समिति की सिफारिशों के आधार पर सन् 1959 में सबसे पहले पंचायत राज प्रणाली लागू की थी। उसके पश्चात् ही शेष राज्यों ने इसे लागू किया था। राजस्थान इस मायने में भी देश का प्रथम राज्य है जिसमें 73वें संविधान संशोधन के बाद पंचायत राज में अ०जा०/अ०ज०जा० और महिलाओं को प्रतिनिधित्व देने की पहल की थी। विधायिकाओं को बाल विवाह और दहेज प्रथा की बुराइयों से लड़ने के लिए लोगों को शिक्षित करने और उनमें चेतना जगाने पर जोर देना होगा। तभी खाद्य एवं कृषि मन्त्री सी० सुब्रह्मण्यम एवं कृषि वैज्ञानिक एम०एस० स्वामीनाथन के कारण सफल रही और अन्य नीतियों ने बिपुल जनसंख्या वाले देश भारत में माल्थस के जनसंख्या सिद्धान्त को सच साबित नहीं होने दिया।" राष्ट्रपति डॉ० के० आर० नारायणन जी देश की सम्पूर्ण स्थिति और उसके लिए की जा रही सम्पूर्ण गतिविधियों के प्रति सदैव सचेत रहने वाले सजग संरक्षक हैं।

भारत-आस्ट्रेलिया परिषद् द्वारा आयोजित समारोह में राष्ट्रपति जी का सन्देश

भारत-आस्ट्रेलिया परिषद् द्वारा दिनांक 5 नवम्बर, 2001 को आयोजित पहले सरजॉन क्रावफोर्ड व्याख्यान समारोह का उद्घाटन आस्ट्रेलिया के प्रसिद्ध वैज्ञानिक डॉ० ललोयड इवान ने किया। मुख्य अतिथि के रूप में महामहिम राष्ट्रपति डॉ० के० आर० नारायणन ने समारोह में उपस्थित विद्वानों के समक्ष निजीकरण और भूमण्डलीयकरण की अर्थव्यवस्था के संबंध में सरकार को अपने दायित्व का पालन करने के लिए उचित सलाह देते हुए अपने सन्देश में कहा कि "हम लोग एक विरोधाभासी स्थिति में हैं। हमारे गोदाम अनाज से लबालब भरे हैं और ग्रामीण क्षेत्रों में गरीबी और भुखमरी आज भी बरकरार है। आज हमें अनाज के भण्डारण की समस्या और कुछ क्षेत्रों में गरीबी एवं भुखमरी जैसी समस्या से जूझना पड़ रहा है। इस समस्या का प्रभावी रूप से सामना किया जा सकता है और इसके लिए सरकार को बड़े पैमाने पर जनभागीदारी वाले वैसे

सार्वजनिक कार्यक्रम तैयार करने चाहिए, जिसमें इस अनाज भण्डार का उपयोग हो सके।''

अपने देश को आर्थिक संकट से बचाने के लिए और आर्थिक अवस्था को शक्तिशाली बनाने के लिए राष्ट्रपति जी ने अमरीका को ऐसी स्थिति से निकालने के लिए और अपनी अर्थव्यवस्था को सबल बनाने की एक घटना का उदाहरण प्रस्तुत करते हुए कहा कि, ''संयुक्त राज्य अमरीका ने भी अपनी चौपट होती अर्थव्यवस्था में जान फूंकने के लिए लाखों डॉलर का निवेश किया है। अर्थव्यवस्था को बचाने में सरकार की भूमिका का एक उदाहरण है। हरित क्रान्ति पूर्व जाकर देश में सामाजिक लोकतन्त्र की स्थापना की जा सकेगी।''

राष्ट्रपति ने अपने भाषा के प्रारम्भ में अंग्रेजी बोलने के औचित्य को यह कहते हुए सिद्ध किया कि भारत में जो भी आता है वह यहीं का होकर रह जाता है। इसलिए अंग्रेजी भी अब हमारी भाषा है।

घने कोहरे से राष्ट्रपति जी भी दुखी

शरद् ऋतु की भीषण ठण्ड और घने कोहरे के कारण दिनांक 28 दिसम्बर, 2001 को सम्पूर्ण राजधानी, नई दिल्ली, दिल्ली और उसके आस-पास के सम्पूर्ण क्षेत्रों को समस्त सड़क, रेल और वायु यातायत को स्थगित कर दिया था। साधारण नागरिक से लेकर प्रथम नागरिक महामहिम राष्ट्रपति डॉ० के० आर० नारायणन जी को भी इस घने कोहरे के कारण अन्तरराष्ट्रीय इन्दिरा गांधी हवाई अड्डे पर अपनी पुत्री सुश्री चित्रा नारायणन, को लिवाने के लिए अधिक समय तक प्रतीक्षा करनी पड़ी। सुश्री चित्रा नारायणन इस समय स्वीडन में भारतीय राजदूत हैं जो नव वर्ष के आगमन पर स्वीडन से भारत आ रही थी। राष्ट्रपति जी सुश्री चित्रा नारायणन को लिवाने के लिए हवाई अड्डे पर आये हुए थे। घने कोहरे के कारण वायुयान को विलम्ब से आने की परिस्थितियों के नवीन उपायें के विषयों में अनौपचारिक रूप में हवाई अड्डे के अधिकारियों से पूछ-ताछ की। इस विषय में उड्डयन विभाग के सूत्रों के अनुसार प्रशिक्षण नहीं मिला था। मौसम विभाग ने बतलाया कि कोहरे की यह स्थिति राजधानी नई दिल्ली में एक दो दिन और रहेगी।

सुश्री चित्रा नारायणन के इन्दिरा गाँधी हवाई अड्डे पर आने पर राष्ट्रपति डॉ० के० आर० नारायणन, श्रीमती ऊषा नारायणन और अन्य साथियों ने भव्य स्वागत किया और अपनी गाड़ी में लेकर राष्ट्रपति भवन आ गए।

तिरेपनवें गणतन्त्र दिवस की पूर्व संध्या पर राष्ट्रपति का राष्ट्र के नाम सन्देश

तिरेपनवें गणतन्त्र दिवस की पूर्व संध्या 25 जनवरी, 2002 को राष्ट्र के नाम राष्ट्रपति डॉ॰ के॰ आर॰ नारायणन ने अपने संदेश में 13 दिसम्बर, 2001 को भारतीय संसद के प्रांगण में हुए आतंकवादी हमले को भारत की संप्रभुता के प्रतीक को नष्ट करने का प्रयास बताते हुए कहा, कि भारत आर्थिक और रक्षा क्षमता विकसित करके आतंकवाद का लोकतन्त्र के ढंग से उपयुक्त उत्तर देगा। 13 दिसम्बर, 2001 को संसद की सुरक्षा में हुए बलिदान सुरक्षाकर्मियों को अपनी भावभीनी श्रद्धांजलि अर्पित करते हुए राष्ट्रपति जी ने कहा कि अपने सुरक्षाकर्मियों की इस सफलता पर आनन्दित होते हुए हमें याद रखना चाहिए कि हमारी सुरक्षा और हमारा बचाव उन जैसे आम लोगों पर निर्भर है और हमें चाहिए कि हम अपनी प्रभावशाली संसद और सरकारी भवनों से उनके हितों और उनके कल्याण के लिए काम करें। यह संभवतः संयोग की बात नहीं कि हमारी संसद पर यह आक्रमण 13 दिसम्बर को हुआ, जिस दिन 1946 के उसी दिवस की वर्षगांठ पड़ती है, जब जवाहरलाल नेहरू ने संविधान सभा में उन उद्देश्यों का कथन प्रस्तुत किया था, जिसमें भारत की एक स्वतन्त्र संप्रभू गणतन्त्र बनाए जाने का प्रस्ताव रखा गया था और संविधान के उन लोकतान्त्रिक पंथनिरपेक्ष और सामाजिक सिद्धान्तों को रेखांकित किया गया था, जिन्हें हम स्वयं को प्रदान करना चाहते हैं।

राष्ट्रपति डॉ॰ के॰ आर॰ नारायणन ने देश की लोकतांत्रिक और राजनीतिक मोर्चा पर विजय के उपरान्त एक सम्मिलित समाज की अभी तक स्थापना नहीं हो पाने पर अप्रसन्नता व्यक्त करते हुए कहा, महिलाओं, अनुसूचित जातियों और जनजातियों से हो रहा भेदभाव हमारे संविधान के स्थापित लोकतान्त्रिक मूल्यो के विरूद्ध है। सड़क किनारे बिलखते बच्चों का विलाप पूरी दुनिया के सौहार्द को बिगाड़ सकता है। विश्व में सर्वाधिक बच्चे भारत में हैं। देश का भविष्य इसी मानवीय संपदा के विकास पर निर्भर करेगा और यह हमारे बच्चों के स्वास्थ्य और उनके कल्याण पर निर्भर है। बच्चों की शिक्षा समेत उनके सभी कल्याण कार्यक्रमों को लागू करके बच्चों और देश के भविष्य को उज्ज्वल बनाया जा सकता है।

महिलाओं की स्थिति पर गहरी चिंता व्यक्त करते हुए राष्ट्रपति जी ने कहा जितनी महिलाओं की हत्या होती है उनमें से आधी महिलाएं घरेलू हिंसा का

शिकार होती हैं। लेकिन अब समय आ गया है कि देश में महिलाओं को इस असमानता और अपमानजनक स्थिति से मुक्ति दिलाई जाये। उनके विरूद्ध हिंसा और अपराधों में वृद्धि उनके मानसिक आघात पीड़ित अस्तित्व को दर्शाती हैं। महिलाओं के लिए कोई स्थान सुरक्षित नहीं है, यहाँ तक कि उनकी माता की कोख भी उनके लिए सुरक्षित नहीं है। उन्हें उनके जन्म से पहले ही मार दिया जाता है। उन्हें न केवल पंचायतों में बल्कि नगर परिवहन की बसों में, नगर की गलियों में और यहा तक कि उनके अपने घर में भी अपमानित किया जाता है।'' प्रधान मंत्री अटल बिहारी वाजपेयी की कविता की यह पंक्तियां उद्धृत करते हुए महिलाओं पर होने वाले अत्याचारों की ओर ध्यान आकर्षित किया 'हर पंचायत में पांचाली अपमानित हैं।

राष्ट्रपति जी ने सामाजिक भेदभाव और अशिक्षा का वर्णन करते हुए कहा, 'आज अपने देश में परोक्ष रूप से निजी उद्यमों में दलितों और जनजातियों को आरक्षण देने की पैरोकारी करते हुए हाल ही में भोपाल में सम्पन्न दलित, जनजातियों और बुद्धिजीवियों के सम्मेलन के फैसलों का वर्णन करते हुए कहा कि, 'निजी क्षेत्रों को भी अपनी नीतियों में वंचित वर्गों के लिए समानता साबित करनी चाहिए। अमरीका जैसे पूंजीवादी देश में डॉयवर्सिटी बिल के द्वारा जिस तरह के कदम उठाए गए हैं उस तरह का कुछ भारत में किया जा सकता है।

संसद के संयुक्त अधिवेशन में राष्ट्रपति जी का अभिभाषण

वर्ष 2002 से 2003 तक के बजट सत्र का उद्घाटन करते हुए राष्ट्रपति डॉ० के० आर० नारायणन ने संसद के दोनों सदनों के संयुक्त अधिवेशन में दिनांक 25 फरवरी, 2002 को संबोधित करते हुए अपने अभिभाषण में आतंकवाद का उल्लेख करते हुए कहा, ''भारत से बातचीत की प्रक्रिया शुरू करने के लिए पाकिस्तान को पहले इस बात से सन्तुष्ट करना होगा कि उसने आतंकियों को प्रशिक्षण, हथियार और धन आदि उपलब्ध कराना बन्द कर दिया है। इस आतंक के विरूद्ध अभियान में हमारे सुरक्षा बल पहले ही उल्लेखनीय सफलता प्राप्त कर चुके हैं। पंजाब की तरह जम्मू-कश्मीर में भी आतंकवाद को जड़ से मिटा दिया जाएगा। हम राज्य में उन लोगों से खुलकर बातचीत करने को तैयार हैं जो हिंसा का मार्ग छोड़ना चाहते हैं और जिनकी शिकायत तर्कसंगत है। जम्मू-कश्मीर में आगामी विधान सभा चुनावों में उन तत्वों से सचेत रहने

की आवश्यकता है जो जनआकांक्षाओं की अभिव्यक्ति रोकने के लिए किसी भी हद तक जाने को तत्पर हैं।"

अयोध्या के विषय में महत्वपूर्ण बात बताते हुए राष्ट्रपति जी ने कहा, "अयोध्या में विवादित स्थान पर यथा स्थिति बनाए रखना केन्द्र सरकार का दायित्व है। वहाँ कानून व्यवस्था की स्थिति बनाए रखने के लिए केन्द्र सरकार सभी आवश्यक उपाय करे। अयोध्या राष्ट्र के समक्ष संवेदनशील विषयों में से एक है और इसका शान्तिपूर्ण और शीघ्र समाधान होना राष्ट्र की एकता और साम्प्रदायिकता सौहार्द के लिए आवश्यक है।

ऊर्जा क्षेत्र की स्थितिः देश के विद्युत क्षेत्र में गम्भीर एवं चिन्ताजनक स्थिति का उल्लेख करते हुए राष्ट्रपति जी ने कहा "बिजली की बड़े पैमाने पर चोरी और घरेलू उपभोक्ताओं और किसानों को अत्यधिक सब्सिडी के कारण ऊर्जा क्षेत्र की स्थिति चिन्ताजनक बन गई है। राज्य बिजली बोर्ड की वार्षिक हानि एक दशक पहले के मुकाबले में 2000-2001 में 20527 करोड़ रुपये तक पहुँच चुकी है। देश का ऊर्जा क्षेत्र आज भी बुरी तरह संकट से घिरा हुआ है। पिछले साल संसद में नया विद्युत विधेयक पेश किया गया था। विधेयक में सभी राज्यों में सुधार की आवश्यकता है। तथा राज्यों को अपने राज्य विद्युत नियामक आयोग स्थापित करना शामिल है। यह विधेयक राज्यों को पूरी तरह स्वतंत्रता देता है। ताकि वे वास्तविक स्थिति को देखते हुए बिजली क्षेत्र में सुधार कर सकें।

विदेश नीतिः भारत की विदेश नीति सुरक्षा एवं विकास के क्षेत्रों में हमारे महत्वपूर्ण राष्ट्रीय हितों के लिए एक विश्वसनीय संरक्षक की भूमिका निभाने के विषय में राष्ट्रपति जी ने कहा, "उच्च स्तर पर रक्षा प्रबन्ध के लिए दूरगामी सुधारवादी कदम उठाए जाएँगे जिससे तीनों सेना प्रमुख और नागरिक रक्षा सम्बन्धों में गहनता आएगी। आतंकवाद विरोधी अध्यादेश को दोबारा लाने के लिए सरकार सभी दलों के विचारों को ध्यान में रखेगी और उसमें आवश्यक सुधार लाएगी।"

आर्थिक नीतिः विश्व अर्थव्यवस्था की मन्दी और इससे प्रभावित भारत की आर्थिक नीति का उल्लेख करते हुए राष्ट्रपति जी ने कहा, "चालू वर्ष के पुर्वानुमानों के अनुसार 5.4 प्रतिशत की आर्थिक विकास दर न तो पर्याप्त है और न संतोषजनक जिसे आठ प्रतिशत और इससे अधिक करने के लिए तेज सुधार करने होंगे। ऐसा करके ही अगले दस वर्षों से प्रति व्यक्ति आय

दुगनी करने तथा गरीबी रेखा से नीचे जीवनयापन करने वालों की संख्या घटाकर आधी करने के उद्देश्य में सफलता प्राप्त की जा सकती है।

वस्तु अधिनियम में संशोधन किया जाएगा और कृषि उत्पादनों को एक राज्य से दूसरे में लाने ले जाने पर लगे प्रतिबन्ध हटाए जाएंगे ताकि किसानों को उचित मूल्य मिल सके। चीनी उद्योग पर लगे नियन्त्रण को शीघ्र हटाने की घोषणा की।

मनोरंजन उद्योग: मनोरंजन उद्योग के विषय में राष्ट्रपति जी ने बताया भारतीय फिल्मों और संगीत की विश्व बाजार में पहुंच बढ़ाने और इनके निर्यात को बढ़ाने के लिए नीतिगत प्रयास किए जा रहे हैं। भारतीय लोकसभा पर 13 दिसम्बर, 2001 को आतंकी हमले में हुए शहीद नौ वीर सिपाहियों को श्रद्धांजलि अर्पित की।

□□□

11

डा० ए० पी० जे० अब्दुल कलाम

भारत का दूसरा सपना

'हमारी पिछली पीढ़ी उन प्रतापी स्वाधीनता सेनानियों की पीढ़ी थी जिन्होंने महात्मा गांधी तथा अन्य नेताओं के ओजस्वी नेतृत्व में आजाद भारत की परिकल्पना की थी, उसका सपना देखा था। भारतीयों द्वारा राष्ट्र के लिए देखा जानेवाला यह पहला सामूहिक सपना था। यह सपना लोगों के दिल-दिमागों में उतरा और उसकी प्रेरक शक्ति ने उनको आजादी के आन्दोलन में सामूहिक रूप से शामिल होने का जोश प्रदान किया। जीवन के हर क्षेत्र से जुड़े इस सपने के प्रति समर्पित लोगों के संयुक्त प्रयास ने देश को आजादी दिलाई।

'अगली पीढ़ी ने भारत को, पूरी ताकत के साथ, आर्थिक, कृषि और प्रौद्योगिकीय विकास के पथ पर अग्रसर किया। लेकिन भारत आज भी एक लम्बे समय से विकासशील देशों की कतार में खड़ा है।

'आइए, अब हम सब मिलकर विकसित भारत का सपना देखें। मुझे पूरा विश्वास है कि भारत में विकसित देशों की कतार में खड़े होने की क्षमता मौजूद है, और उसका यह सपना 15-20 वर्षों में पूरा हो सकता है।'

'सौभाग्य से भारत में अनेक उत्कृष्ट श्रेणी की धातुओं के स्रोत और साधन हैं। हमारे पास लौह, कच्चा मैगनीज आदि भी प्रचुर मात्रा में हैं। चमत्कारिक धातु टाइटेनियम के भंडार के मामले में हम दुनिया में अव्वल नम्बर पर हैं। हमारे पास अनेक दुर्लभ और सामरिक महत्व की मूल्यवान धातुएँ भी हैं। कीमती बेरिल की कच्ची धातु का विपुल भंडार भी है हमारे पास जिससे हमें तीस लाख टन मोनाजाइट, जो अनेक दुर्लभ धातुओं का स्रोत है, प्राप्त हो सकता

है। हम अपनी इन बहुमूल्य धातुओं का उपयोग किस प्रकार कर रहे हैं? हमें इनकी सभी सम्भावनाओं का पूरा दोहन करना चाहिए।'

'जब मैं भारत के पहले उपग्रह 'एस०एल०वी०' को अन्तरिक्ष में भेजने वाले साधन को तैयार करने के प्रयासों में लगा था, गाईडेंस सिस्टम्स के लिए मुझे जायरोस्कोप (बिम्बित करने वाले कैमरे) चाहिए थे। इसके लिए हमें कुछ बेरीलियम उत्पादों की जरूरत थी। इन उत्पादों को बनाने वाली अमेरिकी कम्पनी ने उन्हें हमें देने से इन्कार कर दिया। फिर मालूम पड़ा कि एक जापानी कंपनी उसके कुछ भाग बनाती है। इसलिए उनसे सम्पर्क किया गया। इस कम्पनी ने भी मना कर दिया।

'तब मैंने बेरीलियम के बारे में जानकारी प्राप्त की। मुझे ज्ञात हुआ कि भारत के पास बेरीलियम की कच्ची धातु का सबसे विशाल भंडार है और यह भी कि भारत उसे विकसित देशों को सप्लाई करता है। बेरीलियम विषैली धातु है और उसका प्रयोग करते समय बड़ी सावधानी बरतनी पड़ती है। लेकिन एक बार शुद्ध धातु का रूप धारण करते ही वह अनेक असाधारण गुणों से युक्त आदर्श धातु बन जाता है। इसमें तांबा मिलाने से इलेक्ट्रानिक्स के क्षेत्र में अनेक नायाब कमाल किए गए हैं। अमेरिका आदि के पास ऐसी प्रौद्योगिकियाँ मौजूद हैं जिनके द्वारा वे कच्ची धातु को शुद्ध धातु में बदल सकते हैं और अपनी आवश्यकतानुसार उसका उपयोग कर सकते हैं।

'इस घटना से मैंने एक सबक सीखा। सबक यह कि अगर आपके पास आवश्यक प्रौद्योगिकी नहीं है तो आपके प्राकृतिक साधन और स्रोत बेकार साबित होंगे।

'परन्तु आज स्थिति यह है कि बेरीलियम उत्पादों के लिए हमें दूसरे देशों से भीख नहीं माँगनी पड़ती। डॉ० राजा राजन्ना और डॉ० सी० बी० सुन्दरम् के उद्योग से उसे शुद्ध करके आवश्यक उत्पाद बनाने की विधियाँ विकसित कर ली गई हैं।'

'यह एक जीती-जागती सच्चाई है कि मानव-इतिहास के किसी भी काल में नए आविष्कारों, बीमारियों के इलाजों, कला, साहित्य, विज्ञान इत्यादि की इतनी ज्यादा उपलब्धियाँ आदमी के लिए प्राप्त नहीं थीं जितनी बीसवीं सदी के दूसरे भाग में हुई है। तब जो भी उपलब्धियाँ थीं उनका कुछ खास लोग ही लाभ उठा सकते थे। अनेक आर्थिक विशेषताएँ भी थीं और उत्पादन की

तकनीकें तथा स्तर ऐसे थे कि उनके द्वारा जिस दौलत की कमाई होती थी, वह ज्यादा नहीं होती थी। इसलिए सिर्फ अमीर और प्रभावशाली लोग ही जीवन की अच्छी तथा उपयोगी वस्तुओं का उपयोग कर सकते थे। और जो अतिरिक्त दौलत कमाई भी जाती थी, उसके लिए बहुत से लोगों को बहुत ज्यादा मेहनत करनी पड़ती थी। यह स्थिति भारत ही नहीं, सारी दुनिया में थी।

'बीसवीं सदी में आविष्कारों ने विशाल उत्पादन के युग के द्वार खोले। पेचीदा प्रौद्योगिकियों, निर्माण विधियों और उनमें प्रयोगों के फलस्वरूप नए-नए उत्पाद सामने आने लगे। उस समय की संख्यात्मक प्रणाली की अर्थव्यवस्था का लाभ पाने के लिए विशाल उत्पादन आवश्यक भी था। इसके फलस्वरूप उत्पाद उपभोक्ताओं को उचित मूल्य पर मिलने लगे। रोजगार के अवसर बढ़े, उत्पादन में अपना योगदान करनेवालों के वेतन बढ़े और आम लोगों को ज्यादा वस्तुएँ खरीदने के अवसर मिले। बहुत से गाँववाले साइकिलों से काम पर जाने लगे। ट्रांजिस्टरों की बदौलत लाखों-करोड़ों लोगों को घर बैठे मनोरंजन और समाचार प्राप्त होने लगे। कप और सॉसर खरीदकर हजारों लोगों को देश के कोने-कोने में चाय की दुकानें खोलकर रोजी-रोटी कमाने के नायाब मौके मिले। विशाल उत्पादन तथा सुधरी प्रौद्योगिकियों ने बेशुमार लोगों की फीकी जिन्दगियों को नई-नई खुशियों से भर दिया।

''प्रौद्योगिकी, अर्थव्यवस्था, समाज, पर्यावरण, और राजनीति के अन्तर्बंधन इतने अधिक प्रगाढ़ नहीं थे, जितने कि वे आज हैं। प्रौद्योगिकीय माँगों में भी जबरदस्त परिवर्तन आया है। पहले हर कच्चे माल से एकाध ही वस्तु का उत्पादन किया जाता था, अब उसके अवशेषों से भी, नई प्रौद्योगिकियों की सहायता से, अनेक वस्तुएँ बनाई जाने लगी हैं। जैसे, तब गन्ने से ज्यादा से ज्यादा चीनी बनाने पर ही निर्माताओं का ध्यान रहता था, बचे हुए माल के बारे में वे नहीं सोचते थे। आज खोई के चूरे से या तो कागज बनता है या उसका इस्तेमाल बिजली-उत्पादन के किया जाता है। इसी तरह आक्जेलिक एसिड जैसी बेकार मानी जानेवाली वस्तु से करीब एक दर्जन रसायन तैयार होते हैं।'

'आधुनिक प्रौद्योगिकी का विस्फोटक विकास और उससे उत्पन्न पर्यावरण की गम्भीर समस्याओं के मद्देनजर उन पर बहुत से सवालिया निशान लग गए हैं, जिसने वैज्ञानिक विचारकों को ज्ञान-प्राप्ति की एक ही लीक पर चलते रहने की अपनी आदत को छोड़कर नए-नए मार्गों की खोज करने को विवश कर दिया है। अब उन्होंने उन प्राचीन और भूले-बिसरे आदिवासी समाजों के पारम्परिक ज्ञान

के दरवाजों पर भी दस्तक देना आरम्भ कर दिया है। इस सतत खोज के परिणामस्वरूप प्राचीन पारम्परिक चिकित्सा विधियों, जड़ी-बूटियों के नुस्खों और यहाँ तक कि धातुकारों के कर्म के बारे में बड़ी मात्रा में ऐसी जानकारी प्राप्त हो रही है जो आज के युग के लिए प्रासंगिक हो सकती है। आजकल, नीम, हल्दी, इमली, बासमती चावल जैसे पदार्थों के इर्द-गिर्द आविष्कारों का जो जमाव हो रहा है, वह इसी सरगर्मी का परिणाम है। अन्य देशों की प्राचीन सफ़लताओं के ज्ञानाधार का भी व्यापकता से उपयोग हो रहा है।

'संस्कृत भाषा का भी बड़ी बारीकी और गहराई से अध्ययन किया जा रहा है, इस भावना की पुष्टि के लिए कि क्या सचमुच उसका उपयोग कम्प्यूटर की आदर्श भाषा के रूप में किया जा सकता है। ऐसे अध्ययनों में सबसे ज्यादा रुचि विकसित देश ले रहे हैं।'

'आन्ध्र प्रदेश के एक अधिकारी ने पाया कि वहाँ के आदिवासियों के पास कुछ ऐसी गौंदें और लकड़ियाँ होती हैं जिन्हें गँदले पानी में डालकर उसे स्वच्छ किया जा सकता है। जाहिर था कि उन पदार्थों में कोई ऐसा रसायन होता था जिसके प्रयोग से पानी देखते ही देखते एकदम साफ हो जाता था। जाँच से पता चला कि इनमें भारी खनिजों तथा नाभिक वस्तुओं तक की गन्दगी को सोख लेने की ताकत है।'

'अधिकारी महोदय इस जाँच को जारी रखना चाहते थे लेकिन, जैसा कि हमारी व्यवस्था में अक्सर होता है, उन्हें अनेक विरोधों और रुकावटों का सामना करना पड़ा। उन्होंने कई प्रयोगशालाओं के सम्मुख अपना प्रस्ताव रखा मगर उनमें से किसी ने भी कोई उत्तर नहीं दिया। एक विदेशी विश्वविद्यालय ने जरूर अपनी रुचि जताई।'

'भारत में चिकित्सकीय महत्व के पेड़-पौधों का हमारा ज्ञान हजारों वर्ष पुराना है। ऋग्वेद के अनेक सूक्तों में पीपल, सेमल, मिथुआन आदि वृक्षों का उल्लेख है और उनका जो वर्णन किया गया है, वह काफी हद तक सही है। अथर्ववेद में इनके बारे में विस्तार से जानकारी दी गई है। इसमें प्राय: दो हजार जातियों, किस्मों और प्रकारों का विस्तृत वर्णन है, उनके प्रयोग की विधियों के साथ। इसके बाद प्रख्यात कार्य चिकित्सकों ने अपनी 'चरक संहिता' और 'सुश्रुत संहिता' में 700 के करीब राजेमर्रा के इस्तेमाल में आनेवाली और विशेष प्रयोजनों के लिए निर्धारित औषधियों का विवरण दिया है।

'लोग इस बात को जानें कि भारत के औषधीय पौधों में असीम सम्भावनाएँ मौजूद हैं। इस सम्बन्ध में कल्पना कीजिए कि यदि देश के हर गाँव या तालुके में इन सम्भावनाओं की सम्पूर्ण जानकारी प्राप्त करने के उद्देश्य से व्यापक सर्वेक्षण किया जाए तो ये सम्भावनाएँ कई गुना और ज्यादा बढ़ जाएँगीं। और इससे भी ज्यादा महत्व की बात यह है कि इस अपार ज्ञान में यदि हमारा यह इरादा भी जुड़ जाए कि हम इन पौधों के व्यापारीकरण की प्रक्रिया भी शुरू करेंगे, तो असीम सम्भावनाओं का एक दूसरा द्वार भी खुल जाएगा।

'क्या हम इस चुनौती को स्वीकार करने का साहस करेंगे? मेरा मानना है कि हमें यह अवश्य करना चाहिए।'

'मुझे याद है कि 'इसरो' के कम्प्यूटर प्राप्त करने के लिए हमें कितनी ज्यादा लिखा-पढ़ी करनी पड़ती थी। हर कम्प्यूटर खरीदने के लिए कितनी मुलाकातें करनी पड़ती थीं, कितने लम्बे-लम्बे नोट तैयार करने पड़ते थे, कितने सवालों के जवाब देने पड़ते थे।'

'तब से आज (1998) तक देश ने एक लम्बी मंजिल तय की है। आठवें दशक के मध्य से, जब भारत का कम्प्यूटर-निर्माण का मोर्चा खुला, तब से लेकर आजतक भारत एक बिलियन डालर मूल्य के साफ्टवेयर का निर्यात कर चुका है। सेवाओं में तो वृद्धि हुई ही है, बहुत से कामकाज अब अधिक कुशलता और दक्षता के साथ होने लगे हैं।'

'हमने पाया है कि हमारे फाइव-स्टार होटलों के निर्माण में काम आनेवाली काफी सामग्री विदेशों से आयात की जाती है–सिर्फ इस वजह से कि उनके योग्य गुणवत्ता वाली सामग्री हमारे देश में निर्मित नहीं होती। अब भारत के बड़े शहरों में शापिंग माल, सुपर मार्केट आदि विशाल बिक्री-केन्द्र खुलते जा रहे हैं। इनके निर्माण के लिए जो उपसाधन, सहायक सामान तथा जो भी अन्य वस्तुएँ आवश्यक हैं, उनका निर्माण भारत में ही क्यों नहीं हो सकता? परमाणु ऊर्जा को वशवर्ती करनेवाला हमारा देश, जिसने बहुत पेचीदा धातुकर्मी उत्पादों का निर्माण कर दिखाया है, इन सरल वस्तुओं का निर्माण भारतीय तकनीकी और डिजायनों के आधार पर क्यों नहीं कर सकता?'

'हमारे पास जो संसाधन मौजूद हैं, उनका अधिक से अधिक लाभ उठाने के लिए लोगों को शिक्षित करना बहुत जरूरी है। मिसाल के तौर पर, हम वाहनों के प्रयोग में ईंधन की बचत करने वाले उपायों की जानकारी देकर बहुत बचत

कर सकते हैं। तब वह बार-बार बेकार एक्सीलरेटर नहीं दबाएगा, अचानक ब्रेक लगाने की जगह वह पहले से ही अपनी रफ्तार कम कर देगा। इसी तरह यदि स्टोव की लौ को इतना ही जलाएँ कि वह बर्तन के नीचे ही रहे, उसके चारों ओर न फैले, तो गैस की खपत काफी कम हो जाएगी। यह बर्बादी देश की अर्थव्यवस्था पर बुरा प्रभाव डालती है। विविध क्षेत्रों में इस प्रकार का आवश्यक प्रशिक्षण अपने आप में खुद एक उद्योग की शक्ल ले सकता है।'

'विकासशील देशों की तालिका में भारत का स्थान बहुत नीचे है–175 देशों में 134वाँ। उससे ऊँचा स्थान मलेशिया, थाइलैंड और श्रीलंका जैसे देशों का है। हमारी आबादी के 75 फीसदी लोगों को साफ-सुथरे और स्वास्थ्यप्रद वातावरण में जीना नसीब नहीं है। 21 प्रतिशत लोगों को पीने का अच्छा पानी भी नहीं मिलता।

'राष्ट्र संघ की मानव संसाधन विकास–1995 की रिपोर्ट में साफ कहा गया है कि हमें मानवीय मूलधन में अत्यधिक धनराशि का निवेश करना है।'

पाँच मिशन

'सन् 1960 में जर्मन तकनीकी की सहायता से भारत ने राउरकेला में अपना स्टील प्लांट निर्मित किया था। वह लागत और गुणवत्ता दोनों ही दृष्टियों से दुनिया के सर्वोत्तम स्टील प्लांटों में से एक था। इसके बाद क्या हमने उस तकनीकी की कुशलता और सामर्थ्य तथा अपने शिल्पियों की क्षमता को और भी आगे बढ़ाने का कोई गम्भीर प्रयास किया?

'नहीं। उल्टे हमने हालात को और भी बदतर हो जाने दिया। बोकारो स्टील प्लांट के निर्माण के लिए हम पहले अमेरिका और बाद में सोवियत यूनियन के चक्कर लगाते रहे। उसके बन जाने के बाद भी हम सुस्त बने रहे, हमने अपनी कार्यक्षमता को बढ़ाने की फिर भी कोशिश नहीं की। रांची-स्थित स्टील शोध और विकास केन्द्र हमारी स्टील तकनीकी से कभी भी सार्थक रूप में जुड़ नहीं पाया। इसी तरह भारत सरकार द्वारा स्थापित स्टील-विकास निधि भी स्टील उद्योग की स्पर्धात्मक क्षमता को बढ़ाने में कोई महत्वपूर्ण योगदान नहीं कर सकी।

'अमेरिकी उद्योगपति अक्सर कहा करते थे–मेरी फैक्टरियों को भले ही जला दो, मुझे उन्हें चलाने वाले लोग दे दो। मैं उनकी सहायता से नई फैक्टरियाँ शुरू कर दूँगा। हमारे देश में ऐसे काबिल इंजीनियर और शिल्पी मौजूद हैं जो

स्टील अथारिटी ऑफ इंडिया, टाटा आयरन एण्ड स्टील कम्पनी जैसे प्लांट्स की कायापलट कर सकते हैं—बशर्ते उन्हें नए मिशन के अनुसार कार्य करने का अवसर और सुविधा मिल जाए।'

'औद्योगिक उत्पादों के निर्माण के मिश्र धातुओं का बड़ा महत्व होता है। मामूली से अथवा किसी नई धातु के योग से निर्मित नवीन मिश्र धातु पहली धातुओं से अधिक उपयोगी सिद्ध हो सकती है। प्रश्न उठता है कि पिछले दिनों क्या हमने कोई भारतीय मिश्र धातु बनाई है?

'नहीं। हम ऐसी स्टील मिश्र धातु का इस्तेमाल करते हैं। जिसका निर्माण या तो अमेरिका या सोवियत रूस या फ्रांस में किया गया था। इसके बाद जब अल्युमीनियम मिश्र धातु अथवा टाइटेनियम मिश्र धातु की बात आती है तो पता चलता है कि इनका जन्म भी या तो अमेरिका अथवा यूरोप में हुआ था।

'मैं धातुओं के क्षेत्र में कार्य कर रहे भारतीय वैज्ञानिकों से अक्सर यह पूछता हूँ कि इस क्षेत्र में काफी भारतीय शोध होने के बावजूद हम अभी तक एक भी स्वदेशी मिश्र धातु का निर्माण क्यों नहीं कर सके हैं?'

'उत्तर में वे कहते हैं—हमारे देश में अभी तक शोध-विकास, उद्योग और अकादमिकी, इन तीनों का परस्पर सहयोगी त्रिभुज नहीं कर सका है—जिसके बिना इन उन्नत क्षेत्रों में कोई भी महत्वपूर्ण सफलता प्राप्त करना सम्भव नहीं है।'

डॉ० कलाम ने निर्माण के इस राष्ट्रीय मिशन के पाँच प्रमुख क्षेत्र अथवा मिशन चुने हैं और इस प्रकार उनके लक्ष्य निर्धारित किए हैं:

(1) कृषि तथा प्रोसेसिंग से तैयार किए गए खाद्य पदार्थ: जीवन के लिए चूँकि भोजन मुख्य है इसलिए भारत को अपने इस मिशन के तहत दो दशकों में 3600 लाख टन प्रतिवर्ष खाद्य का उत्पादन करना है। इस ध्येय को प्राप्त कर लेने के पश्चात् घरेलू खपत पूरी कर लेने के बाद पर्याप्त मात्रा में दूसरे देशों को भी निर्यात किया जा सकेगा जिससे देश को आय भी प्राप्त हो सकेगी। आज भी यह स्थिति उत्पन्न हो गई है, यह हम सब जानते हैं और काफी अनाज बाहर भेजा जाने लगा है। परन्तु इसे और आगे बढ़ाना हमारा लक्ष्य होना चाहिए।

(2) विद्युत शक्ति का निर्माण: विकास और निर्माण के सभी कार्यों के लिए पर्याप्त मात्रा में बिजली का उत्पादन करना सबसे महत्वपूर्ण अंग है। लोगों

को घरेलू सुख-साधन मुहैया कराने के अलावा अन्न के अधिक उत्पादन के लिए बिजली अनिवार्य है और बिजली से ही इंजीनियरिंग, रसायन, धातुओं को परिमार्जित करके मशीनों और उद्योगों में लगाने योग्य बनाना, समग्र परिवहन, संचार और सूचना क्षेत्र के सुचारु परिचालन तथा अन्य सभी आर्थिक विकास और रोजगारों के लिए बिजली की आवश्यकता केन्द्रीय महत्व की है।

आज भारत की विद्युत उत्पादन क्षमता 85,000 मेगावाट है। इसमें से केवल 32,000 मेगावाट की उपभोक्ता तक पहुँच पाती है। यह माँग से 5 प्रतिशत कम है। विभिन्न क्षेत्रों की निरन्तर बढ़ती हुई आवश्यकता को देखते हुए यह माँ निरन्तर कई गुना बढ़ती चली जाएगी। इसलिए कोयला, गैस, जल और आण्विक स्रोतों से बिजली का उत्पादन बढ़ाने की बहुत आवश्यकता है। इसी के साथ उसके कुशल संचरण को भी सुनिश्चित करना आवश्यक है।

(3) सूचना प्रौद्योगिकी: प्रौद्योगिक योजनाओं के दस्तावेजों में सॉफ्टवेयर, इंजीनियरिंग और उससे जुड़ी प्रौद्योगिकी के आधारों के उत्पाद और सेवाएँ महत्वपूर्ण मूल क्षमताओं की श्रेणी में आती हैं। राष्ट्रीय स्तर पर यह निर्णय ले लिया गया है कि एक दशक में भारत को सूचना प्रौद्योगिकी के क्षेत्र में महाशक्ति बना है। साफ्टवेयर के उच्चतर स्तरों पर भारत के पास बेहतर बौद्धिक क्षमता मौजूद है। यह देश के लिए आमदनी का बहुत बड़ा साधन बनने लगा है। इससे इलेक्ट्रानिक्स तथा निर्माण क्षेत्रों में भी काम बढ़ेगा जिससे आय में वृद्धि होगी। दूसरी ओर इसके द्वारा विश्वव्यापी प्रचार की साधन-सामग्री उपलब्ध होगी जिससे अनेक कार्य किए जा सकेंगे। जैसे व्यापार बढ़ाना, जनता को अपने अधिकारों की जानकारी देना, शिक्षा तथा स्वास्थ्य की जानकारियों का प्रसार, इत्यादि।

ये सब बड़े महत्वपूर्ण योगदान हैं और हम जानते हैं कि भारत ने इस दिशा में बड़ी तेजी से प्रगति करना आरम्भ कर दिया है। अमेरिका की सिलिकॉन वैली तक में भारतीयों का बोलबाला है। देश में भी बंगलौर, हैदराबाद इत्यादि इसके बड़े केन्द्र बनते जा रहे हैं। इन्फोसिस, विप्रो जैसी संस्थाएँ दुनिया की सबसे बड़ी कुछ संस्थाओं के गिनी जाने लगी हैं।

(4) सामरिक महत्व के कार्य: विकसित देश की श्रेणी में खड़ा हो सकने के बराबर ही राष्ट्रीय सुरक्षा का विषय भी है। हमें युद्ध के सभी प्रकार के अस्त्र तथा लड़ाकू तोपें, एल०सी०ए० विमान, प्रक्षेपास्त्र इत्यादि न केवल स्वयं

बनाना चाहिए वरन् उन्हें विदेशी बाजारों में बेचना भी चाहिए। एयरोस्पेस, उन्नत इलेक्ट्रानिक्स, उन्नत सैंसर्स, इत्यादि उद्योगों की स्थापना करके हम अपनी सामर्थ्य विकसित कर सकेंगे। भारत को छोटे यात्री जैट विमानों का भी निर्माण करना चाहिए। सुरक्षा मंत्रालय ने दस वर्ष में इन सभी क्षेत्रों में वर्तमान 30 प्रतिशत से 70 प्रतिशत तक वृद्धि करने की योजना बनाई है। सामरिक महत्व के उद्योगों तथा उनसे जुड़ी प्रौद्योगिकियों को खोला जा रहा है।

(5) शिक्षा और स्वास्थ्य: सही और पूर्ण शिक्षा के बिना किसी भी प्रकार की उन्नति सम्भव नहीं है। लोगों में शिक्षित होने की इच्छा है परन्तु साधनों का अभाव है। अवसर उपलब्ध कराने का कार्य उन प्रचलित तरीकों से नहीं हो सकता जो आजकल गाँवों के स्कूलों और शिक्षण संस्थाओं में मौजूद हैं। प्रत्येक नागरिक को शिक्षित कराने के उद्देश्य से गाँवों का अच्छी सड़कों द्वारा शहरों के शिक्षा केन्द्रों से जुड़ा होना आवश्यक है। इससे गाँवों और कस्बों में ही सबको उच्च शिक्षा उपलब्ध हो सकेगी।

शिक्षा के अलावा यहाँ स्वास्थ्य की सब सुविधाएँ भी आधुनिक साधनों की सहायता से उपलब्ध कराई जाएँगीं। इन केन्द्रों में कार्य करने वाले शिक्षक और चिकित्सक जरूरत पड़ने पर भारत ही नहीं, विदेशी विशेषज्ञों से भी परामर्श इत्यादि ले सकेंगे। उपग्रह-संचार व्यवस्था में भारत की उपलब्धियाँ जबरदस्त हैं। तकनीकी निपुणता के अलावा हमारे देश को श्रेष्ठ राजनीतिक और सामान्य प्रबंधन की योग्यता भी विकसित करनी होगी। सन् 2020 तक यह समूचा नेटवर्क तैयार किया जाना चाहिए।

परिचालन: इन सब कार्यों के सफल परिचालन के लिए पुराने ढंग का सरकारी प्रबन्ध सही और पर्याप्त नहीं है। भारत को विकसित देश बनाने के लिए अभियान के दौरान हमें सोचने-विचारने और कार्य करने के बने-बनाए ढंगों में काफी फेरबदल करना होगा। प्रतियोगात्मक पद्धति अपनाकर अधिक उदार और सरल कार्य-पद्धतियाँ विकसित की जा सकेंगी। क्रियान्वयन के कार्यों से जुड़े लोगों को ज्यादा अधिकार देने होंगे। साथ ही निजी क्षेत्र को भी इनसब कार्यों में सम्मिलित होने के लिए आमंत्रित करना होगा।

यह योजना अत्यन्त विशाल है और इसकी सफलता के लिए समाज के प्रत्येक वर्ग का पूरा सहयोग आवश्यक है। डॉ॰ अब्दुल कलाम ने उन सबके कार्य भी निश्चित कर दिए हैं:

सरकारी मंत्रालय और विभाग: प्रत्येक मंत्रालय अथवा विभाग अपने से सम्बन्धित मिशन उठा ले जिससे समग्र योजना को क्रियान्वित किया जा सके। अन्य विभागों, एजेंसियों, गैर-सरकारी संस्थाओं और निजी-क्षेत्र के सहयोग से वे इन मिशनों को पूरा करें, किसी अन्य के द्वारा शुरुआत की प्रतीक्षा न करें।

केन्द्रीय सार्वजनिक क्षेत्रों के उपक्रम: सभी उपक्रम अपनी प्रौद्योगिकीय विशेषताओं के अनुरूप एक-एक योजना स्वीकार करके उस पर कार्य करें। यह उस मिशन के अलावा है जिसे किसी मंत्रालय ने पहले से आरम्भ कर रखा होगा, और जो उनके जिम्मे होगा।

राज्यों के सार्वजनिक क्षेत्रों के उपक्रम: प्रत्येक उपक्रम अपनी इच्छा से कम से कम एक क्षेत्र विकास तथा सेवा के लिए चुने। इसके अतिरिक्त सम्भव हो तो उन्हें एक और योजना की शुरुआत करना चाहिए जो उन योजनाओं के अलावा हो जिन्हें उनकी संचालिका संस्थाओं ने पहले ही शुरू किया हुआ है। इन योजनाओं से उन्हें अपने क्षेत्रों के चारों ओर से ही वित्तीय सहायता मिल जाएगी।

बड़े उद्योग: हर उद्योग एक ऐसी योजना आरम्भ करे जो केन्द्र के सार्वजनिक क्षेत्र की किसी भी योजना के समान न हो। यह उनकी अपनी कारपोरेट योजना से भिन्न होगी और उन माँगों से भी भिन्न होगी जो वे सरकार द्वारा प्रायोजित मिशनों के अन्तर्गत कर रहे हैं। बेहतर प्रौद्योगिकी की सहायता द्वारा उन्हें किसी एक लघु उद्योग की भी सहायता करना है और कृषि क्षेत्र में भी उतरना है। साधन तथा योग्यता सभी दृष्टियों से देश के नवनिर्माण में उनका महत्वपूर्ण स्थान है, इसलिए उन्हें अपना उत्तरदायित्व पूरे मन से निभाना चाहिए। ऐसा होते ही उनका उत्पादन तथा आय दोनों ही बहुत बढ़ जाएँगीं।

लघु उद्योग: भारत की अर्थनीति में लघु उद्योगों का महत्वपूर्ण स्थान है यद्यपि उनकी समस्याएँ भी अनेक हैं। वे उच्च अध्ययन की संस्थाओं और प्रयोगशालाओं से जुड़कर अपनी प्रौद्योगिकी को विकसित करने का प्रयास करें। उनके कार्यों में नवीकरण होते ही उनका उत्पादन तथा आय दोनों ही बहुत बढ़ जाएँगीं।

बहुर्राष्ट्रीय कम्पनियाँ: एक अरब से ज्यादा आबादी वाले इस देश के विकास में योगदान करके ये कम्पनियाँ अपना व्यापार पहले से कहीं ज्यादा बढ़ा सकती हैं। इस दृष्टि से उन्हें चाहिए कि वे भारत में अपनी दिलचस्पी की एक

दो परियोजनाएँ आरम्भ करें। सही समय पर मिल जाने वाली सहायता छोटी होने पर भी बहुत महत्वपूर्ण होती है। इससे पारस्परिक सद्भावना भी बढ़ती है।

स्वयंसेवी संस्थाएँ: पिछले दशकों में स्वयंसेवी संस्थाओं का देश को आगे ले जाने में महत्वपूर्ण योगदान रहा है। उन्हें चाहिए कि वे अपने कार्यों को निरन्तर बढ़ाती रहें और ऐसे प्रयास करें जिनसे द्रुत परिवर्तनों का वातावरण बने और जन-साधारण सभी आवश्यक योजनाओं को उठाने तथा पूरा करने में आगे आए। ग्रामीण क्षेत्रों में उनकी बहुत आवश्यकता है।

मीडिया: मीडिया ज्यादातर उत्तेजना उत्पन्न करने वाली नकारात्मक खबरें ही छापता है। उसे चाहिए कि इसमें कुछ परिवर्तन करके सकारात्मक कार्यों और योजनाओं को भी प्रकाशित और प्रचारित करे जिससे इन कार्यों को करने की दिशा में ठोस वातावरण बने और लोग विकास कार्यों की सार्थकता अनुभव करें। गुमनामी की दुनिया में खोये उन लाखों नर-नारियों को भी प्रकाश में लाना चाहिए जो देश की नियति को बदल रहे हैं या बदलना चाहते हैं।

शिक्षित जन: शिक्षक, डॉक्टर, बैंकर, प्रशासक, इंजीनियर या किसी भी अन्य पेशें से जुड़े व्यक्तियों को चाहिए कि महीने में कुछ दिन अपने चुने हुए किसी भी काम को बेहतर ढंग से ज्यादा तेजी से करने, उच्च गुणवत्ता के साथ करने में लगायें जिससे समाज और व्यक्ति को सुख और बल प्राप्त हो सके।

भारत के प्राकृतिक साधनों और उसकी औद्योगिक-वैज्ञानिक क्षमताओं को देखते हुए हमें निम्नलिखित 13 क्षेत्रों में विशेष ध्यान केन्द्रित करना चाहिए-

1. स्टील
2. टाईटेनियम
3. दुर्लभ मृदाएं
4. एलुमिनियम
5. कम्पोजिट मैटीरियल्स
6. सिरेमिक्स
7. भवन निर्माण के पदार्थ
8. फोटोनिक पदार्थ
9. सुपर कन्डक्टिंग पदार्थ
10. पॉलीमर्स
11. परमाणवीय पदार्थ
12. जैव पदार्थ और उपकरण
13. सरफेस इंजीनियरिंग

अब इन्हें संक्षेप में अलग-अलग लेते हैं:

1. स्टील: भरत के पास कच्ची लौह धातुओं का एक लाख बीस हजार टन भंडार तथा स्टील निर्माण के अच्छे साधन हैं। सन् 2000 में उत्पादन 17 मैट्रिक टन था जो लगातार बढ़ रहा है। यदि सन् 2011 तक वह 66 मैट्रिक टन हो सके तो भारत इस क्षेत्र में दुनिया का अग्रणी देशों में गिना जाने लगेगा और निर्यात भी कर सकेगा।

हमारे देश के विभिन्न स्टील प्लांटों में 35 ब्लास्ट फर्नेस हैं जिनकी क्षमता लगभग 1.8 करोड़ टन है। कुछ क्षमता छोटे प्लांटों के पास है। कुछ मिलाकर यह क्षमता 3 करोड़ टन है। इतनी अधिक क्षमता के बावजूद इसका इस्तेमाल बहुत कम है जो बढ़ाया जाना चाहिए। हमारे देश में स्टील उत्पादन की लागत भी कम है जिसका लाभ उठाया जाना चाहिए।

2. टाईटेनियम: यह एक ऐसी विलक्षण धातु है जिसका उपयोग अन्तरिक्ष, नौसेना, तेल और गैस, वास्तुकला, आभूषण, सजावट इत्यादि के अलावा, अपनी जैव अनुकूलता के कारण, मनुष्य शरीर में रोपण लगाने में भी किया जा सकता है। यह उच्च तापक्रम में भी अपरिवर्तित रहता है और कुछ अन्य क्षमताओं के कारण विशेक्ष प्रौद्योगिकी में प्रयुक्त किया जा सकता है।

यह इल्मेनाइट वर्ग की धातुओं में आता है जिसका 33 प्रतिशत भारत के पास है। अभी इसका उत्पाद 100 टन प्रतिवर्ष के लगभग है जो, यदि इस क्षेत्र में योजना और लगन के साथ काम किया जाए, तो सन् 2020 तक बढ़कर 5,000 टन प्रतिवर्ष तक बढ़ाया जा सकता है। अभी भारत में यह उद्योग सही ढंग से स्थापित नहीं हो सका है। इसके लिए भारत सरकार कार्य कर रही है।

3. दुर्लभ मृदाएँ या मिट्टियाँ: अंग्रेजी में 'रेयन अर्थ्स' कुछ ऐसी विशिष्ट धातुएँ हैं जिनकी सहायता से छोटे टेप रिकार्डर या वॉकमेन, ईयरफोन आदि यन्त्रों का निर्माण किया जा रहा है। यदि भारतीय इंजीनियरिंग इन पर कुछ और भी काम करे तो छोटे आकार की कृषि योग्य मोटरें भी बन सकती हैं और सौर ऊर्जा से चालित पम्पसैट इत्यादि बनाए जा सकते हैं।

इन धातुओं अथवा मिट्टियों का भी भारत में विशाल भंडार है। इनके विकास तथा उपयोग के कार्यों में इंडियन रेयर अर्थ्स लिमिटेड, परमाणु ऊर्जा कांपलैक्स तथा एटामिक मिनरल्स डिवीजन इत्यादि संस्थाएँ लगी हैं।

4. एलुमिनियम: अपने हल्केपन के कारण एलुमिनियम का प्रयोग हवाई जहाज से लेकर घरेलू बर्तनों और विद्युत की संचालक लाइनों इत्यादि में बड़े पैमाने पर किया जाता है। परन्तु इसमें बिजली की खपत बहुत ज्यादा होती है जिसके कारण उसकी लागत भी एकदम बहुत ज्यादा बढ़ जाती है। परन्तु हिंडालको नामक हमारी कंपनी ने इसकी लागत कम करने की दिशा में अच्छा काम किया है। इसका खनिज बाक्साइट है जिसके उत्पादन में भारत का पाँचवाँ स्थान है।

भारत आज 20,000 टन प्लेटों और ट्यूबों तथा 10,000 टन पन्नी कागज तैयार करता है। लेकिन इसके विविध उपयोग हैं और उन सभी दिशाओं में बड़े पैमाने पर काम करने की आवश्यकता है। एलुमिनियम के क्षेत्र में हमने अच्छी प्रगति की है। हम धातु-निर्यात की स्थिति से आगे बढ़कर धातु-निर्माण तक आ पहुँचे हैं। अब हमें इसके उत्पादों के क्षेत्र में काम करना है।

5. कम्पोजिट या मिश्र पदार्थ: इनका महत्व पिछले दिनों काफी बढ़ा है और आगे भी बढ़ता चला जाएगा। इनमें धातुएँ, प्लास्टिक, कार्बन, पॉलीमर्स, फाइबर इत्यादि का मिश्रण करके ऐसे पदार्थ विकसित कर लिए जाते हैं जिनमें निर्मित उत्पाद उपयोग में सरल, अहानिकार और सस्ते होते हैं। उद्योग, विज्ञान, घरेलू इस्तेमाल की वस्तुओं, यहाँ तक कि विकलांगों के लिए बनाए जाने वाली वस्तुओं में भी इनका बहुत उपयोग हो सकता है। डॉ॰ कलाम ने स्वयं अपनी प्रक्षेपास्त्र परियोजना के लिए मिश्रों से उत्पाद बनाने का प्रयत्न किया था। इसी प्रयोगशाला से उन्होंने विकलांगों के लिए उपकरण बनाए। रेलवे स्लीपर्स के लिए भी विशेष मिश्र बनाए जा सकते हैं और उनस लकड़ी की इतनी ज्यादा बचत होने लगेगी कि जंगल के जंगल काटे जाने से बचाए जा सकेंगे। आजकल स्लीपर लकड़ी के ही बनाए जाते हैं जो बहुत मजबूत भी होनी चाहिए। वनों की रक्षा करना आज की एक बड़ी आवश्यकता है। कंक्रीट या लोहे के स्लीपर ज्यादा सफल नहीं हो पाए हैं। मिश्रों से बने उत्पाद हल्के भी होंगे और ढोए जाने वाले माल का बोझ कम हो जाएगा। खेलों के सामान अब मिश्रों से बनने लगे हैं और उपयोग के अन्य समान भी इसी प्रकार बनने लगेंगे।

दरअसल विविध प्रकार के मिश्र बनाने की योग्यता औद्योगिक विकास का एक बड़ा सूचक है। इसलिए इस क्षेत्र में बड़ी योजना लेकर कार्य करने की जरूरत है।

6. सिरेमिक्स: सिरेमिक्स या चीनी मिट्टी का उपयोग अभी वाश बेसिन, जमीन पर लगनेवाली टाइलों और चाय के कपों में ही मिलता है। लेकिन अब जहाँ एक

ओर उन्नत किस्म के सिरेमिक्स तैयार होने लगे हैं वहाँ कार, हवाई जहाज तथा अन्य इंजीनियरिंग के क्षेत्रों में भी इनका उपयोग बढ़ता जा रहा है। सिरेमिक्स अत्युच्च तापमान पर काम करने के लिए सफल पदार्थ है और वातावरण को भी प्रदूषित नहीं करता। इलेक्ट्रानिक्स में भी अब सिरेमिक्स निर्णायक भूमिका अदा करने लगा है। बहुत ज्यादा छोटे इलेक्ट्रानिक उपकरण अब इन्हीं से बनाए जाने लगे हैं।

लेकिन भारत अभी इस क्षेत्र में पीछे ही है। सन् 2000 में इसका उत्पादन 14,000 करोड़ रुपए का हुआ। इस पर तेजी से काम हो रहा है और शीघ्र ही भारत इसका निर्यात भी करने लगेगा, यह आशा की जा रही है।

7. भवन निर्माण के पदार्थ: पहले मिट्टी और चूना पत्थर का सर्वाधिक प्रयोग होता था, फिर सीमेंट का होने लगा और अब फ्लाई ऐश यानी बिजली केन्द्रों में कोयले को जलाने से जो राख बनती है, उसका प्रयोग बहुत सफलतापूर्वक किया जाने लगा है। इसमें सीमेंट का कम मात्रा में उपयोग किया जाता है। सीमेंट की आवश्यकता तो अभी बनी ही रहेगी लेकिन उसके मूल पदार्थ, चूना पत्थर की कमी होती जा रही है। फ्लाई ऐश से बने पुल, सड़कें और मकान खूब मजबूत रहते हैं और काफी किफायती भी होते हैं।

सीमेंट की खपत सन् 2000 में 9.5 करोड़ टन थी जो बढ़ती चली जाएगी। इसकी पर्याप्त उपलब्धि बनाए रखना आवश्यक है।

8. फोटोनिक पदार्थ: ये इलेक्ट्रॉनिक्स की दुनिया में क्रान्ति कर रहे दिखाई देते हैं। इनके कारण अब आप सूचना-समाचारों को सरलता से यहाँ से वहाँ भेज सकते हैं, बाहर से आए चित्रों के अच्छे मुद्रण प्राप्त कर सकते हैं और कई अन्य प्रकार के कार्य कर सकते हैं। इसमें लेजर और फायर आप्टिक्स भी आते हैं जो अपने ढंग से जीवन को प्रभावित कर रहे हैं। सूचना प्रौद्योगिकी, फायबर आप्टिक्स पर आधारित दूरसंचार, चिकित्सकीय प्रयुक्तियाँ, प्रदूषण नियन्त्रण, जीव विज्ञान आदि क्षेत्रों में यह दूरगामी प्रभाव डालेगा।

इस क्षेत्र में बहुत कार्य हो रहा है परंतु उसे तीव्र गति से आगे बढ़ाते रहने की आवश्यकता है।

9. अतिचालक या सुपर कन्डक्टिंग पदार्थ: ये विद्युत के क्षेत्र में बहुत महत्वपूर्ण होते हैं क्योंकि इनके द्वारा प्रवाहित बिजली के प्रयोग में कभी कोई बाधा नहीं आती। हमारे यहाँ सामान्य तारों का प्रयोग होने के कारण बिजली के उपयोग में तरह-तरह की समस्याएँ खड़ी होती रहती हैं जिनका समाधान कठिन होता है। जीवन के सभी

क्षेत्रों में बिजली की ऊर्जा के रूप में जरूरत बहुत ज्यादा है जो दिनोंदिन बढ़ती ही जा रही है। इस क्षेत्र में भारत अन्य देशों से बहुत ज्यादा पीछे भी है जिसका निराकरण करना आवश्यक है।

दरअसल सुपर कंडक्टरों की उपयोगिता बिजली के क्षेत्र तक ही सीमित नहीं है, उसका उपयोग उद्योग और चिकित्सा क्षेत्रों में भी बहुत है। अतः इस क्षेत्र में हमें बहुत कार्य करने की जरूरत है।

10. पालिमर्स: यह आधुनिक रसायन का एक अजूबा है जिसका विविध प्रकार से उपयोग किया जाता है। भविष्य में इसका उपयोग बढ़ता ही चला जाएगा क्योंकि यह अविषैला और पर्यावरण का मित्र पदार्थ है। इससे बना कृत्रिम रबर भी असली रबर के उद्योग को प्रभावित करेगा। इस क्षेत्र में नए-नए आविष्कार, जैसे कंडक्टिंग पालिमर, बायो-इलेक्ट्रिक प्रणालियाँ और उपाय दरवाजे पर दस्तक दे रहे हैं। भविष्य में हमें पालिमर के अनेक उत्तेजक व आकर्षक उत्पाद बाजार में दिखाई देंगे।

11. परमाणवीय पदार्थ: इनका उपयोग केवल बमों और ऊर्जा उत्पादन तक ही सीमित नहीं है, इन्होंने अनेक उन्नत तकनीकियों को भी जन्म दिया है। इस क्षेत्र में बहुत काम किया जा रहा है और करते रहना चाहिए। परमाणवीय विद्युत ऊर्जा अभी हमारे देश में काफी कम बन रही है। न्यूक्लियर पावर कारपोरेशन की योजना है कि 2020 तक सत्रह पावर प्लांट लगा दिए जाएँ। इससे 20 हजार मेगावाट तक उसकी क्षमता पहुँच जाएगी। कुछ और इकाइयाँ भी इस दिशा में कार्य करने लगेंगी।

इस योजना को पूरा करने के लिए परमाणवीय पदार्थों का उत्पादन और शोधन भी बहुत बढ़ाना होगा। जैसे मोनाज़ाइट, जिरकोनियम और यूरेनियम डायआक्साइड का उत्पादन बढ़ाना होगा। रिएक्टर ग्रेड की हाफनियम आक्साइड बनाकर उसे हाफनियम धातु में बदलने का कार्य करना होगा। इन तकनीकियों के कारण जो परिणाम उत्पन्न होंगे वे अनेक उद्योगों का आधार बनेंगे–जैसे जिरकोनियम को यूटीरियम से मिलाकर 'नकली हीरा' बनाया जाता है जिसका बाजार तेजी से बढ़ रहा है।

12. जैव पदार्थ: इनसे कई उपयोगी चिकित्सा उपकरणों को तैयार किया जाने लगा है जैसे हार्टवाल्व, ब्लडबैग, कान के लिए ध्वनिवर्धक इत्यादि। इस क्षेत्र में बहुत कार्य करने की जरूरत है और हमारी शोध संस्थाओं को योजना और लगन से आगे बढ़ना चाहिए। इससे नकली हृदय, अग्नाशय, फेफड़ों और गुर्दों के रोपण तैयार किए जा सकेंगे, दुर्घटनाग्रस्त लोगों की हड्डियों, कूल्हों और टिशुओं को आरोपित

किया जा सकेगा। हमारे लिए चुनौती यह है कि हम इन उत्पादों, युक्तियों और प्रणालियों को इस प्रकार रूप और आकार दें कि वे अधिक से अधिक भारतीयों की पहुँच में आने योग्य बन सकें।

13. सर्फेस या सतह की इंजीनियरिंग: यह पिछले वर्षों में एक ऐसी नई कुशलता के रूप में उभरकर आई है कि उससे अनेक नए काम होने सम्भव हो गए हैं। इस तकनीकी में अत्यन्त बारीक सतह वाले किसी पदार्थ या धातु को दूसरे किसी पदार्थ या धातु के साथ ऐसी रासायनिक प्रक्रिया से गुजारा जाता है कि इस नए पदार्थ या धातु में दोनों के गुण आ जाते हैं–जैसे टैफ्लोन की कड़ाही जिसका अब बहुत से घरों में प्रयोग होने लगा है। इसका अधिक परिष्कृत लेप महत्वपूर्ण पुरजों की घिसाई-पिसाई और मशीनों के चालित भागों को सुरक्षित रखने के लिए प्रयुक्त किया जाता है। कुछ वस्तुओं पर हीरे का लेप भी लगाया जाता है।

इस क्षेत्र में भारत की अनेक संस्थाएँ कार्यरत हैं और औद्योगिक संस्थान भी रुचि ले रहे हैं।

उपलब्धियाँ: एक नजर में

डॉ० अब्दुल कलाम अपने कार्यजीवन में अधिकतर रक्षा मन्त्रालय के अनुसंधान विभाग से जुड़े रहे। डिफेंस रिसर्च एण्ड डेवलपमेंट आर्गेनाईजेशन–यानी डी०आर०डी०ओ०–नामक इस संस्थान में पहले वे एक वैज्ञानिक के रूप में सम्मिलित हुए, बाद में उसके डायरेक्टर और इसके भी बाद डायरेक्टर जनरल बनकर कार्य करते रहे। बीच में कुछ वर्ष अन्तरिक्ष अनुसंधान की प्रख्यात संस्था 'इसरो' में कार्य किया। इसके अधीन अनेक प्रख्यात वैज्ञानिक प्रयोगशालाएँ हैं जो विभिन्न क्षेत्रों में शोध तथा निर्माण के कार्य करती हैं। उनके नेतृत्व में कार्य करके इन सब प्रयोगशालाओं ने विविध क्षेत्रों में अनेक महत्वपूर्ण उपलब्धियाँ अर्जित की जिन्हें एक प्रकार से डॉ० कलाम की ही उपलब्धियाँ माना जा सकता है। यहाँ हम इनमें से कुछ महत्वपूर्ण उपलब्धियों की विस्तृत चर्चा कर रहे हैं–यद्यपि इनका उल्लेख अन्य स्थानों पर भी किया जा चुका है।

होवरक्रैफ्ट

होवरक्रैफ्ट ऐसा विमान होता है जिसे हवा और पानी दोनों में चलाया जा सकता है। डॉ० कलाम के जीवन का पहला महत्वपूर्ण उद्योग एक ऐसे होवरक्रैफ्ट

का निर्माण करता था जिसे हवाई पट्टी पर चलाया जा सके। उस समय वे बिल्कुल युवक थे और एयरोनॉटिक्स विकास विभाग की प्रयोगशाला में उन्हें इसका निर्माण करना था। इस परियोजना को 'नन्दी' नाम दिया गया। 40 मिलीमीटर के हवाई कुशन पर 550 कि०ग्रा० वजन का होवरक्रैफ्ट बनाकर उड़ाना था। वे अपने वैज्ञानिक साधनों के साथ उत्साह से इसे क्रियान्वित करने में जुट गए।

यह 20वीं शताब्दी का छठा दशक था और देश में वैज्ञानिक प्रतिभा का विकास हो रहा था। उनकी टीम के ज्यादातर लोग यही मानते थे कि होवरक्रैफ्ट बना पाना सम्भव ही नहीं है और कल का यह छोकरा इसे किसी भी तरह बना नहीं सकेगा। लेकिन डॉ० कलाम न केवल स्वयं विमान की रूपरेखा बनाने में लग गए बल्कि अपने साथियों को भी प्रोत्साहित करने लगे। काफी परिश्रम के बाद उन्होंने परीक्षण के लिए होवरक्रैफ्ट बना ही लिया। श्री वी० के० कृष्ण मेनन उन दिनों रक्षा मन्त्री थे। उन्हें विमान पर बिठाकर तथा स्वयं ही उसे उड़ाकर डॉ० कलाम ने इस परियोजना के लिए उनका समर्थन भी प्राप्त कर लिया।

श्री मेनन ने इसे पूरा करने की हरी झंडी दे दी परन्तु दुर्भाग्य से तभी उन्हें मन्त्रीपद छोड़ना पड़ा। इसके बाद यह योजना अधर में लटक गई और पूरी न की जा सकी क्योंकि उनके बाद बने रक्षा मन्त्रियों को उसमें कोई रुचि नहीं थी। डॉ० कलाम को इससे बड़ी निराशा हुई परन्तु वे कर भी क्या सकते थे। लेकिन उन्होंने भारत सरकार के वैज्ञानिकों में यह धारणा उत्पन्न करने में सफलता प्राप्त की कि असम्भव अथवा कठिनतापूर्वक सम्भव कार्यों को भी पूरा किया जा सकता है--और वे ही उनका नेतृत्व कर सकते हैं। देश की वैज्ञानिक मानसिकता के लिए यह उनका महत्वपूर्ण योगदान था।

रॉकेट की सहायता से जैट को उड़ाने का यन्त्र-राटो

1970 के आसपास सुखोई-16 जैट विमान को हवा में उड़ाने के लिए करीब दो किलोमीटर जमीन की पटरी पर दौड़ना पड़ता था। डॉ० साराभाई के मन में आया कि राकेट की सहायता से इसे ज्यादा जल्दी हवा में उठाया जा सकता है। इस परियोजना को 'राटो' यानी "राकेट एसिस्टेड टेक ऑफ" नाम दिया गया और इसे विकसित करने का काम उन्होंने डॉ० कलाम को सौंपा। राटो का विकास इसलिए भी जरूरी था क्योंकि अनेक कारणों से अनेक स्थानों पर जमीन की लम्बी पट्टी उपलब्ध नहीं होती और जहाज को कम से कम दूरी तक चलकर ही हवा में उठ जाने की आवश्यकता होती है। उस समय

भारत के पास राकेट भी नहीं थे जिनका रूस से आयात किया गया। डॉ॰ कलाम ने 1972 के अन्त तक इस यन्त्र का विकास कर लिया और 1 कि॰मी॰ से कुछ ज्यादा दूरी तक जमीन पर विमान चलाकर उसे हवा में उठा देने मे सफलता प्राप्त कर ली। इस यन्त्र की कीमत भी पहले से आधी रह गई।

मिश्र पदार्थ

दो तीन पदार्थों को मिलाकर बनाए गए मिश्रों को अंग्रेजी मे 'कम्पोजिट' कहते हैं।

लकड़ी, लोहा या अन्य धातुओं से बने यन्त्र इत्यादि वजन में तो भारी होते ही हैं, इनकी शक्ति भी कम होती है और कम दबाव पर भी टूट-फूट का अन्देशा बना रहता है। इसके अलावा बहुत कम अथवा बहुत अधिक तापमानों पर भी इनके काम में खराबी आ जाती है। इसलिए कम्पोजिट बनाने के वैज्ञानिक प्रयोग आरम्भ से किए जाते रहे हैं। डॉ॰ कलाम ने नए उन्नत कम्पोजिट बनाने के महत्व को आरम्भ में ही समझ लिया था और छठे दशक में 'इसरो' में काम करना आरम्भ करते ही उन्होंने उस पर भी कार्य करना शुरू कर दिया था। अन्तरिक्ष विज्ञान में काम करने के कारण सबसे पहले उन्होंने हवाई जहाजों के यन्त्रों और कलपुर्जों के लिए कम्पोजिट विकसित करने पर ध्यान दिया। इसके लिए उन्होंने तिरुवनन्तपुरम में फाइबर रीइनफोर्स्ड प्लास्टिक्स डिवीजन की स्थापना की और प्लास्टिक तथा जूट के रेशों को मिलाकर कम्पोजिट तैयार किए। इनकी सहायता से उन्होंने उच्च तकनीकी दाबयन्त्र बनाए। 1989 में 'इसरो' के लिए उन्होंने पहला यन्त्र बनाया।

उसके बाद सैटेलाईट लांच व्हाईकल के तीसरे और चौथे कक्षों में उपयोग के लिए रॉकेट मोटर के ढकने बनाए जिससे वे न केवल हल्के बल्कि मजबूत भी हो गए। इससे पहले शीशे से बने ढकने इस्तेमाल किए जाते थे। उस समय देश में इस प्रकार के कम्पोजिट बनाने की व्यवस्था नहीं थी इसलिए डॉ॰ कलाम ने 'रिप्लेस' अर्थात रीएनफोर्स्ड प्लास्टिक सेंटर के नाम से उन्हें बनाने की फैक्ट्री भी स्थापित की। शीघ्र ही यूरोप के सैटेलाईट संस्थानों ने इनका प्रयोग करना आरम्भ कर दिया।

भारत के लिए यह बिल्कुल नया उद्योग था और बहुत शीघ्र इसमें उन्नति होती चली गई। एक से एक बढ़कर उन्नत कम्पोजिट बनाए गए और सामान्य व्यक्ति के उपयोग की अनेक वस्तुओं में भी उनका प्रयोग किया जाने लगा।

डॉ॰ कलाम ने सरकारी तथा उद्योग जगत की अनेक संस्थाओं को संयुक्त रूप से यह कार्य करने की प्रेरणा दी जिसमें उन्हें बहुत सफलता भी प्राप्त हुई। बंगलौर की सुप्रसिद्ध इंडियन इंस्टीट्यूट ऑफ साइंस तथा सीबा गायगी, बेकलाईट हायलम जैसी विख्यात संस्थाओं ने भी अपना योगदान किया। डॉ॰ कलाम की एक बड़ी सफलता यह है कि उन्होंने अपनी उपलब्धियों को सामान्य जन के उपयोग के लिए भी इस्तेमाल किया और उद्योग-व्यापार जगत के धुरंधरों को इससे जोड़कर नए निर्माण कराए।

इसलिए डॉ॰ कलाम को 'भारत में कम्पोजिट्स का जनक' भी कहा जाता है।

सैटेलाइट लांच व्हाईकिल

डॉ॰ कलाम की पहली बड़ी सफलता सैटैलाईट लांच व्हाईकिल के निर्माण की है। अन्तरिक्ष शोध की भारतीय संस्था 'इसरो' के लिए भी यह पहली महत्वपूर्ण परियोजना थी। वे चाहते थे कि इसके निर्माण में भारत आगे बढ़े और अपनी ही तकनीकी से निर्मित लांच व्हाईकिल बनाकर सैटेलाईट को अन्तरिक्ष में फेंके। डॉ॰ कलाम को इस परियोजना का मुखिया बनाया गया जो सम्मान की बात तो थी ही, एक जबरदस्त चुनौती भी थी। उन्हें न केवल इसकी रूपरेखा तैयार करनी थी बल्कि इसको बनाकर इसके द्वारा सैटेलाईट को अन्तरिक्ष में फेंककर दिखाना भी था। मुख्य कार्य एक ऐसे रॉकेट मोटर का निर्माण करना था जो व्हाईकिल के चारों कक्षों में सफलतापूर्वक काम कर सकता हो। इसके अलावा इस पर नियन्त्रण रखने तथा इच्छानुसार इस चलाने के यन्त्र भी विकसित करने थे। इनके अलावा भी और बहुत से छोटे-मोटे काम थे जो सब जटिल थे। कुछ मिलाकर तीन सौ छोटे-बड़े यन्त्रों का निर्माण किया जाना था जिनको मिलाकर पूरा व्हाईकल तैयार होता। इसमें सभी प्रकार की धातुओं, चीनी मिट्टी तथा कम्पोजिट्स का इस्तेमाल होना था। बारीक श्रेणी की इंजीनियरिंग की जानकारी आवश्यक थी लेकिन डॉ॰ कलाम ने अपने सहयोगियों की सहायता से इसका निर्माण किया। इस उपलब्धि के लिए उन्हें 'पदम्‌भूषण' के राष्ट्रीय सम्मान से सम्मानित किया गया।

इन्टीग्रेटेड गाईडेड मिसाइल

श्री आर॰ वेंकटरामन जब भारत के रक्षा मन्त्री हुए, तब उन्हें विचार आया कि गाईडेड मिसाइल्स का एक समग्र एकीकृत कार्यक्रम तैयार किया जाए जिससे विविध

प्रकार के मिसाइल भारत में ही बनाए जा सकें। अमेरिका आदि विकसित देशों ने इन तकनीकियों पर रोक लगानी शुरू कर दी थी और कई दफा वादा करने के बाद भी वे उनका पालन नहीं करते थे। इसका एक कारण यह भी था कि इन तकनीकियों का दुरुपयोग भी किया जा सकता था। रक्षा मन्त्री ने अपने वैज्ञानिक सलाहकार डॉ॰ वी॰एस॰ अरुणाचलम से, जो स्वयं प्रख्यात वैज्ञानिक थे, इस विषय पर बात की। वे तैयार तो हो गए परन्तु यह भार किसे सौंपा जाए, इसका निर्णय करना कठिन था। उन्होंने सोच-विचार कर डॉ॰ अब्दुल कलाम को ही इसका मुखिया बनाया। डॉ॰ कलाम ने उत्साहपूर्वक यह चुनौती स्वीकार की।

इस परियोजना के अन्तर्गत जिन मिसाइलों का निर्माण किया जाना था वे इस प्रकार हैं : त्रिशूल, पृथ्वी, आकाश, नाग, अग्नि।

ये सब अपनी तरह से अलग-अलग मिसाइल हैं और इनके उपयोग भी भिन्न-भिन्न हैं। इनमें से कई का सफलतापूर्वक निर्माण किया जा चुका है और कुछ पर काम चल रहा है। त्रिशूल योजना के पूर्ण होने में कुछ कठिनाई आ रही है। इनके कारण विदेशों में भारत की प्रतिष्ठा बढ़ी है और सुरक्षा की दृष्टि से भारत मजबूत हुआ है। इन मिसाइलों के निर्माण में अनेक प्रयोगशालाएँ संयुक्त रूप से कार्यरत रही हैं और एक दर्जन से अधिक विषयों का इनमें योगदान रहा हैं

ब्राह्मोस

'ब्राह्मोस' डॉ॰ कलाम के द्वारा आयोजित एक संयुक्त योजना है जिसमें भारत के साथ रूस मिलकर काम कर रहा है। इसे एक कम्पनी ही कहा जाना चाहिए क्योंकि ये दोनों देशों की वैज्ञानिक क्षमताओं को मिलाकर एक नए ढंग की सुपरसोनिक एंटीशिप क्रूज़ मिसाईल का विकास करने तथा उन्हें बनाकर दुनिया में बेचने का कार्य कर रहे हैं। यह नाम दो शब्दों से मिलकर बना है—भारत की ब्रह्मपुत्र नदी और रूस की मोसक्वा नदी। दोनों के आरम्भिक अक्षर लेकर 'ब्राह्मोस' नाम बनाया गया।

दो सरकारों का यह संयुक्त व्यापारिक उद्योग बिल्कुल नए प्रकार का है। इसे स्वीकृति दिलाने में भी अनेक कठिनाईयाँ सामने आई लेकिन डॉ॰ कलाम ने इसे पूरा कर दिखाया। इसमें भारतीय विज्ञान संस्थान डी॰आर॰ डी॰ओ॰ का 50.5 प्रतिशत और रूसी संस्थान एन॰पी॰ओ॰ मार्शीनोस्त्रोएनिया नामक संस्थान का 49.5 प्रतिशत पैसा लगा है। इसकी एक विशेषता यह है कि रूस का पैसा उसे सीधे लगाना नहीं पड़ रहा है बल्कि भारत पर रूसी कर्ज के भुगतान

द्वारा उसे चुकाया जा रहा है। भारत में इसका केन्द्रीय कार्यालय है परन्तु मिसाइलों का निर्माण दोनों देशों में किया जाएगा और दोनों देश अपने तकनीकी ज्ञान का इसमें उपयोग कर रहे हैं।

अब इस प्रयोग के अनुकरण पर वैज्ञानिक और व्यापारिक क्षेत्रों में अन्य योजनाएँ भी बनाई जा रही हैं।

ब्राह्मोस ऐसा सुपरसोनिक क्रूज़ मिसाईल होगा जिसका प्रयोग जमीन, समुद्र, समुद्र के भीतर और हवा कहीं से भी किया जा सकेगा। इसे मुख्यतः पानी के जहाजों पर प्रयोग के लिए बनाया जा रहा है। यह लगभग नौ मीटर लम्बा होगा और इसका वजन 3,000 कि॰ग्रा॰ होगा। इससे 200 कि॰ग्रा॰ का हथियार फेंका जा सकेगा जो 15 कि॰मी॰ की ऊँचाई पर उड़ता हुआ नीचे उतरकर अपने लक्ष्य पर वार करेगा।

पोखरण परमाणु बम परीक्षण

मई 1998 में श्री अटलबिहारी वाजपेयी के प्रधानमंत्रित्व काल में पोखरण से 5 परमाणु बमों का विस्फोट डॉ॰ कलाम की बहुत बड़ी उपलब्धि है। इससे भारत सरकार तथा देश की प्रतिष्ठा बढ़ी और दुनिया के परमाणु क्लब में उसे स्थान प्राप्त हो गया। इस परीक्षण का नाम 'ऑपरेशन शक्ति-1' था और इसके कारण दुनिया की राजनीति में अनके महत्वपूर्ण परिवर्तन हुए। सम्भवतः इसी सफलता के कारण डॉ॰ कलाम को कुछ वर्ष पश्चात् भारत का राष्ट्रपति बनने का अवसर भी प्राप्त हुआ।

डॉ॰ अब्दुल कलाम के नेतृत्व में डी॰आर॰डी॰ओ॰ की 55 प्रयोगशालाओं ने इलेक्ट्रानिक्स, वैमानिकी, आयुध-निर्माण, जल यांत्रिकी इत्यादि से सम्बन्धित शोध तथा निर्माण के सभी क्षेत्रों में अनेकानेक सफलताएँ अर्जित की हैं परन्तु ये सब विवरण जटिल होने के कारण यहाँ हम उन्हें नहीं बना रहे हैं। हम सामान्य मनुष्य जीवन से सम्बन्धित उनके कुछ योगदानों का वर्णन करके इस चर्चा को समाप्त करेंगे।

न्यूक्लियर औषधियाँ

इंस्टीट्यूट ऑफ न्यूक्लियर मेडिसिन एण्ड एलाइड साइंसेज़ ने कई महत्वपूर्ण दवाएँ बनाई हैं। थॉयराइड रिसर्च सेंटर ने रेडियो आयोडीन की अल्प औषधि उपचार पद्धति विकसित कर इस क्षेत्र में महत्त्वपूर्ण योगदान किया है। कैंसर

किस स्थान पर हैं और वह कितना प्रबल है, इत्यादि की जानकारी के लिए विशेष यन्त्र बनाया है। मस्तिष्क में फोड़े के मरीजों के लिए संस्थान ने जो उपचार पद्धति विकसित की है, वह सस्ती होने के कारण भारत के लिए बहुत उपयोगी है। हड्डियों के भीतर होने वाले दर्द को कम करने, तथा दांतों की प्लेटें बदलकर नई अच्छी प्लेटें लगाने के काम पूरे कर लिए गए हैं। भारत के ड्रग कंट्रोलर द्वारा इनका परीक्षण कर लिए जाने के बाद इनका दुनिया में उपयोग किया जा सकेगा।

खाद्य की प्रोसेसिंग

सैनिकों को सब प्रकार के ऊँचे-नीचे स्थानों पर युद्ध करना पड़ता है जहाँ उन्हें समुचित खाद्य उपलब्ध कराना अत्यन्त कठिन हो जाता है। इसलिए रक्षा मन्त्रालय ने फूड रिसर्च लैबोरेटरी की स्थापना की है जो विविध प्रकार के भोजनों की शोध तथा उनका निर्माण करती है। फलों, सब्जियों, फलों के रसों तथा दालों इत्यादि के उपयोग की दिशा में उन्होंने जो प्रयोग किए हैं, वे चमत्कार से कम नहीं हैं।

उन्होंने वह तकनीक विकसित कर ली है जिससे फलों को नौ से ज्यादा महीनों तक ताजा बनाए रखा जा सकता है दालों-सब्जियों को तुरन्त पका लेने की विधियाँ तैयार कर ली गई हैं। अंटार्कटिका के बर्फ महाद्वीप की खोज करने जब भारत से 'तृष्ण' नामक अभियान दल गया तब उनके लिए इस प्रयोगशाला ने कई टन तुरन्त पका दी जाने वाली खाद्य सामग्री उपलब्ध कराई। इसी तरह आंध्र प्रदेश में तूफान के अवसरों पर भी ऐसी बहुत सी खाद्य सामग्री उपलब्ध कराई गयी। नारियल पानी के शौकीन लोगों के लिए प्लास्टिक की थैली में बन्द नारियल पानी शीघ्र ही हम जगह मिलने लगेगा। इसे तीन महीने तक ताजा बनाए रखा जा सकता है।

नई सब्जियाँ और फल

संकर सब्जियों और फलों के क्षेत्र में भी हिमालय पहाड़ पर तैनात सैनिकों के लिए इन प्रयोगशालाओं ने बहुत काम किया है। इन्हें जल्दी और बहुत बड़े परिमाण में उगाया जा सकता है और इनके लिए खास मिट्टी की जरूरत भी नहीं होती। लद्दाख जैसे अति शीतल प्रदेशों में खेती के आश्चर्यजनक ढंग विकसित किए गए हैं। जड़ी-बूटियों को उगाने की दिशा में अनेक कार्य किए गए हैं।

अब तो राष्ट्रपति बनने के पश्चात् डॉ॰ कलाम ने राष्ट्रपति भवन के विशाल उद्यान में ही जड़ी-बूटियों का एक बगीचा लगवाना आरम्भ कर दिया है।

स्वच्छ जल की उपलब्धि

राजस्थान के बाड़मेर इलाके के 100 गाँवों में पेयजल की प्राप्ति अत्यन्त कठिन है। जोधपुर की डिफेंस लेबोरेटरी ने एक विशेष योजना के अन्तर्गत इस कार्य को बड़ी सफलतापूर्वक पूरा किया है। खारे पानी को मीठा बनाने के 100 से अधिक यन्त्र अनेक स्थानों पर लगवाकर उन्होंने यह कार्य किया है।

पेयजल से सम्बन्धित और भी अनेक योजनाओं पर काम चल रहा है। इनमें समुद्र के खारी पानी को स्वच्छ करके उसे जनता को उपलब्ध कराने की योजना भी है। राष्ट्रपति बनने के पश्चात् डॉ॰ कलाम ने इस पर जोर देना आरंभ कर दिया है।

क्या करें, कैसे करें

'हमने कई ईमानदार व्यक्तियों को यह कहते सुना है कि उन्होंने विस्तृत प्रस्ताव सम्बन्धित विभागों या राज्य सरकारों को भेजे थे। प्रस्तावों को अन्तिम स्वीकृति प्राप्त होने में तीन से छह वर्ष तक का समय लग जाता है और अक्सर जब तक स्वीकृति प्राप्त होती है, प्रस्ताव का मुद्दा या विषय पूरी तरह या आंशिक रूप से पुराना या अप्रचलित हो गया होता है।

'यदि हम भारत को विकसित देश के रूप में देखना चाहते हैं तो हमें अक्रियता की इस स्थिति से निपटना होगा। यदि इसके लिए कानूनों और कार्यप्रणाली को भी बदलना पड़े तो उन्हें भी बदल डालना चाहिए।

'मानव विकास के वर्तमान युग में जिस गति से नई प्रौद्योगिकियाँ नए समाधानों को प्रस्तुत करती जा रही हैं, और अवसरों के नए-नए द्वार खुलते जा रहे हैं, वह अपूर्व है। ये अवसर जो हमारे चारों ओर मौजूद हैं, हमारा इन्तजार नहीं करेंगे, दूसरे उन्हें हथियाते चले जाएँगे। हम गँवाए हुए अवसरों और खोए हुए समय की क्षतिपूर्ति भी कर सकते हैं मगर उसके लिए हमें तेजी से नए-नए सबक सीखने होंगे।'

'मैं कुछ मिशनोन्मुखी संस्थानों के अपने अनुभव और उनके उपयोग के बारे में बताता हूँ। सुरक्षा शोध व विकास संस्थान के लेजरों का उपयोग

मोतियाबिन्द या ग्लूकोमा की शल्य चिकित्सा में किया जा सकता हैं। परमाणु ऊर्जा विभाग द्वारा उत्पन्न ऊर्जा का उपयोग मूँगफली के बीजों के विकिरण द्वारा उनकी उत्पादकता में वृद्धि के लिए किया जा सकता है। इसी प्रकार अन्तरिक्ष शोध संस्थान की प्रक्रिया से मानसून की तिथियों की अचूक भविष्यवाणी की जा सकती है। सैटेलाइट रिमोट सेंसिंग द्वारा प्रस्तुत एक माध्यम द्वारा उन क्षेत्रों का मापन किया जा सकता है जहाँ मच्छर अंडे देते हैं और ऐसे क्षेत्र भी, जहाँ से रोग फैल सकते हैं। ऐसे कुछ सैटेलाइटों की डेटा-सामग्री को दुनिया भर के देशों को बेचकर विदेशी मुद्रा का अर्जन भी किया जा सकता है।

"असम की हमारी एक प्रयोगशाला मलेरिया को रोकने और इसका, इलाज करनेकी विधियों पर शोध कर रही है। इसका उद्देश्य हमारे जवानों को स्वस्थ रखना है। इस प्रयोगशाला ने वहाँ के मलेरियावाहक कीटाणुओं की विशेषताओं को समझकर उन्हें नष्ट करने का जो नायाब तरीका खोज निकाला है, वह उनके अपने डाक्टरी ज्ञान और स्थानीय लोगों के निजी अनुभवों पर आधारित है।"

'उत्तम कोटि की और ऐसी बिजली के, जे सबको उपलब्ध हो, बिना कोई देश अपने को न आधुनिक कह सकता है, न विकसित। कोई भी आधुनिक मशीनरी बिना निरन्तर और अबाधित बिजली व्यवस्था की सप्लाई के नहीं चल सकती। बिजली के बिना आई०टी० की सारी जादुई दुनिया अँधेरे में खो जाएगी। न्यूयार्क या लन्दन या टोक्यो के बारे में यह कल्पना भी नहीं की जा सकती जहाँ बिजली एक दिन या एक हफ्ते के लिए गायब हो। यदि कभी यह हुआ तो इन देशों की सरकारें उसी दिन गिर जाएँगी।

'लेकिन जब हम भारत की बिजली-स्थिति के बारे में बात करते हैं, तो 'निराशाजनक' जैसे शब्द मामूली लगते हैं। लाखों मूल्यवान घंटे बिजली ने होने के कारण बेकार चले जाते हैं। इसमें उन लोगों के घंटों का शुमार नहीं है जो बिजली का इस्तेमाल कतई नहीं करते। ऐसे समय में, जब माडलों में आए दिन तब्दीलियाँ हो रही है, हम एक दिन में तीन पारियों तब उनका उपयोग करके उनका लाभ उठाना चाहेंगे-लेकिन यह सम्भव नहीं है। लाभदायक साधनों का कैसा जबरदस्त अपव्यय करवानेवाली व्यवस्था है यह!

'1950 में भारत और चीन दोनों के पास बिजली और उसके उत्पादन की मात्रा लगभग समान थी। लेकिन आज चीन के पास हमसे तीन गुना बिजली

उत्पादन क्षमता है, और वह अपनी इस क्षमता मे पिछले कई वर्षों से 15,000 मेगावाट प्रतिवर्ष की दर से लगातार वृद्धि करता चला आ रहा है। इधर, हम मामले में हमारी विकास गति 3,500 मेगावाट प्रतिवर्ष ही है।

'ऐसा क्यों है? क्या इसकी वजह आवश्यक पूँजी की कमी है? मेरा मानना है कि इसका मूल कारण यह है कि हमारी सोच संकुचित हो गयी है।'

'हम छोटी-छोटी बातों में, ब्यौरों में उलझे रहते हैं, कुछ ठोस काम करने के बजाय नीतियों, वायदों और लच्छेदार बातें करने के राजनीतिक खेल में लिप्त रहते हैं। और यह खेल सिर्फ राजनीतिज्ञ ही नहीं खेल रहे हैं, नौकरशाह, वैज्ञानिक और उद्योगपति भी खेल रहे हैं।'

'जैसे ही हम अपने सोच को विस्तृत आयाम दे देंगे, और बातें करने के बजाय कड़ी मेहनत करना आरम्भ कर देंगे, हमारी समस्याओं का हल होना शुरू हो जाएगा।

'एक कठोर सत्य यह है कि अपनी 83 हजार मेगावाट उत्पादन-क्षमता होने के बावजूद केवल 35 हजार मेगावाट काम में लाने योग्य बिजली उपभोक्ता तक पहुँच पाती है-वह भी अनेक व्यवधानों और निम्न गुणवत्ता के कई रूपों में।

'हमारी दोषपूर्ण कार्यशैली के कारण हमें 22 प्रतिशत बिजली का नुकसान सहना पड़ता है जबकि विकसित देशों में यह 7 से 8 प्रतिशत से ज्यादा नहीं होता।

'हमें तकनीकी और प्रबंधन दोनों स्तरों पद इन समस्याओं से जूझकर उनके हल तलाशने होंगे।'

'एक दिलचस्प बात यह है कि जब भी भारत तकनीकी के किसी क्षेत्र में कोई प्रशंसनीय कार्य करता है, तभी विदेशी राष्ट्र यह दावा करना शुरू कर देते हैं कि भारत की वह उपलब्धि कहीं न कहीं, किसी न किसी रूप में, पश्चिम के किसी कारनामे पर आधारित है। जब हमने जुलाई 1980 में अपने पहले उपग्रह यान का प्रक्षेपण किया, और 'रोहिणी' को कक्षा में स्थापित किया, तब भारत ऐसा कर सकने वाले दुनिया के चार देशों में से एक बना। लेकिन इस घटना के एक सप्ताह के अन्दर ही अमेरिका ने यह ऐलान किया कि अब्दुल कलाम ने 'नासा' में कुछ महीने इस कार्य का प्रशिक्षण प्राप्त किया

था। पश्चिम के अनेक समाचार पत्रों ने इस बात का समर्थन किया। जर्मनी ने भी यह दावा किया कि वायु-परीक्षण की सुविधा उसने प्रदान की थी, इसलिए अप्रत्यक्ष रूप से इस प्रक्षेपण में उसकी भी भागीदारी है।

'पहले चरण की नियन्त्रण प्रणाली में हमने 'लाजिक सॉफ्टवेयर' का प्रयोग करके आनुपातिक नियन्त्रण दुनिया में पहली बार किया था। योजना के क्रियान्वयन के दौरान भी हमने कई नए प्रयोग किए थे जो तब तक किसी भी देश में नहीं किए गए थे।

'अमेरिका के जिस उपग्रह 'स्काउट' की प्रौद्योगिकी चोरी करने का हम पर आरोप लगाया गया था, उसे अपने पाँचवे प्रयास में सफलता प्राप्त हुई थी। इसके विपरीत हमारे दूसरे, तीसरे और चौथे प्रक्षेपण ही सफल रहे थे। हमारी वे सफलताएँ हमारे राष्ट्र की तकनीकी सामर्थ्य की द्योतक थीं।

'ऐसे आरोपों की पुनरावृत्ति तब भी हुई जब हमने 'पृथ्वी' का अपना एक अलग डिजायन बनाया जिसमें एक खास 'जाइरो' प्रणाली का, जिसमें एक नए साफ्टवेयर का प्रयोग दुनिया में पहली बार किया गया था। इस प्रयोग के द्वारा प्रक्षेपास्त्र की उड़ान के दौरान उसके प्रवाह और प्रगति को मानीटर किया जा सकता था। इसमें और भी कई नए प्रयोग किए गए थे। जैसे 'थ्रस्ट टरमिनेशन' का नया प्रकार जिसने मल्टीपिल पे-लोड को एक नया स्वरूप प्रदान किया।

'इसी तरह हमने 1989 में 'अग्नि' का सफल प्रक्षेपण किया। अब तब हम उसका तीन बार प्रक्षेपण कर चुके हैं। इसके भी दो दावेदार पैदा हो गए जो इसका श्रेय लेना चाहते थे। जर्मनी ने कहा कि उनकी नियन्त्रण प्रणाली के आधार पर इसका निर्माण हुआ था। इस प्रणाली का प्रयोग वैज्ञानिक परीक्षणों के लिए भारत में अवश्य किया गया था परन्तु 'अग्नि' के लिए हमने बिल्कुल नई विधियाँ अपनाई थी। 'नासा' ने फिर कहा कि वहाँ रहकर मैंने जो प्रशिक्षण प्राप्त किया, वही 'अग्नि' के निर्माण के लिए मूलत: जिम्मेवार था। अमेरिका के इस सोच पर हँसी आती है कि भारत उन्हीं की तकनीकी का प्रयोग कर सफल हो सकता है।'

'एक मीटिंग में एक बुजुर्ग ने अपनी जापान यात्रा की एक घटना सुनाई। उनके होटल के कमरे में नल का पानी रिस रहा था जिससे उन्हें नींद नहीं आ रही थी। उनकी शिकायत पर दो आदमी आए और आधे घंटे तक नल की मरम्मत करते रहे। फिर उन्होंने पूछा कि क्या वे अब सन्तुष्ट हैं उनके

सन्तोष व्यक्त करने पर उन्होंने असुविधा के लिए खेद व्यक्त किया और कहा कि मैनेजर ने कहा है कि उनसे उस रात का किराया नहीं लिया जाएगा। फिर कहा, "सर, नल के उस हिस्से को देखिए। यह जापानी नहीं है और आयातित है। आगे से हम अपने बनाये हिस्से का ही उपयोग करेंगे।"

'इस घटना से हमें यह सन्देश मिलता है कि जापानी अपने उत्पाद को निरन्तर बेहतर बनाते रहते हैं और उन पर पूरा गर्व भी करते हैं।'

'सरकार को पहला काम यह करना होगा कि वह अपनी उपस्थिति को कम से कम करे और अपनी ही एजेन्सियों को स्वयं कुछ करने का अधिकार दे। वह सार्वजनिक हित के महत्वपूर्ण मुद्दों पर ज्यादा ध्यान दे–जैसे शिक्षा और स्वास्थ्य। वह समाज के कमजोर वर्गों की हालत में दूरगामी सुधार लाने के उद्देश्य से पारदर्शी कार्यवाहियों का अमल करे। लेकिन इन कार्यों को संपन्न करने के लिए उसे आवश्यकता होगी विकास कार्यों को द्रुत गति से शुरू करने और उन्हें अंजाम देने की और उसके लिए भारी मात्रा में विदेशी पूँजी और निजी क्षेत्र के सहयोग, क्षमता और कार्य-कुशलता की। घरेलू पूँजी का भी निवेश सम्भव है मगर निवेशक को साहसी और आवश्यकतानुसार लीक से हटकर अपने लक्ष्य को प्राप्त करने वाला होना चाहिए। इस सम्बन्ध में सरकार को बहुत ज्यादा नैतिकतावादी रुख नहीं अपनाना चाहिए। पिछली भूलों और गलतियों को भुलाकर उसे उद्धारक की भूमिका निभानी हेगी। उसे हमेशा याद रखना होगा कि उसकी सब क्रियाशीलताओं का अन्तिम ध्येय है–भारत को एक विकसित देश की हैसियत दिलाना और एक ऐसे भारत की रचना करना जहाँ सब गरीबी से मुक्त हों।'

'हर सरकारी विभाग को एक ऐसा बड़ा मिशन अपने हाथ में ले लेना चाहिए जिसके साथ अनेक परियोजनाएँ जुड़ी हों। जरूरत पड़ने पर वे अन्य विभागों को भी अपने मिशन के साथ जोड़ सकते हैं। कभी-कभी ऐसा संयोजन ज्यादा प्रभावशाली सिद्ध होता है। हमारा अनुभव है कि यदि प्रशासन-प्रमुख संकल्पवान हो, और यदि चार-पाँच प्रमुख आपस में मिल जाएँ तो वे प्रणाली को काफी लचीला बनाकर तेजी से निर्णय ले सकते हैं।'

व्यवस्था को बदलना होगा

'सभी भारतीयों को आवश्यक सुविधाएँ, सरकारी तथा अन्य औपचारिकताओं से जल्दी निपटने तथा रोजमर्रा की अनावश्यक परेशानियों से मुक्त होने का

अधिकार है। इसके लिए सबसे महत्त्वपूर्ण बात यह है कि हमें अपनी घिसीपिटी और पुरानी पड़ चुकी प्रशासनात्मक और कानूनी प्रणालियों से स्वतन्त्र होना होगा। तभी हम प्रत्येक स्तर पर आधुनिक प्रणालियों की योजना कर उन्हें साकार कर सकेंगे।'

'बेहतर का अर्थ सिर्फ गड्ढोंरहित सड़कें बनाना ही नहीं है। जब कोई सामान ट्रक से भेजा जाता है तब बहुत से कीमती घंटे जाँच-पड़ताल करने वाले और सामान का वजन करने वाले केन्द्रों में बेकार खर्च हो जाते हैं। इन्कार करने वाले घंटों को 'नकारात्मक सेवा' ही माना जाएगा। अक्सर इस देरी का असर वस्तुओं की गुणवत्ता पर भी पड़ता है और कृषि उत्पाद जैसी वस्तुएँ सड़ भी जाती हैं।

'इन केन्द्रों पर बेकार ज़ाया किया जाने वाला यह वक्त बहुत अधिक मात्रा में बच भी सकता है यदि यहाँ इलेक्ट्रॉनिक वजन मशीन जैसे सहायक यंत्र लगा दिए जाएँ और कम्प्यूटर द्वारा संचालित सिगनल और प्रदर्शकों आदि का उपयोग किया जाए। भारतीयों को ये सब सुविधाएँ प्राप्त करने का अधिकार है।'

'प्राचीन काल में हमारे बन्दरगाह सदा व्यस्त रहा करते थे। अरब, फ्रांस, यूनान, चीन, पुर्तगाल आदि देशों के व्यापारी यहाँ मसाले, रेशम इत्यादि खरीदने के लिए आया करते थे और भारतीय व्यापारी अपना सामान लेकर यहाँ से बड़े-बड़े जलयानों द्वारा विदेशों की यात्रा किया करते थे।

'लेकिन आज हमारे बन्दरगाह विदेशी बन्दरगाहों का मुकाबला नहीं कर पाते। सिंगापुर जैसा छोटा-सा देश अपने बन्दरगाह द्वारा हमसे कहीं ज्यादा कमाई कर लेता है। विदेशी बन्दरगाहों की अधिकांश क्रियाएँ कम्प्यूटर द्वारा स्वचालित हैं जिनके मुकाबले हमारे बन्दरगाहों की क्रियाशीलता बहुत धीमी है। यदि उसे हमने जल्द ही आधुनिक नहीं बनाया तो हम व्यापारिक देश के रूप में अप्रासंगिक हो जाएँगे।'

'इस पुस्तक को लिखते समय कई बार हमारे संस्थान की बिजली बन्द हुई और कम्प्यूटरों ने काम करना बन्द कर दिया। न्यूक्लियर परीक्षणों के बाद हमसे पूछा गया कि दिल्ली में बिजली का बार-बार जाना कब बन्द होगा। यह समस्या देशव्यापी है और यदि हमें विकसित भारत के अपने सपने को असलियत में बदलना है तो इस स्थिति में तत्काल और आमूल परिवर्तन आना जरूरी है।'

'जमीनी ढाँचों को स्थापित करने में हमने 1980-81 में रु० 6,000 करोड़ का निवेश किया था। 2002 के बाद के वर्षों में यह राशि रु० 75,000 करोड़ तक लगाई जाएगी। इन राशियों की विशालता हमें डरा सकती है लेकिन सच यह है कि इसके पीछे हमारे प्रशासकों की अक्षमताएँ तथा देश को महान् देखने के प्रति समर्पित भावना और वचनबद्धता का अभाव भी छिपा है।

'जैसे, इस कार्यक्रम में रेलवे की भागीदारी हमारे जी०डी०पी० का मात्र 0.6 प्रतिशत है और दशकों से यह ऐसा ही चला आ रहा है। इसलिए प्रतिशत को बढ़ाने ही सख्त जरूरत है। पिछले दिनों में रेल दुर्घटनाओं में काफी वृद्धि हुई है क्योंकि न तो रेल लाइनों का विस्तार किया जा रहा है, न नई प्रौद्योगिकियों का प्रयोग किया जा रहा है। अन्य क्षेत्रों के लिए भी यही बात लागू होती है।

'निवेशकों की शिकायत है कि पूँजी लगाने में तरह-तरह की दिक्कतें पेश आती हैं और इसमें उनका वक्त भी काफी जाया होता है। सबसे नीचे के सरकारी स्तर से उच्चतम स्तर तक अधिकारों को नकदी में तब्दील करने के अनेकानेक रास्ते खुले हैं। सरकारी प्रक्रिया को सरल बनाने के साथ-साथ भ्रष्टाचार को दूर करने के लिए एक नया अभियान शुरू किया जाना चाहिए।'

'अनुमानों के अनुसार मौजूदा राजमार्गों के संधार के लिए करीब 1.5 लाख करोड़ रुपए की आवश्यकता होगी। हम यह सवाल उठाना चाहेंगे कि क्या इतनी विशाल राशि की सचमुच जरूरत होगी? क्या सचमुच किसी इकहरे मार्ग को दुहरा बनाने में 50 लाख रु० प्रति किलोमीटर खर्च आएगा? क्या दुहरे को चारमार्गी बनाने में वाकई 250 लाख रु० प्रति किलोमीटर लागत आएगी? क्या नए एक्सप्रेस मार्गों पर 800 लाख रु० प्रति कि०मी० का अनुमान सही है?

'सभी अनुमानों पर पुनर्विचार करने की जरूरत है। कम कीमत वाले मैटीरियल ज्यादा उपयुक्त साबित होते हैं। उन भागों में जहाँ कोई सड़क नहीं है, कामचलाऊ सड़कों का निर्माण किया जा सकता है। लागत को कम करने के लिए नई खोजें भी की जा सकती हैं।'

'भारत विकसित देश बनने में तभी तेजी ला सकेगा जब उसका जमीनी ढाँचा मजबूत हो। एक बार यह ढाँचा सुदृढ़ हुआ, कि प्रगति का मन्त्र अपने आप काम करने लगेगा और उसी के साथ आर्थिक विकास का क्रम भी आरम्भ हो जाएगा जो अगले पाँच-सात वर्षों में देश को मालामाल कर देगा। इस धन को अन्य सुधार-कार्यों में लगाया जाएगा।

'यदि हमारा जमीनी ढाँचा मजबूत हो जाए तो देश के गरीब लोग उसके आधार पर अपनी बेहतर जिन्दगी के लिए कोई नया रास्ता ढूँढ़ ही लेंगे। जब इन लोगों के हाथ में पैसे होंगे तो ये करोड़ों लोग खुद एक बड़ा बाजार बन जाएँगे। इन मध्यम वर्ग के भारतीयों में जहाँ कुछ विदेशी वस्तुएँ खरीदना पसन्द करेंगे वहाँ गरीबी रेखा से नीचे के लोग देसी वस्तुओं से भी सन्तुष्ट हो जाएँगे। एक अरब से ज्यादा लोगों वाला यह नया अति विशाल बाजार विश्व के बाजारों को हमारी ओर आकर्षित करेगा।'

'2015 तक भारत के पास एक ऐसा नेटवर्क हो सकता है जो पूरी तरह डिजिटल हो, जो सारे देश को अपनी सेवाएँ दे सके, जो मोबाइल यानी व्यक्तिगत सन्देश सेवा प्रणाली पर विश्वव्यापी तथा व्यापारिक केन्द्रों में आरम्भ से अन्तिम सिरे तक उच्च बैंडविड्थ की सामर्थ्यवान सेवाओं से युक्त हो। घरों में लगे उपस्करों के विविध प्रकार सारे देश में उपलब्ध होंगे और उनका प्रयोग भी किया जाएगा। हम मल्टीमीडिया टर्मिनल्स के रोजमर्रा इस्तेमाल की आशा भी कर सकते हैं। अपनी फरमाइश पर इम वीडियो-टेलीफोन तथा वीडियो-कान्फ्रेंसिंग भी देख सकेंगे। इनकी अनेक प्रयुक्तियाँ शिक्षा, स्वास्थ्य और मनोरंजन के क्षेत्रों में भी उपलब्ध होंगी। यह सब विस्तार हमारे गाँवों में भी फैलता दिखाई देगा।'

'काफी समय से नई वैज्ञानिक उपलब्धियों के ग्रामीण क्षेत्रों को भी लाभ पहुँचा है। फिर भी शहरों की तुलना में वे पीछे ही रहे हैं। उद्योग-व्यापार तथा राजनीति के केन्द्र होने के कारण शहर गाँवों से ज्यादा खुशहाल हैं।

'इस कारण लोगों ने गाँव छोड़कर शहरों में आना शुरू किया। इसे बुरा नहीं कहा जा सकता परन्तु इस कारण शहरों का जीवन अब न रहने योग्य होता जा रहा है। उसके आधे लोग झुग्गी-झोपड़ियों में रहने के लिए बाध्य हैं। या लोग काम करने की जगहों से इतनी दूर रहते हैं कि आने-जाने में ही उनकी शक्ति खर्च हो जाती है और वे थक जाते हैं। इसका क्या उपाय हो सकता है? सर्वेक्षणों से पता चलता है कि एक जमे-जमाए शहर की बढ़ती आबादी के लिए आवश्यक सुविधाएँ दे पाने से कहीं सस्ता है किसी नए शहर को बनाना। नए शहरों का एकदम नया होना भी जरूरी नहीं है। आज बिजली कहीं भी सप्लाई की जा सकती है, सूचना प्रौद्योगिकी के कारण दुनिया के किसी भी भाग से सम्बन्ध स्थापित किए जा सकते हैं।

'इसलिए गाँवों के ग्रुपों को इस प्रकार सड़कों द्वारा एक दूसरे से जोड़ देना चाहिए कि एक गाँव से दूसरे गाँव आने-जाने में कोई कठिनाई न हो।

इससे कई लाभ होंगे। अनेक कृषि-आधारित उद्योगों, सेवा से जुड़े उद्योगों और वहाँ तक कि हायटैक से जुड़े उद्योगों को गाँवों में ही योजना बनाकर स्थापित किया जा सकेगा। उद्योगों को कुछ रियायतें देनी होंगी और कुछ सरकारी दफ्तरों को भी वहाँ ले जाना होगा।

'परन्तु एक बार यह प्रक्रिया आरम्भ हुई कि आर्थिक क्रियाकलाप अपनी फिक्र आप कर लेंगे। इन ग्राम-ग्रुपों का प्रबन्धन स्थानीय लोगों, पंचायतों, व्यापारियों इत्यादि के आपसी परामर्श से होना चाहिए। ऐसे अनेकानेक ग्रुप देश भर में बनने चाहिए।'

'पता नहीं कब और कैसे हम लोगों में यह आदत पड़ गई है कि असली और जमीनी समस्याओं को हल करने में तत्परता दिखाने के स्थान पर उनके बारे में हम टालमटोल करना शुरू कर देते हैं और उनको महत्वहीन मान लेते हैं। जब योजनाओं ओर नीतियों की घोषणा करने के मौके आते हैं तब उनका जोर-शोर से खूब प्रचार किया जाता है—अखबारों, टीवी, रेडियो के माध्यम से। फिर साल भर बाद किसी को कोई परवाह नहीं रहती यह पूछने और जानने की कि उन योजनाओं का क्या हुआ।

'इसके बावजूद ऐसे भी कुछ लोग मौजूद हैं जो ठोस कार्य करने के लिए इन सब विरोधों के बावजूद, अपनी जद्दोजहद में लगे रहते हैं। ऐसे कर्मठ और संकल्पवान लोगों के कारण ही, हमारे द्वारा अनेक बड़े अवसरों को गँवा देने के बावजूद, हमारे देश में थोड़ी-बहुत प्रगति हो रही है।

'क्या देश के मिजाज को हमारे सपने को वास्तविक रूप देने के लिए तैयार किया जा सकता है? इसके जवाब में हम कहना चाहेंगे कि इस समय हमारी जनता के अधिकांश वे स्त्री-पुरुष हैं जो तरुण हैं और जो परिवर्तन के लिए आतुर हैं। अब लायसेंस-परमिट-कोटा राज भी करीब-करीब खत्म हो चुका है। इस कारण कुछ कर दिखाने के लिए बेकरार युवा शक्ति को आगे आने का मौका मिला है। उदारीकरण से भी उन्हें अनेक अवसर प्राप्त हुए है। हम उन सब परिवर्तनों को देश भर के अधिकांश लोगों के लिए चौमुखी प्रगति करने का सुनहरा अवसर मानते हैं।'

'हमारे देश का सर्वांगीण विकास उद्योग, सरकार और शोध संस्थानों के 'स्वर्ण त्रिकोण' के आधार पर निर्भर है। यह त्रिकोण ही नई तकनीकी पर आधारित उद्योगों रोजगार, व्यापार को बढ़ावा देकर देश को गतिशील बनायेगा।

यह स्वर्ण-त्रिकोण हमारे लिए इसलिए महत्वपूर्ण और निर्णायक है क्योंकि यह हमें दुनिया के बाजारों में प्रतियोगिता करने के अवसर देता है, हमें नई सुविधाएँ प्रदान करता है और देश को और ज्यादा समृद्ध बनाने में भरपूर सहायता देता है।

'आजादी से पहले देश एक मामूली पिन तक का निर्माण नहीं करता था। तब उद्योगों की स्थापना कर श्रेष्ठ उपकरणों, इलेक्ट्रानिक उत्पादों और सुरक्षा साधनों इत्यादि का निर्माण करने की बात एक सपना देखने जैसा लगता था। केन्द्रीय उद्यमों ने भारत को दुनिया के औद्योगिक मानचित्र पर स्थान दिलाने के उद्देश्य से सोवियत रूस, अमेरिका आदि विकसित देशों से तकनीकें खरीदी थीं।

'परन्तु आज अनेक परिष्कृत किस्म के हवाई जहाजों का भारत में निर्माण होता है। हमने अपने हलके लड़ाकू हवाई जहाज का सफल परीक्षण कर लिया है और उद्योग उसका उत्पादन प्रारम्भ कर सकता है। यही बात राडार, विद्युत प्लांटों, पनडुब्बियों, मशीनी पुर्जों इत्यादि के बारे में भी हैं

'लेकिन पिछले दो दशकों में इन कम्पनियों की क्षमता में कमी आई है। हम कुछ ऐसे दुष्चक्र में फँस गए हैं जिससे बाहर निकल पाना मुश्किल लग रहा है। इनके मैंनेजिंग डायरेक्टर, चेयरमैन इत्यादि महसूस करते हैं कि मन्त्रालय से उन्हें जरूरत से ज्यादा निर्देश प्राप्त होते हैं, और मन्त्रालय के अधिकारी कहते हैं कि वे ऐसे नियमों के दलदल में फँसे हुए हैं जो जवाबदेही के उद्देश्य से बनाए गए हैं। इधर सत्ताधारी राजनीतिज्ञों की शिकायत है कि कार्यविधि इतनी भारी और अनियंत्रित हो गई है कि वे अपने पाँच वर्ष के कार्यकाल में कोई भी मौलिक परिवर्तन नहीं कर सकते।

'इस दुष्चक्र को समाप्त करने की जरूरत है। हमें अपने उद्योगों को 'रत्नों' में बदलना है। इसके लिए हमें उन्हें काफी अधिकार प्रदान करने होंगे। हमें मौजूदा कार्यविधियों को बदलना होगा। कई कानूनी, प्रशासकीय और वित्तीय कार्यविधियों में भी परिवर्तन करने होंगे।

'प्रबन्धकों और यूनियन-नेताओं को मिल-बैठकर इस बात पर विचार करना होगा कि ऐसे लोगों के साथ क्या किया जाए जो न खुद कुछ करते हैं, न दूसरों को करने देते हैं। यदि एक इकाई के दूसरी इकाई के साथ मिलकर काम करने से दोनों को लाभ पहुँचने की सम्भावना हो तो इस भागीदारी को

चलाना चाहिए। ऐसी भागीदारी एक लघु उद्योग की दूसरे लघु उद्योग से, एक शोध संस्थान की दूसरे शोध संस्थान से और एक बहुर्राष्ट्रीय कम्पनी की दूसरी बहुर्राष्ट्रीय कम्पनी से भी हो सकती हैं।'

'किसी आयातित तकनीकी का इस्तेमाल करते समय हमें इस बात का ध्यान रखना होगा कि हमें उसी से सन्तोष नहीं करना है, उससे आगे भी जाना है। हमें उस तकनीकी में मामूली परिवर्तन करने से भी सन्तोष नहीं करना होगा। हमारा लक्ष्य होना चाहिए विश्वव्यापी व्यापार, इतने बड़े पैमाने पर जिससे ज्यादा से ज्यादा भारतीय लाभ उठा सकें और रोजगार पा सकें। यदि हर विशाल और मध्यम आकार वाली कम्पनी, इस बात की परवाह किए बिना कि दूसरे क्या करते हैं, यह निश्चय कर ले और उस पर अमल करना शुरू कर दे, तो यह भारत की महान् सेवा होगी। यह सेवा मुनाफा दिलाने वाली भी होगी।'

बच्चों के 'चाचा कलाम'

राष्ट्रपति डॉ॰ अब्दुल कलाम को देश के इस सर्वोच्च पद पर आसीन हुए एक वर्ष ही हुआ था परन्तु इस अवधि में उनके कार्य का सबसे महत्वपूर्ण पक्ष यह रहा है कि उन्होंने एक लाख से अधिक बच्चों से सम्पर्क स्थापित कर उन्हें अपना सन्देश दिया है। दरअसल राष्ट्रपति बनने से पहले ही उन्होंने यह निश्चय कर लिया था और स्थान-स्थान का भ्रमण करके यह कार्य करना शुरू भी कर दिया था। राष्ट्रपति बनने के बाद तो वे जी-जान से इस कार्य में जुट गए हैं। वे बाहर तो जाते ही हैं, राष्ट्रपति भवन में भी उन्हें निमन्त्रित करके उनसे बातचीत करते हैं।

बच्चों से मिलना और उन्हें विज्ञान तथा देश-सेवा की दिशा में प्रेरित करना सम्भवतः वर्तमान समय का सबसे महत्वपूर्ण कार्य है। भारत के प्रथम प्रधान मन्त्री श्री नेहरू ने इसकी शुरुआत की थी और इस दिशा में कई उल्लेखनीय कदम भी रखे थे। इस कारण वे अपने जीवन-काल में ही 'चाचा नेहरू' के नाम से विख्यात हो गए थे। अनेक वर्ष पश्चात् ही सही, उनके काम को फिर से उठाकर राष्ट्रपति कलाम इस कार्य को पूरा कर रहे हैं।

पिछले दो-तीन दशकों से भारत एक प्रकार से दिशाहीन हो गया है। इससे पूर्व युवाशक्ति के सम्मुख कोई उद्देश्य, कोई कार्य योजना, कोई आन्दोलन हुआ करता था, जो उन्हें मार्ग दिखाने के साथ-साथ उनके जीवन को एक पूर्णता भी प्रदान करता था। महात्मा गाँधी तथा उनके पूर्व युग में भारत की आजादी

यह उद्देश्य था, जिसके लिए उन्होंने जीवन बलिदान किए तथा अपने उद्देश्य को भी प्राप्त करके दिखाया। आज की भौतिकवादी 'कन्ज्यूमर' कल्चर में, यद्यपि शिक्षा बड़ी तेजी से देश भर में फैल रही है, जीवन का कोई उद्देश्य न होने के कारण वे खाने-पीने नाचने-गाने में ही व्यस्त हो उठे हैं। उनके सामने कोई 'रोल माडेल' नहीं रह गया है। यह माडेल प्रदान करने का काम डॉ॰ कलाम कर रहे हैं। यह उनका अत्यन्त महत्वपूर्ण योगदान है।

अपनी उड़ीसा यात्राके समय एक बच्ची ने उनसे पूछा, "आप राष्ट्रपति के रूप में देश के लिए क्या करना चाहते हैं?" उन्होंने स्वतन्त्रता दिवस पर प्रधानमंत्री द्वारा दिए गए भाषण का हवाला दिया। उनका कहना है, "मैं हर बच्चे के खुशहाल, समृद्ध, शान्तिपूर्ण देश में रहने के मासूम सपने को पूरा करने के लिए काम कर रहा हूँ।"

स्वयं बच्चे क्या करें, इसके लिए भी उनका सन्देश स्पष्ट है। एक बच्चे से उन्होंने कहा: 1, पढ़ाई में अव्वल रहो, 2, किसी दूसरे को पढ़ाओ, 3, पाँच पेड़ लगाओं।

अगर तीस करोड़ बच्चों में से हर बच्चा पाँच पौधे लगाए तो देश कितना हरा-भरा हो जाएगा।

उन्होंने बच्चों के एक ग्रुप से पूछा कि बड़े होकर वे क्या बनना पसन्द करेंगे। एक बच्चे ने जवाब दिया—फैशन डिजायनर! इस उत्तर से आज के बच्चों की सामान्य मानसिकता व्यक्त होती है। लेकिन एक बच्ची ने कहा कि वह नेता बनना चाहती है ताकि समाज से भ्रष्टाचार दूर कर सके। इस उत्तर से बाल मानसिकता का दूसरा पक्ष भी उजागर होता है, कि वे समाज के केन्द्रीय समस्या से परिचित है।

स्कूलों के लिए भी डॉ॰ कलाम का सन्देश दो टूक और स्पष्ट है। वे कहते हैं: "हमारे स्कूलों को देश की प्रयोगशालाएँ बनना चाहिए। 21वीं सदी ज्ञानवृद्धि तथा उसका उपयोग संगठित ढंग से करने की सदी है।"

व्यक्तित्व की झलकियाँ

डॉ॰ अब्दुल कलाम हिन्दी नहीं जानते हालांकि राष्ट्रपति बनने के बाद वे सीखने का प्रयत्न किये। जब श्री मुलायम सिंह यादव रक्षा मंत्री थे तब मंत्रालय के वैज्ञानिक सलाहकार के रूप में यह समस्या सामने आई।

पहली ही मीटिंग में श्री यादव ने हिन्दी में कहा, कि मुसलमान होने के कारण कलाम साहब को हिन्दी आती होगी। उन्होंने आदेश दिए कि मीटिंग की कार्यवाही हिन्दी में ही की जाए और नोट्स इत्यादि भी हिन्दी में ही पेश किए जाएँ।

परन्तु ऐसा करना सम्भव न था। वे थोड़ी-बहुत हिन्दी समझ तो जरूर लेते थे पर न इस भाषा में बात कर सकते थे और न इसमें लिख ही सकते थे। उनके लिए एक दुभाषिया नियुक्त किया गया। नोट्स हिन्दी में लिखे जाते थे पर उनपर अपनी टिप्पणी वे अंग्रेजी में लिखते थे। उन्होंने उर्दू सीखने की कोशिश भी की पर समयाभाव के कारण सीख न सके। इसलिए उन्होंने दस्तखत हिन्दी में करना सीख लिया और अंग्रेजी में लिखी टिप्पणियों के अन्त में बड़े-बड़े अक्षरों में उन्होंने अपने दस्तखत करना आरम्भ किया।

श्री मुलायम सिंह यादव के कार्यकाल में ही डॉ॰ कलाम को देश के सर्वोच्च सम्मान 'भारत-रत्न' के लिए प्रस्तावित किया गया।

डी॰आर॰डी॰ओ॰ के अन्तर्गत पचास से अधिक प्रयोगशालाएँ काम करती हैं और अध्यक्ष बनने पर डॉ॰ कलाम ने हर सोमवार को इनकी बैठक बुलाना आरम्भ किया। ये अपने ढंग की अलग बैठकें थीं और कभी-कभी ये छह-सात घंटे तक लगातार चलती थीं। इनको इस प्रकार आयोजित किया जाता था कि प्रत्येक प्रयोगशाला वर्ष में कम से कम दो बार इनमें भाग ले सके।

सरकारी बैठकों में बड़े अफसरों के ही भाग लेने और सोच-समझकर चतुराई से बात करने का रिवाज़ है परन्तु इन बैठकों में छोटे-बड़े सभी वैज्ञानिक भाग लेते थे और जो चाहें कह सकते थे। समय पर भी कोई प्रतिबंध नहीं होता था–यदि लम्बा खींचने पर कोई किसी को टोकता तो डॉ॰ कलाम नाराज होते थे।

उनका किसी विषय पर निर्णय लेने का ढंग भी अपना ही था। वे सबसे राय लेते और सर्वानुमति प्राप्त करने का प्रयत्न करते थे। यदि यह सर्वानुमति उन्हें उचित प्रतीत न होती तो वे, 'मैं इस पर विचार करूँगा', कहकर बैठक स्थगित कर देते थे।

बहुत से लोगों को ये बैठक पसन्द नहीं आती थीं और कुछ समय बाद इनमें बोरियत भी पैदा हो जाती, परन्तु इनका एक बड़ा लाभ यह था कि छोटे-बड़े सभी वैज्ञानिक मन लगाकर अपना कार्य करने लगते और स्वयं को

संस्था का एक अभिन्न अंग मानने लगते। इनमें उनके कामों में सफलता भी जल्दी मिलती जो ढीली-ढाली सरकारी संस्थाओं के लिए एक महत्वपूर्ण उपलब्धि थी।

राष्ट्रपति बनने के बाद भी उनकी कार्यशैली बदली नहीं है। एक वर्ष में उन्होंने प्रायः सम्पूर्ण देश का भ्रमण कर लिया है और जहाँ भी वे गए हैं, शासन के अधिकारियों से लेकर जनता तथा बच्चे सभी को उन्होंने गहराई से प्रभावित तथा प्रेरित किया है। उन्होंने कहा था कि देश भर में घूमने के बाद ही वे किसी अन्य देश की यात्रा करेंगे और इस आदर्श को उन्होंने पूरा भी कर दिखाया है।

वैज्ञानिक अनुसंधान और निर्माण की योजनाओं के लिए अपार धन की आवश्यकता होती है। इनके विशाल बजट को मंत्रालयों से स्वीकृत कराना बड़ी कठिनाई तथा जद्दोजहद का काम होता है। स्वयं उनके अपने वित्त अधिकारी भी बड़े बजट बनाने के लिए कठिनाई से तैयार होते हैं।

परन्तु यदि किसी परियोजना को डॉ० कलाम आवश्यक समझते हों तो वे सभी स्तरों पर समझा-बुझाकर अपने बजट पास करा लेते थे। आरम्भ में उन्हें कहिठनाई होती थी परन्तु बाद में उनकी योजनाएँ आँख बन्द करके स्वीकृत की जाने लगीं। लेकिन पैसे का उपयोग करते समय वे फिजूलखर्ची को किसी भी तरह बर्दाश्त नहीं करते थे और ऐसा करने वालों पर जबरदस्त अंकुश लगाते थे। वे विदेशों से तकनीकियाँ खरीदने के भी बहुत विरुद्ध थे जिसका एक कारण यह भी था कि वे बहुत ज्यादा मँहगी पड़ती थीं। उन्हीं को अपने देशमें विकसित कर लेने पर वे न केवल बहुत सस्ती हो जाती थीं बल्कि इन्हें विदेशों में बेचकर पैसे की कमाई भी की जा सकती थी।

पहले से चल रही बहुत सारी परियोजनाएँ असफल भी हो जाती थीं। उन्हें बन्द कर देने से भी उन्होंने कभी गुरेज़ नहीं किया और एक बार उनके वित्त अधिकारी ने बिना उनसे पूछे ऐसी 300 योजनाओं को बन्द कर दिया तो वे बहुत प्रसन्न हुए। वित्त अधिकारी तो डर ही रहा था कि इस पर उसे जबरदस्त झाड़ पड़ेगी परन्तु ऐसा कुछ भी न हुआ। उल्टे, उन्होंने अधिकारी से इन विषयों पर और ज्यादा सलाह-मशविरा करना आरम्भ कर दिया।

योजनाओं को बजट बनाने में उदारता परन्तु खर्च में मितव्ययिता उनके चरित्र का महत्वपूर्ण अंग रहा है।

डॉ॰ अब्दुल कलाम की दैनिक चर्या बहुत सादा और सन्तुलित है। वे काफी सवेरे उठते हैं और खुली हवा में घूमने के लिए निकल जाते हैं। लौटकर वे प्रार्थना और योगाभ्यास करते हैं। फिर सिर में तेल लगाकर स्नान करते हैं। इसके बाद नाश्ता करके काम पर बैठ जाते हैं।

उनका भोजन सादा तथा शुद्ध होता है। शाकाहारी और दक्षिण भारतीय खाना ही उन्हें पसन्द है। उन्हें मिठाई भी पसन्द है–प्रधानमंत्री की तरह। रात को सोने से पहले एक गिलास दुध भी उनकी चर्या का आवश्यक अंग है।

डॉ॰ अब्दुल कलाम पुस्तकों के भी बड़े शौकीन हैं। उनके विशाल पुस्तकालय में हर विषय की नई से नई किताब आपको मिल जाएगी। यही नहीं, वे सब पढ़ी हुई होंगी और उन पर जगह-जगह निशान लगे तथा नोट्स लिखे हुए मिलेंगे।

सभी धर्मों में उनकी रुचि तो विख्यात है। वे दरगाह, मन्दिर, गिरजा सभी में बड़ी श्रद्धा से सिर झुकाते दिखाई देंगे। कुरान-शरीफ, पवित्र बाइबिल तथा श्रीमद्भगवद्गीता तीनों के पठन-पाठन में उनका काफी समय व्यतीत होता है। आश्चर्य नहीं कि उन्हें सन् 1997 में परम श्रद्धेय 'कांची परमाचार्य सम्मान' से अलंकृत किया गया–निश्चय ही यह किसी मुसलमान को दिया जानेवाला भारत का अकेला धार्मिक सम्मान है। इससे डॉ॰ कलाम की प्रतिष्ठा कई गुना बढ़ जाती है।

एक बार अपनी एक विदेश यात्रा में डॉ॰ अब्दुल कलाम एक उच्च परन्तु अधीनस्त अधिकारी के साथ भारतीय राजदूत द्वारा दिए गए रात्रिभोज में भाग ले रहे थे। राजदूत महोदय अपने सम्मान्य अतिथियों के साथ बड़े जोश-खरोश से बात कर रहे थे जिसे हुड़दंग भी कहा जा सकता था।

उन्होंने अपने साथी से पूछा, "ये लोग ऐसा क्या पी रहे हैं जो सामान्य शिष्टाचार भी भूल गए हैं?"

साथी ने कहा, "मेरा ख्याल है ये वोडका में सन्तरे का शर्बत मिलाकर पी रहे हैं जिसे काकटेल के रूप में 'स्क्रू-ड्रायवर' कहा जाता है।"

दो वर्ष बाद इस अधिकारी को एक बड़ी पार्टी में शामिल होने का निमंत्रण मिला। उन्होंने अपने प्रमुख डॉ॰ कलाम से पूछ लेना उचित समझा।

डॉ॰ कलाम ने प्रश्न किया, "क्या इस पार्टी में जाना जरूरी है?"

उत्तर में 'हाँ' सुनने के बाद वे हँसकर बोले, "ठीक है, जरूर जाओ, पर 'स्क्रू-ड्रायवर' तकनीकी में ज्यादा हिस्सा मत लेना।"

राष्ट्रपति बनने के बाद

देश के सर्वोच्च राष्ट्रपति पद पर आसीन होने के बाद एक वर्ष के भीतर ही डॉ॰ कलाम ने सम्पूर्ण देश का मन जीत लिया है। उनके चुनाव के समय आशंका व्यक्त की गई थी कि इन्हें तो राजनीति का ज्ञान ही नहीं है, ये कैसे सफल होंगे। बड़े-बड़े धुरंधरों ने यह बात कही थी। परन्तु अब यह आशंका न केवल गलत सिद्ध हो चुकी है बल्कि माना जाने लगा है कि वे राष्ट्रपति के कार्य को अनेक नए आयाम देने में भी सफल होंगे।

राष्ट्रपति कलाम देश में जहाँ भी जाते हैं, इतनी भीड़ आकर्षित करते हैं कि आश्चर्य होता है। लोग घंटों सख्त गर्मी में उनकी प्रतीक्षा करते हैं और कारों की लम्बी कतारों के बाद जब वे अपनी कार से उतरकर उनसे हाथ मिलाते और बातचीत करते हैं तब तो उत्साह का मानो तुफान-सा उमड़ पड़ता है। वे सुरक्षाकर्मियों की भी परवाह नहीं करते और हँस-हँसकर सबसे बातचीत करते हैं। कई बार तो भीड़ पर नियंत्रण करना इतना कठिन हो जाता है कि प्रबंधकों को सब नियम तोड़कर स्वयं ही उन्हें गाँव भर में घुमाना पड़ता है। राजनेताओं के लिए भी ऐसी भीड़ नहीं उमड़ती।

डॉ॰ कलाम के तौर-तरीके उनके अपने हैं जिनमें परिवर्तन के लिए वे तैयार नहीं हैं। उन्होंने न अपने लम्बे बाल कटवाए, न अपना दर्जी बदला। आडंबर उन्हें बर्दाश्त नहीं हैं। राष्ट्रपति नेताओं की समाधि पर जाते हुए वे किसी कर्मचारी को अपने जूते नहीं उतारने देते और गाड़ी में ही जूते छोड़कर नंगे पैर चले जाते हैं। कर्नाटक के एक स्कूल में उन्होंने कतारों में बैठे बच्चों के दोपहर के खाने के समय उन्हें दही-भात स्वयं परोसा। 'योर एक्सीलेन्सी' जैसे सम्बोधन उन्हें बिल्कुल पसन्द नहीं हैं। दीक्षांत समारोह में वे छात्रों को सामने की सीटों पर बिठाना पसन्द करते हैं, नहीं तो विशिष्ट अतिथियों को छोड़कर वे सीधे उनसे बात करने पीछे चले जाते हैं।

डॉ॰ कलाम सभी प्रकार के लोगों से मिलते हैं। सामाजिक विषयों पर चर्चा करने के लिए वे पत्रकारों को बुलाते हैं, साथ ही स्कूली बच्चे, अध्यापक, वैज्ञानिक, विकलांग, विकास कार्यकर्ता, डॉक्टर, किसान, इंजीनियर इत्याद को भी बात करने के लिए बुलाते हैं। राष्ट्रपति भवन की उनकी दिनचर्या भी बड़ी सुयोजित और तेज होती है। वे रोज 18 घंटे काम करते हैं और 8-10 मुलाकातें करते हैं। वे रोज ई-मेल से आए सैकड़ों पत्रों का जवाब देते हैं, अपने ऑटोग्राफ

कार्ड भेजते हैं जिनपर एक छोटी-सी कविता और उनका फोटो होता है। वे हर अवसर के लिए कविता लिखते हैं। वीणा भी बजाते हैं।

राष्ट्रपति भवन को भी वे नए ढंग से संगठित करने में लगे हैं। वे टूटे-फूटे स्थलों की मरम्मत करा रहे हैं, जीर्ण हुई पेंटिगों को ठीक करा रहे हैं, नई पेंटिंग बनवाकर लगा रहे हैं। सुप्रसिद्ध मुगल गार्डेन के एक हिस्सें में औषधि बनाने वाले पौधों को विशेष रूप से लगवा रहे हैं। यहाँ नई औषधियों पर अनुसंधान भी किया जाएगा। वे खुद तो वड़ा-रसम का नाश्ता करते हैं पर अतिथियों के लिए चुन-चुनकर विशेष पकवान बनवाते हैं।

उन्होंने इस साल रमजान के महीने में होनेवाली इफ्तार पाटी रद्द कर दी और पैसा अनाथालयों को दे दिया। सरकारी कार्यों पर भी उनकी पैनी निगाह रहती है और वे अक्सर बिना जाँच किए हस्ताक्षर करने से इनकार कर देते हैं। वे किसी संस्था के निमन्त्रण पर वहाँ जाते हैं तो पहले उनसे कुछ ऐसे वादे करा लेते हैं जो संस्था के लिए लाभकर हों–जैसे जब सामाजिक न्याय मंत्री सत्य नारायण जटिया उन्हें अंबेडकर जयन्ती के लिए निर्मंत्रित करने आए तो उन्होंने कहा कि वे इस शर्त पर आएँगे कि मंत्री तीन योजनाएँ घोषित करें–अनुसूचित जातियों के छात्रों को पब्लिक स्कूलों में दाखिले के लिए आर्थिक सहायता, छात्रवृत्ति और आवास की सुविधा। मंत्रीजी को उनकी शर्ते माननी पड़ीं।

इन सब बातों के कारण राष्ट्रपति भवन के कर्मचारी भी उनसे बहुत प्रभावित हैं और आगे बढ़कर उनके कामों में सहायता करते हैं। कुछ ने तो कविता लिखना भी शुरू कर दिया है।

राष्ट्रपति के रूप में डॉ॰ कलाम प्रत्येक धर्म के पूजास्थलों में निस्संकोच जाते हैं और विधिपूर्वक प्रार्थना इत्यादि में भाग लेते हैं। धर्मतः मुसलमान होने के कारण यह भी एक महत्वपूर्ण बात है और हिन्दु-मुसलिम टकराव के वर्तमान दुष्काल में इससे राष्ट्रीय एकता को बल मिलता है।

प्रेरणाएँ

भारत के राष्ट्रपति और महान् विज्ञानविद् डा० ए०पी०जे० अब्दुल कलाम ने अपनी आत्मकथा 'अग्नि की उड़ान' का समापन करते हुए लिखा है–*"मेरी कहानी जैनुलाबदीन के बेटे की कहानी है, जो रामेश्वरम की मस्जिदवाली गली में सौ साल से ज्यादा तक रहे और वहीं अपना शरीर छोड़ा। यह उस किशोर की कहानी है, जिसने अपनी भाई की मदद के लिए अखबार बेचे। यह कहानी शिव सुब्रह्मण्यम अय्यर एवं अयादुरै सोलोमन के शिष्य की कहानी है यह उस छात्र की कहानी है जिसे पनदलाई जैसे शिक्षकों ने पढ़ाया। यह उस इंजीनियर की कहानी है जिसे एम०जी०के० मेनन ने उठाया और प्रो० साराभाई जैसी हस्ती ने तैयार किया। और एक ऐसे कार्यदल नेता की कहानी है जिसे बड़ी संख्या में विलक्षण व समर्पित वैज्ञानिकों का समर्थन मिलता रहा। मेरी यह छोटी सी कहानी मेरे जीवन के साथ ही खत्म हो जाएगी। मेरे पास न धन है, न सम्पत्ति। न मैंने कुछ इकट्ठा किया, न कुछ ऐसा बनाया जो शानदार हो, आलीशान हो, ऐतिहासिक महत्व का हो।"*

कलाम के ये शब्द उनकी सरलता, साधुता, मानवता और राष्ट्र-निष्ठा की कहानी स्वयं कहते हैं। वे स्वयं ही घोषणा करते हैं कि कलाम का जीवन प्रेरणाओं से सिंचित, उपलब्धियों से सज्जित एक सार्थक और उद्देश्यपूर्ण जीवन है। उन्होंने भारत भूमि में जन्म लेकर अपने परिवेश तथा संपर्क में आने वाले व्यक्तियों से प्रेरणाएं लीं और संकल्प बुने। इन संकल्पों को पूरा करने के लिए जब वे रात-दिन जी तोड़ परिश्रम कर रहे थे, तब ये प्रेरणाएं उन्हें अनन्त ऊर्जा प्रदान कर रही थीं। डा० कलाम अपने प्रेरणा परिवेश और प्रेरणा जनों के प्रति इतनी आस्था और आभार से भरे हैं कि किसी भी संवेदनशील अवसर पर वे उनके नाम लिए बिना नहीं रहते।

भारतीय मनीषियों की यह विशेषता रही है कि उन्होंने अपनी उपलब्धियों को सदैव नगण्य माना है और अपने द्वारा किए गए कार्यों को सदा कम करके आंका है। वे अपने आपको साधारण से भी साधारण जन की कोटि में रखकर अपने व्यक्तित्व की अहंकारहीन, सरलता का परिचय देते रहे हैं।

डा० कलाम ने अपने आपको तथा कार्यों और उपलब्धियों को साधारण बताते हुए अपनी असाधारणता का प्रमाण प्रस्तुत कर दिया है।

इस अर्थ में वे भारतीय मनीषियों एवं विचारकों की परम्परा में आने वाले एक ऐसे वैज्ञानिक राष्ट्र-नेता हैं जिनका जीवन वर्तमान पीढ़ी तथा भावी पीढ़ी के लिए एक आदर्श प्रस्तुत करता है।

उनका जीवन तमिलनाडु के सागर तटीय गांव रामेश्वरम् की मस्जिद वाली गली से आरंभ होता है, जहाँ 15 अक्टूबर, 1931 को उनका जन्म हुआ। उनके परिवार में माता-पिता के अतिरिक्त तीन भाई और एक बहन थी। पिता की पाँच संतानों में कलाम ठीक मध्य में आते हैं। एक भाई मुस्तफा कलाम और बहन जौहरा उनसे बड़ी हैं तथा दो भाई उनसे छोटे।

प्रेरणा के स्रोत पिता

होश संभालते ही कलाम ने जिस व्यक्ति से सबसे अधिक प्रेरणा ली, वे हैं उनके पिता श्री जैनुलाबदीन। जिस समय कलाम का जन्म हुआ, उनके पिता की आयु 57 वर्ष थी।

उनकी दिनचर्या सात्विक थी। वे प्रात: 4 बजे से पहले उठ जाते थे और चार बजे की नमाज़ पढ़ने के बाद अपने नारियल के बाग में चले जाते थे। वहाँ से नारियल लेकर लौटते थे। बाग रामेश्वरम से चार मील दूर था। इस प्रकार वे प्रतिदिन सवेरे आठ मील पैदल यात्रा कर अपने शरीर को चुस्त और दुरुस्त रखते थे।

कलाम जब थोड़े बड़े हुए और पैरों चलने लगे तो पिता उनकी उंगली पकड़कर उन्हें चलने का अभ्यास कराने लगे। सबसे पहले वे उन्हें उंगली पकड़कर घर के पास ही गली की मस्जिद में ले गए। मस्जिद में उन्होंने नमाज़ अदा की तो कलाम वहीं खड़े रहे। नमाज़ से निबटने के बाद उन्होंने अपने बेटे की उंगली पकड़ ली और अल्लाह से दुआ की कि उनका बेटा सही सलामत रहे और एक दिन बड़ा आदमी बने।

कलाम कुछ और बड़े हुए तो पिता की उंगली पकड़कर मस्जिद आना तथा रामेश्वरम़ मंदिर जाना उनका दैनिक क्रम बन गया।

शाम को उनके पिता जब कलाम की उंगली पकड़े मस्जिद से निकलते तो बड़े-बड़े कटोरों में जल लिए गाँव के लोग बाहर खड़े रहते थे। उनके पिता धीरे-धीरे कुछ कहते हुए कटोरे के जल में अपनी उंगलियाँ डाल देते तो लोग उस जल को लेकर अपने-अपने घरों को चले जाते थे। यह जल पवित्र और रोगनाशक समझा जाता था।

कलाम उस समय चार वर्ष के थे। जब लोग चले जाते, तब वे अपने पिता से तरह-तरह के प्रश्न पूछा करते थे। कलाम के पिता बच्चे के प्रश्नों के उत्तर बड़े सहज ढंग से दिया करते थे।

पिता के साथ कलाम रामेश्वरम मंदिर जाते थे। वहाँ तीर्थ यात्रियों को नावों से आते-जाते देखते, दूर-दूर तक लहराते सागर को देखते और शाम के समय डूबते सूर्य का आनन्द लेते थे। सूर्यास्त के समय पक्षी उनके सिर के ऊपर से आवाजें करते हुए उड़ जाते तो वे अनेक प्रश्न पूछने लगते थे– "ये पक्षी कहाँ जा रहें? ये उड़ते समय क्या बोल रहे हैं? सूरज की सारी किरणें कहाँ चली गईं, यह लाल रंग का गोला-सा क्यों दिखाई पड़ रहा है?" सूर्य जब समुद्र में डूबने लगता तो वे पूछते, "यह तो पानी में डूब रहा है? यह पानी में क्यों डूब रहा है?" जब सूरज पूरा डूब जाता तो पूछते, "यह तो डूब गया, क्या अब कभी नहीं आएगा?"

पिता उनके हर प्रश्न का बिल्कुल सही उत्तर देते। वे बताते कि शाम समय पक्षी अपने-अपने घोंसलों की ओर लौटते हैं। पक्षी पेड़ों पर अपने घर बनाकर रहते हैं जिन्हें घोंसला कहा जाता है। जैसे लोग दिन भर बाहर काम करने के बाद शाम को अपने घर अवश्य लौट आते हैं, उसी प्रकार पक्षी भी हर शाम सूरज डूबने के साथ ही अपने घोंसलों की ओर लौटने लगते हैं। वापस लौटते समय उनके मन में एक खुशी होती है कि वे जल्दी ही अपने बच्चों से मिलेंगे।

सूर्य के बारे में वे बताते कि हर दिन सवेरे सूरज पूर्व दिशा से निकलता है और हर शाम को पश्चिम दिशा में डूब जाता है। रामेश्वरम की पश्चिम दिशा में समुद्र है, इसलिए ऐसा लग रहा है कि सूरज समुद्र में डूब रहा है। सूरज समुद्र में नहीं डूबता। वह पृथ्वी की आड़ में हो जाता है। अगले दिन सवेरे ही फिर निकल आता है।

शाम को वे कलाम को रामेश्वरम मन्दिर में भगवान शिव के दर्शन कराने ले जाते थे। वहाँ वे पिता के कंधों पर बैठकर घंटे बजाते और फिर प्रसाद लेकर घर लौट आते थे।

रात को खुले आसमान के नीचे सोते तो पिता से तारों के बारे में तरह-तरह के प्रश्न पूछा करते थे। पिता उनके हर प्रश्न का उत्तर देते थे।

कलाम के पिता एक विचारवान व्यक्ति थे। वे जब भी लोगों से मिलते उन्हें कुछ न कुछ समझाते रहते थे। लोग अपनी तरह-तरह की समस्याएँ उनके

सामने रखते थे। वे उनकी समस्याएँ सुनते और उन्हें समझाते हुए कहा करते थे, "चिंता मत करो, सब ठीक हो जाएगा। ईश्वर पर भरोसा रखो। अपने आप को कभी कमजोर और असहाय मत समझो। जब ईश्वर सदैव तुम्हारे साथ है तो तुम असहाय कैसे हो सकते हो। मनुष्य को भी अपने आपको असहाय नहीं समझना चाहिए। समस्याएँ तो आती ही रहती हैं, समस्याओं से क्या घबराना। वे तो आनी-जानी हैं। आती हैं, तो जाती भी हैं, वे अपने आप चली जाएंगी। बस तुम धैर्य रखो, तुम्हारा जीवन चिन्ताओं में घुल-घुलकर मरने के लिए नहीं है। ईश्वर ने तुम्हें जो कुछ दिया है उसके लिए उसका शुक्रिया अदा करो और उसे सदा अपने साथ मानो।"

कलाम जब अपने पिता के मुँह से ये बातें सुनते तो संस्कार रूप में वे उनके मन में बैठ जाती थीं। उन्हें प्रतिदिन अपने पिता से जीवन और ईश्वरीय शक्ति के बारे में अनेक बातें सुनने को मिलती थीं। उनके पिता की बातों में बुद्ध, महावीर और गांधी की अहिंसा, विनोबा की सर्वोदय भावना, ईसा उनके मन में बचपन से ही महान् आदर्श एक साथ सुनने को मिलते थे। इससे उनके मन में बचपन से ही अहिंसा, करुणा, दया-ममता, आत्मीयता, सहानुभूति, सहयोग और सहकार के भाव पैदा होने लगे थे।

कलाम जब स्कूल जाने लगे तो पिता की बातें उन्हें और अधिक समझ में आने लगीं। पिता अधिक पढ़े-लिखे नहीं थे। परन्तु इंसानियत, मानव-धर्म और अच्छे गुणों के भंडार थे।

किताबी ज्ञान से बड़ा तो जीवन का ज्ञान है। उनके पिता ने बड़ी-बड़ी डिग्रियां नहीं ली थीं, परन्तु जीवन और जगत् के रहस्य को पूरी तरह समझ लिया था।

कलाम ने प्राईमरी शिक्षा रामेश्वरम में ही प्राप्त की थी। पूरे पाँच वर्षों तक वे पिता के निकट सम्पर्क में रहे और उनके भाव-जगत तथा विचार-जगत की नींव पक्की हो गई।

1945 में जैसे ही विश्व-युद्ध खत्म हुआ, कलाम ने प्राईमरी शिक्षा पूरी कर रामनाथपुरम जाकर आगे की शिक्षा प्राप्त करने की इच्छा व्यक्त की। पिता कलाम को बहुत प्यार करते थे। कलाम उनके जीवन का हिस्सा थे, वे कलाम के बिना नहीं रह सकते थे। फिर भी उन्होंने कलाम को रोका नहीं बोले, "अब्दुल, आगे बढ़ने के लिए तुम्हें बाहर तो जाना ही होगा। तुम्हें अपनी आगे बढ़ने की इच्छा पूरी करने के लिए उस जगह अवश्य जाना चाहिए, जहाँ तुम्हारी

इच्छाएं पूरी हो सकें। हमारा प्यार तुम्हें रोकेगा नहीं, हमारी जरूरतें तुम्हें बांधेंगी नहीं।"

माँ का दिल बहुत कोमल था। जब उन्हें पता लगा कि कलाम को रामनाथपुरम जाने की इजाजत उनके पति ने दे दी है तो वे रोने लगीं। तब अपनी पत्नी को समझाने के लिए उन्होंने 'खलील जिब्रान' के शब्दों का बखान करते हुए कहा, "तुम्हारे बच्चे तुम्हारे नहीं हैं, वे तो खुदा के लिए जीवन की लालसाओं के बेटे-बेटियां हैं। वे तुम्हारे जरिए आते हैं लेकिन तुमसे नहीं आते। तुम उन्हें अपना प्यार दो, लेकिन अपने विचार नहीं उनके खुद अपने विचार होते हैं।"

कलाम ने जब पिता के मुँह से ये शब्द सुने तो उन्हें लगा जैसे उनके पिता आसमान से उतरे कोई फरिश्ते हैं। धरती पर जन्मे मनुष्य के पास ऐसा हृदय और ऐसा मस्तिष्क कैसे हो सकता है। कलाम का दिल भर आया। उन्होंने निश्चय किया, "मैं उस पिता की सन्तान हूँ जिनसे विचार महान् पुरुषों और ऋषियों जैसे हैं। मैं इन विचारों को अपने दिल में जगह दूँगा। मेहनत से पढूंगा और अपने पिता का नाम रोशन करूंगा।"

रामनाथपुरम जाने के लिए जब गाड़ी तैयार खड़ी थी, तब उन्होंने कलाम के कान में कहा, "तुम्हें अब ऐसे घर में रहने जाना है कलाम जहाँ हममें से कोई रामेश्वरम् से वहाँ नहीं पहुँच सकेगा। मेरे बच्चे, ईश्वर तुम्हें खुश रखे।"

कलाम ने जब ये शब्द सुने तो उन्हें लगा जैसे उनके शरीर में बिजली-सी दौड़ रही है। यद्यपि ये शब्द उन्होंने उस समय रामनाथपुरम के उस घर के बारे में व्यक्त किए थे जिसमें कलाम को इतनी छोटी आयु में अकेले रहना था, परन्तु कालान्तर में वे 340 कमरों वाले दिल्ली स्थित राष्ट्रपति भवन के बारे में सच हुए, जब उन्हें 2002 में भारत का राष्ट्रपति चुना गया।

रामनाथपुरम में कलाम को अकेला रहना पड़ा। स्कूल में पढ़ना और माँ तथा पिता से पहली बार अलग होने की पीड़ा को झेलना, यह सब बहुत मुश्किल था। जब उन्हें माँ के हाथ की बनी रोटी नहीं मिल पाती थी। माँ के हाथ की बनी दक्षिण भारतीय मिठाइयां कलाम को बहुत अच्छी लगती थी। जब वे छुट्टियों में रामेश्वरम आते तो माँ उन्हे 'पोली' नामक दक्षिण भारतीय मिठाई बनाकर दिया करती थीं। परन्तु रामेश्वरम् की याद मन से जाती नहीं थी।

जब-जब शाम होती, उन्हें रामेश्वरम् में पिता के कन्धे पर बैठकर डूबते हुए सूरज का दृश्य देखना, रामेश्वरम् मन्दिर की घंटिया बजाना, आरती में शामिल होना आदि याद आ जाता था। पिता की उंगली पकड़कर घूमने की यादें तो उनके मन से निकल ही नहीं पाती थीं। कभी-कभी तो मन इतना भर आता था कि वे अकेले में रो पड़ते थे। परन्तु पिता को मन ही मन दिया वचन उन्हें याद था। यह वचन उनके लिए एक बहुत बड़ी प्रेरणा बन गया। उन्होंनें उसके सहारे सब कुछ झेल लिया। अपनी आत्मकथा 'अग्नि की उड़ान' में उन्होंने इस संदर्भ में लिखा है–

> *"घर की बहुत याद आने के बावजूद में नए माहौल में रहकर पिता के सपने को साकार करने के प्रति कटिबद्ध था। क्योंकि मेरी सफलता से पिताजी की बहुत बड़ी उम्मीदें जुड़ी थी। पिताजी मुझे कलेक्टर बना देखना चाहते थे और मुझे लगता था कि पिताजी के सपने को साकार करना मेरा फर्ज है। हालांकि परिवार, सुरक्षा और रामेश्वरम् की सारी सुख सुविधाएँ मुझसे छूट गई थी।"*

कलाम ने अपने शिक्षाफल में ही नहीं, विज्ञान के अनुसंधान काल में भी पिता को न केवल याद रखा बल्कि उनसे सदा प्रेरणा ली। पिता के आदेशों के बल पर उन्होंने परिस्थितियों की विषमता और कठिनाईयों को सदा जीता। जब वे भारत के तत्कालीन रक्षा मंत्री श्री बी॰के॰ कृष्णमेनन के सहयोग से भारतीय सेना के लिए 'नंदी' नामक हॉवरक्राफ्ट का मॉडल तैयार करने में जुटे थे, तब काम शुरू करते समय वे अपने पिता को सदा याद रखते थे। उन्होंने अपनी आत्मकथा में लिखा है, *"मैं सभी बाहरी मुश्किलों को भूल अपनी प्रयोगशाला में उसी तरह जाया करता था जिस तरह मेरे पिताजी बाहर जूते उतार कर मस्जिद में नमाज़ पढ़ने जाया करते थे।"*

विषम परिस्थितियों में धैर्य रखने की बात उन्होंने अपने पिता से सीखी थी। 1971 में डॉ॰ विक्रम साराभाई की मौत ने कलाम को हिलाकर रख दिया था।

इसी समय उन्हें एस॰एल॰वी॰ परियोजना का प्रबंधक नियुक्त किया गया। वे बहुत परेशान थे। स्थितियां अनुकूल नहीं थीं और मन बहुत डावांडोल था। डॉ॰ ब्रह्मप्रकाश के करने पर उन्होंने निदेशक पद संभाला तो धैर्य रखने की प्रेरणा अपने पिता से ली। उन्होंने इस संदर्भ में लिखा है, *"डॉ॰ ब्रह्मप्रकाश ने जब मुझे कहा कि तुम्हें सहनशीलता एवं धैर्य रखना होता तो मुझे वे शब्द याद आ गए जो मेरे पिताजी सही व गलत में फर्क करने के लिए मुझे 'कुरान'*

से पढ़कर सुनाया करते थे। हमने तुम्हारे सामने कोई ईश्वर का शिष्य नहीं भेजा है जो खाता नहीं है या बाजार के चौराहे तक नहीं जाता है। हम एक-दूसरे के माध्यम से तुम्हारी परीक्षा लेते हैं। क्या तुम धैर्य नहीं रखोगे?"

कलाम ने इन शब्दों पर अमल किया। पिता के शब्दों को याद करके अटूट धैर्य का परिचय दिया। इससे उनके अन्दर विलक्षण प्रबन्धन क्षमता का उदय हुआ। यदि कलाम उस समय तनिक भी धैर्य खो देते तो उनकी गिनती आज विश्व के ख्याति प्राप्त वैज्ञानिकों में नहीं होती।

1975 में जब अपने बहनोई जलालुद्दीन की मृत्यु का समाचार सुनकर कलाम रामेश्वरम् पहुँचे तो पूरा घर शोक के श्मशान जैसा लग रहा था। सौ वर्ष से अधिक मृत्यु आयु के उनके पिता रोग शैय्या पर पड़े थे। उन्हें देखकर लगता था कि वे अपने जीवन के अंतिम दिन पूरे कर रहे हैं, ऊपर से इतना बड़ा हादसा। लेकिन बूढ़े और कमजोर होने पर भी पिता के मन में जो आत्मविश्वास था, उसका वर्णन कलाम ने अपनी आत्मकथा में इन शब्दों में किया है, *"अपने बूढ़े और कमजोर हाथों में मेरा हाथ थामने के बाद वे कहने लगे, क्या तुम नहीं देखते, अब्दुल ईश्वर किस प्रकार अंधेरा कर देता है। क्या यही उसकी इच्छा थी? लेकिन उसने रास्ता दिखाने के लिए ही सूरज बनाया है। सही है वह जिसने तुम्हारे लिए रात बनाई और आराम के लिए नींद दी। जलालुद्दीन अब गहरी नींद में सो चुके हैं, एक स्वप्न रहित नींद में, पूरी तरह शांति में जिसमें साधारण रूप से अचेतन है। अल्लाह की नियति के आगे हम कुछ नहीं कर करते। वही हमारा रखवाला है। मेरे बेटे! अल्लाह पर भरोसा रखो।"*

पिता इतने कमज़ोर हो गए थे कि ये शब्द बड़ी मुश्किल से कह पाए और इसके साथ ही उनकी आँखें थककर बंद हो गई।

अगले वर्ष ही 12 वर्ष की आयु में कलाम के पिता की मृत्यु हो गई। पिता की मृत्यु का समाचार कलाम के लिए एक बहुत बड़ा झटका था। यद्यपि वे अपनी पूरी आयु जी चुके थे, परन्तु पिता और पुत्र का रिश्ता ही ऐसा है कि कोई पुत्र नहीं चाहता उसके सिर से पिता का साया उठे।

पिता की मृत्यु पर वे माँ से लिपट कर खूब रोए। फिर पिता के अंतिम संस्कार की रस्म भी पूरी कर दी।

रात को जब वे अपने परिवार के बीच बैठे थे तो उन्हें लग रहा था, जैसे उनका सब कुछ खो गया है।

उनके शोक मन ने संकल्प दोहराया–'आपने जो स्वप्न देखा था, वह देश की आवश्यकता और परिस्थितियों की मांग के हिसाब से थोड़ा बदल गया है, पर आपसे मेरा वादा है, आपका यह बेटा आपका नाम रोशन करने के लिए किसी संघर्ष से कभी नहीं डरेगा।'' रात को उन्होंने अपनी डायरी में पिता की स्मृति में उन्हें ही समर्पित करते हुए अंग्रेज कवि कीट्स की ये पंक्तियाँ लिखीं–

''धरा ने पाया अपना अतिथि
पिता में मेरे देखो आज
काटते जीवन भर की जेल
लपेटे रिश्तों की रस्सियां
खोलता रहा कैदियों बीच
खुदाई की नेहमत के राज''

माँ के आंचल में लिपटे रहने की चाह

कलाम के जीवन की सरलता और स्नेहमयता के पीछे उनकी माँ की ममता और प्यार है। जहाँ कलाम के पिता उन्हें बड़ा आदमी बनाने के स्वप्न देखा करते थे, वहीं उनकी माँ उनके सकुशल रहने और एक अच्छा इंसान बनने की दुआएं किया करती थीं।

कलाम की माँ ने उन्हें इतना प्यार दिया था कि वे माँ से अलग होना ही नहीं चाहते थे। वे छोटे थे तो माँ को उनकी चिन्ता सबसे अधिक रहती थी। गोल–मटोल, भोला और संवेदनशील चेहरा, कुछ खोजती हुई सी उत्सुकता और उमंग भरी आँखें, बार–बार बाहर जाने और लौटकर माँ के आंचल से लिपट जाने की आदत–इन सबने माँ के दिल में कलाम के प्रति विशेष प्यार जगा दिया था और विशेष चिन्ता पैदा कर दी थी।

जब कलाम खेलने के लिए बाहर जाते तो माँ को यही लगा रहता–कोई मेरे बच्चे को न मारे, मेरा बच्चा बहुत भोला है, वह लड़ाई–झगड़ा करना जानता ही नहीं। गली के बच्चे बड़े तेज और शरारती हैं, कोई उसे चोट न पहुँचा दे।

स्कूल जाने से पहले कलाम अपना ज्यादा समय माँ के साथ ही बिताते थे। माँ को भी यही अच्छा लगता था। कलाम को अपने से अलग करने की बात तो वे उस समय सोच ही नहीं सकती थीं।

दस वर्ष की आयु में भी कलाम माँ की गोद में सो जाते थे। माँ उनके बालों में धीरे-धीरे उंगलियां फिराती हुई अपनी ममता का इज़हार करती रहती थी। माँ की उंगलियों के स्पर्श से निकली ऊर्जा को ग्रहण करने में कलाम को बहुत आनंद आता था।

दूसरे बच्चे जब कलाम को माँ की गोद में इस तरह सोया देखते तो उनकी भी यही इच्छी होती थी कि वे भी माँ की गोद में सोने का सुख लें। ये कलाम से ईर्ष्या करने लगते थे।

खाना भी कलाम माँ के साथ खाना अधिक पसंद करते थे। रसोई में जमीन पर बैठकर केले के पत्ते पर माँ के साथ खाना खाने में उन्होंने जो सुख पाया वह सुख उन्हें फाइव स्टार होटल और राष्ट्रपति भवन के विविध प्रकार के व्यंजनों में भी नहीं मिला।

जब वे प्राईमरी शिक्षा पूरी करने के बाद आगे की पढ़ाई के लिए रामनाथपुरम जाने लगे तो माँ को यह प्रस्ताव अच्छा नहीं लगा। वे कलाम को अपने से अलग नहीं करना चाहती थीं। उन्हें डर था कि कलाम अकेला रह नहीं पायेगा। छठी क्लास के बच्चे को माँ से अलग कर अकेले रख देना उन्हें न्याय की बात नहीं लगी। कलाम का मन भी माँ के बिना रहने को तैयार नहीं था। परन्तु आगे की पढ़ाई नहीं रोकी जा सकती थी और रामेश्वरम् में इससे आगे स्कूल नहीं था। रामनाथपुरम् जाना अनिवार्य था। अतः कलाम ने अपने आपको माँ के बिना रहने के लिए तैयार किया।

माँ से विदा लेते समय उनकी आंखों में आंसू थे। माँ तो इतनी दुखी हुई थीं कि उन्होंने उस रात खाना भी नहीं खाया। यही याद कर करके उन्हें रोना आ रहा था कि उनका कलाम अकेला कैसे रहेगा।

कलाम के पिता के बार-बार समझाने पर वे सामान्य हुईं। उन्होंने कलाम को चिपटा लिया और बहुत सी हिदायतें दीं। जब कलाम ने उन सब हिदायतों को मानने का वचन दिया, तब उनकी आँखों में आशा की चमक आ गई।

रामनाथपुरम में कलाम को माँ का अभाव बहुत चुभता था। वे शाम को प्रायः उदास हो जाते थे। दिन भर पढ़ाई में मेहनत करते थे, विभिन्न विषयों पर चर्चा करते थे, परन्तु सूरज छुपते ही उनका मन उड़कर रामेश्वरम् जा पहुँचता था। मस्जिदवाली गली में मिट्टी की टाइलों और फूंस से पटा मकान, मकान के

बगल में नीम का पेड़। घर के मुख्य दरवाजे पर खड़ी टकटकी लगाए रामनाथपुरम की ओर देखती माँ के मन में दबी-दबी कलाम से बिछुड़ने की पीड़ा, आंखों में छलकते आंसू। कलाम को लगता कि माँ उन्हें बुला रही है, माँ मन-ही-मन उन्हें याद करके दुखी हो रही है।

मां-बेटे का रिश्ता भी कैसा अजीब है। चाहे जितनी दूरियां हो जाएं, माँ का दिल कभी बेटे से अलग नहीं रहता। माँ सदैव अपने बच्चों के बारे में ही सोचती रहती है और ईश्वर से यही दुआ मांगती रहती है कि उसके बच्चों के सामने कभी कोई दुख न आए।

कलाम माँ की पीड़ा को समझते थे। उन्हें मालूम था कि उन्हें घर में न देखकर माँ को सब कुछ सूना-सा लगेगा। और यह उन्हें याद कर आँखों में आंसू अवश्य भी लाएगी। एक ओर अपने अभाव में माँ के दिल की पीड़ा का अहसास, दूसरी ओर माँ के बिना सूना-सूना सा लगता सारा जहान, कलाम की आँखें नम हो जाती थीं। कभी-कभी तो वे रो पड़ते थे।

रामनाथपुरम से हाई स्कूल पास करने के बाद जब वे तिरुचिरापल्ली गए, तब तक परिवार से बिछुड़ने की पीड़ा पर उन्होंने काबू पा लिया था। परन्तु माँ की याद अब भी मन से नहीं जाती थी। माँ के अहसानों और उनकी त्यागमयी भूमिका को याद कर वे भावाकुल हो उठते थे।

तिरुचिरापल्ली के सेंट जोसेफ कालेज से बी॰एस॰सी॰ करने के बाद जब कलाम ने मद्रास इंस्टीट्यूट ऑफ टैक्नोलॉजी में दाखिला लिया तब उन्होंने माँ के चरण छूकर आशीर्वाद मांगा-*"माँ मुझे आशीर्वाद दो॰॰॰ मैं इंजीनियर बनकर अपने देश के लिए बड़े-बड़े काम करूं और आपका नाम रोशन करूं।"*

माँ ने पुत्र के सिर पर हाथ रखकर आशीर्वाद दिया। इस आशीर्वाद की एक बड़ी प्रेरणाशक्ति के रूप में समेटकर कलाम ने इंजीनियरिंग की पढ़ाई की।

पढ़ाई पूरी करने के बाद कलाम दिल्ली चले गए और उन्होंने वहाँ एक सहायक वैज्ञानिक के रूप में 250रु॰ मासिक वेतन पर भारत सरकार के रक्षा अनुसंधान विभाग में नौकरी कर ली।

विवाह न करने का संकल्प

हर माँ अपने बेटे को दूल्हा बनते देखने के लिए लालायित रहती है। उसकी आंखों में एक स्वप्न सदा तैरता रहता है कि कब उसका बेटा विवाह योग्य हो

और यह सेहरा बांधकर दुल्हन लेने जाए। कलाम की नौकरी लगने के बाद माँ ने उनसे शादी के लिए कहा, परन्तु कलाम माँ की यह इच्छा पूरी नहीं कर पाए। उन्होंने माँ से कहा– *"माँ मुझे इस बंधन में मत बांधो। जीवन बहुत छोटा है, काम बहुत अधिक, माँ मैं अपने जीवन में कुछ ऐसे काम करना चाहता हूं जिससे मेरे माता-पिता का नाम रोशन हो और देश की तरक्की हो। माँ मैं यह जिम्मेदारी ठीक से निभा नहीं पाऊंगा।"*

माँ ने बेटे की बात सुनी तो दिल के अरमानों को एक झटका लगा। वे कलाम का मुँह देखती रही गई। एक शब्द मुँह से नहीं निकला। उनकी आंखों में कुछ ऐसे भाव उभर आए थे जो या तो जानती थीं या कलाम। वे उठकर चली गईं।

कलाम को पहले ही अनुमान था विवाह के लिए मना करने पर माँ के दिल को ठेस अवश्य पहुँचेगी। परन्तु कलाम विवश थे। वे अपने जीवन में कुछ ऐसे काम करने का फैसला ले चुके थे जिन्हें पूरा करने में विवाहित जीवन आड़े आता। माँ की आंखों में उभरे भावों को पढ़ने के बाद कलाम को इतना दुख हुआ था कि वे वहाँ खड़े न रह सके और घर से बाहर निकल गए।

वे जानते थे कि यह फैसला बहुत कठोर है। परिवार के लोगों की भावनाएं इससे आहत होंगी। परन्तु रचनात्मक कार्यों में जुटने के लिए कम साधन वाले मध्यम वर्गीय युवक के सामने और कोई चारा न था।

कलाम ने मन-ही-मन संकल्प किया, 'माँ तेरा दिल दुखाया है मैंने। मैं तेरा गुनहगार हूं, पर इस दुख को मैं अपने जीवन की प्रेरणा बना लूंगा। इस दुख के कारण तुम्हारी आंखों से निकले आंसुओं की कीमत तो मैं नहीं चुका पाऊंगा, परन्तु अपनी मेहनत और लगन से यह साबित कर दूंगा कि मेरा यह फैसला सार्थक था।'

माँ को दिए गए वचन के अनुरूप कलाम ने जी-तोड़ मेहनत की। रात-दिन एक करते हुए वे अपने काम में जुट गए। जब-जब उन्हें निराशा घेरती या हौंसले में थोड़ी कमी आती, वे अपनी माँ को याद कर लेते थे। रामेश्वरम् में पिता के साथ पूरे परिवार की संरक्षिका बनी मां, कलाम के हर काम में प्रेरणा बन कर मौजूद रहती थीं और सफलता उनके सदा कदम चूमती रही।

अपना-अपना प्रारब्ध अपनी-अपनी नियति

1976 में जब पिता की मृत्यु का समाचार सुनकर कलाम रामेश्वरम् पहुँचे तो माँ की दशा उनसे देखी न गई। पति की मृत्यु ने उन्हें तोड़ दिया था। माँ की गोद में सिर रखकर कलाम फूट-फूट कर रोए।

पिता के अंतिम संस्कार से निबटने के बाद जब वे थुम्बा के लिए चले तो माँ ने उनकी सफलता के लिए दुआ की। बेटे से अलग रहने की विवशता उनकी आंखों में साफ दिख रही थी। माँ की यह दशा देखकर कलाम का गला भर आया। उनके मन में बार-बार यह विचार आ रहा था कि वे अब माँ को अकेला न छोड़ें। पूरे जीवन माँ आंखों में एक स्वप्न लिए जीती रही थीं कि कलाम घर आए तो उसे जी भर कर देखें, जी भी कर उससे बातें करें और जी भर कर उसके साथ रहें, परन्तु कलाम का जीवन विज्ञान और देश के लिए पूरी तरह समर्पित हो चुका था। अब वे इतने व्यस्त थे कि न माँ के साथ रामेश्वरम् में ठहर सकते थे, न माँ उनके साथ रहने के लिए रामेश्वरम् छोड़कर थुम्बा जा सकती थीं।

इस स्थिति का वर्णन करते हुए कलाम ने अपनी आत्मकथा में लिखा है–*"मैं अपनी माँ के पास बहुत देर तक बैठा रहा, लेकिन कुछ बोल नहीं पाया। जब मैं थुम्बा लौटने के लिए उनसे विदा लेने लगा तो उन्होंने भर्राई हुई आवाज में मेरे लिए दुआ की और आशीर्वाद दिया। उन्हें यह मालूम था कि उन्हें अपने पति का वह घर नहीं छोड़ना था और मैं उनके साथ वहाँ रह नहीं सकता था। हम दोनों को अपनी-अपनी जगह ही रहना था। यही हमारा प्रारब्ध था, यही हमारी नियति थी।"*

पिता की मृत्यु के एक वर्ष बाद 1977 में कलाम पर ममता और प्यार लुटाने वाली मां, कलाम की सफलता के लिए नमाज पढ़ने और दुआ मांगने वाली माँ कलाम को जी भी कर देखने और कलाम के साथ रहने की तमन्ना मन में लिए इस संसार से चली गईं।

तीन वर्ष में कलाम ने तीन मौतें झेली थीं। 1975 में बहनोई जलालुद्दीन की मृत्यु, अगले वर्ष पिता की और फिर अगले वर्ष माँ की मृत्यु। इन तीनों मौतों ने उन्हें बुरी तरह झकझोर दिया था। सारा संसार उन्हें व्यर्थ लगने लगा था और जीवन निस्सार।

जिस समय उन्हें माँ की मृत्यु का समाचार मिला, वे एस॰एल॰वी॰-3 ऐपीजे राकेट के उड़ान परीक्षण के सिलसिले में फ्रांस के लिए रवाना होने वाले थे।

समाचार सुनते ही उनका दिल दहल गया। माँ अपनी नियति के अनुसार रामेश्वरम् में जीती रही और अंततः कलाम की अनुपस्थिति में ही रामेश्वरम् से सीधी परलोक सिधार गई और कलाम माँ से मिलने के लिए रामेश्वरम् जाने का समय नहीं निकाल पाए।

दोनों आंखों से अश्रु-धाराएं बहाते हुए कलाम ने माँ को अंतिम विदाई दी, उनके पार्थिव शरीर को सुपूर्द खाक किया।

फिर अति भावुक होकर अपनी डायरी में उन्होंने कविता की ये पंक्तियां लिखीं–

माँ तुझे सलाम

"तेरी बांहों में पला मैं
मेरी कायनात रही तू।
जब छिड़ा विश्वयुद्ध, छोटा-सा मैं
जीवन बना था चुनौती, जिन्दगी अमानत
मीलों चलते थे हम
पहुँचते किरणों से पहले।
कभी जाते थे मन्दिर लेने स्वामी से ज्ञान
कभी मौलाना के पास लेने अरबी का सबक
स्टेशन को जाती रेत भरी सड़क
बांटे थे अखबार मैंने
चलते-पलते साए में तेरे।
दिन में स्कूल
शाम को पढ़ाई
मेहनत, मशक्कत, दिक्कतें, कठिनाई,
तेरी पाक शख्सियत ने बना दी मधुर यादें।
जब तू झुकती नमाज में उठाए हाथ
अल्लाह का नूर गिरता तेरी झोली में
जो बरसता मुझ पर
दिया तूने हमेशा दया का दान।
याद है अभी जैसे कल ही,
दस बरस का था मैं
सोया तेरी गोद में,
बहन भाइयों की ईर्ष्या का बना पात्र–
पूरनमासी की रात

भरती जिसमें तेरा प्यार।
आधी रात में, अधमुंदी आंखों से तकता तुझे,
थामता आंसू पलकों पर
घुटनों के बल
बांहों में घेरे तुझे खड़ा था मैं।
तूने जाना था मेरा दर्द
अपने बच्चे की पीड़ा।
तेरी उंगलियों ने
निथारा था दर्द मेरे बालों से
और भरी थी मुझमें
अपने विश्वास की शक्ति
निर्भय हो जीने की,
जीतने की।
जिया मैं
और जीता मैं।
कयामत के दिन
मिलेगा फिर तेरा कलाम
माँ तुझे सलाम।

शमशुद्दीन के साथ अखबार बेचे

ए॰पी॰जे॰ कलाम जब 8 वर्ष के थे तभी से अपने चचेरे भाई शमशुद्दीन की ओर आकर्षित हुए। शमशुद्दीन रामेश्वरम् के रेलवे स्टेशन पर समाचार पत्रों, पत्रिकाओं और किताबों का स्टाल लगाते थे।

कलाम को बाहरी संसार बहुत अच्छा लगता था। जैसे ही वे बड़े हुए और स्कूल जाने लगे, वैसे ही उनकी निगाहें चारों ओर बिखरे पड़े रूपों और आकारों पर पड़ने लगीं। उनका मन होता कि दुनिया को अधिक से अधिक जानें, ज्ञान के खजाने को अधिक से अधिक समेटें।

स्कूल से लौटकर वे रेलवे स्टेशन की ओर भाग जाते और भाई शमशुद्दीन के स्टाल पर जा पहुंचते। शमशुद्दीन कलाम को छोटे भाई का भरपूर प्यार देते थे।

वे कलाम को अपने पास बैठा लेते। कलाम पढ़ना सीख गए थे। वे कोई भी किताब को उलट-पलट कर उसे पढ़ने लगते या कोई पत्रिका निकाल कर तस्वीरें देखने लगते। समाचार पत्र पलटकर उसके शीर्षक पढ़ डालते।

उन दिनों द्वितीय युद्ध शुरू हो चुका था। अखबारों में युद्ध की खबरें छपने लगी थीं। कलाम ने जल्दी ही शमशुद्दीन के ग्राहकों के पास अखबार पहुँचाने का काम पकड़ लिया। युद्ध शुरू हाने के कुछ दिन बाद ही रामेश्वरम् स्टेशन पर गाड़ी रुकनी बन्द हो गई। अखबार के बंडल अब धनुषकोडि और रामेश्वरम् के बीच रामेश्वरम रोड पर चलती गाड़ी से गिराए जाते थे। अब कलाम ने अखबारों के बंडल रामेश्वरम् रोड से उठाकर रेलवे स्टेशन स्थित शमशुद्दीन के स्टॉल तक पहुँचाने की जिम्मेदारी भी संभाल ली।

इसके लिए कलाम प्रातः जल्दी ही रामेश्वरम् रोड पहुँच जाते थे। जैसे ही गाड़ी अखबारों के बंडल गिराती वे उन्हें उठाना शुरू कर देते थे। स्टाल पर अखबारों के बंडल खोले जाते थे। इसके बाद कलाम ग्राहकों तक अखबार पहुँचाने का काम जल्दी-जल्दी पूरा करते और भागकर घर पहुंचते थे। बहुत जल्दी तैयार होकर उन्हें स्कूल जाना होता था। कभी-कभी तो ऐसा होता कि उन्हें तैयार होने का समय ही नहीं मिल पाता था। ऐसी स्थिति में वे भाग कर घर पहुँचते और बस्ता उठाकर सीधे स्कूल भाग जाते थे।

8-9 वर्ष की आयु में कलाम ने जिम्मेदारियां निभाना सीख लिया था। वे उन बच्चों में से नहीं थे जो सबेरे बड़ी मुश्किल से उठाए जाते हैं। उठाए जाने पर झीखते हैं और जैसे-तैसे तैयार करके उन्हें स्कूल पहुँचाया जाता है। वे अत्यधिक फुर्तीले और जिम्मेदार थे।

निम्न मध्यम वर्ग की यह विशेषता है कि वह श्रम के महत्त्व को जानता है। उसके लिए श्रम ही जीवन है, श्रम ही आजीविका है, झीखना या मस्ती करना उसकी जीवन शैली में शामिल नहीं है।

कलाम के अन्दर तो एक महाविचारक और महान् वैज्ञानिक की प्रतिभा उग रही थी। उनका फुर्तीला और जिम्मेदार होना स्वाभाविक था।

विशेष प्रतिभाशाली लोगों में समय से पहले काम कर डालने की क्षमता होती है। नोबल पुरस्कार विजेता सी०वी०रमन ने 13 वर्ष की आयु में इंटरमीडियेट विज्ञान की परीक्षा सबसे अच्छे अंक लेकर उत्तीर्ण कर ली थी।

स्कूल से लौटने के बाद वे घर पर अपनी पढ़ाई करते थे। पढ़ाई का काम निबटाकर फिर भाई शमशुद्दीन के स्टाल पर चले जाते थे। शमशुद्दीन से कलाम ने कम आयु में बहुत कुछ सीख लिया था। वे उन्हें अपनी प्रेरणा शक्ति मानते हैं। अपनी आत्मकथा में उन्होंने भाई शमशुद्दीन के बारे में लिखा है–

"दूसरे जिस व्यक्ति का मेरे बाल जीवन पर गहरा प्रभाव पड़ा, वह मेरे चचेरे भाई शमशुद्दीन थे। वह रामेश्वरम् में अखबारों के एकमात्र वितरक थे। अखबार रामेश्वरम् रेलवे स्टेशन पर सुबह की ट्रेन से पहुँचते थे। यह ट्रेन पामबन से आती थी। रामेश्वरम् में अखबारों की एक हजार प्रतियां बिकती थीं।००० अखबार में जो कुछ छपा होता, वह मेरी समझ से परे होता, इसलिए शमशुद्दीन द्वारा ग्राहकों को अखबार बांटने से पहले मैं सिर्फ अखबार में छपी तस्वीरों पर नजर डालकर ही संतोष कर लेता था।"

शमशुद्दीन के दिल में कुलाम के लिए बहुत प्यार था। जब रामेश्वरम् में प्राईमरी शिक्षा पूरी करने के बाद आगे की पढ़ाई के लिए कलाम रामनाथपुरम गए तो शमशुद्दीन की आँखें भर आईं। वे कलाम को अपने से अलग नहीं करना चाहते थे। परन्तु कलाम को तो पढ़ाई करनी थी, बहुत आगे जाना था। शमशुद्दीन कलाम पर बहुत गर्व करते थे। चाहते थे कि कलाम बहुत पढ़े और एक दिन रामेश्वरम् का नाम ऊंचा करे।

रामनाथपुरम में कलाम को दाखिला दिलाने तथा उनके रहन-सहन का इन्तजाम करने के लिए शमशुद्दीन उनके साथ रामनाथपुरम गए थे।

कलाम ने मेहनत से शिक्षा प्राप्त की। पढ़ाई पूरी करने के बाद वे देश में एक महान् विज्ञान-विद् के रूप में उभरे। जब-जब उन्हें जीवन में बड़ी सफलता मिली, उन्होंने भाई शमशुद्दीन को अवश्य याद किया। काम करते समय शमशुद्दीन उनके मन में रहते थे और बार-बार कहते रहते थे, 'कलाम तू मेरा छोटा भाई है। इस काम को पूरा करके ही छोड़ना, मैं सदा तेरे साथ हूं।'

अहमद जलालुद्दीन ने बताया जीवन का रहस्य

अहमद जलालुद्दीन कलाम के तीसरे प्रेरणापुरूष थे। वे कलाम से आयु में 15 वर्ष बड़े थे। जब कलाम केवल छः वर्ष के थे तब उनके पिता ने वहाँ के एक स्थानीय ठेकेदार अहमद जलालुद्दीन के साथ मिलकर नौका बनाने का काम शुरू कर दिया।

जलालुद्दीन बहुत ही प्रियदर्शी युवक थे। कलाम के पिता को वे बहुत पसंद आ गए और और उन्होंने कलाम की बड़ी बहन जोहरा की शादी जलालुद्दीन से कर दी। इस प्रकार जलालुद्दीन कलाम के बहनोई बन गए।

जलालुद्दीन का नौकाओं का काम खूब चला। दोनों परिवारों की अच्छी आमदनी होने लगी। ये नावें तीर्थयात्रियों को रामेश्वरम् से धनुषकोडि तक लाने-ले जाने का काम करती थीं। उन्हें समुद्र पर नाव चलाना बहुत अच्छा लगता थां परन्तु कलाम अभी छोटे थें नाव चलाने की जिम्मेदारी उन्हें नहीं दी जा सकती थी। अहमद जलालुद्दीन कलाम को नाव चलाने की अनुमति नहीं देते थे। वे कहते, ''अभी तुम बहुत छोटे हो। मैं जानता हूँ तुम्हारे अंदर नए-नए काम की बड़ी इच्छाएं हैं। परन्तु समुद्र पर नाव चलाने में जोखिम है, ऊपर से यात्रियों की जिंदगियों की जिम्मेदारी। जब तुम बड़े हो जाओ तब यह शौक भी पूरा कर लेना। अभी ऐसी क्या जल्दी है अभी तो केवल दूर से नौकाओं के पानी पर तैरने के दृश्यों का आनंद लो और नौका बिहार का सुख लूटो।''

सारी नावें डूब गईं

नावों से आमदनी करने का सिलसिला अधिक दिनों तक नहीं चला पाया। एक दिन सुमद्र में भयानक तुफान आया और सारी नौकाओं को बहा ले गया। इस तुफान के बारे में कलाम ने अपनी आत्मकथा में लिखा है, ''*नौकाओं को आकार लेते देख मुझे बहुत अच्छा लगता था। मैं बहुत देर तक टकटकी लगाए यह दृश्य देखता रहता था। जलालुद्दीन के साथ पिता का कारोबार बहुत अच्छा लंच रहा था। एक दिन सौ मील प्रतिघंटे की रफ्तार से हवा चली और समुद्र में तूफान आ गया। तूफान में धनुषकोडि के कुछ लोग और हमारी नावें बह गईं। उसी में पामबान पुल भी टूट गया और यात्रियों से भरी ट्रेन दुर्घटनाग्रस्त हो गई अब तक मैंने सिर्फ समुद्र की खूबसूरती को ही देखा था, उसकी अपार अपार एवं अनियंत्रित ऊर्जा ने मुझे हतप्रभ कर दिया।*''

अहमद जलालुद्दीन एक भावुक इन्सान थे। नावें डूबने पर उन्हें गहरा धक्का तो लगा परन्तु उन्होंने बर्दाशत कर लिया। कलाम के पिता की तरह जलालुद्दीन भी आघ्यात्मिक रूझान वाले व्यक्ति थे। उन्हें ईश्वर और उसकी सत्ता में पूरा विश्वास था। कलाम ने इस संदर्भ में लिखा है, ''*जब तक नाव की यह कहानी बेवक्त डूबी, उम्र में काफी फर्क होने के बावजूद अहमद*

जलालुद्दीन मेरे अंतरंग मित्र बन गए। वह मुझसे करीब पंद्रह साल बड़े थे। और मुझे 'आजाद कहकर पुकारा करते थे। हम मस्जिद वाली गली से निकलते और समुद्र के रेतीले तट पर चल पड़ते थे। मैं और जलालुद्दीन प्रायः आध्यात्मिक विषयों पर बातें किया करते थे। एक प्रमुख तीर्थ स्थल होने की वजह से रामेश्वरम् का यह वातावरण हमारी आध्यात्मिक चर्चाओं में और भी प्रेरक सिद्ध होता। रास्ते में हमारा पहला पड़ाव शिवमन्दिर हुआ करता था। इस मन्दिर की हम उतनी ही श्रद्धा से परिक्रमा करते थे जितनी श्रद्धा से देश के किसी भी हिस्से से आया कोई तीर्थ यात्री करता था। परिक्रमा के बाद हम अपने शरीर को बहुत ऊर्जावान महसूस करते थे।

जलालुदीन ईश्वर के बारे में ऐसी बातें किया करते थे जैसे इंश्वर के साथ उनकी कामकाजी भागीदारी हो। यह ईश्वर के समक्ष अपने सारे संदेह इस प्रकार रखते जैसे वह उनका निराकरण पूरी तरह कर देगा। मैं जलालुद्दीन की ओर एकटक देखता रहता और फिर देखता मंदिर के चारों ओर जमा श्रद्धालुओं, तीर्थयात्रियों की उस भीड़ को भी, जो समुद्र में डुबकियां लगा रही होती और फिर पूरी धार्मिक रीतियों से पूजा-पाठ करती तथा उसी अज्ञात के प्रति अपने आदर भाव से प्रार्थना करती, जिसे हम निराकार सर्वशक्तिमान मानते थे। मुझे इसमें कभी संदेह नहीं रहा कि मन्दिर में की गई प्रार्थना जहाँ जिस तरह पहुँचती है ठीक उसी प्रकार हमारी मस्जिद में पढ़ी गई नमाज भी वहाँ जाकर पहुँचती है। मुझे आश्चर्य तब होता जब जलालुद्दीन ईश्वर से विशेष तरह का जुड़ाव कायम कर लेने की बात कहते। पारिवारिक परिस्थितियों के कारण जलालुद्दीन की स्कूली शिक्षा कोई बहुत ज्यादा नहीं हुई थी। यही एक कारण रहा, जिसकी वजह से जलालुद्दीन मुझे पढ़ाई के प्रति हमेंशा प्रोत्साहित करते रहते थे। और मेरी सफलताओं से प्रसन्न होते थे। पढ़ाई से वंचित रह जाने की हल्की सी भी पीड़ा की झलक मुझे जलालुद्दीन में कभी देखने को नहीं मिली। जिन्दगी में उन्हें जो कुछ भी मिला, वह उसके प्रति सदा कृतज्ञ रहे।

प्रसंगवश मुझे यहाँ भी उल्लेख कर देना चाहिए कि पूरे इलाके में सिर्फ जलालुद्दीन ही थे, जो अंग्रेजी में लिख सकते थे। जिसे भी जरूरत होती, चाहे वह अर्जी हो या कुछ जलालुद्दीन उसे अंग्रेजी में लिख देते। मेरे परिचितों में चाहे मेरे परिवार में हो या आस--पड़ोस में, जलालुद्दीन के बराबर शिक्षा का स्तर किसी का भी नहीं था। और न ही किसी को उनके बराबर बाहरी

दुनिया के बारे में पता था। जलालुद्दीन मुझे हमेशा शिक्षित व्यक्तियों, वैज्ञानिक खोजों, समकालीन साहित्य और चिकित्सा विज्ञान की उपलब्धियों के बारे में बताते रहते थे। वही थे जिन्होंने मुझे सीमित दायरे से बाहर निकालकर नई दुनिया का बोधा कराया।"

इससे स्पष्ट है कि अहमद जलालुद्दीन ने कलाम की वैचारिक दुनिया की नींव बहुत मजबूत की थी। पिता ने कलाम के विचारों को आधार दिया था, तो जलालुद्दीन ने इस आधार को विशेष शक्तियों से भरकर कूट-कूटकर सुदृढ़ बनाया था।

कलाम ने जलालुद्दीन से इतनी प्रेरणा प्राप्त की है कि वे उन्हें आज भी भुला नहीं पाते। जलालुद्दीन कलाम के विचारों और विश्वासों में बसे हैं। वे आज भी उन्हें उसी प्रकार प्रेरणा देते रहते हैं जिस प्रकार रामेश्वरम् मे दिया करते थे।

रामेश्वरम् छोड़ने के बाद जिस व्यक्ति के विचारों ने उन्हें अकेले रहने और अध्ययन करने का बल प्रदान किया वह जलालुद्दीन ही थे।

जब वे रामनाथपुरम में कलमा के रहने और खाने का इंतजाम करने के बाद रामेश्वरम् लौटने लगे तो उन्होंने कहा था, "कलाम न मैं तुमसे अलग हूँ, न तुम मुझसे अलग हो। मेरी इच्छा है कि जो मैं अपने जीवन में प्राप्त न कर सका, वह और उससे भी बहुत अधिक तुम प्राप्त करो। ईश्वर को सदा अपने साथ समझना। तुम यहाँ अकेले नहीं रहोगे, ईश्वर के साथ-साथ मेरी दुआएँ सदा तुम्हारे साथ रहेंगी।"

कलाम ने इन परम प्रेरक शब्दों को गांठ बांध लिया। जब उन्हें अकेलापन सताता, वे जलालुद्दीन की बातें याद करके अपने मन को मजबूत कर लिया करते थे। उनसे जो बल मिला उसके सहारे कलाम आगे, और आगे बढ़ते गए।

"जलालुद्दीन मुझसे हमेशा सकारात्मक सोच की शक्ति की बात किया करते थे और जब मुझे घर की याद आती या मैं उदास होता तो प्राय: उनकी कही बातों को याद कर लिया करता था। उनके यह अनुसार मैंने अपने मन के विचारों एवं मस्तिष्क को स्थिर रखने तथा लक्ष्य को पाने के लिए कठोर परिश्रम किया। मैं रामेश्वरम् नहीं लौटा बल्कि अपने घर पर से दूर आगे, और आगे बढ़ता चला गया।"

अपने बहनोई और मार्गदर्शक जलालुद्दीन से प्रेरणा शक्ति प्राप्त करके कलाम बहुत आगे निकल गए। उन्होंने इंजीनियरिंग की डिग्री प्राप्त की और भारतीय रक्षा विभाग में वैज्ञानिक के रूप में अपनी सेवाएं देने लगे।

अंतरिक्ष की उड़ान से संबंधित एस॰एल॰वी॰-3 परियोजना को पूरी संजीदगी के साथ अंजाम की ओर ले जाने में कलाम रात दिन लगे रहते थे। घर जाने के लिए भी समय नहीं निकाल पाते थे।

1975 में जब कलाम अपनी टीम के साथ एस॰एल॰वी॰-3 के पहले चरण की मोटर के परीक्षण की तैयारी में जुटे थे, उसी समय रामेश्वरम् से समाचार मिला अहमद जलालुद्दीन नहीं रहे।

यह खबर सुनते ही कलाम के हाथ-पांव फूल गये। उन्हें लगा जैसे उनके ऊपर यकायक कोई वज्रपात हो गया है। उन्हें लगा जैसे जलालुद्दीन के बिना जीवन निरर्थक हो गया है। जलालुद्दीन तो कलाम का हिस्सा थे। उनके जाने से कलाम के हाथ रुक गये। प्रतिभा लड़खड़ा गई, धैर्य जवाब दे गया।

वे काम जारी न रख सके। परियोजना का काम उन्होंने अपने सहयोगी तथा परियोजना के उपनिदेशक डा॰ एस॰ श्रीनिवासन को सौंपा और रामेश्वरम् रवाना हो गए।

जलालुद्दीन के पार्थिव शरीर को देखकर कलाम फूट-फूटकर रोए। उनकी आंखों के आंसू थमते ही न थे। उनके लोगों ने उन्हें धैर्य बंधाया, तब जाकर वे शांत हुए।

कलाम ने अपनी बहन जोहरा और भांजी महबूब को गले से लगा लिया और बहुत देर तक उन्हें सांत्वना देते रहे।

अहमद जलालुद्दीन से उन्हें इतना प्यार था कि उनकी मौत का सदमा वे सह नहीं पाए। अंतिम संस्कार से निबटने के बाद अपने बूढ़े पिता तथा माँ को धैर्य बंधाने के बाद कलाम थुम्बा लौट आए। जलालुद्दीन के बिना सब कुछ इतना सूना-सूना हो गया था कि कलाम घर पर ठहर नहीं सके।

इस अहसास को व्यक्त करते हुए उन्होंने अपनी आत्मकथा में लिखा है-

''मुझे मौत से कभी डर नहीं लगा। आखिरकार एक दिन सभी को जाना हैं। शायद जलालुद्दीन कुछ जल्दी चले गए। बहुत ही जल्दी। मैं खुद ज्यादा

समय तक नहीं रुक सका। मुझे लग रहा था कि मैं एक अजीब-सी अशांति व चिन्ता में डूबता जा रहा हूँ और मेरे व्यक्तिगत जीवन तथा पेशेवर जीवन के बीच अंदरूनी विरोधाभास जन्म लेते जा रहे हैं। थुम्बा लौटने के बाद तक मुझे अपने किए हर काम को लेकर एक ऐसी निरर्थकता का आभास होता रहा, एक वैराग्य जैसा अनुभव जो पहले कभी नहीं हुआ था।''

प्रोफेसर सतीश धवन को जब यह पता लगा कि कलाम अपने बहनोई के दुख से उबर नहीं पा रहे हैं तो वे उनके पास गए और उन्हें सांत्वना देने के बाद उन्हें सलाह दी कि वे परियोजना के काम जुट जाएं। काम में जुट जाने से ही हादसे की धुंध छंटेगी और मन को शांति मिलेगी।

कलाम उनकी सलाह मानकर काम में जुट गए। बड़ी मुश्किल से वे जलालुद्दीन की मौत का गम भुला पाए। उनके मत में प्रेरणा के रूप में जलालुद्दीन आज भी मौजूद हैं। वे मानते हैं कि जलालुद्दीन के विचारों ने उनके जीवन और दर्शन को एक आकार दिया है, वे जलालुद्दीन को कभी नहीं भुला सकते।

बहन जोहरा ने गहने गिरवी रखे

कलाम की बड़ी बहन जोहरा का विवाह अहमद जलालुद्दीन से हुआ था। जोहरा बहुत भावुक व संवेदनशील थीं। पिता के घर में लाड़-प्यार में पली जोहरा ने जहाँ विवाह के बाद अपने पति के घर में सारे कर्तव्यों का निर्वाह किया, वहीं उन्होंने कलाम के प्रति अपना स्नेह कभी कम नहीं होने दिया।

जोहरा की बड़ी इच्छा थी कि उनका छोटा भाई कलाम बहुत ऊंची शिक्षा पाए और जीवन में कुछ बनकर दिखाए। बचपन से ही कलाम पर स्नेह लुटाने वाली बहन विवाह के बाद और भी अधिक स्नेहमयी हो गई थी।

कलाम जब बाहर पढ़ते थे तो बहन को उनकी बहुत याद आती थी। कलाम जब छुट्टियों में घर आते और अहमद जलालुद्दीन के साथ-साथ बहन जोहरा से भी मिलते तो वह यही चिन्ता व्यक्त करती थीं, ''कलाम तुम अकेले कैसे रहते होगे। काश! मैं तुम्हारे साथ होती, तुम्हारे किसी काम आ पाती।''

कलाम बहन को समझाते हुए कहते थे, *''मुझे बहुत आगे जाना है, बहुत काम करने है। पढ़ना तो पड़ेगा ही और स्कूल रामेश्वरम् में है नहीं, बाहर तो रहना ही पड़ेगा। तुम्हारी दुआएं मेरे साथ हैं... मैं अकेला कहाँ हूं। फिर*

तुम तो मेरे लिए बहुत बड़ी प्रेरणा हो। जब भी मन कमजोर पड़ता है, मैं तुम्हें और माँ को याद करके मन को मजबूत कर लेता हूँ।''

जोहरा अपने भाई पर बहुत गर्व करती थीं। वे सबको कलाम के बारे में बताती रहती थीं। उन्हें विश्वास था कि एक दिन कलाम पूरे परिवार का नाम रोशन करेंगे।

बी॰एस॰सी॰ की पढ़ाई पूरी करने के बाद जब कलाम ने मद्रास इंस्टीट्यूट ऑफ इंजीनियरिंग में दाखिला लेने के लिए परीक्षा दी तो उनका चयन कर लिया गया। परन्तु दाखिले की फीस पूरे एक हजार रुपये थी। इतनी बड़ी रकम इकट्ठी करना परिवार के लिए संभव न था।

कलाम जब फीस का इंतजाम करने के लिए रामेश्वरम् आए तो बहन जोहरा को असलियत का पता लगा। माता-पिता फीस नहीं जुटा पाए थे। कलाम ने भी मन बना लिया था कि यदि पैसा नहीं मिलता तो वे दाखिला नहीं लेंगे।

तभी जोहरा महाजन के यहाँ गईं और अपना हार तथा कड़े गिरवी रखकर एक हजार रुपये ले आईं।

कलाम को जब यह पता लगा कि जोहरा ने उनकी फीस का इंतजाम करने के लिए अपने गहने गिरवी रख दिए हैं, तो उन्होंने इसका विरोध किया। वे बहन के गहनों को गिरवी रखवाकर फीस चुकाने को तैयार न थे। परन्तु बहन जोहरा का आग्रह इतना मजबूत था कि कलाम को झुकना पड़ा।

जोहरा से एक हजार रुपया लेकर वे मद्रास पहुंचे और इंजीनियरिंग में दाखिला ले लिया।

उस दिन से जोहरा कलाम के लिए बहुत बड़ी प्रेरणा स्रोत बन गई। इंजीनियरिंग की पढ़ाई पूरी करते समय कलाम के दिल से सदा यह बात मौजूद रही कि बहन जोहरा का ऋण उन्हें चुकाना है। ऋण चुकाने का अर्थ केवल ब्याज सहित एक हजार रुपये वापिस करना नहीं था बल्कि अच्छे से अच्छे अंक प्राप्त कर छात्रवृत्ति लेनी थी। और जीवन में ऐसे काम करने थे जिन पर उनकी बहन वास्तव में गर्व कर सके। कलाम ने बड़ी मेहनत की। इसके बाद कलाम ने कभी पीछे मुड़कर नहीं देखा। एक के बाद एक उपलब्धि प्राप्त करते हुए वे आगे बढ़ते चले गए। भारत को अंतरिक्ष विज्ञान में आत्मनिर्भर कर विभिन्न प्रकार की मिसाईलों का निर्माण करते हुए उन्होंने भारत का परमाणु शक्ति सम्पन्न देश बनाया और अंततः देश का नेतृत्व करने के लिए राष्ट्रपति का दायित्व संभाला।

बहन जोहरा का त्याग वे न कभी भुला पाए हैं न भुला सकते हैं। वैसे तो दुनिया की सभी बहनें अपने भाईयों को बहुत प्यार करती हैं परन्तु जोहरा जैसी बहनें बहुत कम होती हैं, जो भाई के उज्ज्वल भविष्य के लिए आगे बढ़कर बड़े से बड़ा त्याग कर सकें।

यदि जोहरा ने उस समय अपने गहने गिरवी न रखे होते और कलाम का दाखिला इंजीनियरिंग कालेज में नहीं हो पाता तो शायद वे आज इतनी ऊंचाई पर न पहुँच पाए होते और देश को उनकी प्रतिभा से जो लाभ हुआ है, वह नहीं हो पाता।

ऐसी बहन से कौन-सा भाई प्रेरणा नहीं लेगा। बहन जोहरा सचमुच आदरणीय हैं, उनका त्याग भाई-बहन के प्यार में उच्चतम त्याग की परम्परा का प्रतीक है।

गली की मस्जिद और लोगों की दुआएं

रामेश्वरम् की उसी गली में एक साधारण सी मस्जिद है, जिसमें अब्दुल कलाम का घर है। कलाम के पिता धार्मिक विचारों के व्यक्ति थे। ईश्वर की सत्ता में उन्हें पूरा विश्वास था। वे यह मानते थे कि विभिन्न धार्मिक स्थलों में जिस ईश्वर की पूजा या स्तुति की जाती है, वह एक असीम सत्ता है। मंदिर हो या मस्जिद सर्वव्यापी सर्वशक्तिमान ईश्वर समान रूप से दोनों में मौजूद है। इतना ही नहीं, वह कण-कण में विद्यमान है। ऐसी कोई चीज है ही नहीं, जिसमें ईश्वर मौजूद न हो।

अपने इसी अटूट विश्वास के आधार पर वे ईश्वर की सत्ता का आदर करते थे और नियमित नमाज पढ़ने मस्जिद में जाया करते थे।

कलाम जब पैरों पर चलने लगे तो पिता उन्हें भी मस्जिद में ले जाने लगे। पिता की उंगली पकड़कर मस्जिद में जाने और नमाज पढ़ने की प्रक्रिया को अपनी आंखों से देखने तथा अज़ान को कानों से सुनने का असर यह हुआ कि कलाम का ईश्वरीय सत्ता में विश्वास बचपन से ही बन गया। समय के साथ यह विश्वास मजबूत होता गया।

कलाम के पिता जब कलाम की उंगली पकड़े मस्जिद से बाहर निकलते थे तो लोग उनका बहुत आदर करते थे। वे सब लोग कलाम को देखते थे तो उनके चेहरे खिल जाते थे। वे ईश्वर से दुआ करते थे कि यह बच्चा फले-फूले, आगे चलकर इसे जीवन में बड़ी सफलता मिले।

गली की यह मस्जिद कलाम परिवार के लिए परम श्रद्धा-स्थली और सुरक्षा कवच थी। कलाम के पिता तो किसी काम का आरंभ करने से पहले मस्जिद में जाकर प्रार्थना अवश्य करते थे।

जिस दिन कलाम को रामनाथपुरम के श्वार्ट्ज हाई स्कूल में दाखिला लेने जाना था, उस समय भी वे कलाम और उनके भाइयों को मस्जिद में ले गए। वहाँ उन्होंने पवित्र कुरान से 'अल-फातिहा' पढ़ी और प्रार्थना की।

उच्च शिक्षा के लिए बाहर चले जाने के बाद भी कलाम में मन में गली वाली मस्जिद में प्रति पूरी श्रद्धा बनी रही। रामनाथपुरम में वे स्वप्न में भी गली की मस्जिद और रामेश्वरम् मंदिर को देखा करते थे।

जब-जब उन्होंने जीवन में कठोर संघर्ष किया और सफलताएं प्राप्त कीं, ये दोनों धार्मिक स्थल उन्हें अवश्य याद आए। कलाम बचपन में मस्जिद के सामने वाली गली में धूल में खेला करते थे। मस्जिद के प्रति जो श्रद्धा और विश्वास उनके पिता के मन में था, वह उनके मन में भी सदा बना रहा।

सबसे बड़ी बात तब हुई जब माँ की मृत्यु के अंतिम संस्कार के बाद कलाम मस्जिद में गए। मस्जिद में प्रार्थना करने के बाद उनके कान में एक आवाज गूंजी। इस आवाज ने कलाम के दुखी और मन को शांति दी तथा उन्हें उनके कार्य क्षेत्र व उद्देश्य से सीधा जोड़ दिया। इस घटना से पहले भी यह मस्जिद उनके लिए प्रेरणा-स्थली के रूप में स्थित हो गई।

मस्जिद में घटी इस घटना का वर्णन कलाम ने अपनी आत्म-कथा 'अग्नि की उड़ान' में इस प्रकार किया है, *"मैंने उस मस्जिद में प्रार्थना की, जिसमें मेरे पिता जी मुझे हर शाम एक बार जरूर ले जाया करते थे। मैंने कहा, मेरी माँ अब अपने पति की देखरेख एवं प्यार के बिना इस दुनिया में और ज्यादा नहीं रह पाई और इसलिए अब उन्होंने अपने पति के पास ही चले जाना बेहतर समझा। मैंने ईश्वर से क्षमा मांगी। तब यकायक मेरे कान में एक आवाज गूंजी, जो जिम्मेदारियां मैंने उन्हें दी थीं और जैसा जीवन मैंने उनके लिए तैयार किया था, उसे उन्होंने बड़ी सावधानी, समर्पण और ईमानदारी के साथ पूरा किया और वापस मेरे पास आ गईं। तुम उनका काम पूरा होने के दिन शोक क्यों कर रहे हो? उस काम पर ध्यान केन्द्रित करो जो तुम्हारे बिना पड़ा है। अपने कार्यों से परमानन्द को प्राप्त करो।"*

ये शब्द सुनने के बाद कलाम भौचक्के रह गए। वहाँ उनके अलावा कोई दूसरा नहीं था, फिर ये शब्द किसने कहे थे। एक क्षण उन्होंने मस्जिद के हर कोने में

अपनी आंखें दौड़ाई फिर शांति से मस्जिद से बाहर आ गए। इसके बाद उन्होंने मस्जिद से घर जाना भी जरूरी नहीं समझा। उन्हें ऊपर से आदेश मिल चुका था। और उन्होंने उसे समझ लिया था, अब घर जाने की क्या आवश्यकता थी।

कलाम मस्जिद से निकले और सीधे रेलवे स्टेशन की ओर चल पड़े। ट्रेन में बैठने के बाद भी मस्जिद में सुनाई दिये ये शब्द उनके कानों में गूंज रहे थे। कलाम के मन से सारा बोझ हट चुका था। वे समझ चुके थे कि उनके माता-पिता के जीवन का क्या उद्देश्य था और यह किस प्रकार पूरा हुआ। वे यह भी समझ गए थे कि उनके जीवन का क्या उद्देश्य है और वह किस प्रकार पूरा होगा।

अब उनके दिल से माँ की मृत्यु का शोक अपने आप तिरोहित हो गया था। अब तो उनके मन में एक ही लगन थी, 'आगे और आगे की ओर बढ़ते जाना है, पीछे मुड़कर कभी नहीं देखना है। वे सब अपने-अपने काम पूरे करके चले गए अब मुझे अपना काम पूरा करना है।'

रामेश्वरम् मंदिर और सागर का सौंदर्य

रामेश्वरम् का शिव मंदिर और समुद्र की सुन्दरता अब्दुल कलाम के लिए सदा प्रेरणा के स्रोत रहे हैं। रामेश्वरम् मंदिर में अपने पिता के साथ जाते थे, सागर की रेती पर अपने बचपन के साथियों के साथ शरारतें करते थे, खेलते थे और बैठकर या खड़े-खड़े बातें किया करते थे, अपने बहनोई अहमद जलालुद्दीन के साथ घंटों-घंटों जीवन के रहस्यों पर चर्चा करते थे। और सागर का सौंदर्य निहारते थे।

शाम के समय रामेश्वरम मंदिर की आरती में भाग लेना, मंदिर की घंटियां बजाना और पुजारी से प्रसाद और आशीर्वाद लेना ऐसी क्रियाएं थीं जो अब्दुल कलाम ने इतनी बार कीं कि उनके मानस-पटल पर उनकी गहरी तस्वीरें बन गईं। रामेश्वेरम् से उनके परिवार का कई पीढ़ियों पुराना संबंध था। अपनी पुस्तक 'तेजस्वी मन' में उन्होंने लिखा है कि उनके परदादा को रामेश्वरम् में विशेष सम्मान दिया जाता था। रामेश्वरम् मंदिर को उनके परदादा ने जो सेवाएं दी थीं, उनके बदले रामेश्वरम् ने उन्हें श्रेष्ठ नेता (अबलकरर का सम्मान दिया था।

''मुझे अपने परिवार में घटी एक घटना याद आ रही है। मेरे दादा और परदादा को रामेश्वरम् में अबू-बक्र-श्रेष्ठ नेता-कहकर सम्मान दिया जाता था।

इस द्वीप को इस रूप में ही जाना जाता है कि भगवान् श्रीराम ने यहीं से रावण के विरुद्ध अपना अभियान शुरू किया था। इस द्वीप में, श्रीराम-सीता के साथ विवाह की रस्म को मनाकर इस घटना को याद किया जाता है। पवित्र जल-राशि रामर थीरम पर सजे हुए विग्रहों को तैराने के लिए मेरे परदादा तैराने वाले तख्ते उपलब्ध कराया करते थे। जय जलस्रोत काफी गहरा है। इसके केन्द्र में बने मंडप की परिक्रमा वे विग्रह किया करते हैं जिनमें श्रीराम के स्वर्णाभूषणों समेत भारी सजावट की जाती है। इस मौके पर पूरे रामेश्वरम की जनता यहाँ इकट्ठी होती है।

एक साल मेरे परदादा इस आयोजन को देख रहे थे कि एक दुर्घटना हो गई। विग्रह उलट कर पानी में गिर गया और डूब गया। बिना किसी संकोच के या सोचे वे पानी में कूद पड़े और विग्रह को निकालकर ले आए। वहाँ जमा लोग यह सब देखते रहे। मंदिर के पुजारी ने हमारे परिवार के लिए सम्मान के तौर पर 'मुथलमरियथई' (प्रथम सम्मान) की घोषणा की। विग्रह मिल जाने का शुक्रिया अदा करने तथा हमारे परिवार को सम्मान मिलने के उपलक्ष्य में रामेश्वरम् मस्जिद में खास प्रार्थना आयोजित की गई।''

रामेश्वरम् की उदार परंपराओं के कारण उस क्षेत्र में भाईचारा था। लोग एक दूसरे से खुलकर मिलते थे। मन में कोई दुराव रखना नहीं जानता था। किसी प्रकार का कोई भेदभाव था ही नहीं।

लोगों के पास संसाधनों की कमी अवश्य थी, परन्तु उनके दिल बहुत बड़े थे। दूसरों को खिलाकर खाने का सुख लोग अच्छी तरह जानते थे। रामेश्वरम् में प्रतियोगिता नहीं थी, बल्कि सर्वोदय की भावना थी। एक दूसरे को सुखी देखकर और सुख पहुँचाकर खुश होने की परंपरा थी। सबको साथ लेकर चलने में आनंद का अनुभव होता था। मिलकर काम करना और मिल-बांटकर खाना अच्छा लगता था।

नैतिक मूल्यों और आदर्शों के प्रति लोगों के दिलों में आदर था। अपने-अपने धर्मों पर चलते हुए लोग नैतिकता और मर्यादा का पूरा ध्यान रखते थे। भारतीय संस्कृति की इन परंपराओं के फलने-फूलने के पीछे निश्चय ही रामेश्वरम् मंदिर का प्रभाव था।

सागर का सौंदर्य तो कलाम के लिए कल भी प्रेरणा का केन्द्र था, आज भी प्रेरणा का केन्द्र है और निश्चय ही वह हमेशा रहेगा।

प्रातःकाल उगते सूर्य को देखना और शाम को सागर में डूबते सूर्य के दर्शन करना रामेश्वरम् में पैदा होने के कारण बचपन से ही उनके हिस्से में आया। इस सौंदर्य से संचालित हो वे सागर की ओर खिंचे चले जाते। सागर के किनारे से टकराती लहरों को देर तक देखते रहते और उससे उपजी ध्वनि का अंदर तक अहसास करते। कभी वह ध्वनि कल-कल निनाद से मन के तारों को झकझोरती थी तो कभी अथाह जलराशि की अपार ऊर्जा का परिचय देती सी लगती थी और कभी सागर की महाविनाशक शक्ति का।

कलाम ने सागर के अनेक रूप देखे थे। सागर तलपर तैरती नावों में सवार यात्रियों के जत्थे इतने सुन्दर लगते थे कि मत उनके साथ बैठकर स्वयं तैरने को हो आता। समुद्र की सतह पर उठती गिरती अनंत लहरों का अविरल सौंदर्य मन में भांति-भांति की भावनाओं का संचार करता था।

समुद्र के ऊपर उड़ते पक्षियों से उन्हें आकाश में उड़ने की प्रेरणा मिली और उन्होंने वैमानिकी इंजीनियर बनने का फैसला लिया। इंजीनियरिंग करने के बाद उनके दिल में एक ही तमन्ना थी कि पायलट बनेंगे और विमान में बैठकर सागर के ऊपर निर्बाध उड़ने वाले पक्षियों की तरह आसमान में उड़ा करेंगे।

सागर के अनन्त सौंदर्य और उसके ऊपर उड़ते पक्षियों ने कलाम को जो प्रेरणा दी, उनमें एक संकल्प शक्ति भर दी जो सतत संघर्ष के बावजूद कभी कम नहीं हुई।

बहुत कम आयु में उन्होंने घर छोड़ दिया और बिना सुविधाओं और सहयोग के अकेले रहकर पढ़े। वे जानते थे कि पढ़ाई में सबसे आगे निकले बिना वे अपनी मंजिल तक पहुँचने में सफल नहीं हो पाएंगे। अच्छे अंक लेकर उन्होंने अपने प्रतिभाशाली छात्र होने का प्रमाण दिया और सभी शिक्षकों का मन ओर आकर्षित कर लिया। उनकी मेहनत और लगन की हर शिक्षक प्रशंसा करने लगा और उन्हें छात्रवृत्ति मिलने लगी। छात्रवृत्ति से मिलने वाली धनराशि ने उनकी पढ़ाई का खर्च उठाने में उनकी बहुत मदद की।

यदि कलाम साधारण छात्र रहे होते और किसी तरह पास हो जाने लायक अंक प्राप्त कर परीक्षाएं उत्तीर्ण करते चले जाते तो उन्हें छात्रवृत्ति नहीं मिल पाती। तब अध्यापकों का ध्यान भी वे अपनी ओर आकर्षित नहीं कर पाते। ऐसी स्थिति में उन्हें विशेष ज्ञान देने की इच्छा अध्यापकों के मन में पैदा नहीं होती। अध्यापकों का इतना बड़ा सहयोग उन्हें नहीं मिल पाता कि वे ऊँचाई

छूते रहें। हम कल्पना कर सकते हैं कि तब कलाम उस रूप में उभरकर भारत और संसार के सामने नहीं आ पाते जिस रूप में वे आज खड़े हैं।

प्रेरणा वह शक्ति है जो मनुष्य में सुदृढ़ संकल्प और उसे पूरा करने के लिए अंनत ऊर्जा भर देती है। फिर मनुष्य की नजर सीधी अपने लक्ष्य पर रहती है और वह उसे पा ही लेता है। दुनिया में जितने भी बड़े-बड़े काम हुए हैं, मानव-सभ्यता ने विकास के जो कीर्तिमान स्थापित किए हैं, उनके पीछे कोई ना कोई प्रेरणा अवश्य रही है।

रामेश्वरम् के प्रमुख पुजारी–पंडित लक्ष्मण शास्त्री

रामेश्वरम् मंदिर कलाम के लिए जितना प्रेरणास्रोत रहा, उससे कहीं अधिक मंदिर के प्रमुख पुजारी पंडित लक्ष्मण शास्त्री का स्नेहमय व्यवहार और कलाम को सफलता की ऊंची-ऊची सीढ़ियां चढ़ते देखने की उनकी चाहत रही। पंडित लक्ष्मण शास्त्री का बेटा रामानंद शास्त्री कलाम का सहपाठी और मित्र था। शास्त्री जी कलाम को भी अपने बेटे की तरह मानते थे। कलाम के पिता श्री जैनुलाबिदीन, शास्त्री जी के प्रिय मित्र थे। एक इस्लाम धर्म का अनुयायी और दूसरा हिन्दू धर्म का सर्वेसर्वा ब्राह्मण। फिर भी दोनों में सच्ची मित्रता और गहरा प्यार था। इसका कारण था दोनों के सीने में धड़कते मानवता और करुणा से लबालब दिल। ईश्वर की सर्वव्यापी सत्ता में दोनों का दृढ़ विश्वास था, दोनों ही यह जानते थे और मानते थे कि वह सत्ता एक ही है। उनकी पूजा मंदिर में आरती गाकर करें या मस्जिद में नमाज पढ़कर और अज़ान लगाकर, इससे कोई फर्क नहीं पड़ता। उनके धार्मिक विश्वास पक्के और सच्चे थे, इसीलिए एक थे। परम सत्ता के प्रति श्रद्धा और प्यार के दो रूप हो ही नहीं सकते।

दोनों इसी सिद्धान्त में विश्वास करते थे कि शरीर हिन्दू का हो या मुसलमान का, उसकी रचना पांच तत्वों से हुई होती है और जीवन की अवधि पूरा करने के बाद वह पंच तत्वों में ही विलीन हो जाता है। हर शरीर का सार-तत्व आत्मा है। यह आत्मा अजर-अमर और अविनाशी है। जब हर धर्म को मानने वाले मनुष्य का सार-तत्व एक ही आत्मा है तो फिर मनुष्य-मनुष्य में धर्म के आधार पर भेद करना अधूरी दृष्टि है, ढोंग और पाखण्ड है।

श्री पक्षी लक्ष्मण शास्त्री उच्च कोटि के विद्वान् और तत्वदर्शी ब्राह्मण थे। उनकी दृष्टि में समस्त चराचर जगत निराकर ब्रह्म का विराट रूप था। वही रामेश्वरम् मंदिर में शिव रूप में विद्यमान था, वही कण-कण में और हर जीवित प्राणी

में मौजूद था। उन्होंने इस सिद्धांत में धार्मिक कट्टरता या किसी सुविधा के कारण कभी फेर-बदल नहीं किया। इसीलिए वे एक सच्चे और सहृदय मनुष्य थे।

कलाम बचपन में अपने पिता के साथ रामेश्वरम् मंदिर जाया करते थे। पंडित लक्ष्मण शास्त्री उनके माथे पर अपने हाथ से चंदन का टीका लगाते थे और बहुत-सा प्रसाद देकर प्राय: ये शब्द कहते थे, ''रोज आया करो। भगवान शिव तुम्हें ऐसी शक्ति देंगे कि तुम जीवन में बड़े-बड़े काम करने के अवसर पाओगे। खूब मन लगाकर पढ़ना। तुम्हें एक दिन बड़ा आदमी बनना है। तुम मेरे लिए मेरे बेटे से भी बढ़कर हो, मेरा आशीर्वाद सदा तुम्हारे साथ है।''

कलाम के पिता और शास्त्री जी कभी-कभी बैठकर आध्यात्मिक विषयों पर चर्चा किया करते थे। दोनों एक दूसरे के साथ खुली बहस करते थे और तर्क देकर अपनी बात कहते थे। बाद में जो सार निकलता था, दोनों खुले मन से उसे स्वीकार करते थे।

कलाम का अपमान करने पर अध्यापक को फटकारा

एक दिन कलाम अपने तीनों साथियों रामानंद शास्त्री, अरविंदन और शिव प्रकाशन के साथ कक्षा में अगली पंक्ति में बैठे थे। कलाम के तीनों मित्रों ने जनेऊ धारण किए हुए थे और कलाम ने सिर पर गोल टोपी लगा रखी थी। कक्षा में नए अध्यापक ने प्रवेश किया।

जैसे ही उसकी दृष्टि ब्राह्मण लड़कों के बीच बैठे एक मुसलमान लड़के पर पड़ी, उसे यह बड़ा अटपटा लगा। उसने तुरन्त कलाम से कहा, ''तुम यहाँ से उठो और जाकर पिछली बैंच पर बैठो।''

कलाम को यह आदेश बड़ा अजीब लगा, परन्तु क्योंकि यह अध्यापक का आदेश था, अत: उसे मानना उन्होंने अपना फर्ज समझा। वे चुपचाप उठे और पिछली बैंच पर जाकर बैठ गए।

यह पांचवी कक्षा थी। सब अध्यापक जानते थे कि कलाम स्कूल का सर्वश्रेष्ठ छात्र है, वह एक होनहार बालक है। अत: उसे प्यार से आगे बैठाया करते थे।

नये अध्यापक के इस फैसले ने पूरे रामेश्वरम् में सनसनी फैला दी। रामेश्वरम् में साम्प्रदायिकता की हवा कभी घुसी ही नहीं थी। हिन्दू और मुसलमान बड़े प्यार से रहा करते थे। धर्म के आधार पर कभी कोई भेद-भाव देखने में नहीं आया।

कलाम के तीनों साथी कलाम के अपमान से चिढ़ गए थे, परन्तु अध्यापक के सामने कुछ नहीं कह पाए। घर पहुँचते ही सब बच्चों ने अपने-अपने घर जाकर यह घटना सुनाई तो रामेश्वरम् के लोग भड़क उठे। हिन्दू और मूसलमान सभी को यह बात बुरी लगी।

पंडित लक्ष्मण शास्त्री ने जब यह बात अपने बेटे रामानंद शास्त्री के मुंह से सुनी तो उन्हें बड़ा गुस्सा आया। उन्होंने तुरन्त उस शिक्षक को बुलाया और उसे डांटते हुए बोले, "यह आपने क्या कर दिया? क्या आप यहाँ धार्मिक कट्टरता के बीज बोने आए हैं? आप अध्यापक हैं, आपको तो यह सब शोभा नहीं देता। आपकी दृष्टि में हिन्दू-मुसलमान का भेद-भाव क्यों? अब एक बात साफ-साफ सुनो, यह रामेश्वरम् है, यहाँ सर्वधर्म समभाव वाला समाज रहता है। साम्प्रदायिकता के लिए यहाँ कोई जगह नहीं है। या तो आप आज और अभी इसी समय अपने आपको बदल लें या विद्यालय छोड़कर चले जायें। साम्प्रदायिकता फैलाने वाले किसी अध्यापक का रामेश्वरम् में कभी स्वागत नहीं होगा।"

युवा शिक्षक को अपनी गलती का एहसास हो गया। उसने अपने व्यवहार के लिए क्षमा मांगी और यह वचन दिया कि वह जीवन में कभी साम्प्रदायिक भावना को महत्त्व नहीं देगा।

इस घटना से कलाम के दिन में पंडित लक्ष्मण शास्त्री के लिए और भी जगह हो गई।

प्रेरणा के स्रोत बचपन के तीन साथी

अपने तीनों ब्राह्मण मित्रों से भी कलाम ने बहुत प्रेरणा ली। ये तीनों कलाम को बहुत प्यार करते थे। रामानंद शास्त्री, अरविन्दन और शिवप्रकाशन की तिकड़ी आपस में भी घनी मित्रता रखती थी और कलाम के प्रति भी उनके दिलों में सच्चा प्यार था। साथियों के इस प्यार ने कलाम को बहुत प्रेरणा दी।

कलाम पढ़ने में सबसे तेज थे। कलाम असाधारण प्रतिभा सम्पन्न थे। वे पढ़ाई में बहुत आगे निकल गए। ये तीनों अधिक नहीं पढ़ पाए। उन्होंने पढ़ाई बीच में ही छोड़ दी।

बाद में रामानंद शास्त्री अपने पिता के स्थान पर रामेश्वरम् मंदिर के पुजारी बन गए। अरविन्दन ने तीर्थ यात्रियों को यहाँ से वहाँ पहुचाने के लिए टैम्पों चलाने का काम शुरू कर दिया। शिवप्रकाशन दक्षिण रेलवे में खान-पान का ठेकेदार बन गया।

कलाम ने रामेश्वरम् छोड़कर दिया और उच्च शिक्षा के लिए बाहर चले गए।

जब-जब उन्होंने जीवन में सफलता प्राप्त की, बचपन के इन साथियों की याद उन्हें अवश्य आई।

शिव सुब्रह्मण्यम अय्यर और उनकी पत्नी

कलाम जब रामेश्वरम् में पढ़ते थे, उन दिनों उनके विज्ञान-शिक्षक शिव सुब्रह्मण्यम ने कट्टर सनातनी ब्राह्मण होते हुए भी रूढ़िवाद को समाप्त करने का निश्चय कर लिया। परन्तु उनकी पत्नी घोर रूढ़िवादी थीं। उन्होंने अपनी सहायता करने के लिए कलाम को चुना।

उन्होंने कलाम से कहा कि वे उन्हें अपने घर खाने पर आमंत्रित करेंगे। हो सकता है रूढ़िवादी होने के कारण उनकी पत्नी कलाम का अपमान कर दें, पर उन्हें बुरा नहीं मानना है। पत्नी को रूढ़िवाद के आडम्बर से बाहर निकालने में उन्हें अपने गुरू की मदद करनी है। कलाम तैयार हो गए।

अगले दिन उन्होंने कलाम को दोपहर के भोजन के लिए अपने घर पर बुला लिया। पत्नी से उन्होंने पहले ही कह दिया था कि उनके साथ दोपहर का भोजन करने उनका एक छात्र आएगा। उसका नाम कलाम है। वह मुसलमान है।

छात्र को भोजन पर बुलाने में तो उनकी पत्नी को कोई आपत्ति नहीं थी, परन्तु मुसलमान छात्र को घर में बुलाकर रसोई में बैठाकर भोजन कराने में उन्हें घोर आपत्ति थी। पति के आदेश का वे उल्लंघन तो न कर सकीं, परन्तु मन-ही-मन इस बात से बहुत परेशान रहीं कि उस मुस्लिम लड़के के साथ वे कैसा व्यवहार करें। उनके मन के एक कोने से आवाज आई कि वे मुस्लिम लड़के को बाहर बैठाकर खाना खिलाएं और अपने पति को समझा दें कि मुसलमान को ब्राह्मण के घर में खाना खिलाने से पाप लगेगा। अतः वे यह जिद न करें। तीसरे कोने से आवाज आई कि वे दोनों को ही बाहर बैठाकर खाना खिला दें। रसोई की पवित्रता भी बच जाएगी और अतिथि के प्रति कर्तव्य भी पूरा हो जाएगा।

वे रूढ़िवादी जरूर थीं, परन्तु भारतीय संस्कृति तथा परम्पराओं के प्रति उनके दिल में पूरा आदर था। अतः उन्होंने तीसरी आवाज पर अमल किया।

ज्योंहि कलाम के साथ शिव सुब्रह्मण्यम ने घर में प्रवेश किया उनकी पत्नी ने उनसे साफ कह दिया कि वे एक मुसलमान लड़के को अपनी रसोई में बैठाकर खाना नहीं खिला सकतीं।

शिव सुब्रह्मण्यम पत्नी के स्वभाव से परिचित थे। वे समझ गए कि पत्नी सहयोग नहीं करेगी। अतः वे स्वयं ही रसोई में चले गए। और अपने हाथ से ही दो पत्तलों में खाना परोसने लगे।

खाना परोसने के बाद वे पत्तलें लेकर बाहर आ गए और कलाम के साथ आंगन में बैठ गए। उन्होंने कलाम से खाने का आग्रह किया। कलाम ने खाना शुरू कर दिया। सुब्रह्मण्यम भी खाने लगे। रसोई में खड़ी पत्नी उन दोनों को खाना खाते हुए देख रही थी।

दोनों ने खाना खाने के बाद नीचे गिर गए चावल के दानों को उठाकर जूठी पत्तलों में रखा और अपनी-अपनी पत्तलें उठाकर कूड़े की जगह डाल दीं।

यह सब बातें करते समय कलाम ने बीच-बीच में रसोई की ओर देखा। गुरू जी की पत्नी उन्हीं की ओर देख रही थीं। कलाम को इससे बड़ा आश्चर्य हुआ। परन्तु गुरू जी सामान्य थे।

खाना खाकर घर से निकलते समय गुरू जी कलाम से बोले, "लगता है तुम्हें मेरी पत्नी के व्यवहार से आश्चर्य हुआ है, शायद दुख भी हुआ हो, परन्तु मैं चाहता हूँ, कि तुम इस पर ध्यान न दो। रूढ़ियों की जड़ें बहुत गहरी होती हैं। इन्हें उखाड़ फेंकने के लिए बहुत कुछ सहना पड़ता है। तुम थोड़ा-सा साथ और दे दो, मुझे विश्वास है मेरी पत्नी में बदलाव आएगा।"

अगले सप्ताह गुरूजी ने कलाम को रात्रि-भोज पर आमंत्रित कर लिया। लेकिन इस बार कलाम ने उनकी पत्नी में एक परिवर्तन पाया। उन्होंने कलाम को रसोई में बैठाया और माँ की तरह स्नेह दिखाती हुई उन्हें खाना परोसने लगीं।

कलाम का मन भावुक हो उठा। वे सोचने लगे, 'यह तो सचमुच ही बदल गई हैं। गुरूजी के विश्वास की जीत हुई।'

कलाम ने खुशी-खुशी खाना खाया। गुरूजी की पत्नी ने बार-बार आग्रह करके उन्हें और खाने को कहा।

जब कलाम खाना खाकर गुरू जी के साथ बाहर निकले तो वे गद्‌गद् थे। उन्होंने इस घटना को अपने मन में उतार लिया।

जीवन में जब-जब उनके ऐसी स्थितियां आईं, जब उन्हें विरोधों का सामना करना पड़ा, तो अपने अध्यापक शिव सुब्रह्मण्यम की तरह उन्होंने धैर्य से काम

लिया। उनके मन में एक विश्वास जन्म ले चुका था। कि धैर्य और विश्वास के साथ ही काम में सफलता प्राप्त की जा सकती है।

रामकृष्ण अय्यर की बेंत

कलाम ने अपने जीवन में आने वाले हर व्यक्ति से कुछ न कुछ सीखा। व्यक्तियों के साथ-साथ कुछ वस्तुएं और स्थान भी ऐसे रहे जिन्होंने उन्हें जीवन में आगे बढ़ने और कुछ खास कर दिखाने की प्रेरणा दी।

ऐसी ही एक वस्तु है उनके गणित अध्यापक श्री रामकृष्ण अय्यर का बेंत। रामकृष्ण अय्यर बड़े सख्त मिजाज के अध्यापक थे। उनके पास हमेशा एक बेंत रहता था। कभी वे उसे अपने हाथ में पकड़े रहते थे, कभी एक ओर टिका देते थे। ज्योंही उन्हें गुस्सा आता था, उनका हाथ बेंत की ओर बढ़ता था। कभी-कभी वे बेंत उठाकर सीधे पिटाई कर देते थे। परन्तु ऐसा प्रायः बहुत कम करते थे।

एक बार वे 'स्कूल के अहाते में पढ़ा रहे थे। कलाम अपनी कक्षा से निकले और अय्यर साहब की कक्षा की ओर घूरते हुए आगे निकल गए।

अय्यर साहब ने जब यह देखा कि एक लड़का उनकी कक्षा को घूरता हुआ अभी-अभी यहाँ से निकला है, उन्हें बहुत बुरा लगा।

उन्होंने आवाज देकर कलाम को बुलाया और उनकी कमर पर कई बेंत जमा दिए। बेंत मारते समय वे शिकायत भी कर रहे थे कि गणित में उनके बहुत कम अंक आते हैं। वक्त के साथ कलाम पिटाई का दर्द तो भूल गए परन्तु उन्हें श्री रामकृष्ण अय्यर के मुंह से निकले शब्द याद रहे, "गणित में नम्बर कम क्यों आते हैं?"

कलाम ने मन-ही-मन फैसला कर लिया कि अब गणित में वे पीछे नहीं रहेंगे। उन्होंने जी तोड़ मेहनत की। गणित का गहन अध्ययन किया। जब अगली परीक्षा का परिणाम आया तो कलाम ने गणित में पूरे अंक प्राप्त किए। जब अय्यर साहब ने कलाम का परीक्षाफल देखा तो चौंक पड़े। उन्होंने कलाम को अपने पास बुलाया और सिर पर हाथ रखते हुए बोले, "तुम बहुत अच्छे लड़के हो। उस दिन मैंने तुम्हारी बेंत से पिटाई की, इसका मुझे अफसोस है।" फिर रुककर बोले, "लेकिन एक बात है, मैं जिसकी बेंत से पिटाई करता हूँ, वह महान् पुरुष बनता है।"

अय्यर साहब तो शब्द कहकर चले गए परन्तु कलाम ने उनके शब्दों को अपने जहन में रख लिया और निश्चय किया कि वे इन शब्दों को सदा याद रखेंगे।

कलाम ने जो ऊंचाई पाई है, उसे देखकर साफ लगता है कि उन्हें अपने अध्यापक के ये शब्द सदा याद रहे।

निष्ठा और विश्वास पर बल देने वाले अयादुरै सोलोमन

श्वाट्र्ज हाई स्कूल, रामनाथपुरम में कलाम अपने अध्यापक अयादुरै सोलोमन से बहुत प्रभावित हुए। वे छात्रों को बहुत प्यार करते थे। उनके हौंसले बढ़ाने में वे सदा उनके साथ रहते थे। मेहनत करने वाले छात्रों से उन्हें बहुत प्यार था। कलाम की प्रतिभा को पहचानते उन्हें देर न लगी। प्रतिभाशाली छात्रों का मनोबल बढ़ाकर उन्हें ऊंचाई पर खड़े करने का उन्हें बहुत शौक था।

उन्होंने कलाम को बहुत सहयोग दिया। वे उनके साथ पूरी तरह घुल-मिल गए थे। वे निष्ठा और विश्वास पर बहुत बल देते थे। वे कलाम से अक्सर कहा करते थे, "तुम अपने अन्दर झांककर तो देखो। तुम्हारे अन्दर एक बड़ी प्रतिभा छिपी बैठी है। उसे पहचानो, मेहनत और लगन से उसका विकास करो।"

उनके बारे में कलाम में लिखा है- *"अयादुरै सोलोमन एक महान् शिक्षक थे। वे सभी छात्रों को उनके भीतर छिपी शक्ति और योग्यता का अहसास कराते थे। सोलोमन ने मेरे स्वाभिमान को जगाकर उसे एक ऊंचाई दी। मुझे, एक ऐसे माता-पिता के बेटे को, जिसे शिक्षा का अवसर नहीं मिल पाया था, यह आश्वस्त कराया कि मैं भी अपनी उन आकांक्षाओं को पूरा कर सकता हूँ जिनकी मैं इच्छा करता हूँ। वे कहा करते थे- 'निष्ठा और विश्वास नियति बदल देते हैं'।"*

अयादुरै सोलोमन को अब्दुल कलाम अपना प्रेरणा-पुरुष मानते हैं। उन्होंने उनके कहे शब्दों को सदा याद रखा। निष्ठा और विश्वास को उन्होंने सदा अपने मन में पहला स्थान दिया। निष्ठा और विश्वास रचनात्मक शक्तियों के भंडार हैं।

जब किसी मनुष्य की निष्ठा डगमगाती है और विश्वास टूटता है तो उसकी सारी शक्तियां छिन जाती है, वह बर्बाद हो जाता है। निष्ठा और विश्वास वह पूंजी है जो मनुष्य को सदा सकारात्मक सोच से भरपूर रखती है। ऐसा मनुष्य किसी से कोई शिकायत नहीं रखता। वह दानों हाथों से अपना और दूसरों का जीवन संवारता है।

अयादुरै सोलोमन ने कलाम के दिल में निष्ठा और विश्वास का ऐसा दीप जलाया कि उनका अंतर्मन आज भी उसकी रोशनी से जगमगा रहा है।

पृथ्वी और अग्नि मिसाईलों के परीक्षण के बाद 1990 में जब कलाम को पद्मविभूषण से सम्मानित किया गया तो उन्हें अपने माता-पिता तथा शिक्षकों की बहुत याद आई। उस समय उन्होंने महसूस किया कि अयादुरै सोलोमन ने यदि उनकी रचनात्मक शक्तियों को न उभारा होता तो वे इस मुकाम पर नहीं पहुँच पाते।

उसी वर्ष कलाम को मदुरै स्थित कामराज विश्वविद्यालय के दीक्षांत समारोह में भाषण देने के लिए बुलाया गया।

मदुरै पहुँचने पर कलाम को पता लगा कि उनके वृद्ध अध्यापक सोलोमन मदुरै के बाहर एक छोटी सी बस्ती में रहते हैं।

सोलोमन अवकाश प्राप्त करने के बाद अपने परिवार के साथ इस बस्तो में रह रहे थे। अब उनकी अवस्था 80 वर्ष की थी। वे बहुत दिनों से कलाम की प्रशंसा सुनते आ रहे थे। जब-जब उन्हें पता लगता था कि कलाम ने देश को विज्ञान की ऊंचाईयों पर पहुँचा दिया है, वे बड़े गर्व से कहते थे कि कलाम उनके शिष्य रहे हैं।

कलाम के मदुरै पहुँचने का कार्यक्रम पता लगने पर वे अपने प्रिय शिष्य को देखने के लिए मचल उठे, परन्तु साधन के अभाव में वे मदुरै जाने से मजबूर थे।

कलाम ने सोलोमन का पता जानने वाले एक व्यक्ति को खोज निकाला। उन्होंने एक टैक्सी में उस व्यक्ति को अपने साथ लेकर उस बस्ती में जा पहुँचे।

कलाम को 40 वर्षों के बाद यकायक अपने सामने पाकर आयदुरै सोलोमन इतने भावुक हो उठे कि दौड़कर उनसे लिपट गए। उनकी आँखों से आँसू बह रहे थे।

कलाम ने उन्हें अपनी टैक्सी में बैठाया और समारोह स्थल पर ले आए। समारोह की अध्यक्षता तमिलनाडु के राज्यपाल पी०सी० अलैक्जैंडर कर रहे थे। उन्होंने सोलोमन को सम्मान दिया और अपने बराबर में मंच पर बैठाया।

कलाम जब दीक्षांत भाषण देने के लिए खड़े हुए तो उन्होंने छात्रों और अध्यापकों को सम्बोधित करते हुए कहा, "प्रत्येक विश्वविद्यालय का दीक्षांत समारोह किसी बांध के विशाल द्वारों को खोलने के समान होता है। जिससे निकला प्रवाह संस्थानों, संगठनों एवं उद्योगों द्वारा राष्ट्र-निर्माण की फसलें सींचने हेतु पानी के स्रोतों और दरियाओं में बदलकर दूर-दूर तक फैल जाता है।"

अपने भाषण के बाद उन्होंने अपने गुरू सोलोमन को झुककर प्रणाम किया। कलाम उस समय भावविभोर थे। उन्हें लग रहा था कि 45 वर्ष पहले उनके गुरू सोलोमन उन्हें अक्सर जो बातें कहा करते थे, आज अपने भाषण में उन्होंने वही बातें दुहराई हैं।

कलाम ने सोलोमन से कहा, "महान् स्वप्न दृष्टाओं के सपने कहीं अधिक बड़े और श्रेष्ठ होते हैं।"

सोलोमन मुस्कराए और उन्होंने कहा, "कलाम! तुम केवल मेरे लक्ष्यों तक ही नहीं पहुँचे, बल्कि उनसे भी कहीं आगे निकल गए हो। मुझे तुम पर गर्व है।"

2001 में डा॰ कलाम ने भारत के विभिन्न आंचलों के विद्यालयों और विश्वविद्यालयों में पहुंचकर छात्रों से बातचीत की, तब भी उनकी जुबान पर अध्यापक अयादुरै सोलोमन का नाम आया।

फादर टी॰एन॰ सेक्युरिया और फादर कलाथिल

डा॰ कलाम ने सेंट जोसेफ कालेज, तिरुचिरापल्ली में चार वर्ष बिताए थे। यहाँ से उन्होंने इंटरमीडिएट और बी॰एस॰सी॰ की परीक्षाएं उत्तीर्ण की थीं।

इस अवधि में वे जिन अध्यापकों से सबसे अधिक प्रेरित हुए उनमें प्रमुख थे फादर टी॰एन॰ सेक्युरिया। वे अंग्रेजी के शिक्षक थे तथा छात्रावास के वार्डन थे। कलाम उन दिनों छात्रावास में रहा करते थे। फादर सेक्युरिया बड़े मिलनसार थे। वे छात्रों के अभिभावक भी थे और मित्र भी।

वे हर रात पवित्र बाइबिल लिए छात्रावास में आते थे। तीन मंजिले छात्रावास में लगभग सौ छात्र रहते थे। फादर सेक्युरिया हर कक्ष मे जाते थे और हर लड़के से मिलकर उसकी कुशल-क्षेम पूछा करते थे। वे छात्रों की हर जरूरत का ख्याल रखते थे। फादर सेक्युरिया का होस्टल के इंचार्ज तथा मेस के सदस्यों को निर्देश था कि वे प्रति वर्ष दीवाली पर हर छात्र के कमरे में जाएं और हर छात्र को पवित्र स्नान करने के लिए तिल का तेल दें।

डा॰ कलाम फादर सेक्युरिया के व्यक्तित्व को कभी नहीं भुला पाए। उन्हें देखने पर लगता था जैसे वे दिव्य लोक की कोई विभूति हों। निर्मल श्वेत वस्त्र, धुली हुई मुस्कान और आत्मविश्वास व आल्हाद से चमचमाता चेहरा।

कालेज के प्रमुख फादर कलाथिल भी प्रेरक व्यक्तित्व के धनी थे। वे इतने बड़े थे कि छात्र उनके सामने जाने में घबराते थे। परन्तु उनका पवित्र अनुशासनमय जीवन सबके लिए भव्य आदर्श था।

कलाम जब बी०एस०सी० प्रथम वर्ष के छात्र थे, तब उन्हें कालेज की शाकाहारी मेस का सचिव बनाया गया। कलाम ने मेस में बनने वाले शाकाहारी व्यंजनों की सूची में भारी बदलाव किया। बहुत दिनों से एक से व्यंजनों के स्वाद से सब लोग तंग आ चुके थे। कलाम ने इस बिन्दु पर ध्यान दिया और नए स्वादों से परिचय कराने के लिए अलग तरह के व्यंजन बनवाने शुरू किए।

रविवार के दिन कलाम ने परंपरा से थोड़ा हटकर एक प्रयोग और कर डाला। उन्होंने फादर कलाथिल को दोपहर के भोजन पर आमंत्रित कर लिया।

जो छात्र फादर के सामने आने से कतराते थे, उनमें कलाम ने आत्मविश्वास भरा। छात्रों ने अपने हाथों से तरह-तरह के शाकाहारी व्यंजन फादर कलाथिल के सामने परोसे और बाद में उनसे खाने का आग्रह किया। फादर कलाथिल ने इन व्यंजनों का स्वाद लिया तो वे बड़े प्रसन्न हुए।

उन्होंने सब छात्रों को अपने पास बिठाया और बहुत देर तक उनसे बातें करते रहे। गंभीरता और गरिमा की प्रतिमूर्ति फादर कलाथिल इतने अनौपचारिक ढंग से छात्रों से बातें कर सकते हैं, किसी को विश्वास नहीं था। परन्तु रविवार का वह भोज एक यादगार बन गया। फादर कलाथिल के गरिमामय व्यक्तित्व में कितनी सरलता और आत्मीयता छिपी थी, इस बात का एहसास जब कलाम को हुआ, तो वे गद्‌गद् हो गए। उच्च आदर्श, नैतिकता व अनुशासन का पाठ कलाम ने फादर सेक्युरिया और फादर कलाथिल से सीखा।

एम०आई०टी० के कैम्पस में रखे विमान

कलाम बड़ी मुश्किल से 'मद्रास इंस्टीट्यूट ऑफ टेक्नोलॉजी' में दाखिला ले पाए थे। उनकी बहन ने अपने जेवर गिरवी रखकर उनके दाखिले की फीस जुटाई थी। बहन के इस त्याग की बात उनके मन में उस समय पूरे वेग से घूम रही थी, जब उन्होंने पहली बार इंस्टीट्यूट के परिसर में प्रवेश किया।

मुख्य द्वार पार करते ही उनकी निगाह परिसर में रखे दो बड़े-बड़े विमानों पर गई। इनके पंख दूर तक फैले थे।

कलाम को लगा जैसे दो विशाल पंखों वाले पक्षी अपने पंख फैलाए जमीन पर उतरे हों और फिर से उड़ने को तैयार हों।

इन विमानों ने उड़ते-उड़ते समुद्र के किनारे पर आ उतरते उन पक्षियों की याद ताजा कर दी जो उन्होंने रामेश्वरम् में देखे थे। कलाम का मन इन विमानों में अटक गया। वे खड़े हो गए और बहुत देर तक उन्हें देखते रहे। परन्तु यह समय कक्षा में जाने का था। अतः वे मुड़ मुड़कर विमानों की ओर देखते हुए अपनी कक्षा में चले गए। कक्षाएं समाप्त होने के बाद वे विमानों के पास पहुँचे। अब परिसर लगभग खाली हो चुका था। छात्र परिसर से बाहर जा चुके थे। कलाम विमानों के पास बैठ गए और उन्हें नजदीक से देखते रहे। ये विमान वैमानिक इंजीनियरिंग के छात्रों को व्यावहारिक जानकारी देने के लिए रखे गए थे।

विमानों के अंग-अंग का बारीकी से निरीक्षण करते-करते कलाम के मन में बचपन का खुले आसमान में उड़ने का स्वप्न जाग उठा। कलाम ने संकल्प लिया कि वे बहुत मेहनत से वैमानिक इंजीनियरिंग की पढ़ाई करेंगे और पायलट बनकर आसमान में हवाई जहाज उड़ायेंगे।

विमानों से मिली यह प्रेरणा उनके मन में वैमानिकी के प्रति गहरी रुचि जगाने में बहुत सहयोगी साबित हुई। उन्होंने आगे चलकर विमान तो नहीं उड़ाए परन्तु राकेट और मिसाईलों का प्रक्षेपण कर विश्व को चौंका दिया।

एम०आई०टी० के तीन शिक्षक

कलाम इस मामले में बहुत भाग्यशाली रहे कि उन्हें लगभग सभी शिक्षक प्यार करने वाले और सहयोग देने वाले मिले। इससे भी बड़ी बात यह कि वे कलाम के अंदर छिपी असाधारण प्रतिभा को पहचान सके। कलाम का मन सरल और कोमल है। शिक्षकों के प्रति वे सदा ही भावुक और विनम्र रहे हैं। भारतीय संस्कृति में शिक्षक या गुरू का स्थान सबसे ऊपर माना जाता रहा है।

गुरू अपने शिष्य को वह सब कुछ दे डालना चाहता है जो उसने पाया है। वह अपने बेटे-बेटियों से भी अधिक अपने शिष्यों को प्यार करता आया है और उनके हितों को प्राथमिकता देता रहा है। गुरू के हृदय की इसी विशालता ने भारतीय मानस को इतना प्रभावित किया कि उसने परम विश्वसनीय और परम पूज्य मानकर उसके आगे अपना सिर झुका दिया। भारत में यह परम्परा आज भी थोड़े-बहुत अंतर के साथ मौजूद है।

कलाम ने इस परम्परा का निर्वाह किया। अपने हर अध्यापक को उन्होंने पूरा सम्मान दिया। वे शिष्य की कसौटी पर सदा खरे उतरे। इसीलिए उन्हें हर अध्यापक का भरपूर स्नेह और सहयोग मिला।

मद्रास इंस्टीट्यूट ऑफ टैक्नोलॉजी में तीन शिक्षक उनके ऐसे संपर्क में आए कि उन्होंने कलाम की जीवन धारा ही बदल दी। विज्ञान एवं तकनीक में गहरी रुचि जगाने का श्रेय इन्हीं तीन शिक्षकों को है।

प्रोफेसर स्पांडर

प्रो॰ स्पांडर आस्ट्रेलिया के रहने वाले थे। वे वैमानिकी इंजीनियरिंग में दक्ष थे। द्वितीय विश्व युद्ध के दौरान उन्हें नाजियों ने बंदी बना लिया था। यहाँ से किसी प्रकार निकलने में वे सफल हुए और हिन्दुस्तान आ गए। यह एक संयोग ही था कि मद्रास इंस्टीट्यूट ऑफ टेक्नोलॉजी से जुड़ गए।

अपने विषय की पूरी जानकारी के साथ-साथ उनकी अध्यापन शैली बहुत सरल और रुचिवर्धक थी। वे सदा उत्साहित रहते थे। छात्रों को अधिक से अधिक सिखाते और मित्रों की तरह उनका पूरा सहयोग करने को सदा तैयार रहते थे।

कलाम के अंदर छिपी प्रतिभा को और उनकी वैज्ञानिक क्षमता को उन्होंने जान लिया था। उन्हें विश्वास था कि कलाम विज्ञान की दुनिया में बहुत आगे जाएंगे। उनके हाथों मानवता का बहुत बड़ा हित होना है। कलाम से उन्हें आत्मीयता हो गई थी। उन्हें वैमानिकी इंजीनियरिंग चुनने की सलाह उन्होंने ही दी थी। वे कलाम के अन्दर छिपी वैज्ञानिक प्रतिभा का बहुत आदर करते थे। मुसीबतों से न घबराने, विषम परिस्थिति में भी लक्ष्य से अपना ध्यान न हटने देने की कला उन्होंने प्रो॰ स्पांडर से ली।

वे कलाम से खुलकर चर्चा करते थे। कभी-कभी उनके साथ कुछ कदम चलने का अवसर मिल जाता तो वे ऐसी बातें समझाते थे जो मिशन में कामयाबी पाने के लिए बड़ी महत्वपूर्ण होती हैं।

उनकी प्रशंसा करते हुए कलाम ने अपनी आत्मकथा में लिखा है, *''नाजियों के हाथों कठोर यातनाएं सहने के बावजूद प्रोफेसर स्पांडर ने अपने व्यक्तित्व को बचाए रखा और उच्च व्यावसायिक मानदंड भी कायम रखे। वे हमेशा शांत रहते थे और आजीवन रहे। स्वयं पर उनका पूरा नियंत्रण था। वे नई से नई तकनीक*

के बारे में पूरी जानकारी रखते थे और अपने विद्यार्थियों से भी यही उम्मीद रखते थे। वैमानिकी इंजीनियरिंग को अपना विषय बनाने से पहले मैंने उनसे विचार विमर्श किया था। उन्होंने मुझसे कहा कि भविष्य को लेकर किसी को कभी चिन्ता नहीं करनी चाहिए। जो भी क्षेत्र पढ़ाई के लिए एक बार चुन लिया जाए उसमें पूरी मेहनत, उत्साह और धैर्य के साथ पढ़ाई करनी चाहिए। उनका कहना था भारतीयों के साथ शैक्षणिक अवसरों की कमी या औद्योगिक बुनियादी ढांचे का संकट नहीं है, संकट तो अनुशासन और अपने चुनाव को युक्तिसंगत बनाने के बीच अंतर को न देख पाने का है। इंजीनियरिंग के सभी छात्रों से मैं तो यही कहना चाहूँगा कि विषय का चुनाव करने से पहले यह अवश्य जान लें कि उस विषय में उनकी भीतर से रूचि और अंतःप्रेरणा भी है कि नहीं।'

संस्थान में पढ़ाई पूरी करने के बाद विदाई समारोह के दौरान घटी घटना कलाम को आज तक याद है। इस घटना ने कलाम के अंदर अटूट आत्मविश्वास का संचार किया था।

कलाम के साथी सभी छात्र तीन पंक्तियों में खड़े थे। सभी प्रोफेसर आगे वाली पंक्ति में बैठे थे। कलाम तीसरी पंक्ति में पीछे खड़े थे। प्रो॰ स्पांडर की नजर कलाम पर पड़ी तो बोले, ''कलाम, यहाँ आओ और मेरे साथ बैठो।'' आदेश का पालन करने के लिए, कलाम झिझकते हुए प्रो॰ स्पांडर के पास जाकर बैठ गए। उसके बाद प्रो॰ स्पांडर ने फोटोग्राफर से कहा, ''हाँ, अब फोटो खींचो।'' कैमरे ने क्लिक किया और फोटो खिंच गया। विदाई देते समय उन्होंने कलाम से कहा, ''ईश्वर तुम्हें रास्ता दिखाए। तुम हमारे सबसे प्रिय छात्र हो। हमें विश्वास है कि एक दिन तुम्हारे कारण हम सबके नाम रोशन होंगे।''

प्रोफेसर पनदलाई–प्रोफेसर के॰एं॰बी॰ पनदलाई एक अलग किस्म के इन्सान थे। उन्होंने कलाम को 'एयरो स्ट्रक्चर डिजाइन एंड एनालिसिस' विषय पढ़ाया था। उनकी विशेषता यह थी कि वे मस्त रहते थे। और अपने पढ़ाने के अंदाज में नये-नये बदलाव लाकर विषय को और रूचिकर बनाते रहते थे। छात्रों के साथ उनका व्यवहार पित्रवत् रहा करता था। शिक्षक के रुतबे और रौबदाब को वे बेकार की चीज मानते थे। उनका विश्वास था कि सरलता और आत्मीयता ही अच्छे शिक्षक की पहचान है। जो शिक्षक छात्रों पर अपने व्यक्तिगत का दबाब डालेंगे उनके सामने छात्र पूरी तरह खुल नहीं सकते। ऐसे में उनका सही मानसिक विकास कैसे होगा?

प्रो० पनदलाई के बारे में डा० कलाम लिखते हैं, *"ये प्रो० पनदलाई ही थे जिन्होंने स्ट्रक्चरल इंजीनियरिंग के छिपे हुए तथा गोपनीय पहलुओं को पूरी तरह खोलकर हमारे सामने रखा। आज भी मेरा मानना है कि प्रो० पनदलाई एक महान् बुद्धिजीवी और अध्येता थे। लेकिन उनमे घमंड या हेकड़ी नाम की कोई चीज़ नहीं थी। उनके छात्र कक्षा में उनसे तमाम बिन्दुओं पर असहमति व्यक्त करने के लिए स्वतंत्र थे।"*

प्रोफेसर नरसिंह राव: प्रोफेसर नरसिंह राव ने कलाम को वैमानिकी में गहन अध्ययन के लिए प्रेरित किया। वे वैमानिकी गतिकीय में दक्ष थे। कलाम तय नहीं कर पर रहे थे कि वे गणितीय भौतिकी को अपने पाठ्यक्रम में शामिल करें या नहीं। एक दिन वे प्रो० नरसिंह राव की कक्षा में जा बैठे। उस समय वे तरल गतिकी पढ़ा रहे थे। उनके पढ़ाने का ढंग इतना सरल था कि कलाम ने गणितीय भौतिकी लेने का फैसला कर लिया। प्रोफेसर नरसिंह राव के बारे में कलाम ने लिखा है, *"प्रोफेसर नरसिंह राव गणित के महान् विद्वान थे। वे हमें सैद्धांतिक वैमानिकी गतिकी पढ़ाया करते थे। तरल गतिकी पढ़ाने का उनका तरीका मुझे अब तक याद है। वे अक्सर कहा करते थे, 'वैमानिकी डिजाइनों की समीक्षा के लिए मेरे नेफे में एक शल्य चिकित्सा औजार रहता है।' यदि प्रोफेसर राव की कृपा नहीं होती और वैमानिकी गतिकी के समीकरणों का हल निकालने के लिए वे मुझे प्रेरित नहीं करते तो मेरे पास यह विलक्षण औजार नहीं होता।"*

एम०आई०टी० से निकलने के बाद कलाम के अंदर भारी आत्मविश्वास आ गया था। उन्होंने सामने आने वाली हर जिम्मेदारी की चुनौतियों को स्वीकार किया, सहा और सफलता प्राप्त की।

अपने जीवन में विज्ञान एवं तकनीक में मिलने वाली बड़ी-बड़ी सफलताओं के लिए इन तीनों प्राध्यापकों के सहयोग को वे बहुत महत्व देते हैं। उनका मानना है कि यदि वे तीनों उनके जीवन में न आए होते तो निश्चय ही विज्ञान के अनेक रहस्य खोलने की विलक्षण क्षमता उनके अंदर विकसित नहीं हो पाती।

डा० कुर्त टैंक जिस समय कलाम ने एम०आई०टी० में दाखिला लिया, तब डा० कुर्त टैंक संस्थान के निदेशक थे। वैमानिकी इंजीनियरिंग के क्षेत्र में उनका बड़ा नाम था। उन्होंने जर्मनी में एक सीट वाले विमान फोक वुल्फ का डिजाइन तैयार किया था। द्वितीय विश्व युद्ध के समय इस विमान ने जर्मन सेना का मनोबल बढ़ाया था।

कलाम डा॰ कुर्त टैंक की प्रतिभा का बहुत आदर करते थे। वैमानिकी में दाखिला लेने के बाद ऐसे अनेक अवसर मिले जब कलाम को डा॰ कुर्त टैंक के संपर्क में आना पड़ा। वे संस्थान के समस्त प्रोफेसरों व वैज्ञानिकों को प्रेरित करने की असाधारण क्षमता रखते थे। आपस में संतुलन बनाए रखने और अधिक से अधिक कार्य क्षमता का परिचय देने वाली शिक्षण परम्परा को डा॰ कुर्त टैंक ने एम॰आई॰टी॰ में कायम किया था।

बाद में वे बैंगलोर के हिन्दुस्तान एरोनॉटिकल लिमिटेड (एच॰ए॰एल॰ में चले गए थे, जहाँ उन्होंने भारत के पहले लड़ाकू विमान एचएफ 24 मारुत का निर्माण किया।

प्रो॰ श्रीनिवासन: एम॰आई॰टी॰ में वैमानिकी इंजीनियरिंग की पढ़ाई पूर्ण होने के बाद अंतिम वर्ष में कलाम को पहली बार विमान का डिजाइन तैयार करने की परियोजना में लगाया गया। उस समय एम॰आई॰टी॰ के निदेशक प्रो॰ श्रीनिवासन थे। वे ही कलाम के डिजाइन शिक्षक थे।

प्रो॰ श्रीनिवासन के अन्दर एक अच्छे अध्यापक के सारे गुण मौजूद थे। वे सिखाने की कला में माहिर थे तो अपने छात्र से काम लेने की कला भी उन्हें आती थी। करीब से हमला करने वाले लड़ाकू विमान की परियोजना को पाँच छात्रों को सौंपा गया। कलाम को वायुगति की डिजाइन तैयार करने तथा उसकी ड्राइंग बनाने की जिम्मेदारी सौंपी गई।

कलाम ने बहुत कोशिश की परन्तु समय पर डिजाइन तैयार नहीं हो पाया। एक दिन प्रोफेसर श्रीनिवासन कलाम के पास आ धमके और काम तैयार न देख बिगड़ गए।

कलाम ने उनसे एक महीने का समय मांगा। परन्तु प्रो॰ श्रीनिवासन उनकी बात मानने को तनिक भी तैयार नहीं थे। उनकी धारणा थी कि कलाम ने लापरवाही की, अन्यथा जो काम उन्हें सौंपा गया था वह अब तक तैयार हो जाना चाहिए था। वे कलाम की प्रतिभा और कार्य क्षमता से परिचित थे। परन्तु जो परिणाम मिले उससे उन्हें बड़ी निराशा हुई। कलाम के बहुत विनय करने पर प्रो॰ श्रीनिवासन गरजते हुए बोले, "तो सुनो, आज शुक्रवार है। मैं तुम्हें केवल तीन दिन का वक्त देता हूँ। अगर सोमवार तक मुझे यह ड्राइंग नहीं मिली तो तुम्हारी छात्रवृत्ति रोक दी जाएगी।"

प्रो॰ श्रीनिवासन धमकी देकर चले गए। अब तो कलाम का सारा चैन खो गया। छात्रवृत्ति तो उनका आधार थी। यदि छात्रवृत्ति रुक गई तो पढ़ाई खत्म। पूरा

भविष्य चौपट हो जायेगा। वे जानते थे कि प्रो० श्रीनिवासन इस मामले में बहुत सख्त हैं। उन्होंने जो कह दिया वह अंतिम लकीर है। कलाम सब कुछ भुलाकर अपने काम में जुट गए। जिस लगन और मेहनत से उन्होंने काम किया उसका वर्णन उन्होंने अपनी आत्मकथा में किया है, *''मेरे सामने कोई दूसरा रास्ता नहीं था, सिवाय इसके कि मैं उनके निर्देश के अनुसार कार्य करूं। उस रात मैंने खाना नहीं खाया। और रात भर ड्राइंग बोर्ड पर काम करता रहा। अगली सुबह मेरा काम पूरा होने के करीब था। तभी अचानक लगा कि मेरे कमरे में कोई है। प्रो० श्रीनिवासन दूर खड़े मेरी ओर देख रहे थे। वे सीधे जिमखाने से आए थे और टेनिस के कपड़ों में थे। मेरा काम देखने के लिए वे सीधे मेरे कमरे में आ गए थे। वे मेरी ओर बढ़े और मुझे गले से लगा लिया। फिर मेरी पीठ थपथपाते हुए बोले, 'मुझे पता था कि तुम्हारे अंदर तनाव पैदा हो रहा है और काम पूरा करने के लिए जो समय मैं दे रहा हूँ, उसमें वह संभव नहीं होगा। सच पूछो तो मुझे भी इतनी उम्मीद नहीं थी कि इतने भारी तनाव में भी तुम नियत समय से पहले अपना काम पूरा कर लोगे'।''*

उस घटना का कलाम के मन पर इतना प्रभाव पड़ा कि वे अपने आंसू न रोक सके। प्रो० श्रीनिवासन के जाने के बाद उन्होंने अश्रु पूरित आंखों से भगवान को धन्यवाद दिया जिसने उन्हें इतना बल दिया कि वे समय से पहले अपना कार्य निबटा पाए। यदि काम समय पर न हो पाता तो छात्रवृत्ति चली जाती। फिर तो सब कुछ बर्बाद हो जाता।

वे बहुत देर तक प्रो० श्रीनिवासन के इस व्यवहार का राज खोजते रहे। अंत में उनकी समझ में आ गया कि प्रो० श्रीनिवासन उनकी एकाग्रता और कार्यक्षमता का इम्तिहान लेना चाहते थे। उन्हें मालूम था कि जब तक अंतिम चेतावनी नहीं दी जाएगी, तब तक पूरी क्षमता उभरकर आने वाली नहीं है। इसीलिए उन्होंने ऐसी कठोर शर्त रखी।

प्रो० श्रीनिवासन को कलाम ने अपने लिए एक ऐसा प्रेरणा–पुरुष माना जिसने उन्हें सिखाया कि असंभव लगने वाले काम भी पूरे किए जा सकते हैं, यदि हम जी जान से उनमें जुट जाएं।

इस घटना के बाद कलाम ने तमिल पत्रिका 'आनंद विकटन' द्वारा आयोजित निबंध प्रतियोगिता के लिए तमिल भाषा में एक निबंध लिखा। इस निबंध का शीर्षक था–'आओ अपना विमान स्वयं बनाएं।'

सरल भाषा में लिखे गए इस लेख को प्रथम पुरस्कार के लिए चुन लिया गया। बाद में यह लेख 'आनंद विकटन' में छपा। जिस किसी ने इस लेख को पढ़ा वही हैरान रह गया। विमान बनाने की तकनीक इतनी सरल भाषा में और इतनी सहज ढंग से लिख दी गई थी कि यकायक विश्वास नहीं हो पाता था। पत्रिका के संपादक देवन ने एक समारोह में कलाम को यह पुरस्कार दिया। कलाम के लिए यह एक स्मरणीय दिन था। इसकी यादगार आज भी उनके मन में बिल्कुल ताजा है।

ऋषिकेश के महात्मा स्वामी शिवानन्द

1958 में वैमानिकी इंजीनियरिंग की डिग्री प्राप्त करने के बाद कलाम के सामने सबसे पहली जरूरत थी-काम की तलाश करना। यद्यपि वे इंजीनियरिंग के अध्ययन काल में अपनी असाधारण प्रतिभा का परिचय दे चुके थे, परन्तु उन दिनों ऐसी कोई परंपरा नहीं थी कि डिग्री लेते ही योग्य छात्रों को तुरन्त काम कर लगा लिया जाए। आज की तरह तब भी छात्रों को रोजगार की तलाश में भटकना पड़ता था।

अब कलाम की आयु 27 वर्ष हो चुकी थी। उन्होंने भारतीय वायुसेना और रक्षा मंत्रालय के तकनीकी विकास एवं उत्पादन निदेशालय में नौकरियों के लिए प्रार्थना पत्र भेजे थे। एक का कार्यालय देहरादून में था और दूसरे का नई दिल्ली में। कलाम के पास दोनों जगह से इंटरव्यू लैटर आ गये।

पहले दिल्ली में इंटरव्यू था, बाद में देहरादून में। कलाम ने रेल द्वारा पहले दिल्ली और बाद में देहरादून जाने का फैसला किया।

बंगलौर से दिल्ली तक का सफर उन्होंने रेलगाड़ी से पूरा किया और दिल्ली जा पहुँचे। दिल्ली में उन्होंने साधारण सी तैयारी के साथ इंटरव्यू दे दिया। कलाम का रुझान दिल्ली की नौकरी की ओर नहीं था। उनका मन तो देहरादून के इंटरव्यू में किसी तरह चुने जाने का था। बचपन से ही उन्होंने आसमान में उड़ने का सपना देखा था। उन्हें लग रहा था कि भारतीय वायुसेना में वे विमान चालक के पद के लिए चुन लिए जाएंगे और फिर आसमान में विमान उड़ाया करेंगे। इसके लिए उन्होंने जी तोड़ मेहनत की। गणित, सामान्य ज्ञान, बुद्धि परीक्षा आदि सभी पहलुओं का उन्होंने गहरा अध्ययन किया और वे पूरी तरह आश्वस्त थे कि देहरादून वाली नौकरी उन्हें अवश्य मिलेगी।

दिल्ली में इंटरव्यू देने के बाद वे देहरादून चले गए। लिखित परीक्षा के बाद इंटरव्यू हुआ तो उन्हें पता लगा कि केवल आठ प्रत्याशी चुन लिये गए हैं। चयन के लिए प्रत्याशियों की जो सूची तैयार की गई थी उसमें उनका नम्बर नौवां था। उनसे ठीक पहले वाले 8 प्रत्याशी चुन लिए गए और वे रह गए।

कलाम इस असफलता का गम बर्दाश्त न कर सके। वे बुरी तरह टूट गए। बार-बार उनके मन में एक ही बात घूम रही थी। 'मुझसे पहले वाले आठों प्रत्याशी चुन लिए गए और मैं रह गया, जबकि मुझे नौकरी की सबसे अधिक जरूरत थी। बड़ी मुश्किल से घरवालों ने अपना पेट काटकर पढ़ाया, बहन जोहरा के त्याग और छात्रवृत्ति के कारण इंजीनियरिंग की पढ़ाई तो पूरी हो गई, परन्तु अब? अब तो कोई ठिकाना नहीं। खाली हाथ घर लौटूंगा तो....?' अजीब-अजीब से विचार उनके मन में आने लगे।

देहरादून में अब एक क्षण भी ठहरना उन्हें बुरा लगने लगा। आते समय जो घाटियां और पहाड़ियाँ उनका मन मोह रही थीं, अब वे ही बहुत बुरी लगने लगीं।

रोजगार न मिल पाने की पीड़ा कितनी भयानक होती है, आज पहली बार कलाम ने जाना। निम्न मध्यम वर्ग के लड़कों को पहले तो पढ़ाई का खर्च उठाना ही मुश्किल हो जाता है, किसी प्रकार पढ़-लिख जाएं और नौकरी न मिल सके तो परिवार वाले तबाह हो जाते हैं और युवाओं का मन मर जाता है।

कलाम का आसमान में उड़ान भरने का स्वप्न टूटकर बिखर गया था। बड़े अरमान से देहरादून आए थे। उन्हें क्या पता था कि ये खूबसूरत वादियां उनका दिल ही तोड़ देंगी।

सोचते-सोचते कलाम देहरादून से ऋषिकेश आ पहुँचे। वहाँ उन्होंने गंगा के शीतल जल में स्नान किया। कपड़े बदलते-बदलते उनकी निगाह पहाड़ी पर बने एक आश्रम पर पड़ गई। उत्तर भारत के साधुओं के चमत्कारों की बातें वे दक्षिण भारत में बहुत सुन चुके थे। मन में एक उत्सुकता जागी, "क्यों न आश्रम में चलकर संतों के दर्शन किए जाएं। हो सकता है कोई रास्ता निकले। ऋषिकेष भारती की तीर्थ-स्थली है। यहाँ के साधु विलक्षण शक्तियों से युक्त होते हैं।' वे आश्रम की ओर चल दिए।

आश्रम के निकट द्वार पर लिखा था-'शिवानंद आश्रम'। कलाम के मन से आवाज आई-कहीं ऐसा न हो कि मुसलमान होने के कारण यहाँ के साधु उनका

तिरस्कार करें? उसी समय उनके मन में दूसरी आवाज आई–नहीं, भारतीय साधु हिन्दू, मुसलमान या ईसाई आदि का भेद नहीं करते। वे दुनियादारी से ऊपर उठे हुए सच्चे संत होते हैं।

नए उत्साह से कलाम आगे चल पड़े। आश्रम के अन्दर पहुंचकर उन्होंने देखा कि वहाँ अनेक साधु बैठे हैं। उनके बीच में एक दिव्य तेजधारी साधु विराजमान थे।

कलाम ने झुककर सभी साधुओं को प्रणाम किया और अपना परिचय दिया। यह जानकर उनकी आशंका दूर हो गई कि उनका नाम सुनकर किसी के चेहरे पर कोई प्रतिक्रिया नहीं हुई थी।

परिचय के बाद उन्होंने साधुओं से जाना कि बीच में विराजमान दिव्य ललाट वाले स्वामी शिवानन्द थे।

कलाम इतने उदास थे कि बिना पूछे ही स्वामी शिवानन्द जान गए कि वे गहरी चिन्ता में डूबे हैं और भारी तनाव से गुजर रहे हैं। कलाम ने उनसे भेंट का वर्णन करते हुए लिखा है, *''मैं स्वामी शिवानन्द से मिला, बिल्कुल भगवान बुद्ध की तरह दिखने वाले। वे श्वेत धवल धोती और पैरों में खड़ाऊं पहने हुए थे। मैं उनकी अत्यंत सम्मोहक, एकदम बच्चे जैसी मुस्कान और कृपालु भाव देखकर दंग रह गया। मैंने स्वामी जी को अपना परिचय दिया। मेरे मुस्लिम नाम की उनमें जरा-सी भी प्रतिक्रिया नहीं हुई। मैं आगे और कुछ बोल पाता, इससे पहले ही उन्होंने मेरी उदासी का कारण पूछ लिया। उन्होंने कहा, 'यह मत पूछना कि मैंने कैसे जाना कि तुम उदास हो,' और फिर मैंने उनसे यह प्रश्न नहीं पूछा।''*

कलाम ने जब वायुसेना में न चुने जाने वाली घटना उन्हें बताई तो वे मुस्कुराते हुए बोले–

> ''इच्छा जो तुम्हारे हृदय और अन्तरात्मा में उत्पन्न होती है, जो शुद्ध हो और मन की गहराई से की गई हो, एक विस्मित कर देनेवाली विद्युत चुम्बकीय ऊर्जा लिए होती है। यही ऊर्जा हर रात को जब मस्तिष्क सुषुप्त अवस्था में होता है, आकाश में चली जाती है। हर सुबह यह ऊर्जा ब्रह्माण्डीय चेतना लिए वापस शरीर में प्रवेश करती है। जिसकी परिकल्पना की गई है, वह निश्चित रूप से प्रकट होता नजर आएगा। नौजवान तुम इस तथ्य पर अनंतकाल तक ठीक उसी तरह भरोसा कर सकते हो, जैसे तुम हमेशा सुर्योदय के अकाट्य सत्य पर भरोसा करते हो।''

इतनी बात कहने के बाद स्वामी जी चुप हो गए। फिर कलाम को आदेश देने की मुद्रा में कहने लगे, "नौजवान, अपनी नियत्ति को स्वीकार करो और जाकर अपना जीवन अच्छा बनाओ। नियति को यह मंजूर नहीं था कि तुम पायलट बनो। नियति तुम्हें जो बनाना चाहती है, उसके बारे में अभी कोई नहीं बता सकता, लेकिन नियति यह पहले ही तय कर चुकी है। अपनी इस असफलता को भूल जाओ। देखो! नियति को तुम्हें यहाँ मेरे पास लाना था, सो ले आई। ठीक ऐसे ही वह तुम्हें तुम्हारी मंजिल की ओर ले जाएगी। असमंजस से निकलकर अपने अस्तित्व के लिए सही उद्देश्य की तलाश करो। अपने को ईश्वर की इच्छा पर छोड़ दो"

स्वामी शिवानंद के अमृत वचन सुनते ही कलाम के मन से निराशा और विषाद की छाया हमेशा-हमेशा के लिए हट गई। प्रसन्नता से उनका चेहरा खिल उठा। स्वामी जी के वचनों को अपने लिए एक आदेश मानकर कलाम दिल्ली चले आए। स्वामी शिवानन्द उनके लिए प्रेरणा से स्रोत बन गए।

डी० नीलकंठन और आर० वरदराजन

स्वामी शिवानंद से नियति का संकेत समझने के बाद जब कलाम दिल्ली पहुँचे तो उन्हें यह बात जानने की तीव्र इच्छा थी कि उनका चयन हुआ कि नहीं।

जैसे ही वे रक्षा मंत्रालय के तकनीकी एवं उत्पादन निदेशालय के कार्यालय में पहुँचे, उन्हें नियुक्ति पत्र थमा दिया गया। जिस पद पर उनकी नियुक्ति की गई थी, वह था—वरिष्ठ वैज्ञानिक सहायक का पद और वेतन था 250 रुपये प्रति माह।

संस्थान निदेशक डी० नीलकंठन ने कलाम को अपने ऑफिस में बुलाया और परिचय के बाद उन्हें तकनीकी निदेशालय के ऑफिसर इंचार्ज आर० वरदराजन से मिलने को कहा।

आर० वरदराजन दक्षिण भारतीय वैज्ञानिक थे। उन्होंने कलाम को बताया कि उनकी नियुक्ति उड्डयन के तकनीकी केन्द्र में काम करने के लिए की गई है। कलाम की प्रतिभा से प्रभावित होकर उन्होंने उन्हें पराध्वनिक लक्ष्य भेदी विमान का डिजाइन तैयार करने का काम सौंपा।

कलाम अपने काम में पूरी लगन से जुट गए। वे अपने सहयोगियों तथा मार्ग दर्शकों के साथ मिलकर बहुत मेहनत से काम करते थे। प्रातः घूमने जाते और नाश्ता आदि से निबटकर समय पर कार्यशाला में पहुँच जाते थे। उनके व्यवहार से कनिष्ठ और वरिष्ठ साथी बहुत खुश थे।

एक वर्ष से भी कम अवधि में उन्होंने पराध्वनिक लक्ष्य भेदी विमान का डिजाइन बनाकर अपने विभागीय इंचार्ज आर० वरदराजन के सामने पेश कर दिया।

श्री वरदराजन कलाम की प्रतिभा और कार्य-क्षमता से दंग रह गए। उन्होंने कलाम की बहुत प्रशंसा की।

कलाम के आश्चर्यजनक कार्य की रिपोर्ट जब श्री वरदराजन ने संस्थान के निदेशक श्री डी० नीलकंठन के सामने रखी तो उन्होंने कलाम से मिलने की इच्छा व्यक्त की।

कलाम उनसे मिलने उनके कार्यालय में पहुँचे। हाथ मिलाकर श्री डी० नीलकंठन ने कलाम का अपने ऑफिस में स्वागत किया। और इतने सुन्दर डिजाइन को इतने कम समय में तैयार करने के लिए उन्हें बधाई दी।

अगले ही वर्ष नीलकंठन ने विमानों के रखरखाव का प्रशिक्षण लेने के लिए कलाम को कानपुर भेज दिया। वहाँ उन्हें विमान एवं हथियार प्रशिक्षण इकाई में रखा गया। उस समय संस्थान में एम० के०-1 विमान परीक्षण का काम चल रहा था।

भटकते लोगों को देखकर आंखें भर आईं

कलाम एक वर्ष तक कानपुर में रहे। इस दौरान उन्होंने विमानों के रखरखाव तथा अन्य संबंधित तकनीकी जानकारी हासिल की। वे दिन भर तकनीकी बारीकियों को समझने में व्यस्त रहते थे। और शाम के समय घूमने के लिए गंगा किनारे निकल जाते थे।

कलाम को घूमने का बहुत शौक था। सवेरे के समय भी वे दूर तक सैर करने जाते थे। कानपुर में गंगा के किनारे का दृश्य मनोरम लगता था। शहर में तो दिन में गांवों से आई बेरोजगारों की भीड़ देखने को मिलती थी। रोजगार की तलाश में गांवों के गरीब और बेकार लोग दिन--भर कड़ी धूप में, बरसात और सर्दी में सड़कों पर घूमते देखे जा सकते थे।

इन भटकते लोगों को देखकर कलाम का दिल भर आता था। उनका मन कहता कि इनके लिए कुछ किया जाए। परन्तु वे कुछ भी नहीं कर पाते थे। कानपुर की तरह अन्य नगरों में भी बेराजगारों की भीड़ देखी जा सकती थी। कलाम ने निश्चय किया कि ऐसे लोगों के लिए वे कुछ न कुछ करेंगे जरूर।

इस घटना के 40 वर्ष बाद अपनी वैज्ञानिक उपलब्धियों के चरम पर पहुँचने के बाद कलाम को इनके लिए कुछ करने का मौका मिला। अपने सहयोगी व मित्र वाई॰एस॰ राजन के साथ उन्होंने 'इंडिया 2020' नामक एक पुस्तक लिखी जिसमें गरीबी और बेरोजगारी को पूरी तरह समाप्त कर भारत को 2020 तक एक विकसित देश बनाने की रूप रेखा तैयार की गई है।

एक वर्ष बाद कलाम फिर दिल्ली लौट आए। यहाँ आकर उन्होंने 'डार्ट' लक्ष्य का डिजाइन तैयार करने का काम अपने हाथ में ले लिया।

पहले उन्होंने इस डिजाइन का अध्ययन किया और फिर इसे तैयार करने के काम में जुट गए। इतना ही नहीं उन्होंने ऊर्ध्वाधर उड़ान भरने और विमान उतारने के प्लेटफार्म को भी विकसित किया। साथ ही हॉट कॉक पिट का विकास करने के काम में भी जुटे रहे।

पूरे तीन वर्ष दिल्ली स्थित रक्षा मंत्रालय के तकनीकी विकास एवं उत्पादन निदेशालय में अनेक महत्वपूर्ण कार्यों को अंजाम देने के बाद कलाम फिर बंगलौर लौट आए। बंगलौर में 'वैमानिकी विकास प्राधिकरण' की स्थापना हो चुकी थी। भारत सरकार ने उस संस्थान के काम को विकसित करने के उद्देश्य से कलाम को दिल्ली से हटाकर बंगलौर भेजा था।

डा॰ ओ॰पी॰ मेदीरत्ता

जब कलाम बंगलौर पहुँचे, उस समय डा॰ ओ॰पी॰ मेदीरत्ता वैमानिकी विकास प्राधिकरण बंगलौर के निदेशक थे। डा॰ मेदीरत्ता के बारे में कलाम को जानकारी थी कि वे बहुत ही प्रतिभाशाली और धैर्यवान वैज्ञानिक हैं।

पहली ही मुलाकात में कलाम पर उन्होंने अपने व्यक्तित्व की छाप छोड़ दी। उन्होंने कलाम से कहा—"आपने दिल्ली में कई महत्त्वपूर्ण काम किए हैं। अब इस संस्थान के अनुसंधान कार्यों को सफल बनाने के लिए अपनी प्रतिभा का इस्तेमाल करो"

कलाम ने डा॰ मेदीरत्ता के साथ मिलकर संस्थान के कामों की रूपरेखा तैयार की। डा॰ मेदीरत्ता ने कलाम को स्वदेशी हॉवर क्राफ्ट (मंडराने वाले वाहन) का मॉडल तैयार करने का काम सौंपा। इसे तैयार करने के लिए तीन वर्ष का समय तय किया गया।

इस परियोजना पर काम करने के लिए वैज्ञानिकों का एक छोटा सा दल तैयार किया गया। कलाम को इसके नेतृत्व का दायित्व सौंपा गया।

ए॰पी॰जे॰ अब्दुल कलाम ने डा॰ मेदीरत्ता की उपस्थिति में अपने वैज्ञानिक दल की बैठक की और हॉवर क्राफ्ट का मॉडल तैयार करने की योजना पर सबके विचार जानने चाहे।

बैठक अधिक सफल नहीं रही क्योंकि विमान बनाने की जानकारी तक किसी वैज्ञानिक के पास नहीं थी, फिर यह तो बिना पंखों का मंडराने वाला विमान था।

डा॰ मेदीरत्ता कलाम से अकेले में मिलें और बोले–"मुझे मालूम है कि अभी तक हॉवर क्राफ्ट की कोई स्पष्ट रूप रेखा तैयार नहीं की जा सकी है। परन्तु मुझे विश्वास है शीघ्र ही आप उसे तैयार कर लेंगे।"

इतना कहकर डा॰ मेदीरत्ता चले गए। अब कलाम के सामने नई चुनौती आ खड़ी हुई। डा॰ मेदीरत्ता ने जो विश्वास उन पर जताया था, उस पर खरा उतरना अब कलाम के लिए एक चुनौती थी। वे रात-दिन सोते-जागते अपनी योजना पर विचार करने लगे।

डा॰ कलाम के पास समुचित मशीनों और संसाधनों का अभाव था। जो थोड़े से उपकरण और कल-पुर्जे उपलब्ध थे, उन्हीं से प्रयोग शुरू कर दिया गया। संस्थान के कुछ वरिष्ठ वैज्ञानिक इस परियोजना को 'कलाम की सनक' कहने लगे और उनके प्रयासों का उपहास करने लगे।

तब कलाम को याद आया 1896 में राइट बंधुओं द्वारा हवा में उड़ने की मशीन बनाने के प्रयासों का उदाहरण। उस समय लोग उनका भी मजाक बनाया करते थे। उन्हें जॉन, ट्राब्रिज की वह कविता याद आ गई जो उन्होंने राइट बंधुओं पर लिखी थी–

बांस और सुतली से
मोम से, हथौड़े से
कुंदों से, पेंचों से
जोड़ कर जुगाड़ पर
चमगादड़ से प्रेरित, दो भाई दीवाने
झोंक रहे कोयला, फूंक रहे धौंकनी
बना रहे देखो तो
लकड़ी की एक परी।"

यह कविता याद आते ही कलाम का मन बल्लियों उछलने लगा। उन्हें विश्वास हो गया कि जिस प्रकार राइट बंधु अपने प्रयासों में सफल हुए थे, उसी प्रकार उन्हें भी सफलता अवश्य मिलेगी।

एक साल मेहनत करने के बाद कलाम ने हॉवर क्राफ्ट का मॉडल तैयार कर लिया। जब इसके नामकरण का प्रस्ताव आया तो कलाम का मन उड़कर रामेश्वरम् मंदिर जा पहुँचा। उन्हें याद आए भगवान शिव और उनका वाहन नन्दी! बस उन्होंने अपने हॉवर क्राफ्ट का नाम 'नन्दी' रख दिया।

डा० मेदीरत्ता खुशी से उछल पड़े। उन्होंने कलाम को गले से लगा लिया और इस शानदार सफलता के लिए बधाई देते हुए कहा–"यह तो एक शुरूआत है कलाम, मेरा मन कहता है आपके हाथों हिन्दुस्तान में वैमानिकी और उड़ान के क्षेत्र में अनेक महत्त्वपूर्ण कार्य सम्पन्न होंगे।"

रक्षा मंत्री वी०के० कृष्ण मेनन

1961–62 में वी०के० कृष्णा मेनन भारत के रक्षा मंत्री थे। उन दिनों भारतीय सेना के पास अच्छे हथियारों और विमानों की भारी कमी थी। चीन के साथ सीमा पर विवाद पैदा हो गया था। दोनों देशों के बीच तनाव बढ़ने की संभावना से इंकार नहीं किया जा सकता था।

ऐसे समय में वी०के० कृष्णा मेनन हॉवर क्राफ्ट परियोजना के प्रमुख ए०पी०जे० अब्दुल कलाम के सम्पर्क में आए। कलाम की योजना में उन्होंने बहुत रुचि ली तथा हॉवर क्राफ्ट तैयार करने में पूरा सहयोग दिया।

1962 में एक दिन रक्षा मंत्री कृष्णा मेनन अपने विमान से बंगलौर पहुँचे और उन्होंने उनके हॉवर क्राफ्ट नन्दी में उड़ान भरने की इच्छा व्यक्त की।

कलाम इसके लिए पहले से ही तैयार थे। श्री कृष्णा मेनन कलाम को अपनी इच्छा पहले ही बता चुके थे।

रक्षा मंत्री के साथ ग्रुप कैप्टन गोले भी बंगलौर आए थे। सुरक्षा अधिकारियों ने रक्षा मंत्री को यह खतरा उठाने से रोकना चाहा। कैप्टन गोले ने सुझाव दिया कि हॉवर क्राफ्ट कलाम न उड़ाएं, स्वयं कैप्टन गोले रक्षा मंत्री के साथ उड़ान भरना चाहते थे।

परन्तु श्री कृष्णा मेनन यह श्रेय कलाम को ही देना चाहते थे। उन्होंने कैप्टन गोले से कहा–"आप चिन्ता मत कीजिए मुझे कलाम पर पूरा भरोसा है। जब

यह हॉवर क्राफ्ट बना सकते हैं तो इनकी उड़ानें की प्रतिभा पर संदेह नहीं किया जाना चाहिए।''

कैप्टन गोले एक ओर हट गए। सुरक्षा अधिकारियों को भी श्री कृष्णा मेनन ने अपने विश्वास में ले लिया।

कलाम रक्षा मंत्री के साथ पायलट की सीट पर बैठे और उन्होंने 'नंदी' की उड़ान भरी। यह उड़ान बहुत नीचाई पर थी परन्तु बहुत महत्त्वपूर्ण थी। रक्षा मंत्री कृष्णा मेनन ने कलाम की प्रशंसा करते हुए कहा–''आज मैं बहुत खुश हूँ कलाम, मुझे तुम पर गर्व है। हॉवर क्राफ्ट के विकास में जो बुनियादी समस्याएं थीं उन्हें तुमने बड़ी सफलतापूर्वक दूर किया है और यह दिखा दिया है कि हमारे वैज्ञानिक अपने देश में सब कुछ बना सकते हैं। आगे इससे भी अधिक क्षमता वाले वाहन तैयार करो और हो सके तो अगली बार भी पहली सवारी के लिए मुझे ही बुलाना।'' उड़ान के बाद डा० मेदीरत्ता ने कहा–''कलाम आज पूरे देश को तुम पर गर्व है, मैं कितना खुश हूँ, यह सब व्यक्त करने के लिये मेरे पास शब्द नहीं हैं।''

प्रोफेसर एम०जी०के० मेनन

कलाम से अगले विमान में पहली सवारी करने का वचन लेने के बाद श्री कृष्णा मेनन फिर कलाम के सम्पर्क में नहीं आ पाए। 1962 में चीन के साथ भारत का युद्ध हुआ और कुछ कारणों से उन्हें अपने पद से इस्तीफा देना पड़ा।

श्री कृष्णा मेनन के रक्षा मंत्री पद से हटते ही 'नंदी' का महत्व समाप्त हो गया। नए रक्षा मंत्री ने 'नंदी' को स्वदेशी हॉवर क्राफ्ट का दर्जा देकर भारतीय वायु सेना में शामिल करने से इंकार कर लिया।

कलाम को ऐसा लगा जैसे पहाड़ की सबसे ऊंची चोटी पर चढ़ने के बाद उन्हें किसी ने ऊपर से उठाकर यकायक नीचे फेंक दिया हो।

वे बुरी तरह निराश हो गए। उनका सारा उत्साह ठंढा पड़ गया। कलाम गहरे विषाद में डूब गए। कई दिन तक उन्होंने कुछ नहीं खाया। वे निराश और उदास अपने कमरे में पड़े रहे।

एक दिन जब सोचते-सोचते उनकी आंख लग गई तो उन्होंने रामेश्वरम् के प्रमुख पुजारी पक्षी लक्ष्मण शास्त्री को देखा। वे कह रहे थे ''सत्य की तलाश जारी रखो, सत्य ही तुम्हें रास्ता दिखाएगा।''

कलाम उठकर बैठ गए। वे समझ गए कि शास्त्री जी ने उनके दुखी मन की टीस समझ ली है और स्वप्न में आकर मार्गदर्शन किया है। तभी उन्हें स्वामी शिवानन्द के शब्द याद आ गए–"नियति तुम्हें जो बनाना चाहती है, उसके बारे में अभी से कुछ नहीं कहा जा सकता, लेकिन नियति यह पहले ही तय कर चुकी है।" इन शब्दों के स्मरण के साथ ही कलाम का खोया हुआ आत्मविश्वास वापस आ गया। वे परम सत्ता के साथ एकाकार हो गए और ये पंक्तियां गुनगुनाने लगे–

लो मैं भूल जाता हूँ सब कुछ
कोई मलाल नहीं करता
कोई शिकवा नहीं करता
कुछ भी नहीं चाहता
कुछ भी नहीं कहता
छोड़ दिया मैंने सब कुछ तुझ पर
तू जो राह निकाले
वही मेरी राह है।'

कलाम ये पंक्तियां गुनगुना ही रहे थे कि डा० मेदीरत्ता का बुलावा आ गया। उन्होंने कलाम से कहा–"कल हमारे वर्कशाप में एक विशेष मेहमान आने वाले हैं। आप अपना हॉवर क्राफ्ट ठीक हालत में रखिए। वे उसका निरीक्षण करना चाहते हैं।"

अगले दिन एक लम्बा और खूबसूरत दाढ़ी वाला आकर्षक व्यक्तित्व का व्यक्ति डा० मेदीरत्ता के साथ कलाम की वर्कशाप में आ पहुँचा।

कलाम ने उसे नंदी में सवारी कराई। अपना परिचय दिए बिना ही वह व्यक्ति उड़ान का जायजा लेने के बाद चुपचाप चला गया।

एक सप्ताह बाद उस व्यक्ति ने कलाम के नाम एक पत्र भेजा। यह कॉल लैटर था। कलाम को इंटरव्यू के लिए बम्बई बुलाया गया था। पत्र भेजने वाले का नाम नीचे लिखा था। कलाम ने यह नाम पढ़ा तो वे चौंक पड़े। प्रेषक का नाम था–प्रोफेसर एम०जी०के० मेनन, निदेशक टाटा इंस्टीट्यूट ऑफ फंडामेंटल रिसर्च।

ए॰पी॰जे॰ अब्दुल कलाम इंटरव्यू देने के लिए बम्बई पहुँचे। उनका इंटरव्यू लेने वाली टीम में तीन वैज्ञानिक शामिल थे—डा॰ विक्रम साराभाई, प्रोफेसर एम॰जी॰के॰ मेनन तथा परमाणु ऊर्जा आयोग के उपसचिव श्री सर्राफ।

इंटरव्यू मुख्य रूप से डा॰ साराभाई ने लिया था। उन्होंने कलाम से केवल यह जानना चाहा था कि उनके सपने और इरादे क्या हैं, उनकी क्षमता और ज्ञान के बारे में एक भी प्रश्न नहीं पूछा गया था। इससे जाहिर है कि प्रोफेसर एम॰जी॰के॰ मेनन और प्रो॰ विक्रम साराभाई को कलाम की योग्यता पर कोई शक नहीं था।

इंटरव्यू पूरा होने के बाद प्रो॰ विक्रम साराभाई तथा प्रो॰ एम॰जी॰के॰ मेनन ने कलाम को विदाई दी। अगले दिन शाम को श्री मेनन ने कलाम से टेलीफोन पर कहा—"बधाई हो मि॰ कलाम, अब आप हमारे संस्थान के रॉकेट इंजीनियर हैं। मुझे विश्वास है, आपके मार्ग दर्शन में यह संस्थान रॉकेट की दुनिया में नया इतिहास लिखेगा।"

प्रो॰ एम॰जी॰के॰ मेनन की पारखी नजर बहुत तेज थी। उन्होंने पहली ही मुलाकात में नंदी की सवारी करते समय समझ लिया था कि कलाम में विज्ञान की बहुआयामी प्रतिभा है। वे हॉवर क्राफ्ट बना सकते हैं तो रॉकेट प्रक्षेपण प्रणाली का विकास कर भारत में रॉकेट विज्ञान में क्रांति भी ला सकते हैं।

इसी आधार पर उन्होंने प्रो॰ विक्रम साराभाई को कलाम के बारे में रिपोर्ट दी थी। इस रिपोर्ट को पढ़ते ही प्रो॰ साराभाई समझ गये कि कलाम एक साधारण वैज्ञानिक नहीं है।

कलाम ने रॉकेट इंजीनियर के रूप में 'टाटा इंस्टीट्यूट ऑफ फंडामेंटल रिसर्च' में प्रवेश किया। वे तुरन्त अगली योजना पर काम में जुट गए। प्रो॰ एम॰जी॰के॰ मेनन ने कलाम को पूरा सहयोग दिया। उनके प्रियदर्शी व्यक्तित्व और मित्रवत व्यवहार ने कलाम का दिल जीत लिया।

'नासा' के लैंगले रिसर्च सेंटर में बना दो घोड़ों वाला रथ

टाटा इंस्टीट्यूट ने रॉकेट अनुसंधान संबंधी अध्ययन के लिए कलाम को अमेरिका भेज दिया। अमेरिका के 'नासा' अनुसंधान केन्द्र में रॉकेट पर बहुत काम हो चुका था। कलाम 'नासा' चले गए।

'नासा' में उन्होंने अपने काम की शुरूआत लैंगले रिसर्च सेंटर में की। पहले ही दिन जब वे सेंटर पहुँचे तो उनकी निगाह वहाँ बनी एक मूर्ति पर पड़ी। यह मूर्ति एक रथ की थी जिसे दो घोड़े खींच रहे थे। यह रथ राष्ट्र की प्रगति का था जिसे विज्ञान और तकनीक के प्रतीक दो घोड़े खींच रहे थे।

इस मूर्ति को देखकर कलाम के पैर रुक गए। वे बहुत देर तक उसे देखते रहे। इस मूर्ति की व्याख्या पूरी तरह उनकी समझ में आ गई-किसी भी देश की उन्नति तब तक संभव नहीं जब तक विज्ञान और तकनीक के बीच एक सुंदर संतुलन स्थापित न किया जाए। विज्ञान के क्षेत्र में महत्त्वपूर्ण अनुसंधान कर लेना भी काफी नहीं है। इन अनुसंधानों का लाभ उठाने के लिए संबंधित तकनीक का भी समानांतर विकास किया जाना चाहिए, तभी विज्ञान का पूरा लाभ देश व समाज को मिल पाएगा और देश का बहुआयामी विकास होगा।

कलाम ने संकल्प लिया, 'अपने देश के लिए मैं भी ऐसी प्रौद्योगिकियों के विकास पर बल दूँगा जिनसे विज्ञान का व्यावहारिक उपयोग हो सके और देश की उन्नति में विज्ञान को सहयोगी बनाया जा सके।'

टीपू सुल्तान पर बनी पेंटिंग

नासा के 'लैंगले रिसर्च सेंटर' से कलाम 'गार्डेड स्पेस फ्लाइट' पहुँचे। इस सेंटर से नासा के सभी उपग्रहों का प्रबंधन होता है। कलाम ने इस सेंटर पर कुछ दिन रहकर रॉकेट प्रक्षेपण संबंधी तकनीक की जानकारी प्राप्त की। इसके बाद वे वर्जीनिया के पूर्वी तटीय द्वीप वैलप पर बने 'वैलप फ्लाइट फेसिलिटि' नामक केन्द्र पर चले गए। नासा के इस केन्द्र पर रॉकेट संबंधी सभी कार्यक्रम तैयार किए जाते हैं।

इस सेंटर के स्वागत कक्ष में एक पेंटिंग बनी हुई थी। इस पेंटिंग पर नजर पड़ते ही कलाम के पैर ठिठक गए। इस पेंटिंग की पृष्ठभूमि भारतीय थी। युद्ध का दृश्य दर्शाया गया था। कुछ रॉकेट उड़ते हुए दिखाई पड़ रहे थे, दो अश्वेत सैनिकों को रॉकेट उड़ाते हुए दिखाया गया था।

कई दिन तक कलाम को इस पेंटिंग का रहस्य समझ में नहीं आया। वे प्रतिदिन काम पर आते और पेंटिंग पर नजर डालते। आखिर एक दिन उन्होंने नासा के अधिकारियों से उस पेंटिंग के बारे में पूछ ही लिया। पूछने पर जो रहस्य खुला उसने कलाम को सकते में डाल दिया। इस पेंटिंग में टीपू सुल्तान के सैनिकों को रॉकेट से युद्ध करते हुए दिखाया गया था।

टीपू सुल्तान की इस पेंटिंग को नासा के स्वागत कक्ष में लगाने के पीछे क्या अभिप्राय है? यह प्रश्न पूरे दिन उनके मन को मथता रहा।

शाम को सेंटर से लौटने के बाद जब वे एकांत में एकाग्रचित्त होकर बैठे तो उन्हें यह राज समझ आ गया-अनेकों वर्ष पहले टीपू सुल्तान ने अंग्रेज़ों के साथ अंतिम युद्ध किया था। उस युद्ध में टीपू सुल्तान मारा गया और मैसूर राज्य पर अंग्रेजों का अधिकार हो गया। उस समय टीपू सुल्तान रॉकेट बनाने और उन्हें छोड़ने की कला में दक्ष था। उसकी सेना में ऐसे अनेक कारीगर थे जिन्हें रॉकेट बनाना आता था। उसके पास रॉकेट प्रक्षेपण की तकनीक जानने वाले इंजीनियर थे। टीपू सुल्तान संसार का पहला शासक था जिसे रॉकेट प्रक्षेपण का ज्ञान था। रॉकेट प्रक्षेपण विज्ञान का पहला आविष्कारक मैसूर में ही जन्मा था। टीपू सुल्तान की मृत्यु के बाद अंग्रेज इस कला को अमेरिका तथा यूरोपियन देशों में ले गए।

1799 में टीपू सुल्तान की मृत्यु हुई थी। अंग्रेजी सेना ने टीपू सुल्तान की सेना से सात सौ से अधिक रॉकेट बरामद किए थे तथा नौ सौ रॉकेटों की उप-प्रणालियाँ पकड़ी थीं। टीपू सुल्तान की सेना में सताईस ब्रिगेड थीं। हर ब्रिगेड में एक रॉकेट कंपनी थी। विलियम कांग्रव इन्हें इंग्लैण्ड ले गया। इस प्रकार टीपू सुल्तान की मौत के साथ ही भारतीय रॉकेट तकनीक भी दफना दी गई। फिर सौ वर्ष तक दुनिया में कहीं भी रॉकेट का नाम लेने वाला कोई नहीं रहा।

1903 में सबसे पहले रूस में रॉकेट बनाने की तकनीक ने जन्म लिया। इसके बाद धीरे-धीरे दुनिया भर में यह तकनीक फैल गई।

छः महीने की अपनी अमेरिकी यात्रा पूरी करने के बाद कलाम जब भारत लौटे तो वे रॉकेट विज्ञान संबंधी नई-नई जानकारियों से अपना पिटारा भर लाए थे। साथ ही लाए थे एक ऐसी प्रेरणा जिसने भारतीय रॉकेट विज्ञान को अपने ही देश में डेढ़ सौ से भी अधिक वर्षों के बाद फिर से पुनर्जीवित किया। टीपू सुल्तान पर बनी पेंटिंग से उपजी इस प्रेरणा ने कलाम में इतनी ऊर्जा और संकल्प शक्ति भर दी थी कि वे तब तक रुके नहीं जब तक उन्होंने भारत के प्रथम प्रधानमंत्री तथा राष्ट्र निर्माता पंडित जवाहर लाल नेहरू के स्वदेशी रॉकेट विज्ञान के स्वप्न तथा प्रो॰ विक्रम साराभाई के रॉकेट निर्माण के संकल्प को पूरा नहीं कर दिया।

रोहिणी उपग्रह के सहयोगी वैज्ञानिक सुधाकर

अमेरिका से लौटने के बाद कलाम स्वदेशी रॉकेट प्रणाली को विकसित करने में लग गए। उनकी टीम रात-दिन लगकर रोहिणी उपग्रह के प्रक्षेपण की तैयारी में जुटी थी।

सुधाकर के साथ कलाम प्रयोगशाला में जा पहुँचे। उस दिन बड़ी तेज गर्मी थी। कलाम यह पता लगाने गए थे कि पेलोड भरने का काम पूरा हुआ या नहीं। तभी सुधाकर के माथे से पसीने की एक बूंद सोडियम पर टपक गई। जोरदार विस्फोट हुआ। पूरे कमरे में आग फैलने लगी। कलाम की समझ में नहीं आ रहा था कि क्या करें। अगले क्षण आग उन तक पहुँचने वाली थी। शोर सुनकर अनेक लोग प्रयोगशाला के उस कक्ष की ओर दौड़ पड़े। परन्तु आग पर काबू पाने का उपाय किसी के पास नहीं था। सुधाकर झट शीशे की खिड़की के पास पहुँचे और उन्होंने पूरी ताकत से अपने दाहिने हाथ का एक भरपूर घूंसा खिड़की के शीशे में दे मारा। कांच की खिड़की टूट गई। अपने हाथ से बहते खून की परवाह किए बिना सुधाकर ने कलाम को अपनी दोनों बांहों में उठाया और खिड़की से बाहर फेंक दिया, फिर स्वयं भी बाहर कूद गए।

सुधाकर के इस कदम से कलाम और सुधाकर दोनों बच गए। परन्तु सुधाकर का हाथ तो बुरी तरह घायल हो चुका था। खून के फुव्वारे छूट रहे थे। कलाम उन्हें तुरन्त अस्पताल ले गए।

कई सप्ताह के इलाज के बाद सुधाकर ठीक हो पाए।

ऐसा करके सुधाकर ने यह साबित कर दिया कि उन्हें अपनी जान से अधिक कलाम की जिन्दगी की परवाह थी। कलाम इस घटना को कभी नहीं भुला सके। वे कहा करते हैं- *"जिसके पास सुधाकर जैसे वैज्ञानिक हों उसकी कामयाबी को कोई नहीं रोक सकता।"*

जापानी वैज्ञानिक प्रोफेसर ओदा

प्रोफेसर ओदा भारत के प्रथम रॉकेट रोहिणी के प्रक्षेपण में भारतीय वैज्ञानिकों की मदद के लिए भारत में थे। वे जापान के 'इंस्टीट्यूट ऑफ स्पेस एण्ड एरोनौटिक साइंसेज' के ऐक्स रे पेलोड वैज्ञानिक थे। रॉकेट प्रक्षेपण का उन्हें अच्छा अनुभव था। उनमें बस एक ही कमी थी, अपनी जिद के सामने वे किसी की सुनते नहीं थे।

रोहिणी रॉकेट के अग्रभाग में पेलोड लगाते समय वे कलाम से जिद कर बैठे कि रॉकेट में जापानी टाइमर ही लगाए जाएँ। कलाम ने उन्हें समझाने की बहुत कोशिश की कि जापानी टाइमर हल्के हैं, वे धोखा दे सकते हैं पर प्रोफेसर ओदा नहीं माने। अंतत: जापानी टाइमर ही लगाए गए।

ज्यों ही रॉकेट छोड़ा गया, वह एक निश्चित ऊंचाई तक तो उठा, परन्तु उसके बाद टाइमरों ने ठीक से काम नहीं किया और वह अंतरिक्ष की ओर जाने की बजाय समुद्र में जा गिरा।

प्रोफेसर ओदा की जिद की वजह से इतना बड़ा नुकसान हुआ था, इसे कलाम कभी नहीं भूले। उन्होंने अपने जीवन में जिद को कभी स्थान नहीं दिया।

व्यावसायिक प्रबंधन की किताब

डा॰ कलाम का यह सिद्धांत है कि वे प्रेरणा-प्रद विचार जहाँ भी मिले उन्हें लेना पसंद करते हैं। देश के सर्वोच्च आसन पर बैठने के बावजूद उनके इस विश्वास में कोई कमी नहीं आई है कि मनुष्य को जीवन की हर अवस्था में सीखना चाहिए।

प्रोफेसर ओदा की जिद के कारण पहला रॉकेट समुद्र में जरूर जा गिरा था, परन्तु कलाम ने अपने प्रयासों में कोई कमी नहीं आने दी। उन्होंने अपनी टीम का मनोबल बढ़ाया और 20 नवम्बर 1967 को टी॰ई॰आर॰एल॰एस॰ से रोहिणी-75 नामक रॉकेट का प्रक्षेपण किया।

कलाम की इस सफलता से देश-भर में खुशी की लहर दौड़ गई।

उस समय श्रीमती इंदिरा गांधी भारत की प्रधानमंत्री थीं। 1965 के युद्ध में भारत को पाकिस्तान के साथ युद्ध में आधुनिकतम हथियार की कमी खटकी थी। पाकिस्तान अमेरिका से आधुनिक हथियार लेकर भारत के मुकाबले के लिए आ धमका था। यद्यपि भारत के वीर जवानों ने पाकिस्तान के सारे मनसूबों पर पानी फेर दिया और भारतीय सेनाएं पाकिस्तानी सेनाओं को रौंदती हुई लाहौर तक जा पहुँची। फिर युद्ध विराम हुआ और पाकिस्तान के साथ मास्को में हुए समझौते पर हस्ताक्षर करने के बाद भारत के तत्कालीन प्रधानमंत्री श्री लाल बहादुर शास्त्री को हृदय-आघात हो गया और उन्हें बचाया न जा सका।

1966 में प्रधानमंत्री के पद पर बैठते ही इंदिरा जी ने देश की सेनाओं को आधुनिक हथियारों से लैस करने तथा अपने देश में ही आधुनिकतम हथियारों के निर्माण का निश्चय कर लिया।

इसी निश्चय के तहत उन्होंने प्रोफेसर विक्रम साराभाई को अपने पास बुलाकर कहा–"मुझे राकेट प्रक्षेपण से लेकर मिसाइलों के निर्माण तक हर तरह की तकनीक अपने देश में चाहिए। कुछ भी कीजिए इस लक्ष्य को पूरा करना ही है। धन एवं संसाधन सरकार जुटाएगी।"

प्रो॰ विक्रम साराभाई की दृष्टि भी इस मामले में बहुत साफ थी। उनका विचार था–"यदि भारत के लोगों को विश्व समुदाय में अपनी महत्त्वपूर्ण भूमिका निभानी है तो उन्हें नई से नई तकनीक का प्रयोग करना होगा, तभी जीवन में आने वाली समस्याएं हल हो सकेंगी।"

प्रोफेसर विक्रम साराभाई को यह दायित्व भारत के प्रथम प्रधानमंत्री तथा श्रीमती इंदिरा गांधी के पिता पं॰ जवाहर लाल नेहरू बहुत पहले ही सौंप चुके थे।

इंदिरा जी का आदेश पाते ही प्रोफेसर विक्रम साराभाई ने कलाम को बंगलौर से दिल्ली बुलाया। नई दिल्ली स्थित अशोका होटल में मुलाकात की बात तय हुई 'नदी' के आविष्कार और रोहिणी-75 के प्रक्षेपण के बाद कलाम प्रोफसर साराभाई की नजरों में चढ़ गए। प्रोफेसर साराभाई को पक्का विश्वास हो गया कि नेहरू जी के स्वप्नों को और इन्दिरा जी के इरादों को पूरा करने का दमखम केवल कलाम में है।

प्रोफेसर साराभाई के इन्तजार में कलाम अशोका होटल की लाबी में एक सोफे पर बैठ गए। प्रोफेसर साराभाई राम के साढ़े तीन बजे होटल पहुँचने वाले थे। इस समय रात के बारह बजे थे।

कलाम के लिए इतना लम्बा समय काटना बहुत मुश्किल था। वे बेचैनी-सी महसूस करने लगे और इधर-उधर निगाहें दौड़ाने लगे, तभी उनकी नजर दूसरे सोफे पर पड़ी एक किताब पर पड़ गई। पहले तो वे थोड़ा झिझके। सोचा, किसी की किताब है, बिना पूछे मैं पढ़ने लगा तो उसे आपत्ति हो सकती है।

परन्तु जब किताब को लेने कोई आया ही नहीं तो उसे उनसे न रहा गया। उत्सुकता जाग उठी और उन्होंने किताब उठा ली। यह किताब व्यावसायिक प्रबंधन पर थी। कलाम तो वैज्ञानिक थे, व्यवसायिक प्रबन्धन से उन्हें क्या लेना-देना। परन्तु नहीं, कलाम अपने आप को रोक नहीं पाए। किताब में क्या है, यह जानने की इच्छा और बलवती हो उठी।

उन्होंने किताब के पन्ने पलटने शुरू कर दिए। यकायक उनकी निगाह जार्ज बर्नाड शॉ के एक उद्धरण पर पड़ी वे पढ़ने लगे-"सभी बुद्धिमान लोग अपने को दुनिया के अनुरूप ढाल लेते हैं, परन्तु कुछ लोग ऐसे भी होते हैं जो दुनिया को अपने अनुरूप ढालने में लगे रहते हैं। दुनिया ने आज तक जितनी भी तरक्की की है, वह दूसरे प्रकार के लोगों के कारण ही संभव हो सकी है।"

कलाम की उत्सुकता और बढ़ गई। वे आगे पढ़ने लगे। लेखक के उद्योग एवं व्यापार में नए परिवर्तन लाने की प्रक्रिया और अवधारणा के बारे में प्रचलित काल्पनिक बातों का उल्लेख किया था। कलाम ने इस किताब और उसके लेखक के बारे में टिप्पणी की है-"*मैने सामरिक योजनाओं से सम्बन्धित कल्पनाओं के बारे में पढ़ा। सामान्यत: ऐसा माना जाता है कि व्यावहारिक एवं ठोस सामरिक तथा तकनीकी योजना ऐसे परिणामों की संभावना बढ़ाती है, जिन्हें लेकर कोई आश्चर्य नहीं होता और वे अप्रत्याशित भी नहीं लगते। लेखक की राय यह थी कि किसी परियोजना प्रबन्धक को अनिश्चितता एवं अस्पष्टता के साथ जीना आना जरूरी है। गणना करने की क्षमता ही सफलता की कुंजी है, यह एक परिकल्पना मात्र है।*"

थोड़ा-सा और पढ़ने के बाद कलाम के सामने जार्ज पैटन का एक उद्धरण आ गया। इस उद्धरण से कलाम को ऐसी प्रेरणा मिली जिसने उनकी कामयाबी की जमीन तैयार कर दी। उद्धरण का अर्थ है-किसी भी अच्छी योजना को तुरन्त ही असरदार ढंग से लागू कर देना ज्यादा अच्छा है, बजाय इसके कि कोई अच्छी योजना अगले हफ्ते लागू की जाए। बड़ी जीत के लिए आशावादी होना आवश्यक है।'

कैप्टन वी०एस० नारायणन

कलाम व्यावसायिक प्रबन्धन की किताब पढ़ ही रहे थे कि शानदार व्यक्तित्व वाला व्यक्ति उनके सामने वाले सोफे पर आकर बैठ गया। कलाम ने उस व्यक्ति की ओर देखा तो बस देखते ही रह गए। सुगठित बदन, छोटी-छोटी घनी मूंछें, तेज तर्रार परन्तु आकर्षित करने वाली आँखें।

कलाम के हाथ से किताब सोफे पर फिसल गई और दृष्टि आगंतुक के चेहरे पर थी। कलाम के इस तरह देखने का उस व्यक्ति पर कोई असर नहीं हुआ। वह सामने पर लगी पेंटिंग में खोने का बहाना करते हुए बस बैठा रहा।

उसी समय सूचना मिली कि प्रोफेसर साराभाई आ गए हैं और उन्होंने उन दोनों को एक साथ अपने कक्ष में बुलाया है। दोनों को एक साथ बुलाया हैं इस कथन से कलाम चौंके, परन्तु आकर्षक व्यक्तित्व वाले उस व्यक्ति पर कोई असर नहीं हुआ। कलाम के उठते ही वह भी सोफे से उठ खड़ा हुआ और प्रोफेसर विक्रम साराभाई से मिलने चल दिया।

प्रोफेसर साराभाई ने कलाम से उस व्यक्ति का परिचय कराया तो कलाम को पता लगा कि वे भारतीय सेना में ग्रुप कैप्टन वी॰ एस॰ नारायणन थे।

कलाम का परिचय जानकर कैप्टन नारायणन को बहुत खुशी हुई। उन्होंने कलाम से बड़ी गर्म जोशी से हाथ मिलाते हुए कहा-"आप से मिल कर मुझे बहुत खुशी हुई।

कलाम और कैप्टन नारायणन की यह पहली मुलाकात थी, परन्तु शीघ्र ही यह गहरी आत्मीयता में बदल गई। इसके बाद वे एक दूसरे के मित्र हो गए। कलाम उनकी चुस्ती-फुर्ती और सतर्कता के कायल थे और कैप्टन नारायणन उच्च कोटि की वैज्ञानिक प्रतिभा और अनुसंधान की सूझ-बूझ के कारण कलाम का बहुत आदर करते थे।

मुलाकात के बाद डा॰ विक्रम साराभाई कलाम और कैप्टन नारायणन को तिलपत रेंज ले गए। उन्हें रूसी राटो मोटर दिखाई और वैसी की राटो मोटर अपने देश में बनाने का दायित्व संभालने को कहा।

कलाम ने कैप्टन नारायणन की ओर देखा और नारायणन ने कलाम की ओर। आँखों ही आँखों में क्षमता और संकल्प का आकलन हुआ और दोनों ने राटो मोटर करने का वचन दे दिया। कैप्टन वी॰ एस॰ नारायणन के साथ मिलकर कलाम ने राटो मोटर पर काम करना शुरू कर दिया।

उसके कुछ दिन बाद ही डा॰ विक्रम साराभाई ने दूरसंवेदी उपग्रहों के प्रक्षेपण और स्वदेशी मिसाइल विकास कार्यक्रमों पर आधारित एक रूप-रेखा जारी कर दी।

भारत के अनेक वैज्ञानिक संस्थानों को इन कार्यक्रमों से जोड़ दिया गया।

रक्षा मंत्रालय ने मिसाइल पैनल का गठन कर दिया। कलाम और नारायणन दोनों को इस पैनल का सदस्य बनाया गया।

स्वदेशी मिसाइलों के निर्माण के लिए कैप्टन नारायणन कलाम से भी अधिक उत्साहित थे। कलाम ने उनकी उत्सुकता का जिक्र अपनी आत्मकथा 'अग्नि की उड़ान' में किया है:

> ''स्वदेशी मिसाइल कार्यक्रम को लेकर ग्रुप कैप्टन नारायणन में अकथनीय उत्साह था। वे रूस के मिसाइल विकास कार्यक्रम के घोर प्रशंसक थे। वे अकसर मुझे उकसाते हुए कहा करते थे, 'जब यह वहाँ हो सकता है तो यहाँ क्यों नहीं हो सकता, जहाँ मिसाइल टैक्नोलॉजी के लिए अंतरिक्ष शोध की जमीन पहले ही तैयार की जा चुकी है'।''

राटो मोटर पर और मिसाइल पैनल में एक साथ काम करते समय कलाम और कैप्टन नारायणन एक दूसरे के बहुत निकट आ गए थे। वे एक दूसरे के पूरक बन गए थे। नारायणन की भूमिका की प्रशंसा करते हुआ कलाम ने कहा है:

> ''राटो मोटर एवं मिसाइल पैनल में साथ-साथ काम करते हुए नारायणन और मैंने जरूरत के अनुसार एक दूसरे के लिए शिष्य एवं गुरु की भूमिका निभाई। रॉकेट विज्ञान के बारे में सीखने के लिए वे बहुत आतुर रहते थे और मैं हवाई हथियारों की प्रणालियों को जानने का इच्छुक रहता था। नारायणन के भीतर जो दृढ़ आत्मविश्वास था और उसे प्रयोग करने की उनमें जो प्रबल शक्ति थी वह प्रेरणादायक थी। डा॰ साराभाई के साथ तिलपत रेंज के दौरे के समय से ही नारायणन हमेशा राटो मोटर में व्यस्त रहते थे। वे कहने से पहले ही उन वह चीजों का इन्तजाम कर लेते थे, जिनकी जरूरत पड़ती थी। उन्होंने अपने काम को आगे बढ़ाने और किसी भी कीमत पर उसे पूरा करने की वचनबद्धता के साथ 75 लाख रुपए हासिल किए थे। उनका कहना था, 'तुम चीज का नाम बताओ मैं तुम्हें लाकर दूंगा। लेकिन समय के लिए मत पूछो।''

कैप्टन नारायणन की तत्परता और खुले सहयोग के कारण राटो योजना 12वें महीने में पूरी कर ली गई। इस परियोजना में केवल 20 इंजीनियरों को लगाया गया था।

डा॰ कलाम कैप्टन नारायणन के व्यक्तित्व के आकर्षण, उनकी काम में लगन और प्रेरित करने की क्षमता को आज भी नहीं भूल पाते।

डा० विक्रम साराभाई

डा० विक्रम साराभाई कलाम के लिए क्या थे? इस प्रश्न का शब्दों में उत्तर देना किसी भी लेखक के लिए बहुत कठिन है। डा० विक्रम साराभाई ही वह प्रेरणा–पुरुष थे जिन्होंने कलाम की प्रतिभा को पूरी तरह पहचाना और उसे विकसित करने के लिए अनुकूल परिस्थितियां पैदा कीं।

1963 में 'नंदी' के अस्वीकार किए जाने के बाद जब कलाम पूरी तरह टूट चुके थे, तब डा० विक्रम साराभाई एक देवदूत बनकर उनके जीवन प्रांगण में उतरे और उन्हें रॉकेट इंजीनियर के रूप में 'टाटा इंस्टीट्यूट ऑफ फंडामेंटल रिसर्च' में शामिल करके उनका कायाकल्प कर दिया।

डा० कलाम नियति में विश्वास करते हैं। उनके पिता जैनुलाबदीन, प्रेरक पुरुष पक्षी लक्ष्मण शास्त्री तथा स्वामी शिवानन्द ने उनकी चिंतन धारा में नियति में महत्त्व को कुछ इस तरह शामिल किया कि जीवन में एक क्षण को उनका यह विश्वास कभी डिगा नहीं।

इसे नियति का संकेत समझें, कलाम का सौभाग्य समझें या इस देश के कोटि–कोटि लोगों के भाग्योदय का शुभारम्भ कि डा० विक्रम साराभाई ने कलाम को बंगलौर के वैमानिकी विकास प्राधिकरण (ए डी ई) से उठाकर टाटा इंस्टीट्यूट ऑफ फंडामेंटल रिसर्च, बम्बई में लाकर खड़ा कर दिया और कलाम की प्रतिभा निराशा और अवसाद के अंधेरों में डुबकर गुम होने से बच गई।

कलाम के लिए यह घटना किसी चमत्कार से कम नहीं है। आज भी जब डा० कलाम इस घटना को याद करते हैं तो उनके दिल की धड़कनें तेज हो जाती हैं।

सहज प्रतिभा के धनी, सरलता और मधुरता के आभार डा० विक्रम साराभाई का सान्निध्य और मार्गदर्शन पाकर कलाम को लगा था कि उनको कोई ऐसा अपना मिल गया है जो उन्हें अंदर तक जानता है, उनकी प्रतिभा और क्षमता में पूरा विश्वास रखता है और उनके हित को अपने हर कर्त्तव्य से पहले रखता हुआ उनके माधयम से देश में वैज्ञानिक एवं प्रौद्योगिक क्रांति लाने का स्वप्न देखता है।

डा० विक्रम साराभाई की वाणी में जादू था। वे देश के एक समर्पित वैज्ञानिक थे। प्रथम प्रधानमंत्री जवाहर लाल नेहरू ने इस युवा वैज्ञानिक के अंदर छिपी

प्रतिभा और प्रबंधन क्षमता को पहचाना था। इसीलिए उन्हें राष्ट्र में विज्ञान-विकास का दायित्व सौंपा।

1962 में डा॰ साराभाई प्रसिद्ध परमाणु वैज्ञानिक भाभा के साथ भूमध्य रेखा के आस-पास अंतरिक्ष अनुसंधान के लिए जगह तलाश रहे थे। केरल का थुम्बा नामक क्षेत्र भूमध्य रेखा के सबसे अधिक निकट था तथा आयन मंडलीय शोध के लिए सबसे अधिक उपयुक्त था।

इस द्वीप में संेटमेरी मैगडेलीन नामक एक बहुत ही खूबसूरत चर्च थी। डा॰ भाभा ने अनेक प्रयास किए परन्तु यह स्थान अनुसंधान के लिए न मिल सका।

एक शनिवार को डा॰ विक्रम साराभाई चर्च के मुख्य बिशप डा॰ पीटर बर्नाड परेरा से अकेले में मिले। उन्हें पूरी बात समझाने के बाद उन्होंने उनसे प्रार्थना की कि वे अपना चर्च अनुसंधान कार्य के लिए दे दें। अगले दिन रविवार की प्रार्थना सभा में डा॰ परेरा ने बच्चों के सामने यह समस्या रखी कि डा॰ विक्रम साराभाई भारत में वैज्ञानिक अनुसंधान के लिए ईश्वर का यह घर मांग रहे हैं, क्या उन्हें यह घर दे दिया जाए?

बच्चे एक पल चुप रहे फिर सबने एक साथ कहा-"आमीन"। ब्रस डा॰ परेरा ने थुम्बा का चर्च अनुसंधान कार्य के लिए डा॰ विक्रम साराभाई को सौंप दिया।

ऐसे प्रभावशाली व्यक्तित्व के धनी थे डा॰ विक्रम साराभाई।

थुम्बा में रॉकेट प्रक्षेपण केन्द्र की स्थापना के तुरन्त बाद डा॰ साराभाई ने कलाम को रॉकेट प्रक्षेपण का तकनीकी प्रशिक्षण लेने के लिए अमेरिका के 'नेशनल एरोनॉटिक एण्ड स्पेस एडमिनिस्ट्रेशन' (नासा) भेज दिया।

नासा में छः महीने प्रशिक्षण लेकर जब कलाम भारत लौटे तो डा॰ विक्रम साराभाई ने उन्हें गले से लगा लिया। उन्हें कलाम से बड़ी-बड़ी आशाएँ थीं।

जापानी वैज्ञानिक प्रो॰ ओदा की जिद के कारण जब रोहिणी राकेट समुद्र में जा गिरा तो कलाम बहुत दुखी हुए। वे इसके लिए अपने आपको जिम्मेदार मानते रहे थे।

डा॰ विक्रम साराभाई ने कलाम को सांत्वना दी और कहा-"हर असफलता सफलता का द्वार खोलने में सहायक हो सकती है। विषाद मत करो, पछतावे को मन में स्थान न दो, अपने आपको गलत मानने की गलती न करो। उठकर सीधे खड़े हो जाओ और अगले मिशन की ओर बढ़ो। तुम अवश्य सफल होगे।"

डा॰ विक्रम साराभाई के इन शब्दों ने कलाम का टूटा मनोबल जोड़ दिया। पिछली सब बातें भूलकर वे सीधे मिशन से जुड़ गए और बहुत जल्दी रोहिणी-75 का प्रक्षेपण करने में सफल हुए।

डा॰ विक्रम साराभाई की टीम बनाकर काम करने की क्षमता बेमिसाल थी। वे व्यक्ति को परखने में कभी भूल नहीं करते थे और जो ठान लेते, वह करके रहते थे। उनमें गजब का आत्मविश्वास था।

इन सब गुणों के अतिरिक्त उनका हृदय इतना विशाल था कि वे सबको सदा प्यार बाँटते रहते थे। उनके चेहरे पर सदा खिली-खिली मुस्कान रहती थी और आँखों में आत्मीयता साफ देखी जा सकती थी। वे अपने साथियों और सहयोगियों के साथ मित्रवत् व्यवहार करते थे। इतने अमीर घराने में जन्मे और इतने प्रतिभा सम्पन्न होते हुए भी डा॰ विक्रम साराभाई अपने आपसे दूसरों को कभी नीचा नहीं समझते थे।

डा॰ विक्रम साराभाई के इन गुणों ने कलाम को इतना प्रभावित किया कि वे उनके लिए पूरी तरह से समर्पित हो गए।

एक वैज्ञानिक का जीवन अपने लिए नहीं होता, ईश्वर ने जिसे असाधारण प्रतिभा देकर पृथ्वी पर भेजा हो, उसे अपनी छोटी सी दुनिया बसा कर किसी कोने में बैठ नहीं जाना चाहिए, अपितु बाहर निकलकर इसका लाभ अपने देश और यदि हो सके तो पूरी मनुष्य जाति को देने का प्रयास करना चाहिए। डा॰ साराभाई की इस धारणा ने ए॰पी॰जे॰ अब्दुल कलाम की जीवन धारा ही बदल दी। उन्होंने अपना घर नहीं बसाया। परिवार के लोगों को उनके हाल पर छोड़ वे राष्ट्र तथा मानव जाति की सेवा के उद्देश्य से वैज्ञानिक अनुसंधानों की दुनिया के साथ एकाकार हो गए।

डा॰ साराभाई का कलाम पर कितना गहरा भरोसा था और उनके दिल में कलाम के लिए कितना प्यार था, इस बात का प्रमाण इस घटना से मिल जाता है जिसका वर्णन डा॰ कलाम ने अपनी आत्मकथा 'अग्नि की उड़ान' में किया है-*"डा॰ विक्रम साराभाई न सिर्फ एक महान् वैज्ञानिक थे बल्कि एक महान् नेतृत्व देने वाले महान् इंसान भी थे। मुझे अभी तक याद है, उन्होंने जून 1970 में एस॰एल॰वी॰-3 की डिजाइन परियोजना की द्विमासिक प्रगति की जो समीक्षा की थी उसमें समीक्षा के लिए डिजाइन प्रदर्शित करने के चार चरण तैयार किए गए थे। पहले तीन चरण तो आसानी से पूरे हो*

गए थे, चौथे चरण का प्रदर्शन मुझे करना था। मैंने उनसे अपनी टीम के पांच सदस्यों का परिचय करवाया जिन्होंने इस डिजाइन को तैयार करने में अपना योगदान दिया था। हरेक को आश्चर्य हुआ। टीम के हर सदस्य ने अपने हिस्से के काम को पूरे अधिकार एवं क्षमता के साथ प्रदर्शन करके बताया। बाद में इस प्रदर्शन पर लम्बी चर्चा हुई और निष्कर्ष आया कि प्रगति संतोषजनक है।

अचानक डा॰ साराभाई के साथ काम कर रहे एक वरिष्ठ वैज्ञानिक ने मुझसे पलट कर पूछा- 'ठीक है, लेकिन इस परियोजना के लिए आपने क्या किया है?'

यह सुनते ही प्रोफेसर साराभाई एकदम बिगड़ गए। उन्होंने उस वैज्ञानिक को आड़े हाथों लेते हुए कहा-"आप को मालूम होना चाहिए कि परियोजना का प्रबंधन क्या होता है। हमने यह एक श्रेष्ठतम उदाहरण देखा है। टीम के काम का यह अनूठा प्रदर्शन था। मैंने हमेशा परियोजना को नेतृत्व देने वाले जिस व्यक्ति को देखा है और जिसने शुद्ध रूप से यह काम किया है, वह कलाम ही है। आप कलाम का इस तरह अपमान नहीं कर सकते'।"

डा॰ साराभाई को कलाम ने जीवन में पहली बार क्रोधित होते देखा था, वह भी इसलिए कि अपने साथी द्वारा किए गए कलाम के अपमान को वे सह नहीं सके थे।

डा॰ कलाम की दृष्टि में डा॰ साराभाई एक महान् व्यक्ति थे। उन्होंने उनमें गांधी जैसी नेतृत्व क्षमता देखी थी।

2001 में डा॰ कलाम ने भारत के प्रधानमंत्री श्री अटल बिहारी वाजपेयी के सलाहकार पद से मुक्ति ली और देश की नब्ज को समझने के उद्देश्य से बच्चों के बीच गए।

अपनी इस यात्रा से उन्होंने जो निष्कर्ष निकाले उनमें एक था अंतर्दृष्टि। डा॰ कलाम का मानना है कि यह अंतर्दृष्टि वह शक्ति है जो किसी राष्ट्र के विकास और नव-निर्माण में सबसे महत्त्वपूर्ण भूमिका निभाती है।

उन्होंने युवा पीढ़ी के बीच अपने विचार रखते हुए कहा कि हर युवक को अपने आदर्शों की तलाश करनी चाहिए। आदर्श ऐसा हो जिसमें डा॰ विक्रम साराभाई जैसी अंतर्दृष्टि हो।

अपनी पुस्तक तेजस्वी मन (Ignited minds) में उन्होंने लिखा है–

"मैंने डा० विक्रम साराभाई की अंतर्दृष्टि को पिछले तीन दशकों के दौरान निरंतर और समन्वित उपलब्धियों में प्रस्फुटित होते हुए देखा है। ऐसी उपलब्धियों तथा अन्य किसी भी प्रयास में सीमाओं से आगे निकलने की यही इच्छा प्रगति के पीछे कार्यरत होती है। जब हम प्रयास करते हैं और सफल भी होते हैं तो हमारे आदर्श ही मार्गदर्शक की भूमिका निभाते हैं। विक्रम साराभाई की वैचारिक ताकत ही ऐसी थी कि दूसरे लोगों ने उनकी दूरदर्शिता को अपनाया और उनके न रहने पर भी उनकी सोच को कार्यान्वित कर दिखाया।"

डा० विक्रम साराभाई कलाम के प्रेरक, पथ प्रदर्शक, गुरु और अपार ऊर्जा व अनन्त शक्तियों से लबालब भरे आदर्श थे।

परन्तु कलाम को उनका साथ बहुत दिनों तक मिलता रहे, यह बात शायद नियति को मंजूर नहीं थी।

30 दिसम्बर, 1971 को डा० कलाम ने मिसाइल पैनल की बैठक बुलाई। बैठक में किसी कारण से डा० विक्रम साराभाई नहीं पहुँच पाए। टीम के नेता होने के कारण डा० कलाम ने यह नियम बना रखा था कि परियोजना संबंधी जानकारी की रिपोर्ट वे डा० साराभाई को दिया करते थे।

उस दिन भी उन्होंने बैठक के बाद रिपोर्ट तैयार की और तिरुअनन्तपुरम के लिए चल पड़े।

डा० साराभाई का संदेश मिला--"आप हवाई जहाज से तिरुअनंतपुरम हवाई अड्डे पर ही मेरा इंतजार करना, मुझे बम्बई जाना है। मैं वहीं आपसे मिलूंगा। आपसे आज मुझे बहुत जरूरी बातें करनी हैं।'

कलाम बड़े उत्साह से हवाई जहाज द्वारा तिरुअनन्तपुरम पहुँचे। डॉ० साराभाई के साथ आज खुलकर बातें होंगी, इसकी सुखद कल्पना कर वे रोमांचित थे।

परन्तु जैसे ही तिरुअनंतपुरम में उतरे तो यह देखकर हैरान रह गए कि पूरा हवाई अड्डा उदासी की पर्त से ढका था।

पूछने पर पता लगा–डॉ० विक्रम साराभाई नहीं रहे। दिल का दौरा पड़ने से अचानक उनका निधन हो गया।

यह समाचार सुनते ही कलाम कटे पेड़ की तरह गिर पड़े। उनकी आँखों से लगातार आँसू बह रहे थे। वे फूट-फूटकर रो पड़े। कभी स्वप्न में भी डॉ॰ कलाम को यह ख्याल नहीं आया था कि डॉ॰ विक्रम साराभाई उन्हें यूं अचानक छोड़ कर चले जाएंगे।

डॉ॰ विक्रम साराभाई की मृत्यु ने कलाम को अन्दर तक झकझोर दिया था। उनको लगा था कि संसार बिल्कुल बेकार है, जीवन क्षण-भंगुर है। इतनी अनिश्चितता में जीते हैं हम सब, नियति की डोर से बंधे, विवश।

महीनों तक डॉ॰ कलाम का मन शोक में डूबा रहा। उनके जाने से जो देखे थे, उन्हें पूरा करने की जिम्मेदारी डॉ॰ कलाम की ही थी। वे जानते थे कि डॉ॰ साराभाई ने उन पर कितना भरोसा किया, और उन्हें केन्द्र में रखकर कितनी परियोजनाओं को जन्म दिया।

इसी सत्य से प्रेरणा लेकर डा॰ कलाम फिर उठ खड़े हुए। अबकी बार इस संकल्प के साथ कि अपने प्रिय मित्र, मार्गदर्शक, प्रेरक और आदर्श उस महामानव के सारे सपनों को साकार करके ही चैन की सांस लेंगे।

अगले ही वर्ष 8 अक्टूबर, 1972 को उ॰प्र॰ के बरेली एयरफोर्स स्टेशन पर राटो प्रणाली का पहला सफल प्रक्षेपण कर डा॰ कलाम ने डा॰ विक्रम साराभाई को सच्ची श्रद्धांजलि अर्पित की। यह परीक्षण सुखोई-16 विमान पर किया गया था। इसके साथ ही कलाम ने साबित कर दिया कि उन पर भरोसा करके डा॰ विक्रम साराभाई ने कोई गलती नहीं की थी। वे नहीं रहे तो क्या, उनके सपने सदा जीवित रहेंगे और भारत में विज्ञान-विकास के इतिहास में नए-नए अध्याय जोड़ते रहेंगे।

1972 से 1998 तक अपने पथ प्रदर्शक डा॰ विक्रम साराभाई की स्मृति में उन्होंने विज्ञान-जगत में इतने अनुसंधान किए कि वे भारत में सर्वश्रेष्ठ वैज्ञानिक के रूप में उभर कर आ गए। बच्चा-बच्चा डा॰ कलाम का नाम जान गया।

इतना ही नहीं देश ने उन्हें राष्ट्र के सबसे अधिक प्रतिष्ठित पद पर बैठाने का फैसला कर लिया। भारत के प्रधानमंत्री श्री अटल विहारी वाजपेयी ने सन् 2002 में उनका नाम राष्ट्रपति पद के लिए प्रस्तावित कर दिया। पूरे देश ने उनके नाम का स्वागत किया।

अपने चुनाव प्रचार के दौरान जब वे गुजरात गए तो वहाँ डा॰ विक्रम साराभाई की पत्नी श्रीमती सावित्री साराभाई से मिले। श्रीमती साराभाई ने उन्हें विजयी

होने का आशीर्वाद दिया। श्रीमती साराभाई को यह बात अच्छी नहीं लगी कि डा॰ कलाम जैसे प्रतिभावान और राष्ट्र के लिए समर्पित व्यक्ति को मतदान द्वारा चुनकर राष्ट्रपति भवन भेजा जाए। उन्होंने अपने उद्‌गार व्यक्त करते हुए कहा था कि डा॰ कलाम को सर्वसम्मति से चुना जाना चाहिए था। उन्होंने तो यहाँ तक सुझाव दिया कि चुनाव कराने की स्थिति को समाप्त किया जाए, डॉ.कलाम को सर्वसम्मति से राष्ट्रपति पद दे दिया जाए और उनकी विरोधी प्रत्याशी श्रीमती लक्ष्मी सहगल को उपराष्ट्रपति बना दिया जाए। यह तो उनकी निजी राय थी। चुनाव हुए और डा॰ कलाम 90 प्रतिशत मतों के साथ विजयी घोषित किए गए।

25 जुलाई को राष्ट्रपति पद की शपथ लेने के बाद अगस्त 2002 में डा॰ कलाम सांप्रदायिक दंगों के बाद राज्य की स्थिति का जायजा लेने तथा राज्य से सद्‌भावना बनाए रखने की अपील करने के उद्देश्य से गुजरात गए।

इस बार भी उनके मन में अपने प्रेरणा पुरुष डा॰ विक्रम साराभाई के प्रति आदर का भाव हिलोरें ले रहा था। वे साबरमती आश्रम गए। महात्मा गांधी और डा॰ विक्रम साराभाई की जन्म स्थली गुजरात के लोगों से उन्होंने शांति और सद्‌भाव बनाए रखने की अपील की। वे डा॰ विक्रम साराभाई की समाधि पर भी गए। इस बार उन्होंने राष्ट्र के प्रथम नागरिक की हैसियत से डा॰ साराभाई को श्रद्धांजलि अर्पित की और वह प्रमाण दिया कि उनके सपने साकार हो चुके हैं।

डा॰ ब्रह्म प्रकाश

डा॰ विक्रम साराभाई की मृत्यु के बाद थुम्बा स्थित सभी अनुसंधान संस्थानों को एक संस्थान में शामिल कर लिया गया और डा॰ विक्रम साराभाई की स्मृति में नए संस्थान को नाम दिया गया-विक्रम साराभाई स्पेस सेंटर (बी॰एस॰एस॰सी॰) सुप्रसिद्ध धातु वैज्ञानिक डा॰ ब्रह्म प्रकाश इसके निदेशक बनाए गए।

डा॰ ब्रह्म प्रकाश ने डा॰ कलाम की प्रबंधन क्षमता को समझ लिया था। इसरो के निदेशक प्रो॰ सतीश धवन डा॰ कलाम की इस क्षमता से पहले से ही परिचित थे। प्रो॰ सतीश धवन के साथ विचार विमर्श करने के बाद डा॰ ब्रह्म प्रकाश ने कलाम को एस॰एल॰वी॰ के प्रबंधन का दायित्व सौंप दिया।

इस दायित्व को संभालते समय डा॰ कलाम के मन में संदेह थे। वे अपने आपको वरिष्ठ वैज्ञानिक नहीं मानते थे। उस समय एस॰एल॰वी॰ में गवरीकर

मुयुनायगम कुरूप, अर्वा मुदन ईश्वरदास और एस॰सी॰ गुप्ता जैसे दिग्गज पुरुष मौजूद थे जिनकी प्रबंधन क्षमता बेमिसाल थी। डा॰ कलाम ने जब यह बात उठाई तो डा॰ ब्रह्म प्रकाश ने कहा–"यह मत देखो कि दूसरों की तुलना में तुम्हारे भीतर कितनी क्षमता है, बल्कि इसकी बजाय अपनी क्षमताओं और योग्यताओं को बढ़ाने का प्रयास करो।"

डा॰ कलाम यह बात सुनकर पहले तो चौंके परन्तु जल्दी ही उनकी समझ में आ गया कि डा॰ ब्रह्म प्रकाश उन पर पूरा भरोसा करते हैं और उनकी क्षमताएं बढ़ाने के पक्षधर हैं। यह तो कलाम के लिए अत्यधिक सौभाग्य की बात थी कि डा॰ ब्रह्म प्रकाश जैसा वरिष्ठ वैज्ञानिक उनकी प्रतिभा को ऊपर उठाने के लिए अपना कंधा लगाए और इतना बड़ा दायित्व उन्हें सौंपे।

यह दायित्व सौंपते समय डा॰ ब्रह्म प्रकाश ने साफ कह दिया था कि अटूट धैर्य और अकूत साहस के बिना यह कार्य संपन्न नहीं हो सकता।

डा॰ कलाम ने मन ही मन फैसला किया कि वे डा॰ विक्रम साराभाई के सपनों को और डा॰ ब्रह्म प्रकाश के विश्वास को कोई ठेस नहीं पहुँचने देंगे। कड़ी मेहनत और भारी सूझबूझ से रात-दिन काम में जुट कर डा॰ विक्रम साराभाई के अंतरिक्ष विज्ञान के स्वप्न को पूरा करके दिखाएंगे।

एस॰एल॰वी॰ परियोजना के पहले चरण को एस॰एल॰वी॰-3 नाम दिया गया था। इसके अंतर्गत एस॰एल॰वी॰-3 प्रणाली का डिजाइन तैयार कर उसे इस प्रकार संचालित करना शामिल था जिससे इसके द्वारा 40 किलोग्राम भार के उपग्रह को चार सौ किलोमीटर की वृत्ताकार कक्षा में स्थापित किया जा सके।

डा॰ कलाम को इस परियोजना के लिए 275 वैज्ञानिकों की जरूरत थी, लेकिन उन्हें केवल 50 वैज्ञानिक ही मिल पाए।

डा॰ ब्रह्म प्रकाश की प्रेरणा और अपने आत्मविश्वास के बल पर डा॰ कलाम ने इतने कम वैज्ञानिकों के साथ काम करने का बीड़ा उठा लिया। डा॰ कलाम सदा अपने सहयोगी वैज्ञानिकों व इंजीनियरों की प्रशंसा किया करते। वे उन्हें पूरी आजादी से काम करने का मौका देते थे और उनके बीच रहकर उनका हौसला बढ़ाते थे। किसी से कोई गलती हो जाती तो बुरा नहीं मानते थे। अपने कुशल नेतृत्व से उन्होंने हर वैज्ञानिक का मन जीत लिया। उनके साथियों ने पूरी ईमानदारी और लगन से काम किया। इस तीन महत्त्वपूर्ण परिणाम निकले– एक, काम समय पर पूरा हुआ, दूसरे, मेहनत और लगन से काम करने से उन

वैज्ञानिकों की प्रतिभा का विकास हो गया, देश को अच्छे वैज्ञानिक व तकनीशियन मिल गए, तीसरे, डा॰ कलाम को काम का पूरा श्रेय मिला।

पूरे छः वर्ष के कठोर परिश्रम के बाद 10 अगस्त, 1979 को एस॰एल॰वी॰-3 का पहला उड़ान परीक्षण हुआ। तेईस मीटर लम्बा, चार चरणों वाला एस॰एल॰वी॰ रॉकेट सवेरे साथ बजकर अट्ठावन मिनट पर श्री हरिकोटा प्रक्षेपण केन्द्र से छोड़ा गया। इसका वजन 17 टन था।

रॉकेट सफलतापूर्वक उड़ा। पहले चरण की प्रणाली ने ठीक काम किया था। जैसे ही दूसरे चरण को सक्रिय होना था, रॉकेट नियंत्रण से बाहर हो गया और 317 सेंकेड के बाद ही उड़ान बंद हो गई। इस रॉकेट का चौथा चरण स्वयं डा॰ कलाम ने तैयार किया था। दूसरे, तीसरे और चौथे चरण सहित रॉकेट श्री हरिकोटा से 560 किलोमीटर दूर समुद्र में जा गिरा।

इस असफलता ने कलाम को पूरी तरह तोड़ दिया। सबकी निगाहें कलाम पर थीं। सब यह जानना चाहते थे कि ऐसा क्यों हुआ, परन्तु कलाम का शरीर पूरी तरह जवाब दे गया। एस॰एल॰वी॰ प्रक्षेपण की तैयारियों में रात-दिन लगे रहने के कारण वे पूरे एक सप्ताह से रात को सो भी नहीं पाए थे, ऊपर से असफलता का धक्का; वे सह नहीं पाए और अपने कमरे में जा कर बिस्तर पर गिर पड़े।

शाम तक डा॰ कलाम को होश नहीं था। वे गहरी नींद में चले गए थे। डा॰ ब्रह्म प्रकाश दो बार उन्हें देखने आए और यह सोचकर कि वे सो रहे हैं, चुपचाप लौट गए।

शाम को वे तीसरी बार कलाम के कमरे में गए और उनके बिस्तर पर बैठ गए। उन्होंने स्नेह से कलाम के सिर पर हाथ फिराया और बोले-"अब उठो, शाम हो चुकी चलो खाना खाएँगे। मैंने भी सवेरे से कुछ नहीं खाया है। अब तुम्हारे साथ खाना चाहता हूँ, बहुत तेज भूख लगी है।"

कलाम ने डा॰ ब्रह्म प्रकाश के चेहरे को देखा। स्नेहिल नेत्र, अहसासों से भरा मन, डा॰ ब्रह्म प्रकाश कलाम को ऐसे जगा रहे थे जैसे एक पिता अपने शोक में डूबे पुत्र को सांत्वना देता है।

कलाम का दिल भर आया। उन्हें तो यह उम्मीद थी कि डा॰ ब्रह्म प्रकाश उनका मुँह देखना भी पसंद नहीं करेंगे या फिर आते ही उन पर बरस पड़ेंगे। उनके भरोसे को इतना बड़ा धक्का लगा था। उन्हें नाराज होने का हक था। परन्तु यह तो बिल्कुल उल्टी बात थी। डा॰ ब्रह्म प्रकाश के व्यवहार में कोई शिकायत

नहीं थी। वे तो कलाम को उस हादसे से उबारने के लिए चिंतित और प्रयत्नशील दिख रहे थे।

वे कलाम को उठाकर ले गए और दोनों के साथ-साथ भोजन किया। भोजन के दौरान उन्होंने एस०एल०वी०-3 के बारे में कोई बात नहीं की।

अगले दिन इस असफलता की समीक्षा के लिए 70 वरिष्ठ वैज्ञानिकों की बैठक हुई। पता चला कि परीक्षण के 8 मिनट पहले टी-8 के पहली कमांड के बाद संदूषण के कारण डाइज़र टैंक का एक वाल्व खुला रह गया और नाइट्रिक एसिड रिस गया। इसलिए पहले चरण के बाद ज्यों ही दूसरा चरण आरम्भ होना था। नियंत्रण बल ठीक से काम नहीं कर पाया और रॉकेट नियंत्रण खोकर समुद्र में जा गिरा।

यह निष्कर्ष इसरो के वरिष्ठ वैज्ञानिकों की बैठक में जब प्रो० सतीश धवन के सामने रखा गया तो कलाम वहाँ मौजूद थे। कलाम अपने स्थान पर खड़े हुए और बोले-"सर! यद्यपि इस असफलता के लिए मेरे साथियों ने तकनीकी गड़बड़ी को दोषी ठहराया है, तो भी अंतिम चरण की उल्टी गिनती के दौरान नाइट्रिक एसिड रिसाव को अनदेखा करने की जिम्मेदारी मैं अपने ऊपर लेता हूँ। एक मिशन डॉयरेक्टर के रूप में मुझे प्रक्षेपण रोक देना चाहिए था। उड़ान की सुरक्षा का दायित्व मेरा था। मैं जानता हूँ दूसरे देशों में इस प्रकार की अनदेखी करने पर मिशन डॉयरेक्टर को मिशन से बाहर कर दिया जाता है। मुझे क्या सजा मिलनी चाहिए, आप घोषणा करें।"

इन शब्दों के साथ ही उन्होंने बैठक खत्म कर दी। सब उठ कर चले गए।

डा० ब्रह्म प्रकाश ने पूरी एस०एल०वी० टीम को अपने पास बुलाया और मुझ से बोले-"देखो कलाम! तुम कितने भाग्यशाली हो। तुम्हारे सब साथी आज भी तुम्हारे सामने खड़े हैं। किसी ने तुम्हारा साथ नहीं छोड़ा, कोई तुम्हें दोषी नहीं मानता। चूक किसी से भी हो सकती है। भूल जाओ यह सब! अपने साथियों के साथ नए उत्साह से काम में भिड़ जाओ।"

डा० ब्रह्म प्रकाश ने कलाम के एस०एल०वी०-3 की विफलता से उपजी पीड़ा को पूरी तरह दूर कर दिया। कलाम के मन में डा० ब्रह्म प्रकाश के प्रति आदर और बढ़ गया। बड़ी से बड़ी असफलता से भी मनुष्य को टूटना नहीं चाहिए। यह सबक उन्होंने डा० ब्रह्म प्रकाश से सीखा और नए उत्साह तथा दोगुनी लगन से वे फिर से अपने काम में भिड़ गए।

डा॰ ब्रह्म प्रकाश प्रायः कलाम से कहा करते थे-"बड़ी परियोजनाएं उन पहाड़ों के समान होती हैं जिन पर बिना इच्छा के भी यथासंभव कोशिशों के साथ चढ़ना चाहिए। यदि तुम अनवरत चलते रहोगे तो गति और बढ़ेगी। अगर तुम तनावग्रस्त होगे तो गति धीमी हो जाएगी। तुम पहाड़ पर उस साम्यावस्था में चढ़ो जिसमें न थकान हो न बेचैनी हो।"

अटूट धैर्य की प्रेरणा देने वाले इस कथन को कलाम ने अपनी जिन्दगी और कार्यशैली का आधार बना लिया। उनकी महान् उपलब्धियों के पीछे यही आधार सदा मौजूद रहा है।

नवम्बर 1979 में डा॰ ब्रह्म प्रकाश ने बी॰एस॰एस॰सी॰ से अवकाश ग्रहण कर लिया।

1981 में जब डा॰ कलाम का नाम पद्यम भूषण पुरस्कार के लिए चुना गया तो उन्होंने सबसे पहले डा॰ ब्रह्म प्रकाश को इसकी सूचना दी। सूचना देने के बाद ज्यों ही कलाम ने उन्हें जीवन में दिए गए तमाम सहयोगों और सुझावों के लिए धन्यवाद दिया तो ब्रह्म प्रकाश ने कलाम को पिता की तरह डांटते हुए कहा-

> "कलाम! तुम मेरे बेटे हो, यह पुरस्कार मेरे बेटे कलाम को मिला है, और बेटे पिता को धन्यवाद नहीं कहा करते।"

उनकी आवाज में ऐसी भावुकता थी जो कलाम के रोम-रोम में उत्तर गई।

3 जनवरी, 1984 को डा॰ कलाम लक्ष्यों पर आधारित एक महत्त्वपूर्ण बैठक में व्यस्त थे कि उन्हें समाचार मिला-डा॰ ब्रह्मप्रकाश नहीं रहे।

डा॰ कलाम बैठक के बीच से उठकर चले गए। कमरे में घुसते ही उन्होंने कमरा अंदर से बंद कर लिया और एकान्त में सिसक-सिसक कर रोए। उन्हें ऐसा लग रहा था मानों उनके पिता का एक बार फिर निधन हो गया है।

प्रो॰ सतीश धवन

इसरो के निदेशक प्रो॰ सतीश धवन डा॰ कलाम के जीवन में उस समय आए जब डा॰ विक्रम साराभाई बेवक्त हाथ छुड़ा कर चले गए थे। प्रो॰ धवन जानते थे कि कलाम साराभाई को बहुत प्यार करते हैं। यदि उन्हें नहीं संभाला गया तो वे टूट जाएंगे।

प्रो॰ सतीश धवन ने डा॰ ब्रह्म प्रकाश से मिलकर कलाम को अनेक महत्त्वपूर्ण कामों में लगाने का फैसला लिया। खास तौर पर उन कामों में, जिन्हें पूरा

करने की विक्रम साराभाई की बड़ी तमन्ना थी। प्रो॰ धवन जानते थे कि डा॰ विक्रम साराभाई के अधूरे कामों को पूरा करने का जितना अधिक मौका कलाम को दिया जाएगा उतनी ही जल्दी वे स्वस्थ हो जाएंगे और इन सब कामों को पूरा करके दिखाएंगे। इससे मिलने वाली खुशी उनकी प्रतिभा के विकास में सहायक होगी और उनकी कार्य क्षमता बढ़ती जाएगी।

इसी रणनीति पर काम करते हुए प्रो॰ धवन डा॰ कलाम की ताकत बन गए। उन्होंने हर ऐसे मौके पर डा॰ कलाम को बल प्रदान किया, जब वे भावनात्मक चोट से विचलित होने को थे।

1971 से 1975 तक कलाम कई महत्त्वपूर्ण कामों को अंजाम दे चुके थे। राटो परियोजना को कामयाबी के मुकाम पर पहुँचाने के बाद उन्होंने अपने आपको एस॰एल॰वी॰ परियोजना के प्रबंधन में पूरी तरह झोंक दिया था। रात-दिन काम में लगे रहते थे। अपने साथियों से काम लेने के मामले में वे एक मिसाल बन गए थे।

1975 में उनके बहनोई जलालुद्दीन की मृत्यु हो गई। जलालुद्दीन डा॰ कलाम के लिए प्रेरणा के स्रोत थे। उनसे उनका बहुत आत्मीय रिश्ता था। बहनोई होने के साथ-साथ वे उनके मित्र, मार्गदर्शक, प्रेरक और आदर्श भी थे। उनकी मृत्यु से वे एकदम टूट गए। उनके दिमाग ने जबाव दे दिया और बहकी-बहकी बातें करने लगे।

प्रोफेसर धवन ने उन्हें सांत्वना दी। अनेक तरह से समझाने बुझाने के बाद वे बोले-"कलाम हादसे सबकी जिन्दगी में होते हैं। अपने प्रियजन की मृत्यु कई बार हमारी प्राण ऊर्जा को नष्ट कर डालती हैं। परन्तु तुम तो जानते हो कि तुम्हारे हाथों में कितनी महत्त्वपूर्ण योजना हैं इस योजना की सफलता पर सभी देशवासियों का भविष्य टिका है। स्वयं प्रधानमंत्री को तुमसे बड़ी-बड़ी आशाएं हैं। अपने दुख पर नियंत्रण करो। काम में लग जाओ, मुझे विश्वास है कि काम में मिलने वाली कामयाबी तुम्हारे इस दुख को निगल जाएगी, तुम्हें शांति मिलेगी।"

प्रो॰ सतीश धवन के शब्दों ने अद्‌भुत प्रेरणा शक्ति का काम किया। कलाम ने जीवन को सार्थक बनाने का फैसला कर लिया। डा॰ विक्रम साराभाई गए, जलालुद्दीन गए, एक न एक दिन सबको जाना ही है, क्यों न जाने से पहले कुछ ऐसा कर डालें कि जाने के बाद दुनिया वाले याद करें।

पाँच वर्ष तक कलाम ने अपने मिशन को सफल बनाने के लिए रात-दिन एक कर दिया। इस बीच अनेक तूफान आए, अनेक हादसों ने कलाम की अग्नि-परीक्षा ली, असफलताओं ने घुटने टिकाने वाले प्रहार किए। पिता जैनुलाबदीन का निधन और माँ आशियम्मा की मृत्यु ने कलाम को यह अहसास दिला दिया कि उनका इतना कुछ खोया जा चुका है कि अब खोने के लिए कुछ बचा ही नहीं है। प्रो॰ सतीश धवन ने कदम-कदम पर कलाम का साथ दिया। हर हादसे से उन्हें उबारा और राष्ट्रीय महत्त्व के काम से जोड़ा।

फिर वह दिन आ ही गया जिनकी प्रतीक्षा में पूरा दशक निकल गया था। जिसे लाने के लिए उन्होंने अपना सब कुछ दाव पर लगा दिया था-18 जुलाई, 1980 को प्राय: 8 बजकर 3 मिनट पर एस॰एल॰वी॰-3 रॉकेट को डा॰ कलाम ने प्रो॰ सतीश धवन की उपस्थिति में श्री हरिकोटा से छोड़ा। प्रक्षेपण के चौथे मिनट में रॉकेट में भेजा गया रोहिणी उपग्रह पृथ्वी की निचली कक्षा में स्थापित हो गया।

इसरो के अध्यक्ष प्रो॰ सतीश धवन खुशी से उछल पड़े। उन्होंने कलाम को हाथ मिलाकर बधाई दी और फिर गले से लगा लिया। उन्होंने एलान किया-''अब हमने अंतरिक्ष अनुसंधान की योग्यता पा ली है।'' प्रधानमंत्री श्रीमती इंदिरा गांधी ने फोन पर कलाम को बधाई दी। प्रोफेसर धवन प्रधानमंत्री से मिलने दिल्ली चले गए। दिल्ली में कलाम की सफलता की धूम थी। प्रोफेसर सतीश धवन ने दिल्ली में अनेक बैठकों और सेमिनारों में भाग लिया।

फिर एक दिन उन्होंने कलाम को फोन पर सूचना दी-''शीघ्र ही प्रधानमंत्री की अध्यक्षता में विज्ञान एवं टैक्नोलॉजी के संसदीय पैनल की बैठक होने वाली है। प्रधानमंत्री तुमसे मिलना चाहती हैं, तुरन्त दिल्ली आ जाओ।''

कलाम ने कहा-*''लेकिन एक समस्या है, मेरे पास अच्छे कपड़े तो हैं ही नहीं, मैं तो पैंट-कमीज और चप्पल पहनता हूँ-आप ही बताओ मैं क्या करूं?''*

सतीश धवन हंसे और बोले-''कलाम! जो कपड़े तुम्हारे पास हैं, वे तो इस देश में किसी के पास नहीं। तुम तो स्वयं अपनी सफलताओं से सजे हो।''

कलाम उन्हीं कपड़ों में दिल्ली चले गए। 25 जनवरी, 1981 को प्रो॰ सतीश धवन ने कलाम को सूचित किया-''बधाई हो कलाम अंतरिक्ष अनुसंधान में तुम्हारी सफलता के लिए सरकार ने तुम्हें पद्‌म भूषण से सम्मानित करने का फैसला लिया है, मुझे पद्‌म विभूषण दिया गया है।''

कलाम यह खबर सुनकर खुशी से झूम उठे। उन्होंने अपने गुरू और मार्गदर्शक प्रो॰ सतीश धवन को बधाई दी।

1982 में डा॰ कलाम डी॰आर॰डी॰एल॰ के निदेशक बन गए। यह स्थान मिसाइल परियोजनाओं पर काम करने के लिए बनाया गया था।

प्रो॰ सतीश धवन ने कलाम को इस संस्थान मे जाने की सलाह भी दी थी और सिफारिश भी की थी। वे जानते थे कि मिसाइल प्रणाली विकसित करने की प्रतिभा कलाम से ज्यादा किसी वैज्ञानिक में नहीं है।

कलाम के लिए उनका व्यक्तित्व प्रेरणा का स्रोत था और आकर्षण का केन्द्र भी। वे कहते हैं-*"मैं कभी भी किसी ऐसे व्यक्ति से नहीं मिला जिसकी मुस्कराहट प्रो॰ धवन जैसी हो-एक सफेद मुलायम बादल जैसी।"*

इसरो छोड़ने से पहले प्रो॰ धवन ने कलाम से कहा था कि वे सन् 2000 तक भारत के अंतरिक्ष कार्यक्रम की रूपरेखा पर एक वार्ता प्रस्तुत करें। कलाम राजी हो गए।

इसरो से जुड़े लगभग सभी वैज्ञानिक, इंजीनियर, कर्मचारी और प्रबंधक आदि इस वार्ता को सुनने के लिए उपस्थित हुए। यही समारोह कलाम के विदाई समारोह में परिवर्तित हो गया।

प्रो॰ सतीश धवन ने सफलता की बुलंदियों पर पहुँचने का आशीर्वाद देकर डा॰ कलाम को इसरो से विदा किया।

श्रीमती इंदिरा गांधी

24 जुलाई, 1974 को तत्कालीन प्रधानमंत्री श्रीमती इंदिरा गांधी ने संसद में घोषणा कर डाली-"भारत के पहले उपग्रह प्रक्षेपण यान के विकास तथा निर्माण का कार्य प्रगति पर है। देश के बहुत से उद्योग, उपकरणों और कल-पुर्जों के निर्माण में लगे हैं। यह यान 1978 में पहली उड़ान भरेगा।"

कलाम 1973 से इस काम में जुट गए थे। प्रधानमंत्री ने उन पर इतना भरोसा जताया कि उनसे मिली जानकारी के आधार पर संसद में घोषणा तक कर डाली। यह घोषणा कलाम के लिए एक चुनौती बन गई।

1980 में एस॰एल॰वी॰-3 की सफल उड़ान के बाद जब कलाम प्रधानमंत्री के निमंत्रण पर दिल्ली पहुँचे तो वे श्रीमती गांधी से विशेष रूप से प्रभावित हुए। विज्ञान एवं प्रौद्योगिकी के संसदीय पैनल की बैठक में कलाम चुपचाप बैठे

थे। देश के चुने हुए वैज्ञानिक और राजनेता इस बैठक में मौजूद थे। इंदिरा जी ने कलाम की मेहनत और लगन की प्रशंसा की तथा उन्हें और उनके साथियों को अंतरिक्ष अनुसंधान में मिली सफलता के लिए एक बार फिर बधाई दी।

कलाम की इच्छा कुछ कहने की नहीं थी। वे चाहते थे कि प्रो० सतीश धवन तथा अन्य वरिष्ठ लोग विचार व्यक्त करें और वे केवल सुनें। तभी श्रीमती इंदिरा गांधी ने मुस्करा कर कलाम की ओर देखा और बोलीं–"कलाम हम तुम्हें सुनना चाहते हैं।"

कलाम के लिए प्रधानमंत्री के ये शब्द प्रेरणा से भरे थे। वे उठे और उन्होंने अपने विचार व्यक्त किए। उनके विचार इतने साफ-सुथरे और सरल शब्दों में थे कि इंदिरा जी ने कई बार तालियां बजाकर उनका मान बढ़ाया।

19 जुलाई, 1984 को डा० कलाम के मिसाइल विकास कार्यक्रम का निरीक्षण करने के लिए तथा वैज्ञानिकों का हौसला बढ़ाने के लिए श्रीमती इंदिरा गांधी डी०आर०डी०एल० पहुँची। वहाँ उन्होंने डी०आर०डी०एल० परिवार के दो हजार लोगों को सम्बोधित किया।

वैज्ञानिकों के सामूहिक कार्य की प्रशंसा करने और डा० कलाम की प्रबंधन क्षमता को सराहने के बाद उन्होंने उनसे कहा–"डा० कलाम हम सबको आप पर गर्व है। आपने अपनी मेहनत और लगन से बड़ी कामयाबी ली है, देश का नाम रोशन किया है। आपको कहीं रुकना नहीं है आपको बहुत आगे जाना है। पूरे देश की आंखें आप पर लगी हैं, याद रहे आगे और आगे बढ़ते ही जाना है।"

30 अक्टूबर, 1984 को जब डा० कलाम ने श्रीमती इंदिरा गांधी की हत्या का समाचार सुना तो वे सन्न रह गए। उन्होंने दोनों हाथों में अपना सिर थाम लिया और बोले–*"महान् लोगों का इतना खौफनाक अंत क्यों?"*

इंदिरा जी का पार्थिव शरीर तो पंचतत्व में विलीन हो गया, परन्तु जो शब्द उन्होंने कहे थे, 'कलाम तुम्हें रुकना नहीं है। आगे और आगे बढ़ते जाना है, कलाम के जीवन की प्रेरणा बन गए।'

जर्मन मिसाइल मेन फॉन ब्रॉन

फॉन ब्रॉन जर्मन के एक महान् वैज्ञानिक थे। उन्होंने जर्मनी के लिए इतनी मिसाइलें बनाई कि वे वहाँ मिसाइल मैन के नाम से प्रसिद्ध हो गए। जर्मनी के

नार्दोसेन के पास एक भूमिगत इकाई में अप्रैल 1944 से अक्टूबर 1944 तक फॉन ब्रॉन ने 10 हजार से अधिक बी-2 मिसाइलों का निर्माण करवाया। इन मिसाइलों से हिटलर ने ब्रिटेन पर हमला किया था और पूरे लंदन नगर को तबाह करके रख दिया था।

युद्ध के अंतिम दौर में मित्र देशों ने फॉन ब्रॉन को गिरफ्तार कर लिया। फॉन ब्रॉन अब अमेरिका के लिए काम करने को मजबूर थे। उन्होंने वहाँ विश्व प्रसिद्ध अपोलो मिशन पर काम किया और 'शनि' रॉकेट का आविष्कार किया। इस रॉकेट ने मनुष्य को चन्द्रमा पर उतार कर अंतरिक्ष विज्ञान के इतिहास में नया अध्याय लिखा। उन्होंने अमेरिका के लिए सबसे पहली इंटरमीडिएट रेंज बैलिस्टिक मिसाइल 'जुपिटर' बनाई। इसकी क्षमता तीन हजार किलोमीटर तक मार करने की थी।

डा॰ ब्रह्म प्रकाश ने कलाम को सूचना दी कि वे मद्रास हवाई अड्डे पहुँचकर वैज्ञानिक फॉन ब्रॉन का स्वागत करें और उन्हें अपने साथ लेकर हवाई जहाज से त्रिवेंद्रम पहुँचे और फिर थुम्बा ले आएं।

डा॰ कलाम फॉन ब्रॉन के साथ हवाई जहाज द्वारा मद्रास से त्रिवेंद्रम आए। इस हवाई यात्रा के दौरान उन्होंने फॉन ब्रॉन से अनेक बातें कीं।

फॉन ब्रॉन के साथ बातचीत करते समय डा॰ कलाम को लगा जैसे वे डा॰ विक्रम साराभाई से बात कर रहे हों। उन्होंने डा॰ कलाम को अनेक महत्त्वपूर्ण सुझाव दिए। उन्होंने कहा-"यदि तुम रॉकेट विज्ञान में कुछ करना चाहते हो तो इसे स्वयं करो। रॉकेट विज्ञान कोई खेल नहीं है, इसमे केवल कठोर परिश्रम ही काफी नहीं। जब तक तुम इसे अपना धर्म नहीं मान लेते, अपना मिशन नहीं बना लेते, तब तक तुम्हें कामयाबी की उम्मीद नहीं करनी चाहिए।"

अमेरिकी लोगों के बारे में अपना मत व्यक्त करते हुए उन्होंने कहा-"अमेरिकी लोगों से ज्यादा अपेक्षाएं नहीं रखनी चाहिए। वे हर गैर अमेरिकी चीज को संदेह तथा अपमान की दृष्टि से देखते हैं। वे बहुत गहराई तक 'नॉट इन्वाईटेड हियर' नामक मनोविकार से ग्रस्त हैं तथा विदेशी तकनीक को बहुत तुच्छ समझते हैं।"

फॉन ब्रॉन के साथ हुई बातचीत और उनके सरल व्यक्तित्व से डा॰ कलाम ने यह निष्कर्ष निकाला कि भारत को अपनी तकनीक का स्वयं विकास करना होगा। दूसरे देशों से कुछ सीमा तक मदद तो ली जा सकती है, विदेशी वैज्ञानिकों से मार्गदर्शन भी प्राप्त किया जा सकता है, परन्तु हमें अपना वैज्ञानिक विकास

अपने आप करना होगा। यदि देश को आत्मनिर्भर बनाना है, अपनी सुरक्षा-व्यवस्था और अर्थव्यवस्था मजबूत बनानी है तो नई प्रौद्योगिकी खोजनी होगी, नए अनुसंधान करने होंगे। दूसरे देशों पर अधिक निर्भरता ठीक नहीं।

प्रोफेसर राजा रामन्ना: प्रोफेसर राजा रामन्ना से डा॰ कलाम की मुलाकात 1 जनवरी, 1981 को देहरादून स्थित हाई एल्टीट्यूड लेबोरेटरी में हुई। इस प्रयोगशाला में इंचार्ज डा॰ भागीरथ राव ने डा॰ कलाम को एस॰एल॰वी॰-3 पर व्याख्यान के लिए आमंत्रित किया था। डा॰ रामन्ना इस समारोह के अध्यक्ष थे। डा॰ रामन्ना भारत के प्रसिद्ध परमाणु वैज्ञानिक थे और उस समय रक्षा मंत्री के सलाहकार थे।

प्रोफेसर रामन्ना के बारे में डा॰ कलाम ने बहुत सुन रखा था, परन्तु मुलाकात का अवसर इससे पहले कभी नहीं मिल पाया था। रामन्ना के लिए उनके दिल में उतना ही आदर था जितना डा॰ विक्रम साराभाई के प्रति था।

प्रोफेसर रामन्ना ने डा॰ कलाम को उनकी सफलता पर बधाई देते हुए कहा-''तुम डा॰ विक्रम साराभाई के प्रिय शिष्य हो, तुमसे मिलकर मैं विश्वास के साथ कह सकता हूँ कि डा॰ साराभाई की परख का जवाब नहीं।''

उनके बात करने का ढंग, उनकी आकर्षक मुस्कान, सरलता, अत्मीयता और अनौपचारिकता। डा॰ कलाम को लगा कि प्रोफेसर रामन्ना नहीं, डा॰ विक्रम साराभाई ही उनके सामने खड़े हैं। उनके व्यक्तित्व में ऐसा जादू था कि डा॰ कलाम कुछ न कह सके।

शाम को उन्हें संदेश मिला-प्रोफसर रामन्ना के उन्हें चाय पर बुलाया है। डा॰ कलाम को बहुत अच्छा लगा। डा॰ रामन्ना उन्हें इतना मान दे रहे हैं, यह जान कर ने रोमांचित हो गए।

डा॰ कलाम शाम को प्रो॰ रामन्ना के निवास पहुँचे। प्रोफेसर रामन्ना ने बड़ी गर्मजोशी से उनका स्वागत किया। दोनों वैज्ञानिक आमने-सामने बैठे। दोनों चुप थे। चाय आ गई। दोनों चाय पीने लगे।

उस समय प्रोफेसर रामन्ना रक्षा विभाग के डी॰आर॰डी॰एल॰ में चल रही मिसाइल परियोजना की धीमी गति से बड़े चिन्तित थे। डा॰ कलाम के अन्दर छिपी मिसाइल मेन की प्रतिभा को उन्होंने परख लिया और बोले-''कलाम् एक बात साफ-साफ बताओ। क्या तुम मिसाइल कार्यक्रम की जिम्मेदारी अपने कंधों पर लेना पसंद करोगे?''

कलाम ने चौंक कर प्रोफेसर रामन्ना के चेहरे पर देखा। उन्हें लगा जैसे प्रोफेसर रामन्ना उनसे पूछ रहे, बल्कि आग्रह कर रहे हैं। एक ऐसा आग्रह जो टाला नहीं जा सकता।

डा॰ कलाम ने 'हां' कह दी।

चाय के बाद प्रोफेसर रामन्ना ने डा॰ कलाम के साथ कुछ कदम चलते हुए उन्हें विदा किया और बोले-"डा॰ कलाम, तुम नहीं जानते आज तुमने मेरे दिल का बोझ कितना हल्का कर दिया है" डा॰ कलाम मुस्करा दिए। वे जानते थे कि डा॰ रामन्ना के प्रभावशाली आग्रह और अपने मन में छिपी मिसाइल प्रणाली विकसित करने की लालसा ने उनसे हाँ तो करवा ली है परन्तु इसरो को वे इतना प्यार करते हैं कि उसे छोड़ना आसान न होगा। फिर इसरो के अध्यक्ष प्रोफेसर सतीश धवन के उन पर इतने अहसान हैं और उनका प्यार, उनकी चाहत। क्या यह सब छोड़ा जा सकेगा? क्या प्रोफसर धवन उन्हें 'इसरो' छोड़ने की इजाजत देंगे?

ये प्रश्न उनके मन को मथते रहे। परन्तु जब उन्होंने प्रो॰ सतीश धवन को प्रो॰ रामन्ना के साथ हुई बातचीत सुनाई तो प्रो॰ सतीश धवन ने उन्हें खुशी-खुशी 'इसरो' छोड़ने की अनुमति दे दी।

डा॰ कलाम को 'इसरो' से डी॰आर॰डी॰एल॰ में भेजने की प्रक्रिया पूरी एक वर्ष लम्बी हो गई फरवरी 1982 में यह फैसला लिया जा सका कि डा॰ कलाम को डी॰आर॰डी॰एल॰ भेज दिया गए।

इस बीच प्रोफसर राजा रामन्ना रक्षा मंत्री के सलाहकार पद से रिटायर हो गए। उनके स्थान पर डा॰ अरुणाचलम आ जाए।

अप्रैल 1982 में डा॰ कलाम डी॰आर॰डी॰एल॰ में आ गए। आते ही वे रक्षा मंत्रालय की सभी परियोजनाओं को समझने के काम में जुट गए। 'डेविल' परियोजना को मंत्रालय बंद कर चुका था और उससे जुड़े वैज्ञानिकों में हताशा थी। कलाम वैज्ञानिकों की मनोदशा, परियोजनाओं की स्थिति तथा मंत्रालय की नौकरशाही और वैज्ञानिकों के बीच तालमेल की स्थितियों का बारीकी से अध्ययन करने में जुटे थे। डी॰आर॰डी॰एल॰ में उस समय पांच परियोजनाओं पर काम चल रहा था, सोलह क्षमता-निर्माण परियोजनाएं हाथ में थीं। 30 टन तरल ईंधन वाले दो रॉकेट इंजनों का निर्माण-कार्य जारी था। स्वदेशी मिसाइल तैयार करने की तकनीक विकसित करने के प्रयास किए जा रहे थे।

उसी समय कलाम को अन्ना विश्वविद्यालय, मद्रास ने 'डाक्टर ऑफ साइसं' की मानद उपाधि देने के लिए मद्रास बुलाया। यह वही शहर था जहाँ से (एम॰आई॰टी॰) से 20 वर्ष पहले डा॰ कलाम ने 'एयरोनॉटिकल इंजीनियरिंग' की डिग्री प्राप्त की थी। समारोह की अध्यक्षता प्रोफेसर रामन्ना करेंगे यह जानकर तो कलाम प्रसन्नता से खिल उठे।

विश्वविद्यालय के दीक्षांत समारोह में कलाम ने 'इंजीनियरिंग' के महत्व और 'इंजीनियरों' के राष्ट्र के प्रति दायित्व पर शानदार भाषा दिया। फिर आई वह घड़ी जब प्रोफेसर राजा रामन्ना ने कलाम को 'डॉक्टर ऑफ साइंस' की उपाधि प्रदान की। प्रो॰ रामन्ना ने उन्हें पहली बार 'डा॰ ए॰पी॰जे॰ अब्दुल कलाम' कहकर पुकारा तो भावातिरेक में डा॰ कलाम की आंखे नम हो गई।

समारोह के बाद प्रो॰ राजा रामन्ना ने डा॰ कलाम से कहा–"मैं अब रक्षा मंत्री श्री आर॰वेंकट रमन का सलाहकार नहीं हूँ, परंतु मुझे बड़ी खुशी है कि तुमने मेरे मन की इच्छा पूरी कर दी। बड़ी तमन्ना थी, तुम्हारे साथ काम करने की परन्तु वह पूरी न हो सकी और मैं रिटायर हो गया। परन्तु डा॰ कलाम, मेरी सारी शुभकामनाएं, मेरे सारे आशीर्वाद तुम्हारे साथ हैं। मुझे विश्वास है कि तुम्हारे हाथों डी॰आर॰डी॰एल॰ की सारी योजनाएं पूरी होंगी, भारत को सुरक्षा के मामले में आत्मनिर्भर बनाने का श्रेय तुम्हें अवश्य मिलेगा।"

डा॰ कलाम भाव-विभोर हो गए। प्रोफेसर राजा रामन्ना जैसे वरिष्ठ वैज्ञानिक ने उन पर इतना भरोसा किया है तो जरूर इसके पीछे कोई ठोस आधार होगा। डा॰ कलाम ने मन की मन निश्चय किया कि वे प्रोफेसर राजा रामन्ना के विश्वास पर खरा उतरने के लिए अपनी पूरी शक्ति लगा देंगे।

डा॰ अरुणाचलम

रक्षा मंत्री के नए सलाहकार डा॰ अरुणचलम अत्यधिक उत्साही और ऊर्जावान वैज्ञानिक थे। उन्होंने घातु निर्माण विज्ञान के इतिहास में एक नया अध्याय जोड़ा था। देश में पहली बार उन्होंने ढलवां अल्युमीनियम तैयार कर धातु निर्माण की नई प्रौद्योगिकी विकसित की थी।

डा॰ अरुणाचलम के बारे में डा॰ कलाम ने लिखा है- *"लम्बे एवं भव्य व्यक्तित्व वाले डॉ॰ अरुणाचलम हमेशा बिजली के डायनमो की तरह गतिमान रहते थे। मैंने उन्हें हमेशा एक असाधारण दोस्त और साथ काम करने वाले विलक्षण साथी के रूप में पाया।"*

1 जून, 1982 को डा॰ अरुणाचलम ने डा॰ कलाम को डी॰आर॰डी॰एल॰ का निदेशक नियुक्त कर दिया।

डा॰ कलाम ने सबसे पहले विभिन्न परियोजनाओं से जुड़े वैज्ञानिकों और इंजीनियरों को यह आश्वासन दिया कि वे उनकी प्रतिभा और मेहनत के साथ कोई अन्याय नहीं होने देंगे। उन्हें न्याय भी मिलेगा और सम्मान भी। 280 वैज्ञानिकों के दल का विश्वास जीतने के बाद उन्होंने डा॰ अरुणाचलम के सामने अपनी योजना रखी। योजना की पहली शर्त यह थी कि किसी भी साथी के साथ कोई अन्याय ने हो। हर एक को काम करने, अपनी प्रतिभा का प्रदर्शन करने की खुली छूट मिले और सबसे बड़ी बात कि वैज्ञानिकों के काम में प्रशासनिक बाधा न आए।

डा॰ अरुणाचलम प्रशासनिक गतिरोधों को तोड़ने और वैज्ञानिकों के कामों को गति देने के पक्षधर थे। वे रक्षामंत्री से सीधी बात करके हर व्यवधान दूर कर देते थे।

डा॰ कलाम की हर रिपोर्ट पर वे पूरा भरोसा करते थे।

डा॰ अरुणाचलम के सहयोग और डा॰ अब्दुल कलाम की संयोजन एवं प्रबंधन क्षमता से डी॰आर॰डी॰एल॰ की परियोजनाओं में तेजी आ गई।

फिर तो विकास की गति इतनी तेज हो गई कि 1990 तक डा॰ कलाम के नेतृत्व में उनके सहयोगी वैज्ञानिक ने रात-दिन मेहनत करके पृथ्वी, अग्नि, त्रिशूल, नाग और आकाश नामक मिसाइलों का विकास कर भारत को सुरक्षा के मामले में आत्मनिर्भर बना दिया और सारे विश्व को चौंका दिया।

1990 में डा॰ अब्दुल कलाम और डा॰ अरुणाचलम, दोनों को भारत सरकार ने पद्म विभूषण से सम्मानित किया।

डा॰ अरुणाचलम का कार्यकाल डा॰ कलाम के लिए वरदान साबित हुआ। अपने वैज्ञानिक जीवन मे पहली बार डा॰ अब्दुल कलाम को अपने और अपने साथियों के काम से पूरी संतुष्टि मिली। इस सफलता का श्रेय वे अपने साथियों और डा॰ अरुणाचलम को देते हैं।

आर॰ वेंकट रमन

1983 में श्री आर॰ वेंकट रमन भारत के रक्षामंत्री थे। साउथ ब्लाक में सेना के तीनों प्रमुखों, जनरल कृष्णाराव, एयरचीफ मार्शल दिलबाग सिंह तथा एडमिरल

डासन की मौजूदगी में उन्होंने रक्षा मंत्रालय से जुड़े वरिष्ठ वैज्ञानिकों की बैठक बुलाई। रक्षा मंत्री के सलाहकार डा० अरुणाचलम और डी०आर०डी०एल० के निदेशक की हैसियत से डा० कलाम इस बैठक में उपस्थित थे।

डा० कलाम ने पहली बार रक्षा मंत्री श्री वेंकट रमन को इतने निकट से देखा था और रक्षा अनुसंधान के मामले में उनकी राय जानी थी।

डा० कलाम उस समय हैरान रह गए जब श्री वेंकटरमन ने चरणों में मिसाइल तैयार करने का फैसला उलट दिया और समग्र निर्देशित मिसाइल विकास कार्यक्रम (Integrated Guided Missile Development Programme) शुरू करने का विचार रखा।

डा० कलाम रक्षा मंत्री की सूझ-बूझ और दूरदर्शिता पर मुग्ध हो गए। परन्तु अब एक चुनौती उनके सामने थी। रक्षामंत्री की योजना के अनुसार मिसाइल विकास कार्यक्रम के नए ब्लू प्रिंट तैयार करना।

डा० कलाम ने रक्षामंत्री का वक्तव्य सुना था। वे समझ गए कि रक्षा मंत्री क्या चाहते हैं। रात भर में डा० कलाम ने डा० अरुणाचलम के साथ मिलकर नए ब्लू प्रिंट तैयार कर लिए।

अगले दिन फिर मीटिंग हुई। ज्यों ही डा० कलाम ने नए ब्लू प्रिंट रक्षामंत्री के सामने रखे, वे हैरान रह गए। इनमें कलाम ने वह सब उतार कर रख दिया था, जो रक्षामंत्री के दिमाग में चल रहा था परन्तु वे शब्दों में कह नहीं पाए थे।

रक्षा मंत्री गद्‌गद् हो गए और बोले-"कलाम मैं तुम्हारे कार्य से बहुत खुश हूँ। तुमने आज मेरा वह विश्वास सार्थक कर दिया जिसके साथ मैं तुम्हें यहाँ लाया था।"

डा० कलाम का माथा ठनका। अब उनके दिमाग में पूरी बात साफ हो गई। वे अब तक नहीं समझ पाए थे कि प्रोफेसर राजा रामन्ना ने किसके इशारे पर उनके सामने डी०आर०डी०एल० संभालने का सीधा प्रस्ताव रखा था। अब उनकी समझ में आ गया, इसके पीछे स्वयं रक्षामंत्री आर०वेंकट रमन का हाथ था।

इतने बड़े व्यक्ति की पसंद और विश्वास पात्र बनने के अहसास ने उनके आत्मविश्वास और कुछ कर दिखाने के संकल्प को ऊंचा उछाल दिया।

उन्होंने फैसला लिया कि वे भारत को सुरक्षा के मामले में आत्म-निर्भर बनाने के मिशन में अपना पूरा जीवन लगा देंगे। यह मिशन अब उनके जीवन का एक

मात्र मिशन है। किसी भी कीमत पर, किसी भी हालत में वे इसे पूरा करके ही रहेंगे।

बैठक खत्म होते-होते देर हो गई। अगले दिन ही उनकी भतीजी जमीला की शादी थी। भाई की बेटी की शादी में पहुँचना अनिवार्य था। न पहुँच पाने पर परिवार वाले यह अर्थ लगाते कि माता-पिता की मृत्यु के बाद कलाम ने घर से नाता ही तोड़ दिया।

अतः वे चिन्तित हो उठे। जब वे छोटे से सूटकेस में अपने कपड़े रख रहे थे तो अचानक डा॰ अरुणाचलम उनके कमरे में आ पहुँचे और बोले-"डा॰ कलाम, रक्षामंत्री ने तुम्हारे आराम से जाने का इंतजाम कर दिया है। भारतीय वायु सेना का हैलीकॉप्टर तुम्हे मद्रास में मदुरै तक पहुँचाएगा और तुम भतीजी की शादी में समय पर पहुँच जाओगे।"

डा॰ अरुणाचलम ने कलाम को बताया कि ज्यों ही रक्षामंत्री को उनकी समस्या का पता लगा, उन्होंने तुरन्त व्यवस्था कर दी और बोले-"डा॰ कलाम को कोई तकलीफ नहीं होनी चाहिए। मैं जानता हूँ वे अपने लिए कभी कुछ नहीं कहेंगे। उनकी हर इच्छा का आदर करना हमारा कर्त्तव्य है।"

डा॰ अरुणाचलम के मुंह से रक्षामंत्री के यह शब्द सुनकर तो कलाम के मन में उनके प्रति आदर और बढ़ गया। ऐसे दूरदर्शी और सहयोगी नेता जिस देश पर शासन करते हैं, उसका कोई अहित हो ही नहीं सकता।

कलाम हवाई जहाज से मद्रास जा पहुँचे। जैसे ही वे मद्रास हवाई अड्डे पर उतरे, उन्होंने वायु सेना के एक हैलीकॉप्टर को हवाई पट्टी पर उतरते देखा। वायु सेना के कमांडर ने उन्हें हैलीकॉप्टर में बैठाया और रेलगाड़ी छूटने से पहले मदुरै रेलवे स्टेशन पर उतार दिया। ज्यों ही वे मदुरै से रामेश्वरम जाने वाली रेलगाड़ी में सवार हुए, गाड़ी ने सीटी दे दी और चल पड़ी। डा॰ कलाम को ऐसा लगा मानो रेलगाड़ी उन्हीं का इन्तजार कर रही थी।

श्री आर॰वेंकट रमन की प्रेरणा से डा॰ कलाम ने समग्र मिसाइल विकास कार्यक्रम को सफलता के चरम तक पहुँचा दिया। 1990 में डा॰ कलाम तथा डा॰ अरुणाचलम को पद्म विभूषण दिया गया और उनके साथियों जे॰सी॰ भट्टाचार्य व आर॰एन॰ अग्रवाल को पद्म श्री मिला।

1990 में गणतंत्र दिवस पर श्री आर॰ वेंकट रमन ने ही डा॰ कलाम को यह पुरस्कार प्रदान किया। उस समय वे भारत के राष्ट्रपति थे।

पहले रक्षा मंत्री और फिर राष्ट्रपति के रूप में श्री आर॰ वेंकट रमन ने डा॰ कलाम के मन पर ऐसी छाप छोड़ी कि वे कभी रुके नहीं। अपनी बड़ी से बड़ी उपलब्धि से भी वे संतुष्ट नहीं हुए। आगे और आगे बढ़ते गए; और 25 जुलाई 2002 को वे स्वयं उसी सर्वोच्च पद पर जा पहुँचे, जिस पर रहते हुए श्री रमन ने उन्हें पुरस्कृत किया था-महामहिम राष्ट्रपति का पद।

वाई॰ एस॰ राजन

वाई॰ एस॰ राजन आयु में डा॰ कलाम से 12 वर्ष छोटे हैं। 1966 से 1988 तक वे भारतीय अंतरिक्ष अनुसंधान संस्थान (इसरो) तथा अंतरिक्ष विभाग से जुड़े रहे हैं। उन्होंने भारतीय दूर संचार उपग्रह कार्यक्रम तथा दूरसंवेदी कार्यक्रम को सफल बनाने में उल्लेखनीय योगदान दिया है। भारत के सुरक्षा के क्षेत्र में आत्मनिर्भर बनाने तथा परमाणु शक्ति से सम्पन्न बनाने में वाई॰एस॰ राजन की बराबर भागीदारी रही है।

डा॰ कलाम श्री वाई॰ एस॰ राजन को अत्यधिक व्यवहार कुशल और प्रभावशाली व्यक्ति मानते हैं। उनके व्यक्तित्व में जादू है। उनके निर्णय लेने की क्षमता गजब की है। एस॰एल॰वी॰ परियोजना को सफल बनाने में श्री राजन की भूमिका का वर्णन करते हुए डा॰ कलाम कहते हैं-"खरादियों, मिस्त्रियों, बिजली का काम करने वालों एवं ड्राइवरों के साथ उनके काफी दोस्ताना संबंध थे। दूसरी ओर वैज्ञानिकों, इंजीनियरों, ठेकेदारों तथा नौकरशाहों से भी उनकी गहरी दोस्ती थी। आज जब मीडिया मुझे 'वैल्डर ऑफ पीपुल' कहता है, तो मुझे राजन के साथ अपने अनुभव याद आते हैं। एस॰एल॰वी॰ परियोजना के मामले में विभिन्न केन्द्रों में काम करने वाले लोगों से उनके मधुर एवं आत्मीय संबंध बन गए थे।"

डा॰ कलाम ने जहाँ देश को सुरक्षा के मामले में आत्मनिर्भर बनाने के लिए प्रक्षेपास्त्रों, उपग्रहों और परमाणु हथियारों के निर्माण में अपना जीवन लगाया, वहीं उनका ध्यान भारत को एक संपन्न और विकसित देश बनाने की ओर भी गया है। आधी सदी तक वैज्ञानिक अनुसंधानों में लगने के बाद 21वीं सदी आरंभ होते ही कलाम देश को विकसित देश बनाने की मुहिम में सक्रिय हो गए हैं। इस मुहिम को शुरू करने से पहले उन्होंने पूरे देश में सर्वेक्षण करवाया। वे आठ वर्ष तक प्रौद्योगिकी सूचना, पूर्वानुमान तथा आकलन परिषद (टी॰आई॰एफ॰ए॰सी॰) के अध्यक्ष रहे। इस अवधि में उन्होंने पांच सौ विशेषज्ञों के कार्यदलों के कार्य के आधार पर वाई॰एस॰ राजन के साथ मिलकर प्रौद्योगिकी विजन 2020 तैयार किया।

इन कार्यदलों ने विभिन्न क्षेत्रों से जुड़े पांच हजार वैज्ञानिकों और तकनीक-विदों से प्राप्त जानकारी की मदद से सर्वेक्षण का काम पूरा किया। प्रौद्योगिकी विजन दस्तावेज तथा राष्ट्रीय सुरक्षा के पहलुओं को मिलाकर भारत सहस्त्राब्दी मिशन (आई॰एम॰एम॰ 2020) तैयार किया गया।

वाई॰ एस॰ राजन के साथ मिलकर डा॰ कलाम ने भारत को 2020 तक विकसित देश बनाने की परिकल्पना की रूप रेखा तैयार की, उसे पुस्तक रूप में "भारत 2020" (India 2020) नाम से प्रकाशित कराया।

डा॰ कलाम ने इस मिशन में जुटने के बारे में वाई॰एस॰ राजन के रुझान और सहयोग का वर्णन करते हुए 'भारत 2020' की भूमिका में लिखा है-"हम दोनों (राजन और कलाम) का जन्म तब हुआ था जब भारत अपनी स्वाधीनता की लड़ाई लड़ रहा था।

जब जवाहर लाल नेहरू ने स्वाधीन भारत का ध्वज फहराते हुए लालकिले से अपना ऐतिहासिक भाषण दिया था, उस समय एक (कलाम) हाई स्कूल में पढ़ते थे और 4 वर्षीय राजन के केवल कुछ शब्द बोलना ही सीखा था। दोनों के परिवार साधारण थे। स्वाधीनता के बाद भारत को विज्ञान एवं तकनीक से संपन्न बनाने के कार्य में नियति ने हमें लाकर एक मंच पर खड़ा कर दिया।"

विज्ञान और प्रौद्योगिकी के विकास पथ पर साथ-साथ चलते डा॰ कलाम और वाई॰एस॰ राजन इतने करीब आ गए कि अब वे एक दूसरे के अभिन्न अंग हैं।

भारत को विकसित देश बनाने की रूप रेखा तैयार करने और उसे पुस्तक के रूप में 1998 में लोगों के सामने रखने के बाद वे अपने मिशन के अगले चरण में सक्रिय हो गए।

रक्षा मंत्री के सलाहकार और प्रधानमंत्री के वैज्ञानिक सलाहकार रहने की अवधि में डा॰ कलाम के मन में यह उथल-पुथल मची रहती थी कि वे अपने मिशन से सीधे कैसे जुड़ें। वाई॰एस॰ राजन इस अवधि तक उनके इतने निकट आ चुके थे कि उनसे हर बात कहीं जा सकती थी। सच तो यह है कि वैज्ञानिक वाई॰एस॰ राजन डा॰ कलाम की ही तरह अपना जीवन राष्ट्र को विकसित बनाने के मिशन में लगा चुके थे और डा॰ कलाम को पूरा सहयोग दे रहे थे।

2002 में जब डा॰ कलाम को राष्ट्रपति पद के लिए भाजपा ने अपना प्रत्याशी घोषित किया तो वाई॰एस॰ राजन डा॰ कलाम के साथ थे।

नामांकन पत्र भरा गया और चुनाव प्रचार अभियान शुरू हो गया। वाई०एस० राजन डा० कलाम के सदा साथ देखे जाते थे। जहाँ-जहाँ डा० कलाम अपने विचार व्यक्त करते, वाई०एस० राजन उन्हें पूरा सहयोग देते थे।

इसके बाद हर महत्त्वपूर्ण अवसर पर वाई०एस० राजन डा० कलाम के साथ दिखाई देते रहे हैं। राष्ट्रपति पद के लिए चुनाव के दिन, परिणाम घोषित होने के दिन, पत्रकार सम्मेलनों में, शपथ ग्रहण समारोह के समय राष्ट्रपति भवन में पहुँचने के बाद जब डा० कलाम अपनी पहली जन संपर्क यात्रा पर गुजरात पहुँचे तब भी वाई०एस० राजन उनके साथ थे।

वाई०एस० राजन डा० कलाम के सहयोगी, मित्र, हितैषी, और सलाहकार आदि सब कुछ हैं। राष्ट्र-सेवा में अपना पूरा जीवन लगाने वाले वाई०एस० राजन एक श्रेष्ठ वैज्ञानिक, अच्छे लेखक, ज्ञानवान नागरिक और दूरदर्शी दार्शनिक हैं। वे डा० कलाम के सबसे अधिक विश्वसनीय मित्र तथा आत्मीय सहचर हैं। अपने घर-परिवार से अलग रहने वाले राष्ट्रपति अब्दुल कलाम के लिए वाई०एस० राजन एक ऐसे व्यक्ति हैं जिनसे भारत का सर्वश्रेष्ठ नागरिक अपने मन की हर बात कह सकता है।

उन्होंने डा० कलाम को हर काम में पूरा सहयोग दिया है और उनका वादा है कि वे अपना पूरा जीवन उसी मिशन में लगा देंगे जिसके लिए डा० ए०पी०जे० अब्दुल कलाम पूरी तरह समर्पित हैं।

भारतीय युवा और स्कूलों के बच्चे

डा० कलाम भारत के राष्ट्रपति, सुप्रसिद्ध मिसाइल मैन, आदर्श विचारक, श्रेष्ठ लेखक, महान् स्वप्नदर्शी और राष्ट्र निर्माण के लिए पूरी तरह समर्पित व्यक्तित्व हैं। ऐसा कोई कारण नहीं कि उन्हें भारतीय युवाओं और बच्चों के लिए एक आदर्श पुरुष नहीं कहा जा सकता।

परन्तु डा० कलाम इस रिश्ते को एक तरफा रखने के पक्ष में नहीं हैं। उनका कहना है कि वे भारतीय युवाओं और बच्चों से बड़े-बड़े काम करने की प्रेरणा लेते हैं और अनन्त ऊर्जा प्राप्त करते हैं। इस अर्थ में युवा और बच्चे उनके लिए प्रेरणा के स्रोत हैं। दूसरी और बच्चों और युवाओं का यह मानना है कि डा० कलाम उनके लिए महान् आदर्श हैं। उनका पूरा जीवन साफ-सुथरा, श्रम-प्रधान और चुनौती-पूर्ण कार्यों से भरा रहा है, अत: वे उनके लिए आदरणीय ही नहीं अनुकरणीय भी हैं।

इस रिश्ते को दो तरफा मानने में कोई हर्ज भी नहीं है। वह रिश्ता और भी गहरा हो जाता है जिसमें दोनों ओर कशिश होती है।

डा० कलाम का कहना है कि उन्होंने युवाओं और बच्चों के बीच जाकर, उनके साथ बातें करके ही इस बात का पता लगाया है कि उनकी समस्याएं क्या हैं, वे क्या चाहते हैं और देश के नेताओं तथा राष्ट्र-निर्माताओं के उनके प्रति क्या कर्त्तव्य हैं।

उनकी तीसरी पुस्तक 'तेजस्वी मन' (Ignited Minds) देश के विभिन्न भागों के स्कूलों में जाकर बच्चों के साथ किए गए सवाल-जवाबों की ही उपज है। युवाओं के बीच जाने के औचित्य और महत्व की व्याख्या करते हुए उन्होंने 'तेजस्वी मन' में लिखा है-*"युवा शक्ति से संपर्क करने के मेरे फैसले का आधार यही रहा है-उनके सपनों को जानना और उन्हें बताना कि अच्छे, भरे-पूरे और सुख-सुविधाओं से पूर्ण जीवन के सपने देखना तथा फिर उस स्वर्ण युग के लिए काम करना सही है। आप जो कुछ भी करें वह आपके हृदय से किया गया हो, अपनी आत्मा को अभिव्यक्ति दें, इस तरह आप अपने आस-पास प्यार और खुशियों का प्रसार कर सकेंगे।"*

डा० कलाम चाहते हैं कि नई पीढ़ी अपनी इच्छाओं और आवश्यकताओं को कम न करें। बच्चे बड़ी-बड़ी इच्छाएं रखें, ऊंचे-ऊंचे स्वप्न देखें और अपनी आवश्यकताओं का दायरा जितना बढ़ाना चाहें बढ़ा लें, परन्तु साथ ही इस कटु सत्य को समझें और स्वीकार करें कि हम जितनी अधिक इच्छाएं पालेंगे, जितने बड़े स्वप्न देखेंगे जितनी आवश्यकताएं बढ़ाएंगे, उसी अनुपात में हमें उन्हें पूरा करने के लिए परिश्रम करना पड़ेगा। श्रम संस्कृति के अनुशासन का स्वयं पालन करना सीखना होगा। स्वप्न देखना बुरी बात नहीं है, स्वप्न को साकार करते समय कोई छोटा रास्ता (Short Cut) तलाशना बुरी बात है। आनंद केवल फल पा लेने में नहीं होता, सच्चा आनंद तो कर्म में होता है। जो कौमें कर्म में आनंद लेना सीख लेती हैं उनकी उपलब्धियां बेमिसाल होती हैं।

वे किशोरों और युवाओं को, लड़के और लड़कियों को यह अहसास दिलाना चाहते हैं कि दूसरों का छीन कर अपना घर भरने की कपट नीति पर चलने की जो भूल वर्तमान पीढ़ी ने की है, वह नई पीढ़ी न दोहराए। नई पीढ़ी के सामने तो दो-दो चुनौतियां हैं-एक, कपट नीति से छुटकारा पाना, इसके उपादानों और कारकों को नष्ट करना और दूसरा प्रतियोगिता के युग में राष्ट्र का नव-निर्माण

करने के लिए पूरी ईमानदारी और मेहनत से कंधे से कंधा मिलाकर राष्ट्रीय विकास के कामों में जुट जाना। यही एकमात्र रास्ता है जिससे देश हर क्षेत्र में संपन्न होगा और बहुत जल्दी विकासशील देशों की सूची में से निकलकर विकसित देशों की सूची में दर्ज हो जाएगा।

वे नई पीढ़ी को ऊर्जा देते हैं और उससे ऊर्जा लेते हैं।

बच्चों के बीच जब उन्होंने अपने विचार रखे तब बच्चों ने उनसे अनेक प्रकार के प्रश्न पूछे। डा० कलाम ने बच्चों का हौसला बढ़ाया और उनमें इतना आत्मविश्वास भरा कि देश के बड़े से बड़े व्यक्ति से प्रश्न पूछने में वे झिझकें नहीं। डा० कलाम के थोड़े से प्रयास से ही बच्चों में यह परिवर्तन देखने को मिला।

बच्चों ने उनसे जो प्रश्न पूछे उनमें से कुछ प्रश्नों का जायजा लिया जा सकता है। त्रिपुरा के स्कूल में एक बच्चे ने पूछा-"हम अपना आदर्श कहाँ से चुनें?" एक लड़की ने पूछा-"हर रोज हम अखबारों में आतंकवादियों के बारे में पढ़ते हैं या मां-बाप को इस विषय पर बात करते हुए सुनते हैं, ये कौन होते हैं? क्या ये हमारे ही देश के लोग हैं?"

तमिलनाडु में दिडिंगुल के सेंट मेरी स्कूल में एक बच्चे ने पूछा-"आप हमेशा सपने देखने का संदेश ही देते हैं, ऐसा क्यों?"

असम के एक स्कूल में एक बच्चे ने उनसे पूछा-"ब्रह्मपुत्र के पानी को तमिलनाडु और राजस्थान में क्यों नहीं ले जाया जा सकता? ज्यादा बाढ़ वाले क्षेत्रों का पानी सूखा पड़ने वाले राज्यों में क्यों नहीं ले जाया जा सकता?"

एक बच्चे ने पूछा-"मुझे यह बताएं कि क्या पाकिस्तान के हथियार भारत के हथियारों के मुकाबले ज्यादा मजबूत हैं?"

कस्बे के एक बच्चे ने उनसे पूछा-"सन, किसी भी क्षेत्र के बड़े नेता हमसे बात करने के लिए क्यों नहीं आते? हम अक्सर टी०वी० में प्रधानमंत्री को चेन्नई, लखनऊ तथा अन्य जगहों पर जाते देखते हैं। लेकिन वे कभी यहाँ नहीं आते। हम चाहते हैं कि वे यहाँ आएं, ताकि हम उनसे बात कर सकें।"

कटक यात्रा के दौरान एक बच्चे ने डा० कलाम से पूछा-"सर, हमें यह बताइए, आपकी वे पसंदीदा किताबें कौन सी हैं, जिन्हें पढ़ने से आपकी सोच इतनी विकसित हो गई?"

गुजरात के आणंदालय हाई स्कूल के एक बच्चे ने बड़ा अजीब प्रश्न पूछ डाला। एक तेज तर्रार-सा बच्चा उठा और बोला-"सर, यह बताइए, हमारा दुश्मन कौन हैं?"

यह प्रश्न सुनते ही डा० कलाम पहले तो चौंके, लेकिन तुरन्त ही उन्होंने अपने आपको संभाल लिया। उन्हें उत्सुकता हुई क्यों न इस प्रश्न का जवाब बच्चों से ही पूछा जाए। डा० कलाम ने बच्चों से प्रश्न दोहरा दिया। अनेक बच्चों ने हाथ उठाए। अनेक उत्तर मिले। उसी समय उनका ध्यान एक लड़की पर गया, वह प्रश्न का उत्तर देना चाहती थी। डा० कलाम ने जब उससे उत्तर देने को कहा तो वह बोली-"हमारा दुश्मन है गरीबी।"

डा० कलाम इस उत्तर को सुनते ही गंभीर हो गए। उन्होंने लड़की से उसका नाम पूछा और यह भी जानना चाहा कि वह कौन सी कक्षा की छात्रा है। उस लड़की ने अपना नाम 'स्नेहल ठवकर' बताया। वह बारहवीं कक्षा की छात्रा थी।

इस घटना ने डा० कलाम को इतना प्रेरित किया कि उन्होंने अंग्रेजी में एक पुस्तक लिख डाली। उसका नाम रखा 'इग्नाइटेड माइंड्स'। इसका हिन्दी रूपांतर 'तेजस्वी मन' शीर्षक से 2002 में प्रकाशित हुआ। उस समय डा० कलाम भारत के राष्ट्रपति बन चुके थे।

डा० कलाम को स्नेहल ठक्कर का उत्तर इतना स्टीक लगा कि उन्होंने यह पुस्तक उस बालिका को ही समर्पित कर दी।

वे देश के ऐसे पहले राष्ट्रपति हैं जिन्होंने शपथ ग्रहण के समय देश के कई राज्यों के स्कूली बच्चों को समारोह में शामिल करवाया।

डा० कलाम अब भी ऐसा कोई मौका नहीं चूकते, जब वे बच्चों से बात कर सकें। दिल्ली में भी और दिल्ली से बाहर भी। कभी-कभी तो वे एक अध्यापक की तरह बच्चों की 'क्लास' ही ले डालते हैं। वे बच्चों से प्रश्न पूछते हैं और बच्चे उनसे। सरल हृदय डा० कलाम बच्चों के बीच बिल्कुल सहज हो जाते हैं। वे बड़ी जल्दी उनसे घुल मिल जाते हैं ताकि बच्चे उनके पद की उच्चता और व्यक्तित्व की गरिमा के कारण कोई दबाव महसूस न करें।

□□□

उपलब्धियाँ

डा० कलाम ने सीखने का काम करने की जीवन शैली अपनाई। उन्होंने बचपन से ही सीखने और करने का सिलसिला शुरू किया। जिन्हें सीखने की लगन होती है, वे हर काम से कुछ न कुछ सीखते हैं कलाम के मामले में यह बात शत-प्रतिशत सही है। उन्होंने अपने छात्र जीवन में तो सीखा ही था, वैज्ञानिक बन जाने के बाद भी वे अपने हर अनुसंधान और प्रयोग से कुछ न कुछ सीखते रहे। अब भी जबकि वे सुप्रसिद्ध वैज्ञानिक और भारत के राष्ट्रपति हैं, उनकी करने और सीखने की प्रक्रिया जारी है।

जहाँ तक उपलब्धियों का प्रश्न है, वे कर्म से सीधी जुड़ी होती हैं। कर्म में आस्था रखने वाले और कर्म में आनंद का अनुभव करने वाले उपलब्धियों का इंतजार नहीं करते। न ही वे उपलब्धियों की गणना करते हैं। वे तो निष्ठापूर्वक कर्म करते हैं। उपलब्धियां तो कर्म के पीछे-पीछे आ ही जाती हैं।

कलाम ने अपने हर काम में पूरा आनंद लिया। अतः उपलब्धियों ने उनके कदम चूमे। उनकी जिन्दगी में ऐसे भी अनेक अवसर आए, जब बाधाओं ने उनके बढ़ते कदम थाम लेने चाहे और ऐसे भी जब लक्ष्य के निकट पहुँचते-पहुँचते असफलताओं ने उन्हें ऐसी पटखनी दी कि वे रो पड़े, परन्तु उद्यम के धनी और धुन के पक्के कलाम ने निराशा और हताशा को अपने मन पर कभी हावी नहीं होने दिया। हानि-लाभ, जीवन मरण, यश-अपयश, विधि हाथ की उक्ति में विश्वास करने वाले कलाम शीघ्र ही हादसे से बाहर निकल आए और समूची इच्छा-शक्ति तथा पूरी लगन से फिर अपने मिशन में जुट गए।

जो लोग उपलब्धियों की गणना करते हैं, और उपलब्धि से इतने आसक्त हो जाते हैं कि यदि उसके स्थान पर कोई बड़ी असफलता मिल जाए, उनके कदम कर्म-पथ पर अधिक देर तक नहीं टिक पाते, वे कभी अपने आप को दोष देते हैं, कभी दूसरों को, कभी भाग्य को कोसते हैं, और कभी भगवान को। वे कर्म और फल के बीच की दूरी को लम्बे समय तक सह नहीं पाते। वे धैर्य खो देते हैं, और कर्म-पथ से हट जाते हैं।

कलाम कर्म-पथ के एक ऐसे पथिक साबित हुए जिन्होंने कर्म में आनन्द लेने का प्रण किया। सुखी होने के लिए फल प्राप्ति की प्रतीक्षा में उन्होंने एक क्षण भी नहीं गंवाया। उन्हें नियति के विधान पर पूरा भरोसा था। वे मानते

थे कि कर्म करते रहो, आगे बढ़ते रहो, मार्ग की बाधाओं को मत गिनो; जब काम पूरा हो जायेगा तो फल अपने आप मिल जाएगा।

अटूट धैर्य, दृढ़ विश्वास और अनवरत प्रयासों से उन्होंने अपने जीवन में जो उपलब्धियां प्राप्त कीं, उनका विवरण इस प्रकार है।

'नन्दी' का आविष्कार

1957 में जब कलाम 'मद्रास इंस्टीट्यूट ऑफ टैक्नोलॉजी' के अंतिम वर्ष में थे, तब उन्होंने संस्थान की तमिल पत्रिका के लिए 'आओ अपना खुद का विमान बनाएं' (Let us make our own aircraft) नामक निबंध लिखा था। उसी समय उनके मस्तिष्क में विमान बनाने की रूपरेखा मौजूद थी।

1958 में उन्होंने भारतीय रक्षा मंत्रालय के तकनीकी विकास एवं उत्पादन निदेशालय (डी०टी०डी० एंड पी०) नई दिल्ली में सहायक वैज्ञानिक के रूप में नौकरी ली और एक वर्ष के अंदर पराध्वनिक लक्ष्य भेदी विमान का डिजाइन तैयार करके दिया।

ये दोनों क़दम नंदी की पृष्ठभूमि तैयार कर चुके थे। तीन वर्ष तक दिल्ली और कानपुर में अनुसंधान कार्य से जुड़े रहने के बाद जब वे फिर बंगलौर लौटे तो विमानों की मरम्मत, रखरखाव और निर्माण संबंधी अनेक प्रकार के अनुभव उनके ज्ञान-कोश में शामिल हो चुके थे।

1961 में वैमानिकी विकास प्राधिकरण, बंगलौर के निदेशक डा० ओ०पी० मेदीरत्ता ने कलाम को स्वदेशी हॉवर-क्राफ्ट (मंडराने वाला विमान) तैयार करने की परियोजना सौंपी। उन्हें इस कार्य में सहयोग के लिए केवल चार वैज्ञानिक दिए गए। दुनिया के किसी भी देश में कभी इस स्तर के आविष्कार के लिए इतना छोटा वैज्ञानिक दल नहीं बनाया गया था।

कलाम की यह पहली अग्नि परीक्षा थी। रक्षा मंत्रालय का दबाव था कि जल्दी से जल्दी मंडराने वाला विमान भारत में ही तैयार किया जाए।

पांच सदस्यीय दल रात-दिन काम में जुट गया। दलका नेतृत्व कलाम कर रहे थे। डा० ओ०पी० मेदीरत्ता के साथ वे विचार विमर्श किया करते थे। विमान तैयार करने की पूरी रूपरेखा कलाम के मस्तिष्क में थी।

12

डॉ. प्रतिभा पाटिल

श्रीमति प्रतिभा पाटिल भारत की प्रथम महिला राष्ट्रपति हैं। पूर्व उपराष्ट्रपति भैरों सिंह शेखावत को चुनाव में हराकर प्रतिभा पाटिल राष्ट्रपति बनी हैं। मुख्यतया वे कांग्रेस दल द्वारा समर्थित थीं तथा दूसरे वामदलों ने उनको समर्थन दिया। राष्ट्रपति बनने से पूर्व वे राजस्थान की राज्यपाल थीं। उनका कार्यस्थल अधिकतर महाराष्ट्र में ही रहा है। वे महाराष्ट्र सरकार में कई बार ऊंचे पदों पर काम कर चुकी हैं।

यह सही है कि श्रीमती पाटिल उतनी अधिक योग्यताएं नहीं रखती हैं जो भारत के पूर्व राष्ट्रपति डॉ. राजेन्द्र प्रसाद, डॉ. सर्वपल्ली राधाकृष्णन, डॉ. जाकिर हुसैन, डॉ. शंकरदयाल शर्मा तथा डॉ. अब्दुल कलाम व डॉ. के. आर. नारायणन रखते थे परन्तु उनके परिवार का सम्बन्ध शैक्षिक संस्थानों से ही रहा है। महाराष्ट्र में कई इंजीनियरिंग महाविद्यालयों तथा दूसरे अन्य उच्च संस्थानों से रहा है। श्रीमती पाटिल ने प्राकृतिक आपदाओं से आहत लोगों को राहत देने का बहुत काम किया है। पिछले दिनों आए भूकम्प से पीड़ित लाटूर आदि स्थानों पर उन्होंने लोगों के लिए राहत कार्य बहुत किया है।

इसके अतिरिक्त उनके चरित्र में बड़ा स्थायित्व रहा है। कांग्रेस दल में वे उच्च नेताओं के समीप बहुत रही हैं। इसीलिए जब राष्ट्रपति के नाम के चयन का समय आया तो दूसरे नेताओं का विशेषकर शिवराज पाटिल जी के नाम का वाम दलों ने डटकर विरोध किया। परन्तु जब श्रीमती पाटिल का नाम आया तो वाम दलों ने जो कांग्रेस के सहयोगी दल थे श्रीमती पाटिल के नाम

का समर्थन कर दिया। श्रीमती पाटिल कांग्रेस की सर्वोच्च नेता श्रीमती सोनिया गांधी के बहुत नजदीक समझी जाती रही हैं।

अगले आने वाले आम चुनाव में यदि कांग्रेस की स्थिति अच्छी नहीं रही तो कांग्रेस दल को श्रीमती पाटिल पर बड़ा भरोसा है कि आड़े समय में कांग्रेस की सहायता कर सकती है।

यह बात सही है कि आगे आने वाला समय भारत की राजनीति में बहुत ही महत्त्वपूर्ण है तथा राजनैतिक उथल-पुथल के समय में विवेकपूर्ण राष्ट्रपति बड़ी महत्त्वपूर्ण भूमिका निभा सकती हैं।

प्राय: यह आशा की जाती है कि श्रीमती प्रतिभा पाटिल एक निष्पक्ष और भय मुक्त भूमिका निभा पाएंगी।

प्रतिभा पाटिल का जन्म स्थान नाद गांव था। उन्होंने अपने अधिकतर वर्ष जलगांव में बिताए। वह उन्नीस दिसम्बर उन्नीस सौ चौंतीस को नारायण पगलू राव जोकि एक मराठा थे उनके घर में उत्पन्न हुई थीं। प्रतिभा के पिता को लोग नाना साहिब भी कहते थे और वे स्थानीय स्वायत्त शासन के सदस्य थे। उन्होंने अपनी पुत्री को श्रेष्ठ शिक्षा दिलाने का प्रयास किया और उन्हें विश्वास था कि उनकी पुत्री जीवन में अवश्य उन्नति करेंगी। प्रतिभा पाटिल के पिता को ज्योतिष में बड़ा विश्वास था। जब उनके पिता जी ने अपनी पुत्री को जलगांव के आर.आर. स्कूल में भेजने का निश्चय किया तो उनके परिवार में काफी हलचल मची क्योंकि उस समय लड़कियों का काम घर के काम सीखना व विवाहित जीवन व्यतीत करना था। प्रतिभा पाटिल ने यद्यपि उच्च शिक्षा प्राप्त की थी तो भी उन्होंने घर के काम करना जैसे खाना बनाना, मिट्टी के बर्तन बनाना आदि भी सीखा। त्यौहारों के अवसर पर वे विशेष उत्साहित हो जाती थीं। उन्हें मिठाई खाने का बड़ा शौक था। प्रतिभा को स्वदेशी वस्त्र बहुत पसंद थे इसलिए वे महाराष्ट्र साड़ी पहनती थीं। उनके इन्हीं चाव के कारण उन्हें 1962 में महाविद्यालय रानी चुना गया। प्रतिभा पाटिल को पठन-पाठन व अपने मस्तिष्क को विकसित करने की बड़ी लगन थी। जब उन्होंने मूल जी जेठा कॉलिज जलगांव से एम.ए. पास कर लिया तो वे राजकीय लॉ कॉलिज बम्बई से एल.एल.बी. करने चली गई। उस जमाने में एक स्त्री के लिए एल.एल.बी. की उपाधि प्राप्त करना बहुत बड़ी उपलब्धि की बात थी। 28 साल की उम्र

में प्रतिभा एक एम.एल.ए. बन गई थी। प्रतिभा पाटिल की एक घनिष्ठ मित्र उषा भौमिक थीं। उषा भौमिक ने बताया कि प्रतिभा को 'भारतीय ग्रामीण संघ' का अध्यक्ष बनाया गया।

1960 में एक लड़की की शादी की आयु 18 या 19 साल होती थी जो महिलाएं उन्नत और शिक्षित परिवारों से आती थीं उनके लिए आयु. 20 साल से ऊपर होती थी परन्तु 30 वर्ष से ऊपर आयु में शादी करने से मित्रगण व रिश्तेदार अंगुली उठाते थे। इसके अतिरिक्त दहेज देना भी सभी परिवारों में स्वीकृत था। जहाँ तक प्रतिभा के पिता का संबंध था उनके लिए दहेज देना कोई कठिन काम न था पर 1962 में जब उनकी पुत्री प्रतिभा ने पहला चुनाव लड़ने का मन बनाया तब उनके पिता जी ने उन्हें कहा—मैं तुम्हें दहेज नहीं दूंगा लेकिन मैंने कुछ धन तुम्हारे लिए एकत्रित किया है वह मैं आपको दे रहा हूं। प्रतिभा भी इन्हीं विचारों की थीं और उन्होंने कहा, जो व्यक्ति मेरे पिताजी से दहेज मांगेगा, मैं उससे विवाह नहीं करूंगी। सम्भवतः इसी कारण उन्होंने 31 वर्ष तक प्रतीक्षा की और जब उन्हें देवीसिंह रामसिंह शेखावत मिला और उन्होंने 7 जुलाई 1965 को अपना विवाह सम्पन्न कर लिया। उनका दाम्पत्य जीवन अच्छा रहा क्योंकि शेखावत भी पैसे के लिए नहीं वरन एक शिक्षित पत्नी चाहते थे। देवीसिंह भी महाराष्ट्र से हैं वे शिक्षक थे और उनके परिवार ने शेखावटी (राजस्थान) से जलगांव स्थानांतरण कर लिया था। देवीसिंह अमरावती शहर के महापौर थे। अमरावती के बारे में कहा जाता है कि यह इन्द्रदेव का शहर है। इसके अतिरिक्त भगवान कृष्ण और रुक्मिणी देवी भी वहाँ कुछ समय रहे थे। यद्यपि प्रतिभा ने देवीसिंह शेखावत से विवाह कर लिया था फिर भी अपने परिवार का नाम पाटिल अपने नाम के साथ रखा। देवी सिंह ने प्रतिभा पाटिल की उनके राजनीतिक जीवन में सदा सहायता की और उनके लिए शक्ति का स्रोत बने रहे। उन दोनों ने मिलकर विद्या भारती शिक्षण प्रसारक मंडल बनाया जो बहुत से विद्यालय और महाविद्यालय जलगांव व मुम्बई में चला रहे हैं। देवीसिंह को अपनी पत्नी प्रतिभा पाटिल पर बड़ा गर्व है। उन्होंने सदा उनकी राजनीतिक उन्नति में सहायता की। देवीसिंह के अतिरिक्त प्रतिभा पाटिल को उनकी मां की दो बहनों ने बड़ी सहायता की।

राजनीति प्रतिभा के लिए एक परिचित क्षेत्र था और निश्चित तौर पर उन्होंने इस अभिरुचि को अपने पिताजी से प्राप्त किया। पिता और पुत्री में कुछ

सामान्य विशेषताएं और अभिरुचियां थीं। वे एक विधि वक्ता थे। प्रतिभा ने भी जलगांव न्यायालय में अपनी एल.एल.बी. पूरी करने के बाद कार्य किया। नारायण राव पहले ही स्थानीय राजनीति में सक्रिय भाग ले रहे थे। प्रतिभा के इस क्षेत्र में पहले कदम सुयोग की ही बात थी। 1957 में प्रतिभा ने महाराष्ट्र विधानसभा चुनाव के मुहिम में अपने कृपालु मित्र वाई.एस. महाजन की सहायता की। महाजन कांग्रेस के उम्मीदवार थे। इस चुनाव में उन्होंने पर्चे बांटे व कार्यकर्ताओं को संगठित किया और महाजन की भारी बहुमत से विजय हुई। इसी बात से प्रतिभा की राजनीति में अभिरुचि उत्पन्न हुई और उनका आत्मविश्वास बढ़ा और यही एक बड़ी बात थी जिससे वे राजनीति में अवतरित हो गई। 1960 में प्रतिभा ने अखिल भारतीय राजपूत परिषद में एक भारी व्याख्यान दिया जिसके बाद उनके पिता ने उनको राजनीति में सम्मिलित होने के लिए प्रोत्साहित किया। 1962 में वे पहली बार महाराष्ट्र विधानसभा के लिए जलगांव क्षेत्र से चुनी गईं। इसके बाद 1962 से लेकर 1985 तक वे महाराष्ट्र विधानसभा की सदस्य रहीं और किसी भी चुनाव में वे नहीं हारीं। प्रतिभा पाटिल 1977 में भी इंदिरा गांधी कांग्रेस के साथ रहीं जबकि दूसरे नेता इंदिरा गांधी कांग्रेस को छोड़कर चले गए जिनमें शरद पवार भी शामिल थे। उनकी इस निष्ठा से पहले राजीव गांधी और फिर सोनिया गांधी बड़े प्रभावित हुए।

प्रतिभा पाटिल राष्ट्रपति बनने से पहले राजस्थान की राज्यपाल थी। यद्यपि सबसे पहले राष्ट्रपति पद के लिए गृहमंत्री शिवराज पाटिल का नाम सामने आया था। परन्तु वामदलों ने उनका विरोध किया और प्रतिभा पाटिल एक निर्विवाद महिला प्रत्याशी होने के कारण सभी कांग्रेस के सहयोगी दलों ने उसका समर्थन किया और वे राष्ट्रपति पद के लिए चुन ली गईं।

राष्ट्रपति की सांविधानिक व्यवस्था

भारत एक संप्रभु गणराज्य है। यहाँ की समस्त शक्ति संविधान में निहित है। राष्ट्रपति इस गणतंत्र का प्रथम नागरिक होता है तथा देश का सर्वोच्च होता है। इसका चुनाव पाँच वर्षों के लिए किया जाता है। यह कार्यपालिका का प्रध ान होता है। भारतीय संविधान के भाग-4 में राष्ट्रपति के संबंध में विस्तार से बताया गया है। भारत के राष्ट्रपति, भारत की कार्यपालिका का औपचारिक प्रध ान होता है जबकि वास्तविक कार्यकारी, मंत्रिमंडल होता है। इस प्रकार यह कहा

जा सकता है कि वर्तमान में भारत की कार्यपालिका की प्रधान महामहिम प्रतिभा देवीसिंह पाटिल हैं। वे भारत की तीनों सेनाओं की सुप्रीम कमांडर भी हैं।

भारत के नए राष्ट्रपति के निर्वाचन हेतु जून-जुलाई, 2007 में चुनाव प्रक्रिया शुरू की गई। कई ऐसे शब्द और बातें इस दौरान सामने आईं जो आम व्यक्ति के लिए बिल्कुल अपरिचित ही थीं। इसलिए इस अध्याय में भारत के राष्ट्रपति के संबंध में भारत के संविधान में दिए गए प्रावधानों का जिक्र किया गया है ताकि समझा जा सके कि महामहिम राष्ट्रपति श्रीमती प्रतिभा पाटिल का निर्वाचन किस प्रकार हुआ और उन्हें कौन-कौन से अधिकार मिले हुए हैं

राष्ट्रपति का चुनाव

राष्ट्रपति का चुनाव एक निर्वाचक-मंडल के सदस्यों द्वारा आनुपातिक प्रतिनिधि प्रणाली के आधार पर एकल संक्रमणीय मत द्वारा किया जाता है। संसद के दोनों सदनों तथा राज्यों के विधानसभाओं के निर्वाचित सदस्य इस निर्वाचक मंडल में होते हैं। संसद के मनोनीत सदस्य, राज्य विधान सभाओं के मनोनीत सदस्य तथा राज्य विधान परिषदों के सदस्य राष्ट्रपति के निर्वाचक मंडल में शामिल नहीं किए जाते। संघ राज्य क्षेत्रों की विधान सभाओं के सदस्यों को 17वें संविधान संशोधन के पूर्व राष्ट्रपति के निर्वाचक मंडल में शामिल नहीं किया जाता था। राष्ट्रपति के निर्वाचक मंडल में पांडिचेरी तथा राष्ट्रीय राजधानी क्षेत्र दिल्ली की विधान सभाओं के सदस्य शामिल किए जाते हैं। राष्ट्रपति के निर्वाचन पद्धति के संबंध के अनुच्छेद 55 में एक प्रावधान किया गया है, जिसके अनुसार राष्ट्रपति के निर्वाचन में दो सिद्धान्तों को अपनाया जाता है।

(क) **समान प्रक्रिया का सिद्धांत**–इस सिद्धांत के अंतर्गत सभी राज्यों की विधानसभाओं के प्रतिनिधित्व का मान निकालने के लिए एक ही प्रक्रिया अपनाई जाती है तथा समस्त राज्यों की विधानसभाओं के सदस्यों के मत मूल्यों का योग संसद के सभी सदस्यों के मत मूल्य के योग के बराबर होता है। राज्यों की विधानसभाओं के सदस्यों के मत मूल्य तथा संसद के सदस्यों के मत मूल्य को निर्धारित करने के लिए निम्नलिखित प्रक्रिया अपनाई जाती है।

(ख) **प्रत्येक राज्य की विधानसभा के सदस्यों के मत मूल का निर्धारण**–प्रत्येक राज्य की विधानसभा के सदस्यों के मतों की संख्या

निकालने के लिए उस राज्य की कुल जनसंख्या को राज्य विधानसभा की कुल निर्वाचित सदस्य संख्या से विभाजित करके भागफल को 1000 से विभाजित किया जाता है। यदि उक्त विभाजन के फलस्वरूप शेष 500 से अधिक आए, तो प्रत्येक सदस्य के मतों की संख्या में एक और जोड़ दिया जाता है। राज्य विधानसभा के सदस्यों का मूल्य निम्न प्रकार निकाला जाता है :

$$\text{राज्य की विधानसभा के एक सदस्य का मत मूल्य} = \frac{\text{राज्य की कुल जनसंख्या}}{\text{राज्य विधानसभा के निर्वाचित सदस्यों की कुल संख्या} + 1000}$$

(ग) **संसद सदस्य के मत मूल्य का निर्धारण**–राज्यों की विधान-सभाओं के सदस्यों के मत मूल्य को जोड़कर उसमें संसद के दोनो सदनों के निर्वाचित सदस्यों के योग का भाग संसद सदस्य का मत मूल्य निर्धारित करने के लिए दिया जाता है। संसद सदस्य का मत मूल्य निम्न प्रकार निकाला जाता है–

$$\text{संसद सदस्य का मत मूल्य} = \frac{\text{कुल राज्य विधान सभाओं के निर्वाचित सदस्यों के मत मूल्यों का योग}}{\text{संसद के दोनों सदनों के निर्वाचित सदस्यों का योग}}$$

अत: राष्ट्रपति के चुनाव में इस बात का ध्यान रखा जाता है कि सभी राज्य विधानसभाओं के निर्वाचित सदस्यों के मतों के मूल्य का योग संसद के निर्वाचित सदस्यों के मतों के मूल्य के योग के बराबर रहे तथा समस्त राज्यों की विधानसभाओं के निर्वाचित सदस्यों के मत मूल्य का निर्धारण करने के लिए एक समान प्रक्रिया अपनाई जाए। इसे आनुपातिक प्रतिनिधित्व का सिद्धांत कहते हैं।

2. एकल संक्रमणीय पद्धति–इस सिद्धांत का अर्थ है कि अगर निर्वाचन में एक से अधिक उम्मीदवार हों, तो मतदाताओं द्वारा मतदान वरीयता क्रम से दिया जाए। इसका मतलब यह है कि मतदाता, मतदान पत्र में उम्मीदवारों के नाम या चुनाव चिह्न के समक्ष अपना वरीयता क्रम लिखेगा। अनुच्छेद 55 के अनुसार निर्वाचन में मतदान गुप्त होगा।

मतगणना–राष्ट्रपति के चुनाव के उपरांत उसी व्यक्ति को इस पद के लिए निर्वाचित घोषित किया जाता है, जो आधे से अधिक मत प्राप्त करता है। गणना आरंभ होने पर सर्वप्रथम अवैध मतपत्रों को निरस्त करके शेष वैध मत पत्रों का मत मूल्य निकाला जाता है और निकाले गए मत मूल्य में 2 का भाग देकर भागफल में एक जोड़कर निर्वाचित घोषित किए जाने वाले उम्मीदवार का कोटा निकाला जाता है। मतगणना के प्रथम दौर में यदि किसी उम्मीदवार को नियत किए गए कोटा के बराबर मत मूल्य प्राप्त हो जाता है, तो उसे निर्वाचित घोषित किया जाता है। अगर किसी उम्मीदवार को नियत कोटे के बराबर मत मूल्य नहीं प्राप्त होता है, तो मतगणना का दूसरा दौर प्रारंभ होता है। जिस उम्मीदवार को दूसरे दौर की प्रथम वरीयता का सबसे कम मत मिला होता है, उसकी गणना से बाहर करके उसकी द्वितीय वरीयता के मत मूल्य को अन्य उम्मीदवारों को स्थानांतरित कर दिया जाता है। यदि दूसरे दौर की गणना में भी किसी उम्मीदवार को नियत किए गए कोटे के बराबर मत मूल्य नहीं प्राप्त होता, तो तीसरे दौर की गणना होती है। उस उम्मीदवार को तीसरे दौर की गणना में गणना से बाहर कर दिया जाता है, जो दूसरे दौर की गणना में सबसे कम मत मूल्य पाता है और इस उम्मीदवार के तृतीय वरीयता मत मूल्य को शेष उम्मीदवारों के पक्ष में हस्तांतरित कर दिया जाता है। यह प्रक्रिया तब तक अपनाई जाती है, जब तक किसी उम्मीदवार को नियत किए गए कोटे के बराबर मत मूल्य प्राप्त नहीं हो जाता।

पद के लिए आवश्यक अर्हताएँ

भारत के संविधान के अनुच्छेद-58 के अनुसार कोई भी व्यक्ति राष्ट्रपति पद के लिए योग्य तब होगा, जब

(i) वह भारत का नागरिक हो,

(ii) वह पैंतीस वर्ष की आयु पूरी कर चुका हो,

(iii) वह लोकसभा का सदस्य निर्वाचित होने के लिए योग्य हो, तथा

(iv) वह भारत सरकार या किसी राज्य की सरकार के अधीन या उक्त सरकारों में से किसी के नियंत्रण में किसी स्थानीय या अन्य प्राधिकारों के अधीन कोई लाभ का पद नहीं धारण करता हो।

यदि कोई व्यक्ति राष्ट्रपति या उपराष्ट्रपति के पद या संघ अथवा किसी राज्य के मंत्रिपरिषद का सदस्य हो, तो यह नहीं माना जाएगा कि वह लाभ के पद पर है। राष्ट्रपति, संसद के किसी सदन का या किसी राज्य विधानमंडल के किसी सदन का सदस्य नहीं होगा और यदि संसद के किसी सदन का या किसी राज्य विधान मंडल के किसी सदन का कोई सदस्य राष्ट्रपति निर्वाचित हो जाता है तो वह समझा जाएगा कि उसने उस सदन में अपना स्थान राष्ट्रपति के रूप में अपने पद ग्रहण की तारीख से रिक्त कर दिया है। राष्ट्रपति लाभ का कोई अन्य पद ग्रहण नहीं करेगा।

कार्यकाल एवं अपदस्थ किए जाने की स्थिति

राष्ट्रपति का चुनाव पाँच वर्ष के लिए किया जाता है। पाँच वर्ष के पूर्व राष्ट्रपति की पदावधि दो प्रकार से समाप्त हो सकती है–

(i) उपराष्ट्रपति को संबोधित अपने हस्ताक्षर सहित लेख द्वारा अपना त्यागपत्र देकर,

(ii) महाभियोग की प्रक्रिया द्वारा संविधान के उल्लंघन के आरोप में हटाए जाने पर।

महाभियोग

महाभियोग एक न्यायिक प्रक्रिया है जो संसद द्वारा चलाई जाती है। राष्ट्रपति पर संसद का कोई भी सदन संविधान के उल्लंघन का आरोप लगाएगा। दूसरा सदन उन आरोपों की जांच करेगा या करवाएगा।

किंतु ऐसा आरोप तब तक नहीं लगाया जा सकता जब तक कि–

(i) चौदह दिन की लिखित सूचना देकर सदन की कुल सदस्य संख्या के कम-से-कम एक-चौथाई सदस्यों ने हस्ताक्षर करके प्रस्थापना अंतर्विष्ट करने वाला संकल्प प्रस्तावित नहीं किया हो,

(ii) उस सदन की कुल सदस्य संख्या दो-तिहाई-बहुमत द्वारा ऐसा संकल्प पारित नहीं किया गया हो।

राष्ट्रपति को ऐसे अन्वेषण में उपस्थित होने और अपना प्रतिनिधित्व

कराने का अधिकार होगा। यदि ऐसे अन्वेषण के फलस्वरूप राष्ट्रपति के विरुद्ध लगाया गया आरोप साबित हो जाता है तो आरोप का अन्वेषण करने या कराने वाले सदन की कुल सदस्य संख्या के कम-से-कम दो-तिहाई बहुमत द्वारा संकल्प पारित कर दिया जाता है। संकल्प पारित किए जाने की तिथि से ही राष्ट्रपति पदच्युत समझा जाएगा।

राष्ट्रपति को अनुच्छेद 56 और 61 के उपबंधों के अनुसार, महाभियोग के अलावा किसी और ढंग से नहीं हटाया जा सकता।

शपथ–राष्ट्रपति अपने पद की शपथ सर्वोच्च न्यायालय के मुख्य न्यायाधीश द्वारा लेता है।

वेतन एवं भत्ते

राष्ट्रपति को नि:शुल्क शासकीय निवास जिसे राष्ट्रपति भवन कहा जाता है उपलब्ध होता है। राष्ट्रपति उन सभी उपलब्धियों, भतों और विशेषाधिकारों का हकदार होगा जो संसद द्वारा समय-समय पर निश्चित किए जाएंगे। 1990 में राष्ट्रपति का वेतन बढ़ाकर 20,000 रु. प्रतिमास किया गया लेकिन पुन: 4 अगस्त 1998 को इसे बढ़ाकर 50,000 रु. प्रतिमास कर दिया गया जिसे उसे पदावधि की समाप्ति के पश्चात् 3,00,000 वार्षिक पेंशन देने की भी व्यवस्था की गई है। अब एक नए वेतनमान के आधार पर राष्ट्रपति का वेतन बढ़ाकर प्रतिमाह एक लाख रुपया कर दिया गया है। संविधान के अनुच्छेद 59 के अनुसार राष्ट्रपति की उपलब्धियां और भत्ते उसके कार्यकाल में घटाए नहीं जा सकते।

चुनाव संबंधी विवाद

जिन आधारों पर राष्ट्रपति के चुनाव को चुनौती दी जा सकती है, वे निम्न प्रकार हैं–

(i) अवैध तरीके के मत पत्र रद्द किए जाने का आरोप,

(ii) मतदाताओं पर अनुचित दबाव का आरोप,

(iii) किसी भी उम्मीदवार का नामांकन-पत्र अनुचित ढंग से स्वीकार या रद्द किए जाने का आरोप।

(iv) राष्ट्रपति के चुनाव से संबंधित संवैधानिक नियमों की अवहेलना का आरोप।

राष्ट्रपति-निर्वाचन की वैधता की चुनौती से संबंधित याचिका वही दायर कर सकता है जो उम्मीदवार हो अथवा निर्वाचक।

संविधान के अनुच्छेद 71 में प्रावधान है कि राष्ट्रपति या उपराष्ट्रपति के निर्वाचन से उत्पन्न सभी शंकाओं और विवादों की जांच तथा निपटारा उच्चतम न्यायालय करेगा और उसका निर्णय अंतिम होगा।

मुख्य है कि 1969 में श्री वी.वी. गिरि तथा 1976 मे डॉ. जाहिर हुसैन के चुनावों को उच्चतम न्यायालय ने वैध घोषित किया था। श्री जैलसिंह के चुनाव के संबंध में जो चुनाव याचिकाएं दायर की गई थीं, उच्चतम न्यायालय द्वारा वे सभी रद्द कर दी गईं। 13 दिसंबर 1983 को उच्चतम न्यायालय ने श्री जैलसिंह के चुनाव को वैध घोषित किया।

राष्ट्रपति की प्रमुख शक्तियां

राष्ट्रपति को संविधान द्वारा जो शक्तियां प्रदान की गई हैं, वे अत्यंत विस्तृत व व्यापक हैं। अनुच्छेद-53 के अनुसार संघीय कार्यपालिका की सभी शक्तियां राष्ट्रपति में निहित हैं, इनका प्रयोग संविधान के अनुसार या तो राष्ट्रपति स्वयं करता है, या उसके नाम से उसके अधीनस्थ पदाधिकारी करते हैं।

निम्नलिखित श्रेणियों में राष्ट्रपति की शक्तियों को रखा जा सकता है :

कार्यकारी अधिकार–'कार्यकारी शक्ति' का प्राथमिक अर्थ है विधानमंडल द्वारा अधिनियमित विधियों का कार्यपालन। परंतु आधुनिक राज्य में कार्यपालिका का कार्य उतना सादा नहीं है जितना अरस्तू के युग में था। सर्वोच्च न्यायालय द्वारा कार्यपालिका शक्ति की परिधि के परिप्रेक्ष्य में इस प्रकार व्याख्या की गई है–''कार्यपालिका कृत्य का क्या अर्थ है और उसकी क्या विवक्षा है, इसकी सर्वग्राही परिभाषा कर पाना संभव नहीं है। विधायी और न्यायिक शक्ति को निकाल देने पर शासकीय कृत्यों में जो भी अवशिष्ट रहता है, सामान्यतया वही कार्यपालिका का कृत्य है।

कार्यपालिका के अंतर्गत आते हैं—व्यवस्था बनाए रखना, नीति निर्धारण और उसकी कार्य में परिणति, सामाजिक और आर्थिक कल्याण का प्रोन्नयन, विदेश नीति का मार्गदर्शन, राज्य के साधारण प्रशासन को चलाना या उसका अधीक्षण।''

राष्ट्रपति की कार्यपालिका संबंधी शक्तियों को मुख्यत: तीन भागों में विभाजित किया जा सकता है—

(i) मंत्रिपरिषद का गठन—राष्ट्रपति अनुच्छेद 74 के अनुसार संघ की कार्यपालिका शक्ति का संचालन में परामर्श देने के लिए मंत्रिपरिषद का गठन करता है। राष्ट्रपति सामान्यत: ऐसे व्यक्ति को प्रधानमंत्री पद पर नियुक्त करता है, जो लोकसभा में बहुमत प्राप्त दल का नेता हो। राष्ट्रपति प्रधानमंत्री के परामर्श पर मंत्रिपरिषद के अन्य सदस्यों की नियुक्ति करता है। प्राय: यह परंपरा रही है कि प्रधानमंत्री, लोकसभा का सदस्य होता है कारण कि मंत्रिपरिषद लोकसभा के प्रति उत्तरदायी होती है, परंतु राष्ट्रपति को यह अधिकार है कि यदि लोकसभा में बहुमत प्राप्त दल किसी ऐसे व्यक्ति को अपना नेता चुनता है जो संसद की किसी भी सदन का सदस्य नहीं है तो राष्ट्रपति ऐसे व्यक्ति को प्रधानमंत्री नियुक्त करता है परंतु इस तरह नियुक्त किए गए व्यक्ति को 6 माह के अंदर संसद का सदस्य होना पड़ता है। इसी तरह प्रधानमंत्री के परामर्श पर राष्ट्रपति ऐसे व्यक्ति को मंत्रिपरिषद में शामिल कर सकता है, जो संसद सदस्य नहीं है। यदि ऐसा व्यक्ति मंत्रिपरिषद में शामिल किया जाता है, तो उसे छह मास के अंदर संसद के किसी सदन का सदस्य बनना पड़ता है।

(ii) आयोगों के गठन का अधिकार—राष्ट्रपति को कार्यपालिका संबंधी शक्तियों के अंतर्गत आयोगों को गठित करने की शक्तियां भी प्रदान की गई हैं। ये आयोग निम्नलिखित हैं, जिन्हें राष्ट्रपति गठित करता है—(क) वित्त आयोग, (ख) जल प्रदाय में हस्तक्षेप का अन्वेषण करने के लिए आयोग, (ग) संघ लोक सेवा आयोग और राज्यों के समूहों के लिए संयुक्त आयोग, (घ) अनुसूचित क्षेत्रों के प्रशासन पर प्रतिवेदन देने के लिए आयोग, (ङ) राजभाषा आयोग, (च) भाषायी अल्पसंख्यक आयोग, (ञ) पिछड़े वर्ग की दशाओं का अन्वेषण करने के लिए आयोग।

(iii) नियुक्ति संबंधी अधिकार—राष्ट्रपति को उच्च पदाधिकारियों को नियुक्त करने तथा उन्हें हटाने की शक्ति है। कार्यपालिका का अध्यक्ष होने के

नाते राष्ट्रपति, प्रधानमंत्री की नियुक्ति करता है और प्रधानमंत्री के परामर्श से अन्य मंत्रियों को नियुक्त करता है। इनके अतिरिक्त राष्ट्रपति निम्नलिखित उच्च पदाधिकारियों की नियुक्ति करता है–(क) भारत का महान्यायवादी, (ख) भारत का नियंत्रक एवं महालेखा परीक्षक, (ग) उच्चतम न्यायालय के न्यायाधीश, (घ) राज्य के उच्च न्यायालयों के न्यायाधीश, (च) राज्यों के राज्यपाल, (ड) मुख्य निर्वाचन आयुक्त, (ज) संघ लोक सेवा आयोग के अध्यक्ष तथा अन्य सदस्य। राष्ट्रपति अपने द्वारा नियुक्त प्राधिकारियों तथा अधिकारियों को पदमुक्त भी कर सकता है।

(iv) ऐसी मन्त्रिपरिषद की सलाह पर लोकसभा का विघटन (अनुच्छेद 85 (2) जिसने लोकसभा में बहुमत का समर्थन गंवा दिया हो या जिसके विरुद्ध अविश्वास का प्रस्ताव पारित कर दिया गया हो।

(v) प्रधानमंत्री की अचानक मृत्यु से उत्पन्न स्थिति में, जहां सत्तारूढ़ विधानमंडल पार्टी नेता का चुनाव करने के लिए तत्काल बैठक न कर सकती हो, जहां मंत्रिमंडल के मंत्रियों के बीच कोई निश्चित वरिष्ठता क्रम न हो और जहां मंत्रिमंडल से बाहर के किसी व्यक्ति के नाम सुझाव दिया गया है।

(vi) उस स्थिति में मंत्रियों की बर्खास्तगी, जब मंत्रिपरिषद ने लोकसभा का विकास गंवा दिया हो पर वह इस्तीफा देने के लिए तैयार न हो।

ऐसी कुछ स्थितियों में राष्ट्रपति की भूमिका अत्यंत नाजुक तथा निर्णायक हो जाती है।

विधायी अधिकार–राष्ट्रपति की शक्तियां विधायी क्षेत्र में भी अत्यंत महत्त्वपूर्ण हैं। इंग्लैण्ड सम्राट के जैसा, भारत का राष्ट्रपति भी संघ की संसद का अभिन्न अंग है। अनुच्छेद 74 (1) के अनुसार, राष्ट्रपति विधायी शक्तियों का प्रयोग मंत्रियों की सलाह पर ही कर सकता है। संविधान द्वारा राष्ट्रपति को जो विधायी शक्तियां प्रदान की गई हैं, वे निम्नलिखित हैं–

(i) विधेयक पेश करने के पूर्व राष्ट्रपति की पूर्व मंजूरी या सिफारिश आवश्यक–निम्नलिखित विधेयक राष्ट्रपति की पूर्व मंजूरी या सिफारिश के बिना संसद में पेश नहीं किये जा सकते :

(क) नए राज्यों के निर्माण या वर्तमान राज्यों की सीमाओं में परिवर्तन

संबंधी विधेयक। ऐसे विधान की सिफारिश करने की अनन्य शक्ति राष्ट्रपति को दी गई है जिससे वह ऐसा विधान प्रारंभ करने के पूर्व प्रभावित राज्यों के विचार प्राप्त कर सके। (ख) धन विधेयक (अनुच्छेद 117 (1)। (ग) कोई विधेयक, जो सही अर्थों में धन विधेयक नहीं है लेकिन जिससे भारत की संचित निधि से व्यय करना पड़ेगा, (घ) जिस कराधान से राज्य का हित हो, उस कराधान पर प्रभाव डालने वाले विधेयक। (च) अनुच्छेद 304 के अनुसार व्यापार की स्वतंत्रता पर निर्बंधन अधिरोपित करने वाले राज्य विधेयक।

(ग) **राज्य विधानमंडल द्वारा बनायी जाने वाली विधि के संबंध में राष्ट्रपति की शक्ति**–राज्य विधानमंडल द्वारा बनायी जाने वाली विधि के संबंध में राष्ट्रपति को निम्नलिखित शक्तियां प्राप्त हैं :

(क) अगर राज्य विधानमंडल कोई ऐसा विधेयक पारित करता है जिससे उच्च न्यायालय की अधिकारिता प्रभावित करती है तो राज्यपाल उस विधेयक पर अनुमति नहीं देगा तथा उसे राष्ट्रपति की अनुमति के लिए आरक्षित कर देगा। (ख) राज्य विधानमंडल द्वारा सम्पत्ति प्राप्त करने के लिए पारित विधेयक को राष्ट्रपति की अनुमति के लिए आरक्षित रखा जाएगा। (ग) किसी राज्य के अंदर दूसरे राज्यों के साथ व्यापार आदि पर प्रतिबंध लगाने वाले विधेयकों को विधानसभा में पेश करने के पहले राष्ट्रपति की अनुमति लेनी होगी। (घ) वित्तीय आपात स्थिति के प्रवर्तन की स्थिति में राष्ट्रपति निर्देश दे सकता है कि सभी धन विधेयकों की राज्य विधानसभा में पेश करने से पहले उन पर राष्ट्रपति का अनुमोदन लिया जाये।

(ii) संसद से संबंधित अधिकार–राष्ट्रपति, को संसद के सदनों के अधिवेशन बुलाने सत्रावसान करने तथा लोकसभा को भंग करने का अधिकार प्राप्त है। गतिरोध उत्पन्न होने की स्थिति में संसद के दोनों सदनों की संयुक्त बैठक आहूत करने की भी शक्ति उसे प्राप्त है। राष्ट्रपति को लोकसभा के लिए प्रत्येक साधारण निर्वाचन के पश्चात् प्रथम सत्र के आरंभ में और हर वर्ष के प्रथम सत्र के आरंभ में एक साथ समवेत संसद के दोनों सदनों में अभिभाषण करने की शक्ति प्रदान की गई है। आरंभिक भाषण का वही उपयोग होता है जो इंग्लैण्ड में ''सिंहासन से भाषण'' का होता है। राष्ट्रपति, संसद के किसी एक सदन में या संसद के संयुक्त अधिवेशन में अभिभाषण कर सकता है।

भारत के राष्ट्रपति को अभिभाषण करने के अधिकार के अलावा यह अधिकार है कि वह संसद में उस समय जब विधेयक लम्बित है किसी विधेयक के संबंध में या किसी अन्य विषय के संबंध में किसी भी सदन को संदेश भेज सकता है और उसके संदेश पर यथाशीघ्र विचार करना आवश्यक होता है।

(iii) अध्यादेश जारी करने का अधिकार–राष्ट्रपति की सबसे महत्त्वपूर्ण विधायी शक्ति अध्यादेश जारी करने की है। उसे यह शक्ति अनुच्छेद 123 के अंतर्गत प्राप्त है। संविधान के अनुच्छेद 123 (1) के अनुसार जब संसद का सत्र न चल रहा हो, तब राष्ट्रपति अध्यादेश जारी कर सकता है। इस तरह का जारी किया गया अध्यादेश उतना ही प्रभावपूर्ण एवं शक्तिशाली होगा जितना कि संसद द्वारा पारित किया गया कानून, लेकिन ये अध्यादेश संसद का अगला सत्र शुरू होने के छह सप्ताह पश्चात् समाप्त समझे जाएंगे। अगर संसद चाहे तो उसके द्वारा इस अवधि के पूर्व भी इन अध्यादेशों को समाप्त किया जा सकता है। दूसरे शब्दों में, राष्ट्रपति अध्यादेश को तभी जारी कर सकता है जब दोनों में से किसी एक सदन का सत्रावसान हो गया है या सत्र में नहीं है और इसलिए संसद द्वारा विधि अधिनियम करना संभव नहीं है। जब दोनों सदन सत्र में होते हैं तब उसे यह शक्ति उपलब्ध नहीं होती। राष्ट्रपति इस शक्ति का प्रयोग मंत्रिपरिषद् की सलाह पर ही कर सकता है।

(v) विशेषाधिकार या वीटो की शक्ति–तब तक संसद द्वारा पारित कोई भी विधेयक अधिनियम बन सकता जब तक कि उसे राष्ट्रपति की स्वीकृति नहीं मिल जाती। जब दोनों सदनों से पारित किये जाने के पश्चात् कोई विधेयक राष्ट्रपति के समक्ष स्वीकृति के लिए प्रस्तुत किया जाता है तो राष्ट्रपति निम्नलिखित तीन बातों में से कोई एक कर सकता है–

(i) यह वह घोषित कर सकता है कि वह विधेयक को अनुमति देता है, (ii) वह यह घोषित कर सकता है कि वह विधयेक को अनुमति देने से इंकार करता है, (iii) यदि वह धन विधेयक नहीं है तो पुनर्विचार के लिए पुनः संसद में भेज सकता है। धन विधेयक को पुनर्विचार के लिए नहीं लौटाया जा सकता। जहां कार्यपालिका और विधानमंडल एक-दूसरे से पृथक और स्वाधीन है, वहाँ कार्यपालिका विधायन के लिए उत्तरदायी नहीं होती है। ऐसी स्थिति में यह उचित होगा कि उसे अवांछनीय विधान रोकने के लिए कुछ नियंत्रण का अधिकार हो।

भारत के राष्ट्रपति की वीटो शक्ति–भारत के राष्ट्रपति की वीटो शक्तियों का विश्व के कुछ देशों के राष्ट्राध्यक्षों की वीटो शक्तियां तुलनात्मक विश्लेषण करने पर यह स्पष्ट होता है कि भारत के राष्ट्रपति की वीटो शक्ति आत्यंतिक, निलंबनकारी और जेबी वीटो का संयोजन है। संविधान के अनुसार किये गये कार्यों तथा परम्पराओं के आधार पर यह माना जाता है कि राष्ट्रपति को निम्नलिखित तीन प्रकार की वीटो शक्तियां प्राप्त हैं–

(i) निलम्बनंकारी वीटो–राष्ट्रपति जब किसी विधेयक को अनुमति देने से स्पष्ट रूप से इंकार करने के स्थान पर विधेयक या उसके किसी भाग को पुनर्विचार के लिए वापस कर देता है तो यह कहा जा सकता है कि राष्ट्रपति ने निलम्बनकारी वीटो का प्रयोग किया है। यदि पुनर्विचार के लिए वापस किया गया विधेयक पुन: सामान्य बहुमत से पारित कर दिया जाता है, तो उस स्थिति में राष्ट्रपति को अपनी अनुमति देने के लिए मजबूर होना पड़ेगा। भारत में राष्ट्रपति द्वारा लौटाए जाने का प्रभाव निलंबन मात्र होता है।

(ii) आत्यंतिक वीटो–राष्ट्रपति जब किसी विधेयक को अनुमति प्रदान नहीं किया जाता है तो वह विधेयक समाप्त हो जाएगा। इस उपबंध को भारत के संविधान में पूर्ण मंत्रिमंडलीय दायित्व होते हुए भी समाविष्ट किया गया है। सामान्यतया राष्ट्रपति इस शक्ति का प्रयोग गैर-सरकारी विधेयकों को अनुमति न प्रदान करके कर सकता है। सरकारी विधेयकों के संदर्भ में ऐसी स्थिति उत्पन्न हो सकती है जिसमें विधेयक के पारित हो जाने के बाद और राष्ट्रपति की अनुमति मिलने के पहले मंत्रिमंडल पदत्याग कर देता है और दूसरा मंत्रिमंडल जिसका संसद में बहुमत है राष्ट्रपति को उस विधेयक के विरुद्ध वीटो के प्रयोग की सलाह देता है। ऐसी परिस्थिति में राष्ट्रपति के वीटों का प्रयोग संवैधानिक होगा।

(iii) जेबी वीटो–संविधान के अनुच्छेद-111 के अनुसार अगर राष्ट्रपति किसी विधेयक को वापस करना चाहता है तो वह विधेयक को प्रस्तुत किए जाने क उपरांत यथाशीघ्र वापस कर देगा। इसके लिए संविधान में किसी प्रकार की समय-सीमा निश्चित नहीं की गयी है। समय-सीमा के अभाव में, भारत का राष्ट्रपति जेबी वीटो की शक्ति का प्रयोग करता है। इसे पाकेट वीटो भी कहा जाता है। अनुमति के लिए जब राष्ट्रपति प्रस्तुत विधेयक पर न तो अनुमति देता है, न ही इंकार करता है अथवा न ही उसे पुनर्विचार के लिए वापस भेजता

है। विशेषकर तब जब वह पाता है कि मंत्रिमंडल का पतन शीघ्र होने वाला है, तो यह कहा जा सकता है कि राष्ट्रपति ने जेबी वीटो का प्रयोग किया है। उदाहरणस्वरूप, राष्ट्रपति (ज्ञानी जेल सिंह) ने 1986 में संसद द्वारा पारित भारतीय डाकघर (संशोधन) विधेयक के संदर्भ में किया था। न तो ज्ञानी जेल सिंह ने इसे अनुमति दी, न ही इंकार किया और न ही इसे संसद में पुनर्विचार के लिए वापस भेजा। अभी तक वह राष्ट्रपति की जेब में ही है।

सैन्य शक्ति–भारत की तीनों सेनाओं अर्थात् जल, थल और वायु सेनाओं का सर्वोच्च सेनापति राष्ट्रपति होता है। राष्ट्रपति ही इन सेनाओं के प्रमुखों की नियुक्ति करता है।

राष्ट्रपति को युद्ध या शांति की घोषणा करने या रक्षा बलों को अभिनियोजित करने की शक्ति है किंतु संसद इन शक्तियों के प्रयोग को नियंत्रित कर सकती है। भारत के राष्ट्रपति की सैन्य शक्तियां अमेरिकी राष्ट्रपति या इंग्लैण्ड के सम्राट की तुलना में सीमित है। संविधान में यह उपबंध है कि संसद की मंजूरी के अभाव में राष्ट्रपति इन शक्तियों का प्रयोग करने में सक्षम नहीं होगा। उदाहरणार्थ–वे कार्य जिनमें धन व्यय होगा (अनुच्छेद 114 (3)) जैसे सैन्य बलों की भर्ती, प्रशिक्षण और अनुरक्षण।

राजनयिक शक्तियाँ–यह एक व्यापक विषय है। इसके अन्तर्गत वे सभी विषय आते हैं जो संघ को किसी विदेशी राज्य के संस्पर्श में लाते हैं। अन्तर्राष्ट्रीय मामलों में राष्ट्रीय देश का प्रतिनिधित्व करता है। वह राजदूतों, व्यापार दूतों और राजनयिक प्रतिनिधित्व की नियुक्ति करता है। संसद के अनुसमर्थन के अधीन रहते। हुए अन्य देशों से सन्धि और करार करने का कार्य राष्ट्रपति, मन्त्रियों की सलाह के आधार पर करता है।

विधान के विषय के रूप में राजनयिक प्रतिनिधित्व संसद का विषय है परन्तु राज्य के प्रधान होने के नाते भारत राष्ट्रपति अन्तर्राष्ट्रीय क्रियाकलापों में भारत का प्रतिनिधित्व करता है। इसके अतिरिक्त अन्य देशों से भारत में आने वाले राजदूत अपने प्रमाण-पत्र राष्ट्रपति को ही प्रस्तुत करते हैं।

वित्तीय शक्तियाँ–लोकसभा कोई भी वित्त-विधेयक में राष्ट्रपति की अनुमति के बिना प्रस्तुत नहीं किया जा सकता। उसकी अनुमति के बिना वित्तीय अनुवाद की माँग नहीं की जा सकती। इसका अर्थ यह है कि

वित्त-विधयेक केवल मन्त्री द्वारा ही प्रस्तुत किया जा सकता है। देश का वार्षिक बजट और पूरक बजट तैयार करना और उसे लोकसभा के समक्ष प्रस्तुत कराना का दायित्व है राष्ट्रपति देश की आकस्मिक निधि पर भी नियन्त्रण रहता है। राष्ट्रपति को यह शक्ति प्रदान की गई है कि वह आवश्यकता पड़ने पर संसद की स्वीकृति के बिना भी आकस्मिक निधि से धन निकाल सके।

राष्ट्रपति वित्त आयोग की नियुक्ति करता है। वित्तीय आयोग केन्द्र और राज्यों के वित्तीय सम्बन्धों की जाँच करता है तथा राज्यों को दी जाने वाली राशि का निर्धारण करता है।

प्रकीर्ण शक्तियाँ—संविधान ने राष्ट्रपति में कार्यपालिक शक्ति के प्रधान होने के नाते कुछ शक्तियाँ निहित की हैं जिन्हें अवशिष्ट शक्तियाँ कह सकते हैं और जो संविधान के अनेकों उपबन्धों में बिखरी हुई पाई जाती हैं।

नियम एवं विनिमय सम्बन्धी अधिकार

1. राष्ट्रपति को अनेक विषयों के सम्बन्ध में नियम और विनिमय बनाने संबन्धी भी अनेक सांविधानिक अधिकार प्राप्त है। उदाहरण के लिए भारत के लोक लेखाओं में धन जमा करना और वापस लेना, संघ लोक सेवा आयोग के सदस्यों की संख्या, उनकी पदावधि और सेवा की शर्तें, संघ और संसद के सचिवालय में सेवा करने वाले व्यक्तियों की भर्ती और सेवा की शर्तें संसद और राज्य विधानमण्डलों की सहवर्ती सदस्यता का प्रतिषेध। राज्यपाल को संदेय परिलब्धियों का राज्यों में आबंटन, संसद के सदनों के संयुक्त अधिवेशन से सम्बन्धित प्रक्रिया जो दोनों सदनों के सभापति और अध्यक्ष के परामर्श से बनाई जाएगी, उच्चतम न्यायालय के आदेशों की प्रवर्तित करने की रीति, किसी ऐसी आकस्मिकता में जिसके लिए संविधान में उपबन्ध नहीं है राज्यपाल के कृत्यों का निर्वहन, अनुसूचित जनजातियों का विनिर्दिष्ट किया जाना, उन विषयों का विनिर्दिष्ट किया जाना, जिन पर भारत सरकार को संघ लोक सेवा आयोग से परामर्श करना आवश्यक नहीं होगा।

2. व्यापक महत्व के किसी प्रश्न को उच्चतम न्यायालय को निर्दिष्ट करने की शक्ति उसे है। 1950 से अब तक ऐसे आठ निर्देश हो चुका है।

3. अध्यादेश प्रख्यापित करने के लिए राज्यपाल को अनुदेश देने की शक्ति है यदि वैसे ही उपबन्ध अन्तर्दिष्ट करने वाले विधेयक को संविधान के अधीन राष्ट्रपति की पूर्ण मंजूरी की अपेक्षा होती। अनुच्छेद 213 (1)।

4. उसे संघ राज्यक्षेत्रों के संबंध में या संघ द्वारा सीधे प्रशासित राज्यक्षेत्रों के संबंध में कुछ विशेष शक्ति प्राप्त है, ऐसे राज्यक्षेत्रों का प्रशासन राष्ट्रपति द्वारा या उसी के प्रति उत्तरदायी प्रशासन के माध्यम से किया जाएगा।

5. विनिर्दिष्ट विषयों के बारे में प्रतिवेदन करने के प्रयोजन के लिए उसे कुछ आयोग नियुक्त करने की शक्ति है। उदाहरणार्थ ये आयोग हैं : अंतर्राज्यीय परिषद। अनुसूचित क्षेत्रों के प्रशासन तथा अनुसूचित जातियों और पिछड़े वर्गों के कल्याण पर प्रतिवेदन देने के लिए आयोग, विधि आयोग, राजभाषा आयोग।

शपथ लेने में कलाम से अलग हैं प्रतिभा

नई दिल्ली, जागरण ब्यूरो : देश की 13वीं राष्ट्रपति प्रतिभा पाटिल 25 जुलाई को अपराह्न ढाई बजे शुभ मुहूर्त में संसद के ऐतिहासिक केंद्रीय कक्ष में शपथ ग्रहण करेंगी। इसके पहले वे राष्ट्रपति भवन के प्रांगण से मौजूदा राष्ट्रपति डॉ. एपीजे अब्दुल कलाम के साथ पूरे काफिले के साथ संसद भवन आएंगी।

शपथ लेते ही पाटिल को परंपरागत रूप से 21 तोपों की सलामी दी जाएगी। समारोह में प्रधानमंत्री मनमोहन सिंह व सुप्रीम कोर्ट के मुख्य न्यायाधीश के. जी. बालाकृष्णन के अलावा अन्य प्रमुख गणमान्य व्यक्ति मौजूद रहेंगे। आमतौर पर राष्ट्रपति का शपथ ग्रहण समारोह पूर्वान्ह में आयोजित होता रहा है। लेकिन इस बार चूंकि शुभ मुहूर्त दोपहर बाद था, इसलिए यह समय तय किया गया है। सूत्रों के अनुसार ज्योतिष में विश्वास रखने वाली प्रतिभा पाटिल ने अपने ज्योतिषी से विचार-विमर्श के बाद यह समय तय किया है। गौतलब है कि मौजूदा राष्ट्रपति डॉ. एपीजे अब्दुल कलाम ने अपनी शपथ के लिए कोई विशेष मुहूर्त तय नहीं किया था।

'दैनिक जागरण', नई दिल्ली, 24 जुलाई, 2007

प्रतिभा ने संभाली राष्ट्र प्रमुख की कमान

देश की 13वीं व पहली महिला राष्ट्रपति बनने पर इतिहास में नाम हुआ दर्ज

नई दिल्ली, जागरण ब्यूरो : ठीक एक महीने ग्यारह दिन पहले बार्डर वाली साड़ी और गोल बिंदी में अचानक राष्ट्रीय राजनीति के केंद्र में आई प्रतिभा देवी सिंह पाटिल ने बुधवार को देश के 13 वें राष्ट्रपति की कमान संभाल ली। इसके साथ ही देश के इस सर्वोच्च पद पर पहुंचने वाली पहली महिला के तौर पर उनका नाम इतिहास में दर्ज हो गया।

संसद के ऐतिहासिक केंद्रीय कक्ष में एक भव्य समारोह में भारत के मुख्य न्यायाधीश के जी बालकृष्णन ने प्रतिभा पाटिल को राष्ट्रपति पद की शपथ दिलाई। पाटिल की इच्छा के अनुरूप मुहुर्त में ठीक दोपहर ढाई बजे उन्हें शपथ दिलाई गई। शपथ ग्रहण के बाद कलाम ने कुर्सी बदलकर औपचारिक रूप से राष्ट्र प्रमुख की कमान अपनी उत्तराधिकारी पाटिल को सौंपी। इस दौरान प्रधानमंत्री मनमोहन सिंह, पूर्व प्रधानमंत्री अटल बिहारी वाजपेयी, इंद्रकुमार गुजराल, कांग्रेस अध्यक्ष सोनिया गांधी, विपक्ष के नेता लालकृष्ण आडवाणी, जसवंत सिंह पूर्व उप राष्ट्रपति भैरोसिंह शेखावत सहित कई राज्यों के मुख्यमंत्री, राज्यपाल और भारत स्थित विदेशी दूतावासों के प्रमुख आदि मौजूद थे। शपथ ग्रहण के साथ ही केंद्रीय कक्ष तालियों की गड़गड़ाहट और राष्ट्रपति भवन का प्रागण तोपों की आवाज से गूंज उठा। प्रतिभा पाटिल को 21 तोपों की सलामी दी गई। इस दौरान रायसीना हिल्स पर बारिश की हल्की बौछारें माहौल को सुहावना बना रही थीं। नई महामहिम ने इस मौके पर बेहद हल्के जोगिया रंग पर मेहंदी रंग के बार्डर वाली सिल्क की साड़ी पहन रखी थी। प्रतिभा पाटिल ने अंग्रेजी में शपथ ली और फिर अपना संबोधन में इसी भाषा में किया। मगर उन्होंने अपने संबोधन का हिंदी रूपांतरण भी खुद ही पढ़ा। शपथ ग्रहण से पहले केंद्रीय गृहसचिव ने कलाम का कार्यकाल पूरा होने और प्रतिभा पाटिल के उत्तराधिकारी चुने जाने के चुनाव आयोग की अधिसूचना पढ़ी। राष्ट्रपति प्रतिभा पाटिल के पति देवी सिंह पाटिल भी इस गौरवशाली क्षण के समय भाजपा अध्यक्ष राजनाथ सिंह के साथ पहली पंक्ति में बैठे थे। जबकि उनके परिवार, रिश्तेदार और पारिवारिक मित्र दर्जनों की संख्या में विशिष्ट दीर्घा में मौजूद थे। उत्तरप्रदेश की मुख्यमंत्री मायावती शपथ ग्रहण के आधे घंटे पहले

पहुंच चुकी थी और सोनिया गांधी सहित तमाम नेताओं से मिल रही थीं। लेकिन बेशक राष्ट्रपति चुनाव में पाटिल के प्रतिद्वंदी रहे शेखावत की उपस्थिति सबसे खास रही। चुनाव अभियान में शेखावत पर वार करने वाली केंद्रीय मंत्री रेणुका चौधरी ने शपथ के बाद उन्हें स्नेहपाश में बांध लिया। लालू प्रसाद सहित कई केंद्रीय मंत्रियों ने शेखावत से गर्मजोशी से हाथ मिलाया। शपथ ग्रहण से पूर्व कारों के काफिले के साथ राष्ट्रपति के अंगरक्षक प्रतिभा पाटिल को लेने साथ एवेन्यू स्थित उनके निवास पर गए। प्रतिभा पाटिल अपने पति के साथ इस काफिले के संरक्षण में राष्ट्रपति भवन पहुंची जहां निवर्तमान राष्ट्रपति कलाम ने उनका स्वागत किया। फिर कलाम और प्रतिभा पाटिल राष्ट्रपति भवन से एक साथ शपथ के लिए संसद भवन आए। इस दौरान निवर्तमान और नई राष्ट्रपति को सलामी दी गई। इसके लिए रास्ते भर सेना के तीनों अंगों के 700 जवान तैनात किए गएं थे।

'दैनिक जागरण', नई दिल्ली, 11 जुलाई, 2007

विदाई और स्वागत

राष्ट्रपति भवन में हुए बदलाव से हमारे लोकतंत्र का वैविध्य और संतुलन झलकता है।

डॉक्टर एपीजे अब्दुल कलाम का चर्चित और लोकप्रिय कार्यकाल खत्म हुआ और भारत की पहली महिला राष्ट्रपति प्रतिभा पाटिल ने पद की शपथ ली। इन दोनों राष्ट्रपतियों में जो विभिन्नता है, वह हमारे लोकतंत्र की व्यापकता और संतुलन को दिखाती है। डॉ. कलाम भारत के पहले गैर-राजनैतिक राष्ट्रपति तो नहीं थे, लेकिन अपनी लोक से हटकर अपरंपरागत शैली से उन्होंने देश का ध्यान खींचा। खास तौर पर नई पीढ़ी और मध्यवर्ग के वे प्रिय राष्ट्रपति बने। अपने आखिरी भाषण को भी उन्होंने भारत के भविष्य और नई पीढ़ी पर ही केंद्रित रखा। उन्होंने उम्मीद जताई कि टेक्नोलॉजी और इतने सारे युवा मस्तिष्कों और हाथों की शक्ति के बूते जल्द ही भारत महाशक्ति बन जाएगा। उनके बरक्स प्रतिभा पाटिल ज्यादा परंपरागत राजनैतिक मिजाज की महिला हैं। वे युवावस्था से ही राजनीति में है और यही उनका कर्मक्षेत्र रहा है, इसलिए शपथ ग्रहण के बाद उन्होंने जो भाषण दिया, उसमें अनुभवी राजनेता का स्वर था। उन्होंने ऐसे विकास की कल्पना की जिसमें समाज के तमाम वर्गों की

जगह हो जिसमें वंचितों, पिछड़ों और महिलाओं को भी भरपूर अवसर मिले। उन्होंने देश की तमाम समस्याओं का जिक्र किया और उम्मीद जताई कि भारत उनसे पार पा लेगा।

अल्पसंख्यकों पर खास ध्यान देगी सरकार

विशेष संवाददाता, नई दिल्ली

बजट सत्र के पहले दिन यूपीए सरकार ने साफ संकेत दिया कि वह आगामी चुनावों के मद्देनजर अल्पसंख्यकों पर खास ध्यान देने जा रही है। राष्ट्रपति प्रतिभा पाटिल ने संसद को संबोधन में कहा कि सरकार अल्पसंख्यकों को कर्ज देने में प्राथमिकता बरतेगी। ज्यादा अल्पसंख्यक आबादी वाले इलाकों में विकास की विशेष कोशिश होंगी। सरकार यह भी कोशिश करेगी कि विकास कार्यक्रमों का लाभ अल्पसंख्यकों को समान रूप से मिल सके। उन्होंने कहा कि सरकार कुल खर्च का 15 पर्सेंट तक अल्पसंख्यकों पर खर्च करेगी।

पाकिस्तान में बनने वाली नई सरकार को भी सकारात्मक संदेश दिया गया। राष्ट्रपति ने कहा कि सरकार पड़ोसी देशों में शांति, स्थिरता और खुशहाली के अपने लक्ष्य पर कायम बनी रहेगी। पाकिस्तान का जिक्र करते हुए उन्होंने कहा कि वहाँ अंदरूनी शांति भारत के भी हित में है। हालात को देखते हुए सरकार पाकिस्तान के साथ फिर डायलॉग शुरू करेगी। राष्ट्रपति ने उम्मीद जाहिर की कि भारत-अमेरिका परमाणु समझौता अपनी मंजिल तक पहुंच जाएगा। उन्होंने विश्वास व्यक्त किया कि कीमतों पर काबू रखते हुए विकास की 9 प्रतिशत वृद्धि दर सुनिश्चित की जाएगी।

यह पहला मौका था जब देश की संसद के दोनों सदनों के संयुक्त अधिवेशन में किसी महिला राष्ट्रपति ने अभिभाषण दिया। इस मौके पर उन्होंने सांसदों से संसद की कार्यवाही उद्देश्यपूर्ण, शांतिपूर्ण और फलदायी बनाने की उम्मीद भी की और सांसदों को यह याद रखने की अपील की कि जनता के चुने हुए प्रतिनिधियों के रूप में वे जो करते हैं, वह न केवल उनके अपने मतदाताओं और क्षेत्र, बल्कि विश्व के कोने-कोने में शांति और स्वतंत्रता चाहने वालों में नई आशाएं जगाता है।

नवभारत टाइम्स, 26 फरवरी, 2008

पड़ोसियों से होंगे बेहतर रिश्ते

विशेष संवाददाता, नई दिल्ली

राष्ट्रपति प्रतिभा पाटिल ने अभिभाषण में सरकार की विदेश नीति रेखांकित करते हुए पड़ोसी देशों–पाकिस्तान, नेपाल, अफगानिस्तान, म्यांमार, बांग्लादेश के साथ भारत के रिश्तों की चर्चा की। उन्होंने अमेरिका के साथ भारत के संबंधों में सुधार होने की बात कहते हुए उसका फायदा उच्च प्रौद्योगिकी, अंतरिक्ष, कृषि, शिक्षा, व्यापार और अन्य क्षेत्रों में मिलने का उल्लेख भी किया। उन्होंने आशा व्यक्त की कि अमेरिका और अन्य मित्र देशों के साथ असैन्य परमाणु सहयोग संभव हो सकेगा। पड़ोसी देशों के साथ बेहतर संबंधों के लिए उन्होंने सरकार की प्रतिबद्धता दोहराई।

'लुक ईस्ट पॉलिसी' में प्रगति : भारत यूरोपीय संघ के सदस्य देशों के साथ अलग-अलग और सामूहिक रूप से अपने संबंधों को महत्त्व दे रखा है। भारत ने 'लुक ईस्ट पॉलिसी' के क्रियान्वयन में भी उल्लेखनीय प्रगति की है। आसियान देशों सहित जापान और चीन के साथ भी भारत के संबंध पहले से अधिक सुदृढ़ हुए हैं। चीन के साथ संबंधों पर उन्होंने कहा कि दोनों देशों की सीमा पर शांति और अमन बना हुआ है। पहला भारत-अफ्रीका फोरम सम्मेलन इस साल अप्रैल में नई दिल्ली में होगा। भारत खाड़ी देशों के साथ संबंधों को और गहरा बनाने पर भी विशेष जोर दे रहा है।

विकास का लाभ सभी को : विकास का लाभ सभी वर्गों को समान रूप से देने की सरकार की कोशिशों का भी राष्ट्रपति ने उल्लेख किया। 11वीं योजना में कृषि विकास दर को चार प्रतिशत बढ़ाने की संभावना जताई। राष्ट्रीय ग्रामीण योजना गारंटी योजना को अप्रैल से देश के सभी ग्रामीण जिलों में लागू किया जाएगा।

महिलाओं को समान अधिाकार : राष्ट्रपति ने कहा कि महिलाओं को मकान और भूमि जैसी परिसंपत्तियों में समान मालिकाना अधिकार प्रदान किए गए हैं।

26 फरवरी, 2008, नवभारत टाइम्स

मैं 'रबर स्टांप नहीं 'राजनीतिक, राष्ट्रपति' हूँ

नई दिल्ली। देश की पहली महिला राष्ट्राध्यक्ष प्रतिभा पाटिल 'रबर स्टांप' बनकर नहीं रहने वाली हैं। उनका कहना है कि वह राजनीतिक राष्ट्रपति हैं। ग्रामीण तबकों और महिलाओं के उत्थान के बारे में प्रतिबद्ध पाटिल का कहना है कि ऐसे कई मसले होते हैं जिनमें एक राष्ट्रपति सरकार को मशविरा दे सकता है। देश के विकास एवं स्थायित्व के लिए वह 'राजनीतिक भूमिका' निभाना जरूरी समझती हैं।

एक पत्रिका को दिए साक्षात्कार में राष्ट्राध्यक्ष ने कहा कि राष्ट्रपति कई कठिन मुद्दों सरकार को सलाह दे सकता है और िर सरकार गहन विचार-विमर्श के बाद यह सलाह स्वीकार या अस्वीकार कर सकती है। उन्होंने कहा कि मैं 'रबर स्टांप' नहीं बनूंगी, मैं 'राजनीतिक राष्ट्रपति बनना पसंद करूंगी। कलाम के कार्यकाल में राष्ट्रपति भवन की छवि राजनीति से दूर और जनता से जुड़े कार्यालय की बनी थी। 'जनता के राष्ट्रपति' के रूप में जाने वाले कलाम से जुदा राह पर पाटिल ने कहा कि जनता के लिए उपलब्धता में कोई फर्क नहीं आएगा। उन्होंने कहा कि मैं ग्रामीण इलाकों और खासकर पिछड़े वर्ग के उत्थान के लिए काम करना चाहती हूँ। उन्होंने कहा कि ग्रामीण विकास के लिए ग्रामीण अर्थव्यवस्था, महिलाओं और पिछड़े वर्गों का विकास जरूरी है।

राष्ट्रपति चुनाव में अपने ऊपर लगे आरोपों से विचलित होने की बात पर पाटिल ने कहा कि मैं कभी भी विचलित नहीं हुई। अगर इन आरोपों में कुछ सच्चाई होती तो मैं परेशान होती, मगर मुझे पता था कि यह सभी आरोप निराधार हैं। हालांकि उन्होंने कहा कि यह आरोप और इनके विरुद्ध कांग्रेस का अभियान को वह अब खत्म हो चुका अध्याय मानती है। विवाह के बाद भी अपने पति के बजाय अपने पिता का ही उपनाम 'पाटिल' इस्तेमाल करने पर उन्होंने कहा कि जब वह चुनाव लड़ीं और जीती तो उनका नाम प्रतिभा पाटिल था। विवाह के बाद भी लोग उन्हें प्रतिभा पाटिल के नाम से ही जानते थे। इसलिए उन्होंने यही नाम अपनाया, लोगों ने इसे स्वीकार किया और उनके पति ने भी कभी ऐतराज नहीं जताया।

यह पूछे जाने पर कि 2009 के आम चुनावों के बाद कोई गठबंधन सरकार बनने की स्थिति आई तो वह क्या करेंगी, पाटिल ने कहा कि हमारे

संविधान में हर चीज की व्याख्या की गई है। विधायिका, न्यायपालिका और कार्यपालिका तीनों के ही कार्य स्पष्ट है। मैं सिर्फ संविधान के मुताबिक ही काम करूंगी। वह यह कैसे सुनिश्चित करेंगी कि वह सिर्फ रबर स्टांप बनकर न रह जाएं, इस सवाल पर पाटिल ने कहा कि मैं वही करूंगी जो मैंने आज तक के अपने राजनीतिक जीवन में किया है।

'हिन्दुस्तान', नई दिल्ली, 7 जुलाई, 2007

समाज के वंचित तबके तक हर हाल में पहुंचे आर्थिक विकास का लाभ

नई दिल्ली, जागरण ब्यूरो : सामाजिक सरोकारों को लेकर अपने नजरिए को एपीजे अब्दुल कलाम ने जहां तक पहुंचाया, नई राष्ट्रपति प्रतिभा पाटिल ने तकरीबन वहीं से 'रायसीना हिल्स' की अपनी पारी का आगाज किया। बुधवार को राष्ट्रपति पद की शपथ लेने के बाद अपने पहले संबोधन में प्रतिभा पाटिल ने भी देश के तेज आर्थिक विकास का लाभ समाज के सभ तबकों तक पहुंचाने की जरूरत बताई। लोगों की पूरी क्षमता का देश के विकास में इस्तेमाल करने के लिए आधुनिक शिक्षा व स्वास्थ्य सेवाओं में निवेश को अहम बताया। साथ ही बतौर राष्ट्रपति संविधान की गरिमा बनाए रखने का देशवासियों को भरोसा दिलाया।

संविधान की गरिमा के प्रति जताई गई उनकी प्रतिबद्धता में परोक्ष रूप से राजनीतिक संदेश भी छुपा था। इस क्रम में प्रतिभा पाटिल ने अपने कर्त्तव्यों व उत्तरदायित्वों के बारे में गुरु रवींद्रनाथ टैगोर की कविता *'व्हेयर द माइंड इस विदाउट फियर'* का उद्धरण देते हुए कहा है कि भगवान हमारे देश को स्वतंत्रता के उस स्वर्ग में ले चलो जहाँ लोगों का दिमाग भयमुक्त और सिर गर्व से ऊंचा हो और लोग घरेलू झगड़े में बंटे न हों। वस्तुत: यह उल्लेख भी इसी संदेश का हिस्सा था। राष्ट्रपति चुनाव के दौरान जिस तरह उनके खिलाफ प्रचार अभियान चला, उसके मद्देनजर प्रतिभा पाटिल की यह टिप्पणी विशेष रूप से मायने रखती है। शपथ ग्रहण के तत्काल बाद संसद के केंद्रीय कक्ष में नई राष्ट्रपति के पहले संबोधन में भी चुनाव अभियान की खटास कहीं नहीं झलकी। देश के गौरवशाली इतिहास और महान व्यक्तियों की सीख तथा राष्ट्र के सुनहरे भविष्य के इर्द-गिर्द ही अपनी बातें रखीं। इसी संदर्भ में उन्होंने बाबा

साहेब अंबेडकर का जिक्र करते हुए दृढ़ता से संवैधानिक तरीकों का पालन करने की बात कहीं। कला की तरह उन्होंने भी तेज आर्थिक विकास की दौड़ में समाज के सभी वर्गों, विशेषकर कमजोर व उपेक्षित लोगों को बराबरी का लाभ दिलाने पर जोर दिया। नई राष्ट्रपति ने पहले अंग्रेजी और फिर हिंदी में भाषण देकर अपने भाषाई पारंगत होने का परिचय दिया। इस दौरान प्रतिभा पाटिल ने प्रचार अभियान के क्रम में मिले प्यार व सम्मान का जिक्र करते हुए उन्हें राष्ट्रपति चुनने के लिए सांसदों व विधायकों को, धन्यवाद किया। साथ ही विनम्रता दर्शाते हुए खुद की गणतंत्र के पहले सेवक के रूप में भी पेश किया। मेज की थपथपाहटों के बीच प्रतिभा पाटिल ने महान मराठी कवि संत तुकाराम की दो पंक्तियां सुनाते हुए गरीबी, कुपोषण, सामाजिक कुरीतियों, बाल मृत्यु और कन्या भ्रूण हत्या के अपराध को जड़ से मिटाने की जरूरत बताई।

'दैनिक जागरण', नई दिल्ली, 26 जुलाई, 2007

महिला सशक्तीकरण की बताई जरूरत

नई दिल्ली (वि.सं.)। देश की प्रथम महिला राष्ट्रपति प्रतिभा पाटिल के समक्ष राष्ट्रपति के रूप में डॉ. कलाम के कृतित्व और देशवासियों, विशेषरूप से युवा वर्ग में उनकी लोकप्रियता के दायरे से हटकर कुछ नया कर दिखाने की चुनौती होगी। उनके हर महत्त्वपूर्ण कार्य की तुलना भारत को 2020 तक विकसित राष्ट्र बनाने का स्वप्न दिखाने वाले डॉ. कलाम के कार्यों और आचरण से लंबे समय तक होती रहेगी।

श्रीमती पाटिल ने शपथ के बाद प्रथम संबोधन में उन चुनौतियां का जिक्र किया जिनसे जूझना उनकी प्राथमिकता होगी। इनमें महिला सशक्तीकरण और किसानों, मजदूरों तथा उद्यमियों की क्षमताओं का भरपूर इस्तेमाल करने से लेकर संप्रदायवाद, जातिवाद, उग्रवाद और आतंकवाद जैसी विघटनकारी ताकतों के खिलाफ एकजुट होकर लड़ना शामिल है। श्रीमती पाटिल ने कहा कि कोई भी चाहे वह लड़का हो अथवा लड़की आधुनिक शिक्षा से वंचित नहीं हो। उन्होंने महिलाओं के सशक्तीकरण पर विशेष जोर देते हुए कहा कि उनका मानना है कि इससे राष्ट्र को सशक्त बनाने में मदद मिलेगी।

'हिन्दुस्तान', नई दिल्ली, 26 जुलाई, 2007

संदर्भ सूची

भारत के राष्ट्रपति

(खण्ड–1)

भारत के राष्ट्रपति

(खण्ड-1)

डॉ॰ सावित्री वशिष्ठ

प्रशांत पब्लिसिंग हाऊस
दिल्ली-110094

प्रथम संस्करण 2008

ISBN 978-81-906344-5-8

प्रकाशक

प्रशांत पब्लिसिंग हाऊस

सी–34, 28 फुटा रोड, गली नं॰ 3,
वेस्ट करावल नगर, दिल्ली–110094
फोन नं॰ 22963970, 9810396373

प्रशांत पब्लिसिंग हाऊस, सी–34, 28 फुटा रोड, गली नं॰ 3, वेस्ट करावल नगर, दिल्ली–110094 द्वारा प्रकाशित तथा हेमा टाईपोग्राफिक्स, नई दिल्ली–02 द्वारा शब्द संयोजन तथा नवभारत प्रिन्टिग प्रेस, दिल्ली द्वारा मुद्रित।

भूमिका

भारत सरकार का छोटे से छोटा काम भी राष्ट्रपति के नाम से होता है। चाहे कोई नियुक्ति करनी हो चाहे कोई ठेके का काम होना है, राष्ट्रपति के नाम से ही समाचार पत्रों में छपता है।

भारतीय सेना के सर्वोच्च कमांडर राष्ट्रपति हैं और भारत सरकार उनकी प्रसन्नता पर बनती है तथा बिगड़ती है। जब किसी राज्य में राजनीतिज्ञों का तालमेल बिगड़ जाता है और सरकार बनाने की स्थिति में कोई राजनीतिक दल न हो तो राष्ट्रपति शासन लागू हो जाता है।

संविधान के हिसाब से भारत का राष्ट्रपति बहुत ही शक्तिशाली व्यक्ति होता है। परन्तु वास्तविकता यह है कि भारत के राष्ट्रपति के हाथ में कोई शक्ति नहीं है। उन्हें हर बात में भारत सरकार के गृह मंत्रालय के अनुसार चलना पड़ता है। इसका अर्थ यह हुआ कि वास्तविक सत्ता प्रधानमंत्री के हाथ में है। एक दो बार भारत के राष्ट्रपति की शक्तियों के बारे में प्रश्न उठाए गए परन्तु उसपर कोई गंभीर मंथन नहीं हुआ और न ही राष्ट्रपति की शक्ति को घटाया या बढ़ाया गया।

भारत की वर्तमान राष्ट्रपति श्रीमति प्रतिभा देवी सिंह पाटिल तेरहवीं राष्ट्रपति हैं। उन्हें मुख्यतया कांग्रेस दल का समर्थन प्राप्त था और दूसरे वाम दलों ने भी उनका समर्थन किया जिससे कि वे राष्ट्रपति बन पाई। कुल मिलाकर भारत के राष्ट्रपति के पद पर काफी गंभीर, योग्य और शालीन व्यक्तियों को स्थापित किया गया। इसीलिए भारतीय राष्ट्रपति सभी देश वासियों के लिए आदर के पात्र रहे हैं। सभी राष्ट्रपतियों ने भारत सरकार और देश का गौरव बढ़ाया है।

भारत के प्रथम राष्ट्रपति डॉ० राजेन्द्र प्रसाद महान विधि विद्वान थे और एक महान राष्ट्रवादी गांधीवादी थे। वे दो अवधियों के लिए राष्ट्रपति रहे, 1950 से लेकर 1962 तक।

भारत के दूसरे राष्ट्रपति डॉ० सर्वपल्ली राधाकृष्णन थे। वे महान विद्वान थे और अन्तर्राष्ट्रीय स्तर के धर्म के विद्वान थे उन्होंने धर्म और दर्शन पर काफी पुस्तकें लिखी। वे सोवियत रूस में भारत के राजदूत भी रहे।

तीसरे राष्ट्रपति डॉ० ज़ाकिर हुसैन महान राष्ट्रवादी मुस्लिम राष्ट्रपति थे और वे गांधी जी की बुनियादी तालीम की रूप रेखा तैयार करवाने वाले विद्वान थे।

डॉ० ज़ाकिर हुसैन का निधन उनके कार्यकाल में हो गया था। श्री वी०वी० गिरी राजनैतिक उथल-पुथल के बीच राष्ट्रपति बने थे और उससे पहले उपराष्ट्रपति के पद पर थे।

दूसरे मुस्लिम राष्ट्रपति श्री फखरूदीन अली अहमद थे। वे एक महान मुस्लिम नेता के रूप में उभरे थे तथा उनका भी अकस्मात कार्यकाल में निधन हो गया था।

इसके पश्चात् जनता पार्टी के प्रतिनिधि के रूप में डॉ० नीलम संजीव रेड्डी अगले राष्ट्रपति बने। डॉ० नीलम संजीव रेड्डी आंध्रा प्रदेश के लम्बे काल तक मुख्यमंत्री रह चुके थे।

कांग्रेस के निकटतम सहयोगी ज्ञानी जैलसिंह भी राष्ट्रपति के पद पर 1982 से 1987 तक आसीन रहे। ज्ञानी जैलसिंह के कार्यकाल में प्रधानमंत्री इंदिरा गांधी की हत्या हो थी। ज्ञानी जैलसिंह के पश्चात् 1987 में स्वामी आर० वैंकटरामन राष्ट्रपति पद पर आसीन हुए।

डॉ० वैंकटरामन के पश्चात् डॉ० शंकर दयाल शर्मा राष्ट्रपति बने। वे महान विद्वान थे और कांग्रेस के अध्यक्ष रह चुके थे। डॉ० शंकरदयाल शर्मा की अन्तरराष्ट्रीय स्तर की ख्याति थी।

डॉ० शंकरदयाल शर्मा के पश्चात् डॉ० के०आर० नारायणन् राष्ट्रपति बने। वे एक महान दलित नेता भी थे।

इसके पश्चात् डा० ए०पी०जे० अब्दुल कलाम तीसरे मुस्लिम राष्ट्रपति बने और एक वैज्ञानिक होने के नाते उन्हें अच्छी ख्याति मिली।

वर्तमान राष्ट्रपति श्रीमति प्रतिभा पाटिल हैं। राष्ट्रपतियों की शृंखला में वे पहली महिला हैं। इस प्रकार यह विदित होता है कि भारत गणतंत्र के राष्ट्रपति के पद पर बड़े-बड़े महान योग्य विद्वान और उच्च कोटि के राजनीतिज्ञ आसीन रहे हैं। यह माला राष्ट्रपतियों की जीवनीयों तथा उनके भाषणों पर आधारित है।

—संपादिका

अनुक्रम

खण्ड 2

भारत के राष्ट्रपति

अंग्रेजी राज्य की समाप्ति के बाद नये संविधान के अन्तर्गत भारतवर्ष को एक 'सम्पूर्ण प्रभुत्व-सम्पन्न लोकतंत्रात्मक गणराज्य' का रूप प्रदान किया गया। इस रूप में भारत पूरी तरह से एक स्वतन्त्र राष्ट्र बनकर संसार में नये सिरे से प्रस्तुत हुआ। भारत का शासन जनता के हाथों में आ गया, जिससे जनता द्वारा चुने गए प्रतिनिधि संचालित करते हैं। देश का सबसे बड़ा मुखिया 'राष्ट्रपति' होता है। यह पद पैतृक नहीं होता, वरन् पार्लियामेंट तथा राज्य-विधान सभाओं के निर्वाचित सदस्यों के द्वारा इसका चुनाव किया जाता है।

भारतीय संविधान में राष्ट्रपति की स्थिति

भारतीय संविधान में संघीय कार्यपालिका (Union Executive) की व्यवस्था की गई है। संघीय कार्यपालिका में राष्ट्रपति तथा मन्त्रिपरिषद् सम्मिलित होते हैं। इसमें इंग्लैण्ड तथा अमेरिका की शासन-प्रणालियों का समन्वय किया गया है। अमेरिका में राष्ट्रपति राज्य और सरकार--दोनों का ही प्रमुख होता है, किन्तु भारत में राष्ट्रपति की स्थिति भारतीय गणराज्य के प्रमुख के रूप में होती है। वास्तव में इंग्लैण्ड की महारानी से हमारे राष्ट्रपति की काफी समानता है। हमारे यहाँ राष्ट्रपति के पास नाममात्र की शक्तियाँ होती हैं, केवल राष्ट्रपति के नाम से सभी कार्य सम्पन्न होते हैं। इस देश में 'संसदीय शासन-प्रणाली' प्रचलित है, अध्यक्षात्मक शासन-प्रणाली नहीं।

संवैधानिक दृष्टि से भारत के राष्ट्रपति की स्थिति कैसी है तथा उसका वास्तविक स्वरूप आज क्या है, इस सम्बन्ध में दो आधार ग्रहण किए जा सकते हैं–

अ. सैद्धान्तिक अथवा कानूनी दृष्टि से

आ. व्यावहारिक दृष्टि से

अ. सैद्धान्तिक अथवा कानूनी दृष्टि से

जहाँ तक राष्ट्रपति की संवैधानिक स्थिति का प्रश्न है, इस पर बहुत वाद-विवाद अथवा मतभेद देखने को मिलता है। कुछ लोगों का विचार है कि संविधान में राष्ट्रपति को जो भी कुछ अधिकार प्रदान किए गए हैं, उनका व्यवहार में विवेक के साथ उपयोग किया जा सकता है। संविधान की धारा 53(1) के अनुसार–

> "संघ की कार्यपालिका शक्ति राष्ट्रपति में निहित होगी तथा वह इसका प्रयोग इस संविधान के अनुसार या तो स्वयं अथवा अपने अधीनस्थ पदाधिकारियों के द्वारा करेगा।"

इसी प्रकार धारा 74(1) में लिखा गया है कि–

> "राष्ट्रपति को अपने कृत्यों का सम्पादन करने में सहायता और मंत्रणा देने के लिए एक मंत्रि-परिषद् होगी, जिसका प्रधान, प्रधानमंत्री होगा।"

इन बातों के साथ ही साथ धारा 75(1) के अनुसार इस बात का भी निश्चय किया गया है कि प्रधानमंत्री राष्ट्रपति के द्वारा नियुक्त किया जाएगा तथा अन्य मंत्रियों की नियुक्ति प्रधानमंत्री की सलाह पर राष्ट्रपति के द्वारा ही होगी। कहने का अर्थ यही है कि राष्ट्रपति जब तक चाहेंगे तभी तक मंत्री अपने पद पर बने रह सकते हैं।

इस प्रकार संक्षेप में राष्ट्रपति की कानूनी स्थिति के तीन आधार स्पष्ट रूप से देखे जा सकते हैं–

1. राष्ट्रपति स्वयं अथवा उसके पदाधिकारी कार्यपालिका शक्तियों का उपयोग कर सकते हैं। इस रूप में राष्ट्रपति चाहे तो वास्तविक शासक बन सकता है।
2. राष्ट्रपति की सहायता तथा परामर्श के लिए मंत्रि-परिषद् की स्थापना की जाती है। यहाँ प्रश्न उठता है कि क्या राष्ट्रपति को मंत्रि-परिषद् की सलाह माननी ही होगी? डॉ॰ डी॰एन॰ बनर्जी इसे आवश्यक नहीं मानते। आवश्यक होने पर राष्ट्रपति अपने विवेक का प्रयोग कर सकता है। 44वें संशोधन अधिनियम 1978 के द्वारा राष्ट्रपति आपातकाल की घोषणा हेतु मंत्रि-परिषद् के परामर्श को भी पुनर्विचार के लिए लौटा सकता है।
3. मंत्रि-परिषद् व प्रधानमंत्री की नियुक्ति राष्ट्रपति ही करता है। इन आधारों से स्पष्ट हो जाता है कि हमारे यहाँ संविधान में राष्ट्रपति की जो स्थिति

है, उसके अनुसार वह चाहने पर बिना संविधान का उल्लंघन किए ही तानाशाह बन सकता है। ग्लेडहिल का भी यही विचार है।

संविधान के निर्माताओं का संविधान बनाते समय राष्ट्रपति के विषय में क्या इरादा था, इसे स्पष्टरूप से समझने के लिए हमें उनके विचार जानने होंगे। संविधान की प्रारूप समिति के अध्यक्ष डॉ॰ अम्बेडकर के अनुसार–

> "हमारे देश में राष्ट्रपति का वही स्थान है, जो ब्रिटेन में सम्राट् का है। हमारा राष्ट्रपति राष्ट्र का प्रधान अवश्य है, किन्तु वह कार्यपालिका का प्रधान नहीं है। वह राष्ट्र का प्रतिनिधि है, किन्तु वह देश का शासक नहीं है। इसलिए आमतौर पर उसे मंत्रियों की सलाह माननी होगी। राष्ट्रपति मंत्रियों की इच्छा के विरुद्ध या उनकी इच्छा के बिना कुछ भी नहीं कर सकेगा।"

डॉ॰ राजेन्द्रप्रसाद के शब्दों में–

> "संविधान में ऐसी कोई बात नहीं है, जिसके कारण राष्ट्रपति मंत्रिमण्डल की सलाह को मानने के लिए बँधा हो। यह आशा की जाती है कि जैसे इंग्लैण्ड का राजा हमेशा अपने मंत्रियों की सलाह को मानता है, वैसी ही प्रथाएँ इस देश में उत्पन्न हो जाएँगी और राष्ट्रपति सब बातों में केवल नाममात्र का शासक रहेगा।"

पं॰ नेहरू ने भी इस बात को स्पष्ट करते हुए जो कुछ कहा, वह भी देख लेना आवश्यक प्रतीत होता है–

> "हम सरकार की मंत्रि-मण्डलीय विशेषता पर बल देना चाहते हैं कि वास्तविक शक्ति मंत्रि-मंडल और व्यवस्थापिका में निहित है, न कि राष्ट्रपति में। हमने अपने राष्ट्रपति को वास्तविक शक्ति नहीं दी है, वरन् हमने उनके पद को सत्ता और प्रतिष्ठा से विभूषित किया है।"

इस प्रकार यह स्पष्ट हो जाता है कि संविधान में राष्ट्रपति की वास्तविक प्रधान की स्थिति नहीं बन सकती। राष्ट्रपति तो केवल औपचारिक प्रधान होता है। यों देखने में राष्ट्रपति की स्थिति बहुत शक्तिशाली लगती है, पर वास्तव में वैसी होती नहीं है।

आ. व्यावहारिक दृष्टि से

भारतीय संविधान में राष्ट्रपति की जो स्थिति है, उसकी तुलना में उसकी व्यावहारिक स्थिति में कुछ अन्तर है। संविधान में राष्ट्रपति को विभिन्न अधिकारों के

द्वारा शक्ति प्रदान की गई है, पर वास्तव में वे शक्तियाँ मंत्रि-परिषद् के पास रहती हैं, राष्ट्रपति के पास नहीं। इसका कारण है–भारत में संसदीय शासन-प्रणाली की व्यवस्था। इस रूप में राष्ट्रपति की स्थिति इंग्लैण्ड के सम्राट् से मिलती-जुलती है। यह एक परम्परा-सी बन गई है। ग्लेडहिल जैसे लोगों की मान्यता है कि संकट की स्थिति में राष्ट्रपति अपने अधिकारों का प्रयोग कर सकता है, किन्तु सच बात तो यह है कि इस समय भी उसे मंत्रि-परिषद् की सलाह पर ही चलना पड़ता है।

यदि राष्ट्रपति और प्रधानमंत्री–दोनों ही समझौते वाली भावनाओं से युक्त हों तो परस्पर बात बढ़ती नहीं, अन्यथा मतभेद होने पर परस्पर तनाव बढ़ सकता है। परम्परा यही रही है कि मतभेद चाहे कितना ही क्यों न हो, पर अन्त में राष्ट्रपति को प्रधानमंत्री की सलाह माननी ही पड़ती है। कारण कि संसद के प्रति प्रधानमंत्री ही उत्तरदायी होता है न कि राष्ट्रपति। यदि ये सारी शक्तियाँ व्यवहार में राष्ट्रपति को दे दी जाएँ तो तानाशाही की प्रवृत्ति उत्पन्न होने का भय होता है।

किन्तु, इसका अर्थ यह नहीं होता कि शक्तिहीन होने के कारण राष्ट्रपति अपने देश की राजनीतिक परिस्थितियों पर अपना प्रभाव नहीं डाल सकता। ब्रिटेन के विभिन्न शासकों (महारानी विक्टोरिया, एडवर्ड सप्तम, जार्ज पंचम) की भाँति भारत के राष्ट्रपति डॉ॰ राजेन्द्र प्रसाद ने चीन के प्रति भारत की नीति, सहकारी खेती आदि विषयों पर अपने प्रभाव का उपयोग किया। सच बात तो यह है कि हमारे यहाँ राष्ट्रपति और प्रधानमंत्री में परस्पर किसी प्रकार की प्रतिस्पर्धा नहीं रही है। इसी कारण अब तक इस सम्बन्ध में कोई विशेष समस्या सामने नहीं आ पाई है। संक्षेप में, हमारे देश में सिद्धान्त रूप में तो शक्तियाँ राष्ट्रपति के पास होती हैं, पर व्यवहार में प्रधानमंत्री के पास ही रहती हैं।

राष्ट्रपति के अधिकार

विभिन्न परिस्थितियों में राष्ट्रपति के लिए हमारे संविधान में विभिन्न अधिकारों की व्यवस्था की गई है। राष्ट्रपति के अधिकारों को दो भागों में बाँटा जा सकता है–

1. शान्तिकाल में
2. संकटकाल में

1. शान्तिकाल में

शान्तिकाल में देश में राजनीतिक व्यवस्था बनी रहती है, अतः इस समय राष्ट्रपति की शक्तियाँ अथवा अधिकार देश के विकास, समृद्धि तथा आर्थिक नीतियों से

सम्बन्धित रहते हैं। शान्तिकाल में राष्ट्रपति के निम्नलिखित अधिकार होते हैं–

अ. कार्यपालिका-सम्बन्धी अधिकार

आ. कानून-सम्बन्धी अधिकार

इ. न्याय-सम्बन्धी अधिकार

ई. वित्तीय अधिकार

उ. अन्य अधिकार

अ. कार्यपालिका संबंधी अधिकार

राष्ट्रपति को सर्वोच्च कार्यपालिका की शक्तियाँ प्राप्त होती हैं, जिनका प्रयोग या तो वह स्वयं करता है अथवा अपने विभिन्न सहयोगी अधिकारियों के द्वारा करता है। राष्ट्रपति के कार्यपालिका-सम्बन्धी अधिकार इस प्रकार गिनाए जा सकते हैं–

1. राष्ट्रपति सम्पूर्ण भारतीय गणराज्य का प्रमुख होता है, अतः सभी शासन-सम्बन्धी कार्य उसी के नाम से सम्पन्न किए जाते हैं।
2. राष्ट्रपति प्रधानमंत्री को नियुक्त करता है। इस विषय में सामान्यतः उसी दल के नेता को आमन्त्रित किया जाता है, जिसका बहुमत होता है।
3. इसके अतिरिक्त राष्ट्रपति को राज्यपालों, उच्चतम न्यायालय तथा उच्च न्यायालय (हाई कोर्ट) के मुख्य न्यायाधीश व अन्य न्यायाधीशों को नियुक्त करने का अधिकार भी प्राप्त होता है।
4. साथ ही साथ राष्ट्रपति संघीय लोकसेवा आयोग व अन्तर्राज्यीय लोकसेवा आयोग के अध्यक्ष तथा सदस्यों, केन्द्रीय क्षेत्रों के शासन के लिए मुख्य आयुक्त, वित्त आयोग, भाषा आयोग, निर्वाचन आयोग, विदेशों में भारत के राजदूत, वाणिज्यदूत एवं कूटनीतिक प्रतिनिधियों एवं नियन्त्रक महालेखा परीक्षक की नियुक्ति भी करता है।
5. भारत के राष्ट्रपति को प्रतिरक्षा सेनाओं का सर्वोच्च सेनापति होने का अधिकार भी है।
6. इतना ही नहीं, एंग्लो-इण्डियन समुदाय के दो सदस्य वह लोकसभा के लिए मनोनीत कर सकता है तथा राज्यसभा के लिए ऐसे बारह सदस्यों का मनोनयन कर सकता है, जिन्हें साहित्य, समाज-सेवा, विज्ञान आदि विभिन्न क्षेत्रों में विशेष योग्यता प्राप्त हुई हो।

7. अन्तर्राष्ट्रीय जगत् में राष्ट्रपति अपने देश का समुचित प्रतिनिधित्व करता है।
8. राष्ट्रपति को महान्यायवादी (एटॉर्नी जनरल) की नियुक्ति का अधिकार भी होता है।

आ. कानून-सम्बन्धी अधिकार

राष्ट्रपति को कार्यपालिका के प्रधान के साथ ही साथ भारत की संसद का भी अभिन्न अंग माना गया है, अतः कानूनी दृष्टि से भी उसे कई अधिकार दिए गए हैं, जो अग्रलिखित हैं–

1. राष्ट्रपति संसद का अधिवेशन बुला सकता है तथा स्थगित कर सकता है। इतना ही नही, आवश्यकता पड़ने पर उसे संसद को भंग कर देने का भी अधिकार प्राप्त है, किन्तु राज्यसभा को वह भंग नहीं कर सकता। जहाँ तक लोकसभा को भंग करने का प्रश्न है, इसके लिए उसे प्रधानमंत्री से परामर्श करना होगा।
2. वह दोनों सदनों (लोकसभा व राज्यसभा) के समक्ष उद्घाटन भाषण देता है, जिसमें सरकार की नीतियों एवं कार्यक्रमों का उल्लेख होता है। यह भाषण प्रधानमंत्री के द्वारा तैयार किया जाता है।
3. किसी सामान्य बिल के सम्बन्ध में दोनों सदनों में किसी प्रकार की उलझनें आ जाने पर राष्ट्रपति को दोनों सदनों का सम्मिलित अधिवेशन बुलाने का अधिकार होता है।
4. राष्ट्रपति की स्वीकृति एवं हस्ताक्षरों से ही कोई बिल कानून बन सकता है, अन्यथा नहीं। धन सम्बन्धी बिलों को तो प्रायः राष्ट्रपति स्वीकार कर लेता है, किन्तु अन्य बिलों को आवश्यकता होने पर वह पुनः विचार के लिए संसद में भेज देता है। पुनः संसद की स्वीकृति मिल जाने पर सामान्यतः उसे राष्ट्रपति भी स्वीकार कर लेता है। उसका निषेधाधिकार (वीटो) सामान्य बहुमत से पास कर दिया जाता है। कुछ विशेष बिलों को संसद में प्रस्तुत करने से पूर्व राष्ट्रपति से स्वीकृति लेनी आवश्यक होती है।
5. राष्ट्रपति को संकटकालीन परिस्थितियों का सामना करने के लिए अध्यादेश जारी करने का अधिकार भी होता है, जिसकी अवधि छः सप्ताह होती है। अध्यादेश उसी समय जारी हो सकता है, जब संसद का अधिवेशन न चल रहा हो।

राज्य-विधानसभाओं के प्रति भी राष्ट्रपति के कुछ अधिकार हैं। कोई भी राज्य सम्पत्ति अथवा संविधान के सम्बन्ध में राष्ट्रपति की स्वीकृति के बिना अधिनियम लागू नहीं कर सकता। साथ ही अन्य राज्यों से व्यापार आदि पर प्रतिबन्ध लगाने सम्बन्धी अधिनियम के लिए भी राष्ट्रपति की स्वीकृति आवश्यक है।

इ. न्याय संबंधी अधिकार

न्याय के क्षेत्र में भी राष्ट्रपति अपने कुछ विशेष अधिकारों का प्रयोग कर सकता है। न्यायिक दृष्टि से राष्ट्रपति को यह अधिकार दिया गया है कि वह किसी भी अपराधी के दण्ड को कम कर सकता है अथवा उचित मानने पर क्षमा भी कर सकता है। यहाँ तक कि वह मृत्युदण्ड को भी क्षमा करने का अधिकारी होता है। यहाँ एक बात स्पष्ट कर देना आवश्यक है कि राष्ट्रपति अपराधी को क्षमादान करने से पूर्व अपने मंत्रियों से परामर्श अवश्य करता है। राष्ट्रपति का यह अधिकार संघीय शक्तियों से सम्बन्धित अपराध के मामलों पर ही लागू होगा। राज्य सम्बन्धी अपराधों के विषय में राज्यपालों अथवा सैनिक न्यायालयों के अधिकारियों के क्षमादान-सम्बन्धी अधिकारों पर इसका प्रभाव नहीं पड़ेगा। इंग्लैण्ड में भी सम्राट् अथवा महारानी को क्षमा करने का परमाधिकार प्राप्त है, किन्तु ऐसा गृहसचिव की सलाह पर ही होता है। किन्तु, अमेरिका के राष्ट्रपति के इस अधिकार में ऐसा कोई बन्धन नहीं है।

इसके अतिरिक्त भारतीय संविधान में राष्ट्रपति को यह भी अधिकार दिया गया है कि वह सार्वजनिक महत्त्व के किसी भी विषय पर उच्चतम न्यायालय से सलाह माँग सकता है। वह किसी भी प्रस्तावित विधेयक को उच्च न्यायालय के पास भेजकर उसका परामर्श ले सकता है। उसकी सलाह मिल जाने पर उसे मानना राष्ट्रपति के विवेक पर निर्भर करता है।

ई. वित्तीय अधिकार

भारत के राष्ट्रपति को वित्तीय क्षेत्र में भी कुछ अधिकार प्रदान किये गये हैं। वह प्रत्येक वित्तीय वर्ष के प्रारम्भ में वित्त मंत्री के द्वारा संसद के दोनों सदनों के सामने भारत सरकार का उस वर्ष के आय-व्यय का बजट प्रस्तुत करवाएगा। इतना ही नहीं, राष्ट्रपति की अनुमति के बिना कोई भी धन-सम्बन्धी अथवा वित्त-विधेयक एवं अनुदान की माँगों का लोकसभा में प्रस्ताव नहीं किया जा सकता है।

भारत सरकार के पास आकस्मिक व्यय को पूरा करने के लिए आकस्मिकता-निधि होती है, जिस पर राष्ट्रपति का नियंत्रण होता है। इस सम्बन्ध

में राष्ट्रपति को यह अधिकार होता है कि वह आकस्मिक व्यय के लिए संसद की अनुमति से पहले धनराशि दे सकता है।

उ. अन्य अधिकार

उक्त अधिकारों के अतिरिक्त भी राष्ट्रपति को अन्य कई अधिकार प्राप्त होते हैं, जिनका प्रयोग वह समयानुसार अपने विवेक से करता रहता है। यह अधिकार निम्नलिखित है–

1. शासन–सम्बन्धी कार्यों को भली–भाँति एवं सुविधापूर्वक चलाने तथा मंत्रियों के कार्य को बाँटने के लिए राष्ट्रपति नियम बनाता है।
2. सुप्रीमकोर्ट अपने कार्यों को संचालित करने के लिए जो भी नियम बनाती है, उसके लिए राष्ट्रपति से स्वीकृति ली जाती है।
3. राष्ट्रपति वित्त आयोग, नियंत्रक महालेखा परीक्षक, भाषा आयोग, संघीय लोकसेवा आयोग एवं चुनाव आयोग की रिपोर्ट को संसद के सामने प्रस्तुत करता है।
4. संघीय लोकसेवा आयोग के सदस्यों की संख्या, सेवा की शर्तों तथा अवधि आदि के विषय में नियम बनाने का भी राष्ट्रपति को अधिकार होता है।
5. राष्ट्रपति को यह भी अधिकार प्राप्त होता है कि वह किसी भी विषय पर उच्चतम न्यायालय से सलाह मांग सकता है, तथा वह इस बारे में भी स्वतंत्र होता है कि वह उच्चतम न्यायालय के परामर्श को चाहे तो माने, चाहे न माने, उसे बाध्य नहीं किया जा सकता।

2. संकटकाल में

शासन के क्षेत्र में संकटकाल में अधिक जिम्मेदारियाँ हो जाती हैं। ऐसे समय में एकता अत्यन्त आवश्यक है। इसे बनाये रखने के लिए भारतीय संविधान में राष्ट्रपति को कुछ संकटकालीन अधिकार भी प्रदान किए गए हैं, जो इस प्रकार हैं–

अ. युद्ध, बाहरी आक्रमण तथा आन्तरिक अशान्ति के समय

आ. राज्यों में संवैधानिक यन्त्र की विफलता के समय

इ. वित्तीय संकट के समय

अ. युद्ध, बाहरी आक्रमण तथा आन्तरिक अशान्ति के समय

भारतीय संविधान की धारा 352(1) में युद्ध, आक्रमण अथवा आन्तरिक अशान्ति की सम्भावना होने पर राष्ट्रपति को संकटकाल की घोषणा करने का अधिकार प्रदान किया गया है। ऐसी घोषणा को स्वयं राष्ट्रपति ही चाहे तो नई घोषणा के द्वारा रद्द कर सकता है। संकटकाल की ऐसी घोषणा के लिए वह किसी के प्रति उत्तरदायी नहीं होता। राष्ट्रपति के लिए यह आवश्यक है कि वह ऐसी घोषणा संसद के दोनों सदनों के सामने करे। इसकी अवधि दो महीने की होती है। यदि लोकसभा घोषणा के समर्थन में प्रस्ताव पास कर देती है तो ऐसी स्थिति में इस घोषणा को छह माह से तीन वर्ष तक बढ़ाया जा सकता है।

राष्ट्रपति द्वारा संकटकाल की घोषणा कर दिए जाने का संवैधानिक दृष्टि से बहुत व्यापक प्रभाव होता है। वे सभी प्रभाव इस प्रकार हैं–

1. राष्ट्रपति के हाथ में सारे देश का शासन आ जाता है। ऐसी स्थिति में वह राज्यों को कार्यपालिका शक्तियों के प्रयोग के सम्बन्ध में आदेश जारी कर सकता है।
2. संसद को समूचे देश अथवा उसके किसी भी भाग-विशेष के लिए विभिन्न विषयों पर कानून बनाने का अधिकार मिल जाता है। इतना ही नहीं, किसी भी राज्य का कोई भी कानून यदि केन्द्र के विरुद्ध हो तो वह गैर-कानूनी घोषित कर दिया जा सकता है।
3. संकटकाल में राष्ट्रपति चाहे तो मौलिक अधिकारों को भी स्थगित कर सकता है। इस सम्बन्ध में कोई भी न्यायालय की शरण नहीं ले सकता।
4. इस घोषणा से राज्यों की स्वायत्तता समाप्त हो जाती है तथा राष्ट्रपति केन्द्र तथा राज्यों के बीच राजस्व का विभाजन करने का सम्बन्ध में इच्छानुसार आदेश दे सकता है।

हमारे देश में इस प्रकार के संकटकाल की घोषणा अब तक केवल एक बार अर्थात् 26 अक्टूबर, 1962 को नेफा व लद्दाख क्षेत्रों में चीनी आक्रमण के समय की गई। इसी दिन भारतीय प्रतिरक्षा अध्यादेश भी जारी किया गया। आज भी यह स्थिति सीमितरूप में बनी हुई है, क्योंकि चीन के साथ ही साथ पाकिस्तान के आक्रमण की आशंका अभी भी है।

आ. राज्यों में संवैधानिक यन्त्र की विफलता के समय

भारतीय संविधान की धारा 356 के अन्तर्गत राष्ट्रपति को राज्यों की शान्ति और सुरक्षा के सम्बन्ध में भी अधिकार दिए गए हैं। राज्यपाल को रिपोर्ट अथवा अन्य साधनों से यदि राष्ट्रपति को यह विश्वास हो जाए कि किसी राज्य का कार्य-संचालन संविधान के अनुसार नहीं किया जा सकता तो ऐसी स्थिति में राष्ट्रपति को संकटकाल की घोषणा करने का अधिकार है।

इस प्रकार के वैधानिक संकट की घोषणा करने की विधि वही है, जो युद्ध अथवा आन्तरिक अशान्ति से उत्पन्न संकट की घोषणा की है। इसके लिए भी संसद से दो माह के भीतर स्वीकृति लेनी आवश्यक होती है तथा संसद इसकी अवधि एक बार में 6 माह तक बढ़ा सकती है। ऐसी स्थिति में राष्ट्रपति राज्य सरकार के अथवा राज्यपाल के सभी अधिकार स्वयं ले सकता है, किन्तु राज्य के विधानमण्डल की शक्तियाँ धारा 356(अ) के अनुसार नहीं ली जा सकतीं। वे शक्तियाँ या तो संसद के द्वारा अथवा संसद के अधीन काम में ली जा सकती हैं। यदि ऐसे समय लोकसभा नहीं चल रही हो तो राष्ट्रपति को राज्य की संचित निधि से व्यय के लिए राशि देने का अधिकार होता है। ऐसी स्थिति में राष्ट्रपति आवश्यकता अनुभव होने पर संविधान की धारा 19 के अन्तर्गत दी गई स्वतन्त्रताओं पर रोक लगा सकता है। भारत के विभिन्न राज्यों में संवैधानिक संकटों एवं अस्थिरता की स्थिति में अब तक अनेक बार राष्ट्रपति अपने इन अधिकारों का प्रयोग कर चुका है।

इ. वित्तीय संकट के समय

भारतीय संविधान की धारा 307 के अनुसार राष्ट्रपति को यह अधिकार दिया गया है कि यदि वह यह अनुभव करें कि देश को वित्तीय स्थिति अथवा साख के लिए संकट उपस्थित हो गया है तो वह ऐसी स्थिति में 'वित्तीय संकट' की घोषणा कर सकता है। इस प्रकार की घोषणा के लिए भी राष्ट्रपति को अन्य संकटकालीन घोषणाओं की भाँति ही संसद से दो महीने के भीतर स्वीकृति लेनी होती है। संसद चाहे तो इस घोषणा को दो माह से पहले भी समाप्त कर सकती है–

राष्ट्रपति द्वारा वित्तीय संकट की घोषणा कर दिये जाने के कई प्रभाव होते हैं, जिनमें कुछ प्रमुख प्रभाव इस प्रकार गिनाये जा सकते हैं–

1. ऐसी स्थिति में राष्ट्रपति किसी भी राज्य को 'अर्थ' के सम्बन्ध में कैसा भी आदेश दे सकता है।

2. वित्तीय संकट में राष्ट्रपति केन्द्र अथवा राज्य के किसी भी उच्चाधिकारी, जिनमें उच्च तथा उच्चतम न्यायालयों के न्यायाधीश भी सम्मिलित हैं, के वेतन में कमी कर सकता है।

3. राष्ट्रपति को ऐसी स्थिति में सभी राज्यों की सरकारों को यह आदेश देने का भी अधिकार होता है कि वे सभी आर्थिक विधेयकों के लिए उसकी स्वीकृति लें।

4. ऐसी स्थिति में राष्ट्रपति संविधान की धारा 19 के अन्तर्गत दी गई स्वतन्त्रताओं पर आवश्यकता होने पर रोक लगा सकता है।

5. राष्ट्रपति केन्द्र व राज्य के धन-सम्बन्धी बँटवारों के विषयों में यथोचित संशोधन भी कर सकता है।

इस सम्बन्ध में यह उल्लेखनीय है कि देश में 'वित्तीय संकट' की ऐसी स्थिति अब तक नहीं आई है।

राष्ट्रपति के अभाव में राष्ट्रपति-पद

यदि किन्हीं विशेष कारणोंवश भारत के राष्ट्रपति का पद रिक्त हो जाता है तो ऐसी स्थिति में वह पद रिक्त नहीं रखा जा सकता। उसके लिए तत्काल कोई न कोई कार्यवाही करनी आवश्यक होती है। अब तक राष्ट्रपति के विदेश जाने पर अथवा बीमारी के कारण अवकाश पर रहने से, त्यागपत्र दे देने पर अथवा महाभियोग द्वारा हटा दिए जाने पर अथवा मृत्यु हो जाने की स्थिति में राष्ट्रपति का पद रिक्त नहीं रहता, वरन् उस स्थान पर उपराष्ट्रपति राष्ट्रपति के सभी कार्यों को सम्पन्न करता है। ऐसी स्थिति में राष्ट्रपति का कार्य करनेवाले उपराष्ट्रपति को राष्ट्रपति का वेतन, भत्ते, सभी सुविधाएँ व सभी शक्तियाँ प्राप्त होती हैं। उपराष्ट्रपति राज्यसभा का अध्यक्ष होता है, किन्तु राष्ट्रपति के कार्य को सम्पन्न करते समय वह राज्यसभा के अध्यक्ष-पद पर नहीं बना रह सकता वरन् उसके स्थान पर राज्यसभा का उपाध्यक्ष उस कार्य को पूरा करता है।

यदि राष्ट्रपति विदेश गया हो अथवा किन्हीं विशेष कारणों से छुट्टी पर हो तो उसके पुनः कार्य-भार ग्रहण करने तक की अवधि में उपराष्ट्रपति ही राष्ट्रपति का कार्य करता रहता है, किन्तु यदि राष्ट्रपति को महाभियोग द्वारा हटा दिया गया हो अथवा उसकी मृत्यु के कारण राष्ट्रपति-पद स्थायी रूप से खाली हो गया हो तो उस पद को उपराष्ट्रपति ही भरता रहा है, किन्तु ऐसी स्थिति में उसके लिए 6 माह की अवधि में राष्ट्रपति का चुनाव करवाना आवश्यक होता है।

किन्तु, इधर डॉ॰ ज़ाकिर हुसैन की मृत्यु के उपरान्त इस प्रश्न को लेकर अनेक विवाद उठ खड़े हुए। उनकी मृत्यु के तुरन्त बाद ही यद्यपि तत्कालीन उपराष्ट्रपति श्री वी॰वी॰ गिरि को राष्ट्रपति की शपथ ग्रहण कराई गई, किन्तु कुछ लोगों ने उन्हें संसद में राष्ट्रपति कहने में आपत्ति प्रकट की। काफी बहस के बाद यह निश्चय हुआ कि ऐसी स्थिति में राष्ट्रपति का कार्य करने वाले व्यक्ति को राष्ट्रपति न कहकर 'कार्यवाहक राष्ट्रपति' कहा जाना चाहिए।

इसी प्रकार यह समस्या भी सामने आई कि राष्ट्रपति का पद स्थायीरूप से रिक्त हो जाने पर उपराष्ट्रपति छह माह तक राष्ट्रपति का कार्य सम्पन्न करता है, ऐसी स्थिति में राज्यसभा के अध्यक्ष का पद भी उतने समय तक खाली रहेगा, जिस पर तत्कालीन उपाध्यक्ष काम करेगा तो उपाध्यक्ष का पद खाली रहेगा। क्या यह संवैधानिक दृष्टि से उचित होगा? इस समस्या पर संसद में काफी विचार-विमर्श हुआ। अन्त में यही निर्णय लिया गया कि अब इस परम्परा को बदल दिया जाय अर्थात् राष्ट्रपति को अनुपस्थिति में तत्कालीन सर्वोच्च न्यायालय का मुख्य न्यायाधीश स्वयमेव राष्ट्रपति हो जाएगा। इस रूप में इस बार कार्यवाहक राष्ट्रपति श्री वी॰वी॰ गिरि ने राष्ट्रपति चुनाव में भाग लेने के कारण जब उपराष्ट्रपति-पद से त्यागपत्र दिया तो तत्कालीन सर्वोच्च न्यायालय के मुख्य न्यायाधीश श्री मोहम्मद हिदायतुल्ला को कार्यवाहक राष्ट्रपति बनाया गया। अतः यह स्पष्ट है कि राष्ट्रपति के अभाव में भी राष्ट्रपति का पद कभी रिक्त नहीं रहता।

राष्ट्रपति को पद से हटाने की विधि

भारतीय संविधान में राष्ट्रपति की विशेष स्थिति होती है। वह जो भी कुछ कार्य अपने अधिकारों अथवा अपनी शक्तियों के प्रयोग से करता है, उसके लिए उस पर न्यायालय की सहायता से कोई कार्यवाही नहीं की जा सकती। न उसके विरुद्ध कोई वारण्ट जारी किया जा सकता है और न ही उसे कैद किया जा सकता है। यदि किसी को उसके विरुद्ध कुछ कार्यवाही करनी भी है तो उसके लिए उसे दो माह का नोटिस देना होगा। इतना ही नहीं, यद्यपि भारत संघ के सभी कार्य राष्ट्रपति के नाम से ही होते हैं, किन्तु वह उनमें से किसी भी कार्य के लिए व्यक्तिगतरूप से जिम्मेदार नहीं होता।

भारत के राष्ट्रपति का कार्यकाल पाँच वर्ष का होता है, किन्तु यदि राष्ट्रपति के कार्य संविधान के विरुद्ध हों तथा उसके आचरण में अनुचित तरीके आ गए हों तो उसे महाभियोग (Impeachment) लगाकर उसके पद से हटाया जा सकता है। इसकी विधि भारतीय संविधान की धारा 61 में विस्तार से बतलाई गई

है। राष्ट्रपति के विरुद्ध जो भी आरोप हो, वह प्रस्ताव के रूप में ही प्रस्तुत किया जा सकता है तथा उस पर अभियोग चलाने का अधिकार संसद के दोनों सदनों को प्राप्त है। प्रस्ताव के रूप में राष्ट्रपति के विरुद्ध कोई भी आरोप तभी लगाया जा सकता है, जबकि उस प्रस्ताव के पक्ष में सदन के एक चौथाई सदस्यों के हस्ताक्षर हों। ऐसे प्रस्ताव को सदन में प्रस्तुत करने के लिए पहले 14 दिन की पूर्वसूचना देनी आवश्यक है। यदि उस सदन के दो तिहाई (2/3) सदस्य उस आरोप को स्वीकार कर लेते हैं तो उसे संसद के दूसरे सदन में स्वीकृति के लिए भेज दिया जाता है। दूसरा सदन या तो उन आरोपों की जाँच स्वयं करता है अथवा इसके लिए कोई समिति नियुक्त कर सकता है। राष्ट्रपति को अधिकार होता है कि वह आरोपों की जाँच के सम्बन्ध में होने वाली प्रत्येक कार्यवाही के समय स्वयं उपस्थित रहे अथवा अपने प्रतिनिधि को भेज दे। यदि दूसरा सदन भी दो तिहाई के बहुमत से आरोप स्वीकार कर लेता है तो राष्ट्रपति के विरुद्ध महाभियोग स्वीकृत समझ लिया जाता है तथा उसी दिन से राष्ट्रपति को उसके पद से मुक्त माना जाएगा। इस जाँच के दौरान भी राष्ट्रपति अपने पद पर बना रहकर सदा की भाँति अपने सभी कार्य सम्पन्न करता है।

भारत के राष्ट्रपति तथा अन्य देशों के प्रमुख

भारत के संविधान में राष्ट्रपति की स्थिति निश्चित करते समय अमेरिका तथा इंग्लैण्ड–दोनों की ही शासन-प्रणालियों को ध्यान में रखा गया था। इनमें भी हमारे देश का राष्ट्रपति इंग्लैण्ड की महारानी अथवा सम्राट् से अमेरिका की अपेक्षा कहीं अधिक मिलता-जुलता है। यहाँ हम भारत के राष्ट्रपति की तुलना इंग्लैण्ड तथा अमेरिका के प्रमुखों से करेंगे।

1. भारत तथा अमेरिका के राष्ट्रपति

भारत में प्रधान-पद राष्ट्रपति का होता है तथा अमेरिका में भी सर्वोच्च पद राष्ट्रपति का ही है। इस रूप में नाम की दृष्टि से भारत तथा अमेरिका के शासनाध्यक्षों में समानता है, पर वास्तव में उनके कार्यों और अधिकारों में काफी अन्तर देखने को मिलता है। यह अन्तर इतना है कि उनमें सामान्यरूप से तुलना अथवा समानता नहीं की जा सकती।

अमेरिका में राष्ट्रपति राज्य का ही नहीं, वरन् सरकार का भी प्रमुख होता है, अत: उसके पास जो भी शक्तियाँ अथवा अधिकार होते हैं, उनका प्रयोग वह स्वतन्त्रता के साथ कर सकता है। अमेरिका में प्रधानमंत्री का पद नहीं होता, किन्तु

हमारे देश में राष्ट्रपति के पास अधिकार तो होते हैं, पर वास्तव में उनका प्रयोग प्रधानमंत्री के द्वारा ही होता है। अमेरिका में 'अध्यक्षात्मक सरकार' है, जबकि भारत में 'संसदीय सरकार' है। अमेरिका में प्रधानमंत्री न होने के कारण वास्तविक शक्तियाँ राष्ट्रपति के पास ही रहती हैं। इसके अतिरिक्त अमेरिकी राष्ट्रपति कांग्रेस (पार्लियामेंट) के प्रति जिम्मेदार नहीं होता। कांग्रेस राष्ट्रपति को 'अविश्वास प्रस्ताव', 'निन्दा-प्रस्ताव' अथवा 'कामरोको प्रस्ताव' के द्वारा नहीं हटा सकती तथा उसे राष्ट्रपति से शासन-सम्बन्धी प्रश्न पूछने का भी अधिकार नहीं होता। संकट के समय भी अमेरिका के राष्ट्रपति को असाधारण शक्तियाँ प्राप्त हो जाती हैं। दूसरे शब्दों में, वह एक प्रकार से तानाशाह बन जाता है, जबकि भारत के राष्ट्रपति के पास शक्तियाँ अथवा अधिकार नाममात्र के ही होते हैं। वास्तव में उनका प्रयोग प्रधानमंत्री के द्वारा किया जाता है। इसी कारण भारत का राष्ट्रपति अमेरिकी राष्ट्रपति की तरह शक्तिशाली नहीं हो।

इतना ही नहीं, अमेरिकी राष्ट्रपति अपनी इच्छा के अनुसार मंत्रियों की नियुक्ति कर सकता है तथा आवश्यकता पड़ने पर उन्हें हटा भी सकता है तथा उन पर पूर्ण नियन्त्रण रख सकता है। उसे इस बात का पूरा अधिकार होता है कि वह मंत्रियों की सलाह को माने या न माने। किन्तु, इसके विपरीत भारत के राष्ट्रपति को मन्त्रियों की नियुक्ति की स्वतन्त्रता नहीं होती। वह उसी व्यक्ति को प्रधानमंत्री बना सकता है, जिसका लोकसभा में बहुतमत हो। उसे राष्ट्रपति अपनी इच्छानुसार नहीं हटा सकता। मंत्रि-मण्डल के अन्य सदस्यों की नियुक्ति भी राष्ट्रपति अपनी इच्छा से नहीं कर सकता, वरन् इसके लिए उसे प्रधानमंत्री की सलाह से ही सब कुछ करना पड़ता है। संकट के समय में भी हमारे राष्ट्रपति अमेरिकी राष्ट्रपति की तरह तानाशाह नहीं बन सकते, क्योंकि उन पर मंत्रिमण्डल तथा संसद, दोनों का नियन्त्रण रहता है। भारत का राष्ट्रपति संसद के प्रति जिम्मेदार होता है। इतना ही नहीं, संकटकाल की घोषणा के लिए भी हमारे राष्ट्रपति को प्रधानमंत्री से परामर्श करना पड़ता है। कहने का अर्थ यही है कि राष्ट्रपति अपनी सभी राजनीतिक शक्तियों का प्रयोग प्रधानमंत्री की सलाह से हीं कर सकता है।

अमेरिका में सभी राजनीतिक नियुक्तियों का अधिकार राष्ट्रपति को ही होता है तथा वैदेशिक सम्बन्धों व युद्ध का संचालन भी वही करता है, किन्तु हमारे देश में यह सबकुछ प्रधानमंत्री की सलाह से ही होता है। अतः स्पष्ट है कि भारत तथा अमेरिका के राष्ट्रपति में पर्याप्त अन्तर होता है अर्थात् अमेरिका का राष्ट्रपति भारत के राष्ट्रपति की अपेक्षा कहीं अधिक मजबूत होता है।

2. भारत के राष्ट्रपति तथा इंग्लैण्ड की महारानी

भारत और इंग्लैण्ड-दोनों ही देशों में संसदीय सरकार है, अतः अमेरिका के राष्ट्रपति की अपेक्षा भारत के राष्ट्रपति की इंग्लैण्ड की महारानी की स्थिति से काफी समानता है। किन्तु जहाँ तक पद धारण करने का प्रश्न है, यह विधि भिन्न है। इंग्लैण्ड में यह पद पैतृक होता है तथा सम्राट् अथवा महारानी आजीवन अपने पद पर बने रहते हैं, जबकि भारत में राष्ट्रपति का पद पैतृक नहीं होता, वरन् चुनाव के द्वारा व्यक्ति को यह पद मिलता है। इतना ही नहीं, हमारे यहाँ राष्ट्रपति का कार्यकाल आजीवन न होकर 5 वर्ष का होता है।

जहाँ तब अधिकारों का प्रश्न है–दोनों में अवश्य काफी समानता है। भारत का राष्ट्रपति तथा इंग्लैण्ड की महारानी अपने देश के वैधानिक प्रधान मात्र हैं। इंग्लैण्ड की महारानी के अधिकारों का प्रयोग वास्तव में उसका मंत्रिमण्डल करता है, ठीक इसी प्रकार भारत में भी राष्ट्रपति के अधिकारों का वास्तव में प्रयोग प्रधानमंत्री ही करता है। भारत के राष्ट्रपति की भाँति ही इंग्लैण्ड की महारानी भी अपनी इच्छानुसार न तो मंत्रिमण्डल की नियुक्ति कर सकती है और न ही उन्हें पद से हटा सकती है। इंग्लैण्ड की महारानी मंत्रियों को सलाह दे सकती है तथा आवश्यकतानुसार उनसे शासन-सम्बन्धी जानकारी प्राप्त कर सकती है। संकटकाल में भी इंग्लैण्ड की महारानी तानाशाह नहीं बन सकती। ठीक ऐसी ही स्थिति भारत के राष्ट्रपति की भी होती है। अतः स्पष्ट है कि भारत के राष्ट्रपति तथा इंग्लैण्ड की महारानी नाममात्र के प्रधान होते हैं तथा वे अपनी इच्छानुसार अपने अधिकारों का उपयोग नहीं कर सकते, वरन् इसके लिए उन्हें मंत्रिमण्डल अथवा प्रधानमंत्री से परामर्श करना होता है।

इस प्रकार यह कहना अनुचित न होगा कि भारत का राष्ट्रपति देश का सर्वोच्च पदधारी होता है, जिसके नाम से देश का शासन चलता है। वह एक प्रकार से पद की शोभा बढ़ाता है, इससे अधिक कुछ नहीं।

❑❑❑

1

देशरत्न डॉ॰ राजेन्द्र प्रसाद

जन्म, शिक्षा और बापू के कदमों में

देशरत्न डा॰ राजेन्द्र प्रसाद ने बिहार ज़िला सारन के प्रसिद्ध जीरादेई नामक ग्राम में कायस्थ कुटुम्ब में श्री महादेव सहाय जी के घर 3 दिसम्बर, सन् 1884 को जन्म लिया। राजेन्द्र बाबू के दादा दो भाई थे। एक का नाम मिश्रीलाल था। इनके बड़े भाई थे श्री चौधुरलाल। मिश्रीलाल जी के एक पुत्र हुए जिनका नाम महादेव सहाय था और जो राजेन्द्र बाबू के पिता थे। चौधुरलाल जी की अल्पावस्था में मृत्यु हो जाने के कारण इनके पिता पर चौधुरलाल जी का बड़ा ही ममत्व हो गया और उन्होंने अपने पुत्र जगदेव सहाय के साथ महादेव सहाय को भी पुत्रवत् पाला-पोसा और बड़ा किया। जगदेव सहाय बड़े थे और उनकी एकमात्र सन्तान एक पुत्री हुई जो बाद में जाती रही। महादेव सहाय के तीन लड़कियां और दो लड़के हुए। एक लड़की तो बचपन में ही स्वर्ग सिधार गई, दो की शादी हुई जिनमें बड़ी भागवती देवी थोड़े ही दिनों बाद विधवा हो गई, जो बाद में राजेन्द्र बाबू के साथ अपने मायके में ही रही और दूसरी बहन भी, जो दोनों भाइयों से बड़ी थी, बिना किसी सन्तान के जीती रही। इसके बाद बड़े भाई महेन्द्र प्रसाद हुए और सबसे छोटे स्वयं राजेन्द्र बाबू।

श्री चौधुरलाल जी बिहार के हथुवा राज में महाराज छत्रसाही के दीवान थे, जो लगभग 25-30 वर्षों तक इस पद पर रहे। श्री चौधुरलाल जी अपनी योग्यता, कर्मठता और ईमानदारी से महाराज छत्रसाही के स्नेह-भाजन और विश्वासपात्र तो थे ही, सारे हथुवा राज में इनकी बड़ी प्रतिष्ठा और प्रसिद्धि थी।

राजेन्द्र बाबू के पिता श्री महादेव सहाय जी घर पर ही रहा करते थे। ये फारसी के अच्छे विद्वान थे, कुछ-कुछ संस्कृत भी जानते थे। आयुर्वेद में

इनकी गहरी रुचि थी और आयुर्वेदिक पुस्तकों का इन्होंने गहरा अध्ययन कर एक सुदक्ष वैद्य का ज्ञान प्राप्त कर लिया था। इनके पास बहुत बड़ी तादाद में रोगी आते और उनके रोगोपचार में ये अपना अधिकांश समय लगाते। एक प्रसिद्ध वैद्य के रूप में इन्होंने पर्याप्त ख्याति प्राप्त कर ली थी।

पांच-छः वर्ष की अवस्था में राजेन्द्र बाबू को अक्षरारम्भ कराया गया। यह अक्षरारम्भ उस समय की प्रचलित प्रथा के अनुसार एक मौलवी साहब ने कराया। जिस दिन अक्षरारम्भ हुआ, मौलवी साहब आए, बिसमिल्लाह के साथ अक्षरारम्भ हुआ, शीरनी बांटी गई और उनको रुपये भी दिए गए। इस अक्षरारम्भ में तीन विद्यार्थी मौलवी साहब के सुपुर्द किए गए। इनमें दो इनके कुटुम्ब के ही चचेरे भाई थे–एक यमुना प्रसाद जी सबसे बड़े और दूसरे भी जो राजेन्द्र बाबू से बड़े थे।

मौलवी साहब बड़े मजेदार और मज़ाक पसन्द आदमी थे। उनका बहुत बातों पर दावा था। किसी बात को न जानना या उससे अपनी अनभिज्ञता प्रकट करना मौलवी साहब की शान के खिलाफ था। फल यह होता कि राजेन्द्र बाबू और उनके नटखट सहपाठी उनको खूब बनाते रहते। कभी-कभी बड़े-बूढ़े भी उनके इस मजाक में शरीक हो जाते। उदाहरण के लिए, एक बार एक सांड को देखते ही जब लोगों ने मौलवी साहब से कहा कि यह सांड मारता है, तो मौलवी साहब डींग मारते हुए बोले–देखूं, मुझे कैसे मारता है, और ज्योंही वे उसकी ओर लपके सांड ने मौलवी साहब को दे पटका। इसी प्रकार एक बार मौलवी साहब से जब बन्दूक चलाने की बात पूछी गई तो झट जवाब दिया कि चलाने की क़ौन कहे, वे एक अच्छे निशानेबाज़ हैं। बन्दूक लाई गई। उस वक्त पुराने किस्म की बारूद वाली टोपीदार बन्दूकें होती थीं। एक ऊंचे दरख्त पर एक गिद्ध बैठा था जिस पर मौलवी साहब को निशाना लगाना था। मौलवी साहब ने पहले कभी बन्दूक नहीं चलाई थी; यही नहीं, शायद उठाई भी न हो। उन्होंने ज्योंही बन्दूक हाथ में ले उसे ऊपर की ओर उठा निशाना साध घोड़ा दबाया, घोड़ा चटका, आवाज़ हुई और उधर सब लोग गिद्ध का गिरना देख ही रहे थे कि इधर एक और बन्दूक और एक और मौलवी साहब ज़मीन पर चित्त नज़र आए। लोगों ने झट उनको उठाया, लड़के पानी लेने दौड़े, उनके मुंह पर छिड़का और किसी तरह घर लाए।

इस प्रकार के आमोद-प्रमोद में मौलवी साहब फारसी पढ़ाते रहे। छः-आठ महीने बाद मौलवी साहब चले गए। दूसरे मौलवी साहब आए और ये पढ़ाने

लगे। इन मौलवी साहब का पढ़ाने का एक तरीका था। बड़े तड़के राजेन्द्र बाबू उठकर मकतब में चले आते। मकतब उनके पक्के मकान से अलग एक दूसरे मकान के औसारे में था। एक कोठरी में मौलवी साहब रहा करते थे और कोठरी के सामने औसारे में तख्तपोश पर बैठकर लड़के पढ़ा करते थे। मौलवी साहब कभी अपनी चारपाई पर और कभी तख्तपोश पर ही बैठकर पढ़ाया करते थे। राजेन्द्र बाबू को फारसी का जो कुछ भी ज्ञान रहा उसका श्रेय इन्हीं दो मौलवी साहबों को है।

राजेन्द्र प्रसाद जी का व्यवस्थित और वास्तविक विद्यार्थी जीवन छपरा पहुँचने पर प्रारम्भ हुआ। छपरा के ज़िला स्कूल के आठवें दर्जे में, जो उन दिनों सबसे आरम्भिक दर्जा माना जाता था, इनका नाम लिखाया गया। यहीं ए बी सी और नागरी के अ आ इ ई की शिक्षा आरम्भ हुई। इसी स्कूल में राजेन्द्र प्रसाद जी के भाई महेन्द्र प्रसाद जी एण्ट्रेन्स क्लास में पढ़ते थे। राजेन्द्र बाबू की पढ़ाई आरम्भ हुई और इन्होंने अपनी लगन, प्रतिभा और परिश्रम से वार्षिक परीक्षा में प्रथम स्थान प्राप्त किया। परिणामस्वरूप आठवें से सातवें दर्जे में तरक्की मिल गई। उन दिनों छपरा हाई स्कूल के हेडमास्टर श्री क्षीरोदचन्द्रराय चौधरी थे। राजेन्द्र बाबू की प्रतिभा, परिश्रमवृत्ति और परीक्षा परिणाम से प्रभावित हो श्री चौधरी ने राजेन्द्र बाबू को तुरन्त बुलाकर डबल तरक्की देकर सातवें के बदले छठे क्लास में प्रवेश दे दिया। इन दिनों राजेन्द्र बाबू की अवस्था लगभग दस-ग्यारह वर्ष की थी।

भाई के एण्ट्रेन्स पास होने पर जब वे पटना कालेज में पढ़ने गए तो राजेन्द्र बाबू भी उनके कारण ही पटना चले गए और पटना के टी॰ के॰ घोष एकेडेमी स्कूल में पढ़ने लगे। पटना में दो वर्ष विद्याध्ययन में बिताए और इस अवधि में वार्षिक परीक्षाओं में पूर्व की भांति प्रथम श्रेणी में स्थान पाकर चौथे दर्जे में पहुँच गए।

जब राजेन्द्र बाबू छपरा में पढ़ते थे तो इनके दादा चौधुरलाल जी और दादी का देहावसान हो गया। उक्त दम्पति थोड़े ही दिनों के अन्तर से चल बसे। अब राजेन्द्र बाबू के पिता महादेव सहाय जी ही घर के मालिक और सर्वेसर्वा थे। उन दिनों बाल विवाह का न केवल किसी कौम-विशेष में वरन् सम्पूर्ण भारतीय समाज में एक आम रिवाज था। फिर देहातों में तो वयस्क होने के पूर्व ही विवाह कर देना बालक-बालिकाओं के वारिस अपना एक कर्त्तव्य मानते थे। महादेव सहाय जी को भी राजेन्द्र बाबू के विवाह की चिन्ता

हुई और उन्होंने इस संबंध में पहल की। शादी की बातचीत चली। राजेन्द्र बाबू के होने वाले ससुर अपने छोटे भाई सहित स्वयं लड़के को देखने आए और वर को पसन्द कर विवाह की बात पक्की कर गए।

शादी बलिया ज़िले के दलन-छपरा स्थान में जीरादेई से 18-20 कोस की दूरी पर होने वाली थी। दो दिन का रास्ता था उन दिनों, और उन दिनों क्या आज भी, ग्रामीण जीवन में हैसियत के अनुसार हाथी, घोड़े, ऊंट, बैलगाड़ी और पालकी का बारात के लिए उपयोग होता है। राजेन्द्र बाबू की बारात में भी यह सब हुआ। एक पालकी में दूल्हा राजेन्द्र बाबू और शेष बाराती बैलगाड़ियों में रवाना हुए। दूल्हे के पिता महादेव सहाय जी स्वयं भी एक पालकी पर रवाना हुए। बैलगाड़ियों के अलावा बारात में एक हाथी और दो-चार घोड़े भी थे।

पालकी जिस पर वर (दूल्हा) बारात में जाया करता है एक खास किस्म की होती है। इसी आगे-पीछे दो-दो, चार कहार उठाकर चलते हैं। इसमें ऊपर छत नहीं होती, कपड़े की छहियां बाघ दी जाती हैं जो चलती हुई हवा में उघड़ते-ढकते रहने के कारण दूल्हे को धूप-छांह का मज़ा बराबर देती रहती हैं। राजेन्द्र बाबू की शादी ज्येष्ठ के महीने में हुई। तेज़ धूप और खूब गरमी इन दिनों पड़ती है। जब बारात जा रही थी तो धूप तेज़ थी ही, हवा खूब चल रही थी। राजेन्द्र बाबू की पालकी की वह छहियां इस तेज़ हवा में उड़-उड़ जाती थीं। पालकी चांदी की थी, इसलिए काफी वज़नदार थी, कहारों को वज़न संभालना कठिन हो रहा था और उस पर हवा के मारे छहियां बैलून का काम करतीं। कहार बड़ी मुश्किल में थे ही और दूल्हा हवा और धूप दोनों में परेशान था। किसी प्रकार दिन कटा, रात आई। बीच में सरजू पार करना था, इसलिए सरजू के किनारे के गाँव में बारात ने डेरा डाल दिया। रात्रि विश्राम कर सवेरे सरजू पार करने का काम शुरू हुआ। नदी में पानी अधिक था। कोई पुल आदि न होने से बारात नावों से पार होने लगी। सामान, सवार, गाड़ी आदि तो नाव से पार हो गए तथा बैल, घोड़ा आदि तैराकर पार करा दिए गए, किन्तु हाथी अड़ गया। अनेक प्रयत्न किए गए, किन्तु हाथी पानी में पैर ही नहीं बढ़ाता था। बड़ी मुश्किल से वह कुछ पग डग धरता, फिर वापस आ जाता। वह नदी पार करना ही नहीं चाहता था। अतः विवश हो हाथी को वापस कर बारात बिना हाथी के ही रवाना हो गई। महादेव सहाय जी को हाथी के

इस प्रकार बिछुड़ने का बड़ा अफसोस रहा। यह इसलिए भी कि उनकी स्वयं की शादी में अनेक हाथी बारात में गए थे। वे अपने लड़के की शादी की बारात में एक भी हाथी न ले जा सके। इसी बीच एक घटना घटी। बारात जब गाँव से दो-चार मील पर थी तो दो-तीन हाथी आते हुए नज़र आए। वे किसी दूसरी बारात में गए थे और उसकी रस्म पूरी करके शायद वापस लौट रहे थे। हाथी वालों से बात हुई, कुछ रुपये देने पर वे राज़ी हो गए और इस प्रकार महादेव सहाय जी का अपने बेटे की बारात में हाथी ले जाने का वही हौसला जो वे चाहते थे पूरा हो गया। बारात पहुँचते-पहुँचते रात के ग्यारह बज गए। बारात पहुँचने में काफी विलम्ब हो चुका था अतः कन्या पक्ष में बड़ी बेचैनी थी। जब बारात पहुँची तो उनकी यह चिन्ता दूर हुई। बारात की अगवानी की गई और परिछावन की रस्म अदा करने के लिए जब दूल्हे की आवश्यकता हुई तो देखा दूल्हा पालकी में सो रहा है। अल्प वय, फिर गरमी में दो दिन का सफर, और वह भी पालकी में। एक तो संध्या को ही सोने की आदत, उस पर इतनी थकावट। किसी तरह दूल्हे को जगाया गया, पर राजेन्द्र बाबू का जागते रहना एक कठिन समस्या थी। किसी तरह परिछावन की रस्में अदा की गईं, शादी की दूसरी रस्में भी एक-एक करके पूरी की गईं और उसी रात शुभ मुहूर्त में यानी जून 1896 में लगभग बारह वर्ष की अवस्था में विवाह भी सम्पन्न हो गया।

राजेन्द्र बाबू के वयस्क होने पर और उसके बाद भी, अपनी शादी में उन्होंने क्या-क्यां रस्में अदा कीं यह उन्हें याद नहीं आया। उनके स्वयं के विवाह की यह घटना बचपन में गुड़ियों के विवाह के सदृश ही उन्हें भी स्मरण रही। उन्होंने अपने विवाह के समय न तो अपनी कोई जवाबदारी समझी, न उसका कोई महत्त्व समझा और न ही विवाह के इस प्रसंग अथवा निश्चय में उनका कोई दायित्व या निश्चय रहा। जिस प्रकार विवाह का निश्चय करने में दूसरों का हाथ था उसी प्रकार विवाह की सारी रस्में जो उन्हें करनी पड़ीं, घर के बड़े-बूढ़े, पंडित अथवा नाई के कहने से वे बराबर करते रहे। विवाह कब सम्पन्न हुआ और कैसे हुआ, यह भी उनकी समझ में नहीं आया। हाँ, एक बात उस समय उन्हें बराबर स्मरण आई और वह यह कि जिस तरह उनकी भौजाई उनके बड़े भाई के विवाह की धूम-धाम के बाद एक दिन उनके घर में आ गई थी, उसी प्रकार एक दिन कोई उनकी बहू भी उनके घर में आ जाएगी।

देहातों में उस समय एक प्रथा थी–शादी के बाद दुल्हन को न ला, केवल वर को लेकर बारात वापस लौटती थी और कुछ समय बाद फिर एक छोटी-मोटी बारात, जिसे 'दुरागमन' (द्विरागमन) कहते हैं, कन्या पक्ष के यहाँ जाती और तब वधू को विदा करा लाती। राजेन्द्र बाबू की शादी में भी यही बात हुई। बारात खाली लौटी और एक वर्ष बाद दुरागमन हुआ तो वधू की विदा हुई।

उस काल में पर्दे का आम रिवाज था। ग्रामीण जीवन में इसका सख्ती से पालन किया जाता था। राजेन्द्र बाबू का कुटुम्ब भी इसका अपवाद कैसे रहता। छोटी-छोटी बहू-बेटियों से लेकर बड़ी-बूढ़ी औरतें भी पर्दे के अन्दर रहतीं। जब कभी अपने कमरे से बाहर निकलना होता तो वही हाथ-भर का घूंघट! इस परदे के साथ, पति-पत्नी को मिलने में भी बड़ी सख्त मर्यादाओं के बीच से गुजरना पड़ता। राजेन्द्र बाबू अल्पवय होने के नाते ही नहीं, अपने परिवार की परिपाटी और पर्दे की इस सख्ती के कारण अपनी पत्नी के साथ रहने की तो कौन कहे, वक्त-बेवक्त उससे बात करने अथवा उसे देखने तक का अवसर नहीं पा सकते थे। अपनी भौजाई के विवाह के बाद के अपने भाई और भौजाई के व्यवहार का वे अनुभव कर रहे थे और उसी का अनुकरण करने के अभ्यासी भी बन चुके थे। राजेन्द्र बाबू जब छुट्टियों में घर आते तो बाहर ही सोते। रात के समय जब सब लोग सो जाते तो उनकी मां दाई को भेजतीं कि जगा लाओ, और वह उन्हें जगाकर ले जाती और उस कमरे में छोड़ देती जिसमें उनकी पत्नी रहती। राजेन्द्र बाबू की आदत संध्या को ही सो जाने की थी ही, अतः अपनी पत्नी के कमरे में जाने पर भी गहरी नींद में सो जाते। कितनी ही कोशिश होती राजेन्द्र बाबू की निद्रा भंग नहीं होती। प्रातः बड़े तड़के नींद टूट जाती और किसी को यह पता न चले कि वे रात को कहीं और सोए थे इस भय से चुपचाप उठकर बाहर की चारपाई पर सो जाते। सवेरे उनकी मां या चाची उन्हें रात को न जागने, जल्दी सो जाने और बुलवाने पर न आने के लिए डांटतीं पर राजेन्द्र बाबू के मन में भय भले ही हो, कोई कौतूहल नहीं होता था।

बाल विवाह और पर्दे की इस प्रथा के बीच राजेन्द्र बाबू का पारिवारिक और दाम्पत्य जीवन चला। बचपन से ही प्रायः घर से बाहर रहने के कारण जब कभी छुट्टियों में घर आना होता, तभी पत्नी से मुलाकात होती; वह भी उक्त मर्यादाओं के मध्य। परिणाम यह हुआ कि पारिवारिक मर्यादाओं के कारण

अपने जीवन के लगभग पचास वर्ष राजेन्द्र बाबू, जब तक के विद्याध्ययन, जीविकोपार्जन और जीवन के अन्य ध्येयों की प्राप्ति के लिए प्रयत्नशील रहे, अपनी पत्नी से पृथक् ही रहे और इस बीच मुश्किल से उनका सहजीवन पचास महीने का भी न रहा होगा।

विवाह के उपरान्त भाई के एफ० ए० की परीक्षा पास कर आगे की पढ़ाई के लिए उनके कलकत्ता जाने के निश्चय के कारण राजेन्द्र बाबू को भी पटना छोड़ना पड़ा। भाई की और परिवार के लोगों की राय हुई कि राजेन्द्र बाबू को हथुवा स्कूल में भर्ती किया जाएँ और ऐसा ही किया गया। प्रथम तो यहाँ नाम लिखाने में ही कुछ दिक्कत हुई। जैसे-तैसे नाम लिखा गया, पर यहाँ की पढ़ाई की पद्धति बड़ी विचित्र थी। तरीका यह था कि जो सबक दिया जाए उसे दूसरे दिन कंठस्थ करके आना चाहिए। क्लास-में जब शिक्षक विद्यार्थी से सबक सुनता तो किताब बन्द करके पूरा ज्यों-का-त्यों सुनाना होता। राजेन्द्र बाबू की आदत किसी भी बात को बिना समझे-बूझे ज़बानी रटने की नहीं थी। उन्होंने इसके लिए बहुतेरे प्रयास भी किया। किसी सहपाठी ने उनसे कह दिया कि एक सौ बीस बार दुहरा लेने से सबक याद हो जाता है। राजेन्द्र बाबू ने यह भी किया और इसके लिए वे प्राय: नित्य ही रात के डेढ़-दो बजे उठ जाते और एक सौ बीस बार दुहराने के इस अभ्यास को करते। किन्तु अन्ततोगत्वा इस अभ्यास में भी असफल रहे। स्कूल में शिक्षक उनकी इस अयोग्यता से खीझकर कभी-कभी कुढ़कर यह कह बैठते कि यह चौथे दर्जे में भर्ती करने लायक नहीं था। साथ ही धमकी भी देते कि तुमको पांचवें क्लास में वापस कर दिया जाएगा। यह सब विद्यार्थी राजेन्द्र के लिए बड़ा कष्टप्रद होता अन्त में वे बहुत बीमार भी पड़ गए और वार्षिक परीक्षा में भाग भी नहीं ले सके। आखिर में इस विपरीत अवस्था से ऊबकर हथुवा स्कूल से नाम कटा पुन: छपरा स्कूल के चौथे दर्जे में नाम लिखाया गया। छपरा स्कूल में राजेन्द्र बाबू पढ़ चुके थे अत: यहाँ की पढ़ाई, वातावरण सभी कुछ उनके मनोनुकूल था। वे अपने अध्ययन में जुट गए और थोड़े ही समय में अपने सहपाठियों और शिक्षकों की दृष्टि में एक प्रतिभाशील और तेज विद्यार्थी माने जाने लगे।

छपरा स्कूल में अपने अध्ययन-अध्यवसाय से राजेन्द्र बाबू ने प्रतिवर्ष पूर्ववत् सफलताएँ प्राप्त कीं। यही नहीं एण्ट्रेन्स की परीक्षा में यूनिवर्सिटी-भर में प्रथम स्थान प्राप्त किया। यूनिवर्सिटी के इतिहास में यह प्रथम अवसर था जब कोई बिहारी विद्यार्थी अव्वल आया हो।

एण्ट्रेन्स पार कर कालेज की पढ़ाई के लिए राजेन्द्र बाबू कलकत्ता आए और यहाँ के प्रेज़ीडेन्सी कालेज में अपना नाम लिखाया।

बिहार से बंगाल में जाने का राजेन्द्र बाबू का यह प्रथम अवसर था। ज्योंही वे क्लास में पहुँचे तो सिर खुले, कोट-पतलून और हैट लगाए विद्यार्थियों को जब देखा तो कुछ भौचक्के रह गए। मन में सोचा ये लोग एंग्लो-इण्डियन हैं। पर जब हाज़िरी ली गई तब राजेन्द्र बाबू को मालूम हुआ कि ये सब हिन्दुस्तानी हैं। इसी समय एक घटना घटी। हाज़िरी के समय सब विद्यार्थियों को पुकारा गया पर राजेन्द्र बाबू का नाम ही हाज़िरी रजिस्टर से नदारद! अतः जब शिक्षक सबकी हाज़िरी लेकर रजिस्टर बन्द करने लगा तो राजेन्द्र बाबू ने अपने स्थान पर खड़े हो कहा : मैं अपना नम्बर नहीं जानता हूँ। शिक्षक ने आँख उठाकर उनकी ओर देखा और कहा : ठहरो मैंने मदरसा के लड़कों की हाज़िरी नहीं ली है! और यह कहकर झट दूसरा रजिस्टर उठाया। राजेन्द्र बाबू जो पाजामा-टोपी पहने थे झट समझ गए कि उनकी इस वेशभूषा के कारण शिक्षक ने उन्हें मुसलमान समझ लिया है। उन्होंने जवाब दिया : मैं मदरसा में नहीं पढ़ता हूँ। प्रेज़ीडेन्सी कालेज में आज ही दाखिल हुआ हूँ, इसलिए नम्बर नहीं मिला। शिक्षक ने नाम पूछा और जब राजेन्द्र बाबू ने अपना नाम बताया, पूरी क्लास मुड़कर उन्हें देखने लगी, क्योंकि सभी विद्यार्थियों को मालूम था कि इस नाम का कोई विद्यार्थी इस वर्ष यूनिवर्सिटी में फर्स्ट आया है। शिक्षक ने कहा : अभी नाम दर्ज नहीं है, जब दर्ज हो जाएगा तो आज की हाज़िरी भी पीछे लिख दूंगा।

आखिर राजेन्द्र बाबू की कालेज की पढ़ाई प्रारम्भ हुई और वे अपने उसी उत्साह और लगन से, जो अंत तक रही थी, अपनी पढ़ाई में तत्पर हो गए। एण्ट्रेन्स की परीक्षा में प्रथम स्थान प्राप्त करने के कारण तीस रुपये मासिक की छात्रवृत्ति भी राजेन्द्र बाबू को मिल रही थी। अतः एफ०ए० में भी यह स्थान बना रहे, इस दृष्टि से भी वे पूरी मेहनत करके पढ़ने लगे। आखिर एफ०ए० की परीक्षा भी दी। एफ०ए० का परीक्षा-फल जब घोषित हुआ, एक रोचक घटना घटी। परीक्षा-फल सुनाने के लिए एक अंग्रेज़ अफसर आए। सब विद्यार्थी जमा थे। एक-एक कर ज्योंही उत्तीर्ण विद्यार्थियों के नाम घोषित कर वे मौन हुए, राजेन्द्र बाबू ने देखा उनका नाम ही नदारद है। वे प्रत्येक विषय में अव्वल आए थे, यह न केवल राजेन्द्र बाबू को ज्ञात था वरन् कालेज के प्रायः सभी विद्यार्थी जानते थे। अपना नाम न पुकारे जाने पर राजेन्द्र बाबू घबरा गए। साथियों को भी आश्चर्य था। जब राजेन्द्र बाबू ने कहा : मेरा नाम नहीं पढ़ा गया, तो प्रिंसिपल ने झट उत्तर दिया: तुमने पास नहीं किया, इसलिए तुम्हारा नाम नहीं आया। राजेन्द्र बाबू ने कहा : ऐसा नहीं हो सकता, मैंने

ज़रूर पास किया है। उत्तर मिला : ऐसा नहीं हो सकता, अगर पास किया होता तो ज़रूर नाम आता। जब राजेन्द्र बाबू फिर कुछ कहने को उद्यत हुए, प्रिंसिपल बिगड़ गए और बोले : चुप रहो, नहीं तो जुर्माना करूंगा। उन्होंने हिम्मत कर फिर कुछ कहना चाहा। उत्तर मिला–तुमको पाँच रुपया जुर्माना करता हूँ। वे फिर कुछ बोले कि उत्तर मिला–दस रुपया जुर्माना! इस प्रकार प्रत्येक आवाज़ पर नीलाम की बोली के सदृश पाँच-पाँच रुपये बढ़कर पच्चीस तक पहुँच गए। राजेन्द्र बाबू की समझ में नहीं आ रहा था कि क्या किया जाएँ इतने में कालेज के हेडक्लर्क ने, जो उन्हें जानता था, पीछे से इशारा किया कि चुप रहो, सब ठीक हो जायेगा। बात असल में यह हुई थी कि हेडक्लर्क ने उत्तीर्ण विद्यार्थियों की जो फेहरिस्त तैयार की थी उसमें राजेन्द्र बाबू का नाम भूल से छूट गया था, और प्रिंसिपल साहब नये आए थे, अत: उन्हें न राजेन्द्र बाबू का कोई परिचय था, न कोई व्यक्तिगत जानकारी। आखिर भूल सुधार ली गई और राजेन्द्र बाबू का भी परीक्षा-फल घोषित हो गया। एफ० ए० की परीक्षा के लिए राजेन्द्र बाबू ने खूब परिश्रम किया था अत: इस बार भी अव्वल आए और एण्ट्रेन्स परीक्षा से भी अधिक नम्बर पाने के कारण सरकार की ओर से पचास रुपये मासिक की दो वर्ष के लिए छात्रवृत्ति मिली। पुस्तकें भी इनाम में दी गईं।

बी० ए० क्लास में पहुँचकर राजेन्द्र बाबू के सामने प्रश्न यह उठा कि वे किस विषय में आनर्स लें। उन दिनों बी० ए० में तीन विषय पढ़ने होते थे, जिनमें अंग्रेज़ी और फिलासफी अनिवार्य थे और तीसरा विषय ऐसा था जिसको चुन लेने का अधिकार विद्यार्थी को था। पर चुन लेने के पश्चात् अन्य दो अनिवार्य विषयों की तरह ही उसे पढ़ना होता और उसमें भी परीक्षा पास करनी होती। राजेन्द्र बाबू ने हिस्ट्री (इतिहास) और एकनोमिकस (अर्थशास्त्र) चुन लिए। उन दिनों आनर्स के लिए 'पास' के अतिरिक्त कुछ और पुस्तकें पढ़नी होती थीं और इन पुस्तकों की परीक्षा भी अलग होती। इस प्रकार आनर्स के विषय की परीक्षा अधिक कड़ी होती और क्लास लेक्चर भी अधिक होते। राजेन्द्र बाबू के सामने प्रश्न यह था कि वे किस विषय में आनर्स लें–दो विषयों में या तीनों में। अन्त में, निश्चय किया कि अंग्रेज़ी, हिस्ट्री और एकनोमिक्स तीनों विषय में आनर्स लिया जाएँ इससे एक लाभ और था, बी० ए० परीक्षा के फलस्वरूप दो छात्रवृत्तियां, एक पचास रुपये मासिक और दूसरी चालीस रुपये मासिक की मिलती थीं। ये छात्रवृत्तियां केवल आनर्स के नम्बर जोड़कर ही मिला करती थीं। सारे कालेज में राजेन्द्र बाबू के साथी श्री रामानुग्रह और राजेन्द्र बाबू केवल दो ही ऐसे छात्र थे जिन्होंने तीन विषयों में आनर्स ले रखा था।

इन्हीं दिनों कलकत्ता में श्री सतीशचन्द्र मुखर्जी ने 'डान सोसाइटी' नामक एक संस्था कायम की थी। इसमें विद्यार्थियों को निःशुल्क सदस्यता प्राप्त होती थी। इसका उद्देश्य विद्यार्थियों की पढ़ाई में सहायता देना, उनका चरित्र निर्माण करना तथा देश की गतिविधि से परिचित कराना था। विद्यार्थियों से कुछ सेवा का काम भी लिया जाता जो इस संस्था की शिक्षा का एक प्रधान अंग था। सोसाइटी की ओर से प्रति सप्ताह दो क्लास किए जाते और इनमें दो लेक्चर होते। इनमें एक तो विविध विषयों पर होता और दूसरा गीता पर। गीता क्लास एक पण्डित लेते और बड़ी सहज रीति से गीता समझाते। दूसरी क्लास को कालेज के प्रिंसिपल एन॰ एन॰ घोष, कभी सतीश बाबू, कभी सिस्टर निवेदिता और कभी दूसरे लोग लेक्चर दिया करते। लेक्चर के विषय बड़े सारगर्भित होते, इनसे देश और दुनिया की जानकारी मिलती। इन लेक्चर्स से यूनिवर्सिटी की परीक्षा में भी बड़ी सहायता मिली। संस्था की ओर से क्रियात्मक रूप से सेवा करने की शिक्षा के लिए एक छोटी-सी स्वदेशी कपड़ों और दूसरी चीज़ों की दुकान खोली गई जिसकी देखरेख और संचालन मेम्बरों के ज़िम्मे रहा। इसका सामान बेचने, हिसाब आदि रखने का सारा काम सदस्यों को करना पड़ता। दुकान सायंकाल केवल दो घंटे के लिए ही खुलती। इस प्रकार राजेन्द्र बाबू ने इस संस्था के सदस्य बन सर्वप्रथम सेवा की दीक्षा ली।

श्री सतीशचन्द्र मुखर्जी स्वयं एक प्रतिभाशाली छात्र थे। ये आशुतोष मुखर्जी और स्वामी विवेकानन्द के साथी थे। इस सोसाइटी को जिन महत्जनों की सहायता, सहयोग और सहानुभूति प्राप्त थी इनमें मि॰ एन॰ एन॰ घोष, सिस्टर निवेदिता, सर गुरुदास बनर्जी आदि प्रमुख थे। संस्था की ओर से योग्य और प्रतिभाशाली विद्यार्थियों को छात्रवृत्तियां और इनाम भी वितरित किए जाते, जो राजेन्द्र बाबू को भी प्राप्त हुए।

सोसाइटी में जाने से राजेन्द्र बाबू के हृदय में विचार-मंथन बढ़ा और अभी तक जो सारा ध्यान परीक्षा-फल पर केन्द्रित था वह सार्वजनिक बातों की ओर भी बढ़ गया। अपने सहयोगियों के साथ इन्हीं दिनों कलकत्ता में 'बिहारी क्लब' की स्थापना भी राजेन्द्र बाबू ने की, जिसमें प्रति रविवार अपने सहपाठियों के साथ मिलकर विचार-विमर्श और भाषण आदि का कार्यक्रम होने लगा। इनके अलावा कालेज की यूनियन में भी राजेन्द्र बाबू बराबर भाग लेने लगे और एक बार स्वयं उसके मंत्री भी बने।

सन् 1904 में राजेन्द्र बाबू ने एम॰ ए॰ परीक्षा पास की। 1905 में बंग-भंग का आन्दोलन प्रारम्भ हुआ। यह वर्ष एक प्रकार से बड़े आन्दोलन के प्रारम्भ और

जागृति का साल था। विशेषकर विद्यार्थियों में इस आन्दोलन ने एक नये जीवन का संचार कर लिया। राजेन्द्र बाबू सार्वजनिक सभाओं में प्राय: प्रारम्भ से ही जाते थे। कांग्रेस के नाम और काम से भी परिचित थे। जब कांग्रेस का वार्षिक अधिवेशन होता तो उसके अध्यक्षीय भाषण को वे बड़े चाव से पढ़ते। 7 अगस्त, 1905 को कलकत्ता की एक बड़ी सभा में, जिसमें विदेशी वस्तुओं के बायकाट और स्वदेशी के प्रचार का निश्चय हुआ, राजेन्द्र बाबू गए। लोगों ने बड़े उत्साह से व्रत लिया कि वे स्वदेशी का ही व्यवहार करेंगे। आन्दोलन जोरों से चला और प्राय: प्रतिदिन यत्र-तत्र सार्वजनिक सभाएँ होतीं। उन सभाओं में कहीं सुरेन्द्र बाबू, कहीं विपिनचन्द्र पाल, कहीं ए॰ चौधरी और कहीं अरविन्द घोष के भाषण होते। कालेज के विद्यार्थियों में भी बड़ी हलचल थी। जो विद्यार्थी कभी स्वदेशी वस्तुओं का व्यवहार नहीं करते थे उन्होंने भी विदेशी वस्तु के परित्याग का निश्चय किया। इस प्रकार विद्यार्थियों में एक नया उत्साह और जोश पैदा हो गया। इसी समय कालेज के होस्टल में एक छोटी-सी किन्तु महत्त्वपूर्ण घटना घट गई।

राजेन्द्र बाबू का एक तो ग्रामीण जीवन के अभ्यासी होने के कारण तथा अपने भाई की प्रेरणा से बहुत पहले से ही स्वदेशी वस्तुओं की ओर ही झुकाव था, फिर इन दिनों तो और अधिक। राजेन्द्र बाबू, अपनी क्लास में जो लेक्चर होते, उनके नोट पेन्सिल से ले लिया करते थे। पेन्सिल के नोट कभी-कभी मिट भी जाते अत: वे कलम-दवात ले जाने लगे, इससे शीघ्र लेखन में उन्हें कुछ असुविधा होती। एक दिन बाजार में उन्होंने देखा कि स्टाइलपेन निकला है जिसमें रोशनाई भरी रहती है और दवात की जरूरत नहीं रहती। यह विदेशी था। अत: उन्होंने इसे खरीद लिया। होस्टल में उनके साथियों को भी यह मालूम था। साथी बहुत बिगड़े और राजेन्द्र बाबू से उनकी इस कृति के लिए झगड़ने लगे। इनमें कुछ ऐसे भी थे जिनके पास विदेशी कागज, विदेशी वस्त्र आदि बहुत-सी वस्तुएं थीं। सब लोगों ने निश्चय किया कि एक दिन विदेशी कपड़ों की होली जलाई जाए और उसी में सभी विदेशी वस्तुओं को जला दिया जाएँ यद्यपि सभी चाहते थे कि विदेशी कपड़े जला दिए जाएँ पर प्राय: सभी यह भी नहीं चाहते थे कि उनकी सभी विदेशी वस्तुएं जल जाएँ। जब विवाद बढ़ा तो राजेन्द्र बाबू ने कहा कि अब अपने-अपने ट्रंक खोलो, जिसके पास जितना विदेशी कपड़ा हो होली में आज ही जला दो, तो मैं भी अपना ट्रंक खोलता हूँ और मेरे पास जो कुछ विदेशी होगा उसे अभी अग्नि की भेंट कर दूँगा। सब चौकन्ने हो गए। प्राय: सभी जानते थे कि राजेन्द्र बाबू के पास उस कलम के सिवा विदेशी कुछ नहीं है। राजेन्द्र बाबू ने अपना ट्रंक खोल दिया और एक-एक कर सब चीजें बिखेर दीं। विद्यार्थियों की

भीड़ हट गई और फिर किसी ने कभी उन पर इस प्रकार का कोई आक्षेप नहीं किया। कुछ ने विदेशी कागज आदि तो जला दिए, पर जो कीमती कोट आदि थे जल्दी में उन्हें जलाना उचित न समझा। हाँ, उसके बाद उन दिनों उन वस्त्रों का उपयोग करना विद्यार्थियों ने अवश्य छोड़ दिया।

सदा की भांति बी॰ ए॰ की परीक्षा में भी राजेन्द्र बाबू ने अभूतपूर्व सफलता प्राप्त की और विश्वविद्यालय में अव्वल स्थान प्राप्त कर दोनों छात्रवृत्तियां–एक पचास की और दूसरी चालीस की–उन्हें फिर मिलने लगीं।

बी॰ ए॰ पास कर कलकत्ता में ही एम॰ ए॰ और बी॰ एल॰ की पढ़ाई आरम्भ की। इन्हीं दिनों कलकत्ता में बिहार के छात्रों का एक सम्मेलन राजेन्द्र बाबू ने आयोजित किया। इस समय तक भारतवर्ष में कहीं भी कोई छात्र-सम्मेलन नहीं हुआ था। इससे बिहारी छात्रों का एक बहुत बड़ा संगठन हो गया। कलकत्ता में बिहारी क्लब इसकी शाखा बन गया और प्रायः सभी शहरों में इसकी शाखाएँ स्थापित हो गईं। इस सम्मेलन की सन् 1906 में स्थापना हुई और 1920 के असहयोग आन्दोलन शुरू होने तक इनका वार्षिक अधिवेशन नियमित रूप से होने लगा और इसके सभापतिपद को बिहार और बाहर की जिन विभूतियों ने सुशोभित किया उनमें मिस्टर शेफुद्दीन, मिस्टर हसन इमाम, डाक्टर सच्चिदानन्द सिन्हा, बाबू परमेश्वरलाल, बाबू दीपनारायण सिंह, बाबू ब्रजकिशोर प्रसाद प्रभृति बिहार के, तथा बाहर के लोगों में श्रीमती एनीबेसेण्ट, श्रीमती सरोजनी नायडू, महात्मा गांधी, मिस्टर एण्डरूज आदि प्रमुख हैं।

सन् 1906 के दिसम्बर में कांग्रेस का वार्षिक अधिवेशन कलकत्ता में हुआ। इसमें सर्वप्रथम एक स्वयंसेवक (वालंटियर) के रूप में राजेन्द्र बाबू ने भाग लिया। अधिवेशन का वातावरण बड़ा उत्साहपूर्ण रहा। इस समय गरम दल और नरम दल का आविर्भाव हो चुका था। गरम दल के नेता समझे जाते थे लोकमान्य तिलक, लाला लाजपतराय, विपिनचन्द्र पाल, अरविन्द घोष प्रभृति। श्री सुरेन्द्रनाथ बनर्जी और पंडित मदनमोहन मालवीय बीच के व्यक्ति माने जाते थे। इस झगड़े को मिटाने के लिए दादाभाई नौरोजी विलायत से बुलाकर सभापति बनाए गए थे। इस अधिवेशन में स्वयंसेवक के रूप में राजेन्द्र बाबू की ड्यूटी कांग्रेस पंडाल में थी। अतः विषय निर्धारिणी समिति की बहसें आदि सुनने का इन्हें भरपूर अवसर मिला। इसी अधिवेशन में राजेन्द्र बाबू ने सरोजनी नायडू, मालवीयजी और मिस्टर जिन्ना के भाषण पहले-पहल सुने। इस अधिवेशन की कार्यवाही और विचारों के निरीक्षण-परीक्षण से राजेन्द्र बाबू के मन में कांग्रेस के प्रति श्रद्धा बढ़ गई।

सन् 1910 ईस्वी में जब राजेन्द्र बाबू वकालत पढ़ रहे थे सर्वप्रथम कलकत्ता में माननीय गोखले से मिले। थोड़े ही समय पूर्व माननीय गोखले ने 'सर्वेण्ट आफ इंडिया सोसाइटी' की स्थापना की थी। गोखले साहब को राजेन्द्र बाबू की प्रतिभा और बुद्धिमत्ता का परिचय मिल चुका था। अतः उन्होंने राजेन्द्र बाबू से, देशसेवा की भावना से, उक्त सोसाइटी में शामिल होने का आग्रह किया। उन्होंने इस वक्त जो शब्द राजेन्द्र बाबू से कहे वे उल्लेखनीय हैं। उन्होंने कहा—"हो सकता है तुम्हारी वकालत खूब चले, बहुत रुपये तुम पैदा कर सको, बहुत आराम और ऐश-इशरत में दिन बिताओ। बड़ी कोठी, घोड़ागाड़ी, नौकर इत्यादि दिखावट के सामान, जो अमीरों के हुआ करते हैं, तुमको सब मयस्सर हों। पर मुल्क का भी दावा कुछ लड़कों पर होता है, और चूंकि तुम पढ़ने में अच्छे हो इसलिए तुम पर यह दावा और भी अधिक है।" अपना स्वयं का हवाला देते हुए गोखले ने कहा—"हो सकता है तुम्हारे पारिवारिक जन नाराज़ हों और दुःखी हों, पर यह विश्वास रखो, सब लोग अन्त में तुम्हारी पूजा करेंगे। लोगों की सब उम्मीदें तुम पर बंधी हैं, पर कौन जानता है, अगर तुम्हारी मृत्यु हो गई, तो उसे तो वे लोग बर्दाश्त कर ही लेंगे।"

माननीय गोखले के उक्त कथन का राजेन्द्र बाबू के मन पर गहरा और स्थायी प्रभाव पड़ा। इसका कारण था—देश सेवा की भावना के जब-तब जाग्रत् होने पर भी किसी महापुरुष द्वारा देशसेवा के लिए आह्वान और वह भी इन मार्मिक शब्दों में, यह राजेन्द्र बाबू के अब तक के जीवन में अपूर्व ही था। गोखले के इन शब्दों को सुनने के बाद राजेन्द्र बाबू का हृदय-मंथन शुरू हुआ। एक ओर पारिवारिक जिम्मेदारियाँ, पिताजी का स्वर्गवास हो चुका था, परिवार की सारी जवाबदारी भाई पर थी, मां अभी जीवित थीं। राजेन्द्र बाबू ने एम० ए० और बी० एल० की परीक्षा भी पास कर ली थी और वकालत की तैयारी कर रहे थे। एक ओर पारिवारिक भरण-पोषण, धन-वैभव का आकर्षण और दूसरी ओर देश-सेवा का दुष्कर व्रत। इस मानसिक संघर्ष की स्थिति में अनेक दिनों विचार-मंथन में बिता पारिवारिक संघर्ष का सामना करते हुए, अन्त में माननीय गोखले की बात मान उनकी सोसाइटी में शरीक हो गए। अब राजेन्द्र बाबू कलकत्ता में वकालत करने लगे थे। इसी बीच एम० एल० परीक्षा देने की भी तैयारी की और इसमें भी अव्वल स्थान पाया। इसके बाद डी० एल० की उपाधि के लिए, जिसके मिलने पर आदमी कानून का डाक्टर माना जाता है, प्रयत्नशील हो गए।

1911 के दिसम्बर में शाही दरबार के वक्त बिहार सूबे के जो अब तक बंगाल का ही एक हिस्सा था, अलग होने की घोषणा हुई और सन् 1912

के अप्रैल से बिहार एक नया सूबा बन गया। सन् 1916 के मार्च में पटना में बिहार का हाईकोर्ट खुला और हाईकोर्ट के पटना आने पर सभी बिहारी वकीलों के साथ राजेन्द्र बाबू भी कलकत्ता से पटना आकर वकालत करने लगे। राजेन्द्र बाबू अपने पेशे में यद्यपि कलकत्ता में ही काफी दक्ष और प्रसिद्ध हो गए थे और अनेक बड़े मामलों में यश और धन दोनों ही कमाया था, किन्तु पटना पहुँचने पर यह प्रसिद्धि और प्रतिष्ठा बहुत बढ़ गई।

कलकत्ता से पटना आने के पूर्व राजेन्द्र बाबू छात्र-सम्मेलन के मुंगेर अधिवेशन के सभापति निर्वाचित हुए। इन्हीं दिनों हिन्दी के प्रति प्रेम जाग्रत् हुआ। कलकत्ता की हिन्दी साहित्य परिषद् से भी राजेन्द्र बाबू का निकट का सम्बन्ध रहा और अपने योगदान से वे सदा उसकी सेवा-सहायता करते रहे। इन्हीं दिनों राजेन्द्र बाबू ने अपने मित्रों के साथ पत्रों में कुछ लेख आदि लिखे जिनमें अखिल भारतीय हिन्दी साहित्य सम्मेलन की आवश्यकता पर बल दिया। इस विचार को हिन्दी-सेवियों ने बहुत पसन्द किया और काशी में सम्मेलन का पहला अधिवेशन महामना मालवीयजी के सभापतित्व में सम्पन्न हुआ। तभी से राजेन्द्र बाबू हिन्दी और हिन्दी साहित्य सम्मेलन के हितैषी हो गए और आगे चलकर सन् 1912 के दिसम्बर में सम्मेलन के तृतीय अधिवेशन की स्वागतकारिणी के प्रधानमंत्री तथा सन् 1924 में सम्मेलन के अखिल भारतीय कोकोनाडा अधिवेशन के अध्यक्ष भी बने।

1916 में लखनऊ कांग्रेस बड़े समारोह के साथ हुई। 1907 से कांग्रेस में जो दो दल हो गए थे और गरम पार्टी कांग्रेस से पृथक् हो गई थी तब से कांग्रेस की लोकप्रियता घट गई थी और इसके वार्षिक अधिवेशनों में लोगों की उपस्थिति कम होने लगी थी। देश के हितैषियों की इच्छा थी कि दोनों दल आपस में फिर मिल जाएँ जिससे कांग्रेस पुनः देश की एक सबल शक्ति बन जाएँ यह प्रयत्न 1916 की लखनऊ कांग्रेस में सफल हुआ। इसमें एक तरफ लोकमान्य तिलक अपने दल-बल के साथ आए थे, दूसरी तरफ नरम दल के भी प्रायः सभी नेतागण पधारे थे। इसी वर्ष मुस्लिम लीग के साथ भी समझौता हो गया था। महात्मा गांधी भी, जो 1915 में ही दक्षिण अफ्रीका से लौटे थे, सारे देश का दौरा कर, इस अधिवेशन में शामिल हुए थे।

दक्षिण अफ्रीका में गांधीजी ने जो काम किया उससे सारा देश परिचित हो गया था और भारत के लोग भी उनके इस कार्य से प्रभावित हो उनकी सहायता और सहयोग को अनुभव करने लगे थे। यद्यपि राजेन्द्र बाबू को यह तो मालूम

था कि दक्षिण अफ्रीका में गांधीजी कोई बड़ा काम करके स्वदेश लौटे हैं, तथापि वे यह नहीं जानते थे कि देश के अन्य नेताओं की तरह वे भी एक बड़े नेता हैं। बिहार के राजकुमार शुक्ल गांधीजी से लखनऊ कांग्रेस में मिले और उनसे बिहार में नीलवरों के अत्याचारों से पीड़ित किसानों की सहायता के लिए चम्पारन आने की प्रार्थना की। गांधीजी लखनऊ कांग्रेस से कलकत्ता चले आए और कलकत्ता से श्री शुक्ल को पत्र लिखा कि वे अखिल भारतीय कांग्रेस कमेटी की बैठक के समय कलकत्ता में उनसे मिलें। कलकत्ते की इस बैठक में राजेन्द्र बाबू भी उपस्थित थे और इत्तफाक से गांधीजी के बगल में ही बैठे थे। राजेन्द्र बाबू स्वभाव से ही संकोची और आगे बढ़कर स्वयं किसी से मेल-मुलाकात न करने के अभ्यासी थे। अतः गांधीजी के निकट रहने पर भी उनसे भेंट नहीं कर सके। कमेटी उठने पर गांधीजी उठे और राजकुमार शुक्ल, उन्हें लेकर सीधे पटना रवाना हो गए। गांधीजी पटना आ गए और राजकुमार शुक्ल उनको राजेन्द्र बाबू के घर ले गए, पर वहाँ राजेन्द्र बाबू के नौकर के सिवा और कोई था नहीं। नौकर ने समझा कोई देहाती मुवक्किल आए हैं इसलिए उसने कुछ उपेक्षाभाव से बात कर उन्हें बाहर बरामदे में ही छोड़ दिया। गांधीजी कुछ देर ही रुके थे कि इतने में मजहरुलहक साहब आए और गांधीजी को अपने घर ले गए। संध्या को गांधीजी मुजफ्फरपुर पहुँचे। वहाँ आचार्य कृपलानी के साथ ठहरे। यहाँ से गांधीजी का चम्पारन जाने का विचार बना। चम्पारन जिले का सदर मोतीहारी है, पहले गांधीजी यहाँ आए। यहाँ पहुँचने पर एक गाँव से कुछ प्रतिष्ठित किसान आकर उनसे मिले जिनका घर दो-चार दिन पहले ही नीलवरों ने लूट लिया था। रैयत ने सारा किस्सा गांधीजी को सुनाया। गांधीजी वहाँ जाकर स्वयं सारा हाल जानना चाहते थे। इसी बीच गांधीजी के पास कलेक्टर का हुक्म पहुँचा कि आप जिला छोड़कर चले जाइए। गांधीजी ने जिला छोड़ने से इन्कार कर दिया। गांधीजी को मालूम था कि हुक्मउदूली के लिए उनपर मुकदमा चलाया जाएगा और वह उसका इन्तजार करने लगे। राजेन्द्र बाबू इस समय पटना में थे। गांधीजी ने राजेन्द्र बाबू को सारी बातें तार द्वारा पटना लिख भेजीं।

यह प्रथम अवसर था जब गांधीजी-राजेन्द्र बाबू का किसी प्रकार का सम्पर्क हुआ। राजेन्द्र बाबू ब्रजकिशोर, अनुग्रह नारायण और शम्भू शरण के साथ मोतीहारी रवाना हो गए। राजेन्द्र बाबू के मोतीहारी पहुँचने के पूर्व मुकदमा अदालत में पेश हो चुका था और सुनवाई के बाद हुक्म के लिए तीन-चार दिनों के लिए मुलतवी कर दिया गया था। मोतीहारी में गांधीजी बाबू गोरख प्रसाद के मकान

पर ठहरे थे। अपने साथियों के साथ राजेन्द्र बाबू जब पहुँचे तो गांधीजी एक कुर्ता पहने बैठे थे। जब गांधीजी से राजेन्द्र बाबू का परिचय कराया गया तो हंसते हुए उन्होंने कहा–"आप आ गए? आपके घर पर तो मैं गया था।" राजेन्द्र बाबू ने गांधीजी का पटना में उनके घर जाना और नौकर ने जो व्यवहार किया यह सुन रखा था। अतः वे गांधीजी की इस बात पर कुछ शर्मिन्दा भी हुए। बाद में कचहरी में जो कुछ हुआ गांधीजी ने विस्तार से सब वृत्त कह सुनाया।

राजेन्द्र बाबू की गांधीजी से यह प्रथम भेंट थी। इस मुलाकात का गांधीजी की वेशभूषा और बातचीत से राजेन्द्र बाबू के मन पर कोई खास प्रभाव नहीं पड़ा। कुछ देर बात करने के बाद गांधीजी ने राजेन्द्र बाबू से कहा कि वे शेष बातों की जानकारी बाबू धरनीधर और बाबू रामनौमी से ले लें। गांधीजी ने रात-भर जागकर वाइसराय तथा अन्य नेताओं को पत्र आदि लिखे थे तथा अपने मुकदमे का बयान भी उन्होंने रात ही में तैयार कर लिया था। गांधीजी ने इस बीच राजेन्द्र बाबू और उनके साथियों से प्रश्न किया कि उनके जेल चले जाने पर वे क्या करेंगे? इस प्रश्न के उत्तर में राजेन्द्र बाबू के साथी बाबू धरनीधर ने मजाक में कह दिया कि आपके कैद हो जाने पर हमारा भी काम खत्म हो जाएगा और हम लोग अपने-अपने घर चले जाएँगे। यह सुनकर गांधीजी ने कुछ आश्चर्य के साथ पूछा–और हाथ में लिया हुआ काम ऐसे ही छोड़ देंगे? इस पर कुछ सोचकर बाबू धरनीधर ने उत्तर दिया–"जाँच का काम जारी रखेंगे। और जब उनपर भी सरकार की ओर से नोटिस मिल जाएगा तो चूंकि यह जेल जाने को तैयार नहीं हैं अतः दूसरे आदमी को भेजेंगे जो जाँच का काम जारी रखेगा और जब उसको नोटिस मिलेगा तो तीसरे आदमी को भेजा जाएगा। इस प्रकार बारी-बारी नये आदमी को भेजने की व्यवस्था कर काम जारी रखा जाएगा।"

यह सुनकर गांधीजी को कुछ सन्तोष तो हुआ, पर पूरा नहीं। राजेन्द्र बाबू भी अपने साथियों सहित इस मानसिक उथल-पुथल में थे कि यह आदमी (गांधीजी) न मालूम क्यों और कहां से आकर यहाँ की रैयतों का कष्ट दूर करने के लिए जेल जा रहा है और हम लोग जो यहाँ के बाशिन्दा हैं और रैयतों की सहायता का दम भरते हैं, इस प्रकार अपने-अपने घर चले जाएँ–यह कहां तक उचित है!

जेल की बात किसी ने कभी मन में सोची नहीं थी। जेल जो केवल जुर्मी के लिए होती है और जिसकी भयंकरता से बचने के लिए जुर्मी व्यक्ति भी

हजारों रुपये खर्च कर उससे बचना चाहता है और स्वयं एक वकील होने के नाते जेल की जिस भयावह स्थिति का राजेन्द्र बाबू और उनके साथियों को जो अनुमान था सहज ही ऐसे जेल जाने की बात सोच सकना भी बहुत मुश्किल था। किन्तु बार-बार मन में यही प्रश्न उठता कि जिस जेल से अपराधी व्यक्ति भी घबराता है और यदि जाना भी पड़ता है तो हजारों रुपये खर्च कर उससे बचने अथवा वहाँ आराम पाने की जो कोशिशें होती हैं उस जेल-जीवन के कष्ट उठाने को आखिर गांधीजी क्यों तैयार हैं? परोपकार और दूसरों के हित की दृष्टि से जब गांधीजी का अनुकरण करने के बात मन में आती तो घर-परिवार और बाल-बच्चों की चिन्ता चित्त में उमड़ पड़ती। आखिर रात्रि-भर विचार-विमर्श कर दूसरे दिन जब सब लोग गांधीजी के साथ कचहरी जा रहे थे सब लोगों की भावनाएँ उमड़ पड़ीं और सभी ने साफ-साफ कह दिया कि अगर आवश्यकता हुई तो हम लोग भी जेल जाएँगे।

यह सुनते ही गांधीजी का चेहरा दमक उठा और वे प्रसन्न हो बोले, "अब मामला फतह हो जाएगा।"

जैसा गांधीजी को वचन दिया तदनुसार राजेन्द्र बाबू ने अपने साथियों सहित जाँच का काम जारी रखने के लिए अपना कार्यक्रम भी बना लिया और इस प्रकार कुछ व्यक्तियों की अनेक टोलियां बनाईं कि ये टोलियां जेल जाने की नौबत आने पर बारी-बारी से काम करती रहें और यह सिलसिला जारी रहे।

चम्पारन जिले में प्राय: एक सौ बरस से अंग्रेज नील की खेती करते थे और कराते थे। सारे जिले में जहां-जहाँ नील हो सकती थी उन्होंने नील बनाने के कारखाने स्थापित कर दिए थे। इस काम के लिए वे गांवों में रहनेवाली रैयतों से बेगार लेते और उन्हें इस बात के लिए मजबूर करते कि वे भी अपने खेतों में नील बोया करें। एक तरह से उन्होंने इसे एक कानून का रूप दे दिया था। जो रैयत हिम्मत कर उनकी आज्ञा मानने से इन्कार करती उसके ऊपर हजार तरह के जुल्म कर उसे मजबूर किया जाता। उसका घर-खेत लूट लिया जाता, खेत-मवेशियों से चरा दिया जाता। झूठे मुकदमे चला दिए जाते, जुर्माना किया जाता, उसे पीटा जाता, यानी तरह-तरह के अत्याचार रैयतों पर किए जाते। सरकार भी इन्हीं गोरों की सहायता करती थी।

गांधीजी के चम्पारन पहुँचने पर रैयतों में, जो नीलवरों के अत्याचार और उत्पीड़न से कराह रही थीं, एक नई जान आ गई। गांधीजी ने चम्पारन की जाँच शुरू की। गांव-गाँव जाकर स्वयं रैयतों से मिले, हजारों की संख्या में

उनके बयान लिखवाए। गांधीजी का यह जाँच-कार्य बराबर चलता रहा। उधर उनपर चल रहा मुकदमा फैसले के लिए मुलतवी था, जिस दिन अदालत में गांधीजी का बयान हुआ दूर-दूर के गांवों से हजारों रैयतों की इतनी भीड़ हुई कि अदालत के दरवाजे टूट गए। आखिर मुकदमा समाप्त हुआ और गांधीजी को मजिस्ट्रेट का हुक्म मिला कि सरकार ने उनपर जो मुकदमा चलाया था वह वापस ले लिया गया और उन्हें जाँच करने की आजादी है।

इस बीच राजेन्द्र बाबू चम्पारन के पूरे दौरे में गांधीजी के साथ रहे और गांधीजी के कार्य, उनकी कार्य-पद्धति, विचार और उसका पक्ष और विपक्ष पर पड़ने वाला जो प्रभाव उन्होंने देखा उससे उनके प्रति प्रेम तो बढ़ा ही, उनकी कार्य-पद्धति और दूरगामी परिणामों पर भी पक्का भरोसा हो गया और यहीं चम्पारन कांड समाप्त होते-होते राजेन्द्र बाबू ने अपने आपको पूर्णरूप से बापू के कदमों में समर्पित कर दिया।

स्वतन्त्रता-आन्दोलन में

सन् 1917 से ही भारतवर्ष में राजनीतिक जागृति की लहर फैल गई थी। सन् 1918 के नवम्बर में यूरोप का प्रथम महायुद्ध समाप्त हो चुका था। सन् 1917 में श्रीमती एनीबेसेण्ट ने 'होम रूल लीग' कायम करके सारे देश में हलचल मचा दी थी। प्रायः सभी प्रान्तों में इसकी शाखाएं स्थापित हो चुकी थीं। लोगों में बड़ा उत्साह था और सरकार कुछ घबराई हुई थी। सरकार ने श्रीमती एनीबेसेण्ट को उनके दो साथियों सहित नजरबन्द कर दिया जिससे लोगों में और जोश उमड़ पड़ा था। उन्हीं दिनों पार्लियामेण्ट से भारत-मन्त्री श्री मांटेगू ने एक एलान किया जिसमें वायदा किया कि भारत को आहिस्ता-आहिस्ता शासन के अधिकार दिए जाएँगे। श्री मांटेगू भारत आए और उन्होंने यहाँ के वाइसराय लार्ड चेम्सफोर्ड के साथ भारतीय नेताओं से बातचीत की। दोनों ने मिलकर एक रिपोर्ट तैयार की और उसके आधार पर पार्लियामेण्ट ने 1920 में एक कानून पास किया। इस बीच में श्रीमती एनीबेसेण्ट छोड़ दी गई थीं और 1917 में होने वाली कलकत्ता कांग्रेस की सभानेत्री चुनी गईं। राजेन्द्र बाबू इस अधिवेशन में भाग लेने गांधीजी के साथ ही कलकत्ता गए थे।

जर्मनी से युद्ध के समय भारत ने ब्रिटिश सरकार की भरपूर सहायता की थी। एक ओर यह सहायता स्वेच्छा से की गई थी, दूसरी ओर सरकार ने ज़ोर-ज़बरदस्ती से भी काम लिया था। विशेषकर पंजाब में अधिक ज़ोर-ज़बरदस्ती की गई थी

और पंजाब पर इसका बहुत बुरा असर पड़ा था। पंजाब के अतिरिक्त देश के अन्य भागों में भी असन्तोष कम नहीं था। इस प्रकार पंजाब कै और देश के अन्य भागों में कुल मिलाकर हिन्दू, मुसलमान और सिक्ख सभी बहुत दुखी थे। सरकार इस स्थिति से परिचित थी। लड़ाई के समय जो भारत रक्षा कानून लागू था और जो नियमानुसार लड़ाई के छः महीने बाद समाप्त हो जाता है, यदि वह न रहा तो मुमकिन है यह असन्तोष उमड़ पड़े। इसके साथ ही इस बीच जो लोग नजरबन्द थे इस कानून के उठते ही सरकार को उन्हें भी छोड़ना पड़ता। अतः इन सभी दृष्टियों से सरकार ने दुरंगी नीति अपनाई। सरकार ने एक कमेटी की स्थापना की और इसका प्रधान सर सिडनी रौलट, जो लंदन हाईकोर्ट के एक जज थे, को बनाया। इस कमेटी ने एक रिपोर्ट तैयार की जिसने भारतीय षड्यन्त्रों का हवाला देते हुए इस बात की सिफारिश की कि एक ऐसे कानून की जरूरत है जिसके द्वारा सरकार षड्यन्त्रकारियों को उपद्रव करने से रोकने और हिन्दुस्तान को क्रान्ति से बचाने में समर्थ रहे। अर्थात् प्रायः वे सभी अधिकार सरकार के पास रहें जो लड़ाई की नाजुक स्थिति में भारत रक्षा कानून के अन्तर्गत सरकार को प्राप्त रहे। इस प्रकार एक तरफ तो मांटेगू चेम्सफोर्ड (शासन सुधार योजना) स्कीम 1918 के बीच में निकली और दूसरी ओर रौलट रिपोर्ट भी 1918 के अन्त में निकल गई।

रौलट रिपोर्ट ने सारे देश में व्याप्त असन्तोष की आग में घी की आहुति का काम किया। इन दिनों राजेन्द्र बाबू की वकालत यद्यपि जोरों पर थी किन्तु इससे भी अधिक गांधीजी का सम्पर्क और असर उनके ऊपर था। रिपोर्ट के निकलते ही देश में एक कड़ा आन्दोलन उठ खड़ा हुआ और इसका नेतृत्व गांधीजी ने अपने हाथ में ले लिया। गांधीजी ने स्पष्ट घोषणा कर दी कि यदि ये काले कानून हमारे ऊपर लादे गए तो हम इन्हें नहीं मानेंगे और सत्याग्रह करेंगे।

देश-भर में कोने-कोने में सभाएँ की गईं जिनमें विरोध प्रदर्शित किया गया। यह उस काल के भारत की जागृति और नवजीवन का एक अपूर्व उदाहरण था। बड़ी-बड़ी सभाएँ होतीं जिनमें सब वर्ग, जाति और धर्मों के जो बेशुमार लोग शामिल होते, वह दृश्य भारतीय इतिहास का एक अपूर्व अवसर था। गांधीजी ने बिल पास होते ही अपने वायदे के अनुसार सत्याग्रह का कार्यक्रम बनाया।

गांधीजी ने उसी समय 'यंग इंडिया' नामक एक पत्र निकाला जिसमें प्रति सप्ताह सनसनी पैदा करने वाले लेख वे लिखा करते थे। इस पत्र से सारे देश के लोंगों को संगठित कर सत्याग्रह और अन्य बातों की जानकारी देने में गांधीजी को बड़ी सहायता मिलती थी। बापू ने विधिवत् अहिंसात्मक सत्याग्रह

की घोषणा कर दी और इसके लिए समय भी निश्चित कर दिया। सत्याग्रह के अन्तर्गत प्रथम दिन उपवास, मन्दिरों और मस्जिदों में प्रार्थना व जुलूस निकालकर संध्या समय सार्वजनिक आम सभा द्वारा इन काले कानूनों के प्रति विरोध करने का कार्यक्रम था। सारे देश में सरकार-विरोधी सभाएँ हुईं। हड़ताल भी इतनी जबर्दस्त हुई कि नगरों की तो कहे कौन, ग्रामों में किसानों तक ने उस दिन बैलगाड़ी और हल जोतना बन्द रखा। यद्यपि उस समय कांग्रेस का इतना व्यापक संगठन नहीं था, किन्तु सुदूरवर्ती गांवों तक सत्याग्रह का यह जो संदेश पहुँचा यह उस काल के भारतीय इतिहास में एक अद्भुत घटना हुई।

इस सत्याग्रह के कार्यक्रम को सफल बनाने के लिए बिहार का नेतृत्व राजेन्द्र बाबू करते रहे। राजेन्द्र बाबू की श्री मजहरुलहक साहब और सैयद हसन इमाम संगठन आदि में सहायता करते रहे। गांधीजी ने सत्याग्रह के कुछ सख्त नियम बनाए थे जिनके अनुसार प्रत्येक सत्याग्रही को एक प्रतिज्ञा-पत्र पर इस बात के लिए हस्ताक्षर करने होते थे कि पूर्णतः अहिंसा का पालन करते हुए सरकार के ऐसे कानूनों को न मानेंगे जिन्हें तोड़ने की आज्ञा एक मनोनीत कमेटी देगी और इसके लिए जो सजा होगी उसे खुशी के साथ भोगने के लिए तैयार होंगे। बिहार के लिए यह प्रतिज्ञा-पत्र सर्वप्रथम राजेन्द्र बाबू के पास आया और इस पर राजेन्द्र बाबू ने तत्काल हस्ताक्षर कर दूसरे लोगों से भी हस्ताक्षर कराए।

सारे देश में सत्याग्रह का दौर-दौरा था। पंजाब का जलियांवाला हत्याकाण्ड भी इसी बीच हो चुका था जिससे पंजाब की स्थिति बड़ी भयावह थी। गांधीजी इन समाचारों से दुःखी व चिन्तित थे। उन्होंने इस अवस्था में सत्याग्रह स्थगित करना उचित समझा और उसे वापस ले लिया। सत्याग्रह तो बन्द हो गया किन्तु पंजाब के काण्ड में लोगों पर जो ज़ुल्म-ज्यादतियां हुई थीं उससे सारे देश में जो उत्तेजना का वातावरण था, वह कम नहीं हुआ। कांग्रेस ने इस वर्ष अपना वार्षिक अधिवेशन अमृतसर में उस जगह, जहाँ जलियांवाला काण्ड हुआ था, करना तय किया और दिसम्बर के अन्तिम सप्ताह में पण्डित मोतीलाल नेहरू के सभापतित्व में कांग्रेस का यह अधिवेशन बड़ी शान से हुआ भी।

सन् 1920 की नागपुर कांग्रेस में गांधीजी के असहयोग कार्यक्रम को अन्तिम रूप दिया गया। असहयोग कार्यक्रम के अन्तर्गत गांधीजी ने जो बातें देश के सामने रखी थीं उनमें सरकारी खिताबों का त्याग, कौन्सिल-बहिष्कार, सरकारी शिक्षालयों से सम्बन्ध-विच्छेद, अदालतों का बहिष्कार आदि प्रमुख थीं।

उसके बाद क्रमश: सरकारी नौकरी छोड़ना तथा कर-बन्दी आदि के कार्यक्रम लागू किए गए। इसके साथ ही शिक्षा के लिए गैर-सरकारी राष्ट्रीय शिक्षालयों की स्थापना, आपसी झगड़ों के निपटारे के लिए पंचायतों की स्थापना, चर्खा-प्रचार और विदेशी वस्त्र बहिष्कार के कार्यक्रम अपनाए गए। असहयोग के इस समूचे कार्यक्रम में हिन्दू-मुस्लिम संगठन और अहिंसा पर सर्वाधिक जोर दिया गया।

एक ओर सारे देश में असहयोग का कार्यक्रम पूरे ज़ोर-शोर से चल पड़ा। राजेन्द्र बाबू के नेतृत्व में बिहार के असंख्य कार्यकर्ता स्वराज्य और असहयोग के संदेश को गाँव-गाँव पहुँचाने में जुट गए। सारे बिहार में थोड़े ही दिनों में एक अपूर्व जागृति की लहर दौड़ गई। एक ओर असहयोग का यह कार्यक्रम ज़ोर पकड़ रहा था और दूसरी ओर सरकार का दमन चक्र भी पूरी तेजी के साथ चल रहा था। यद्यपि कांग्रेस की ओर से कार्यकर्ताओं को स्पष्ट आदेश दिए गए थे कि आन्दोलन पूर्णत: शान्तिमय और अहिंसात्मक रहे, किन्तु इसके बावजूद जहाँ-तहाँ उत्तेजना को बढ़ाने में सरकार का ही प्रमुख हाथ रहता। राजेन्द्र बाबू ने बिहार में इन दिनों एक तूफानी दौरा किया और यत्र-तत्र सार्वजनिक सभाएँ कर उक्त आन्दोलन का सफल संचालन किया। गांधीजी भी इस बीच बिहार आए और बिहार के इस दौरे में उन्होंने खादी-प्रचार, शराबबन्दी तथा शिक्षा-प्रसार के कार्यक्रम को तेजी से लागू करने पर बल दिया।

जब देश में असहयोग का दौरा चल रहा था ब्रिटिश सरकार ने युवराज के भारत आगमन का कार्यक्रम घोषित कर दिया। नवम्बर के मध्य में युवराज बम्बई पहुँच भी गए। एक ओर सरकार की ओर से उनके स्वागत की तैयारियां की गई तो दूसरी ओर जनता की ओर से उनके बहिष्कार की। स्वागत तो सरकारी तौर पर हुआ ही, कुछ पारसियों ने भी इसमें भाग लिया, पर बहिष्कार जिसमें देश के हिन्दू और मुसलमान दोनों शामिल थे, बड़ा सफल रहा। इस बीच बम्बई में कुछ झगड़ा भी हुआ जिसने एक बलवे का रूप धारण कर लिया और जिसमें कोई 50-60 आदमी मारे गए और लगभग 300 से अधिक घायल भी हुए।

युवराज के भारत आगमन पर सारे देश में बड़ी खलबली मच गई। सरकार ने भी अपनी दमन नीति से काम लेने का निश्चय कर लिया था। और इसके परिणामस्वरूप चन्द दिनों के भीतर ही दिसम्बर में ही प्राय: देश के सभी भागों में कांग्रेस के बड़े-बड़े नेताओं को गिरफ्तार कर लिया गया। इनमें देशबन्धु दास, पण्डित मोतीलाल नेहरू और पं॰ जवाहरलाल नेहरू, लाला लाजपत राय, मौलाना आजाद, श्री राजगोपालाचार्य आदि प्रमुख थे। इनके अलावा प्रादेशिक स्तर के अन्य

हजारों नेता और कांग्रेस कार्यकर्ता भी गिरफ्तार किए गए। बिहार में भी गिरफ्तारियां हुईं। पटना में मौलवी खुरशैद हसनैन, बाबू जगत नारायण लाल और कृष्ण प्रकाश सेनसिंह गिरफ्तार हुए और स्थानों से मौलवी मुहम्मद शफी, बाबू श्रीकृष्णसिंह, बाबू विन्ध्येश्वरी वर्मा, बाबू राम नारायण सिंह इत्यादि गिरफ्तार कर जेल भेज दिए गए। राजेन्द्र बाबू यद्यपि अपनी गिरफ्तारी का इन्तजार कर रहे थे पर वे नहीं हुए और गिरफ्तारियां बन्द हो गईं।

इस बीच राजेन्द्र बाबू अपना अखिल भारतीय महत्त्व का स्थान तो बना ही चुके थे; चम्पारन में गांधीजी के साथ रहने व रैयतों को नीलवरों के अत्याचारों से मुक्ति दिलाने के अपने पुरजोश प्रयत्नों के कारण बिहार के गांधी बन चुके थे। इसी समय राजेन्द्र बाबू ने सन् 1918 में बिहार के प्रसिद्ध अंग्रेजी दैनिक 'सर्चलाइट' की स्थापना की, एक हिन्दी साप्ताहिक 'देश' का प्रकाशन किया तथा बिहार विद्यापीठ की स्थापना की। वे गया कांग्रेस अधिवेशन के स्वागतमन्त्री बने तथा गंगा की भयंकर बाढ़ में जो सहायता आदि कार्य किए उनके कारण अपनी लोकप्रियता का सिक्का जमा लिया था।

राजेन्द्र बाबू हिन्दी प्रेम के लिए प्रारम्भ से ही प्रसिद्ध थे अत: अखिल भारतीय हिन्दी साहित्य सम्मेलन ने 1924 में अपने कोकोनाडा अधिवेशन में उन्हें सभापति बनाया। इसके बाद भी वह सन् 1926 में बिहार प्रांतीय हिन्दी साहित्य सम्मेलन दरभंगा के तथा 1927 में संयुक्त प्रान्त (उत्तर प्रदेश) हिन्दी साहित्य सम्मेलन के कांगड़ी अधिवेशन के सभापति बने। सन् 1927 में राजेन्द्र बाबू ने श्रीलंका की यात्रा की और इसके बाद सन् 1928 में इंग्लैंड तथा यूरोप के अन्य देशों का एक व्यापक भ्रमण कर युद्ध के विरुद्ध शान्ति-प्रचार किया।

राजेन्द्र बाबू गांधीजी के अन्यतम शिष्यों में से प्रथम थे। वे गांधीजी के किसी कार्यक्रम अथवा आदेश का बिना नुक्ताचीनी अथवा तर्क-वितर्क के एक सैनिक की भांति अनुसरण करते थे और उसे मूर्त्त रूप देने में जी-जान से जुट जाते थे। राजेन्द्र बाबू की यह आस्था कोई अन्धानुकरण नहीं थी, अपितु अनेक बार के प्रयोगों के बाद वे इसी निष्कर्ष पर पहुँचे थे कि गांधीजी के अधिकांश निर्णय दूरगामी दृष्टिकोण से प्रेरित होते थे और अन्ततोगत्वा उनके निर्णयों का परिणाम कल्याणदायी ही होता था। उदाहरण के लिए सत्याग्रह के समय 'चौरी-चौरी' गाँव में जनता और पुलिस के बीच जो मुठभेड़ हुई और जिसमें जनता ने आवेश में आकर पुलिस थाने को जला दिया और कुछ पुलिस कर्मचारियों को भी मार डाला इससे गांधीजी को जो पीड़ा हुई, उसके परिणामस्वरूप उन्होंने सत्याग्रह

स्थगित करने की जो घोषणा की, उसे प्राय: कांग्रेस के उस काल के चोटी के नेताओं ने भी पसन्द नहीं किया था। बहुतों ने सत्याग्रह स्थगित किए जाने के गांधीजी के निर्णय का विरोध किया था, और इसके विरोध में गांधीजी को पत्र भी लिखे थे। राजेन्द्र बाबू यह निर्णय किए जाने के समय गांधीजी के पास ही थे। जब गांधीजी ने इस सम्बन्ध में राजेन्द्र बाबू की राय मांगी तो पहले तो राजेन्द्र बाबू चुप हो गए परन्तु जब गांधीजी ने सत्याग्रह स्थगित किए जाने का कारण और उसके कुछ दूरगामी परिणामों की जानकारी उन्हें दी तो राजेन्द्र बाबू ने दृढ़तापूर्वक गांधीजी के निर्णय का समर्थन किया।

सन् 1930 के नमक सत्याग्रह में राजेन्द्र बाबू ने बिहार में पण्डित जवाहरलाल जी का एक व्यापक दौरा करवाया। इसके बाद स्वयं भी नमक सत्याग्रह के लिए सारे बिहार में पुरजोश प्रयत्न कर आन्दोलन को सफल बनाया। नमक सत्याग्रह के अलावा मद्य निषेध और विदेशी वस्त्र-बहिष्कार के कार्यक्रम भी इस सत्याग्रह के अंग थे। इनके क्रियान्वयन में राजेन्द्र बाबू ने देश के अन्य भागों की भांति अपने प्रदेश में भी अभूतपूर्व सफलता प्राप्त की। इस सत्याग्रह में अपने अन्य साथियों के साथ राजेन्द्र बाबू भी सर्वप्रथम गिरफ्तार किए गए। बीहपुर के सत्याग्रह में तो पुलिस के एक जत्थे द्वारा, जो सत्याग्रहियों पर लाठी चार्ज करता आगे बढ़ रहा था, राजेन्द्र बाबू बुरी तरह पीटे गए जिससे वे घायल हो गए।

गांधीजी के गोलमेज कान्फ्रेंस, लन्दन से बम्बई वापस पहुँचने पर सरकार का दमन चक्र फिर तेजी से चल पड़ा। राजेन्द्र बाबू भी इस समय गांधीजी से मिलने बम्बई गए थे। बम्बई में गांधीजी के स्वागत की अभूतपूर्व तैयारी थी। जिन रास्तों से उनको निकलना था, वे रास्ते और उनके सब मकान जनसमूह से भरे हुए थे। पं॰ जवाहरलाल जी, जो गांधीजी से मिलने बम्बई आ रहे थे, प्रयाग स्टेशन से थोड़ी ही दूरी पर उतारकर गिरफ्तार कर लिए गए थे। अन्य प्रदेशों में भी जोर-शोर से गिरफ्तारियां शुरू हो गईं। राजेन्द्र बाबू बम्बई में गांधीजी से भेंट कर पटना लौटें और यहाँ पहुँचते ही कांग्रेस वर्किंग कमेटी की बैठक की।

बैठक सदाकत आश्रम में हो रही थी। बैठक समाप्त होने के कुछ देर बाद ही पुलिस सुपरिण्टेण्डेण्ट कई सशस्त्र सिपाहियों के साथ आ धमके और आश्रम को घेर लिया। उन्होंने राजेन्द्र बाबू और उनके साथियों को सरकारी विज्ञप्ति दिखाई और राजेन्द्र बाबू को उनके साथियों सहित गिरफ्तार कर लिया गया और बांकीपुर जेल ले जाया गया।

राजेन्द्र बाबू के गिरफ्तार होने से यद्यपि बिहार का आन्दोलन कुछ धीमा पड़ गया फिर भी कानून भंग का कार्यक्रम चलता ही रहा। सरकार की ओर से जुलूस और सभाओं आदि की मनाही थी, अतः कानून भंग की लोगों की प्रतिज्ञा और प्रवृत्ति के कारण जहाँ-तहाँ जुलूस निकलते और सभाओं का आयोजन किया जाता, परिणामस्वरूप लोगों पर लाठियां चलतीं और यत्र-तत्र गोलियां भी चलीं। सरकार का दमन चक्र ज्यों-ज्यों बढ़ा, आन्दोलन उतना ही गतिशील और प्रभावशाली होता गया। सभी कांग्रेस कमेटियों के मकानों पर सरकार ने कब्ज़ा कर लिया था, लोग उन पर धावा बोलते, सदाकत आश्रम पर भी रोज़ धावे होते रहे। यहाँ लगे यूनियन जैक को लोगों ने झुका दिया। सरकार के इस दमन में मुंगेर जिले के तारापुर और बेगुसराय में बहुत लोग पुलिस की गोलियों के शिकार हुए। एक विद्यार्थी ने गोली से घायल हो मरते वक्त ये शब्द कहे-"मैं स्वराज्य के लिए मर रहा हूँ, लोकमान्य तिलक के पास पहुँचकर संदेश कहूंगा।"

राजेन्द्र बाबू और उनके साथियों पर जेल में ही मुकदमा चलाया गया और छः-छः महीने की सजा दी गई। कुछ देर बाद बांकीपुर से हज़ारीबाग जेल में ले जाया गया जहाँ राजेन्द्र बाबू ने अपनी मियाद पूरी की। अपने छः माह के इस जीवन में राजेन्द्र बाबू चर्खा चलाते तथा रामायण, कुरान शरीफ, बौद्ध धर्म की पुस्तकें तथा बाइबिल आदि धर्म-ग्रन्थ पढ़ते रहे।

राजेन्द्र बाबू को जेल से छूटे छः महीने ही बीते थे कि पुनः जेलयात्रा करनी पड़ी। इस समय राजेन्द्र बाबू कांग्रेस के डिक्टेटर (सभापति) समझे जाते थे। इस बार की जेलयात्रा में राजेन्द्र बाबू के साथ आचार्य कृपलानी और राजेन्द्र बाबू के साथी बाबू मथुराप्रसादजी थे। इस बार राजेन्द्र बाबू को पन्द्रह महीने की, कृपलानीजी को अठारह महीने की और मथुरा बाबू को छः महीने की सज़ा हुई।

राजेन्द्र बाबू दमे के रोगी थे और जीवनपर्यन्त इस व्याधि से ग्रसित रहे। इस बार के उनके जेल-जीवन में यह व्याधि बढ़ गई और इसने एक सख्त बीमारी का रूप धारण कर लिया। दमे-खांसी के साथ दस्तों की शिकायत बढ़ गई। शरीर इतना निर्बल हो गया कि अनेक बार तो शरीरान्त तक की आशंका हो जाती। इस बार अपेक्षाकृत पहले के जेल से सख्ती भी थी। नियम कड़े कर दिए गए थे। सरकार की ओर से पटना अस्पताल में इलाज की व्यवस्था हुई और पुलिस के पहरे में इलाज होने लगा। कुछ दिनों बाद बड़ी मुश्किल से स्वास्थ्य में सुधार आरम्भ हुआ और स्वास्थ्य लाभ हो ही रहा था कि अचानक सरकार ने पुनः बांकीपुर जेल में वापस भेज दिया। बांकीपुर जेल

में आने पर कुछ दिनों बाद राजेन्द्र बाबू की बीमारी फिर बढ़ने लगी और एक दिन तो अचानक इतनी बढ़ गई कि प्राण संकट में पड़ गए। जेल सुपरिण्टेण्डेण्ट और सिविल सर्जन को फोन किया गया। उसने आकर दवा आदि दी। कुछ सुधार तो हुआ पर स्थायी नहीं, अतः सिविल सर्जन की राय के मुताबिक राजेन्द्र बाबू ने अपना मन्तव्य प्रकट करते हुए कहा कि इस प्रकार जेल से अस्पताल और अस्पताल से जेल आना-जाना मैं बर्दाश्त नहीं कर सकता, जो होना होगा यहीं होगा। स्मरण रहे, पटना अस्पताल से बिना पूर्ण स्वस्थ हुए ही सरकार ने उन्हें पुनः बांकीपुर जेल में भेज दिया था। अतः इस बार राजेन्द्र बाबू को सरकार की ओर से यह आश्वासन मिल गया कि जब तक उन्हें पूर्ण आराम न हो जाए और डाक्टर लोग राय न दे दें, उन्हें अस्पताल में ही रखा जाएगा। इस प्रकार बीमारी की भयंकर स्थिति में राजेन्द्र बाबू को पुनः अस्पताल भेजा गया। अस्पताल में इलाज प्रारम्भ हुआ और शनैः-शनैः स्वास्थ्य लाभ होने लगा। जैसा कि ऊपर कहा गया है, इस बार राजेन्द्र बाबू को पन्द्रह महीने की कैद थी, कोई एक बरस से ऊपर हो चुका था, डेढ़-दो महीने बाकी रह रहे थे, कुछ-कुछ कानाफूसी भी इस प्रकार की चली कि बीमारी की इस हालत में उन्हें सरकार रिहा कर देने की सोच रही है। राजेन्द्र बाबू को भी यह बात मालूम हुई। बीमारी की भयंकर स्थिति में राजेन्द्र बाबू के मन में जेल से रिहा होने की बात नहीं उठी थी और उस हालत में भी सरकार ने उनके पारिवारिकों और मित्रों आदि से मिलने में जो सख्ती बरती थी उसका ख्याल कर राजेन्द्र बाबू मन ही मन विचार करने लगे कि अब जब उन्हें स्वास्थ्य लाभ हो रहा है तब सरकार का यह मुफ्त का एहसान लेने का क्या फायदा। राजेन्द्र बाबू अभी यह विचार कर ही रहे थे कि अचानक उनकी चारपाई ज़ोरों से हिलने लगी, तत्क्षण ही उन्हें मालूम हो गया कि यह भूकम्प है। राजेन्द्र बाबू तत्काल अपनी चारपाई से उठे और बाहर मैदान में जाकर खड़े हो गए। बाहर भी धरती इतनी ज़ोर से डोल रही थी कि आदमी का स्थिर रहना कठिन था। आवाज़ भी इतने ज़ोर की और भयानक थी कि जान पड़ता जमीन के नीचे एक साथ कई रेलगाडियां दौड़ रही हैं। राजेन्द्र बाबू के पास अब तक अस्पताल के कुछ अन्य मरीज़ भी आकर खड़े हो चुके थे। मैदान में चरते पशु भी भूकम्प की आवाज़ों और ज़मीन के हिलने के कारण शरणागत भाव से पूंछ उठा-उठा दौड़कर इन लोगों के पास आकर खड़े हो गए, पर ज़मीन तो अभी हिल ही रही थी और आवाज़ें भी वही हो रही थीं अतः उक्त पशु इस प्राकृतिक प्रकोप से इस तरह यहाँ से वहाँ और वहाँ

से यहाँ पूंछ उठा-उठाकर दौड़ते-भागते थे कि वह दृश्य देखते ही बनता। इसी बीच नर्सों के रहने का एक दुमंज़िला मकान धड़ाम से गिरा तथा अस्पताल के कुछ हिस्से भी इस भूकम्प के कारण धराशायी हो गए। लगभग साढ़े चार मिनट तक भूकम्प जारी रहा। इसके बाद रात में भी दो बार फिर भूकम्प आया, उसी प्रकार ज़ोर का।

इस भूकम्प ने न केवल पटना, बिहार के एक विस्तृत क्षेत्र में विप्लव की स्थिति ला दी थी। राजेन्द्र बाबू को सरकार ने रिहा कर दिया और उनके ऊपर से सारी पाबन्दियां हटा लीं। किन्तु अस्वस्थता के कारण राजेन्द्र बाबू लगभग दस दिन तक और अस्पताल में ही रहे।

राजेन्द्र बाबू को अस्पताल में ही जो समाचार मालूम हुए उनसे यह उन्हें भली-भांति ज्ञात हो गया कि भूकम्प के इस प्रकोप से बिहार में जन-धन की अपार क्षति हुई है। राजेन्द्र बाबू, जो यद्यपि शारीरिक दृष्टि से अशक्त थे, मानवता की इस व्यथा से बुरी तरह व्यथित हो गए और इस अकस्मात् आ पड़ी विपत्ति के समय अपनी सेवाएं अर्पित करने को तड़प उठे। उन्होंने तत्काल अस्पताल से ही अपने मित्रों के सहयोग से भूकम्प-पीड़ितों की सहायतार्थ कार्यारम्भ किया, जिसे प्रदेश और देश का व्यापक समर्थन मिला। कुछ समय बाद जब वे कुछ स्वास्थ्य लाभ कर अस्पताल से लौटे, भूकम्प पीड़ित सारे क्षेत्र का दौरा किया और पीड़ितों को सहायता और सांत्वना दी। उन्होंने अपने अधीन 'बिहार सेण्ट्रल रिलीफ कमेटी' की स्थापना की जिसके जरिये धन-संग्रह तथा उसके सदुपयोग की एक व्यापक योजना बनाई गई। इस अवसर पर सरकार ने भी धन-संग्रह के लिए एक अपील निकाली, किन्तु राजेन्द्र बाबू की कमेटी ने व्यवस्थित और व्यापक स्तर पर इस समय पीड़ितों की जो सेवा और सहायता की वह उनके सार्वजनिक जीवन की एक बेजोड़ कहानी बन गई। इस अवसर पर महात्मा गांधी, सेठ जमनालाल बजाज, पंडित जवाहरलाल नेहरू तथा आचार्य कृपलानी आदि अनेक नेताओं ने भी बिहार आकर भूकम्प क्षेत्र का निरीक्षण किया और सहायतार्थ-कार्य को आगे बढ़ाया।

बिहार सदा से ही देश का एक गरीब प्रदेश माना जाता रहा है। इस गरीबी के साथ प्राय: जब-तब बाढ़ और भूकम्प आदि के प्राकृतिक प्रकोप भी होते रहे हैं। किन्तु 1934 के इस प्रलयकारी भूकम्प ने तो मानो बिहार के आर्थिक और सामाजिक ढांचे को तहस-नहस ही कर डाला। इसका असर सारे देश पर पड़ा और बिहार तो इस बुरी तरह बर्बाद हुआ कि इसे पनपने में वर्षों लग गए।

1934 में कांग्रेस का वार्षिक अधिवेशन बम्बई में होने वाला था। राजेन्द्र बाबू ही इसके अध्यक्ष चुने गए थे। इस बीच राजेन्द्र बाबू के भाई महेन्द्र प्रसाद जी का देहावसान हो चुका था जिसके कारण राजेन्द्र बाबू बहुत दुखी थे और उनके ऊपर सीधे पारिवारिक ज़िम्मेदारी भी आ पड़ी थी। इस ज़िम्मेदारी में सबसे चिन्तनीय स्थिति राजेन्द्र बाबू की आर्थिक स्थिति बिगड़ गई थी और परिवार पर कर्ज़ हो गया था। यद्यपि भाई के रहते वे इस स्थिति से बेखबर ही रहे, यह कर्ज़भार भी सीधा उनके ऊपर आ पड़ा। इस सब स्थिति से राजेन्द्र बाबू बहुत परेशान थे और इन दिनों केवल एक ही चिन्ता सता रही थी कि किसी तरह साहूकारों के कर्ज़ से मुक्ति मिल जाएँ कर्ज़ इतना अधिक था कि यदि अपनी सारी ज़मींदारी भी उस कर्ज़ के बदले में वे साहूकारों को दे दें तो भी पूरा कर्ज़ पट जाना सम्भव नहीं दीखता था। यद्यपि वे चाहते यही थे कि यदि सारी जायदाद देने पर भी कर्ज़ से मुक्ति मिल सकती हो तो वह उन्हें हितकर और स्वीकार्य था। राजेन्द्र बाबू ने अपने साहूकारों से यह प्रस्ताव किया भी, किन्तु राजेन्द्र बाबू के परिवार की, उनके बड़े भाई की तथा उनका स्वयं का व्यक्तित्व और प्रतिष्ठा ऐसी थी कि साहूकार लोग पूरी जायदाद लेकर कर्ज़ वसूल करना अनुचित समझते थे और एक ऐसे मार्ग की तलाश में थे जिसमें उनका रुपया भी वसूल हो जाए और राजेन्द्र बाबू के साथ भी अन्याय न हो।

राजेन्द्र बाबू अपनी इन पारिवारिक परेशानियों के कारण कांग्रेस-अध्यक्षता का भार उठाने में कुछ आगा-पीछा कर रहे थे कि गांधीजी ने महादेव देसाई से एक पत्र लिखवाया कि बिहार के भूकम्प के समय उन्होंने जो सेवाएं की हैं उनका सारे देश पर बहुत असर पड़ा है और उनकी इस सेवा के काम से सन्तुष्ट होकर कांग्रेस और देश की जनता उन्हें सभापति बनाकर अपना आदर, विश्वास और सम्मान व्यक्त करना चाहती है, अतः उन्हें यह भार उठाना ही चाहिए। कर्ज़ के सम्बन्ध में भी कोई मार्ग खोजने की बात राजेन्द्र बाबू को गांधीजी ने लिखवाई। अन्ततोगत्वा गांधीजी की आज्ञानुसार राजेन्द्र बाबू ने कांग्रेस अध्यक्ष होना स्वीकार कर लिया।

राजेन्द्र बाबू का पारिवारिक जीवन बड़ा ही मर्यादित और पारिवारिक-जीवन की परम्परा के अनुसार प्रथम पंक्ति का जीवन रहा है। क्या स्त्री और क्या पुरुष, क्या बच्चे और क्या बूढ़े, सभी पारिवारिक जीवन के उच्चादर्श और मान्यताओं में बंधे रहे हैं। इसका श्रेय राजेन्द्र बाबू के दादा चौधुरलाल जी, राजेन्द्र बाबू के पिता महादेव सहाय जी, भाई महेन्द्र प्रसादजी, स्वयं राजेन्द्र बाबू,

परिवार की महिलाओं और राजेन्द्र बाबू के लड़कों को है। अच्छे और बुरे सभी दिन राजेन्द्र बाबू के परिवार को देखने पड़े, पर पारिवारिक मर्यादाओं का उल्लंघन परिवार के किसी भी बड़े-बूढ़े, स्त्री, पुरुष अथवा बच्चे ने भी कभी नहीं किया। यही परम्परा जारी रही और इस परम्परा के कारण ही राजेन्द्र बाबू कर्ज़भार से मुक्त होने में समर्थ हुए और अपनी प्रतिष्ठा को अक्षुण्ण रख सके।

आखिर अक्तूबर 1934 में कांग्रेस का बम्बई अधिवेशन हुआ। इस अधिवेशन के सभापति के रूप में बम्बई की जनता ने राजेन्द्र बाबू का अभूतपूर्व स्वागत किया। एक चार घोड़ी की गाड़ी पर सभापति का जुलूस निकाला गया, जो लगभग तीन घण्टे तक शहर के विभिन्न प्रमुख मार्गों से घूमकर कांग्रेस नगर में जाकर समाप्त हुआ। इस अवसर पर शहर खूब सजाया गया था और अपार जन-समूह, जो मार्गों के दोनों ओर तथा मकानों और ऊंची-ऊंची अट्टालिकाओं से सभापति के प्रति अपनी श्रद्धा ओर सम्मान व्यक्त कर रहा था, राजेन्द्र बाबू के व्यक्तित्व के साथ ही उस काल की जन-जागृति का प्रतीक बन गया था।

अधिवेशन बहुत सफल रहा। इस अधिवेशन में एक विशेष बात यह हुई कि गांधीजी ने अधिवेशन के कुछ समय पूर्व जो एक वक्तव्य दिया था कि वे कांग्रेस से अलग हो जाएँगे और उसकी जो सेवा-सहायता वे कर सकते हैं, अलग रहकर करेंगे, गांधीजी का कांग्रेस से पृथक् होने का यह प्रश्न सारे अधिवेशन में चिन्ता और चर्चा का विषय बना रहा। सारे देश में गांधीजी के कांग्रेस से अलग होने के इस विचार से खलबली मची हुई थी। एक ओर कुछ लोग उनके निर्णय के इसलिए पक्ष में थे कि उनके कांग्रेस से हट जाने पर जो कांग्रेस के दूसरे नेता हैं उन्हें राष्ट्रीय समस्याओं के बारे में सोचने, समझने और स्वयं निर्णय करने का अवसर मिलेगा और उनकी क्षमता बढ़ेगी। चूंकि, गांधीजी के रहते लोग उनकी सूझ-बूझ, दूरदर्शिता और समस्याओं के समाधान के लिए उन्हें एकमात्र अवलम्ब के रूप में देखने के अभ्यस्त हो चुके थे अत: उनका कांग्रेस से हटना कांग्रेस और देशहित दोनों ही दृष्टियों से लाभदायी होगा। फिर आवश्यकता पड़ने पर अपने पथ--प्रदर्शन, सहयोग और सहायता का आश्वासन गांधीजी दे चुके थे, इससे उनका कांग्रेस से अलग होने पर भी अभाव नहीं खटकेगा। इन विचारों के विपरीत ऐसे लोगों की संख्या भी कम नहीं थी जो गांधीजी को पूर्ववत् कांग्रेस से सम्बन्ध बनाए रखने के लिए उनपर दबाव डालते रहे और उनके अलग होने का निर्णय कांग्रेस और

देश के हित के लिए अनिष्टकर मानते थे। ऐसे लोगों का विचार था कि गांधीजी ने रुष्ट होकर ही यह निर्णय लिया है। इस पक्ष-विपक्ष की चर्चा और दबाव के बावजूद गांधीजी अपने निर्णय पर अडिग रहे और राजेन्द्र बाबू ने, जो गांधीजी की विचारधारा से भली-भांति परिचित थे, गांधीजी के उक्त निर्णय का इसी विचार से समर्थन भी किया कि गांधीजी के कांग्रेस से अलग होने से, ऐसी हालत में जबकि वे पूर्ववत् सहायता का वचन भी दे रहे हैं, कांग्रेस और देश को लाभ मिलेगा, शक्ति बढ़ेगी। ऐसा ही हुआ भी। राजेन्द्र बाबू ने अपने सभापतित्व-काल में गांधीजी को कांग्रेस के प्रतिदिन के काम से प्रायः मुक्त कर दिया और वर्किंग कमेटी तथा अखिल भारतीय कमेटी की बैठकों में भी आने का उन्हें कष्ट नहीं दिया। जब-जब किसी बात पर गांधीजी की सलाह और सहायता की आवश्यकता हुई राजेन्द्र बाबू ने वर्धा जाकर उनसे राय-सलाह ली और सदा की भांति गांधीजी ने भी अपनी राय-सलाह द्वारा उन्हें लाभान्वित किया।

उल्लेखनीय है कि कांग्रेस अध्यक्ष होने के बाद हिन्दू-मुस्लिम साम्प्रदायिक समस्या पर दिल्ली में मुस्लिम लीग और कांग्रेस के बीच समझौते के लिए श्री जिन्ना से राजेन्द्र बाबू की बातचीत आरम्भ हुई। यद्यपि यह बातचीत काफी समय तक चली और अन्ततोगत्वा असफल हुई, किन्तु उस काल के अग्रगण्य नेताओं में राजेन्द्र बाबू ही ऐसे व्यक्ति थे जिनसे श्री जिन्ना ने बातचीत करना पसन्द किया।

राजेन्द्र बाबू ने अपने सभापतित्व के इस काल में समूचे देश का एक व्यापक दौरा किया, जो अब तक किसी पूर्व सभापति ने नहीं किया था। राजेन्द्र बाबू द्वारा कायम की गई इस परम्परा को पं॰ जवाहरलाल नेहरू ने, जो राजेन्द्र बाबू के बाद दूसरी बार कांग्रेस के सभापति चुने गए, कायम ही नहीं रखा, अपनी शक्ति और कार्यक्षमता से इसे और भी आगे बढ़ाया।

राजेन्द्र बाबू के सभापतित्व काल में ही कांग्रेस की स्वर्ण जयन्ती मनाई गई। जयन्ती यद्यपि देश-भर में मनाई गई पर प्रधान आयोजन बम्बई में हुआ। बम्बई में यह आयोजन उस स्थल पर किया गया जहाँ कांग्रेस का पहला अधिवेशन सन् 1885 के दिसम्बर में हुआ था। उस समय बम्बई के सर दिनसा वाचा, जिन्होंने कांग्रेस के इस प्रथम अधिवेशन में भाग लिया था। और बाद में जो स्वयं कांग्रेस के सभापति भी बने, जीवित थे। राजेन्द्र बाबू ने सर्वप्रथम सर दिनसा के, जो उस समय बीमार थे, उनकी बेहोशी की हालत में ही दर्शन

किये। बम्बई में और देश में सर्वत्र ही कांग्रेस की यह स्वर्ण जयन्ती बड़ी धूमधाम और उत्साह के साथ मनाई गई। इसी वर्ष ब्रिटिश बादशाह जार्ज पंचम के भी शासन के पच्चीस वर्ष पूरे हुए थे और उसके लिए अंग्रेज सरकार की ओर से रजत जयन्ती मनाई गई थी, अतः कांग्रेस और देशवासियों के दिल में एक स्पर्द्धा की भावना भी थी कि राष्ट्रीय महासभा की स्वर्ण जयन्ती अपेक्षाकृत अंग्रेज सरकार की रजत जयन्ती के खूब शान-शौकत से मनाई जाएँ स्पर्द्धा की इसी भावना के कारण देश ने कांग्रेस की स्वर्ण जयन्ती बड़ी धूम-धाम से मनाकर एक बार फिर अंग्रेज सरकार को यह साबित कर दिया कि देश में जनता का प्रेम और श्रद्धा कांग्रेस के साथ है।

दो साल बाद सन् 1936 में कांग्रेस का लखनऊ अधिवेशन हुआ जिसके सभापति पं० जवाहरलाल ज़ी चुने गए। अनेक दृष्टियों से लखनऊ कांग्रेस बहुत महत्त्वपूर्ण रही। देश में कांग्रेस के भीतर ही समाजवादी पार्टी का जन्म हो गया था। जवाहरलाल जी की भी सहानुभूति समाजवादी पार्टी को प्राप्त थी। लखनऊ कांग्रेस के पूर्व दिल्ली में कांग्रेस वर्किंग कमेटी की बैठक हुई थी जिसमें अनेक बातों में राजेन्द्र बाबू और जवाहरलाल जी का मतभेद हो गया था। पंडितजी के साथ अपने मतभेद का जिक्र करते हुए स्वयं राजेन्द्र बाबू ने अपनी आत्मकथा में लिखा है–

> ''दिल्ली की बैठक में हमने देखा कि कई विषयों पर उनका और मेरा मतभेद है। यह मतभेद कार्यक्रम के सम्बन्ध में उतना नहीं होता जितना दृष्टिकोण के सम्बन्ध में। हम दोनों यदि किसी कार्यक्रम के सम्बन्ध में एक राय भी रखते तो उस नतीजे पर हम दो रास्तों से पहुँचे होते। यदि एक ही बात को कहना भी चाहते तो उसे दो प्रकार की भाषा में कहते। यदि एक ही रास्ते पर चलना भी चाहते तो दो प्रकार की सवारियों पर चलना चाहते। यदि एक ही प्रस्ताव करना चाहते तो उसकी अलग-अलग भूमिका बनाते।''

लखनऊ कांग्रेस के समय अनेक राष्ट्रीय और अन्तर्राष्ट्रीय समस्याएं उपस्थित हुईं। इनमें कांग्रेस के कौंसिल प्रवेश का एक महत्त्वपूर्ण प्रश्न उठा। कुछ लोग कौंसिल प्रवेश के पक्ष में थे, कुछ इसके विपक्ष में। यदि कांग्रेस सुधार सम्बन्धी ब्रिटिश कानून के अनुसार कौंसिल में न जाए तो प्रश्न यह उठता था कि क्या वह दूसरों को भी चुनाव में भाग लेने अथवा कौंसिल में जाने से रोकेगी? अथवा किसी दूसरे प्रश्न से अड़ंगा नीति अपनाकर उस विधान को बेकार करेगी? दूसरा

प्रहत्त्वपूर्ण प्रश्न जो उठा वह था लड़ाई के समय ब्रिटिश सरकार की सहायता करना अथवा उसके विरुद्ध अपना मत प्रदर्शित करना। स्मरण रहे, इस अवसर पर यूरोप में युद्ध का वातावरण पैदा हो गया था और इटली ने अबीसीनिया पर चढ़ाई करके उसे हड़पने का प्रयत्न आरम्भ कर दिया था। इंग्लैंड की सहानुभूति अबीसीनिया के साथ थी और उसने इटली की आर्थिक नाकेबन्दी करना आरम्भ कर दिया था। युद्ध के इस वातावरण में कांग्रेस में इन विचारों में काफी मतभेद था। यह मतभेद स्पष्टतया किसी बात के पक्ष-विपक्ष में न होकर अनेक बातों में दृष्टिकोण के सम्बन्ध में होता। राजेन्द्र बाबू का और जवाहरलाल जी का भी उक्त बातों में कुछ इसी प्रकार का मतभेद था, जो आगे भी रहा, किन्तु यह मतभेद ऐसा नहीं था जिसके कारण साथ काम करना सम्भव न हो। जवाहरलाल जी और अपने मतभेद का उल्लेख करते हुए राजेन्द्र बाबू ने अपनी आत्मकथा में लिखा है–

''जो हो, पं॰ जवाहरलाल जी की राय हमारी राय से नहीं मिलती थी। पर अन्तर्राष्ट्रीय विषयों में हम मानते थे कि वह हमसे कहीं अधिक जानकारी रखते हैं और उनके विचारों की हम बहुत कद्र करते थे। इसी लिए उनकी ही बात मान लेते।···

''हम लोग जवाहरलाल जी की कार्यदक्षता, त्याग, परिश्रम और विचार-गाम्भीर्य के कायल थे, जिनसे अलग होना हम हरगिज़ किसी तरह पसन्द नहीं करते थे। वह भी समझते थे कि सूबों में काम करने वालों और असर रखने वालों में शायद हम लोग ज़्यादा ज़बरदस्त थे, इसलिए वह भी हमको अलग करना या हमसे अलग होना नहीं चाहते थे। बात यह थी कि दोनों पक्ष परस्पर पूरा सम्मान का भाव रखते थे और जानते थे कि देश के लिए आपस की जुदाई हितकर नहीं होगी। शायद हम यह भी जानते और समझते थे कि हम एक-दूसरे की त्रुटियों को पूरा करते थे। हम यह भी समझते थे कि चाहे हममें कितना भी मतभेद हो, देश यह नहीं बर्दाश्त करेगा कि हम एक-दूसरे से अलग हो जाएँ।''

आगे राजेन्द्र बाबू ने जवाहरलाल जी और गांधीजी के बीच मतभेद का जिक्र करते हुए जो विचार व्यक्त किये हैं उनका उल्लेख भी यहाँ अप्रासंगिक न होगा। वे लिखते हैं–

''···बहुत-सी बातों में गांधीजी से मतभेद होने पर भी वह (जवाहरलाल जी) उनके नेतृत्व के महत्त्व को जानते और मानते थे, उसे किसी तरह कमज़ोर करना नहीं चाहते थे। यह बात दूसरों में नहीं थी। यही कारण था

कि मतभेद होते हुए भी हम जवाहरलाल जी के साथ काम कर सकते थे और दूसरों के साथ चलना कठिन हो जाता था···।''

लखनऊ कांग्रेस के समाप्त होते ही राजेन्द्र बाबू अखिल भारतीय हिन्दी साहित्य सम्मेलन की, जो नागपुर में हो रहा था, अध्यक्षता करने रवाना हो गए। अखिल भारतीय हिन्दी साहित्य सम्मेलन के सभापति पद के लिए राजेन्द्र बाबू का यह निर्वाचन दूसरी बार हुआ था। नागपुर के इस सम्मेलन में राजेन्द्र बाबू ने हिन्दी के प्रचार और विकास के लिए एक महत्त्वपूर्ण प्रेरक भाषण दिया। अपने इस भाषण में उन्होंने कहा कि हिन्दी को विदेशी शब्द ग्रहण करने में हिचकना नहीं चाहिए, भले ही ये शब्द फारसी, अरबी अथवा अंग्रेजी के हों, जो हिन्दी में आए वह उन्हें आत्मसात् कर लें; यानी उन्हें हिन्दी बन जाना चाहिए। राजेन्द्र बाबू का मत था कि ऐसे शब्द हिन्दी में आकर अपने साथ अरबी-फारसी या अंग्रेजी का व्याकरण न लाएँ बल्कि हिन्दी के व्याकरण के अधीन हो जाएँ। उनका मत रहा कि हिन्दी को राष्ट्रभाषा बनते-बनते बहुतेरे ग्रामीण शब्दों को भी ग्रहण करना होगा और जो देश की प्रान्तीय भाषाएं हैं उनकी शब्दावली के भी बहुतेरे शब्द लेने होंगे। राजेन्द्र बाबू का यह मत आज भी अपना स्थान रखता है और भाषा-समस्या के हल के लिए हमारा पथ-प्रदर्शन करता है।

नागपुर सम्मेलन के बाद सम्मेलन ने राष्ट्रभाषा प्रचार समिति की स्थापना की जिसके सभापति राजेन्द्र बाबू चुने गए। राजेन्द्र बाबू के सभापतित्व में और महात्मा गांधी के नीति-निर्देशन में राष्ट्रभाषा प्रचार समिति ने एक ओर राष्ट्र-भाषा के प्रचार तो दूसरी ओर हिन्दी साहित्य की श्रीवृद्धि के लिए उस काल में बड़ा उपयोगी कार्य किया।

कांग्रेस के शीर्षस्थ नेताओं में राजेन्द्र बाबू अब प्रथम पंक्ति के नेता माने जाने लगे थे, फिर गांधीजी के अत्यन्त निकटतम साथियों और अनुयायियों में तो प्रथम कोटि के। अत: कांग्रेस के और देश के ऐसे किसी भी मसले से जिसका राष्ट्रीय महत्त्व हो, राजेन्द्र बाबू का निर्णायक सम्बन्ध रहता। सन् 1939 की बड़ी कशमकश और उग्र वातावरण में त्रिपुरी कांग्रेस हुई। सुभाष बाबू अपने प्रतिद्वन्द्वी डा० पट्टाभि सीतारमैया को पराजित कर सभापति चुने गए। अनेक बातों में सुभाष बाबू के साथ बहुमत न होने से विवश हो उन्हें कांग्रेस अध्यक्ष-पद से त्यागपत्र देना पड़ा। सुभाष बाबू के सभापति पद से हटने के बाद गांधीजी की आज्ञानुसार राजेन्द्र बाबू ने इस पद-भार को संभालने की स्वीकृति दी और अखिल भारतीय कांग्रेस कमेटी ने उन्हें एकमत से सभापति चुन लिया।

राजेन्द्र बाबू के सभापति चुने जाने के बाद उनके सभापतित्व-काल में जो एक महान घटना घटी और जिससे कांग्रेस, राजेन्द्र बाबू और सुभाष बाबू तीनों की प्रतिष्ठा का सम्बन्ध है, उसका यहाँ उल्लेख करना अनावश्यक न होगा।

जैसा कि ऊपर कहा जा चुका है, त्रिपुरी कांग्रेस से ही कांग्रेस वर्किंग कमेटी में मतभेद काफी बढ़ गया था और अन्ततः उसका परिणाम सुभाष बाबू का पदत्याग हुआ। इस मतभेद का इतिहास यहीं खत्म नहीं हुआ, बल्कि आगे भी बढ़ा। अखिल भारतीय कांग्रेस कमेटी ने अपने एक निर्णय द्वारा समस्त कांग्रेस जनों को निर्देश दिया था कि कोई भी कांग्रेस जन किसी ऐसे क्रियात्मक कार्य में भाग न ले जिससे कांग्रेस तथा मन्त्रिमण्डलों की प्रतिष्ठा को ठेस लगे। श्री सुभाषचन्द्र बोस ने कमेटी के इस निर्णय के विरुद्ध सारे देश में जबर्दस्त प्रदर्शन करने का आह्वान किया। यद्यपि कमेटी का उक्त निर्णय बहुत बड़े बहुमत से हुआ, किन्तु सुभाष बाबू उस निर्णय की अवहेलना करने पर तुल गए। सुभाष बाबू की उक्त घोषणा जब राजेन्द्र बाबू ने समस्त पत्रों में पढ़ी तो कांग्रेस के सभापति की हैसियत से श्री सुभाष बाबू को उन्होंने तार देकर अपना वक्तव्य और मन्तव्य वापस लेने के लिए कहा। सुभाष बाबू ने अपना मन्तव्य बदलने से इन्कार कर दिया। अब इस प्रश्न ने गम्भीर रूप धारण कर लिया। एक ओर कांग्रेस संस्था का हित, मर्यादा और प्रतिष्ठा, दूसरी ओर सुभाष बाबू जैसा महान् व्यक्तित्व, जिनकी देशसेवा, निर्भीकता और त्याग के सभी कायल थे और तीसरी ओर राजेन्द्र बाबू स्वयं के दिल में उनके लिए प्रेम। ऐसे मामलों में सामान्य कांग्रेस जन पर साधारणतया अनुशासन की कार्यवाही करने का निर्णय किया जाता है, यही बात सुभाष बाबू पर भी लागू होती थी, किन्तु सुभाष बाबू का जैसी प्रभावी और त्यागपूर्ण व्यक्तित्व था उस कारण उनपर अनुशासन की कार्यवाही किए जाने की बात सभी को खटकती थी। इस त्रिकोण संघर्ष में कांग्रेस सभापति की हैसियत से राजेन्द्र बाबू और उनके अन्य साथी पड़े हुए थे। सुभाष बाबू की उक्त कार्यवाही से एकबारगी यह प्रश्न उठ खड़ा हुआ कि क्या कांग्रेस के सारे संगठन को इस प्रकास से क्षति पहुँचाने देना उचित है? और क्या अपनी व्यक्तिगत भावनाओं के कारण कांग्रेस जैसी सार्वजनिक और सार्वदेशिक संस्था की प्रतिष्ठा पर चोट करने वाले पर अनुशासन की कार्यवाही न की जाए? अन्ततोगत्वा निर्णय लिया गया और सभी ने अपनी व्यक्तिगत भावनाओं को दबाकर कर्तव्य भाव से प्रेरित हो संस्था के हित की दृष्टि से बड़े दुःख के साथ सुभाष बाबू पर अनुशासन की कार्यवाही करने का निर्णय किया और उन्हें एक अवधि के लिए कमेटी से निलंबित कर दिया। इस निर्णय में कांग्रेस सभापति की हैसियत से राजेन्द्र बाबू का प्रमुख हाथ रहा।

यूरोप का द्वितीय महायुद्ध प्रारम्भ होते ही एक बार फिर कांग्रेस के सामने यह प्रश्न उपस्थित हुआ कि युद्ध की इस स्थिति में कांग्रेस का रुख क्या होगा। पं॰ जवाहरलाल नेहरू इस समय चीन गए हुए थे। गांधीजी वायसराय से मिले और बाद में कांग्रेस वर्किंग कमेटी की बैठक वर्धा में बुलाई गई जो कई दिनों तक चली। राजेन्द्र बाबू बीमार थे। गांधीजी ने महादेवभाई देसाई को भेजा और जिस तरह भी हो राजेन्द्र बाबू को वर्धा लाने के लिए कहा। राजेन्द्र बाबू वर्धा पहुँचे। इसी बीच जवाहरलाल जी भी आ गए। गांधीजी ने वायसराय से मुलाकात के बाद एक वक्तव्य दिया जिसमें उन्होंने इस युद्ध में इंग्लैंड के साथ अपनी सहानुभूति प्रदर्शित कर बिना किसी शर्त इंग्लैंड की सहायता करने की बात कही। गांधीजी का यही वक्तव्य वर्किंग कमेटी के विचार का एक विशेष मुद्दा बन गया। प्रश्न उठा, यह सहायता किस प्रकार की होगी? एक हिंसात्मक युद्ध में एक अहिंसात्मक संस्था किस प्रकार सहायता करेगी? बहुत विचार-विनिमय के बाद कमेटी ने एक प्रस्ताव बहुत ही संयत, सुन्दर और भावपूर्ण भाषा में, जिसका मसौदा पं॰ जवाहरलाल नेहरू ने तैयार किया था, पास किया जिसमें कहा गया कि यदि ब्रिटिश सरकार युद्ध-सम्बन्धी अपने उद्देश्यों को स्पष्ट कर दे तो कांग्रेस युद्ध के इस अवसर पर हर प्रकार से इंग्लैंड की सहायता करेगी। इस प्रस्ताव के बाद कांग्रेस अध्यक्ष की हैसियत से राजेन्द्र बाबू गांधीजी, जवाहरलाल जी और श्री जिन्ना के साथ उस समय के वायसराय लार्ड लिनलिथगो से मिले भी। इस समय सन् 1935 में निर्मित एक विधान के अनुसार देश के सभी प्रांतों में मन्त्रिमण्डल काम कर रहे थे, इनमें ग्यारह में से आठ प्रदेशों में कांग्रेसी मन्त्रिमण्डल थे। यद्यपि कांग्रेस वर्किंग कमेटी ने उक्त स्पष्टीकरण के साथ युद्ध में अंग्रेजों की सहायता करने का निर्णय किया था किन्तु अंग्रेजों ने बिना उक्त स्पष्टीकरण दिए और बिना कांग्रेस के प्रांतीय मन्त्रिमण्डलों और देश की अन्य किसी भी संस्था और व्यक्ति से बिना पूछे ही हिन्दुस्तान को भी इस लड़ाई की लपटों में ले लिया। और इस प्रकार हिन्दुस्तान एक युद्धक्षेत्र बनता जा रहा था। कांग्रेस की मांग थी कि ब्रिटिश साम्राज्य परिवर्तित होकर एक सच्चे प्रजातन्त्र का रूप धारण कर ले और भारत तथा उन सभी देशों में प्रजातन्त्र की स्थापना कर दे जो ब्रिटिश साम्राज्य के पंजे में फंसे हैं। अंग्रेज कांग्रेस की इस मांग से इन्कार नहीं करते थे, वरन् उसका समर्थन भी करते थे, किन्तु उनका तर्क था कि भारत तथा दूसरे देश, जो उनके अधिकार में हैं, अभी इस योग्य नहीं हैं कि उन्हें स्वतन्त्रता दी जा सके। और अंग्रेज़ उनकी इस अयोग्यता के कारण अपना यह कर्तव्य समझते थे कि यह योग्यता आने तक शासन का भार अपने ऊपर रखें।

भारतवासी और विशेषकर कांग्रेस अंग्रेज़ों की इस बात से सहमत नहीं थी, अतः उसने ब्रिटिश सरकार से स्पष्ट शब्दों में लड़ाई के उद्देश्य के साथ ही भारत की स्वतन्त्रता के सम्बन्ध में एक निश्चित और स्पष्ट योजना की मांग की जिसके अनुसार भारत को स्वतन्त्रता दी जा सके। अंग्रेज़ों की बहुत समय से चल रही इस चाल और बहानेबाज़ी का भण्डाफोड़ एक प्रकार से कांग्रेस की इस मांग से हो गया।

सन् 1939 से नवम्बर 1942 तक ब्रिटिश सरकार की ओर से कांग्रेस को इस प्रश्न का कोई संतोषजनक उत्तर नहीं मिला। अंग्रेज़ों का तो मकसद ब्रिटिश साम्राज्य को अक्षुण्ण बनाए रखना था, अतः कांग्रेस की इस मांग को वह क्योंकर पूरा करते? अन्ततोगत्वा कांग्रेस ने निश्चय लिया कि ऐसी हालत में जबकि उसकी मर्ज़ी के विरुद्ध बिना किसी आश्वासन के सरकार देश को ज़बर्दस्ती युद्ध में होम रही है, वह प्रदेशों में काम कर रहे अपने मन्त्रिमण्डलों को वापस बुला ले। अतः कांग्रेसी मन्त्रिमण्डलों ने कांग्रेस के इस निर्णय के अनुसार त्यागपत्र दे दिए।

उधर युद्ध में जर्मनी एक पर एक देश हड़पता हुआ एक प्रभावी ढंग से चारों ओर अपना आतंक बढ़ा रहा था। इसी बीच जापान भी युद्ध में कूद पड़ा। ब्रिटेन यद्यपि युद्ध का बहादुरी से मुकाबला कर रहा था, किन्तु हालत दिन-ब-दिन बदतर होती जा रही थी।

गांधीजी ने इंग्लैंड की सहायता की जो बात कही थी वह नैतिक रूप में ही, क्रियात्मक नहीं। क्रियात्मक रूप से कुछ करना कांग्रेस के अपने अहिंसात्मक ध्येय के विपरीत था। यद्यपि कुछ लोग अहिंसा के सिद्धांत को सीमित और मर्यादित कर ब्रिटिश सरकार की सहायता करने के पक्ष में भी थे, किन्तु अधिकांश अहिंसा के सिद्धांत को कायम रखने के ही पक्षपाती थे। गांधीजी और राजेन्द्र बाबू अहिंसा के सिद्धांत को अक्षुण्ण रखना न केवल भारत वरन् संसार के लिए आवश्यक और हितकारी समझते थे। इसी बीच जब दिल्ली में वर्किंग कमेटी ने यह तय कर लिया कि यदि सरकार भारत की आज़ादी की घोषणा कर दे और तत्काल एक ऐसा कार्यक्रम लागू कर दे जिससे भारतीय नेताओं के हाथ में अधिकार आ जाए तो कांग्रेस सरकार की सक्रिय सहायता कर लड़ाई में मदद देगी–कमेटी के इस निर्णय से असहमति व्यक्त करते हुए जिन व्यक्तियों ने उस वक्त वर्किंग कमेटी से त्यागपत्र दिया उनमें खान अब्दुल गफ्फार और डाक्टर राजेन्द्र प्रसाद मुख्य थे। राजेन्द्र बाबू के और भी कई साथी इसी प्रश्न पर कमेटी से अलग हो गए।

कांग्रेस और सरकार के साथ समझौते के कोई आसार न देख गांधीजी ने व्यक्तिगत सत्याग्रह का कार्यक्रम बनाया और एक निश्चित कार्यक्रम के अन्दर उसे देशव्यापी स्तर पर आरम्भ कर दिया। पूर्व के सत्याग्रहों और इसमें एक विशेष अंतर था। वह यह कि सत्याग्रही का नाम गांधीजी की नज़रों से गुज़रता था और बिना उनकी स्वीकृति के कोई भी व्यक्ति सत्याग्रह नहीं कर सकता था। राजेन्द्र बाबू इन दिनों फिर अस्वस्थ हो गए थे, तो भी उन्होंने बिहार प्रान्त के सत्याग्रह का संचालन बड़ी कुशलता से किया और सारे प्रान्त में गांधीजी के नियम और निर्देशन के अनुसार सत्याग्रह चलता रहा।

युद्धस्थिति उत्तरोत्तर भयंकर होती चली गई। उधर जर्मनी रूस के साथ भिड़ गया और जापान भी चीन के एक बहुत बड़े हिस्से को अपने काबू में कर दिन-प्रतिदिन आगे बढ़ता जा रहा था। अमरीका यद्यपि खुले रूप से मैदान में नहीं उतरा था किन्तु वह हथियारों और जहाज़ों आदि से इंग्लैंड की सहायता करता था। इसी बीच इंग्लैंड के प्रधानमंत्री चर्चिल ने रूस से, जिसके अब तक वे बड़े विरोधी थे, दोस्ती कर ली।

युद्ध की इस भयंकर स्थिति में इंग्लैंड ने हिन्दुस्तान के साथ कुछ तय करने की नीयत से सर स्टैफोर्ड क्रिप्स को जो इंग्लैंड के राजदूत बनकर रूस गए थे और रूस को जर्मनी से भिड़ाने के अपने प्रयत्न में सफल हो पर्याप्त कीर्ति कमा चुके थे, अंग्रेज़ सरकार ने एक योजना के साथ भारत भेजा। दिल्ली में सर क्रिप्स ने गांधीजी, कांग्रेस अध्यक्ष मौलाना आज़ाद तथा पं० जवाहरलाल नेहरू आदि नेताओं से इस योजना पर बातचीत की। गांधीजी को क्रिप्स योजना से सन्तोष नहीं हुआ और उन्होंने सर स्टैफोर्ड से ऐसा कह भी दिया। इस बातचीत में मुस्लिम लीग भी शामिल रही और बहुत वाद-विवाद तथा विचार-विमर्श के बाद अन्त में कांग्रेस और मुस्लिम लीग दोनों ने क्रिप्स योजना को अस्वीकृत कर दिया।

क्रिप्स योजना के नाकाम होने से अंग्रेज़ों के साथ कांग्रेस के सम्बन्ध और बिगड़ गए। फिर युद्धकालीन परिस्थिति में देश की स्थिति भी दिनों-दिन बिगड़ती जा रही थी। अंग्रेज़ सरकार युद्ध में भारत का भरपूर उपयोग कर रही थी। और उसे एक सैनिक अड्डे का स्वरूप दे रही थी। ऐसी स्थिति में कांग्रेस के नेताओं के सामने अंग्रेज़ी साम्राज्य से मुक्ति के पूर्व वर्तमान युद्ध में, जिसमें जापान बराबर भारत की ओर बढ़ता आ रहा था, देश की रक्षा का प्रश्न उठ खड़ा हुआ।

देश की और युद्ध की इस भयानक स्थिति के सन्दर्भ में 8 अगस्त 1942 की रात में 10 बजे कांग्रेस ने एक प्रस्ताव स्वीकृत किया जिसमें गांधीजी के 'करो या मरो' मन्त्र के साथ देश को आह्वान किया गया।

कांग्रेस के इस निर्णय के साथ ही गांधीजी तथा वर्किंग कमेटी के अन्य सदस्यों को गिरफ्तार कर लिया गया। इधर पटना में सदाकत आश्रम से अस्वस्थ अवस्था में राजेन्द्र बाबू को गिरफ्तार कर बांकीपुर जेल पहुँचवाया गया। राजेन्द्र बाबू के गिरफ्तार होते ही बिहार में क्रान्ति की लहर दौड़ गई। पटना में ज़ोरों से प्रदर्शन होने लगा और बड़े-बड़े जुलूस निकलने लगे। कचहरियां बंद हो गईं। एक बहुत बड़ा जुलूस सेक्रेटेरिएट पर झण्डा चढ़ाने पहुँचा। सरकार का दमनचक्र तेज़ी के साथ चल पड़ा। लाठी चार्ज और गोली भी चली जिसमें आठ-नौ युवक शहीद हो गए। इससे उत्तेजना और बढ़ी जिसके परिणामस्वरूप टेलीफोन आदि काटने का काम ज़ोरों से शुरू हो गया। सरकार की ओर से गिरफ्तारियां भी तेज़ी से हुईं जिससे जेलें ठसाठस भर गईं। इस बार राजेन्द्र बाबू लगभग तीन वर्ष जेल में रहे।

अनेक राजनैतिक उलट-फेर और परिवर्तनों के बाद 2 सितम्बर 1946 को भारत में अन्तरिम सरकार की स्थापना हुई। इसमें 12 मन्त्री मनोनीत किए गए। डा० राजेन्द्र प्रसाद जी भी इनमें से एक थे और वह कृषि और खाद्यमंत्री बनाए गए। इन दिनों देश में अन्न-संकट था। राजेन्द्र बाबू ने बड़ी कुशलता से देश को दुर्भिक्ष से बचा लिया और वह अन्न-संकट भी जाता रहा।

अन्तरिम सरकार कायम होने पर विधान-परिषद् की स्थापना हुई और सर्वसम्मति से इसके राजेन्द्र बाबू ही अध्यक्ष चुने गए।

प्रथम राष्ट्रपति

भारत में गणतंत्र की स्थापना हमारे लिए कोई नया विचार नहीं था, अपितु प्राचीन काल में गणतंत्र होते हुए भी प्रजा की अनुमति से ही रामायण-काल के रामराज्य और महाभारत-काल के कौरव-पांडवों के राज्य चलते थे और इस अनुमति को प्राप्त करने के लिए अनेक मार्ग निश्चित हुए थे। आगे चलकर बौद्धकाल में लिच्छिवियों, मद्रकों और वज्जियों आदि के गणतंत्रों में तो राजा का अस्तित्व ही नहीं रह गया था और इन गणतंत्रों में प्रजा की मतगणना जिस पद्धति से होती थी उस पर न जाने कितना लिखा जा चुका है। इसके बाद राजतंत्र का युग आया। सिकंदर के हमले के समय चाणक्य ने इन छोटे-छोटे

गणराज्यों को समाप्त कर भारत को एक सूत्र में बांधकर चन्द्रगुप्त मौर्य को भारतीय सम्राट् बना एक विशाल साम्राज्य की स्थापना की। राजतंत्र का युग शताब्दियों तक चला। चन्द्रगुप्त मौर्य के बाद प्रियदर्शी अशोक का साम्राज्य आया। मौर्यवंश की समाप्ति के पश्चात् अनेक राजवंशों ने राज्य किया। मुस्लिम आक्रमणों के पश्चात् पठानों और मुगलों का राज्य चला और इसके बाद अंग्रेजी राज्य के समय भारत पुनः एक विशाल राज्य के रूप में संगठित हुआ। परन्तु चाणक्य के पश्चात् अंग्रेज़ी राज्य की स्थापना तक फिर इस देश ने गणतन्त्र नहीं देखा था। ब्रिटिश राज्य से छुटकारा मिलने पर हम इस देश में पुनः गणतंत्र की स्थापना करेंगे यह महात्मा गांधी के नेतृत्व में कांग्रेस ने घोषणा कर दी थी। 15 अगस्त, 1947 को स्वतंत्र होने के पश्चात् जब गणतंत्र के आधार पर नवीन स्वतन्त्र भारत का संविधान बनाने के लिए संविधान परिषद् स्थापित हुई उस समय यह जानते हुए भी कि शताब्दियों से भारत को गणतंत्र पद्धति का अनुभव नहीं है और न यहाँ की जनता शिक्षित ही है, हम अपने वचनानुसार भारत में गणतंत्र की स्थापना के अपने संकल्प-पूर्ति की ओर सचेष्ट हुए। ब्रिटिश काल में यद्यपि समूचे भारत पर ब्रिटिश साम्राज्य का ही एकछत्र आधिपत्य था किन्तु इसके भी दो रूप थे।

देश का एक क्षेत्र जो ब्रिटिश भारत के नाम से जाना जाता था, दूसरा देशी रियासतों वाला क्षेत्र जा स्थानीय नरेशों के अधीन था और ये नरेशगण बहुत मामलों में यद्यपि अपने-आपमें स्वतंत्र भी थे तथापि इनके भी निर्देशक ब्रिटिश शासक (वायसराय) ही थे जो इन पर अपना स्वामित्वपूर्ण अंकुश जमाए हुए थे।

ब्रिटिश शासन ने पराधीनता के अगणित अभिशापों के साथ यहाँ से विदा होते-होते अपनी विदाई में हमें दो उपहार और दिए। एक देश का बंटवारा जो पाकिस्तान के नाम से हुआ, दूसरा छः सौ देशी रियासतों की स्वतंत्र सत्ता। पाकिस्तान का बंटवारा तो हमने स्वयं स्वीकार कर लिया, रियासतों के अस्तित्व के संबंध में हमने अपनी पूर्व घोषित नीति का अनुसरण किया और हमारे यशस्वी नेता लौहपुरुष सरदार पटेल के हाथों इन रियासतों का भी अस्तित्व समाप्त हो भारतमाता के विकृत चित्र का साज-शृंगार कर दिया गया। राष्ट्रीय एकता, उसकी एकरूपता का यह श्रेय राष्ट्रीयता के शिल्पी सरदार पटेल को ही है।

इस प्रकार सार्वभौम सत्तासम्पन्न एक बृहद गणराज्य की स्थापना और उसका राष्ट्रपति चुना जाना, जिसको विधान ने सर्वोच्च सत्ता सम्पन्न गणराज्य का एकमात्र

प्रधान माना हो, इतिहास का यह अभूतपूर्व गौरव भारत और उसके एक ऐसे प्रधान नागरिक को मिलना था जिसका नाम देशरत्न राजेन्द्र प्रसाद है। इतना विशाल और ऐसी विपुल जनसंख्या वाला कोई गणतंत्र इसके पूर्व संसार के मानव-इतिहास में किसी स्थान और काल में स्थापित नहीं हुआ था। संविधान-निर्माण के पश्चात् सारे देश में बालिग-मताधिकार के आधार पर आम चुनाव हुए और इन चुने हुए प्रतिनिधियों ने भी अपना प्रथम राष्ट्रपति डॉ॰ राजेन्द्र प्रसाद को ही चुना। इस चुनाव के पूर्व संविधान सभा के निर्णय के अनुसार दो वर्ष राजेन्द्र बाबू, जो संविधान सभा के अध्यक्ष थे, राष्ट्रपति के पद पर प्रतिष्ठित रह चुके थे, परन्तु विधिवत् नवनिर्वाचित राष्ट्रपति के रूप में वे सन् 1952 में ही भारत गणतंत्र के प्रथम राष्ट्रपति बने।

यह देश का बड़ा सौभाग्य रहा कि इस देश को उसकी स्वाधीनता के बाद प्रथम बार प्रजातांत्रिक पद्धति की शुरुआत में पं॰ जवाहरलाल नेहरू के रूप में प्रधानमंत्री और डॉक्टर राजेन्द्र प्रसाद के रूप में राष्ट्रपति ऐसे दो व्यक्ति मिले जिन्होंने पिछली अर्द्ध शताब्दी से आधुनिक काल में संसार के सर्वोत्तम महापुरुष महात्मा गांधी की छत्रछाया में साथ-साथ काम किया था और जो उस महापुरुष की विचारशैली, काम करने की पद्धति तथा संयमशील और शांति के साथ मिलकर कार्य करने के आदर्श से न केवल पूर्णरूपेण परिचित थे अपितु उसके अभ्यस्त बन चुके थे। अपने नेता गांधीजी के इस प्रभाव के अतिरिक्त इस दीर्घकालावधि में साथ-साथ काम करने के कारण दोनों ही एक-दूसरे की विचारधारा तथा स्वभाव से पूर्णतया परिचित थे। फिर स्वातंत्र्य आन्दोलन के दिनों में देश को जागृत करने, उसमें नवजीवन का संचार करने एवं स्वाधीनता की मंजिल तक पहुँचाने में भी दोनों का समान योग रहा। मतभेदों के रहते हुए भी दोनों ने किस प्रकार स्वतन्त्रता के युद्ध में और उसके पश्चात् भी एक-दूसरे से मिलकर काम किया इसका मुझे व्यक्तिगत अनुभव है।

राजेन्द्र बाबू के राष्ट्रपतित्व-काल में भारत बड़े ही कठिन और संक्रमण-काल से गुज़रा। पौने दो-सौ वर्षों की पराधीनता के अभिशाप के कारण जिस देश को रूढ़ियों, असंगतियों, अंधविश्वासों ने जकड़ रखा था, उसे जागृत कर गणतांत्रिक तरीकों एवं अधिकारों से देश को दुःख-दारिद्रय, दीन भाव, अशिक्षा, बेरोजगारी आदि सहस्रों बुराइयों से निकालकर आगे बढ़ाने का गुरुतर भार जो हमारे संविधान का लक्ष्य था उसे व्यवहृत कर दिखाना राजेन्द्र बाबू के राष्ट्रपति-पद और उनकी प्रतिष्ठा की कसौटी बन गया। फिर नवजात स्वाधीनता और देश के विभाजन के

भयंकर परिणामों से जो विषम स्थिति उन दिनों देश में उत्पन्न हो गई थी उस असाधारण परिस्थिति में तथा शासन और समस्याओं की अनुभवहीनता में भी अपने दायित्व-भार को वहन करना कम कठिन काम नहीं था। एक और बात हुई। अनेक विषयों पर राजेन्द्र बाबू और जवाहरलालजी में मतभेद उपस्थिति होते थे। दृष्टांत के लिए हिन्दू कोड बिल, स्वतंत्र भारत के संविधान के मूल रूप हिन्दी में हो या अंग्रेजी में इत्यादि। और ऐसे अवसरों पर पंडितजी से अपनी भिन्न राय रखते हुए भी किसी प्रकार पटरी बिठाकर काम चलाना कम कठिन काम नहीं था। किन्तु राजेन्द्र बाबू ने अपने इस पद-गौरव को जिस धीरता, गंभीरता और दूरदर्शिता से निभाया वह राजेन्द्र बाबू जैसे विलक्षण बुद्धि-सम्पन्न चरित्रवान व्यक्ति और मेधावी व्यक्तित्व का ही काम था।

राष्ट्रपति बनने के बाद उन्होंने जो कुछ किया उसका ठीक-ठीक, मूल्यांकन करना अभी सम्भव नहीं है। हमारे गणतंत्र के शैशव-काल में नवीन परम्पराओं को चालित कर उन्होंने हर दिशा को आलोकित किया। राष्ट्रपति-भवन के कोने-कोने में नई हवाओं का संचार होने लगा। विदेशी कपड़ों का स्थान खद्दर ने ले लिया। अलंकरण की सामग्री में भी भारतीयता की सुगंधि आने लगी। मुगल उद्यान में भी बसंत की बहार आई। नृत्यशाला, अशोककक्ष में साहित्यिक और सांस्कृतिक समारोह सम्पन्न होने लगे। राष्ट्रपति कव्वाली और हिन्दी छन्दों एवं भजनों के रसास्वादन का आनन्द साथ-साथ लेते थे। संगीत की स्वर-लहरियों में वह झूम जाते थे और सन्त तुकड़ोजी के भजनों को सुनकर वह सुधबुध भूल जाते थे। गीता और रामायण के प्रवचनों के समय वह मौन तपस्वी की भांति बैठे अपने अंतरंग का परिशीलन करते रहते, पर आप उनकी असली एकाग्रता को उस वक्त देख सकते थे, जब वह चर्खा चलाते हों। मजाल है कि एक धागा भी टूट जाएँ इस प्रकार शासन के अधिकारों और कर्त्तव्यभार वहन के साथ ही भारत और भारतीयता के आधारभूत उन सभी कर्त्तव्यों का पालन उसी प्रकार करते रहे जैसा कि अपने सार्वजनिक जीवन के प्रारम्भिक दिनों से करते आए थे।

यथार्थ में किसी भी गणतन्त्र में, जहाँ का शासन संसदीय प्रणाली के अनुरूप चलता हो, राष्ट्रपति व्यक्तिगत रूप से बहिरंग में कुछ कार्य कर नहीं सकते। पर फिर भी, पर्दे के पीछे शासन में स्थिरता लाने की दिशा में वह एक बहुत बड़े पात्र का अभिनय पूरा करते हैं। अपने महत्त्व व उदात्त व्यक्तित्व का प्रभाव मंत्रिमंडल पर अवश्य डालते हैं। वे न केवल मंत्रिमंडल को अपने अमूल्य सुझाव ही देते, अपितु आवश्यकता पड़ने पर उसे सचेत भी करते। राजेन्द्र बाबू अपने इस

दायित्व के प्रति सदा सचेष्ट रहे। यही नहीं, वे अपने इन वैधानिक कर्त्तव्यों के निर्वाह में कभी नहीं चूके।

राष्ट्रपति के वैधानिक दायित्व वहन के साथ राजेन्द्र बाबू ने राष्ट्रपति के पद, उसके दायित्व एवं कर्त्तव्य निर्वाह की दृष्टि से ऐसी अनेक परम्पराएं अपने कार्यकाल में स्थापित कीं जिनसे आगे आने वाली अनेक पीढ़ियों को प्रेरणा एवं प्रकाश मिलेगा। इनमें राष्ट्रपति पद की भव्यता को कायम रखते हुए राष्ट्रपति-भवन में भारतीयता और उसके अनुरूप सादगी एवं स्वदेशी वस्तुओं का व्यवहार उनकी सबसे बड़ी देन है। वे स्वयं भी संविधान में निर्दिष्ट राष्ट्रपति के दस हजार रुपया मासिक वेतन में स्वैच्छिक रूप से चालीस प्रतिशत कटौती कर लगभग छः हजार मासिक वेतन लेते रहे, जो उनकी इस विचारधारा का परिचय था कि इस गरीब देश की गरीब जनता के प्रथम नागरिक और राष्ट्रपति को आर्थिक दृष्टि से भी देश के जनजीवन से सदा सामंजस्य बनाए रखना चाहिए।

उनकी यात्राएं, जो अक्सर रेलगाड़ी से हुआ करती थीं, लोगों में उत्सुकता और जागृति लाने वाली होतीं। छोटे-छोटे स्टेशन पर भी जब सैकड़ों लोग इकट्ठे हो जाते सुबह हो या दोपहर, शाम हो या रात, वह अपने वातानुकूलित डिब्बे से बाहर आते और जनता से दो-चार प्रेम-भरी बातें करते। इतने में 'जय-जय' के निनादों को चीरती हुई उनकी गाड़ी धक-धक आगे बढ़ जाती। राजधानी की विशाल वीथियों में ही नहीं, अपितु पिछड़े हुए गांवों में भी, जहाँ के लोगों के गाल धंसे हुए हों और वन्य प्रान्तों में भी, जहाँ के लोग अभी भी अधनंगे हों, उनके ज़माने में राष्ट्रपति का झण्डा फहरा। वे मंदिनों में भी गए और मस्जिदों में भी, गुरुद्वारों में भी और गिरजों में भी। यही नहीं, भारत के उत्तरी क्षेत्र बद्रीविशाल के पावन चरणों में तथा दक्षिण में रामेश्वरम् के पास प्रभात की सुनहरी किरण-कांति में सागर की लहरों में उन्हें डुबकियां लेते देख उनकी धार्मिक और सांस्कृतिक आस्था पर लोग मुग्ध हो जाते थे।

आन्ध्र की राजधानी हैदराबाद में 'राष्ट्रपति निलयम्' की स्थापना और दक्षिण की राजधानियों में बारी-बारी से स्वतंत्रता दिवस मनाने की परिपाटी जो उन्होंने डाली उसके पीछे उनकी बड़ी दूरदृष्टि थी। देश की भावात्मक एकता की ओर ये उनके रचनात्मक प्रयास थे।

राजेन्द्र बाबू की यह नम्रता, सहिष्णुता, सहृदयता और उदारता धर्मभीरुता नहीं थी वरन् भारत की सनातन संस्कृति का वह सर्वोत्कृष्ट स्वरूप थी जिसके कारण

भारत अतीत काल से ही और आज भी अपनी सांस्कृतिक प्रभुसत्ता का अक्षय प्रतिनिधित्व करता आ रहा है। राजेन्द्र बाबू इसी संस्कृति के न केवल मात्र प्रतिनिधि थे वरन् राष्ट्र के प्रधान नागरिक के नाते उसके प्रतीक बन गए थे। उनके इस प्रतिनिधि रूप से देशवासी तो परिचित थे ही विदेशों में भी उनकी, उनके इसी रूप-स्वरूप के कारण बड़ी प्रसिद्धि हो गई थी। प्राय: जो भी विदेशी अतिथि, राष्ट्रनायक, नेता, प्रतिनिधि, साहित्यकार, कवि, कलाकार, वैज्ञानिक और नागरिक भारत आते थे वे इस देश की विशिष्ट बातों के साथ राजेन्द्र बाबू के भव्य व्यक्तित्व की भी एक अमिट छाप अपने साथ ले जाते थे। एक बार जिनेवा विश्व पार्लियामेंट्री सम्मेलन के महामन्त्री श्री आन्द्रेनोन राजेन्द्र बाबू से मिले और इस मुलाकात का उनके मन पर जो असर पड़ा उसे उनके ही शब्दों में सुनिए:

> "आपके प्रेसीडेण्ट अत्यन्त विनम्र व्यक्ति हैं। उनकी विनम्रता उनकी आकृति पर स्पष्ट अंकित रहती है। किन्तु जब मैं उनसे हाथ मिला रहा था तब ही मुझे मालूम हो गया कि यह कितनी बड़ी शक्ति है, जो राख में ढकी आग जैसी लगी और लगा कि उनकी विनम्रता के भीतर से कोई अप्रतिम महत्ता मुझे झाँक रही हो। मैंने अनेक महापुरुषों से हाथ मिलाया है पर डॉ॰ राजेन्द्र प्रसाद से हाथ मिलाने की बात तो मैं कभी भूल ही नहीं सकता।"

पंडित जवाहरलाल नेहरू ने राजेन्द्र बाबू के संबंध में अपने जो विचार व्यक्त किए हैं उनसे न केवल राजेन्द्र बाबू के राष्ट्रपतित्व-काल वरन् समग्र जीवन पर अच्छा प्रकाश पड़ता है। अत: पंडितजी के इन विचारों के साथ यह राष्ट्रपति अध्याय समाप्त करना उचित होगा। पंडितजी कहते हैं:

> "राजेन्द्र बाबू का और मेरा पैंतालीस बरस का साथ रहा। कम से कम चालीस साल तक तो हम साथ-साथ काम करते रहे। पहले तो हम आजादी की लड़ाई में साथ रहे, उसके बाद वह राष्ट्रपति बने और मैं उनका मंत्री रहा। इस लम्बे अरसे में मैंने उनको बहुत देखा और बहुत कुछ सीखा। हजारों तस्वीरें आज मेरे सामने से गुज़र जाती हैं।
>
> "हल्के-हल्के इस युग के बड़े-बड़े नेता गुज़रते चले गए, लेकिन खुशनसीबी यह थी कि यह सिलसला टूटा नहीं और उसको जारी रखने में राजेन्द्र बाबू का बहुत बड़ा हाथ था। एक मामूली हैसियत से वे भारत के ऊंचे ओहदे पर पहुँचे। फिर भी उन्होंने अपना तर्ज नहीं बदला। हिन्दुस्तानियत

उनमें सोलहों आने थी। व्यक्तित्व की महानता के साथ-साथ उनकी सरलता और नम्रता बराबर बनी रही। उन्होंने ऐसी मिसाल कायम की जिससे भारत की शान और इज्ज़त बढ़ी। वह इस बात के नमूने बनकर रहे कि भारत की भारतीयता को कायम रखना और नई बातों को सीखना है। वास्तव में वह भारत के प्रतीक हो गए। आज का भारत भारत है और भारत ही रहेगा, वह किसी की नकल नहीं करेगा।

''उनके राष्ट्रपति के पद पर रहने के बारह सालों का ज़माना भारत का अच्छा ज़माना गिना जाएगा। इस ज़माने में हमने जो कुछ किया, उनकी निगहबानी में किया और शान से किया। हम यदि गलती करते थे तो वह हमें संभालते थे। यह बारह साल का ज़माना तो उनका ज़माना समझा जाएगा। जो ज़िन्दा कौम होती है, वह जब मौका आता है, कोई न कोई बुलन्द इन्सान पैदा कर देती है। राजेन्द्र बाबू ने अपना सिक्का इस ज़माने पर डाला और उससे हमारा सिर ऊँचा हुआ। हिन्दुस्तान की आज़ादी मज़बूती से जमी जबकि और देशों में, खासतौर से पड़ोसी देशों में, कितनी बार उलट-फेर हुई है, हिन्दुस्तान और मुल्कों के मुकाबिले किसी कदर मज़बूती से चला है। उस पर चीन का हमला हुआ और हमने उसका मुकाबला किया, फिर भी किसी तरह की अदल-बदल नहीं हुई। यह उसी गांधी युग की देन है जिसने न सिर्फ आज़ादी और एकता दी, बल्कि ऐसी परम्पराएं भी पैदा कीं जिनसे आज़ादी की जड़ें बहुत गहराई से जम गईं। राजेन्द्र बाबू इस युग की बहुत मज़बूत कड़ी थे।

''उनकी मुद्रा और आंखें भुलाई नही जा सकतीं, क्योंकि उनसे सचाई झलकती थी। उनकी काबलियत, उनके दिल की सफाई और अपने मुल्क के लिए उनकी मुहब्बत ने उनके लिए हर भारतवासी के दिल में गहरी जगह पैदा कर दी।''

इस प्रकार राजेन्द्र बाबू बारह वर्ष के एक पूरे युग तक राष्ट्रपति-पद पर रहे। जैसे कि राष्ट्रपति पद के अधिकार हैं वे अपना कोई स्वतंत्र दर्शन या संदेश देश और नई पीढ़ी को नहीं दे सके, तो भी उनका जैसा विमल चरित्र और भव्य महान् व्यक्तित्व था उसके कारण न केवल उन्हें यह राष्ट्रपति-पद प्राप्त हुआ वरन् उन्होंने राष्ट्रपति-पद की गुण-गरिमा को भी बढ़ाया। राजेन्द्र बाबू जैसे उदारमना और महापुरुष को इस पद से कुछ मिला हो बनिस्बत इसके उन्होंने ही इसे शोभित और अलंकृत किया। वे इस पद से कहीं बड़े थे। उनके संतों जैसे निर्लिप्त, निर्दोष

और निरभिमानी जीवन के संबंध में राष्ट्रपति डॉ॰ राधाकृष्णन् के शब्दों में ''उनमें जनक, बुद्ध और गांधी की छाप थी।'' एक शब्द में वह भारतीयता के प्रतिरूप थे और तभी वह कोटि-कोटि हृदयों के राजेन्द्र बन गए।

व्यक्तित्व

व्यक्तित्व व्यक्ति का भाववाचक शब्द है जिससे व्यक्ति के गुण, धर्म, कार्य, और व्यापार का परिचय मिलता है। व्यक्ति का, उसके गुण, धर्म, कार्य एवं व्यापार के कारण समाज में जो स्वरूप बनता है, उसकी मुखर एवं अन्तःप्रवृत्तियों का जो प्रभाव निर्मित होता है, यही पुंजीभूत प्रभाव और स्वरूप व्यक्तित्व की संज्ञा में आता है। व्यक्तित्व के दो पक्ष हैं, एक व्यष्टि दूसरा समष्टि। व्यष्टि-हित किए जाने वाले मानवी प्रयत्न एवं कार्य व्यष्टिमूलक व्यक्तित्व-क्षेत्र में आते हैं जबकि समाज और राष्ट्रहित के लिए किए जाने वाले प्रयत्न एवं कार्य समाज और राष्ट्रीय व्यक्तित्व के निर्माण में सहायक होते हैं। व्यक्तित्व की इन दो सीमाओं में बंधा मानव अपने प्रयत्न, पराक्रम और पुरुषोचित प्रवृत्ति के कारण आरम्भ से ही कर्त्तव्य-क्षेत्र में अग्रसर रहा है। कर्त्तव्य-क्षेत्र की इस परिधि में जहाँ एक ओर अगणित लोग हमें ऐसे मिलते हैं जो अपने और अपने पारिवारिकों के लिए कार्यरत रह अपने विचार और व्यक्तित्व का सृजन-संपादन करते हैं, तो इन अगणितों में एक ऐसा भी होता है जो अपनी निजता भुला एवं परिवार की परम्परागत निर्दिष्ट सीमाओं के संकोच से बाहर निकल अपने व्यष्टिरूप को समष्टि-हित अर्पित कर देता है। ऐसा मानव अपने गुण, धर्म, कार्य और व्यापार के कारण समाज के स्वत्वों की संपूर्ति का साधन बन जाता है और उसके प्रयत्न एवं कार्यों से समाज का जो स्वरूप बनता है वह है उसके व्यष्टिरूप की प्रतिच्छाया। अतीत काल में और आधुनिक युग में भी ऐसे अनेक महानुभाव हुए हैं जिन्होंने अपने 'व्यष्टिरूप को समष्टि-हित अर्पित कर उसका साज-शृंगार किया है और उनके इस अर्पण-समर्पण के कारण ही उनका समकालीन समाज उन्हीं के रूप-स्वरूपों में प्रतिबिम्बित और प्रतिभासित हुआ है।

देशरत्न डॉ॰ राजेन्द्र प्रसाद ऐसे पुरुषों में प्रधान थे तथा व्यक्तित्व की दृष्टि से भी प्रथम कोटि के, जिन्होंने अपनी आन्तरिक और बाह्य प्रवृत्तियों एवं कर्म-धर्म के अभेद आचरण से अपने व्यष्टिरूप को समष्टि-हित अर्पित कर व्यक्ति और व्यक्तित्व के मर्म-धर्म की ""र्यादाओं का पालन कर उस पर अपनी छाप लगा दी।

सांवला रंग, ऊंचा कद, कभी का बहुत दुबला शरीर जो बाद में भर गया था और उसी के अनुरूप चेहरा भी राजेन्द्र बाबू के व्यक्तित्व का शरीरिक पक्ष था। वेशभूषा की दृष्टि से यद्यपि अपने राष्ट्रपतित्व-काल में विदेशी-मेहमानों से मुलाकात के कारण तथा राष्ट्रपति की संविधान में निर्दिष्ट पोशाक की नियमपूर्ति के लिए शेरवानी और चूड़ीदार पाजामा पहनते रहे, किन्तु स्वभावतः उन्हें शायद अधिक आराम अपने कुरते, धोती और टोपी की उसी पोशाक से मिलता था। जो वे कांग्रेस कार्यकर्ता की हैसियत से प्रारम्भ में पहनते रहे थे और जिसके अभ्यस्त भी बन चुके थे। अपने इस रूप-स्वरूप और पोशाक से राजेन्द्र बाबू का व्यक्तित्व जरा भी आकर्षक नहीं था। फिर निसर्ग प्रदत्त शारीरिक अरूपता के साथ पोशाक की अरूपता उन्होंने इस पर और लाद दी थी। उनके कपड़े कभी व्यवस्थित नहीं रहे। यही नहीं, सिर की टोपी से लेकर नीचे धोती तक सभी कुछ सदा ही अव्यवस्थित रहता था। धोती एक ओर एक घुटने तक ऊंची तो दूसरी ओर दूसरे पैर की एड़ी में फंसने अथवा ज़मीन में कुढ़रने जैसी रहती, कुरता अथवा जाकेट का कभी कोई बटन खुला होता, कभी कोई तथा यही हाल टोपी का होता, कभी एक ओर, कभी दूसरी ओर और कभी किसी ओर झुकी हुई रहती। लाख प्रयत्न करने पर भी टोपी व्यवस्थित रहती ही नहीं। सभा-सम्मेलनों और राजकीय भोजों के अवसरा पर जब वह थोड़ी देर के लिए उसे निकालकर सामने की मेज पर रख देते तो उनके पके बाल और हिलती-डुलती छोटी-सी चुटिया नजर आती। बालों को संवारने की कला किस चिड़िया का नाम है वह नहीं जानते थे। उनकी इसी बेढंगी और बेपरवाह पोशाक को देखकर एक बार पंडित मोतीलाल जी ने उनसे पूछा-"आप कपड़े पहनते ही क्यों हैं?" इस पर राजेन्द्र बाबू ने तपाक से उत्तर दिया-"शरीर ढंकने और बचाने के लिए।"

यथार्थ में राजेन्द्र बाबू एक किसान थे, ऐसे किसान जिसका संबंध उसके कृषि कर्म से रहता है, तड़क-भड़क वाली वेशभूषा से नहीं। मैक्सिको में स्वतंत्र भारत के राजदूत की हैसियत से अपना परिचय-पत्र प्रस्तुत करते हुए श्रीमती विजयलक्ष्मी पंडित ने राष्ट्रपति राजेन्द्र प्रसाद का जब फोटो पेश किया तो वह एक-एक करके हाथों से गुजरते हुए आकर्षण का केन्द्र-बिन्दु बन गया। मैक्सिको के राष्ट्रपति ने उसकी ओर गौर से देखकर कहा : "अरे, यह तो मैक्सिको के किसान का चेहरा है। टोपी की जगह सोबेरारो को रखें तो यह हूबहू मैक्सिको के किसान लगते हैं।"

इसी प्रकार स्वाधीनता के पूर्व बात-ही-बात में एक बार लार्ड वेवेल ने राजेन्द्र बाबू से कहा कि यदि आपसे पूछा जाए कि आप कौन-सा विभाग लेंगे तो आपका क्या उत्तर होगा? राजेन्द्र बाबू ने कहा, "खाद्य और कृषि, क्योंकि ये मेरे लिए बिलकुल अपने हैं।" इस प्रकार राजेन्द्र बाबू न केवल वेशभूषा वरन् तन और मन दोनों ही दृष्टियों से किसान थे।

फिर राजेन्द्र बाबू ने जीवनपर्यन्त वेशभूषा या ठाट-बाट की ओर कभी कोई ध्यान दिया ही नहीं। उनकी इस पोशाक के साथ उनके सिर के व मूंछों के बाल भी बड़े बेतरतीब रहते थे। जब वह राष्ट्रपति-भवन आए उनकी मोटी-मोटी मूंछों की कांट-छांट भी होने लगी। पितृ-पक्ष में दाढ़ी न बनवाने की पूर्व परिपाटी को तोड़कर वह नित्य दाढ़ी बनवाने के अभ्यस्त भी हो गए, किन्तु नीम की दातौन को छोड़कर वह टूथ-ब्रुश की ओर कभी झुके नहीं। और यही वजह हुई कि उनके सभी दांत अंत तक सुरक्षित और मजबूत रहे। एक बार उनकी सेवा करनेवाली नर्स ने उनकी स्वस्थ दंत-पंक्ति को देखकर पूछा–"श्रीमान्, क्या ये नकली दांत हैं?" मुस्कराते हुए राजेन्द्र बाबू ने उत्तर दिया–"मेरी कोई चीज़ नकली नहीं है।" उनके खाने-पीने में भी कोई बहुत बड़ा अन्तर नहीं आया। चपाती, दाल-भात, साग-सब्ज़ी और साथ में 'संदेश' का एक टुकड़ा और अन्त में एक आम मिल जाए तो वही उनके लिए सर्वोत्कृष्ट भोजन बन जाता। आम तो उनका इष्ट फल था ही, भुट्टा भी उन्हें बहुत प्रिय था। चाय पीने की आदत उन्होंने अनिच्छापूर्वक ही डाली और उससे कोई लगाव न होने के कारण वे उसके जायके से भी अनभिज्ञ ही रहे। उनके प्याले में कितनी चीनी डाली जाए, जब कोई उनसे यह पूछता तो वह ताबड़तोड़ उत्तर देते, "आपकी मर्ज़ी।" इस प्रकार चाय के अभ्यस्त हो जाने पर भी वे उसके जायके से उदासीन ही रहे। वह जीवन-भर शाकाहारी रहे, हालांकि उनके परिवार या उनके इर्द-गिर्द के उनके साथी सब कसौटी पर खरे उतरे हों, ऐसी बात नहीं। पर स्वयं उन्होंने तो अहिंसा का व्रत ही धारण कर लिया था। उनकी यह मान्यता थी कि मांसाहार दया और सहानुभूति के मार्ग में एक बड़ा व्यवधान है। विश्व शाकाहारी सम्मेलन के अवसर पर एक पत्र-प्रतिनिधि ने उनसे प्रश्न किया–"अब भी राष्ट्रपति-भवन में मांस क्यों परोसा जाता है?" तो उन्होंने हँसी के बीच उत्तर दिया–"मैं तो शाकाहारी हूँ लेकिन मेरी सरकार नहीं।" इस प्रकार राजेन्द्र बाबू की वेशभूषा और मनोभावों को देखकर अनुमान हो उठता मानो निसर्ग द्वारा प्रदत्त अपने अरूप को वे वस्त्राभरणों से छिपाकर उसे और कुरूप नहीं बनाना चाहते। वह जैसा है उनके अनुरूप उसका संरक्षण कर अपने अरूप

और अनाकर्षक स्वरूप की ओर से उदासीन रह वे जीवन के स्वरूप के प्रति सतर्क और सचेष्ट बनने के पोषक थे। यही वजह हुई कि अपने रूप-स्वरूप से अनाकर्षक होने पर भी अपने अन्तरंग और अन्त: प्रेरित अपने आचार-धर्म के कारण वे इतने आकर्षक बने कि उनका वह अरूप और वह अनाकर्षक व्यक्तित्व एक आभाशील और आकर्षक दिव्य तेज में परिणत हो गया।

उनके अन्तरंग और आचार-धर्म के जो अलंकार थे, जिन्हें धारण कर राजेन्द्र बाबू ओजस्वी, आकर्षक और दिव्यतापूर्ण बने, उनमें प्रधान थे उसकी सरलता, सौम्यता, सिद्धान्तवादिता, निस्पृहता, निश्छलता, निर: अहंकारिता और जीवन-भर की अटूट सेवा। फिर इस सबके साथ था उनके निष्ठा, लगन और त्यागपूर्ण कर्ममय जीवन का अपूर्व अवदान जिसने राजेन्द्र बाबू को न केवल उनके व्यक्तिगत, पारिवारिक अथवा सार्वजनिक जीवन में अपितु राष्ट्रीय जीवन में एक अजातशत्रु के रूप में खड़ा कर दिया।

राजेन्द्र बाबू के व्यक्तित्व के इस पक्ष पर बोलते हुए एक बार श्रीमती सरोजिनी नायडू ने ठीक ही कहा था:

> ''बाबू राजेन्द्र प्रसाद के भव्य व्यक्तित्व के बारे में स्वर्ण-लेखनी को मधु में डुबोकर लिखना होगा। उनकी असाधारण प्रतिभा, उनके स्वभाव का अनोखा माधुर्य, उनके चरित्र की विशालता और आत्मत्याग के उनके महान्‌गुणों ने सम्भवत: उन्हें हमारे सभी नेताओं से अधिक व्यापक और व्यक्तिगत रूप से प्रिय बना दिया है। सच्ची श्रद्धाञ्जलि के रूप में मैं इससे अधिक क्या कह सकती हूँ कि गांधीजी के निकटतम शिष्यों में उनकी वही स्थान है जो ईसा मसीह के निकट सेंट जॉन का था।''

राजेन्द्र बाबू गांधीजी के एक अन्यतम अनुयायी और साथी थे। गांधीजी के सत्य, अहिंसा के सिद्धांतों को उन्होंने वैचारिक दृष्टि से नहीं अपितु आचार रूप में जीवन में उतारा था। सर तेजबहादुर सप्रू ने राजेन्द्र बाबू के एकनिष्ठ गांधीवादी रूप के सम्बन्ध में विचार व्यक्त करते हुए कहा था–''गांधीजी की अहिंसा 'एक्वायर्ड' यानी बुद्धि द्वारा निर्धारित है, जबकि राजेन्द्र बाबू की सर्वथा स्वाभाविक।'' राजेन्द्र बाबू के इस अहिंसक रूप के उनके जीवन में अनेक प्रमाण मिलते हैं जो उनके स्वातंत्र्य आंदोलन और उसके बाद भी उनके वैयक्तिक जीवन के विभिन्न अवसरों पर हुई घटनाओं से सिद्ध हुए। यहाँ केवल एक-दो ही उदाहरण देना पर्याप्त होगा। बात बहुत पुरानी है, जब राजेन्द्र बाबू बिहार

प्रादेशिक कांग्रेस के प्रधानमंत्री थे और बिहार के ही श्री मौलाना मजहरुलहक़ साहिब सभापति। वहाँ के एक प्रमुख कांग्रेसी थे मौलाना फजुलरहमान। वह बड़े ही उग्र स्वभाव के व्यक्ति थे। उन्हें कुछ शिकायत थी जिसे लेकर वे राजेन्द्र बाबू के पास पहुँचे। राजेन्द्र बाबू सदाकत आश्रम में जमीन पर बैठे चर्खा कात रहे थे। मौलाना ने वहाँ पहुँचकर, किसी बात का ज़िक्र किए बग़ैर ही राजेन्द्र बाबू को अनाप-शनाप गालियां सुनानी शुरू कीं। राजेन्द्र बाबू पूर्ववत्–

"बूंद अघात सहें गिरि कैसे,
खल के बचन संत सह जैसे।"

की उक्ति के अनुरूप चर्खा कातते रहे। कोई पांच मिनट तक मौलाना साहब की गालियों की बौछार के बीच ही राजेन्द्र बाबू उठकर लघुशंका के लिए बाहर गए और लौटकर फिर चर्खा कातने में जुट गए। मौलाना इस बीच चुप हो गए थे। राजेन्द्र बाबू ने उन्हें चुप देखकर पूछा–"क्यों मौलाना साहब! आपकी गालियां क्या खतम हो गईं?" इसका मौलाना पर इतना असर हुआ कि उनकी आँखें भर आईं और दौड़कर उन्होंने राजेन्द्र बाबू के पांव पकड़ लिए। आधुनिक युग में अहिंसा के व्यावहारिक पक्ष का इससे बड़ा उदाहरण और क्या हो सकता है।

फिर उनकी यह अहिंसक प्रवृत्ति उनके व्यक्तित्व-विकास के साथ बढ़ती ही गई। रामायण में कहा गया है–"प्रभुता पाय काह मद नाहीं।" गोस्वामी तुलसीदासजी ने अपने इस कथन में मानव-स्वभाव की एक साधारण प्रवृत्ति की पुष्टि की है। स्वभाव से ही अधिकारों की प्राप्ति पर आदमी अहं के वशीभूत हो ही जाता है और उसका यह अहं वक्त-बेवक्त काम, क्रोध, लोभ, मोह, मद, मत्सर आदि कुभावनाओं के द्वारा उस अधिकार-भाव का प्रदर्शन भी कर ही बैठता है। इसके विपरीत अधिकार-भाव से सम्पन्न होने पर भी जो इन रागद्वेषादि अवगुणों से मुक्त और अप्रभावित रहते हैं ऐसे मानव ही मानव-स्वभाव की असाधारण स्थिति के अधिकारी बनते हैं। राजेन्द्र बाबू के राष्टपतित्व-काल की एक घटना का, जो उनके स्वभाव की असाधारणता का प्रतीक है, यहाँ इसी संदर्भ में उल्लेख करना अनावश्यक न होगा।

राजेन्द्र बाबू का एक पुराना परिचारक, जिसका नाम तुलसी था, कुछ स्वभाव से ही लापरवाह था। यद्यपि तुलसी राजेन्द्र बाबू की सेवा-सम्हाल बड़े अनुराग-भाव से करता था और राजेन्द्र बाबू और तुलसी में स्वामी और सेवक भाव का संबंध बन चुका था, किन्तु कुछ स्वभावगत असावधानियां जब-तब तुलसी कर

बैठता था। एक दिन तुलसी ने राष्ट्रपति-भवन में राजेन्द्र बाबू की मेज साफ करते वक्त एक हाथीदांत का बना कलम (फाउण्टेन पेन), जो उन्हें कहीं से उपहार में मिला था और जो राजेन्द्र बाबू को बहुत प्रिय था तथा जिससे वे हमेशा काम करते थे, कपड़े की फटकार में नीचे गिराकर तोड़ दिया। कलम के टूटने से उसकी स्याही भी नीचे बिछे कालीन पर फैल गई, जिससे कालीन खराब हो गया। राजेन्द्र बाबू जब अपने दफ्तर में आए और जब यह दृश्य देखा तो उन्होंने, चूंकि तुलसी को उसकी इसी प्रकार की अनेक असावधानियों के लिए पहले भी ताकीद कर चुके थे, अपनी नाराजगी जाहिर कर उसके अपने पास से हटा राष्ट्रपति-भवन में ही दूसरी जगह स्थानान्तरित करने का हुक्म दे दिया। राष्ट्रपति के सचिव ने तुरन्त तुलसी को स्थानान्तरित भी कर दिया। राजेन्द्र बाबू दफ्तर में आते ही विदेशी अतिथियों, आगन्तुकों और अनेक मिलने आने वालों से मुलाकात लेते थे, उस दिन मुलाकातों का यह कार्यक्रम अपेक्षाकृत अन्य दिनों से कुछ अधिक था। इन मुलाकातियों में अनेक प्रतिष्ठित विदेशी अधिकारी भी थे। राजेन्द्र बाबू की अतिथियों, अधिकारियों और आगन्तुकों से मुलाकात आरम्भ हुई, पर आज की घटना जो उनके दफ्तर-प्रवेश के साथ ही घट गई तथा जिसके कारण उन्हें तुलसी को स्थानांतरित करना पड़ा, भीतर ही भीतर उन्हें कचोटने लगी। उन्हें लगा कि तुलसी के प्रति उनका यह आचरण उनके अनुरूप नहीं हुआ। जब तक आगन्तुकों से उनकी मुलाकात चलती रही राजेन्द्र बाबू बड़े अन्यमनस्क भाव से एक रस्मअदाई-सी करते रहे। ज्योंही मुलाकात समाप्त हुई, वे उठे और तत्काल अपने निजी सचिव से कहा, तुलसी को बुलाओ। तुलसी बुलाया गया। बेचारा बड़ा घबराया-सा, इस भय से कि न मालूम अब और क्या आफत आने वाली है, राजेन्द्र बाबू के सम्मुख उपस्थित हुआ। राजेन्द्र बाबू ने अपराधी भाव से तुलसी के सामने खड़े हो हाथ जोड़े दीन भाव से कहा—"तुलसी, तुम मुझे माफ कर दो।" तुलसी की हैरानी बढ़ी और राजेन्द्र बाबू के इस भाव, व्यवहार और मुद्रा से उसकी घिग्घी बंध गई। वह कुछ बोल सके इसके लिए साहस बटोरने का प्रयास करता पर मुँह से शब्द ही न निकलते। राजेन्द्र बाबू पूर्ववत् मुद्रा में, 'तुलसी माफ कर दो', ये शब्द दोहराने लगे। दृश्य ऐसा अजीबोगरीब था कि यह निर्णय करना कठिन हो गया कि अपराधी कौन है। एक ओर हाथ जोड़े राजेन्द्र बाबू खड़े, दूसरी ओर उनके सामने ही हाथ जोड़े खड़ा उनका सेवक तुलसी। राजेन्द्र बाबू बराबर उससे कहते रहे कि तुलसी, तुम मुझे माफ कर दो, पर तुलसी बेचारा इस पशोपेश में पड़ा, भाव-विचारों में खो गया था कि आज यह क्या हो गया जो बाबू जी, उसके

स्वामी और भारत के राष्ट्रपति, इस प्रकार उसके सामने अपराधी भाव से खड़े हैं। वह हतप्रभ था। किन्तु जब तक तुलसी की ओर से राजेन्द्र बाबू को उसकी क्षमाशीलता का आश्वासन न मिल जाए उन्हें कब संतोष होने वाला था! आखिर जब तुलसी ने साहस बटोर कर कुछ सांत्वनात्मक शब्द उनसे कहे तो राजेन्द्र बाबू को शांति मिली और उन्होंने पुनः अपनी जगह आकर काम करने के लिए भी उससे कहा। जब तुलसी ने पूर्ववत् अपना काम सम्भाल लिया तो राजेन्द्र बाबू को संतोष हो गया।

इस छोटी-सी घटना में राजेन्द्र बाबू के व्यक्तित्व के दर्शन किए जा सकते हैं। रामायण में राम-वन-गमन के समय दास-दासियों के प्रति कर्त्तव्य-भाव का गोस्वामी तुलसीदासजी के निम्न कथन में परिचय मिलता है:

"दासी दास बुलाइ बहोरी, गुरुहि सौंपि बोले कर जोरी।
सबकी सार संभार गुसाईं, करहु जनक-जननी की नाईं।"

राजेन्द्र बाबू का अपने सेवक तुलसी पर यह अनुराग-भाव रामचन्द्रजी के उक्त आदर्श भाव से क्या कम है? आदर्श को अपना लेना आसान है, उसकी साधना भी की जा सकती है, किन्तु उसे आत्मसात् कर जीवन में उतार लेना एक असाधारण बात है जो राजेन्द्र बाबू ने जीवन के हर क्षेत्र में कर दिखाई है।

राजेन्द्र बाबू की इस सरल, सद्‌भावमूलक, सहिष्णु एवं क्षमाशील चित्तवृत्ति की अनेक घटनाएँ हमारे जन-जीवन में कथा-गाथाओं का रूप ले चुकी हैं और लोग जब-तब राजेन्द्र बाबू के व्यक्तित्व और विचार-प्रसंग में इन घटनाओं का स्मरण-वर्णन करते रहते हैं।

अंग्रेज़ी में एक उक्ति है–"Some are born great, some achieve greatness and some greatness is thrust." यह उक्ति जवाहरलाल जी पर खरी उतरती है, वे मोतीलाल जी के सदृश बड़े बाप के बेटे थे, फिर उन्होंने अपने प्रयत्न से भी महानता प्राप्त की। इसके साथ ही महात्मा गांधी द्वारा उन्हें अपना उत्तराधिकारी घोषित किए जाने से महानता उन पर लादी भी गई। किन्तु राजेन्द्र बाबू के संबंध में यह बात नहीं कही जा सकती। उनका तो समस्त जीवन व्यक्ति और उसके व्यक्तित्व के क्रमिक विकास की एक कहानी रहा है। फिर कुछ व्यक्ति ऐसे होते हैं जो अपनी पैतृक परम्परा से, उसके प्रभाव और प्रतिष्ठा से, तथा कुछ किसी पद अथवा अधिकार-विशेष से समाज में परिचित और प्रतिष्ठित

होते हैं, किन्तु राजेन्द्र बाबू दोनों ही दृष्टियों से परे अपने निज के बलबूते पर परिचित और प्रतिष्ठित हुए। यही नहीं, उन्होंने अपने कृतित्व से व्यक्ति के परिचय, प्रभाव और प्रतिष्ठा की प्राण-प्रतिष्ठा और अभिवृद्धि की। पद-प्रतिष्ठा और प्रशस्ति व्यक्ति को ऊपर उठाते हैं, उसे समाज में सम्मान दिलाते हैं, पर ऊपर उठने के इस क्रम में समाज में सम्मिलित होने वाले ऐसे कितने व्यक्ति होते हैं जो अपने-आपकी दृष्टि में प्रतिष्ठित और सम्मानित होते हैं? फिर पद-प्रतिष्ठाजनित सम्मान बाह्याडंबर हो सकता है, जो समय के साथ जाता रहता है, किन्तु अपने-आपकी दृष्टि में सम्मानित व्यक्ति एक स्थायी और स्तुत्य सम्मान का हेतु होता है। बहुतों के जीवन में अनेक बार ऐसे अवसर आते देखे गए हैं जो बाह्याडंबर के कारण समाज में तो सम्मानित बने रहते हैं, किन्तु अपनी ही नजरों में गिर जाने के कारण जीवन से दुखी और बोझिल हो जाते हैं। अत: अपनी दृष्टि में सम्मानित बने रहना, दूसरों की दृष्टि की अपेक्षा ज्यादा आवश्यक होता है।

सम्मान की दृष्टि से राजेन्द्र बाबू का जीवनपर्यन्त यही द्वितीय प्रकार का दृष्टिकोण रहा। वे विद्यार्थी-जीवन से लेकर भारत की सर्वोच्च सत्ता राष्ट्रपति पद-प्राप्ति तक अपने इसी सम्मान के कायल रहे। जीवन में कभी उन्होंने आडम्बर, पद-प्रतिष्ठा और प्रचार-प्रशस्ति को अपने पास फटकने भी नहीं दिया। अपने चरित्र और बुद्धिबल से वे सदा पदों से घिरे रहे, एक के बाद एक अनेक उच्च पदों पर कार्य कर उन्होंने देश-हित और यश-वर्धन किया, किन्तु उनके मानस में पद-प्रभाव के दर्शन की तो कौन कहे, उसके प्रति कभी कोई आसक्ति भाव भी देखने को नहीं मिला। पंडित जवाहरलाल नेहरू ने उनके इस दृष्टिकोण के सम्बन्ध में अपने विचार व्यक्त करते हुए अपनी आत्मकथा में लिखा है:

> "डॉ० राजेन्द्र प्रसाद बहुत अच्छे साथी हैं, उनके साथ रहकर आप सदैव ईमानदारी से भरी सहायता और सहयोग प्राप्त कर सकते हैं। उनके मुख पर कुछ ऐसी आध्यात्मिक कांति है, जो प्रेरणा और सहायता प्रदान करती है। वह कभी भी पदों के इच्छुक नहीं रहे, परन्तु ऊंचे पद उनके चरणों पर गिरते हैं और वह कर्त्तव्य समझकर उनको संभालते हैं। वह अत्यन्त उदार हृदय और क्षमाशील हैं और विश्वास की ज्योति सदैव उनके हृदय में जलती रहती है। उन्होंने अपने गुरु महात्मा गांधी का पूर्ण रूप से अनुसरण किया है और जब कभी उनसे मतभेद भी हुआ ज़ब राजेन्द्र बाबू ने उनकी बात को ही स्वीकार किया, क्योंकि उनको यह विश्वास था कि बापू को गलती न करने की आदत है।"

डा० राजेन्द्र प्रसाद जी देशरत्न थे, गांधीजी की परम्परा के प्रथम अनुयायी और उन इने-गिने सत्याग्रहियों में प्रथम जिन्होंने गांधीजी के आदर्श--साधन और साध्य की पवित्रता--को अपने जीवन में उतारा था। साधन और साध्य की पवित्रता पर विश्वास और आचरण वाला आदर्श अपनी नजरों में अपने-आपका सम्मान बनाए रखने की प्रेरणा देता है और ऐसा व्यक्ति प्रशंसा, प्रशस्ति और पदप्रतिष्ठा से अप्रभावित और परे रह सदा अपनी ही दृष्टि में अपने सम्मान वाले आदर्श के अनुसरण में दत्तचित्त बना रहता है। राजेन्द्र बाबू इस आदर्श के मूर्तिमंत रूप थे। फिर ऊँचे आदर्शों की प्राप्ति ही जिनका जीवन-लक्ष्य होता है, ऐसे व्यक्ति ही महत् और महापुरुष कहलाते हैं और ऐसे मेधावी तथा बलिदानी ही समाज और देश के आदर्श बन सकते हैं।

स्वातंत्र्य-युद्ध के शंखनाद से लेकर स्वतंत्रता-प्राप्ति तक देश के नेता और उसके नायक के रूप में राजेन्द्र बाबू सदा जनता के निकट बने रहे। फिर स्वाधीनता के बाद जब भारतीय गणतंत्र की स्थापना हुई और वह उसके प्रथम राष्ट्रपति बने, तब राष्ट्रपति-पद-रूपी पादपीठ पद बैठकर भी वह जितने अधिक जनता के निकट आए, उतने कदाचित् उसके पूर्व नहीं। इसका स्पष्ट कारण था। मानव-जीवन में निहित सद्गुणों का विकास और प्रकाश उसके जीवन के उन विपरीत क्षणों में होता है जब वह अपने स्वभाव, अभ्यास और वृत्ति के विपरीत किसी ऐसे वातावरण, कार्य अथवा प्रयोग में प्रवृत्त होता है जिसकी अनुभूति उसके जीवन में नई हो। उदाहरण के लिए, यदि किसी भोगी को योगाश्रम में अथवा किसी योगी को भोगाश्रम में प्रवृत्त करा दिया जाए, तो उनकी जीवन-प्रवृत्तियां पथ-विमुख अथवा पथ-भ्रष्ट हुए बिना न रहेंगी। सदाकत के संत राजेन्द्र बाबू के लिए जो गांधीजी के स्वातंत्र्य-आंदोलन में आने के कारण सत्याग्रही और स्वभाव के संतहृदय बने रहे, राष्ट्रपति-पद-प्राप्ति और राष्ट्रपति-भवन में अपने निवास का प्रसंग उनके जीवन का एक ऐसा ही प्रकरण था, जिस प्रकार किसी अनासक्त योगी को किसी भोग-भवन में लाकर कसौटी पर कसा जाएँ गोस्वामी तुलसीदास ने स्पष्ट ही कहा है-"प्रभुता पाय काह मद नाहीं।" और तुलसीदासजी के इस कथन के अनुरूप देश के स्वातंत्र्य-युद्ध और उसके बाद पद-प्रतिष्ठा और यशवृद्धि की प्रभुता से देश में अनेक ही नेता और महज्जन विभूषित हुए और बौराये भी, किन्तु भारतीय गणतंत्र के प्रथम राष्ट्रपति बनने और उसके बाद स्वैच्छिक रूप से अपने पद-त्याग तक के इन बारह वर्षों में जो पद-प्रतिष्ठा और यश अर्जन राजेन्द्र बाबू ने किया और उसमें एक अनासक्त

और निष्काम कर्मयोगी की भांति उनका जो अविचल और समभाव बना रहा, वह गोस्वामी तुलसीदासजी के उक्त कथन के विपरीत भरत के सम्बन्ध में कहे गए–

"भरतहिं होइ न राजु मद,
विधि हरिहर पद पाइ।"

इस कथन को पुष्ट करता है।

इस प्रसंग में यहाँ एक घटना स्मरण हो आई, जिसका उल्लेख उपयुक्त होगा। राजेन्द्र बाबू प्रथम राष्ट्रपति की हैसियत से जब राष्ट्रपति भवन में पधारे और जब उन्हें उस कक्ष में जहाँ कि उन्हें निवास करना था, ले जाया गया, तो उन्होंने स्थान आदि का निरीक्षण कर अपने उपयोग की वस्तुओं को भी देखा। इनमें एक पलंग भी था। इस पलंग पर ब्रिटिश भारत के गर्वनर जनरल (वायसराय) शयन करते थे। राजेन्द्र बाबू पलंग के निकट पहुँचे और अपने दाहिने हाथ से ज्योंही पलंग को दबाया तो पलंग के स्प्रिंगदार होने के कारण काफी नीचे तक हाथ चला गया। राजेन्द्र बाबू कुछ आश्चर्य से बोले, "मेरे लिए यह पलंग? नहीं, इस पर सोने वाले की तो वही हालत होगी जो घी भरे कनस्तर में कटोरी छोड़ देने पर कटोरी की होती है। इस पर जो सोएगा वह कटोरी की तरह नीचे चला जाएगा।" और उन्होंने अपने लिए तत्काल एक लकड़ी के तख्त की व्यवस्था करवाई जिसपर वे अपने पूरे राष्ट्रपतित्व-काल में सोते रहे। सचमुच जिस त्याग, तपस्या, निस्पृहता और सेवा-भाव से उन्होंने अपना इतना बड़ा स्थान बनाया था कि एक साधारण हैसियत से भारत की सर्वोच्च सत्ता के अधिकारी बने, उसकी रक्षा भी भरत के सदृश भगवान राम की चरण-पादुकाओं रूपी प्रजातंत्र की इस पादपीठ के पूजाभाव से ही की जा सकती थी।

राजेन्द्र बाबू की सरलता, सहृदयता और सज्जनता बेजोड़ थी। उनके समूचे व्यक्तित्व में साधुभाव समाया हुआ था। जो भी उनके सम्पर्क में आता, उनके इन सद्‌गुणों की एक ऐसी अमिट याद अपने साथ ले जाता जिसका नाता जीवन के साथ बंध जाता। फिर जो उनके सम्पर्क, सान्निध्य में आते वे ही उन्हें न भुला पाते; यही नहीं, राजेन्द्र बाबू भी अपनी स्वाभाविक शुचिता के कारण अपने निकटवर्तियों, साथियों और सेवकों के साथ छोटे-बड़े उन सभी लोगों का सदा स्मरण रखते जो कुछ कम-अधिक समय उनके साथ रह चुके हों। यहाँ इस सम्बन्ध में उनके राष्ट्रपतित्व-काल का एक ही उदाहरण देना पर्याप्त होगा।

राजेन्द्र बाबू अक्सर पिलानी जाया करते थे। जब वे राष्ट्रपति बने तो उन्होंने राष्ट्रपति-भवन में अपने काम के लिए पिलानी के शंकरिया कुम्हार को, जिसके काम से वे बड़े प्रसन्न थे, बुला लिया। शंकरिया कुम्हार काफी दिनों तक राष्ट्रपति भवन में राजेन्द्र बाबू की सेवा में रहा। कुछ समय बाद वह राष्ट्रपतिजी की ही आज्ञा से पुनः पिलानी वापस आ गया और पूर्ववत् अपनी आजीविका में जुट गया। इसके बाद राष्ट्रपतिजी पिलानी पधारे तो उन्होंने अपने निजी सेवकों को आदेश दिया कि वे देख आएं शंकरिया कैसा है और क्या करता रहता है तथा उससे कह दें कि मैं उससे मिलना चाहता हूँ। राष्ट्रपति के निजी सेवकों ने आकर सूचित किया कि वह अपने काम में लगा हुआ है। गधों से इधर-उधर मिट्टी ढोता है और उनकी देखरेख में लगा रहता है। इस संवाद पर राष्ट्रपतिजी बहुत हंसे और जब शंकरिया उनसे मिलने आया तो उन्होंने उससे कहा, "अरे शंकरिया, तूने तो मेरी गधों के बराबर भी कदर नहीं की।"

इस प्रकार राजेन्द्र बाबू के हृदय में सहृदयता और महानता का जो सागर भरा रहता था वह जब-तब उनके विनोदी उलाहनों में भी छलक उठता था।

स्वातंत्र्य-आंदोलन के दिनों में ही राजेन्द्र बाबू का व्यक्तित्व किस कोटि का निर्मित हो चुका था, इस संबंध में बारडोली सत्याग्रह के समय के कुछ घटना-संस्मरणों से अच्छा प्रकाश पड़ता है।

राजेन्द्र बाबू सरदार वल्लभभाई पटेल के साथ बारडोली में थे। इस समय भाई शंकर पंड्या नामक एक सज्जन, जिनसे राजेन्द्र बाबू के ये संस्मरण ज्ञात हुए, राजेन्द्र बाबू की सेवा-सुश्रूषा में रहते थे। भाई शंकर पंड्या राजेन्द्र बाबू के सरल-सहिष्णु भाव का गुणगान करते हुए प्रायः उनके एक क्रोध-प्रसंग का भी जिक्र किया करते हैं। एक बार किसी त्यौहार के दिन खीर-पूरी का भोजन बना। राजेन्द्र बाबू भोजन करके बाहर बरामदे में टहल रहे थे। सहसा उनकी निगाह बर्तन मांजने वाले उस कहार पर पड़ी जो पत्तल में बचा भोजन खा रहा था। पत्तल में परोसे भोजन को वह एकटक देखते रहे। फिर गरजकर भाई शंकरजी को बुलाया। भाई शंकरजी ने राजेन्द्र बाबू का यह रौद्र रूप न कभी देखा था, न कभी उसकी कल्पना ही उन्होंने की थी।

भाई शंकरजी के पहुँचते-पहुँचते राजेन्द्र बाबू ने कहार की पत्तल को स्वयं उठाकर पास ही खड़े कुत्तों को फेंक दिया था। भाई शंकरजी को देखते ही बोले, "खीर-पूरी की पत्तल लाओ। किसने परोसे इसे रात के बासी चावल?"

जब तक कहार की पत्तल नहीं आ गई, राजेन्द्र बाबू की भृकुटि तनी रही। फिर वह बहुत खिन्न-उदास बाहर निकल गए। जब यह वृत्त सरदार पटेल को ज्ञात हुआ तो वह मुस्करा दिए और बोले–"ज़रा इस पर नज़र रखो, बापू स्वराज्य लेकर इसे ही सौंपेंगे।"

साधारण व्यंग्य में कितनी बड़ी भविष्यवाणी कर गए थे सरदार पटेल! इसी प्रकार एक बार बारडोली संग्राम के अपने लेफ्टिनेंट श्री कुंवरजी भाई से सरदार ने कहा था–"जानते हो, यह बुद्ध जैसा आदमी यहाँ क्यों है? बापू का खुफिया है। हम सबपर नज़र रखने के लिए उन्होंने इसे यहाँ तैनात किया है।" इस पर कुंवरजी भाई ने प्रश्न किया–"भाईजी, यह सीधी-सादी गाय क्या जासूसी करेगी?"

सरदार व्यंग्य में फिर बोले–"गाय नहीं, बापू की कामधेनु है यह। दूध पिलाकर हम सबको अहिंसक बना देगी।"

इसी प्रकार एक और रोचक संस्मरण कुंवरजी भाई ने सुनाया था। राजेन्द्र बाबू दमे से पीड़ित थे। कभी-कभी रात-रात भर खांसते रहते थे। सरदार बहुत चिंतित हो जाते थे। एक दिन कुंवरजी भाई से सरदार ने कहा–"बापू का पत्र आया है। राजेन्द्र बाबू खांसते यहाँ हैं, और नींद हराम होती है वहाँ बापू की। किसी वैद्य को बुलाओ।"

वैद्य के उपचार की प्रतिक्रिया में खांसी और बढ़ गई तो सरदार ने कुंवरजी भाई से कहा–"बापू को चिट्ठी लिख दो कि राजेन्द्र बाबू की खांसी का इलाज वैद्यों के पास नहीं है, आप ही के पास है। स्वराज्य मिलते ही इनकी खांसी मिट जाएगी।"

इस प्रकार हम देखते हैं कि स्वातंत्र्य-आंदोलन के दिनों में ही व्यक्तित्व की दृष्टि से राजेन्द्र बाबू कितने महान् बन चुके थे। साथ ही, स्वतंत्र भारत के प्रथम राष्ट्रपति के रूप में भी उनके व्यक्तित्व और बड़प्पन की परिकल्पना उन्हीं दिनों की जा चुकी थी।

जैसे मैंने ऊपर कहा है, परिचय, प्रशस्ति, प्रचार और प्रतिष्ठा से परे राजेन्द्र बाबू के जीवन में मानवता का ऐसा सुन्दर और सांगोपांग प्रतिनिधित्व और विकास हुआ है कि लेखक को, विचारक को ऐसे व्यक्ति के सम्बन्ध में लिखते हुए यह कठिनाई सामने आती है कि वह ऐसे व्यक्ति के जीवन की अनन्त घटनाओं में से कौन-सी घटना चुने, किसका उल्लेख करे। जिसका समस्त जीवन ही प्रकाशमान

हो, एक जाज्वल्यमान नक्षत्र ही नहीं, आभाशील शशि-सा शीतल तथा आलोकपुंज रवि-सा प्रखर और तेजोमय हो, उसके विषय में उसकी किसी कलाविशेष का उल्लेख कठिन ही होता है। ऐसे ही व्यक्ति इतिहास के निर्माता होते हैं। सृष्टि में सुन्दरता की तुलना में अनेक वस्तुएं आती हैं, इनमें नारी-सौन्दर्य कदाचित् सबसे आगे है, किन्तु इन्सानियत से भरे इन्सान से और कौन वस्तु सुन्दर हो सकती है? विधाता की इस सृष्टि में राजेन्द्र बाबू एक ऐसे ही सुन्दर रत्न थे। जैसा कि पीछे उल्लेख हुआ है, वह बाहर से अपनी आकृति में अस्त-व्यस्त, आड़ी-टेढ़ी, उल्टी-सीधी वेशभूषा के कारण असुन्दर ही दीखते थे, किन्तु उनका आन्तरिक सौन्दर्य! कौन पा सकता है उसे? दोनों हाथ जोड़कर हृदयपूर्वक जब वह नमस्ते करते भीड़ के बीच चलते तो स्त्री-पुरुष, बच्चे-बूढ़े सभी उनकी इस हद दर्जे की शालीनता, शिष्टता और नम्रता पर दंग रह जाते। उस समय उनकी शोभाश्री देखते ही बनती। फिर इस सौन्दर्य के श्रृंगार में उनकी बाल-सुलभ चित्त-वृत्ति वाली निर्मलता और इस निर्मलता के साथ हृदय की भावुकता! सोने में सुगंध का मिलन हो गया था। वह अपनी इस भावुकता के बहाव में सेवाग्राम या साबरमती आश्रम में प्रवेश करते ही बहे बिना न रहते और बापू की पुण्यस्मृति से जब उनकी आंखें डबडबा आतीं तो दूसरे दिन अखबारों में मोटे अक्षरों में छपता, "राष्ट्रपति रो पड़े।" इस प्रकार उनके भावुकता-भरे इन प्रसंगों से सारा देश भली-भांति परिचित है। किन्तु इस भावुकता के बावजूद राजेन्द्र बाबू भगवान रामचन्द्र के सम्बन्ध में कहे गए-"वज्रादपि कठोराणि मृदूनि कुसुमादपि' कथन के सर्वथा अनुरूप बने रहे। जो वस्तु उन्हें प्रिय होती उसके बिछोह-वियोग के संताप या उसकी अनिष्ट अथवा अमांगलिक कल्पना से वह रो तो लेते, पर अपनी निस्पृहता वाले उच्चादर्श से तिल-मात्र डिगे बिना ही उनकी यह भावुकता अपना काम कर जाती थी। फिर भावुक हृदय होते हुए भी वह वाणी के ऐसे संयमी और धनी थे कि उनका प्रत्येक मत लोक कल्याण और लोकहित की दृष्टि से ही निकलता था। लोकहित की दृष्टि से ही वह लिखते थे, लोकहित की दृष्टि से ही वह बोलते थे और लोकहित के लिए एक साधक की भांति चुप रहना भी वह अच्छी तरह जानते थे। जवाहरलाल जी अक्सर कहा करते थे कि "राजेन्द्र बाबू का अपनी ज़बान, दिल और कलम तीनों पर काबू है, जबकि मेरा इन तीनों में से किसी पर भी नहीं।" हिन्दी के वे इतने समर्थक थे, यह उनके संविधान सभा के अध्यक्ष पद से दिए गए भाषण के इस कथन से ही सिद्ध हो जाता है कि भारत का संविधान हिन्दी में ही बने, यह उनकी इच्छा थी जो पूरी न हो सकी और यही उनका संयम भी था, अन्यथा राजेन्द्र बाबू की इच्छापूर्ति उस समय असम्भव न थी।

इस प्रकार राजेन्द्र बाबू का समूचा जीवन सफलता, सिद्धि और प्रसिद्धि की एक ऐसी कहानी बन गया है जिसके नायक और निर्माता राजेन्द्र बाबू ही थे। एक साधारण स्तर से अपनी प्रखर प्रतिभा, कर्मठता और त्याग-बल पर यह एक ऐसी उपलब्धि थी, जो नत से उन्नत अथवा समतल से जीवन के सर्वोच्च शिखर की यात्रा का एक सुन्दर और समुज्ज्वल पक्ष प्रस्तुत करती है। उनका सीधा-सादा समग्र जीवन मानव-जीवन के बड़े आदर्शों का एक ऐसा विनम्र साक्षी था जिस पर आज हर भारतीय गर्व करता है और भविष्य में करता रहेगा। भारत का आधुनिक इतिहास बापू के बाद राजेन्द्र बाबू के इस व्यक्तित्व और कृतित्व की आभा से ही आलोकित होगा, इसमें दो मत नहीं हो सकते। आदर्श और आचरण की एकरूपता में तो उन्होंने जो आदर्श और मान्यताएं स्थापित की हैं, वे भारतीय गणतन्त्र के इतिहास में राष्ट्रपति-पद पर आने वाली भावी पीढ़ियों का सदा पथ-प्रदर्शन करती रहेंगी।

विदा

लगभग बारह वर्ष भारतीय गणराज्य के प्रथम राष्ट्रपति रहने के बाद राजेन्द्र बाबू स्वैच्छिक रूप से जब इस पद से मुक्त हो रहे थे तो सारे देश के लिए उनकी पद-निवृत्ति का यह प्रसंग चर्चा का विषय बन गया। दिल्ली में आए दिनों राष्ट्रपति-भवन में सांस्कृतिक और धार्मिक संस्थाओं की ओर से उन दिनों राजेन्द्र बाबू के अभिनन्दन के जो आयोजन हुए उनसे राजेन्द्र बाबू के प्रति देश के प्रेम और ममता का परिचय मिलता था। सभी वर्गों, धर्मों, संप्रदायों और संस्थाओं की ओर से राष्ट्रपतिजी को विदा किया जा रहा था और इस विदा-बेला में इन आयोजनों के माध्यम से जो भाव व्यक्त किए जाते उनमें ममता और करुणा का ऐसा विचित्र योग रहता कि दर्शकों का दिल भर आता, नेत्रों से अश्रुप्रवाह ही उठता। इस प्रसंग में दिल्ली में कुछ मित्रों की राय से राजधानी की ओर से एक व्यापक विदा-आयोजन करने की बात सोची गई। प्रधानमंत्री पं॰ जवाहरलाल नेहरू से राय और अनुमति लेने का कार्य मुझे सौंपा गया। मैं पंडितजी से मिला और उनसे राय मांगी। उन्हें यह विचार बहुत पसन्द आया और उन्होंने स्वेच्छा से राष्ट्रपतिजी की विदाई के लिए दिल्ली में जो समिति बनी उसमें एक सदस्य के रूप में रहने के लिए अपना नाम दे दिया। डा॰ राधाकृष्णन् जो उपराष्ट्रपति थे, इस समिति के प्रधान बने। और भी सारे मंत्रिगण, अधिकारी, सर्वदलीय नेता, नागरिक इस समिति में थे। मैं इसका संयोजक था।

10 मई, 1962 को आयोजन दिल्ली के उस प्रसिद्ध रामलीला मैदान में होने जा रहा था जहाँ राजेन्द्र बाबू के बारह वर्ष के राष्ट्रपतित्व-काल में विश्व की सभी बड़ी विभूतियों का आतिथ्य-सत्कार किया गया था और जिसमें दिल्ली के लाखों लोगों ने राजेन्द्र बाबू के भी अनेक बार दर्शन किए थे, भाषण सुने थे, एवं प्रेरणा ग्रहण की थी। आज दिल्ली की वही जनता अपने उसी नेता को अपने बीच से विदा करने उपस्थित हो रही थी। अजीब दृश्य था! राष्ट्रीय समस्याओं के सन्दर्भ में जब-जब जनता से सम्पर्क की आवश्यकता पड़ती, पं० जवाहरलाल नेहरू, सरदार पटेल, राजेन्द्र बाबू आदि हमारे राष्ट्रीय नेता जनता को आह्वान करते और वह लाखों की संख्या में निश्चित समय पर एकत्र हो जाती। हमारे उक्त नेताओं ने जब-जब जनता का आह्वान किया, उसने सदा अपने अपूर्व उत्साह से हमारे नेताओं का अनुसरण किया है, कभी उनकी अवज्ञा नहीं की। यह गांधी-युग की एक महान देन थी। किन्तु दस मई का यह आयोजन, जिसमें लाखों लोग रामलीला मैदान में उपस्थित थे, किसी नेता का आह्वान न होकर स्वयं जनता द्वारा उसके नेता का आह्वान था, उसे विदा देने को। राष्ट्रपति-पद से अवकाश ग्रहण करने पर तो शासकीय स्तर पर विदाई की व्यवस्था हो ही रही थी, दिल्ली की जनता तो अपने नेता अजातशत्रु देशरत्न राजेन्द्र प्रसाद का इस विदा-बेला में वन्दन-अभिवादन करना चाहती थी।

संध्या समय लगभग छः बजे रामलीला मैदान लाखों के आलम से भर गया। देश के चोटी के नेतागण, जिनमें केन्द्रीय सरकार के अधिकारी, साहित्यकार व विभिन्न दलों के लोग भी शामिल थे, तथा विदेशी अतिथिगण सब एकत्र हो गए। पं० जवाहरलाल नेहरू लगभग बीस मिनट पूर्व स्वागत-व्यवस्था का निरीक्षण करने सभास्थल पर पहुँच गए। पंडितजी ने अपनी बाल-सुलभ चंचलता से रेलिंग पर चढ़ चतुर्दिक दृष्टि दौड़ाई, उन्होंने जनता को देखा और जनता ने उन्हें। आंखों से आँखें लड़ीं और फिर क्या था, 'जवाहरलाल नेहरू की जय' के जयकारों से गगन गूंज उठा। एक क्षण बाद वे ऊपर मंच पर पहुँच व्यवस्था का निरीक्षण करने लगे। इसी बीच ज़ोर से आंधी-तूफान के साथ बारिश आ गई। यह दृश्य देखने काबिल था। ओसधार पानी बरस रहा था, किन्तु एक भी आदमी जनसमूह की इस भीड़ से हटा नहीं, सभी लोग अपने-अपने स्थान पर खड़े उत्सुकता-भरी दृष्टि से राजेन्द्र बाबू के आगमन की प्रतीक्षा कर रहे थे। सभा-मंच के सामने कुछ दूर तक जो बिछायत थी उसे लोगों ने उठाकर अपने सिर पर तान लिया था, बरसते पानी में इस बिछायत ने जो राऊटी का

काम किया उससे झोंपड़ियों का-सा दृश्य सामने आ गया। जिसे देख याद आया दीन-दुखियों और झोंपड़ियों के प्रतिनिधि राजेन्द्र बाबू के आगमन और स्वागत की उत्सुकता में दिल्लीवासी नगरवासियों के रूप में मानो गृह-घर विहीन और झोंपड़ी वाले वे करोड़ों भारतीय आज यहाँ इकट्ठे हुए हैं जिनके सच्चे नेता और रहनुमा अजातशत्रु राजेन्द्र बाबू ही हैं।

राजेन्द्र बाबू के आगमन का समय तेज़ी से गुज़रने लगा। पानी रुकने का नाम नहीं ले रहा था। भय हो रहा था कि अब क्या होगा। किन्तु एक क्षण में पलक मारते ही देखा, इधर अचानक पानी बरसना बन्द हो गया और उधर राष्ट्रपतिजी के आगमन के सन्देशवाहक उनके पायलटों की मोटर-साइकिलों की आवाज सुनाई दी। क्षण-भर में राष्ट्रपतिजी सभास्थल पर पहुँच गए, जहाँ पं० जवाहरलाल नेहरू ने उनकी आगवानी कर स्वागत किया। सभामंच पर राष्ट्रपतिजी के साथ उपराष्ट्रपति डा० राधाकृष्णन्, डॉ० जाकिर हुसैन, राष्ट्रकवि मैथिलीशरण गुप्त, श्री रामधारीसिंह दिनकर, दिल्ली नगर निगम के महापौर नूरुद्दीन साहब तथा मैं भी उपस्थित था। राष्ट्रपतिजी के पदार्पण के साथ ही कार्यवाही आरम्भ हुई और दिल्ली नगर-निवासियों, नगर निगम तथा विभिन्न संस्थाओं की ओर से उनके अभिनन्दन-स्वरूप उन्हें एक बृहद मानपत्र इस अवसर पर समर्पित किया गया। इस अवसर पर कुछ भाषण भी हुए जिनमें डॉ० राधाकृष्णन् और पं० जवाहरलाल नेहरू के भाषण तथा राष्ट्रकवि मैथिलीशरण गुप्त का कविता पाठ मर्मस्पर्शी था। पं० जवाहरलाल नेहरू ने अपने भाषण में भावपूर्ण शब्दों में कहा: ''यह बारह साल का जमाना तो डा० राजेन्द्र प्रसाद का जमाना कहलाएगा।'' डॉ० राजेन्द्र प्रसादजी ने भी इस अवसर पर अपना आभार भाषण दिया जिसमें उन्होंने अपना हृदय रख दिया। उन्होंने कहा: ''मैं इस पद से मुक्त होते हुए ऐसा अनुभव कर रहा हूँ जैसे पाठशाला से छुट्टी मिलने पर बालक को प्रसन्नता होती है। अब मैं आज़ादी से अपनी बात कह सकूंगा।''

अपने को एक बालक और राष्ट्रपति भवन को पाठशाला कहकर राजेन्द्र बाबू ने अपने इस छोटे-से कथन में न केवल अपनी विनम्रता, सहृदयता और उदारता का ही परिचय दिया, अपितु राष्ट्रपति-भवन और राष्ट्रपति-पद की एक गम्भीर और दार्शनिक व्याख्या भी कर दी। अपने उक्त कथन के साथ ही राजेन्द्र बाबू ने अपने कार्यकाल में हुई त्रुटियों के लिए क्षमा-याचना करते हुए जो शब्द कहे वे मार्मिक तो थे ही, एक महान् सांस्कृतिक और सन्त पुरुष का हृदय भी इन शब्दों में प्रतिबिम्बित हो उठा था। उन्होंने कहा: ''मुझसे यदि कुछ त्रुटियां हुई

हों तो उनके लिए परमात्मा से और आप सबसे क्षमा चाहता हूँ।'' त्रुटियां हों या न हों, त्रुटियों का होना तो स्वाभाविक है, फिर स्वाभाविक बात को सीधे-सादे शब्दों में स्वीकार कर लेना और अस्वाभाविक तथा अनहोनी बातों को प्रयत्न और पुरुषार्थ से प्राप्त करना ही राजेन्द्र बाबू का दर्शन था। उनके जीवन की यही असाधारणता थी। फिर विदा अथवा कार्य-परिणति के प्रसंगों पर क्षमा-याचना हमारी परम्परा का एक पावन गुणधर्म है, हमारी संस्कृति का भूषण है। भला राजेन्द्र बाबू, जो आधुनिक प्रगति के पोषक होते हुए भी परम्पराप्रिय थे, अपनी परम्परा के इस विशिष्ट गुणधर्म के निर्वाह से कैसे चूक सकते थे! उनके इन शब्दों में 'सरल स्वभाव छुवा छल नाहीं' वाला उनका मानस और समग्र जीवन पूर्णतया अभिव्यक्त हो उठा था। राजेन्द्र बाबू के इस कथन के साथ ही 'राजेन्द्र बाबू' के जयघोष से सारा वातावरण निनादित हो उठा। मेरी आंखों में आंसू उमड़ आए और क्षण-भर के लिए मैं राजेन्द्र बाबू के निस्पृह और नरश्रेष्ठ रूप की झांकियों में खो गया।

राजेन्द्र बाबू की विदाई का यह समारोह क्या था, जीवन का एक ऐसा मार्मिक प्रसंग था जो क्वचित् ही ऐतिहासिक पुरुषों के जीवन में आता है। उस दिन का वह दृश्य और उसमें हुई बातें अनेक बार मुझे बेचैन करती रहीं और राजेन्द्र बाबू के जाने के बाद तो और अधिक।

इसके बाद शासकीय स्तर पर जब डॉ॰ राधाकृष्णन् ने राष्ट्रपति का पद-भार संभाला और संसद् भवन के एक भव्य समारोह में उन्होंने भारत के प्रथम भद्र पुरुष अजातशत्रु डा॰ राजेन्द्र प्रसाद को 'भारतरत्न' की उपाधि से विभूषित किया, उस समय का दृश्य बड़ा ही मार्मिक और हृदयग्राही था। दिनांक 13 मई को डॉ॰ राजेन्द्र प्रसादजी एक विशेष ट्रेन से पटना प्रस्थान कर रहे थे। ट्रेन नई दिल्ली स्टेशन पर लगी थी। राष्ट्रपति-भवन से डॉ॰ राजेन्द्र प्रसादजी छः घोड़ों की राजकीय सवारी में राष्ट्रपति डॉ॰ राधाकृष्णन् के साथ स्टेशन पहुँचे। राष्ट्रपति भवन से स्टेशन तक मार्ग में दोनों और हज़ारों की संख्या में जनसमूह अपने प्रिय नेता और राष्ट्रपति को विदा करने मौजूद था। राजेन्द्र बाबू बग्घी में बैठे-बैठे ही दोनों हाथ जोड़े मार्ग के दोनों ओर खड़ी जनता का अभिवादन स्वीकार करते जाते। जनता राजेन्द्र बाबू का जयघोष कर उन पर पुष्प-वृष्टि करती। यह दृश्य देखते ही बनता। नई दिल्ली स्टेशन पर ज्योंही राजेन्द्र बाबू पहुँचे, जनता का आलम बढ़ गया। सुरक्षा की दृष्टि से प्लेटफार्म पर केवल उन्हीं लोगों को जाने की इजाज़त थी जिसके पास प्रवेशपत्र थे। इनमें केन्द्रीय सरकार के मन्त्रिगण, संसद सदस्य, अधिकारी,

विदेशी लोग, पत्रकार और नागरिकों का स्टेशन पर ही ऐसा आलम जमा हो गया था कि पैर रखने की जगह नहीं थी। राजेन्द्र बाबू विशेष ट्रेन में अपने वातानुकूलित डिब्बे में आराम से बैठे हुए थे और लोग बारी-बारी से जाकर उनसे मिल आते थे। मुलाकात का यह क्रम काफी देर तक चलता रहा। जब ट्रेन के जाने का समय हुआ तो प्रधानमन्त्री पं॰ जवाहरलालजी जो यद्यपि स्टेशन पर काफी देर से पहुँचे थे और राजेन्द्र बाबू से मिल भी चुके थे, किन्तु ट्रेन रवाना होने के कुछ ही पूर्व राजेन्द्र बाबू के डिब्बे में घुसे और उनके गले में बांहें डालकर, लिपटकर रो पड़े। राजेन्द्र बाबू और पं॰ जवाहरलाल नेहरू राष्ट्र के दो नायकों की यह मार्मिक भेंट जहाज के उन दो पतवारों की भांति थी जिन्होंने सर्वाधिक रूप से राष्ट्र के जहाज को स्वाधीनता प्राप्ति के बाद, विशेष रूप से गणतन्त्र के इन बारह वर्षों में, खेकर आगे बढ़ाया है। आज राजेन्द्र बाबू रूपी एक पतवार अलग हो रही थी, इसी भावपूर्ण वेदना के वशीभूत हो पं॰ जवाहरलालजी करुणा से भर उठे।

राष्ट्रपतिजी की विशेष ट्रेन ने ज्योंही सीटी दी, प्लेटमफार्म के बाहर खड़ी जनता का आलम बेचैन हो उठा। सुरक्षा-प्रबन्ध के कारण प्लेटफार्म पर लोगों को जाने से रोक रखा था, गाड़ी आहिस्ता-आहिस्ता नई दिल्ली स्टेशन का प्लेटफार्म छोड़ने लगी और बाहर जनता इधर-उधर दौड़कर उस विशेष ट्रेन से जाने वाले अपने प्रियतम राजेन्द्र बाबू के दर्शनों की उत्कण्ठा में यहाँ से वहाँ दौड़-भाग करने लगी। जनता की दौड़-भाग का यह दृश्य बड़ा ही मार्मिक था। यह दृश्य देख मुझे गोस्वामी तुलसीदासजी का "एक मिलत दारुण दुःख देहीं, बिछुरत एक प्रान हर लेहीं।" कथन बरबस याद आ गया। राजेन्द्र बाबू के इस विदा-प्रसंग में लोगों के दिल में उनके प्रति जो ममता, प्यार और मुहब्बत थी वह उन्हें बरबस राजेन्द्र बाबू की ओर खींच रही थी, और इस खिंचाव में मुहब्बत का जो एक दर्द होता है, एक कसक, एक पीड़ा होती है, उसके वशीभूत हो दिल्ली का यह नर-समूह, जैसे-जैसे ट्रेन आगे बढ़ती, उसकी ओर भाग रहा था—अपने नेता, नायक, रहनुमा और प्रियतम के अन्तिम दर्शनों के लिए।

हमारे यहाँ एक आम कहावत है कि 'डूबते सूरज को कौन पूजता है।' सचमुच कोई नहीं पूजता। पूजने से अभिप्राय भी क्या! हम तो उस नवोदित सूर्य के पूजक, प्रशंसक और उपासक हैं जो हमें रोशनी देता है, यही नहीं, हमारा जीवनदाता है। किन्तु राजेन्द्र बाबू के इस विदा-प्रसंग ने हमारे इस विश्वास को, हमारी इस मान्यता अथवा कहावत को सर्वथा बदल दिया था। पिछले कुछ दिनों

से राष्ट्रपति-भवन और नई दिल्ली का जो वातावरण बन गया था तथा उसके बाद विशेष रूप से दस मई से तेरह मई तब इन तीन दिनों में जैसा अभूतपूर्व, ममत्वपूर्ण और कारुणिक दृश्य राजेन्द्र बाबू की विदाई के इस अवसर पर उपस्थित हुआ उसे देख जान पड़ता, देश की हृदयगत करुणा जो देशरत्न के प्रति उसने अपने हृदय में संजो रखी थी, दिल्ली के गली-कूंचे और सड़कों से सरिता-सी प्रवाहित हो रामलीला मैदान, संसद भवन और अन्तिम दिन नई दिल्ली स्टेशन पर समुद्र की तरह उमड़ रही थी। स्वाभाविक ही था, आज न केवल भारत की कोटि-कोटि जनता का नेता और रहनुमा अपने पद-भार से विदा हो रहा था। वरन् समुद्र की भांति मर्यादित उसकी परम्परा, संस्कृति और सामर्थ्य का प्रतीक भारत का वह सिंधुराज विदा हो रहा था, जो अपने शील, शौर्य, धीरता और गम्भीरता में अब तक भारत-सिंधु का प्रतिनिधित्व करता रहा है। राजेन्द्र बाबू अपने सैलून में समुद्र की भांति ही धीर, गम्भीर और शांत बैठे थे। प्लेटफार्म और उसके बाहर ऊर्मियों और लहरों की भांति जन-समूह लहलहा रहा था। जान पड़ता, समुद्र की काया रेल के डिब्बे में थी और उसकी आत्मा बाहर स्पन्दन कर रही हो। ठीक ही तो है, समुद्र से ही सूर्योदय होता है और उसी में सूर्यास्त भी। दोनों का अन्योन्य सम्बन्ध है, आत्मीय सम्बन्ध है, और इसीलिए जिस जनता के लिए आज पर्यन्त राजेन्द्र बाबू अविराम श्रम करते रहे और उसके दुःख से दुःखी तथा उसे समुन्नत एवं सुखी बनाने को विकल रहे, वही जनता आज उनके लिए विकल हो तो आश्चर्य की बात ही क्या है!

राजेन्द्र बाबू की विदाई का यह प्रसंग, इस अवसर पर उनका स्वागत-वन्दन-अभिनन्दन सभी कुछ जैसा करुणा-प्रेरित और ममत्व की पीड़ा से भरा हुआ था उसे देख जान पड़ता यह डूबते हुए सूरज की पूजा नहीं है वरन् उस सूरज की पूजा है जो अपने उदय के साथ आज पर्यन्त अपने निष्काम सेवामय कर्मशील सार्वजनिक जीवन के पचास वर्षों में एक क्षण को भी डूबने की तो कौन कहे भारतीय गगन से ओझल नहीं हुआ है।

जीवन-दर्शन

'जीवन-दर्शन' शब्द ही व्यक्ति के जीवन के एक विशिष्ट पक्ष का निर्देशक है। दृष्टिकोण अथवा उद्देश्यहीन न कोई व्यक्ति होता है और अपवाद रूप ऐसे हुए भी तो फिर उनका कोई जीवन नहीं होता। जीवन का अर्थ जिस प्रकार एक गतिशील ज्वलन्त स्थिति है उसी प्रकार दर्शन भी एक परिपक्व और परिपुष्ट तथा स्पष्ट

उद्देश्यपूर्ण स्थिति का परिचायक होता है। एक निश्चित अवस्था पर यह स्थिति सभी व्यक्तियों के सम्मुख आती है और सभी को जीवन के चौराहे पर खड़े हो अपना एक निश्चित और स्पष्ट दृष्टिकोण, लक्ष्य अथवा जिसे जीवन-दर्शन कहें, निश्चित करना होता है। जीवन के ऊबड़-खाबड़ धरातल पर अनेक लोगों को अपने निश्चित दृष्टिकोण, लक्ष्य अथवा दर्शन में परिस्थितिवशात् परिवर्तन करने को भी बाध्य होना पड़ता है और इस परिवर्तन के अनेक बार बड़े व्यापक और दूरगामी परिणाम देखने में आते हैं। व्यक्ति का जीवन-दर्शन दो दृष्टियों से, दो क्षेत्रों में प्रेरित और प्रभावित होता है, एक व्यष्टि से दूसरा समष्टि से।

इस निरवधि काल में विपुल पृथ्वी पर कभी-कभी ऐसे महापुरुष भी आ जाते हैं जिनका दिक्काल से अविच्छिन्न प्रभाव लोकमात्र के लिए एक अनन्त आलोक की सृष्टि कर जाता है। राजेन्द्र बाबू ऐसे ही विश्व-बन्धु युगपुरुषों में थे। वे सारे संसार और अखण्डकाल के लिए कुछ अनुपम, अखण्ड और अमिट आभा छोड़ गए हैं।

जैसाकि पुस्तक के व्यक्तित्व अध्याय में सरोजिनी नायडू का यह कथन कि 'बाबू राजेन्द्र प्रसाद के भव्य व्यक्तित्व के बारे में स्वर्ण लेखनी को मधु में डुबोकर लिखना होगा' आया है; अनेक विद्वानों ने अनेक जगह इसे उद्धृत किया है क्योंकि इसमें काव्य के चमत्कार के अतिरिक्त यथार्थ का आकर्षण भी है। राजेन्द्र बाबू के स्वभाव में सचमुच ही मधु की मिठास और उनके त्याग-तप में सोने को भी मात करने वाली चमक थी—कुछ ऐसी चमक़ थी जो धूल पर भी पड़े तो उसमें सोने का रंग भर दे।

यही कारण है कि आधुनिक भारत के मनीषी और तत्त्व-चिंतकों में डॉ० राजेन्द्र प्रसाद का प्रथम स्थान है। उनके जीवन का अधिकांश भाग या तो राष्ट्र के लिए संघर्ष करने में बीता है या राष्ट्र-निर्माण में लगा है। पश्चिमी विचारों का भारतीय संस्कृति की पृष्ठभूमि में जो समन्वय राजेन्द्र बाबू के जीवन में दिखाई देता है वह अन्यत्र मिलना कठिन है।

आज से लगभग पचास वर्ष पहले राजेन्द्र बाबू ने गांधी मार्ग का जो रास्ता पकड़ा था, अन्त तक वे इसी पथ के पथिक रहे। यह बड़ी बात न होकर बड़ी बात तो यह है कि उनका सम्पूर्ण जीवन उसी से ओत-प्रोत रहा। यही कारण है कि उनके सामाजिक और व्यक्तिगत जीवन में कहीं कोई व्यवधान नहीं रहा और अपने सभी कामों को उन्होंने इसी पैमाने से नापा और उनके मन में देश का हित

ही सर्वोपरि रहा। मन, वचन और कर्म से वे अहिंसा को अपना मूल-मन्त्र मानते रहे, पर राष्ट्रीय एकीकरण के लिए जनमानस के आग्रह पर उन्होंने विष का पान किया, जिसके कारण राष्ट्रपति-पद के बारह वर्षों तक हिंसा और अहिंसा का अन्तर्द्वन्द्व उनमें बराबर छिड़ा रहा। इस बात का स्पष्ट आभास तब मिला जब उन्होंने राष्ट्रपति-पद से अवकाश ग्रहण करने के कुछ दिन बाद ही निःशस्त्रीकरण सम्मेलन के अध्यक्ष-पद से यह घोषणा की कि सम्पूर्ण संसार में शांति के लिए प्रयत्नशील भारत सबसे पहले निःशस्त्रीकरण करके इस दिशा में एक आदर्श उपस्थित कर सकता है।

राजेन्द्र बाबू अहिंसा के प्राण-तत्त्व 'अभय' के मूर्तिमान रूप थे। यही वजह थी कि उन्होंने मन, वचन और कर्म से अहिंसा का वरण किया था। वे व्यक्ति को भौतिक सम्पत्ति और शक्ति के स्थान पर आत्म-शक्ति से समृद्ध करने के पक्षपाती थे। उनका मत था कि आत्म-शक्ति से सशक्त और सुदृढ़ व्यक्ति, समाज और राष्ट्र ही अक्षय और अजेय हो सकता है, मात्र भौतिक शक्ति से नहीं। राजेन्द्र बाबू सच्चे अहिंसावादी थे क्योंकि उनमें अपार आत्मबल था। वे शांतिवादी थे क्योंकि उनके भीतर शक्ति विराज रही थी।

अक्तूबर 1962 में जब चीन ने भारत पर आक्रमण किया जो राजेन्द्र बाबू ने, जो अब राष्ट्रपति-पद से अवकाश ग्रहण कर चुके थे, पटना में एक सार्वजनिक सभा में बड़े ही सारगर्भित और मार्मिक शब्दों में आज़ादी की रक्षा के लिए जनता से अपील की। चीनी आक्रमण की चुनौती का सामना करने के लिए पटना में बांकीपुर के उस पुराने लान और आज़ादी के बाद के गांधी मैदान में राजेन्द्र बाबू के आह्वान पर जो यह सभा हुई, कहते हैं इतनी बड़ी आम सभा कभी नहीं हुई, जब गोलघर के भूरे मुंडेरों को भी रंग देने वाली उस ढलती संध्या में राजेन्द्र बाबू ने तालियों की गड़गड़ाहट के बीच घोषणा की:

> "हमने अहिंसा के द्वारा एक ऐसी ताकत से आज़ादी ली जो दुनिया की सबसे बड़ी ताकतों में गिनी जाती थी। आज दूसरा समय आया है और अहिंसा से महात्मा गांधी ने जो आजादी प्राप्त की उसे आवश्यकतानुसार हिंसा और अहिंसा, दोनों ही तरीकों से बचाना है। जो हिंसा के रास्ते से चलकर देश को बचाना चाहते हैं, वे उस रास्ते आगे बढ़ें। जो अहिंसा से ही आजादी की रक्षा करना चाहते हैं, वे उस रास्ते से आगे बढ़ें। पर आज यह सोचने का समय नहीं है कि कौन रास्ता अच्छा है और कौन बुरा। मूल बात यह है कि हमें हर स्थिति में भारत को स्वतन्त्र रखना है।"

राजेन्द्र बाबू के स्वर में उस दिन वैसी ही आंच थी जैसी 'भारत छोड़ो' का उद्घोष करते समय महात्मा गांधी की वाणी में थी।

मूलतः शांतिवादी राजेन्द्र बाबू ने देशवासियों का आह्वान करते हुए कहा: "संसार इस बात का साक्षी है कि भारतीय गणराज्य ने किसी भी देश की ओर बुरी नजर से नहीं देखा है। पर लड़ाई के समय हमारी कोशिश होनी चाहिए कि हम आवश्यकतानुसार कहीं भी जाकर शत्रु का मुकाबला करें। चीन जहाँ से चोरों की तरह हमारी भूमि में घुसा, वहीं से उसके पांव उलट देने चाहिए। यदि चोरी-चुपके दो-चार चीनी आक्रमक हमारे गाँव में पहुँच जाएँ तो हमें देखना है कि उन्हें खाने-पीने और रहने के लिए जगह न मिले और यदि वे मर जाएँ तो हमें यह देखना चाहिए कि उनकी लाशें गाड़ने के लिए जगह न मिले।"

इस प्रकार हम देखते हैं कि राजेन्द्र बाबू नई पीढ़ी के लोगों के लिए राष्ट्रपति-भवन से ज्यादा सदाकत आश्रम आकर राष्ट्र के सर्वोच्च प्रेरणा-स्रोत बन गए थे।

उपनिषद् में उल्लेख आया है कि-"विश्व का अस्तित्व स्वतन्त्रता में है, उसी में इसका उदय है, उसी में इसका लय।" अतः लोकमान्य के शब्दों में स्वाभाविक ही स्वाधीनता मानव का जन्मसिद्ध अधिकार है। मानव के इस अधिकार पर जब भी और जहाँ भी कुठाराघात हो अथवा उसका अपहरण होता है, कोई भी विचारक, मनीषी और सद्पुरुष उसे सहन नहीं करेगा, उसका विरोध करेगा और प्रतिरोध करेगा। तिब्बत पर चीन का आधिपत्य स्वीकार किए जाने के प्रश्न पर उस वक्त राजेन्द्र बाबू ही मात्र एक ऐसे व्यक्ति थे जिन्होंने इसे अनुचित ठहराया था और बाद में उन्होंने अपना यह मत व्यक्त भी किया।

गांधीजी ने कहा था कि यदि मेरा वश चले तो भारत का राजा किसान हो, क्योंकि इस देश का वही प्रतिनिधित्व करता है। भारत के प्रथम राष्ट्रपति देशरत्न राजेन्द्र प्रसाद के बारे में गांधीजी का यह विचार पूरा उतरता है। सचमुच वे सच्चे किसान थे। उनके खान-पान उनके रहन-सहन, उनके व्यवहार, उनके आचार-विचार से वे सभी बातें झलकती हैं जो हमारे देश के सीधे-सादे किसान से सम्बन्धित हैं। हमारे देश में पश्चिमी दर्शन के प्रभाव के कारण आधुनिक पढ़े-लिखे लोग यह समझने लगे थे कि जीवन की सारी भूमि धर्म की भूमि नहीं है। उपनिषद् काल में और बौद्ध तथा जैन युगों में धर्म को वरण करने वाला व्यक्ति गृहस्थी छोड़कर संन्यास ले लेता था, क्योंकि उस समय यह समझा जाता था कि गृहस्थी और धर्म साथ-साथ नहीं चल सकते। धर्म तो एक विशेष

प्रकार की साधना है। इसका सहारा मोक्ष-प्राप्ति के लिए लिया जाता है। संसार के सभी देशों में किसी समय किसी सुधारक ने धर्म को अपने समस्त जीवन पर लागू करने का प्रयत्न किया था या नहीं, यह नहीं कहा जा सकता। राजेन्द्र बाबू का महत्त्व इस बात में है कि उन्होंने गांधीजी के धर्म को जीवनव्यापी बनाने के दुस्साहसी प्रयोग को अपने व्यक्तिगत गृहस्थ और सामाजिक जीवन पर किया। अरविन्द को वे अत्यधिक श्रद्धा की दृष्टि से देखते थे, पर गांधी को वे इसीलिए अपना गुरु मानते थे क्योंकि अरविंद ने मानव-समाज की समस्याओं का यह निदान किया कि ये समस्याएं मनुष्य की बुद्धि से निकली हैं और उनका समाधान यह है कि मानव-समाज बुद्धि के स्तर से उठकर अतिमानस की अवस्था में पहुँच जाएँ निदान तो गांधीजी का भी बहुत कुछ वही था, किन्तु समाधान में दोनों महात्माओं में भेद था। गांधीजी मनुष्य में धर्म की भावनाएं जगाकर उसकी पीड़ाएं दूर करना चाहते थे और गांधीजी के विचार को यदि किसी एक व्यक्ति ने साकार रूप प्रदान किया तो वे राजेन्द्र बाबू थे। उन्होंने अपने जीवन के प्रत्येक क्षेत्र में इस बात का बड़ी निष्ठापूर्वक लागू किया कि मानवता से एकाकार हुए बिना धर्म का पालन नहीं हो सकता इसीलिए उन्होंने राजनीति का क्षेत्र चुना। क्योंकि इस क्षेत्र में साधारण जन से एकाकार होने की सम्भावना अत्यधिक है। उन्होंने अनेक बार कहा भी था कि ऐसे धर्म से मेरा परिचय नहीं है जो मनुष्य के दैनिक कार्यों से अलग होता है। उन्होंने अपने आचरण से यह सिद्ध कर दिया कि धर्म किसी खास दिन या लग्न-विशेष का कृत्य नहीं है।

राजेन्द्र बाबू शिक्षा, संस्कृति और कला के संगम थे। विवेकानन्द, अरविन्द और गांधी के समान वह यह मानते थे कि केवल आधिभौतिक विजयों और उपलब्धियों पर आश्रित अथवा अवस्थित सभ्यता न तो शान्तिदायिनी हो सकती है और न उसमें स्थायित्व ही आ सकता है। वह तभी आएगा जब वह धर्म से पूर्णरूपेण व्याप्त हो जाएँ उनका मानना था कि जीवन धर्म से अलग होकर नीचे गिर जाता है और धर्म से मिलकर ऊपर उठने लगता है। ज्ञान के स्तर पर रामकृष्ण परमहंस, विवेकानन्द, लोकमान्य, अरविन्द और गांधी ने जो दर्शन तैयार किया था, कर्मक्षेत्र में उनको उतारने का भार राजेन्द्र बाबू जैसे विनम्र सेवक पर पड़ा।

चाणक्य और मेकियावली जैसे पंडितों की राजनीति से राजेन्द्र बाबू मुक्त थे। उनमें राजनीति के लिए छल, प्रपंच, मिथ्याचार और दांव-पेच मौजूद नहीं थे। वे मानते थे कि जिस राजनीति के हाथों प्रत्येक देश की जनता का भाग्य

निर्णीत हो रहा है यदि वह ईर्ष्या, द्वेष, छल, प्रपंच और असत्य पर आधारित हो जाए तो विश्व-एकता की कल्पना कोरी कल्पना ही रहेगी और विज्ञान की शक्तियों का प्रयोग मनुष्य की हानि के लिए होता ही जाएगा।

राजेन्द्र बाबू ने अहिंसा को नीति मानकर नहीं सिद्धान्त मानकर जीवन में उतारा था। जिस समय गांधीजी के अहिंसा के प्रयोग पर सारा संसार हंसता था और बड़े-बड़े लोग यह कहकर शंका से सिर हिलाया करते थे कि इतिहास में कभी भी अहिंसक क्रांति नहीं हुई, उस समय अहिंसा में जो शक्ति छिपी है उसको राजेन्द्र बाबू ने भांप लिया था और उन्होंने यह भी समझ लिया था कि सच्ची अहिंसा भय नहीं प्रेम से जन्म लेती है, निःसहायता नहीं, सामर्थ्य से उत्पन्न होती है। राजेन्द्र बाबू ने अपने जीवन में सदैव एक सच्चे सत्याग्रही के विचार को साकार रूप दिया। उन्होंने सदैव ही इस बात का प्रयत्न किया कि प्रतिपक्षी के हृदय की कटुता को उसके भीतर की सद्भावना से स्थानान्तरित किया जाएँ जैसा कि पहले कहा गया है, राजेन्द्र बाबू के इस अन्तरभाव का ही प्रभाव था कि गांधीजी के सत्य-अहिंसा के प्रयोग-काल में ही हठवादी और ईर्ष्यालु कायदेआज़म जिन्ना ने, जब कांग्रेस और मुस्लिम लीग के बीच स्वाधीनता के प्रश्न पर गतिरोध उत्पन्न हुआ तो मात्र राजेन्द्र बाबू ही ऐसे व्यक्ति थे जिनसे बातचीत करना मंजूर किया। अनेक दिनों तक कांग्रेस की ओर से राजेन्द्र बाबू और मुस्लिम लीग की ओर से कायदेआज़म जिन्ना की यह बातचीत सौहार्द्रपूर्ण वातावरण में चली थी। इस प्रकार हम देखते हैं कि किस प्रकार राजेन्द्र बाबू गांधीजी के सत्य-अहिंसा के प्रारंभिक दिनों और प्रयोग-काल में ही उनके सच्चे एकमात्र उत्तराधिकारी और देश के अजातशत्रु बन चुके थे।

राजेन्द्र बाबू महान् आस्तिक और वैष्णव श्रेणी के भक्त थे। सर्वोत्तमवादी साधक परमात्मा को शैलों, पहाड़ों, तालों और समुद्रों में देखता है। रहस्यवाद अपने-आपमें अमूर्त वास्तविकता का दर्शन करता है और मूर्तिपूजक भक्त पत्थर की मूर्ति में ईश्वर की प्रतीति करता है। इन सबमें तो राजेन्द्र बाबू को परमात्मा की झलक मिलती ही थी, किन्तु उनके साथ उन्होंने परमात्मा के दर्शन सदाचार में किए। उनके लिए ईश्वर सत्य और प्रेम, नैतिकता और सदाचार था। आधुनिक युग में भक्ति और रहस्यवाद में कोई विशेष श्रद्धा नहीं रह गई है। ऐसे शंकालु युग में राजेन्द्र बाबू पैदा हुए। वे मानते थे कि धर्म का वास्तविक अनुसरण नैतिकता के पालन में है। वे प्रार्थना में पूरा विश्वास रखते थे। उनका सारा जीवन ही प्रार्थनामय था और आत्मनिवेदन के भाव से भरपूर था। वे कहते

थे कि प्रार्थना आत्मशुद्धि का आवाहन है। वह विनम्रता को निमन्त्रण देती है। राजेन्द्र बाबू इतने अधिक विकसित हुए कि अन्त में वे ऐसी जगह पहुँच गए जहाँ सभी धर्म मनुष्य को ले जाना चाहते हैं। वे अच्छे हिन्दू भी थे, अच्छे मुसलमान भी थे और अच्छे ईसाई भी।

किन्तु इसका अर्थ यह नहीं कि वे धर्मान्ध थे। सचमुच में वे विवेकी थे और प्रत्येक बात को धर्म की कसौटी पर, उस धर्म की जिसमें मानवजाति के अधिकारों और उपलब्धियों के लिए अवसर, साधन और स्वतंत्रता समान स्तर पर सुलभ हो, कसना उनकी आदत बन चुकी थी। रूढ़ियों और अंधविश्वासों की वे बड़ी निन्दा करते थे।

राजेन्द्र बाबू वैरागी के वैरागी और गृहस्थ के गृहस्थ थे। वे क्रान्तिकारी थे किन्तु क्रान्ति के पक्ष में वे जिन शक्तियों को जागृत करते थे, उन्हें अपने नियंत्रण में ही रखने की कोशिश करते थे। वे प्रतिमापूजक थे, किंतु वे आराधकों को ऊंचे स्तर पर ले जाकर प्रतिमाओं के दर्शन करने की शिक्षा भी देते थे। वे वर्णाश्रम के विश्वासी थे, किन्तु जाति-प्रथा को अभिशाप मानते थे। वे काम-भावना को मनुष्य की नैतिक प्रगति में बाधक मानते थे, किन्तु नारी-जाति के प्रति उनके मन में अत्यधिक आदर और कोमलता का भाव था। राजेन्द्र बाबू की सबसे बड़ी विशेषता यह थी कि जो सुधार वे दूसरों को सिखाना चाहते थे उन सुधारों को पहले वे अपने जीवन में उतार लेते थे। गांधीजी के अन्य गुण-धर्मों के साथ उन्होंने इसे भी सर्वोपरि रूप से अपने जीवन में उतारा जो जीवनपर्यन्त उनमें विद्यमान रहा।

उदाहरण के लिए, गांधीजी के सिद्धांतों के प्रचार के लिए तथा सर्वोदय सिद्धांतों में निष्ठा रखने के लिए जब आचार्य विनोबा भावे ने सर्वोदय पात्र की योजना का विचार जनसाधारण को दिया तो राष्ट्रपति होते हुए भी राजेन्द्र बाबू प्रथम व्यक्ति थे जिन्होंने सबसे पहले राष्ट्रपति-भवन में सर्वोदय पात्र रखा और जब तक वे राष्ट्रपति रहे तब तक नित्य ही मुट्ठीभर अन्न सर्वोदय पात्र में डालते रहे।

उनका सारा दृष्टिकोण सदाचार का और पवित्रतावादी था। यह कोई उनका प्रयोग नहीं था वरन् ये सिद्धान्त उनके जीवन से निकले थे।

राजनीति राजेन्द्र बाबू को अपने में आत्मसात् नहीं कर सकी, वह तो उनके लिए मातृभूमि की मुक्ति और मानवता की सेवा का एक साधन-मात्र रही।

वस्तुतः राजेन्द्र बाबू राजनीति के पुरुष नहीं थे, वे तो धार्मिक नेता भी थे। लेकिन उनका धर्म किसी गुरुमुख से लिया हुआ धर्म नहीं था, न उन्होंने सम्प्रदाय-विशेष के धर्म को अपना धर्म माना। वे तो 'वसुधैव कुटुम्बकम्' और 'सर्व धर्म समभाव' वाले धर्म के अनुवर्ती थे।

राजेन्द्र बाबू कला को कौतुहल या मनोरंजन की वस्तु नहीं मानते थे। उनका कहना था कि वह वर्तमान और भावी जीवन की आवश्यकता तो है ही, हमारे गौरवपूर्ण अतीत का भी वह प्रतिनिधित्व करती है। वे मानते थे कि कला व्यक्ति के कल्याण का साधन है और सौन्दर्य के बारे में उनका मत था कि मूर्त वस्तुओं में सौन्दर्य को साक्षात् देखना और जीवन में उसे लाना, यही मानव की स्वाभाविक प्रवृत्ति है और आवश्यकता है। लौकिक उपकरणों को वे जीवन का साधन मानते थे, साध्य नहीं। शांतिमय साधनों और आनन्दमय सार्थकता में ही वे शाश्वत जीवन का दर्शन करते थे।

अनेक व्यक्तियों का विचार है कि वे विज्ञान के विरोधी थे, किन्तु उन्होंने इसके बारे में अनेक बार कहा कि वास्तव में कोई व्यक्ति कभी विज्ञान के विरुद्ध नहीं हो सकता, क्योंकि ऐसा होने से वह स्वयं ही प्रतिगामी बनता है। उनका मत था कि विज्ञान जब तक जन-कल्याण की भावना से विकसित होता रहा तब तक उससे मानव-समाज का हित ही होता रहा है और इसलिए यह समाज विज्ञान का विकास करते हुए भी धर्म की छत्रछाया में रहकर दृश्य साधनों का साधन बना रहा। आज भी हमें वैज्ञानिक विकास के साथ-साथ धर्म का सम्बल प्राप्त होना चाहिए। कुछ ऐसी मर्यादाएं होनी चाहिए जिनका पालन हमारे लिए अनिवार्य हो। इन मर्यादाओं से ही विज्ञान की आत्मरक्षा हो सकेगी।

उनका दृष्टिकोण मानवीय था इसलिए वे प्रत्येक विचार को उसी की कसौटी पर कसते थे। यन्त्रों के बारे में उनका कहना था कि मनुष्य यन्त्रों के लिए नहीं है यन्त्र उसके लिए हैं। यही नहीं, विज्ञान की शक्तियों भी मानव-कल्याण के लिए ही हैं, मानव उन शक्तियों के लिए नहीं। उनका मत था कि भौतिक विज्ञान भले ही अपने तीव्र प्रकाश से मनुष्य को कुछ समय के लिए चकाचौंध कर दे, किन्तु सभ्यता और संस्कृति को चिरस्थायी बनाने के लिए धार्मिक और नैतिक शक्तियां आवश्यक हैं और इनके लिए बलिदान और त्याग की आवश्यकता है जो अटूट विश्वास और चिन्तन द्वारा प्राप्त होता है और राजेन्द्र बाबू इसी जीवन-शक्ति को प्राप्त करके प्रथम सत्य, सौन्दर्य और कला की

अनुभूति करना चाहते थे, जिसको जीवन का प्रथम उद्देश्य कहा है। यही कारण है कि वे ऐसे वैभव को दूर से ही नमस्कार करते थे जो मनुष्य को धर्म-विमुख कर अनैतिकता की ओर ले जाएँ वे वस्तुतः स्वतन्त्रता को प्राप्त करने के लिए मृत्यु का वरण करना भी पसन्द करते थे।

राजेन्द्र बाबू मात्र नेता अथवा शासक नहीं थे, वह तो राष्ट्रपुरुष भी थे। ऐसे राष्ट्रपुरुष जिनके मन, वचन और कर्मों में समग्र राष्ट्र की आत्मा निवास करती थी। उनके सब विचार और कार्य समग्र राष्ट्रहित की दृष्टि से प्रेरित होते थे। उनके जीवन में ऐसे भी अनेक प्रसंग उपस्थित हुए जो उनके विचारों से मेल नहीं खाते थे, किंतु उन्होंने उन्हें राष्ट्र-हित में बर्दाश्त किया और कभी व्यवधान नहीं बने। राष्ट्रभाषा का प्रश्न उनके लिए एक ऐसा ही प्रसंग था। वे हिन्दी के न केवल प्रबल समर्थक थे अपितु, जैसाकि पीछे उल्लेख हुआ है, वे भारतीय संविधान तक मूल रूप से हिन्दी में बनाने के पक्षपाती थे। इसके बाद शासन-क्षेत्र में उसे समग्र देश के राजकाज की भाषा के रूप में व्यवहृत करने के वे स्वाभाविक रूप से ही पक्षपाती थे, किन्तु राष्ट्रीय एकता और राष्ट्र-हित की दृष्टि से भगवान् शंकर की तरह वे इस प्रश्न पर मौन रहे और गरल पान कर गए।

राजेन्द्र बाबू कितने बड़े राष्ट्रीयतावादी थे इस सम्बन्ध में यहाँ एक उदाहरण देना अनुपयुक्त न होगा।

राष्ट्रपति-पद से अवकाश ग्रहण करने के बाद वे पटना आ गए। इन दिनों देश में कुछ आन्तरिक संकट उभर रहे थे। इन्हीं दिनों राजेन्द्र बाबू की धर्मपत्नी श्रीमती राजवंशी देवी का निधन हो गया था। अर्धांगिनी के वियोग की पीड़ा से व्यथित हृदय राजेन्द्र बाबू ने छज्जू बाग स्थित अपने अस्थायी आवास में राष्ट्रीय एकता पर विचार करने के लिए गोष्ठी बुलाई। इस गोष्ठी में उन्होंने जो भाषण दिया उससे उनके मन की वेदना का पता लगता है।

उन्होंने कहा: "स्वराज्य के पन्द्रह साल बाद भी हमें राष्ट्रीय एकता कायम रखने की बात सोचनी पड़ती है, पर यह असलियत है कि हम अपने मुल्क के लम्बे इतिहास में कई बार आपस की फूट से विदेशियों के शिकार बने। जिस स्वराज्य को सारे देश ने मिल-जुलकर हासिल किया उसे हम मिल-जुलकर ही कायम रख सकते हैं।"

इस प्रकार हम देखते हैं कि उनके मन में जीवन के अन्तिम दिनों तक राष्ट्रीय एकता की बात सर्वोपरि रूप में समाई हुई थी।

राजेन्द्र बाबू एक सर्वांगीण युगपुरुष थे और वे राजनीति, धर्म और संस्कृति के समन्वयकारी रूप का विकास चाहते थे। यही कारण है कि जहाँ वे पश्चिम की जनकल्याणकारी श्रेयस्कर उपलब्धियों को अपनाने से बिलकुल भी नहीं हिचकिचाते थे, वहाँ उसके साथ ही वे प्राचीन भारत के सांस्कृतिक मूल्यों को भी उतना ही अधिक प्रोत्साहित करना चाहते थे। इसलिए वे जीवन को सर्वोत्तम कला मानते थे। क्योंकि वे समझते थे कि प्रकृति ने स्वयं मानव में कला की आत्मा को फूंका है और मानव स्वयं कला का जीता-जागता प्रत्यक्ष स्वरूप है जिसमें कला मृत्यु को प्राप्त न होकर जीवन के रूप में विकसित हुई।

इस प्रकार जीवन की समग्र आवश्यकताओं और पूर्णताओं के प्रतिनिधि राजेन्द्र बाबू भारत और भारतीय जनता के प्रथम प्रतिनिधि और भारत राष्ट्र के प्रथम नागरिक थे। उन्होंने अपने आचार और विचारों से अपने को भारतीय जनता की सेवा में पूर्णतया अर्पित कर दिया था। यहाँ तक कि सेवाभाव के इस सर्व-समर्पण में उनका अपना कुछ भी न रह गया था। इस सम्बन्ध में यहाँ एक घटना स्मरण हो आई। संविधान सभा का कार्य करते समय एक ऐसा प्रसंग आया कि राजेन्द्र बाबू ने त्यागपत्र देना चाहा और वे गांधीजी के पास गए। गांधीजी ने उनसे कहा, "और कोई आदमी ऐसा करे तो मैं समझ सकता हूँ, लेकिन तुम कर रहे हो यह उचित नहीं। सार्वजनिक कार्य में व्यक्तिगत अपमान अगर कोई माने तो वह एक दोष है।" राजेन्द्र बाबू ने इस्तीफा देने का विचार छोड़ दिया और इस प्रकार आगे के अपने सम्पूर्ण सार्वजनिक जीवन में अपनी निजता के भाव को फिर कभी पनपने भी नहीं दिया। किन्तु इस निजता के परित्याग का यह अर्थ कदापि नहीं कि वे अपनी निज की मान्यताओं और विश्वासों से भी विमुख हो गए थे। विपरीत इसके और पूरी निष्ठा एवं लगन से अपने विश्वासों और अनुभवों तथा मान्यताओं के आधार पर देश और सर्वसाधारण के लिए वे जो शुभ और कल्याणकारी समझते थे उस पर बिना किसी प्रभाव, संकोच और विचारसंकीर्णता के अन्त तक अडिग बने रहते थे। उनके राष्ट्रपतित्व काल में हमें ऐसे उदाहरण कम नहीं मिलते जब राजेन्द्र बाबू ने अपनी दृष्टि और विचार से बेमेल विधि और बातों को, भले ही वे उनके मंत्रीमण्डल और उनके प्रधानमन्त्री पं० जवाहरलाल नेहरू के प्रभाव से प्रेरित होतीं, दृढ़तापूर्वक अस्वीकार न किया हो। 'हिन्दु कोड बिल' के सम्बन्ध में राजेन्द्र बाबू का यह स्पष्ट अभिमत कि मैं अपने राष्ट्रपति रहते इस पर कभी हस्ताक्षर नहीं करूंगा, जनसाधारण की जानकारी का विषय बना रहा है और अन्ततोगत्वा राजेन्द्र बाबू की इस दृढ़ता के परिणामस्वरूप पं० नेहरू को उसे स्थगित ही करना पड़ा था।

इस प्रकार हम देखते हैं कि परहित के लिए जन्म लेने और परहित हेतु ही जन्म वारनेवाले–'तुलसी सन्त सुअंब तरु, फूलि फरहिं पर हेतु।' की भांति उन्होंने मन, वचन और कर्म से अपने-अपने भारतीय आत्मा के अर्पित कर दिया था। इस अर्पण-समर्पण में एक साधु के चरित्र की निस्पृहता और पवित्रता थी। रामायण में उल्लेख हुआ है:

'साधु ते होइ न कारज हानी।'

राजेन्द्र बाबू गोस्वामी तुलसीदासजी के इस कथन की कसौटी पर खरे उतरते थे। उनके शैक्षणिक जीवन के आरम्भिक दिनों से लेकर सार्वजनिक विशेषकर राष्ट्रपतित्व-काल में तथा उसके बाद उनके निर्वाण तक राजेन्द्र बाबू के चरित्र को देखा जाए, उनके सम्पर्क में आए साथियों, सहयोगियों, सार्वजनिक कार्यकर्ताओं, अनुयायियों और शासन-काल में उनके अधीनस्थ अधिकारियों और कर्मचारियों से पूछा जाए कि क्या किसी भी समय, किसी भी कार्य या प्रसंगवश राजेन्द्र बाबू ने किसी को क्षति पहुँचाने की तो कहे कौन किसी के मन को दुःखी किया है? मैं अपने अटूट विश्वास और पूर्ण दावे के साथ कह सकता हूँ कि सभी का एक उत्तर होगा और वह यही होगा–'साधु ते होइ न कारज हानी।' वे साधु थे, सन्तहृदय थे, अतः उनसे अनजाने में भी कभी किसी का अहित और अमंगल नहीं हुआ।

संस्कृत में एक उक्ति है–'आत्मनः प्रतिकूलानि परेषां न समाचरेत्।' जिस प्रकार के व्यवहार को तुम अपने प्रति किया जाना प्रतिकूल समझते हो, वैसा व्यवहार दूसरों के प्रति मत करो। यह आदर्श वचन राजेन्द्र बाबू के जीवन का मूल मन्त्र था और यही था उनका जीवन-दर्शन भी।

सिंहावलोकन

पंडित जवाहरलाल नेहरू ने एक बार कहा था, "व्यक्ति आते हैं, चले जाते हैं, पर राष्ट्र बना रहता है।" यह सत्य है, किन्तु राष्ट्र बना रहना मात्र काफी नहीं है। राष्ट्र की आत्मा, उसका गौरव, उसका स्वाभिमान, उसकी संस्कृति और उसकी राष्ट्रीयता यदि बनी रहे तो सचमुच ऐसा राष्ट्र, चाहे वह भारत हो अथवा विश्व का अन्य राष्ट्र, भाग्यशाली होता है। भारत को यह गौरव मिला कि इस देश की आत्मा को जाग्रत् और सशक्त बनाए रखने को जहाँ अतीत काल में राम, कृष्ण, महावीर, गौतम बुद्ध, शंकराचार्य आदि हुए तो आधुनिक काल में उसने गांधी को जन्म दिया। अतीत के उक्त अवतारों अथवा महापुरुषों की भांति गांधी ने भी अपने सहयोगियों और सहकर्मियों के साथ मातृभूमि को मुक्त किया।

युगपुरुष अपने समकालीन समाज की परिस्थिति के अनुसार अपने आदर्श और सिद्धान्तों का निर्माण करते हैं। राम ने अपने युग की आवश्यकताओं के अनुरूप जीवन में सत्य का, कृष्ण ने कर्म का तथा महावीर, बुद्ध एवं शंकराचार्य ने एक विशिष्ट दर्शन अहिंसा का आदर्श प्रतिपादित किया। गांधी ने अपने जीवन में इन सभी की धारा प्रवाहित की। फिर किसी युगपुरुष के आदर्श और सिद्धान्तों का निर्धारण उसके युग-विशेष के लिए न होकर युग-युगों के लिए होता है। गांधीजी ने भी अपने आदर्श और सिद्धांत निर्धारण में इसी भावना से काम लिया। भारत की स्वाधीनता उनके आदर्श अथवा सिद्धान्त का गन्तव्य नहीं था, वह तो उनके निर्धारण का एक हेतुमात्र था। गन्तव्य तो बहुत दूर होता है जिसे आदर्श और सिद्धान्तों का आविष्कर्ता भी क्वचित् बार ही देख पाता है। हाँ, अपनी मंज़िल के प्रारम्भ के कुछ पड़ाव तक पहुँचने में उसे अवश्य कामयाबी मिल जाती है और मिलने वाली यह कामयाबी ही उसके आदर्श और सिद्धान्तों की कसौटी बनती है। हम इतिहास पर नजर डालें तो हमें ज्ञात होगा कि सभी महापुरुषों के प्रयत्न और पुरुषार्थों की प्रथम सफलताएं, उनकी कार्य-परिणति अथवा उसके परिणाम, उनके आदर्श और सिद्धान्तों के व्यावहारिक पक्ष के प्रथम पड़ाव-मात्र ही रहे हैं। उनकी वास्तविक मंजिल तो बाद में शुरू होती है जिस पर उनके अनुयायियों अथवा उन अगणित लोगों को चलना होता है जो उनमें आस्था और विश्वास रखते हैं।

महात्मा गांधी के सम्बन्ध में भी यही बात हुई। उनके आदर्श और सिद्धान्त के व्यावहारिक पक्ष का प्रथम पड़ाव उन्हें भारतीय स्वाधीनता के रूप में देखने को मिला। वे इस पड़ाव पर पहुँचे ही थे कि उनकी जीवन-लीला समाप्त हो गई। अब उनके कार्य, उनके विचार, उनके आदर्श और सिद्धान्तों को मूर्त्तरूप देने का दायित्व उनके अनुयायियों पर पड़ा।

उपनिषद् में एक स्थान पर उल्लेख आया है कि 'चाहे कोई कितना ही बड़ा पंडित हो पर उसकी चतुराई उसके शिष्यों का कर्तृत्व देखकर ही जानी जा सकती है।' दूसरे शब्दों में, किसी भी युगपुरुष, नेता अथवा नायक के आदर्श, सिद्धान्त और विचारों की प्रामाणिकता तो उसके बाद उसके शिष्यों के आचरण और व्यवहार से सिद्ध होती है। इस दृष्टि से महात्मा गांधी के बाद उनके जो सर्वमान्य उत्तराधिकारी थे उनमें पंडित जवाहरलाल नेहरू, सरदार पटेल, राजेन्द्र बाबू और विनोबा भावे के नाम आते हैं। विनोबाजी का कार्य एक भिन्न क्षेत्र में, जिसे गांधीजी की रचनात्मक प्रवृत्तियां कह सकते हैं, उनके जीवन-काल से ही चल

रहा था। अब शेष उनके तीन अनुयायियों के रूप में पं० नेहरू, सरदार पटेल और राजेन्द्र बाबू हमारे सामने आते हैं। पंडित नेहरू गांधीजी के राजनैतिक उत्तराधिकारी थे, उनके समग्र जीवन दर्शन के नहीं। सरदार पटेल गांधीजी के संगठन-चातुर्य के अनुयायी थे। राजेन्द्र बाबू मात्र अकेले ऐसे व्यक्ति थे जो राजनैतिक मंच पर काम करते हुए भी गांधीजी की सभी रचनात्मक प्रवृत्तियों और उनके जीवन-दर्शन का पूरा-पूरा प्रतिनिधित्व करते रहे। बापू के सत्य, अहिंसा और कर्मवाद का जैसा अभूतपूर्व सम्मिलन राजेन्द्र बाबू ने अपने व्यक्तित्व में किया था वैसा उनके किसी अन्य अनुयायी ने नहीं। राजेन्द्र बाबू के गांधीवादी व्यक्तित्व की प्रामाणिकता पंडित नेहरू और स्वयं गांधीजी के इन शब्दों में हो जाती है। पंडितजी कहते हैं–"राजेन्द्र बाबू के अतिरिक्त ऐसे बहुत ही कम व्यक्ति हैं जिनके बारे में यह कहा जाता है कि गांधीजी के संदेश को उन्होंने पूर्ण रूप से अपनाया है।"

जब गांधीजी कहते हैं: "राजेन्द्र बाबू ने प्रेम से मुझे ऐसा अपंग बना दिया है कि मैं उनके बिना एक कदम भी आगे नहीं रख सकता। मेरे साथ काम करने वालों में राजेन्द्र बाबू सबसे अच्छों में एक हैं। राजेन्द्र बाबू का त्याग हमारे देश के लिए गौरव की वस्तु है। नेतृत्व के लिए इन्हीं के समान आचरण चाहिए। राजेन्द्र बाबू का जैसा विनम्रतापूर्ण व्यवहार और स्वभाव है वैसा कहीं भी किसी भी नेता का नहीं है।..."

इतना ही नहीं, बापू आगे कहते हैं, "कम-से-कम राजेन्द्र बाबू एक ऐसे व्यक्ति हैं जिन्हें मैं ज़हर का प्याला दूं तो वह उसे निस्संकोच पी जाएँगे।"

पंडित नेहरू और महात्मा गांधी के उक्त कथन से राजेन्द्र बाबू के चरित्र पर पूरा प्रकाश पड़ जाता है। देश की स्वाधीनता के बाद जब एक ओर चतुर्दिक राष्ट्र आन्तरिक और बाहरी संकटों से घिरा था, ऐसे समय में नवजात स्वाधीनता की रक्षा और देश के बँटवारे के परिणामस्वरूप उत्पन्न भीषण समस्याओं के समाधान का प्रश्न राष्ट्र के कर्णधारों के कंधों पर आया। तब राजेन्द्र बाबू ने पंडित जवाहरलाल नेहरू, सरदार पटेल और अपने अन्य सहकर्मियों के साथ जिस लगन, तत्परता और योग्यता से कार्य संचालन किया उस पर कोई इतिहासकार ही प्रकाश डालेगा। फिर सत्ता की परिभाषा में जो बातें आती हैं उनमें न केवल उसका सफल संचालन ही व्यक्ति की योग्यता की कसौटी बना है वरन् सत्ता-संघर्ष का भी सामना करना पड़ता है। राजेन्द्र बाबू को सत्ता के लिए कभी संघर्ष नहीं करना पड़ा।

यही नहीं, निर्विवाद रूप से सत्ता को जो संघर्ष उनके कार्यकाल में नहीं हुआ उसका श्रेय बहुत दूर तक राजेन्द्र बाबू को ही है। अपनी योग्यता, नम्रता, सचाई, सरलता और निस्पृहता से उन्होंने अपने कार्यकाल में ऐसी मान्यताएं और स्थापनाएं कीं कि संघर्ष की स्थिति उनके निस्पृह और त्यागपूर्ण व्यक्तित्व के कारण बन ही नही पाती थी। गणतंत्र की स्थापना के बाद राष्ट्रीय एकता और विदेशों में उसकी प्रतिष्ठा तथा देश की शान्ति और सुरक्षा की दृष्टि से भारत राजेन्द्र बाबू के इन बारह वर्षों में एक नेतृत्व के अधीन जिस एकाग्रता से रहा उसे देखने पर जहाँ हमें पंडित नेहरू की कार्यकुशलता और नेतृत्व-शक्ति का बोध होता है, वहीं राजेन्द्र बाबू के निस्पृह और तपःपूर्ण व्यक्तित्व के प्रभाव को भी स्वीकार करना पड़ता है।

किसी भी सरकार के सुशासन, सुव्यवस्था एवं एकता का मूल्यांकन तो उसके बाद वाले शासन के काल में ही हो सकता है। स्वाधीनता के बाद जिस एकता और मज़बूती से स्वाधीनता के इन सत्रह-अठारह वर्षों में हमारी सरकार चली उसके मुकाबिले और देशों में विशेषकर पड़ोसी मुल्कों में जो सरकारें बदलीं उनके संदर्भ में भी सरकार की इस एकता का श्रेय, जैसाकि पंडित जवाहरलाल नेहरू के उस कथन के अनुसार, जो हमने पुस्तक के राष्ट्रपति अध्याय में दिया है, राजेन्द्र बाबू को ही मिलता है।

महात्मा गांधी के कुशल नेतृत्व, संगठन-चातुर्य और योजना तथा सौजन्य, संयम और सभ्यता ने देश को ब्रिटिश साम्राज्य के शिकंजे से छुड़ाया और बाद में अपनी यह विरासत उन्होंने अपने जिन निकटतम अनुयायियों को सौंपी उनमें सर्वप्रधान पंडित जवाहरलाल नेहरू, सरदार वल्लभभाई पटेल और देशरत्न डॉ० राजेन्द्र प्रसाद ही थे। गांधीजी की यह विरासत तीन धाराओं के रूप में हमारे उक्त तीनों नेताओं के जीवनों में हमें देखने को मिलती है। नेतृत्व की विरासत तो स्वयं बापू ने अपने जीवन-काल में भी नेहरू जी को सौंप दी थी, संगठन-चातुर्य और योजना की सरदार पटेल ने संभाली और सौजन्य, संयम, सभ्यता एवं सहिष्णुता की राजेन्द्र बाबू ने अपने आचरण में उतार ली। इस प्रकार राष्ट्र के इन कर्णधारों ने राष्ट्र-नौका को आगे बढ़ाया। प्रश्न उठता है, यदि राजेन्द्र बाबू नवजात स्वाधीनता के दिनों में सौजन्य, संयम, सभ्यता एवं सहिष्णुता के इन संस्करणों से प्रेरित न होते तो क्या स्थिति होती? कल्पना की जा सकती है। संगठन के स्थान पर विघटन, सहयोग की जगह असहयोग और शान्ति की जगह संघर्ष अवश्यम्भावी था। किन्दु राजेन्द्र बाबू तो ऐसे चरित्रनायक थे जिनके आदर्श भरत थे।

गोस्वामी तुलसीदासजी ने चरित्रनायक भरत के संबंध में कहा है:

"जो न होत जग जनम भरत को।
सकल धरम धुर धरनि धरत को।"

यदि राजेन्द्र बाबू के सदृश गांधीजी के आदर्शों का निष्ठावान चरित्रनायक इस युग में न होता तो कठिन है संयम, शील, सदाचार और सज्जनता की यह धुरी जो गांधी-युग की सर्वप्रधान देन थी, कौन धारण करता।

इस प्रकार भारतीय स्वातंत्र्य-संग्राम, स्वाधीनता की प्राप्ति, गणराज्य की स्थापना और उसके बाद के बारह वर्षों के अपने राष्ट्रपतित्व-काल में राजेन्द्र बाबू ने अपने जिन भाव-विचार, आदर्श और सिद्धान्तों को अपने व्यवहार और आचरण में मूर्त्तरूप दिया उनके द्वारा उन्होंने न केवल इस काल के भारतीय शासन को सुयोग्य एवं सुदक्षता प्रदान की वरन् भारत की पुरातन सभ्यता, संस्कृति और उसकी सनातन मान्यताओं की परिपुष्टि के साथ राष्ट्र के जनजीवन में अपने चरित्र-बल से उसकी प्राण-प्रतिष्ठा भी की है। वे अपने काल में भारतीय सभ्यता, भारतीय संस्कृति, भारतीय नागरिक और भारतीय चरित्र के प्रतीक बने हुए थे। विचार, स्वरूप और आदर्श सभी दृष्टियों से उनमें भारतीयता की स्पष्ट प्रतिच्छवि देखी जा सकती थी। उन्होंने अपने कार्य-काल में ऐसी परम्पराओं और मान्यताओं की स्थापना की है जिनसे न केवल शासन-सूत्र को ही वरन् भारत के प्रत्येक जन को युग-युगों तक बल, प्रेरणा और प्रकाश मिलता रहेगा। उनका त्याग, उनकी कर्मठता, उनकी सेवा-भावना, व्यक्तित्व की भव्यता, विचारों की शालीनता और अधिकारों के प्रति निस्पृहता सभी आगे आने वाली अनेक पीढ़ियों तक आलोक की रश्मियां बिखेरती रहेंगी।

महाप्रयाण

"धरा को प्रमान यही तुलसी जो फरा सो झरा,
जो बरा सो बुताना।"

इस पृथ्वी पर जो आएगा वह जाएगा, यह एक नैतिक नियम और निर्णायक सत्य है। प्रकृति सतत् परिवर्तनशील है। धरा, गगन, सूर्य, चंद्र, ग्रह, नक्षत्र, तारे सभी चलायमान रहते हैं। छोटे-बड़े नद-नाले और सरिताएं प्रवाहित होती हैं। समुद्र उमड़ते, लहराते और आन्दोलित होते हैं। घन-घटाएं फिरती-उमड़तीं, ग्रीष्म, वर्षा, शिशिर, हेमन्त और बसन्त सभी ऋतुएं आती और जाती हैं। चिर-स्थिर कहीं कुछ

दिखाई नहीं देता। हाँ, हर वस्तु का, हर बात का एक समय होता है; वह समय ही समाज के हित-अहित, कल्याण-अकल्याण का साधन बन जाता है। लाभ और हानि की, हित और अहित की, कल्याण और अकल्याण की दृष्टि से जो भावना किसी वस्तु या पदार्थ-विशेष के साथ जुड़ी होती है वही व्यक्ति विशेष के साथ भी। यों तो इस जड़-जंगम सृष्टि में कुछ भी निरर्थक नहीं है। जहाँ एक छोटे-से तिनके और अणु-परमाणु रजकण का भी समाज-हित में उपयोग और महत्त्व है, वहाँ मानव तो एक सर्वोपरि सत्ता और विधायक रूप में हमारे सामने आता है। फिर हित-उपयोग की दृष्टि से मानव ही वह सर्वोपरि साधन है जो सृष्टि के समस्त साधनों का सृजेता, संरक्षक और स्वामी है। जिस प्रकार नेत्रहीन अथवा विवेकहीन व्यक्ति के बिना सुन्दर व्यक्तित्व की कल्पना नहीं की जा सकती उसी प्रकार व्यक्तिहीन समाज अथवा सृष्टि के स्वरूप की कल्पना ही दुरूह है। अत: व्यक्ति की गरिमा, उसका महत्त्व-महात्म्य अपरिहार्य है। किन्तु इस गरिमा और महत्त्व-महात्म्य से युक्त होना ही हमारे लिए श्रेयस्कर नहीं है, वरन् श्रेयस्कर है इससे परिचित होना। इस अनन्त और अगणित-रूपा सृष्टि में पल-पल जन्म लेने वाले और मृत्यु को प्राप्त होने वाले मानवों में ऐसे कितने होते हैं जो मानव-जीवन के इस गुण-धर्म से परिचित रहते हैं, कहना कठिन है, किन्तु निर्विवाद रूप से जो इस जीवन-सत्य से परिचित हो जाते हैं वे तो धन्य होते ही हैं, उनके कारण वह धरा, उस धरा की सीमाएं, उसका गगन, पवन, पावक और वरुण तक धन्य और पावन बन जाते हैं।

देश रत्न डॉ० राजेन्द्र प्रसाद ऐसे ही तपोपूत ज्योतिर्मय पुरुष थे। उन्होंने अपनी तपश्चर्या और पूततम दिनचर्या से भारत राष्ट्र की चतुर्दिक् सीमाओं से लेकर उसकी समग्र आत्मा को न केवल सदा अक्षय और आलोकित रखा वरन् उसमें नवजागरण और नवजीवन के संदेशवाहक सूर्योदय का नित नव नूतन प्रकाश भरा। जीवन-भर एक ऐसे प्रकाश-पुंज के रूप में, जिसकी किरणें मात्र अंधेरे में ही नहीं वरन् स्पष्ट रूप से उजाले में भी लोगों को रोशनी दें, वे आलोकित रहे। उनका यह प्रकाश ऊंचे-ऊंचे महलों से लेकर नीचे बसने वाले निर्धन नर-कंकालों की झोंपड़ियों तक एक-सा पहुँचा, बिना किसी भेदभाव और विघ्न-बाधा के।

राजेन्द्र बाबू का समग्र जीवन, जीवन के इस प्राणतत्त्व का जिससे जगती का निकट का संबंध होता है, जाज्वल्यमान प्रमाण रहा है। वे उन अगणितों में एक थे जिनका जीवन अपने और अपने परिवार से परे समग्र राष्ट्र के जीवन

की धरोहर होता है। अपने सुख-साधन और सम्पन्नता बढ़ाने वाले उन असंख्य लोगों में राजेन्द्र बाबू एक और प्रथम थे जिनका सुख-साधन और सम्पन्नता समग्र राष्ट्र और मानव-जाति की सुख-साधना और सम्पन्नता बढ़ने में होती है।

दिनांक 28 फरवरी, 1963 को सदाकत आश्रम में स्वाधीनता के इस साधक ने, भारत के इस सन्त ने जैसे समाधि ले ली। सारा राष्ट्र स्वतन्त्रता के इस अमर सेनानी की, स्वाधीनता के सजग साधक की ओर उसके संरक्षक, सृजेता और विधायक की समाधि पर, चिरनिद्रा पर स्तब्ध रह गया। शोकाकुल राष्ट्र ने श्रद्धावनत सजल नेत्रों से सदाकत के इस संत को जो श्रद्धांजलि अर्पित की उसे देख कविवर चकबस्त की ये पंक्तियां याद आ गईं–

"एक वे हैं कि जिन्हें भाई-बहन रोते हैं।
मौत तेरी है, तुझे अहले-वतन रोते हैं।"

राजेन्द्र बाबू सांस्कृतिक पुरुष थे। हमारी संस्कृति में वर्णाश्रम का बड़ा महत्त्व है। ब्रह्मचर्य, गृहस्थ, वानप्रस्थ और संन्यास ये चारों आश्रम और अवस्थाएं भारतीय संस्कृति में विशेष महत्त्व रखती हैं। राजेन्द्र बाबू का विवाह यद्यपि बाल्यकाल में ही हो गया था किन्तु वह एक पवित्र बन्धन के अतिरिक्त पति-पत्नी के सम्बन्धों की दृष्टि से बिलकुल अछूता रहा। पर्दा और कड़े पारिवारिक नियम-बन्धनों एवं विद्याध्ययन के लिए पटना और बाद में कलकत्ता रहने के कारण बहुत वर्षों तक राजेन्द्र बाबू का पत्नी के साथ सहजीवन नहीं हुआ। अत: वर्णाश्रम धर्म की प्रथम अवस्था ब्रह्मचर्य आश्रम में वे पूर्णतया प्रवृत्त रहे। इसके बाद वे गृहस्थ बने। सन्तानोत्पत्ति जो गृहस्थ धर्म का लक्ष्य माना गया है उसका भी पूर्णतया निर्वाह कर वे सार्वजनिक जीवन में प्रवेश के साथ ही वानप्रस्थी हो गए और जीवन की अन्तिम अवस्था संन्यास आश्रम तो जैसे उनका सहज और जीवन-गुणधर्म ही था। वे अपनी पत्नी और परिवार से सदा विरत, समग्र राष्ट्र को ही अपना परिवार मान एक सन्त के समान सभी में और सभी-से निर्लिप्त ही रहे। इस प्रकार अखण्ड जीवन की पूर्ण पवित्रता और दायित्व-निर्वाह के बाद जब वे जीवन मुक्त हुए तो उन्हें हमारी संस्कृति का वह निर्वाण प्राप्त हुआ जिसे सुगति और मुक्ति कहा गया है। राजेन्द्र बाबू लगभग अस्सी के पहुँच रहे थे। इस अवस्था तक पुत्र-कलत्र, पत्नी और पारिवारिकों से घिरे, सभी सिद्धियों उपलब्धियों से भरे-पूरे जब राजेन्द्र बाबू के निर्वाण का समय आया तो कुछ महीने पूर्व ही सर्वप्रथम अपनी उपस्थिति में अपने ही सामने पुत्र, पौत्र और पारिवारिकों के सम्मुख अपनी पत्नी को विदा

दी। पत्नी के निधन के बाद भी वे एक कर्मशील योगी की भांति देशसेवा के अपने पावनव्रत में तल्लीन रहे और जब राजेन्द्र बाबू के देहावसान का समय आया तो वे एक सार्वजनिक सभा में भाषण करने जा रहे थे। अन्तिम समय आ पहुँचा और उनके वे पग जो सार्वजनिक सेवा के लिए बढ़ रहे थे रुक गए, एकाएक वे कुछ अस्वस्थ हुए और उनके प्राण-पखेरू उड़ गए। आयोजन में वे न जा सके पर उनका वह भाषण जो उन्होंने उस सभा के लिए लिख रखा था, सन्देश रूप में उस आयोजन में पढ़ा गया। इस प्रकार जीवन की जो पवित्रता जीवन में नहीं, अन्त में देखने का सन्देश हमारी सनातन संस्कृति देती है उसके प्राणवन्त प्रमाण बन राजेन्द्र बाबू ने हमारे इस सांस्कृतिक विश्वास की भी पुष्टि और प्राण-प्रतिष्ठा कर दी।

परिशिष्ट-1

महापुरुषों की दृष्टि में

(1) राजेन्द्र बाबू एक महान् और दिव्यात्मा पुरुष थे। राष्ट्र उनके त्यागमय जीवन को सदा याद रखेगा। उनका जीवन सदा हमारा मार्गदर्शन करता रहेगा। उनपर जनक, बुद्ध और गांधी की छाप थी।

–सर्वपल्ली डॉ॰ राधाकृष्णन्

(2) उनके प्रति मेरे दिल में जो आकर्षण उत्पन्न हुआ और हम दोनों के बीच प्रेम की जो गांठ बंधी वह अब तक बनी हुई है। राजेन्द्र बाबू को देखते ही उनकी सरलता और नम्रता की छाप हमारे दिल पर पड़ती है।

–सरदार वल्लभभाई पटेल

(3) डॉ॰ राजेन्द्र प्रसाद ने भारत के प्रथम राष्ट्रपति के रूप में अपने उच्चपद का महान् दायित्व बड़ी योग्यतापूर्वक निबाहा और उन्हें भारत की जनता का अनन्त प्रेम प्राप्त रहा। सन् 1961 में मैं कुछ दिन अपने पति सहित उनकी अतिथि रही थी। इस समय मुझे उनका हार्दिक आतिथ्य स्मरण हो रहा है।

–रानी एलिज़ाबेथ

(4) डा॰ राजेन्द्र प्रसाद ने एकनिष्ठा भाव से भारत की बड़ी सेवाएं कीं। वह सदा याद रहेंगी। मैं जब अपनी पत्नी सहित भारत में था, उन दिनों की उनकी हार्दिकता मुझे याद आती है।

–हेरल्ड मैकमिलन

(5) डा॰ राजेन्द्र प्रसाद बेर, बादाम और अंगूर में से अंगूरों के बने हैं। न वह बेर की तरह ऊपर से मृदु और अंदर से कठोर हैं, न बादाम की तरह ऊपर से कठोर, अन्दर से मृदु हैं, वह तो भीतर-बाहर दोनों ही ओर मृदु हैं–अंगूर की भांति मीठे और रसपूर्ण।

–लार्ड लिनलिथगो

(6) राजेन्द्र बाबू इस युग की मजबूत कड़ी थे। उनकी मुद्रा और आंखें भुलाई नहीं जा सकतीं, क्योंकि उनसे सचाई झलकती थी। उनकी काबलियत उनके दिल की सफाई और अपने मुल्क के लिए उनकी मुहब्बत ने उनके लिए हर भारतवासी के दिल में गहरी जगह पैदा कर दी।

–पं॰ जवाहरलाल नेहरू

(7) जो ऋषि होते हैं वे मुख्यत: उष्णता देते हैं। राजेन्द्र बाबू प्रधानत: हमारे पारिवारिक प्रेम के पितृ-समान थे। इसलिए उन्होंने हमें अग्नि समान उष्णता दी है। हम समझते हैं उनके गुणों का संग्रह करेंगे और उनके स्मरण से अपने दोषों को जलाएंगे और उन्होंने जो काम किया है उसको आगे बढ़ाएंगे।

—विनोबा

(8) राजेन्द्र बाबू ने प्रेम से मुझे ऐसा अपंग बना दिया था कि मैं उनके बिना एक कदम भी आगे नहीं रख सकता था।

—मो॰ क॰ गांधी

□□□

2

डॉ॰ सर्वपल्ली राधाकृष्णन्

बाल्यकाल शिक्षा-दीक्षा

मद्रास के क्रिश्चियन कालेज में एक युवक बी॰ए॰ में भर्ती होने के लिये आया। कालेज में पांच विषयों में कुछ विषय लेना अनिवार्य था। युवक यह निर्णय नहीं कर सका कि वह कौन सा विषय ले। इसी उधेड़ बुन में वह कई दिन तक लगा रहा। रात को न तो नींद आती थी और न किसी काम में मन लगता था। अचानक युवक के चचेरे भाई ने कुछ पुस्तकें पढ़ने के लिये भेजीं। इन पुस्तकों को पढ़ कर युवक को ऐसा लगा जैसे उसकी कठिनाई का हल निकल आया हो और भविष्य के लिये निर्णय करने में आसानी पैदा हो गई हो। युवक ने दर्शन शास्त्र जैसा गूढ़ विषय चुना। यह युवक और कोई नहीं भारत के महान् दार्शनिक डॉ॰ सर्वपल्ली राधाकृष्णन् थे। जो भारत के द्वितीय राष्ट्रपति बने। दक्षिण भारत में मद्रास एक प्रसिद्ध राज्य है। मद्रास से कोई पचास मील दूर पश्चिम में एक छोटा सा गाँव है, जिसका नाम तिरुतनी है। सैकड़ों वर्षों से यह स्थान हिन्दुओं के लिये धार्मिक स्थान का महत्त्व रखता चला आ रहा है। इसी गांव में एक साधारण श्रेणी का ब्राह्मण परिवार रहता था। ब्राह्मण महाशय गांव के जमींदार के यहाँ मामूली सी नौकरी करते थे और अपने परिवार का पालन-पोषण कर रहे थे। घर की हालत कोई बहुत अच्छी नहीं थी। किसी प्रकार गुजर-बसर हो रही थी। किन्तु घर का रहन-सहन पूरी तरह से धार्मिक था। पति-पत्नी दोनों ईश्वर की पूजा पाठ में लगे रहते थे। स्वभाव में दोनों मृदुल और उदार थे। अतिथि सेवी और सादगी के प्रतीक थे। किन्तु कट्टर-पंथी विचारों से कोसों दूर थे।

सन् 1888 ईसवी की 5 सितम्बर को इसी ब्राह्मण परिवार में एक पुत्र का जन्म हुआ। यह बालक अपने माँ-बाप की दूसरी सन्तान थी। चूंकि माता-पिता वैष्णव सम्प्रदाय के थे इसीलिये माता-पिता के बालक का नाम राधाकृष्णन् रखा। माता-पिता के धार्मिक होने के कारण बालक राधाकृष्णन को जन्म से ही धर्म की शिक्षा मिलने लगी। इस प्रकार राधाकृष्णन् के स्वभाव में अनायास धार्मिक कृति के साथ-साथ अकेले रहने की आदत पड़ने लगी। राधाकृष्णन् अकेले घन्टों बैठे रहा करते थे, और न जाने क्या सोचते रहते थे। माँ-बाप को बालक के इस स्वभाव पर कुछ चिन्ता हुई, विशेष कर उनमें बाल-सुलभ चंचलता न देखकर पहले वे घबरा गये। आरम्भ में ही राधाकृष्णन् संकोची स्वभाव के थे। राधाकृष्णन् की आरम्भिक शिक्षा तिरुपति गांव में हुई। आठ वर्ष की अवस्था में बालक को लूथरन (Lutheran) मिशन हाई स्कूल में भर्ती किया गया जहाँ वह चार वर्ष तक पढ़ते रहे। इसके बाद राधाकृष्णन् को मद्रास के क्रिश्चियन कॉलेज में भर्ती किया गया। इसी कॉलेज में पढ़ते हुए एम॰ए॰ की उपाधि के लिये इन्होंने जो प्रबन्ध लिखा वह वेदान्त से सम्बन्धित था। प्रोफेसर ए॰जी॰ होग ने राधाकृष्णन् के लिखे हुए प्रबन्ध को देखा। डॉ॰ होग अपने समय के बहुत बड़े विद्वान् और सुप्रसिद्ध वेदान्ती समझे जाते थे। इस प्रबन्ध को देखने के बाद डॉ॰ होग ने राधाकृष्णन् के सम्बन्ध में जो मत व्यक्त था वह इनके लिये भविष्य में होने वाले एक महान दार्शनिक का प्रमाणपत्र था। ''डॉ॰ होग ने राधाकृष्णन् के सम्बन्ध में भविष्यवाणी की थी कि ''यह विद्यार्थी दर्शन शास्त्र को बहुत अच्छी तरह समझता है। और दार्शनिक समस्याओं में गहरी सूझ-बूझ से काम लेता है। किसी उलझन पैदा करने वाले तर्कों को सुलझाने में विद्यार्थी की प्रतिभा प्रशंसनीय है। इसके अतिरिक्त विद्यार्थी को अंग्रेजी भाषा का अच्छा ज्ञान भी है।'' ईश्वर को जिन आदमियों से बड़े-बड़े काम कराने होते हैं उनमें वह शुरू से ही एक प्रतिभा भर देता है।

इन्हीं दिनों स्वामी विवेकानंद विश्व का भ्रमण कर रहे थे तथा अमेरिका में हिन्दू धर्म पर विद्वतापूर्ण भाषण की सर्वत्र चर्चा हो रही थी। बाद में स्वामी जी जहाँ भी गये उन्होंने हिन्दू धर्म के वास्तविक रूप को लोगों के सामने रखा। इससे उनका बड़ा सम्मान हुआ और विदेशों में हिन्दू धर्म के प्रति विशेष आकर्षण भी हुआ। इस प्रकार जब चारों ओर स्वामी विवेकानन्द की कीर्ति फैल रही थी तब भारत में भी बहुत से हिन्दू नौजवानों में उनके भाषण को सुनकर प्रेरणा का स्रोत फूट रहा था। यह उन दिनों की बात है जब राधाकृष्णन् ईसाई कॉलेज में शिक्षा प्राप्त कर रहे थे। और वहाँ पर ईसाई मिशनरियों की तरफ

से हिन्दू धर्म की बुराईयों को बढ़ा-चढ़ा कर प्रचार किया जा रहा था। युवक राधाकृष्णन् के सामने एक तरफ स्वामी विवेकानन्द का हिन्दू धर्म के ऊपर दिया हुआ महत्त्वपूर्ण भाषण था और दूसरी तरफ हिन्दू धर्म के खिलाफ ईसाई मिशनरियों का प्रचार था। दोनों को राधाकृष्णन् ने बहुत ध्यान से देखा और समझा, अन्त में उन्होंने निर्णय किया कि हिन्दू धर्म श्रेष्ठ है। ईसाई लोग हिन्दू धर्म की वास्तविकता को समझते ही नहीं। अन्त में उन्होंने निर्णय किया कि हिन्दू धर्म का वास्तविक स्वरूप वे संसार के सामने रखेंगे।

राधाकृष्णन् का ब्याह छोटी आयु में ही हो गया था। उस समय बालक-बालिकाओं का ब्याह छोटी उम्र में ही करने का रिवाज था। राधाकृष्णन् का वैवाहिक जीवन बहुत अच्छा और आदर्श रहा है। उनकी पत्नी सच्चे अर्थों में हिन्दू पत्नी और योग्य गृहणी थीं।

डॉ॰ राधाकृष्णन् के 6 संतान हुईं–एक पुत्र और पाँच पुत्रियाँ-पुत्र का नाम डॉ॰ गोपाल है। उन्होंने आक्सफोर्ड विश्वविद्यालय लन्दन से एम॰ए॰ और पी॰एच॰डी॰ की उपाधियाँ प्राप्त की हैं। आजकल आप भारत सरकार के पुरातत्व विभाग में एक उच्च पद पर प्रतिष्ठित हैं।

शिक्षा के क्षेत्र में

डॉ॰ राधाकृष्णन् ने लगभग 30 वर्षों तक विभिन्न विश्वविद्यालयों में अध्यापक के पद पर कार्य किया और प्रोफेसर के रूप में उन्होंने देशव्यापी ही नहीं बल्कि विश्व-व्यापी ख्याति प्राप्त की। 7 वर्ष तक वे मद्रास प्रेसिडेन्सी कॉलेज में दर्शन-शास्त्र के पद पर कार्य करते रहे। इस पद का भार उन्होंने बहुत ही योग्यता के साथ निभाया। इसके बाद मोदी विश्वविद्यालय में दर्शन शास्त्र के अध्यक्ष पद पर रहे। बाद में कलकत्ता विश्वविद्यालय में और बाद में आन्ध्र विश्वविद्यालय के उपकुलपति पद पर नियुक्त हुए।

कलकत्ता विश्वविद्यालय में ही कार्य करते हुए दो बार राधाकृष्णन् को इंग्लैण्ड निमंत्रित किया गया। यहाँ पर भारतीय दर्शन के सम्बन्ध में बड़ा विद्वतापूर्ण भाषण दिया। उनके भाषण से इंग्लैण्ड के लोग बहुत प्रभावित हुए।

सन् 1939 ई॰ में महामना पंडित मदनमोहन मालवीय सख्त बीमार हो गये थे। उस समय उन्हें अपने हिन्दू विश्वविद्यालय बनारस की चिन्ता ने घेर लिया था। मालवीय जी को इस बात की बड़ी चिन्ता थी कि विश्वविद्यालय का

प्रबन्ध किसी सुयोग्य हाथों में सौंप दें। उन्हें श्री राधाकृष्णन् का ध्यान आया। राधाकृष्णन् से अधिक योग्य और क्षमतावान् व्यक्ति उन्हें कहाँ मिल सकता था? उन्होंने शीघ्र ही राधाकृष्णन् के पास सन्देश भेजा और किसी प्रकार हिन्दू-विश्वविद्यालय के उपकुलपति के पद के लिए राजी कर लिया। इस महत्त्वपूर्ण उत्तरदायित्व को 9 वर्षों तक वे बड़ी सफलता के साथ निभाते रहे।

सफल अध्यापक

डॉ॰ राधाकृष्णन् को अँगरेजी भाषा पर पूरी तरह अधिकार था। जब भी वे बोलते थे तो धारा-प्रवाह रूप में उनके मुंह से झरना बहता प्रतीत होता। कठिन से कठिन और नीरस विषय को इतनी खूबी के साथ अपने विद्यार्थियों को समझाते थे कि विद्यार्थियों को दर्शन-शास्त्र जैसा विषय रुचिकर और हृदय ग्राही बन जाता था। कठिन से कठिन बात भी वह इतने सीधे-सादे शब्दों में कहते थे कि सबकी समझ में आ जाती थी। अध्यापक के रूप में राधाकृष्णन् की सफलता की सबसे बड़ी वजह यह थी कि वे अपने शिष्यों के साथ बहुत प्रेमपूर्वक व्यवहार करते थे। जिस प्रकार प्राचीन समय में गुरु शिष्य का सम्बन्ध रहा करता था। शिष्य एक निश्चित आदर्श के लिए अपने घर से दूर गुरु के आश्रम में रहकर शिक्षा प्राप्त करता था। यथार्थ अँगरेजी ढंग की शिक्षा ने भारत के गुरुकुलों और आश्रमों की शिक्षा-पद्धति का बिल्कुल ध्वंस कर दिया था; अब केवल अध्यापक अपने विद्यार्थियों को तत्सम्बन्धी विषय पढ़ा कर ही निश्चिन्त हो जाते हैं।

राधाकृष्णन् को शिक्षा का यह वर्तमान स्वरूप पसन्द नहीं आया और न गुरु शिष्य के मौजूदा सम्बन्ध ही उन्हें पसन्द आए। वह अपने विद्यार्थियों को अपने बच्चों की तरह मानते थे, उनसे केवल कक्षा तक में ही सम्बन्ध नहीं रखते थे बल्कि वे इस बात के लिये हमेशा अपने विद्यार्थियों को प्रोत्साहित करते थे कि वे उनके निकट सम्पर्क में आएँ। यही कारण है कि डॉ॰ राधाकृष्णन् के शिष्य उनको अपना गुरु ही नहीं बल्कि एक सच्चा मित्र भी मानते थे। छात्रों में उनकी बड़ी इज्जत थी।

अन्य क्षेत्रों में सफलता

शिक्षा क्षेत्र के अतिरिक्त भी डॉ॰ राधाकृष्णन् अनेक महत्त्वपूर्ण पदों पर काम करते रहे। अनेक महत्त्वपूर्ण पदों पर रह कर समाज और संसार को उन्होंने बहुत ही महत्त्वपूर्ण और उपयोगी सेवा की।

भारत की ओर से संयुक्त राष्ट्र संघ की शिक्षा, सामाजिक एवं सांस्कृतिक परिषद् के अध्यक्ष के रूप में न्यूयार्क गए थे। भारत सरकार ने विश्वविद्यालयों की दशा सुधारने के लिए एक आयोग की नियुक्ति की थी। डॉ॰ राधाकृष्णन् ने इस आयोग के अध्यक्ष पद का काम बड़ी योग्यता से पूरा किया और सरकार को अपनी जो रिपोर्ट दी वह बड़ी उपयोगी और महत्त्वपूर्ण समझी गई।

देश के विधान बनाने में भी डॉ॰ राधाकृष्णन् का योगदान रहा है। वह विधान सभा के सदस्य भी थे।

सन् 1949 में वह भारत के राजदूत के रूप में रूस गए थे। वहाँ अपने कार्यकाल में डॉ॰ राधाकृष्णन् को जो सफलता मिली वह किसी भी देश के राजदूत को नहीं मिल सकी। स्वर्गीय श्री स्टैलिन से मिलना उस समय बहुत बड़े सम्मान और यश की बात समझी जाती थी। डॉ॰ राधाकृष्णन् से पहले श्रीमती विजयलक्ष्मी पंडित रूस में राजदूत बनकर गई थीं किन्तु उनके प्रयत्न के बावजूद भी स्वर्गीय स्टैलिन से मिलना उनके लिये सम्भव नहीं हो सका। किन्तु जब डॉ॰ राधाकृष्णन् रूस में राजदूत होकर पहुँचे, तो स्वर्गीय स्टैलिन ने इनका दो बार स्वागत किया था। यह सौभाग्य केवल राधाकृष्णन् को ही मिला था, किसी दूसरे देश के राजदूत को न तो इसके पहले और न इसके बाद में यह गौरव मिल सका।

सन् 1952 में सर्वसम्मति से डॉ॰ राधाकृष्णन् को भारत का उपराष्ट्रपति चुना गया। मई सन् 1962 को उन्हें राष्ट्रपति के पद पर नियुक्त कर उनका उचित सम्मान किया गया।

महान् व्यक्तित्व

डॉ॰ राधाकृष्णन् स्वभाव के संकोची और अध्ययनशील व्यक्ति थे। उन्हें पढ़ने लिखने में बहुत दिलचस्पी थी। लेकिन इसका अर्थ यह नहीं है कि वे लोगों के सम्पर्क में आते ही नहीं थे। जैसे ही राष्ट्रपति के पद पर डॉ॰ राधाकृष्णन् की नियुक्ति हुई, उन्होंने दो महत्त्वपूर्ण निर्णय किये। प्रथम यह कि–

सादगी का आदर्श

राष्ट्रपति को दस हजार रुपया मासिक वेतन मिलता था। लेकिन राष्ट्रपति होते ही डॉ॰ साहब ने अपना वेतन केवल ढाई हजार रुपया रखा। यह बहुत बड़े त्याग और सादगी की मिसाल है। अपने वेतन से पूरे साढ़े सात हजार रुपया देश के विकास कार्यों में प्रतिमाह अर्पित कर देना असाधारण घटना थी।

डॉ॰ राधाकृष्णन् ने दूसरा महत्त्वपूर्ण निर्णय यह किया कि अभी तक राष्ट्रपति भवन में कोई भी व्यक्ति स्वीकृति के बिना नहीं जा सकता था। जैसे ही डॉ॰ राधाकृष्णन् राष्ट्रपति हुए उन्होंने सर्व-साधारण के लिए सप्ताह में दो बार मिलने की छूट दे दी। भारत का कोई भी व्यक्ति चाहे वह अमीर हो या गरीब, राष्ट्रपति भवन में जाकर देश के जनप्रिय राष्ट्रपति से मिल सकता था। मिलने में कोई प्रतिबन्ध नहीं, किसी प्रकार की झंझट और परेशानी नहीं। एक साधारण-सा गरीब किसान, मजदूर भी जाकर राष्ट्रपति से अपने सुख-दुःख का वर्णन कर सकता था।

डॉ॰ राधाकृष्णन् को जहाँ एकान्त जीवन पसन्द था वहीं वे मिलनसार और खुश-मिजाज व्यक्ति भी थे। जो कोई भी उनसे एक बार मिल लेता वह कभी भी उनकी भलमनसाहत और सादगी को भुला नहीं सकता था। एक महान् व्यक्ति में जो गुण होने चाहिये वे सभी उनमें मौजूद थे, किन्तु घमंड उनको छू तक नहीं गया था न तो अपनी विद्वता का और न राष्ट्रपति के पद का।

कहा जाता है कि डॉ॰ राधाकृष्णन् के स्वभाव में रोब-दाब और दूसरों पर अपनी हुकूमत का असर जमाने की भावना छू तक नहीं गई थी।

डॉ॰ राधाकृष्णन् सच्चे अर्थों में धार्मिक पुरुष थे। उनका धार्मिक दृष्टिकोण कट्टर पंथी नहीं थे, बल्कि उदार और सहिष्णु थे। हिन्दू धर्म के सम्बन्ध में उनके विचार बड़े परिपक्व एवं उच्च आदर्शों से प्रेरित थे। उनका कहना था कि एक सच्चा हिन्दू अपने परिवार व समाज का उपयोगी सदस्य बन सकता है, इसके लिये न तो उसे संन्यासी बनने की आवश्यकता है और न समाज से अलग-अलग रहने की। हिन्दू धर्म के सम्बन्ध में डॉ॰ साहब का स्पष्ट मत था कि जो कोई भी अपने परिवार वालों का पालन-पोषण करता है, उनके साथ सुखपूर्वक जीवन व्यतीत करने के लिये साधन जुटाता है वह सचमुच आदर्श हिन्दू धर्म को मानने वाला और सच्चा मानव है।

डॉ॰ साहब के मत में हिन्दू धर्म स्वार्थ से दूर रहने, शुद्ध मन से दूसरों के प्रति छल-कपट से दूर रहकर जीवन यापन की शिक्षा देता है।

एक बार जब डॉ॰ राधाकृष्णन् उपराष्ट्रपति की हैसियत से देश-विदेश का भ्रमण कर वापस अपने देश में आ गए थे। इस विदेश यात्रा में डॉ॰ साहब को अभूतपूर्व सम्मान मिला था, इससे न केवल डॉ॰ साहब का बल्कि भारत का भी विदेशों में गौरव बढ़ा था। उनकी वापसी पर नागरिक अभिनन्दन के

समय दिल्ली की एक सभा में भाषण करते हुए एक सज्जन ने भाववश यह कह डाला कि डॉ० राधाकृष्णन् जहाँ महान् वक्ता, दार्शनिक एवं विद्वान हैं वहीं एक महान् सन्त भी हैं। डॉ० राधाकृष्णन् को अपने आपको सन्त कहलाना पसन्द नहीं था, इसीलिए उन्होंने अपने अभिनन्दन के उत्तर में कहा कि मैं सन्त नहीं हूँ। सन्त बनना मुझे पसन्द भी नहीं है। मैं एक सांसारिक व्यक्ति हूँ और जीवन में हर क्षेत्र में रस लेना चाहता हूँ।''

उन्नति के शिखर पर

यह आवश्यक नहीं है कि महान् व्यक्ति बनने के लिये बहुत ऊँचा खानदान धन-दौलत या मान-मर्यादा ही हो। विपरीत परिस्थितियों में जन्म लेकर न जाने कितने ऐसे महान् व्यक्ति हो गए हैं जो अपने सुकर्मों से अमर हैं।

राधाकृष्णन् ने जैसे ही एम०ए० पास किया मद्रास के प्रेसिडेन्सी कॉलेज में दर्शन शास्त्र के अध्यापक नियुक्त हो गए। राधाकृष्णन् का विद्यार्थी जीवन बड़ा ही शानदार रहा है। उन्होंने अध्यापन क्षेत्र में भी अपनी प्रतिभा का परिचय दिया और शीघ्र ही वे एक सफल अध्यापक के रूप में विख्यात होने लगे।

जिस समय राधाकृष्णन् प्रेसिडेन्सी कॉलेज में अध्यापन का कार्य कर रहे थे, उसी समय उन्होंने रवीन्द्रनाथ टैगोर की रचनाओं को पढ़ा। टैगोर की कविता में उन्हें अपने विचारों की झलक दिखाई पड़ी। बड़े चाव से कई बार उन्होंने रवीन्द्र की कविताओं को पढ़ा और उनसे अत्यधिक प्रभावित हुए। दर्शन शास्त्र की बारीकियों को टैगोर ने अपनी कविताओं में किस खूबी के साथ दिखाया था, राधाकृष्णन् ने टैगोर की इन कविताओं के ऊपर पुस्तक लिखने का निर्णय कर लिया और शीघ्र ही ''दि फिलासफी ऑफ रवीन्द्रनाथ टैगोर'' नामक पुस्तक का प्रकाशन कराया। यह पुस्तक राधाकृष्णन् की प्रथम कृति थी फिर भी इसका खूब स्वागत हुआ। सबों ने मुक्त कण्ठ से इसकी प्रशंसा की। स्वयं रवीन्द्रनाथ टैगार ने अपने एक पत्र में राधाकृष्णन् की सराहना करते हुए लिखा था-''यदि ऐसी पुस्तक कोई भी दूसरा लिखने का प्रयास करता तो मैं समझता हूँ कि वह हरगिज नहीं लिख पाता।''

मद्रास के बाद राधाकृष्णन्, मैसूर विश्वविद्यालय में दर्शन शास्त्र के अध्यापक नियुक्त हुए। अध्यापन के क्षेत्र में यहाँ भी उन्हें काफी यश मिला। छात्रों के प्रेम पूर्वक व्यवहार से और राधाकृष्णन् की उन पर सदैव बच्चों जैसी कृपा-दृष्टि रहने से मैसूर में उनका अभूत-पूर्व आदर होने लगा। इसी अवधि में उन्होंने

एक दूसरी पुस्तक जिसका नाम "ब्रिटेन ऑफ रिलीजन इन कंटेम्परटी फिलॉसफी", अर्थात् "समकालीन दर्शन शास्त्र में धर्म का आधिपत्य।"

इस पुस्तक के प्रकाशित होते ही राधाकृष्णन् की विद्वता व दर्शन शास्त्र की गहरी सूझ-बूझ की प्रशंसा चारों तरफ होने लगी। इस पुस्तक की विशेषता यह थी कि इसमें भारतीय दर्शन की ही नहीं, बल्कि पाश्चात्य दर्शन शास्त्रों की भी विवेचना की गई थी। पुस्तक के पढ़ने वालों ने एक स्वर से इस बात को स्वीकार किया कि राधाकृष्णन् केवल भारतीय दर्शन के ही ज्ञाता नहीं हैं, बल्कि पाश्चात्य देशों के दार्शनिक विचारों को भी वह अच्छी तरह समझते हैं और उनकी मीमांसा करने के योग्य अधिकारी हैं।

इंग्लैण्ड और अमरीका में इस पुस्तक का बड़ा सम्मान हुआ। उस समय राधाकृष्णन् की आयु केवल 32 वर्ष की थी। ऐसी महत्त्वपूर्ण पुस्तक को पढ़कर विदेशों में राधाकृष्णन् के अंग्रेजी ज्ञान की तारीफ तो होती ही रही, साथ ही उनके सम्मान में अमरीका और इंग्लैण्ड में अनेक सभाएँ और गोष्ठियों का आयोजन हुआ। यहाँ तक कि अमरीका के एक प्रसिद्ध प्रोफेसर ने अपने भाषण माला में राधाकृष्णन् को ही अपना विषय बनाया। यह एक बहुत बड़ा सम्मान था जो उन्हें उस समय मिला।

इसी समय मद्रास सरकार ने राधाकृष्णन् को अपने राज्य में शिक्षा सेवा का सब से ऊंचा पद प्रदान किया।

इसके पश्चात् राधाकृष्णन् को कलकत्ता विश्वविद्यालय में सन् 1921 ई० में किंग जार्ज पंचम प्रोफेसर ऑफ मेंटल एण्ड मॉरल साइंस का पद प्रदान किया गया। यह उन दिनों की बात है जब कि कलकत्ता विश्वविद्यालय के उपकुलपति के स्थान में सर आयुतोष मुखर्जी थे। उन्होंने राधाकृष्णन् की योग्यता एवं कार्यक्षमता का सही अन्दाजा लगा लिया था अस्तु राधाकृष्णन् की इस पद पर नियुक्ति से कलकत्ता विश्वविद्यालय में एक नए वातावरण की सृष्टि हुई। कलकत्ता में रहते हुए इंग्लैण्ड के एक प्रोफेसर श्री म्योरहेड ने डॉ० राधाकृष्णन् से "भारतीय दर्शन का इतिहास" अंग्रेजी भाषा में लिखने के लिए कहा। बहुत दिनों से इस विषय पर राधाकृष्णन् को लिखने की इच्छा हो रही थी, अब जब प्रोफेसर 'म्योरहेड' का प्रस्ताव आया तो उन्होंने सहर्ष इसे स्वीकार कर लिया। पुस्तक दो खंडों में प्रकाशित हुई। इस पुस्तक को राधाकृष्णन् ने बड़ी लगन और मेहनत के साथ लिखा। वास्तव में यह पुस्तक भारतीय दर्शन पर बहुत सरल भाषा में बिलकुल नए ढंग से लिखी गई थी।

इस पुस्तक के प्रकाशित होते ही पाश्चात्य जगत् में एक हलचल सी मच गई। प्रथम बार भारतीय दर्शन का सही दृष्टिकोण संसार के सामने आया। इसका नतीजा यह हुआ कि भारतीय दर्शन के अध्ययन की दिलचस्पी बाहरी लोगों में पैदा हुई। इतना ही नहीं भारत के सम्बन्ध में अभी तक तो अनेक प्रकार की भ्रांतियाँ फैली हुई थीं इस पुस्तक के प्रकाशन से उनका निराकरण भी हो गया। इसी समय सन् 1926 ई० में कैम्ब्रिज इंग्लैण्ड में एक बहुत बड़ा सम्मेलन हुआ। इस सम्मेलन में सभी विश्वविद्यालय के प्रतिनिधि बुलाए गए। कलकत्ता विश्वविद्यालय से राधाकृष्णन् को भेजा गया।

अब तक राधाकृष्णन् का नाम इंग्लैण्ड में अच्छी तरह प्रसिद्ध हो गया था। भारतीय दर्शन पर प्रकाशित उनकी पुस्तक से लोग विशेष प्रभावित थे और लेखक की विद्वता का लोहा मानते थे।

जैसे ही इंग्लैण्ड वासियों को राधाकृष्णन् के लन्दन आने की बात मालूम हुई, वहाँ के लोगों ने राधाकृष्णन् के विचार सुनने के लिए बहुत सी संस्थाओं के द्वारा निमन्त्रण दिया किन्तु हर स्थान में भाषण देना उनके लिए सम्भव नहीं था इसलिए केवल ऑक्सफोर्ड के मेनचेस्टर कॉलिज का ही निमन्त्रण स्वीकार किया; यहाँ पर राधाकृष्णन् ने हिन्दू धर्म और जीवन पर बड़ा प्रभावशाली भाषण दिया।

इंग्लैण्ड के बाद राधाकृष्णन् अमेरिका गये। अमेरिका में होने वाले दर्शन सम्मेलन में भाग लिया। यहाँ उन्होंने कई भाषण दिये जिसे अमेरिका वासियों ने बहुत अधिक पसन्द किया। राधाकृष्णन् की यह पहली विदेश यात्रा थी। इसमें उन्होंने इंग्लैण्ड, अमेरिका तथा योरुप के कई देशों में भाषण दिया। जहाँ उनका बहुत अच्छा सम्मान किया गया। अमेरिकावासियों ने खुले दिल से यह कहना प्रारम्भ किया कि हमें किसी धर्म प्रचारक की आवश्यकता नहीं है बल्कि एक ऐसे ज्ञानी गुरु की आवश्यकता है जो हमें हमारे धार्मिक विश्वासों को बदलने की कोशिश न करे बल्कि धर्म के सम्बन्ध में सच्चा ज्ञान दे सके।

इसी अवधि में राधाकृष्णन् ने एक और महत्त्वपूर्ण पुस्तक लिखी, जिसका शीर्षक था ''कल्कि और फ्यूचर ऑफ सिविलाइजेशन, (कल्कि एवं मानव सभ्यता का भविष्य) इस पुस्तक में उन्होंने विज्ञान की उन्नति के बारे में भी बहुत सी बातें बताईं। साथ ही यह भी बताया कि विज्ञान की तरक्की से मनुष्य की बौद्धिक भूख पूरी नहीं होती। इस प्रकार राधाकृष्णन् ने अपनी पुस्तक में इस मत का समर्थन किया कि देखने में तो हम बहुत सुखी प्रतीत होते हैं किन्तु वास्तव में देखा जाय तो हमारे मन में शान्ति और सन्तोष नहीं है।

थोड़े दिनों के बाद जब राधाकृष्णन् विदेश से अपने देश में वापस आये तो जगह-जगह पर उनका बड़ा स्वागत किया गया। उनके इस स्वागत में यह भाव स्पष्टतया झलक रहा था कि राधाकृष्णन् द्वारा विदेशों में भारत का जो गौरव बढ़ा है उससे भारतवासी अत्यन्त प्रभावित हुए हैं।

कुछ दिनों के बाद बनारस हिन्दू विश्वविद्यालय में पंडित मदनमोहन मालवीय को एक योग्य व्यक्ति की जरूरत महसूस हुई। शीघ्र ही उनका ध्यान डॉ० राधाकृष्णन् की तरफ गया। मालवीय जी ने राधाकृष्णन् को बनारस हिन्दू विश्वविद्यालय के उपकुलपति के पद पर बैठाकर सन्तोष की सांस ली। इसके बाद अनेक वर्ष तक बड़ी योग्यता के साथ बनारस हिन्दू विश्वविद्यालय के उपकुलपति की जिम्मेदारी निभाते रहे।

भारत के स्वतन्त्र होने पर पहले उपराष्ट्रपति और बाद में राष्ट्रपति के पद पर आसीन हुए।

इस प्रकार हम देखते हैं कि यदि किसी भी व्यक्ति में काम करने की लगन हो और आगे बढ़ने की आकांक्षा हो तो उसके सामने किसी प्रकार की बाधायें नहीं आ सकतीं।

वह अपने लक्ष्य को अवश्य प्राप्त करता है। यही कारण है कि एक मामूली से गरीब परिवार में जन्म लेकर राधाकृष्णन् ने अपने कठिन परिश्रम और सतत् अध्यव्यवसाय से शिक्षक के पद से ऊँचे उठते हुए भारत के राष्ट्रपति के पद तक पहुंच गये।

देश प्रेम

डॉ० राधाकृष्णन् के मन में जाति जीवन की ज्योति और अपने देश का गौरव कूट-कूटकर भरा हुआ है। इन्होंने अपने देशवासियों को अपने भाषणों से अपनी पुस्तकों के सतत् प्रयत्नों से जगाया है। डॉ० साहब को भारत के प्राचीन गौरव के प्रति प्रेम है। जब वे अपने देश की प्राचीन संस्कृति की चर्चा करते हैं तब उनका शरीर पुलकित हो उठता है। उनका प्रत्येक रोम प्रसन्नता का अनुभव करने लगता है। उनके शरीर का प्रत्येक कण भारतीय है।

अपने आरम्भिक जीवन में जब वे ईसाइयों के स्कूल में पढ़ते थे तो जैसा कि ईसाइयों का स्वभाव होता है। वे भारत के प्रति बहुत सी गलत बातें करते थे। डॉ० साहब को उनकी बातें प्रायः खटकने लगती थीं—उन्होंने स्वामी विवेकानन्द के व्याख्यान सुने, तब तो मानों वह एक प्रकार से विचलित हो उठे थे जैसे किसी

ने उनको नीचे से ऊपर तक झकझोर दिया हो। उन्होंने अपनी पुस्तक में स्पष्ट लिखा है कि ''मेरे लिये यह विश्वास करना कठिन था कि हिन्दू ऋषि-मुनि जिनका जीवन के साथ इतना निकट सम्पर्क था, तथा जो हमारी इस विशाल संस्कृति के निर्माता थे, वास्तव में धार्मिक नहीं थे। मेरे विचार से तो हमारे देश के गांवों के अशिक्षित लोग तथा गरीब आदमी भी जो अपने पारिवारिक रीति-रिवाजों से बंधे हुए थे और धर्म के नाम पर कुछ रस्म-अदायगी भी कर लेते थे अथवा कुछ तीज-त्योहार भी मना लेते थे, धर्म से काफी परिचित थे। इतना ही नहीं, मेरे विचार से तो वे लोग इन आराम तलब बुद्धिवादी पादरियों की अपेक्षा, आत्मा और ईश्वर से कहीं अधिक परिचित थे। इन ईसाई पादरियों के लिए परमात्मा चाहे बौद्धिक विलास भर की वस्तु हो, परन्तु हमारे देश के ये अपढ़ एवं गरीब भाई यह बात भली प्रकार जानते हैं कि कोई अलौकिक एवं अदृश्य शक्ति समस्त विश्व में व्याप्त है और विश्व के समस्त कार्यों का संचालन कर रही है।

अपने देशवासियों में प्रचलित भाँति-भाँति के तथाकथित अन्ध-विश्वासों के प्रति भी उनके हृदय में सम्मान था। डॉ० साहब उनका भी मूल्य मानते थे। उनके विचार से वे केवल ढकोसले नहीं थे, जीवन में उनका भी स्थान था। उनका विचार था कि हमारा नारी-वर्ग अनेक अन्ध-विश्वासों एवं टोटकाओं को मानता है। हम इन बातों को बुरा बताते हैं, परन्तु यह भूल जाते हैं कि इन्हीं के आधार पर शताब्दियों से चली आई इन परम्पराओं के पालन के फलस्वरूप ही हमारी नारियाँ आज दिन तक इतनी पवित्र, शालीन एवं कोमल हृदय बनी हुई हैं। एक पात्री जो गंगा में एक गोता लगाने के लिए अपनी सब पूँजी, जिन्दगी भर की कमाई खर्च कर देता है, जो जगन्नाथपुरी तक पहुँचने के लिये अपने गांठ की पाई-पाई खर्च कर डालता है, जो बनारस अथवा कैलाश पहुँच कर शिवजी के दर्शन करने के पीछे अनेक कष्ट उठाता है, और मुसीबतें झेलता है आदि। ऊपरी तौर पर केवल वह एक मूर्ति के दर्शन भी करता है अथवा बहते हुए पानी की एक धार में डुबकी भी लगाता है, परन्तु उसके इन कार्यों के पीछे एक प्रबल विश्वास रहता है, और वह यह कि मनुष्य केवल रोटी के लिए ही जीवित नहीं रहता है। यह विचारधारा कि रोटी ही हमारे जीवन का सर्वस्व नहीं है, मनुष्य जीवन का लक्ष्य ये भीं लेना नहीं है। उसका लक्ष्य इसकी अपेक्षा कहीं अधिक महान् है।

हमारे देश का बच्चा जिसे आप गँवार कहते हैं, उत्तम सिद्धान्त की बौद्धिक व्याख्या भले ही न कर सकता हो, परन्तु वह उसे अपने जीवन में व्यवहृत

करना अवश्य ही जानता है। वह भगवान् के नाम पर अपना सर्वस्व स्वाहा करने को लालायित बना रहता है उसके नाम पर अपने पास फूटी कौड़ी भी न रखना उसको जरा भी नहीं अखरता है।

उपर्युक्त शब्द उसी व्यक्ति के मुख से निकल सकते हैं जिसकी नस-नस में भारतीय रक्त हो, जिसके प्रत्येक श्वास में भारतीय आत्मा का स्पन्दन हो, जिसके हृदय की प्रत्येक धड़कन में देश और जाति के गौरव की आत्मा चमकती हो।

अपनी इस विचार धारा के फलस्वरूप डॉ॰ साहब बड़े से बड़े आदमी के सामने बड़े से बड़े जन समुदाय में, डंके की चोट पर यह बात कह सकते थे कि "यद्यपि हमारे देश में अनेक अन्धविश्वास हैं और उन अन्धविश्वासों ने हमारे देश का बहुत अहित भी किया है तथापि यह नहीं कहा जा सकता है कि हमारे देशवासियों में धर्म भावना का अभाव है।" हमारे देश में प्रत्येक मां अपने बच्चे को यही सीख देती है कि अगर तू धार्मिक बनना चाहता है तो परमात्मा से प्रेम करना, पाप मत करना, सब के प्रति संवेदनशील रहना तथा जो लोग मुसीबतों में हों उनकी सहायता करना आदि।

डॉ॰ राधाकृष्णन् को अपने देश की सभ्यता और संस्कृति की मान्यताओं एवं परम्पराओं पर ही नहीं बल्कि उसकी प्राचीनता पर गर्व था। उनका कहना था कि पिछले पाँच हजार वर्षों में संसार की न मालूम कितनी सभ्यताएँ एवं संस्कृतियां मिट गईं। परन्तु हमारे देश की संस्कृति का बाल-बाँका भी नहीं हुआ। मेरे विचार से तो भारतवर्ष की संस्कृति कहीं अधिक पुरानी है। परन्तु आजकल के विद्वान उसको पांच हजार वर्ष पुरानी मानते हैं और उनके मतानुसार भारत की सभ्यता मिस्र और बेबीलोनिया की सभ्यताओं के समकालीन थी। थोड़ी देर के लिए हम यही बात मान लेते हैं कि भारतवर्ष की सभ्यता मिस्र और बेबीलोनिया की सभ्यताओं जितनी पुरानी है, परन्तु विचारणीय प्रश्न यह है कि क्या कारण है कि वे सभ्यताएँ नष्ट हो गईं और भारत की सभ्यता आज तक कायम है? उसकी यह प्राचीनता उसकी शक्ति, उसके आन्तरिक बल की द्योतक है।

इन पाँच हजार वर्षों में भारत के ऊपर विदेशियों के न जाने कितने संकट आए। परन्तु फिर भी हमारे देश की सभ्यता अपनी उसी प्राचीन शक्ति को लिये हुए आज भी जीवित है। ऐसे देश में जहाँ सभ्यता की दीवालें इतनी ठोस और मजबूत नींव के ऊपर खड़ी हुई हों जन्म लेना कुछ कम गौरव की बात नहीं है।

भारत की सभ्यता के अन्तर्गत सामाजिक व्यवस्था में कौन सी ऐसी चीज़ है, जिसके द्वारा वह अपने विजेताओं को सदा से अपने में मिलाती चली आई है। अपनी पुस्तक "सोसायटी और रिलीजन" में डॉ॰ राधाकृष्णन् ने लिखा है कि..... "यहा बड़े बड़े बली और विजेता आए। उन लोगों ने यहाँ लूट-मार की भाँति-भाँति के अनाचार एवं अत्याचार किये, यहाँ के निवासियों के ऊपर शासन किया, अपनी भाषा को राजभाषा बनाया, अपने पहनावे के हाथ में तलवार भी दे दी, किन्तु वे यहाँ की मूल मान्यताओं को न बदल सके उन्होंने अपनी भाषा, अपने साहित्य, अपने विचार, अपने रीति-रिवाज आदि सभी कुछ हमारे ऊपर लादने की चेष्टा की, अपने प्रयत्न में वे कुछ समय के लिए सफ़ल होते हुए भी दिखाई दिए—परन्तु आश्चर्य की बात यह रही कि वह समस्त प्रभाव ऊपरी सतह पर ही रह गये—नीचे की तह तक न जा पाए। फलतः भारत की सभ्यता की मौलिक परम्पराएँ आज भी ज्यों की त्यों बनी हुई हैं। इतनी उथल-पुथल और इतने दिनों की विदेशी दासता के बाद, आज भी भारतवासी राम राम एवं जय श्री कृष्ण द्वारा एक दूसरे का अभिवादन करते हैं, राम और भरत के भ्रातृ-प्रेम पर आज भी पुलकित हो उठते हैं, राम की कथा सुनकर झूम उठते हैं। कृष्ण की गीता के वाक्यों को धर्म-वाक्य एवं ब्रह्म वाक्य समझे हैं तथा इस विज्ञान एवं युद्ध विग्रह के युग में अहिंसा द्वारा शान्ति के साम्राज्य को स्थापित करने का सुख स्वप्न देखते हैं यह कोई कम बड़ी बात नहीं है।

डॉ॰ राधाकृष्णन् को ऐसी शक्तिशाली एवं अक्षय सभ्यता का निर्माण करने वाले अपने देश भारतवर्ष पर पूरा गर्व था। अन्धकार के इस वातावरण के बीच डॉ॰ राधाकृष्णन् के विचार प्रक़ाश स्तम्भ की तरह प्रतीत होते थे।

धार्मिक विचार

धर्म के सम्बन्ध में आज सारी दुनिया में अनेक तरह की बातें फैली हुई हैं। धर्म को एक मनुष्य जिस रूप में देखता और समझता है दूसरा ठीक उसके विपरीत रूप में देखता है।

धर्म के सम्बन्ध में डॉ॰ राधाकृष्णन् के विचार बड़े सीधे-सादे थे। धर्म को डॉ॰ साहब एक सर्वोपरि अनुभव बताते थे। उनका कहना था कि धर्म बाहर ही से लादने की वस्तु नहीं है बल्कि अनुभव करने की चीज़ है। इस मत को स्पष्ट करते हुए उन्होंने लिखा है कि धर्म न तो एकान्त में बैठकर साधना

के फलस्वरूप प्राप्त होने वाली व्यक्तिगत सम्पति है और न सरकार के द्वारा लादा जाने वाला कोई कानून।

अपनी पुस्तक ''ईस्ट एण्ड वेस्ट इन रिलीज़न'' में डॉ॰ साहब ने लिखा है कि ''न्याय करना, दया करना और अपने सार्थक प्राणियों को सुखी बनाना, धर्म का मुख्य लक्षण है। साधु वही है जो अपने साथियों की सेवा करता है और आपस में प्रेम सम्बन्ध स्थापित करता है। हम को चाहिए कि हम प्रत्येक मनुष्य की बराबरी और एकता में विश्वास रखें।''

डॉ॰ राधाकृष्णन् ने अपने उपर्युक्त कथन द्वारा वस्तुतः संसार में फैल रही विश्व-बन्धुत्व की चर्चा के ऊपर भी चोट की है। वे कहते हैं:–हम देखते हैं कि आजकल विश्व बन्धुत्व की चर्चा चारों ओर सुनाई देती है। उसके प्रचार के लिए अनेक संस्थाएँ भी स्थापित की जा रही हैं। परन्तु इसके साथ हम यह भी देखते हैं कि प्रत्येक देश स्वार्थ-भावना में लिप्त है, अन्य देशों का शोषण करना चाहता है तथा युद्ध की तैयारियों में व्यस्त है। युद्ध के साधनों द्वारा हम शान्ति-स्थापना की बात करते हैं विश्व-बन्धुत्व की चर्चा ही आज सबसे बड़ी विडम्बना है। परमात्मा की दुहाई देकर हम परमात्मा के बालकों का संहार करना चाहते हैं, धर्म भावना का यह सबसे भयंकर उपहास है। यदि हम सचमुच धर्म को जीवन का एक महत्त्वपूर्ण अंग मानते हैं तो हमारा कर्तव्य है कि हम धर्म के अनुरूप आचरण करने की बात पर भी सोचें।

डॉ॰ साहब के मत में परहित का नाम ही धर्म है। अर्थात् दूसरों की भलाई करना सबसे बड़ा धर्म है। सदाचार को ही धर्म का प्रमुख अंग बताते हुए उन्होंने कहा था कि न्याय युक्त व्यवहार करना, सौन्दर्य से प्रेम करना तथा सत्य की भावना को हृदय में धारण करके विनयशील बने रहना ही सबसे बड़ा धर्म है।

भारतवर्ष के इतिहास से उदाहरण देकर डॉ॰ साहब ने यह प्रमाणित किया था कि हिन्दू धर्म में सदा से उदारता मौजूद रही है। याज्ञवलक्य ने सम्राटों को स्पष्ट चेतावनी दी थी कि प्रत्येक वर्ग के मनुष्यों की रक्षा करना तुम्हारा परमधर्म है। सम्राट अशोक की सहनशीलता धर्म का एक आदर्श स्वरूप है। क्षत्रपति शिवाजी यद्यपि मुसलमानों के महाशत्रु थे, तथापि उन्होंने उनके धर्मग्रन्थ कुरान शरीफ को सदैव अपनी आँखों से ही लगाया था।

डॉ॰ साहब का मत था कि सच्च प्रजातंत्रात्मक शासन-प्रणाली भी धर्म-भावना के ऊपर ही आधारित हो सकती है। उनका कहना था कि विश्व-बन्धुत्व का

स्वप्न उस समय तक चरितार्थ नहीं हो सकेगा जब तक कि हम सारे संसार को एक परिवार के रूप में नहीं देखते। इस सम्बन्ध में वे आगे कहते हैं कि धर्म भावना सार का पुनर्निर्माण कर सकती है, शान्तपूर्ण क्रान्ति पैदा कर सकती है, परन्तु शर्त यही है कि उसको ठीक तरह से आचारण किया जाए।

संसार की राजनीति एवं शासन व्यवस्था के सम्बन्ध में विचार प्रकट करते हुए डॉ॰ साहब ने लिखा है कि किसी देश की सभ्यता का मुख्य आधार यह होता है कि उस देश के विचारक मानव जीवन को किस रूप में देखते हैं तथा मानव-जीवन का क्या लक्ष्य मानते हैं। मेरे विचार से धर्म-भावना के अभाव के कारण ही संसार एक दूसरे के प्रति इतने क्रूर और कुटिल हो गये हैं। शासन-व्यवस्था यदि धर्म-भावना पर आधारित हो, तो हमारे वर्तमान युग के अनेक अभिशाप एवं अवगुण स्वतः मिट जाएँगे।

भारत के धर्म निरपेक्ष राज्य के बारे में उनका कहना था कि विश्व में धर्म तथा दर्शन का सर्वोत्कृष्ट अंश है।

दार्शनिक विचार

दर्शन शब्द का अर्थ है देखना एवं 'देखने के साधन'। डॉ॰ राधाकृष्णन् का मत था कि जहाँ विज्ञान हमें बाहरी दुनिया के निर्माण में सहायता करता है वहीं दर्शन हमारे नैतिक और आध्यात्मिक जीवन का निर्माण करता है।

हमारे समाज के नवनिर्माण के लिए भी डॉ॰ साहब दर्शन की आवश्यकता को सर्वोपरि बताते हैं। आज समाज का जो दोषपूर्ण गठन है उसे दूर करने के लिए तथा व्यक्ति को आत्म बल कैसे प्राप्त हो इसके लिए आवश्यक हैं कि दार्शनिक विचार लोगों के दिल और दिमाग़ में पैदा हो। इससे जरूरी है कि लोग दूने उत्साह के साथ कर्मक्षेत्र में कूद पड़ें, स्वार्थ भावना से दुःखी व्यक्ति तो असफलता मिलने पर हाथ में हाथ रखकर बैठ जाता है किन्तु जो व्यक्ति निःस्वार्थी है जो हानि-लाभ के प्रति सभी प्रकार की चिन्ता से दूर है उसके लिए निराशा का प्रश्न ही नहीं उठता।

जो व्यक्ति समाज के दुःखों की ओर से उदासीन है, वह कैसे कह सकता है कि संसार के कण-कण में उसको परमात्मा के स्वरूप का दर्शन होता है? अस्तु डॉ॰ साहब के मतानुसार समाज का विकास करना उसको दोष मुक्त करना ज्ञानी लोगों का परम कर्तव्य है।

जीवन और दर्शन के सम्बन्ध में डॉ० साहब का कहना था कि "अपने अध्यापक-जीवन में अनेक नवयुवकों और नवयुवतियों के सम्पर्क में आया हूँ। अपने अनुभव के आधार पर मैं कह सकता हूँ कि जो लोग भाग्यशाली हैं और जिन्हें कम मुसीबतों का सामना करना पड़ता है, उन्हें यह न समझ लेना चाहिये कि वे सदैव ऐसे ही बने रहेंगे। हमको यदि सुख और चैन का जीवन व्यतीत करने का अवसर मिलता है, तो हमारा कर्तव्य है कि हम अपने उन अभागे भाई-बहनों का दुःख दूर करने की बात सोचा करें जो हमारी अपेक्षा कम भाग्यशाली हैं तथा जिनको अनेक प्रकार की कठिनाइयों के बीच जीवन बिताना पड़ रहा है।

उनके विचार से दर्शन का जीवन में सबसे बड़ा प्रयोग यह है कि हम प्रतिदिन एक दो घंटे शान्तिपूर्वक एकान्त में अपने कार्यों एवं अपने कर्तव्यों पर विचार करें। अपने ऊपर मनन करने की शिक्षा देना 'दर्शन' का सर्वप्रथम उद्देश्य होना चाहिये। प्रत्येक व्यक्ति के मन में एक पूजा-गृह होता है, वहां हम जब चाहें जा सकते हैं और जितनी देर चाहें बैठ सकते हैं। वहीं हमको यह विदित होता है कि हम वास्तव में कैसे हैं, बाहरी दुनिया कैसी है और हम उसमें किस प्रकार घुलमिल जाते हैं। हम देखेंगे कि हममें अधिकांश व्यक्ति स्वयं अपने आपको धोखा देते रहते हैं। केवल आत्मनिरीक्षण ही हमारी रक्षा कर सकता है। और इसी के द्वारा हम सत्य के निकट पहुँच सकते हैं। उसी समय तुमको यह ज्ञात हो जायेगा कि हम परमात्मा के प्यारे किस प्रकार बन गए।

डॉ० साहब का मत था कि उपवास करना और ज़ोर-ज़ोर से चिल्ला कर प्रार्थना अथवा कीर्तन करने का नाम ही पूजा नहीं है। हृदय का निवेदन ही सच्ची पूजा है। मृग की नाभि में कस्तूरी रहती है परन्तु वह समझता है उसकी सुगन्ध कहीं बाहर से किसी लता, वृक्ष से आ रही है और वह उसकी खोज में चारों ओर मारा-मारा फिरता रहता है। इसी प्रकार, परमात्मा तो हमारे मन मन्दिर में निवास करता है, उसको प्राप्त करने के लिए हमें केवल भीतर की ओर मुड़ना है बाहर संसार में खोजने के स्थान पर, उसको अपने भीतर मन-मन्दिर में देखने की कोशिश करें।

जीवन के सम्बन्ध में डॉ० साहब का कहना था कि वही व्यक्ति महान् है जो शान्त-चित्त होकर और धैर्यपूर्वक कार्य करता है। मन की शान्ति का मूल्य जीवन में बहुत है सम्पत्ति एवं स्वास्थ्य से भी अधिक है। जिनके पास सम्पत्ति

है अथवा जिनको अधिक शिक्षा मिलती है, वही वस्तुतः महान् नहीं हैं। परमात्मा को गरीबों और अशिक्षितों का भी उतना ही ध्यान रहता है।

कष्ट सहन के फलस्वरूप ही हमें बुद्धि विवेक की प्राप्ति होती है। दुःख प्रायः दण्ड न होकर एक प्रकार की साधना के रूप में आता है। आनन्द का मार्ग दुःख-दर्द में होकर जाता है। मानव जब दुःख-दर्द का इच्छापूर्वक अपने ऊपर ले लेता है, तभी उसके सम्मुख आनन्द का मार्ग खुल जाता है। इस सम्बन्ध में डॉ॰ साहब का कहना था कि यदि हम राम, कृष्ण, बुद्ध, ईसा और मुहम्मद आदि अपने इष्ट देवों, प्रति सच्ची श्रद्धा रखते हैं तथा उनके पदचिह्नों पर चलना चाहते हैं तो हमको चाहिए कि उनकी भांति निर्बलों की सहायता करें तथा दीन-दुखियों को धैर्य बंधाएँ। जीवन का सबसे बड़ा अभिशाप ही यह है कि हम संसार के सुख को बँटा नहीं सकते हैं। इस तरह के विचार डॉ॰ राधाकृष्णन् के थे। इससे पता चलता है कि ये विचार कितने ऊँचे और सर्व-साधारण के मानने व जानने योग्य हैं। ये विचार व्यावहारिक हैं। और हमें जीवन के कर्म-क्षेत्र का सौन्दर्य दिखाने वाले हैं।

युद्ध और शान्ति पर विचार

जैसा कि ऊपर कहा जा चुका है कि डॉ॰ राधाकृष्णन् के विचार में विश्व के कण-कण में एक परम सत्ता का ही अनुभव होता है। उनका कहना था कि विश्व के प्रत्येक पदार्थ में उसी चरम सत्ता का ही वास है। इसलिये परस्पर युद्ध करना परमात्मा के खिलाफ उसकी सत्ता के खिलाफ एक संगठित प्रयत्न है। युद्ध के सम्बन्ध में बहुत दिनों से यह धारणा चली आ रही थी कि युद्ध सामाजिक आवश्यकता के लिए आवश्यक है। लोग प्रायः यही कहते हुए देखे हैं कि मानव-समाज की भलाई के लिये ही युद्ध हुआ करते हैं।

डॉ॰ साहब का मत था कि सामूहिक हत्या का ही नाम युद्ध है। यदि सामूहिक हत्याएँ हमारे हित में होतीं तो फिर पारस्परिक सद्भावना कायम करने की कोशिश, पंचशील के सिद्धान्त का सम्मान आदि सब बातें व्यर्थ होतीं। हम जानवरों जैसी घृणा को हृदय में लेकर युद्ध करते हैं। छल-फरेब के द्वारा अपनी रक्षा करते हैं। हम यदि चाहते हैं कि सामाजिक अवस्था में आवश्यक परिवर्तन हो, विश्व बन्धुत्व का आदर्श प्रकट हो, तो हमको धर्म-भावना की शरण में जाना होगा। सारांश यह कि डॉ॰ साहब के मतानुसार युद्ध में शामिल होना धर्म के विरुद्ध आचरण करना था। हम यदि धर्म के अनुसार जीना व मरना चाहते हैं तो हमारा सबसे पहला कर्तव्य यह होगा कि लड़ाई-झगड़ों और खून-खराबी से दूर रहें।

हिन्दुओं के धर्म-ग्रन्थों में अहिंसा को सर्वोच्च गुण माना गया है। हिंसा का त्याग अहिंसा है। हिंसा का अर्थ किसी भी प्राणी को किसी प्रकार का कष्ट पहुँचाना है। यह 'कष्ट' शरीर मन या अन्य प्रकार से भी हो सकता है। इस प्रकार किसी भी प्रकार से कष्ट न पहुँचाना अहिंसा है। हम किसी के प्रति बुरे शब्दों का प्रयोग न करें, किसी का नुकसान न करें तथा किसी के शरीर को कष्ट न पहुँचाएँ तभी हम अहिंसक कहे जा सकते हैं।

हिन्दुओं के विभिन्न धर्म-ग्रन्थों की चर्चा करते हुए आप ने लिखा है–इन धर्म ग्रन्थों ने खुले दिल से अहिंसा की प्रशंसा की है परन्तु इसके साथ ही, समाज की व्यवस्था को लगाए रखने के लिए उन ग्रन्थों में उन स्थितियों का वर्णन किया गया है जबकि किसी विशेष स्थिति में हिंसा अथवा शक्ति का प्रयोग किया जा सकता है।

पूर्ण अहिंसा हम सबके जीवन का पवित्र आदर्श होना चाहिए इसी सम्बन्ध में डॉ॰ साहब ने लिखा है कि ईसाई धर्म के अन्दर भी "अहिंसा" को बहुत कुछ हिन्दुओं के धर्म ग्रन्थों की ही तरह प्रतिपादित किया गया है। महात्मा ईसा ने युद्ध को हर हालत में बुरा बताया है और उसको रोकने की शिक्षा दी है।

डॉ॰ राधाकृष्णन् ने ईसा मसीह की शिक्षाओं, ईसाई पादरियों द्वारा की गई व्याख्याओं तथा ईसाई राज्यों के निर्दयतापूर्ण व्यवहारों के ऊपर प्रत्येक दृष्टिकोण से विचार किया है। अन्त में वे जो नतीजा निकालते हैं वह इस प्रकार है "ईसाइयों के विवेक का विकास हो रहा है अर्थात् ईसाई धर्मावलम्बियों में पहले की अपेक्षा अधिक बुद्धि आ गई है। हम लोग अब यह अनुभव करने लगे हैं कि यदि हम सभ्य कहलाना चाहते हैं तो हमें युद्धों का सर्वथा त्याग करना होगा। युद्धों का बहिष्कार किए बिना हम सभ्य कहे जाने के अधिकारी नहीं हैं।

युद्ध के सम्बन्ध में

जैसा कि ऊपर कहा जा चुका है कि यूरोप के अनेक विचारकों ने युद्ध को उपयोगी बताया है। हमारे डॉ॰ साहब इस विचार-धारा के विरोधी थे। उनका कहना है कि "हमारी उन कार्यों से अधिक हानि होती है वे बहुत कम हमारी हानि कर पाते हैं। भले आदमी कहे जाने वाले लोग ही युद्धों को चलाते हैं, तथा बुरे कहे जाने वाले लोग लूट-मार करते हैं और डाके डालते हैं। इस सम्बन्ध में डॉ॰ साहब का कहना था कि दूसरी श्रेणी के बुरे लोगों की बनिस्बत पहली श्रेणी के भले कहे जाने वाले अधिक खतरनाक हैं।

सभ्य कहे जाने वाले इन लोगों के कारनामों का उल्लेख करते हुए उन्होंने लिखा है कि "अपराधियों को न्याय के अनुसार अनेक प्रकार की शारीरिक तकलीफें पहुँचाई जाती हैं, बच्चों से कस कर काम लेना और आदमियों को गुलाम बना कर रखना सर्वथा उपयुक्त बताया गया। हम जितनी ही जल्दी लोगों की भावनाओं का अनुमान लगा सकें उतना ही दुनिया की भलाई के लिए एक अच्छा काम होगा।

समाज के अन्दर जब किसी बात की गहरी नींव हो जाती है तो उसको निकाल फेंकना बहुत ही कठिन हो जाता है। युद्ध सम्बन्धी विचारधारा एक ऐसी ही सामाजिक बुराई है। अत: हमें दृढ़तापूर्वक समाज की ऐसी व्यवस्था करनी चाहिए जिससे लड़ाई झगड़े की बात समाप्त हो जाये। और ऐसे समाज का निर्माण करना आसान हो जाये जिसमें युद्ध की बात ही न हो। हम आज युद्धों की बुराइयों का अनुभव करने लगे हैं क्योंकि इनके कारण दुनिया में आग की लपटें आज भी दिखाई दे रही हैं।

डॉ॰ राधाकृष्णन् को इस सम्बन्ध में भविष्य स्पष्ट दिखाई दे रहा था। उनका विचार था कि भविष्य में युद्ध हो ही नहीं सकते यदि विनाशकारी हथियारों का निर्माण बन्द कर दिया जाये। डॉ॰ राधाकृष्णन् का कहना था मनुष्य एक ऐसा शिकारी जानवर नहीं है जो हमेशा अपने कमजोर पड़ोसियों को हड़प कर जाता है! मनुष्य की आदतें पैदायशी नहीं होती हैं अनेक तरह के अनुभवों से वह तैयार होती हैं। हमारे व्यवहार चीटियों अथवा मक्खियों की तरह नहीं होते। हम उड़ने के लिए अथवा पानी में पार पाने के लिए पंख नहीं लगाते, बल्कि जहाज बनाते हैं मनुष्य की यही वह खूबी है जिसके कारण वह दूसरे जीवधारियों से अच्छा समझा जाता है। लड़ाई-झगड़े करना उसकी बुनियादी आदत नहीं है। यह आदत भी उसमें अनेक प्रकार के अनुभवों के स्वरूप बन गई है। जिस प्रकार बहुत से आदमी जगन्नाथपुरी में रथ के पहिये के नीचे मरना चाहते हैं। उसी प्रकार आज बहुत से आदमी लड़ाई के मैदान में चाहते हैं। हमारे दिमागों के ऊपर पर्दा सा पड़ा रहता है। हम समाज से जितना डरते हैं उतना बमों से नहीं डरते। इस भय से छुटकारा पाने के लिए हमको अपने सामाजिक परम्परा से बाहर आना होगा। हमने अपने आपको अनेक तरह के बन्धनों में जकड़ रखा है। यही कारण है कि हम बहुत से अनुचित कार्यों को भयवश उचित बताते रहते हैं। स्वतन्त्र विचारों के पनपने के लिए हमको एक अच्छा वातावरण तैयार करना होगा।

इस प्रकार डॉ॰ राधाकृष्णन् साफ़ शब्दों में यह कहते थे कि फौजों और हथियारों की शक्ति पर विश्वास करना एक बहुत बड़ा रोग है। इस रोग ने संसार को बहुत कष्ट पहुँचाया है और लोगों को भयभीत कर दिया है। सच बात तो यह है कि युद्ध हमसे हमारी इन्सानियत को ही छीन लेता है। युद्ध के जहरीले वातावरण को फैलाता है और उसी तरह का ज़हरीला चक्र चलाता रहता है। युद्ध में जीतने वाले मनमाने ढंग पर बदला लेते हैं और उसी भावना से सन्धि करते हैं हारने वाला मजबूरी के कारण दब जाता है। और बदला लेने की ताक में रहता है। इसलिए हमको किसी ऐसे तरीके को ढूंढ निकालना चाहिए जिससे हमारे उन बुनियादी परम्पराओं में आमूल्य परिवर्तन हो जाये जो युद्ध के लिए हमें मजबूर करती हैं। युद्ध की प्रणाली को हमेशा के लिये खत्म कर देना सभ्य मानव का उद्देश्य होना चाहिये, डॉ॰ राधाकृष्णन् का यही सन्देश था।

अहिंसा के सम्बन्ध में विचार

डॉ॰ राधाकृष्णन् ने महात्मा गांधी द्वारा प्रतिपादित अहिंसा का बड़ा सुन्दर वर्णन किया। अहिंसा के सम्बन्ध में उनके विचार इस प्रकार थेः–

> ''यदि हमें सच्चाई का अनुभव करना है तो हमारे साधन श्रेष्ठ होने चाहिये। इस बात को हमें अच्छी तरह जान लेना चाहिये कि हमें सत्य का अनुभव करने के लिए यदि हम जल्दबाजी में पशु बल अथवा बुरे तरीकों का उपयोग करते हैं तो हमें निराश होना होगा।''

अहिंसा कायरता अथवा दुर्बलता की निशानी नहीं है। अपनी कमजोरी को छिपाने के लिए हम अहिंसा का बहाना नहीं करते। अहिंसा वास्तविक शक्ति का प्रतीक है। जो लोग वास्तव में बहादुर हैं जो कष्टों को हँसते-हँसते झेल सकते हैं, तथा जिनमें बलिदान की भावना भरी हुई है वही व्यक्ति अहिंसक बन सकते हैं। भय के कारण अहिंसक होना उससे भी बुरी बात है। यदि कोई आदमी यह सोचकर कि हिंसा के परिणाम बुरे होते हैं अहिंसा का रास्ता अपनाता है तो उसको समझ लेना चाहिए कि वह अपने आप को बहुत बड़े खतरे में डाल रहा है। जो लोग यह सोचते हैं कि गांधी जी जीवन को आज़ादी की अपेक्षा अधिक श्रेष्ठ समझते हैं वे गलती करते हैं। गांधी जी यह निश्चित रूप से मानते थे कि शारीरिक कष्ट और जीवन-मरण यह इस संसार की बुराइयाँ हैं। यदि हम इनके बदले कोई अच्छा काम कर सकते हैं तो शारीरिक कष्ट का और मौत का हमें स्वागत करना चाहिए। इन्सान को मारने से कोई

काम नहीं होगा बल्कि उनके अन्दर समाये हुए बुरे विचारों को नष्ट करना चाहिए। युद्ध में जाकर लड़ना कोई बहुत बड़ा पाप नहीं है। वास्तव में पाप है हमारे समाज की वे बातें जिनके कारण युद्ध होते हैं। ताकतवर कमजोर को खा जाने को तैयार हो जाता है। यदि हम चाहते हैं कि समाज सुरक्षित रहे तो हमें समाज के प्रबन्ध में परिवर्तन करना होगा। हमें चाहिए कि हम असत्य और बेईमानी का विरोध करें, उनके खिलाफ मोर्चा तैयार करें।

डॉ॰ राधाकृष्णन् के मत के अनुसार संसार के विभिन्न देशों के निवासियों में कोई भेद नहीं है उनके बीच फैले हुए ऊँच नीच के विचार, छोटे-बड़े का फर्क उचित नहीं है। जब यह फर्क मिट जायेंगे और लोगों में एक दूसरे के प्रति नफरत का भाव नहीं रह जायेगा तो हमेशा प्रेम का वातावरण पैदा होगा। इस प्रकार डॉ॰ राधाकृष्णन् समाज से उन मूलभूत बुनियादी बुराइयों को दूर करने की सलाह देते थे जिनसे परस्पर कलह और द्वेष पैदा होता है।

इन्हीं छोटी-छोटी बातों से विकराल युद्ध आरम्भ हो जाते हैं। वह एक ऐसे अहिंसक समाज की कल्पना करते थे, जिसमें परस्पर प्रेम हो। एक दूसरे के प्रति आदर और सम्मान हो। ऐसा समाज युद्ध से दूर रहेगा और अहिंसक बनकर अत्यधिक शक्तिशाली हो जायेगा।

डॉ॰ राधाकृष्णन् समाज के किसी वर्ग विशेष को दूसरे से अधिक शक्तिशाली या महत्त्वपूर्ण बनने की हिमायत नहीं करते थे। उनका कहना था कि समाज का प्रत्येक अंग अपने उचित अधिकारों का उपयोग करते हुए दूसरे के प्रति निष्ठा एवं प्रेम का वातावरण पैदा कर सके। यही अहिंसक समाज की पहचान होगी।

आदर्श समाज पर विचार

आदर्श समाज के सम्बन्ध में डॉ॰ राधाकृष्णन् ने लिखा है कि हमारा आदर्श वास्तविकता की अपेक्षा कुछ और अधिक ऊँचा होना चाहिए। परन्तु इतना ध्यान रहे कि आदर्श हकीकत को न छोड़ दे। तात्पर्य यह है कि डॉ॰ राधाकृष्णन् को वास्तविकता से प्रेम था वे किसी कल्पना में या और ऐसे ही किसी बनावटी समाज में विश्वास नहीं करते थे। वह ऊपर की ओर आँख उठाकर देखते हैं परन्तु साथ ही इस बात का ध्यान रखते हैं कि उनके पैर जमीन पर ही बने रहें, कहीं ऐसा न हो कि उन्हें अपनी वास्तविकता का ध्यान ही न रहे और उनके पैर उखड़ जायें।

उनका स्पष्ट कहना था कि हम इस संसार को एकबारगी प्रेम की दुनिया नहीं बना सकते हैं। युद्ध कोई एक बैक घट जाने वाली घटना नहीं है वह भी किसी विशेष कारण से होता है। हिटलर के विषय में भी उनका ऐसा ही विचार था। उन्होंने लिखा है हिटलर कार्य है, कारण नहीं। हमारे समाज में फैले हुए अनेक प्रकार के अवगुणों के फलस्वरूप असन्तोष एवं ईर्ष्या की भावना का जन्म होता है। हिटलर का उठ खड़ा होना उसका आवश्यक परिणाम था। इसलिए हिटलर को हम यदि व्यक्ति विशेष मानकर समाज की कुछ बुराइयों का प्रतीक मानें तो अधिक अच्छा होगा। यदि हम वास्तव में चाहते हैं कि हिटलर पैदा न हों, हिटलरशाही का नाश हो जाये, तो हमें यह निश्चय करना होगा कि आज से प्रत्येक मनुष्य को बिना भेदभाव के काम करने और अपनी जीविका कमाने का समान अधिकार होना चाहिए। हमारे समाज की वर्तमान आर्थिक व्यवस्था के अन्तर्गत एक ओर अनाज के ढेर के ढेर सड़ते हैं और दूसरी ओर लोग भूखों मरते हैं। इस व्यवस्था का अन्त होना चाहिए। हम एक दूसरे के प्रति लापरवाह हैं, हमारे भीतर गलत भावनायें काम करती हैं जिसका नतीजा यह होता है कि एक दूसरे के ऊपर अधिकार करने का सवाल सामने आ जाता है। इसलिए ताकतवर आदमी को चाहिए कि वे निर्बलों की सहायता करने की बात सोचें उनके ऊपर हुकूमत करने की नहीं।

डॉ० साहब का स्पष्ट मत था कि हमें अधिक झंझट में नहीं पड़ना चाहिये केवल अपने ऊपर ध्यान देना चाहिये। युद्ध क्यों होते हैं उनके मूल में धर्म है अथवा राजनीति या अर्थ। हमको इन सबके पचड़े में नहीं पड़ना चाहिए। हमारे विचार से जनमत का प्रभाव सरकार पर गहरा पड़ता है। हमें चाहिए कि ऐसे वातावरण को बनायें कि जससे युद्ध न हों। जनमत का दबाव ही सरकार को युद्ध क्षेत्र से विमुख कर सकता है। हमको ऐसी संस्थाओं की स्थापना करनी चाहिये जिसके द्वारा शान्ति और अच्छी बातों का प्रचार हो सके। डॉ० साहब के विचार से अन्याय एवं अत्याचार ही युद्ध को जन्म देते हैं। हमें ऐसी सामाजिक व्यवस्था बनाने के लिए कोशिश करना चाहिये जिसके अन्तर्गत प्रत्येक व्यक्ति और देश के प्रति न्यायपूर्ण व्यवहार किया जा सके। किसी को सताया नहीं जाये। किसी का शोषण नहीं किया जाये तथा प्रत्येक को यह विश्वास हो कि उसके प्रति न्याय न होने की कोई सम्भावना ही न हो।

जिस समाज का एकमात्र लक्ष्य न्याय होगा वही समाज आदर्श समाज कहलायेगा। न्याय एक बहुत ही व्यापक शब्द है। उसके प्रति सतर्कता और देख रेख से ही समाज की उन्नति के रास्ते तैयार होते हैं।

डॉ० साहब साम्राज्यवादी शासन व्यवस्था तथा शोषण के घोर विरोधी हैं। उनका स्पष्ट मत यह था कि हिटलरों का पैदा होना तथा देशों की पराधीनता अराजकता की निशानी है। हम यह चाहते हैं कि संसार में व्यवस्था रहे, अमन चैन रहे तो हमको चाहिए कि अन्य लोगों के ऊपर शासन करने का विचार छोड़ दें। पारस्परिक सहयोग एवं शान्ति के साथ समाज का निर्माण हो सकता है। यदि सचमुच संसार में शान्ति और सहयोग के साथ समाज का निर्माण करना है तो ऐसे देश जो दूसरे देशों पर हुकूमत करते हैं, उन्हें कुछ त्याग के लिये तैयार रहना चाहिये।

आपने पारस्परिक सहयोग और सद्भावना पर आधारित समाज की व्यवस्था के अनेक साधनों की भी चर्चा की है। आपने यह लिखा है कि अन्तर्राष्ट्रीय न्यायालय किस प्रकार प्रत्येक राष्ट्र के प्रति न्याय की व्यवस्था कर सकता है और अन्तर्राष्ट्रीय सैनिक संगठन किस प्रकार युद्धों को रोक सकता है। अन्त में निष्कर्ष के रूप में आपने हिन्दू धर्म ग्रन्थों का उदाहरण दिया है जिसमें शासन व्यवस्था के चार भाग साम, दाम, दण्ड तथा भेद की ओर संकेत किया है। आगे वह कहते हैं कि समाज एक झटके में अहिंसक नहीं हो सकता है। परन्तु यह अवश्य है कि हम यदि इस ओर गम्भीरतापूर्वक प्रयत्न करेंगे तो जरूरी है कि एक आदर्श सामाजिक व्यवस्था कायम कर सकें।

डॉ० राधाकृष्णन् का आदर्श समाज वही जिसमें प्रत्येक व्यक्ति सुखी रहे, सुरक्षित रहे, न्यायप्रिय रहे, तथा स्वतन्त्रतापूर्वक अपने-अपने कर्तव्यों का पालन कर सके। ऐसा आदर्श राज्य शत-प्रतिशत 'सुराज' ही होगा। इस सुराज का पारिभाषिक नाम राम राज्य है। हमारे आर्य ऋषियों ने बहुत पुराने जमाने में इसकी कल्पना की थी। मध्यकाल में महात्मा ईसा ने खुदा की सल्तनत कह कर इसकी ओर संकेत किया। और आधुनिक काल में महात्मा गान्धी ने इसी की स्थापना का सुख स्वप्न देखा।

नारी के सम्बन्ध में

डॉ० राधाकृष्णन् के विचार से नारी नर की चिर सहचरी, उनके धर्म की रक्षक, उसकी गृह लक्ष्मी तथा उसे देवत्व तक पहुँचाने वाली साधिका है। डॉ० राधाकृष्णन् ने स्पष्ट लिखा है कि यदि किसी को उसकी इच्छा अनुसार कार्य और वैसी ही पत्नी मिल जाये तो समझ लीजिये कि उसका जीवन सार्थक है। उनके विचार से नारियाँ इस सभ्यता के चकाचौंध से दूर रहती हैं। उनका मधुर सम्पर्क पुरुष को जीवन के संघर्ष में एक प्रकार का रस प्रदान करता है।

वह नारी को भारतीय आदर्श की कुलांगना के रूप में देखते थे। उनका कहना था कि भारतवर्ष की गृह लक्ष्मियाँ ही हमारी प्राचीन परम्पराओं एवं मान्यताओं को सुरक्षित रखे हुए हैं। वे पूर्णतः पतिव्रता और पति परायण हैं। उनका स्पष्ट मत है कि यदि पति विश्वासघात करता है तो मुझे विश्वासपात्र बना रहना चाहिये। वह यदि इधर-उधर चला गया है तो मुझे उसके लौटने की प्रतीक्षा करनी चाहिये। पत्नी के इस अनन्य प्रेम में डॉ० साहब परमात्मा के दर्शन करते थे।

इसी के आधार पर उनका स्पष्ट मत था कि भारतीय दाम्पत्य जीवन कोमलता एवं प्रगाढ़ प्रेम से परिपूर्ण जीवन है। मानव की समस्त दुर्बलताओं पर विजय प्राप्त करने वाला अमोघ पदार्थ, प्रेम मेरे विचार से परमात्मा की सबसे बड़ी देन है। वह तो इस देश के दाम्पत्य जीवन के प्रेमादर्श से प्रभावित होकर बाल विवाह की प्रथा तक का समर्थन करते थे। उन्होंने स्पष्ट लिखा है कि पश्चिम के देशों को देखते हुए हमारी उम्र एवं श्रेणी के लोगों की शादी बहुत कम अवस्था में हो गई थीं परन्तु ये शादियाँ असफल नहीं रहीं।

भारत के परिवारों एवं स्त्रियों की दशा देखते हुए उनका यह कहना अवश्य था कि हमारे समाज के रीति-रिवाजों में कुछ सुधार करने की आवश्यकता है। सच बात तो यह है कि पति की सद्भावना ही हमारी नारियों का एक मात्र आधार है। उसी के ऊपर उनका सब कुछ निर्भर है। मौजूदा समय में यह काफी नहीं है, इसमें सुधार करने के लिए कुछ-न-कुछ करना चाहिए।

डॉ० राधाकृष्णन् ने नारियों के सम्बन्ध में अपनी पुस्तक "रिलीजन एण्ड सोसाइटी" में लिखा है कि पुरुष और स्त्री के सम्बन्धों पर हमको सच्चे हृदय से विचार करना चाहिए। पुरुषों ने ही प्रायः अनेक प्रकार की भावनाएँ बनाई हैं। उन्होंने नारी स्वभाव के सम्बन्ध तथा नारी की अपेक्षा नर की श्रेष्ठता बताने के लिए अनेक ऊलजलूल के किस्से गढ़ रखे हैं।

"प्राचीन भारतवर्ष में नारियाँ, शीर्षक के अन्तर्गत उन्होंने लिखा है कि हम नर और नारी को क्रमशः पुरुष और प्रकृति कहते हैं। इसका तात्पर्य ही यह है कि वे एक दूसरे के पूरक हैं। मानव जाति का दो श्रेणियों में विभाजन मानव के श्रम विभाजन की ओर संकेत करता है। कुछ कार्य ऐसे हैं कि जिन्हें मर्द नहीं कर सकते हैं परन्तु न तो इसका यही अर्थ है कि नारियाँ अपना नारीत्व छोड़ दें और न इसका यही परिणाम होना चाहिए कि आदमी और औरतों के स्वाभाविक पारस्परिक सम्बन्धों में कोई अन्तर पड़े।

संसार में बड़े से बड़े कार्यों की प्रेरणा नारी प्रेम के द्वारा प्राप्त हुई है। हिन्दुओं का विवाह मुख्यतः एक सहयोगी भावना का आदर्श है।

पति-पत्नी पक्के और सच्चे साथी हैं। वे दोनों धर्म, अर्थ, काम और मोक्ष इन चारों पुरुषार्थों की प्राप्ति के लिए सामूहिक प्रयत्न करते हैं।

माताएँ होने के कारण स्त्रियाँ अधिक समझदार होती हैं। वही वर्तमान सामाजिक व्यवस्था में परिवर्तन कर सकती हैं। तभी हमारे जीवन का मौजूदा रूप बदल सकता है और तभी नए इन्सान का जन्म होगा।

सभ्यता और समाज पर विचार

समाज की प्रस्तुत व्यवस्था में कुछ न कुछ मौलिक दोष हैं। डॉ॰ राधाकृष्णन् ने स्पष्ट लिखा है कि आजकल प्रजातंत्रात्मक शासन व्यवस्था केवल आंशिक रूप में ही है। प्रजातंत्रात्मक प्रणाली का पहला लक्ष्य है मान का सम्मान। इस प्रणाली का पहला सिद्धान्त यह है कि कोई व्यक्ति इतना योग्य नहीं है कि उसके हाथों पूरी शासन सत्ता सौंप दी जाये तथा किसी राष्ट्र को अन्य किसी राष्ट्र के ऊपर शासन करने का अधिाकार नहीं है परन्तु हम आजकल जो कुछ भी देखते हैं वह ठीक इसका उल्टा है। शक्तिशाली व्यक्ति एवं राष्ट्र अपनी मनमानी करते हैं। वे जो चाहते हैं सो करते हैं। कमजोर, नीचे दबे हुए और गरीब समुदाय के लोगों को इस बात का ज्ञान हो गया है कि उनके ऊपर अत्याचार हो रहा है और वे अपने अधिकारों को पूरी तरह से प्राप्त करने के लिए उठ खड़े हुए हैं। इसके बाद संयुक्त राष्ट्र संघ की चर्चा करते हुए डॉ॰ साहब ने लिखा है कि हम केवल बाहरी सहानुभूति दिखलाते हैं। हम अन्तर्राष्ट्रीय एवं विश्व शान्ति की चर्चा भर करते हैं। हमारा ध्यान राष्ट्र हित में सीमित है तथा हम युद्ध का वातावरण बनाए हुए हैं। जिन देशों के पास उपनिवेश हैं वे अपने उपनिवेशों को छोड़ना नहीं चाहते और उन्हें अपने पास ही रखना चाहते हैं।

अब समय आ गया है जब हम विवेक से काम करने का विचार करें न्याय और अन्याय के भेद को ठीक-ठीक समझें और उसी के आधार पर अपनी समाज की व्यवस्था को न्याय के आधार पर की गई सामाजिक व्यवस्था ही स्थाई शान्ति का कारण बन सकती है। सभ्यता के विषय में भी डॉ॰ साहब का अपना विशेष दृष्टिकोण था। वह जब भी किसी बात या विषय पर विचार करते तो यह सदैव ध्यान में रखते कि इस शरीर के अतिरिक्त भी कुछ और

है। सभ्यता के विषय में विचार करते हुए उन्होंने लिखा है कि सभ्यता का सम्बन्ध न आत्मा से है न शरीर से और न मस्तिष्क से।

मानव को समझ लेना चाहिए कि उसके जीवन का क्या उद्देश्य है और साथ ही इस लक्ष्य की प्रगति के लिए प्रयत्नशील होना चाहिए। उसको यह भूल जाना चाहिए कि वह अपने आप उन्नति करता चला जाएगा। उसको यह समझ लेना चाहिए कि उसके आदर्शों एवं समय के आधार पर ही उसका विकास होता है। मानव अपने आदर्शों के अनुरूप ही विश्व का निर्माण करता है। हम आज तक जो इतनी उन्नति कर चुके हैं यह उन्हीं महापुरुषों के प्रयत्नों का फल है जिन्होंने अपने सम्मुख उच्चादर्श रखे थे और फिर उसी के अनुसार समाज का संगठन करने के लिए प्रयत्नशील हुए थे। हमारी आजकल की सभ्यता का सबसे बड़ा दोष यह है कि हम अपनी नाक के आगे नहीं देखते हम केवल आज की बात सोचते हैं कल का हमको ध्यान नहीं है। हम वे ही काम करते हैं जिनके कारण हमें इसी समय लाभ हो जाये। हम वे काम नहीं करते जो स्थाई रहे और भविष्य में भी हमारे लिए लाभकारी सिद्ध हो। इस सांसारिक उन्नति में ही मानव की समस्त शक्तियाँ व्यय नहीं हो जानी चाहिएं। यदि मानव ने अपने जीवन का यही लक्ष्य बना लिया तो समझ लीजिए उसने अपने आपको बहुत छोटा समझ लिया। मानव जीवन का उद्देश्य इससे कहीं महान् है। सांसारिक उन्नति से सन्तोष न करके मानव को स्थाई मान्यताओं की स्थापना करनी चाहिए। हमारा कर्तव्य है कि हमें पारस्परिक सहयोग एवं भ्रातृ- भावना के आधार पर समाज का निर्माण करना चाहिए। वास्तविकता, सच्चाई और स्वार्थ-त्याग सभ्यता के विकास के मूलाधार होना चाहिए। जब तक हमारे मन में ईमानदारी कर्तव्यनिष्ठा एवं आत्म-त्याग के भाव जागृत नहीं होते हैं तब तक हम कैसे कह सकते हैं कि हम अधिक सभ्य हो गये हैं। नैतिक और आध्यात्मिक आदर्शों को लेकर चलने वाला समाज ही विज्ञान द्वारा उपलब्ध ज्ञान एवं साधनों के सम्पर्क उपयोग द्वारा सभ्यता का सच्चा एवं वास्तविक विकास कर सकता है।

ग्रहण करने की शक्ति

डॉ॰ राधाकृष्णन् की विचारधारा की सबसे बड़ी खूबी यह थी कि वह "स्वार्थ" को अर्थात् मतलब की चीज़ को ले लेते थे और बाकी की चीज़ को छोड़ देते थे। कैसा भी प्रसंग हो वह अपने मतलब की बात खोज लेते थे। खोज ही नहीं लेते थे पकड़ भी लेते थे।

अपनी चीन यात्रा के संस्मरणों में उन्होंने लिखा है कि "सांस्कृतिक सहयोग में उन्होंने जो प्रयत्न किये थे वही आज हमारे लिये प्रेरणा दे रहे हैं इसीलिये मैंने यह यात्रा की थी कि चीन के विश्वविद्यालयों की यह मेरी प्रदक्षिणा हमारे दोनों देशों के बीच सांस्कृतिक सम्बन्धों को और अधिक मजबूत बनाने में सहायता दे"। डॉ॰ साहब का देश प्रेम एक कठमुल्ले का देश प्रेम नहीं था वह देश की सीमाओं का उल्लंघन करके देश प्रेम को पुष्ट करने वाले तत्वों का संग्रह करने वाला विश्वव्यापी देश प्रेम था। शिक्षा और शिक्षकों के सम्बन्ध में डॉ॰ साहब के विचार हमारी आँखें खोल देते हैं। वह देखते थे कि हमारे देश में शिक्षा एवं शिक्षा के केन्द्र प्रायः उपेक्षित हैं। उनका कहना था कि विश्वविद्यालय ही देश के महापुरुषों का निर्माण करने वाला कारखाना है। तथा अध्यापक उन्हें बनाने वाले कारीगर हैं।

विश्वविद्यालयों द्वारा प्रसारित राष्ट्रीय शक्ति एवं जीवन के द्वारा ही सच्ची राष्ट्रीयता का निर्माण सम्भव है। क्योंकि राष्ट्रीयता की वह अमूल्य निधि है जो एक राज्य को अपने विकास के लिए प्रेरित करती है।

डॉ॰ राधाकृष्णन् भारत के बाहर जो कुछ भी अच्छी बातें देखते और पाते थे उन्हें अपने विचारों में प्रमुख स्थान देते थे। उनके स्वभाव में यह बड़ी खूबी थी कि अनेक प्रकार के अच्छे तथा जनोपयोगी मतों को सन्तुलित मस्तिष्क से देखते थे। बिना किसी भेदभाव के वे सभी धर्मों के प्रति निष्ठा एवं प्रेम रखते थे। धर्म सम्बन्धी उनके विचार बहुत ही जनोपयोगी हैं। उनका कहना था कि धर्म हमारे जीवन का पथ प्रदर्शक है। संसार के सभी धर्मों की यही सीख है।

यद्यपि डॉ॰ राधाकृष्णन् राजनीति व्यक्ति नहीं थे और न ही राजनीतिक जिन्दगी से उन्हें कोई लगाव था फिर भी भारत के राष्ट्रपति होने के नाते उनका राजनीति से सीधा सम्बन्ध था। एक अध्यापक की जिन्दगी से जब वे रूस में भारत के राजदूत बनकर भेजे गये तभी उनके राजनीतिक विचारों की छाप भारत पर और सारी दुनिया पर पड़ी। धर्म को डॉ॰ साहब राजनीति से बड़ा समझते थे और अपने प्रत्येक राजकारी कार्यों में वे धर्म के अनुसार ही आचरण करते थे। यही कारण है कि उनके राजनीतिक विचार शुद्ध और परस्पर ईर्ष्या से मुक्त रहते थे।

डॉ॰ राधाकृष्णन् जब भी किसी राजनीतिक मामले में सोचते थे तो उनका मानव पक्ष प्रमुख रूप से सामने आ जाता था। यही कारण है कि वे दलगत राजनीति के वर्तमान पचड़ों से सर्वथा दूर थे। भारत के राष्ट्रपति की हैसियत

से जब कभी उन्हें किसी सार्वजनिक सभा समारोहों में सम्मिलित होना पड़ता तो वहाँ वे स्पष्ट रूप से बिना किसी पक्षपात के अपने मत को प्रगट करते। एक बार दक्षिण भारत के एक ऐसे ही समारोह में उन्होंने कांग्रेस सरकार के अन्दर फैले हुए भ्रष्टाचार तथा भाई-भतीजेवाद की कटु आलोचना की थी। इससे उनकी स्पष्टवादिता तथा निर्भीकता का ज्वलन्त प्रमाण मिलता है। अनेक अवसरों पर डॉ० राधाकृष्णन् ने अपनी इस आदर्श राजनीति का प्रमाण दिया है यही कारण है कि भारत के सभी लोग उनसे प्यार करते थे।

महानता का रहस्य

संसार में कोई भी व्यक्ति महान् बन सकता है इसके लिए न तो किसी प्रकार के भौतिक साधनों की आवश्यकता है और न किसी अन्य साधनों की अपेक्षा है। महान् बनने के लिए सदन एवं निष्ठा के साथ कर्तव्य पथ पर बढ़ते रहने से ही मनुष्य महान् बन सकता है।

हम देखते हैं कि राधाकृष्णन् ने एक साधारण श्रेणी के परिवार में जन्म लेकर उच्च शिक्षा प्राप्त की और फिर अपनी लगन से शिक्षा को ही अपने जीवन का ध्येय बनाया। अनेक प्रकार की रुकावटें और कठिनाइयाँ डॉ० साहब के सामने आईं किन्तु वे अपने पक्ष से विचलित नहीं हुए और लक्ष्य की प्राप्ति के लिए अबाध गति से आगे बढ़ते रहे। एक वक्त ऐसा भी आया जब उन्हें अपने पथ के निर्णय में कठिनाई आई किन्तु जैसे ही उन्हें मार्गदर्शन हुआ वे पूरे उत्साह के साथ अपने भविष्य को बनाने में लग गये। जैसा कि आरम्भ में उनकी शिक्षा-दीक्षा की अवधि में कहा जा चुका है कि डॉ० राधाकृष्णन् जब बी०ए० के विद्यार्थी थे तो उनके सामने यह समस्या आई थी कि वे कुछ वैकल्पिक विषय में किसे चुनें और हम देखते हैं कि उनकी इस समस्या का समाधान अनायास ही हो गया।

डॉ० राधाकृष्णन् अपने विद्यार्थी जीवन में किसी विषय को पास करने के लिए नहीं पढ़ते थे बल्कि वे गम्भीरतापूर्वक अपनी पढ़ी हुई किताबों पर मनन भी किया करते थे। आज कितने ऐसे लोग हैं जो किसी पुस्तक को पढ़ कर अपने भविष्य का निर्णय करते हैं। दर्शन-शास्त्र जैसे गूढ़ विषय को अपना मुख्य विषय बनाकर डॉ० राधाकृष्णन् ने यह सिद्ध कर दिया, गूढ़ विषय में भी रस पैदा किया जा सकता है और उसकी सरलता से प्रभावित किया जा सकता है। शिक्षक की हैसियत से डॉ० राधाकृष्णन् ने जो कीर्ति अर्जित की उसकी

दूसरी कोई मिसाल नहीं। शिक्षक कर्त्तव्य का जैसा सुन्दर आदर्श डॉ॰ राधाकृष्णन् ने रखा वह शिक्षा जगत् के लिए आदर्श है। शिक्षकों और विद्यार्थियों में कैसा सम्बन्ध होना चाहिए इसके लिए डॉ॰ साहब स्वयं एक मिसाल हैं। आज जब कि शिक्षा संस्थाओं में शिक्षकों का कर्त्तव्य केवल कुछ घन्टे अपने विषय पढ़ा देने से समाप्त हो जाता है और बाद में वे विद्यार्थियों से किसी प्रकार का सम्बन्ध नहीं रखते। डॉ॰ राधाकृष्णन् अपने श्रेष्ठ आचरण से विद्यार्थियों का हृदय हमेशा मोहित करते रहे उनके स्वभाव में, उनके विचार में विद्यार्थी केवल विद्यार्थी ही नहीं बल्कि और कुछ भी हैं और इस 'और कुछ' को बनाने के लिए वे हमेशा अपने विद्यार्थियों को शिक्षक संस्थाओं के बाहर भी अपने सम्पर्क में रखते थे और उनकी शैक्षणिक तथा व्यक्तिगत समस्याओं को उदारतापूर्वक सुलझाते थे। इस प्रकार हम देखते हैं कि राधाकृष्णन् जहाँ एक योग्य अध्यापक थे वहीं वे एक सुयोग्य अभिभावक भी थे। यही कारण है कि आज उनके अनेक शिष्य ऐसे हैं जो उनका सम्मान करते हैं। जब डॉ॰ राधाकृष्णन् भारत के उपराष्ट्रपति थे और इस हैसियत से उन्हें राज्य सभा की अध्यक्षता करनी पड़ती थी तो अक्सर राज्य सभा के विरोधी कम्युनिष्ट सदस्य श्री भूपेश गुप्त जो कटु आलोचना के कारण सारे भारत में प्रसिद्ध थे उनको भी डॉ॰ राधाकृष्णन् के सम्मान और श्रद्धा में कभी भी कमी होते नहीं पाया गया। चूंकि श्री भूपेश गुप्त डॉ॰ राधाकृष्णन् के कलकत्ता विश्वविद्यालय के शिष्य रह चुके थे और उसी हैसियत से वे राज्य सभा में भी अपने गुरु को आदर की दृष्टि से देखते थे। किसी भी विवादाग्रस्त मसले पर डॉ॰ राधाकृष्णन् की बात न केवल सम्मान की दृष्टि से देखते थे बल्कि उसका समुचित पालन भी करते थे। आज कितने ऐसे शिक्षक हैं जो अपने विद्यार्थियों में डॉ॰ राधाकृष्णन् जैसी श्रद्धा की भावना पैदा करा सके हों।"

भारत की अन्तरात्मा

(अ) आत्मा का धर्म

डॉ॰ राधाकृष्णन् के दर्शन का सारा लक्ष्य मनुष्य को यह विश्वास दिलाता है कि वह केवल शरीर ही नहीं, आत्मा भी थे; बल्कि शरीर की सबसे बड़ी सफलता वे यह मानते थे कि उसकी क्रियाओं और भाषाओं के द्वारा आत्मा की अभिव्यक्ति हो। अतएव धर्म उनके दर्शन का केन्द्र-बिन्दु बन गया है। किन्तु राधाकृष्णन् का उद्देश्य मनुष्य को उस धर्म की शिक्षा देना नहीं था जो धर्मग्रंथों

में लिखा है अथवा जिसे लेकर सम्प्रदाय खड़ा किया जाता है अथवा जो धर्म गुरु विशेष के उद्‌गारों से सीमित होता है। वेद, कुरान, बाइबिल, जेन्दावस्था और त्रिपटकों के जो अलग-अलग धार्मिक पंथ बताए गए हैं, उनमें से कोई भी पंथ राधाकृष्णन् का प्रतिपाद्य नहीं था। प्रत्युत, वे उस धर्म पर जोर देते थे जो इन सभी धर्मों के मूल में निर्हित है, जिसे लेकर सच्चे ईसाई, सच्चे हिन्दू और सच्चे मुसलमान पर स्पष्ट विवाद नहीं करके, धार्मिकता के कम ध्येय के सामने एक समान अवनत हो जाते हैं।

स्वामी रामकृष्ण और अरविन्द ने धर्मों की जिस एकता की अनुभूति की थी, वह राधाकृष्णन् के दर्शन में अनेक तर्कों से भलीभाँति पुष्ट होकर प्रत्यक्ष हो गयी थी। सच पूछिए तो राधाकृष्णन् दार्शनिक से अधिक धर्मप्रवर्तक थे, क्योंकि दर्शनों का तो उन्होंने इतिहास ही लिखा है। उनके अपने विचारों से एक नवीन धर्म की स्थापना का बोध होता था जिसे वे धर्म ग्रंथों का धर्म नहीं कहते बल्कि आत्मा का धर्म कहते थे।

यह आत्मा का धर्म क्या है? प्रत्येक धर्म में सत्य का शोध करते-करते हमें जब और कुछ नहीं सूझता तब बाइबिल या कुरान अथवा गीता या वेद से एक वाक्य उठा कर हम कह बैठते हैं कि जो कहना चाहते हैं उसका प्रमाण यह है। यह ढंग प्रमाणवादी धर्म का है। जिसके उज्ज्वलतम उदाहरण ईसाईमत और इस्लाम हैं। धर्मग्रंथों से प्रमाण उद्‌धृत करके सत्य को जबर्दस्ती मनवाने की प्रवृत्ति हिन्दुत्व और बौद्धमत में भी है; किन्तु हिन्दुत्व में इस प्रवृत्ति का प्राबल्य नहीं है।

अनेक वादों, मत-मतान्तरों एवं पंथों का जन्मदाता होने के कारण हिन्दुत्व प्रमाणों पर कम भरोसा करता है वह मुख्यत: मुक्त चिन्तकों का धर्म है, इसीलिए, हिन्दुत्व राधाकृष्णन् के आत्मा के धर्म की कल्पना का ही पर्याय है। आत्मा के धर्म की आवश्यकता, कदाचित् इस कारण अनुभूति हुई कि पैगम्बरों और धर्म-प्रवर्त्तकों का प्रत्येक उक्ति को स्वत: प्रमाण मानकर चलने से मनुष्य की बुद्धि कुण्ठित होती है। जैसे इतिहास, विज्ञान आदि विधाओं में कोई भी बात इसलिए सत्य नहीं मानी जाती कि किसी महाविद्वान् ने उसे कहा है, उसी प्रकार धर्म में भी कोई बात केवल इसीलिए सत्य नहीं मानी जानी चाहिए कि वह वेद, कुरान या बाइबिल में लिखी हुई है। धर्म का भी एक पक्ष बुद्धि और विचार का विषय है तथा जो बात बुद्धि में नहीं आती हो, उसे नहीं मानना ही धर्म है। अन्धा होकर किसी विचार से चिपके रहने की अपेक्षा

शंकालु होकर धार्मिक सत्यों का शोध करने को राधाकृष्णन् अधिक श्रेष्ट मानते हैं उन्होंने कई स्थानों पर महात्मा बुद्ध के इस वचन को दोहराया है कि मेरे वचनों को इसलिए मत मानो के उन्हें मैंने कहा है, बल्कि इसलिए कि वे तुम्हारी बुद्धि से भी मान्य हैं।

इससे यह प्रश्न उठता है कि तब धार्मिक सम्प्रदाय जो यह दावा करते हैं कि उनका धर्म ईश्वर के द्वारा कहा गया है तथा उनके धर्म ग्रंथ को ईश्वर ने बनाया है, यह बात सत्य है या नहीं। राधाकृष्णन् यह नहीं कहते कि धर्म ईश्वर की देन नहीं है अथवा धर्म ग्रंथों का परोक्ष सत्ता से कोई सम्बन्ध नहीं है। समाधि या ईश्वर की याद में मग्न होकर ही उससे मनुष्य साक्षात्कार करता है और ऐसे ही व्यक्तियों की अनुभूतियाँ धर्म ग्रंथ का आधार हैं।

संसार में जितने भी धर्म या धर्मशास्त्र हैं, उनका एकमात्र उद्देश्य मनुष्य को मानसिक संतुलन देना है, दुविधा, द्वंद्ध, वेदना और शोक से उसे मुक्त करना है, मनुष्य के भीतर एक ऐसी शांति को उत्पन्न करना है, जिसे संदेह विचलित न कर सके, जिसे शंकाएँ हिला नहीं सकें। अपने आध्यात्मिक–धर्म के द्वारा राधाकृष्णन् कर्म को इसी लक्ष्य की ओर प्रेरित करना चाहते थे। "धर्म को पकड़ कर रहो, धर्मों को आने दो" यह शिक्षा राधाकृष्णन् ने रवीन्द्रनाथ के दर्शन से निकाली थी, किन्तु यही शिक्षा उनके अपने दर्शन से भी उद्भूत होती है।

भारत के प्रमुख विभिन्न धर्मों के सम्बन्ध में राधाकृष्णन् के विचार क्या थे? सब धर्मों की एकता का रहस्य क्या है? यहाँ पर अलग-अलग वर्णन करना उपयोगी होगा। राधाकृष्णन् के धार्मिक एकता सम्बन्धी विचार अभूतपूर्व थे। उदारवादी दृष्टिकोण से उन्होंने प्रत्येक धर्म को देखा था और उनकी व्याख्या में वैज्ञानिक पुट ही था। धार्मिक मामलों में राधाकृष्णन् के विचार रूढ़िवादी नहीं थे। नीचे हम उनकी प्रसिद्ध पुस्तक (Heart of Hindusthan) से धार्मिक एकता सम्बन्धी तथ्य प्रस्तुत कर रहे हैं। प्रत्येक धर्म की व्याख्या में राधाकृष्णन् का दृष्टिकोण कितना यथार्थवादी एवं वैज्ञानिक था इसे पाठक स्वयं देखेंगे।

(ब) हिन्दू धर्म

आर्यों के भारत में प्रवेश करने के दिन से आज तक, गम्भीर जातीय एवं धार्मिक विप्लवों का निरन्तर सामना करते रहने का गौरव अथवा दुर्भाग्य भारत का सदा ही रहा है। एक दूसरे अर्थ में भारतवर्ष संसार का एक छोटा संस्करण है। वह एक 'लेबोट्री' है जहाँ संसार की समस्याओं से संबंधित जातीय अथवा

धार्मिक बातों के प्रयोग लिए गए हैं। यदि यह ठीक है कि प्रत्येक जाति की एक विशेषता होती है और वह ईश्वराभिव्यक्ति के किसी विशेष रूप को ही हमारे सम्मुख उपस्थित करती है, तो मालूम होता है जातीय एवं धार्मिक संघर्षों का समाधान करने के लिए भारत चुना गया है।

हिन्दू धर्म की प्रचण्ड-तरंगों तथा शान्ति जल-राशि के लम्बे इतिहास में, इस सरिता के टेढ़े-मेढ़े रास्तों एवं विस्तृत तटों में एक साधारण वृत्ति को, एक आध्यात्मिक उद्देश्य को खोज लेना सम्भव है। जो नित्य परिवर्तनशील रूपों के भीतर भी स्थिर रहा है। प्राचीन हिन्दू-धर्म के मुख्य सिद्धान्त जीवित शक्तियाँ हैं मृत-प्राय वस्तु नहीं।

धर्म शब्द का अर्थ काफी जटिल है। यह उन सभी आदर्शों तथा उद्देश्यों को, प्रभावों तथा संस्थाओं को व्यक्त करता है, जो मनुष्य के व्यक्तिगत एवं सामाजिक चरित्र का निर्माण करते हैं। यह उस आचार-शास्त्र का नाम है, जिसके पालन से ऐहिक सुख तथा मोक्ष दोनों की ही प्राप्ती होती है। यह आचार शास्त्र तथा धर्म दोनों का समुच्चय है। धर्म नियमों से हिन्दू जीवन पूर्णतः नियन्त्रित है। उसके उपवास तथा उत्सव उसके पारिवारिक तथा सामाजिक बन्धन, उसकी रुचि तथा स्वभाव सबका मूलाधार धर्म ही है।

मानव जीवन का लक्ष्य मोक्ष है। आत्म शिखर पर चढ़कर अमरत्व लाभ करना मनुष्य के लिए निश्चित है। मानव हृदय का अमर स्वप्न, जीव के आत्मज्ञान के लिए तीव्र उत्कण्ठा ही हिन्दू धर्म का आधार है। वह मानता है कि आत्मा ही अन्तिम सत्य है। हृदय की सब कामनाएँ, न्याय के सारे विवाद, आत्मा के अस्तित्व को मानकर ही चलते हैं। इसे तर्क के द्वारा सिद्ध नहीं किया जा सकता यद्यपि इसके बिना प्रमाण की ही सम्भावना नहीं हो सकती। यह केवल श्रद्धा का विषय नहीं है क्योंकि वही श्रद्धा है जो तर्क का भी मूल है। यदि मनुष्य की आत्मा के सम्बन्ध में भी सन्देह सम्भव है तो सन्देह ही संसार से मिट जाएगा। यदि कुछ भी है तो आत्मा भी है। यह वह चरम सत्य है जो परिवर्तन से परे है, वह अदृश्य वास्तविकता है जो समस्त जीवन एवं तर्क का आधार है। यह वह रहस्य है जो अज्ञात है। ''हम हैं'' यह एक ऐसा सत्य है जिसकी तुलना में हमारे विचारों का कोई महत्त्व नहीं। मनुष्य की वे दुर्बलताएँ ही जो उसके मार्ग में बाधक होती हैं, उसके भय का कारण बनती हैं, वह अन्धकार है जो अन्तर के प्रकाश को छिपाए है। यदि हम अपने जीवन के एक मात्र निश्चित बिन्दु अपनी आत्मा की शरण में पहुँच जायें तो हम

अनुभव करेंगे कि संसार रूपी अन्तहीन प्रतीत होने वाले पथ में हम अकेले नहीं हैं और तब हम संसार पर विजय पा सकते हैं तथा मृत्यु को ललकार सकते हैं। ''जो तुम्हारे भीतर है, वह उससे बड़ा है जो संसार में है।''

यद्यपि सम्पूर्ण प्रयत्न का उद्देश्य मनुष्य की आध्यात्मिक पूर्णता है, पर हिन्दू धर्म किसी भी धार्मिक विश्वास अथवा उपासना के स्वरूप पर जोर नहीं देता। मनुष्य की प्रार्थना करने अथवा उस तक पहुँचने के मार्ग-चयन में लोगों को पूर्ण स्वतन्त्रता है। हिन्दू विद्वान् मानव-जाति विज्ञान तथा दर्शन के पंडित थे अतएव उन्होंने धार्मिक विश्वास के सम्बन्ध में कभी बल प्रयोग नहीं करना चाहा। धर्म सम्बन्धी शत्रु अथवा मनोमालिन्य तभी शुरू होता है जब हम ईश्वर सम्बन्धी अपनी कल्पना को विशेष महत्त्व देने लगते हैं।

इसके अतिरिक्त धर्म स्वतंत्रता का समर्थक है एवं मनुष्य पर सबसे बड़ा अत्याचार यही है कि हम उसे समझ में न आने वाली बात में विश्वास करने को विवश करें। दूसरे व्यक्ति तथा ईश्वर के सम्बन्ध का वर्गीकरण बहुत कठित है। मनुष्य का हृदय अपने रक्त से अपनी भक्ति पद्धति का रूप अंकित करता है एक संस्कृत श्लोक है:-

''जिस प्रकार पक्षी आकाश में उड़ते समय और मछलियाँ समुद्र में तैरते समय अपने पीछे कोई चिह्न नहीं छोड़तीं वही दशा भगवद्भक्त की है।'' ईसा ने दिव्य जीवन के रहस्य के सीमित मानव-हृदय में व्यक्त होने की बात की थी, ''हवा जहाँ चाहती है, जाती है। तुम उसका शब्द तो सुनते हो। पर यह नहीं बता सकते कि वह कहाँ से आती है और किधर जायेगी; ठीक यही बात भगवान के भक्तों की है।'' ईश्वर अपने को कभी तो बिजली की चमक में और कभी हृदय के स्पन्दन में प्रकट करता है। जो हिन्दू अपने धर्म के भाव को समझता है वह सभी धर्मों का सम्मान करता है। बालपुर में रवीन्द्रनाथ के स्कूल में एक निराकार परमात्मा की उपासना की जाती है पर दूसरे मतों की निन्दा करने का वहां निषेध है।

इसका यह अर्थ कदापि नहीं कि हिन्दू दार्शनिकों को ईश्वर का सम्पूर्ण ज्ञान नहीं है तथा वे सब धर्मों को समान रूप से ठीक मानते हैं। उन्हें ऊँचे से ऊँचे सत्य का यथार्थ अनुभव है, यद्यपि वे यह नहीं चाहते कि सब उनके ही अनुभवों को स्वीकार कर लें उनका ख्याल है कि यदि मस्तिष्क संस्कृत है तो सत्य का प्रत्यक्ष स्वत: हो जाएगा। प्रत्येक धर्म अपने अनुयायियों के मानसिक एवं सामाजिक विकास का प्रकाश होता है। इसलिए उपलब्ध मतों के स्थान

में बिल्कुल नए मतों को स्थापित करना धृष्टतापूर्ण है। निम्न श्रेणी के विचार बढ़ती हुई विवेचना के सम्मुख ठहर नहीं सकते तथा सच्चा सुधारक मनुष्य की मानसिक एवं चारित्रिक उन्नति करने का यत्न करता है। सत्य का ज्ञान धार्मिक विश्वास का परिणाम नहीं होता वरन् गम्भीर नैतिक आचरण का अनुभव होता है। इसीलिए हिन्दू दार्शनिक सिद्धांतों की अपेक्षा आचार को अधिक महत्त्व देते हैं। हिन्दुओं के धर्म को धर्म-शास्त्र न कह कर जीवन योजना कहना अधिक उपयुक्त होगा। कोई दृढ़ हिन्दू है अथवा नहीं यह बात इस पर इतना निर्भर नहीं करती कि वह किसी विशेष सिद्धान्त को मानता है अथवा नहीं जितना इस बात पर कि वह धर्म को मानकर चलता है कि नहीं।

ईश्वर के अस्तित्व में दृढ़ विश्वास होने से जो आचरण स्वभावत: होने लगता है, धर्म उसी को जीवन का आदर्श बनाने की आज्ञा देता है। यदि सबसे बड़ा सत्य यही है कि ईश्वर मनुष्य के हृदय में निवास करता है, तो इस विश्वास को कार्यान्वित करने वाला आचरण ही आदर्श आचरण होगा। भिन्न-भिन्न सद्गुण सत्य के ही विभिन्न रूप हैं। सत्य, सौंदर्य एवं शील आदर्श पुरुष के जीवन के लक्षण हैं, उसका आवश्यक अंग हैं। वह आत्मत्याग विनम्रता, वात्सल्य एवं पवित्रता आदि सद्गुणों का व्यक्त स्वरूप ही होगा। वासना पर आत्मा की विजय होने से घृणा के मेघ एवं विषय-वासना की चिनगारियाँ विनष्ट हो जाती हैं और उसका हृदय शान्ति से भर उठता है और तब महान् संकट के अवसरों पर व्यक्तिगत हानि अथवा सामाजिक संकट में वह विचलित नहीं होता। शान्त-चित्त, दृढ़ निश्चय तथा प्रमाद रहित दृष्टि से वह समयोचित व्यवहार किया करता है। वह किसी एक देश का नहीं बल्कि सच्चे अर्थ में संसार का नागरिक बन जाता है। शक्ति की इच्छा एवं अहंकार उत्पन्न करने वाले रजोगुण तथा आलस्य एवं निष्क्रियता-जनक तमोगुण पर आनन्द एवं प्रेम व्यंजक सत्त्व गुण का प्राधान्य हो जाता है। महात्मा के लिए धर्म अन्त:प्रेरणा बन जाता है; दूसरों के लिए वह बाह्य-नियंत्रण है, सामाजिक रीति अथवा लोकमत का अनुरोध है।

जो आदर्श हमें क्रोध एवं मोह से बचने को कहता है, मनसा, वाचा, कर्मणा पवित्र बनने को कहता है, वह पाप एवं दुख से पूर्ण जीवन के थपेड़ों से व्यग्र मानव के लिए असम्भव आदर्श है। वह जीवन से ऐसी चीज मांगता है, जिसका देना जीवन के लिए सम्भव नहीं। वह जीवन के समस्त आधारों को नष्ट कर देना चाहता है। यदि मोक्ष के लिए सर्वस्व त्याग आवश्यक है तो बहुत से लोग मोक्ष के विचार को ही त्याग देंगे। संसार का कुछ ऐसा नियम है कि जो

आध्यात्मिक मर्यादा का पालन करना चाहते हैं, उनको सफलता मिलने की आशा बहुत कम ही होती है। हम सभी जानते हैं कि ''पर्वत के उपदेश'' को किस प्रकार असम्भव आदर्श कह कर उड़ा दिया जाता है। हम हमेशा एक गाल पर थप्पड़ खाकर मारने वाले के सामने दूसरा गाल थप्पड़ खाने के लिए नहीं कर सकते, जब हमारा अनुभव है कि दोनों गालों पर चपत लगाने की इच्छा में केवल आकर्षण है। कष्टों में भी आनन्द का अनुभव करना दिव्य गुण हो सकता है पर मनुष्य तो बड़ा दुर्बल प्राणी है। ईसाई-संसार तो यह कह कर सन्तोष कर लेती है कि ईसा भी एक आध बार दुःख से व्याकुल हो उठे थे।

आधुनिक सांसारिक सुधारक कहता है "तुमने प्राचीन उपदेशकों को यह कहते सुना है कि "हिंसा मत करो" पर मैं तुम से कहता हूँ कि भोजन के लिए पशु शिकार के लिए पक्षी तथा युद्ध में मनुष्यों को छोड़ कर तुम किसी की हिंसा न करना। कहा गया है। "लालच न करो" पर मेरा आदेश है कि तुम बड़े पैमाने पर उद्योग और साम्राजवाद को छोड़ कर और कहीं लालच मत करना। तुमने पुराने लोगों को यह कहते सुना होगा कि "घृणा मत करो" मैं तुमसे कहता हूँ कि "तुम पिछड़ी हुई जातियों, अपने शत्रुओं तथा निर्बलों को छोड़कर अन्य किसी से भी घृणा न करना।"" उस त्यागपूर्ण धार्मिक जीवन से घबरा कर जिसका सिद्धान्त है कि आनन्द की प्राप्ति शक्ति तथा सम्पत्ति से नहीं, शान्ति एवं प्रेम से होती है, हमारे प्रगतिशील सुधारक धर्म-नियमों में इतने अपवाद जोड़ देते हैं कि उनकी आत्मा की हत्या हो जाती है तथा हिंसा, धन-राशि एवं शस्त्रास्त्रप्रचुर अर्वाचीन व्यवहार को ही मनुष्य जीवन का चरम उद्देश्य मानने वाले सिद्धान्त की पुष्टि हो जाती है। वे अनायास ही उस मनुष्य की कहानी को भुला देते हैं, जिसने अनेक वर्षों के लिए पर्याप्त अन्न संग्रह करने के लिए बड़ी-बड़ी खत्तियों के निर्माण करने की योजना तैयार की थी किन्तु उसी रात को मृत्यु का शिकार हो जाने के कारण उस योजना का कार्यान्वित करने का अवसर ही जिसे नहीं मिल सका था।

हिन्दू दार्शनिकों को अच्छी तरह मालूम है कि मनुष्य की वास्तविक प्रकृति में, जो काफी-खराब है तथा असम्भव प्रतीत होने वाले आदर्श में बहुत बड़ा अन्तर है। यथार्थ तथा आदर्श के महान अन्तर का ज्ञान उन्हें आदर्श को नीचे गिराने की प्रवृत्ति नहीं देता। वैसा करना उन्हें अपनी आत्मा के प्रति अक्षम्य अपराध करना प्रतीत होता है। मनुष्य का स्वभाव तथा उसकी नैतिक रुचि धीरे-धीरे ही बदलती है। यदि हम पूर्णता की ओर बढ़ना चाहते हैं तो हमें

धैर्य से काम लेना होगा। विचारों को आदर्श भूमि तक पहुंचाने के लिये अनेक कष्टों का सामना करना होगा। अपने हृदय को आनन्द से भरने के लिए असंख्य हृदयों को कुचलना होता है। पवित्र भाव के उत्पादन के लिए अनेक त्यागपूर्ण प्रयासों की आवश्यकता होती है। अधिकांश लोग आध्यात्मिक शिखर पर एक-एक सीढ़ी करके ही चढ़ पाते हैं। एक छलांग में चोटी पर पहुंचने वाले उंगलियों पर गिने जा सकते हैं। वर्णाश्रम धर्म ही वह उपाय है जिसे हिन्दुओं ने क्रमिक विकास के लिए ढूंढ निकाला है। उसका उद्देश्य है कि साधारण से साधारण व्यक्ति भी महात्मा बन जाए। उसके नियम भौतिक नहीं आध्यात्मिक राज्य के नियम हैं वे किसी राष्ट्र विशेष के लिए नहीं बल्कि सार्वभौमिक हैं।

जीवन तथा विश्व की उत्पत्ति का कुछ भी कारण क्यों न हो, नैतिक उद्देश्य की महत्ता को सभी स्वीकार करते हैं। हिन्दू दर्शन के अनुसार मनुष्य का जन्म एक दिव्य उद्देश्य का परिणाम है। हमारे विगत जीवन की अतृप्त वासनाएं ही इस जन्म का कारण हैं। तप के द्वारा ही हमारी दुर्बलता शक्ति में एवं अविद्या ज्ञान में परिणत हो सकती है। 'आश्रम' शब्द की व्युत्पत्ति जिस धातु से है उसका अर्थ कष्ट उठाना है। बिना कष्ट के उन्नति नहीं हो सकती, बिना मृत्यु के पुनर्जीवन कैसे सम्भव हो सकता है, आदि से लेकर अन्त तक हमारा जीवन एक प्रकार की मृत्यु है जिसका अर्थ है—अधिक विशाल जीवन।

पहला आश्रम यज्ञोपवीत संस्कार से आरंभ होता है जो आध्यात्मिक जीवन में दीक्षित होने का सूचक है। इसका उद्देश्य मनुष्य के शारीरिक एवं मानसिक पुष्टता का विधान करना है। इस आश्रम का मुख्य लक्ष्य स्वास्थ्यवर्द्धन एवं मानसिक विकास है। छात्र को निर्मलता, ब्रह्मचर्य, शिष्टाचार एवं आस्तिकतापूर्ण जीवन की शिक्षा दी जाती है। सब विद्यार्थियों को चाहे वे राजपूत हों अथवा कृषक सन्तान, दरिद्र जीवन बिता कर सामाजिक सहानुभूति का अभ्यास करना पड़ता है। प्रत्येक छात्र को जीवन धारण के लिए भिक्षा मांगनी पड़ती है और दरिद्रता का अभ्यास विद्यार्थी को यह बुद्धि देता है कि साधु जीवन के लिए समाधि आवश्यक नहीं होती। विद्यार्थियों को स्वच्छन्द नहीं छोड़ा जाता है। न तो उन्हें स्वकल्पना प्रसूत प्रतिमाओं का निर्माण करने का अधिकार रहता है और न वे अन्ध-विश्वास तथा साम्प्रदायिक संकीर्णता के ही शिकार बनने दिये जाते हैं। विद्यार्थियों की क्षमता एवं आवश्यकता के अनुसार ही शिक्षा का प्रबन्ध किया जाता है। तब समस्या इतनी जटिल नहीं थी जैसी आज है क्योंकि बालकों का भावी व्यवसाय प्राय: निश्चित रहता था।

शिक्षा काल समाप्त होने पर विद्यार्थी को पारस्परिक उत्तरदायित्व ग्रहण करना पड़ता था। पुरुष अकेला नहीं होता उसके ऊपर स्त्री एवं बच्चों का भी भार होता है। वह कुटुम्ब का भरण-पोषण करने वाला तथा समाज का आश्रयदाता बन जाता है। वर्ण-धर्म, जिसका उपयोग गृहस्थ-आश्रम से आरम्भ होता था। मनुष्य मात्र की एकता वं अन्योन्याश्रम सम्बन्ध को मानकर ही चलता है। वह सामाजिक तथा वैज्ञानिक आवश्यकता का ध्यान रख कर चलता है। वह व्यक्तित्व की रक्षा करता है क्योंकि वह अपने से श्रेष्ठ सत्ता की सेवा करके अपने को ऊपर उठा देता है। वर्ण-व्यवस्था का मूल सिद्धान्त अकेले व्यक्ति का कल्याण अथवा अकेले समाज का हित नहीं है किन्तु उनसे भी श्रेष्ठ उद्देश्य की कल्पना है जिसकी प्राप्ति में सतत् आत्म-संस्कार एवं समाज के साधन बन जाते हैं। आधुनिक ज्ञान-मंच से जो हम व्यवस्था की प्रतिमूल आलोचना करते हैं वे भूल जाते हैं कि किसी अन्य देश में इतने भिन्न मानसिक एवं सांस्कृतिक स्तरों के लोग एक ही समाज का अंग कभी नहीं बने। वेदपूर्ण काल के निवासी जिनसे आर्यगण आकर मिल गए। निम्न कोटि की सभ्यता एवं संस्कृति से युक्त थे। उन्हें एक 'जाति' कहलाने वाले चतुर्थ वर्ण में स्थान दिया गया क्योंकि उनमें मस्तिष्क हृदय अथवा चेष्टा के किसी भी विशिष्ट गुण का विकास नहीं पाया जाता था, शुद्धि सम्पन्न द्विजाति मस्तिष्क, हृदय एवं चेष्टा के उत्कर्ष के अनुसार तीन श्रेणियों में विभाजित कर दिये गए। जिनमें बुद्धि का विशेष उत्कर्ष पाया जाता है वे ब्राह्मण हैं, जिनमें प्रेम तथा पराक्रम का उत्कर्ष है वे क्षेत्रीय हैं, जिनकी रुचि व्यावहारिक जीवन में ही विशेष है वे वैश्य हैं। ये चारों वर्ण क्रमशः बौद्धिक, सैनिक, व्यावसायिक तथा शारीरिक श्रमजीवियों के समानार्थक हैं। अब अपनी-अपनी शक्ति के अनुसार संसार की सेवा करते हैं।

भारत में मुसलमानों के आगमन से पूर्व जाति-भेद इतना जटिल नहीं था। सामाजिक नियमों में तरलता थी तथा विकास के लिए आवश्यक परिवर्तन को किसी कठोर नियम के अनुरोध से बलिदान नहीं कर दिया जाता था। पुराणों में ऐसे पुरुषों तथा परिवारों की कथाएँ हैं जिन्हें हीन वर्ण से उच्च वर्ण प्राप्त हो गया था। उत्थान तथा पतन की सम्भावना मनु को भी स्वीकार है। पुण्य करके निम्न कोटि से ऊपर उठना सम्भव था। जब भारत में हिन्दुओं का राजनैतिक प्रभुत्व लुप्त हो गया और यहाँ के नए शासकों ने बलात् धर्म परिवर्तन की नीति को अपना लिया तो सामाजिक भावना गायब हो गई तथा धर्म नियम और रीतियाँ अन्ध-विश्वास बन गईं, जिसका राष्ट्रीय संगठन पर बड़ा ही भयंकर

परिणाम हुआ। हमें धर्म की उस मूल भावना को पुनः प्राप्त करना होगा जो कुछ विशेष रूपों तक ही सीमित नहीं थी, बल्कि जो पुराने रूपों को बदल कर तथा नए-नए रूपों का विकास करके नित्य नए रूपों में व्याप्त हुआ करती थी। राजनीतिक संकट के समय जाति-व्यवस्था को जो विशेष महत्त्व प्राप्त हो गया था अब उसकी कोई आवश्यकता नहीं रही। भविष्य में वर्ण तभी रह सकेगा, जब उसे सामाजिक सम्बन्धों तक ही सीमित रखा जाये प्रत्येक समाज का नियम है कि ब्याह सम्बन्ध लोग उन्हीं लोगों से करते हैं जो समान स्वभाव तथा आचार रखते हैं। चूंकि एक ही व्यवसाय के लोगों में सामान्य सांस्कृतिक परम्परा का विकास आधी सम्भव है अतः समान व्यवसाय के लोगों में ब्याह सम्बन्ध का एक नियम सा हो जाता है।

जाति-भेद यदि निकट सामाजिक सम्बन्ध का ही आधार रहे तो वह राष्ट्रीय जीवन में बड़े क्षेत्र में बाधक नहीं हो सकता। सम्राट् अशोक ने अपने हिन्दू मंत्री से कहा था "विवाह तथा निमंत्रण के समय वर्ण का विचार करना चाहिए, धर्म के प्रश्न में नहीं, क्योंकि धर्म का सम्बन्ध सद्गुणों से होता है और सद्गुणों एवं वर्णों में कोई सम्बन्ध नहीं है।"

वानप्रस्थ तथा संन्यास नामक अन्तिम दोनों आश्रम, जिनको सुविधा के लिए हम एक ही समझ सकते हैं उन लोगों के लिए हैं जो प्रतियोगितापूर्ण जीवन संघर्ष से अवसर ग्रहण कर चुके हैं। भारतीय पुरुषों का सर्वश्रेष्ठ उदाहरण संन्यासी है। पक्ष-पात, घृणा एवं वासना का पूर्ण विनाश करके व्यक्ति स्वार्थ परायणता की निम्न कोटि से आत्म विसर्जन की उच्चता तक जा पहुँचा है। वह सब संस्थाओं में रह चुका है और अब उन सबसे परे है। अब उसका भावुक जीवन भगवत भजन अथवा ईश्वर प्रेम में प्रकट होता है।

संन्यासी मानवता के उपकारक एवं सहायक होते हैं। उनमें जो सर्वश्रेष्ठ हैं जैसे शंकर तथा रामानुज, रामानन्द और कबीर, वे जाति के रक्त में भिंद गए हैं उन्होंने ही उसके धर्म की नींव डाली है। यह सच है कि मध्यकालीन यूरोप की ही भांति भारत में भी बहुतेरे संन्यासियों ने सांसारिक चिन्ताओं से बचने के लिए समाज से भाग जाने की गलती की। संन्यासी तो लोक कल्याण के लिए परप विनम्रता, अटल, विश्वास एवं निश्चल प्रेम के साथ सब कुछ सहन करने को सदा तैयार रहता है।

जीवन से विरक्त वयोवृद्ध तथा सांसारिक सफलता के लिए उत्सुक-युवा आदि सभी प्रकार के लोगों के लिए हिन्दू धर्म में स्थान है। चारों वर्ण कुछ

ऐसे विशिष्ट वर्ग नहीं हैं जिनमें हिन्दुओं को ही विभक्त किया जा सकता है बल्कि वह तो एक ऐसा वर्गीकरण है जिसमें सम्पूर्ण संसार का समावेश हो सकता है। बिना शक्ति प्रयोग के एवं बिना शोषण की भावना के एशिया के एक बहुत बड़े भाग को हिन्दू-धर्म ने सभ्य बना दिया है। यह काम उसने साम्राज्य-विस्तार के प्रलोभन में आकर नहीं किया है। बल्कि सांस्कृतिक विजय की भावना से, अपनी आध्यात्मिकता से लोगों के विचारों एवं हृदयों को प्रभावित करके किया है। हिन्दू प्रतिमा की रचनात्मक प्रवृत्ति मध्य एशिया में स्थित खोतान से लेकर भारत एवं आस्ट्रेलिया के बीच में स्थित जावा द्वीप तक सर्वत्र कला एवं जीवन में फैल गई। ईसा की दूसरी शताब्दी में जावा एक हिन्दू उपनिवेश था और तब से वह बराबर हिन्दू अथवा बौद्ध रहा है। आज जापान, चीन तथा बर्मा भारत को अपनी आध्यात्मिक मातृ-भूमि मानते हैं वैसे ही जैसे ईसाई फिलस्तीन को। रूस से चीन तक समरकन्द, तिब्बत आदि जहाँ भी हम जायें, हमें हिन्दू सभ्यता का प्रभुत्व मिलेगा। यह सब बिलकुल साधारण प्रतीत होता है जब हम यह याद करते हैं कि भारतीय सभ्यता के चिह्न पश्चिमी एशिया में दजला एवं फरात नदियों से सिंचित मेसोपोटामिया के दोआबे में भी पाये जाते हैं। भारतवर्ष का यह इतना बड़ा प्रभाव इसलिए नहीं है कि उसका धर्म इतना प्राचीन अथवा उसका साम्राज्य इतना बड़ा है, इसलिए भी नहीं कि उसने संहारक शस्त्रास्त्रों का निर्माण किया है अथवा उसने बहुत बड़ी मात्रा में बल प्रयोग किया है, वरन् इसलिए कि इस अनेकता के नीचे एकत्व का ज्ञान उसे था। जहाँ भी भारतवासी गए वहाँ सब पदार्थों की एकता भगवान् में कर लेने की भावना भी उनके साथ गई। जितने महान् विचार भारत में आए उन सबका संश्लेषण इसी रूप में किया गया। उसने सभी धर्मों का स्वागत किया। क्योंकि ध्यान की नमस्पर्शी उच्चता से उसने यह अनुभव कर लिया कि पर्वत शिखर पर का आध्यात्मिक प्रदेश एक ही है यद्यपि घाटियों से उस तक पहुँचने के भाग भिन्न-भिन्न हैं। जो लोग बिना यह जाने कि सब रास्ते एक ही चोटी तक पहुँचने के विविध मार्ग हैं, मैदान भटकते फिरते थे, उनको उसने बताया कि "आँखें खोलो।" घाटी की वस्तुएँ हमें अलग किये हुए हैं चोटी पर हम सब एक हैं। किन्तु अगर हमें इस बात का ज्ञान हो जाय कि हिमाच्छित शिखरों पर उसका क्या महत्त्व है तो हमें पता चलेगा कि वे सब एक ही परमात्मा तक पहुँचने के भिन्न-भिन्न रास्ते हैं।" सम्भव है कि अपनी समन्वय शक्ति के कारण भारतवर्ष एक बार फिर संसार के उन प्रबल धार्मिक प्रवाहों में सामंजस्य स्थापित कर सके जिनका सम्मिलन उसी अन्तरात्मा में हुआ है।

(स) इस्लाम और भारतीय विचारधारा

किसी धर्म का किसी देश विशेष में क्या रूप होगा, यह उसकी सांस्कृतिक परम्परा और राष्ट्रीय विशिष्टता पर निर्भर करता है। अरब में इस्लाम केवल एक सरल किन्तु उच्च ईश्वरवादी धर्म था, जिसमें आगे आने वाली शताब्दियों में उत्पन्न हुई बारीकियों के लिए कोई स्थान नहीं था। जब इसने फारस के लोगों पर अधिकार जमाया तब सेमिटिक भावनाओं ने रहस्यवादी भावनाओं के सामने मस्तक टेका। आदिम अरब परम्परा की अनुपम सुन्दरता का स्थान एक गहन दर्शन तथा आकर्षक धर्म कथाओं ने ले लिया, जिनमें मुहम्मद एक रहस्यपूर्ण व्यक्ति बन गए जो पूर्णतः इस लोक के थे और न स्वर्ग के। भारतीय जनता में जो करोड़ों मुसलमान हैं उनमें से अधिकांश उसी नस्ल के हैं जिसमें हिन्दू। यह स्वाभाविक है कि भारतीय इस्लाम की अपनी विशेषताएं हैं। अभी कल तक भारतीय मुसलमान इस्लाम की व्याख्या करने में अपने आध्यात्मिक ज्ञान का उपयोग करना अपने लिए गौरव की बात समझता था। परन्तु इधर, आश्चर्य है कि हमारे कुछ शिक्षित मुसलमान माहमों के हृदय में एक विचित्र भ्रम घर करता जा रहा है कि चूंकि उन्होंने इस्लाम धर्म स्वीकार कर लिया है इसीलिए वे स्पेन के मूरों और बगदाद के खलीफाओं के वंशज हो गए हैं। वे सांस्कृतिक और सामाजिक दृष्टि से अपने को अपने हिन्दू पड़ोसियों से भिन्न मानते हैं। अपने धार्मिक विश्वास अथवा बौद्धिक विचारों को बदल कर हम अपनी सम्पूर्ण मानसिक दशा को तो नहीं बदल देते। धर्म परिवर्तन का अर्थ यह तो नहीं होता कि हम अपने देश के इतिहास अथवा उसके आदर्शों से विलग हो जायें।

हमारा धर्म चाहे जो हो परन्तु हमारी रगों में एक ही खून प्रवाहित हो रहा है और हमारी आध्यात्मिक परम्परा एक ही है। हज़रत मुहम्मद के जीवन के जिस पहलू का भारतीयों पर सबसे अधिक प्रभाव पड़ा है, वह है उनकी गहन धार्मिक भावना। सृष्टि के रहस्योद्घाटन के प्रयत्न में मुहम्मद प्रार्थना और मनन के लिए हीरा पर्वत की एक कन्दरा में विचार विमग्न और समधिस्थ रात-रात बैठे रहते थे। उनकी दृष्टि में धर्म का अर्थ था 'सत्य' को पहचानना एवं जीवन में उसे मूर्त रूप देना। धर्म और जीवन को परिमार्थ बताने का अर्थ यह होता है कि एक धार्मिक विश्वासी और रूढ़ियों के प्रति भी वैसी ही धारणा बना लेते हैं। धार्मिक विश्वास उसी सीमा तक ठीक होते हैं जहाँ तक उनमें और जीवन की घटनाओं में साम्य होता है। अनुभव धार्मिक विश्वासों की कसौटी है। और यह प्रत्येक युग का कर्त्तव्य है कि वह अनुभव के अनुरूप

धार्मिक विश्वासों की नूतन व्याख्या करता जाये। सर अहमद हुसेन ने इस्लाम की जो नई व्याख्या प्रस्तुत की है वह न तो पूर्णतः प्राचीन विश्वास के अनुरूप है और न पूर्णतः उसकी विरोधी। वरन् वह इन दोनों के बीच की वस्तु है। लेखक कुरान के शब्दों की कुछ शाब्दिक व्याख्या को ईश्वर वाक्य मानने के लिए तैयार नहीं है जो मुल्लाओं तथा मौलवियों ने प्रस्तुत की है। वरन् उसने उनका वह अर्थ लगाने में जो उसका युक्ति संगत मालूम होता है अपने को पूर्ण अधिकारी माना है। ऐसा करने में उन्होंने हज़रत मुहम्मद की शिक्षा के प्राण का अनुगमन किया है। क्योंकि उन्होंने कहीं भी ऐसे बन्धन नहीं लगाए हैं जिनके कारण भावी मनुष्य जाति की आत्मा पर प्रतिबन्ध लगे। ईश्वर का ज्ञान मनुष्य आत्मा के द्वारा ही सम्भव है। और यह विश्वास करने के लिए विवश नहीं है कि जिनका ऐसा ज्ञान हुआ था उनमें से बुद्धिमान से बुद्धिमान व्यक्ति भी अपनी युग की भूलों और भ्रमों से पूर्णतया मुक्त था। कुरान में ऐसी अनेक स्थानीय और आत्मकालीन महत्त्व की बातें हैं जो धर्म के शुद्ध अर्थ में बिलकुल अनावश्यक हैं। सभी धर्मों के कट्टर और अनुदार अनुयायी भूल जाते हैं कि धर्म की शुष्क अस्थियाँ सारहीन हैं। महत्त्व तो केवल उस भावना का है जो उन अस्थियों द्वारा प्रतिष्ठा करती है।'' सर अहमद हुसेन के हस्तमय और उस धर्म का अन्तर प्रकट करने का उपयोग किया है जिसे हमारे कुछ मौलवी कट्टरता के साथ प्रतिपादित करते हैं। मैं इस्लाम को मोहम्मद धर्म से पृथक मानता हूँ। मोहम्मदीय धर्म वास्तविक और शुद्ध इस्लाम की आत्मा को भूल गया है और केवल उसके नियमों के शब्दावली को याद किए है।

जब हम धर्म के अनुभव गम्य पहलू पर विचार करते हैं तो हम देखते हैं कि सभी मतों के सचमुच धार्मिक व्यक्ति एक दूसरे के उससे कहीं अधिक निकट हैं जितना कि वे समझते हैं। हिन्दू धर्म की उदारता के अनुरूप हमारे लेखक ने स्वीकार किया है कि सभी धर्मों का आधार सत्य एक है और उसने जलालुद्दीन रूमी के इस वाक्य को अपने मत की पुष्टि में उद्धृत किया है ''सभी धर्मों में मौलिक एकता है।'' भारतीय मुसलमान के लिए पृथक्करण की भावना को हृदयंगम करना असम्भव है। यद्यपि सेमिटिक धर्मों की यह एक प्रमुख विशिष्टता है। भारतवर्ष अपने इतिहास के आदि काल से धार्मिक स्वतन्त्रता और धार्मिक सद्भावना का समर्थक रहा है। इसी भावना के अनुरूप अकबर महान् ने सभी भारतीयों को एक ऐसे धर्म के रूप में बाँध कर जिसकी क्रियाओं में मुसलमान और हिन्दू एक दूसरे से सहयोग कर सकें, एक सुसंगठित राष्ट्र

में परिणत करने का उद्योग किया था। यद्यपि उस समय की स्थिति की प्रतिमूलता के कारण वह अपने उद्देश्य में सफल नहीं हो सका।

उपनिषदों की आदर्शवादिता से प्रभावित होकर जिसमें मूर्ति पूजा और अन्धविश्वास के लिये कोई स्थान नहीं है और जो इसी कारण संसार के सभी लोगों को स्वीकार ही सकती है। अकबर के प्रपौत्र दाराशिकोह ने 'मजमूए बहरैन'(अर्थात् इस्लाम और हिन्दू धर्म के सागरों का सम्मिलन) नामक पुस्तक की रचना की है। उसने स्वीकार किया कि दोनों ही धर्म उच्च जीवन का मार्ग दिखाने की पूरी क्षमता रखते हैं। सर अहमद हुसेन का विश्वास है कि हम विभिन्न मार्गों का अनुकरण करते हुए भी समान मुक्ति पद को प्राप्त कर सकते हैं। कृपया यह न भूलिए कि मनुष्य अनेक हैं और मस्तिष्क भी अनेक हैं अत: जितने विचारशील मस्तिष्क हैं उतने ही विभिन्न धर्म ईश्वर सम्बन्धी विभिन्न मत। उसके गुणों की विभिन्न कल्पनाएँ और सृष्टि तथा प्रलय की उतनी ही धारणाएँ सम्भव हैं। जो लोग मुसलमान के आचारों से परिचित हैं उनके लिए शायद यह विश्वास करना कम कठिन होगा कि उपर्युक्त मत कुरान की शिक्षाओं के अनुकूल है। किन्तु यह ठोस सत्य है यह भ्रान्तिमूलक विश्वास है कि इस्लाम के अतिरिक्त कोई सच्चा धर्म नहीं है, कट्टर असहनशीलता और धर्मान्धता का सृजन करता है। और कुरान की शिक्षाओं के विरुद्ध है, कुरान की दूसरी सूरा का पहला खण्ड हमें स्पष्ट आदेश देता है कि "न केवल उसमें विश्वास करो जो मुहम्मद को व्यक्त किया गया था बल्कि उसमें भी विश्वास करो जो पूर्ववर्ती सन्तों के द्वारा प्रकट किया गया है। यह स्पष्टता इस बात का प्रमाण है कि आज भी कई सच्चे धर्म हैं और भविष्य में भी अनेक सच्चे धर्म रहेंगे, जिनमें इस्लाम केवल एक होगा और है।

जलालुद्दीन रूमी की मानवी पक्तियों का निम्नांकित सारांश व्यक्त करता हैं कि "हमें निम्नकोटि की उपासना विधियों से क्यों सहानुभूति रखनी चाहिये और उनकी सदाशयता में विश्वास करना चाहिए।"

मूसा ने एक दिन ग्रीष्म ऋतु में एक विक्षिप्त गड़ेरिये को ईश्वर की प्रतिष्ठा पर आक्षेप करते हुए प्रार्थना करते सुना और वह घबरा उठा। क्योंकि गड़ेरिया कह रहा था परमात्मा कैसा अच्छा होता कि मैं जान जाता कि तू कहाँ हैं? ताकि मैं तेरी सेवा कर सकता। तेरे बालों की कंघी कर देता। तेरे जूते की मिट्टी साफ कर देता। तेरे कमरे में झाड़ू लगा देता और प्रात:काल दूध और शहद ले आया करता। मूसा ने कहा–ओ अधर्मी बाण धारा को रोक। तू किससे

बातें कर रहा है? क्या तू सर्व शक्तिमान परमेश्वर अल्लाह के प्रति यह कहता है! क्या तू समझता है कि उसे तेरी मूर्खतापूर्ण सेवा की आवश्यकता है। क्या तू सभी सीमाओं का उल्लंघन कर जाएगा? कुकर्मी चेत जा! ताकि बिजली न फटे और हम सब तेरे कारण विनाश को प्राप्त न हों। वह तो बिना आँखों के देखता है बिना कानों के सुनता है न कोई उसके बेटा है और न स्त्री! न वह किसी स्थान में बन्द है और न वह किसी समय के अन्तर्गत है। उस पर यदि कोई सीमाएँ प्रमाण रखती हैं तो वे हैं प्रकाश और प्रेम! लज्जित हो कर बेचारे गड़ेरिये ने अपना कपड़ा फाड़ दिया उसका सभी धर्मावेश नष्ट हो गया और वह हिम्मत हार कर चल दिया। तब ईश्वर ने मूसा से कहा तूने मेरी प्रतिष्ठा की रक्षा करने के बहाने मेरे एक सेवक को दु:खी करके क्यों भगा दिया है? ऐ जल्दबाज! मैंने तुझे लोगों को अलग करने वाली नहीं, बल्कि मिलाने वाली शिक्षा देने के लिए भेजा था। मुझे जो सबसे अधिक ना पसन्द है वह है विलगाव! और परित्याग! सबसे बुरी बात है किसी को बलपूर्वक किसी मार्ग पर चलवाना। मैंने व्यक्तिगत लाभ के लिए सृष्टि नहीं की थी, वरन् मेरा उद्देश्य यह था कि जीव मुझसे मिलने की महत्त्व को समझ सके। यदि कोई बचपन की बात करे तो इससे क्या होता है मैं तो केवल हृदय की परख करता हूँ कि उसमें मेरे लिए विशुद्ध प्रेम है कि नहीं।''

हज़रत मुहम्मद की धार्मिक प्रतिभा इसी से स्पष्ट है कि उन्होंने कोई सैद्धान्तिक परीक्षण नहीं रखा। उनके वाक्यों के संग्रह में प्राय: सर्वप्रथम वाक्य है, ''जो व्यक्ति कहता है कि अल्लाह के अतिरिक्त कोई दूसरा देवता नहीं है वह निश्चय ही मोक्ष प्राप्त करेगा।'' मुहम्मद साहब ने ईसाई और यहूदी-धर्मों के पृथक्त्व की नीति का विरोध किया है और कहा है कि वे सभी लोग मोक्ष के अधिकारी हैं जो ईश्वर में विश्वास करते हैं और उसी की आज्ञाओं को पालन करते हैं। ''यहूदी और ईसाई कहते हैं कि उनके सिवा कोई भी स्वर्ग में प्रवेश न पा सकेगा। यदि सच है तो इसका प्रमाण दीजिए। नहीं वह जो ईश्वर की ओर आकृष्ट होता है और उचित कार्य करता है ईश्वर की कृपा प्राप्त करेगा।'' (सुरा पंचम 105-106)। ''सचमुच मुसलमान और वे जो यहूदी, ईसाई अथवा सबाई हैं अथवा जो भी ईश्वर में अन्तिम दिन में विश्वास करता है और वह कार्य करता है जो ठीक है······उनको ईश्वर की कृपा प्राप्त होगी, उनको न किसी वस्तु का भय होगा और न उनको कोई दु:ख होगा। (सुरा पंचम 69) विमल अन्तर्दृष्टि के कारण हज़रत मुहम्मद ने आचार को विचार की अपेक्षा

अधिक महत्त्व दिया है। प्रत्येक धर्म जो नेकी के बढ़ाने में सहायक होता है, उसके सिद्धान्त चाहे जो हों, स्वीकार करने योग्य है क्योंकि यदि हम ईश्वरेच्छा का पालन करेंगे तो हमें धर्म के सिद्धान्त भी मालूम हो जायेंगे।

"हमने प्रत्येक को एक नियम और एक मार्ग बताया है। और यदि ईश्वर की इच्छा होती तो वह सबको एक धर्म का अनुयायी बना सकता था। परन्तु उसने ऐसा नहीं किया ताकि वह तुम सब की उस मार्ग में परीक्षा कर सके, जो उसने अलग-अलग तुम सब को बताया है। इसलिए अच्छे कार्यों में निष्ठा बढ़ाओ। तुम्हें ईश्वर के पास लौट कर जाना है और वह तुम्हें उसका ज्ञान प्रदान करेगा जिसके विषय में तुममें मतभेद है (सुरा पंचम 48) कुरान के अनुसार मुसलमान वे हैं जो नैतिक आचरण में विश्वास रखते हैं और अपने जीवन में नैतिक आचरण रखते हैं और अपने जीवन में नैतिक आचरण का पालन करते हैं।" वे सब लोग मुसलमान हैं, जो ईश्वर में आस्था रखते हैं और अच्छे काम करते हैं।" इसी दृष्टिकोण से स्वर्गीय आगा खां ने कहा था कि महात्मा गांधी मुसलमान हैं। ईसा ने भी यह नहीं कहा था कि "तुम उनकी पहचान उनके विश्वासों से कर सकोगे।" बल्कि यह कि तुम उनके कार्यों से उनकी पहचान कर सकोगे। और पीटर ने भी ठीक ही कहा था कि "मुझे यह सत्य प्रतीत होता है कि ईश्वर व्यक्ति विशेष की चाह नहीं करता वरन् प्रत्येक राष्ट्र और जाति में जो उससे डरता है और आचरण शुद्ध रखता है उसे स्वीकार करता है।"

इस्लाम के पक्ष में यह बात कहनी ही पड़ेगी कि उसमें मुहम्मद के विषय में जो कहा गया है वह अधिक युक्तिसंगत प्रतीत होता है। वह उसे ईश्वर का दूत मानता है, जिसने मनुष्य-मात्र के एक बड़े भाग के धर्म का संशोधन किया। इन सब के होते हुए भी वे केवल मनुष्य के समान पाप कर सकते थे और अल्लाह की दया के उतने ही भूखे थे। "यह न इस्लाम है और न ईमान कि मुहम्मद साहब ईश्वर थे अथवा ईश्वर के समान थे। यद्यपि कुछ मौलवियों ने यह सिद्ध करने का प्रयत्न किया है और कहा है कि अहमद के स्वरूप में वह अहद (अर्थात् एक) है। हमारे पैगम्बर ने खुद कभी अपने को मनुष्य से बढ़ा कर नहीं बताया। हज़रत ने कहा है "ईश्वर ने मुझे चमत्कार दिखाने के लिए नहीं भेजा है। उसने मुझे तुम्हें धर्म की शिक्षा देने के लिए भेजा है। मैंने यह कभी नहीं कहा कि अल्लाह की देनें मेरे हाथ में हैं अथवा गुप्त बातों को जानता हूँ। या मैं कोई फरिश्ता हूँ। मैं तो एक ऐसा व्यक्ति

हूँ जो बिना अल्लाह की मर्जी के न अपनी मदद कर सकता है और न अपने ऊपर भरोसा कर सकता है।'' (सुरा सत्रहवीं 95-98 बहत्तरवीं 21-24)।

हज़रत मुहम्मद जैसे महान् आत्मा के लिए बलपूर्वक मत-परिवर्तन कराने की शिक्षा देना असम्भव है। हम मनुष्यों को अपने विचार बदलने के लिए विवश नहीं कर सकते। ''धर्म के मामले में कोई जबर्दस्ती न करो। (सुरा द्वितीय 257)। यह जानते हुए भी कि ईमान ईश्वर की कृपा से ही प्राप्त होता है क्या तू किसी को ईमान लाने के लिए विवश करेगा।'' यह सन्देहपूर्ण है कि हज़रत मुहम्मद का विचार अरब के अतिरिक्त अन्य लोगों का धर्म परिवर्तन कराने का भी था। धार्मिक अत्याचार और बलपूर्वक मुसलमान बनाना इस्लाम की सच्ची शिक्षाओं के प्रतिकूल है।

अब हम इस्लाम के सिद्धान्तों पर विचार करके देखें कि क्या ईश्वर की कल्पना हिन्दू-दृष्टिकोण से मौलिक रूप से भिन्न है। यद्यपि सभी धर्म ईश्वर की सत्ता में विश्वास करते हैं तो भी जिस रूप में ईश्वर की पूजा की जाती है, उसी के आधार पर धर्मों में विभिन्नता आ जाती है। हिन्दुओं के अनुसर ईश्वर की रहस्यमयी सत्ता का आभास किन्हीं शब्दों से व्यक्त नहीं किया जा सकता। ईश्वर की कोई बौद्धिक परिभाषा नहीं दी जा सकती; हाँ उसका आत्मा के सहारे अनुभव किया जा सकता है। यदि परिभाषा देना ही पड़े तो हम उन साधनों का उपयोग किये बिना नहीं रह सकते जो हमें उपलब्ध हैं। हम अपनी चेतना शक्ति से परिचित हैं। इसलिए हम ईश्वर की प्रवृत्ति की व्याख्या, इसी की समानता के सहारे करते हैं। ईश्वर दैवी सत्ता है; जिसमें सत्य, स्नेह और पूर्णता अथवा ज्ञान, सौन्दर्य और शक्ति के तीनों गुण वर्तमान हैं। अथवा यों कहिए कि उसमें चेतन जगत् की ज्ञान, भावना तथा चेष्टा से सम्बन्धित निःसीमता, सौन्दर्य और राजसत्ता नामक गुण विद्यमान हैं। हिन्दुओं की, त्रिमूर्ती की कल्पना ईश्वर की वे इन्हें तीनों पक्षों को व्यक्त करती है। ब्रह्मा के स्वरूप में ईश्वर सृजन करता है, विष्णु के रूप में पालता है और शिव के रूप में न्याय करता है।

ईश्वर की सर्वोपरिता और सीमित-मस्तिष्क-अग्राह्यता कुरान के कई स्थलों में वर्णित है। पहली ही पदावली में कहा गया है:-''कहो, वही केवल अल्लाह है, अनादि ईश्वर है। वह न तो किसी को जन्म देता है और न किसी ने उसको जन्म दिया है। उसके समान कोई दूसरा नहीं है।'' संसार में सभी कुछ परिवर्तनशील और नाशवान् है; केवल ईश्वर इससे मुक्त है।

कुरान की पहली पदावली में कहा है "उस ईश्वर की स्तुति करनी चाहिए जो समस्त संसारों का चालक दयालु-उदार और अन्तिम निर्णय के समय का न्यायाधीश है।" वैष्णव धर्म और ईसाई धर्म ईश्वर की प्रेममयी कल्पना पर सबसे अधिक बल देते हैं परन्तु यहूदी और इस्लाम धर्मों में ईश्वर की शक्ति को बहुत महत्त्व दिया है। ईश्वर सर्वोत्तम शक्ति और सर्वकालीन न्यायाधीश है। हज़रत मुहम्मद अन्तिम निर्णय के दिन का बहुधा जिक्र करते हैं जबकि आकाश और पृथ्वी मोड़ दी जाएगी; ईश्वर के अतिरिक्त कोई पास नहीं होगा और प्रत्येक व्यक्ति के पाप-पुण्यों का लेखा-जोखा प्रधान न्यायाधीश ईश्वर के सम्मुख होगा। ईश्वर की दूसरी विशेषताओं की आलोचना नहीं की गई। ईश्वर केवल न्याय ही नहीं वरन् वह "पापों को क्षमा करने वाला भी और प्रायश्चित को स्वीकार करने वाला भी है। (सुरा चालीसवीं 1-2) वह भूले हुओं का पथ-प्रदर्शक और सभी सन्तापों से मुक्ति देने वाला है। जिसका स्नेह पक्षी के अपने बच्चे के प्रति स्नेह से भी अधिक कोमल है।" इस भाँति कर्त्ता, पालक और न्यायी के गुण ईश्वर में प्रतिपादित हैं और उसको त्रिमूर्ति की कल्पना से बचाने वाली बात केवल यही है कि उसकी एकता पर सभी स्थलों में बल दिया गया है।

जीवात्मा का निर्माता ईश्वर है और जब तक वह पुनः ईश्वर में लीन नहीं हो जाती तब तक इसे विश्राम नहीं मिलता। उस जटिल प्रकृति को ईश्वर की भेंट कर देना चाहिए। हमें अपनी बुद्धि का इस प्रकार उपयोग करना चाहिए जिससे हम सभी वस्तुओं में ईश्वर की सत्ता का अनुभव कर सकें। परमेश्वर को विद्यमान मान लेने से ईश्वर के भरोसे हो जाने की बात स्वाभाविक रीति से आ जाती है। हम ईश्वर की प्रार्थना करते हैं और विनम्रतापूर्वक अपनी कृतज्ञता प्रकट करते हैं सभी प्रार्थनाओं का केन्द्रीय विषय यही रहता है कि व्यक्ति विनम्र है, सभी अच्छे पदार्थों के देने वाले ईश्वर का यश महान् है और ईश्वर की कृपा ही भक्त का अवलम्ब है। हम प्रार्थना के द्वारा अपने हृदय की कृतज्ञता को प्रकट करते हैं और इसके लिए पृथ्वी का प्रत्येक स्थल उपयुक्त है। हम दैनिक जीवन में उसके पथ-प्रदर्शन पर आश्रित रहते हैं और उसके आदर्श के अनुकूल अपने जीवन को बनाने के लिए सचेष्ट रहतें हैं। चाहे हर-ज्ञान-मार्ग का सहारा लें, चाहे भक्ति का, और चाहे कर्म-मार्ग का किन्तु उद्देश्य और परिणाम एक ही रहता है।

इस्लाम में नैतिकता का आदर्श काफी ऊँचा है। यदि हमें कोई जन्नत में रहने वाले पिता के योग्य बनना है तो हमें कोई ऐसा कार्य नहीं करना चाहिए,

जिससे मनुष्य की दवी उत्पत्ति पर शंका उत्पन्न हो। सच्ची धार्मिकता के विकास के लिए हज़रत मुहम्मद ने रोज़ा, नमाज़, ज़मात, हज्ज और आचरण की शुद्धता पर बल दिया है। दान देना सभी के लिए अनिवार्य है। अतिथि-सेवा धर्म का अंग बन गया है। अव्यभिचार को एक विशेष गुण माना गया है। शराब के नशे में मस्त हो जाना, जुआ खेलना तथा अनुचित कार्यों की भर्त्सना की गई है। धर्म का सार नैतिक आचरण है। "जो भोग-वासनाओं और दिखावे से बचते हैं, दान देते हैं, प्रार्थना करते हैं, अपने वादों और उत्तरदायित्व को निभाते हैं वे सनातन सुख के अधिकारी होंगे।" (सुरा तेईसवीं 8) जो मुसलमान नंगों को कपड़ा देता है उसे ईश्वर जन्नत में हरे वस्त्र पहनाएगा। साधारण मुसलमान चाहे जो कुछ करता हो परन्तु इस्लाम धर्म जीवधारियों की ओर से उदासीन नहीं है। वरन् वह उनके जीवन की पवित्रता पर बल देता है। जानवरों को कुर्बानी के सम्बन्ध में भारतीय मुसलमानों को कुरान की ये पंक्तियाँ स्मरण रखनी चाहिए: "ईश्वर उस जीव के खून अथवा मांस से सन्तुष्ट नहीं होता, जिसको तुम कुर्बानी कहते हो, वरन्, वह तुम्हारी धर्म-निष्ठा से सन्तुष्ट होता है।" (सुरा बाईसवीं 37)

भोजन, तलाक आदि से सम्बन्ध रखने वाली छोटी-छोटी बातों का इस्लाम धर्म से कोई सीधा सम्बन्ध नहीं है। यथार्थ मुहम्मद साहब ने अपने समय को ध्यान में रखते हुए उनके विषय में भी कुछ आदेश दिये हैं लेकिन उनमें कोई विशेष धार्मिकता का पुट नहीं है। जैसा कि श्री अमीर अली ने अपनी पुस्तक में लिखा है कि "खाने पीने से सम्बन्ध रखने वाली आज्ञाएँ अर्थात् विधि-निषेध मुहम्मद साहब ने प्रचारित अवश्य किए हैं। किन्तु इस बात का स्मरण रखना चाहिए कि वे उस समय की अस्थाई स्थिति के अनुकूल था। उन परिस्थितियों के न रहने पर उन नियमों की आवश्यकता भी नष्ट हो गई है। इसलिए यह धारणा बनाना कि इस्लाम की प्रत्येक शिक्षा अनिवार्यतः अपरिवर्तनीय है; मनुष्य की बुद्धि के विकास और इतिहास के साथ अन्याय करना है।"

पैगम्बर साहब ने मनुष्य की बुद्धि को अन्धाधुन्ध आदेशों की चेरी बनाने की शिक्षा नहीं दी। जो कार्य साधारण बुद्धि के आधार पर सभी दिशाओं में प्रमाणित हुआ है, वह आज कल की दुनिया में अमानुषिक कार्यों का समर्थक नहीं बनाया जा सकता।

इस्लाम रहस्य विहीन धर्म है। इसकी सादगी में ही इसकी शक्ति है और सभ्यता है। यहाँ न तो वे बारीकियाँ हैं। जिनमें धर्म-पोपों की विशेष रुचि होती है, न वे उलटवाजियाँ हैं जिनको दैविकता का लक्षण माना जाता है और न

अध्यात्म की डींगें ही हैं। यह एक प्रकृति के सहारे चलने वाला धर्म है जिसका मूल सिद्धान्त यह है कि ईश्वर सभी वस्तुओं को बनाता, पालता, बस में रखता और पूर्णता प्रदान करता है। यह उच्च ईश्वरवादी-धर्म सरल चित्त और सीधे-सादे व्यक्तियों के लिए बहुत ही उपयुक्त है। जहाँ तक संस्थाओं का सम्बन्ध है, यह पूर्णतः युक्ति-युक्त है। इसमें न जाति है न पुरोहित। इसमें न बलिदान की आवश्यकता है न किसी पद्धति विशेष की और न किसी रूढ़ि प्राप्त उपासना विधि की। जो मन को एक ईश्वर की कल्पना से विचलित है। व्यवहार क्षेत्र में इस्लाम की विशेषता उसका प्रजातन्त्रवाद है। यही उसके धर्म परिवर्तन कराने के प्रचार में सफलता की कुंजी है। यह अपने विस्तृत प्रांगण में प्रत्येक रंग और जाति के व्यक्ति को आमन्त्रित करता है, उसका विश्वास है कि ईश्वर के सेवक बनने की क्षमता सभी में है।

मुसलमान 'तत्वमसि' के निष्कर्ष को निर्भय होकर स्वीकार करता है और कम से कम मस्जिद में मनुष्य-मनुष्य में कोई भेदभाव नहीं रहता। ईश्वर की दृष्टि में मनुष्य मात्र की समानता के सिद्धान्त की दुहाई देते रहने पर भी यह बात हिन्दू मन्दिरों और ईसाई गिरिजाघरों के विषय में नहीं कही जा सकती। हम सब ईश्वर की सन्तान हैं और इसलिए आपस में भाई-भाई हैं। इन्हीं सिद्धान्तों का ध्यान रखते हुए इस्लाम की सरल शिक्षा, संसार के अनेक अन्धकारपूर्ण स्थलों से बर्बर क्रियाओं का हटाने और करोड़ों व्यक्तियों को उच्चतर जीवन बिताने की प्रेरणा देने की शक्ति का प्रदर्शन कर चुकी है। इससे पिछड़ी हुई जातियों को वासनात्मक अनेकेश्वरवाद की भूल-भुलैयों से निकल आने और शैतान की उपासना, बाल-हत्या, नर-बलि, जादू-तंत्र आदि से बचने में सहायता दी है। इसका भविष्य भी विशाल होगा। परन्तु वह तब जब कि यह निःसंकोच और निर्मम भाव से सभी नये विषैले पोधों को काट दे और दैनिक जीवन में अपने मौलिक सिद्धान्तों पर आचरण करे।

इस्लाम के सम्पर्क से हिन्दू धर्म ने समुचित लाभ नहीं उठाया। यह सत्य है कि चैतन्य, कबीर, नानक आदि संतों द्वारा संचालित सुधारवादी आन्दोलन, इस्लाम की अन्तरात्मा से काफी प्रभावित हुए हैं। हिन्दू धर्म की अद्वैत धारा इस्लाम के प्रचार के बाद और पुष्ट हो गयी है। परन्तु हिन्दू धर्म सुगमता से काफी और सीख सकता था। दूसरों के धर्म का ज्ञान न होना अन्याय और भूल का स्रोत है। कतिपय असभ्य मुसलमानों के कार्यों ने हिन्दुओं के लिये इस्लाम को आदर्शों का समझ सकना असम्भव कर दिया है। यह इस्लाम धर्म हिन्दू धर्म की

सहानुभूतिपूर्ण जानकारी द्वारा बहुत कुछ सीख सकता है, वहीं हिन्दू धर्म भी इस्लाम से बहुत कुछ पा सकता है। एक बात तो यही है कि हिन्दू धर्म को हीनता सम्बन्धी अपूर्ण धारणाओं एवं निम्न कोटि की उपासना विधियों के प्रति कम सहृदय होना चाहिए। हिन्दू धर्म ने यह मानने की मूर्खता की कि सत्य धीरे-धीरे प्रकट होकर रहेगा और निम्न कोटि की शिक्षाएँ अपने आप छोड़ दी जायेंगी। हिन्दू धर्म का विश्वास था कि जिस प्रकार सूर्य के प्रकाश के सामने अन्धकार विलीन हो जाता है उसी प्रकार सत्य के सम्पर्क में आकर असत्य स्वयं ही नष्ट हो जायगा। यह आत्मा आत्मा ही रह गई है। वे भी जो ईश्वर के सम्बन्ध में उच्चतम विचारों से अवगत हैं, बर्बरता की जघन्यतम क्रियाओं में लिप्त देखे जाते हैं। जो बड़ी सफाई के साथ अर्द्धाश्व की बात करते हैं वे ही बलि देने को प्रोत्साहित करते दिखाई देते हैं। हिन्दू धर्म को अपनी उदारता छोड़ देने की आवश्यकता नहीं है परन्तु उसे इसका ध्यान अवश्य रखना चाहिए और अच्छे बुरे का आधार स्पष्ट बना रहे और उत्तरोत्तर उन्नति होती रहे। हमें अपनी संस्थाओं को अधिक प्रजातंत्रात्मक बनाना चाहिए और विरोधी मतों के झगड़ों, दुरूह सिद्धान्तों और उन अत्याचारपूर्ण संस्थाओं को जिनके कारण मनुष्य की आत्मा सचमुच पीसी जा रही है, नष्ट कर देना चाहिए। इस्लाम और हिन्दू धर्म अपने उच्चतम स्वरूप में यही शिक्षा देते हैं कि ईश्वर की सत्य और पवित्रता के साथ सेवा करना और जीवन की सभी घटनाओं में उसकी आज्ञाओं को श्रद्धा के साथ पालन करना ही यथार्थ धर्म है।

हिंदू मत और ईसाई धर्म

हिन्दू मत से ईश्वर का रहस्य समझने में मनुष्य की बुद्धि अक्षम्य है। अनेक शास्त्र वचनों में इस बात पर जोर दिया गया है कि मनुष्य की स्थूल बुद्धि ईश्वर के सूक्ष्म स्वरूप को समझने में अशक्त है। परमात्मा के अनन्त गुण तथा रूप हैं। जिनका ज्ञान हम मनुष्यों को नहीं है। परन्तु कोई भी हिन्दू इस विवेचनात्मक निर्णय से संतुष्ट नहीं होता। वह अपने स्वरूप के उपमान के आधार पर, जो ज्ञान भावना एवं इच्छाओं का समुच्चय है, ईश्वर की व्याख्या करना चाहता है। वह ईश्वर को शरीर युक्त पुरुष कहता है और उसमें विचार शक्ति एवं स्नेह आदि गुणों का सन्निवेष करता है। वह बराबर यह जानता रहता है कि ईश्वर का नाम केवल एक परदा है, इस रूप में किसी उच्चतर वस्तु की अभिव्यक्ति हो रही है। ईश्वर का व्यक्तित्व मनुष्य के व्यक्तित्व की तरह सीमित तथा बद्ध नहीं है क्योंकि हमारी गति एवं जीवन ईश्वर में ही सम्भव है।

जब हम परमात्मा को सृष्टिकर्त्ता, उसका रक्षक तथा न्यायकर्त्ता की दृष्टि से ईश्वरीय आत्मचेतना के तीन रूपों का समुच्चय मानते हैं तो हमें मानना पड़ेगा कि वह विश्व जिसके सम्बन्ध से ही इन कर्मों का कोई अर्थ हो सकता है, ईश्वर से अविभक्त रूप में सम्बन्धित है। कुछ उपनिषदों, भगवद्गीता तथा आस्तिक वेदान्त के मत से यह संसार भगवान का शरीर है। हिन्दू शास्त्र प्रत्येक पदार्थ में ईश्वर की सत्ता स्वीकार करने से डरता नहीं। वह संसार से परे अपने ही एकान्त में रहने वाले किसी अलौकिक परमात्मा में विश्वास नहीं करता। गीता में कृष्ण ने कहा है कि संसार का समस्त सौन्दर्य, उसका सम्पूर्ण सत्य, उसका अखिल मंगल ईश्वर की अभिव्यक्ति के विविध रूप हैं। प्रकृति उसकी महत्ता का आवरण उसके शब्द का व्यक्त स्वरूप एवं उसके विचारों की मूर्ति है। वह निम्न कोटि का सर्ववान् नहीं है। यथार्थ और आदर्श में उत्कृष्ट और निकृष्ट में, भेद किया गया है। हिन्दू धर्म इस बात पर जोर देता है कि मनुष्य अपौरुषेयता की उपलब्धि करे। इसका अर्थ है कि वस्तु जगत् के परे भी कुछ है, जिस तक पहुँचने का प्रयास मनुष्य बराबर किया करता है। मुक्ति का अर्थ यह है कि ऐसा भी कुछ है कि जिससे छुटकारा पाने की आवश्यकता है। यदि सब ब्रह्म ही हैं तो मुक्ति की, ईश्वर के अनुग्रह की आवश्यकता ही केसी? ईश्वर प्रकृति का प्राण मात्र ही नहीं है वह तो उसके परे उसका सृष्टा, उसका स्वामी भी है।

नदी का जल उद्गम स्थान पर ही सबसे अधिक निर्मल होता है। यह लोकोक्ति ईसाई धर्म पर सर्वथा चरितार्थ होती है। यदि हम ईसा के जीवन तथा उनकी शिक्षा पर दृष्टिपात करें तो उस धर्म के मुख्य सिद्धान्तों का हमें स्पष्ट ज्ञान हो जायगा। "प्राचीन धर्म पुराण का 'जहोवा' प्रधानतः जातीय देवता ही था। यथार्थ में 'होशा' तथा 'इशाया' आदि कुछ महात्मा उसे समस्त संसार का ईश्वर कहते थे। पर वे भी संकीर्ण प्राचीन भावना से सर्वथा मुक्त नहीं रह सके। उनकी दृष्टि में भी यहूदी ही परमात्मा की विशिष्ट प्रजा के तथा वह गैर यहूदी जातियाँ जो 'जहोवा' की महत्ता को स्वीकार कर लेती थीं तथा जिआन में आकर उसकी उपासना करती थीं, हीन समझी जाती थीं। ईसा ने ईश्वर की कल्पना से सब प्रकार की परिच्छिन्नता को दूर कर दिया। उसे ईश्वर के निरपेक्ष रूप में खास दिलचस्पी नहीं थी, उसने बड़े ही समुत्य ढंग से उसके उस रूप का दर्शन कराया, जिसमें वह मनुष्य तथा संसार से जोड़ते हैं। यद्यपि उसने ईश्वर के ज्ञान स्नेह एवं शक्ति तीनों रूपों की चर्चा की है। पर परिस्थितियों के अनुरोध से ईश्वर

के प्रेम पर ही विशेष बल देना पड़ा। यहूदी महात्माओं में से जो अपेक्षाकृत श्रेष्ठ थे, उन्होंने भी ईश्वर के क्रोध एवं न्याय पर खास जोर दिया था।

उनका विचार था "जब ईश्वर पृथ्वी को प्रबल वेग से हिला डालने को उठेगा तो उसकी महत्ता तथा आक्रोश से भयभीत होकर मनुष्य गिरि-कंदराओं तथा भू-छिद्रों में जा छुपेंगे।" इसके विपरीत ईसा ने ईश्वर के पिता रूप तथा हमारे प्रति उसके वात्सल्य स्नेह की कल्पना पर विशेष बल दिया है। परमात्मा सबसे पहले प्रेम है, वह हमारा रक्षक है। ईसा ने ईश्वर के दूसरे रूपों की भी उपेक्षा नहीं की। संसार की सुव्यवस्था उसका ज्ञान प्रकट करती है। बिना किसी पक्षपात के न्यायी तथा अन्यायी सबको ही सूर्य का प्रकाश प्राप्त है और यही बात जलवृष्टि के सम्बन्ध में भी सच है। वह उस क्षुद्र स्वार्थ-परायणता को फटकारता है जो समझती है कि पापियों को कठोर दण्ड देने के लिए अथवा पुण्यात्माओं को भली भाँति पुरस्कृत करने के लिए ईश्वर सृष्टि के स्वाभाविक नियमों में उलट-फेर कर दिया करता है। पत्थरों को रोटियों में परिणत कर देने के प्रलोभन में वह नहीं फँसा। शारीरिक रोगों को जो उसने दूर किया, वह सब नियम-सम्मत ही था एवं जहाँ विश्वास का अभाव था, वह स्वास्थ्य देने में असमर्थ ही रहा। ईश्वर अचल सत्य है और उसका विश्व कभी अराजक नहीं हो सकता। ईश्वर न्यायकर्त्ता भी है। ईश्वर का न्याय बाइबिल का प्रधान विषय है। आदम तथा हौआ के शाम तथा केन के प्रत्याख्यान से आरम्भ कर के सेण्ट जान के संदिग्ध प्रमाण 'दर्शन' तक ईश्वर की प्रभुता तथा न्याय पर जोर दिया गया है। अन्त में ईश्वर के उद्देश्य पर ही विजय होगी।

जब ईसा के अनुयायियों ने उसे ईश्वर की पदवी पर पहुँचा दिया तो ब्रह्मा, विष्णु तथा शिव तीनों रूप, अनन्यता, करुणा तथा प्रभुता, ज्ञान, प्रेम तथा शक्ति का उसमें आरोप कर दिया गया। वह ईश्वर का शब्द अथवा ज्ञान है, जो इब्राहीम से पहले भी था। वह रक्षक है जिसने कलवरी की शूली पर अपना स्नेह-सिक्त हृदय खोला था। वह न्यायकर्ता है जो उन सब लोगों को दण्ड देता है जो उसे रुष्ट कर देते हैं। ब्यतिस्मा देने वाले जॉन का कथन है: "मेरे पश्चात् आने वाला वह (ईसा) अपने गेहूँ को तो बटोर कर कोठरी में सुरक्षित रख छोड़ेगा परन्तु भूसे को वह प्रज्ज्वलित वह्नि में जला डालेगा।" वह भेड़ों को बकरियों से चुनकर अलग कर डालेगा।"

त्रिमूर्ती के सिद्धान्त ने केवल ईसा को ही ईश्वरता नहीं प्रदान की प्रत्युत प्राचीन धर्म पुस्तक, में ईश्वर का जो एकांकी रूप स्वीकृत किया गया था, उसमें

भी सुधार किया। ईश्वर स्वर्ग में स्थित केवल अनन्त शक्ति (पिता) ही नहीं है वरन् वह प्रेमपूर्ण हृदय (पुत्र भी) है, तथा अखिल विश्व व्यापी दिव्य सत्ता (पवित्र आत्मा) भी है, परमात्मा संख्या से परे कोई दिव्य सत्ता नहीं है वरन् वह अनन्त प्रेम है, जिसकी धारा विश्व-कल्याण के लिए नित्य प्रभावित हो रही है।

प्रायः कहा जाता है कि हिन्दू धर्म में ईश्वर के न्याय पर जोर दिया जाता है एवं ईसाई धर्म में उसके प्रेम पर। यह धारणा अक्षरशः सत्य नहीं है। इस प्रश्न पर दोनों मतों में विशेष अन्तर नहीं है। प्रेम देव विष्णु हमारी सहायता करने को सदा तैयार रहता है, वह तो केवल हमारे प्रयत्न की प्रतीक्षा किया करता है। वह हमारी इच्छा के विरुद्ध हमारी सहायता नहीं करता। हमारे पाप करने पर भी वह हमारा उद्धार तभी कर सकता है, जब हम आत्मग्लानि का अनुभव करते हैं।

ईश्वर हमारे लिए सब कुछ करने को तैयार रहता है पर यदि हम पापाचरण एवं स्वार्थपरायणता में ही रत रहें, तथा उससे दया-याचना न करें तो न्यायानुसोदित दण्ड का विधान होगा ही। ईश्वर स्वयं अपनी उपेक्षा नहीं कर सकता। वह सब को क्षमा कर देना चाहता है परन्तु कुछ ऐसे भी दुष्कर्म हैं जिनके लिए क्षमा न तो इस लोक में न परलोक में ही मिल सकती है। ईश्वर के प्रेम की भी एक प्रणाली है जिसके अनुसार उसका प्रकाशन होता है। ईसा को भी मान्य है कि अध्यात्म जगत् के भी नियम हैं। तुच्छ तृण, चोर, गुप्त धन, मोती, पथ भ्रष्ट भेड़, मुद्रा आदि की दृष्टान्त कथाओं का यही संकेत है कि हमारी मुक्ति अपने ही कर्मों से हो सकती है।

पाश्चात्य ईसाई धर्म अनेक प्रभावों का परिमाण ही यूनान विरोधी यहूदी धर्म वैसे उद्भव होने के कारण उसका झुकाव ईश्वर के दिव्य अलौकिक स्वरूप की कल्पना के समर्थन की ओर है। अरब तथा यहूदी दोनों को ही प्रकृति शुष्क तथा नीरस प्रतीत होती थी, यूनानी एवं भारतीय को वह जीवित तथा दिव्य मालूम पड़ती थी। अतएव इन लोगों के आध्यात्मिक तथा लौकिक में प्राकृतिक तथा परलौकिक में आत्मा तथा शरीर में बहुत अधिक भेद नहीं माना। हिन्दू-कल्पना की पुष्टि विज्ञान करता है जो प्रकृति की तात्त्विक एकता पर जोर देता है। सर्वव्यापी नियम प्रधान्य मनावस्था को पास नहीं फटकने देता। लोकोत्तर की सत्ता लोक के हृदय में ही है।

किसी न किसी मात्रा में सभी मनुष्य ईश्वर के स्वरूप के उसकी शक्ति, प्रेम और सत्य के प्रतिबिम्ब होते हैं, पर जिन्हें अवतार कहते हैं वे अधिक मात्रा में विशेष तथा उसे प्रतिबिम्बित होते हैं। राम, कृष्ण तथा बुद्ध के सम्बन्ध में भी

यही सच है। ईसा भी एक अवतार है क्योंकि शूली पर लटके हुए भी उसने पापियों के लिए जो प्रार्थना की थी पिता, इन्हें क्षमा कर दो क्योंकि इन्हें नहीं मालूम कि ये क्या कर रहे हैं।'' वह अपने बच्चों के लिये प्रेम का प्रतीक है। किन्तु यह कहना कि उसका ईश्वर से कोई विशेष सम्बन्ध था, जिसकी प्राप्ति दूसरों के लिए असम्भव है, एक ऐसी बात कहना है, जिसका समर्थन करना कठिन है। और मैं दावे क साथ कह सकता हूँ कि संक्षिप्त 'समाचारों' में इसका कोई प्रामाणिक साक्ष्य भी नहीं है। हाँ ईसा के पूर्ववर्ती तथा परवर्ती युगों के अन्य लोगों की भाँति उसके सम्बन्ध में भी कुछ कथाएँ प्रचलित हैं।

ईसा का जीवन हमारे लिए निरर्थक होगा यदि उसमें कुछ अपौरुषेय गुणों की सत्ता भी स्वीकार कर ली जाय, जिनकी सहायता से वह पूर्णता तक पहुँच सका है। ईश्वर के पितृत्व में विश्वास हमें यह स्वीकार करने पर विवश करता है कि जो कार्य ईसा के लिए सम्भव हो सका है वह दूसरों के लिए भी सम्भव है। ईश्वर की जो शक्ति उसे प्रदान थी, हमारे लिए भी सुलभ है और यदि उसी की तरह हम भी प्रयत्नशील बन सकें तो हम भी अपने अन्तर्निहित परमात्मा का विकास कर सकते हैं। हम सभी ईश्वरीय गुणों से युक्त हैं तथा ईसा की ही भाँति उसके प्रेम को बिम्बित कर सकते हैं; यदि हम भी उसकी-सी दृढ़ ईश्वर निष्ठा अपने में भर सकें। अधिक से अधिक ईसा को अनेक भाइयों में ज्येष्ठ समझा जा सकता है। ईसा में ईश्वर की अभिव्यक्ति ठीक वैसी ही है जैसे संसार के अन्य महात्माओं में। जो देवत्व उसमें प्रकट हुआ है वह बीज रूप से हम सब में विद्यमान है। यह समझना कि ईसा को छोड़ कर और किसी ने भी ईश्वर से उस तादात्म्य भाव की अनुभूति नहीं की, शुद्ध भ्रम है। हिन्दू-धर्म के इतिहास में अनेक उदाहरण ऐसे साधु पुरुषों के भरे पड़े हैं जो स्वयं मुक्त हो गए थे, जिन्होंने 'मैं' तथा 'मेरे' पिता, की एकता का अनुभव कर लिया था, जिन्होंने दिव्य चक्षुओं से महान् ईश्वर का दर्शन किया था, केवल इन्द्रिय जगत् के घोर अन्धकार के पटल को भेद कर कभी-कभी चमकने वाली क्षणिक ज्योति रेखाओं को ही नहीं, तथा वे सदा के लिए उसके आनन्द में निमग्न हो गए। हम जितना ही ईश्वर के समीप पहुँचते जाते हैं, उतना ही मनुष्य एवं ईश्वर के स्वरूप में एकरूपता बढ़ती जाती है और जो व्यक्ति; यदा-कदा नहीं निरन्तर ब्रह्म में ही निवास करता है वह कह सकता है, ''मैं वही हूँ।'' ऋषियों एवं उपनिषदों के साक्ष्य की सत्यता को ईसा एवं संसार के अन्य प्रतिभाशाली साधु पुरुषों का अनुभव प्रभावित करता है। धर्म पर बलि हो जाने वाला अल हज़ाज कहता है ''मैं ही सत्य हूँ, मैं ही अपना

प्रियतम हूँ, अपना प्रेमी भी मैं ही हूँ। हम एक ही शरीर में निवास करने वाली दो आत्माएँ हैं।''

ईसा की श्रद्धा और भक्ति में बहकर हम कह सकते हैं कि ईसा में ईश्वर पूर्णरूप से व्यक्त हुआ है तथा इतिहास में उसका व्यक्तित्व अद्वितीय है। कभी-कभी बड़ी अनिच्छापूर्वक इतना स्वीकार किया जाता है कि कुछ अन्य महात्माओं में भी ईश्वर की ज्योति का स्पष्ट दर्शन हुआ है पर इतनी प्रभावपूर्ण ज्योति और कमी, और कहीं नहीं दिखाई पड़ी जितनी ईसा में। हो सकता है यह सच हो परन्तु यदि बुद्ध एवं कन्फ़्यूसस के अनुयायी अपने-अपने आदर्श पुरुषों के सम्बन्ध में ऐसा ही दावा कर लें तो हमें आपत्ति करने का कोई अधिकार नहीं है।

पश्चिम के ईसाई धर्माचार्यों में अब एक अधिक विवेचनात्मक दृष्टिकोण जागृत हो रहा है और वे ईसा की मानवता पर अधिक ज़ोर देने लगे हैं। उसकी सर्वज्ञता तथा सृष्टि-रचना चेतना पर अब अधिक ज़ोर नहीं दिया जाता। दूसरी ओर इस तरह के वाक्यों पर विशेष ध्यान दिया जा रहा है कि उसका 'ज्ञान बढ़ा' कष्ट झेलना ईश्वर की आज्ञा का पालन करना सीखा इत्यादि, इत्यादि।

कर्म तथा पुनर्जन्म का सिद्धान्त जो हिन्दू धर्म की विशेषता है, स्पष्टत: अधिकांश ईसाई विद्वानों को नापसन्द है। मुझे भय है कि इस सम्बन्ध में उन्हें मिथ्या प्रचार का शिकार होना पड़ा है। मोक्ष अथवा तल्लीनता तब तक सम्भव नहीं, जब तक वे अपने संकीर्ण व्यक्तित्व से चिपटे हैं। जब तक इस भेद-प्रकृति का आमूल विनाश नहीं होता, ब्रह्मात्मैक्य की अनुभूति नहीं हो सकती। जब तक हम समय पर विजय प्राप्त कर के पूर्ण नहीं बन जाते, हम इसी संसार के आवागमन के चक्कर में पड़े रहेंगे। यह मत उतना उपाहासास्पद नहीं है, जितना इस सामान्यत: बताया जाता है। यदि मोक्ष संसार से परे की स्थिति है तो जब तक हम संसार से चिपटे रहेंगे काल में ही सीमित रहेंगे, तब तक हम उस अमरता को नहीं प्राप्त कर सकेंगे। जब तक हम वैयक्तिक दृष्टिकोण से ऊपर उठ कर सार्वलौकिक दृष्टिकोण को नहीं अपनाते तब तक हम सत्य तक नहीं पहुँच सकते।

संसार में सर्वत्र कर्म नियम पाया जाता है। यह धर्म के कभी नाश न होने का नियम है, जिसके होने से श्रम तथा कष्ट उठा कर हम जो कुछ प्राप्त करते हैं वह हमारे लिए सुरक्षित रहता है तथा हम जिस चरित्र का निर्माण करते हैं वह संचित रहता है जिससे हमें पुराना रास्ता फिर न चलना पड़े और हम सदा आगे

की ओर, अपनी दृष्टि रख सकें। कर्म-नियम यह है कि प्रत्येक व्यक्ति को जब तक वह अपने निश्चित-लक्ष्य तक नहीं पहुँचता बराबर अवसर मिलता रहे।

भारतीय ईसाई जो उसी वातावरण में रहते हैं जिसमें हिन्दू रहते हैं तथा जो भारत के अतीत से सुवासित हैं ईश्वर की सर्व व्यापकता में भरे हैं। उनके लिए इस संदिग्ध सिद्धान्त को मानना दिन-दिन कठिन होता जा रहा है कि ईश्वर बड़ा कठोर है तथा उसमें अलौकिक शक्ति है, जिससे वह अपनी अवज्ञा करने वालों को घोर दण्ड देता है, जिस सिद्धान्त के अनुसार ईसा परमात्मा का भी परमात्मा है जो मनुष्य जाति की पाप-शान्ति के लिए शूली पर चढ़ा एवं जो मर कर जी उठने की चमत्कारी घटना को एक बहुत बड़े पैमाने पर दोहराने वाला है, जब वह फिर शान के साथ उस संसार में अवतरित होगा, जिसने पहली बार उसकी अवहेलना की थी। विचारशील, विशेषतया नई पीढ़ी के भारतीय ईसाई मानते हैं कि ईश्वर सब मनुष्यों में तथा समस्त संसार में मौजूद है। भारतीय ईसाई विश्वासपूर्वक आशा करते हैं कि भद्रता तथा ईसाई धर्म सम्मत प्रेम-ईसाई धर्म-सिद्धान्त के क्रमिक प्रसार से पृथ्वी पर सत्युग अवश्य आएगा। उन्हें बहुत बुरा मालूम होता है जब उनके विदेशी सहधर्मी, जिन्हें परम्परा प्राप्त नियमों में शिथिलता आ जाने के दुष्परिणामों का कोई ज्ञान नहीं, हिन्दुओं के अमूल्य सिद्धान्तों, जैसे ईश्वर की सर्व व्यापकता, अहिंसा, कर्म तथा पुनर्जन्म के सम्बन्ध में झूठा प्रचार करके उनका उपहास करते हैं। आज भारत का ईसाई धर्म हिन्दू सिद्धान्तों से प्रभावित हो रहा है। वह हिन्दू सिद्धान्तों को सुन तथा समझकर उसका अनुकरण कर सकता है अथवा उसकी बातों को अनसुनी करके उससे दूर रह सकता है। परन्तु लक्षणों से तो यही प्रतीत होता है कि वह ठीक ही पथ चुन रहा है। वह यह प्रयास कर रहा है कि हिन्दु धर्म के उत्तम सिद्धान्त तथा ईसाई धर्म के अच्छे तत्वों को मिला दिया जाय और यदि वह इसमें सफल होता है तो वह इस हिन्दू प्रभावित ईसाई-धर्म से केवल भारतवर्ष का ही लाभ नहीं होगा वरन् विश्व का भी कल्याण हो सकेगा।

बौद्ध धर्म

बौद्ध धर्म के संस्थापक गौतम बुद्ध की गणना संसार के महापुरुषों में की जाती है। बुद्ध भोग-विलास के वातावरण में जन्म लेने वाले एक राजकुमार थे, जिन्होंने यौवन में ही संसार छोड़कर एकान्तवास अपना लिया था तथा ध्यान एवं चिन्तन के द्वारा ज्ञान प्राप्त करने का प्रयास किया था। वह बौद्धिक संशोभ का युग था। प्रचारकों की बौद्धिक विलक्षणता एवं प्रवृत्ति से उत्पन्न अनेक सिद्धान्तों

तथा कल्पनाओं से वातावरण पूर्ण था। कुछ उन्हें स्वीकार करते थे, कुछ उनका प्रतिवाद करते थे। इस संघर्षपूर्ण उत्साह एवं विरोधी दर्शनों को देखकर बुद्ध ने निश्चय कर लिया कि दार्शनिक गवेषणा व्यर्थ है। उन्होंने देखा कि आचरण क्षेत्र में कर्म-कांड की संख्या पद्धति ने नैतिक कर्त्तव्य पालन का स्थान ले लिया है। धार्मिक क्षेत्र में भी असभ्यता-युग के अन्धविश्वास फिर से सर उठा रहे थे एवं स्वार्थपरायण पुरुष अपने हित-साधन में उनका उपयोग कर रहे थे। बुद्ध ने बताया कि बिना पुजारियों की मध्यस्थता अथवा ईश्वर की चर्चा के भी हम मुक्ति प्राप्त कर सकते हैं। लोक-कल्याण साधन अथवा शुद्ध आचरण से मोक्ष मिलता है, अनिश्चित फल पाने वाले दुराग्रहों को मानने अथवा क्रुद्ध देवताओं को रोष शान्ति के उद्देश्य से रहस्यपूर्ण क्रियाओं के सम्पादन से नहीं। दार्शनिक चिन्तन की ओर से विरक्ति, धर्म शास्त्र में अनास्था तथा नैतिक आचरण में अनुरक्ति ही बुद्ध के उपदेशों की विशेषता है।

जिन चार आर्य सत्यों का बुद्ध ने उपदेश दिया है वे हैं दुःख का कारण, दुःख का विरोध किया जा सकता है। दुःख निवृत्ति का मार्ग है। दुःख का कारण यह है कि संसार क्षणभंगुर है। सब पदार्थ अपने को व्यक्त करने के प्रयत्न में सदा लगे रहते हैं। इसी उद्‌भव एवं लय का नाम संसार है। पदार्थ की प्रत्येक दशा, वह चाहे एक क्षण तक रहे और चाहे एक हजार वर्ष तक, उद्‌भव कहलाती है। बुद्ध ने मनोव्यापार को क्षणिक एवं अनभिज्ञ वस्तुजगत् को अनित्य बताकर उनमें भेद किया है। प्रत्येक व्यापार शृंखला की एक कड़ी है, विकास प्रवाह की एक क्षणिक दशा है, और इस प्रकार की सब कड़ियां मिलकर ही जगत् का निर्माण होता है। वस्तुएँ तथा आत्माएँ परिणाम एवं व्यापार कहलाती हैं।

आत्मा की कल्पना में पुनर्जन्म को सार्थक बनाने के लिए पर्याप्त स्थान है। व्यक्ति असम्बद्ध घटनाओं की अस्त-व्यस्त शृंखला नहीं है परन्तु वह एक सजीव निरन्तरता है। दुबारा जन्म लेने वाला मनुष्य वही मृत मनुष्य नहीं होता पर वह उससे सर्वथा भिन्न भी नहीं होगा। न तो वे पूर्णतः एक ही हैं एवं न सर्वथा भिन्न। निरन्तरता भी है तथा उसके साथ ही नित्य परिवर्तन भी है। हमारा प्रत्येक अनुभव उसे दूसरे अनुभव क्षय अथवा दशा की ओर ले जाता है, उसमें परिणमित अथवा समाप्त हो जाता है, जिसमें सम्पूर्ण अतीत सम्मिलित रहता है।

जीवन का लक्ष्य निर्वाण प्राप्त करना है। जो कर्म इसमें सहायक हैं वे अच्छे समझे जाते हैं। बौद्धों का आचरण शास्त्र आदि अष्टांगिक मार्ग कहलाता है जिसके आठ अंग ये हैं: सम्यग् दृष्टि, सम्यक् संकल्प, सम्यक् वचन, सम्यक् कर्मान्त,

सम्यक् आर्जव, सम्यक् व्यायाम, सम्यक् स्मृति एवं सम्यक् समाधि। यह मध्यमार्गीय धर्म कहलाता है इसमें अत्यधिक तप तथा अत्यधिक योग दोनों का ही परित्याग करके बीच का रास्ता मध्यमार्ग स्वीकृत हुआ है। इसका उद्देश्य मनुष्य के सम्पूर्ण मानसिक जीवन को रूपान्तरित कर देना है।

बुद्ध के समय में वर्ण व्यवस्था में काफी अव्यवस्था उत्पन्न हो गई थी। उन्होंने ब्रह्मणत्व को जाति के स्थान में कर्म पर आचरण पर निर्भर बताकर इस संस्था को काफी दुर्बल बनाया परन्तु वे समाज सुधारक नहीं थे। उनका मुख्य उद्देश्य धर्म था। यद्यपि नियमित उसमें सभी सम्मिलित हो सकते थे परन्तु यथार्थत: उच्च वर्णों तक ही उनका धर्म सीमित था। उन्होंने गुप्त-संस्कार-पद्धति में कोई हस्तक्षेप नहीं किया और वे वैदिक पद्धति के अनुसार बराबर चलते रहे। बुद्ध को आनन्दोपलब्धि के रहस्य का उद्घाटन नहीं करना था बल्कि लोगों को उस अनुभव में लगा देना था। निर्वाण शब्द का अर्थ 'बुझना' अथवा 'शान्त' होना है। अत: उष्ण वासना के बुझने को, वासना घृणा एवं अविद्या की अग्नि के शान्त होने को, निर्वाण प्राप्त करना कहते हैं। हमें निर्वाण को शून्य नैश अन्धकार नहीं समझना चाहिए। वह तो विश्वास, शान्ति, उद्वेगाभाव, आनन्द, सुख, मृदुता, पवित्रता तथा उत्साह से पूर्ण एक नित्य जीवन का नाम है।

हमें बुद्ध धर्म को बिलकुल नवीन, अतीत आधार रहित मानने की आवश्यकता नहीं। यह तो उसी विचार धारा का बाद का रूप है जिसका पूर्व रूप उपनिषदों में प्रतिपादित हुआ है। परमसत्य, मोक्ष का स्वरूप तथा आत्मा की नित्यता आदि प्रश्नों का उतर बुद्ध ने नहीं दिया है। वे ऐसे विषय हैं जिन्हें स्थापित कर दिया गया है तथा जिन पर विचार करने की अनुमति बुद्ध नहीं देते।

दार्शनिक प्रश्नों पर उनके मौन-साधन के भाँति-भाँति के अर्थ लगाए जाते हैं। कुछ उनके प्राचीन अनुयायी एवं आधुनिक व्याख्याकार इसे निषेध सूचक मानते हैं। उनका कहना है कि बुद्ध किसी भी भौतिक अथवा समष्टि विषयक चरमसत्ता का अस्तित्व नहीं मानते थे। इस विचार के अनुसार निर्वाण शून्य है। कभी-कभी कहा जाता है कि बुद्ध ने इस विचार को पल्लवित शून्य करके इसलिए लोगों के समक्ष नहीं रखा कि इससे कहीं वे भड़क न जायें। यह विचार बुद्ध के दर्शन को असम्बद्ध तथा उनके चरित्र को सन्देहजनक बना देता है। बुद्ध के विधि-सूचक कुछ ऐसे वचन भी हैं, जिनकी संगति इस निषेध मूलक बुद्धिवाद से नहीं बैठती। बुद्ध का अपना दृढ़ विश्वास था कि उन्हें सत्य का पता है और उसे वे दूसरों तक पहुँचा सकते हैं। यह कहना अधिक युक्तिपूर्ण प्रतीत होता है

कि बुद्ध उपनिषदों से मिलते-जुलते किसी भावनात्मक आदर्श को मानते थे, जिसका प्रचार उन्होंने केवल इसलिए नहीं किया कि वे चाहते थे कि प्रत्येक पुरुष उसका आविष्कार अपने अनुभव से करे। उन्होंने दार्शनिक प्रश्नों को उपेक्षा की दृष्टि से देखा क्योंकि दार्शनिक वितंडा जीवन के प्रधान लक्ष्य नैतिक आचरण में अड़चन डालती है। पवित्रता प्राप्ति से उसका कोई सम्बन्ध नहीं। यदि हम इस मत को नहीं मानते तो बुद्धकृत निर्वाण के भावात्मक वर्णनों तथा परिणामी जगत से परे की नित्य सत्ता को निषेध करने से दृढ़तापूर्वक इन्कार करने की संगति नहीं बैठ सकती। उनके काशी के उपदेश में एक निरपेक्ष सत्ता के अस्तित्व का स्पष्ट आभास मिलता है। उपनिषद् समस्त मस्तिष्क की परिमित क्षमता को ध्यान में रखकर ही बुद्ध ने उसका स्पष्ट भावात्मक वर्णन नहीं किया है। परन्तु न्याय की सीमा के भीतर जितना सम्भव है, उन्होंने उस चरमतत्त्व को धर्म कह कर वर्णित किया है। उपनिषदों में धर्म एवं सत्य को एक ही माना गया है। चूंकि बुद्ध नैतिक आचरण को ही मुख्य मानते थे। अतएव उन्होंने उस निरपेक्ष सत्ता के नैतिक स्वरूप पर ही विशेष बल दिया है। उनके उपदेशों में ब्रह्म का स्थान धर्म ने ही तो लिया है।

भारत की अन्तरात्मा

डॉ० राधाकृष्णन् ने जिस धर्म का आख्यान किया है, वह ब्रह्माचारों से कोई समझ नहीं रखता। वह एक साथ हिन्दुत्व भी है, ईसाइयत भी और इस्लाम भी। सत्य, शिव और सुन्दर ये तीन गुण मनुष्य में नहीं, ईश्वर में ही होते हैं। संसार में तो हम यही देखते हैं कि कुनैन शिव होने पर भी सुन्दर नहीं होती, न मरीचिका सुन्दर होते हुए भी सत्य कही जा सकती है। किन्तु ईश्वर के सभी गुण एक साथ, सुन्दर और शिव होते हैं। मनुष्य जब शुद्ध होकर ईश्वर का सामीप्य प्राप्त करता है, तब उसमें भी सत्य, शिव और सुन्दर का संयोग हो जाता है। राधाकृष्णन् मनुष्य के इसी रूप के वाचक थे और शुद्धि का मार्ग वे यह बताते थे कि मनुष्य अपने आप में प्रवेश करे। मनुष्य जब तक अपने आप तक नहीं पहुँचता, ईश्वर तक पहुँचने की उसकी कल्पना ही व्यर्थ है। ईश्वर सभी स्थानों पर है, किन्तु सभी स्थान मनुष्य के भीतर नहीं हैं। मनुष्य के भीतर तो केवल एक ही बिन्दु है जहाँ पर ईश्वर उससे बात कर सकता है और यह बिन्दु उसकी आत्मा के केन्द्र में अवस्थित है। इसी बिन्दु पर ईश्वर हमारी प्रतीक्षा करता है, हमें अपने दर्शन देता और हमसे खुलकर बातें करता है। इस बिन्दु पर अधिक से अधिक काल तक उतरने को राधाकृष्णन् ने आत्मा का धर्म कहा है। व्यक्ति अपने

एकान्त, अपनी निस्संगता से जो बर्ताव करता है, वही उसका धर्म है। यदि तुम भी कभी एकान्त या निस्संग नहीं रहते तो तुम कभी भी धार्मिक नहीं होते हो। एकान्त ही तो वह स्थान है जहाँ हम ईश्वरीय ज्योति जगाने को वर्तिका रचते हैं।

आज संसार के बड़े-बड़े धर्मों तथा विचारधाराओं का भारत में सम्मिलन हो गया है। पाश्चात्य विचारों के सम्पर्क से पिछले युग के आत्म-सन्तोष में कुछ क्षोभ उत्पन्न हो गया है। एक भिन्न संस्कृति को स्वीकार कर लेने का एक फल यह हुआ है कि लोगों की यह धारणा बन गई है कि चरम प्रश्नों का कोई आधिकारिक समाधान नहीं हो सकता। परम्परा प्राप्त समाधानों में विश्वास नहीं रहा और किसी हद तक विचारों में कुछ अधिक स्वतन्त्रता एवं अधिक परिवर्तनशीलता को श्रय मिल गया है। प्रथाएं फिर तरल हो गई हैं और यद्यपि कुछ लोग प्राचीन नींव पर नहीं पुनर्निर्माण करना चाहते हैं पर कुछ ऐसे भी लोग हैं, जो उस नींव को ही हटा देने के पक्ष में हैं। यह परिवर्तनकालीन युग काफी मनोरंजक तथा चिन्तापूर्ण है।

तर्क प्रेम हिन्दू धर्म की विशेषता है। भारतीय विद्वान् ने अपनी स्वप्निल आशाओं एवं व्यावहारिक आत्म-विसर्जन में सरलतम दुराग्रह एवं उच्चतम काल्पनिक उड़ान में, चार-पाँच हजार वर्ष के अनवरत दार्शनिक एवं धार्मिक प्रयत्न में सत्य, भक्ति तथा यथार्थ-प्रेम की भावना से प्रेरित होकर चरम समस्याओं को सुलझाने के प्रयत्न किया है। इसे ब्राह्मण सभ्यता कहते हैं क्योंकि इसका संचालन उन ब्राह्मणों के हाथ में था जो किसी बात का निर्णय करते समय मनःक्षोभों से विचलित नहीं होते थे एवं जिनके सिद्धान्तों की आधारशिला सच्ची अनुभूति होती थी।

जगत् की जिस विशेषता ने हिन्दू दार्शनिकों को सत्य के अनुसन्धान की ओर आकृष्ट किया, वह इसकी अनित्यता थी। उन्होंने देखा कि दृश्य जगत् विरामहीन, विनश्वरता ही चरम-सत्य है अथवा इस विनाश की भी कोई सीमा कहीं है? उन्हें उत्तर मिला, जगत् में एक ऐसी वस्तु भी है, वह है अविनाशी अन्य अपेक्षा-रहित परब्रह्म। हम सब के जीवन में ऐसे क्षण आते हैं जब इस अनन्यता की अनुभूति हम करते हैं, जब हमें इस महान् रहस्य का आभास मिलता है, और हम उस परमात्मा के सान्निध्य का बोध करते हैं जो अपनी महत्ता से हमें आछन्न किए है। जीवन की उन शोकपूर्ण घड़ियों में भी जब हमें प्रतीत होता है कि हम एकान्तहीन, परम अनाथ हैं, हमारे हृदय में स्थित परमात्मा हमें बराबर यह अनुभव कराता रहता है कि सांसारिक दुःख देना तो उस बड़े नाटक की छुद्र घटनाएँ हैं

जिसका अन्त शक्ति, सौन्दर्य एवं प्रेम में होगा। उपनिषद चिल्ला-चिल्ला कर कहते हैं:– "यदि इस विश्व में आनन्द न होता तो यहाँ कोई जीव प्राण धारण ही कैसे करता?" तात्त्विक दृष्टि से देखने पर यह व्यक्त जगत् उसी एक अविभक्त ब्रह्म की नाना रूपों में अभिव्यक्ति है, उस ब्रह्म की अभिव्यक्ति है जो समस्त सृष्टि के उद्‌भव तथा लय से युक्त है। उसके सम्पूर्ण दीर्घ जीवन में एकेश्वरवाद ही हिन्दू धर्म का प्रमुख आदर्श रहा है। ऋग्वेद उस एक ही परमात्मा की बात करता है–एकम् सत्–जिसका वर्णन पंडित लोग नाना रूपों में किया करते हैं। उपनिषदों का कहना है कि अभिव्यक्ति के सार के अनुसार एक ही ब्रह्म को भिन्न-भिन्न नामों से आपेक्षित किया जाता है। त्रिमूर्ति की कल्पना का उदय महाकाव्य काल में हुआ और पुराण काल तक वह भली भाँति प्रतिष्ठित हो गई। मानव चेतना के ज्ञान, मनःक्षोभ एवं चेष्टा व्यंजन तीन गुणों का ही सूचक सत् चित आनन्द परमात्मा का नाम रखा गया है। सत्य अथवा ज्ञान जात अव्यग्रता, रजस् अथवा वह शक्ति जो उत्साह से उत्पन्न होती है; तमस् अथवा वह शैथिल्य जो ज्ञान अथवा संयम के अभाव का फल है। यही वे तीन गुण हैं जो समस्त सृष्टि में पाये जाते हैं। और सर्व वस्तु व्यापक इन तीन गुणों से ईश्वर भी मुक्त नहीं समझा जाता। सृष्टि, स्थित एवं लय की तीनों क्रियाएं रजस, सत्य एवं तमस् के ही कारण होती हैं। विश्व के रक्षक विष्णु परमात्मा का ही सत्य प्रधान रूप है। सृष्टिकर्ता ब्रह्मा उसी ईश्वर के रजः प्रधान, एवं सृष्टि संहारक शिव उसी ईश्वर के तमः प्रधान रूप के द्योतक हैं। एक ही ईश्वर के तीन गुणों को विकसित करने वाले तीन भिन्न-भिन्न व्यक्ति बना दिये गए हैं। और इनमें से प्रत्येक अपनी ही विशिष्ट शक्ति से काम करता है, अतएव ब्रह्मा, विष्णु एवं शिव के ही समान सरस्वती, लक्ष्मी, उमा तथा उनकी शक्तियों की कल्पना कर ली गई। सच तो यह है कि ये सभी गुण एवं कार्य एक ही परमात्मा में इस प्रकार समादित हैं कि यह भी कहा जा सकता है कि उसमें कोई गुण ही नहीं है। वह निर्गुण है। एक ही अज्ञेय ईश्वर जो सर्वविद, सर्वव्यापक, एवं सर्वशक्तिमान है। नाना जनों को नाना प्रकार का प्रतीत होता है। एक प्राचीन धर्मवाक्य का कथन है कि साधकों की सुविधा के लिए ही निराकार परमात्मा को साकार कल्पित कर लिया गया है।

भावुक पुरुष ईश्वर को पूर्ण सौन्दर्य अथवा प्रेम मानते हैं तथा उसके सहचर्य-जनित आनंद में डूब जाने की कल्पना करते हैं। प्रेम तथा सौन्दर्य रूपी भगवान के प्रतीक कृष्ण हैं। एवं सहृदय, भावुक पुरुषों, विशेषतया स्त्रियों के लिए उनमे प्रबल आकर्षण है। सौन्दर्य प्रेमी को प्रबल भावुकता में ही पूर्ण सन्तोष प्राप्त

हो जाता है। सौन्दर्य का अस्तित्व ही सौन्दर्य का समर्थन है। भक्त तो भगवान के चरणों में लोट जाता है और संसार का कोई आकर्षण उसे वहाँ से हटाने की क्षमता नहीं रखता।

हिन्दू दार्शनिकों ने सदा से ही यह प्रयत्न किया है कि निर्मल चरित्र का अभ्यास एवं सत्य प्रेम धार्मिक भक्ति से दब न जाये। उन्हें अच्छी तरह मालूम है कि हमारी भावनायें शेष जीवन से अलग, अन्य अपेक्षारहित नहीं होतीं। अलग से देखने पर उनका कोई नैतिक महत्त्व नहीं। किसी भी भावना का महत्त्व तो उसकी मूल प्रेरणा पर निर्भर करता है, हमें यह देखना होता है कि वह उच्च आध्यात्मिक भक्ति का फल है अथवा नीच विषय वासना का परिणाम है। भक्ति मार्ग का यह सिद्धान्त नहीं है कि सभी भावनाएँ पवित्र होती हैं। सच्ची धार्मिक भावना तो उस विवेक जात विनम्रता को कहते हैं जो सब कुछ ईश्वर के सहारे छोड़ देने पर उत्पन्न होती है। ज्ञान सूचक इस भावना के फलस्वरूप भक्त मानव सेवा में जीवन उत्सर्ग कर देता है। उपासना संगीत एवं कला भक्ति के विकासक हैं।

सभी हिन्दू वेदों का सर्वोपरि धार्मिक प्रमाण स्वीकार करते हैं। उनमें जीवन तथा विश्व के तत्त्व का निरूपण है। वेदों का प्रधान अंग उपनिषद् है जो उस स्वतंत्र आध्यात्मिक प्रगति का परिणाम है जिसने अज्ञान रूप से वेदों के अपरिष्कृत अंशों को दबा दिया। हिन्दू धर्म का परवर्ती इतिहास इसी औपनिषदिक सुदृढ़ आधार या निर्मित एक भव्य भवन का इतिहास है। यद्यपि धार्मिक विचारों ने अनेक क्रान्तियाँ कीं, अनेक बार महान विजयें प्राप्त कीं, फिर भी लगभग पाँच हजार वर्षों से उसके मुख्य सिद्धान्त उसी रूप में चले आ रहे हैं। जब-जब दुराग्रह के विकास से धर्म को संकीर्ण साम्प्रदायिकता में अवरुद्ध कर दिया है तब-तब सच्चे महात्माओं ने जन्म लेकर आध्यात्मिक नवजागरण का उपदेश दिया है। उपनिषदों का प्रवाह जब दुराग्रहपूर्ण विवाद में लुप्त हो गया। जब शुष्क शास्त्रार्थ के ज्वर ने धार्मिक चेतना को बेसुध कर दिया। तब भगवान बुद्ध ने सत्य की सरलता एवं आचरण की विशुद्धता पर जोर दिया। जब शास्त्रीय संस्कृति एवं निरर्थक पाण्डित्य ने धर्म को अमानुषिक शस्त्रवाद बनाकर इस दुर्बोध व्यर्थता में निष्णात पण्डितों को हास्यास्पद अहंकार से भर दिया था, सम्भवत: तभी शंकर का उदय हुआ और उन्होंने उद्धार का कार्य किया। रामानुज तथा माधव, कबीर तथा नानक, हिन्दू धर्म पर अमिट छाप छोड़ गए हैं। यह स्पष्ट है कि हिन्दू धर्म एक प्रणाली है, परिणाम नहीं, एक परम्परा है, अटल

दिव्य प्रकाशन नहीं। किसी ओर से भी आने वाले ज्ञान पर इसने कोई प्रतिबन्ध नहीं लगाया क्योंकि आत्मरश्मि में मेरे और तेरे का भेद नहीं है।

दार्शनिक शासक

यूनान में एक बहुत प्रसिद्ध दार्शनिक हो गया है जिसका नाम प्लेटो था। उसने अपनी सुप्रसिद्ध पुस्तक ''रिपब्लिक'' में लिखा है कि ''यदि संसार में शान्ति और अमन की इच्छा है तो दार्शनिक शासक के हाथों में राज्य सत्ता को सौंप दो।'' प्लेटो के उपरोक्त कथन में एक ऐसा सत्य छिपा हुआ है जो शान्ति और सच्चाई की तरफ इंगित करता है। दार्शनिक शासक में हिंसा और अन्याय की तरफ सम्मान नहीं होता। वह हर मसले को मानवता की भलाई की दृष्टि से देखता है। उसका निर्णय न्यायोचित और समाज के कल्याण के लिए होता है।

डॉ॰ राधाकृष्णन् एक दार्शनिक शासक थे। भारत के राष्ट्रपति की हैसियत से वे देश के भाग्य निर्णायक थे। उनके निर्णय में शान्ति और युद्ध की परिस्थिति आ सकती थी। जब वे भारत के राष्ट्रपति के पद पर आसीन हुए उन्होंने अपने आपको जनता के समक्ष एक साधारण से नागरिक की भाँति पेश किया। अन्य देशों के राज्याध्यक्षों की भाँति डॉ॰ राधाकृष्णन् फौज और पुलिस के पहरे में अपने आपको रखना पसन्द नहीं करते थे।

सादगी में डॉ॰ राधाकृष्णन् से बढ़कर दूसरा कोई व्यक्ति नहीं था। यह सादगी उनके व्यक्तिगत जीवन तक ही सीमित नहीं बल्कि जैसे ही वह राष्ट्रपति के पद पर आसीन हुए थे अपने दस हजार मासिक वेतन में से साढ़े सात हजार रुपया छोड़ दिया केवल ढाई हजार रुपये से ही वह अपना खर्च चलाते थे। राष्ट्रपति के पद पर रहते हुए उन्होंने किफायतसारी और सादगी की जैसी मिसाल भारत जैसे गरीब देश के सामने रखी वह उन व्यक्तियों के लिए जो सरकारी ओहदे पर हैं और लम्बी-लम्बी तनख्वाहें लेते हैं प्रेरणा की चीज़ हैं।

डॉ॰ राधाकृष्णन् अपने देश के सच्चे प्रतिनिधि थे। वे केवल भारत का ही प्रतिनिधित्व नहीं करते थे बल्कि उस प्राचीन भारत के भी प्रतीक थे जिसकी गरिमा से किसी समय सारा संसार प्रभावित था और भारत को अपना गुरु समझता था।

दार्शनिक शासक अपने देश की नब्ज को पहचानता था। वह जानता के प्राचीन तथा अर्वाचीन विचारों को मोड़ देता था उसमें नई क्रान्ति के बीज अंकुरित करता

और उसे राष्ट्रव्यापी चेतना प्रदान करता था। डॉ० राधाकृष्णन् का जीवन देश के लिए एक बहुमूल्य निधि था।

डॉ० साहब के रहन-सहन और पहनावे में हम वास्तविक भारत की संस्कृति के दर्शन करते थे। जब वे धोती और लम्बी अचकन तथा सिर पर पगड़ी बाँध कर जनता के समक्ष आते तो ऐसा प्रतीत होता है कि जैसे कोई प्राचीन ऋषि वर्तमान भारत में एक सुथरे वेश में अवतीर्ण हो गया हो।

यद्यपि डॉ० साहब को राष्ट्रभाषा हिन्दी बोलने की आदत नहीं थी फिर भी वे अंग्रेजी तथा अपनी मातृभाषा तमिल के प्रकाण्ड पंडित थे। अंग्रेजी में जब वे बोलने लगते तो ऐसा प्रतीत होता कि जैसे वाणी में कोई आश्चर्यजनक शक्ति आ गई हो शब्दों का ऐसा अजस्र स्रोत प्रवाहित होता कि जिसे सुनकर बड़े-बड़े अंग्रेज विद्वानों को आश्चर्य चकित रह जाना पड़ता।

सचमुच भारत दार्शनिक शासक को पाकर गौरवान्वित हुआ था।

❑❑❑

3

डॉ॰ ज़ाकिर हुसैन

महान देशभक्त

यह प्रसन्नता का विषय है कि स्व॰ डॉ॰ ज़ाकिर हुसैन साहब के देहावसान के पश्चात् उनके प्रथम जन्म-दिवस के उपलक्ष्य में चित्र कला संगम द्वारा एक संस्मरण-संग्रह प्रकाशित किया जा रहा है और इस अवसर पर स्व॰ ज़ाकिरसाहब की कांस्य-प्रतिमा भी भारत को राष्ट्रपति को भेंट की जा रही है।

डॉ॰ ज़ाकिर हुसैन साहब एक महान देशभक्त प्रकाण्ड विद्वान् एवं प्रख्यात शिक्षा-शास्त्री थे। वह भारत की एकता राष्ट्रीयता एवं धर्म-निरपेक्षता के सच्चे प्रतीक थे। देश के राजनैतिक, सामाजिक एवं शैक्षणिक क्षेत्र में और बाद में देश के सर्वोच्च पद राष्ट्रपति के रूप में उन्होंने देश की मूल्यावान सेवाएँ कीं। उनका जीवन प्रत्येक देशवासी के लिए प्रेरणा का अटूट स्रोत है। आशा है, चित्र कला संगम द्वारा प्रकाशित किये जाने वाले संस्मरण-संग्रह में स्व॰ ज़ाकिरसाहब के जीवन के प्रेरणाप्रद प्रसंगों एवं उनकी विचारधाराओं का चयन प्रस्तुत किया जाएगा।

इस अवसर पर मैं स्व॰ डॉक्टर ज़ाकिर हुसैन को अपनी श्रद्धांजलि अर्पित करता हूँ तथा प्रकाशन की सफलता के लिए अपनी शुभ कामनाएं प्रकट करता हूँ।

—मोहनलाल सुखाड़िया
(मुख्यमंत्री, राजस्थान)

मानवीय भावनाओं के धनी

लखनऊ,
उत्तर प्रदेश

मुझे यह जानकर प्रसन्नता हुई है कि चित्र कला संगम भारत के भूतपूर्व राष्ट्रपति डॉ॰ ज़ाकिर हुसैन के जीवन से संबंधित एक स्मारिका प्रकाशित कर रहा है।

डॉ॰ ज़ाकिर हुसैन का जीवन, उनका व्यक्तित्व और उनके कार्य सबके लिए प्रेरक, पथ-प्रदर्शक और आदर्श के रूप में रहे हैं। जिसे भी उनके निकट सम्पर्क में आने या साथ काम करने का अवसर मिला, वह इनसे प्रभावित हुए बिना न रहा। उच्चकोटि के शिक्षा-शास्त्री, राजनीतिज्ञ तथा विद्वान् होने के अतिरिक्त वह जिज्ञासु भी थे तथा प्रत्येक बात को बड़ी सजगता के साथ देखते-समझते थे।

डॉ॰ ज़ाकिर हुसैन सहज मानवीय भावनाओं के धनी थे। मानव-मात्र के प्रति उनके हृदय में करुणा थी। ऊँच-नीच, धनी-निर्धन तथा जाति-धर्म के भेद-भाव से परे डॉ॰ ज़ाकिर हुसैन का जीवन भारतीयता की गरिमा का प्रतीक है।

मुझे विश्वास है कि आप अपनी स्मारिका में डॉ॰ साहब के विशिष्ट गुणों पर प्रकाश डालने का प्रयास करेंगे, जिससे पाठक उनके व्यक्तित्व से अनुप्रावित हो सकें।

–चन्द्रभानु गुप्त

I am happy to know that Chitra Kala Sangam has planned to bring out a collection of reminiscences to commemorate the first birth anniversary of late. President Dr. Zakir Husain, after his death.

Chitra Kala Sangam has already made a commendable work in the field of art, literature and culture for the last 19 years.

I wish your endeavours all success.

—*Gurnam Singh*
Chandigarh,
Punjab.

शुद्ध समन्वयवादी राष्ट्रपति

–काकासाहेब कालेलकर

यह तो हमारे सौभाग्य की बात है कि स्वराज्य-प्राप्ति के बाद हमें एक के बाद एक तीन उच्च कोटि के राष्ट्रपति मिले। डॉ॰ राजेन्द्र प्रसाद कुशल राष्ट्रनेता तो थे ही, किन्तु उनकी खास इज्जत उनकी असाधारण सात्विकता के लिए थी। गांधीजी ने देश के सामने जो रचनात्मक कार्य रखा उसके वह पूरे कायल थे। डॉ॰ राधाकृष्णन् अन्तर्राष्ट्रीय ख्याति के फिलसूफ, विद्वान् होने के उपरान्त मानवहित की मंत्रणा में भी उन्होंने अच्छा स्थान पाया है।

उनका कार्य-काल पूरा होने पर उनका स्थान लिया डॉ॰ ज़ाकिर हुसैन ने। ये तो उच्च कोटि के विद्वान् और शिक्षा-शास्त्री थे। मैं तो यही कहूँगा कि इनका राष्ट्रपति बनना गांधीजी के रचनात्मक कार्यक्रम का गौरव है।

स्वराज्य-प्राप्ति के आंदोलन में शुरू से राष्ट्र-हित-चिंतकों का ध्यान राष्ट्रीय शिक्षा की ओर गया था। फलस्वरूप अंग्रेज सरकार की शिक्षा के प्रति असंतोष व्यक्त करने वाली और राष्ट्रीय संस्कृति को पोषण देने वाली अनेक संस्थाएं देश में खड़ी की गयीं। असहयोग के दिनों में जो खास संस्थाएं इस तरह स्थापित हुईं उनमें डाक्टर साहब की 'जामिया मिलिया इस्लामिया' का स्थान है। महात्माजी की राष्ट्रीय नीति के साथ एकरूप बने हुए राष्ट्रपुरुषों में ज़ाकिरसाहब का ऊँचा स्थान था।

जब स्वराज्य नजदीक आया और राष्ट्रीय शिक्षा को राष्ट्रव्यापी बुनियादी स्वरूप देने की जरूरत देश-हित-चिंतकों ने महसूस की तब उन्होंने गांधीजी के पास ऐसी योजना की मांग पेश की।

सब लोगों की अपेक्षा थी कि 'भारतीय संगम-संस्कृति का आदर-युक्त अध्ययन' जिसमें प्रधान है ऐसी कोई योजना गांधीजी देंगे। 'भारत का अध्यात्म, भारत की इतिहास-सिद्ध समन्वित संस्कृति, भारत का संगीत, नाट्य, नृत्य, स्थापत्य, चित्रकला' आदि कलात्मक जीवन को प्रोत्साहन देने वाली योजना गांधीजी से मिलेगी, ऐसी सबकी अपेक्षा थी। बंगाल, पंजाब, बिहार, संयुक्त प्रांत, महाराष्ट्र, आंध्र, मद्रास आदि प्रदेशों में ऐसे प्रयत्न अच्छे पैमाने पर चालू भी थे।

लेकिन गांधीजी ने इन सब प्रयत्नों के प्रति आदर रखते हुए इनको गौण स्थान पर रखा। धर्म-संस्कृतियाँ अपने-अपने काल में मानवता की उच्च सेवा

कर चुकी हैं। मेजिनी के काल से 'राष्ट्रीयता' के आदर्श का बोलबाला सारी दुनिया में था। लेकिन गांधीजी को भूतकाल की उपासना करनी नहीं थी, भविष्यकाल की नींव डालनी थी। 'नवयुग की अपनी सार्वभौम अहिंसा' समझाते उन्होंने कई बार कहा था–"मैं युद्ध-विरोधी हूँ। हिंसात्मक संघर्ष टालने के युग-कार्य का पुरस्कार करता आया हूँ। लेकिन युद्धों से इतना नहीं डरता, जितना मनुष्य-जाति में सर्वत्र जो शोषण चल रहा है उससे डरता हूँ। सत्य, अहिंसा, संयम और सेवा ही मानवीय संस्कृति की चतुर्विध बुनियाद है। युद्ध तो एक रोग है। बीच-बीच में प्रकट होता है लेकिन दिन-रात अखंड चलने वाले सार्वभौम शोषण से बढ़कर दूसरी कोई हिंसा है नहीं।" पुरुष-जाति स्त्री-जाति का शोषण करती है। ज्ञानी, चालाक और चतुर लोग अज्ञानी, भोले और असहाय लोगों का शोषण करते हैं। आजकल के करीब-करीब सब संगठन तो शोषण को पूरी सफलता प्राप्त कराने के लिए ही खड़े किये गए हैं। जो भी लोग असंगठित हैं, उनको तो जीवन-संग्राम में परास्त ही होना है।

ऐसे-ऐसे शोषण का इलाज करना अहिंसक धर्म का प्रधान कार्य है। वह अगर अहिंसक ढंग से नहीं किया तो हिंसा बढ़ती ही जायेगी। इसलिए राष्ट्रव्यापी प्राथमिक शिक्षा के द्वारा नये जमाने का मानस ही बदलना आवश्यक है। यह मानस-परिवर्तन धर्मोपदेश से नहीं होगा, जीवन-परिवर्तन से ही हो सकता है।

यह समझ कर गांधीजी ने कौशल्य-युक्त परिश्रम को प्रधानता देने वाली और उसी के आधार पर शिक्षा का पूर्ण तंत्र खड़ा करने की योजना राष्ट्र के सामने रखी।

जिसमें सब तरह के पाप और अन्याय भरे हुए हैं ऐसे शोषण का क्योंकर मनुष्य कायल बनता है? 'मनुष्य को परिश्रम टालना है और आराम से विलासी जीवन व्यतीत करना है। दूसरे के परिश्रम का गैरलाभ उठाकर स्वयं धनी बनना है और दूसरे व्यक्ति के, समाज के और राष्ट्र के सिर पर गरीबी, बेकारी और असहाय स्थिति मढ़नी है।' यही है पापमूलक शोषण का आकर्षण। ऐसे आकर्षण से एक भी राष्ट्र मुक्त नहीं है। ऐसे अन्याय को दूर करने का अहिंसक इलाज एक ही है, समाजव्यापी शिक्षा में परिवर्तन।

गांधी-संस्कृति को मानवताव्यापी करने का, इससे भिन्न, क्या उपाय हो सकता है? इस बुनियादी शिक्षा को व्यावहारिक रूप देने का भार गांधीजी ने एक समिति पर सौंपा, जिसके अध्यक्ष डॉ॰ ज़ाकिर हुसैन थे। उन्होंने अपनी पूरी शक्ति लगाकर

बुनियादी तालीम को अमल में लाने की कोशिश की। 'सरकार की ओर से यह प्रयोग प्रामाणिकता से नहीं हो रहा है', ऐसी घोषणा भी ज़ाकिरसाहब ने किसी समय की, लेकिन राष्ट्र-मानस ऐसी आत्म-शुद्धि के लिए तैयार नहीं हुआ। गांधीजी की नसीहत अगर मान्य न करनी हो तो उसका इलाज यही है कि गांधीजी के नाम का जय-जयकार किया जाय उनको राष्ट्रपिता का विरद दिया जाय।

बुनियादी तालीम की योजना बनाने के दिनों में ज़ाकिरसाहब से हमारा परिचय बढ़ा। गांधीजी की बनाई हुई समिति में हम साथ थे। उसमें हम उनकी आदर्श-निष्ठा और व्यवहार-चतुरता दोनों का अच्छा समन्वय देख सके।

बाद में ज़ाकिरसाहब की दूसरी बाजू का परिचय तब हुआ जब वह उप-राष्ट्रपति की हैसियत से राज्यसभा के सभापति थे। राज्यसभा के एक सदस्य के नाते मैं उनकी कार्य-कुशलता और तटस्थता की कदर कर सका था। सब पक्षों के लोग उनकी आत्मीयता महसूस कर सकते थे। गरमागरम चर्चा होने पर भी वह अपनी खुश-मिजाजी खोते नहीं थे।

सब पक्षों के लोगों की बातें सहानुभूति से सुनने के और सब लोगों को राजी रखने के उनके स्वभाव के बारे में बिहार के स्नेहियों से मैंने काफी सुना था, जब ज़ाकिरसाहब बिहार के राज्यपाल थे।

गांधीजी के मन में ज़ाकिरसाहब के बारे में काफी आदर था, क्योंकि उनकी राष्ट्रीयता कभी भी साम्प्रदायिकता से मलिन नहीं हुई थी। और तो भी ज़ाकिरसाहब आदर्श-निष्ठा और व्यवहार का अच्छा समन्वय कर सकते थे। डॉ० ज़ाकिरसाहब जैसे थोड़े लोगों की ऐसी समन्वय-शक्ति देख कर मेरे मन में एक उपमा हमेशा जाग्रत होती है।

सब जानते हैं कि गांधीजी सत्य के उपासक होने से सौ प्रतिशत आदर्शवादी थे, लेकिन उनका आदर्श केवल तार्किक अथवा हवा में रहने वाला नहीं था। अनेक बार उन्होंने कहा है कि जो धर्म व्यवहार में मदद नहीं दे सकता, वह सचमुच धर्म ही नहीं है। आदर्श-व्यवहार ही धर्म की सच्ची कसौटी है।

अगर आदर्श को हम शुद्ध सुवर्ण की उपमा दें तो व्यवहार में आने वाले आदर्श को गिनी गोल्ड कहना चाहिए। आजकल की मक्कार दुनिया सुवर्ण की जगह पीले रंग का पीतल ही बहुत दफे आगे करके धोखा देना चाहती है। गिनी गोल्ड का ऐसा नहीं है। गिनी गोल्ड में अधिकांश तो सोना ही होता है। उसके अंदर व्यवहार-दृष्टि का मिलान करने से उसकी उपयोगिता घटती नहीं, बढ़ती ही

है। सब लोग जानते हैं कि गिनी गोल्ड की चमक असली सुवर्ण से ज्यादा अच्छी और तेज होती है, उसकी आवाज की खनक भी ज्यादा अच्छी होती है और सोने की मुहर की अपेक्षा गिनी की मुहर ज्यादा मजबूत और टिकाऊ भी होती है। सौ नंबर के सुवर्ण की मुहर जल्दी घिस जाती है। गिनी गोल्ड की कभी भी घिस नहीं पाती। सौ नंबर के सुवर्ण के चाहे हम जितने कायल रहें, दुनिया तो गिनी गोल्ड से ही काम लेती है और सफलता भी उसे उसी में मिलती है। सुवर्ण के नाम से पीतल को चलाने वालों की बात अलग है। गिनी गोल्ड का अंतिम आग्रह तो सुवर्ण का ही रहता है।

डॉ॰ ज़ाकिरसाहब की पूरी-पूरी राष्ट्रीयता देखकर मैं तो मुसलमान समाज के प्रति अपनी कृतज्ञता व्यक्त करूंगा कि उसने हमें ज़ाकिरसाहब के जैसे राष्ट्रपति दे दिये।

शील और सज्जनता की मूर्त्ति

रामधारी सिंह 'दिनकर'

जब से गांधीजी ने बुनियादी तालीम का आन्दोलन आरम्भ किया, डॉ॰ ज़ाकिर हुसैन का नाम हम लोग ज्यादा सुनने लगे। बुनियादी तालीम के मामले में डॉ॰ ज़ाकिर हुसैन गांधीजी के खास सलाहकार थे। गांधीजी ने सूत्र के रूप में जो कुछ कहा था, ज़ाकिरसाहब ने उसकी व्याख्या इतनी सफाई से की कि वह नयी तालीम के नेता हो गये। उन दिनों ज़ाकिरसाहब के जो भी बयान अखबारों में आते थे, उन्हें हम लोग बड़े ही चाव से पढ़ते थे। उनके बयानों में दलीलें तो होती ही थीं, उनकी भाषा भी चुस्त और साफ होती थी और हम पर यह प्रभाव पड़ता था कि इस विचारक का चरित्र ठोस होगा, तभी उसकी उक्तियों में उलझन का नाम नहीं है।

ज़ाकिरसाहब से मेरी पहली मुलाकात भी बुनियादी तालीम संघ के जलसे में हुई थी, जो शायद 1948 या 49 ईस्वी में पटना के पास बिहटा या विक्रम में हुआ था। ज़ाकिरसाहब के भाषण की खूबी यह थी कि उनके वाक्य व्याकरण-सम्मत, सुलझे और साफ होते थे, मानों वे पहले से ही सजे-सजाये धरे रहे हों। मौलाना आजाद नबी या पैगम्बर के ठाट से बोलते थे, मगर वाक्यों की चुस्ती और सफाई वाला गुण उनमें भी था।

ज़ाकिरसाहब से मेरी दूसरी मुलाकात तब हुई, जब सन् 1952 में हम दोनों राज्य-सभा के सदस्य हुए–वह राष्ट्रपति के द्वारा नामित होकर और मैं कांग्रेस

दल के द्वारा चुना जाकर। राज्य-सभा के सदस्य ज़ाकिरसाहब पांच वर्ष रहे थे, किन्तु इस अरसे में मेरा उनके साथ कोई खास मेल-जोल नहीं बढ़ा। सभा में वह पिछली बेंच पर बैठते थे और सीधे अध्यक्ष की ओर ताकते रहते थे। अपनी पांच वर्ष की सदस्यता में उन्होंने सभा में कभी भी मुंह खोला हो, ऐसा मुझे याद नहीं आता है। वह बोलने वाले नहीं, सुनने वाले सदस्य थे। उनका विश्वास कर्म में था और जो कुछ जीवन में वह कर पाये थे, उससे वह भली-भांति भरे-पूरे और संतुष्ट थे।

संयोग ऐसा हुआ कि सन् 1957 ई॰ में ज़ाकिरसाहब बिहार के राज्यपाल नियुक्त हो गये। राज्यपाल का पद ऐसा है कि उस पर काम करने वाले आदमी को सीधी कार्रवाई नहीं करनी पड़ती। उसके पद का प्रभाव उसके मिलने-जुलने, ढब-ढांचे और तौर-तरीकों से आँका जाता है। बिहार में राज्यपाल डाक्टर ज़ाकिर हुसैन ने जो प्रभाव उत्पन्न किया, वह बेजोड़ था। अफसर उनके पास से उठना नहीं चाहते थे, क्योंकि ज़ाकिरसाहब केवल राजकाज की ही बातें नहीं करते थे, बल्कि ताजे और अनूठे विचार भी उनके मुख से झरते रहते थे, जिन्हें सुनने में अफसर गर्क हो जाते थे। यह गनीमत बात थी। अफसर तो मेधावी लोग ही बनते हैं, किन्तु सचिवालय के नीरस वातावरण में उन्हें विचारों की ताजगी बहुत कम मिल पाती है। इस ताजगी का मज़ा वे ज़ाकिरसाहब की संगति में लेते थे।

जिस साल राहुलजी को, शिवपूजन सहायजी को, जयप्रकाशजी तथा सुधांशुजी को एवं मुझे, भागलपुर विश्वविद्यालय ने डॉक्टरेट की उपाधि दी, उस साल के दीक्षान्त समारोह की अध्यक्षता, कुलाधिपति की हैसियत से, डॉ॰ ज़ाकिर हुसैन ने की थी। उस दिन सारे कार्यक्रम का संचालन ज़ाकिरसाहब ने शुद्ध हिन्दी में किया था। यह ध्यान खींचने वाली बात थी। जब समारोह समाप्त हुआ, मैंने ज़ाकिरसाहब को बधाई दी कि आपकी हिन्दी तो बिल्कुल पंडिताऊ है। आपने हिन्दी पर यह स्वामित्व कैसे प्राप्त किया? वह बोले, ''आपको मालूम नहीं है। मैंने एक बार संस्कृत विश्वविद्यालय के दीक्षान्त समारोह का संचालन संस्कृत में किया था।'' मेरे यह पूछने पर कि यह दुष्कर कार्य आपने कैसे किया, उन्होंने कहा, ''यह काम मुश्किल कहाँ, बिल्कुल आसान है। मैं संस्कृत के वाक्य उर्दू में लिखकर उन्हें रट जाता हूँ और तब संस्कृत में सभा-संचालन करता हूँ।''

संसद के सम्मिलित सत्र में भी राष्ट्रपति की हैसियत से ज़ाकिरसाहब अपना भाषण पहले हिन्दी में पढ़ते थे और पीछे अंग्रेजी में। पिछली बार तो उन्होंने

अंग्रेजी का भाषण पढ़ा ही नहीं। यह काम उन्होंने उपराष्ट्रपति के जिम्मे लगा दिया था।

ज़ाकिरसाहब का अटल विश्वास था कि यह देश शिक्षा के क्षेत्र में तभी आगे बढ़ेगा जब अपनी सारी पढ़ाई और सारा चिन्तन वह अपनी भाषाओं में करे। लेकिन देश में ऐसे शिक्षा-शास्त्री आज भी मौजूद हैं जो माध्यम-परिवर्तन की बात को शंका से देखते हैं। दिल्ली में गुजराती साहित्य सम्मेलन का उद्घाटन करते हुए राष्ट्रपति डॉ॰ ज़ाकिर हुसैन ने इन्हीं शंकालु शिक्षा-शास्त्रियों को लक्ष्य करके कहा था, ''मुश्किलें कहाँ नहीं हैं? मगर खुदा के वास्ते आप माध्यम-परिवर्तन का काम तो शुरू कीजिये। धीरे-धीरे आपकी सारी मुश्किलें आसान हो जाएंगी।''

जैसे जवाहरलालजी का जीवन राजनीतिज्ञ का जीवन था, उसी प्रकार डॉ॰ ज़ाकिर हुसैन का जीवन शिक्षक और शिक्षा-शास्त्री का जीवन था। प्राथमिक से लेकर विश्वविद्यालय स्तर तक शिक्षा की जितनी भी समस्याएं हैं, ज़ाकिरसाहब को उन सबकी जानकारी थी, उन सबका प्रत्यक्ष ज्ञान था। शिक्षा के बारे में वह जो बात नहीं जानते थे, वह किसी के भी जानने लायक नहीं रही होगी, और शिक्षक होने पर उन्हें सबसे ज्यादा नाज भी था। सन् 1962 में जब वह उप-राष्ट्रपति चुने गये और अध्यक्ष की हैसियत से राज्य-सभा में पहले-पहल आये, सभी दलों के सदस्यों ने उनका अभिनन्दन खुले कंठ से किया। मुझे याद है कि जब वह अभिनन्दन का उत्तर देने को खड़े हुए, उन्होंने कहा, ''मेरा सत्कार असल में एक शिक्षक का सत्कार है। बधाईयां मुझे सभी तबकों के लोगों ने भेजी हैं, मगर मुझे इस बात की खास खुशी है कि सबसे ज्यादा बधाइयाँ शिक्षकों के यहाँ से आयी हैं। मैं यह सोच कर गौरव का अनुभव करता हूँ कि देश के असंख्य शिक्षक मुझे अपने में से एक समझते हैं।''

और राष्ट्रपति बनने के बाद उन्होंने राष्ट्र के नाम जो संदेश दिया था, उसमें भी उन्होंने अपने शिक्षक होने की बात का उल्लेख काफी गौरव के साथ किया था।

पंडित जवाहरलालजी के साथ मेरा अच्छा परिचय था। मुझे उन्होंने इस बात की खुली छूट दे रखी थी कि राज-काज के बारे में कच्ची-पक्की जो भी बातें मुझे सूझें, मैं उन्हें लिख दिया करूं। सो जब मौलाना आजाद का देहान्त हुआ, मैंने पंडितजी को एक गोपनीय पत्र लिखा कि संसद के बहुत से सदस्यों का ख्याल है कि स्वर्गीय मौलानासाहब के स्थान पर डॉ॰ ज़ाकिर हुसैन साहब

को शिक्षा-मंत्री नियुक्त किया जाय, क्योंकि शिक्षा के मामले में ज़ाकिर हुसैन साहब से ज़्यादा तैयार और कोई भी व्यक्ति नहीं है।

पंडितजी ने मेरे पत्र का कोई उत्तर नहीं दिया, न भेंट होने पर उस विषय की कोई चर्चा ही चलायी। पीछे अफवाह उड़ी कि ज़ाकिरसाहब से इस बारे में पूछताछ की गयी थी, किन्तु उन्होंने स्वास्थ्य कमजोर होने के कारण मंत्री बनने से इन्कार कर दिया है। मैं मन-ही-मन निराश हो गया। ज़ाकिरसाहब शैक्षणिक समस्याओं के सबसे बड़े विशेषज्ञ थे। उनके विचारों पर गांधीजी का पूरा प्रभाव था। मेरी प्रबल इच्छा थी कि एक बार उन्हें भारत का शिक्षा-मंत्री अवश्य बनना चाहिए। किन्तु यह जो होने लायक बात थी, होने से रह गयी। बाद में मेरी मुलाकात कर्नल ज़ैदी से हुई और उनसे मैंने पूछा कि ज़ाकिरसाहब ने शिक्षा-मंत्री बनने से इन्कार क्यों कर दिया? ज़ैदीसाहब मुझे एकान्त में ले गये और बोले, ''यही बात मैंने ज़ाकिरसाहब से पूछी थी। उन्होंने कहा कि 'मुझसे तो ऐसा प्रस्ताव किसी ने कभी किया ही नहीं, और अगर पंडितजी की बात हो तो मौलाना की मृत्यु के बाद मैं तो पंडितजी के पास ही था। उन्होंने ऐसा कोई भी इशारा मुझे नहीं किया।''

अपने देश की जो स्थिति है, उसमें उस व्यक्ति की पूजा की जानी चाहिए, जो आज भी गांधीजी की राह पर हैं। राष्ट्रपति डॉ॰ ज़ाकिर हुसैन सच्चे अर्थों में गांधीवादी थे। हिन्दु-मुस्लिम-एकता का भाव उनके भीतर कूट-कूट कर भरा हुआ था। विषम-से-विषम परिस्थिति में भी एकता के प्रति उनकी आस्था अडिग रहीं। सच तो यह है कि उनके चरित्र में सम्राट् के पद पर आसीन हुए, उन दिनों श्रृंगेरी के शंकराचार्य दिल्ली में ही विराजमान थे। राष्ट्रपति डॉ॰ ज़ाकिर हुसैन उनकी सेवा में उपस्थित हुए और स्वामीजी से उन्होंने आशीर्वाद प्राप्त किया। इसे ही मैं अकबरी गुणों का स्पर्श कहता हूँ।

ज़ाकिरसाहब गांधीवादी थे, देशभक्त थे, बेजोड़ शिक्षा-शास्त्री और विद्वान् थे। लेकिन इन सबसे बढ़कर वह सभी दृष्टियों से भलेमानस और सज्जन पुरुष थे। उन्होंने अनेक ओहदों पर काम किया, लेकिन उनको लेकर कभी कोई विवाद खड़ा नहीं हुआ। अलीगढ़ के मुस्लिम विश्वविद्यालय के उपकुलपति वह काफी दिनों तक रहे थे, लेकिन उनके समस्त कार्य-काल में एक भी मौका ऐसा नहीं आया जब कोई निर्णय सर्व-सम्मति से न हुआ हो।

उनका चरित्र साधु का चरित्र था। दुखियों का दुःख बंटाने में उन्हें संतोष मिलता था। वह एक आदमी को बड़ा और दूसरे को छोटा नहीं समझते थे।

जब मैं अपने जीवन की सब से बड़ी विपत्ति पुत्र-शोक में पड़ा, राष्ट्रपति डॉ॰ ज़ाकिर हुसैन दिल्ली में मुझ अपदार्थ के घर आये थे। मैं जब तक नमस्कार करूं तब तक उन्होंने मुझे आने आलिंगन में बांध लिया और बोले, "भाई दिनकर, कुछ भी कहने-सुनने नहीं आया हूँ। यह भी परमात्मा की देन है और उसी रूप में इसे बर्दाश्त करना है।"

मेरी जो घनिष्ठता राजेन्द्रबाबू और डॉ॰ राधाकृष्णन के साथ बढ़ी थी, वह घनिष्ठता डॉ॰ ज़ाकिर हुसैन के साथ नहीं हो सकी। फिर भी मैं ज़ाकिरसाहब का इतना विश्वास करता था कि अपनी गुप्त-से-गुप्त कठिनाई भी उनके सामने खोल कर रख सकता था। मेरा ख्याल है, देश में ऐसे अनेक व्यक्ति होंगे जो घनिष्ट न होने पर भी डॉ॰ ज़ाकिर हुसैन का ऐसा ही विश्वास करते होंगे। वह शील की प्रतिमा और सज्जनता की मूर्त्ति थे।

आदर्श शिक्षक

–के॰के॰ शाह

(केन्द्रीय स्वास्थ्य, परिवार नियोजन, निर्माण-आवास एवं नगरीय विकास मन्त्री)

डॉ॰ ज़ाकिर हुसैन के साथ मेरा वर्षों पुराना सम्बन्ध था। वह शिक्षा के क्षेत्र में सक्रिय रूप से रुचि लेते थे। मेरे लिए वह आदर्श शिक्षक और दार्शनिक के मूर्तिमान स्वरूप थे। शिक्षा के क्षेत्र में काम करने के साथ-ही-साथ उन्होंने विदेशी दासता से मुक्ति पाने के महान् राष्ट्रीय संघर्ष में भी भाग लिया, क्योंकि विदेशी प्रभुत्व के कारण शिक्षा और संस्कृति के क्षेत्रों में बहुत हानि हुई थी। देशवासी ऐसी शिक्षा चाहते थे, जिसका मूल भारत की समृद्ध सांस्कृतिक और आध्यात्मिक परम्परा में निहित हो और साथ ही वह वर्तमान काल की आवश्यकताओं के अनुरूप भी हो। डॉ॰ ज़ाकिर हुसैन की शिक्षा-योजना, जो बाद में वर्धा-योजना कहलाई, गांधीवादी आदर्शों को क्रियात्मक रूप देने की दिशा में साहसिक परीक्षण था। उन्होंने जामिया मिलिया में इस परीक्षण पर अमल किया और दिखाया कि यह शिक्षा-योजना व्यावहारिक है।

डॉ॰ ज़ाकिर हुसैन के उप-राष्ट्रपति और राष्ट्रपति बनने पर मुझे उनके निकट परिचय में आने का सौभाग्य प्राप्त हुआ। इस दौरान मुझे उनके महान जीवन के विभिन्न पहलुओं को समझने का अवसर मिला। उनमें राष्ट्रीयता, दूरदर्शिता,

गरीबों और पद-दलितों के प्रति हार्दिक सहानुभूति और उदार दृष्टिकोण का अनुपम समन्वय था।

शिक्षा और राजनीति के अलावा साहित्य और ललित कलाओं में भी उनकी बहुत दिलचस्पी थी। साहित्य और ललित कलाओं के प्रायः प्रत्येक क्षेत्र में उनकी गहरी अभिरुचि थी। उप-राष्ट्रपति और राष्ट्रपति की हैसियत से उन्होंने ललित कलाओं के प्रोत्साहन और सम्बर्धन के लिए महान प्रयत्न किया। इसलिए यह उचित ही है कि चित्रकला संगम डॉ॰ ज़ाकिर हुसैन की स्मृति में ग्रन्थ प्रकाशित कर रहा है। मैं इस सत्प्रयत्न की हृदय से सफलता चाहता हूँ।

स्वतन्त्रता-संग्राम के प्रमुख सेनानी

–त्रिगुण सेन
(केन्द्रीय पैट्रोलियम तथा रसायन और खान तथा धातु मन्त्री)

स्वर्गीय डॉ॰ ज़ाकिर हुसैन साहब भारत के स्वतन्त्रता-संग्राम के 'असहयोग आन्दोलन' के प्रमुख सेनानियों में से थे। अलीगढ़ के एम॰ ए॰ ओ॰ कालेज से शिक्षा समाप्ति के उपरान्त राष्ट्रीय नवजागरण को सांस्कृतिक धरातल शिक्षा के प्रसार हेतु ज़ाकिरसाहब ने जामिया मिलिया को जन्म दिया। विदेशों में रहकर अन्तर्राष्ट्रीय ख्यातिप्राप्त श्री वर्नरसोम्बार्त जैसे इतिहासवादी अर्थशास्त्री का शिष्यत्व ग्रहण करने के पश्चात् स्वदेश लौटने पर जामिया मिलिया में सौ रुपये मासिक पर अध्यापन-कार्य किया। 29 वर्ष की अल्पायु में जामिया मिलिया के ही उप-कुलपति के पद पर आसीन हुए। यह सब उनकी चहुँमुखी प्रतिभा और विलक्षण बुद्धि का परिचायक था।

डॉ॰ साहब ने भारतीय बौद्धिकता के विकास के लिए अंग्रेजी के स्थान पर भारतीय भाषाओं को प्रतिष्ठित करने पर बल दिया। यही कारण हो सकता है, जिसकी वजह से राष्ट्रपिता गांधीजी ने अपने बुनियादी तालीम के विचार को साकार करने के लिए जो समिति बनाई थी, उसकी अध्यक्षता डॉ॰ ज़ाकिर हुसैन साहब को ही सौंपी गई थी।

एक अध्यापक से राष्ट्रपति के पद तक पहुँचने वाले डॉ॰ ज़ाकिर हुसैन साहब ने अपने जीवन और व्यक्तित्व को सोद्देश्य और लक्ष्य प्रप्ति हेतु अर्पित कर दिया। राष्ट्रपति पद ग्रहण करने पर डॉ॰ साहब ने कहा था, ''भारतवर्ष

मेरा घर है और मैं इसका चुना हुआ मुखिया। अतः मैं ईमानदारी से इस कुटुम्ब की उन्नति और मजबूती और खुशहाली के लिए भरसक काम करूंगा।''

अपने जीवन के अन्तिम क्षण तक उन्होंने राष्ट्र की सेवा में अपने को रत रखा। उनके निधन के साथ ही गांधी-युग का एक अन्य विशिष्ट व्यक्तित्व वर्त्तमान के मंच से हट कर अतीत का अंग बन गया।

जाने वाला तो चला जाता है, पर अपने पीछे स्मृतियों का एक पूरा संसार छोड़ जाता है। डॉ॰ साहब तो चले गये, लेकिन अपने पीछे स्मृतियों का एक पूरा संसार छोड़ गये हैं, जिन्हें हम सबको चिरस्मरणीय करना है। उनको सर्वोत्तम-श्रद्धांजलि यही हो सकती है कि हम उनके बनाए हुए सिद्धान्तों को अपनाएं, तभी राष्ट्र विशाल और सम्मृद्धशाली बन सकेगा।

गांधीवाद के प्रतीक

—ललिता लाल बहादुर शास्त्री

इंसान चला जाता है, मगर उसकी याद बनी रह जाती है। कुछ ऐसे महान लोग होते हैं, जिनके न रहने के बाद भी लागे उनके नाम को श्रद्धा से याद करते हैं और उनके गुणो को तथा विचारों को अपने जीवन का लक्ष्य बनाकर अपने जीवन का रास्ता बनाते हैं। संसार का यह नियम आज से नहीं, पता नहीं कब से योंही चला आ रहा है। डॉ॰ ज़ाकिर हुसैन का नाम इसी श्रेणी के लीगों में आता है। वह आज हम लोगों के बीच नहीं हैं, लेकिन उनके विचार और आदर्श हमारे सामने हैं, जो निरन्तर उनकी याद को ताजा बनाये रखते हैं।

मेरी मुलाकात ज़ाकिरसाहब से सबसे पहले उस समय हुई, जब मैं शास्त्रीजी के साथ पटना गई थी। उन दिनों वह बिहार के गवर्नर थे। जिस समय मैंने उन्हें देखा, वह मुझे एक सरल, सहज और विनम्र इन्सान लगे। ऐसा महसूस हुआ कि यह इन्सान सांसारिक रस्मों और रिवाजों से ऊपर है और मैं उनके व्यक्तित्व से प्रभावित हुई। उसके बाद वह तब मेरे सामने आये जब मेरे सुख का संसार उजड़ चुका था। उस समय उन्होंने सहानुभूति के शब्दों में मुझ से कहा, ''आप मुझे अपना भाई समझें और जो भी खिदमत मेरे लायक हो, बतायें। मैं हमेशा आपका हुक्म बजा लाऊँगा।'' उस समय ऐसा लगा जैसे सचमुच मेरे बड़े भाई मेरे सामने हैं। उस वक्त वह उप-राष्ट्रपति थे, बाद में राष्ट्र के राष्ट्रपति बने,

लेकिन उनका व्यवहार और सम्बन्ध शास्त्रीजी के परिवार के साथ सदा सहानुभूति-पूर्ण रहा।

ज़ाकिरसाहब मूलत: धार्मिक इन्सान थे, लेकिन उनका विश्वास उस धर्म से सम्बन्धित था, जिसे हम इन्सानियत के नाम से कह सकते हैं। वह अपने ध र्म में विश्वास रखते थे, लेकिन उनकी दृष्टि व्यापक थी। अत: सब धर्म उनके लिए एक समान थे। वह कोई भेद-भाव नहीं रखते थे। उनके लिए धर्म का अर्थ था, वे उच्च आदर्श, जो इन्सान की आत्मा को बुलन्द बनाते हैं। उनकी आन्तरिक इच्छा रही, कि देश एक ऐसा खुशनुमा बाग हो, जिसमें हर धर्म के फूल खिलें और उसकी मिली-जुली महक सारे देश को एकता और प्रेम में भिगो दे। वह "वसुधैव कुटुम्बकम्" के सिद्धान्त में विश्वास रखते थे। उनका सबसे बड़ा गुण उनकी विनम्रता थी। राष्ट्र के इतने बड़े पद पर आसीन होकर भी उन्हें कभी अभिमान नहीं हुआ। जो भी उनसे मिलता था, कभी भी उसे यह आभास नहीं होने देते थे कि वह उनसे छोटा है। यह विनम्रता उनकी रग-रग में व्याप्त थी। वह सही माने में गांधीवाद के प्रतीक थे।

वह अपने पीछे अपने महान गुणों को छोड़ गये हैं। उन्हें ही अपनाकर हम उनके प्रति सच्ची श्रद्धांजलि अर्पित कर सकते हैं।

Great Creative Thinker

—K.C. Pant
(Minister of State for Steel & Heavy Engineering)

"The whole of Bharat is my home and its people my family," said Dr. Zakir Husain in his first address to the Nation after assuming office as the President of India. These words are still ringing in our ears, and serve as a beacon-light in an year which saw cases of violence, regional and communal, taking place in many parts of our country in the Gandhi Centenary Year.

Zakir Saheb was first and foremost a teacher and he always felt proud of being called so. He was an outstanding educationist with deep insight into the problems of academic life, both inside and outside the campus. He had always considered education as "prime instrument of national purpose" and the quality of education, he felt, is inescapably involved in the quality of the nation. He was a true nationalist, always ready to serve and sacrifice for the nation. His life is full of glorious examples of true dedication and devotion to public duty. His was a many-sides personality, but above all, no one who came in contact with him could have failed to notice in him a "gentlemen" in the true sense of the word. In his death, we lost an ardent nationalist, a lover of nature and a great creative thinker.

I pay my humble tributes to the sacred memory of this great son of India.

धर्म-निरपेक्ष भारत के सच्चे प्रतीक

–कर्ण सिंह

(केन्द्रीय पर्यटन तथा नागर विमानन मंत्री)

मुझे यह जानकर खुशी हुई कि 'चित्र कला संगम' स्व॰ डॉ॰ ज़ाकिर हुसैन के सम्मान मे एक संस्मरणात्मक ग्रन्थ प्रकाशित करने जा रहा है। शिक्षा के क्षेत्र में ज़ाकिरसाहब ने जो अहम भाग अदा किया वह सर्वविदित ही है। अत: उसकी चर्चा करने की जरूरत नहीं। उन्होंने सादा जीवन और उच्च विचार का एक उदाहरण पेश किया तथा अपने जीवन में आदर्श को आचरण में उतार कर बहुत ही अनुकरणीय सबक सिखाया। वह धर्म-निरपेक्ष भारत के एक सच्चे प्रतीक थे। दिलोदिमाग की खूबियों और गहन पाण्डित्य व शराफत की वजह से वह देशवासियों के अज़ीज हो गये, साथ ही उन्होंने राष्ट्रपति पद की शान को बढ़ाया।

इस संस्मरणात्मक ग्रन्थ के साथ अपने आपको सम्बन्धित करना मैं एक विशेषाधिकार मानता हूँ और करोड़ों देशवासियों के साथ उनको श्रद्धांजलि अर्पित करता हूँ।

सीख

मैं हैदराबाद में पैदा हुआ। पिता प्रसिद्ध वकील थे। उनकी वकालत खूब चलती थी। मेरी मां धार्मिक विचारों की थीं। हम सात भाई थे। सब पर मां एक जैसी दृष्टि रखतीं। मेरी प्रारम्भ की पढ़ाई हैदराबाद में ही हुई। वे दिन

आज भी मुझे अच्छी तरह याद हैं। समय ने पलटा खाया। पिताजी लम्बी बीमारी के बाद चल बसे। उनकी मृत्यु के बाद हम सभी अपने पूर्वजों के स्थान कायमगंज आ गये। उन दिनों कायमगंज में कोई स्कूल नहीं था। मां ने मेरी पढ़ाई के लिए एक मामूली शिक्षक रख दिया था। मैं उस समय आठ-नौ साल का था। कायमगंज में हमें किसी चीज की कमी नहीं थी। पर कभी-कभी मेरी मां सूने में जोरों से रो पड़ती। साथ की औरतें भी रोने लगतीं। उन्हें पिताजी की याद आ जाती थी। रोना मैं भी चाहता, पर मेरे आंसू नहीं आते थे।

मां बहुत पढ़ी-लिखी तो नहीं थीं, पर थीं बहुत समझदार। उन्होंने देखा कि हमारी पढ़ाई कायमगंज में ठीक-ठीक नहीं चल रही है। उन्होंने मुझे इटावा भेज दिया। इटावा में ही मैंने स्कूली परीक्षाएं उत्तीर्ण कीं। उन दिनों हाईस्कूल स्कॉलरशिप की परीक्षा होती थी। मुझे उस परीक्षा में बैठने के लिए आगरा जाना पड़ा। कड़े-से-कड़ा परिश्रम करने वाले छात्र ही इस परीक्षा में बैठ सकते थे। मैं आगरा पहुंच कर अपनी पढ़ाई में पहले की ही तरह जुट गया।

उन्हीं दिनों कायमगंज में प्लेग का भयंकर प्रकोप हुआ। लोग धड़ाधड़ मरने लगे। मेरे घर की सभी औरतें मर गयीं। घर में कोई आदमी नहीं था। मेरा एक छोटा भाई और मेरी प्यारी मां भी इसकी लपेट में आ गये। उन दिनों मैं आगरे में परीक्षा दे रहा था। मुझे उस समय गांव वालों ने ऐसी कोई खबर नहीं दी। मैं पढ़ाई में डटा रहा।

घर पर खबर देकर मैं परीक्षा के बाद कायमगंज लौटा। घर से मेरे लिए इस बार कोई छकड़ा भी नहीं आया। घर स्टेशन से काफी दूर था। पैदल चलकर ही गांव पहुंचा। रास्ते में सब कुछ उजाड़ था। पूरा कायमगंज सुनसान लग रहा था। कहीं-कहीं से चीख मारकर रोने की आवाज भी सुनायी पड़ रही थी। घर आने पर सभी दरवाजे बंद मिले। मैं चौंक उठा। तभी एक बूढ़ा व्यक्ति मेरे पास आया। मुझे उसने सारी बातें बतायीं। उसकी आँखें गीली थीं। मेरे सिर से मां की छाया उठ गयी थी। मैंने अपने को असहाय पाया। जब वह जीवित थीं तो हम सभी भाई निश्चिंत थे। सब काम अकेली मां ही करती थीं। लेकिन अब किस पर छोड़ा जा सकता था! तभी से हम सभी भाईयों ने अपने पैरों पर खड़ा होना सीखा। मेरी मां जब-तब प्यार से कहा करती थीं, ''अपने आप काम करो, पुरखों का नाम करो।'' वह घटना मुझे आज भी बल देती हैं।

महान नेता और पथ-प्रदर्शक

—भक्त दर्शन
(केन्द्रीय राज्य मंत्री, शिक्षा मंत्रालय)

स्वर्गीय ज़ाकिर हुसैन साहब एक महान नेता, प्रशासक और प्रगाढ़ शिक्षाशास्त्री थे। उनका पूरा जीवन राष्ट्र-सेवा के लिए समर्पित था। भारतीय स्वातंत्र्य-संग्राम में उन्होंने जो महत्त्वपूर्ण भूमिका निभाई और शिक्षा-शास्त्री के रूप में जो आदर्श हमारे सामने रखे तथा भारतीय गणतन्त्र के एक आदर्श राष्ट्रपति के रूप में इस स्वतन्त्र राष्ट्र की जो सेवाएँ कीं, उसके लिए वह हमारे बीच सदा-सदा के लिए अमर हैं।

इस महान नेता और पथप्रदर्शक के प्रति आपके साथ ही मैं भी अपनी श्रद्धांजलि अर्पित करता हूँ और इस आयोजन की हृदय से सफलता चाहता हूँ।

उनका अविस्मरणीय उदाहरण

—शेर सिंह
(केन्द्रीय राज्य मंत्री, सूचना और प्रसारण मंत्रालय)

यह जानकर बहुत हर्ष हुआ कि आप स्वर्गीय डॉक्टर ज़ाकिर हुसैन जी से सम्बन्धित संस्मरणों का संग्रह प्रकाशित करने जा रहे हैं। यह बहुत ही उचित और समयानुकूल विचार है और इसकी सफलता निश्चित हैं। डॉ॰ ज़ाकिर हुसैनजी हमारे देश की उन विभूतियों में से थे, जिन्होंने हमारे देश और समाज को ठीक दिशा में चलाने का प्रयत्न किया था। उन्होंने बड़ी नम्रता तथा आत्मविश्वास के साथ शिक्षा के क्षेत्र में कार्य किया और उसी का यह परिणाम हुआ कि भारत की कृतज्ञ जनता ने उन्हें राष्ट्रपति के सर्वोच्च पद पर निर्वाचित करके स्वयं अपने को गौरवान्वित किया था। उन्हें जिस पद पर भी नियुक्त किया गया अथवा निर्वाचित किया गया, उस पर उन्होंने बहुत ही योग्यता के साथ अपने कर्तव्य का संपादन किया। यह हम सबके लिए बड़े दुर्भाग्य की बात है कि वह पूरे कार्यकाल तक राष्ट्रपति के पद से भारत की सेवा नहीं कर सके। फिर भी उन्होंने हम सबके लिए जो उदाहरण छोड़ा है, वह अविस्मरणीय है और अनेक युगों तक भारतवासियों को अनुप्राणित करता रहेगा।

मुझे विश्वास है कि इस संस्मरण-संग्रह के प्रकाशित होने से जहाँ उनकी जीवनी और उनके कार्यों पर प्रचुर प्रकाश पड़ेगा, वहां सभी पाठकों को अपने कर्त्तव्य-पालन करने के लिए नई प्रेरणा भी मिलेगी।

मैं आपके आयोजन की पूर्ण सफलता के लिए एक बार फिर अपनी मंगल कामनाएं अंकित करता हूँ।

सच्चे लोकतंत्रवादी और विशाल-हृदय मानव

अटल बिहारी वाजपेयी

डॉ० ज़ाकिर हुसैन को निकट से देखने का मुझे उस समय अवसर मिला जब वह उप-राष्ट्रपति के नाते राज्य-सभा के अध्यक्ष बने। एक शिक्षा-शास्त्री के रूप में ज़ाकिरसाहब पहले ही ख्याति अर्जित कर चुके थे, अब उप-राष्ट्रपति के पद पर उन्हें अपने दायित्व का निर्वाह करना था।

राज्य-सभा में अनेक अवसर ऐसे उपस्थित होते थे जब किसी भी अध्यक्ष के लिए अपने धैर्य को कायम रखना एक कठिन बात थी, किन्तु ज़ाकिरसाहब उत्तेजना को वश में करके सदैव ही स्थिति को नियंत्रण में लाने में सफल होते थे। फिर भी मुझे लगता था कि उन जैसे भले आदमी के लिए राज्य-सभा की अध्यक्षता कोई बड़ा मन-पसन्द काम नहीं था। उनका सारा जीवन अध्ययन और अध्यापन में बीता था। उन्हें फूलों, पत्थरों और सबसे बढ़कर इंसानों से प्यार था। वे जिस किसी के सम्पर्क में आते, उस पर अपने बड़प्पन की छाप डालने में कामयाब होते। सदन में और उसके बाहर उनका व्यवहार सदैव ही सरल, स्नेहपूर्ण तथा आत्मीयता से भरा हुआ होता था। अभियान उन्हें छू तक नहीं गया था। राष्ट्रपति भवन में पहुंचकर भी वह अपनी सादगी तथा सरलता को बनाये रखने में सफल हुए।

डॉ० ज़ाकिर हुसैन को भारत का राष्ट्रपति निर्वाचित करके देश ने उन्हें सबसे बड़े सम्मान के पद पर प्रतिष्ठित किया था। चुनाव में मेरे दल ने और मैंने उनका डटकर विरोध किया था, उनके खिलाफ कुछ अप्रिय बातें भी कही गई थीं, किन्तु उन्होंने कभी उन बातों को मन में नहीं रखा और न इस बात का ख्याल किया कि हम चुनाव में उनके विरोधी थे। एक बार राष्ट्रपति चुन जाने के बाद वह स्वयं को सम्पूर्ण देश का समझते थे और हर व्यक्ति और दल के प्रति अपनेपन का भाव रखते थे। इस दृष्टि से डॉ० ज़ाकिर हुसैन को सच्चा लोकतंत्रवादी तथा विशाल-हृदय मानव कहा जा सकता है।

राष्ट्रपति के रूप में उनसे मुझे कई बार मिलने का मौका मिला था। संविधान की मर्यादा उन्हें मुँह खोलने से रोकती थी, किन्तु उनके स्वर, हावभाव तथा संकेतों से कई बार मुझे यह लगा कि ज़ाकिरसाहब राष्ट्रपति भवन में प्रसन्न नहीं हैं। संभव

है, उस प्रासाद में बैठकर भी वह उन झोपड़ियों का सपना देखते हों, जिनमें रहने वाले बच्चे बुनियादी तालीम से वंचित रह जाते हैं।

ज़ाकिरसाहब बोलने में कम और काम करने में ज़्यादा विश्वास करते थे। जब कभी उन्हें जनता को सम्बोधित करने का मौका मिलता तो वह यही कहा करते थे कि बिना मेहनत के कोई देश आगे नहीं बढ़ सकता। उन्हें लम्बे-लम्बे भाषण देने की आदत नहीं थी। थोड़े से शब्दों में अपनी बात किसी के गले के नीचे उतारना उन्हें अच्छी तरह आता था। मज़ाक-मज़ाक में वह ऐसी बात कह जाते, जो दिल को छू जाती और ढेरों उपदेशों का काम करने में कामयाब होती।

ज़ाकिरसाहब की अचानक मृत्यु से राष्ट्र-जीवन में जो रिक्तता आई थी वह संवैधानिक दृष्टि से भर गई, किन्तु कभी-कभी यह विचार आता है कि यदि ज़ाकिरसाहब बने रहते तो न तो कांग्रेस बंटती और न अनुशासनहीनता का अध्याय आरम्भ होता। आज जबकि देश संक्रमण के काल में से गुजर रहा है, डॉ॰ ज़ाकिर हुसैन का इंसानियत, भलमनसाहत तथा मेहनत का आदर्श हमारा सदैव मार्गदर्शन करता रहेगा।

धर्मनिरपेक्षता के प्रतीक

–प्रकाशवीर शास्त्री

मुझे डॉ॰ ज़ाकिर हुसैन के निकट सम्पर्क में रहकर कार्य करने का अवसर तो नहीं मिला, परन्तु दूर से मैं उनकी गतिविधियों और विचारों से बराबर प्रेरणा प्राप्त करता रहा हूँ। सबसे पहले मुझे उनके विचारों को निकट से 1961 में दिल्ली में हुई राष्ट्रीय एकता परिषद् में सुनने का अवसर मिला। मैं भी परिषद् में तत्कालीन प्रधानमंत्री श्री जवाहरलाल नेहरू द्वारा मनोनीत एक सदस्य के रूप में सम्मिलित हुआ था। देश के सभी सम्प्रदायों और वर्गों में कैसे एकता बढ़ सकती है, इस विषय पर चर्चा चल रही थी। उस समय ज़ाकिरसाहब बिहार के राज्यपाल थे। वहीं से वह इस परिषद् में भाग लेने आये थे। अपने भाषण में जब उन्होंने यह कहा कि मौलाना आज़ाद जैसी हस्ती को भी संसद में निर्वाचित करने के लिए जब रामपुर और गुड़गांवा के मुस्लिम बहुल क्षेत्र ही खोजने पड़ते हैं, तब कैसे माना जाय कि यह देश एकता की ओर बढ़ रहा है? क्यों नहीं, हिन्द बहुल क्षेत्रों से उन्हें निर्वाचित कर एक आदर्श उपस्थित किया गया।

मजहब के तंग दायरों से वह बहुत ऊपर उठे हुए थे। यों अपने जीवन में वह एक कट्टर धार्मिक स्वभाव के व्यक्ति थे, परन्तु इसका यह अभिप्राय कदापि नहीं था, कि

वह दूसरों के धर्म और मतों से नाक-भों सिकोड़ें। राष्ट्रपति बनने पर दिल्ली के रामलीला मैदान में जब राम-लक्ष्मण का तिलक करने के लिए उन्हें आमन्त्रित किया गया तो वह उसी उत्साह से गये जैसे किसी मुस्लिम समारोह में सम्मिलित होते थे। कुछ मुस्लिम अखबारों ने उनके इस व्यवहार पर टीका-टिप्पणी भी की। परन्तु उन्होंने हंसते हुए यही कहा, "ये नादान यह क्यों भूल जाते हैं कि मैं भारत का राष्ट्रपति हूँ?"

राष्ट्रपति बनने के बाद भी ज़ाकिरसाहब ने अपनी सरलता और सादगी ज्यों-की-त्यों बनाये रखी। छोटे-से-छोटे व्यक्ति भी जब उनसे मिलने जाते थे तब उसे छोड़ने के लिए वह दरवाजे तक आते थे। कभी-कभी तो दरवाजे की चटकनी भी स्वयं खोलने लगते थे। बड़ी शर्म-सी महसूस होती थी उस समय, जब वह अपने इस व्यवहार का बोझ दूसरों पर लादते थे। कई बार मेरे जैसे व्यक्ति जब उनसे कहते, आप इतनी अधिक शिष्टाचार की मर्यादा क्यों लांघते हैं? तब वह कहते, आदतें जिन्दगी भर मुझे आगे बढ़ाने में मदद देती रही हैं, उन्हें राष्ट्रपति भवन में आकर कैसे छोड़ूं।" पर विधाता ने राष्ट्रपति भवन छोड़कर आराम से घर जाकर रहने की उनकी इच्छा पूरी न होने दी और सरलता, सादगी तथा धर्मनिरपेक्षता का वह प्रतीक समय से पहले ही विदा लेकर इस दुनिया से चला गया। शयाद इसलिए भी कि उनके जाने के बाद जो हालात तेज़ी से बिगड़ रहे हैं, उन्हें देखकर उनको और भी ज़्यादा तकलीफ होती।

I welcome your proposal for bronze statue and publication of a commemoration volume in honour of late Dr. Zakir Husain.

I congratulate your institution upon your commendable decision and wish it the best of success.

—**Uma Shankar Dikshit**
(M.P.)
8, Dr. Rajendra Prasad Road,
New Delhi.

मुझे यह जान कर बड़ी प्रसन्नता हुई कि चित्र कला संगम ज़ाकिरसाहब की प्रतिमा माननीय राष्ट्रपति को भेंट कर रहा है। ज़ाकिरसाहब जैसे योग्य और लगनशील नेता को हम जितना याद रखें, देश के लिए लाभदायक है। मेरी इस भले कार्य के लिए शुभकामनाएँ स्वीकार करें।

—**सुचेता कृपलानी**
(संसद-सदस्य)
7, त्यागराजा मार्ग, नई दिल्ली.

अंतःकरण पर अंकित वे यादें

–श्री चन्द्र छाबड़ा
(अध्यक्ष, नई दिल्ली म्यूनिसिपल कमेटी)

डॉ॰ ज़ाकिर हुसैन का व्यक्तित्व इतना महान था कि वह जिसके सम्पर्क में भी एक बार आते थे, उसके हृदय पर अपनी अमिट छाप छोड़ देते थे।

जीवन में कुछ पल ऐसे भी आते हैं, जो कभी भूले नहीं जा सकते। अन्तःकरण पर अंकित ये यादें काल की गति के साथ भी बिसर नहीं पातीं। याद आते ही ये स्मृतियां मन में फूलों के समान महकने लगती हैं। मन की गहराइयों में सतत प्रज्ज्वलित रहकर ये यादें जीवन को सदा प्रकाशित करती हैं। आज डॉ॰ ज़ाकिर हुसैन का ध्यान आते ही उस समय की स्मृतियां मेरे मन में ताज़ा हो उठी हैं और उनके साथ बीते ऐसे ही कुछ क्षण आज आँखों के सामने मंडराने लगे हैं।

वैसे तो कई बार मुझे उनसे मिलने का अवसर मिला, किन्तु राष्ट्रपति-भवन के उनके कक्ष में एक बैठक में हुई मुलाकात भुलाये नहीं भूलती। उस बैठक में उन्होंने एक पब्लिक स्कूल के छोटे-छोटे बच्चों द्वारा गाये गये सामूहिक राष्ट्रगीत का मनोहारी वर्णन किया। मुझे ऐसा अनुभव हुआ कि राष्ट्रपति महोदय पर बच्चों के सामूहिक राष्ट्रगान का बड़ा मार्मिक प्रभाव पड़ा है। मैंने वहीं अपने मन में संकल्प किया कि हम भी पालिका के स्कूल के नन्हें-मुन्हें बच्चों को सामूहिक राष्ट्रगान का प्रशिक्षण देंगे।

वह महान् अवसर 25 अक्तूबर, 1968 को आया, जबकि हमने डॉ॰ ज़ाकिर हुसैन को बच्चों के बीच लोदी गार्डन में पाया। उन्होंने अत्यन्त व्यस्त होते हुए भी तत्काल हमारी प्रार्थना को स्वीकार कर हमें अनुग्रहीत किया। लोदी गार्डन में रंग-बिरंगी पोशाकें पहने नन्हीं-मुन्हीं कलियां थिरक रही थीं। अजीब समां बंधा था। डॉ॰ ज़ाकिर हुसैन कितने प्रफुल्ल थे, उनके मुख की मधुर मुस्कान से यह स्पष्ट था।

डॉ॰ ज़ाकिर हुसैन बोलते कम थे, किन्तु कार्य पर अधिक विश्वास करते थे। लोदी गार्डन का वह दृश्य अब भी आंखों के सामने घूम रहा है जब बच्चों ने राष्ट्रीय गीत गाया तो वह पहले स्वयं खड़े हुए तथा अन्य लोगों से भी खड़े होने का अनुरोध किया। उनके व्यक्तित्व का कितना गहन प्रभाव उपस्थित समुदाय पर पड़ा, भुलाये नहीं भूलता। बच्चों ने जब पास्ट-मार्च (पथ-संचालन) किया तो ज़ाकिर हुसैन साहब मंच से नीचे उतर कर आगे बढ़े। उनकी उस समय की क्रियाशीलता एवं सजगता दर्शनीय थी।

भारत जैसे विशाल देश के महान् राष्ट्रपति एवं प्रथम नागरिक होते हुए भी वह अपने आपको साधारण नागरिक से अधिक नहीं समझते थे। उनका यह कथन कि पूरा भारत मेरा घर है और इसके सब निवासी मेरे परिवार के सदस्य हैं, कितना महान् अपनापन छिपाये हुए है। मनुष्यमात्र के लिए असीम करुणा, समाज के शोषित वर्ग के लिए अपार सहानुभूति उनके जीवन का स्थायीभाव था। शिक्षा के सम्बन्ध में उन्होंने क्रांतिकारी प्रयत्न किये थे और शिक्षकों तथा छात्रों से निकट सम्पर्क होने के कारण उनके लिए उनके हृदय का प्यार उमड़ पड़ता था।

छोटी-से-छोटी बात को भी उन्होंने महान् महत्त्व दिया। लोदी गार्डन में छोटे-छोटे बच्चों से हँस-हँस कर बातें कीं, उन्हें पुष्पहार पहनाये। एक छोटे-से बालक को, जो उनकी ओर आने से झिझक रहा था, उन्होंने लपक कर अपनी गोद में उठा लिया, उस बच्चे पर उन्होंने प्यार की ऐसी वर्षा की कि हम सब भाव-विभोर हो उठे। बच्चे का मन-सुमन खिल उठा, मानों उसे एक बड़ा खज़ाना मिल गया हो।

भारत का यह अहोभाग्य रहा है कि स्वतन्त्रता-प्राप्ति के पश्चात् हमारे प्रजातन्त्र के राष्ट्रपति पद को भारत-रत्न, जन-हृदय-सम्राट् डॉ० राजेन्द्र प्रसाद, महान् दार्शनिक डॉ० सर्वपल्ली राधाकृष्णन् एवं महान शिक्षाविद् डॉ० ज़ाकिर हुसैन जैसी विभूतियों ने गौरवान्वित किया और इन महानुभावों ने जो भी परम्पराएं स्थापित कीं, उन्हीं का अनुगमन व अनुसरण करते हुए इस समय श्री व० वैं० गिरि इस पद को सुशोभित कर रहे हैं। वास्तव में ऐसे सपूतों को पाकर मां भारती धन्य हो उठी है।

मैं आपके सभी कार्यक्रमों की सफलता की हृदय से मंगल कामना करता हूँ और आशा करता हूँ कि भविष्य में भी समय-समय पर आप देश के महान् पुरुषों के प्रति इसी प्रकार की श्रद्धांजलियां अर्पित करते रहेंगे।

योग्य नायक

–हरिकृष्ण
(संसद सदस्य)
1, मोतीलाल नेहरू प्लेस, नई दिल्ली

मुझे यह जानकर प्रसन्नता हुई कि स्वर्गीय राष्ट्रपति डॉक्टर ज़ाकिर हुसैन की एक कांस्य प्रतिमा और एक संस्मरण ग्रंथ राष्ट्रपति महोदय को राष्ट्रपति भवन में प्रतिष्ठित करने का आयोजन चित्र कला संगम की ओर से किया

जा रहा है। डॉ॰ ज़ाकिर हुसैन हमारी राष्ट्रीय भावनाओं के प्रतीक थे। धार्मिक संकीर्ण विचारों से ऊपर उठकर एक योग्य नायक की तरह उन्होंने राष्ट्रपति के कार्यभार को निभाया। उनकी कांस्य प्रतिमा को राष्ट्रपति भवन में प्रतिष्ठित करना तथा संस्मरण ग्रंथ निकलना उनके प्रति योग्य श्रद्धांजलि होगी।

उनकी प्रेरणा

–तारकेश्वरी सिन्हा

उनके देहान्त के कुछ दिन पहले मैं डॉ॰ ज़ाकिर हुसैन से मिलने के लिए गई थी। बैठे-बैठे गांधी शताब्दी और उसके मनाने के बारे में कुछ चर्चा चल पड़ी। उन्होंने उसी बातचीत के सिलसिले में एक घटना का उल्लेख किया, जो मैं कभी नहीं भूल सकती। इसमें गांधीजी का वह रूप मैंने देखा था, जिसमें न सिर्फ मानवता कूट-कूट कर भरी हुई थी, बल्कि उनके हृदय की धड़कनें एक की भावनाओं को दूसरे तक पहुँचाने का काम करती थीं।

घटना इस प्रकार है—डॉ॰ साहब कहने लगे कि सन् 1926 में जब वह जामिया मिलिया में पढ़ाया करते थे, कुछ साथियों को साथ लेकर गांधीजी से मिलने के लिए साबरमती आश्रम में पहुंचे। वह काफी रात बीते वहां पहुंचे थे, इसलिए रात को जल्दी-जल्दी उनके रहने का प्रबन्ध किया गया था और उन्हें यह सूचना दी गयी थी कि गांधीजी जिस कुटिया में रहते थे उसमें सुबह जामिया मिलिया के सभी शिक्षक नाश्ता करेंगे और वहीं गांधीजी से मुलाकात हो जायगी। डॉ॰ साहब और उनके साथी रसोईघर में बैठे हुए थे। कस्तूरबा नाश्ता परोस रही थीं कि पीछे से आवाज सुनाई दी ''बहुत अच्छा, मैं यह सब क्या देख रहा हूँ।'' सबकी आंखें गांधीजी की तरफ मुड़ गयीं। गांधीजी आकर सामने पड़े एक छोटे-से आसन पर बैठ गए और हंसते-हंसते बातें करने लगे। डॉ॰ साहब ने कहा कि मुझे ऐसा लगा, जैसे मैं वर्षों से गांधीजी को जानता हूँ जब मैंने डॉ॰ साहब के मुँह से यह घटना सुनी तो मुझे एकदम ऐसा महसूस हुआ कि 1926 का वह क्षण ऐसा क्षण था, जबकि हृदय की कल्पना, कल्पना न रहकर जीवित और मूर्त रूप में साकार हो चुकी थी। गांधीजी का हृदय-परिवर्तन में जो अटूट विश्वास था उसका अहसास, जो उनसे मिले उनको तो उन्होंने कराया ही, जो नहीं मिले, उनको भी कराया। गांधीजी की ही प्रेरणा से डॉ॰ ज़ाकिर हुसैन का भी अटूट विश्वास मानवता पर था और एक महान मानव होने के कारण उन्होंने दूसरे हर

एक व्यक्ति को एक महान मानव के रूप में देखा। उनके हृदय की हर धड़कन बराबर बच्चनजी के शब्दों में यह कहती थीं:

> दलित आजा, पतित आजा, तृषित आजा, थकित आजा
> मिल न पाया प्यार जिनको, आज उनको प्यार मिला।

और चूंकि उनका मानवता पर उतना विश्वास था, डॉ॰ साहब ने गांधीजी के हृदय-परिवर्तन को साकार माना।

हिन्दू-मुसलमान एकता के बारे में उनका कहना था कि हिन्दू-मुसलमान की एकता का अर्थ यह नहीं कि हिन्दू-मुसलमान-समाज के एक रूप हैं, बल्कि उसका यह अर्थ था कि वह जो भी है, भारत उसका घर है और घर और परिवार का कोई भी व्यक्ति चाहे उम्र में वह छोटा हो, पारिवारिक व्यक्ति की तरह उसका महत्त्व कम नहीं होता। इसी तरह जहां इस देश में हिन्दुओं की संख्या अधिक है और मुसलमानों, ईसाइयों की संख्या कम है। इससे हिन्दुओं का महत्त्व अधिक और मुसलमानों का महत्त्व कम नहीं होता। यही प्यार और मित्रता की मुख्य प्रेरणा है। डॉ॰ साहब कहते थे कि मैं अपने हिन्दू साथी से इसलिए दोस्ती का हाथ बढाता हूँ चूंकि उसके प्यार पर मेरा हक है और मेरे प्यार पर उसका हक। यदि यह प्यार इकतरफा भी एक समुदाय में हो तो उससे वह दूसरे समुदाय के व्यक्ति को अलग रख ही नहीं सकता। उन्होंने कहा था कि हो सकता है कि यह हृदय-परिवर्तन मेरे जीवन-काल में पूरा नहीं हो, पर मैं उसी विश्वास को लेकर इस दुनिया से जाने की आकांक्षा रखता हूँ। मेरी आगे आने वाली पीढ़ी इस प्यार का ही संबंध बना कर अपने जीने का सामान तैयार करेगी। चूंकि सभी मनुष्य हैं, सभी मनुष्यों के शरीर में एक हृदय है, जो भावनाओं को संजो कर रखता है इसलिए मानव की उन भावनाओं को सिर्फ गुदगुदा देने की जरूरत है। उन्होंने इसीलिए कहा था कि मैं अपने संबंधियों, अपने पड़ोसियों और अनजाने व्यक्तियों में कोई फर्क नहीं मानता, वैसे ही जैसे नागरिक और विदेशी पर्यटक, सफेद या काली चमड़ी, हिन्दू मुसलमान, पारसी, ईसाई और यहूदियों में कोई फर्क नहीं मानता। मैं इसलिए दोनों में कोई अंतर नहीं मानता क्योंकि मेरा हृदय इसे मानने के लिए तैयार नहीं होता। मैं यह भी नहीं समझता कि मेरा हृदय एक महामानव का हृदय है, बल्कि एक साधारण मानव का हृदय है, जिसने अहिंसा और अपरिग्रह में विश्वास किया है। इसलिए हृदय-परिवर्तन पर सिर्फ मेरा ही विश्वास नहीं, बल्कि किसी भी मानव का विश्वास रहेगा।

ये शब्द डॉ॰ साहब के थे। वर्तमान परिस्थिति में ज़ाकिरसाहब को याद करने वाला हर व्यक्ति अपने आपमें यह सोचता है कि क्या डॉ॰ साहब का यह विश्वास कि हृदय-परिवर्तन हो सकता है, सच है। काफी संख्या में लोग ऐसा कहते हुए पाये जाते हैं कि उनकी हृदय-परिवर्तन की कल्पना एक आदर्श जीवन की कल्पना थी। अपने यथार्थ में वह केवल कल्पना थी, वास्तविक जीवन में वह कभी नहीं दिखाई पड़ती। पर डॉ॰ साहब ने तो कई बार स्वयं कहा था कि हृदय-परिवर्तन मूल तत्त्व है। उसको पाना, उसकी खोज करना, मानव का गुण है। सबको प्राप्त हो जाना यह शायद संभव नहीं, क्योंकि हम ऐसे युग में रह रहे हैं, जहाँ जीवन के सिद्धान्त बहुत तेजी से बदल रहे हैं। इंसान यदि विश्व की खोज कर रहा है, तो अपने आपकी खोज उसकी बन्द नहीं हुई है। व्यक्ति के जीवन में या सामाजिक जीवन में अथवा राजनीतिक-आर्थिक जीवन में जो समस्याएं पैदा होती हैं या दिखायी देती हैं, वे न निराकरण कर पाती हैं, न उनकी गुत्थी ही सुलझती है। एक खास समस्या का समाधान हो भी जाय तो न जाने कितनी और समस्याएं उठ खड़ी होती हैं। शायद यही संतोष का मार्ग है। उस परिवर्तन की खोज में मनुष्य सतत् प्रयत्नशील रहना चाहता है। गांधीजी की तरह डॉ॰ साहब का यह अटूट विश्वास उनके जीवन-काल में उनके लिये ही सहारा नहीं बना, बल्कि भारत में रहने वाले लाखों-करोड़ों भारतीयों के लिए सहारा है और रहेगा। भारत के गांव, जो अज्ञानता और विदेशी साम्राज्य के शिकंजे में घुट कर सहम गये थे, उन सहमे हृदयों में स्पन्दन लाना, सहलाकर, दुलारकर उनको जगाना उनके मरे हुए स्वाभिमान को पुनर्जीवित करना; इस हृदय-परिवर्तन के काम को डॉ॰ साहब ने बड़ी निष्ठा से किया।

एक बार उन्होंने कहा था कि गांव के किसी अनपढ़ ग्रामीण से भी बातचीत करता हूँ तो जैसे ही वह मुँह खोलता है, ऐसा लगता है मानो मानवता और ज्ञान की बूंदें उसके ओठों से गिरती हैं।

उस मानव ने शायद दुनिया के विस्तार और फैलाव को नहीं देखा। भौतिक सुख की शायद उसे बहुत कल्पना नहीं, पर जो कुछ उसके मुंह से निकलता है, वह उसके अन्दर के ज्ञान-चक्षु का आभास देता है, जिसकी धारा उसके हृदय के स्पन्दनों से प्रवाह लेती है। यह उन्होंने माना था कि उसकी कई भावनाएं सीमित वातावरण में रहने से सिकुड़ गयी हैं, पर ऊपर के बैठे हुए मैल को अगर हटाने का प्रयत्न किया जाय, अगर उसकी गरीबी, उसकी निराशा

और उसकी ऊपरी अज्ञानता को निकाल कर अलग कर दिया जाय, तो उसका आत्मीय रूप ज्वलन्त होकर सामने आ जायगा। आज भी इन्सान उस रूप की कल्पना करता है। यदि उस रूप की कल्पना नहीं करता तो आज के नौजवानों का हृदय परिवर्तन के अरमानों को लेकर चेकोस्लोवाकिया में क्यों शहीद होता। भारत के विश्वविद्यालयों में ही नहीं, अमेरिका, फ्रांस, जर्मनी, ब्रिटेन तथा वर्तमान में जो मानवता बुरी तरह रौंद डाली गई है, विश्व के नौजवानों के अरमान उससे उठकर नई जिन्दगी पाने के लिए आशा बन गए हैं। वे अपने विचित्र कपड़ों में, अपने अनिश्चित वातावरण में, जो संतोष पाते हैं, उस संतोष की भावना से वे सराबोर हो गए हैं। क्या यह इस बात की तरफ संकेत नहीं करता कि वे ही आज की इन परेशानियों से कल कुछ मार्ग दे सकेंगे? आज के नौजवान का असंतोष, जिसमें वह अपने आपको सोने के उस पिंजड़े में बन्द देखता है जिसे औद्योगिक और वैज्ञानिक विकास ने तैयार किया है, उसकी तड़प उसके लिये युद्ध की पगडंडी तैयार कर रही है। आज के उस नौजवान ने शायद नवयुवक दुनिया का सब भौतिक सुख पा लिया है। हो सकता है कि यूरोप के नौजवान के सामने बेरोजगारी की समस्या नहीं। उसके शारीरिक सुख को बढ़ाने वाली सभी कल्पनाएं साकार हो चुकी हैं। फिर भी वह बेचैन है, उसकी बेचैनी बढ़ती जा रही है। वह रंगभेद को लेकर बड़े देशों के छोटे देशों पर अत्याचार के दर्शन कराता है, उसके खिलाफ मानसिक घुटन, जिसका आज का मानव बुरी तरह से शिकार होता जा रहा है, उसके विरोध में उसका असंतोष फूट निकला है। भारत वर्ष का नौजवान भी उससे अलग नहीं।

चेकोस्लोवाकिया के यान पालाक की खुदकुशी क्या इस बात का संकेत नहीं करती कि इंसान हर घुटन, हर बंदिश को तोड़ कर स्वतंत्र होने के लिये बेचैन हो उठा है। 18 से 22 साल की सुकुमार उम्र के नौजवान लड़के-लड़कियों ने प्राणों की आहुति देकर उस इन्सान के हृदय की धड़कनों को चाहा है, जो कि आज के तथाकथित विचारों और सिद्धान्तों में बन्द कर दी गई है। इन्सान की यह खोज इस बात का संकेत कर रही है कि हृदय-परिवर्तन की चाह अमिट है। निराशा के बीच आशा का संचार वही धड़कनें करती हैं जो बाज़ारों में नहीं बिकती, जिनका सौदा नहीं किया जाता पर शायद जो मुफ्त ही बांटी जा सकती हैं, और जितनी ही बांटी जाती हैं, उतनी ही वे बढ़ती हैं। आज की परिस्थितियों में जो धुंधलापन छा गया है, उसमें डॉ० साहब का स्वच्छ जीवन, थके-हारे नौजवान पथिक के लिए कर्मठता की प्रेरणा देता है।

कोटि-कोटि व्यक्तियों के आदर के पात्र

-अक्षय कुमार जैन

बात छोटी-सी है, किन्तु उसका मतलब बहुत बड़ा और गंभीर निकलता है। एक बार की बात है कि डॉ॰ ज़ाकिर हुसैन ने गांधीजी के संबंध में एक संस्मरण सुनाते हुए कहा, "मेरे परिवार की किसी बच्ची ने बापू से ऑटोग्राफ मांगा तो उन्होंने उर्दू में दस्तखत किये, तभी से मैंने निश्चय कर लिया कि हिन्दी-भाषियों को अपने हस्ताक्षर हिन्दी में ही दिया करूंगा।"

एक दूसरे की भाषा का इतना ख्याल रखना निश्चय ही देश की भाषा-समस्या को हल करना है। इसका यह अर्थ नहीं कि डॉ॰ साहब मात्र हस्ताक्षर के लिए ही हिन्दी का ज्ञान रखते थे। राष्ट्रपति पद की शपथ लेते समय उन्होंने जो प्रथम भाषण किया था उसे सुनने वालों को यह भ्रांति नहीं हो सकती कि वह सुसंस्कृत-हिन्दी नहीं जानते थे।

डॉ॰ साहब का जन्म चाहे हैदराबाद में हुआ हो और चाहे उनका घर फर्रुखाबाद में रहा हो, किन्तु उन्हीं के शब्दों में "भारत मेरा घर है। सभी भारतवासी मेरे भाई हैं।" घर के मुखिया (राष्ट्रपति) पद पर आसीन होने के समय उन्होंने उपयुक्त शब्द कहे थे और सचमुच वह ऐसा मानते थे और उस पर अमल भी करते थे।

1946 के दिनों में जब साम्प्रदायिक उन्माद हमारे देश में छाया हुआ था, कुछ ऐसे व्यक्तियों ने उन्हें भी घेर लिया। यदि ऐन वक्त पर उनके एक परिचित न आ जाते तो डॉ॰ ज़ाकिर हुसैन की गर्दन कट गयी होती। उस अग्निकुण्ड में से निकल कर डॉ॰ साहब शुद्ध सोना बन गये थे और सारे भारतवासी उन्हें अपना बड़ा मानते थे।

चौथे आम चुनाव हो चुके थे और राष्ट्रपति पद के लिए नामों की चर्चाएं चल रही थीं। डॉ॰ साहब उस समय उप-राष्ट्रपति थे। एक काम के सिलसिले में उनके दर्शन करने गया तो देखा कि घर का सामान बांधा जा रहा है और जामिया मिलिया में जाकर रहने की तैयारी हो रही है।

उस समय स्थिति कुछ विचित्र-सी थी। कई राज्यों में कांग्रेस दल बहुमत खो चुका था और कांग्रेसी नेता भौच्चके रह गये थे। कोशिश यह की जा रही थी कि राष्ट्रपति और उप-राष्ट्रपति का चुनाव सर्वसम्मति से हो जाय। जब

मैंने डॉ० साहब से इन पदों के लिए कुछ विकल्पों की चर्चा की, तो उन्होंने उस समय जो कुछ कहा उसे मैं कभी भूल नहीं सकता। वह बोले, ''शिक्षा मेरा विषय रहा है। उसे छोड़कर राजनीति में कदम रखना कुछ अक्लमंदी की बात नहीं हुई। जिन्दगी के आखिरी साल मुझे शांति के साथ गुजारने चाहिए थे। आप मेरे प्रति स्नेह रखते हैं। इसलिए इस प्रकार की चर्चा कर रहा हूँ। अगर मेरे लिए आपके मन में इज्ज़त है तो आपको यही दुआ करनी चाहिए कि मैं अब सिर्फ अपनी भलाई के लिए ज्यादा काम करूं।'' ऊँचे पदों पर पहुंच कर आदमी को अध्यात्म की तरफ सोचने का मौका भी कहाँ मिलता है!

उस समय तो मैंने केवल इतना ही कहा था कि आपकी योग्यता और हुस्ने-अखलाक का फायदा अगर देश को मिलता है तो इससे अच्छी बात और क्या हो सकती है? देश में तो आप भी आते हैं। यदि देश का उत्कर्ष होता है तो निश्चय ही उसमें आपका भी उत्कर्ष होगा। आपने ही एक बार कहा था कि व्यक्ति से समाज और समाज से भी देश बड़ा होता है। अब आप अपनी ही बात कैसे इन्कार कर सकते हैं। डॉ० साहब तब सिर्फ मुस्करा दिये थे, बोले कुछ भी नहीं थे।

आज उनकी यह बात याद हो आती है कि मनुष्य को अपने अंतिम समय में अध्यात्म की ओर भी ध्यान देना चाहिए अपने राष्ट्रपतित्व काल में उन्होंने भारतीय जनता का जिस प्रकार दिल जीता, उससे वह देश के करोड़ों व्यक्तियों के आदर के पात्र बन गये। वह गांधीजी के अनन्य भक्त और अनुयायी थे। उनका मत था कि देश गांधीजी के बताये हुए रास्ते पर चल कर ही तरक्की कर सकता है।

भारत के महान सपूत

–सुरेन्द्र सैनी

(वरिष्ठ उपाध्यक्ष, नई दिल्ली म्यूनिसिपल कमेटी)

डॉ० ज़ाकिर हुसैन की कला में बेहद रुचि थी। वह कला को अत्यन्त आवश्यक मानते थे, कला को पोषण देने वाली संस्थाओं और प्रवृत्तियों में वह हमेशा रस लेते थे। चित्र कला संगम भारत की राजधानी की प्रमुख कला-संस्था है, जिसके सम्पर्क में आने का और कार्य करने का मुझे काफी समय से

अवसर मिल रहा है। मैं तो यही कहूँगी कि डॉ० हुसैन हमारी चित्र कला संगम संस्था के प्रमुख स्तम्भ थे और उनके लिए किये जाने वाला कार्यक्रम इस संस्था का ही गौरव बढ़ायेगा।

मुझे डॉ० साहब के यहाँ अनेक बार जाने का अवसर मिला। जब-जब वे स्मृतियां उभरती हैं, मेरा शरीर रोमांचित हो उठता है। कला के प्रति उनका लगाव बेहद गहरा था। उन्होंने अपने यहाँ अनेक प्रकार के पत्थरों का और चित्रों का बड़ा ही मनभावन म्यूजियम लगा रखा था। जब भी मैं जाती थी, उनकी कला-स्थलियों को अवश्य देखकर आती थी।

प्रकृति के सौंदर्य की वह दिल से आराधना करते थे। उनकी बगिया के फूल देख कर मेरा हृदय महकने लगता था। फूलों के लिए उनके हृदय में प्रारम्भ से ही गहरा प्रेम था। वह जहां भी रहे, फूलों की बहार देखते ही बनती थी। गुलाब से तो उनका खास संबंध था। एक बार उनके बाग में साथ टहलते हुए उनकी मुख की फूल-सी प्रफुल्लता को देख कर मैं अवाक् रह गयी। मैंने अनुभव किया कि उनकी काया में एक महान व्यक्तित्व छिपा है। फूलों और आदमियों से उन्हें समान रूप से प्यार था। उनके अन्दर फूल जैसी एक ऐसी सुगंध विद्यमान थी, जिसने राष्ट्र भर को सौरभ से भर दिया था।

भारत के महान सपूत डॉ० हुसैन सौम्य, शालीन एवं गरिमामयी थे। वह 'बोलो कम और कार्य अधिक करो', पर विश्वास करते थे। बोलने की उनकी शैली सरल थी, जो सीधी हृदय पर प्रभाव डालती थी। उनका अन्तर-मन फूल से भी कोमल था–ऐसा मेरे हृदय पर अनेक बार प्रभाव पड़ा। मुझसे जितनी बार वह मिले, मुझे यह कभी अनुभव ही नहीं होने दिया कि मैं भारत के राष्ट्रपति से बात कर रही हूँ। उनके इसी सरल स्वभाव के कारण जो भी उनके सम्पर्क में आया, वह उनका बन गया। गरीबों, अपंगों, दीनों, दुखियों के तो वह मसीहा थे। इन लोगों के बारे में बातें करते-करते कई बार उनकी आँखें आंसुओं से डबडबा आती थीं और गला भर आता था। गूंगे, बहरों, अंधों एवं असहायों के लिए उनके हृदय का करुणा-स्रोत आंसुओं के रूप में अनेक बार मैंने भरते देखा।

उन्होंने महान् राष्ट्र की पतवार अपने सबल हाथों में संभाल कर देश के गौरव की रक्षा की। छोटी-सी-छोटी बात को वह अधिक-से-अधिक महत्त्व देते थे। मेरे जीवन के तो वह प्रेरणा-स्रोत थे, पालिका जैसी नागरिक संस्था के कार्य में उन्होंने बेहद रुचि ली। एक बार मुझसे बातचीत करते हुए उन्होंने बताया

कि सुन्दर जीवन के अनुरूप सुन्दर समाज के निर्माण करने का प्रयत्न हमें करना चाहिए, हरेक नागरिक को कम-से-कम वे चीजें तो हासिल होनी ही चाहिए, जो सुन्दर मानव-जीवन के लिए जरूरी हैं। नई दिल्ली के सौन्दर्यमय रूप की वह बहुत प्रशंसा करते थे। सौंदर्य के वह सच्चे उपासक थे।

हौसला देने में तो वह माहिर थे। एक दिन जब मैं उनसे मिलने गई तो मुझसे यकायक पूछने लगे, "क्या आप बहुत मसरूफ़ रहती हैं? अच्छा है, काम करते रहना चाहिए। अखबार में कभी-कभी कमेटी के काम की टिप्पणी पढ़ता रहता हूँ, मगर घबराना नहीं चाहिए। बदकिस्मती यह है कि जो कल्पना से काम करता है, अक्सर हमारे लोग उसको समझने की कोशिश नहीं करते। मगर काम करते जाओ, घबराना नहीं चाहिए।" यह सुन कर कितना उत्साह जागा मेरे दिल में, इसकी कल्पना करना कठिन है। आज भी मैं उनके ये शब्द याद कर गद्‌गद् हो उठती हूँ, साथ ही उत्साहित भी।

डॉ० साहब ने हिन्दुस्तान के लोगों के दिलों में आस्था के बीज बोये थे और अपने आप को विनम्रता से जनता की सेवा में समर्पित कर दिया था। विनम्रता तो उनके रक्त में घुल-मिल गयी थी। एक बार मैं जब उनसे गंदी बस्तियों के सुधार के संबंध में बातचीत करके लौटने लगी तो वह मेरे साथ दरवाजे तक आये, दरवाजा खोला और हाथ जोड़कर मुझसे नमस्कार किया। मैं बाहर आकर कितनी अभिभूत हुई, मेरा रोम-रोम कितना प्रफुल्लित हुआ, उनकी शालीनता एवं विनम्रता के प्रभाव से, मैं जीवन भर भूल नहीं पाऊंगी।

धर्म-निरपेक्षतावाद के वह जीते-जागते उदाहरण थे। अपने राष्ट्रपतित्व काल में भारत की कोटि-कोटि जनता का उन्होंने जिस प्रकार दिल जीता, वह भुलाये नहीं भूलता।

वह सच्चे शिक्षक थे, सच्चे देशभक्त थे और सच्चे इन्सान थे।

मेरे पिता

—बेगम सईदा खुर्शीद

"भारत मेरा देश है और इसमें बसी हुई समस्त जनता मेरा परिवार है।" यह भावना मेरे पिता डॉ० ज़ाकिर हुसैन ने भारत संघ के राष्ट्रपति का दायित्व सम्भालते समय एक शपथ-ग्रहण-समारोह में प्रकट की थी। उन्होंने इस भावना का अक्षरश:

पालन किया और मुझे स्मरण है कि अपने निधन से कुछ ही दिन पूर्व तक उन्हें मुख्यतः हमारे राष्ट्र और इसके भविष्य की चिन्ता थी। वह विघटन की उभरती हुई शक्तियों से अत्यन्त क्षुब्ध हो गये थे, जो अपने कुत्सित सिर उठाकर हमारे राष्ट्र के भविष्य पर आने लगी थीं, परन्तु वह इससे निराश नहीं हुए थे। वह सोचते थे कि जो भी विकार हमारे राष्ट्र को आक्रान्त करता है, उसका कोई तात्कालिक उपचार नहीं होता, फिर भी इस पर धैर्य खोने की आवश्यकता नहीं। वह कहते थे कि आवश्यकता संकल्प की है, ताकि निर्भीक और निःसंकोच भाव से इस बुराई को जड़ से उखाड़ने का प्रयास किया जाय तथा इस दिशा में अटूट निष्ठा एवं अदम्य उत्साहपूर्वक अनवरत रूप से कार्य किया जाए।

मनुष्य को मनुष्य से घृणा करते हुए देखकर उन्हें वेदना होती थी, परन्तु ऐसे व्यक्ति के लिए वह मन में कोई घृणा का भाव नहीं रखते थे। वह उसे जीर्ण-शीर्ण रोगी समझते थे, जिसके पूर्ण उपचार के लिए दीर्घकालीन इलाज की आवश्यकता होती है। इस सन्दर्भ में वह महात्मा गांधी के कथनों और लेखों को प्रायः उद्धृत करते थे। वह कहा करते थे, "यदि कोई मनुष्य अन्य मनुष्य से घृणा करता है तो उसे इन्सान कैसे कहा जा सकता है।? परन्तु ऐसा व्यक्ति एक प्रकार का रोगी है, जो उपचार का पात्र है।" साम्प्रदायिकता तथा ऐसे अन्य रोगों के इलाज के लिए वह अचूक औषधि के रूप में अच्छी शिक्षा पर बल देते थे तथा इस उपचार की प्रभावशीलता में दृढ़ आस्था रखने की सलाह देते थे। उन्होंने स्वयं में भी ऐसा विश्वास जागृत कर लिया था तथा वह जिस बात का प्रचार करते, उस पर आचरण भी करते थे।

वह मुझसे अत्यधिक स्नेह रखते थे, परन्तु हमारे परिवार का शायद प्रत्येक सदस्य ऐसी ही भावना रखता है। शायद वह प्रेम और दुलार के वितरण में भी इतने न्यायी थे। बच्चों के प्रति स्नेह अभिव्यक्ति का उनका तरीका यह था कि वह उसका मस्तक चूम लेते थे और यदि वह एक बालक का चुम्बन करते तो उस समय अन्य जो भी बालक उनके पास आते, उनके प्रति वह इसी प्रकार स्नेह प्रदर्शित करते थे। मेरे चारों बच्चों को उनसे ऐसा ही स्नेह मिला तथा एक ने भी यह अनुभव नहीं किया कि शीघ्रता अथवा उदासीनता के कारण उसकी उपेक्षा कर दी गई है।

बच्चों के प्रति उनका दृष्टिकोण बड़ा रुचिकर एवं प्रेरक था। वह कहा करते थे कि बच्चों का अपना व्यक्तित्व होता है तथा इसका हमें न तो अतिक्रमण करना चाहिए और न इसके महत्त्व को घटाने का प्रयास करना चाहिए। हमें उनका

समुचित आदर करना चाहिए तथा उनकी अपनी पसन्द और रुझान के अनुसार उनके विकास में सहायक होना चाहिए। वह कहते थे कि बच्चे जैसा बनना चाहते हैं, वैसा बनने से उन्हें कोई भी रोक नहीं सकता। उनकी शिक्षण संस्था जामिया मिलिया का समस्त ढांचा उनके इसी आधार पर निर्मित था। इस प्रकार वह जो कुछ कहते तथा अन्यों को सलाह देते, उस पर स्वयं भी आचरण करते थे। उनका विद्यार्थियों को पढ़ाने का ढंग अनुपम था। जामिया मिलिया में वह स्वयं घूमकर यह जानने का प्रयत्न करते थे कि इस संस्था में बच्चे अपना जीवन किस प्रकार बिता रहे हैं। उन्हें भोजनशाला में भोजन की मेज पर खाना परोसा जाता था तथा मेज पर एक फालतू बड़ी प्लेट हुआ करती थी तथा सब्जी की बची हुई हड्डियां मेज पर फैलाने की बजाय वे इस प्लेट में डाल दिया करते थे। एक दिन मेरे पिता ने भोजनशाला का निरीक्षण किया जब कि बच्चे अपना आहार ग्रहण करने में व्यस्त थे। उन्होंने देखा कि ऐसी एक फालतू प्लेट में बच्चे ने सूप उंडेल दिया था, जिसे शायद उसने पसन्द नहीं किया। मेरे पिता चुपचाप उस बच्चे की बगल में जाकर बैठ गये और यह अवशिष्ट खाद्य वस्तु उन्होंने स्वयं ग्रहण कर ली। बच्चे को सबक मिला। वह बालक अब बड़ा होकर वयस्क पुरुष बन गया है तथा इस बात का आदतन ख्याल रखता है कि कोई भी वस्तु बेकार न जाय। उस छोटी-सी घटना का उस पर इतना अधिक प्रभाव हुआ।

अलीगढ़ यूनिवर्सिटी में जब वह देखते थे कि किसी युवक ने अपनी कमीज या शेरवानी के बटन खोल रखे हैं तो वह स्वयं उसके पास जाकर उसके ये बटन बन्द करने लगते थे। एक बार एक छात्र जो अपनी शेरवानी के प्रायः सभी बटन खुले रखने का आदी था, उनसे मिलने चला गया। तब उसका केवल एक ही बटन बन्द था। जब मुलाकात के बाद वह लौट गया तो डॉ॰ साहब ने मुस्कुराते हुए अपने घनिष्ठ मित्र श्री रशीद अहमद सिद्दीकी से कहा, ''यह बालक कैसे विचित्र स्वभाव का प्रतीत होता है! उसका काम सारी शेरवानी का केवल एक ही बटन बन्द करने से चल जाता है।''

उनमें ज्ञान प्राप्ति की असीम चाह थी और वह किसी भी सुविज्ञ स्रोत से किसी भी प्रकार का ज्ञान प्राप्त करने के लिए सदा उद्यत रहते थे। उनकी जिज्ञासा का क्षेत्र इतना व्यापक था कि पशु-पक्षियों से लेकर, घरेलू उपयोग तथा विभिन्न प्रकार के भोजन बनाने की विधि आदि सभी प्रकार के विषयों में वह पूर्ण रुचि रखते थे। अनेक अवसरों पर वह मेरे पास आते, मुझे कोई विशिष्ट भोग बनाने के लिए कहते और उसके लिए अपनी नोट बुक से नुस्खा पढ़कर मुझे बताते थे।

हमारे सम्बन्धियों और मित्रों के दायरे से जब वह सीधी-सादी महिलाओं से भी ऐसी घरेलू आहार योग्य वस्तुओं के नुस्खे पूछ कर अपनी नोट बुक में लिखने लगते थे तो हमें बड़ा आश्चर्य होता तथा हम इस पर हंसते भी थे।

अपने जीवन के अन्तिम चरण में, अपनी मृत्यु से कुछ ही वर्ष पूर्व, उन्होंने फारसी का अपना ज्ञान बढ़ाने का निश्चय किया था। यद्यपि वह पहले से भी अच्छी फारसी जानते थे, तथापि उस पर उन्हें सन्तोष नहीं था तथा इस विषय में अपनी ज्ञान-वृद्धि के लिए वह अत्यधिक उत्सुक थे। इस उद्देश्य से विशेष रूप से एक शिक्षक रखा गया तथा उन्होंने नियमित रूप से उससे सबक लेने प्रारम्भ कर दिये। जब वह रांची में थे तो उन्होंने आदिवासियों की भाषा सीखनी शुरू कर दी थी। उनकी उत्कट इच्छा थी कि वह आदिवासियों को उनकी अपनी ही भाषा में सम्बोधित करें।

उन्होंने अपने निजी और सार्वजनिक जीवन को अलग-अलग रखने की अद्भुत विधि निकाल ली थी तथा इस अन्तर को उन्होंने आजीवन निभाया। परिवार और घर-बार मेरी माता के अधिकार-क्षेत्र में था। इसमें उन्हें पूर्ण स्वायत्तता प्राप्त थी, जिसमें मेरे पिता ने कभी किसी प्रकार का हस्तक्षेप नहीं किया। इसी प्रकार मेरी माता उनके सार्वजनिक जीवन और उत्तरदायित्वों में कभी हस्तक्षेप नहीं करती थीं। आम तौर पर हमारे परिवारजन किसी ऐसे सार्वजनिक समारोहों में नहीं देखे जाते थे, जिनमें मेरे पिता भाग लेते थे। वह अपने सार्वजनिक कर्त्तव्यों तथा अपने देश एवं देशवासियों सम्बन्धी चिन्तन में इतने अधिक व्यस्त रहते थे कि उनके पास परिवार की आर्थिक चिन्तायें और अपने बच्चों के सम्बन्ध में सोचने के लिए समय नहीं रह जाता था। फिर भी एक पारिवारिक प्रमुख के रूप में हमें उनका भरपूर स्नेह प्राप्त हुआ। वह हमें अपनी समस्त सलाह सुझाव के रूप में देते थे और यदि हम उन बातों की उपेक्षा करते तो वह हमें हमारी मर्जी पर ही छोड़ देते थे। वह व्ययसाध्य और भड़कीले वस्त्र कभी पसन्द नहीं करते थे। स्वदेशी आन्दोलन के दौरान एक बार उन्होंने हमारे समस्त रेशमी वस्त्र एकत्र करके उनकी होली जलाई थी। परन्तु रेशमी वस्त्र पहनने की मेरी रुचि मन्द नहीं पड़ी। अतः उन्होंने मुझे स्वेच्छानुसार वस्त्र धारण करने की छूट दे दी। फिर भी वह मुझे यह सलाह दिया करते थे, ''यदि तुम कीमती वस्त्र पहनकर किसी समारोह में जाओगी तो कोई तुम्हारी ओर ध्यान नहीं देगा। वहाँ अन्य अनेक महिलाएं भी होंगी, जो तुमसे कहीं अधिक मूल्यवान वस्त्र प्रदर्शित कर सकती हैं। परन्तु यदि तुम निर्मल और उज्ज्वल खादी

पहनकर जाओगी तो तुम प्रायः अपवाद बन जाओगी। तुम्हारी जैसी अन्य महिलाएं वहाँ अधिक नहीं होंगी और तुम विशेष आकर्षण का केन्द्र हो जाओगी।'' इस प्रकार वह मृदुभाषा और प्रेरक शैली में अन्य व्यक्तियों में अच्छे विचार फूंकने का प्रयत्न करते थे।

वेशभूषा और शिष्टाचार की दृष्टि से मेरे पिता पर्याप्त सादगी बरतते थे फिर भी वह शालीनता, सौजन्यता और शिष्टता बरतने के प्रति विशेष आग्रह रखते थे। राष्ट्रपति भवन में शेरवानी और टोपी के बिना उन्हें देखना सम्भव नहीं था। यदि वह एक से दूसरे कमरे में जाते तब भी वह टोपी धारण कर लेते थे, अपने कमरे में कुरता-पायजामा पहने हुए वह शायद ही कभी देखे जाते थे। परन्तु मेरी माँ की कुर्ती, पायजामा और दुपट्टे की सादी परम्परागत वेशभूषा उन्हें पसन्द थी। उन्होंने पर्दे पर कभी जोर नहीं दिया और न कभी पर्दा न करने की सलाह ही दी। मेरी माता पर्दा करती थीं, परन्तु मैं नहीं करती थी। इस मामले में हमें स्वेच्छानुसार आचरण करने की पूरी-पूरी छूट थी।

मैंने एक मनुष्य के रूप में, परिवार के मुखिया के रूप में तथा राज्य प्रमुख के रूप में उन्हें देखा। मैंने सदा यह अनुभव किया कि उनका समस्त दृष्टिकोण इतना मानवीय और ऐसा सौजन्यपूर्ण था कि वह अपने सम्पर्क में आने वाले प्रत्येक व्यक्ति के प्रिय बन गये। चण्डीगढ़ में पंजाब यूनिवर्सिटी के गुरु गोविन्दसिंह भवन का उद्‌घाटन करते हुए उन्होंने जो शब्द कहे, उनमें उनका समग्र दृष्टिकोण व्यक्त हो जाता है। उन्होंने तब कहा था, ''मनुष्य का प्रथम घर माँ की गोद है। वह जैसे-जैसे बड़ा होता है, उसके घर का क्षेत्र भी उसी प्रकार विस्तृत होता जाता है और अन्ततः वह समग्र विश्व को समेट लेता है। इस प्रकार सारा संसार मनुष्य का बसेरा बन जाता है।'' यह उक्ति उनके विश्व-बन्धुत्व के विचार का साररूप है।

ऐसे शागिर्दों पर हजार-हजार उस्ताद कुर्बान

–सत्यानन्द जावा

मार्च 1967 की बात है। मुझे प्रसिद्ध इतिहासकार और राज्य-सभा के सदस्य डॉ० ताराचन्द का टेलीफोन मिला। उन्होंने मुझसे मिलने का अनुरोध किया। उनकी बुजुर्गी का आदर करते हुए मैंने जवाब दिया कि मैं स्वयं आपके बंगले पर हाजिर हो जाऊंगा। वह उन दिनों देहली में तुगलक रोड पर रहते थे। नियत

समय पर मैं उनके पास पहुंच गया। उन्होंने बड़े प्रेम से मेरा आदर सत्कार किया। कुछ देर चाय के साथ-साथ साहित्यिक और इतिहास संबंधी बातें होती रहीं। फिर वह बोले, "डॉ० ज़ाकिर हुसैन साहब फारसी पढ़ना चाहते हैं और मैं चाहता हूँ कि यह जिम्मेदारी आप अपने ऊपर ले लें।" इनकार की गुंजाइश ही नहीं थी। सो मैंने बड़ी नम्रता के साथ ज़ाकिरसाहब को फारसी पढ़ाने की हामी भर ली।

8 अप्रैल 1967 के दिन मैं नं० 6 मौलाना आज़ाद रोड पर ज़ाकिरसाहब के बंगले पर हाज़िर हुआ। मुझे उनके ड्राईंग रूम में बैठा दिया गया। जब तक वह स्वयं नहीं आए, मैं यही सोचता रहा कि वह खुद एक प्रसिद्ध अध्यापक और लेखक हैं। फारसी उन्हें आती है। फिर क्या कारण है कि मुझे बुलाया है? कुछ क्षणों बाद ज़ाकिरसाहब अपनी सफेद पोशाक पहने मुस्कराहटें बिखेरते हुए आए। मैं उठ खड़ा हुआ। उन्हें सलाम किया। उन्होंने आगे बढ़कर मुझसे हाथ मिलाया और हम दोनों बातें करने के लिए बैठ गए।

उनके फारसी सीखने का विषय शुरू हुआ। उन्होंने पूछा, "आप किस इलाके के हैं?" मैंने उत्तर दिया, "वास्तव में मैं उत्तर-पश्चिमी सरहदी प्रान्त का हूँ। पंजाब और सिन्ध में शिक्षा पाई और साल भर ईरान में भारतीय दूतावास में अनुवादक का काम करता रहा।" ज़ाकिरसाहब ने फरमाया, "वास्तव में मैं भी पठान हूँ। मेरे खानदान के बुजुर्ग भी वहीं से आकर हिन्दुस्तान में आबाद हुए थे।" मैंने झिझकते हुए कहा, "हजूर, आपको फारसी आती है और यूं भी फारसी के बड़े-बड़े विद्वान् दिल्ली में मौजूद हैं। मेरी समझ में नहीं आता कि आपको मेरी क्या जरूतर है।" उन्होंने मुस्कराते हुए फरमाया, "फारसी के प्रसिद्ध कवियों हाफिज और रूमी के कलाम को तो मैं समझ लेता हूँ। पुरानी फारसी की किताबें भी पढ़ लेता हूँ, लेकिन आजकल की फारसी के ग्रन्थ और अखबार नहीं पढ़ सकता और जब मैं अफगानिस्तान गया तो शाहे-अफगानिस्तान ने मुझे फारसी में 'खुशामदीद' कहा। मैं फारसी में उनका शुक्रिया भी अदा न कर सका। इसी तरह शाहन-शाहे ईरान के साथ भी फारसी में बातचीत न कर सका। साहब, बड़ी शर्मिन्दगी महसूस होती है, जब यह ख्याल होता है कि हाफिज और रूमी को तो हम समझ लेते हैं, दो शब्द शुक्रिया के नहीं कह सकते। जावासाहब, उलमा में भी आजकल की फारसी कोई-कोई जानता है, मुझे भी नहीं आती। आप इस काबिल बना दीजिए कि फारसी बोल सकूँ और फारसी भाषा के अखबार पढ़ सकूं।"

खैर, तो ज़ाकिरसाहब का फारसी सीखने का सिलसिला राष्ट्रपति-चुनाव से दो दिन पहले तक जारी रहा। वह बहुत अच्छे शागिर्द थे। जो कुछ मुझसे एक दिन सीखते, दूसरे दिन तक उसे याद कर लेते और मुझे सुना देते। मैं हर रोज सुबह पौने आठ बजे उनकी कोठी पर पहुंच जाता था और वह पांच मिनट के बाद ड्राईंग रूम में दाखिल हो जाते थे। वह सोफे पर बैठते और मैं उनकी दाईं ओर उसी सोफे की साथ की कुर्सी पर बैठता था। मेरे कहने पर उन्होंने एक कापी पर फारसी के नए शब्द लिखने शुरू कर दिए थे। जब कापी पर लिखे शब्दों की संख्या काफी हो गई तो एक दिन कहने लगे, "यह अगर इसी तरह बढ़ती गई तो एक दिन डिक्शनरी हो जायगी। मेरे पास साद करने का वक्त भी होगा या नहीं।"

पढ़ाई के बीच ही कुछ-न-कुछ जलपान भी हो जाता था। वह आमतौर पर चाय की एक प्याली बिना चीनी के या नींबू-पानी पीते थे। मेरे लिए कभी-कभी चाय खुद अपने हाथ से बनाते थे। साथ-साथ फरसी में बातचीत भी होती रहती थी। हर रोज जब नौ सवा नौ बजे पढ़ाई खत्म होती, मुझे दरवाजे तक छोड़ने आते और कहते, "अच्छा जावासाहब, खुदा हाफिज।"

मेरे हर रोज ठीक समय पर पहुंचने से बड़े खुश होते। एक दिन मुस्करा कर बोले, "आप वक्त के बड़े पाबन्द हैं। जब आपकी छोटी-सी कार कोठी के बड़े दरवाजे से अन्दर दाखिल होती है, हम समझ लेते हैं पौने आठ बज गए।"

राष्ट्रपति चुने जाने से तीन दिन पहले फरमाने लगे, "मेरे ख्याल में अब इस सिलसिले को खत्म कर दें तो अच्छा है।" मैंने अर्ज किया, "जो हुक्म।" मैं अपनी एक किताब उनके पास ही छोड़ आया ताकि जब भी वक्त मिले, उसे पढ़ते रहें। वह किताब उन्होंने बाद में मुझे एक पत्र के साथ वापस भेज दी। चलने से पहले मैंने कहा, "हुजूर, अब आप राष्ट्रपति बन जायेंगे, इस सेवक को भूलियेगा नहीं।" मुस्करा कर बोले, "अपने उस्ताद को भूलने का तो सवाल ही नहीं उठता, लेकिन चुनाव होने से पहले ही आपने फैसला दे दिया, होता तो वही जो खुदा को मंजूर होगा।"

जब चुनाव के नतीजे का ऐलान हुआ, मैं अपने दफ्तर मैं बैठा था। मैंने बड़ी कोशिश से टेलीफोन मिलाया। उस तरफ से किसी गार्ड या सिपाही की आवाज सुनाई दी. जिसने पूछा आप कौन साहब बोल रहे हैं? राष्ट्रपतिजी फोन पर बात नहीं कर सकते, क्योंकि यहाँ तो बड़े-बड़े नेता वज़ीर-सफीर और

सभी लोग आ रहे हैं और उन्हें बधाई दे रहे हैं।'' मैंने जवाब दिया, ''भाईसाहब मैं भी उन्हें मुकारकबादी देना चाहता हूँ। मैं उन्हें हर रोज फारसी पढ़ाने आया करता था।'' उधर से वही साहब जोर से बोले, ''आ हा मास्टरजी। आप देर न कीजिए। तुरन्त चले आइए। हम आपको राष्ट्रपतिजी से मिलवा देंगे।'' मैं फौरन उनकी कोठी पर पहुंचा। अभी लोगों की भीड़ बहुत ज्यादा नहीं थी। एक बावर्दी पुलिस इन्स्पेक्टर ने हम लोगों को बताया कि राष्ट्रपतिजी बहुत थक गए हैं और डाक्टरों ने उन्हें आराम करने की सलाह दी है। वह इस वक्त कुछ मिनटों के लिए लेटे हुए हैं। आप लोग कोठी की बाईं ओर जो हाल है उसमें इन्तजार करें। वह वहीं दर्शन देंगे।''

हम लोग हाल में बैठ गए। बड़े जोर की गर्मी थी और एयर कण्डीशनर भी काम नहीं कर रहा था। इतने में ज़ाकिरसाहब के पर्सनल असिस्टेंट की निगाह मुझ पर पड़ी। वह आए और मुझे अपने साथ बगल के एक छोटे कमरे में ले गए। वहां मेज पर मिठाई और शर्बत के गिलास पड़े थे। कहने लगे, आप राजगुरु हैं। राष्ट्रपतिजी को बधाई देने आए हैं, मुँह तो मीठा कीजिए। मैंने बर्फी का एक टुकड़ा खाया। शर्बत का गिलास पीया और उनसे अनुरोध किया कि मुझे ज़ाकिरसाहब से जरूर मिलवाइयेगा। उन्होंने कहा, आप कोई चिन्ता न करें। आप जरूर उनसे मिलेंगे। मैं वापस हाल में आ गया तब तक हाल खचाखच भर गया था। जिन लोगों को बैठने की जगह न मिली थी, वे पीछे खड़े थे। मैं भी एक कोने में सबसे पीछे खड़ा हो गया।

थोड़ी देर में पर्सनल असिस्टेंट फिर आए और मुझे खींचते हुए सबसे अगली लाइन में ले गए, जहां नेता लोग बैठे थे। ज़ाकिरसाहब के आने पर सब लोग खामोशी और आदर के साथ खड़े हो गए। ज़ाकिरसाहब ने अगली लाइन के सब लोगों से हाथ मिलाया और बधाई स्वीकार की। मैं उस लाईन में सबसे आखिर में था। मेरी बारी आई तो मैंने फारसी में मुबारकबादी दी। ज़ाकिरसाहब ने फारसी में ही शुक्रिया कहते हुए मुझे गले लगा लिया।

आज ज़ाकिरसाहब नहीं हैं, पर मुझे उनका वह बड़प्पन याद आता है, जो किताब लौटाते हुए उनके खत में था। उसकी आखिरी लाइन तो जैसे दिल में गड़ गई हो। 50 करोड़ की आबादी के मुल्क के सबसे बड़े नेता, राष्ट्रपति ज़ाकिर हुसैन, इस छोटे से इन्सान से बड़ी आत्मीयता के साथ मिले! खत के आखिर में लिखा था: 'आपका शागिर्द जाकिर हुसैन।' ऐसे शागिर्दों पर हजार-हजार उस्ताद कुर्बान हैं।

एक निकटवर्ती की श्रद्धांजलि

–विनायक फड़के

एक सेवक के नाते मुझे डॉ॰ ज़ाकिरसाहब के अत्यन्त निकट सान्निध्य में आने का मौका मिला। अंग्रेजी में एक कहावत है कि 'नो मैन इज़ ए हीरो टू हिज़ वेले', जिसका भावार्थ यह है कि किसी भी व्यक्ति का असली अंतरंग उसके निकटवर्ती व्यक्ति ही पहचान सकते हैं। जनता के सामने उनकी प्रतिभा जो प्रतिबिंबित होती है, वह कुछ रंग-रूप बदल कर आती है।

यह एक परिपाटी-सी बन गई है कि किसी व्यक्ति के बारे में जब कोई ग्रन्थ, चाहे वह अभिनन्दन-ग्रन्थ हो या स्मृति-ग्रन्थ, निकाला जाता है तो साधारणतया उस व्यक्ति के न केवल गुणों की, जो उसमें थे, बल्कि काल्पनिक गुणों की भी, जो उसमें नहीं थे, प्रतिमा बनाई जाती है और इस तरह स्तुतिप्रिय वह उत्सवप्रिय हम स्वयं अपनी वंचना कर लेते हैं और समाधान मान लेते हैं।

प्रश्न यह है कि अगर हमारे देश में यद्यपि इतनी सर्वगुणसम्पन्न विभूतियां हो गई हैं तो भी जन-साधारण की नैतिक या बौद्धिक ऊंचाई में तनिक भी वृद्धि क्यों नहीं दिखाई देती? इसका उत्तर यह है कि या तो व्यक्ति केवल स्वत: के बड़े बनाने में सदा-सर्वदा लगे रहते हैं या वे जो दिखाये गए, वे नहीं थे।

ज़ाकिरसाहब के प्रति मेरी अत्यन्त गाढ़ी श्रद्धा-सी हो गई थी और मैं उन्हें एक ईश्वरावतार मानने लगा। यह जो मैं कर रहा हूँ, वह कोई अंधश्रद्धालु के नाते या भावना के वशीभूत होकर नहीं कह रहा हूँ। उनके अत्यन्त निकट सम्पर्क-सान्निध्य में उनका निरीक्षण करने के बाद ही मेरा यह मत बना है। मैं जानता हूँ कि यह मत अत्यन्त धृष्टतापूर्ण है और इस विषय पर मेरे जो विचार हैं उनसे वे विपरीत भी मालूम होते होंगे, परन्तु मैंने अनेक प्रकार की कसौटियां लगाई और सभी में शत-प्रतिशत सुवर्ण जैसा ही ज़ाकिरसाहब का व्यक्तित्व चमक उठा।

मैं यह नहीं जानता कि ज़ाकिरसाहब बचपन से ही एक गुणवान व्यक्ति थे। जहां तक मैंने पढ़ा-सुना है, वह भी एक साधारण-से विद्यार्थी थे, परन्तु इसमें कोई सन्देह नहीं कि उनके ऊपर यौवन से ही कुछ अच्छे व्यक्तियों का प्रभाव पड़ा, जिसके कारण वह अपने आपको प्रौढ़ जीवन में असामान्य

बना सके। मुझे उनके छोटे भाई डॉ॰ यूसुफ हुसैन साहब के उन शब्दों की याद आती है, जो उन्होंने ज़ाकिरसाहब की मृत्यु के पश्चात् उनके फोटो को देखकर कहे थे, "ज़ाकिरसाहब हमेशा अपने आपको एक अच्छा आदमी बनाने के प्रयत्न में लगे रहते थे। इसमें उन्हें अनेक कठिनाइयाँ आती थीं, मानसिक क्लेश होते थे, पीड़ा होती थी, फिर भी यह सब उन्होंने हँसते-हँसते स्वेच्छा से किया। ऐसा करने में उनके ऊपर किसी का अंकुश नहीं था।" क्या यह विचार मेरे विचारों को पुष्टि नहीं देते कि भगवान ने मनुष्य को मनुष्यता सिखलाने के लिए मानव-रूप धारण कर लिया था?

मैंने ऐसे अनेक प्रसंग यहाँ उद्धृत करना नहीं चाहा, जो उनकी श्रेष्ठता या मनुष्यता के द्योतक हैं, क्योंकि ऐसा अन्य लोगों ने किया है और ज़ाकिरसाहब के देहान्त के पश्चात् ऐसा तभी करना चाहिए जबकि हम उससे कुछ सीख सकें। जब सामाजिक रूप से ऐसे अवसर मनाए जाते हैं, तब समष्टि जीवन को क्या लाभ हो सकता है, यह हमें देखना है।

भारत एक बहु-भाषीय देश है। यहाँ अनेक धर्म के, भिन्न-भिन्न रीति-रिवाज वाले, लोग रहते हैं। यह सब होते हुए भी हम एक राष्ट्र हैं, यह भारत की विशेषता है। लोकतंत्रीय राज्य-पद्धति हमने अपनाई है और हम अपनी राज्य-पद्धति को धर्मातीत रखने का दावा करते हैं। इसका मतलब यह है कि किसी भी व्यक्ति की चाहे वह किसी धर्म का भी हो, अपनी प्रगति में किसी भी प्रकार की रुकावटें नहीं होनी चाहिए, परन्तु व्यवहार में, अन्तिम ध्येय व वास्तविकता में बहुत अंतर होता है। उदाहरणार्थ, जब ज़ाकिरसाहब का नाम राष्ट्रपति पद के लिए सुझाया गया था तो किस प्रकार के वाद-विवाद, शंका-कुशंकाएं व्यक्त की गई थीं। इन सब कठिनाइयों के बावजूद ज़ाकिरसाहब देश के महान पद पर पहुंच गए। यह बात उनके व्यक्तित्व की श्रेष्ठता की द्योतक है, ऐसा मैं जानता हूँ। जिन लोगों ने उनका विरोध किया, वे भी उनके मित्र बन गए।

ज़ाकिरसाहब के साथ रहते समय मेरा और भी दूसरे इस्लामधर्मीय व्यक्तियों से सम्बन्ध आया। थोड़ा-सा हिन्दुत्व-निष्ठ होने के कारण—मैं जानता हूँ, यह एक मूर्खता है—मैंने पहले-पहल चिकित्सक बुद्धि अपनाई थी, परन्तु मुझे बहुत खुशी है कि इस समाज में अनेक त्यागी तपस्वी व्यक्ति आज भी मौजूद हैं, जो केवल 'परहित सुखाय' ही अपना जीवन व्यतीत करते हैं। मेरी अब यह धारणा हो गई है कि हमारे संबंध हमारे मुस्लिम भाइयों से और भी बढ़वाने चाहिए, ताकि उनमें ढके हुए अनेक मानक-मोती फिर से अपनी चमक दिखाएं।

ज़ाकिरसाहब को सच्ची श्रद्धांजलि तो यही होगी कि हम प्रण करें कि हम अपने आपको एक अच्छा आदमी बनाने के प्रयत्न में सदा-सर्वदा लगे रहें।

वह खरे इन्सान थे

–यशपाल जैन

जीवन का अन्तिम पड़ाव इस तरह अचानक आ जाएगा, इसकी कल्पना नहीं की थी। स्वयं उन्हें भी कल्पना कहाँ रही होगी! रोज की तरह दिन उगा, वह उठे, निवृत्त हुए, जलपान किया, कुछ और काम निबटाये और उसके बाद चंद मिनटों में जिन्दगी का सफर खत्म हो गया।

जीवन और मृत्यु के बीच कितनी पतली रेखा है, इसकी अनुभूति ऐसे अवसरों पर ही होती है। इस रेखा के क़िनारे खड़े होते हुए भी मनुष्य के पैर उसे लांघने में प्राय: हिचकते हैं। आगे बढ़ते हैं कि फिर पीछे को खिंच जाते हैं। पर उन्होंने तो ऐसी हिचक एक क्षण को भी नहीं दिखाई। एक शिकन तक उनके चेहरे पर नहीं आई और कबीर के शब्दों में जतन से ओढ़ी चदरिया को ज्यों-का-त्यों रख दिया।

अपने 72 वर्ष के जीवन में डॉ० ज़ाकिर हुसैन ने कितने उतार-चढाव देखे। जन्मे हैदराबाद में, शिक्षा पाई उत्तर प्रदेश में, डॉक्टरेट ली बर्लिन में और कर्मक्षेत्र बनी दिल्ली। होश संभाला तब राजनीति का स्वर प्रखर हो उठा था पर वह स्वर उनकी प्रबुद्ध चेतना को विचलित न कर सका। उनकी अभिरुचि थी सेवा में, रचनात्मक कार्यों में। गांधीजी की भांति वह जानते थे कि किसी भी राष्ट्र को विदेशी सत्ता सदा-सदा के लिए दासता की जंज़ीर में जकड़ कर नहीं रख सकती और भारत एक-न-एक दिन स्वतन्त्र होगा ही; लेकिन स्वतन्त्रता का भवन बिना मजबूत नींव के टिक नहीं सकेगा। इसलिए उन्होंने आरम्भ से ही अपना ध्यान इस बुनियाद को पक्का करने पर लगाया। शिक्षा उनका प्रिय विषय था। वह मानते थे कि बिना शिक्षा के कोई भी राष्ट्र ऊपर नहीं उठ सकता। अत: उन्होंने सेवाभावी शिक्षकों की टोली इकट्ठी की और जामिया मिलिया के द्वारा उस शिक्षा को प्रचारित और प्रसारित किया, जो स्वतन्त्र राष्ट्र के नागरिकों के स्वस्थ विकास के लिए आवश्यक थी। वह जमाना बड़ी कठिनाई का था। विदेशी सत्ता देश के अभिक्रम को कुण्ठित करके देशवासियों को परावलम्बी बनाने पर तुली थी। उसी को सामने रख कर उसने नई शिक्षा-पद्धति चालू

की थी और उसका जाल सारे देश में बिछाया था। उस शिक्षा-पद्धति के उद्दाम प्रवाह के विरुद्ध ज़ाकिरसाहब और उनके सहयोगी डटकर खड़े हो गये। न इस बात की चिन्ता की कि पैसा सरकार नहीं देगी तो संस्था कैसे चलेगी, न यह सोचा कि उनकी परीक्षाओं को राजकीय मान्यता नहीं मिलेगी तो कौन पढ़ने आएगा। उनके सम्मुख ऊँचा आदर्श था, भारत के उस गरिमा-मंडित स्वरूप का चित्र था, जिसने किसी युग में अपनी लोक हितकारी संस्कृति से विश्व को अपनी ओर आकर्षित किया था। लगभग 29 वर्ष की अवस्था में वह जामिया मिलिया के उपकुलपति बने और 22 वर्ष (1926-48) तक उस पद पर रह कर निष्ठापूर्वक संस्था का संचालन करते रहे। भारत के स्वतन्त्र होने पर अलीगढ़ विश्वविद्यालय को उनकी सेवाओं की आवश्यकता हुई। सन् 48 में वह अलीगढ़ चले गये और 1956 तक वहाँ उपकुलपति के पद पर आसीन रहे।

गांधीजी की नई शिक्षा-पद्धति 'बुनियादी तालीम' के वह शुरू में आलोचक थे। लेकिन जब उसका मर्म अच्छी तरह से उनकी समझ में आ गया तो उस शिक्षा-प्रणाली को जितना प्रोत्साहन उन्होंने दिया, उतना शायद ही किसी ने दिया हो। सन् 1935 से 1950 तक वह हिन्दुस्तानी तालीमी संघ के अध्यक्ष रहे और बड़ी लगन तथा अध्यवसाय से उस शिक्षा का देशव्यापी प्रचार किया।

सेवा का जो भी और जहां भी अवसर आया, ज़ाकिरसाहब सदा आगे रहे, लेकिन नाम की और पद की उन्होंने कभी आकांक्षा नहीं की। जाने कितनी कमेटियों और कमीशनों के वह अध्यक्ष बने, सन् 1957 से 1962 तक बिहार के राज्यपाल रहे, सन् 1962 से 1967 तक भारत के उप-राष्ट्रपति के पद को सुशोभित किया और सन् 1967 से लेकर जीवन के अन्तिम क्षण तक राष्ट्रपति के सर्वोच्च गौरव से मंडित रहे, लेकिन अपने दीर्घकालीन संपर्क के आधार पर मैं कह सकता हूँ कि ऊँचे-से-ऊँचा पद भी सादगी, सेवा-परायणता और इन्सानियत से उन्हें डिगा नहीं सका। वस्तुतः वह खरे इन्सान थे। पदों का महत्त्व यदि उनके लिए कुछ था तो केवल इतना कि वे सेवा का अवसर प्रदान करते थे। उन्हें बड़े-से-बड़ा पद और सम्मान मिला, लेकिन उन्होंने उसे पाने के लिए कभी इच्छा या प्रयत्न नहीं किया।

भारत के स्वतन्त्र होने के उपरान्त देश में सत्ता और पदों के लिए जो होड़ लगी उससे उनका मन अत्यन्त खिन्न था। लम्बे-चौड़े भाषणों के तो वह बहुत ही विरोधी थे। मुझे कई घटनाएं याद आती हैं। स्व० लाल बहादुर शास्त्री की पहली बरसी पर 'चित्र कला संगम' की ओर से हम लोगों ने शास्त्रीजी के निवास-स्थान

पर एक आयोजन किया था। उसमें आमन्त्रित करने के लिए जब हम उनके पास गये तो उन्होंने कहा, "ऐसे मौकों पर आप उन लोगों को बुलाइये, ज़ो राजनीति के न हों, रूहानी निगाह से ऊंचे दर्जे के हों, जिनका इखलाक बुलन्द हो।" हमने उनसे बहुत तर्क किया कि हम लोग आपको राजनीति का आदमी नहीं मानते और नैतिक दृष्टि से आपका बहुत ऊँचा स्थान है, पर वह एकदम राजी नहीं हुए। बोले, "अच्छा, मैं सोच कर बताऊँगा।"

बाद में उन्होंने आना स्वीकार कर लिया, लेकिन इस शर्त पर कि सारे आयोजन को हम प्रार्थना-सभा का रूप देंगे और उनसे बोलने का अनुरोध नहीं करेंगे।

वह आये और भक्ति के गीतों को सुनकर इतने गद्‌गद् हुए कि कई बार उनकी आँखें डबडबा आईं। पूरे एक घण्टे बैठे और आयोजन की समाप्ति पर गये।

एक और अवसर पर उन्होंने अपना सात्विक आक्रोश प्रकट करते हुए कहा, "समारोह में सियासी नेताओं को पकड़ कर लाना मैं सख्त नापसन्द करता हूँ। साहित्य और संस्कृति के क्षेत्र में सियासी नेताओं की कोई जगह नहीं होनी चाहिए।"

सभा-सोसाइटियों में यों जाने को वह जाते थे, बोलने के लिए भी उन्हें प्रायः विवश किया जाता था, लेकिन सच यह है कि वह आडम्बर-युक्त भाषणों से यथासंभव बचते थे। अपनी बात वह नपे-तुले शब्दों में कहते थे और जो शब्द उनके मुँह से निकलते थे, वे उनके अंतर से उठ कर आते थे।

उनके बोलने का ढंग निराला था। वह कभी जोशीली बातें कहकर लोगों की भावना को उभारने का प्रयास नहीं करते थे। उन्हें जो कहना होता था, बिना किसी आडम्बर के, सरल शब्दों में, कह देते थे, पर उनका शब्दों का चुनाव बड़ा प्रभावशाली होता था। वह लोगों के दिलों को हिला देते थे। गांधीजी, राजेन्द्रबाबू, नेहरूजी आदि के मानवीय गुणों पर बोलते हुए उनका कण्ठ कई बार अवरुद्ध हो गया था, श्रोताओं की आँखें गीली हो आई थीं।

उनमें मानवता ऊँचे दर्जे की थी। वह मुस्लिम कुल में जन्मे थे, अपने धर्म को प्यार करते थे, लेकिन दूसरे धर्मों के प्रति भी उनका उतना ही प्यार और आदर था। दुर्भाग्य से आज धर्मनिरपेक्षता का अर्थ अधिकांश व्यक्ति धर्म-विहीनता करते हैं, लेकिन ज़ाकिरसाहब ने अपने आचरण से स्पष्ट कर दिया कि धर्म-निरपेक्षता का अर्थ 'सर्वधर्म समभाव' है। अपने जीवन में उन्होंने कभी किसी

धर्म की उपेक्षा की हो, ऐसा एक भी अवसर मुझे याद नहीं आता। हम कह सकते हैं कि धर्म के प्रति उनकी आस्था का मूलाधार मानव था और उन्होंने मानवता को सदा धर्म की आधार-शिला माना।

उनकी रुचि वैसे बहुत व्यापक थी, लेकिन उन्हें तीन विषय विशेष प्रिय थे–शिक्षा, कला और संस्कृति। हम बता चुके हैं कि उनके जीवन का अधिकांश भाग शिक्षा के प्रचार और प्रसार में व्यतीत हुआ, लेकिन कला और संस्कृति की अभिवृद्धि में भी उन्होंने पूरा योगदान दिया। उन्होंने भारतीय कला का गहराई से अध्ययन किया था। विदेशों की कला में भी उनकी बड़ी रुचि थी। आदमी की ज़िन्दगी को सुन्दर और निगाह को ऊँचा बनाने के लिए वह कला को आवश्यक मानते थे और इसलिए कला को प्रोत्साहन देने वाली संस्था 'चित्र कला संगम' तथा अन्य कला-संस्थाओं के प्रमुख स्तम्भ रहे।

संस्कृति के प्रेम से तो उनका जीवन ओतप्रोत था। वह स्वयं भी बड़े ही सुसंस्कृत व्यक्ति थे। जब-जब सांस्कृतिक विषयों पर बोलते थे, ऐसा लगता था, मानो संस्कृति की धारा प्रवाहित हो रही है।

प्रकृति के वह परम उपासक थे। फूलों के लिए उनका प्रेम सर्वविदित था। गुलाब उनका बहुत ही प्रिय पुष्प था। वह जहाँ कहीं रहे, वहीं उन्होंने फूलों की शोभा और सुरभि से वहाँ के वातावरण को स्निग्ध बना दिया।

विनम्रता में तो कोई भी उनका मुकाबला नहीं कर सकता था। वह छोटे-से-छोटे व्यक्ति के साथ भी ऐसा व्यवहार करते थे कि उसे अपने छोटेपन का आभास नहीं होता था। उनकी सरलता और आत्मीयता से उसका मन भीग उठता था। एक बार 'चित्र कला संगम' के एक समारोह का संचालन बच्चे कर रहे थे। उन्होंने अपने प्यारे नेता ज़ाकिरसाहब से मंच पर आने का अनुरोध किया और उनका अभिनन्दन करते हुए आशीर्वाद देने का निवेदन किया। ज़ाकिरसाहब मंच पर आये और बच्चों के बीच ऐसे खड़े हो गये, जैसे वह स्वयं बच्चे हों, फिर बाल-अध्यक्ष के आगे झुक कर बड़े विनम्र भाव से बोले, "अगर इजाज़त हो तो मैं कुछ अर्ज़ करूं?" सप्रू हाउस खचाखच भरा था। उनके इन शब्दों को सुन कर दर्शकों के हृदय भाव-विह्वल हो उठे।

उनकी तमन्ना थी कि भारत एक ऐसा उद्यान बने, जिसकी महक अपने देश में ही नहीं, सारे संसार में फैले। उनकी दृष्टि में ऐसा तभी संभव हो सकता था जबकि यहाँ के सारे निवासी प्रेम से रहें, एक दूसरे के सुख-दुःख

में काम आयें और निजी स्वार्थों को छोड़ कर अपने कर्तव्य का पूरी सच्चाई और ईमानदारी से पालन करें।

ज़ाकिरसाहब अपना पार्ट बड़ी खूबी से अदा करके चले गये, लेकिन उनके पीछे अभी बहुत कुछ करने को शेष रह गया है। भारत राजनैतिक दृष्टि से स्वतन्त्र हो गया है, लेकिन सामाजिक, सांस्कृतिक तथा आर्थिक दृष्टि से उसे अभी स्वतन्त्र होना है। ज़ाकिरसाहब का समूचा जीवन इसी दिशा में साधना करते बीता था। उनके प्रति सर्वोत्तम श्रद्धाञ्जलि यही होगी कि हम सब मिल कर उनकी साधना को आगे बढ़ायें, उनकी आकांक्षा की पूर्ति करें। राष्ट्रपति के पद पर आसीन होते समय उन्होंने कहा था, "यह देश मेरा घर है और यहाँ के निवासी मेरा कुटुम्ब।" इन शब्दों में उन्होंने हमें एक ऐसा मूलमंत्र दिया है, जिसे प्रत्येक भारतवासी को सदा अपने सामने रखना चाहिए।

ऐसी विभूति को खोकर आज बड़ी रिक्तता अनुभव हो रही है। लगता है, अभी उनको जाना नहीं चाहिए था, लेकिन होनी को कौन रोक सकता है। ज़ाकिरसाहब की भौतिक काया चली गयी है, पर वह जिन मूल्यों के प्रतीक थे, वे आज भी हमारे सामने हैं। उन मूल्यों में हमारी आस्था सुदृढ़ होगी तो उन्हें बड़ा संतोष होगा।

विदेशों की श्रद्धांजलियाँ

"मैं और मेरे पति को महामहिम डॉ॰ ज़ाकिर हुसैन की मृत्यु का समाचार सुन कर अत्यन्त दुःख हुआ! इस दुःखद हानि के समय हम आपके और भारतीय जनता के साथ हैं।"

–एलिजाबेथ
(ब्रिटेन की महारानी)

"डॉ॰ ज़ाकिर हुसैन की एक महान् विद्वान, प्रामाणिक व्यक्ति और भारतीय जनता के हितचिंतक के रूप में ब्रिटेन में काफी प्रशंसा होती है। अत्यन्त दुःख के साथ आज मैंने उनके निधन का दुःखद समाचार सुना। ब्रिटिश सरकार की ओर से मैं आपके और आपके सहयोगियों के प्रति गहन संवेदना व्यक्त करता हूँ।"

–हेरल्ड विल्सन
(ब्रिटेन के प्रधानमंत्री)

"डॉ॰ ज़ाकिर हुसैन की मृत्यु से भारत ने एक प्रतिष्ठित नेता खो दिया है। मैं अपनी, पाकिस्तान सरकार एवं पाकिस्तानी जनता की ओर से आपके, भारतीय जनता के एवं शोकग्रस्त परिवार के प्रति अपना गहरा शोक व्यक्त करता हूँ।"

–याह्या खां
(पाकिस्तान के राष्ट्रपति)

"हम आपके, आपकी सरकार और भारत की प्रिय जनता के प्रति राष्ट्रपति डॉ॰ ज़ाकिर हुसैन के आकस्मिक निधन पर गहरा शोक व्यक्त करते हैं और समवेदना प्रकट करते हैं। डॉ॰ हुसैन एक प्रतिष्ठित राष्ट्राध्यक्ष थे।"

–पोप पाल षष्ठ
(बैटिकन सिटी से)

"स्व॰ राष्ट्रपति डॉ॰ ज़ाकिर हुसैन एक प्रमुख नेता थे, जिनके आकस्मिक निधन से गहरा सदमा पहुंचा है।"

–हाइले सेलामी
(इथियोपिया के सम्राट्)

"डॉ॰ ज़ाकिर हुसैन की मृत्यु से भारत ने एक बुद्धिमान और निष्ठावान राजनीतिज्ञ खो दिया है, जो शांति, सद्‌भाव और संसार के सभी प्राणियों की उन्नति एवं कल्याण के लिए स्वयं को अर्पित किए हुए थे।"

–प्रधानमंत्री
(इथियोपिया)

"वह एक दूरदर्शी राजनीतिज्ञ थे और मानवता के कल्याण के लिए उनके द्वारा किये गए कार्यों के लिए उन्हें सदा स्मरण किया जायगा।"

–फर्डिनेंड मारकोस
(फिलिपाइन के राष्ट्रपति)

"राष्ट्रपति डॉ॰ ज़ाकिर हुसैन की मृत्यु सभी शांतिप्रिय देशों के लिए गहरा धक्का है। डॉ॰ हुसैन एक मित्रतापूर्ण, शांतिप्रिय और सद्‌भावपूर्ण नेता थे। वह हमारे निकट के मित्र थे। हम भारत की जनता एवं सरकार के प्रति अपना शोक व्यक्त करते हैं।"

–तुन अब्दुल रज्जाक
(मलयेशिया के उप-प्रधानमंत्री)

"मुझे डॉ॰ हुसैन की अचानक मृत्यु का समाचार सुनकर गहरा दुःख हुआ है। मैं शोकग्रस्त परिवार के साथ समवेदना प्रकट करता हूँ।"

–सर पाल हैसलक
(आस्ट्रेलिया के गर्वनर जनरल)

"डॉ॰ ज़ाकिर हुसैन की मृत्यु के समाचार से हमें गहरा दुःख हुआ है। इस महान् राजनीतिज्ञ और प्रमुख विद्वान् की मृत्यु पर जापान को शोक है।"

–इसाकु सातो
(जापान के प्रधानमंत्री)

सारा भारत जिनका घर था

डॉ॰ ज़ाकिर हुसैन (8 फरवरी, 1897–3 मई, 1969)

राष्ट्रपति डॉ॰ ज़ाकिर हुसैन का जन्म हैदराबाद रियासत (वर्तमान आंध्र) में 8 फरवरी, 1897 में हुआ था। उन्होंने अपनी प्रारम्भिक शिक्षा इटावा में प्राप्त की। उन्होंने अपनी स्नातक परीक्षा मुस्लिम विश्वविद्यालय अलीगढ़ से उत्तीर्ण की और वे आगे उच्च अध्ययन के लिए जर्मनी गए जहां उन्होंने बर्लिन विश्वविद्यालय से पी-एच॰डी॰ की उपाधि प्राप्त की।

डॉ॰ ज़ाकिर हुसैन एक महान शिक्षाविद् थे। वर्धा की बुनियादी शिक्षा कमेटी के वे अध्यक्ष थे तथा इस योजना का सारा श्रेय उन्हीं को प्राप्त है। वे 1926 से 1948 तक जामिया मिलिया के उपकुलपति रहे तथा उन्होंने इस योजना को वहाँ लागू किया। उन्हीं के प्रयत्नों से जामिया मिलिया देश की अपने ढंग की एक शिक्षण संस्था बन सकी। 1948 से 1956 तक के अलीगढ़ विश्वविद्यालय के उपकुलपति रहे। वे 1938 से 1950 तक हिन्दुस्तानी तालीमी संघ सेवाग्राम के अध्यक्ष रहे। एक शिक्षा विशेषज्ञ के नाते वे शिक्षा सम्बन्धी अनेक संस्थाओं एवं समितियों से सम्बद्ध थे। इनमें बिहार, उत्तरप्रदेश और मध्यप्रदेश की शिक्षा पुनर्गठन समितियां, विश्वविद्यालय अनुदान आयोग, (1957 तक) केन्द्रीय शिक्षा बोर्ड और बुनियादी राष्ट्रीय शिक्षा समिति भी हैं।

डॉ॰ ज़ाकिर हुसैन ने अनेक पुस्तकें लिखी हैं। इनमें कैपिटलिज़्म, शिक्षा (हिन्दी में), प्लेटो के 'रिपब्लिक' का उर्दू अनुवाद, और लिस्ट और एडविन कैनन की अर्थशास्त्र की पुस्तकों का अनुवाद है।

डॉ॰ ज़ाकिर हुसैन भारतीय प्रतिनिधि के रूप में 'यूनेस्को' से भी सम्बद्ध थे। वे यूनेस्को की प्रबन्ध समिति के 1956-58 में निर्वाचित सदस्य रहे। वे अन्तर्राष्ट्रीय छात्र सेवा की भारतीय समिति के (1955 तक) और जेनेवा स्थित विश्वविद्यालय सेवा के 1955-57 तक अध्यक्ष रहे। संस्कृति और शिक्षा के क्षेत्र में उनकी विशिष्ट सेवाओं के उपलक्ष्य में उन्हें 1954 में पद्मविभूषण की उपाधि से अलंकृत किया गया।

डॉ॰ ज़ाकिर हुसैन 1952 में शिक्षा, विज्ञान, कला और समाज सेवा के क्षेत्र में विशिष्ट एवं असाधारण प्रतिभावान व्यक्तियों के लिए निर्धारित कोटे से राज्यसभा के सदस्य मनोनीत किए गए। अप्रैल 1956 में वे पुनः राज्य सभा के सदस्य मनोनीत किए गए तथा 6 जुलाई, 1957 को बिहार के राज्यपाल बनने तक इस पद पर बने रहे।

मई 1962 में वे उपराष्ट्रपति चुने गए थे।

डॉ॰ ज़ाकिर हुसैन को 1963 में भारत रत्न उपाधि से अलंकृत किया गया था।

1967 में राष्ट्रपति बनने के बाद उन्होंने जो भाषण दिया था, वह सदा स्मरणीय रहेगा। उन्होंने कहा था–"सारा भारत मेरा घर है और उसके लोग मेरा परिवार। मैं सच्ची लगन से इस घर को सुन्दर और मजबूत बनाने की कोशिश करूँगा ताकि वह मेरे महान् देशवासियों का उपयुक्त घर बन सके।"

❑❑❑

4

श्री वराहगिरि वैंकटगिरि

जीवन संघर्षों का नाम है। संघर्षों के झटके तथा उतार-चढ़ाव के बीच ही तो जीवन आगे बढ़ता है। वास्तव में ऐसे संघर्ष व्यक्तित्व की परीक्षा लेते हैं, जिन पर खरा उतरकर व्यक्ति का व्यक्तित्व निखर उठता है। यह सत्य है कि संघर्षों का तेज आग में तपकर ही मनुष्य महान् बनता है। महानता का इतिहास संघर्षों को आग से भरा होता है। हमारे देश के चौथे राष्ट्रपति श्री वराहगिरि वैंकटगिरि के जीवन की कहानी भी संघर्षों की ऐसी विषमताओं का लम्बा इतिहास है, जो हमारे लिए एक महान् आदर्श प्रस्तुत करता है।

श्री गिरि का व्यक्तित्व ऐसा है, जो कल्पना के ऊँचे और रंगीन आकाश में विचरण करने में विश्वास नहीं रखता, वरन् धरती के ऊबड़-खाबड़पन तथा उसकी कठोरता को हृदय से प्यार करता है। यह व्यक्ति सदैव गली के ठुकराए जानेवाले पत्थरों का-सा जीवन बिताकर तिल-तिलकर मरनेवाले श्रमिकों को उठाने के लिए जीवनभर लड़ता रहा। जो दुखियों का सहारा, गरीबों का समर्थक तथा आत्म-विश्वास का दृढ़ स्तम्भ बनकर रहा।

जीवन-परिचय

श्री वराहगिरि वैंकटगिरि के जीवन का इतिहास दृढ़ता, आत्म-विश्वास, कर्मठता एवं मानवतावादी भावनाओं की एक लम्बी कहानी है। राष्ट्रपति के पाँचवें निर्वाचन ने हमारे सामने श्री गिरि के व्यक्तित्व को पूर्णरूप से स्पष्ट कर दिया तथा सिद्ध कर दिया कि यह व्यक्ति अपने लक्ष्य के प्रति कितना दृढ़ है, निष्ठावान है। ऐसे व्यक्ति को राष्ट्रपति के रूप में पाना देश का बड़ा सौभाग्य था।

जन्म और शिक्षा

हमारे नये राष्ट्रपति श्री वराहगिरि वैंकटगिरि का जन्म वर्तमान उड़ीसा राज्य के बरहामपुर नामक स्थान पर 10 अगस्त, सन् 1894 को हुआ था। आपके पिता का नाम जोगिया पानतुलू था। वे अपने पुत्र को बहुत प्यार करते थे।

आपकी शिक्षा अधिकतर कालीकट में ही हुई। काल्लिकोटा कॉलेज से आपने स्नातक परीक्षा पास कर अपनी डिग्री प्राप्त की। छोटी आयु से हो श्री गिरि के मन में समाज के दलितवर्ग के प्रति अत्यधिक प्यार था। अपने शिक्षाकाल में भी वे श्रम-कल्याण के कार्यों में लगे रहते थे। स्नातक परीक्षा उतीर्ण कर लेने के उपरान्त आपने नेशनल यूनिवर्सिटी ऑफ आयरलैण्ड, डबलिन में वकालत की शिक्षा के लिए प्रवेश ले लिया तथा सफलतापूर्वक उन्हें 'बैरिस्टर एट-ला' की उपाधि प्रदान की गई।

वास्तव में श्रम-कल्याण की आपकी बाल्यावस्था की भावनाओं को आयरलैण्ड में पर्याप्त प्रोत्साहन मिला। डबलिन के राष्ट्रीय विश्वविद्यालय में पढ़ते हुए भी आपने मज़दूर आन्दोलनों में सक्रिय रूप से भाग लिया। मज़दूरों के प्रति सहानुभूति तथा उनके कल्याण के लिए सक्रिय सहयोग करने की भावना का विकास वास्तव में यहीं पर हुआ। इसी कारण आपको वहाँ और अधिक समय तक नहीं रुकने दिया गया और भारत भेज दिया गया।

कार्यक्षेत्र में

श्री गिरि सदैव कर्मठ व्यक्ति रहे। कर्म से उन्होंने कभी भी जी नहीं चुराया। आयरलैण्ड से भारत लौटकर वे तुरन्त भारतीय राष्ट्रीय कांग्रेस में सम्मिलित हो गए तथा शीघ्र ही उन्होंने मज़दूर संघों को अपना कार्यक्षेत्र बनाया। भारत लौटते ही श्री गिरि ने सर्वप्रथम 'यातायात मज़दूर संघ' की नींव डाली। रेलवे कर्मचारी संघ के आप लगभग 7 वर्ष तक सेक्रेटरी रहे तथा उसके बाद लगभग 7 वर्षों तक आपने उस संगठन के अध्यक्ष-पद का कार्यभार भी उठाया। इस अवधि में आपने अत्यन्त कुशलता और ईमानदारी के साथ मज़दूरों से सम्बन्धित अनेक महत्त्वपूर्ण समस्याओं को सुलझाया तथा अनुकूल वातावरण बनाने के प्रयत्न किए। 'रेलवे कर्मचारी संघ' को मज़बूत करने का श्रेय वास्तव में श्री गिरि को ही है।

इतना ही नहीं, श्री गिरि उन व्यक्तियों में हैं, जिन्होंने 'इन्टक' को जन्म दिया। आप इस संस्था के दो बार अध्यक्ष भी चुने गए। आपने अनुभवों का व्यापक और सही उपयोग मज़दूरों के कल्याण के लिए किया।

सन् 1927 में जिनेवा में होने वाले अन्तर्राष्ट्रीय मज़दूर संगठन सम्मेलन में श्री वी॰वी॰ गिरि ने 'आल इण्डिया ट्रेड यूनियन कांग्रेस' के प्रतिनिधि के रूप में भाग लिया। इसके अतिरिक्त चार वर्ष बाद सन् 1931 में जब लंदन में दूसरी राउण्ड टेबल कॉन्फ्रेंस आयोजित की गई तो वहाँ पर भी आपने भारतीय मज़दूरों का प्रतिनिधित्व किया।

मज़दूर-कल्याण के कार्य करते समय श्री गिरि भारतीय स्वतन्त्रता-आन्दोलन के प्रति भी उदासीन नहीं थे। वे चाहते थे स्वतन्त्रता-आन्दोलन की नींवों को इस तरह मजबूत बनाया जाय कि इससे व्यापक कल्याणकारी परिणाम सामने आएँ। इसके लिए उन्होंने यह अनुभव किया कि देश में होने वाले इस स्वतन्त्रता-संग्राम की वास्तविक सफलता के लिए यह आवश्यक है कि मज़दूरों की आर्थिक स्थिति को सुधारा जाय। इसी उद्देश्य को लेकर आपने एक नए मज़दूर आन्दोलन का श्रीगणेश किया। इस कार्य में भी आपने पूर्ण रुचि और उत्साह के साथ भाग लिया।

राजनीति में प्रवेश

यों तो श्री गिरि मज़दूर-कल्याण के कार्यों को पूरा करने के लिए राजनीतिक क्षेत्र में उतर चुके थे, किन्तु संसदीय राजनीति में आप सन् 1935 में उतरे। उस अवधि में भी आपने अपनी प्रतिभा का व्यापक प्रभाव दिखलाया। सन् 1937 में आप मद्रास विधानसभा के लिए चुने गए तथा मद्रास के प्रथम मंत्रिमण्डल में आप सन् 1937 से 1939 तक श्रम व उद्योंग मंत्री के रूप में कार्य करते रहे। एक साथ विभिन्न क्षेत्रों में कार्य करते हुए भी श्री गिरि अपने कर्तव्यों के प्रति सदैव ईमानदार बने रहे, वह बहुत बड़ी बात थी।

जब सन् 1946 में आम चुनाव हुए तो आप इस बार फिर मद्रास विधानसभा के लिए चुन लिए गए। इस समय आप प्रकाशम् मंत्रिमण्डल में लगभग एक वर्ष तक श्रममंत्री के पद पर रहे। इसके उपरान्त सन् 1947 में मद्रास मंत्रिमण्डल द्वारा त्यागपत्र दे दिए जाने के कारण आपको भी अपना यह पद त्याग देना पड़ा। त्यागपत्र देने के बाद ही आपको श्रीलंका में भारत के उच्चायुक्त के पद पर नियुक्त कर दिया गया। इस पद पर आपने सन् 1950 तक कार्य किया। वास्तव में राजनीतिक क्षेत्र में कूटनीतिक पद पर कार्य करने का यह पहला अवसर था। इतना ही नहीं, इससे पूर्व सन् 1937 में पं॰ जवाहरलाल नेहरू की अध्यक्षता में गठित राष्ट्रीय योजना समिति में आपने संयोजक के रूप में अपना कार्य कुशलतापूर्वक पूरा किया।

अपने सार्वजनिक क्षेत्र के कार्यों में श्री गिरि कभी भी हाथ पर हाथ धरे नहीं बैठे रहे, वरन् वे निरन्तर आगे–और-आगे बढ़ने का प्रयत्न करते रहे। दो बार विधानसभा के चुनावों में जीत चुकने पर सन् 1952 के आम चुनावों में आपने संसद के चुनावों में खड़े होने का निश्चय कर लिया। इस बार आप पथपतनम क्षेत्र से संसद के लिए चुन लिए गए। इस आधार पर आपने केन्द्रीय मंत्रिमण्डल में सन् 1952 में ही श्रममंत्री का कार्यभार सम्भाला। इस पद पर आप सन् 1954 तक बने रहे। सन् 1954 में आपने बैंक-विवाद के प्रश्न को लेकर बैंक-पंच-न्यायालय के निर्णय से अपने श्रममंत्री के पद से त्यागपत्र दे दिया।

सन् 1956 तक आप इसी प्रकार राजनीतिक क्षेत्र में अपना कार्य करते रहे। सन् 1957 का वर्ष आपके राजनीतिक जीवन में एक नया मोड़ लेकर आया। अब तक के कार्यों के अनुभव से आप एक अच्छे प्रशासक बन चुके थे। 1957 में आपको उत्तरप्रदेश का राज्यपाल बना दिया गया। यहाँ भी वे अपने अधिकारों और जिम्मेदारियों के प्रति पूरी तरह जागरूक रहकर कार्य करते रहे। उत्तरप्रदेश के राज्यपाल के पद पर कार्य करते हुए एक बार आपने वहाँ के विश्वविद्यालयों के प्रति काफी रुचि दिखलाई। उन्हीं दिनों आपने वहाँ के मुख्यमंत्री को इच्छा के विरुद्ध एक प्रोफेसर को विश्वविद्यालय की कार्यकारिणी समिति का सदस्य नियुक्त कर दिया था। इस बात को लेकर काफी कुछ कहा-सुना गया तो श्री गिरि ने स्पष्ट शब्दों में कह दिया कि "मैं उत्तरप्रदेश का 'स्लीपिंग पार्टनर' नहीं हूँ" इस प्रकार आपने यह सिद्ध करने का प्रयत्न किया कि राज्यपाल कठपुतली नहीं होता, बल्कि अपना स्वतन्त्र अस्तित्व भी रखता है। आपने संविधान से प्राप्त अधिकारों का समुचित उपयोग किया। उत्तरप्रदेश के राज्यपाल के रूप में श्री गिरि ने सन् 1957 से 1961 तक कार्य किया।

उपराष्ट्रपति के रूप में

सन् 1967 के आम चुनाव में आप कांग्रेस उम्मीदवार के रूप में भारत के उपराष्ट्रपति निर्वाचित हुए। आपकी जीवनभर की कठिन साधना के लिए यह सम्मान सर्वथा उचित ही था। ऐसे उच्च सम्मान का पद पाकर भी श्री गिरि को कभी अभिमान नहीं हुआ, प्रत्युत् वे अत्यन्त विनम्रभाव से अपने सभी काम सच्चाई के साथ निभाते रहे। आपने सब कार्य अपना कर्त्तव्य मानकर ही किए। काम करने के पीछे कभी भी यश प्राप्त करने की आपकी लालसा नहीं रही।

श्री गिरि सदा स्पष्टवादी रहे। उनके इस खरेपन से कभी-कभी कुछ लोग नाराज भी हो जाते थे। वे सदा अनुशासनप्रिय रहे। अनुशासनहीनता को वे कभी भी बर्दाश्त नहीं कर पाए। उपराष्ट्रपति के पद पर कार्य करते हुए आपने राष्ट्रपति डॉ॰ ज़ाकिर हुसैन के कार्यों में यथाशक्ति सहयोग प्रदान किया। सन् 1969 के अप्रैल माह तक आप उपराष्ट्रपति पद पर कार्य करते रहे।

राष्ट्रपति के पद पर

सहसा तत्कालीन राष्ट्रपति डॉ॰ ज़ाकिर हुसैन के आकस्मिक निधन के कारण आपके कंधों पर राष्ट्रपति-पद का कार्यभार आ पड़ा। 3 मई, सन् 1969 को आपको कार्यवाहक राष्ट्रपति के रूप में शपथ दिलाई गई। शोक के ऐसे क्षणों में भी श्री गिरि ने जिस सूझ-बूझ और धैर्य के साथ अपने उत्तरदायित्वों को निभाया, वह सचमुच सराहनीय है।

राजनीतिक क्षेत्र में आपके बढ़ते हुए प्रभाव को कुछ लोग पसन्द नहीं करते थे, अतः परम्परा के विरुद्ध कांग्रेस ने आपको राष्ट्रपति-पद के चुनाव के लिए अपना उम्मीदवार नहीं बनया। वास्तव में अब तक परम्परा यही रही कि राष्ट्रपति के बाद उपराष्ट्रपति को ही कांग्रेस राष्ट्रपति के लिए अपना उम्मीदवार बनाती थी। किन्तु इस बार जब कांग्रेस के कुछ गिरि-विरोधी लोगों ने अपने छल-बल से तत्कालीन लोकसभा के अध्यक्ष श्री नीलम संजीव रेड्डी को दल का उम्मीदवार घोषित किया तो श्री गिरि के स्वाभिमान को बहुत धक्का लगा, पर उन्होंने धैर्य और साहस नहीं त्यागा।

श्री गिरि ने सदैव अपनी अन्तरात्मा की आवाज को सुनकर तथा समझकर उसी के अनुसार कार्य किया। यही कारण है कि आप सदा अपने लक्ष्य में सफलता प्राप्त करते रहे। इस बार भी यही हुआ। आपने जब अपनी अन्तरात्मा की आवाज सुनकर निर्दलीय उम्मीदवार के रूप में राष्ट्रपति-पद का चुनाव लड़ने की घोषणा की तो भारत के राजनीतिक जगत् में सहसा सनसनी फैल गई। इतने उच्च पद के लिए सत्ताधारी कांग्रेस पार्टी के विरुद्ध चुनाव लड़ने की घोषणा करना स्पष्ट रूप से एक बहुत बड़ी चुनौती थी, जिसकी सफलता पर सहसा विश्वास कर लेना किसी के लिए भी सम्भव न था।

श्री गिरि को पद का मोह कभी भी न रहा। वे एक बार जिसे उचित मान लेते थे, उसे वे दृढ़ता से पा लेते थे। आपने राष्ट्रपति-पद के चुनाव में भाग लेने के उद्देश्य से 19 जुलाई, 1969 को कार्यवाहक राष्ट्रपति तथा उपराष्ट्रपति के पद

से त्यागपत्र दे दिया। चुनाव-अभियान में श्री गिरि ने अनुचितरूप से कहीं भी किसी भी रूप में समर्थन प्राप्त करने की चेष्टा नहीं की, वरन् सभी को केवल एक ही बात विशेषरूप से कही थी कि 'आप अपनी अन्तरात्मा के आदेश पर ही किसी को अपना मत दें।'

75 वर्ष की आयु में भी श्री गिरि का मनोबल बहुत ऊँचा रहा। चुनाव-अभियान के दौरान जब आपसे बम्बई में कुछ पत्रकारों ने आपकी इतनी अधिक आयु की बात कही तो उन्होंने साहसपूर्वक उत्तर दिया-"जो लोग मेरी उम्र का तकाज़ा करते हैं, वे मेरे सामने आकर मेरी शक्ति को परखें-यदि मर जाऊँ तो क्या हुआ! सभी को एक दिन मरना पड़ता है। यदि मैं राष्ट्रपति के रूप में मरा तो वह एक बड़ा राष्ट्रीय-पर्व होगा एवं एक शानदार जनाज़ा रहेगा।"

आपकी शक्ति को राष्ट्रपति-पद के चुनाव में सचमुच सारे भारत की जनता ने देखा। सारी जनता राष्ट्रपति-पद के चुनाव की उत्सुकता से प्रतीक्षा कर रही थी। 16 अगस्त, 1969 को चुनाव सम्पन्न हो गया। श्री गिरि का मुकाबंला श्री संजीव रेड्डी तथा श्री चिन्तामणि देशमुख से था। 20 अगस्त, 1969 को जब श्री वराहगिरि वैंकटगिरि को भारत के चौथे राष्ट्रपति के रूप में निर्वाचित घोषित किया गया तो भारत की जनता 75 वर्ष के इस बूढ़े का उत्कट आत्म-विश्वास देखकर दंग रह गई। भारतीय राजनीति के इतिहास में सम्भवत: पहली बार इतने ऊँचे पद पर बहुमत वाले कांग्रेस दल के उम्मीदवार को पराजित कर कोई निर्दलीय उम्मीदवार आ बैठा!

इस उच्च तथा गौरवशाली पद पर प्रतिष्ठा प्राप्त करने का गौरव श्री गिरि को जीवनभर की कड़ी तपस्या के लिए कोई बहुत बड़ा पुरस्कार न था। श्री गिरि के रूप में देश को जनता का, मज़दूरों का सच्चा नेता प्राप्त हुआ। आपने 24 अगस्त, सन् 1969 को विधिवत् राष्ट्रपति-पर का कार्य-भार तत्कालीन कार्यवाहक राष्ट्रपति श्री मोहम्मद हिदायतुल्ला से ग्रहण किया।

राष्ट्रपति बन जाने पर भी श्री गिरि में कोई अन्तर नहीं आया। वे उसी प्रकार मिलनसार, कर्तव्यनिष्ठ, कर्मठ, सरल एवं सच्चे हृदय से मुक्त रहे। देश श्री गिरि के कुशल नेतृत्व में प्रगति की ओर नये उत्साह के साथ बढ़ता रहा।

श्री गिरि : एक बहुमुखी व्यक्तित्व

श्री वराहगिरि वैंकटगिरि बहुमुखी प्रतिभा वाले व्यक्ति थे। अपने व्यक्तिगत् जीवन में वे बहुत विनम्र, मिलनसार और सेवाभावी थे। जब वे उत्तरप्रदेश के

राज्यपाल थे, तब श्री पुरुषोत्तमदास टण्डन एक बार उनसे मिलने गए तो फौरन ही उन्होंने चाय-नाश्ते के लिए कहा। श्री टण्डन के मना करने पर श्री गिरि ने कहा–"यहाँ आने पर हर आदमी को कुछ न कुछ खाने की सज़ा मिलती है। तुम बिना चाय पिए नहीं जा सकते। मैं तुम्हारे साथ बैठकर अब चौथी बार चाय पीऊँगा।"

अतिथि-सत्कार में श्री गिरि बहुत प्रसिद्ध रहे हैं। कोई भी व्यक्ति उनके यहाँ से बिना खाए-पीए नहीं लौटा। वे विनम्र होने के साथ ही साथ बड़े विनोदी स्वभाव के भी थे। एक बार जब उनसे परिवार-नियोजन के अभियान का उद्घाटन करने के लिए कहा गया तो हँसते हुए श्री गिरि ने कहा–"मैं सोलह लड़के-लड़कियों का पिता हूँ। अब आप ही बताइए कि मैं किस मुँह से परिवार नियोजन की वकालत करूँ?"

निराश होना तो श्री गिरि ने जैसे सीखा ही नहीं था। जब वे उत्तरप्रदेश के राज्यपाल थे तो नेहरूजी रुढ़की गए। उन्होंने गिरिजी से कहा–"सुना है तुम बहुत तेज चलते हो।" श्री गिरि ने उस बात को टालना चाहा, पर नेहरूजी ने जब उनसे दौड़ करने का अनुरोध किया तो विवश हो उन्हें मानना पड़ा। राजभवन से लेकर 180 फुट ऊँचे जलकल तक की आधा मील दौड़ हुई तो श्री गिरि जीत गए।

श्री गिरि बहुत परिश्रमी तथा अच्छे खिलाड़ी भी रहे हैं। 65 वर्ष की आयु तक वे टेनिस खेलते थे। उनका परिवार काफी बड़ा था, फिर भी वे सभी की उचित देखभाल करते रहे।

महाप्रयाण

दि॰ 24 जून, सन् 1980 मंगलवार को प्रातः श्री वराहगिरि वैंकटगिरि का उनके दक्षिण मद्रास स्थित टी॰ नगर निवास स्थान पर अचानक हृदयगति रुक जाने से 85 वर्ष की आयु में निधन हो गया। कहा जाता है कि इस दिन वे सदा की भाँति प्रातः साढ़े पाँच बजे जग गए। अपने प्रातःकालीन नित्यकर्मों से निवृत्त होकर उन्होंने कुछ खजूर खाए तथा दूध भी माँगा। जब दूध लाया गया तो वे नेत्र बंद किए अपने बिस्तर पर पड़े मिले। झकझोरने से भी जब वे नहीं जागे तो उनके निजी चिकित्सक को बुलाया गया, जिसने उन्हें मृत घोषित कर दिया।

अपनी मृत्यु से एक दिन पूर्व सायंकाल तक श्री गिरि पूर्णतः सक्रिय थे। उन्होंने पिछले दिन मध्यानोत्तर श्री संजय गाँधी की दुखद मृत्यु पर टी॰वी॰ तथा आकाशवाणी के लिए संवेदना संदेश रेकॉर्ड करवाया तथा सायंकाल अपने पुत्र से

नेशनल लेबर पार्टी को सुदृढ़ बनाने पर विचार-विमर्श भी किया, जिसकी स्थापना उन्होंने पिछले वर्ष ही की थी। इससे यह भलीभाँति स्पष्ट हो जाता है कि पचासी वर्ष की आयु में भी श्री गिरि देश तथा समाज–विशेषतः मजदूरवर्ग के प्रति बहुत चिन्तित थे तथा उनके कल्याणकार्यों में निरन्तर लगे रहे।

आपकी मृत्यु के समाचार ने सारे देश को शोकाभिभूत कर दिया। आपके निवास पर संवेदना व्यक्त करने तथा दर्शन करनेवालों का तांता लग गया। वे अपने पीछे चार पुत्र तथा सात पुत्रियां छोड़ गए। उनकी पत्नी श्रीमती सरस्वती गिरि का अगस्त, 1978 में पहले ही देहान्त हो चुका था। आपके निधन पर समूचे राष्ट्र ने सात दिवसीय राजकीय शोक मनाया। देश-विदेश के शीर्षस्थ नेताओं ने उन्हें भावपूर्ण श्रद्धांजलि अर्पित की।

दि० 25 जून, 1980 को मद्रास में ही विद्युत शवदाहगृह में पूर्ण राजकीय और सैनिक सम्मान के साथ आपका अन्तिम संस्कार कर दिया गया। उनके पुत्र श्री शंकर गिरि ने वैदिक मंत्रोच्चार के बीच शव को मुखाग्नि दी तथा विधिवत् उनकी देह अग्नि को समर्पित कर दी गई। यह वही शवदाहगृह था, जहां लगभग 7 वर्ष पूर्व हमारे द्वितीय राष्ट्रपति डॉ० राधाकृष्णन् का अन्तिम संस्कार सम्पन्न हुआ था।

श्री गिरि कर्मठ, कर्तव्यपरायण, सेवाभावी, विनम्र, मिलनसार तथा दूसरों के कल्याण की हर समय कामना रखने वाले व्यक्ति थे। वे अदम्य साहस, दृढ़ इच्छाशक्ति, स्पष्टवादिता के धनी थे। अपने चौथे राष्ट्रपति के रूप में श्री गिरि को पाकर भारत की कोटि-कोटि जनता ने अपने भाग्य की सराहना की थी। गरीबों और मजदूरों के तो वे सच्चे मसीहा ही थे।

□□□